Coleção Passe Já

QUESTÕES VUNESP

3.400

AlfaCon
Concursos Públicos

Diretor Presidente	Evandro Guedes
Diretor Editorial	Javert Falco
Diretor de Marketing	Jadson Siqueira
Gerente Editorial	Mariana Passos
Editores	Fátima Rodrigues Mateus Ruhmke Vazzoller Patricia Quero
Aquisição Editorial	Fábio Oliveira
Coordenação Revisão de Texto	Paula Craveiro
Coordenação Editoração	Alexandre Rossa
Arte e Produção	Emilly Lazarotto
Capa	Alexandre Rossa

Dados Internacionais de Catalogação na Publicação (CIP)
Angélica Ilacqua CRB-8/7057

P316

Passe já : Questões Vunesp / [coordenado por Daniel Lustosa]. -- Cascavel, PR : AlfaCon, 2022.
1080 p. (Coleção Passe Já)

ISBN 978-65-5918-100-1

1. Serviço público - Brasil - Concursos 2. Língua portuguesa 2. Matemática 3. Direito 4. Informática 5. Criminologia 6. Direitos humanos 7. Administração I. Lustosa, Daniel

21-5376 **CDD 351.81076**

Índices para catálogo sistemático:
1. Serviço público - Brasil - Concursos

Dúvidas?
Acesse: www.alfaconcursos.com.br/atendimento
Núcleo Editorial:
Rua: Paraná, nº 3193, Centro - Cascavel/PR
CEP: 85.810-010
Núcleo Comercial/Centro de Distribuição:
Rua: Dias Leme, nº 489, Mooca - São Paulo/SP
CEP: 03118-040
SAC: (45) 3037-8888

Data de fechamento 1ª impressão: 19/11/2021

APRESENTAÇÃO

A Coleção Passe Já - VUNESP foi criada para lhe auxiliar durante os estudos para concursos públicos voltados para a banca Vunesp, que tem sido responsável por elaborar provas importantes nas áreas Policial, Tribunal, Administrativa e Fiscal.

É uma banca muito visada e possui grande exigência em suas questões. Como características principais, podemos destacar:

- A banca tem um perfil muito técnico;
- A nota de corte costuma ser alta;
- As provas são constituídas por questões de múltipla escolha;
- Costuma cobrar todo o conteúdo programático;
- As questões de Direito são, em regra, extremamente objetivas

Esta obra que está em suas mãos traz para o concurseiro um conteúdo robusto e de qualidade, composto por 3.400 questões gabaritadas e comentadas por renomados professores e especialistas, facilitando a compreensão das disciplinas abordadas e auxiliando em sua fixação. São 1930 questões impressas e mais 1.470 questões on-line, completando todo o conhecimento exigido nas provas, expandindo para as diversas áreas, conforme listado a seguir.

Questões impressas	
Língua Portuguesa	480 questões
RLM	150 questões
Matemática	200 questões
Informática	300 questões
Direito Constitucional	200 questões
Direito Administrativo	200 questões
Direito Penal Geral	100 questões
Direito Penal Especial	100 questões
Direito Processual Penal	200 questões

Questões on-line	
Direito Civil	100 questões
Direito Processual Civil	100 questões
Ética	10 questões
Medicina Legal	60 questões

Noções de Identificação	25 questões
Biologia	40 questões
História	50 questões
Leis Especiais	100 questões
Estatuto da Pessoa com Deficiência	50 questões
Lei de Acesso à Informação	50 questões
Criminologia	100 questões
Direitos Humanos	65 questões
Administração	100 questões
Geografia	50 questões
Trânsito	100 questões
Contabilidade	200 questões
Direito Tributário	130 questões
ICMS e ISS	70 questões
Matemática Financeira	50 questões
Estatística	30 questões

O AlfaCon é especialista em concursos públicos e comprova que é essencial dominar as principais disciplinas, fazendo com que o candidato tenha um aproveitamento superior em relação aos seus concorrentes. O fato de incluir as áreas específicas, com certeza, fará diferença para o caminho de sua aprovação.

Esperamos que você aproveite muito este material.

Bons estudos e muito sucesso!

Se liga no **vídeo**!

RECURSOS

App Alfacon Notes

Neste livro você encontra o **AlfaCon Notes,** que é um app perfeito para registrar suas **anotações de leitura**, mantendo tudo **organizado e acessível** em seu smartphone. Deixe **sua leitura mais prática** e armazene tudo que puder! Viva a experiência AlfaCon Notes. É só seguir o passo a passo para a instalação do app.

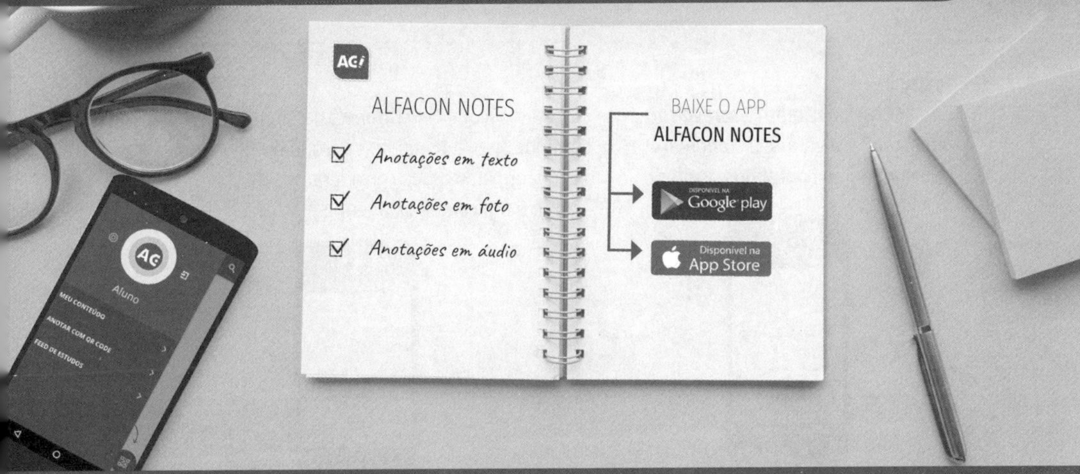

Passo 1

Instale o **Aplicativo AlfaCon Notes** em seu smartphone.

DISPONÍVEL NA Google play

Disponível na App Store

Passo 2

Você terá acesso ao seu feed de estudos, no qual poderá encontrar todas as suas anotações.

App AlfaCon Notes

Para criar uma nova anotação, clique no ícone localizado no canto inferior direito da tela.

Passo 3

Cada tópico de seu livro contém **um Código QR** ao lado.

App AlfaCon Notes

Escolha o tópico e faça a leitura do Código QR utilizando o aplicativo AlfaCon Notes para registrar sua anotação.

AlfaCon

Passo 4

Pronto! Agora você poderá escolher o formato de suas anotações:

Texto:
Basta clicar no campo ***"Escreva sua anotação"*** e digitar seu comentário, **relacionado ao conteúdo** escolhido.

Áudio:
Clique no ícone ***"microfone"***, na lateral inferior direita, mantenha o ícone pressionado enquanto grava suas considerações de voz sobre o tópico que está lendo.

Foto:

1) Clique no ícone, na lateral **inferior esquerda**.

2) **Fotografe** as anotações realizadas durante sua leitura.

3) Envie no ícone na lateral **inferior direita**.

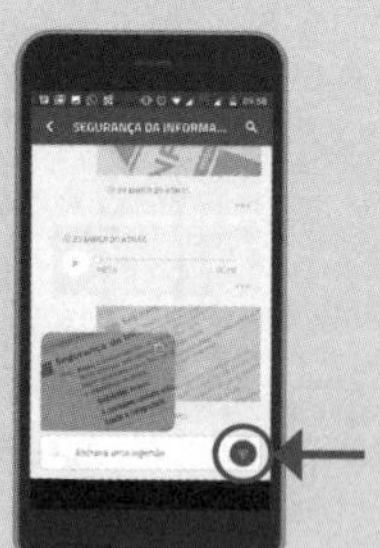

» Agora você tem suas **anotações organizadas** e sempre à mão. Elas ficarão **disponíveis** em seu smartphone.

» Pronto para essa **nova experiência?** Então, baixe o app **AlfaCon Notes** e crie suas anotações.

Mais que um livro, é uma experiência!

SUMÁRIO

LÍNGUA PORTUGUESA

Acentuação Gráfica

01. **(2019 – TJ/SP – Contador Judiciário)**

Mundo arriscado

O próximo governo não encontrará um ambiente econômico internacional sereno. Dúvidas sobre a continuidade do crescimento do Produto Interno Bruto global, juros em alta nos EUA, riscos de conflitos comerciais e de queda do fluxo de capitais para países emergentes são apenas alguns dos itens de um cardápio de problemas potenciais.

Tudo indica, assim, que o governo brasileiro terá de lidar de pronto com as fragilidades domésticas, em especial o rombo das contas públicas. Não tardará até que investidores hoje aparentemente otimistas comecem a cobrar resultados concretos.

As projeções para o avanço do PIB mundial têm sido reduzidas nos últimos meses. O Fundo Monetário Internacional cortou sua previsão para 2018 e 2019 em 0,2 ponto percentual – 3,7% em ambos os anos – e apontou um cenário de menor sincronia entre os principais motores regionais.

Se até o início deste ano EUA, Europa e China davam sinais de vigor, agora acumulam-se decepções nos dois últimos casos.

Mesmo com juros ainda perto de zero, a zona do euro não deverá crescer mais que 1,5% neste ano. Há crescente insegurança no âmbito político, neste momento centrada na Itália e seu governo de direita populista, que propõe expansão do déficit de um setor público já endividado em excesso.

Não é animador que a Comissão Europeia tenha tomado a decisão inédita de rejeitar a proposta orçamentária da administração italiana. Embora o país ainda conserve o selo de bom pagador, os juros cobrados no mercado para financiar sua dívida dispararam.

Quanto à China, sua economia mostra menos vigor, e as autoridades precisam tomar decisões difíceis entre conter as dívidas já exageradas e estimular o crescimento.

O risco de escalada nos conflitos comerciais também é concreto, dado que o governo americano ameaça impor uma terceira rodada de tarifas, desta vez sobre os US$ 270 bilhões em vendas anuais chinesas que ainda não foram taxadas.

Nos EUA, a alta dos juros, num contexto de emprego elevado e inflação perto da meta, já leva parte do mercado a temer uma desaceleração abrupta do PIB em 2019.

A vantagem do Brasil, hoje, é que há ampla ociosidade nas empresas, baixa inflação e, portanto, espaço para uma retomada mais forte.

(Editorial. *Folha de S.Paulo*, 01.11.2018. Adaptado)

A exemplo de "sincronia" (sem acento, 3º parágrafo), "decepções" (grafado com "ç", 4º parágrafo) e "excesso" (grafado com "ex", 5º parágrafo), estão corretamente escritos, em conformidade com a ortografia oficial, os termos:

a) insonia; invenções; extemporâneo.

b) saxonia; erupções; exdrúxulo.

c) agonia; exceções; extraditar.

d) eufonia; obceções; exponencial.

e) amonia; perverções; expetacular.

Outras alternativas:

A: Insônia.

B: Saxônia / esdrúxulo.

D: Obsessões.

E: Amônia / perversões / espetacular.

GABARITO: C.

Tempo incerto

Os homens têm complicado tanto o mecanismo da vida que já ninguém tem certeza de nada: para se fazer alguma coisa é preciso aliar a um impulso de aventura grandes sombras de dúvida. Não se acredita mais na existência de gente honesta; e os bons têm medo de exercitarem sua bondade, para não serem tratados de hipócritas ou de ingênuos.

Vivemos um momento em que a virtude é ridícula e os mais vis sentimentos se mascaram de grandiosidade, simpatia, benevolência. A observação do presente leva-nos até a descer dos exemplos do passado: os varões ilustres de outras eras terão sido realmente ilustres? Ou a História nos está contando as coisas ao contrário, pagando com dinheiros dos testemunhos a opinião dos escribas?

Se prestarmos atenção ao que nos dizem sobre as coisas que nós mesmos presenciamos – ou temos que aceitar a mentira como a arte mais desenvolvida do nosso tempo, ou desconfiamos do nosso próprio testemunho, e acabamos no hospício!

Pois assim, é, meus senhores! Prestai atenção às coisas que vos contam, em família, na rua, nos cafés, em várias letras de forma, e dizei-me se não estão incertos os tempos e se não devemos todos andar de pulga atrás da orelha!

Agora, pensam os patrões, os empregados, os amigos e inimigos de uns e de outros e todo o resto da massa humana. E não só pensam, como também pensam que pensam! E além de pensarem que pensam, pensam que têm razão! E cada um é o detentor exclusivo da razão!

Pois de tal abundância de razão é que se faz a loucura. E a vocação das pessoas, hoje em dia, não é para o diálogo com ou sem palavras, mas para balas de diversos calibres. Perto disso, a carestia da vida é um ramo de flores. O que anda mesmo caro é alma. E o Demônio passeia pelo mundo, glorioso e imune.

(Cecília Meireles, Tempo incerto. Em: *Escolha o seu Sonho.* Adaptado)

02. Assinale a alternativa em que os termos estão acentuados, correta e respectivamente, a exemplo das palavras do texto: dúvida, abundância e também.

a) exíguo; hemácia; outrém.

b) trôpego; anúncia; provém.

c) rúbrica; latência; pajém.

d) álibi; essência; aquém.

e) récorde; incônscio; amém.

Outras alternativas possíveis:

A: Outrem.

B: Anuncia.

C: Rubrica / pajem.

E: Recorde.

GABARITO: D.

---

03. **(2019 – TJ/SP – Administrador Judiciário)** Assinale a alternativa em que a acentuação e a grafia das palavras estão de acordo com a norma-padrão da língua portuguesa.

a) Pela fronteira, tem entrado no país muitos refugiados, e é imprecindível acolhê-los adequadamente.

b) Faltou ombridade aos dirigentes da empresa, pois eles omitiram dos sócios o récorde de vendas.

c) À excessão dos quibes, os salgados servidos na cerimônia de inauguração estavam saborosos.

d) A atendente da companhia aérea fez uma rúbrica na passagem para retificar o horário do voo.

e) Atualmente, é mister acabar com privilégios concedidos a clãs inescrupulosos.

Outras alternativas possíveis:

A: Pela fronteira, TÊM entrado ... imprescindível ...

B: Faltou HOMBRIDADE ... RECORDE.

C: À EXCEÇÃO ...

D: A atendente ... RUBRICA ...

GABARITO: E.

---

04. **(2019 – SEDUC/SP – Oficial Administrativo)**

A legião on-line

Um dos temas de "O Romance Luminoso", a obra póstuma e incrivelmente contemporânea de Mario Levrero, é o uso da internet como antidepressivo. Sem alcançar a tal experiência luminosa que lhe permitiria escrever um romance iniciado há 15 anos, o autor passa os dias em frente ao computador curtindo o fracasso. Baixa e elabora programas, joga paciência, busca *sites* ao acaso. Nas raras vezes em que desgruda da tela, recorre a outro vício: a televisão.

É um transtorno cada vez mais comum. Todo mundo conhece alguém que está sempre conectado; acorda e já olha o celular, o qual dormiu ao lado dele na cama; checa os aplicativos de cinco em cinco minutos; quando não está on-line, sente ansiedade, mau humor, angústia, tristeza. Os viciados em smartphones são uma legião.

Publicado em 2005, o livro de Levrero destaca-se não só pela atualidade mas também pelo caráter profético. A páginas tantas, o autor anota: "O mundo do computador já foi invadido pelos abjetos*, e quanto mais barato fica mais cresce a abjeção. Não porque os pobres sejam necessariamente abjetos, e sim porque as pessoas mais vivas usarão as maravilhas tecnológicas para embrutecer mais ainda os pobres".

E conclui: "A internet tem mostrado, cada vez mais claramente, para que nasceu, e, com vistas a esse objetivo, será controlada por comerciantes e estadistas". Isso nos leva, naturalmente, a pensar na relação das redes sociais com a empresa de dados políticos ligada à campanha presidencial de Donald Trump. Ou, em outro caso, sendo obrigadas a excluir contas por suspeita de fraude.

Esse cenário de disseminação de informações questionáveis – com o fim de manipular condutas –, mas que em geral têm aceitação, aprofunda mais ainda a abjeção diagnosticada por Levrero.

Que tal passar mais tempo *off-line*?

(Alvaro Costa e Silva. *Folha de S.Paulo*, 11.08.2018. Adaptado)

*Abjeto: de abjeção → ato, estado ou condição que revela alto grau de torpeza, degradação.

Na frase "... a obra **póstuma** e incrivelmente **contemporânea**...", os termos destacados recebem acentuação gráfica em conformidade com as mesmas regras observadas para acentuação, respectivamente, dos seguintes termos:

a) legião; proféticos.

b) angústia; alguém.

c) tecnológicas; experiência.

d) também; paciência.

e) páginas; está.

Póstuma = palavra proparoxítona.

Contemporânea = palavra paroxítona terminada em ditongo crescente.

A justificativa para a acentuação gráfica das palavras mencionadas só volta a ocorrer na alternativa C.

GABARITO: C.

---

05. **(2018 – Câmara de Nova Odessa/SP – Assistente Legislativo)** Assinale a alternativa que preenche, correta e respectivamente, as lacunas do texto a seguir, conforme a norma-padrão da língua portuguesa.

Frequentemente ________________, as opiniões manifestadas em redes sociais não raro ________________ inapropriadas. A falta de critério é uma constante, resultando na disseminação de conteúdos muitas vezes ________________ a determinadas pessoas ou a certos grupos que, quando muito ________________ para distrair, sem qualquer outra utilidade.

a) insipida ... mostra-se ... ofensivos ... serve

b) insípidas ... mostram-se ... ofensivos .... servem

c) insípidos ... mostra-se ... ofensivos ... servem

d) insípidas ... mostram-se ... ofensivo ... serve

e) insípida ... mostram-se ... ofensivo ... servem

INSÍPIDAS / MOSTRAM-SE (as opiniões manifestadas) / OFENSIVOS (conteúdos / SERVEM (conteúdos ofensivos).

GABARITO: B.

---

06. **(2018 – PC/SP – Agente de Telecomunicações Policial)** Assinale a alternativa em que as palavras estão acentuadas obedecendo à mesma regra que determina a acentuação, respectivamente, das palavras "vários" e "análogas".

a) Dívidas; há.

b) Josés; água.

c) Antônios; multiétnica.

d) Deploráveis; inclassificável.

e) País; máxima.

VÁRIOS = palavra paroxítona terminada em ditongo crescente.

ANÁLOGAS = palavra proparoxítona.

A justificativa para o acento gráfico nas palavras citadas é a mesma para as palavras da alternativa C.

GABARITO: C.

VERBO

07. **(2020 – Câmara de Boituva/SP – Agente Legislativo)** Leia o texto para responder à questão.

Noite de autógrafos

Escritores, principalmente de ficção, mentem muito – ou não seriam escritores de ficção. Mas ninguém mente mais que escritores em campanha de lançamento de um livro, não importa o gênero. A noite de autógrafos, por exemplo, é um terreno fértil para tal autor delirar e sair dizendo, no dia seguinte, que assinou muito mais livros do que os modestos 15 ou 20 que autografou na vida real.

Minha história favorita é a da bela romancista bissexta que, há anos, teria autografado 2000 livros de uma sentada, numa livraria em São Paulo. Já com uma certa prática na matéria, fiz os cálculos. Dois mil livros? Vamos supor que a autora tenha recebido cada leitor à mesa, aceitado o seu beijo, trocado com ele uma única e simpática frase, deixado fotografar-se abraçada ao dito, escrito algo bem simples, assinado, devolvido o livro, aceitado outro beijo e dito tchau – e tudo isso em 1 minuto cravado.

Significa que os 2000 livros lhe terão tomado 2000 minutos. Ou seja, ela ficou sentada por 33 horas e 20 minutos, assinando sem parar. Nem os megassellers* americanos que aportam aqui e carimbam os livros em vez de assiná-los conseguiriam tal proeza.

Já o autor mais consciencioso, em meio à sessão, dá uma espiada na fila, constata que ela está muito comprida e tenta apressar o processo. Mas nem sempre é possível, porque quem vai a tais eventos quer mais que um autógrafo – quer também trocar uma palavra com o autor e sentir, ao vivo, se ele se parece com o que escreve.

É um momento bonito esse encontro do escritor com seus leitores. E não importa que tenha sido uma noite de 15 ou 20 autógrafos – ou de imaginários 2000.

(Ruy Castro. A arte de querer bem. Rio de Janeiro: Estação Brasil, 2018, p. 59-60)

A ideia presente na expressão verbal destacada na passagem "Minha história favorita é a da bela romancista bissexta que, há anos, teria autografado 2000 livros..." também pode ser corretamente identificada na expressão verbal destacada em:

a) ... é um terreno fértil para tal autor delirar e sair dizendo, no dia seguinte, que assinou muito mais livros...

b) Ou seja, ela ficou sentada por 33 horas e 20 minutos, assinando sem parar.

c) ... americanos que aportam aqui e carimbam os livros em vez de assiná-los conseguiriam tal proeza.

d) ... dá uma espiada na fila, constata que ela está muito comprida e tenta apressar o processo.

e) ... quer também trocar uma palavra com o autor e sentir, ao vivo, se ele se parece com o que escreve.

No enunciado a forma verbal destacada apresenta um POSSIBILIDADE.

Essa ideia só volta a aparecer na alternativa C.

GABARITO: C.

08. **(2020 – AVAREPREV–SP – Técnico Previdenciário)**

(Chargista Duke. https://www.otempo.com.br)

No enunciado "Éramos nove milhões. Agora somos 13,5 milhões de miseráveis!", a relação de tempo verbal estabelecida entre as formas destacadas também está presente na frase a seguir, que atende à norma–padrão:

a) Antigamente teve nove milhões. Agora é 13,5 milhões de miseráveis!

b) Antigamente havia nove milhões. Agora são 13,5 milhões de miseráveis!

c) Antigamente haviam nove milhões. Agora tem 13,5 milhões de miseráveis!

d) Antigamente houveram nove milhões. Agora existem 13,5 milhões de miseráveis!

e) Antigamente tinha nove milhões. Agora existe 13,5 milhões de miseráveis!

A relação entre pretérito imperfeito do indicativo (ÉRAMOS) e presente do indicativo (É) volta a aparecer na alterna B.

Corrigindo as outras alternativas:

a) TIVERAM – SÃO.

c) HAVIA – TÊM.

d) HOUVE – EXISTEM.

e) TINHAM – EXISTEM.

GABARITO: B.

09. **(2020 – FITO – Analista de Gestão – Biblioteca)** Leia o texto para responder à questão.

Pai do vício nas telas agora quer oferecer a cura

Quase 80% dos usuários de smartphones checam seus celulares nos primeiros 15 minutos depois de acordar. E a tendência é só piorar, diz Nir Eyal, professor de Stanford e consultor especializado em ajudar empresas de tecnologia a tornar seus produtos mais viciantes. Nesse mercado, ele afirma que "as empresas que vencem são aquelas que conseguem inventar os produtos mais grudentos".

Eyal esclarece que as empresas criaram o processo de fisgar pessoas, de jogar o anzol, acionando quatro passos básicos. Começa com um gatilho, algo que diz ao usuário o que fazer, podendo ser externo ou interno. No Facebook, por exemplo, seria uma notificação que chama atenção para o que está acontecendo na rede. Isso leva ao segundo passo, a ação, algo que o usuário faz em busca de uma recompensa. Ele vai abrir o aplicativo, checar a notificação e começar a ler seu "feed" de notícias. O terceiro passo é a recompensa variável. O psicólogo americano B.F. Skinner mostrou que, quando uma recompensa é dada sem que possa ser prevista, a ação se torna mais frequente. E, então, chega-se à fase do investimento: quando o consumidor usa o produto de forma a aumentar a probabilidade de voltar a usá-lo.

Eyal admite que depois de um tempo, as empresas nem precisam mais de gatilhos externos. Em vez disso, eles começam a acontecer por causa dos gatilhos internos, associações na mente do usuário. Quando você está entediado, entra no YouTube, se se sente sozinho, abre o Facebook, se tem uma dúvida, checa o Google. Geralmente, são os sentimentos negativos que fazem as pessoas voltarem.

Agora, Eyal começa a pensar em um método para reverter o vício e ele não está sozinho. Antigos executivos do Facebook e WhatsApp tornaram-se críticos da tecnologia. Eles criaram o vício e agora querem oferecer a cura. Mas para isso acontecer é preciso que os consumidores entendam como sentimentos ruins, como tédio ou solidão, são manipulados para mantê-los fiéis a essas empresas. "Quero que as pessoas pensem em formas de ganhar mais controle de suas vidas, em vez de serem controladas pela tecnologia", arremata Eyal.

(www1.folhauol.com.br.Adaptado, acessado em 13.10.2019)

Assinale a alternativa que completa, correta e respectivamente, as lacunas da frase, de acordo com a conjugação verbal.

Se o usuário se ___________ fiel às empresas, é improvável que se ___________ contra o vício e ___________ controle sobre sua vida.

a) mantiver... previna... exerça

b) mantém... previne... exerce

c) mantiver... previna... exerce

d) mantém... previne... exerça

e) mantenha... previne... exerça

Os verbos empregados expressam dúvida, incerteza. Sendo assim, o modo verbal deve ser o subjuntivo.

Observando as formas verbais que não se encontram no modo subjuntivo:

MANTÉM : presente do indicativo.

PREVINE : presente do indicativo.

EXERCE : presente do indicativo.

GABARITO: A.

PRONOMES

10. **(2020 – EBSERH – Assistente Social)** Leia o texto para responder à questão.

Pensamentos, como cabelos, também acordam despenteados. Naquela faixa-zumbi que vai em slow motion, desde sair da cama, abrir janelas, avaliar o tempo e calçar chinelos até o primeiro jato da torneira – feito fios fora de lugar, emaranham-se, encrespam-se, tomam direções inesperadas. Com água, pão, pente, você disciplina cabelos. E pensamentos? Que nem são exatamente pensamentos, mas memórias, farrapos de sonho, um rosto, premonições, fantasias, um nome. E às vezes também não há água, mão, nem pente, gel ou xampu capazes de domá-los. Acumulando-se cotidianas, as brutalidades nossas de cada dia fazem pouco a pouco alguns recuar – acuados, rejeitados – para as remotas regiões de onde chegaram. Outros, como cabelos rebeldes, renegam-se a voltar ao lugar que (com que direito) determinamos para eles. Feito certas crianças, não se deixam engambelar assim por doce ou figurinha.

Pensamentos matinais, desgrenhados, são frágeis como cabelos finos demais que começam a cair. Você passa a mão, e ele já não está ali – o fio. No travesseiro sempre restam alguns, melhor não olhar para trás: vira-se estátua de cinza. Compacta, mas cinza. Basta um sopro. Pensamentos matinais, cuidado, são alterados feito um organismo mudando de fuso horário. Não deveria estar ali naquela hora, mas está. Não deveria sentir fome às três da tarde, mas sente. Não deveria sentir sono ao meio-dia, mas. Pensamentos matinais são um abrupto mas com ponto-final a seguir. Perigosíssimos. A tal ponto que há o risco de não continuar depois do que deveria ser curva amena, mas tornou-se abismo.

(Caio Fernando Abreu, "Lição para pentear cabelos matinais". Pequenas epifanias, 2014. Adaptado)

Na passagem – Você passa a mão, e ele já não está ali – o fio. –, o narrador explicita o referente do pronome "ele" para que o leitor não o confunda com:

a) dia.

b) lugar.

c) cabelo.

d) travesseiro.

e) pensamento.

Comentário: o autor compara os pensamentos a cabelos. Para não haver dúvida, ao empregar o pronome ELE, esclarece a que se refere: ao fio (e não ao pensamento).

GABARITO: E.

Descanso ensurdecedor

Uma explicação evolucionista para a qualidade contagiosa dos bocejos reza que eles servem para sincronizar o ciclo de sono e vigília em grupos humanos, desde o tempo das cavernas. Numa cidade de 12 milhões de habitantes, há muito isso se tornou impossível.

Nessa megamultidão sempre haverá notívagos e madrugadores, os que podem dispor da noite para divertir-se e os que precisam padecer horas a fio em meios de transporte para chegar ao trabalho.

Sem chance de coordenar suas atividades, resta torná-las compatíveis por meio de regras de convivência, e compete ao poder público garantir seu cumprimento.

Dormir bem, afinal, constitui direito do cidadão. O sono é imprescindível para recuperar o corpo de fadigas e até para a mente fixar coisas aprendidas durante o dia, mas quem consegue adormecer e descansar na metrópole barulhenta?

Poucos saberão, mas vigora em território paulistano uma norma que estipula o máximo de 60-65 decibéis de ruído no período diurno e 50-55 no noturno, a depender da classificação urbana da área.

O limiar legal para a madrugada fica pouco acima do volume recomendado pela Organização Mundial da Saúde (OMS), 40 decibéis, o equivalente a uma conversa em voz baixa.

A iniciativa Mapa do Ruído, por exemplo, já mediu 92 decibéis em ruas do Brás. O munícipe conta com um serviço de denúncias e reclamações da prefeitura, pelo telefone 156, mas as 440 multas aplicadas neste ano pelo programa Psiu não parecem surtir muito efeito.

Considere-se o bairro de Santa Cecília, primeiro no ranking das queixas. Só em 2019 acumularam-se 595 reclamações. As próximas vítimas do descaso ensurdecedor são os moradores de Pinheiros, que fizeram 511 denúncias neste ano.

A gastronomia e a vida noturna de São Paulo constituem um patrimônio cultural da metrópole, não se discute. Há que fiscalizar e punir com mais rigor, no entanto, quem as utiliza como álibi para perturbar o sono alheio.

(Editorial. Folha de S.Paulo, 27.11.2019. Adaptado)

11. **(2020 – EBSERH – Assistente Social)** Assinale a alternativa que atende à norma-padrão de regência e de emprego de pronome relativo.

a) Vigora em São Paulo uma norma na qual se determina o máximo de 60-65 decibéis de ruído no período diurno e 50-55 no noturno.

b) Vigora em São Paulo uma norma à qual se impõe o máximo de 60-65 decibéis de ruído no período diurno e 50-55 no noturno.

c) Vigora em São Paulo uma norma que se estabelece o máximo de 60-65 decibéis de ruído no período diurno e 50-55 no noturno.

d) Vigora em São Paulo uma norma aonde se prescreve o máximo de 60-65 decibéis de ruído no período diurno e 50-55 no noturno.

e) Vigora em São Paulo uma norma em cuja se firma o máximo de 60-65 decibéis de ruído no período diurno e 50-55 no noturno.

O pronome relativo retoma a ideia do termo anterior NORMA. Podemos, então, empregar QUE ou A QUAL. Na oração iniciada pelo pronome relativo encontramos a seguinte regência: determina ALGO (o máximo 60-65 decibéis) EM QUÊ? (em a norma).

Pode-se, portanto, utilizar EM QUE / NA QUAL.

Outras alternativas:

b) NA QUAL

c) EM QUE

d) EM QUE

e) EM QUE

GABARITO: A.

Pai do vício nas telas agora quer oferecer a cura

Quase 80% dos usuários de smartphones checam seus celulares nos primeiros 15 minutos depois de acordar. E a tendência é só piorar, diz Nir Eyal, professor de Stanford e consultor especializado em ajudar empresas de tecnologia a tornar seus produtos mais viciantes. Nesse mercado, ele afirma que "as empresas que vencem são aquelas que conseguem inventar os produtos mais grudentos".

Eyal esclarece que as empresas criaram o processo de fisgar pessoas, de jogar o anzol, acionando quatro passos básicos. Começa com um gatilho, algo que diz ao usuário o que fazer, podendo ser externo ou interno. No Facebook, por exemplo, seria uma notificação que chama atenção para o que está acontecendo na rede. Isso leva ao segundo passo, a ação, algo que o usuário faz em busca de uma recompensa. Ele vai abrir o aplicativo, checar a notificação e começar a ler seu "feed" de notícias. O terceiro passo é a recompensa variável. O psicólogo americano B.F. Skinner mostrou que, quando uma recompensa é dada sem que possa ser prevista, a ação se torna mais frequente. E, então, chega-se à fase do investimento: quando o consumidor usa o produto de forma a aumentar a probabilidade de voltar a usá-lo.

Eyal admite que depois de um tempo, as empresas nem precisam mais de gatilhos externos. Em vez disso, eles começam a acontecer por causa dos gatilhos internos, associações na mente do usuário. Quando você está entediado, entra no YouTube, se se sente sozinho, abre o Facebook, se tem uma dúvida, checa o Google. Geralmente, são os sentimentos negativos que fazem as pessoas voltarem.

Agora, Eyal começa a pensar em um método para reverter o vício e ele não está sozinho. Antigos executivos do Facebook e WhatsApp tornaram-se críticos da tecnologia. Eles criaram o vício e agora querem oferecer a cura. Mas para isso acontecer é preciso que os consumidores entendam como sentimentos ruins, como tédio ou solidão, são manipulados para mantê-los fiéis a essas empresas. "Quero que as pessoas pensem em formas de ganhar mais controle de suas vidas, em vez de serem controladas pela tecnologia", arremata Eyal.

(www1.folhauol.com.br.Adaptado, acessado em 13.10.2019)

12. **(2020 – FITO – Analista de Gestão – Biblioteca)** Assinale a alternativa correta quanto ao emprego do acento indicativo da crase nas duas primeiras lacunas e do pronome pessoal na última, de acordo com a norma-padrão.

As empresas jogam o anzol, fisgam as pessoas, que se entregam docilmente _______ redes e, passo________ passo, vão oferecendo _________ recompensas.

a) as... a... a elas

b) as... a... -nas

c) as... à... -lhes

d) às... a... -lhes

e) as... à... nas

Quem se entrega, entrega-se "A" algo. A preposição A veio para a frente do substantivo feminino no plural REDES (podendo receber o artigo AS ou não). Pela presença do S (índice de pluralidade) sabemos que o artigo foi utilizado = A + AS = ÀS

Não ocorre a crase entre palavras repetidas – passo "A" passo.

Quem oferece, oferece ALGO (recompensas) A ALGO ou A ALGUÉM (objeto indireto = LHES).

GABARITO: D.

(2020 – EBSERH – Advogado) Leia o texto para responder à questão.

Filho

Não existe isso que chamam de reprodução. Quando duas pessoas decidem ter um bebê, elas se envolvem em um ato de "produção", e o uso generalizado da palavra "reprodução" para essa atividade, com a implicação de que duas pessoas estão quase se trançando juntas, é na melhor das hipóteses um eufemismo para confortar os futuros pais antes que se metam em algo que não podem controlar. Nas fantasias subconscientes que fazem a concepção parecer tão sedutora, muitas vezes é nós mesmos que gostaríamos de ver viver para sempre, e não alguém com uma personalidade própria. Tendo previsto a marcha para a frente de nossos genes egoístas, muitos de nós não estamos preparados para filhos que apresentam necessidades desconhecidas. A paternidade nos joga abruptamente em uma relação permanente com um estranho, e quanto mais alheio o estranho, mais forte a sensação de negatividade. Contamos com a garantia de ver no rosto de nossos filhos que não vamos morrer. Filhos cuja característica definidora aniquila a fantasia da imortalidade são um insulto em particular: devemos amá-los por si mesmos, e não pelo melhor de nós mesmos neles, e isso é muito mais difícil de fazer. Amar nossos próprios filhos é um exercício para a imaginação.

Mas o sangue, tanto na sociedade moderna como nas antigas, fala mais alto. Pouca coisa é mais gratificante do que filhos bem-sucedidos e dedicados, e poucas situações são piores do que o fracasso ou a rejeição filial. Na medida em que nossos filhos se parecem conosco, eles são nossos admiradores mais preciosos, e, na medida em que são diferentes, podem ser os nossos detratores mais veementes. Desde o início, nós os instigamos a nos imitar e ansiamos pelo que talvez seja o elogio mais profundo da vida: o fato de eles escolherem viver de acordo com nosso sistema de valores. Embora muitos de nós sintam orgulho por ser diferentes dos pais, ficamos infinitamente tristes ao ver como nossos filhos são diferentes de nós.

(Andrew Solomon. Longe da árvore: pais, filhos e a busca da identidade, 2013. Adaptado)

13. **(2020 – EBSERH – Advogado)** Assinale a alternativa que completa, correta e respectivamente, as lacunas nos trechos a seguir.

"Nas fantasias subconscientes ________ tornam a concepção tão sedutora..."

"... um eufemismo para confortar os futuros pais antes que se metam em uma situação ______ não podem escapar."

a) às quais, de que

b) que, em que

c) as quais, que

d) que, de que

e) às quais, da qual

O pronome relativo retoma a ideia do termo anterior (fantasias subconscientes).

Sendo assim, podemos empregar QUE ou AS QUAIS.

Na oração iniciada pelo pronome relativo percebemos a seguinte regência: quem não pode escapar, não pode escapar DE algo ou DE alguém (DE QUE / DA QUAL).

GABARITO: D.

14. **(2019 – UNICAMP – Profissional para Assuntos Administrativos)** Leia o texto para responder à questão.

Hostil mundo novo

Você já passou por isso. Nas últimas semanas, tenho sido torturado por computadores que ligam e desligam sozinhos, mouses travados, "reiniciações" lentas e outras deliciosas avarias. Ligo para o técnico e ele me instrui a ligar e desligar este ou aquele botão da torre, "usar o aplicativo" ou ficar de quatro, meter-me debaixo da mesa e desplugar tudo da parede, esperar cinco minutos e plugar de novo. Naturalmente, não dá certo.

Nem pode dar. Em jovem, sobrevivi aos zeros em matemática, física, estatística e outras ciências do diabo, e me concentrei apenas no que me interessava: português, história e línguas. Desde então, passei a vida profissional a bordo de um único veículo – a palavra. Com ela, tenho me virado em jornais, revistas, editoras de livros, rádios, TVs, auditórios, salas de aula e outros cenários onde a palavra seja chamada a dirimir dúvidas ou dinamitar certezas.

De repente, várias eras geológicas depois, em idade de não querer aprender mais nada, a tecnologia exige que eu me torne engenheiro eletrônico.

Cada vez mais funções dispensam o papel, a ida pessoal ao banco ou a conversa "presencial". Para reinstalar a internet no computador, tenho de ligar um cabo enfiado na televisão. Desbloquear um cartão de crédito exige saber extrair uma raiz quadrada. A vida agora é online e cabe no bolso, mas, diante daquele inferno de teclas, plugues e botões sem sentido, pode-se perder tudo se digitar algo errado.

A tecnologia tornou o mundo hostil para os que não conseguem acompanhá-la. É verdade que ela não pode parar por causa de meia dúzia de macróbios incapazes de se atualizar. Acontece que, nós, os macróbios, não somos meia dúzia. Somos milhões e, graças à ciência e a nós mesmos, estamos ameaçados de viver até os cem anos. Pois, se for para chegar lá, que seja para continuar usando algo mais nobre do que apenas os polegares.

(Ruy Castro. *Folha de S. Paulo*. Disponível em: https://www1.folha.uol.com.br/colunas/ruycastro/ 2018/10/ hostil-mundo-novo.shtml. Publicado em 28.10.2018)

Os termos destacados nas frases – "De repente, várias eras geológicas **depois**..." / "... que seja para continuar usando algo **mais** nobre..." – expressam circunstâncias, respectivamente, de:

a) modo e tempo.

b) intensidade e dúvida.

c) dúvida e modo.

d) afirmação e dúvida.

e) tempo e intensidade.

A classificação específica de um pronome é de acordo com a circunstância que ele expressa.

A leitura atenta dos períodos permite-nos constatar que o primeiro advérbio (DEPOIS) indica a ideia de tempo, e o segundo (MAIS), de intensidade.

GABARITO: E.

Morfologia

15. **(2018 – UFTM – Assistente em Administração)**

(Politicopatas. Em: *Folha de S.Paulo*. 27.10.2018)

Nas falas do primeiro quadrinho "Atrasado de novo?" e "Tô com meu tênis novo!", a palavra "novo" está empregada, correta e respectivamente, em uma:

a) locução adverbial com valor de tempo e como adjetivo.

b) locução adjetiva e como advérbio.

c) locução adverbial com valor de modo e como substantivo.

d) locução adjetiva e como substantivo.

e) locução adverbial com valor de afirmação e como adjetivo.

A expressão DE NOVO traz ao adjetivo uma circunstância, portanto locução adverbial (tempo), e a palavra NOVO transmite ao substantivo tênis uma característica por meio de uma qualidade, portanto adjetivo.

GABARITO: A.

---

16. **(2018 – Câmara de Nova Odessa/SP – Assistente Legislativo)** Leia o texto para responder à questão.

Tuíto, logo existo

Não tenho Twitter nem estou no Facebook. A Constituição me permite isso. Todavia, há no Twitter um falso perfil meu, assim como de muitas pessoas. Certa vez uma senhora me disse com o olhar cheio de reconhecimento que sempre me lê no Twitter e que já interagiu muitas vezes comigo, para seu grande proveito intelectual. Tentei explicar que se tratava de um falso eu, mas ela olhou para mim como se estivesse dizendo que eu não sou eu. Se estava no Twitter, eu existia. Tuíto, logo existo.

Não me preocupei em convencê-la porque, a despeito do que a senhora pensasse de mim, essa história não mudaria a história do mundo – aliás não mudaria sequer a minha própria história pessoal.

A irrelevância das opiniões expressas no Twitter é que todos falam, e entre estes todos há quem acredite nas coisas mais insensatas. Falam de tudo e mais alguma coisa, um contradiz o outro e todos juntos não dão uma ideia do que pensam as pessoas, mas apenas do que pensam certos pensadores desarvorados.

O Twitter é igual ao bar da esquina de qualquer cidadezinha ou periferia. Falam o idiota da aldeia, o pequeno proprietário que se considera perseguido pela receita, o médico do interior amargurado por não ter conseguido o diploma de uma grande universidade, o passante que já bebeu todas. Mas tudo se consome ali mesmo: os bate-bocas no bar nunca mudaram a política internacional. No geral, o que a maioria das pessoas pensa é apenas um dado estatístico no momento em que, depois de refletir, cada um vota – e vota pelas opiniões emitidas por outro alguém.

Assim, o éter da internet é atravessado por opiniões irrelevantes, mesmo porque não é possível expressar magistralmente ideias em menos de cento e quarenta caracteres*.

(Umberto Eco. *Pape satàn aleppe*: Crônicas de uma sociedade líquida. Editora Record, Rio de Janeiro: 2017. Adaptado)

* antigo limite de caracteres para postagem de mensagens no Twitter

O termo em destaque na frase – ... o médico do interior amargurado **por** não ter conseguido o diploma de uma grande universidade... – expressa ideia de:

a) causa.

b) modo.

c) oposição.

d) ausência.

e) finalidade.

As preposições transmitem um sentido para as palavras que unem. Ao lermos o período percebemos que a ideia é a de CAUSA.

GABARITO: A.

---

17. **(2018 – Prefeitura de Ferraz de Vasconcelos/SP – Professor de Educação Básica I)** Leia o texto para responder à questão.

Empatia: a arte de se colocar no lugar do outro

Certamente a empatia não é uma habilidade fácil de se colocar em prática. Além de as relações humanas serem complexas, há o fato de o individualismo ser uma característica cada vez mais recorrente, em razão da escassez de tempo das pessoas para se preocupar com o próximo. A empatia, caso você não saiba, é a capacidade de se colocar no lugar do outro, de entendê-lo, de tentar compreender o que se passa em sua mente não a partir da nossa perspectiva, mas tentando pensar como ele, com as suas crenças e valores, e imaginando se teríamos a mesma atitude se estivéssemos na situação dele.

De qualquer forma, com uma coisa todo mundo concorda: a empatia é um antídoto poderoso para esses tempos de individualismo e uma ferramenta eficaz para uma vida melhor.

"Ver o mundo conectado no olhar do outro facilita a comunicação, cria laços, fortalece, promove a solidariedade e permite aprender com a experiência do outro", diz a psicoterapeuta Socorro Leite. Se você deseja se relacionar saudavelmente, precisa aceitar e compreender os sentimentos e emoções das outras pessoas. "Essa conduta nos leva a agir com mais respeito, lealdade, transparência e generosidade. Afinal, todos queremos um mundo mais pacífico, justo, colaborativo e sustentável", ressalta.

Mas por que algumas pessoas têm a capacidade de se colocar no lugar dos outros enquanto outras não? A falta de empatia pode ser ocasionada pela falta de carinho e atenção ao longo da vida.

Segundo pesquisa de uma universidade norte-americana, o brasileiro não está entre os povos mais empáticos do mundo. O Brasil ficou em 51º lugar na lista entre os 63 países pesquisados. A boa notícia é que a empatia pode ser aprendida. Graças à maleabilidade dos circuitos neurais do nosso cérebro, a chamada neuroplasticidade, a tendência de empatia e compaixão do cérebro nunca é fixa; ou seja, é possível reprogramá-lo para que seja mais compreensivo em pequenas escolhas do dia a dia.

(Gisele Bortoleto, *Revista Be Bem-estar*, 20-05-2018. Adaptado)

Para responder a esta questão, considere a seguinte passagem:

Se você deseja se relacionar saudavelmente, precisa aceitar e compreender os sentimentos e emoções das outras pessoas.

A alternativa que identifica o sentido da conjunção que inicia o trecho destacado e o reescreve corretamente, preservando o sentido original, é:

a) Concessão: Embora você deseje ...

b) Tempo: Desde que você deseja ...

c) Condição: Caso você deseje ...

d) Causa: Como você deseja ...

e) Conclusão: Portanto você deseja ...

As conjugações recebem uma classificação de acordo com o sentido que transmitem à oração que, normalmente, iniciam.

Ao lermos o período dado, verificamos que a ideia é de condição.

GABARITO: C.

---

18. **(2018 – PC/SP – Auxiliar de Papiloscopista Policial)** Leia o texto para responder à questão.

O padeiro

Levanto cedo, ponho a chaleira no fogo para fazer café e abro a porta do apartamento – mas não encontro o pão costumeiro. No mesmo instante me lembro de ter lido alguma coisa nos jornais da véspera sobre a "greve do pão dormido" – uma greve dos patrões, que suspenderam o trabalho noturno; acham que obrigando o povo a tomar seu café da manhã com pão dormido conseguirão não sei bem o quê do governo.

Está bem. E enquanto tomo meu café vou me lembrando de um homem modesto que conheci antigamente. Quando vinha deixar o pão à porta do apartamento ele apertava a campainha, mas, para não incomodar os moradores, avisava gritando:

– Não é ninguém, é o padeiro!

Interroguei-o uma vez: como tivera a ideia de gritar aquilo?

"Então você não é ninguém?"

Ele abriu um sorriso largo. Explicou que aprendera aquilo de ouvido. Muitas vezes lhe acontecera bater a campainha de uma casa e ser atendido por uma empregada ou outra pessoa qualquer, e ouvir uma voz que vinha lá de dentro perguntando quem era; e ouvir a pessoa que o atendera dizer para dentro: "não é ninguém, não senhora, é o padeiro". Assim ficara sabendo que não era ninguém...

Ele me contou isso sem mágoa nenhuma, e se despediu ainda sorrindo. Eu preferi não o deter para explicar que estava falando com um colega, ainda que menos importante. Naquele tempo eu também, como os padeiros, fazia o trabalho noturno. Era pela madrugada que deixava a redação de jornal – e muitas vezes saía já levando na mão um dos primeiros exemplares rodados, o jornal ainda quentinho da máquina, como pão saído do forno.

Ah, eu era rapaz, eu era rapaz naquele tempo! E às vezes me julgava importante porque no jornal que levava para casa, além de reportagens ou notas que eu escrevera sem assinar, ia uma crônica ou um artigo em meu nome. O jornal e o pão estariam bem cedinho na porta de cada lar; e dentro do meu coração eu recebi a lição de humildade daquele homem entre todos útil e entre todos alegre; "não é ninguém, é o padeiro!"

E assobiava pelas escadas.

(Rubem Braga. *Para gostar de ler.* Vol. 1 – crônicas. São Paulo: Ática, 1979. Adaptado)

Considere as frases:

• Ele me contou isso sem mágoa nenhuma, e se despediu ainda sorrindo. • ... estava falando com um colega, ainda que menos importante.

As expressões em destaque nas frases exprimem, respectivamente, ideia de:

a) inclusão; comparação.

b) tempo; concessão.

c) modo; finalidade.

d) adição; conclusão.

e) modo; condição.

A questão cobra apenas atenção quanto à leitura.

Nota-se que o termo AINDA expressa o sentido de tempo e a expressão AINDA QUE, a circunstância de concessão.

GABARITO: B.

---

19. **(2018 – PC/SP – Auxiliar de Papiloscopista Policial)** Leia a tira para responder à questão.

* Meme: imagem, informação, ideia, vídeo, etc., que se espalha rapidamente pela internet, geralmente com tom de sátira ou humor.

(André Dahmer. *Quadrinhos dos anos 10*. Quadrinhos na Cia, 2016)

O termo destacado na frase "Até o meme de amanhã." expressa circunstância de:

a) tempo.

b) modo.

c) inclusão.

d) afirmação.

e) intensidade.

No terceiro quadrinho, está evidente que o termo ATÉ expressa a ideia de tempo.

GABARITO: A.

---

20. **(2018 – PC/SP – Auxiliar de Papiloscopista Policial)** Leia o texto para responder à questão.

O aspecto mais perverso da brutal recessão de 2014–16 – e da lenta recuperação que a sucedeu até agora – é o custo desproporcional imposto aos mais pobres.

Como primeiro impacto, o fechamento de vagas no mercado de trabalho e a queda da renda reverteram uma trajetória de avanços sociais que já completava uma década. Durante o longo ciclo de retração, a taxa de desemprego subiu de 6,5% para 13,7%, ou, dito de outro modo, 5,9 milhões de pessoas perderam seus postos de trabalho.

A retomada do crescimento econômico, iniciada no ano passado, tem se mostrado tímida e, embora a desocupação tenha caído um pouco, a qualidade das vagas geradas deixa a desejar.

Não surpreende, pois, que os dados mais recentes da Pesquisa Nacional por Amostra de Domicílios (Pnad) do IBGE mostrem um quadro deteriorado.

A partir deles, a consultoria LCA calculou que em 2017 a pobreza extrema se elevou em 11%. Conforme os números publicados pelo jornal *Valor Econômico*, 14,8 milhões de brasileiros são miseráveis – considerando uma linha de R$ 136 mensais. O Nordeste abriga 55% desse contingente.

Embora não se possa afirmar com certeza, uma vez que o IBGE alterou a metodologia da Pnad e ainda não divulgou as novas séries históricas, é plausível que também a exorbitante desigualdade social brasileira tenha aumentado com a recessão.

(Miséria brasileira, editorial. *Folha de S.Paulo.* 14.04.2018. Adaptado)

Considere o último parágrafo do texto para responder à questão.

Embora não se possa afirmar com certeza, uma vez que o IBGE alterou a metodologia da Pnad e ainda não divulgou as novas séries históricas, é plausível que também a exorbitante desigualdade social brasileira tenha aumentado com a recessão.

A expressão "uma vez que", em destaque, estabelece entre as frases relação com sentido de:

a) conclusão.

b) conformidade.

c) condição.

d) causa.

e) oposição.

Com relação às frases posteriores, verificamos que a expressão uma vez que transmite a ideia de CAUSA.

GABARITO: D.

---

21. **(2018 – PC/SP – Papiloscopista Policial)** Leia a tira para responder à questão.

(Bill Watterson, Calvin e Haroldo. http://cultura.estadao.com.br/galerias)

No 3º quadrinho, nas três ocorrências, o sentido da preposição "sem" e o das expressões que ela forma são, respectivamente, de:

a) negação e causa.

b) adição e condição.

c) ausência e modo.

d) falta e consequência.

e) exceção e intensidade.

A preposição indica a ideia de AUSÊNCIA e as expressões que ela forma revelam o sentido de MODO.

GABARITO: C.

Leia o texto para responder às duas próximas questões.

Mal-estar

Causa inquietude a situação do mercado de trabalho desde o final do ano passado, conforme observada nas pesquisas mais recentes do IBGE. Os números decepcionantes acentuam as dúvidas em torno da força e da persistência da retomada do crescimento econômico.

A atividade no início deste ano se mostra, em geral, fraca. Em abril, os índices de confiança de consumidores e empresas ou ficaram estagnados ou regrediram. Compreende-se a reticência, dados os indicadores do mundo do emprego.

O poder de compra dos salários começou a se recuperar no ano passado, mas a melhora perde ritmo. No primeiro trimestre, o rendimento médio do país não passou de R$ 2.169 mensais – o mesmo valor do mesmo período de 2017, considerada a inflação.

Descontados efeitos sazonais, a taxa de desocupação não cai desde setembro do ano passado.

A oferta de empregos permanece precária, baseada em vagas sem carteira assinada e trabalho por conta própria, na maior parte dos casos, informal e mal remunerado.

As taxas de juros bancárias estão em níveis semelhantes ou superiores aos verificados no final de 2017. A tímida evolução dos rendimentos pode ter influência da estagnação do salário-mínimo. O desempenho da agricultura, ainda bom, não iguala os resultados extraordinários do início do ano passado.

A construção civil não conseguiu se recuperar e ainda desemprega. Os investimentos no setor deixaram de cair apenas no final do ano passado. Não há dados mais recentes, mas sabe-se que faltam novos canteiros de obras devido, em grande parte, à penúria orçamentária em todos os níveis de governo.

Os indicadores de confiança econômica detectaram ligeiro aumento do pessimismo em relação aos próximos meses.

Ressalte-se que ainda existe crescimento, com taxa esperada entre 2,5% e 3% neste ano. De todo modo, neste momento é inegável o mal-estar na recuperação econômica.

(*Folha de S.Paulo*, 30.04.2018. Adaptado)

22. **(2018 – PC/SP – Papiloscopista Policial)** Na frase que inicia o 7º parágrafo – A construção civil não conseguiu se recuperar **e** ainda desemprega. –, além do sentido de adição, a conjunção "e" expressa também sentido de:

a) condição.
b) consequência.
c) alternância.
d) causa.
e) explicação.

A conjunção E, no período em que foi empregada, além do sentido de ADIÇÃO indica também a CONSEQUÊNCIA do que foi citado anteriormente.

GABARITO: B.

23. **(2018 – PC/SP – Papiloscopista Policial)** Nos trechos "Os números **decepcionantes** acentuam as dúvidas..." (1º parágrafo) e "A **tímida** evolução dos rendimentos..." (6º parágrafo), os adjetivos destacados reportam à ideia de:

a) retomada econômica vivida pelo país, a qual é repetida e contestada com a frase do 7º parágrafo: "A construção civil não conseguiu se recuperar e ainda desemprega".
b) esperança para a economia do país, a qual é resumida e confirmada com a frase que inicia o último parágrafo: "Ressalte-se que ainda existe crescimento...".
c) viabilidade econômica do país, a qual é reiterada e explicada com a frase do 7º parágrafo: "... devido [...] à penúria orçamentária em todos os níveis de governo...".
d) dificuldades econômicas vividas pelo país, a qual é reiterada e ratificada no final do texto com a frase "... é inegável o mal-estar na recuperação econômica".
e) estagnação econômica do país, a qual é retomada e contradita com a frase do 8º parágrafo: "Os indicadores de confiança econômica detectaram ligeiro aumento do pessimismo...".

Ao relacionarmos as ideias encontradas nos parágrafos 1º e 6º, percebemos que entre elas ocorre o que é citado na alternativa D.

GABARITO: D.

24. **(2018 – PC/SP – Papiloscopista Policial)** Leia a tira para responder à questão.

(Caco Galhardo, Daiquiri. Em: Folha de S.Paulo, 11.05.2018)

Na fala do personagem no segundo quadrinho "**Apesar da** aparência, sou um homem ultramoderno!", a expressão destacada estabelece entre as informações relação de sentido de:

a) comparação.

b) finalidade.

c) consequência.

d) conclusão.

e) concessão.

A locução APESAR DE expressa um sentido de algo realizado em caráter extraordinário, uma CONCESSÃO.

GABARITO: E.

25. **(2018 – PC/SP – Agente de Telecomunicações Policial)** A criação da palavra "fumaçarada" associa fumaçada e fumarada, formadas a partir de fumaça. É correto afirmar que a palavra criada produz efeito estilístico compatível com a ideia de:

a) comparativo, grande quantidade.

b) diminutivo, pequena intensidade.

c) diminutivo, pouca qualidade.

d) aumentativo, grande quantidade.

e) aumentativo, média intensidade.

A leitura do trecho leva-nos à dedução de que existe uma grande quantidade de fumaça, consequentemente, alternativa D.

GABARITO: D.

26. **(2018 – Prefeitura de Suzano/SP – Guarda Civil Municipal)** A alternativa que indica corretamente, entre parênteses, a circunstância adverbial presente na expressão destacada é:

a) **Jamais** consegui fazer certas coisas... (intensidade)

b) ... a bela me escapar em volteios e volutas volutuosas **com um pé de valsa**. (lugar)

c) ... resolvi tentar seduções em papos de botecos, aí **com alguma vantagem**. (modo)

d) **Sem piscina, rio ou mar**, onde bater pernas e braços... (afirmação)

e) ... fui **quase** um afogado no Leblon, em Cabo Frio... (tempo)

Corrigindo as outras alternativas:

A: tempo.

B: companhia.

D: ausência.

E: intensidade.

GABARITO: C.

27. **(2018 – PC/SP – Escrivão de Polícia Civil)** Leia o texto para responder à questão.

Debaixo da ponte

Moravam debaixo da ponte. Oficialmente, não é lugar onde se more, porém eles moravam. Ninguém lhes cobrava aluguel, imposto predial, taxa de condomínio: a ponte é de todos, na parte de cima; de ninguém, na parte de baixo. Não pagavam conta de luz e gás porque luz e gás não consumiam. Não reclamavam da falta d'água, raramente observada por baixo de pontes. Problema de lixo não tinham; podia ser atirado em qualquer parte, embora não conviesse atirá-lo em parte alguma, se dele vinham muitas vezes o vestuário, o alimento, objetos de casa. Viviam debaixo da ponte, podiam dar esse endereço a amigos, receber amigos, fazer os amigos desfrutarem comodidades internas da ponte.

À tarde surgiu precisamente um amigo que morava nem ele mesmo sabia onde, mas certamente morava: nem só a ponte é lugar de moradia para quem não dispõe de outro rancho. Há bancos confortáveis nos jardins, **muito** disputados; a calçada, um pouco menos propícia; a cavidade na pedra, o mato. **Até** o ar é uma casa, se soubermos habitá-lo, **principalmente** o ar da rua. O que morava não se sabe onde vinha visitar os de debaixo da ponte e trazer-lhes uma grande posta de carne.

(Carlos Drummond de Andrade. *A bolsa e a vida*. Adaptado)

No contexto em que estão empregadas no segundo parágrafo, as palavras **muito, até** e **principalmente** expressam, correta e respectivamente, as noções de:

a) qualidade; limite espacial; afirmação de modo.

b) quantidade; limite temporal; afirmação de incerteza.

c) especificação; certeza; afirmação de destaque.

d) intensidade; inclusão; afirmação de relevância.

e) quantidade indefinida; delimitação; afirmação de valor.

A leitura atenta é fundamental para o entendimento do significado expresso pelas palavras destacadas. Não há outra maneira de chegarmos ao resultado correto.

GABARITO: D.

---

28. **(2018-PC/SP-Escrivão de Polícia Civil)** Assinale a alternativa que reescreve o trecho destacado na passagem – **Apesar dos sinais de recuperação da economia**, o número de brasileiros endividados chegou a 61,7 milhões em fevereiro passado... –, em consonância com a norma-padrão de concordância e preservando o sentido que a conjunção que o inicia imprime no contexto.

a) Ainda que hajam sinais de recuperação da economia...

b) Desde que haja sinais de recuperação da economia...

c) Embora haja sinais de recuperação da economia...

d) Como existe sinais de recuperação da economia...

e) Contanto que existam sinais de recuperação da economia...

A ideia transmitida pela locução APESAR DE só volta a aparecer na conjunção EMBORA.

Nas outras alternativas, não ocorre o mesmo sentido que existe no enunciado e, além disso, ocorrem erros de concordância em algumas alternativas.

Corrigindo:

A: ... HAJA (verbo impessoal = 3ª P.S)

D: Como EXISTEM ...

GABARITO: C.

---

29. **(2018 - PC/SP - Investigador de Polícia)** Leia o texto para responder à questão.

Muitos adjetivos, permanecendo imóveis na sua flexão de gênero e número, podem passar a funcionar como advérbio. O critério formal de diferenciação das duas classes de modificador é a variabilidade do primeiro e a invariabilidade do segundo.

(Evanildo Bechara, *Moderna Gramática Portuguesa*. Adaptado)

A análise do autor, citando o contexto em que um adjetivo pode funcionar como advérbio, está exemplificada com o termo destacado na seguinte passagem:

a) ... mais do que o rigor ou o tamanho da pena, é o **principal** fator de dissuasão.

b) ... levou o país a abrigar a terceira **maior** população carcerária do mundo...

c) Deve-se caminhar, **ainda**, no sentido da integração com a criação de bases de dados...

d) Tudo isso depende, **claro**, da superação da crise orçamentária...

e) Parte **considerável** das prisões resulta de casos de flagrante...

O adjetivo passará a exercer a função de advérbio quando transmitir ao verbo uma circunstância, um detalhe.

É o que ocorre na alternativa D. A palavra CLARO, no contexto, traz ao verbo DEPENDER um detalhe, exercendo, dessa forma, a função de ADVÉRBIO.

GABARITO: D.

---

30. **(2018 – PC/SP – Investigador de Polícia)** Nos trechos – ... Talvez porque o autor das ideias não esteja mais **aqui**... – ; – ... **nunca** se apaixonou por suas ideias... – ; – A Biologia é **realmente** um campo de possibilidades ilimitadas... – e – **Provavelmente**, é sua frase menos citada. –, os advérbios destacados expressam, correta e respectivamente, circunstância de:

a) lugar; tempo; modo; afirmação.

b) lugar; tempo; afirmação; dúvida.

c) lugar; negação; modo; intensidade.

d) afirmação; negação; afirmação; afirmação.

e) afirmação; negação; modo; dúvida.

As circunstâncias expressas pelos advérbios serão definidas no contexto em que se encontram. No período citado, verificamos as ideias corretas e a ordem em que são citadas na alternativa B.

GABARITO: B.

---

31. **(2018 – PC/SP – Investigador de Polícia)** No verso – Achei **que** os olhos eram muito mais velhos **que** o resto do corpo –, as conjunções destacadas funcionam, respectivamente, para relacionar a oração principal à oração:

a) adverbial e introduzir oração substantiva predicativa.

b) substantiva e introduzir oração adverbial consecutiva.

c) substantiva e introduzir oração adverbial comparativa.

d) coordenada e introduzir oração adjetiva restritiva.

e) adjetiva e introduzir oração coordenada aditiva.

Achei QUE (conjunção integrante iniciando, portanto uma oração subordinada substantiva) ... eram mais velhos que o resto do corpo (conjunção subordinada comparativa iniciando uma oração subordinada adverbial comparativa).

GABARITO: C.

---

32. **(2018 – PC/SP – Investigador de Polícia)** Leia o texto para responder à questão.

Derivada do latim, a língua portuguesa é a sétima mais falada no mundo

O português é a língua oficial de nove países e tem mais de 260 milhões de falantes. De acordo com o instituto americano SIL International, há mais de 7.000 idiomas no mundo, e o português é o sétimo mais falado.

Parte do grupo das línguas românicas, que inclui o espanhol e o italiano, entre outras, o português é derivado do latim – idioma que teve origem na Itália, na pequena região do Lácio, onde está Roma.

O latim disseminou-se na Europa juntamente com a expansão do domínio do Império Romano.

Foi com as tropas romanas que o latim chegou à face sul do continente europeu (onde hoje estão os territórios de Portugal e Espanha), entre os séculos III e II a.C.

Devido a ocupações anteriores, a Península Ibérica já tinha a presença de outros povos (e suas línguas, por consequência), como os celtas. Ao longo do tempo, o latim falado foi incorporando elementos linguísticos dessas e de outras populações.

Quando o Império Romano ruiu, no século V d.C., a Península Ibérica já estava totalmente latinizada, e o idioma manteve-se em uso por seus habitantes.

No século XV, com a expansão marítima de Portugal, a língua foi espalhada por suas colônias. O uso de outros idiomas ou dialetos locais era, muitas vezes, proibido.

Hoje há muito mais falantes de português fora de Portugal, que tem apenas 10 milhões de habitantes.

(https://www1.folha.uol.com.br. Adaptado)

O substantivo funciona como núcleo do sintagma em que ocorre. Esse sintagma pode ser nominal e, quando não preposicionado, desempenhar a função de sujeito, entre outras.

(Maria Helena de Moura Neves, *Gramática de usos do português*. Adaptado)

No trecho do 4º parágrafo – Foi com as tropas romanas que o latim chegou à face sul do continente europeu... –, o termo que exemplifica a definição, sendo um substantivo como núcleo do sujeito da oração, é:

a) tropas.

b) face.

c) continente.

d) latim.

e) romanas.

Sujeito é a função sintática a que o verbo da oração se refere. A forma verbal CHEGOU refere-se a <u>latim</u> que passa a ser o núcleo do sujeito (o latim).

GABARITO: D.

33. **(2018 – Câmara Municipal de São José dos Campos/SP – Técnico Legislativo)** Assinale a alternativa que reescreve o trecho destacado na passagem – "Meu filho, vem cedo, **que eu quero ver os blocos**." – empregando conjunção que expressa o sentido do original.

a) Meu filho, vem cedo, portanto eu quero ver os blocos.

b) Meu filho, vem cedo, mas eu quero ver os blocos.

c) Meu filho, vem cedo, pois eu quero ver os blocos.

d) Meu filho, vem cedo, apesar de eu querer ver os blocos.

e) Meu filho, vem cedo, quando eu quero ver os blocos.

A oração em destaque traz uma <u>explicação</u> sobre a outra oração do período. Essa ideia só volta a acontecer na alternativa C.

Sentido das outras alternativas:

A: Conclusão.

B: Oposição.

D: Concessão.

E: Tempo.

GABARITO: C.

34. **(2018 – Câmara de Indaiatuba/SP – Auxiliar Administrativo/Recepcionista)** Leia o texto a seguir para responder à questão **abaixo**.

Mesmo com solavancos, a cada década o Brasil melhora um pouco nos principais termômetros que medem o patamar de desenvolvimento. Mas em um indicador específico o país patina de modo tão surpreendente e vergonhoso que ganhou destaque em um recente relatório do Fundo de População da ONU: a alta ocorrência de gravidez na adolescência. A cada cinco mulheres que ___________ no Brasil, uma não é adulta. A gravidez nessa etapa da vida custa caro ao país – em decorrência ___________ fato de grande parte dessas mães______ fora da escola e do mercado de trabalho e de os bebês nascerem privados ___________ estímulos certos.

(Monica Weinberg, *Veja*, 15.11 2.017. Adaptado)

Em conformidade com a norma-padrão da língua portuguesa, assinale a alternativa que preenche, correta e respectivamente, as lacunas do texto.

a) engravidam ... do ... estar ... de

b) engravida ... o ... estarem ... com

c) engravidam ... o ... estarem ... de

d) engravida ... do ... estar ... sob

e) engravidam ... o ... estar ... aos

– cinco mulheres ENGRAVIDAM;

– em decorrência DE (DO);

– grande parte dessas mães ESTAR /ESTAREM;

– privados DE.

GABARITO: A.

35. **(2018 – Câmara de Indaiatuba/SP – Auxiliar Administrativo/Recepcionista)** Quanto à indicação, entre parênteses, do sentido estabelecido pelo termo em destaque nas frases do texto, assinale a alternativa correta.

a) ... entro num botequim **para** tomar um café junto ao balcão. (explicação)

b) A filha aguarda também, atenta **como** um animalzinho. (causa)

c) E **enquanto** ela serve o refrigerante, o pai risca o fósforo e acende as velas. (conformidade)

d) **Como** num gesto ensaiado, a menininha repousa o queixo no mármore e sopra... (conclusão)

e) ... vacila, ameaça baixar a cabeça, **mas** acaba sustentando o olhar... (oposição)

Corrigindo as outras alternativas:

A: Finalidade

B: Comparação

C: Tempo

D: Comparação

GABARITO: E.

---

36. **(2018 – Câmara de Indaiatuba/SP – Auxiliar Administrativo / Recepcionista)** Assinale a alternativa que indica, corretamente, entre parênteses, a circunstância presente na expressão destacada no trecho.

a) O pai, depois de contar o dinheiro que **discretamente** retirou do bolso... (causa)

b) **A meu lado** o garçom encaminha a ordem do freguês. (tempo)

c) ... a menininha sopra **com força**, apagando as chamas. (afirmação)

d) São três velinhas brancas que a mãe espeta **caprichosamente** na fatia de bolo. (modo)

e) Imediatamente põe–se a bater palmas, **muito** compenetrada. (certeza)

Corrigindo as outras alternativas:

A: Modo

B: Lugar

C: Modo

E: Intensidade

GABARITO: D.

---

37. **(2018 – Prefeitura de Garça/SP – Professor de Educação Básica I)** Leia o trecho da entrevista da professora Magda Soares à *Pesquisa Fapesp* para responder à questão **abaixo**.

O sociólogo Pierre Bourdieu foi meu grande guru. Ele mostrou como a linguagem é usada como instrumento de poder na sociedade. Portanto, é importante dar às pessoas esse instrumento. As camadas populares têm que lutar muito contra a discriminação e a injustiça, e a linguagem é um instrumento fundamental. Alfabetização e letramento têm esse objetivo: dar às pessoas o domínio da língua como instrumento de inserção na sociedade e de luta por direitos fundamentais. Em relação à língua escrita, a criança tem que aprender duas coisas. Uma é o sistema de representação, que é o sistema alfabético. Esse é um processo que trabalha determinadas operações cognitivas e tem que levar em conta as características do sistema alfabético, é saber decodificar o que está escrito, ou codificar o que deseja escrever. Mas isso deve ser feito em contexto de letramento, com textos reais, não com o clássico exemplo "Eva viu a uva". Que Eva? Que uva? Tradicionalmente a alfabetização se resumia a codificar e decodificar, porque o foco era a criança aprender apenas o código. Mas a questão é que a criança precisa aprender o código sabendo para o que ele serve.

A escrita é uma tecnologia como outras. É importante aprender a escrever, conhecer a relação fonema–letra, saber que se escreve de cima para baixo, da esquerda para a direita, aprender as convenções da escrita. Mas essa tecnologia, como toda tecnologia, só tem sentido para ser usada: para saber interpretar textos, fazer inferências, ler diferentes gêneros, o que significa outra coisa e exige outras habilidades e competências. Aprender o sistema de escrita é alfabetização. Aprender os usos sociais do sistema de escrita é letramento.

(http://revistapesquisa.fapesp.br. Adaptado)

Assinale a alternativa em que as conjunções destacadas nas passagens do primeiro parágrafo – "**Portanto**, é importante dar às pessoas esse instrumento." e "Tradicionalmente a alfabetização se resumia a codificar e decodificar, **porque** o foco era a criança aprender apenas o código." – têm, pela ordem, o substituto adequado e o sentido correto indicado entre parênteses.

a) No entanto (causa); porém (oposição).

b) Logo (conclusão); uma vez que (causa).

c) Entretanto (conclusão); portanto (explicação).

d) Assim (modo); desde que (condição).

e) Contanto que (condição); porquanto (causa).

A ideia que as conjunções PORTANTO e PORQUE transmitem as orações que iniciam só encontram substituições corretas na alternativa B.

GABARITO: B.

---

38. **(2018 – Prefeitura de Garça/SP – Professor de Educação Básica I)** Leia a tira para responder à questão **abaixo**.

(*Folha de S.Paulo*, 22.12.2017)

Nas passagens do primeiro e do último quadrinho – "**para** se preparar para o mercado" e "Vou de olhos fechados **pro** [para o] corredor de chocotone" –, os termos destacados expressam, respectivamente, relações de sentido de:

a) direção e direção.

b) finalidade e causa.

c) finalidade e finalidade.

d) finalidade e direção.

e) direção e causa.

A preposição PARA, nas duas vezes em que foi destacada, transmite as ideias de finalidade e direção, respectivamente.

GABARITO: D.

---

39. **(2018 – Câmara de Dois Córregos/SP – Diretor Contábil Legislativo)** Assinale a alternativa cujo termo **para**, em destaque, expressa ideia de finalidade.

a) A economia cresce encontrando soluções, em geral tecnológicas, **para** reduzir ineficiências...

b) Quem abandonou a roça foi **para** cidades, integrando a força de trabalho da indústria e dos serviços.

c) Esse processo pode ser cruel **para** com indivíduos que ficam sem emprego...

d) O mesmo vale **para** outros apetrechos que você possa ter, mas são subutilizados.

e) Dá **para** descrever isso como a destruição de riqueza.

A ideia de finalidade indicada pela preposição PARA encontra-se na alternativa A.

Verificando as outras alternativas:

B: Direção.

C: Destinatário.

D: Inclusão.

E: Possibilidade.

GABARITO: A.

---

40. **(2018 – Prefeitura de Barretos/SP – Professor I)** Na frase – ... um experimento natural que mostra que pessoas podem optar por ser "ludibriadas" **voluntariamente**... –, o termo **voluntariamente**, em destaque, expressa circunstância de:

a) modo, e pode ser corretamente substituído pela expressão "às pressas".

b) afirmação, e pode ser corretamente substituído pela expressão "de fato".

c) intensidade, e pode ser corretamente substituído pela expressão "de todo".

d) afirmação, e pode ser corretamente substituído pela expressão "com certeza".

e) modo, e pode ser corretamente substituído pela expressão "de maneira espontânea".

A ideia expressa pelo advérbio é a de MODO, podendo ser substituído pela expressão "de maneira espontânea".

GABARITO: E.

---

41. **(2018 – Prefeitura de Barretos/SP – SP/Professor I)** O termo destacado na frase – ... é uma centenária loja de departamentos dos EUA que se celebrizou **por** jogar seus preços na lua... – forma uma expressão com sentido de:

a) modo.

b) causa.

c) origem.

d) oposição.

e) finalidade.

A preposição <u>POR</u>, no contexto em que foi empregada, transmite a ideia de CAUSA.

GABARITO: B.

---

42. **(2018 – Prefeitura de Mogi das Cruzes/SP – Auxiliar de Apoio Administrativo)**

(Folha de S.Paulo, 26.10.2017)

Na organização das informações textuais, os termos "Quando" (2º quadrinho) e "Hoje" (3º quadrinho), apesar de pertencerem a diferentes classes gramaticais, assemelham-se porque estabelecem relações de sentido de:

a) modo.

b) tempo.

c) afirmação.

d) intensidade.

e) comparação.

Após a leitura dos quadrinhos só nos é possível inferir a ideia de TEMPO em ambas as palavras.

GABARITO: B.

43. **(2019 – Câmara de Piracicaba/SP – Jornalista)** Assinale a alternativa em que as formas verbais estão empregadas em conformidade com a norma-padrão da língua portuguesa.

a) Bernardo usualmente intermedia o diálogo entre a população e o poder público no que se refere à arte.

b) Por meio da arte, os habitantes de Inhotim reaviram a sensação de estar vivo e ter um futuro.

c) Tanto Lenine quanto Bernardo se propuseram a usar a música como forma de transcendência.

d) Cortes foram feitos por governantes que não se deteram na reflexão sobre a importância da arte.

e) A arte deve participar do processo de cura e não ser retomada quando as pessoas se refazerem da tragédia.

As outras alternativas estariam certas caso os verbos fossem empregados da seguinte forma:

A: intermedeia.

B: reouveram.

D: detiveram.

E: refizerem.

GABARITO: C.

44. **(2019 – Prefeitura de Arujá/SP – Encarregado de Faturamento)** Ao substituir-se a forma verbal destacada na frase "Tudo o que não **puder** contar como faz, não faça!" pela forma do verbo ir flexionada no modo e no tempo correspondentes, tem-se:

a) vai.

b) for.

c) irá.

d) vá.

e) fosse.

Puder = futuro do subjuntivo. Verbo IR no mesmo tempo e modo = FOR.

GABARITO: B.

45. **(2019 – UFABC – Assistente em Administração)** Assinale a alternativa em que todas as formas verbais estão empregadas em conformidade com a norma-padrão da língua.

a) Eles se comprometiveram a trabalhar juntos em um canal especializado no ensino de matemática para vestibulandos.

b) Desse modo, eles pensaram em uma estratégia que mantivesse o público interessado nas aulas de matemática.

c) Com as novas metodologias de ensino, eles reaviram grande parte do público que haviam perdido.

d) Após uma reformulação do canal, é possível que eles passam a ter mais pessoas que mantém interesse pelas aulas.

e) As aulas que eles virem a formular sofrerá os ajustes que se fazerem necessários para atrair o público.

Outras alternativas:

A: COMPROMETERAM

C: REOUVERAM

D: Após ..., é possível que eles PASSEM a ter ... pessoas que MANTÊM ...

E: As aulas que eles VIEREM ... SOFRERÃO ... FIZEREM.

GABARITO: B.

---

46. **(2019 – TJ/SP – Contador Judiciário)**
"_______ dúvidas sobre a continuidade do crescimento do Produto Interno Bruto global. Como se _________ as suas projeções nos últimos meses, o FMI cortou a previsão para 2018 e 2019 em 0,2 ponto percentual. Em alguns países, os juros cobrados para o financiamento de suas dívidas __________."

De acordo com a norma-padrão, as lacunas dos enunciados devem ser preenchidas, respectivamente, com:

a) Surgem ... reduziram ... têm sido exagerados

b) Ocorre ... reduziram ... têm sido exagerados

c) Existem ... reduziu ... tem sido exagerado

d) Aparece ... reduziu ... tem sido exagerados

e) Há ... reduziram ... têm sido exagerado

– SURGEM / EXISTEM / HÁ (dúvidas).

– REDUZIRAM (as suas projeções).

– TÊM SIDO EXAGERADOS (os juros cobrados).

GABARITO: A.

---

47. **(2019 – TJ/SP – Enfermeiro Judiciário)** Assinale a alternativa cujo enunciado atende aos sentidos do texto, em conformidade com a norma-padrão.

a) Parece que a abundância da razão mostra a insipiência do momento atual que vivemos, já que as pessoas se relacionam sem pensar em minorar a escassez de sentimentos.

b) Se vermos com mais atenção aquilo que nos dizem sobre as coisas que nós mesmos presenciamos, teremos de aceitar a mentira, afim de não acabarmos no hospício.

c) A observação do presente leva-nos a perceber de que a ideia que se tem hoje dos varões ilustres de outras eras vai ao encontro àquilo que eles representaram para nós.

d) Assim como acontece com muitas pessoas, é difícil para mim exercitar a bondade, porque hoje as pessoas veem ela como um traço ridículo da personalidade humana.

e) É fragrante no mundo de hoje um movimento que tenta colocar violência aonde deveriam haver diálogos entre as pessoas, o que mostra que a vocação dessas mudou.

Outras alternativas:

B: Se VIRMOS ... A FIM DE ...

C: A observação ... perceber QUE ... vai DE ENCONTRO ...

D: Assim como acontece ... veem-NA.

E: É FLAGRANTE, no mundo de hoje, ... QUE TENTE ... ONDE DEVERIA haver ...

GABARITO: A.

---

48. **(2019 – TJ/SP – Enfermeiro Judiciário)** Considere os enunciados, reescritos a partir das informações textuais:

- A Declaração de Alma Alta e a Declaração de Astana ______________ preocupação em fortalecer a atenção primária à saúde.
- As ações em saúde ______________ ficado muito ______________ em combater doenças específicas, em detrimento da prevenção de doenças.
- De acordo com a Declaração de Astana, ______________ uma ação multissetorial que inclua tecnologia, conhecimento científico e tradicional.

De acordo com a norma-padrão, as lacunas dos enunciados devem ser preenchidas, respectivamente, com:

a) revela ... têm ... focadas ... é necessária

b) revelam ... tem ... focados ... é necessário

c) revelam ... têm ... focadas ... é necessária

d) revela ... tem ... focado ... é necessário

e) revelam ... têm ... focado ... é necessário

– A declaração de Alma Alta e a Declaração de Astana REVELAM ...

– As ações em saúde TÊM ... FOCADAS (as ações...)

– De acordo ... É NECESSÁRIA uma ação ...

GABARITO: C.

---

49. **(2018 – Câmara de Itaquaquecetuba – Jornalista)**

“______________ redes de comida mexicana que não ______________ somente a modalidade doce. Ana Maria Braga falou dez minutos sobre abacate em seu programa; há quem ______________ como maionese, de maneira mais elaborada. É uma fruta muito versátil.”

(https://noticias.bol.uol.com.br. Adaptado)

De acordo com a norma-padrão, as lacunas do texto devem ser preenchidas, respectivamente, com:

a) Há ... usa ... o use

b) Há ... usam ... use ele

c) Têm ... usa ... lhe use

d) Existe ... usa ... use-o

e) Existem ... usam ... o use

– HÁ / TÊM / EXISTEM (redes de corrida mexicana).

– que não USAM (as redes).

– o (abacate) USE (quem).

GABARITO: E.

---

50. **(2018 – Câmara de Itaquaquecetuba/SP – Jornalista)** Leia a tira para responder à questão.

(*Folha de S.Paulo*, 29.05.2018. Adaptado)

Em conformidade com a norma–padrão, as lacunas do segundo e do terceiro quadrinho da tira devem ser preenchidas, respectivamente, com:

a) Roubaram–me ... Desse

b) Me roubaram ... Desse

c) Roubaram–me ... Daquele

d) Me roubaram ... Deste

e) Roubaram–me ... Deste

– Roubaram (sujeito indeterminado = 3º P.P).;

– ME (quem rouba, rouba ALGO DE ALGUÉM. Roubaram a coroa de mim).

– DESTE (existe a referência a algo próximo a quem fala).

GABARITO: E.

---

51. **(2020 – FITO – Técnico em Gestão – Assistência Administrativa)** Leia a tirinha para responder à questão.

(Bill Watterson. *O melhor de Calvin*, 26.10.2019. https://cultura.estadao.com.br)

O vocábulo enquanto, no terceiro quadro, pode ser substituído sem prejuízo do sentido e da correção gramatical por:

a) No tempo em que
b) À medida que
c) Durante
d) Na medida em que
e) Na qualidade de

A ideia da conjunção ENQUANTO (tempo) só aparece na proposta de substituição da alternativa A.

GABARITO: A.

---

52. **(2018 – Câmara de Nova Odessa/SP – Assistente Legislativo)** Leia o texto para responder à questão.

Cotas têm prós e contras

Levantamento feito pela Folha de São Paulo ao final de 2017 mostrou que, em boa parte dos cursos universitários, alunos que ingressam por meio de cotas se formam com notas próximas dos demais. O estudo usou os resultados de mais de 250 mil estudantes nas três últimas edições do Enade e constatou que alunos cotistas chegam a ter notas melhores que os outros, por exemplo, em odontologia.

É refrescante dispormos de dados objetivos sobre um assunto tantas vezes poluído por ideologias. É inegável que ações afirmativas, como as cotas, são importantes mecanismos de justiça social em um país tão profundamente injusto como o nosso. E as conclusões do levantamento indicam que tais ferramentas são válidas também no plano acadêmico: não se confirmam os prognósticos de que o ingresso de alunos cotistas resultaria em degradação da qualidade dos cursos.

O perigo é alguém acreditar que cotas resolvem alguma coisa no médio prazo. Nosso sistema educacional está doente, e cotas são como um antitérmico, que reduz o desconforto do paciente, mas não ataca as causas da febre. O que precisamos é que a escola pública, democrática e gratuita, ofereça formação de qualidade, para que as cotas se tornem desnecessárias. Não é uma utopia: acontece em muitos outros países, inclusive mais pobres que o Brasil.

Ações afirmativas não podem servir de álibi para continuarmos oferecendo formação inferior aos filhos das classes mais desfavorecidas. Até porque propiciar acesso à universidade a alguns desses jovens deixa muita coisa por resolver. O mesmo levantamento mostra que as notas de cotistas são sim inferiores à média nos cursos de exatas, possivelmente os mais críticos para o desenvolvimento do país.

Não é difícil aventar uma explicação. Em matemática, cada etapa prepara a seguinte, não é possível pular. Quem não aprendeu multiplicação, não vai nunca entender frações. Se a matemática não é ensinada na escola, na faculdade é simplesmente tarde demais. E aí os benefícios da ação afirmativa foram desperdiçados.

Na virada do ano, outra notícia alvissareira: a Unicamp, talvez a mais inovadora de nossas universidades, aprovou a criação de até 10% de vagas extras em seus cursos para candidatos premiados em competições escolares, como as Olimpíadas Brasileiras de Matemática e Física. Uma espécie de "cotas por mérito".

Como todas as ideias inteligentes e com potencial para fazer diferença, essa também desperta oposição. Inclusive de setores que advogam as cotas sociais, o que talvez não seja surpreendente, mas é certamente lamentável. Tomara que a inteligência prevaleça.

(Marcelo Viana. *Folha de S.Paulo*, 21.01.2018. Adaptado)

Alterando-se a frase – É refrescante dispormos de dados objetivos sobre um assunto tantas vezes poluído por ideologias. –, ela permanece correta quanto ao emprego dos verbos, conforme a norma-padrão da língua portuguesa, em:

a) Se dispuséssemos de dados objetivos sobre um assunto tantas vezes poluído por ideologias, estaríamos aliviados.

b) Se dispuséssemos de dados objetivos sobre um assunto tantas vezes poluído por ideologias, estaremos aliviados.

c) Se dispomos de dados objetivos sobre um assunto tantas vezes poluído por ideologias, estaríamos aliviados.

d) Se dispusermos de dados objetivos sobre um assunto tantas vezes poluído por ideologias, estávamos aliviados.

e) Se dispormos de dados objetivos sobre um assunto tantas vezes poluído por ideologias, estaríamos aliviados.

Ao pretérito imperfeito do subjuntivo (dispuséssemos) corresponde o futuro do pretérito do indicativo (vice-versa).

Outras alternativas:

B: Se VIRMOS ... A FIM DE ...

C: A observação ... perceber QUE ... vai DE ENCONTRO ...

D: Assim como acontece ... veem-NA.

E: É FLAGRANTE, no mundo de hoje, ... QUE TENTE ... ONDE DEVERIA haver ...

GABARITO: A.

---

53. **(2017 – Câmara de Mogi das Cruzes/SP – Procurador Jurídico)** Leia o texto para responder à questão.

Quando estreou, em 1966, a série "Jornada nas Estrelas" exibia um futuro que parecia realmente improvável e distante. A série era ambientada no século 23 e acompanhava as aventuras dos tripulantes da nave espacial Enterprise, com a missão de explorar o espaço e ir "aonde nenhum homem jamais esteve".

O teletransporte ainda não virou realidade, mas muitos *gadgets** da série passaram a integrar o cotidiano. Sempre que o capitão Kirk estava em apuros, abria seu comunicador e entrava em contato com a equipe. Trinta anos depois, a Motorola lançou o StarTAC, popularizando o uso da telefonia móvel. Os acertos não pararam por aí: da impressora 3D à televisão de tela plana, dos disquetes aos dispositivos USB, a série previu com surpreendente exatidão a relação do homem com a tecnologia.

"Jornada nas Estrelas" era transgressora em sua diversidade: a equipe tinha homens e mulheres de diferentes etnias trabalhando em igualdade. Hoje, ainda não existem habitantes de Vulcano morando entre nós, mas a ideia de que pessoas de gêneros e etnias diferentes possam cumprir as mesmas funções não é mais algo utópico.

(Aventuras na História, outubro de 2014. Adaptado)

**gadgets:* dispositivos, aparelhos

Leia a frase reescrita a partir das ideias do texto. ________________ em promover a igualdade de gênero e etnias, os episódios de "Jornada nas Estrelas" retratavam o empenho e a coragem ________________ da tripulação que, conjuntamente, agia para superar todas as adversidades. De acordo com a norma-padrão da língua portuguesa, as lacunas da frase devem ser preenchidas, correta e respectivamente, por:

a) Interessada ... contínuas

b) Interessada ... contínuos

c) Interessado ... contínuos

d) Interessados ... contínuos

e) Interessados ... contínuas

Interessados (os episódios) o empenho e a coragem CONTÍNUOS/CONTÍNUA.

GABARITO: D.

---

54. **(2017 – TJM/SP – Escrevente Técnico Judiciário)** Assinale a alternativa que preenche, respectivamente, as lacunas da frase, conforme a norma-padrão da língua. ________________ anos, estudiosos__________ acerca da contribuição que o conhecimento dos buracos negros pode trazer__________ nossas vidas.

a) Há ... têm questionado-se ... a

b) Há ... têm se questionado ... a

c) Há ... têm se questionado ... à

d) A ... têm questionado-se ... a

e) A ... têm se questionado ... à

HÁ (verbo HAVER relacionado à ideia de tempo passado); TÊM SE QUESTIONADO (o pronome oblíquo NÃO PODE aparecer após a forma verbal no particípio); A (a palavra A antes de termos femininos no plural dá-nos a certeza de ser <u>apenas</u> preposição).

GABARITO: D.

Período Simples

55. **(2019 – Câmara de Piracicaba/SP – Jornalista)** Leia o texto para responder à questão.

Com Bernardo, Lenine e Grassi, num sábado de outono, no Inhotim

"Sabe de uma coisa? Nós vivemos muito pouco", disse Bernardo. Lenine tocou de leve em seu antebraço, e concordou, emendando com uma história da Dona Terezinha, vizinha de seu sítio no Vale das Videiras, em Petrópolis, onde instalou o seu orquidário. Ela tem uma sapucaia, que produz um ouriço usado no cultivo de algumas espécies. Bateu na sua casa:

– Dona Terezinha, eu vi que a senhora tem uma sapucaia. A senhora pode me ceder uma muda? Preciso do ouriço para algumas orquídeas.

– Posso! Mas quem planta sou eu.

Dona Terezinha colheu a muda, levou, plantou, fez a reza e molhou. Ia embora, ouviu, pelas costas:

– Dona Terezinha, muito obrigado. Mas quando é que vou poder colher o ouriço?

Pensou, coçou a cabeça, e... "daqui a uns 60 ou 70 anos, meu filho".

Uma longa gargalhada explodiu na mesa. O show do Lenine em Inhotim, neste sábado, trouxe um sopro de vida eterna ao ambiente. A conversa pausada, cheia de casos e histórias, era observada por Grassi com atenção. Inhotim está vivo, cada vez mais vivo, era a mensagem, era o astral no meio daquele paraíso que de perdido não tem nada.

Lembrando a polêmica sobre a filosofia, Lenine mandou:

– Aristóteles jogou a toalha. No final da vida, depois de tanta filosofia, escreveu que o mais importante era rir.

E se o riso precede a felicidade e, com ela, os hormônios da longevidade, viveremos um pouco mais depois deste sábado musical e iluminado de outono, em Inhotim.

Com a noite chegando, os corações se juntaram naquela mesa. A vegetação nos acolheu, luz e sombra bordando os contrastes, pensamentos voando. Um sombrio Bernardo se revelou. Retirado desde os últimos acontecimentos, vive serenando as reflexões, salvando lembranças. Mas não desiste do sonho:

– Com o rompimento da barragem, tivemos que reduzir custos. Outro dia descobri que acabaram com o Coral e a Orquestra formada por gente da região. Mandei voltar. Tem coisa que não pode cancelar.

Bernardo, neste ponto, se afasta da gestão e olha para a transcendência da arte como solução. Não adianta cortar custo de coisas que são para sempre. Música, canto, arte. O Inhotim tem, agora, responsabilidade dobrada: a revitalização de toda uma região devastada pela tragédia.

(Afonso Borges. https://blogs.oglobo.globo.com, 28.04.2019. Adaptado)

Com relação ao conteúdo que o antecede no penúltimo parágrafo, o comentário – Tem coisa que não pode cancelar. – exprime uma:

a) justificativa.

b) ressalva.

c) síntese.

d) consequência.

e) concessão.

A leitura do texto faz com que percebamos uma justificativa da ideia anterior.

GABARITO: A.

---

56. **(2019 – SEDUC/SP – Oficial Administrativo)** Assinale a alternativa em que o termo ou a expressão em destaque identifica corretamente o sujeito da oração.

a) **A internet** tem mostrado, cada vez mais claramente, para que nasceu...

b) Todo mundo conhece **alguém** que está sempre conectado.

c) Os viciados em smartphones são **uma legião**.

d) Nas raras vezes em que desgruda da tela, recorre a outro vício: **a televisão**.

e) ... o autor passa os dias em frente ao computador curtindo **o fracasso**.

Sujeito é o termo da oração a que o verbo se refere.

Essa relação encontramos na alternativa A.

Outras alternativas:

B: ALGUÉM = objeto direto.

C: UMA LEGIÃO = predicativo do sujeito.

D: A TELEVISÃO = aposto explicativo.

E: O FRACASSO = objeto direto.

GABARITO: A.

---

57. **(2018 – PC/SP – Escrivão de Polícia Civil)** Leia o texto para responder à questão.

Debaixo da ponte

Moravam debaixo da ponte. Oficialmente, não é lugar onde se more, porém eles moravam. Ninguém lhes cobrava aluguel, imposto predial, taxa de condomínio: a ponte é de todos, na parte de cima; de ninguém, na parte de baixo. Não pagavam conta de luz e gás porque luz e gás não consumiam. Não reclamavam da falta d'água, raramente observada por baixo de pontes. Problema de lixo não tinham; podia ser atirado em qualquer parte, embora não conviesse atirá-lo em parte alguma, se dele vinham muitas vezes o vestuário, o alimento, objetos de casa. Viviam debaixo da ponte, podiam dar esse endereço a amigos, receber amigos, fazer os amigos desfrutarem comodidades internas da ponte.

À tarde surgiu precisamente um amigo que morava nem ele mesmo sabia onde, mas certamente morava: nem só a ponte é lugar de moradia para quem não dispõe de outro rancho. Há bancos confortáveis nos jardins, **muito** disputados; a calçada, um pouco menos propícia; a cavidade na pedra, o mato. **Até** o ar é uma casa, se soubermos habitá-lo, **principalmente** o ar da rua. O que morava não se sabe onde vinha visitar os de debaixo da ponte e trazer-lhes uma grande posta de carne.

(Carlos Drummond de Andrade. *A bolsa e a vida*. Adaptado)

Com relação aos sujeitos das orações destacadas no período – (I) **Oficialmente, não é lugar onde se more**, porém eles moravam. (II) **Ninguém lhes cobrava aluguel, imposto predial, taxa de condomínio**... – é correto afirmar:

a) em (I) e (II) o sujeito é claro, sendo expresso respectivamente pelos pronomes "onde" e "ninguém".

b) em (I), o sujeito é claro, sendo expresso pelo substantivo "lugar"; em (II), o sujeito é indeterminado, sendo expresso pelo substantivo "aluguel".

c) em (I) o sujeito é claro, sendo expresso pelo pronome relativo "onde"; em (II), o sujeito é indeterminado, sendo sinalizado pelo pronome indefinido "ninguém".

d) em (I) e (II) o sujeito é oculto, sendo sinalizado respectivamente pelos pronomes indefinidos "se" e "ninguém".

e) em (I), o sujeito é indeterminado, sendo sinalizado pela partícula "se"; em (II), o sujeito é claro, sendo expresso pelo pronome indefinido "ninguém".

– "Oficialmente, não é lugar onde SE more" (índice de indeterminação do sujeito => V.T.I)

Sujeito indeterminado.

"Ninguém lhes cobrava aluguel, imposto predial, taxa de condomínio"

A forma verbal refere-se a "NINGUÉM", portanto sujeito simples representado por um pronome indefinido.

GABARITO: E.

---

58. **(2018 – PC/SP – Investigador de Polícia)** Na oração – Freud era um neurologista... –, o predicado é:

a) nominal, e o sujeito é "Freud".

b) nominal, e o sujeito é "neurologista".

c) verbal, e o sujeito é "neurologista".

d) verbal, e o sujeito é "Freud".

e) verbo-nominal, e o sujeito é "Freud".

– O predicado é o termo da oração em que declaramos algo sobre o sujeito (Freud).

– "era um neurologista" = predicado nominal (o verbo é de ligação => ERA [flexão do verbo SER].

– "um neurologista" = predicativo do sujeito.

GABARITO: A.

---

59. **(2020 – EBSERH – Advogado)** Considere os dois trechos a seguir.

"**Mas** o sangue, tanto na sociedade moderna como nas antigas, fala mais alto."

"**Embora** muitos de nós sintam orgulho por ser diferentes dos pais, ficamos infinitamente tristes ao ver como nossos filhos são diferentes de nós."

As expressões destacadas estabelecem, respectivamente, os sentidos de:

a) adversidade e concessão.

b) proporção e concessão.

c) adversidade e comparação.

d) causa e adversidade.

e) proporção e condição.

O sentido trazido às orações iniciadas pelas conjunções MAS e EMBORA são, respectivamente, ADVERSIDADE e CONCESSÃO.

GABARITO: A.

---

60. **(2018 – IPSM – Assistente de Gestão Municipal)** Leia o texto para responder à questão.

O crescimento dos robôs colaborativos é a parte mais visível de uma transição que vem ocorrendo no mercado de trabalho no mundo todo. A mecanização das linhas de montagem e a automação de tarefas antes feitas por humanos vêm se acelerando nas empresas. A cada ano, mais 240.000 robôs industriais são vendidos no mundo e esse número tem crescido a uma taxa média de 16% ao ano desde 2010, puxado principalmente pela China. Atividades rotineiras nas fábricas, como instalar uma peça, hoje podem ser feitas usando máquinas como os braços robóticos de baixo custo. Com o advento de novas tecnologias, como a inteligência artificial, os carros autônomos e a análise de grandes volumes de dados (o chamado big data), a expectativa é que as máquinas e os computadores passem a substituir outras tarefas que hoje só podem ser realizadas por pessoas. Já existem algoritmos que fazem a seleção de candidatos a vagas de emprego no recrutamento de empresas e também carrinhos autônomos que transportam produtos dentro de uma central de distribuição. Muito mais está por vir.

Diante desse cenário, muitos especialistas vêm se perguntando se o rápido avanço da tecnologia chegará a tal ponto que tornará boa parte do trabalho obsoleta. Para os economistas, o que determina se uma profissão tende a ser substituída por um robô ou um *software* não é se o trabalho é manual, mas se as tarefas executadas pelas pessoas são repetitivas. Um famoso estudo publicado em 2013 por pesquisadores da Universidade de Oxford, no Reino Unido, analisou 702 profissões nos Estados Unidos e o risco de elas serem trocadas por computadores e algoritmos nos próximos dez ou 20 anos. O resultado é alarmante. Quase metade dos empregos dos Estados Unidos está ameaçada, segundo os pesquisadores.

(*Exame*, 02.08.2017)

Assinale a alternativa em que a expressão em destaque funciona como uma exemplificação no texto, razão pela qual está separada por vírgula(s).

a) **A cada ano**, mais 240 000 robôs industriais são vendidos no mundo...

b) Atividades rotineiras nas fábricas, **como instalar uma peça**, hoje podem ser feitas...

c) **Diante desse cenário**, muitos especialistas vêm se perguntando...

d) ... não é se o trabalho é manual, **mas se as tarefas executadas pelas pessoas são repetitivas**.

e) Um famoso estudo publicado em 2013 por pesquisadores da Universidade de Oxford, **no Reino Unido**, analisou...

Fica claro, após uma leitura atenta, que a expressão COMO INSTALAR UMA PEÇA serve como exemplo das atividades rotineiras nas fábricas.

GABARITO: B.

---

61. **(2017 – TJ/SP – Psicólogo Judiciário)** Na Nova Gramática do Português Contemporâneo, os autores Celso Cunha e Lindley Cintra explicam que o adjunto adnominal "é o termo de valor adjetivo que serve para especificar ou delimitar o significado de um substantivo, qualquer que seja a função deste." Tal definição está corretamente exemplificada com a expressão destacada em:

a) Um ano depois do casamento, Fadinha estava **outra vez** bonita...

b) O caso é que ambos foram **muito felizes**. Ainda vivem.

c) ... absolutamente nada da beleza célebre **de outrora**.

d) ... com todo o corpo cruelmente invadido **pela medonha erupção**..

e) ... depois de ter estado suspensa **entre a vida e a morte**.

Adjunto adnominal é o termo sintático que se refere a um substantivo núcleo de uma função sintática.

Isso apenas ocorre na alternativa C. A expressão DE OUTRORA faz referência ao substantivo núcleo BELEZA.

GABARITO: C.

---

62. **(2017 – TJ/SP – Psicólogo Judiciário)** Assinale a alternativa em que o verbo destacado tem sujeito elíptico.

a) Seu número **cresce**.

b) ... os venezuelanos **fogem** em massa.

c) **Sugere** que Maduro prevê a decisão da discórdia venezuelana por meio das armas.

d) A decisão de Nicolás Maduro [...] **é** a pior de suas ideias ruins.

e) ... nem por isso se **extinguirá** o mal do armamentismo...

Sujeito elíptico (ocorre quando não aparece expresso na oração, porém, pela flexão do verbo, podemos afirmar qual seja.

SUGERE-SE (ele)

Nas demais alternativas, o sujeito está expresso.

A: Seu número (sujeito simples)

B: ... os venezuelanos (sujeito simples)

D: A decisão de Nicolás Maduro (sujeito simples)

E: ... o mal do armamentismo (sujeito simples)

GABARITO: C.

PERÍODO COMPOSTO

63. **(2019 – Câmara de Monte/SP – Auxiliar Técnico Legislativo)**

(Bill Watterson. *Os dias estão todos ocupados*: as aventuras de Calvin e Haroldo. São Paulo, Conrad Editora do Brasil, 2011)

A frase "Se eu resolver isso aqui..." expressa, em relação ao restante do enunciado do terceiro quadrinho, ideia de:

a) causa.

b) condição.

c) conclusão.

d) proporção.

e) comparação.

No contexto em que foi empregada, a conjunção SE expressa a ideia de CAUSA.

GABARITO: B.

64. **(2019 – TJ/SP – Médico Judiciário)** Leia o texto para responder à questão.

Após avanços tecnológicos, medicina deve mirar empatia

Médicos sempre ocuparam uma posição de prestígio na sociedade. Afinal, cuidar do maior bem do indivíduo – a vida – não é algo trivial. Embora a finalidade do ofício seja a mesma, o *modus operandi* mudou drasticamente com o tempo.

O que se pode afirmar é que o foco da atuação médica deve ser cada vez menos o controle sobre o destino do paciente e mais a mediação e a interpretação de tecnologias, incluindo a famigerada inteligência artificial. Já o lado humanístico, que perdeu espaço para os exames e as máquinas, tende a recuperar cada vez mais sua importância.

De meados do século 20 até agora, concomitantemente às novas especialidades, houve avanço tecnológico e a proliferação de modalidades de exames. Cresceu o catálogo dos laboratórios e também a dependência do médico em relação a exames. A impressão dos pacientes passou a ser a de que o cuidado é ruim, caso o médico não os solicite.

O tema é caro a Jayme Murahovschi, referência em pediatria no país. "Tem que haver progressão tecnológica, claro, mas mais importante que isso é a ligação emocional com o paciente. Hoje médicos pedem muitos exames e os pacientes também."

Murahovschi está entre os que acreditam que a profissão está sofrendo uma nova reviravolta, quase que voltando às origens clássicas, hipocráticas: "Os médicos do futuro, os que sobrarem, vão ter que conhecer o paciente a fundo, dar toda a atenção que ele precisa, usando muita tecnologia, mas com foco no paciente."

Alguns profissionais poderão migrar para uma medicina mais técnica, preveem analistas.

Esses doutores teriam uma função diferente, atuando na interface entre o conhecimento biomédico e a tecnologia por trás de plataformas de diagnóstico e reabilitação. Ou ainda atuariam alimentando com dados uma plataforma de inteligência artificial, tornando-a mais esperta.

Outra tecnologia já presente é a telemedicina, que descentraliza a realização de consultas e exames. Clínicas e médicos generalistas podem, rapidamente e pela internet, contar com laudos de especialistas situados em diferentes localidades; uma junta médica pode discutir casos de pacientes e seria possível até a realização, a distância, de consultas propriamente ditas, se não existissem restrições do CFM nesse sentido.

Até cirurgias podem ser feitas a distância, com o advento da robótica. O tema continua fascinando médicos e pacientes, mas, por enquanto, nada de droides médicos à la Star Wars – quem controla o robô ainda é o ser humano.

(Gabriela Alves. *Folha de S.Paulo*, 19.10.2018. Adaptado)

Observe os trechos destacados nas frases do texto.

• A impressão dos pacientes passou a ser a de que o cuidado é ruim, **caso o médico não os solicite**. (3º parágrafo)

• **Até cirurgias podem ser feitas a distância**, com o advento da robótica. (último parágrafo)

Nesses trechos, notam-se, correta e respectivamente, as ideias de:

a) advertência e causa.

b) conclusão e concessão.

c) finalidade e oposição.

d) reiteração e simultaneidade.

e) condição e consequência.

A leitura dos trechos apresentados permite a constatação da ideia que transmitem os trechos assinalados: condição e consequência.

GABARITO: E.

65. **(2019 – TJ/SP – Administrador Judiciário)** Leia o texto para responder à questão.

Assassinos culturais

Sou um assassino cultural, e você também é. Sei que é romântico chorar quando uma livraria fecha as portas. Mas convém não abusar do romantismo – e da hipocrisia. Fomos nós que matamos aquela livraria e o crime não nos pesa muito na consciência.

Falo por mim. Os livros físicos que entram lá em casa são cada vez mais ofertas – de amigos ou editoras.

Aos 20, quando viajava por territórios estranhos, entrava nas livrarias locais como um faminto na capoeira. Comprava tanto e carregava tanto que desconfio que o meu problema de ciática é, na sua essência, um problema livresco.

Hoje? Gosto da flânerie*. Mas depois, fotografo as capas com o meu celular antes de regressar para o psicanalista – o famoso dr. Kindle. Culpado? Um pouco. E em minha defesa só posso afirmar que pago pelos meus vícios.

E quem fala em livrarias, fala em todo o resto. Eu também ajudei a matar a Tower Records e a Virgin Megastore. Havia lá dentro uma bizarria chamada CD – você se lembra?

Hoje, com alguns aplicativos, tenho uma espécie de discoteca de Alexandria onde, a meu bel-prazer, escuto meus clássicos e descubro novos.

Se juntarmos ao pacote o iTunes e a Netflix, você percebe por que eu também tenho o sangue dos cinemas e dos blockbusters nas mãos.

Eis a realidade: vivemos a desmaterialização da cultura. Mas não é apenas a cultura que se desmaterializa e tem deixado as nossas salas e estantes mais vazias. É a nossa relação com ela. Não somos mais proprietários de "coisas"; somos apenas consumidores e, palavra importante, assinantes.

O livro "Subscribed", de Tien Tzuo, analisa a situação. É uma reflexão sobre a "economia de assinaturas" que conquista a economia global. Conta o autor que mais de metade das empresas da famosa lista da "Fortune" já não existiam em 2017. O que tinham em comum? O objetivo meritório de vender "coisas" – muitas coisas, para muita gente, como sempre aconteceu desde os primórdios do capitalismo.

Já as empresas que sobreviveram e as novas que entraram na lista souberam se adaptar à economia digital, vendendo serviços (ou, de forma mais precisa, acessos).

Claro que na mudança algo se perde. O desaparecimento das livrarias não acredito que seja total no futuro (e ainda bem). Além disso, ler no papel não é o mesmo que ler na tela. Mas o interesse do livro de Tzuo não está apenas nos números; está no retrato de uma nova geração para quem a experiência cultural é mais importante do que a mera posse de objetos.

Há quem veja aqui um retrocesso, mas também é possível ver um avanço – ou, para sermos bem filosóficos, o triunfo do espírito sobre a matéria. E não será essa, no fim das contas, a vocação mais autêntica da cultura?

(João Pereira Coutinho. *Folha de S.Paulo*, 28.08.2018. Adaptado)

* Flânerie: ato de passear, de caminhar sem compromisso.

Assinale a alternativa em que a pontuação foi empregada para separar a oração subordinada adverbial.

a) Eis a realidade: vivemos a desmaterialização da cultura.

b) Sou um assassino cultural, e você também é.

c) Se juntarmos ao pacote o iTunes e a Netflix, você percebe por que eu também tenho o sangue dos cinemas e dos *blockbusters* nas mãos.

d) Havia lá dentro uma bizarria chamada CD – você se lembra?

e) E quem fala em livrarias, fala em todo o resto.

Quando uma oração subordinada adverbial (se juntarmos ao pacote o iTunes e a Netflix) estiver antes da oração principal, ela PRECISA ser isolada.

GABARITO: C.

66. **(2019 – SEDUC/SP – Oficial Administrativo)** A expressão em destaque no trecho "Nada disso me faz falta, **assim como** o livro e a livraria a eles." estabelece relação entre as orações com sentido de:

a) proporção.

b) finalidade.

c) causa.

d) comparação.

e) condição.

A classificação da expressão é determinada pela ideia que apresenta ao contexto em que foi empregada. No período apresentado verificamos o sentido de COMPARAÇÃO.

GABARITO: D.

67. **(2019 – UNICAMP – Profissional para Assuntos Administrativos)** O termo destacado na frase "Pois, se for para chegar lá, que seja **para** continuar usando algo mais nobre do que apenas os polegares." forma uma expressão com sentido de:

a) finalidade.

b) origem.

c) modo.

d) meio.

e) causa.

O aspecto semântico de uma preposição é determinado pelo sentido que ela apresenta no contexto em que tenha sido empregada.

No trecho referido, constatamos a ideia de finalidade.

GABARITO: A.

68. **(2018 – Câmara de Itaquaquecetuba/SP – Jornalista)** Leia o texto para responder à questão.

Febre mundial: abacate ficou mais valioso que petróleo e gerou até tráfico

Você pode até não suspeitar, mas o abacate que amadurece na sua fruteira está valendo mais do que petróleo. Na verdade, vive–se uma verdadeira obsessão mundial por ele. Há mais de uma variação da fruta fazendo sucesso em cima da torrada dos *hipsters*[1], na sobremesa das famílias tradicionais, sendo usado como condimento e indo parar em pratos requintados nos restaurantes.

Segundo a avaliação de quem é da área, uma mudança em hábitos alimentares e em maneiras de preparo ajudou a popularizar o abacate. Os preços dispararam, gerando lucros para além de crises econômicas e sociais em todo o mundo.

Na Nova Zelândia e na Austrália, onde crimes beiram a zero, surgiram verdadeiras redes de tráfico da fruta. No ano passado, as autoridades neozelandesas interferiram até mesmo em um mercado paralelo.

Já no México, líder mundial na produção, a exportação da fruta já é mais lucrativa do que o petróleo, com mais de 1 milhão de toneladas saindo do país, de acordo com o próprio governo mexicano.

Mas, por quê? "Antes se entendia que o abacate era uma fruta gordurosa, que engordava. Hoje acontece uma desmistificação, que é uma fruta saudável", analisa Jonas Octávio, presidente da Associação Brasileira dos Produtores de Abacate (ABPA). Segundo ele, além da pegada *fitness*[2] que a fruta assumiu, o público passou a testar também versões salgadas do abacate, como o guacamole.

(https://noticias.bol.uol.com.br. Adaptado)

[1] *Hipster*: Alguém que pensa e se veste diferentemente do que é moda dominante.

[2] *Fitness*: Relativo à boa condição física.

No trecho do último parágrafo – "Antes se entendia que o abacate era uma fruta gordurosa, **que engordava**." –, a oração destacada tem a função de:

a) retomar a visão anterior que havia do abacate, justificando por que ele é tão comercializado atualmente.

b) exemplificar a visão anterior que havia do abacate, reforçando a ideia de que seu consumo sempre foi bem visto.

c) comentar a visão anterior que havia do abacate, a qual se mantém atualmente, já que ele engorda as pessoas.

d) explicar a visão anterior que havia do abacate, que era negativa para a comercialização do produto.

e) enfatizar a visão anterior que havia do abacate, ironizando a ideia de que ele possa ser saudável às pessoas.

A expressão QUE ENGORDAVA foi utilizada para EXPLICAR o motivo de ele anteriormente ter recebido uma classificação negativa.

GABARITO: D.

---

69. **(2018 – Prefeitura de São Bernardo do Campo/SP – Oficial Administrativo I)** Assinale a alternativa em que a primeira parte da frase expressa, em relação à segunda, noção temporal.

a) E se rir com os colegas / for algo que favoreça a colaboração da equipe?

b) Muitos mamíferos manifestam reações semelhantes ao riso, / mas podem ser interrompidos por causa de certos estados emocionais.

c) Isso é importante, / pois há pesquisas indicando que um cérebro relaxado associa livremente as ideias com mais facilidade.

d) Quando nossos cérebros estão relaxados, / conseguimos associar livremente as ideias com mais facilidade.

e) Uma breve gargalhada / aumentava em 20% a taxa de resolução dos testes.

A oração "Quando nossos cérebros estão relaxados" mantém em relação à segunda oração um sentido TEMPORAL.

GABARITO: D.

---

70. **(2018 – Câmara de Dois Córregos/SP – Oficial de Atendimento e Administração)** Leia o texto para responder à questão a seguir.

"Quando eu tinha mais ou menos uma semana de idade, eu me lembro de estar enrolada em um cobertor rosa de algodão", conta Rebecca Sharrock. Considerando que a memória da maioria das pessoas não é capaz de gravar acontecimentos anteriores aos quatro anos de idade, pode ser fácil pensar que a descrição de Sharrock seja um sonho nostálgico em vez de uma memória real. Mas a mulher australiana de 27 anos não tem uma memória comum – ela foi diagnosticada com uma síndrome rara chamada "Memória Autobiográfica Altamente Superior", ou HSAM na sigla em inglês, também conhecida como Síndrome da Supermemória. Essa condição neurológica única significa que Sharrock consegue se lembrar de absolutamente tudo que ela fez em qualquer data.

Pessoas com essa síndrome podem se lembrar instantaneamente e sem esforço algum de qualquer coisa que fizeram, o que vestiram ou onde estavam em qualquer momento da vida. Elas podem se lembrar de notícias e acontecimentos pessoais com tantos detalhes e com uma exatidão tão perfeita que são comparáveis a uma gravação.

Por que algumas pessoas nascem com a supermemória? As pesquisas ainda estão em andamento, já que existem poucos indivíduos com a síndrome no mundo, e a área ainda é relativamente nova. Mas alguns estudos indicam que o lobo temporal (que ajuda no processamento de memória) é maior nos cérebros das pessoas com HSAM.

Ter uma supermemória significa que as memórias são gravadas em detalhes vívidos, o que é fascinante em termos científicos, mas pode ser uma praga para quem tem a síndrome. Algumas pessoas com HSAM dizem que suas memórias são muito organizadas, mas Sharrock descreve seu cérebro como "entupido" e diz que reviver memórias lhe dá dor de cabeça e insônia. Apesar disso, ela aprendeu a tentar usar memórias positivas para superar as negativas: "No começo de todo mês, eu escolho todas as melhores memórias que tive naquele mês em outros anos". Reviver acontecimentos positivos facilita na hora de lidar com as "memórias invasivas" que a fazem se sentir mal.

(Sarah Keating, BBC. 17.11.2017. www.bbc.com. Adaptado)

Assinale a alternativa em que a segunda parte da frase expressa, com relação à primeira, uma consequência.

a) Pessoas com essa síndrome podem se lembrar instantaneamente e sem esforço algum de qualquer coisa que fizeram, o que vestiram / ou onde estavam em qualquer momento da vida. (2º parágrafo)

b) Elas podem se lembrar de notícias e acontecimentos pessoais com tantos detalhes e com uma exatidão tão perfeita / que são comparáveis a uma gravação. (2º parágrafo)

c) As pesquisas ainda estão em andamento, / já que existem poucos indivíduos com a síndrome no mundo, e a área ainda é relativamente nova. (3º parágrafo)

d) Ter uma supermemória significa que as memórias são gravadas em detalhes vívidos, o que é fascinante em termos científicos, / mas pode ser uma praga para quem tem a síndrome. (4º parágrafo)

e) "No começo de todo mês, eu escolho todas as melhores memórias / que tive naquele mês em outros anos". (4º parágrafo)

Na primeira oração "Elas podem se lembrar ... TÃO perfeita" encontramos um advérbio de intensidade (tão) que ao intensificar a qualidade (perfeita) provoca uma consequência (que são comparáveis ...)

GABARITO: B.

71. **(2018 – Câmara de Dois Córregos/SP – Oficial de Atendimento e Administração)** Considere o seguinte trecho:

Mas a mulher australiana de 27 anos não tem uma memória comum – ela foi diagnosticada com uma síndrome rara chamada "Memória Autobiográfica Altamente Superior", ou HSAM na sigla em inglês, também conhecida como Síndrome da Supermemória. (1º parágrafo)

O travessão introduz, com relação ao que se afirma anteriormente, uma informação com sentido:

a) explicativo.

b) hipotético.

c) corretivo.

d) contraditório.

e) concessivo.

A expressão iniciada pelo travessão vem com o objetivo de EXPLICAR o que havia sido informado pela oração anterior.

GABARITO: A.

---

72. **(2017 – Câmara de Barretos/SP – Advogado)** Leia o texto para responder à questão.

Universidades adotam vestibulares específicos para alunos indígenas

Na fronteira do Brasil com o Peru, o município de Mâncio Lima (AC) homenageia com seu nome o coronel que, no início do século 20, colonizou os índios puyanawa, explorou sua força de trabalho e proibiu suas manifestações culturais.

Quase cem anos depois, o puyanawa Jósimo Constant leva a cultura de sua etnia para a cidade que abriga o centro do poder. Formado em antropologia pela Universidade de Brasília (UnB), está no mestrado em direitos humanos e já foi aprovado em um doutorado – tudo isso sem abrir mão dos adereços e costumes tradicionais de seu povo.

Constant é um dos estudantes aprovados pelo vestibular indígena da UnB, que, em 2004, foi uma das primeiras a implementar um processo específico para selecionar alunos indígenas. Desde então, o modelo já foi aplicado em pelo menos sete instituições federais do país, além das universidades estaduais do Paraná. E a lista deve aumentar, já que a Unicamp propôs implementar um processo seletivo do mesmo tipo, proposta que deverá ser votada ainda este ano.

(Angela Pinho. *Folha de S.Paulo*. Disponível em http://www1.folha.uol.com.br/educacao/2017/09/1917029- universidades-adotam-vestibular-especifico-para-alunos-indigenas.shtml. Publicado em 09.09.2017. Adaptado)

A passagem do texto que apresenta relação com sentido de causa e consequência é:

a) ... homenageia com seu nome o coronel que, no início do século 20, colonizou os índios puyanawa...

b) Quase cem anos depois, o puyanawa Jósimo Constant leva a cultura de sua etnia para a cidade que abriga o centro do poder.

c) Formado em antropologia pela Universidade de Brasília, está no mestrado em direitos humanos e já foi aprovado em um doutorado...

d) Desde então, o modelo já foi aplicado em pelo menos sete instituições federais do país.

e) E a lista deve aumentar, já que a Unicamp propôs implementar um processo seletivo do mesmo tipo...

A relação que as orações de um período mantêm entre si é determinada pelo contexto em que se apresentam.

A relação de CAUSA e CONSEQUÊNCIA só é constatada na alternativa E.

GABARITO: E.

---

73. **(2017 – Câmara da Estância Balneária de Itanhaém/SP – Auxiliar Legislativo)** Para responder à questão, observe a relação de sentido entre as partes sinalizadas na passagem a seguir.

(**I**) Mesmo sendo criticada pelas costas e alvo constante de caricaturas e artigos injuriosos, (**II**) Domitila, mulher bonita, inteligente e alegre, experimentou ascensão social meteórica na capital.

É correto afirmar que as ideias expressas no trecho (**I**) estabelecem, com as ideias do trecho (**II**), relação de sentido de:

a) causa.

b) concessão.

c) modo.

d) consequência.

e) condição.

O período I poderia ser assim reescrito: EMBORA fosse criticada...

A conjunção EMBORA é essencialmente CONCESSIVA.

GABARITO: B.

---

74. **(2017 – Câmara de Sumaré/SP – Ajudante Administrativo)** No trecho – E Paulinho foi ficando adulto antes do tempo, **como** uma fruta que amadurece antes da hora. – a palavra destacada estabelece sentido de:

a) oposição.

b) causa.

c) tempo.

d) finalidade.

e) comparação.

A conjunção COMO, no período mencionado, estabelece entre as orações do período um sentido de COMPARAÇÃO.

GABARITO: E.

---

75. **(2017 – Câmara de Sumaré/SP – Procurador Jurídico)** Completando-se o trecho – Não se sabe o que pode vir daqui para a frente; vivemos em um cenário fulcral, em que tudo parece confuso, ... – a alternativa que introduz ideia de concessão é:

a) e o leitor se pergunta que diabos está acontecendo com o mundo nos últimos anos e tenta, em vão, encontrar uma resposta.

b) é, por isso, que Abranches tem insistido em reunir estudos comparativos entre políticas globais e de meio ambiente.

c) embora as potencialidades do ciberespaço possam abrir modelos eficientes de participação política e democrática.

d) além disso, o fato de os oligopólios globais regularem a economia é um agravante que pode piorar a situação.

e) por essa razão tem-se a sensação completa de caos e desalento, o que produz muitas incertezas quanto ao futuro.

A conjunção EMBORA transmite, para a oração que inicia, a ideia de CONCESSÃO.

GABARITO: C.

---

76. **(2017 – TJ/SP – Escrevente Técnico Judiciário)** A relação de sentido que há entre as partes sinalizadas no período – (I) Se você não me ajudar com a lição de casa, (II) eu vou processar você – é:

a) (I) expressa uma causa; (II) expressa o momento da ação.

b) (I) expressa uma condição; (II) expressa uma possível ação consequente.

c) (I) expressa modo da ação já realizada; (II) expressa sua causa.

d) (I) expressa uma comparação; (II) expressa seu efeito futuro.

e) (I) expressa uma ação possível; (II) expressa uma ação precedente realizada.

A classificação específica de uma conjunção depende da ideia que ela transmite para a oração que inicia. No período apresentado, existe um sentido de uma CONDIÇÃO para que algo possa acontecer.

GABARITO: B.

---

77. **(2017 – CRBio/1ª Região – Auxiliar Administrativo)**

(Ronaldo Cunha Dias, *Folha de S.Paulo*, 06.06.2011)

Considere a charge de Ronaldo para responder à questão.

Na frase dita pela personagem, a segunda oração "e ela começou a rir..." apresenta, em relação à primeira oração, ideia de:

a) condição, sinalizando que o cliente vai ser obrigado a recorrer ao cheque especial para pagar suas contas.

b) conformidade, sinalizando que o cliente não obteve o empréstimo bancário que havia solicitado ao gerente.

c) finalidade, sinalizando que o cliente está com o saldo bancário negativo há vários dias.

d) consequência, sinalizando que o cliente tem pouco dinheiro ou está sem dinheiro na conta bancária.

e) causa, sinalizando que o cliente está endividado em decorrência da cobrança dos altos juros bancários.

O fato de a máquina ter começado a rir é CONSEQUÊNCIA de o cliente não ter dinheiro na conta bancária ou a quantia é irrisória.

GABARITO: D.

---

78. **(2016 – Prefeitura de Registro/SP – Advogado)** Assinale a alternativa em que as passagens destacadas no trecho a seguir estão reescritas com correção e fidelidade ao sentido original.

Estudos mostram que, **se um voluntário desavisado é colocado** em uma sala cheia de atores, ele vai concordar com eles em várias questões, **mesmo que estejam** obviamente errados.

a) ... desde que um voluntário desavisado é colocado ... assim como estão...

b) ... se caso um voluntário desavisado seja colocado ... apesar de que estão...

c) ... contanto que um voluntário desavisado é colocado ... à medida que estejam...

d) ... caso um voluntário desavisado seja colocado... apesar de estarem...

e) ... conforme um voluntário desavisado seja colocado ...embora estejam...

A conjunção SE apresenta um sentido de condição que volta a ser verificado em CASO.

MESMO QUE corresponde à ideia de APESAR DE (concessão).

GABARITO: D.

---

79. **(2016 – Prefeitura de Sertãozinho/SP – Procurador Municipal)** Considere o trecho em que as expressões destacadas exprimem, respectivamente, as ideias de tempo e de concessão.

Quando começar a tremedeira, agarra bem nas paredes, se enrola no cordão, carca os pés na borda e não sai, **mesmo que** te cutuquem com um fórceps...

A alternativa em que as expressões destacadas exprimem, respectivamente, as mesmas ideias presentes no trecho do texto encontra-se em:

a) **Depois que** ele conversou com o médico, ficou mais tranquilo **já que** os exames não indicaram problemas graves.

b) **Sempre que** ela viaja a trabalho, pede à vizinha que regue as plantas **para que** elas não morram por falta de água.

c) **Assim que** o cliente chegar à loja, entregue-lhe a encomenda imediatamente, **ainda que** ele não faça o pagamento à vista.

d) **Como** alguns funcionários concluíram o curso, receberam um bônus salarial **embora** o valor tenha sido irrisório.

e) **Visto que** o espetáculo está fazendo sucesso, o diretor quer estender a temporada, **por isso** está negociando com o proprietário do teatro.

A conjunção QUANDO expressa a ideia de TEMPO que encontramos nas alternativas A / B / C.

A locução conjuntiva MESMO QUE transmite a ideia de CONCESSÃO que só é encontrada na alternativa C.

GABARITO: C.

---

80. **(2016 – IPSMI – Procurador)** Na passagem – As pessoas [...] que buzinam **assim que o sinal fica verde** – o trecho destacado expressa, em relação ao verbo que o antecede:

a) lugar da ação.

b) modo da ação.

c) finalidade da ação.

d) comparação das ações.

e) tempo concomitante das ações.

<u>Ao mesmo tempo</u> em que o sinal fica verde, as pessoas ... buzinam.

GABARITO: E.

---

81. **(2016 – UNESP – Assistente Administrativo I)**

Comida "feia" também faz bem para a saúde

Frequentemente desprezadas por terem um aspecto que não está de acordo com os "padrões de beleza" impostos pela indústria, as frutas e verduras "feias" voltaram a ser um objeto atrativo pelos que lutam contra o desperdício de alimentos.

O agricultor francês Nicolas Chabanne, fundador do movimento em defesa dos "alimentos feios", trabalha para posicionar esses produtos no mercado e já tem mil parceiros no mundo todo.

Sua estratégia é simples. Vender uma maçã com um rótulo cujo logotipo mostra um rosto com um único dente aos produtores que se comprometem a colocá-la entre seus alimentos "feios", oferecendo-os pelo menor preço. Depois, parte do dinheiro arrecadado é destinada a associações de caridade e de consumidores.

"Quando você coloca uma maçã feia ao lado de outras muito bonitas, nossos olhos fixam antes nas mais bonitas", disse Chabanne, que se esforça para mostrar às pessoas que os produtos menos esteticamente atrativos também são de qualidade e, inclusive, mais baratos.

A iniciativa começou com frutos e legumes, mas, pouco a pouco, está se expandindo. Agora, engloba também outros produtos, como queijos e cereais ingeridos no café da manhã.

"É um negócio social e rentável porque aproveita a luta contra os resíduos a fim de voltar a vender parte da produção que não é normalmente valorizada", afirmou Thomas Pocher, proprietário de um supermercado no norte da França.

(*EFE*. Disponível em: http://exame.abril.com.br. Adaptado)

Um termo que introduz uma exemplificação no enunciado está em destaque na seguinte passagem:

a) Frequentemente desprezadas **por** terem um aspecto que não está de acordo com os "padrões de beleza" impostos pela indústria... (1º parágrafo)

b) Vender uma maçã com um rótulo **cujo** logotipo mostra um rosto com um único dente aos produtores... (3º parágrafo)

c) ... os produtos menos esteticamente atrativos também são de qualidade e, **inclusive**, mais baratos. (4º parágrafo)

d) Agora, engloba também outros produtos, **como** queijos e cereais ingeridos no café da manhã. (5º parágrafo)

e) ... aproveita a luta contra os resíduos a fim de voltar a vender parte da produção **que** não é normalmente valorizada... (6º parágrafo)

O termo COMO inicia um trecho com EXEMPLOS de outros produtos que estão sendo englobados.

GABARITO: D.

COLOCAÇÃO PRONOMINAL

82. **(2020 – Câmara de Mogi Mirim/SP – Jornalista)**

Estônia tem governo quase 100% digital

A menor das três repúblicas bálticas, a Estônia é hoje considerada um dos grandes laboratórios do mundo em matéria de digitalização e transparência de dados. Lá, apenas três serviços ligados ao governo ainda demandam a presença física de seus cidadãos. Casamentos, divórcios e transferências de titularidade de um imóvel ainda requerem uma testemunha juramentada. Todo o resto pode ser feito pela internet, incluindo criar uma conta em banco, abrir uma empresa ou até mesmo escolher representantes políticos.

Dos 1,3 milhão de estonianos, 99% possuem uma espécie de RG digital, um documento com um chip que lhes garante acesso a mais 500 serviços do governo, incluindo acesso ao sistema de saúde e ao transporte público.

Primeiro a vantagem. O sistema, de fato, torna todos os processos públicos muito mais rápidos. Na Estônia, é possível abrir uma empresa em impressionantes 15 minutos. Uma conta em banco leva um pouco mais de tempo: 24 horas. Sem contar o acesso ao amplo sistema de benefícios estatais. A saúde é pública, o transporte é grátis e, com o documento digital, o governo subsidia até a compra de medicamentos na farmácia – o benefício pode chegar a 50%.

Agora, a desvantagem. Todas as vezes que um estoniano saca seu RG digital para um serviço, ele registra a movimentação na rede estatal, que passa a ter a posse da informação. Além disso, em tese, qualquer cidadão pode consultar os dados de outro estoniano, mediante solicitação prévia e intermediação do governo.

O Estado* acompanhou a consulta no perfil do primeiro-ministro da Estônia, Jüri Ratas. Viu seus três imóveis, onde estão e quanto custam. "Está tudo aqui, é só consultar", afirma a funcionária do governo digital da Estônia, Harle Pihlak. Assunto polêmico? Não para os locais. Segundo o cientista de computação Edilson Osorio, que mora há dois anos naquele país, os estonianos não se preocupam com a privacidade, mas "os estrangeiros ficam ressabiados com tanta exposição".

(Renato Jakitas. O Estado de S. Paulo, 01.03.2020. Adaptado)*Jornal o Estado de S.Paulo.

Considere a frase elaborada a partir das ideias do texto.
Entre as diversas facilidades com que os estonianos podem contar, o país oferece aos estonianos transporte gratuito. Quanto a tratamento médico, o governo tem incluído tratamento médico entre os benefícios disponíveis para a população e, tratando-se de quase 50% de economia, geralmente garante a economia de quase 50% para quem precisa de remédios.De acordo com as regras de emprego e de colocação dos pronomes estabelecidos pela norma-padrão, as expressões destacadas na frase podem ser substituídas por:

a) oferece-lhes ... tem incluído-o ... a garante

b) oferece-lhes ... o tem incluído ... a garante

c) oferece-lhes ... o tem incluído ... lhes garante

d) os oferece ... tem incluído-o ... lhes garante

e) os oferece ... o tem incluído ... garante-lhes

Na primeira substituição, o termo em destaque exerce a função de objeto indireto no plural (oferece A QUEM?). Por isso empregamos o pronome oblíquo LHES que por não encontrar uma palavra de atração ocupa a posição enclítica (oferece-LHES).

Na segunda substituição, temos um objeto direto masculino no singular (tem incluído O QUÊ?). O pronome oblíquo deve ser O. Pelo fato de o verbo principal estar no particípio NÃO podemos empregar o pronome oblíquo após a forma verbal no particípio. Temos então a seguinte construção: O TEM INCLUÍDO.

Na terceira substituição, encontramos um objeto direto feminino no singular (garante O QUÊ?). O pronome oblíquo deve ser o A, que por encontrar uma palavra atrativa (o advérbio GERALMENTE) deverá ocupar a posição proclítica (A GARANTE).

GABARITO: B.

---

83. **(2020 – Prefeitura de Morro Agudo/SP – Professor de Educação Especial)**

Os livros para ser ouvidos, sobejamente conhecidos pelo nome em inglês – audiobooks –, nasceram em 1932, nos Estados Unidos, como ferramenta de inclusão social, começaram a ser feitos no estúdio de gravação de uma fundação para cegos, registrados em discos de vinil, com capacidade de no máximo quinze minutos para cada lado do LP. No ano seguinte, deputados e senadores aprovaram uma emenda que autorizava a Biblioteca do Congresso a entrar no negócio, que não parou de crescer. Inicialmente eram as peças de Shakespeare, a Constituição etc., e o céu virou o limite. A partir dos nichos dedicados à deficiência visual, os volumes de viva voz extrapolaram as fronteiras, de mãos dadas com os avanços da tecnologia. Hoje, por meio de um smartphone com acesso a lojas de aplicativos, é possível baixar qualquer um dos 44000 títulos lançados anualmente nos Estados Unidos – é um naco que responde, por enquanto, por 6,5% do mercado livreiro, mas que se expande rapidamente. Os lançamentos surgem em ritmo mais veloz que o de volumes em capa dura. É uma febre que começa a desembarcar com força no Brasil.

(Giulia Vidale, Prazer para os ouvidos. Veja, 30.10.2019)

Assinale a alternativa que reescreve passagem do texto em consonância com a norma-padrão de emprego e colocação de pronome.

a) Existe, hoje, livro para ser ouvido que principalmente identifica-se pelo nome em inglês.

b) Havia fronteiras, mas a partir dos nichos dedicados à deficiência visual, os volumes de viva voz extrapolaram-lhes.

c) Seriam mais de 44000 títulos lançados anualmente nos Estados Unidos, aos quais teria-se acesso.

d) Foi proposta uma emenda autorizando a Biblioteca do Congresso a entrar no negócio; aprovaram-na os deputados e senadores.

e) Os lançamentos de audiobooks superam os de volumes em capa dura, que também não comparam-se com aqueles em preço.

O pronome oblíquo substitui o objeto direto feminino UMA EMENDA = "A".

O pronome oblíquo "A" por se unir a um verbo que termina em "M" recebe a letra "N' = "NA". Por não existir uma palavra de atração para a próclise e o tempo verbal não exigir a mesóclise, o pronome oblíquo ocupa a posição enclítica (APROVARAM-NA).

Corrigindo outras alternativas:

a) Existe ... principalmente SE identifica ...

b) Havia ... extrapolaram-NAS...

c) Seriam ... Estadoso Unidos, aos quais SE teria acesso.

e) Os lançamentos ... não SE comparam ...

GABARITO: D.

---

84. **(2020 – Prefeitura de Cananéia – SP – Professor – Educação em Creche)**

Em conformidade com a norma-padrão, as lacunas dos quadrinhos devem ser preenchidas, respectivamente, com:

a) Os coloque ... coloque-os

b) Coloque eles ... coloque eles

c) Lhes coloque ... coloque-lhes

d) Coloque-os ... os coloque

e) Coloque-lhes ... lhes coloque

Não se iniciam orações com pronomes oblíquos (Coloque-OS).

Advérbios não isolados atraem o pronome oblíquo para a posição proclítica (Não OS coloque).

GABARITO: D.

85. **(2020 – Prefeitura de Cananéia/SP – Orientador Social)**

Indústria da solidão

"Já é de manhã, acorde", diz meigamente uma voz feminina. O rapaz se senta, sonolento. E a câmera revela a dona da voz: a holografia de uma tipica bonequinha japonesa, batizada de Azuma Hikari, protegida por uma cúpula de vidro.

"Bom dia", diz Azuma, sorridente. O jovem pressiona um botão e responde. Sensores detectam o movimento facial e a voz do rapaz. A holografia sorri, diz que o dia está chuvoso, sugere que ele leve o guarda-chuva e recomenda: "é melhor correr, para não se atrasar". É uma típica conversa de um café da manhã em família.

A cena é do vídeo comercial do Gatebox, nome dado à cápsula que contém Azuma, uma assistente virtual com inteligência artificial, que tem rosto, verbaliza sentimentos e carrega no tom romântico das conversas.

Ao longo do dia, por mensagens enviadas ao celular, Azuma pergunta se o rapaz vai demorar, diz sentir saudades e relembra algumas vezes que o está esperando.

Ele é recebido com pulinhos de alegria. E o rapaz confessa o prazer de saber que há alguém em casa à sua espera.

A fabricante é objetiva na propaganda: Azuma é a companheira definitiva, uma namorada virtual, idealizada para aliviar a solidão de quem mora sozinho.

É um mercado assustadoramente promissor. No Japão, uma pesquisa do Instituto Nacional de População e Previdência Social indica que cerca de 70% dos homens e 60% das mulheres entre 18 e 34 anos estão solteiros e cerca de 42% nunca mantiveram relações sexuais.

Mas a epidemia da solidão está bem longe ser regional. Mais de 55 mil pessoas de 237 países preencheram um questionário proposto por instituições britânicas. Resultado: 33% delas disseram se sentir frequentemente sozinhas, índice que foi a 40% entre jovens de 16 a 24 anos.

Os números explicam o sucesso de serviços como Personal Friend ou Rent a Friend. Por preços que variam de US$ 10 a US$ 60 por hora é possível contratar uma companhia para jantar, participar de um jogo ou apenas fazer uma caminhada, sem nenhuma conotação sexual.

Se para muita gente parece coisa de maluco, para alguns médicos as iniciativas são tentativas desesperadas de manter a saúde, pois a falta de conexões sociais é um fator de risco mais importante para a morte precoce do que a obesidade e o sedentarismo.

O impacto da solidão pode até diminuir, mas resta saber o que vai acontecer com a saúde mental dessa gente.

(Sílvia Correa. https://www1.folha.uol.com.br/colunas/silviacorrea/2019/08. Acesso 29.08.2019. Adaptado)

Considere as frases elaboradas a partir do texto.

Na cúpula de vidro há um botão, e o jovem imediatamente pressiona o botão e responde à Azuma.

Há muitas pessoas que se sentem sós, e serviços como Rent a Friend fornecem a essas pessoas uma companhia.

De acordo com o emprego e a colocação dos pronomes estabelecidos pela norma-padrão, as expressões destacadas podem ser substituídas por:

a) lhe pressiona; fornecem-lhes.

b) pressiona-o; lhes fornecem.

c) pressiona-o; as fornecem.

d) o pressiona; fornecem-lhes.

e) o pressiona; as fornecem.

Pressiona O BOTÃO = objeto direto masculino no singular = "O".

O advérbio não isolado IMEDIATAMENTE exige a posição proclítica (O pressiona).

... fornecem A ESSAS PESSOAS ... O termo em destaque é, sintaticamente, objeto indireto, plural. = "LHES". Como não encontramos justificativa para a próclise, sequer para a mesóclise, empregamos a ênclise (FORNECEM-LHES).

GABARITO: D.

---

86. **(2019 – Câmara de Serrana/SP – Analista Legislativo)**

Por que temos filhos?

A pergunta do título comporta vários níveis de resposta. No plano biológico, a reprodução é um imperativo, fazendo parte de várias das definições de vida. Mas a biologia é só parte da história. A paternidade também encerra dimensões culturais, econômicas e emocionais.

Inspirado em "Anti-Pluralism", de William Galston, arrisco algumas reflexões sobre a matéria.

Até o começo do século XIX, filhos eram um ativo econômico. Ajudavam desde cedo com o trabalho doméstico, colaborando para o bem-estar da família, e ainda faziam as vezes de plano de aposentadoria para os pais.

Hoje, contudo, crianças ficaram caras. E, para piorar, elas demoram muito até começar a trazer contribuições econômicas. Como observa Galston, no espaço de dois séculos, a criação de filhos deixou de ser um bem privado para tornar-se um bem público.

Embora a paternidade possa trazer recompensas emocionais, do ponto de vista estritamente econômico, ela favorece a sociedade como um todo, enquanto a maior parte dos custos recai sobre os genitores.

E por que crianças beneficiam a sociedade? A crer na análise de economistas como Julian Simon, riqueza são pessoas. Quanto mais gente, melhor, já que são indivíduos que têm ideias (além de consumir produtos) e são as novas ideias que vêm assegurando o brutal aumento de produtividade a que assistimos nos últimos 200 anos.

E isso nos coloca diante de um dos grandes dilemas dos tempos modernos. Para assegurar a sustentabilidade da exploração dos recursos naturais do planeta, precisaríamos estabilizar ou até reduzir a população. Só que fazê-lo é uma espécie de suicídio econômico, já que ficaria muito difícil manter taxas positivas de crescimento, sem as quais instituições como previdência e até democracia representativa podem entrar em colapso.

(Hélio Schwartsman. *Folha de S.Paulo*. 18.11.2018. Adaptado)

Assinale a alternativa em que o pronome que substitui a expressão destacada está em conformidade com a norma-padrão de uso e de colocação dos pronomes.

a) A pergunta do título comporta **vários níveis de resposta**. / A pergunta do título lhes comporta.

b) A paternidade também encerra **dimensões culturais**... / A paternidade também encerra-lhes...

c) ... demoram muito até começar a trazer **contribuições econômicas**. / ... demoram muito até começar a trazer-nas.

d) Para assegurar a **sustentabilidade**... / Para lhe assegurar...

e) ... ficaria muito difícil manter **taxas positivas de crescimento**... / ... ficaria muito difícil mantê-las...

Manter o quê? = taxas positivas de crescimento (objeto direto = AS)

Manter + AS = mantê-LAS.

Outras alternativas:

A: A pergunta ... OS comporta.

B: A paternidade ... também AS encerra.

C: ... demoram ... começar a trazê-LAS.

D: Para A assegurar ...

GABARITO: E.

---

87. **(2018 – Prefeitura de Sertãozinho/SP – Psicólogo)** Assinale a alternativa correta quanto à pontuação e à colocação pronominal, de acordo com a norma-padrão.

a) O sentido da palavra, segundo o autor, apresentava-**se** como uma tradução duvidosa da língua inglesa.

b) São relativamente novas, as frases em que emprega-**se** o "sobre" com o sentido, de "ter a ver com".

c) É verdade que algumas traduções literais, não adaptam-**se** com naturalidade, à língua de chegada.

d) Muitos não têm apercebido-**se** da forte influência, da cultura anglófona sobre a nossa.

e) Os filmes estrangeiros normalmente apresentam-**se** repletos, de expressões que soam estranhas ao ouvido.

Outras alternativas:

B: São relativamente novas as frases em que SE emprega o "sobre" com o sentido de "ter a ver com".

C: É verdade que algumas traduções literais não SE adaptam com naturalidade à língua de chegada.

D: Muitos não SE têm apercebido da forte influência da cultura anglófona sobre a nossa.

E: Os filmes estrangeiros normalmente SE apresentam repletos de expressão que soam estranhas ao

ouvido.

GABARITO: A.

Leia o texto, para responder às três questões seguintes.

Frei Caneca e a Virgem Maria

No dia 13 de janeiro de 1825, um condenado caminhava com passos firmes na direção da forca, no centro do Recife. Era o frei Joaquim do Amor Divino Caneca, o lendário Frei Caneca, lutador incansável pela independência do Brasil. Ele tinha participado da revolta da Confederação do Equador, sufocada pelo governo de Pernambuco. Vestia o hábito da Irmandade da Madre de Deus. Sob o olhar curioso da multidão, foi submetido ao degradante ritual da desautoração*, perdendo os direitos eclesiásticos, para que pudesse enfrentar o suplício da forca.

Impassível e altivo, deixou que os monges despissem suas vestes sagradas. Permaneceu firme quando recebeu na tonsura** o golpe simbólico da excomunhão. O carrasco já se preparava para o gesto fatal, quando recuou, com o rosto pálido, dizendo que a Virgem Maria estava junto ao condenado. Veio então o ajudante do carrasco, que também se recusou a executar Frei Caneca, diante da visão da Virgem Maria. Aí foram buscar dois escravos. E esses, mesmo duramente açoitados, negaram-se a participar da execução. O juiz mandou trazer dois presos da cadeia pública e lhes ofereceu a liberdade em troca da execução de Frei Caneca. E eles igualmente se negaram, alegando a visão da Virgem Maria.

Mas era preciso matar Frei Caneca de qualquer jeito, como exemplo para desencorajar futuros conspiradores. O juiz então ordenou que ele fosse fuzilado. Percebendo que os soldados tremiam com as armas na mão, Frei Caneca procurou exortá-los:

– Vamos, meus amigos. Não me façam sofrer muito. Virgem Maria há de compreender os vossos temores. Tenham fé, ela já os perdoou.

E os tiros provocaram um arrepio na multidão silenciosa.

(Eloy Terra. *500 anos: Crônicas pitorescas da história do Brasil.* Adaptado)

*Desautoração: privação da dignidade do cargo, como medida punitiva.

**Tonsura: corte redondo dos cabelos no topo da cabeça dos clérigos.

88. **(2018 – PC/SP – Agente de Telecomunicações Policial)** Assinale a alternativa em que, segundo a norma-padrão, o pronome, na expressão destacada, pode ser colocado também depois do verbo.

a) Não <u>me façam</u> sofrer muito.

b) O carrasco <u>se preparava</u> para o gesto fatal.

c) E eles igualmente <u>se negaram</u>, alegando a visão da Virgem Maria.

d) Veio então o ajudante do carrasco, que também <u>se recusou</u> a executar Frei Caneca.

e) Tenham fé, ela já <u>os perdoou</u>.

Como não há palavra atrativa para a colocação proclítica, o pronome pode ocupar a posição enclítica.

Outras alternativas:

A: Não (atrai a próclise).

C: Advérbio não isolado (igualmente) atrai a próclise.

D: TAMBÉM (atrai a próclise).

E: Advérbio não isolado (JÁ) atrai a próclise.

GABARITO: B.

---

89. A alternativa que reescreve o trecho "O juiz então ordenou que ele fosse fuzilado.", de acordo com a norma-padrão de emprego e colocação de pronome, é:

a) O juiz então ordenou que lhe fuzilassem.

b) O juiz então ordenou que fuzilassem-lhe.

c) O juiz então ordenou que fuzilassem-o.

d) O juiz então ordenou que fuzilassem ele.

e) O juiz então ordenou que o fuzilassem.

O pronome oblíquo funciona como objeto direto (fuzilaram Frei Caneca), sendo assim devemos usar o pronome O.

No período apresentado, a palavra QUE (ordenou que), por ser uma conjunção subordinativa integrante, atrai o pronome oblíquo para a posição proclítica.

GABARITO: E.

---

90. Assinale a alternativa que expressa com regência correta, nos colchetes, ideia em oposição à do texto original.

a) pudesse enfrentar o suplício [pudesse encarar ao suplício].

b) se recusou a executar Frei Caneca [concordou em executar Frei Caneca].

c) estava junto ao condenado [estava distante ao condenado].

d) negaram-se a participar [hesitaram de].

e) passos firmes na direção da forca [passos firmes no rumo da forca].

Recusar-se A algo ≠ concordar EM/COM.

Outras alternativas:

A: pudesse enfrentar o suplício [pudesse encarar O suplício].

C: estava junto ao condenado [estava distante DO condenado].

D: negaram-se a participar [hesitaram EM].

E: passos firmes na direção da força [não é ideia oposta].

GABARITO: B.

---

91. **(2018 – Prefeitura de São Bernardo do Campo/SP – Oficial Administrativo I)**

Quando me propus a escrever um texto sobre o filme "Pantera Negra", eu pensei na possibilidade de escrever sobre todos os sentimentos que se misturavam em meu corpo e coração vendo o filme.

Fui ver o filme sob muita expectativa, como todo o povo negro ao redor do mundo indo para as salas de cinema vestidos com suas melhores roupas — acho que eu nunca fui tão arrumada ver um filme —, como se fosse uma ocasião muito especial. E de fato foi.

Em tempos em que a questão da representatividade negra ganha cada vez mais força na cultura *nerd/geek*, ver um herói negro é algo gratificante, muito forte e cheio de significado para o povo negro que curte esse universo.

Diante disso, desde quando vi o trailer do filme pela primeira vez, eu não parei de pensar em um ponto importantíssimo: as crianças negras.

Uma amiga me mostrou uma foto no Instagram que fez meu coração esquentar de felicidade: o seu filho, diante do cartaz do filme, vestido de Pantera Negra, com um sorriso enorme no rostinho. Uma busca rápida pela *hashtag* #BlackPanther, e o resultado são várias fotos de crianças com seus pais e responsáveis, meninos e meninas negras, de várias partes do mundo, sorrindo, usando com orgulho camisetinhas com o herói da vez estampado ou com a máscara do rei T'Challa cobrindo seus rostinhos, da mesma forma que o filho dessa minha amiga.

Eu confesso que saí da sala do cinema sentindo um alívio imenso, porque talvez eu também tenha sido uma criança que precisava dessa carga de representatividade.

(Paula Silva. "Pantera Negra: finalmente um filme 100% negro!". http://azmina.com.br, 07.03.2018. Adaptado)

Observando-se a colocação do pronome oblíquo átono em destaque, assinale a alternativa correta.

a) **Se** coloca, no 1º parágrafo do texto, uma contextualização ao leitor sobre as motivações da autora para escrever seu texto.

b) No 2º parágrafo do texto, a autora conta como estava vestida para ver o filme e como **se** sentia psicologicamente.

c) No 3º parágrafo, Paula Silva não furta-**se** a expressar como ela enxerga a importância de haver um super-herói negro.

d) O 4º e o 5º parágrafos são usados para que relate-**se** sobre as crianças negras, que finalmente se veem representadas.

No último parágrafo, a autora reflete sobre sua própria infância, pois talvez nunca viu-se tanta representatividade no cinema.

A palavra COMO atrai próclise.

Outras alternativas:

A: Não se iniciam orações com pronomes oblíquos.

C: No 3º ... não SE furta ...

D: O 4º e o 5º ... para QUE SE relate sobre ...

E: No último parágrafo, ... pois talvez nunca SE viu tanta ...

GABARITO: B.

---

92. **(2018 – UFTM – Assistente em Administração)**

"Me corrige", pede o pronome

Uma das principais marcas do português brasileiro permanece alijada da escrita

Me parece cada vez mais claro que o pronome átono em início de frase, como o que acabo de cometer, será o último dos últimos tabus normativos a ser quebrado pelo inexorável abrasileiramento da língua que se entende e se pratica como nossa norma culta.

É claro que me refiro à língua escrita. Sabe-se que, falando, a maior parte dos brasileiros iniciaria assim esta frase: "Se sabe que...". Isso inclui pessoas de alta escolaridade e não exclui situações em que a comunicação prevê certa cerimônia.

No livro "Oficina de Texto", um guia de redação sensatamente equilibrado entre tradição e modernidade, o linguista Carlos Alberto Faraco e o romancista Cristovão Tezza, colunista da Folha, escrevem o seguinte: "Resta praticamente uma única regra universal na colocação de pronomes da língua-padrão escrita: jamais comece uma sentença com pronome átono".

Logo em seguida reconhecem que talvez esse não seja bem o único mandamento restante. Para poupar dor de cabeça com revisores e corretores de provas, dizem, vale a pena seguir também a regra "bastante duvidosa" das tais palavras atrativas, como "que", "quando" e "não", que sempre puxariam o pronome átono para junto de si.

No mais, Faraco e Tezza dão ao leitor a bússola de colocação pronominal que julgo definitiva: "Prefira a forma que soar melhor". Se você é brasileiro, isso exclui quase certamente a mesóclise, além de limitar a lusitana ênclise. Nossa inclinação é naturalmente proclítica.

O gramático Manuel Said Ali (1861-1953) foi um pioneiro defensor da colocação de pronomes à moda da casa, contra o lusocentrismo dominante em sua época e ainda hoje presente na gramática normativa.

Argumentava que "a pronúncia brasileira diversifica da lusitana; daí resulta que a colocação pronominal em nosso falar espontâneo não coincide perfeitamente com a do falar dos portugueses".

Tudo isso é lindo, mas convém ter sempre em mente o último tabu. Me faça o favor de contrariar sua fala e escrever "Faça-me o favor", a menos que queira marcar uma posição. Se prepare, nesse caso, para as consequências.

(Sérgio Rodrigues, "'Me corrige', pede o pronome". Em: *Folha de S.Paulo*, 02.08.2018. Adaptado)

De acordo com Manuel Said Ali, "a pronúncia brasileira diversifica da lusitana; daí resulta que a colocação pronominal em nosso falar espontâneo não coincide perfeitamente com a do falar dos portugueses". Uma frase do texto que comprova essa explicação do gramático e revela a tendência brasileira de colocação pronominal é:

a) ... como o que acabo de cometer... (1º parágrafo)

b) É claro que me refiro à língua escrita. (2º parágrafo)

c) Sabe-se que, falando, a maior parte dos brasileiros... (2º parágrafo)

d) ... e escrever "Faça-me o favor" ... (8º parágrafo)

e) Se prepare, nesse caso, para as consequências. (8º parágrafo)

A tendência brasileira em termos de colocação pronominal é a de iniciar oração com pronome oblíquo.

GABARITO: E.

93. **(2018 – PC/SP – Investigador de Polícia)**

Combate ao crime

Houve, no Brasil, uma escalada do aprisionamento que, nos últimos anos, levou o país a abrigar a terceira maior população carcerária do mundo, atrás de EUA e China.

Parte considerável das prisões resulta de casos de flagrante, e salta aos olhos a parcela de encarcerados por delitos menores (em especial o pequeno tráfico de drogas) e em regime provisório (40%).

Há anos este jornal manifesta opinião favorável à aplicação de sanções alternativas, de modo a reservar o cárcere para autores de crimes violentos, que representam ameaça à sociedade.

Tal correção de rumos, fique claro, não corresponde à complacência. Especialistas são praticamente unânimes em considerar que a certeza da punição, mais do que o rigor ou o tamanho da pena, é o principal fator de dissuasão.

Deve-se caminhar, ainda, no sentido da integração, com a criação de bases de dados e canais instantâneos de comunicação entre as polícias e outras instituições. Não menos importante, há que investir em redução da evasão escolar e políticas voltadas para a juventude.

Tudo isso depende, claro, da superação da crise orçamentária, em especial na esfera estadual.

(*Folha de S.Paulo*, 24.04.2018. Adaptado)

Assinale a alternativa em que a colocação pronominal atende à norma-padrão.

a) Há que investir-se em redução da evasão escolar sem que esqueçam-se das políticas voltadas para a juventude.

b) Se tem afirmado que o cárcere deva ser reservado aos autores de crimes violentos, que se mostram uma ameaça à sociedade.

c) Sabe-se que parte considerável das prisões vem de casos de flagrantes os quais se reportam a delitos menores.

d) Tendo integrado-se as bases de dados e os canais de comunicação, as polícias e outras instituições articularão-se melhor.

e) Não pode-se dizer que a correção de rumos agradará a todos os segmentos, mas é preciso que repense-se a questão.

Outras alternativas:

A: Há que SE insistir em redução da evasão escolar sem que SE esqueçam das políticas voltadas para a juventude.

B: Tem-SE afirmado que o cárcere ...

D: Tendo-SE integrado as bases ... instituições articular-SE-ão melhor.

E: Não SE pode dizer ... é preciso que SE repense a questão.

GABARITO: C.

94. **(2019 – Câmara de Piracicaba/SP – Jornalismo)**

Ao filósofo americano Daniel Dennett, os editores da revista *Edge* perguntaram: “Em 2013, o que deve nos preocupar?”. Ele contou que em 1980 se temia que a revolução do computador aumentasse a distância entre os países ricos “do Ocidente” e os países pobres, que não teriam acesso à nova tecnologia e a seus aparelhos. A verdade é que a informática criou fortunas enormes, mas permitiu também a mais profunda disseminação niveladora da tecnologia que já se viu na história. “Celulares e *laptops* e, agora, *smartphones* e *tablets* puseram a conectividade nas mãos de bilhões”, afirmou Dennett.

O planeta, segundo o filósofo, ficou mais transparente na informação como ninguém imaginaria há 40 anos. Isso é maravilhoso, disse Dennett, mas não é o paraíso. E citou a lista daquilo com que devemos nos preocupar: ficamos dependentes e vulneráveis neste novo mundo, com ameaças à segurança e à privacidade. E sobre as desigualdades, ele disse que Golias ainda não caiu; milhares de Davis*, porém, estão rapidamente aprendendo o que precisam. Os "de baixo" têm agora meios para confrontar os "de cima". O conselho do filósofo é que os ricos devem começar a pensar em como reduzir as distâncias criadas pelo poder e pela riqueza de poucos.

* referência ao episódio bíblico em que Davi, aparentemente mais fraco, derrota o gigante Golias.

(Míriam Leitão. *História do futuro: o horizonte do Brasil no século XXI*. Rio de Janeiro, Intrínseca, 2015)

Assinale a alternativa em que a frase – Foram os editores da revista Edge que apresentaram a discussão ao filósofo americano Daniel Dennett. – está corretamente reescrita, tanto no que respeita à regência verbal quanto no que se refere ao emprego e à colocação pronominal, tendo a expressão "a discussão" substituída por um pronome.

a) Foram os editores da revista *Edge* que apresentaram-na ao filósofo americano Daniel Dennett.

b) Foram os editores da revista *Edge* que a apresentaram ao filósofo americano Daniel Dennett.

c) Foram os editores da revista *Edge* que lhe apresentaram ao filósofo americano Daniel Dennett.

d) Foram os editores da revista *Edge* que apresentaram-lhe ao filósofo americano Daniel Dennett.

e) Foram os editores da revista *Edge* que o apresentaram ao filósofo americano Daniel Dennett.

A expressão "A discussão" exerce a função de OBJETO DIRETO, portanto deve ser substituída pelo pronome oblíquo A. No período em que o pronome oblíquo A vai ser empregado, existe o pronome relativo QUE atraindo a posição proclítica.

GABARITO: B.

---

95. **(2017 – Câmara de Valinhos/SP – Assistente Administrativo)** Uma promotora de vendas pretende enviar a um cliente mensagem a respeito do produto comercializado.

O texto, para estar em conformidade com a norma-padrão, deve ser redigido da seguinte forma:

a) Caro cliente, caso exista dúvidas sobre o produto, ponho-me à disposição para esclarecer-lhes.

b) Caro cliente, caso exista dúvidas sobre o produto, ponho-me à disposição para esclarecê-los.

c) Caro cliente, caso existam dúvidas sobre o produto, ponho-me à disposição para as esclarecer.

d) Caro cliente, caso existam dúvidas sobre o produto, ponho-me à disposição para esclarecê-los.

e) Caro cliente, caso existam dúvidas sobre o produto, ponho-me à disposição para lhes esclarecer.

Caro cliente: VOCATIVO (sempre isolado na oração).

Caso existam DÚVIDAS (sujeito) sobre o produto (oração subordinada adverbial) antes de sua principal TEM que estar isolada. A oração principal (ponho-me à disposição para as [as dúvidas] esclarecer) está na ordem direta, portanto não pode ter seus termos isoladas.

GABARITO: C.

---

96. **(2019 – MPE/SP – Analista Técnico Científico/Economista)**

Progresso, enfim

Em atraso nas grandes reformas da Previdência Social e do sistema de impostos, o Brasil tem obtido avanços em uma agenda que, tomada em seu conjunto, mostra-se igualmente essencial – a da melhora do ambiente de negócios.

Trata-se de objetivos tão diferentes quanto facilitar a criação de empresas, reduzir o custo de licenças ou ampliar o acesso ao crédito. Grande parte dessas providências não depende de votações no Congresso, mas sim do combate persistente a empecilhos burocráticos e ineficiências do setor público.

A boa notícia é que o país subiu 16 posições no mais conhecido ranking dessa modalidade, divulgado a cada ano pelo Banco Mundial. A má é que a 109ª colocação, num total de 190 nações consideradas, permanece vergonhosa.

O progresso ocorreu, basicamente, em quatro indicadores – fornecimento de energia elétrica, prazo para abertura de empresa com registro eletrônico, acesso à informação de crédito e certificação eletrônica de origem para importações.

Pela primeira vez em 16 anos de publicação do relatório, o desempenho brasileiro se destacou na América Latina. Os países mais bem posicionados da região, casos de México (54º lugar), Chile (56º) e Colômbia (65º), apresentaram pouca ou nenhuma melhora.

Numa perspectiva mais ampla, o ambiente de negócios vai se tornando mais amigável na maior parte do mundo. A edição mais recente do *ranking* catalogou número recorde de 314 reformas realizadas em 128 economias desenvolvidas e emergentes no período 2017/2018.

Fica claro, no documento, que o maior atraso relativo do Brasil se dá no pagamento de impostos, dados a carga elevada e o emaranhado de regras dos tributos incidentes sobre o consumo. Nesse quesito em particular, o país ocupa um trágico 184º lugar no *ranking*.

O caminho óbvio a seguir nesse caso é uma reforma ambiciosa, que racionalize essa modalidade de taxação. Mesmo que não seja possível abrir mão de receitas, a simplificação já traria ganhos substanciais em eficiência ao setor produtivo.

(Editorial, *Folha de S.Paulo*, 06.11.2018. Adaptado)

Assinale a alternativa correta quanto à colocação pronominal, de acordo com a norma-padrão.

a) Se vê, pelos dados do *ranking* do Banco Mundial, que o Brasil destacou-se basicamente em quatro indicadores.

b) O ambiente de negócios atualmente tem tornado-se mais amigável, o que vê-se pelas reformas realizadas.

c) Ainda que se tenha destacado o desempenho do Brasil no relatório do Banco Mundial, sabe-se que o país precisa avançar nos negócios.

d) Deve racionalizar-se quanto aos pagamentos de impostos para que não condenem-se os países a um retrocesso econômico.

e) Quando analisa-se o *ranking* do Banco Mundial, se constata que alguns países da América Latina apresentaram pouca ou nenhuma melhora.

Ainda que = atrai a próclise.

Sabe-se = não existindo palavra de atração para a próclise, o pronome ocupa a posição enclítica.

Outras alternativas:

A: Vê-SE ...

B: O ... atualmente SE tem tornado ..., o que SE VÊ.

D: Deve ... para que não SE condenem ...

E: Quando SE analisa ..., constata-SE ...

GABARITO: C.

97. **(2020 – Valiprev/SP – Contador)** Assinale a alternativa redigida segundo a norma-padrão de emprego de pronomes e do sinal indicativo de crase.

a) O prefeito de Veneza, cujas ruas e praças estão alagadas, fez um apelo às autoridades do país.

b) O fogo que atingiu à Austrália é atribuído à fenômenos naturais.

c) À partir de quando o homem aprenderá a respeitar espécies que a sobrevivência está ameaçada?

d) Sem preservar a natureza, à qual é garantia de sua sobrevivência, o homem passará à viver dias terríveis.

e) Não é possível estimar à tragédia causada pelo fogo cujo consumiu milhares de árvores na Austrália.

O pronome relativo CUJAS estabelece entre as palavras que une uma relação de possuidor e coisa possuída (Veneza tem ruas e praças; são as ruas e praças de Veneza).

Quem APELA, apela a algo ou a alguém. A preposição A veio para frente de um substantivo feminino que aceita o artigo, portanto ocorre a crase.

GABARITO: A.

---

98. **(2017 – Prefeitura de Itanhaém/SP – Fisioterapeuta)**

A quem pertence um país e quem tem o direito de morar nele? Com um passado incomparável e camadas históricas extraordinariamente variadas, inclusive em seus momentos de fluxo e refluxo populacional, a Itália já fechou o debate. A lotação está esgotada. Foram mais de 180000 pessoas, na maioria absoluta vindas da África, no ano passado. Até organizações humanitárias dizem que não dá mais para acomodar gente em cidadezinhas minúsculas, vilarejos medievais ou bairros distantes de uma metrópole como Roma.

As ondas humanas criaram situações sem precedentes. As ONGs para as quais sempre cabem muitos mais tornaram-se colaboradoras dos traficantes que ganham com o comércio de gente, um escândalo ético espantoso. Começaram a fazer o bem e se transformaram em parte integrante de um processo de imensa perversidade, cujos promotores praticam abusos indescritíveis. Embora cruel, o sistema é de uma eficiência impressionante. Até os botes de borracha, cujos passageiros pagam para ser resgatados por navios de ONGs, da Marinha italiana ou de outros países europeus, são fabricados especificamente para esse tipo de transporte. Cada passagem custa por volta de 1500 euros, ou 5500 reais. O negócio foi calculado em 390 milhões de dólares no ano passado.

A questão dos grandes deslocamentos humanos vindos do mundo pobre, encrencado, conflagrado ou simplesmente com menos benefícios sociais, em direção ao mundo rico, já provocou conhecidas reações políticas, das quais a mais estrondosa foi a eleição de Donald Trump. A palavra-chave no fenômeno atual é benefícios. Ao contrário dos imigrantes que vieram para o Novo Mundo, entre os quais tantos de nossos antepassados, com uma malinha, muitos carimbos nos documentos e esperança de emprego, as ondas humanas atuais chegam aos países ricos com abrigo, saúde e educação providos pelo Estado de bem-estar social. Organizações supranacionais, como a própria União Europeia, também têm verbas para dar garantias inimagináveis pelos imigrantes do passado. O problema, como sabemos, é que o dinheiro não aparece magicamente nos cofres dos Estados ou seus avatares.

(Vilma Gryzinski, Lotou ou ainda cabe mais? *Veja*, 26.07.2017. Adaptado)

Considere a seguinte passagem do texto:

Começaram a fazer o bem e se transformaram em parte integrante de um processo de imensa perversidade, cujos promotores praticam abusos indescritíveis.

Assinale a alternativa que reescreve o trecho destacado de acordo com a norma-padrão de regência verbal e colocação pronominal, além de manter coerência com o sentido do original.

a) Principiaram por fazer o bem; transformaram-se, porém, em parte que integra um processo...

b) Iniciaram de fazer o bem, enquanto transformaram-se em parte a qual integra a um processo...

c) Principiaram a fazer o bem; tanto que se transformaram em parte da qual integra um processo...

d) Iniciaram por fazer o bem, se transformaram, pois, em parte na qual integra um processo...

e) Principiaram em fazer o bem; tão logo se transformaram em parte em que integra um processo...

A ideia da segunda oração do período em relação à primeira é de adversidade, portanto PORÉM.

B: Iniciaram POR ... a qual integra um processo.

C: Principiaram ... a qual integra um processo.

D: Iniciaram ... bem, transformaram-SE, ... a qual ...

E: Principiaram A fazer ... parte que integra um processo ...

GABARITO: A.

99. **(2018 – IPSM – Assistente de Gestão Municipal)**

Para se alfabetizar de verdade, Brasil deve se livrar de algumas ideias tortas

Meses atrás, quando falei aqui do livro de Zinsser, um leitor deixou o seguinte "É de uma pretensão sem tamanho, a vaidade elevada ao maior grau, o sujeito se meter a querer ensinar os outros a escrever".

Pois é. Muita gente acredita que, ao contrário de todas as demais atividades humanas, da música à mecânica de automóveis, do macramê à bocha, a escrita não pode ser ensinada. Por quê?

Porque é especial demais, elevada demais, dizem alguns. É o caso do leitor citado, que completou seu comentário com esta pérola: "Saber escrever é uma questão de talento, quem não tem, não vai nunca aprender..."

Há os que chegam à mesma conclusão pelo lado oposto, a ilusão de que toda pessoa alfabetizada domina a escrita, e o resto é joguinho de poder espúrio.

Talento literário é raro mesmo, mas não se trata disso. Também não estamos falando só de correção gramatical e ortográfica, aspecto que será cada vez mais delegado à inteligência artificial.

Estamos falando de pensamento. Escrever com clareza e precisão, sem matar o leitor de confusão ou tédio, é uma riqueza que deve ser distribuída de forma igualitária por qualquer sociedade que se pretenda civilizada e justa.

(Sérgio Rodrigues. *Folha de S.Paulo*, 07.12.2017)

Assinale a alternativa correta quanto à colocação pronominal, de acordo com a norma-padrão.

a) Talento literário é raro mesmo, e onde vivemos é comum ouvir que dificilmente encontramo-lo por aí.

b) Escrever com clareza e precisão é uma riqueza e esta deve-se distribuir de forma igualitária numa sociedade.

c) Me disse um leitor que eu tinha pretensão sem tamanho, ao comentar o que falei sobre o livro de Zinsser.

d) Hoje se entende que só correção gramatical e ortográfica não são qualidades suficientes para uma boa escrita.

e) Poderia-se dizer que a escrita, ao contrário de todas as demais atividades humanas, não pode ser ensinada?

Hoje (advérbio não isolado) SE entende ...

Outras alternativas:

A: Talento literário ... dificilmente O encontramos por aí.

B: Escrever ... e esta SE deve distribuir ...

C: Disse-ME.

E: Poder-SE-ia dizer ...?

GABARITO: D.

---

100. **(2017 – IPRESB/SP – Agente Previdenciário)**

A idade das palavras

Já cansei de ver gente madura falando gíria para parecer jovem. O trágico é que, em geral, a **gíria** é velha, daí que é terrível ver uma senhora madura e **plastificada** dizendo "Eu sou prafrentex!".

Esse termo foi usado nos anos 60 para dizer que uma jovem aceitava comportamentos mais ousados, tipo viajar no fim de semana para a praia com um grupo de amigos, o máximo de liberdade imaginável até então.

Mas agora é passado... Assim como as variações para falar de homem bonito. Houve época em que era "pão", agora se usa gato, se não estou atrasado... Volta e meia noto alguém exclamar à passagem de um homem atlético: "Ai, que pão!".

Esse é o mal das gírias. Marcam a juventude de cada um. O tempo passa, mas fica difícil mudar o modo de falar.

Lembro o sucesso de "boko moko", **criado** por uma marca de refrigerante para rotular de cafona quem não tomava a tal bebida. Caiu na boca do povo. Cafona vale? Ou devo dizer "out", como na década de 90?

Reconheço, tenho saudade de certos termos. Lembro-me das conversas com os amigos nos anos 70, quando fiz faculdade e era frequente ouvir "tou numas com ela", equivalente, guardadas algumas proporções, ao "ficar" de hoje em dia.

Que adolescente aceitaria hoje ir a um "**mingau dançante**"? Vão para a balada, para a "night". Aliás, a maioria foge de mingau e de qualquer delícia que engorde!

Muita gente **odeia** gíria e a considera um dialeto capaz de estraçalhar a língua. Elas esquecem que, no seu tempo, também a usavam.

Não é fácil acompanhar sua evolução e, às vezes, me confundo: não sei se ainda se fala "hype" para indicar algo que no passado foi "in". Ou que alguém é "fashion", para dizer que está "nos trinques", como nos anos 80.

A verdade é: não há botox ou plástica que resista. Gíria velha denuncia a idade mais do que as rugas!

(Walcyr Carrasco. http://vejasp.abril.com.br/cidades/ a-idade-das-palavras/ Adaptado)

O termo “boko moko” foi criado para rotular **as pessoas** de cafona porque não tomavam **a tal bebida**.

Os pronomes que substituem corretamente as expressões destacadas e estão adequadamente colocados na frase encontram-se na alternativa:

a) O termo “boko moko” foi criado para rotulá-las de cafona porque não tomavam-na.

b) O termo “boko moko” foi criado para rotulá-las de cafona porque não a tomavam.

c) O termo “boko moko” foi criado para as rotular de cafona porque não lhe tomavam.

d) O termo “boko moko” foi criado para rotular-lhes de cafona porque não tomavam-na.

e) O termo “boko moko” foi criado para lhes rotular de cafona porque não a tomavam.

Rotular-AS => Rotulá-LAS Não tomavam o quê? = a bebida = objeto direto = A.

Não A tomavam.

GABARITO: B.

---

101. **(2018 – Prefeitura de Barretos/SP – Agente de Saúde Pública/ESF)** Assinale a alternativa em que a colocação de ambos os pronomes destacados nas expressões está de acordo com a norma-padrão.

a) Nem sempre **nos** damos conta da importância de preservarmo-**nos** da exposição pública.

b) Ainda encontram-**se** pessoas dispostas a fazer amigos fora das redes sociais, atitude que traria-**lhes** mais privacidade.

c) **Nos** propomos ajudar em tudo e concentraremo-**nos** nas causas mais urgentes e humanitárias.

d) Viam-**se** pessoas revoltadas, que não tinham conformado-**se** com a perda de suas casas durante o incêndio.

e) Esforçam-**se** para que as mensagens do celular não distraiam-**nos** durante o expediente.

B: Ainda SE encontram ... atitude que LHES traria ...

C: Propomo-NOS ... e concentraremo-NOS ...

D: Viam-se ..., que não SE tinham conformado ...

E: Esforçam-se ... não OS distraiam ...

GABARITO: A.

---

102. **(2018 – Câmara Municipal de São José dos Campos/SP – Analista Legislativo/Contador)** Assinale a alternativa redigida segundo a norma-padrão de colocação pronominal e de emprego do sinal de crase.

a) Se constatou que, no mundo corporativo, em que se aplaudem às companhias de boa prática ética, os desvios decepcionam à todas as pessoas.

b) Não ignora-se que, em algumas empresas, há práticas que levam às equipes de trabalho a comportar-se de modo eticamente condenável.

c) Constatou-se que muitos empregados de empresas praticantes de crimes reproduziram às práticas recrimináveis, tendo tornado-se corruptos.

d) Ainda encontram-se nas empresas funcionários que acham-se bem à vontade para aderir à algumas práticas ilegais.

e) Pode-se dizer que a “licença moral” é o consentimento tácito que permite às pessoas praticantes de boas ações chegar à prática de delitos.

Outras alternativas:

A: Constatou-SE que, ... aplaudem AS companhias ... decepcionam A todas as pessoas.

B: Não se ignora ... levam AS equipes ...

C: Constatou-se que ... reproduziram AS práticas ..., tendo SE tornado corruptos.

E: Ainda SE encontram ... que SE acham ... aderir A algumas práticas ilegais.

GABARITO: E.

---

103. **(2019 – TJ/SP – Contador Judiciário)**

Mundo arriscado

O próximo governo não encontrará um ambiente econômico internacional sereno. Dúvidas sobre a continuidade do crescimento do Produto Interno Bruto global, juros em alta nos EUA, riscos de conflitos comerciais e de queda do fluxo de capitais para países emergentes são apenas alguns dos itens de um cardápio de problemas potenciais.

Tudo indica, assim, que o governo brasileiro terá de lidar de pronto com as fragilidades domésticas, em especial o rombo das contas públicas. Não tardará até que investidores hoje aparentemente otimistas comecem a cobrar resultados concretos.

As projeções para o avanço do PIB mundial têm sido reduzidas nos últimos meses. O Fundo Monetário Internacional cortou sua previsão para 2018 e 2019 em 0,2 ponto percentual – 3,7% em ambos os anos – e apontou um cenário de menor sincronia entre os principais motores regionais.

Se até o início deste ano EUA, Europa e China davam sinais de vigor, agora acumulam-se decepções nos dois últimos casos.

Mesmo com juros ainda perto de zero, a zona do euro não deverá crescer mais que 1,5% neste ano. Há crescente insegurança no âmbito político, neste momento centrada na Itália e seu governo de direita populista, que propõe expansão do déficit de um setor público já endividado em excesso.

Não é animador que a Comissão Europeia tenha tomado a decisão inédita de rejeitar a proposta orçamentária da administração italiana. Embora o país ainda conserve o selo de bom pagador, os juros cobrados no mercado para financiar sua dívida dispararam.

Quanto à China, sua economia mostra menos vigor, e as autoridades precisam tomar decisões difíceis entre conter as dívidas já exageradas e estimular o crescimento.

O risco de escalada nos conflitos comerciais também é concreto, dado que o governo americano ameaça impor uma terceira rodada de tarifas, desta vez sobre os US$ 270 bilhões em vendas anuais chinesas que ainda não foram taxadas.

Nos EUA, a alta dos juros, num contexto de emprego elevado e inflação perto da meta, já leva parte do mercado a temer uma desaceleração abrupta do PIB em 2019.

A vantagem do Brasil, hoje, é que há ampla ociosidade nas empresas, baixa inflação e, portanto, espaço para uma retomada mais forte.

(Editorial. *Folha de S.Paulo*, 01.11.2018. Adaptado)

Assinale a alternativa correta quanto à colocação pronominal, de acordo com a norma-padrão.

a) Na China, agora tomam-se decisões difíceis entre conter as dívidas já existentes e estimular o crescimento do país.

b) A Comissão Europeia, tendo decidido-se pela rejeição da proposta orçamentária italiana, mostra um cenário econômico europeu pouco animador.

c) Caso se imponha uma terceira rodada de tarifas à China, provavelmente se aumentará o risco de escalada nos conflitos mundiais.

d) Não tardará até que investidores hoje aparentemente otimistas movimentarão-se e cobrarão resultados concretos.

e) Não espera-se que a zona do euro cresça mais que 1,5% neste ano, ainda que tenham-se os juros perto de zero.

Outras alternativas:

A: Na China, agora SE tomam ...

B: A Comissão Europeia, tendo SE decidido ...

D: Não tardará até que ... otimistas movimentar-SE-ão e ...

E: Não SE espera ... ainda que SE tenham os ...

GABARITO: C.

---

104. **(2017 – TCE/SP – Agente de Fiscalização)**

Avaliar os servidores

Instituições funcionam bem quando conseguem promover os incentivos corretos. Em se tratando do serviço público, isso significa recompensar o mérito e o esforço, evitando que funcionários sucumbam às forças da inércia.

Uma das razões do fracasso do socialismo real, recorde-se, foi a ausência de estímulos do gênero aos trabalhadores. Para estes, a escolha racional era não chamar a atenção dos superiores, negativa ou positivamente.

A gestão de pessoal no Estado brasileiro não chega a reproduzir um modelo soviético, mas carece de sistema eficaz de incentivos e sanções. Com efeito, políticas de bônus por produtividade nas carreiras públicas ainda são tímidas e raramente bem desenhadas.

Já a dispensa de servidores por insuficiência de desempenho, embora prevista na Constituição, não pode ser posta em prática porque o Congresso nunca elaborou uma lei complementar que regulamentasse a avaliação dos profissionais, como a Carta exige.

Vislumbra-se, agora, uma possibilidade de avanço. Discute-se no Senado projeto que cria um sistema de avaliação periódica, a ser adotado por União, Estados e municípios, que poderá levar à exoneração de servidores que obtenham, por sucessivas vezes (o número exato ainda é objeto de negociação), notas inferiores a 30% da pontuação máxima.

Será ingenuidade, entretanto, contar com uma aprovação fácil – os sindicatos da categoria já se mobilizam contra o texto.

Tampouco se deve imaginar que basta uma lei para alterar o *statu quo*. Sistemas de avaliação de servidores já existentes em alguns órgãos muitas vezes não passam de um jogo de cena corporativista, que acaba por distribuir premiações quase generalizadas.

As dificuldades, contudo, não podem ser pretexto para o imobilismo. O projeto se apresenta como um passo inicial importante; uma vez posto em prática, a experiência servirá de base para eventuais aperfeiçoamentos.

(Editorial. *Folha de S.Paulo*, 29.09.2017. Adaptado)

Assinale a alternativa em que a frase – Tampouco se deve imaginar que basta uma lei para alterar o statu quo. (7º parágrafo) – está reescrita de acordo com a norma-padrão de colocação pronominal e tem sentido compatível com o original.

a) Nem imagine-se que uma lei possa alterar tão pouco o *status quo.*

b) Não se deve imaginar, também, que basta uma lei para alterar o *status quo.*

c) Se deve imaginar o quanto uma lei pode alterar o *status quo.*

d) Deve-se imaginar que uma lei basta, muito menos, para alterar o *status quo.*

e) Não deve-se imaginar que pelo menos uma lei basta para alterar o *status quo.*

Outras alternativas:

A: Nem SE imagine que ...

C: Deve-SE imaginar ...

D: O sentido não é compatível com o original.

E: Não SE deve imaginar ...

GABARITO: B.

---

105. (2018 – PC/SP – Escrivão de Polícia Civil)

As crianças e os adolescentes estão vivendo boa parte de seu tempo no mundo virtual, principalmente por meio de seus aparelhos celulares. Em relatório divulgado em dezembro de 2017, o UNICEF usou a expressão "cultura do quarto" para indicar um dos efeitos desse fenômeno. Os mais novos têm escolhido o isolamento do espaço privado em detrimento do uso do espaço público para se dedicarem à imersão nas redes.

Você certamente já viu agrupamentos de adolescentes que interagiam mais com seu celular do que uns com os outros, não é? Pois bem: esse comportamento gera consequências, sendo que algumas delas não colaboram para o bom desenvolvimento dos mais novos. Como eles aprendem a se relacionar, por exemplo? Relacionando-se com seus pares! Acontece que o relacionamento no mundo virtual é radicalmente diferente daquele que ocorre na vida real, o que nos faz levantar a hipótese de que eles têm se desenvolvido com *deficit* no processo de socialização.

E como se aprenderia a ter – e a proteger – privacidade? Primeiramente sabendo a diferença entre intimidade e convívio social. Explorar o mundo social simultaneamente ao real cria uma grande dificuldade nessa diferenciação. Não é à toa que já se expôs na rede a privacidade de tantas crianças e jovens, com grande prejuízo pessoal!

(Rosely Sayão, As crianças e as tecnologias. *Veja*, 28-02-2018. Adaptado)

Assinale a alternativa em que a mudança na posição do pronome destacado, como consta nos colchetes, está de acordo com a norma-padrão de colocação pronominal.

a) Relacionando-**se** com seus pares! [**Se** relacionando com seus pares!]

b) Eles têm **se** desenvolvido... [Eles têm desenvolvido-**se**...]

c) Como eles aprendem a **se** relacionar, por exemplo? [Como eles aprendem a relacionar-**se**, por exemplo?]

d) E como **se** aprenderia a ter – e a proteger – a privacidade? [E como aprenderia-**se** a ter – e a proteger – a privacidade?]

e) ... não é à toa que já **se** expôs na rede a privacidade de tantas crianças e jovens... [não é à toa que já expôs-**se** na rede a privacidade de tantas crianças e jovens...]

Verbos no infinitivo e precedidos por preposição aceitam a colocação proclítica e também a enclítica.

Outras alternativas:

A: Não se iniciam orações com pronomes oblíquos.

B: Não se coloca o pronome oblíquo depois de um verbo principal no particípio.

D: Em locuções verbais, quando existirem atrações para a próclise, podemos pôr o pronome oblíquo ANTES do verbo auxiliar ou DEPOIS do verbo principal.

E: Existindo palavra de atração (JÁ) em relação a uma forma verbal simples, deverá ocorrer a próclise.

GABARITO: C.

---

106. **(2018 – Prefeitura de Mogi das Cruzes/SP – Auxiliar de Apoio Administrativo)**

Estima-se que, até o fim deste ano, o número de pessoas vivendo na miséria no Brasil crescerá de 2,5 milhões a 3,6 milhões, segundo o Banco Mundial. O número de brasileiros vivendo abaixo da linha da pobreza passou dos 16 milhões, em 2014, para cerca de 22 milhões neste ano, de acordo com o Centro de Políticas Sociais da Fundação Getúlio Vargas (FGV Social). Em momentos assim, o Brasil depara com outra chaga, diferente da pobreza: a desigualdade. Os mais ricos se protegem melhor da crise, que empurra para baixo a parcela da população já empobrecida. Por isso, o FGV Social alerta sobre um aumento relevante da desigualdade no país. Ela já subiu no ano passado, na medição que usa um índice chamado Gini. Foi a primeira vez que isso ocorreu em 22 anos. Trata-se de um fenômeno especialmente ruim num país em que a desigualdade supera a normalmente encontrada em democracias capitalistas. Para piorar, descobrimos recentemente que subestimávamos o problema.

Até o ano retrasado, a régua da desigualdade era organizada só com o Índice de Gini, baseado na Pesquisa Nacional por Amostra de Domicílios (Pnad). Por esse método, ficavam de fora do quadro os rendimentos que principalmente os mais ricos conseguem de outras fontes, que não o salário – a renda do capital, oriunda de ativos como aplicações financeiras, participação em empresas e propriedade de imóveis. Isso mudou quando a Receita Federal publicou números do Imposto de Renda (IR) de pessoa física de 2007 em diante. Os números mais recentes, referentes a 2015, foram abertos em julho deste ano. Eles evidenciam que a concentração de renda no topo da pirâmide social brasileira é muito maior do que se pensava. A análise restrita às entrevistas domiciliares indicava que o 1% mais rico de brasileiros concentrava 11% da renda. Com os dados do IR e do Produto Interno Bruto (PIB), essa fatia saltou para 28%.

(*Época*, 13.11.2017)

Assinale a alternativa correta quanto à norma-padrão de colocação pronominal.

a) Se pensava que a concentração de renda no topo da pirâmide brasileira fosse menor.

b) Havia um problema ruim no Brasil e, para piorar, recentemente descobrimo-lo.

c) Os dados do IR e do PIB mostram-se chocantes, pois eles revelam contrastes.

d) Os mais ricos têm valido-se de outras fontes de renda, que não o salário recebido.

e) As pessoas sabiam que, com os dados do IR e PIB, mudaria-se o número de ricos.

Não existindo atração para a próclise e o tempo verbal não exigindo a mesóclise, empregamos a ênclise.

Outras alternativas:

A: Pensava-SE que ...

B: Havia ..., recentemente O descobrimos.

D: Os mais ricos têm SE valido de ...

E: As pessoas ..., mudar-SE-ia ...

GABARITO: C.

---

107. **(2018 – PC/SP – Auxiliar de Papiloscopista Policial)** Assinale a alternativa em que em que a colocação do pronome destacado atende à norma-padrão da língua.

a) Apenas quando lembra-se do que lera nos jornais, o narrador compreende a razão de não haver pão.

b) Ao ouvir a história do padeiro, o narrador indigna-se com a forma como sempre tratavam-no nas casas.

c) O narrador relacionava a história do padeiro à sua, se recordando do tempo em que era um jovem escritor.

d) De tanto ouvir que não era ninguém, o padeiro já não se incomodava mais por ser tratado assim.

e) Para o padeiro, era natural a ideia de que ninguém reconhecia-o devido à natureza do seu trabalho.

O pronome está proclítico atraído que foi pelo advérbio não isolado NÃO.

Outras alternativas:

A: Apenas quando SE lembra ...

B: Ao ouvir ... como sempre O tratavam nas casas.

C: O narrador ..., recordando-SE do tempo ...

E: Para o padeiro, era natural ... ninguém O reconhecia ...

GABARITO: D.

---

108. **(2019 – Prefeitura de Guarulhos/SP – Inspetor Fiscal de Rendas)** Leia o texto para responder à questão.

A arte mostra-se presente na história da humanidade desde os tempos mais remotos. **Sem dúvida**, ela pode ser considerada como sendo uma necessidade de expressão do ser humano, surgindo como fruto da relação homem/mundo. Por meio da arte a humanidade expressa suas necessidades, crenças, desejos, sonhos. Todos têm uma história, que pode ser individual ou coletiva. As representações artísticas nos oferecem elementos que facilitam a compreensão da história dos povos em cada período.

(Rosane K. Biesdorf e Marli F. Wandscheer. Arte, uma necessidade humana: função social e educativa. *Itinerarius reflectionis.*)

Considerando as regras de concordância nominal, regência verbal e de colocação pronominal da norma-padrão, assinale a alternativa em que o trecho destacado em "... elementos que facilitam **a compreensão da história dos povos em cada período**." está corretamente substituído.

a) elementos que facilitam-nas.

b) elementos que facilitam-lhe.

c) elementos que os facilitam.

d) elementos que lhes facilitam.

e) elementos que a facilitam.

"a compreensão da história dos povos em cada período" = objeto direto => A.

O pronome oblíquo A foi atraído para a posição proclítica pelo pronome relativo QUE.

GABARITO: E.

---

109. **(2019 – SEDUC/SP – Oficial Administrativo)** Considere as frases do texto:

• Tenho amigos que não leem e não frequentam **livrarias**.

• Lá dentro, ninguém nos obriga a comprar **um livro**.

Assinale a alternativa em que os pronomes que substituem as expressões destacadas estão empregados em conformidade com a norma-padrão da língua.

a) não as frequentam / comprá-lo.

b) não as frequentam / comprar-lhe.

c) não lhes frequentam / comprá-lo.

d) não frequentam elas / comprar-lhe.

e) não lhes frequentam / comprar ele.

Tanto a palavra livrarias quanto a expressão um livro funcionam sintaticamente como OBJETO DIRETO. Devem ser substituídas, respectivamente, pelos pronomes oblíquos AS e O.

O pronome oblíquo AS encontra, na oração em que é empregado, a atração para a próclise no advérbio não isolado NÃO.

O pronome oblíquo O não recebe atração para a próclise; o tempo verbal não exige a mesóclise, portanto deve ocorrer a ênclise.

Quando associamos os pronomes oblíquos O / A / OS / AS a verbos terminados em R / S / Z, essas consoantes caem e o pronome é precedido pela letra L (lo / la/ los / las).

Comprar um livro = comprar-O = comprá-LO.

GABARITO: A.

---

110. **(2017 – TJ/SP Assistente Social Judiciário)** Leia a charge.

(Gazeta do Povo, 01.02.2017)

Assinale a alternativa em que a reescrita da frase da personagem expressa a ideia do texto original e está de acordo com a norma-padrão.

a) Me preocupa seriamente a aposentadoria... Alheia...

b) Me preocupa seriamente a aposentadoria? Nem a alheia...

c) Preocupo-me seriamente com a aposentadoria – alheia...

d) Tenho preocupado-me seriamente com isso: a aposentadoria alheia.

e) Seriamente preocupo-me com a aposentadoria alheia...

Outras alternativas:

A: Não se iniciam orações com pronomes oblíquos.

B: Não se iniciam orações com pronomes oblíquos.

D: Não empregamos, em locuções verbais o pronome oblíquo após o verbo principal no particípio.

E: O advérbio não isolado SERIAMENTE atrai o pronome oblíquo para a próclise.

GABARITO: C.

---

111. **(2017 –Prefeitura de Sertãozinho/SP – Farmacêutico)** Leia um trecho da entrevista com o psiquiatra Miguel Chalub, para responder à questão.

A Organização Mundial da Saúde (OMS) prevê que a depressão será a doença mais comum do mundo em 2030 – atualmente, 121 milhões de pessoas sofrem do problema.

Para o psiquiatra Miguel Chalub, há um certo exagero nessas contas. Ele defende que tanto os pacientes quanto os médicos estão confundindo tristeza com depressão. Ele afirma que os psiquiatras são os que menos receitam antidepressivos, porque estão mais preparados para reconhecer as diferenças entre a "tristeza normal e a patológica".

ISTOÉ: Por que tantas previsões alarmantes sobre o aumento da depressão no mundo?

Miguel Chalub: Porque estão sendo computadas situações humanas de luto, de tristeza, de aborrecimento, de tédio. Não se pode mais ficar entediado, aborrecido, chateado, porque isso é imediatamente transformado em depressão. É a medicalização de uma condição humana, a tristeza. É transformar um sentimento normal, que todos nós devemos ter, dependendo das situações, numa entidade patológica.

ISTOÉ: A que se deve essa mudança?

Miguel Chalub: Primeiro, a uma busca pela felicidade. Qualquer coisa que possa atrapalhá-la tem que ser chamada de doença, porque, aí, justifica: "Eu não sou feliz porque estou doente, não porque fiz opções erradas." Dou uma desculpa a mim mesmo. Segundo, à tendência de achar que o remédio vai corrigir qualquer distorção humana. É a busca pela pílula da felicidade. Eu não preciso mais ser infeliz.

ISTOÉ: O que diferencia a tristeza normal da patológica?

Miguel Chalub: A intensidade. A tristeza patológica é muito mais intensa. A normal é um estado de espírito. Além disso, a patológica é longa.

(Adriana Prado. https://istoe.com.br/74405_O+HOMEM+NAO+ACEITA+ MAIS+FICAR+TRISTE+/ Publicado em 26.05.2010. Adaptado.)

Considerando a expressão destacada no trecho selecionado do texto, assinale a alternativa que apresenta, entre parênteses, o pronome e sua colocação aplicados em conformidade com a norma-padrão da língua portuguesa.

a) Chalub defende que tanto pacientes quanto médicos estão confundindo **tristeza**... (a estão confundindo).

b) Ele afirma que os psiquiatras são os que menos receitam **antidepressivos**... (são os que menos receitam-lhes).

c) ... porque estão mais preparados para reconhecer **as diferenças**... (para a reconhecer).

d) ... é transformar **um sentimento normal**... (é lhe transformar).

e) ... achar que o remédio vai corrigir **qualquer distorção humana**... (vai corrigir-lhe).

Em uma locução verbal, o pronome oblíquo (desde que não inicie a oração) poderá vir para antes do verbo auxiliar, entre o verbo auxiliar e o verbo principal ou depois do verbo principal.

Outras alternativas:

B: Ele afirma ... menos OS receitam ...

C: ... porque ... para AS reconhecer ...

D: ... é transformá-LO ...

E: ... achar que ... vai corrigi-LA ...

GABARITO: A.

REGÊNCIA

112. **(2020 – Câmara de Boituva – SP – Agente Administrativo)** Leia o texto para responder à questão.

Computador doutor

No primeiro dia do ano, o periódico científico Nature apresentou estudo que amplia a confiança na aplicação de inteligência artificial (IA) ao campo de diagnósticos médicos. A tecnologia não vai revolucionar a prática clínica do dia para a noite, mas seria ingênuo duvidar que ganhe papel crescente.

O trabalho diz respeito à interpretação de mamografias, principal exame para detectar câncer de mama. Comparou- -se o desempenho de um sistema computadorizado com o de seis radiologistas especializados na busca de tumores precoces, ambos utilizando bancos com casos de quase 29 mil mulheres no Reino Unido e nos EUA.

O discernimento do computador não fez feio na comparação com os resultados obtidos pelos olhos e pela massa cinzenta de especialistas humanos. O programa logrou 5,7% menos falsos positivos e 9,4% menos falsos negativos, no caso das imagens americanas, e 1,2% e 2,7%, respectivamente, no tocante às britânicas.

A diferença entre os desempenhos com os dois conjuntos de dados pode ser atribuída à peculiaridade de, no Reino Unido, cada mamografia ser interpretada por dois radiologistas – e eventualmente um terceiro, caso haja necessidade de arbitrar divergências.

O estudo contou com financiamento do Google Health e colaboração de vários hospitais e instituições acadêmicas nos dois países.

Apesar da proeza, ninguém arriscaria prognosticar, por isso, que computadores substituirão em pouco tempo o especialista de carne e osso. Parece certo, por outro lado, que há neles potencial para diminuir a carga de trabalho de profissionais de saúde, em especial nos lugares em que haja carência deles.

No Brasil, realizaram-se em 2018 quase 2,5 milhões de mamografias, exame que o Ministério da Saúde recomenda, de dois em dois anos, para mulheres entre 50 e 69 anos. Apesar disso, há longas filas de espera no SUS, seja por falta de especialistas ou de aparelhos.

Estima-se que surjam a cada ano 60 mil novos casos de tumor de mama no país. Detectados precocemente, são tratáveis, resultando em longa sobrevida para as pacientes. Ainda assim, a modalidade da doença permanece como primeira causa de morte por câncer entre mulheres, com 16724 óbitos em 2017.

Mamógrafos móveis, transmissão de imagens e – por que não? – inteligência artificial podem ser poderosos aliad**os tecnológicos**.

(Editorial. *Folha de S.Paulo*. 04.01.2020. Adaptado)

A publicação da Nature apresenta a possiblidade__________ a inteligência artificial venha a ser uma realidade no campo dos diagnósticos médicos. Mas essa realização__________ o estudo refere-se não surgirá do dia para a noite. Os especialistas humanos continuam por trás desse tipo de atendimento, razão________ ainda não se pode afirmar que os computadores__________ substituirão em pouco tempo.

Em conformidade com a norma-padrão de regência da língua portuguesa, as lacunas do trecho escrito a partir do texto original devem ser preenchidas, respectivamente, com:

a) de que ... à qual ... pela qual ... os

b) em que ... da qual ... pela qual ... os

c) que ... a qual ... a qual ... lhes

d) de que ... da qual ... pela qual ... lhes

e) que ... a qual ... à qual ... os

Possibilidade DE QUÊ?

Realização = QUE / A QUAL | ... refere-se A QUÊ? = A QUE / À QUAL.

Razão POR QUÊ? / PELA QUAL?

Substituirão O QUÊ? / QUEM? | Os especialistas humanos (objeto direto masculino no plural = OS)

GABARITO: A.

113. **(2020 – Prefeitura de Morro Agudo – SP – Professor de Educação Especial)**

Conquista ameaçada

A combinação de desleixo com orgulho ignorante está causando avarias numa das grandes façanhas da humanidade, que é o controle de doenças através da vacinação. Em 2019, o sarampo, que já foi citado por autoridades sanitárias como moléstia passível de erradicação, ressurgiu com força em várias partes do mundo. Quedas na cobertura vacinal, em parte por preguiça, em parte por militância religiosa/ ideológica, são o principal motivo.

Pior, especialistas já temem que algo semelhante ocorra com a poliomielite. Essa doença, que já esteve muito perto de ser eliminada (em 2017 registraram-se apenas 22 casos em todo o mundo), pode reaparecer em qualquer comunidade que tenha um número suficientemente grande de crianças não imunizadas.

É estranha a nossa relação psicológica com as vacinas. Elas, ao lado do saneamento básico, compõem os dois conjuntos de medidas que mais fizeram para reduzir a carga de doenças e morte que sempre afligiram nossa espécie, mas temos enorme dificuldade para reconhecer isso.

O caso mais emblemático talvez seja o de Maurice Hilleman. Poucos leitores terão ouvido falar desse cientista americano, mas ele é provavelmente a pessoa que mais salvou vidas no planeta. Hilleman, morto em 2005, desenvolveu mais de 40 vacinas, incluindo a tríplice viral ou MMR, usada contra o sarampo, e outras oito que fazem parte da maioria dos programas de vacinação infantil do mundo.

Seria um exagero dizer que Hilleman morreu na obscuridade. Seus pares sempre o reconheceram como um gigante, mas, num movimento que espelha bem nossa relação meio esquisita com as vacinas, seu nome é quase ignorado do público não especializado. Pior, em vez de ganhar um ou dois prêmios Nobel, aos quais decerto fez jus, o que recebeu foram mensagens de ódio e até ameaças depois que a "fake news" de que a MMR causava autismo ganhou corações e mentes no final dos anos 90.

(Hélio Schwartsman. *Folha de S.Paulo*, 22.09.2019)

A alternativa em que a expressão entre colchetes substitui a destacada, segundo a norma-padrão de regência, é:

a) Elas, ao lado do saneamento básico, compõem os dois conjuntos de medidas. [constituem nos]

b) ... medidas que mais fizeram para reduzir a carga de doenças e morte. [minorar da]

c) ... especialistas já temem que algo semelhante ocorra com a poliomielite. [receiam em]

d) ... carga de doenças e morte que sempre afligiram nossa espécie. [causaram aflição com]

e) Seus pares sempre o reconheceram como um gigante. [lhe atribuíram o status de]

Quem atribui, atribui algo (o status de) "A" alguém (LHE)

Outras alternativas:

a) ... constituem os ....

b) ... minorar a ...

c) ... receiam que ...

d) ... causaram a lição em ...

GABARITO: E.

---

114. **(VUNESP – 2020 – Prefeitura de Morro Agudo/SP – Médico Cardiologista)** Leia o texto, para responder à questão.

Rotulo, logo existo

Nosso cérebro é uma complexa estrutura forjada por milhões de anos de evolução. Por outro lado, é também primitivo e foi lapidado para seres trogloditas que viveram há milhares de anos. É curioso pensar que o mais refinado, erudito e urbano dos moradores deste planeta tenha o mesmo hardware que um caçador coletor que passou a vida errando em uma pequena área de algum lugar em busca de comer, aquecer-se e garantir a reprodução.

Desenvolvida para uma chave amigo-inimigo, nossa mente tende a rotular tudo o que vê, julgando a novidade de acordo com seu conhecimento prévio. Isso garantiu nossa vida por muitas gerações: se eu comer algo que me faz mal, toda vez que olhar para algo semelhante, sentirei repulsa. Nosso cérebro rotula de acordo com a percepção de nossos sentidos. Isso pode ser bom para evitar perigos, porém cria problemas para nossa atualidade.

Encerrar em caixas herméticas dá segurança. Começamos com a minha tribo e a do outro. Se é da minha, diminuem as chances de ataque. Classificar é a primeira forma de dominar e de se defender. O vício entrou em nós. Da tribo, passamos a gostos musicais e sexuais ou escolas artísticas. Classificar não é ruim ou errado. Supor que algo esteja controlado mentalmente por estar etiquetado é, no fundo, estupidez.

Tudo pede que você classifique continuamente. Resistir à tentação é um desafio. Pensar em aprofundar, dar uma segunda olhada, fugir do rótulo: parecem ser atitudes que exigem o desafio da vontade férrea. Deixar que sentidos mais amplos invadam sua percepção sem julgar e engavetar de imediato é um ato de resistência. Abrir espaço para complexidades é boa meta. O resto? O rema-rema de frases superficiais, senso comum e a celebração da boçalidade. Talvez, um dia, descubram que se trata de uma bactéria específica transmitida pela digitação. O remédio continua sendo ler com atenção, duvidar como método, analisar possibilidades fora do que está posto e nunca ser o representante da verdade na Terra. Ah, e ajuda abandonar redes sociais por pelo menos uma hora por dia. É preciso ter esperança.

(Leandro Karnal. Disponível em: <www.culturaestadao.com.br>. Acesso em 09.11.2019. Adaptado)

O termo destacado está substituído, na expressão entre colchetes, de acordo com a norma-padrão de regência e emprego do sinal de crase, na alternativa:

a) ... abandonar redes sociais por pelo menos uma hora por dia. [renunciar às]

b) Deixar que sentidos mais amplos invadam sua percepção. [interfiram à]

c) ... toda vez que olhar para algo semelhante, sentirei repulsa. [experimentarei à]

d) Se é da minha tribo, diminuem as chances de ataque. [escasseiam às]

e) O remédio continua sendo ler com atenção... [continua à ser]

Quem renuncia, renuncia "A" algo. A preposição "A" vem para a frente de um substantivo feminino no plural que aceita o artigo definido "AS". Quando temos dois "AA", ocorre a crase = ÀS.

Corrigindo as outras alternativas:

b) Deixar ... interfiram NA sua percepção.

c) ... toda vez que ... experimentarei A repulsa.

d) Se é da minha tribo, escasseiam ÀS chuvas.

e) O remédio continua A ser ...

GABARITO: A.

---

115. **(2020 – Prefeitura de Morro Agudo – SP – Agente do Setor de Água e Esgoto)**

Doenças crônicas mentem

Percepções inadequadas de enfermidades silenciosas podem trazer danos

Julio Abramczyk

A percepção inadequada pelos pacientes de uma doença crônica que atinge de 2% a 4% dos adultos nos Estados Unidos e no Reino Unido é o tema de editorial da revista The Lancet Rheumatology deste mês.

O editorial aborda o desafio da doença denominada gota, inflamação nas articulações causada por depósitos de cristais de urato produzidos pelo organismo do paciente.

As taxas de prescrição de remédios para manter níveis normais do ácido úrico no sangue são baixas, assim como a adesão dos pacientes ao remédio.

A adesão à terapia, principalmente quando a doença parece inativa, diz o editorial, é influenciada pelo grau de confiança do doente em seu médico, que deve insistir na manutenção do tratamento mesmo na ausência de dor.

A crise de gota, desencadeada por dor no local da inflamação, interfere na ação da articulação e diminui a qualidade de vida do paciente.

No Brasil, V. Feijó Azevedo e colaboradores da Universidade Federal do Paraná abordam, na Revista Brasileira de Reumatologia, a importância da campanha "Sua gota mente".

Eles afirmam que, apesar do tratamento nas crises dolorosas com anti-inflamatórios acabar momentaneamente com a dor, os cristais de urato responsáveis pela dor continuam presentes. E, a longo prazo, podem provocar tofos e graves danos nas articulações.

Também assinalam a importância de os médicos contribuírem para o conhecimento do paciente sobre a doença para bons resultados a longo prazo.

(Julio Abramczyk, Doenças crônicas mentem, *Folha de S.Paulo*, 25.10.2019. Acesso em 04.11.2019)

Assinale a alternativa que apresenta uma leitura livre do texto em pleno acordo com a norma-padrão da língua portuguesa quanto à regência.

a) Os níveis de pacientes que assumem ao tratamento das chamadas doenças crônicas de modo integral são baixos.

b) A crise de gota, provocada por inflamação local, prejudica à qualidade de vida do paciente.

c) Em média, 3% dos adultos nos Estados Unidos e no Reino Unido são acometidos por alguma doença crônica.

d) A campanha denominada por "Sua gota mente", pretende conscientizar o brasileiro acerca das doenças crônicas.

e) O desafio contra a gota foi publicado ao editorial da revista The Lancet Rheumatology deste mês.

Quem é acometido, é acometido POR algo.

Corrigindo as outras alternativas:

a) Os níveis ... assumem O tratamento ...

b) A crise de gota, ... prejudica A qualidade ...

d) A campanha denominada "Sua gota mente", pretende ...

e) O desafio ... publicado NO editorial ...

GABARITO: C.

---

116. **(2020 – EBSERH – Assistente Social)**

Descanso ensurdecedor

Uma explicação evolucionista para a qualidade contagiosa dos bocejos reza que eles servem para sincronizar o ciclo de sono e vigília em grupos humanos, desde o tempo das cavernas. Numa cidade de 12 milhões de habitantes, há muito isso se tornou impossível.

Nessa megamultidão sempre haverá notívagos e madrugadores, os que podem dispor da noite para divertir-se e os que precisam padecer horas a fio em meios de transporte para chegar ao trabalho.

Sem chance de coordenar suas atividades, resta torná-las compatíveis por meio de regras de convivência, e compete ao poder público garantir seu cumprimento.

Dormir bem, afinal, constitui direito do cidadão. O sono é imprescindível para recuperar o corpo de fadigas e até para a mente fixar coisas aprendidas durante o dia, mas quem consegue adormecer e descansar na metrópole barulhenta?

Poucos saberão, mas vigora em território paulistano uma norma que estipula o máximo de 60–65 decibéis de ruído no período diurno e 50–55 no noturno, a depender da classificação urbana da área.

O limiar legal para a madrugada fica pouco acima do volume recomendado pela Organização Mundial da Saúde (OMS), 40 decibéis, o equivalente a uma conversa em voz baixa.

A iniciativa Mapa do Ruído, por exemplo, já mediu 92 decibéis em ruas do Brás. O munícipe conta com um serviço de denúncias e reclamações da prefeitura, pelo telefone 156, mas as 440 multas aplicadas neste ano pelo programa Psiu não parecem surtir muito efeito.

Considere–se o bairro de Santa Cecília, primeiro no ranking das queixas. Só em 2019 acumularam–se 595 reclamações. As próximas vítimas do descaso ensurdecedor são os moradores de Pinheiros, que fizeram 511 denúncias neste ano.

A gastronomia e a vida noturna de São Paulo constituem um patrimônio cultural da metrópole, não se discute. Há que fiscalizar e punir com mais rigor, no entanto, quem as utiliza como álibi para perturbar o sono alheio.

(Editorial. *Folha de S.Paulo*, 27.11.2019. Adaptado)

Considere as reescritas do texto:
Numa cidade de 12 milhões de habitantes, os cidadãos estão suscetíveis ___________ barulhos em excesso.
Poucos sabem ___________ vigora em território paulistano uma norma que estipula...
Não se discute _________ a gastronomia e a vida noturna de São Paulo...
Em conformidade com a norma–padrão, as lacunas devem ser preenchidas, respectivamente, com:

a) em ... que ... de que

b) a ... que ... que

c) de ... de que ... de que

d) para ... de que ... que

e) com ... que ... que

*** suscetíveis A**

*** sabem QUE**

*** discute QUE**

GABARITO: B.

117. **(2018 – Câmara Municipal de São José dos Campos/SP – Técnico Legislativo)**

Nas minhas pesquisas, tenho constatado que muitas mulheres brasileiras reproduzem e fortalecem, consciente ou inconscientemente, a lógica da dominação masculina. É verdade que o discurso hegemônico atual é o de libertação dos papéis que aprisionam a maioria das mulheres. No entanto, os comportamentos femininos não são tão livres assim; muitos valores mais tradicionais permanecem internalizados. Existe uma enorme distância entre o discurso libertário das brasileiras e seu comportamento e valores conservadores.

Não pretendo alimentar a ideia de que as mulheres são as piores inimigas das mulheres, mas provocar uma reflexão sobre os mecanismos que fazem com que a lógica da dominação masculina seja reproduzida também pelas mulheres. Nessa lógica, como argumentou Pierre Bordieu, os homens devem ser sempre superiores: mais velhos, mais altos, mais fortes, mais poderosos, mais ricos, mais escolarizados. Essa lógica constitui as mulheres como objetos, e tem como efeito colocá-las em um permanente estado de insegurança e dependência. Delas se espera que sejam submissas, contidas, discretas, apagadas, inferiores, invisíveis.

Em *O Segundo Sexo*, Simone de Beauvoir escreveu que não definiria as mulheres em termos de felicidade, e sim de liberdade. Ela acreditava que, para muitas, seria mais confortável suportar uma escravidão cega do que trabalhar para se libertar. A filósofa francesa afirmou que a liberdade é assustadora, e que, por isso, muitas mulheres preferem a prisão à sua possível libertação. No entanto, ela acreditava que só existiria uma saída para as mulheres: recusar os limites que lhes são impostos e procurar abrir para si e para todas as outras o caminho da libertação.

(Miriam Goldenberg, O inferno são as outras. *Veja*, 07.03.2018)

Assinale a alternativa em que a expressão entre colchetes substitui o trecho destacado obedecendo à norma-padrão de emprego e colocação do pronome.

a) Essa lógica **constitui as mulheres** como objetos ... [constitui elas]

b) ...Simone de Beauvoir escreveu que não **definiria as mulheres** em termos de felicidade ... [definiria-as]

c) ... seria mais confortável **suportar uma escravidão cega** do que trabalhar ... [suportar-lhe]

d) ... muitas mulheres brasileiras **fortalecem a lógica da dominação masculina**. [fortalecem-na]

e) ... muitas mulheres **preferem a prisão** à sua possível libertação. [preferem-na]

Preferem o quê? = a prisão (objeto direto).

Quando os pronomes oblíquos O / A / OS / AS unirem-se a verbos terminados em M, recebem um N (no / na / nos / nas).

Preferem a prisão => preferem-A =>preferem-NA.

Outras alternativas:

A: Essa lógica constitui-AS ...

B: Simone de ... que não AS definiria ...

C: ... seria ... suportá-LA

D: ... muitas ... fortalecem-NA.

GABARITO: E.

---

118. **(2019 – TJ/SP – Médico Judiciário)** Considere os trechos do texto.

- Médicos sempre **ocuparam uma posição de prestígio na sociedade**. (1º parágrafo)
- Já o lado humanístico, que **perdeu espaço** para os exames e as máquinas... (2º parágrafo)
- Esses doutores teriam **uma função diferente**, atuando na interface... (7º parágrafo)

De acordo com a norma-padrão de emprego e colocação de pronomes, as expressões destacadas podem ser substituídas por:

a) a ocuparam; o perdeu; a teriam.

b) ocuparam-na; perdeu-o; teriam-na.

c) ocuparam-lhe; o perdeu; a teriam.

d) a ocuparam; o perdeu; teriam-na.

e) ocuparam-na; perdeu-lhe; a teriam.

- O advérbio não isolado SEMPRE atrai o pronome oblíquo para a posição proclítica (sempre A ocuparam).

- O pronome relativo que atrai o pronome oblíquo para a posição proclítica (que O perdeu).

- Embora o pronome demonstrativo ESSES esteja distante do pronome oblíquo (A), a banca Vunesp considera-o como palavra de atração para a próclise.

GABARITO: A.

---

119. **(2017 – Câmara da Estância Balneária de Itanhaém/SP)** Assinale a alternativa em que os verbos conjugados e a colocação dos pronomes em destaque apresentam-se de acordo com a norma-padrão.

a) Se eu vir uma mulher vindo em minha direção, não **me** desviarei dela.

b) **Me** esforcei para que a mulher me visse e se desviava de mim.

c) Talvez eu tinha evitado o choque se tinha desviado-**me** da mulher.

d) Desviem-**se** das pessoas quando verem que elas vêm em sua direção.

e) Se **nos** vermos diante de uma pessoa distraída, evitaremos colidir com ela.

Verbo VER no futuro do subjuntivo é VIR.

O advérbio não isolado (NÃO) atrai a posição proclítica (não ME desviarei dela).

Outras alternativas:

B: Não se iniciam orações com pronomes oblíquos.

Esforcei-ME ... e se desviasse de mim.

C: Talvez eu tivesse evitado o choque se ME tivesse desviado da mulher.

D: Desviem-se ... quando VIREM que ...

E: Se nos VIRMOS ...

GABARITO: A.

---

120. **(2017 – TJ/SP)** Leia o texto para responder à questão.

A moléstia conservou durante muitos dias – dias angustiosos e terríveis – um caráter de excessiva gravidade; durante longo tempo, Fadinha, que estava com todo o corpo cruelmente invadido pela medonha erupção, teve a existência por um fio.

Entretanto, os cuidados da ciência e a ciência dos cuidados triunfaram do mal, e Fadinha ficou boa, completamente boa, depois de ter estado suspensa entre a vida e a morte.

Ficou boa, mas desfigurada: a moça mais bonita do Rio de Janeiro transformara-se num monstro. Aquele rosto intumescido e esburacado não conservara nada, absolutamente nada da beleza célebre de outrora. Ela, porém, consolou-se vendo que o amor de Remígio, longe de enfraquecer, crescera, fortificado pelo espetáculo do seu martírio.

A mãe, conquanto insensível às boas ações, não pôde disfarçar a admiração e o prazer que o moço lhe causou no dia em que lhe pediu a filha em casamento, dizendo:

– Só havia um obstáculo à minha felicidade: era a formosura – de Fadinha. Agora que esse obstáculo desapareceu, espero que a senhora não se oponha a um enlace que era o desejo de seu marido.

Realizou-se o casamento. D. Firmina, desprovida sempre de todo o senso moral, entendeu que devia ser aproveitado o rico enxoval oferecido pelo primeiro noivo; Remígio, porém, teve o cuidado de fazer com que o restituíssem ao barão. A cerimônia efetuou-se com toda a simplicidade, na matriz do Engenho Novo.

Um ano depois do casamento, Fadinha estava outra vez bonita, não da boniteza irradiante e espetaculosa de outrora, mas, enfim, com um semblante agradável, o quanto bastava para regalo dos olhos enamorados do esposo. Remígio dizia, sinceramente, quem sabe? que a achava assim mais simpática, e os sinais das bexigas lhe davam até um "não sei quê", que lhe faltava dantes.

– Não é bela que me inquiete, nem feia que me repugne. Era assim que eu a desejava.

O caso é que ambos foram muito felizes. Ainda vivem. Remígio é atualmente um alto funcionário, pai de cinco filhos perfeitamente educados.

(Arthur Azevedo, "A moça mais bonita do Rio de Janeiro". Em: *Seleção de Contos*, 2014. Adaptado)

Assinale a alternativa correta quanto à colocação pronominal, de acordo com a norma-padrão.

a) Nada conservara-se da beleza anterior de Fadinha, que consolou-se vendo que o amor de Remígio crescera.

b) A moça mais bonita do Rio de Janeiro ficou boa, mas desfigurada: tinha transformado-se num monstro.

c) Remígio incomodaria-se caso Fadinha aproveitasse o enxoval oferecido pelo primeiro noivo.

d) O semblante da esposa de Remígio não inquietava-o e nem repugnava-o, pois assim ele desejava-a.

e) Vendo o novo semblante de Fadinha, Remígio achava-a mais simpática, com algo que o encantava.

Outras alternativas:

A: Nada SE conservara ..., que SE consolou ...

B: A moça ... tinha SE transformado ...

C: Remígio icomodar-SE-ia ...

D: O semblante ... não O inquietava ...

GABARITO: E.

---

121. **(2018 – Prefeitura de São Bernardo do Campo/SP)** Assinale a alternativa que preenche as lacunas do trecho adaptado, de acordo com a norma-padrão de colocação de pronomes e de emprego do sinal de crase.

Nunca _________ de um caso isolado. _________ por mais gasto para causas e setores de preferência, sem nunca especificar _________ quem cabia a conta; essa ficava para uma figura oculta, alguém com um bolso vasto e generoso. Geralmente _________ que, com o aumento de gastos, _________ pretendida arrecadação.

a) se tratava ... Se pedia ... à ... acreditava-se ... se chegaria a

b) tratava-se ... Pedia-se ... a ... se acreditava ... chegaria-se à

c) tratava-se ... Se pedia ... à ... acreditava-se ... chegaria-se a

d) se tratava ... Pedia-se ... a ... se acreditava ... se chegaria à

e) se tratava ... Pedia-se ... a ... acreditava-se ... se chegaria a

– O advérbio não isolado (NUNCA) atrai a posição proclítica.

– Não se iniciam orações com pronomes oblíquos.

- Não ocorre a crase antes de pronomes (exceção: senhora / senhorita/ aquele(s) / aquela(s) / aquilo / a qual / as quais).

- O advérbio não isolado (GERALMENTE) atrai o pronome oblíquo para a posição proclítica.

- Embora distante, o pronome oblíquo foi atraído para a posição proclítica pela conjunção subordinativa QUE (acreditava QUE).

GABARITO: D.

122. **(2017 – TJ/SP – Escrevente Técnico Judiciário)** Leia o texto dos quadrinhos, para responder à questão.

(Charles M. Schulz. Snoopy- Feliz dia dos namorados!)

Assinale a alternativa em que a frase baseada nas falas dos quadrinhos apresenta emprego e colocação de pronomes de acordo com a norma-padrão.

a) O garoto respondeu à menina, perguntando-a onde estava o advogado dela.

b) A menina afirmou ao garoto que poderá processar ele, caso este não ajudar-lhe com a lição de casa.

c) A menina afirmou ao garoto que poderia processá-lo, se este não a ajudasse com a lição de casa.

d) Em resposta à menina, o garoto resolveu perguntá-la onde estava o advogado dela.

e) A menina ameaçou processar-lhe, caso o garoto não ajudasse-a com a lição de casa.

Em locuções verbais, mesmo existindo atração para a próclise (conjunção subordinativa QUE) o pronome oblíquo pode vir para a frente do verbo auxiliar ou depois do verbo principal.

GABARITO: C.

123. **(2017 – Câmara de Barretos/SP – Advogado)**

O futuro da universidade

Marcelo Knobel, reitor da Unicamp, disse em entrevista que o teto salarial paulista, hoje em R$ 21 mil, é uma ameaça à excelência das universidades públicas do Estado de São Paulo. Com esse valor para o topo da carreira, fica difícil atrair os melhores talentos. Concordo, mas acrescento que a lista de constrangimentos não para aí.

A isonomia salarial, tão celebrada pelos sindicatos, produz um efeito muito semelhante. Mesmo que não houvesse teto, a regra segundo a qual não pode haver diferenças salariais entre professores com a mesma titulação e tempo de carreira impediria as universidades públicas de contratar prêmios Nobel ou quaisquer outros pesquisadores de gabarito internacional. Para escancarar o absurdo da coisa, tente imaginar um clube como o Barcelona ou o PSG tendo de lidar com uma norma que manda pagar o mesmo para a estrela do time e o terceiro goleiro reserva.

Teto e isonomia são apenas dois exemplos de uma série de empecilhos institucionais que, receio, acabarão condenando as universidades públicas à mediocridade. Para tornar o quadro mais dramático, vale lembrar que hoje, ao contrário de décadas passadas, elas já não reinam absolutas.

Em áreas como medicina, direito, economia e engenharias, que têm forte inserção no mercado, já surgiram instituições privadas que oferecem cursos de qualidade comparável ou até superior aos da Unicamp, USP etc. Elas ainda ficam bastante atrás em pesquisa e é improvável que se interessem por criar cursos quase que fadados a ser deficitários como sânscrito ou astronomia, que são, entretanto, o que assegura o caráter de universalidade que faz parte até da raiz da palavra "universidade".

De todo modo, se as universidades públicas querem manter a relevância, precisam pensar em reformas mais profundas do que apenas criar cotas ou estancar o *deficit* orçamentário.

(Hélio Schwartsman. *Folha de S.Paulo*, http://www1.folha.uol.com.br/ colunas/helioschwartsman/2017/08/1913821-o-futuro-da-universidade.shtml. 29.08.2017. Adaptado)

Considere a seguinte frase escrita a partir do texto.

Teto e isonomia são apenas dois exemplos de uma série de empecilhos institucionais que condenarão **as universidades** públicas à mediocridade.

Substituindo-se a expressão "**as universidades públicas**", fica em conformidade com a norma-padrão da língua portuguesa, quanto ao uso e à colocação do pronome, a seguinte redação:

a) ... uma série de empecilhos institucionais que **as condenarão** à mediocridade.

b) ... uma série de empecilhos institucionais que **condenarão-as** à mediocridade.

c) ... uma série de empecilhos institucionais que **lhes condenarão** à mediocridade.

d) ... uma série de empecilhos institucionais que **condenarão-lhes** à mediocridade.

e) ... uma série de empecilhos institucionais que **condenarão-nas** à mediocridade.

A expressão assinalada exerce a função sintática de OBJETO DIRETO feminino plural, portanto deve ser substituída pelo pronome oblíquo AS.

No período em que foi empregado existe atração para a próclise (pronome relativo QUE).

GABARITO: A.

124. **(2018 – Câmara de Nova Odessa/SP – Assistente Legislativo)**

Cotas têm prós e contras

Levantamento feito pela *Folha de São Paulo* ao final de 2017 mostrou que, em boa parte dos cursos universitários, alunos que ingressam por meio de cotas se formam com notas próximas dos demais. O estudo usou os resultados de mais de 250 mil estudantes nas três últimas edições do Enade e constatou que alunos cotistas chegam a ter notas melhores que os outros, por exemplo, em odontologia.

É refrescante dispormos de dados objetivos sobre um assunto tantas vezes poluído por ideologias. É inegável que ações afirmativas, como as cotas, são importantes mecanismos de justiça social em um país tão profundamente injusto como o nosso. E as conclusões do levantamento indicam que tais ferramentas são válidas também no plano acadêmico: não se confirmam os prognósticos de que o ingresso de alunos cotistas resultaria em degradação da qualidade dos cursos.

O perigo é alguém acreditar que cotas resolvem alguma coisa no médio prazo. Nosso sistema educacional está doente, e cotas são como um antitérmico, que reduz o desconforto do paciente, mas não ataca as causas da febre. O que precisamos é que a escola pública, democrática e gratuita, ofereça formação de qualidade, para que as cotas se tornem desnecessárias. Não é uma utopia: acontece em muitos outros países, inclusive mais pobres que o Brasil.

Ações afirmativas não podem servir de álibi para continuarmos oferecendo formação inferior aos filhos das classes mais desfavorecidas. Até porque propiciar acesso à universidade a alguns desses jovens deixa muita coisa por resolver. O mesmo levantamento mostra que as notas de cotistas são sim inferiores à média nos cursos de exatas, possivelmente os mais críticos para o desenvolvimento do país.

Não é difícil aventar uma explicação. Em matemática, cada etapa prepara a seguinte, não é possível pular. Quem não aprendeu multiplicação, não vai nunca entender frações. Se a matemática não é ensinada na escola, na faculdade é simplesmente tarde demais. E aí os benefícios da ação afirmativa foram desperdiçados.

Na virada do ano, outra notícia alvissareira: a Unicamp, talvez a mais inovadora de nossas universidades, aprovou a criação de até 10% de vagas extras em seus cursos para candidatos premiados em competições escolares, como as Olimpíadas Brasileiras de Matemática e Física. Uma espécie de "cotas por mérito".

Como todas as ideias inteligentes e com potencial para fazer diferença, essa também desperta oposição. Inclusive de setores que advogam as cotas sociais, o que talvez não seja surpreendente, mas é certamente lamentável. Tomara que a inteligência prevaleça.

(Marcelo Viana. *Folha de S.Paulo*, 21.01.2018. Adaptado)

Substituindo-se por um pronome a expressão destacada na frase – ... propiciar acesso à universidade **a alguns desses jovens** deixa muita coisa por resolver. –, a redação permanece correta, quanto ao uso do pronome e à sua colocação, conforme a norma-padrão da língua portuguesa, em:

a) Até porque propiciá-los acesso à universidade deixa muita coisa por resolver.

b) Até porque os propiciar acesso à universidade deixa muita coisa por resolver.

c) Até porque propiciar-lhes acesso à universidade deixa muita coisa por resolver.

d) Até porque nos propiciar acesso à universidade deixa muita coisa por resolver.

e) Até porque propiciar-nos acesso à universidade deixa muita coisa por resolver.

A expressão A ALGUNS DESSES JOVENS funciona como OBJETO INDIRETO, portanto substituída pelo pronome oblíquo LHES.

A expressão ATÉ PORQUE sendo considerada uma expressão de reforço não atrai o pronome oblíquo para a próclise.

GABARITO: C.

125. **(2019 – TJ/SP – Enfermeiro Judiciário)**

Tempo incerto

Os homens têm complicado tanto o mecanismo da vida que já ninguém tem certeza de nada: para se fazer alguma coisa é preciso aliar a um impulso de aventura grandes sombras de dúvida. Não se acredita mais na existência de gente honesta; e os bons têm medo de exercitarem sua bondade, para não serem tratados de hipócritas ou de ingênuos.

Vivemos um momento em que a virtude é ridícula e os mais vis sentimentos se mascaram de grandiosidade, simpatia, benevolência. A observação do presente leva-nos até a descer dos exemplos do passado: os varões ilustres de outras eras terão sido realmente ilustres? Ou a História nos está contando as coisas ao contrário, pagando com dinheiros dos testemunhos a opinião dos escribas?

Se prestarmos atenção ao que nos dizem sobre as coisas que nós mesmos presenciamos – ou temos que aceitar a mentira como a arte mais desenvolvida do nosso tempo, ou desconfiamos do nosso próprio testemunho, e acabamos no hospício!

Pois assim, é, meus senhores! Prestai atenção às coisas que vos contam, em família, na rua, nos cafés, em várias letras de forma, e dizei-me se não estão incertos os tempos e se não devemos todos andar de pulga atrás da orelha!

Agora, pensam os patrões, os empregados, os amigos e inimigos de uns e de outros e todo o resto da massa humana. E não só pensam, como também pensam que pensam! E além de pensarem que pensam, pensam que têm razão! E cada um é o detentor exclusivo da razão!

Pois de tal abundância de razão é que se faz a loucura. E a vocação das pessoas, hoje em dia, não é para o diálogo com ou sem palavras, mas para balas de diversos calibres. Perto disso, a carestia da vida é um ramo de flores. O que anda mesmo caro é alma. E o Demônio passeia pelo mundo, glorioso e imune.

(Cecília Meireles, Tempo incerto. Em: *Escolha o seu Sonho*. Adaptado)

Assinale a alternativa cuja frase atende à norma-padrão de colocação pronominal.

a) Vivemos um momento em que os mais vis sentimentos têm mascarado-se de grandiosidade.

b) Nos acostumamos ao medo de exercitar a bondade, pois não se acredita mais na existência de gente honesta.

c) As pessoas certamente comunicam-se entre si não mais por meio do diálogo, com ou sem palavras.

d) Ofenderíamos-nos porque questionam se os varões ilustres de outras eras teriam sido mesmo ilustres?

e) O que agora se vê é uma situação na qual o que se mostra mesmo caro é a alma, já que não se dialoga mais.

O advérbio não isolado (AGORA), o pronome relativo (QUE) e o advérbio não isolado (NÃO) atraem os pronomes oblíquos para a próclise.

Outras alternativas:

A: Vivemos ... TÊM SE MASCARADO ...

B: Acostumamo-NOS ...

C: As pessoas certamente SE comunicam ...

D: Ofender-NOS-íamos ...?

GABARITO: E.

126. **(2017 – Prefeitura de Marília/SP – Auxiliar de Escrita)**

Voluntários respondem a cartas enviadas para Julieta

Junto à Casa de Julieta fica a sala do Clube de Julieta. O projeto existe oficialmente faz 30 anos e tem voluntários para responder, em diversas línguas, a cartas enviadas **de todo o mundo** para Julieta, conhecida personagem da obra de Shakespeare.

As cartas **normalmente** são tristes e sobre problemas em relacionamentos amorosos. Afinal, por mais que a famosa história seja romântica, também é **bastante** trágica.

Para os casos mais delicados, envolvendo, por exemplo, risco de suicídio, o clube tem a contribuição de um médico especialista.

Desde os anos de 1930, cartas são enviadas a Verona; mas só nos anos de 1980 a entidade foi criada oficialmente com apoio do governo.

O projeto ficou ainda mais famoso com o filme "Cartas para Julieta" (2010), em que a protagonista se junta aos voluntários do grupo e tenta ajudar **pessoalmente** a mulher a quem aconselhou. No ano que se seguiu ao filme, quase 4.000 cartas foram recebidas, segundo o Clube.

Há caixas de correio e computadores na Casa de Julieta para enviar mensagens. Por outro lado, uma placa na entrada alerta que escrever nas paredes – a exemplo de inúmeras pichações no hall de entrada – pode ser punido com multa de até 1.039 € ou prisão **por até um ano**.

(MK. Disponível em: http://www1.folha.uol.com.br/fsp/turismo/fx2909201111.htm. Adaptado)

Com o sucesso do filme "Cartas para Julieta", o Clube recebeu **inúmeras cartas** e prontamente enviou **a todos os remetentes** respostas detalhadas.

Os pronomes substituem corretamente as expressões destacadas na frase e respeitam a colocação pronominal estabelecida pela norma-padrão na alternativa:

a) recebeu-as ... as enviou

b) recebeu-as ... lhes enviou

c) as recebeu ... enviou-as

d) lhes recebeu ... lhes enviou

e) recebeu-lhes ... as enviou

– inúmeras cartas = objeto direto = AS.

– a todos os remetentes = objeto direto = LHES.

No período em que foram empregados os pronomes oblíquos não existe palavra de atração para a próclise do pronome AS (recebeu-AS). A banca entende que mesmo distante o pronome não isolado (prontamente) continua atraindo a posição proclítica.

GABARITO: B.

---

127. **(2016 – UFABC – Assistente em Administração)** A alternativa que apresenta colocação dos pronomes destacados e pontuação de acordo com a norma-padrão é:

a) **Nos** foi informado, que as delegações visitariam-**nos** amanhã, depois das 15 horas.

b) Afirma-**nos** que os produtos, assim como as notas fiscais, estarão disponíveis amanhã, para que **os** despachem.

c) Perguntou-**me**: se eu estaria disposto, a entregar as provas, que **me** dariam proteção.

d) Ninguém comprometeu-**se** com o projeto, afirmando: que era perda de tempo.

e) Tendo elogiado-**nos** pela rapidez, na entrega, garantiram que vão ficar fregueses.

Corrigindo as outras alternativas:

A: Foi – NOS informado (não se iniciam orações com pronomes oblíquos; o pronome oblíquo NÃO pode aparecer APÓS verbo principal no particípio.

As duas vírgulas não podem ser empregadas (está isolando a conjunção integrante; isolando o adjunto adverbial na ordem direta).

C: Perguntou-me se (não isolamos a conjunção integrante do verbo) eu estaria disposto A (não separamos uma palavra de seu complemento).

D: Ninguém SE comprometeu (palavras atrativas exigem a colocação proclítica) ... afirmando QUE (não isolamos a conjunção integrante do verbo).

E: Tendo NOS elogiado (o pronome oblíquo NÃO pode aparecer depois de um verbo no particípio) pela rapidez NA (sem a vírgula já que na ordem direta de uma oração não separamos os termos que a formam.

GABARITO: B.

---

128. **(2019 – Câmara de Sertãozinho/SP – Informática)** A regência verbal e o emprego do sinal indicativo de crase estão em conformidade com a norma-padrão da língua em:

a) É preciso dar atenção à ela.

b) Ele criticou à certas convenções.

c) O médico tentou dissuadi-lo à trabalhar.

d) Lá deu vida àquelas obras literárias.

e) Karl defendia à uma revolução.

Quem dá vida, dá vida A algo ou A alguém. A preposição A encontra a letra A que inicia o pronome demonstrativo AQUELA.

Outras alternativas:

A: Não ocorre crase antes de pronomes (exceção: senhora/ senhorita/ aquele(s)/ aquela(s)/ aquilo/ a qual/ as quais).

B: Verbo transitivo direto (criticar ALGO).

C: Verbo transitivo direto e indireto (dissuadir alguém DE algo).

E: Verbo transitivo direto (defender <u>algo</u> ou alguém).

GABARITO: D.

---

129. **(2019 – UFABC – Assistente em Administração)**

***Millennials* são iguais aos pais, porém mais pobres, conclui Fed**

A turma nascida entre 1981 e 1997 não tem tantas particularidades assim na análise dos gastos com automóveis, alimentação e moradia. Aos olhos da opinião pública americana, os jovens da geração *millennial* são assassinos em série — responsabilizados pela morte lenta do queijo processado, do cartão de crédito, do táxi, do peru de Ação de Graças e até do divórcio. Poucos setores saíram ilesos da matança cultural promovida pela juventude americana.

Agora surgiram argumentos em sua defesa. Um novo estudo do banco central dos EUA (*Federal Reserve*) afirma que a turma nascida entre 1981 e 1997 — famosa por adorar aplicativos — não é tão diferente dos pais. Essa geração é apenas mais pobre nesta mesma etapa da vida, já que muitos de seus integrantes chegaram à idade adulta durante a crise financeira.

"Encontramos pouca evidência de que lares de *millennials* têm gostos e preferências de consumo inferiores aos de gerações passadas, quando se leva em conta idade, renda e uma maior variedade de características demográficas", escreveram os autores Christopher Kurz, Geng Li e Daniel J. Vine. As conclusões deles se baseiam em uma análise de gastos, renda, endividamento, patrimônio líquido e fatores demográficos de várias gerações.

A impressão de que os *millennials* não têm tantas particularidades assim também se revela na análise granular dos gastos deles com automóveis, alimentação e moradia. "São principalmente as diferenças de idade média e então as diferenças de renda média que explicam grande parte da diferença de consumo entre os *millennials* e outros grupos", segundo o estudo.

(Jeremy Herron e Luke Kawa. *Exame*. 01.12.2018.https://exame.abril.com. br. Adaptado)

No trecho "As conclusões deles **se baseiam em** uma análise..." (3º parágrafo), o segmento destacado pode ser substituído, com o sentido preservado e com a regência correta de acordo com a norma-padrão da língua, por:

a) encontram suporte contra.

b) têm como fundamento.

c) se referem com.

d) se apoiam de.

e) se alicerçam sob.

O sentido será preservado, assim como a regência ficará correta apenas na alternativa B.

Outras alternativas:

A: O sentido não será preservado.

C: Se referem A ...

D: Se apoiam EM ...

E: Se alicerçam SOBRE ...

GABARITO: B.

130. **(2018 – Prefeitura de São Bernardo do Campo/SP – Agente de Tesouraria I)**

A nossa democracia é laica, mas nossas decisões políticas são tomadas sob a premissa de que Deus é – e sempre será – brasileiro. Queremos benefícios sem custos (e quem em sã consciência não quereria?).

Exigimos que seja assim. Os custos hão de ser empurrados para algum momento indeterminado do futuro e cair sobre as costas de alguma entidade benévola não especificada, sem machucar ninguém. Algum dia alguém dá algum jeito e fica tudo certo. Deus resolve.

A maioria dos brasileiros concorda com o controle de preço do diesel, e quer ainda o controle de preço da gasolina e do gás natural. Só não aceita ter que pagar a conta. A Petrobras que tenha um prejuízo. E quem vai cobri-lo? O Tesouro, essa entidade superior e fonte de riquezas.

Não é um caso isolado. Todos pedem por mais gasto para suas causas e setores de preferência, sem nunca especificar quem vai ficar com a conta; essa fica para uma figura oculta, alguém com um bolso vasto e generoso. Há quem diga, inclusive, que o aumento de gastos vai aumentar a arrecadação; multiplicação milagrosa dos pães.

Essa é a lógica que governa o Brasil desde 1500, consagrada na Constituição de 1988, tão pródiga em direitos para todo mundo. O direito é a manifestação do *fiat** divino entre os homens: uma obrigação incondicional que a realidade – alguém – terá de dar algum jeito de cumprir.

O problema é que acabou o "milagre econômico" – um crescimento acelerado e sem causas conhecidas, que ocorre apesar de todas as deficiências e entraves, esses sim muito bem conhecidos. Deus parece ter conseguido o *green card*** e nos abandonou.

O que fazer? Uma alternativa é seguir confiando na intervenção divina até o fim, deixando o ajuste ao deus-dará. A corda estoura para o lado mais fraco, e voltamos ao caos primordial. A outra é ser impiedoso e olhar para a realidade com olhos de descrença.

Para que alguns continuem ganhando, pessoas de carne e osso terão que pagar. E aí sim poderemos responder à pergunta que o Brasil é mestre em evitar: quem?

O problema é que para as escamas caírem de nossos olhos também será necessário um milagre...

(Joel Pinheiro da Fonseca, *Folha de S.Paulo*, 12.06.2018. Adaptado)

* *fiat*: do latim, faça-se, haja; referência à frase bíblica: "faça-se a luz".

** *green card*: cartão de residência permanente nos EUA.

Assinale a alternativa redigida de acordo com a norma-padrão de concordância e de regência verbal.

a) Pode haver alguns brasileiros que discordem de que se devam controlar os preços do diesel.

b) Duvida-se que hajam brasileiros que antipatize com a ideia de que se possa controlar os preços do diesel.

c) Existe aqueles que não consentem de que se estabeleça regras para controle do preço do diesel.

d) Mais de um brasileiro adere da ideia de haverem mecanismos de controle do preço do diesel.

e) Ainda não se identificou brasileiros que se manifeste contra a ideia de controle dos preços do diesel.

Outras alternativas:

B: Duvida-se DE que HAJA brasileiros ... se POSSAM contratar os preços do diesel.

C: EXISTEM aqueles que não consentem QUE SE ESTABELEÇAM regras ...

D: Mais de um ... de HAVER ...

E: Ainda não se IDENTIFICARAM brasileiros que se MANIFESTEM.

GABARITO: A.

---

131. **(2019 – Câmara de Piracicaba/SP – Jornalista)**

Ao filósofo americano Daniel Dennett, os editores da revista *Edge* perguntaram: "Em 2013, o que deve nos preocupar?". Ele contou que em 1980 se temia que a revolução do computador aumentasse a distância entre os países ricos "do Ocidente" e os países pobres, que não teriam acesso à nova tecnologia e a seus aparelhos. A verdade é que a informática criou fortunas enormes, mas permitiu também a mais profunda disseminação niveladora da tecnologia que já se viu na história. "Celulares e *laptops* e, agora, *smartphones* e *tablets* puseram a conectividade nas mãos de bilhões", afirmou Dennett.

O planeta, segundo o filósofo, ficou mais transparente na informação como ninguém imaginaria há 40 anos. Isso é maravilhoso, disse Dennett, mas não é o paraíso. E citou a lista daquilo com que devemos nos preocupar: ficamos dependentes e vulneráveis neste novo mundo, com ameaças à segurança e à privacidade. E sobre as desigualdades, ele disse que Golias ainda não caiu; milhares de Davis*, porém, estão rapidamente aprendendo o que precisam. Os "de baixo" têm agora meios para confrontar os "de cima". O conselho do filósofo é que os ricos devem começar a pensar em como reduzir as distâncias criadas pelo poder e pela riqueza de poucos.

* referência ao episódio bíblico em que Davi, aparentemente mais fraco, derrota o gigante Golias.

(Míriam Leitão. *História do futuro: o horizonte do Brasil no século XXI*. Rio de Janeiro, Intrínseca, 2015)

O trecho destacado em – ... E citou a lista daquilo **com que devemos nos preocupar**... (2º parágrafo) – estará corretamente substituído, quanto à regência, conforme a norma-padrão da língua portuguesa, por:

a) sobre que devemos nos ater.

b) de que devemos estar atentos.

c) a que devemos dar atenção.

d) a que devemos estar cientes.

e) em que devemos estar alertas.

Quem dá atenção, dá atenção A algo ou A alguém.

Outras alternativas:

A: A que devemos ...

B: A que devemos ...

D: De que devemos ...

E: A que devemos ...

GABARITO: C.

---

132. **(2019 – Prefeitura de Guarulhos/SP – Inspetor Fiscal de Rendas)**

Roma

O filme *Roma* está constantemente entre dois caminhos. É pessoal e grandioso, popular e intelectual, tecnológico – rodado em 65 mm digital – e clássico – feito em preto e branco com a mesma ousadia dos movimentos cinematográficos das décadas de 1950 e 1960. O título, uma referência a Colônia Roma, bairro da Cidade do México, também remete a *Roma, Cidade Aberta*, filme-símbolo do neorrealismo italiano assinado por Roberto Rossellini.

Ao revisitar a própria memória, o cineasta Alfonso Cuarón escolhe olhar para Cleo, a empregada, de origem indígena, de uma família branca de classe média. Resgata, assim, não apenas os seus anos de formação, mas todas as particularidades do passado do país. O México no início dos anos 1970 fervilhava entre revoluções sociais e a influência da cultura estrangeira. Cleo, porém, se mantinha ingênua, centrada nas suas obrigações: lavar o pátio, buscar as crianças na escola, lavar a roupa, colocar os pequenos para dormir.

Até que tudo se transforma. A família perfeita desmorona, com o pai que sai de casa, a mãe que não se conforma com o fim do casamento e os filhos jogados de um lado para o outro na confusão dos adultos. Enquanto isso, Cleo se apaixona, engravida, é enganada e deixada à própria sorte. Duas mulheres de diferentes origens compartilham a dor do abandono. Juntas, reencontram a **resiliência** que segura o mundo frente às paixões autocentradas.

O cineasta, que além da direção e do roteiro assina a fotografia e a montagem (ao lado de Adam Gough), retrata sua história, entrelaçada com a de seu país, como se na vida adulta reencontrasse o olhar da infância, cujo fascínio por cada descoberta aumenta o tamanho e a importância de tudo.

O que Cuarón faz em Roma é raro. São camadas e camadas sobrepostas para reproduzir a complexidade do seu imaginário afetivo e das relações sociais de um país. Entre muitas inspirações, referências e técnicas, sua assinatura está na sinceridade com que olha para si mesmo e para os seus personagens, encontrando beleza e verdade no que muitos menosprezam. Esse é um filme simples e complicado, como a própria vida.

(Natália Bridi. *Omelete*. 11.01.2019. www.omelete.com.br. Adaptado)

A expressão verbal que apresenta, conforme a norma-padrão da língua, a mesma regência da destacada em "O título [...] **remete** a *Roma, Cidade Aberta*, filme-símbolo do neorrealismo italiano..." (1º parágrafo) e que, por essa razão, pode substituí-la sem que se realize qualquer outra alteração no trecho é:

a) se refere.

b) se evoca.

c) retoma.

d) recupera.

e) ecoa.

O que remete, remete A ...

A única alternativa em que também existe a regência da preposição A é a alternativa A.

Outras alternativas:

B: Verbo transitivo direto.

C: Verbo transitivo direto.

D: Verbo transitivo direto.

E: Verbo intransitivo.

GABARITO: A.

133. **(2019 – Prefeitura de Guarulhos/SP – Inspetor Fiscal de Rendas)** Leia o texto para responder à questão.

A arte mostra-se presente na história da humanidade desde os tempos mais remotos. **Sem dúvida**, ela pode ser considerada como sendo uma necessidade de expressão do ser humano, surgindo como fruto da relação homem/mundo. Por meio da arte a humanidade expressa suas necessidades, crenças, desejos, sonhos. Todos têm uma história, que pode ser individual ou coletiva. As representações artísticas nos oferecem elementos que facilitam a compreensão da história dos povos em cada período.

(Rosane K. Biesdorf e Marli F. Wandscheer. Arte, uma necessidade humana: função social e educativa. *Itinerarius reflectionis.*)

Considerando as regras de concordância nominal, regência verbal e de colocação pronominal da norma-padrão, assinale a alternativa em que o trecho destacado em "... elementos que facilitam **a compreensão da história dos povos em cada período**." está corretamente substituído.

a) elementos que facilitam-nas.

b) elementos que facilitam-lhe.

c) elementos que os facilitam.

d) elementos que lhes facilitam.

e) elementos que a facilitam.

– Facilitam o quê? = a compreensão da história dos povos = objeto direto = AS.

– O pronome oblíquo é atraído para a posição proclítica pelo pronome relativo QUE.

GABARITO: E.

134. **(2019 – Prefeitura de Itapevi/SP – Agente de Administração Pública)** Leia o texto para responder à questão.

O futuro do trabalho

Foi lançado nesse mês, em meio às celebrações do centenário da Organização Internacional do Trabalho (OIT), o relatório da comissão global sobre o futuro do trabalho, que tive a honra de integrar. O que o texto revela é uma visão centrada em políticas públicas para enfrentar desafios que o século trouxe para a humanidade.

Frente à chamada revolução industrial 4.0, ao envelhecimento da população e à mudança climática, a resposta aparece na forma de programas para evitar o crescimento da desigualdade e melhorar a preparação das gerações futuras e o conceito de uma sociedade ativa ao longo da vida.

É importante lembrar que, segundo pesquisadores, haverá em poucos anos a extinção de profissões e de tarefas dentro de várias ocupações, diante da automação e da robotização aceleradas. Outras serão criadas, demandando, porém, competências distintas das que estavam em alta até pouco tempo. O cenário exige grande investimento nas pessoas. Por isso, o relatório clama por uma agenda econômica centrada em seres humanos, especialmente uma ampliação em suas capacidades.

Isso envolve trabalhar com o conceito de aprendizagem ao longo da vida, ou seja, desde a primeira infância, a fim de desenvolver competências basilares, necessárias para promover autonomia para que todos possam aprender a aprender.

Afinal, numa vida em que tarefas vão sendo extintas e assumidas por máquinas, teremos que nos reinventar continuamente, passando a desempenhar atividades que demandam capacidade de resolução criativa e colaborativa de problemas complexos, reflexão crítica e maior profundidade de análise.

Teremos também que contar com um ecossistema educacional que inclua modalidades ágeis de cursos para capacitação, recapacitação e requalificação. A certificação de conhecimentos previamente adquiridos ganha força e sentido de urgência, além de um investimento maior em escolas técnicas e profissionais que fomentem a aquisição das competências necessárias não só para exercer uma profissão específica, mas também para obter outra rapidamente, se necessário.

(Claudia Costin. *Folha de S.Paulo*, 25.01.2019. Adaptado)

Substituindo-se os termos destacados na frase "Por isso, o relatório **clama** por uma agenda econômica **centrada** em seres humanos..." a redação permanecerá em conformidade com a norma-padrão de regência em:

a) Por isso, o relatório impõe por uma agenda econômica focada com seres humanos...
b) Por isso, o relatório reivindica uma agenda econômica ajustada para seres humanos...
c) Por isso, o relatório reclama de uma agenda econômica dirigida de seres humanos...
d) Por isso, o relatório postula com uma agenda econômica aplicada por seres humanos...
e) Por isso, o relatório requer de uma agenda econômica destinada a seres humanos...

– Quem clama, clama por algo ou por alguém.

– CENTRADA = AJUSTADA PARA ...

A: Por isso, o relatório IMPÕE UMA ...

C: Por isso, o relatório reclame de uma agenda econômica DIRIGIDA A ...

D: Por isso, o relatório POSTULA UMA agenda econômica APLICADA A ...

E: Por isso, o relatório REQUER UMA agenda econômica DESTINADA A seres humanos ...

GABARITO: B.

---

135. **(2019 – Prefeitura de Itapevi/SP – Auditor Fiscal Tributário)** Leia o texto para responder à questão.

"Tire suas próprias conclusões"

Essa é a frase que mais tenho ouvido recentemente. Passada a euforia de uma notícia qualificada como "bomba", logo os atores de uma das partes corriam a público para disponibilizar a íntegra daquilo que antes foi veiculado em partes.

É preciso saber de tudo e entender de tudo. É preciso tirar as próprias conclusões para não depender de ninguém, e é esse o grande e contraditório imperativo dos nossos tempos. É uma ordem a uma experimentação libertária, e uma quase contradição do termo. O imperativo que liberta também aprisiona: você só passa a ser, ou a pertencer, se tiver uma conclusão. Sobre qualquer coisa.

Nas últimas décadas psicanalistas se debruçaram sobre as mudanças nos arranjos produtivos e sociais de cada período histórico para compreender e nomear as formas de sofrimento decorrentes delas. A revolução industrial, a divisão social do trabalho, a urbanização desenfreada e as guerras, por exemplo, fizeram explodir o número de sujeitos impacientes, irritadiços e perturbados com a velocidade das transformações e suas consequentes perdas de referências simbólicas.

Pensando sobre o imperativo "Leia/Veja/Assista" e "Tire suas próprias conclusões", começo a desconfiar de que estamos diante de uma nova forma de sofrimento relacionado a um mal–estar ainda não nomeado.

Afinal, que tipo de sujeito está surgindo de nossa nova organização social? O que a vida em rede diz sobre as formas como nos relacionamos com o mundo? Que tipos de valores surgem dali? E, finalmente, que tipo de sofrimento essa vida em rede tem causado?

Vou arriscar e sair correndo, já sob o risco de percorrer um campo que não é meu: estamos vendo surgir o sujeito preso à ideia da obrigação de ter algo a dizer. Ao longo dos séculos essa angústia era comum aos chamados formadores de opinião e artistas, responsáveis por reinterpretar o mundo. Hoje basta ter um celular com conexão 3G para ser chamado a opinar sobre qualquer coisa. Pensamos estar pensando mesmo quando estamos apenas terceirizando convicções ao compartilhar aquilo que não escrevemos.

É uma nova versão de um conflito descrito por Clarice Lispector a respeito da insuficiência da linguagem. Algo como: "Não só não consigo dizer o que penso como o que penso passa a ser o que digo". Se vivesse nas redes que atribuem a ela frases que jamais disse, o "dizer" e o "pensar" teriam a interlocução de um outro verbo: "compartilhar".

(Matheus Pichonelli, *Carta Capital.* 18.03.2016. www.cartacapital.com.br. Adaptado)

Considere o trecho: O imperativo que liberta também aprisiona: você só passa a ser, ou a pertencer, se tiver uma conclusão. **Sobre** qualquer coisa. (2º parágrafo)

Respeitando-se as regras de regência nominal e preservando-se o sentido original, o vocábulo destacado pode ser substituído por:

a) De acordo com.

b) De encontro a.

c) Acima de.

d) Em virtude de.

e) A respeito de.

A única substituição correta para o vocábulo SOBRE do enunciado é a fornecida pela alternativa E.

GABARITO: E.

136. **(2019 – UNICAMP – Jornalista)**

Página infeliz

O mercado editorial no Brasil nunca pareceu tão próximo de uma **catástrofe** – com as duas principais redes de livrarias do país, Saraiva e Cultura, em uma crise profunda, reduzindo o número de lojas e com dívidas que parecem sem fim.

Líder do mercado, a Saraiva, que já acumula atrasos de pagamentos a editores nos últimos anos, anunciou nesta semana o fechamento de 20 lojas. Em nota, a rede afirma que a medida tem a ver com "desafios econômicos e operacionais", além de uma mudança na "dinâmica do varejo".

Na semana anterior, a Livraria Cultura entrou em recuperação judicial. No pedido à Justiça, a rede afirma acumular prejuízos nos últimos quatro anos, ter custos que só crescem e vendas menores. Mesmo assim, diz a petição enviada ao juiz, não teria aumentado seus preços.

O **enrosco** da Cultura está explicado aí. Diante da crise, a empresa passou a pegar dinheiro emprestado com os bancos – o tamanho da dívida é de R$ 63 milhões.

Com os atrasos nos pagamentos das duas redes, editoras já promoveram uma série de demissões ao longo dos últimos dois anos.

O cenário de **derrocada**, contudo, parece estar em descompasso com os números de vendas. Desde o começo do ano, os dados compilados pela Nielsen, empresa de pesquisa de mercado, levantados a pedido do Sindicato Nacional dos Editores de Livros, mostravam que o meio livreiro vinha dando sinais de melhoras pela primeira vez, desde o início da recessão econômica que abala o país.

Simone Paulino, da Nós, editora independente de São Paulo, enxerga um descompasso entre as vendas em alta e a crise. Nas palavras dela, "um paradoxo assustador." A editora nunca vendeu tanto na Cultura quanto nesses últimos seis meses", diz. E é justamente nesse período que eles não têm sido pagos.

"O modelo de produção do livro é muito complicado. Você investe desde a compra do direito autoral ou tradução e vai investindo ao longo de todo o processo. Na hora que você deveria receber, esse dinheiro não volta", diz Paulino.

"Os grandes grupos têm uma estrutura de advogados que vão ter estratégia para tentar receber. E para os pequenos? O que vai acontecer?"

Mas há uma **esperança** para os editores do país: o preço fixo do livro. Diante do cenário de crise, a maior parte dos editores aposta em uma carta tirada da manga no apagar das luzes do atual governo – a criação, no país, do preço fixo do livro – norma a ser implantada por medida provisória – nos moldes de boa parte de países europeus, como França e Alemanha.

Os editores se inspiram no pujante mercado europeu. Por lá, o preço fixo existe desde 1837, quando a Dinamarca criou a sua lei limitando descontos, abolida só em 2001. A crença é a de que a crise atual é em parte causada pela guerra de preço. Unificar o valor de capa permitiria um **florescimento** das livrarias independentes, uma vez que elas competiriam de forma mais justa com as grandes redes.

(*Folha de S. Paulo*, 03.11.2018. Adaptado)

Assinale a alternativa que completa, respectivamente e de acordo com a norma-padrão da regência, os segmentos:
O cenário de derrocada parece...
A Livraria Cultura...
Os editores pretendem...

a) divergir aos números de venda./ recorreu dos empréstimos bancários./ equiparar-se com o pujante mercado europeu.

b) divergir dos números de venda./ recorreu pelos empréstimos bancários./ equiparar-se pelo pujante mercado europeu.

c) divergir com os números de venda./ recorreu dos empréstimos bancários./ equiparar-se no pujante mercado europeu.

d) divergir dos números de venda./ recorreu a empréstimos bancários./ equiparar-se ao pujante mercado europeu.

e) divergir os números de venda./ recorreu dos empréstimos bancários./ equiparar-se o pujante mercado europeu.

– Quem DIVERGE, diverge DE algo (estar em desacordo) ou DIVERGE DE alguém EM algo.

– Quem RECORRE, recorre A algo ou A alguém.

– Quem se EQUIPARA, equipara-se A algo ou A alguém.

GABARITO: D.

137. **(2019 – Câmara de Sertãozinho/SP – Escriturário)** Assinale a alternativa em que a regência das palavras está de acordo com a norma-padrão da língua portuguesa.

a) A técnica de fabricação é muito favorável com o meio ambiente exigindo muito menos água do que o cultivo de algodão.

b) Atividades diárias, como lavar roupas, contribuem significativamente para a poluição que asfixia nossos oceanos.

c) Os resíduos produzidos se caracterizam pela sua elevada toxicidade, implicando pela elevação dos riscos associados à sua destinação final.

d) As preocupações em obedecer das exigências legais da qualidade do efluente ou resíduo industrial produzido foram superadas por novas metas de qualidade.

e) As empresas precisam ser responsáveis com o ciclo de vida completo de seus produtos, incluindo a coleta e a reutilização.

Outras alternativas:

A: A técnica da fabricação é muito favorável Ao meio ambiente ...

C: Os resíduos produzidos se caracterizam ..., IMPLICANDO A elevação ...

D: As preocupações em OBEDECER ÀS exigências ...

E: As empresas PRECISAM SER RESPONSÁVEIS PELO ciclo ...

GABARITO: B.

---

138. **(2019 – Câmara de Serrana/SP – Analista Legislativo)**

Por que temos filhos?

A pergunta do título comporta vários níveis de resposta. No plano biológico, a reprodução é um imperativo, fazendo parte de várias das definições de vida. Mas a biologia é só parte da história. A paternidade também encerra dimensões culturais, econômicas e emocionais.

Inspirado em "*Anti-Pluralism*", de William Galston, arrisco algumas reflexões sobre a matéria.

Até o começo do século XIX, filhos eram um ativo econômico. Ajudavam desde cedo com o trabalho doméstico, colaborando para o bem-estar da família, e ainda faziam as vezes de plano de aposentadoria para os pais.

Hoje, contudo, crianças ficaram caras. E, para piorar, elas demoram muito até começar a trazer contribuições econômicas. Como observa Galston, no espaço de dois séculos, a criação de filhos deixou de ser um bem privado para tornar-se um bem público.

Embora a paternidade possa trazer recompensas emocionais, do ponto de vista estritamente econômico, ela favorece a sociedade como um todo, enquanto a maior parte dos custos recai sobre os genitores.

E por que crianças beneficiam a sociedade? A crer na análise de economistas como Julian Simon, riqueza são pessoas. Quanto mais gente, melhor, já que são indivíduos que têm ideias (além de consumir produtos) e são as novas ideias que vêm assegurando o brutal aumento de produtividade a que assistimos nos últimos 200 anos.

E isso nos coloca diante de um dos grandes dilemas dos tempos modernos. Para assegurar a sustentabilidade da exploração dos recursos naturais do planeta, precisaríamos estabilizar ou até reduzir a população. Só que fazê-lo é uma espécie de suicídio econômico, já que ficaria muito difícil manter taxas positivas de crescimento, sem as quais instituições como previdência e até democracia representativa podem entrar em colapso.

(Hélio Schwartsman. *Folha de S.Paulo*. 18.11.2018. Adaptado)

Com a substituição do verbo destacado na frase " ... são as novas ideias que vêm assegurando o brutal aumento de produtividade a que **assistimos** nos últimos 200 anos.", a redação atende a norma-padrão de regência verbal em:

a) ... assegurando o brutal aumento de produtividade à que **percebemos** nos últimos 200 anos.

b) ... assegurando o brutal aumento de produtividade que **constatamos** nos últimos 200 anos.

c) ... assegurando o brutal aumento de produtividade de que **verificamos** nos últimos 200 anos.

d) ... assegurando o brutal aumento de produtividade em que **presenciamos** nos últimos 200 anos.

e) ... assegurando o brutal aumento de produtividade com que **acompanhamos** nos últimos 200 anos.

Outras alternativas:

A: Quem PERCEBE, PERCEBE ALGO (A que percebemos).

C: Quem VERIFICA, VERIFICA ALGO (que verificamos).

D: Quem PRESENCIA, PRESENCIA ALGO (que presenciamos).

E: Quem ACOMPANHA, ACOMPANHA ALGO (que acompanhamos).

GABARITO: B.

---

139. **(2019 – TJ/SP – Enfermeiro Judiciário)**

Saúde não é brinquedo político, diz diretor da OMS

"A saúde não é um brinquedo político, ela deve ser usada para promover o bem-estar e a qualidade de vida. E isso só vai acontecer quando nos comprometermos a fazer da atenção primária à saúde a base da assistência universal."

A afirmação é do diretor-geral da Organização Mundial de Saúde (OMS), Tedros Adhanom Ghebreyesus, durante a assinatura nesta quinta (25/10/2018) de um acordo internacional em Astana, capital do Cazaquistão, em que 194 países membros da OMS, incluindo o Brasil, comprometeram-se a fortalecer a atenção primária.

Chamado de "Declaração de Astana", o acordo também comemora o 40º aniversário da histórica Declaração de Alma Alta, que exortou o mundo a fazer dos cuidados primários de saúde o pilar da cobertura universal de saúde em 1978.

Ocorre que, embora nos últimos 40 anos a expectativa de vida tenha aumentado e a mortalidade infantil, caído pela metade, por exemplo, o progresso em saúde tem sido desigual e injusto entre países e dentro dos países.

"Devemos reconhecer que não alcançamos esse objetivo [saúde para todos]. Em vez de saúde para todos, conseguimos saúde para alguns. Temos ficado muito focados em combater doenças específicas, muito focados no tratamento, em detrimento da prevenção de doenças", disse Ghebreyesus.

Quase metade da população mundial não tem acesso a serviços essenciais de saúde e, segundo a OMS, 100 milhões de pessoas são empurradas para a pobreza a cada ano por causa de gastos catastróficos em saúde. A atenção primária à saúde pode fornecer de 80% a 90% das necessidades de saúde de uma pessoa durante sua vida.

A Declaração de Astana aponta a necessidade de uma ação multissetorial que inclua tecnologia, conhecimento científico e tradicional, juntamente com profissionais de saúde bem treinados e remunerados, e participação das pessoas e da comunidade para que seja alcançada a tão sonhada saúde para todos com qualidade.

(Cláudia Collucci, Saúde não é brinquedo político, diz diretor da OMS. Em: Folha de S.Paulo, 25.10.2018. Adaptado)

Assinale a alternativa em que a regência está em conformidade com a norma-padrão.

a) Embora as nações aspirem cobertura universal de saúde, precisamos reconhecer de que ela ainda não chegou em todos os habitantes do planeta.

b) Embora as nações aspirem na cobertura universal de saúde, precisamos reconhecer de que ela ainda não chegou a todos os habitantes do planeta.

c) Embora as nações aspirem pela cobertura universal de saúde, precisamos reconhecer que ela ainda não chegou em todos os habitantes do planeta.

d) Embora as nações aspirem à cobertura universal de saúde, precisamos reconhecer que ela ainda não chegou a todos os habitantes do planeta.

e) Embora as nações aspirem por cobertura universal de saúde, precisamos reconhecer que ela ainda não chegou com todos os habitantes do planeta.

Quem ASPIRA (no sentido de DESEJAR), ASPIRA A ALGO.

A preposição A exigida pelo verbo encontra o artigo definido feminino A (a cobertura).

A + A = À

GABARITO: D.

---

140. **(2019 – TJ/SP – Médico Judiciário)**

Literatura no cárcere

Desde 2013, quando o Conselho Nacional de Justiça (CNJ) autorizou a remição da pena pela leitura, 5.547 detentos foram beneficiados por esse projeto no Brasil. É um número baixo, se comparado com as quase 700 mil pessoas privadas de liberdade em todo o país.

A recomendação do CNJ determina que, a cada livro lido, é possível reduzir quatro dias da pena. Para isso, o leitor deve escrever um resumo da obra que deve ser aprovado por um parecerista. Esses documentos seguem para o juiz responsável, que julga o pedido de remição.

Medir os benefícios dessa proposta tem feito florescer debates acalorados entre os que veem na leitura ganhos efetivos para a reintegração do indivíduo à sociedade e os que a avaliam como um privilégio concedido a pessoas que, de algum modo, causaram danos à população. Sem entrar no mérito dessa discussão, é fato que, dentro ou fora da prisão, as benesses da leitura são muitas e difíceis de mensurar.

Uma pesquisa feita em 2017 pela editora Companhia das Letras, que em parceria com a Fundação Prof. Dr. Manoel Pedro Pimentel (Funap) subsidia um projeto de clubes de leitura e remição de pena, indicou que os ganhos são mais concretos do que se pode imaginar.

Durante um ano, 177 detentos se reuniram mensalmente para discutir uma obra selecionada pela curadoria do projeto.

Quando perguntados sobre as eventuais mudanças percebidas em si próprios, a resposta mais frequente foi que os envolvidos conseguiram perceber uma "ampliação de conhecimentos". Em segundo, que se sentiam mais motivados "para traçar planos para o futuro". Na sequência, aparecem motivações como "capacidade de reflexão" e de "expressar sentimentos", possibilidade de "dizer o que pensa", "maior criatividade" e, por último, "maior criticidade".

Por qualquer prisma que se procure observar, esses ganhos já seriam significativos, pois no ambiente prisional revelam uma extraordinária mudança na chave da autoestima.

(Vanessa Ferrari, Rafaela Deiab e Pedro Schwarcz. *Folha de S. Paulo*, 25.06.18. Adaptado)

Os resultados da atuação dos clubes de leitura, ____________, apresentaram ganhos mais concretos do que se pode imaginar.

Para estar de acordo com a norma-padrão de regência, a lacuna dessa frase deve ser preenchida por:

a) a que os pesquisadores realizaram um detalhamento

b) a que os pesquisadores deram realce

c) com que os pesquisadores centraram a atenção

d) de que os pesquisadores pormenorizaram

e) com que os pesquisadores se debruçaram

Quem dá realce, dá realce A algo.

Outras alternativas:

A: EM que ...

C: EM que ...

D: que ...

E: EM que ...

GABARITO: B.

---

141. **(2019 – TJ/SP – Administrador Judiciário)** Leia o texto para responder à questão.

Procuram-se especialistas em evitar fraudes

A recente onda de escândalos de corrupção levou as empresas brasileiras a investir em uma área ainda pouco conhecida no mercado: o compliance.

O profissional que atua nesse setor é responsável por receber denúncias, combater fraudes, realizar investigações internas e garantir que a companhia cumpra leis, acordos e regulamentos da sua área de atuação. Ele tem o papel importante de auxiliar a empresa a se proteger de eventuais problemas de corrupção.

"Nos últimos anos, a área de compliance assumiu protagonismo nas empresas. É uma profissão com salários altos já que as pessoas com experiência ainda são escassas no mercado", diz o advogado Thiago Jabor Pinheiro, 35.

"Como não existem cursos de graduação específicos de compliance, o estudante que se interesse pela área pode direcionar seu curso para questões de auditoria, prevenção de fraude, direito administrativo e governança corporativa", diz Pinheiro.

Apesar de sobrarem vagas nesse mercado, conseguir um emprego não é fácil. "É fundamental que a pessoa seja atenta aos detalhes, entenda como funciona uma organização e tenha fluência em inglês porque as melhores práticas vêm de fora do país, sobretudo dos EUA e da Inglaterra", diz o advogado.

Para Caroline Cadorin, diretora de uma consultoria, os candidatos precisam ter jogo de cintura para lidar com as mais diversas situações. "Estamos falando de profissionais com forte conduta ética, honestidade e que buscam a promoção da transparência. Hoje as empresas estão cientes de seus papéis ativos no combate à corrupção, especialmente aquelas envolvidas em projetos de órgãos públicos. As companhias que mantêm departamentos de compliance são vistas como mais transparentes", diz Cadorin.

(Larissa Teixeira. *Folha de S.Paulo*, 28.09.2017. Adaptado)

Considere os trechos do texto.

• "... o estudante que **se interesse pela área** pode direcionar seu curso para questões de auditoria..." (4º parágrafo)

• "É fundamental que a pessoa **seja atenta aos detalhes**..." (5ºparágrafo)

Atendendo à norma-padrão de regência, as expressões destacadas podem ser substituídas, respectivamente, por:

a) queira se comprometer de trabalhar nessa área; se ocupe minuciosamente aos detalhes

b) se sinta cativado por trabalhar nessa área; se aplique meticulosamente aos detalhes

c) pretenda se conduzir a essa área; se empenhe de analisar os detalhes

d) veja aptidão com essa área; passe em revista nos detalhes

e) deseja progredir a essa área; dê preponderância aos detalhes

Outras alternativas:

A: queria se comprometer A trabalhar ...; se ocupe minuciosamente COM os detalhes.

C: pretenda se conduzir NESSA área; se empenhe EM analisar os detalhes.

D: veja aptidão POR essa área; pense em revistar OS detalhes.

E: deseja progredir NESSA área; dê preponderância AOS detalhes.

GABARITO: B.

142. **(2019 – SEDUC/SP – Oficial Administrativo)** Leia o texto para responder à questão.

A legião *on-line*

Um dos temas de "O Romance Luminoso", a obra póstuma e incrivelmente contemporânea de Mario Levrero, é o uso da internet como antidepressivo. Sem alcançar a tal experiência luminosa que lhe permitiria escrever um romance iniciado há 15 anos, o autor passa os dias em frente ao computador curtindo o fracasso. Baixa e elabora programas, joga paciência, busca *sites* ao acaso. Nas raras vezes em que desgruda da tela, recorre a outro vício: a televisão.

É um transtorno cada vez mais comum. Todo mundo conhece alguém que está sempre conectado; acorda e já olha o celular, o qual dormiu ao lado dele na cama; checa os aplicativos de cinco em cinco minutos; quando nao está on-line, sente ansiedade, mau humor, angústia, tristeza. Os viciados em smartphones são uma legião.

Publicado em 2005, o livro de Levrero destaca-se não só pela atualidade mas também pelo caráter profético. A páginas tantas, o autor anota: "O mundo do computador já foi invadido pelos abjetos*, e quanto mais barato fica mais cresce a abjeção. Não porque os pobres sejam necessariamente abjetos, e sim porque as pessoas mais vivas usarão as maravilhas tecnológicas para embrutecer mais ainda os pobres".

E conclui: "A internet tem mostrado, cada vez mais claramente, para que nasceu, e, com vistas a esse objetivo, será controlada por comerciantes e estadistas". Isso nos leva, naturalmente, a pensar na relação das redes sociais com a empresa de dados políticos ligada à campanha presidencial de Donald Trump. Ou, em outro caso, sendo obrigadas a excluir contas por suspeita de fraude.

Esse cenário de disseminação de informações questionáveis – com o fim de manipular condutas –, mas que em geral têm aceitação, aprofunda mais ainda a abjeção diagnosticada por Levrero.

Que tal passar mais tempo *off-line*?

(Alvaro Costa e Silva. *Folha de S.Paulo*, 11.08.2018. Adaptado)

*Abjeto: de abjeção → ato, estado ou condição que revela alto grau de torpeza, degradação.

A reescrita do trecho "Nas raras vezes em que desgruda da tela, recorre a outro vício: a televisão." preserva o sentido do texto original e atende à norma-padrão de pontuação e de regência verbal, em:

a) A televisão é, outro vício com o qual recorre nas raras vezes em que desgruda da tela.

b) A televisão é outro vício ao qual recorre, nas raras vezes em que desgruda da tela.

c) A televisão é outro vício no qual recorre nas raras vezes em que, desgruda da tela.

d) A televisão é outro vício pelo qual, recorre nas raras vezes em que desgruda da tela.

e) A televisão é outro vício do qual recorre nas raras vezes, em que desgruda da tela.

Quem RECORRE, recorre A algo; quem DESGRUDA, desgruda DE algo.

GABARITO: B.

---

143. **(2018 – Câmara de Itaquaquecetuba/SP – Jornalista)** Leia o texto para responder à questão.

CIDADE DO MÉXICO, 13 MAR.

O abacate está se convertendo no novo "ouro" do México, ultrapassando o petróleo como produto de exportação que mais gera lucros para o país, de acordo com os números mais recentes divulgados pelo Ministério da Economia do Estado. No entanto, ecologistas se queixam de que o crescimento na demanda do fruto, abundante em vitamina E, está causando um grande estrago ao meio-ambiente mexicano. A polpa do fruto costuma ser usada como acompanhamento dos principais "snacks" dos norte-americanos em competições esportivas, como o Super Bowl. Durante os intervalos da partida, aliás, grandes companhias e produtoras da fruta difundem anúncios publicitários. No dia 5 de fevereiro, por exemplo, o custo de uma propaganda de apenas 30 segundos no estádio, que foi vista por 130 milhões de espectadores, chegou a US$ 5 milhões. A Associação de Produtores e Empacotadores de Abacate do México (Apeam) é a encarregada de financiar essa mensagem, transmitida pela emissora de televisão *Fox*, na qual são exaltados os benefícios do abacate mexicano. Estima-se que cerca de 100 mil toneladas do popular molho "guacamole", que é feito com a fruta, são consumidas apenas durante esse jogo de futebol americano. A maioria do abacate que se consome nos Estados Unidos é produzido nos campos do estado de Michoacán, o que é criticado por ecologistas, que acreditam que o "boom" da produção do fruto no país está causando danos ao meio ambiente, já que muitas terras florestais estão sendo dizimadas para ampliar os campos de abacate, mais rentáveis.

(https://istoe.com.br. Adaptado)

Assinale a alternativa que atende à norma-padrão de regência.

a) Os snacks de que os norte-americanos são fãs costumam ser servidos com o popular molho guacamole.

b) Dados divulgados pelo Ministério da Economia do Estado revelam de que houve muito lucro com o abacate.

c) Grandes companhias e produtoras de abacate têm consciência que é lucrativo investir em propaganda do produto.

d) Os ecologistas acreditam de que não se deve dizimar área de florestas para ampliação dos campos de abacate.

e) Os mexicanos não têm dúvidas que os campos de abacate poderão gerar muitos lucros ao seu país.

Outras alternativas:

B: Dados divulgados ... revelam QUE ...

C: Grandes companhias ... têm consciência DE que ...

D: Os ecologistas acreditam EM que não ...

E: Os mexicanos não têm dúvidas de que os ...

GABARITO: A.

---

144. **(2016 – Prefeitura de Guarulhos/SP – Assistente de Gestão Escolar)** Considere a charge de Pelicano para responder à questão.

(http://paduacampos.com.br/2012/wp-content/uploads/2013/10/ AUTO_pelicano13.jpg. Adaptado)

Considere a frase.

__________ escolas que __________ em prática a troca de mensagens, enviando frequentemente __________ famílias informações a respeito do desempenho dos filhos.

Assinale a alternativa que preenche, correta e respectivamente, as lacunas dessa frase.

a) Existe ... põe ... às

b) Existe ... põem ... as

c) Existem ... põe ... as

d) Existem ... põem ... às

e) Existem ... põem ... as

- HA / EXISTEM escolas.
- PÕEM (escolas).
- ÀS (enviar algo A alguém). A preposição A vem para a frente de um substantivo feminino no plural (as famílias). A + AS = ÀS.

GABARITO: D.

---

145. **(2018 – Prefeitura de São Paulo/SP – Engenheiro Civil)**

Após 15 anos do Estatuto do Idoso, desafio é cumprir a lei

Quinze anos após ter sido criada, a principal lei de defesa dos direitos do idoso ainda tem sua aplicação completa como desafio. Em outubro de 2003, quando o chamado Estatuto do Idoso entrou em vigor, **8,5% da população tinha 60 anos ou mais** – 15 milhões de pessoas. Hoje, esse grupo já representa 13% do total e supera 27 milhões, segundo o IBGE.

O envelhecimento da população não tem sido acompanhado por medidas que garantam todos os direitos desse público, dizem especialistas. A baixa oferta de políticas de cuidado para idosos que precisam de apoio, como os chamados centros-dia, é um dos gargalos apontados. Outros problemas são dificuldade no ____________ saúde, ____________ abordagem nas escolas sobre ____________ idoso e falta de políticas de emprego.

"Existe uma cultura de que envelheceu e acabou: você ganha um pijama, um chinelo e uma poltrona. Queremos mostrar que o idoso continua sendo sujeito de direitos", diz Delton Pastore, promotor que atua na defesa do idoso no Ministério Público de São Paulo. Para ele, falta integração de serviços ao idoso, como na saúde e na assistência social.

Desde que entrou em vigor, o estatuto já foi alterado em mais de 20 pontos, por 11 leis. Uma das mais recentes, de 2017, deu prioridade especial no atendimento a quem tem a partir de 80 anos.

Pesquisa Datafolha mostra que a maioria dos idosos têm visão pessimista sobre as condições do país: 69% deles avaliam que o Brasil está pior hoje do que na sua juventude. Saúde pública e condições de trabalho têm as piores avaliações.

(Natália Cancian e Laís Alegretti. Disponível em: <https://www1.folha.uol.com.br/>. 10.07.2018. Adaptado)

A alternativa que preenche, respectivamente, as lacunas do 2º parágrafo de acordo com a norma-padrão de regência nominal é:

a) acesso da ... ausência de ... respeito com

b) acesso para ... falhas na ... respeito do

c) acesso à ... ausência de ... respeito ao

d) atendimento da ... falhas de ... consideração para com o

e) atendimento na ... falhas com ... consideração da

Acesso A algo.

Ausência DE algo.

Respeito A alguém.

GABARITO: C.

146. **(2018 – Câmara de Nova Odessa/SP – Assistente Legislativo)** Leia o texto para responder à questão.

Cotas têm prós e contras

Levantamento feito pela *Folha de São Paulo* ao final de 2017 mostrou que, em boa parte dos cursos universitários, alunos que ingressam por meio de cotas se formam com notas próximas dos demais. O estudo usou os resultados de mais de 250 mil estudantes nas três últimas edições do Enade e constatou que alunos cotistas chegam a ter notas melhores que os outros, por exemplo, em odontologia.

É refrescante dispormos de dados objetivos sobre um assunto tantas vezes poluído por ideologias. É inegável que ações afirmativas, como as cotas, são importantes mecanismos de justiça social em um país tão profundamente injusto como o nosso. E as conclusões do levantamento indicam que tais ferramentas são válidas também no plano acadêmico: não se confirmam os prognósticos de que o ingresso de alunos cotistas resultaria em degradação da qualidade dos cursos.

O perigo é alguém acreditar que cotas resolvem alguma coisa no médio prazo. Nosso sistema educacional está doente, e cotas são como um antitérmico, que reduz o desconforto do paciente, mas não ataca as causas da febre. O que precisamos é que a escola pública, democrática e gratuita, ofereça formação de qualidade, para que as cotas se tornem desnecessárias. Não é uma utopia: acontece em muitos outros países, inclusive mais pobres que o Brasil.

Ações afirmativas não podem servir de álibi para continuarmos oferecendo formação inferior aos filhos das classes mais desfavorecidas. Até porque propiciar acesso à universidade a alguns desses jovens deixa muita coisa por resolver. O mesmo levantamento mostra que as notas de cotistas são sim inferiores à média nos cursos de exatas, possivelmente os mais críticos para o desenvolvimento do país.

Não é difícil aventar uma explicação. Em matemática, cada etapa prepara a seguinte, não é possível pular. Quem não aprendeu multiplicação, não vai nunca entender frações. Se a matemática não é ensinada na escola, na faculdade é simplesmente tarde demais. E aí os benefícios da ação afirmativa foram desperdiçados.

Na virada do ano, outra notícia alvissareira: a Unicamp, talvez a mais inovadora de nossas universidades, aprovou a criação de até 10% de vagas extras em seus cursos para candidatos premiados em competições escolares, como as Olimpíadas Brasileiras de Matemática e Física. Uma espécie de "cotas por mérito".

Como todas as ideias inteligentes e com potencial para fazer diferença, essa também desperta oposição. Inclusive de setores que advogam as cotas sociais, o que talvez não seja surpreendente, mas é certamente lamentável. Tomara que a inteligência prevaleça.

(Marcelo Viana. *Folha de S.Paulo*, 21.01.2018. Adaptado)

Substituindo-se os termos em destaque na passagem – ... **aprovou** a criação de até 10% de vagas extras em seus cursos para candidatos **premiados** em competições escolares... –, a redação estará correta quanto à regência, de acordo com a norma-padrão, em:

a) ... mostrou-se favorável à criação de até 10% de vagas extras em seus cursos para candidatos que se notabilizaram em competições escolares...

b) ... mostrou-se favorável a criação de até 10% de vagas extras em seus cursos para candidatos que se notabilizaram com competições escolares...

c) ... mostrou-se favorável da criação de até 10% de vagas extras em seus cursos para candidatos que se notabilizaram em competições escolares...

d) ... mostrou-se favorável pela criação de até 10% de vagas extras em seus cursos para candidatos que se notabilizaram de competições escolares...

e) ... mostrou-se favorável com a criação de até 10% de vagas extras em seus cursos para candidatos que se notabilizaram por competições escolares...

– Quem é FAVORÁVEL, favorável A algo (a criação). A + A = À.

– Quem se NOTABILIZA, notabiliza-se EM algo.

GABARITO: A.

147. **(2018 – Prefeitura de Barretos/SP – Agente Administrativo)** Assinale a alternativa em que a preposição destacada obedece ao princípio de regência da norma-padrão.

a) Carambola e laranja são as frutas **a** que mais aprecio.

b) Dona Catarina, **de** quem ganhei muita carambola, vivia em Cataguases.

c) Em geral, discordo **com** quem gosta de frutas azedas. Elas não me apetecem.

d) Hoje são comuns nas feiras frutas **em** que não dispúnhamos antigamente.

e) Até hoje prefiro comprar frutas na feira, de vendedores **por** quem confio.

Quem GANHA, ganha algo DE alguém.

Outras alternativas:

A: Carambola e laranja são as frutas QUE mais aprecio.

C: Em geral, discorde DE quem ...

D: Hoje são comuns ... frutas DE que ...

E: Até hoje ..., de vendedores EM quem confio.

GABARITO: B.

---

148. **(2018 – PC/SP – Agente Policial)** Assinale a frase que apresenta a regência correta, de acordo com a norma-padrão, no segmento destacado.

a) Ela **confessou de que** tem trabalhado mais do que gostaria.

b) Ele tem **esperança a que** logo terá mais tempo para o lazer.

c) Ela partiu do **pressuposto a que** o trabalho dignifica o homem.

d) Ele está **convicto que** é possível trabalhar e se divertir.

e) Ela demonstrou a **crença de que** o lazer dignifica a vida.

Outras alternativas:

A: Ela confessou QUE...

B: Ele tem esperança de QUE ...

C: Ela partiu do pressuposto de QUE ...

D: Ele está convicto de QUE é ...

GABARITO: E.

---

149. **(2018 – PC/SP – Papiloscopista Policial)** Leia o texto para responder à questão.

O Clube dos Suicidas

A senhora – o que foi que tomou mesmo? Comprimidos. Não sabe que comprimidos? Gardenal. Tomou Gardenal. Muitos? Cuidado, não pise no fio do microfone. Dez comprimidos. E o que foi que sentiu? Uma tontura gostosa! Vejam só, uma tontura gostosa! Não é notável? Uma tontura gostosa. E foi por causa de quem? Olha o fio. Do marido. O marido bebia. Batia também? Batia. Voltava bêbado e batia. Quebrava toda a louça. Agora prometeu se regenerar. E ela não vai mais tomar Gardenal. Palmas. Olha o fio. Fica ali, à esquerda. Ali, junto com as outras. Depois recebe o brinde. Aproveito este breve intervalo para anunciar que a moça loira da semana passada – lembram, aquela que tomou ri-do-rato? Morreu. Morreu ontem. A família veio aqui me avisar. Foi uma dura lição, infelizmente ela não poderá aproveitar. Outros o farão. E a senhora? Ah, não foi a senhora, foi a menina. Que idade tem ela? Dez. Tomou querosene? Por que a senhora bateu nela? A senhora não bate mais, ouviu? E tu não toma mais querosene, menina. A propósito, que tal o gosto? Ruim. Não tomou com guaraná? Ontem esteve aqui uma que tomou com guaraná. Diz que melhorou o gosto. Não sei, nunca provei. De qualquer modo, bem-vinda ao nosso Clube. Fica ali, junto com as outras. Cuidado com o fio. Olha um homem! Homem é raro aqui. O que foi que houve? A mulher lhe deixou? Miserável. Ah, não foi a mulher. Perdeu o emprego. Também não é isto. Fala mais alto! Está desenganado. É câncer? Não sabe o que é. Quem foi que desenganou? Os doutores às vezes se enganam. Fica ali à esquerda e aguarde o brinde. E esta moça? Foi Flit? Tu pensas que é barata, minha filha? Vai ali para a esquerda. Olha o fio, olha o fio. E esta senhora, tão velhinha – já me disseram que a senhora quis se enforcar. É verdade? Com o fio do ferro elétrico, quem diria! E dá? Mostra para nós como é que foi. Pode usar o fio do microfone.

(Moacyr Scliar, *Os melhores contos*, 1996)

Assinale a alternativa que atende à norma-padrão de regência.

a) A família da moça que tomou ri-do-rato avisou o apresentador que ela morreu.

b) A mulher discordava com a atitude do marido, que a agredia quando bebia.

c) O homem confiou do diagnóstico dos médicos e, assim, nem anseia mais de se curar.

d) As pessoas que vão ao Clube dão seu depoimento e estão aptas a ganhar um brinde.

e) O apresentador está convicto que a menina tomou querosene porque apanhou sem razão.

Outras alternativas:

A: A família da moça ... avisou (o apresentador de que ela morreu).

A família da moça ... avisou (ao apresentador que ela morreu).

B: A mulher discordava DA atitude do marido, ...

C: O homem confiou NO diagnóstico ... , nem anseia mais por se curar.

E: O apresentador está convicto DE QUE a menina ...

GABARITO: D.

---

150. **(2018 – Câmara de Indaiatuba/SP – Controlador Interno)** A alternativa redigida segundo a norma-padrão de regência e de emprego do sinal indicativo de crase é:

a) Os pilares das democracias são o respeito à lei e a obediência às instituições.

b) Os cidadãos obrigam-se à seguir a princípios moral e legalmente instituídos.

c) Predomina entre as pessoas a suposição que a lei deve ser aplicada à todos os cidadãos.

d) Alguns ainda têm pretensão à posar de herói, opondo-se à padrões estabelecidos.

e) Há normas que poucos obedecem, mesmo estando sujeitos à sanções severas.

O respeito A algo (a lei) a obediência A algo (as instituições). A+AS = ÀS.

Outras alternativas:

B: Os cidadãos obrigam-se A seguir (não ocorre a crase antes de verbos).

C: Predomina entre ... a suposição DE que a lei deve ser aplicada A todos os cidadãos (não ocorre a crase antes de pronomes indefinidos).

D: Alguns ainda têm pretensão DE posar de herói, opondo-se A padrões estabelecidos.

E: Há normas A que poucos obedecem, mesmo estando sujeitos A sanções severas.

GABARITO: A.

---

151. **(2018 – PC/SP – Agente de Telecomunicações Policial)** Leia o texto, para responder à questão.

Escravos no século XXI

Esses retratos, junto com muitos outros, formam uma galeria que o país não gosta de ver. São vários Antônios, vários Franciscos, vários Josés que dão carne e osso a um grande drama brasileiro: o trabalho em condições análogas às de escravidão. Sim, todas essas pessoas foram escravizadas – em pleno século XXI.

Enredadas em dívidas impagáveis, manipuladas pelos patrões e submetidas a situações deploráveis no trabalho, elas chegaram a beber a mesma água que os porcos, e algumas sofreram a humilhação máxima de ser espancadas, para não falar de constantes ameaças de morte.

Quando os livros escolares informam que a escravidão foi abolida no Brasil em 13 de maio de 1888, há exatos 130 anos, fica faltando dizer que se encerrou a escravidão negra – e que, ainda hoje, a escravidão persiste, só que agora é multiétnica.

Estima-se que atualmente 160.000 brasileiros trabalhem e vivam no país em condições semelhantes às de escravidão – ou seja, estão submetidos a trabalho forçado, servidão por meio de dívidas, jornadas exaustivas e circunstâncias degradantes (em relação a moradia e alimentação, por exemplo). Comparada aos milhões de africanos trazidos para o país para trabalhar como escravos, a cifra atual poderia indicar alguma melhora, mas abrigar 160.000 pessoas escravizadas é um escândalo humano de proporções épicas. Em 1995, o governo federal reconheceu oficialmente a continuidade daquele crime inclassificável – e criou uma comissão destinada a fiscalizar o trabalho escravo. O pior é que, em vez de melhorar, a situação está ficando mais grave.

(Jennifer Ann Thomas, *Veja*, 09 de maio de 2018. Adaptado)

Assinale a alternativa que reescreve livremente trecho do texto de acordo com a norma-padrão de regência nominal e verbal.

a) Esses retratos, juntamente a muitos outros, formam a galeria de uma realidade que o país não gosta.

b) Esses retratos, em companhia de muitos outros, formam a galeria de uma realidade que o país sente aversão.

c) Esses retratos, na companhia a muitos outros, formam a galeria de uma realidade em que o país tem horror.

d) Esses retratos, de lado a muitos outros, formam a galeria de uma realidade na qual o país não aprecia.

e) Esses retratos, ao lado de muitos outros, formam a galeria de uma realidade de que o país não gosta.

Quem não gosta, não gosta DE algo.
Outras alternativas:
A: Esses retratos, ... DE QUE o país não gosta.
B: Esses retratos, ... POR QUE o país sente aversão.
C: Esses retratos, ... POR QUE o país tem horror.
D: Esses retratos, ... A QUAL o país não aprecia.

GABARITO: E.

---

152. **(2018 – Prefeitura de Suzano/SP – Guarda Civil Municipal)** Considere a tira com os personagens Garfield e seu dono Jon para responder à questão.

(Jim Davis. *Folha de S.Paulo*, 30.07.2012.)

Assinale a alternativa correta quanto à regência verbal e nominal.

a) Ao sair de casa, Garfield se apercebe com o calor intenso.
b) Para fugir do dia quente, ele se vê obrigado de entrar em casa.
c) Mas, a despeito com a presença de Jon, o gato sente-se aborrecido.
d) Para Garfield, o calor é preferível à companhia do próprio dono.
e) Novamente ao ar livre, ele não reclama com a alta temperatura.

O que é preferível, é preferível A algo (a companhia) A+A = À.
Outras alternativas:
A: Ao sair... se apercebe DO calor intenso.
B: Para fugir... obrigado A entrar em casa.
C: Mas, a despeito da esperança...
E: Novamente ao ar livre, ele não reclama DA alta temperatura.

GABARITO: D.

---

153. (2018 – PC/SP – Escrivão de Polícia Civil) Leia o texto para responder à questão.

Debaixo da ponte

Moravam debaixo da ponte. Oficialmente, não é lugar onde se more, porém eles moravam. Ninguém lhes cobrava aluguel, imposto predial, taxa de condomínio: a ponte é de todos, na parte de cima; de ninguém, na parte de baixo. Não pagavam conta de luz e gás porque luz e gás não consumiam. Não reclamavam da falta d'água, raramente observada por baixo de pontes. Problema de lixo não tinham; podia ser atirado em qualquer parte, embora não conviesse atirá-lo em parte alguma, se dele vinham muitas vezes o vestuário, o alimento, objetos de casa. Viviam debaixo da ponte, podiam dar esse endereço a amigos, receber amigos, fazer os amigos desfrutarem comodidades internas da ponte.

À tarde surgiu precisamente um amigo que morava nem ele mesmo sabia onde, mas certamente morava: nem só a ponte é lugar de moradia para quem não dispõe de outro rancho. Há bancos confortáveis nos jardins, **muito** disputados; a calçada, um pouco menos propícia; a cavidade na pedra, o mato. **Até** o ar é uma casa, se soubermos habitá-lo, **principalmente** o ar da rua. O que morava não se sabe onde vinha visitar os de debaixo da ponte e trazer-lhes uma grande posta de carne.

(Carlos Drummond de Andrade. *A bolsa e a vida*. Adaptado)

A alternativa que substitui o trecho destacado na passagem – Oficialmente, não é lugar **onde se more**... – de acordo com a norma-padrão de regência é:

a) aonde se vá.

b) em que se venha.

c) em que se vá.

d) aonde se esteja.

e) aonde se viva.

Quem VAI, vai A algum lugar (aonde se vá).

Outras alternativas:

B: DE que se venha.

C: A que se vá.

D: ONDE se esteja.

E: ONDE se viva.

GABARITO: A.

---

154. (2018 – PC/SP – Investigador de Polícia) Leia o texto para responder à questão.

Combate ao crime

Houve, no Brasil, uma escalada do aprisionamento que, nos últimos anos, levou o país a abrigar a terceira maior população carcerária do mundo, atrás de EUA e China.

Parte considerável das prisões resulta de casos de flagrante, e salta aos olhos a parcela de encarcerados por delitos menores (em especial o pequeno tráfico de drogas) e em regime provisório (40%).

Há anos este jornal manifesta opinião favorável à aplicação de sanções alternativas, de modo a reservar o cárcere para autores de crimes violentos, que representam ameaça à sociedade.

Tal correção de rumos, fique claro, não corresponde à complacência. Especialistas são praticamente unânimes em considerar que a certeza da punição, mais do que o rigor ou o tamanho da pena, é o principal fator de dissuasão.

Deve-se caminhar, ainda, no sentido da integração, com a criação de bases de dados e canais instantâneos de comunicação entre as polícias e outras instituições. Não menos importante, há que investir em redução da evasão escolar e políticas voltadas para a juventude.

Tudo isso depende, claro, da superação da crise orçamentária, em especial na esfera estadual.

(*Folha de S.Paulo*, 24.04.2018. Adaptado)

Assinale a alternativa cujo enunciado está em conformidade com a norma-padrão de regência.

a) O jornal, ao referir-se o cárcere, acha que ele deve ser destinado aos autores de crimes violentos, mas há quem discorde com essa ideia.

b) Aspira-se a uma maior integração entre as polícias e as demais instituições, a qual será garantida com canais instantâneos de comunicação.

c) Muitos encarcerados encontram-se presos devido o fato de cometerem delitos menores, dos quais havia o pequeno tráfico de drogas.

d) Muitos especialistas comentam de que é a certeza da punição, mais do que o rigor ou o tamanho da pena, o principal fator de dissuasão.

e) Nos últimos anos, o Brasil chegou na posição de terceira maior população carcerária do mundo, a qual não tem do que se orgulhar.

Outras alternativas:

A: O jornal, ao referir-se AO cárcere, acha ..., mas há quem discorde DESSA ideia.

C: Muitos encarcerados ... DEVIDO AO fato ... ENTRE OS QUAIS havia ...

D: Muitos especialistas comentam QUE é a certeza ...

E: Nos últimos anos, o Brasil À posição ... DA QUAL não tem que se orgulhar.

GABARITO: B.

---

155. **(2018 – Prefeitura de Garça/SP – Professor de Educação Básica I)** Leia o trecho da entrevista da professora Magda Soares à *Pesquisa Fapesp* para responder à questão **abaixo**.

O sociólogo Pierre Bourdieu foi meu grande guru. Ele mostrou como a linguagem é usada como instrumento de poder na sociedade. Portanto, é importante dar às pessoas esse instrumento. As camadas populares têm que lutar muito contra a discriminação e a injustiça, e a linguagem é um instrumento fundamental. Alfabetização e letramento têm esse objetivo: dar às pessoas o domínio da língua como instrumento de inserção na sociedade e de luta por direitos fundamentais. Em relação à língua escrita, a criança tem que aprender duas coisas. Uma é o sistema de representação, que é o sistema alfabético. Esse é um processo que trabalha determinadas operações cognitivas e tem que levar em conta as características do sistema alfabético, é saber decodificar o que está escrito, ou codificar o que deseja escrever. Mas isso deve ser feito em contexto de letramento, com textos reais, não com o clássico exemplo "Eva viu a uva". Que Eva? Que uva? Tradicionalmente a alfabetização se resumia a codificar e decodificar, porque o foco era a criança aprender apenas o código. Mas a questão é que a criança precisa aprender o código sabendo para o que ele serve.

A escrita é uma tecnologia como outras. É importante aprender a escrever, conhecer a relação fonema-letra, saber que se escreve de cima para baixo, da esquerda para a direita, aprender as convenções da escrita. Mas essa tecnologia, como toda tecnologia, só tem sentido para ser usada: para saber interpretar textos, fazer inferências, ler diferentes gêneros, o que significa outra coisa e exige outras habilidades e competências. Aprender o sistema de escrita é alfabetização. Aprender os usos sociais do sistema de escrita é letramento.

(http://revistapesquisa.fapesp.br. Adaptado)

Assinale a alternativa correta quanto à regência, de acordo com a norma-padrão.

a) Quando se trata de escrita em contexto de letramento, pretende-se levar a criança aos usos sociais da linguagem.

b) Tradicionalmente, a alfabetização visava no foco, apenas naquilo que a criança deveria aprender.

c) Pierre Bourdieu defende de que a linguagem tem sido usada como instrumento de poder na sociedade.

d) A criança está apta em usar a tecnologia da escrita quando ela descobre para que esta serve.

e) As camadas populares devem se conscientizar que a linguagem é um instrumento fundamental de poder.

Outras alternativas:

B: Tradicionalmente, ... visava O foco, ...

C: Pierre Bourdieu defende QUE ...

D: A criança está apta A usar a ...

E: As camadas populares devem se conscientizar DE QUE ...

GABARITO: A.

---

156. **(2018 – Câmara de Dois Córregos/SP – Diretor Contábil Legislativo)** Leia o trecho a seguir.

No passado, a mão de obra oriunda do campo era absorvida _________ indústria. Em um passado mais recente, o setor de serviços encarregou-se _____________ ocupar boa parte dos trabalhadores que perderam espaço na indústria, que tem investido sistematicamente __________ automatização e outras tecnologias. Atualmente, dispersos ____________ diferentes campos de atuação, o desafio dos trabalhadores consiste __________ se adaptar à era da internet e da informática.

Considerando as regras de regência verbal e nominal, conforme a norma-padrão da língua, as lacunas do texto devem ser preenchidas, correta e respectivamente, com:

a) na ... de ... de ... com ... de

b) pela ... de ... em ... por ... em

c) pela ... a ... de ... por ... com

d) da ... de ... em ... com ... em

e) com a ... por ... em ... de ... por

– absorvida POR / PELA ...

– encarregou-se DE ocupar ...

– investido EM ...

– dispersos POR ...

– consiste EM ...

GABARITO: B.

---

157. **(2017 – TCE/SP – Agente de Fiscalização)** Leia o texto para responder à questão.

Avaliar os servidores

Instituições funcionam bem quando conseguem promover os incentivos corretos. Em se tratando do serviço público, isso significa recompensar o mérito e o esforço, evitando que funcionários sucumbam às forças da inércia.

Uma das razões do fracasso do socialismo real, recorde-se, foi a ausência de estímulos do gênero aos trabalhadores. Para estes, a escolha racional era não chamar a atenção dos superiores, negativa ou positivamente.

A gestão de pessoal no Estado brasileiro não chega a reproduzir um modelo soviético, mas carece de sistema eficaz de incentivos e sanções. Com efeito, políticas de bônus por produtividade nas carreiras públicas ainda são tímidas e raramente bem desenhadas.

Já a dispensa de servidores por insuficiência de desempenho, embora prevista na Constituição, não pode ser posta em prática porque o Congresso nunca elaborou uma lei complementar que regulamentasse a avaliação dos profissionais, como a Carta exige.

Vislumbra-se, agora, uma possibilidade de avanço. Discute-se no Senado projeto que cria um sistema de avaliação periódica, a ser adotado por União, Estados e municípios, que poderá levar à exoneração de servidores que obtenham, por sucessivas vezes (o número exato ainda é objeto de negociação), notas inferiores a 30% da pontuação máxima.

Será ingenuidade, entretanto, contar com uma aprovação fácil – os sindicatos da categoria já se mobilizam contra o texto.

Tampouco se deve imaginar que basta uma lei para alterar o *statu quo*. Sistemas de avaliação de servidores já existentes em alguns órgãos muitas vezes não passam de um jogo de cena corporativista, que acaba por distribuir premiações quase generalizadas.

As dificuldades, contudo, não podem ser pretexto para o imobilismo. O projeto se apresenta como um passo inicial importante; uma vez posto em prática, a experiência servirá de base para eventuais aperfeiçoamentos.

(Editorial. *Folha de S.Paulo*, 29.09.2017. Adaptado)

De acordo com a norma-padrão, assinale a alternativa correta quanto à pontuação e à regência.

a) Cabe lembrar que, a ausência de estímulos do gênero aos trabalhadores, foi uma das razões do fracasso do socialismo real ao longo dos anos.

b) Cabe lembrar de que uma das razões do fracasso do socialismo real foi ao longo dos anos a ausência de estímulos do gênero aos trabalhadores.

c) Cabe lembrar que, ao longo dos anos, uma das razões do fracasso do socialismo real foi a ausência de estímulos do gênero aos trabalhadores.

d) Cabe lembrar, que uma das razões do fracasso do socialismo real, ao longo dos anos, foi a ausência de estímulos do gênero aos trabalhadores.

e) Cabe lembrar de que ao longo dos anos, uma das razões do fracasso do socialismo real, foi a ausência de estímulos do gênero aos trabalhadores.

– Expressões deslocadas (ao longo dos anos).

– Quando extensas devem ser isoladas.

– O verbo LEMBRAR, ao ser empregado como verbo NÃO pronominal, não rege preposição (LEMBRAR QUE / LEMBRAR-SE DE QUE).

– Não separamos o sujeito (uma das razões do fracasso do socialismo real) do predicado (foi a ausência ...).

GABARITO: C.

---

158. **(2017 – Câmara de Porto Ferreira/SP – Assessor de Imprensa)** Leia o texto para responder à questão.

Ao mar

Choveu dias e depois amanheceu. Joel chegou à janela e olhou o quintal: estava tudo inundado! Joel vestiu-se rapidamente, disse adeus à mãe, embarcou numa tábua e pôs-se a remar. Hasteou no mastro uma bandeira com a estrela de David...

O barco navegava mansamente. As noites se sucediam, estreladas. No cesto de gávea* Joel vigiava e pensava em todos os esplêndidos aventureiros.

– A la mar! A la mar! – gritava Joel entoando cânticos ancestrais. Despertando pela manhã, alimentava-se de peixes exóticos; escrevia no diário de bordo e ficava a contemplar as ilhas. Os nativos viam-no passar – um ser taciturno, distante, nas águas, distante do céu. Certa vez – uma tempestade! Durou sete horas. Mas não o venceu, não o venceu!

E os monstros? Que dizer deles, se nunca ninguém os viu?

Joel remava afanosamente; às vezes, parava só para comer e escrever no diário de bordo. Um dia, disse em voz alta: "Mar, animal rumorejante!" Achou bonita esta frase; até anotou no diário. Depois, nunca mais falou.

À noite, Joel sonhava com barcos e mares, e ares e céus, e ventos e prantos, e rostos escuros, monstros soturnos. Que dizer destes monstros, se nunca ninguém os viu?

– Joel, vem almoçar! – gritava a mãe.

Joel viajava ao largo; perto da África.

(Moacyr Scliar, *Os melhores contos.* Adaptado)

* lugar, no topo dos mastros de embarcações antigas, de onde um marinheiro perscrutava o horizonte, para avistar terra

Assinale a alternativa correta quanto à regência, de acordo com a norma-padrão.

a) Joel foi até na janela e constatou de que tudo estava inundado por ali.

b) Joel vigiava sempre, e seus pensamentos aludiam nos esplêndidos aventureiros.

c) A alimentação de Joel compunha-se em peixes exóticos, que lhe satisfaziam.

d) Certa vez, houve uma tempestade à qual durou sete horas, mas sem triunfar em Joel.

e) Não se assistiu a nenhum ataque dos monstros, mas Joel estava certo da sua existência.

O verbo <u>assistir</u>, quando assume a ideia de VER/<u>PRESENCIAR</u>, é <u>transitivo indireto</u> e rege a preposição A.

Outras alternativas:

A: Joel foi até A/À janela e constatou QUE tudo ...

B: Joel vigiava sempre, ... aludiam AOS esplêndidos aventureiros.

C: A alimentação ... compunha-se DE peixes ..., que O satisfaziam.

D: Certa vez, houve uma tempestade A QUAL durou ..., mas sem triunfar SOBRE Joel.

GABARITO: E.

---

159. **(2017 – Prefeitura de Sertãozinho/SP – Farmacêutico)** Leia um trecho da entrevista com o psiquiatra Miguel Chalub, para responder à questão.

A Organização Mundial da Saúde (OMS) prevê que a depressão será a doença mais comum do mundo em 2030 – atualmente, 121 milhões de pessoas sofrem do problema.

Para o psiquiatra Miguel Chalub, há um certo exagero nessas contas. Ele defende que tanto os pacientes quanto os médicos estão confundindo tristeza com depressão. Ele afirma que os psiquiatras são os que menos receitam antidepressivos, porque estão mais preparados para reconhecer as diferenças entre a "tristeza normal e a patológica".

ISTOÉ: Por que tantas previsões alarmantes sobre o aumento da depressão no mundo?

Miguel Chalub: Porque estão sendo computadas situações humanas de luto, de tristeza, de aborrecimento, de tédio. Não se pode mais ficar entediado, aborrecido, chateado, porque isso é imediatamente transformado em depressão. É a medicalização de uma condição humana, a tristeza. É transformar um sentimento normal, que todos nós devemos ter, dependendo das situações, numa entidade patológica.

ISTOÉ: A que se deve essa mudança?

Miguel Chalub: Primeiro, a uma busca pela felicidade. Qualquer coisa que possa atrapalhá-la tem que ser chamada de doença, porque, aí, justifica: "Eu não sou feliz porque estou doente, não porque fiz opções erradas." Dou uma desculpa a mim mesmo. Segundo, à tendência de achar que o remédio vai corrigir qualquer distorção humana. É a busca pela pílula da felicidade. Eu não preciso mais ser infeliz.

ISTOÉ: O que diferencia a tristeza normal da patológica?

Miguel Chalub: A intensidade. A tristeza patológica é muito mais intensa. A normal é um estado de espírito. Além disso, a patológica é longa.

(Adriana Prado. https://istoe.com.br/74405_O+HOMEM+NAO+ACEITA+ MAIS+FICAR+TRISTE+/ Publicado em 26.05.2010. Adaptado.)

Leia as frases.

As previsões alusivas ________ aumento da depressão são alarmantes.

Os sentimentos de tédio ou de tristeza são inadequadamente convertidos ________ estados depressivos.

Qualquer situação que possa ser um obstáculo ________ felicidade é considerada doença.

Para que haja coerência com as ideias do texto e com a regência nominal estabelecida pela norma-padrão, as lacunas das frases devem ser preenchidas, respectivamente, por:

a) ao ... com ... na

b) ao ... em ... à

c) do ... com ... na

d) com o ... em ... para

e) com o ... para ... à

– As previsões alusivas AO ...

– ... convertidos EM ...

– Obstáculo A (A felicidade). A + A = À.

GABARITO: B.

160. **(2017 – Prefeitura de Marília/SP – Procurador Jurídico)** Leia o texto para responder à questão.

Rubem Braga e Mário de Andrade: dois bicudos que não se davam

Qual a razão da desavença entre Rubem Braga e Mário de Andrade, dois dos mais influentes escritores brasileiros do século 20? Era sabido que os bicudos jamais se beijaram, e a leitura de "Os Moços Cantam & Outras Crônicas Sobre Música" – um dos três títulos de uma caixa recém-lançada – põe mais lenha na fogueira da vaidade literária.

Em texto que permanecia inédito em livro, publicado em 1957 no "Diário de Notícias", Rubem Braga conta que, em cartas, o autor modernista se referia a ele como "asa negra da minha vida". Macabro, não?

O cronista desconfia que a hostilidade começou durante a Revolução de 1932. Com 19 anos, Braga cobriu a revolta armada contra Getúlio Vargas, chegando a ser preso como espião. O paulista não teria gostado do tom irônico das reportagens. Um ano depois, os dois se encontraram na redação do jornal "Diário de São Paulo". Braga, que ocupava a mesa ao lado daquela em que Mário vinha à noite escrever sua crítica de música, tentou uma aproximação – mas não foi bem recebido.

Já tendo se transformado no velho Braga, com as vastas sobrancelhas e o bigode em forma de trapézio que lhe conferiam um ar ainda mais carrancudo, o "Sabiá da Crônica" não poupou bicadas: "Em assuntos de amizade, tenho horror dessa história de 'trocar de bem' e 'trocar de mal', e o maior tédio a confissões, acertos de conta, explicações sentimentais com homens".

O fato é que Rubem Braga foi, entre os jovens intelectuais dos anos 1930, o único que não recebeu uma carta do guru Mário de Andrade. Se tivessem trocado um bilhetinho que seja, poderiam ter sido amigos. Ao menos, por correspondência.

(Álvaro Costa e Silva. *Folha de S.Paulo*, 11.10.2016. Adaptado)

Quanto à regência padrão, a expressão destacada em – ... o autor modernista **se referia a ele como** "asa negra da minha vida". – está corretamente substituída por:

a) o atribuía a alcunha.

b) o concedia o apelido.

c) lhe classificava de.

d) lhe chamava de.

e) o denominava de.

Denominava quem? = O. Ele era denominado DE ...

Outras alternativas:

A: LHE atribuía a alcunha.

B: LHE concedia o apelido.

C: O classificava de.

D: O chamava de.

GABARITO: E.

---

161. **(2017 – Câmara de Valinhos/SP – Analista Técnico Legislativo)** Leia o texto para responder à questão.

Fascínio

De todos aqueles ratos de cinemateca que formaram a Nova Onda do cinema francês no final dos anos 60, só Truffaut ficou. Eu sei que os outros continuam aí, fazendo boas coisas, mas só de Truffaut pode-se dizer que se estabeleceu no ramo do cinema. *A noite americana* mostra o porquê. Truffaut nunca pretendeu do cinema nada além do cinema. O mais admirável em *A noite americana* é a sua contenção, a sua extrema economia de propósitos. Outro diretor teria aproveitado a oportunidade — um filme sobre a feitura de um filme — para armar um jogo intelectual qualquer, um truque de espelhos, a fantasia e a realidade, a arte e a vida, e olhem só como eu sou engenhoso. Truffaut, não. Faz um filme convencional sobre Truffaut fazendo um filme convencional. Mas Truffaut faz grandes filmes convencionais.

Não é que ele seja superficial. Fellini também é um superficial e substitui as ideias pelo barroquismo de imagem. Está certo, a imagem inteligente é uma das formas que o cinema tem de ser profundo. Truffaut não se interessa em ser profundo. A primeira mágica do cinema, o fato do cinema em si, já basta como fascínio. Nada de muito extraordinário acontece em *A noite americana,* e a grande homenagem de Truffaut ao cinema é transformar o fato corriqueiro de um filme sendo feito num espetáculo extraordinário. Truffaut, como todos da sua geração, começou no cinema pelo deslumbramento. A diferença entre ele e o resto é que ele continua deslumbrado. Durante as quase duas horas de *A Noite americana*, o cinema reina e nos emociona.

Profundamente. E Truffaut está tão comovido quanto a gente.

(Luis Fernando Verissimo. *Banquete com os deuses*: cinema, literatura, música e outras artes. Rio de Janeiro, Objetiva, 2011. Adaptado)

Considere o trecho: A diferença entre ele e o resto é que ele continua **deslumbrado**. (2º parágrafo)
Considerando as regras de regência nominal, as expressões que se subordinam corretamente à palavra destacada são:

a) para o cinema / perante ao cinema.

b) pelo cinema / do cinema.

c) ao cinema / frente o cinema.

d) sobre o cinema / no cinema.

e) ante o cinema / com o cinema.

Quem é DESLUMBRADO, é deslumbrado COM / ANTE algo.

GABARITO: E.

---

162. **(2017 – Câmara de Mogi das Cruzes/SP – Auxiliar de Apoio Administrativo)** Leia o texto para responder à questão.

O substituto da vida

Quando meu instrumento de trabalho era a máquina de escrever, eu me sentava a ela, escrevia o que tinha de escrever, relia para ver se era aquilo mesmo, fechava a máquina, entregava a matéria e ia à vida.

Se trabalhasse num jornal, isso incluiria discutir futebol com o pessoal da editoria de esporte, ir à esquina comer um pastel ou dar uma fugida ao cinema.

Se já trabalhasse em casa, ao terminar de escrever eu fechava a máquina e abria um livro, escutava um disco ou dava um pulo rapidinho à praia. Só reabria a máquina no dia seguinte.

Hoje, diante do computador, termino de produzir um texto, vou à lista de mensagens para saber quem me escreveu, deleto mensagens inúteis, respondo às que precisam de resposta, eu próprio mando mensagens inúteis. Quando me dou conta, já é noite lá fora e não saí da frente da tela.

Com o *smartphone* seria pior ainda. Ele substituiu a caneta, o bloco, a agenda, o telefone, a banca de jornais, a máquina fotográfica, o álbum de fotos, a câmera de cinema, o DVD, o correio, a secretária eletrônica, o relógio de pulso, o despertador, o gravador, o rádio, a TV, o CD, a bússola, os mapas, a vida. É por isso que nem lhe chego perto – temo que ele me substitua também.

(Ruy Castro. *Folha de S.Paulo*. 02.01.2016. Adaptado)

Assinale a alternativa em que a frase escrita a partir do texto está correta quanto à regência verbal e nominal, de acordo com a norma-padrão da língua portuguesa.

a) Após terminar o trabalho, fechava a máquina com a qual trabalhava e me dedicava a outras atividades que sentia prazer de realizar.

b) Após terminar o trabalho, fechava a máquina pela qual trabalhava e me dedicava a outras atividades que sentia prazer realizar.

c) Após terminar o trabalho, fechava a máquina da qual trabalhava e me dedicava em outras atividades que sentia prazer sobre realizar.

d) Após terminar o trabalho, fechava a máquina pela qual trabalhava e me dedicava por outras atividades que sentia prazer realizar.

e) Após terminar o trabalho, fechava a máquina a qual trabalhava e me dedicava de outras atividades que sentia prazer de realizar.

– Quem trabalha, trabalha COM algo (com a qual trabalhava).

– Quem se dedica, dedica-se A algo (dedicava A outras atividades).

GABARITO: A.

---

163. **(2017 – Câmara de Sumaré/SP – Escriturário)** Leia a charge e responda à questão.

(http://4.bp.blogspot.com/-36p65sQZktc/ULcpg27a5kI/AAAAAAAAMMQ/7A6-bYaVDxc/s1600/z1334674305.jpg. Adaptado)

Considere a frase elaborada com base na charge.

O tempo que os futuros esposos gastarão diariamente com a conectividade virtual, comportamento ____________, é um dado a se levar em conta nos relacionamentos atuais.

Para completar corretamente a frase, assinale a alternativa cujo trecho esteja correto de acordo com a norma-padrão de regência verbal e nominal.

a) ao qual o padre mostra desapontamento

b) ao qual o padre faz alusão

c) com o qual o padre menciona

d) do qual o padre se refere

e) do qual o padre recrimina

Quem faz alusão, faz alusão A algo.

Outras alternativas:

A: Desapontamento COM o quê?

C: Mencionar A quê?

D: Refere-se A quê?

E: Recrimina o quê?

GABARITO: B.

---

164. **(2017 – TJ/SP – Psicólogo Judiciário)** Leia o texto para responder à questão.

É urgente

A decisão de Nicolás Maduro de elevar a meio milhão os milicianos armados com fuzil na Venezuela é a pior de suas ideias ruins.

Sugere que Maduro prevê a decisão da discórdia venezuelana por meio das armas. Caso não o seja, nem por isso se extinguirá o mal do armamentismo: vai prolongar-se na criminalidade típica de uma população armada e, em grande parte, indesarmável. Ainda por motivos mais econômicos, os venezuelanos fogem em massa. Seu número cresce. O Brasil está atrasado, como se indiferente, nas providências para essa emergência social.

(Janio de Freitas, "É urgente". *Folha de S.Paulo*, 20.04.2017)

De acordo com a norma-padrão de regência, as passagens "Maduro prevê a decisão da discórdia venezuelana por meio das armas." e "O Brasil está atrasado, como se indiferente, nas providências para essa emergência social." estão, correta e respectivamente, reescritas em:

a) Maduro aspira da decisão da discórdia venezuelana por meio das armas. / O Brasil parece estar indiferente das providências para essa emergência social, o que mostra seu atraso.

b) Maduro quer da decisão da discórdia venezuelana por meio das armas. / O Brasil parece estar indiferente de providências para essa emergência social, o que mostra seu atraso.

c) Maduro anseia à decisão da discórdia venezuelana por meio das armas. / O Brasil parece estar indiferente de providências para essa emergência social, o que mostra seu atraso.

d) Maduro anseia pela decisão da discórdia venezuelana por meio das armas. / O Brasil parece estar indiferente a providências para essa emergência social, o que mostra seu atraso.

e) Maduro quer a decisão da discórdia venezuelana por meio das armas. / O Brasil parece estar indiferente em providências para essa emergência social, o que mostra seu atraso.

– Quem anseia, anseia POR algo (pela decisão ...).

– Indiferente A algo ou A alguém.

Outras alternativas:

A: ... aspira À decisão ... / ... indiferente ÀS ...

B: ... quer A decisão ... / ... indiferente A ...

C: ... anseia PELA decisão ... / ... indiferente A ...

E: ... indiferente A ...

GABARITO: D.

---

165. **(2017 – CRBio/1ª Região – Auxiliar Administrativo)** Leia o texto, de Adriana Lui, e observe a ilustração para responder à questão.

Fazer uma vaquinha

No século 20, o ato de juntar algumas pessoas para coletar um dinheirinho passou a ser conhecido como "fazer uma vaquinha" por causa do futebol. Nas décadas de 20 e 30, quase nenhum jogador ganhava salário – luxo só garantido aos atletas do Vasco da Gama.

Nesses tempos bicudos, muitas vezes a própria torcida reunia-se a fim de arrecadar, entre si, um prêmio para agraciar os craques, e a grana era paga de acordo com o resultado do time em campo.

Os valores dessas coletas associavam-se aos números do jogo do bicho, loteria criada nos fins do Império. Se arrecadassem 5 mil-réis, por exemplo, chamavam o prêmio de "um cachorro", já que 5 é o número do cachorro no jogo. Dez mil-réis eram "um coelho"; quinze mil-réis, "um jacaré"; vinte mil, "um peru".

Vinte e cinco mil, o prêmio máximo, era chamado de "uma vaca". Nascia a expressão "fazer uma vaquinha".

(Aventuras na História, outubro de 2006. Adaptado)

Assinale a alternativa em que a nova redação dada ao trecho – ... a grana era paga de acordo com o resultado do time em campo.– mantém o sentido original do texto e está de acordo com a norma-padrão de regência nominal.

a) A grana era paga à revelia do resultado do time em campo.

b) A grana era paga por interferência no resultado do time em campo.

c) A grana era paga em prol do resultado do time em campo.

d) A grana era paga por influência com o resultado do time em campo.

e) A grana era paga em conformidade com o resultado do time em campo.

Outras alternativas:

A: não mantém o sentido original.

B: não mantém o sentido original.

C: não mantém o sentido original.

D: ... por influência DO resultado.

GABARITO: E.

166. **(2016 – Prefeitura de Suzano/SP – Agente de Gestão Administrativa)** Leia o texto a seguir.

Eu fico realmente impressionado ao perceber como os colunistas políticos da grande mídia sentem prazer em pintar o país em cores sombrias: tudo está sempre “terrível”, “desesperador”. Nunca estivemos “tão mal” ou numa crise “tão grande”.

Em primeiro lugar, é preciso perguntar: estes colunistas não viveram os anos 90?! Mas, mesmo que não tenham vivido e realmente acreditem que “crise” é o que o Brasil enfrenta hoje, outra indagação se faz necessária: não leem as informações que seus próprios jornais publicam, mesmo que escondidas em pequenas notas no meio dos cadernos?

Vejamos: a safra agrícola é recordista, o setor automobilístico tem imensas filas de espera por produtos, e os aeroportos estão lotados. Passe diante dos melhores bares e restaurantes de sua cidade no fim de semana e perceberá que seguem lotados.

Aliás, isso é sintomático: quando um país se encontra realmente em crise econômica, as primeiras indústrias que sofrem são as de entretenimento. Sempre. Famílias com o bolso vazio não gastam com o que é supérfluo – e o entretenimento não consegue competir com a necessidade de economizar para gastos em supermercado, escola, saúde, água, luz etc. Portanto, é revelador notar, por exemplo, como os cinemas brasileiros estão tendo seu melhor ano desde 2011. Público recorde. “Apesar da crise”. A venda de livros aumentou 7% no primeiro semestre. “Apesar da crise”.

Se banissem a expressão “apesar da crise” do jornalismo brasileiro, a mídia não teria mais o que publicar. Faça uma rápida pesquisa no *Google* pela expressão “apesar da crise”: quase 400 mil resultados.

“Apesar da crise, produção de batatas atrai investimentos em Minas”.

“Apesar da crise, brasileiros pretendem fazer mais viagens internacionais.”

“Apesar da crise, Piauí registra crescimento na abertura de empresas.”

Apesar da crise. Apesar da crise. Apesar da crise.

Uma coisa é dizer que o país está em situação maravilhosa, pois não está; outra é inventar um caos que não corresponde à realidade. A verdade, como de hábito, reside no meio do caminho: o país enfrenta problemas sérios, mas está longe de viver “em crise”. E certamente teria mais facilidade para evitá-la caso a mídia em peso não insistisse em semear o pânico na mente da população – o que, aí, sim, tem potencial de provocar uma crise real.

(*Apesar da crise*. Disponível em: www.pragmatismopolítico. Adaptado)

Assinale a alternativa correta quanto à regência, nominal e verbal, de acordo com a norma-padrão da língua portuguesa.

a) A situação para a qual o país enfrenta hoje é muito pior do que à vivida nos anos 90.

b) A população tem o direito por saber através da mídia a real situação enfrentada pelo país.

c) Os colunistas políticos não têm conhecimento à notícias que seus jornais publicam.

d) A mídia recusa-se de publicar nos jornais a realidade vivida no país.

e) Os colunistas não escrevem sobre o crescimento que alguns setores do país têm apresentado.

Outras alternativas:

A: A situação A QUAL ... do que A ...

B: A população tem o direito DE saber ...

C: Os colunistas ... conhecimento DAS notícias ...

D: A mídia recusa-se A publicar ...

GABARITO: E.

167. **(2016 – Prefeitura de Guarulhos/SP – Agente Escolar)** Leia o texto para responder à questão.

Preconceito na escola

Não há um único dia em que vários preconceitos, dos mais diversos tipos, não se expressem em ambiente escolar. Aliás, é no mínimo estranho que tenhamos tantas preocupações e campanhas contra o chamado *bullying* na escola e pouco ou quase nada contra o preconceito. Afinal, a maior parte dos comportamentos de assédio moral* nasce de preconceitos!

Recentemente tivemos notícia de dois episódios de preconceito na escola: o da mãe que recebeu um bilhete da professora pedindo para aparar ou prender os cabelos dos filhos (ambos negros) – fato ocorrido em nosso país – e o da garota negra lanchando sozinha ao lado de uma mesa com vários colegas brancos juntos – este, ocorrido na África do Sul.

Muita gente se indignou, mas muita gente também não viu nada de mais em ambos os casos. Choveram justificativas e até acusações para explicar as situações, o que sinaliza como é difícil reconhecer nossos preconceitos e, acima de tudo, **conter** suas manifestações e colaborar para que a convivência social seja mais digna.

Por que enviamos nossos filhos para a escola? Hoje, não dá mais para aceitar como uma boa razão apenas o ensino das disciplinas do conhecimento. Essa razão é pobre em demasia para motivar o aluno a aprender. Para que nossos filhos garantam um futuro de sucesso? O estudo escolar não oferece mais essa garantia.

Deveríamos ter como forte razão para enviar nossos filhos à escola o preparo para a cidadania, ou seja, o ensino dos valores sociais que vão colaborar para a formação de um cidadão de bem. Ensinar a reconhecer os principais preconceitos de nossa sociedade, suas várias formas de manifestação e como combatê-**los** é função das mais importantes da escola.

*assédio moral: exposição de alguém a situações humilhantes e constrangedoras, repetitivas e prolongadas, durante a jornada de trabalho e no exercício de suas funções. (Rosely Sayão. www.folha.uol.com.br, 28.06.2016. Adaptado)

Considerando as regras de regência verbal, a forma destacada no trecho do 3º parágrafo – Muita gente se **indignou**, mas muita gente também não viu nada de mais em ambos os casos. – pode vir seguida de:

a) contra isso.

b) a isso.

c) nisso.

d) para isso.

e) sob isso.

Quem se INDIGNA, indigna-se CONTRA algo.

GABARITO: A.

168. **(2016 – MPE/SP – Biólogo)** Leia o texto para responder à questão.

McLuhan já alertava que a aldeia global resultante das mídias eletrônicas não implica necessariamente harmonia, implica, sim, que cada participante das novas mídias terá um envolvimento gigantesco na vida dos demais membros, que terá a chance de meter o bedelho onde bem quiser e fazer o uso que quiser das informações que conseguir. A aclamada transparência da coisa pública carrega consigo o risco de fim da privacidade e a superexposição de nossas pequenas ou grandes fraquezas morais ao julgamento da comunidade de que escolhemos participar.

Não faz sentido falar de dia e noite das redes sociais, apenas em número de atualizações nas páginas e na capacidade dos usuários de distinguir essas variações como relevantes no conjunto virtualmente infinito das possibilidades das redes. Para achar o fio de Ariadne no labirinto das redes sociais, os usuários precisam ter a habilidade de identificar e estimar parâmetros, aprender a extrair informações relevantes de um conjunto finito de observações e reconhecer a organização geral da rede de que participam.

O fluxo de informação que percorre as artérias das redes sociais é um poderoso fármaco viciante. Um dos neologismos recentes vinculados à dependência cada vez maior dos jovens a esses dispositivos é a "nomobofobia" (ou "pavor de ficar sem conexão no telefone celular"), descrito como a ansiedade e o sentimento de pânico experimentados por um número crescente de pessoas quando acaba a bateria do dispositivo móvel ou quando ficam sem conexão com a Internet. Essa informação, como toda nova droga, ao embotar a razão e abrir os poros da sensibilidade, pode tanto ser um remédio quanto um veneno para o espírito.

(Vinicius Romanini, Tudo azul no universo das redes. Revista USP, no 92. Adaptado)

Asubstituiçãodotrechodestacadoporaquelecolocadoentreparêntesesestádeacordocomanorma-padrão de regência verbal em:

a) ... e fazer o uso **que quiser** das informações que conseguir. (a que achar conveniente)

b) ... superexposição [...] ao julgamento da comunidade **de que escolhemos participar**. (com a qual escolhemos conviver)

c) ... terá a chance de **meter o bedelho onde bem quiser**... (intrometer-se aonde desejar)

d) McLuhan já **alertava que** a aldeia global... (prenunciava de que)

e) O fluxo de informação **que percorre** as artérias das redes sociais... (ao qual atravessa)

Quem convive, convive COM ...

Outras alternativas:

A: QUE achar conveniente.

C: intrometer-se ONDE desejar.

D: prenunciava QUE.

E: O QUAL atravessava.

GABARITO: B.

---

169. **(2016 – IPSMI – Procurador)** Leia o texto para responder à questão.

CONTRATEMPOS

Ele nunca entendeu o tédio, essa impressão de que existem mais horas do que coisas para se fazer com elas. Sempre faltou tempo para tanta coisa: faltou minuto para tanta música, faltou dia para tanto sol, faltou domingo para tanta praia, faltou noite para tanto filme, faltou ano para tanta vida.

Existem dois tipos de pessoa. As pessoas com mais coisa que tempo e as pessoas com mais tempo que coisas para fazer com o tempo.

As pessoas com menos tempo que coisa são as que buzinam assim que o sinal fica verde, e ficam em pé no avião esperando a porta se abrir, e empurram e atropelam as outras para entrar primeiro no vagão do trem, e leem livros que enumeram os "livros que você tem que ler antes de morrer" ao invés de ler diretamente os livros que você tem de ler antes de morrer.

Esse é o caso dele, que chega ao trabalho perguntando onde é a festa, e chega à festa querendo saber onde é a próxima, e chega à próxima festa pedindo táxi para a outra, e chega à outra percebendo que era melhor ter ficado na primeira, e quando chega a casa já está na hora de ir para o trabalho.

Ela sempre pertenceu ao segundo tipo de pessoa. Sempre teve tempo de sobra, por isso sempre leu romances longos, e passou tardes longas vendo pela milésima vez a segunda temporada de "Grey's Anatomy" mas, por ter tempo demais, acabava sobrando tempo demais para se preocupar com uma hérnia imaginária, ou para tentar fazer as pazes com pessoas que nem sabiam que estavam brigadas com ela, ou escrever cartas longas dentro da cabeça para o ex-namorado, os pais, o país, ou culpar o sol ou a chuva, ou comentar "e esse calor dos infernos?", achando que a culpa é do mau tempo quando na verdade a culpa é da sobra de tempo, porque se ela não tivesse tanto tempo não teria nem tempo para falar do tempo.

Quando se conheceram, ele percebeu que não adiantava correr atrás do tempo porque o tempo sempre vai correr mais rápido, e ela percebeu que às vezes é bom correr para pensar menos, e pensar menos é uma maneira de ser feliz, e ambos perceberam que a felicidade é uma questão de tempo. Questão de ter tempo o suficiente para ser feliz, mas não o bastante para perceber que essa felicidade não faz o menor sentido.

(Gregório Duvivier. *Folha de S. Paulo*, 30.11.2015. Adaptado)

A alternativa que apresenta, nos parênteses, regência verbal de acordo com a norma-padrão, em substituição à expressão destacada no trecho do texto, é:

a) ... empurram e **atropelam as outras** para entrar primeiro no vagão do trem (pisoteiam nas outras).

b) ...quando chega a casa já está na hora de **ir para o trabalho** (dirigir-se no trabalho).

c) passou tardes longas **vendo pela milésima vez a segunda temporada** de "Grey's Anatomy" (assistindo pela milésima vez à segunda temporada).

d) ...e ambos **perceberam que a felicidade** é uma questão de tempo (conscientizaram-se que a felicidade).

e) ...se ela não **tivesse tanto tempo** não teria nem tempo para falar do tempo (dispusesse a tanto tempo).

Quem assiste (ver / presenciar), assiste A algo.

Outras alternativas:

A: pisoteavam AS outras.

B: dirigir-se AO trabalho.

D: conscientizaram-se DE QUE ...

E: dispusesse DE tanto tempo.

GABARITO: C.

170. **(2016 – MPE/SP – Oficial de Promotoria I)** Leia o texto para responder à questão.

Fora do jogo

Quando a economia muda de direção, há variáveis que logo se alteram, como o tamanho das jornadas de trabalho e o pagamento de horas extras, e outras que respondem de forma mais lenta, como o emprego e o mercado de crédito. Tendências negativas nesses últimos indicadores, por isso mesmo, costumam ser duradouras.

Daí por que são preocupantes os dados mais recentes da Associação Nacional dos Birôs de Crédito, que congrega empresas do setor de crédito e financiamento.

Segundo a entidade, havia, em outubro, 59 milhões de consumidores impedidos de obter novos créditos por não estarem em dia com suas obrigações. Trata–se de alta de 1,8 milhão em dois meses.

Causa consternação conhecer a principal razão citada pelos consumidores para deixar de pagar as dívidas: a perda de emprego, que tem forte correlação com a capacidade de pagamento das famílias.

Até há pouco, as empresas evitavam demitir, pois tendem a perder investimentos em treinamento e incorrer em custos trabalhistas. Dado o colapso da atividade econômica, porém, jogaram a toalha.

O impacto negativo da disponibilidade de crédito é imediato. O indivíduo não só perde a capacidade de pagamento mas também enfrenta grande dificuldade para obter novos recursos, pois não possui carteira de trabalho assinada.

Tem–se aí outro aspecto perverso da recessão, que se soma às muitas evidências de reversão de padrões positivos da última década – o aumento da informalidade, o retorno de jovens ao mercado de trabalho e a alta do desemprego.

(Folha de S.Paulo, 08.12.2015. Adaptado)

Assinale a alternativa correta quanto à pontuação e à regência, de acordo com a norma–padrão.

a) De forma mais lenta, reagem, o emprego e o mercado de crédito, ante a mudança de direção da economia.

b) O emprego e o mercado de crédito, reagem na mudança de direção da economia de forma mais lenta.

c) O emprego e o mercado de crédito reagem, de forma mais lenta, para a mudança de direção da economia.

d) Reagem à mudança de direção da economia, de forma mais lenta, o emprego e o mercado de crédito.

e) Diante a mudança de direção da economia reagem o emprego e o mercado de crédito, de forma mais lenta.

– Quem reage, reage A algo.

– Adjunto adverbial deslocado e extenso (de forma mais lenta) deve estar isolado na oração.

Outras alternativas:

A: ... reagem o emprego e o mercado de crédito (não se isola o sujeito do predicado).

B: Não se isola o sujeito (o emprego ... crédito) do predicado.

Expressões deslocadas e extensas devem estar isoladas na oração (à mudança de direção da economia).

Reagir A algo.

C: O emprego e ... reagem, ..., À mudança ...

E: Diante DA ... economia, reagem o emprego e o mercado de crédito de forma mais lenta.

GABARITO: D.

CRASE

171. **(2020 – Câmara de Boituva/SP – Agente Legislativo)**

Leia o texto para responder à questão.

Noite de autógrafos

Escritores, principalmente de ficção, mentem muito – ou não seriam escritores de ficção. Mas ninguém mente mais que escritores em campanha de lançamento de um livro, não importa o gênero. A noite de autógrafos, por exemplo, é um terreno fértil para tal autor delirar e sair dizendo, no dia seguinte, que assinou muito mais livros do que os modestos 15 ou 20 que autografou na vida real.

Minha história favorita é a da bela romancista bissexta que, há anos, teria autografado 2000 livros de uma sentada, numa livraria em São Paulo. Já com uma certa prática na matéria, fiz os cálculos. Dois mil livros? Vamos supor que a autora tenha recebido cada leitor à mesa, aceitado o seu beijo, trocado com ele uma única e simpática frase, deixado fotografar-se abraçada ao dito, escrito algo bem simples, assinado, devolvido o livro, aceitado outro beijo e dito tchau – e tudo isso em 1 minuto cravado.

Significa que os 2000 livros lhe terão tomado 2000 minutos. Ou seja, ela ficou sentada por 33 horas e 20 minutos, assinando sem parar. Nem os megassellers* americanos que aportam aqui e carimbam os livros em vez de assiná-los conseguiriam tal proeza.

Já o autor mais consciencioso, em meio à sessão, dá uma espiada na fila, constata que ela está muito comprida e tenta apressar o processo. Mas nem sempre é possível, porque quem vai a tais eventos quer mais que um autógrafo – quer também trocar uma palavra com o autor e sentir, ao vivo, se ele se parece com o que escreve.

É um momento bonito esse encontro do escritor com seus leitores. E não importa que tenha sido uma noite de 15 ou 20 autógrafos – ou de imaginários 2000.

(Ruy Castro. A arte de querer bem. Rio de Janeiro: Estação Brasil, 2018, p. 59-60)

Assinale a alternativa em que o uso do acento indicativo da crase atende à norma-padrão da língua portuguesa.

a) A habilidade para mentir é uma característica comum à todos os escritores de ficção.

b) Na interação com os escritores, o leitor costuma analisá-los à luz do que escrevem.

c) O reconhecimento à uma obra manifesta-se de diferentes formas pelo público leitor.

d) É durante à noite de autógrafos que o alcance de uma obra de ficção pode ser medido.

e) Prontificar-se à autografar livros é uma atividade que pouco agrada aos escritores.

Ocorre a crase em locuções femininas.

Outras alternativas.

a) não ocorre crase antes de pronomes indefinidos.

c) não ocorre crase antes de artigos indefinidos.

d) na expressão A NOITE só existe o artigo definido feminino A, pois uma preposição (durante) não aceita outra após ela (exceção para a preposição ATÉ).

e) não ocorre crase antes de verbos.

GABARITO: B.

---

172. (2021 – TJM/SP – Técnico em Comunicação e Processamento de Dados Judiciário)
Assinale a alternativa redigida segundo a norma–padrão de concordância e emprego do sinal de crase.

a) Exposto às pessoas presentes, a proposta do plano de seguridade, que não as favorecem, foi rejeitada.

b) Foi feito, à partir das sugestões dos funcionários, alterações substanciais nos horários de trabalho.

c) Os dados foram devidamente analisados para que, enviado às chefias, não houvesse reparos à fazer.

d) Frente à frente com novas tecnologias, uma pessoa pelo menos ficou meia hesitante em adotá–las.

e) Os envolvidos obedeceram à ordem de dar continuidade apenas ao projeto que não os deixará sujeitos a prejuízo.

O verbo OBEDECER rege a preposição "A" (obedecer A quê?/A quem?) que vem para a frente de um substantivo feminino no singular que aceita o artigo definido, feminino no singular "A". Existindo dois "AA", ocorre a crase.

Outras alternativas:

a) ExpostA às pessoas presentes, a proposta do plano de seguridade, que não as FAVORECE, foi rejeitada.

b) FORAM FEITAS, A partir das sugestões dos funcionários, alterações substanciais nos horários de trabalho.

c) Os dados foram devidamente analisados para que, enviadoS às chefias, não houvesse reparos A fazer.

d) Frente A frente com novas tecnologias, uma pessoa pelo menos ficou MEIO hesitante em adotá–las.

GABARITO: E.

---

173. (2020 – Câmara de Mogi Mirim/SP – Jornalista)
Eu proponho __________ você um jantar _____________ luz de velas, quando ambos poderemos ficar________________ toa nos dedicando ________ descobrir as fofocas que circulam pelas redes sociais.
De acordo com a norma–padrão, as lacunas da frase reescrita a partir do cartum devem ser preenchidas, respectivamente, por:

a) à ... à ... a ... à

b) à ... à ... à ... a

c) à ... a ... a ... a

d) a ... a ... à ... à

e) a ... à ... à ... a

A VOCÊ: não ocorre a crase antes de pronomes.

Exceção para AQUELE (s) / AQUELA (s) / AQUILO / A QUAL / AS QUAIS/ SENHORA /SENHORITA e outros.

À luz de velas: ocorre a crase em locuções femininas.

À TOA: ocorre a crase em locuções femininas.

A DESCOBRIR: não ocorre a crase antes de verbos.

GABARITO: E.

174. **(2018 – Prefeitura de São José dos Campos/SP – Analista em Gestão Municipal/Ciências Contábeis)**

Evitar campanhas de desinformação no Whatsapp pode ser uma tarefa hercúlea, principalmente em razão da criptografia que impede que terceiros acessem as mensagens. É o que explica Fabrício Benevenuto, professor de ciência da computação da Universidade Federal de Minas Gerais (UFMG). ____________ frente do projeto Eleições Sem *Fake*, o acadêmico reconhece que mentiras podem ser espalhadas em qualquer meio, mas alguns fatores tornam o Whatsapp um terreno especialmente fértil ao boato.

Aliadas __________ descrença generalizada, as facilidades que acompanham o Whatsapp enchem os olhos de muita gente. Benevenuto comentou que diversas operadoras oferecem pacotes em que o uso do aplicativo é gratuito, mesmo que as pessoas não tenham internet para acessar outras plataformas. "Isso é perigoso no sentido de que a pessoa passa ___________ ver notícia através do Whatsapp. O acesso __________ grande mídia é menor. A checagem de fatos também é menor. Para ler alguns sites, é preciso pagar; mas no aplicativo, a informação de má qualidade chega gratuita e incluída no plano."

(https://epoca.globo.com. Adaptado)

Em conformidade com a norma-padrão, as lacunas do texto devem ser preenchidas, respectivamente, com:

a) À ... à ... a ... à

b) A ... a ... à ... a

c) Há ... a ... a ... à

d) À ... à ... à ... à

e) A ... à ... à ... a

– Ocorre a crase em locuções femininas (à frente de).

– Aliadas A quê? A preposição exigida pelo adjetivo ALIADAS vem para a frente de um substantivo feminino que aceita o artigo A. Existindo dois AA, ocorre a crase.

– Antes de verbo não ocorre a crase (ver).

– O acesso A quê? O substantivo ACESSO rege a preposição A que vem para a frente de uma palavra feminina (mídia). Havendo os dois AA, ocorre a crase.

GABARITO: A.

175. **(2018 – UFTM – Assistente em Administração)**

Quando chega ______ introdução do texto, o leitor espera que ali esteja anunciado o assunto. É preciso preparar-se para a marcha inicial, pois não se dá início ______ viagem sem se saber o destino. Cabe ______ essa parte do texto convidar o leitor para a leitura.

Em conformidade com a norma-padrão, as lacunas do enunciado devem ser preenchidas, respectivamente, com:

a) à ... há ... a

b) na ... a ... à

c) a ... à ... há

d) na ... à ... à

e) à ... à ... a

– Quem chega, chega A algum lugar, A preposição regida pelo verbo vem para a frente de um substantivo feminino (introdução) que aceita ser precedido pelo artigo definido feminino A, A + A = À.

– Quem dá início, dá início A algo. A preposição vem para a frente do substantivo feminino viagem.

A + A = À

– Só ocorre crase antes de pronomes se forem os de tratamento SENHORA / SENHORITA ou demonstrativos AQUELE (S) / AQUELA (S) / AQUILO e os relativos A QUAL / AS QUAIS por começarem pela letra A.

GABARITO: E.

---

176. **(2018 – Câmara de Nova Odessa/SP – Assistente Legislativo)** Assinale a alternativa em cuja frase o acento indicativo da crase está corretamente empregado, conforme a norma-padrão da língua portuguesa.

a) Não há indícios de que a entrada de cotistas seja danosa **à** alguns cursos, como se pensava.

b) Estudiosos do assunto divergem quanto aos benefícios das cotas **à** médio e longo prazos.

c) O acesso **às** universidades é apenas um primeiro passo para democratização do ensino de qualidade.

d) A falta de conhecimentos básicos de matemática torna-se prejudicial **à** quem almeja o ensino superior.

e) Segundo pesquisa recente, boa parte dos brasileiros é favorável **à** ações afirmativas como cotas sociais.

O acesso A quê? A preposição vem para a frente de um substantivo feminino. O artigo certamente foi empregado pelo fato de encontrarmos o índice de pluralidade S. A + AS = ÀS.

Corrigindo as outras alternativas:

A: Não ocorre a crase antes de pronomes indefinidos (alguns).

B: Antes de substantivo masculino NÃO empregamos artigos femininos. O substantivo está no plural e a palavra À encontra-se no singular, portanto confirma-se o não emprego do artigo.

D: Antes de pronomes que <u>não</u> comecem com A, não ocorre a crase.

E: A palavra A singular antes de substantivos femininos no plural prova que o artigo <u>não</u> foi empregado.

Apenas um A não justifica a ocorrência da crase.

GABARITO: C.

---

177. **(2018 – Prefeitura de Barretos/SP – Agente Administrativo)** Considerando-se o emprego do acento indicativo de crase, um substituto correto para a expressão destacada no trecho do texto está entre colchetes em:

a) A vida de Virginia Woolf ... pode ser resumida **através** de uma das suas obras... [à partir]

b) ... foi seu primeiro romance, mas pode ser definido como o livro **sobre a** sua vida.... [à respeito da]

c) ... a reconhecida autora britânica **reflete** sobre suas preocupações... [dedica-se à reflexão]

d) Perspectivas narrativas definitivamente incomuns, **que** incluíam estados de sono... [às quais]

e) ... a autora que ... mais **defendeu** os direitos das mulheres por meio de seus textos. [se voltou à defender]

Quem se dedica, dedica-se A algo ou A alguém.

A preposição exigida pelo verbo vem para a frente de um substantivo feminino (aceita o artigo). A + A = À.

Outras alternativas:

A: Não ocorre crase antes de verbos.

B: Não ocorre crase antes de palavras masculinas.

D: O pronome sugerido começa pela letra A (a qual), porém não existe a regência de uma preposição (quem inclui; inclui ALGO).

E: Não ocorre crase antes de verbos.

GABARITO: C.

---

178. **(2018 – PC/SP – Auxiliar de Papiloscopista Policial)** Assinale a alternativa em que o acento indicativo da crase está corretamente empregado, conforme a norma-padrão da língua.

a) A nova realidade obriga-nos **à** buscar meios de nos adaptarmos ao mercado.

b) A qualificação é imprescindível **à** todos os que pretendem lançar-se no mercado.

c) A automatização acentua a tendência **à** uma queda na oferta de vagas de emprego.

d) A automatização tem sido uma ameaça constante **à** oferta de vagas de emprego.

e) As novas exigências são extensivas **à** qualquer profissional em busca de trabalho.

Ameaça A quê? A preposição vem para a frente de um substantivo feminino (aceita o artigo).

A + A = À

Outras alternativas:

A: Não ocorre crase antes de verbos.

B: Não ocorre crase antes de pronomes indefinidos.

C: Não ocorre crase antes de artigos indefinidos.

E: Não ocorre crase antes de pronomes indefinidos.

GABARITO: D.

---

179. **(2018 – PC/SP – Papiloscopista Policial)** Assinale a alternativa correta quanto ao emprego do acento indicativo da crase, de acordo com a norma-padrão.

a) No que tange **à** pesquisas do IBGE, vê-se que a situação econômica tem gerado certa inquietude.

b) Considerada a inflação, o rendimento médio do país não chegou **à** superar o valor de 2017.

c) A construção civil não propõe **à** criação de novos postos de trabalho, por causa da crise.

d) Segundo as previsões, o crescimento da economia brasileira em 2018 irá **à** 3%, no máximo.

e) A oferta de empregos com carteira assinada **à** população trabalhadora ainda é baixa.

A oferta de algo, A alguém. A preposição veio para a frente de um substantivo feminino (população) que aceita o artigo definido feminino. A + A = À.

Outras alternativas:

A: A palavra A (singular) antes de um substantivo feminino plural (pesquisas) revela que existe apenas a preposição A.

B: Não ocorre crase antes de verbos.

C: Quem propõe, propõe ALGO (a criação). Não existe a preposição A, portanto há apenas o artigo definido feminino A.

D: Não ocorre crase antes de numerais masculinos (o três).

GABARITO: E.

---

180. **(2018 – Câmara de Indaiatuba/SP – Controlador Interno)** A alternativa redigida segundo a norma-padrão de regência e de emprego do sinal indicativo de crase é:

a) Os pilares das democracias são o respeito à lei e a obediência às instituições.

b) Os cidadãos obrigam-se à seguir a princípios moral e legalmente instituídos.

c) Predomina entre as pessoas a suposição que a lei deve ser aplicada à todos os cidadãos.

d) Alguns ainda têm pretensão à posar de herói, opondo-se à padrões estabelecidos.

e) Há normas que poucos obedecem, mesmo estando sujeitos à sanções severas.

O respeito A quê? A obediência A quê?

As preposições estão à frente de substantivos femininos e aceitam artigo definido feminino. A+A = À

Outras alternativas:

B: Não ocorre a crase antes de verbo (seguir).

C: Não ocorre a crase antes de pronomes indefinidos (todos).

D: Não ocorre a crase antes de verbos (posar).

E: A palavra A (singular) antes de substantivos femininos no plural (sanções) indica apenas preposição.

GABARITO: A.

---

181. **(2018 – Prefeitura de Sertãozinho/SP – Psicólogo)**

Da mesma forma que a evolução tecnológica tornou a informação mais acessível _________ pessoas, ela _______ trouxe novos desafios, entre ________ estão as falsas notícias.

De acordo com a norma-padrão, as lacunas da frase devem ser preenchidas, respectivamente, com:

a) às ... lhes ... os quais

b) as ... lhes ... as quais

c) às ... lhe ... aos quais

d) as ... lhe ... os quais

e) às ... lhes ... às quais

Acessível A quem? A preposição A veio para a frente de um substantivo feminino plural (aceita o artigo definido feminino plural AS). A+AS = ÀS.

Quem traz, traz ALGO (novos desafios) A alguém (às pessoas = objeto indireto = LHES).

O pronome relativo a ser empregado refere-se a um substantivo masculino plural (que / OS QUAIS).

GABARITO: A.

---

182. **(2018 – Prefeitura de Suzano/SP – Guarda Civil Municipal)** O sinal indicativo de crase está corretamente empregado na alternativa:

a) O cronista queria ter ganho um velocípede, o que era comum à todas as crianças.

b) O passeio à cachoeira de Iporanga quase lhe custou a vida.

c) Ele se refere à uma leve inveja quando comenta o ocorrido no trabalho.

d) As filhas tentaram em vão ensinar à ele como andar de bicicleta.

e) Ao tratar de suas incompetência, o cronista faz alusão à Fernando Pessoa.

O passeio A que lugar? A cachoeira A+A = À

Outras alternativas:

A: Não ocorre a crase antes de pronomes indefinidos (todos).

C: Não ocorre a crase antes de artigos indefinidos (uma).

D: Não ocorre a crase antes de pronomes masculinos (ele).

E: Não ocorre a crase antes de palavras masculinas (Fernando Pessoa) a não ser que possamos subentender as expressões "À moda de"/ "À MANEIRA DE" // "Ao estilo de".

GABARITO: B.

---

183. **(2018 – PC/SP – Investigador de Polícia)**

Embora Freud tenha saído ___ campo para testar suas ideias, seu método não tinha o mesmo rigor científico atual, em que não basta confirmar ____ hipóteses – é preciso tentar negá-las. Se elas resistirem ____ tentativa de refutação, provisoriamente mantemos nossa crença.

(*Galileu*, novembro de 2017. Adaptado)

De acordo com a norma-padrão, as lacunas do texto devem ser preenchidas, correta e respectivamente, com:

a) à ... às ... a

b) a ... as ... a

c) à ... as ... à

d) a ... às ... à

e) a ... as ... à

– A campo: não ocorre a crase antes de palavras masculinas (À MODA DE / À MANEIRA DE / AO ESTILO DE (exceção quando pudermos subentender).

– Confirmar o quê? Não há a regência da preposição, portanto temos apenas o artigo definido feminino A.

– Resistir A quê? A preposição A veio para a frente de um substantivo feminino (tentativa) que aceita o artigo definido feminino A. A+A = À.

GABARITO: E.

---

184. **(2018 – ARSESP – Analista de Suporte à Regulação I)** Assinale a alternativa em que o sinal indicativo de crase está empregado corretamente, conforme a norma-padrão.

a) Atribui-se à timidez uma certa dificuldade em fazer amizades.

b) Muita gente relaciona timidez à uma certa atitude arrogante.

c) Para os tímidos, pedir aumento assemelha-se à alguma tortura.

d) Vincula-se erroneamente aos tímidos à falta de coragem.

e) Normalmente, não se associa ousadia à pessoas tímidas.

A preposição A veio para a frente de um substantivo feminino (aceita o artigo definido feminino)

A+A = À

Outras alternativas:

B: Não ocorre a crase antes de artigo indefinido.

C: Não ocorre a crase antes de pronomes indefinidos.

D: Vincula-se o que? (a falta de coragem). Não existe a preposição apenas o artigo definido feminino (a falta).

E: A palavra A antes de substantivos feminino no plural indica ser apenas a preposição A.

GABARITO: A.

---

185. **(2018 – Prefeitura de Barretos/SP – Agente de Comunicação Social)**

Há muito tempo o conceito de reputação vem sendo transformado, passando, aos poucos, _________ adquirir uma nova representação, até, finalmente, dar lugar _________ ideia de notoriedade, segundo _______ qual o importante é ser percebido, _________ vezes a qualquer custo.

De acordo com a norma-padrão de uso do acento indicativo de crase, as lacunas do trecho escrito a partir do texto devem ser preenchidas, correta e respectivamente, com:

a) a... à ... a ... às

b) à ... à ... a ... as

c) a ... a ... à ... às

d) a ... à ... à ... as

e) à ... a ... a ... às

– Não ocorre a crase antes de verbos (adquirir).

– Dar O QUÊ A QUÊ? A preposição existe e vem para a frente de palavras femininas (aceita o artigo definido) A+A = À.

– Segundo A qual ... temos apenas a letra A que inicia o pronome relativo A QUAL.

– Às vezes (quando?). Locuções femininas devem receber o acento indicador da crase.

GABARITO: A.

---

186. **(2018 – Câmara de Indaiatuba/SP – Auxiliar Administrativo / Recepcionista)** Em conformidade com a norma-padrão da língua portuguesa, assinale a alternativa correta quanto à ocorrência ou não da crase.

a) **À** compostura da humildade, acrescente-se **a** presença da menininha pobre.

b) A menininha lança o olhar **a** fatia de bolo enquanto a família obedece **à** um ritual.

c) O pai pôs-se **à** contar o dinheiro discretamente **à** fim de verificar se era o suficiente.

d) O pai pediu ao garçom a fatia de bolo e ficou **a** espera para dar início **a** comemoração.

e) **A** luz das velinhas, ela canta "parabéns pra você" e se junta **à** eles, discretamente.

Ordem inversa. Acrescente-se A presença da menininha pobre à compostura da humildade.

Acrescente O quê? A quê? A preposição veio para a frente de um substantivo feminino (compostura) que aceita ser precedido por artigo definido feminino.

A+A = À

Outras alternativas:

B: A menininha ... À fatia de bolo ... obedece A um ritual.

C: O pai pôs-se A cantar... A fim de verificar ...

D: O pai ... ficou À espera ... À comemoração.

E: À luz das velinhas, ... junta A eles ...

GABARITO: A.

187. **(2018 – Prefeitura de Garça/SP – Professor de Educação Básica I)**
Leia as frases:
- A criança precisa aprender o código sabendo ________ que ele se destina.
- Não basta que a criança obedeça________ tecnologia da escrita: ela só tem sentido para ser usada.
- Magda Soares refere-se _________ Pierre Bourdieu como seu grande guru.

De acordo com a norma-padrão, as lacunas devem ser preenchidas, respectivamente, com:

a) a ...,.à . .. à

b) à. .. a .... à

c) a .... à .... a

d) à. .. à.... a

e) a .... a .... à

– Não ocorre a crase antes de pronomes (exceção senhora / senhorita / aquele (s) / aquela (s) / aquilo / a qual / as quais).

– Obedeça A quê? A preposição está à frente de um substantivo feminino (tecnologia) que aceita ser precedido por artigo definido feminino A. A+A = À.

– Refere-se A quem? A preposição foi colocada à frente de substantivo masculino, portanto não existe o artigo definido feminino A.

GABARITO: C.

188. **(2018 – Prefeitura de Barretos/SP – Professor I)** Assinale a alternativa em que, no trecho reescrito a partir do texto que completa a frase a seguir, o acento indicativo da crase está empregado corretamente, de acordo com a norma-padrão da língua.
Uma competência leitora insuficiente acaba criando obstáculos para a vida em sociedade, especialmente quanto:

a) **à** algumas atividades requeridas por novas formas de trabalho.

b) **à** ser capaz de praticar a leitura eficiente de livros e de jornais.

c) **à** compreensão eficiente de responsabilidades e de direitos sociais.

d) **à** novas exigências praticadas no mercado de trabalho atual.

e) **à** uma aprendizagem escolar rica e plenamente satisfatória.

Quanto A algo. A palavra para a frente da qual a preposição veio é feminina (compreensão), aceita, portanto, o artigo definido feminino A. A+A = À.

Outras alternativas:

A: A algumas atividades.

B: A ser capaz.

D: A novas exigências.

E: A uma aprendizagem.

GABARITO: C.

189. **(2019 – UNICAMP – Profissional para Assuntos Administrativos)** Assinale a alternativa que preenche, correta e respectivamente, as lacunas do texto a seguir, conforme a norma-padrão da língua portuguesa.

Relacionamentos na terceira idade são ________________, pois afastam a solidão, um dos principais ________________ da velhice. Participar de grupos e atividades e ter relacionamentos é fundamental. Os relacionamentos afetivos ________________ um capítulo ________________ parte porque reavivam as pessoas.

(Revista Exame. Disponível em: https://exame.abril.com.br/negocios/ dino/idosos-apostam-na-tecnologia-para-se-relacionar-e--abandonar-a-solidao/. Acesso em 16.11.2018. Adaptado)

a) importantíssimos ... problema ... é ... a

b) importantíssimo ... problemas ... são ... à

c) importantíssimos ... problemas ... são ... à

d) importantíssimo ... problema ... são ... a

e) importantíssimos ... problemas ... é ... a

– Relacionamentos ... <u>importantíssimos</u>.

– Principais PROBLEMAS.

– Os relacionamentos ... SÃO.

– Um capítulo À parte (locução feminina).

GABARITO: C.

---

190. **(2018 – Prefeitura de São Bernardo do Campo/SP – Agente de Tesouraria I)** Assinale a alternativa que preenche as lacunas do trecho adaptado, de acordo com a norma-padrão de colocação de pronomes e de emprego do sinal de crase.

Nunca _________ de um caso isolado. _________ por mais gasto para causas e setores de preferência, sem nunca especificar _________ quem cabia a conta; essa ficava para uma figura oculta, alguém com um bolso vasto e generoso. Geralmente _________ que, com o aumento de gastos, _________ pretendida arrecadação.

a) se tratava ... Se pedia ... à ... acreditava-se ... se chegaria a

b) tratava-se ... Pedia-se ... a ... se acreditava ... chegaria-se à

c) tratava-se ... Se pedia ... à ... acreditava-se ... chegaria-se a

d) se tratava ... Pedia-se ... a ... se acreditava ... se chegaria à

e) se tratava ... Pedia-se ... a ... acreditava-se ... se chegaria a

– Nunca se tratava (NUNCA = partícula atrativa da próclise).

– Pedia-SE (não se iniciam orações com pronomes oblíquos).

– A quem cabia (não ocorre a crase antes de pronomes – exceções: senhora/senhorita/aquele (s)/aquela (s)/aquilo/a qual/as quais).

– Geralmente SE acreditava ... (advérbios não isolados atraem a posição proclítica).

– Se chegaria A quê? A preposição A vem para a frente de um substantivo feminino que aceita o artigo definido feminino. A+A = À.

GABARITO: D.

---

191. **(2018 – MPE/SP – Analista Jurídico do Ministério Público)** Assinale a alternativa que preenche as lacunas do trecho a seguir, de acordo com a norma-padrão de emprego do sinal indicativo de crase.

Esclareço ________ Vossa Senhoria que todo aquele que aspira ___________ carreira pública, deve estar ciente de que terá de obedecer _________ normas legais, para melhor desempenhar suas funções. _________ que não se dispõem ________enfrentar decisões difíceis, aconselha-se desistir. __________ partir de bons princípios, será fácil chegar __________ consecução de seus ideais.

a) a ... à ... as ... Àqueles ... à ... À ... a

b) a ... a ... as ... Aqueles ... a ... À ... a

c) à ... a ... às ... Aqueles ... a ... À ... à

d) a ... à ... às ... Àqueles ... a ... A ... à

e) à ... a ... as ... Aqueles ... à ... A ... a

– Esclareço A Vossa Senhoria (não ocorre a crase antes de pronomes de tratamento (exceção: senhora/ senhorita).

– À carreira pública (ASPIRAR no sentido de DESEJAR rege a preposição A que ao vir para a frente do substantivo feminino (carreira) encontra o artigo definido feminino A. A+A = À.

– Obedecer ÀS normas. Obedecer A quê? A preposição encontra o artigo definido feminino plural ÀS. A+A = ÀS.

– Àqueles que não se dispõem. Quem se dispõe, dispõe-se A. A preposição, ao vir para a frente do pronome aqueles encontra a letra A que inicia o pronome. A+A = ÀQUELES.

– A enfrentar = não ocorre a crase antes de verbos.

– A partir = não ocorre a crase antes de verbos.

– ... chegar À consecução ... Chegar A quê? A preposição encontra o artigo definido feminino que precede o substantivo feminino CONSERVAÇÃO. A+A= À.

GABARITO: D.

---

192. **(2018 – Prefeitura de Ferraz de Vasconcelos/SP – Professor de Educação Básica I)** Assinale a alternativa em que a substituição das expressões destacadas nas passagens – ... tenho algum tempo para **observá-la** / ... **sucumbo à vida** que vou experimentar / ... como se pisar mais forte viesse **prejudicar os outros** – obedece à norma-padrão de regência e emprego do sinal indicativo de crase.

a) atentar à ela / rendo-me a vida / causar prejuízo à outros.

b) atentar a ela / rendo-me à vida / causar prejuízo a outros.

c) atentar à ela / rendo-me a vida / causar prejuízo a outros.

d) atentar para ela / rendo-me para à vida / causar prejuízo em outros.

e) atentar para ela / rendo-me à vida / causar prejuízos à outros.

– Quem está atento, está atento A. A preposição veio para a frente de um pronome (ela) que NÃO aceita ser precedido por artigo.

– Quem se rende, rende-se A algo (a vida).

Existe preposição, A regida pelo verbo e o artigo que procede o substantivo feminino VIDA. A+A = À.

– Quem causa prejuízo, causa prejuízo A algo ou A alguém. A preposição veio para a frente de um pronome indefinido (outros) que não aceita ser precedido por artigos.

GABARITO: B.

---

193. **(2018 – PC/SP – Agente Policial)** Assinale a alternativa correta no que se refere ao emprego dos elementos destacados.

a) Após denunciar o sargento, o tenente chegou **à** ser chamado de "linguarudo", xingamento **do qual** não se chateou.

b) Acusado de revelar informações impróprias **à** respeito do sargento, o tenente alegou **de que** estava cumprindo ordens.

c) O tenente foi advertido **à** não fazer menção aos hábitos alimentares do sargento, **aos quais** não são nada saudáveis.

d) Os hábitos alimentares do sargento, **a que** o tenente fez menção, não parecem interessar **à** segurança interna.

e) A segurança interna, departamento **o qual** foi encaminhada a denúncia sobre o sargento, não deu importância **à** ela.

– Quem faz menção, faz menção A algo (A que o tenente faz menção).

– Interessar A (preposição) quê? A (artigo definido feminino) segurança.

A+A = À.

Outras alternativas:

A: chegou A ser ... xingamento com o qual não se chateou.

B: impróprias A respeito ... alegou que ...

C: O tenente ... A não fazer ..., os quais não são ...

E: A segurança interna, ... para o qual ... não deu importância A ela.

GABARITO: D.

---

194. **(2018 – PC/SP – Escrivão de Polícia Civil)** Assinale a alternativa que reescreve a passagem – Os mais novos têm escolhido o isolamento do espaço privado em detrimento do uso do espaço público... – de acordo com a norma-padrão de regência e do emprego do sinal indicativo de crase.

a) Os mais novos vêm preferindo ao isolamento do espaço privado a usar o espaço público...

b) Os mais novos dão preferência no isolamento do espaço privado do que a usar o espaço público...

c) Os mais novos preferem o isolamento do espaço privado à usar o espaço público...

d) Os mais novos têm preferido o isolamento do espaço privado a usar o espaço público...

e) Os mais novos têm preferência pelo isolamento do espaço privado à usar o espaço público...

Corrigindo as outras alternativas:

A: Os mais ... o isolamento ...

B: Os mais novos dão preferência pelo isolamento privado A usar o espaço público.

C: Os mais novos têm ... A usar o espaço público ...

E: Os mais novos têm ... a usar o espaço público.

GABARITO: D.

---

195. **(2018 – Câmara de Dois Córregos/SP – Diretor Contábil Legislativo)** Assinale a alternativa em que, no trecho que completa a frase a seguir, o acento indicativo da crase está empregado corretamente, de acordo com a norma-padrão da língua.

A internet tem se consolidado como uma ferramenta indispensável na sociedade atual, especialmente no que diz respeito:

a) à algumas atividades mais recentes do mercado de trabalho.

b) à quem pretende ingressar em novos campos de trabalho.

c) à novas formas de produção e de geração de riquezas.

d) à capacidade da rede em diminuir distâncias entre pessoas e empresas.

e) à eliminar ineficiências que impedem a produtividade.

Diz respeito A (preposição) quê? A (artigo definido feminino) capacidade.

A+A = À.

Outras alternativas:

A: A algumas ... (não ocorre a crase antes de pronomes indefinidos).

B: A quem ... (não ocorre a crase antes de pronomes (exceção: senhora/senhorita/aquele (s)/ aquela (s)/aquilo/a qual/as quais).

C: A novas turmas ... (a palavra A singular antes de substantivos femininos no plural garante a nós ser apenas preposição).

E: A eliminar ... (não ocorre a crase antes de verbos).

GABARITO: D.

196. **(2018 – Prefeitura de Mogi das Cruzes/SP – Auxiliar de Apoio Administrativo)**

No começo do século 20, a rápida industrialização nos Estados Unidos deu origem ________ algumas das maiores fortunas que o mundo já viu. Famílias como os Vanderbilt e os Rockefeller investiram em ferrovias, petróleo e aço, obtendo um grande retorno, e passaram ________ ostentar sua riqueza. O período ficou conhecido como Era Dourada. A desigualdade nunca foi tão grande – até agora. É o que mostra um relatório da UBS, companhia de serviços financeiros, feito em parceria com a consultora PwC.

Para os autores do documento, a primeira Era Dourada aconteceu entre 1870 e 1910. Segundo eles, a atual começou em 1980 e deve se estender pelos próximos 10 a 20 anos, prolongada pelo desempenho econômico da Ásia e de negócios ligados________ tecnologia.

(*IstoÉ*, 15.11.2017. Adaptado)

Em conformidade com a norma-padrão, as lacunas do texto devem ser preenchidas, respectivamente, com:

a) a ... a ... a

b) à ... à ... à

c) a ... à ... à

d) à ... à ... a

e) a ... a ... à

– ... deu origem A algumas ... (não ocorre a crase antes de pronomes indefinidos).

– passaram A ostentar (não ocorre a crase antes de verbos).

– ligados A (preposição) quê? A (artigo definido feminino) tecnologia.

A+A= À.

GABARITO: E.

197. **(2018 – TJ/SP – Escrevente Técnico Judiciário/Interior)**

Ei-lo agora, adolescente recluso em seu quarto, diante de um livro que não lê. Todos os seus desejos de estar longe erguem, entre ele e as páginas abertas, uma tela esverdeada que perturba ________linhas. Ele está sentado diante da janela, a porta fechada ______costas. Página 48. Ele não tem coragem de contar as horas passadas para chegar ______ essa quadragésima oitava página. O livro tem exatamente quatrocentas e quarenta e seis. Pode-se dizer 500 páginas! Se ao menos tivesse uns diálogos, vai. Mas não! Páginas completamente cheias de linhas apertadas entre margens minúsculas, negros parágrafos comprimidos uns sobre os outros e, aqui e acolá, a caridade de um diálogo – um travessão, como um oásis, que indica que um personagem fala ________ outro personagem. Mas o outro não responde. E segue–se um bloco de doze páginas! Doze páginas de tinta preta! Falta de ar! Ufa, que falta de ar! Ele xinga. Muitas desculpas, mas ele xinga. Página quarenta e oito... Se ao menos conseguisse lembrar do conteúdo dessas primeiras quarenta e oito páginas!

(Daniel Pennac. *Como um romance*, 1993. Adaptado)

Em conformidade com a norma–padrão, as lacunas do texto devem ser preenchidas, respectivamente, com:

a) as ... às ... a ... a

b) às ... às ... à ... à

c) as ... às ... à ... à

d) às ... as ... a ... a

e) as ... as ... à ... à

– ... que perturba O quê? Não existe preposição, portanto a palavra AS é somente artigo definido feminino plural.

– ... a porta fechada ÀS costa (empregamos o acento grave em locuções femininas).

– ... para chegar A essa ... (não ocorre a crase antes de pronomes – exceção: aquele (s)/aquela (s)/aquilo/a qual/as quais/senhora/senhorita).

– ... um personagem fala A outro ... (não ocorre a crase antes de pronomes indefinidos).

GABARITO: A.

---

198. **(2018 – IPSM – Assistente de Gestão Municipal)** De acordo com a norma–padrão, o acento indicativo da crase está corretamente empregado em:

a) O leitor aludiu à escrita como se ela fosse questão de talento: quem não tem, não vai nunca aprender.

b) A escrita deve levar o texto à uma riqueza, marcada pela clareza e precisão, afastando o leitor da confusão ou tédio.

c) De parte à parte, o texto precisa organizar–se como um tecido coeso e claro, instigando, assim, o leitor.

d) Existem aquelas pessoas que chegam à conclusões semelhantes, no entanto elas seguem pelo lado oposto.

e) Também não estamos falando só de correção gramatical e ortográfica. Estamos nos referindo à pensamento.

– Aludiu A (preposição) quê? A (artigo definido feminino) escrita A+A= À.

Outras alternativas:

B: A escrita ... A uma riqueza (não podemos empregar o acento grave antes de um artigo indefinido).

C: De parte A parte (não ocorre a crase entre palavras repetidas).

D: Existem ... chegam A conclusões (a palavra A antes de substantivos femininos no plural revela–se apenas uma preposição).

E: Também ... referindo A pensamento (não ocorre a crase antes de palavras masculinas).

GABARITO: A.

---

199. **(2018 – IPSM – Analista de Gestão Municipal/Contabilidade)**

Leia as frases:

• Com a BNCC, busca–se chegar ____________ um modo preciso de progressão do ensino.

• A BNCC assemelha–se __________ Constituição de 1988: detalhista, arrojada e generosa.

• Desigualdades do aprendizado podem ser corrigidas __________ partir da existência de um padrão.
• Estados e municípios se dedicarão __________ elaboração de seus respectivos currículos.
De acordo com a norma-padrão, as lacunas devem ser preenchidas, correta e respectivamente, com:

a) a ... a ... à ... à

b) à ... à ... a ... a

c) a ... à ... a ... à

d) à ... a ... a ... à

e) a ... à ... à ... a

– ... busca-se chegar A um modo (antes de palavras masculinas não ocorre a crase).

– A BNCC assemelha-se À Constituição ...

Assemelha-se A quê? A preposição regida pelo verbo passa a anteceder um substantivo feminino que aceita o artigo definido feminino.

A+A= À.

– Desigualdade ... A partir ... (antes de verbo não ocorre a crase).

– Estados ... de dedicarão A (preposição) quê? A (artigo definido feminino) elaboração.

A+A= À.

GABARITO: C.

---

200. **(2020 – Câmara de Bragança Paulista/SP – Assistente de Gestão e Políticas Públicas)**
O homem chegou _______ invenção da roda como forma de fazer triunfar o seu comodismo, já que sua espécie quis criar um jeito de não ir aos lugares, mas de ser levada _______ eles. Assim, coube _______ preguiça _______ deflagração desse processo. De acordo com a norma-padrão, as lacunas do enunciado devem ser preenchidas, respectivamente, com:

a) à ... a ... à ... à

b) a ... à ... a ... à

c) à ... a ... à ... a

d) a ... a ... à ... a

e) à ... à ... a ... à

Quem chega, chega A algum lugar. A preposição exigida pelo verbo vem para a frente de substantivo feminino – INVENÇÃO – que aceita o artigo A.

Não ocorre a crase antes dos pronomes (eles) exceção para os de tratamentos SENHORA e SENHORITA, os demonstrativos (aquele(s), aquela(s) e aquilo) e os relativos (a qual/as quais) que iniciam pela letra A.

Coube algo (a deflagração) A algo (a preguiça).

GABARITO: C.

---

201. **(2018 – Câmara Municipal de São José dos Campos/SP – Técnico Legislativo)** Assinale a alternativa em que a passagem – Ela acreditava que, para muitas, seria mais confortável suportar uma escravidão cega do que trabalhar para se libertar. – está reescrita de acordo com a norma-padrão de regência e de emprego do sinal de crase.

a) Ela desconfiava de que, para muitas, suportar uma escravidão cega valeria mais à pena do que optar por trabalho que às levasse a libertação.

b) Ela desconfiava em que, para muitas, suportar uma escravidão cega valeria mais à pena do que optar por trabalho que as levasse a libertação.

c) Ela confiava de que, para muitas, suportar uma escravidão cega valeria mais a pena do que optar por trabalho que às levasse à libertação.

d) Ela confiava em que, para muitas, suportar uma escravidão cega valeria mais a pena do que optar por trabalho que as levasse à libertação.

e) Ela confiava em que, para muitas, suportar uma escravidão cega valeria mais à pena do que optar por trabalho que as levasse a libertação.

Outras alternativas:

A: Ela desconfiava De que ... A pena... que as levasse À libertação.

B: Ela desconfiava De que,... A pena ...

C: Ela confiava EM que,... que AS levasse ...

E: Ela confiava ... A pena ... À libertação.

GABARITO: D.

---

202. **(2019 – Câmara de Piracicaba/SP – Jornalista)**

Ao filósofo americano Daniel Dennett, os editores da revista *Edge* perguntaram: "Em 2013, o que deve nos preocupar?". Ele contou que em 1980 se temia que a revolução do computador aumentasse a distância entre os países ricos "do Ocidente" e os países pobres, que não teriam acesso à nova tecnologia e a seus aparelhos. A verdade é que a informática criou fortunas enormes, mas permitiu também a mais profunda disseminação niveladora da tecnologia que já se viu na história. "Celulares e *laptops* e, agora, *smartphones* e *tablets* puseram a conectividade nas mãos de bilhões", afirmou Dennett.

O planeta, segundo o filósofo, ficou mais transparente na informação como ninguém imaginaria há 40 anos. Isso é maravilhoso, disse Dennett, mas não é o paraíso. E citou a lista daquilo com que devemos nos preocupar: ficamos dependentes e vulneráveis neste novo mundo, com ameaças à segurança e à privacidade. E sobre as desigualdades, ele disse que Golias ainda não caiu; milhares de Davis*, porém, estão rapidamente aprendendo o que precisam. Os "de baixo" têm agora meios para confrontar os "de cima". O conselho do filósofo é que os ricos devem começar a pensar em como reduzir as distâncias criadas pelo poder e pela riqueza de poucos.

* referência ao episódio bíblico em que Davi, aparentemente mais fraco, derrota o gigante Golias.

(Míriam Leitão. *História do futuro: o horizonte do Brasil no século XXI*. Rio de Janeiro, Intrínseca, 2015)

Assinale a alternativa que completa corretamente a lacuna da frase a seguir, quanto ao emprego do sinal indicativo da crase.

O que deve causar preocupação à _______________ ?

a) todos

b) você

c) pessoas

d) nós

e) população

Quem causa, causa alguma coisa A alguém (a população) A + A = À

Não ocorre crase:

A: Antes de pronomes indefinidos.

B: Antes de pronomes de tratamento (exceção SENHORA / SENHORITA).

C: A palavra A (singular) antes de substantivos femininos no plural (pessoas). Sabemos existir apenas a preposição A.

D: Antes de pronomes pessoais.

GABARITO: E.

---

203. **(2019 – Prefeitura de Guarulhos/SP – Inspetor Fiscal de Rendas – Conhecimentos Gerais)** Assinale a alternativa em que o sinal indicativo de crase está empregado em conformidade com a norma-padrão da língua.

a) Segundo Cuarón, o cinema deve voltar seu olhar à todos aqueles para quem ninguém olha.

b) *Roma* chegou à receber o Oscar de melhor filme estrangeiro, o que gerou certa polêmica.

c) Em 2019, o Oscar de melhor direção foi concedido à Alfonso Cuarón, por *Roma.*

d) O cineasta mostrou-se grato por terem dado valor à um filme centrado em uma mulher indígena.

e) Cuarón agradeceu às atrizes Yalitza Aparicio e Marina de Tavira, dizendo que elas "são o filme".

Quem agradece, agradece A alguém. A preposição A veio para a frente de um substantivo feminino plural (as atrizes). A + AS = ÀS

Outras alternativas:

A: Não ocorre a crase antes de pronomes indefinidos (todos).

B: Não ocorre a crase antes de verbos (receber).

C: Não ocorre a crase antes de substantivos masculinos (Afonso).

D: Não ocorre a crase antes de um artigo indefinido (um).

GABARITO: E.

---

204. **(2019 – Prefeitura de Itapevi/SP – Agente de Administração Pública)** Assinale a alternativa em que o acento indicativo da crase está empregado em conformidade com a norma-padrão da língua portuguesa.

a) À visita de alguém ilustre parecia ser sempre aguardada por Dona Morgadinha.

b) À qualquer sinal de mancha nos vidros e cristais, punha-se a reclamar baixinho.

c) À vista do menor sinal de poeira, a mulher percorria a casa com uma flanela na mão.

d) À busca constante por limpeza e organização era o objetivo diário de dona de casa.

e) À devoção de Dona Morgadinha pelo marido esbarrava nos maus hábitos do homem.

Locuções femininas (À vista de) devem receber o acento indicador da crase.

Outras alternativas:

A: Não ocorre a crase no início de um sujeito (sujeito algum pode começar em preposição).

B: Não ocorre a crase antes de pronomes indefinidos (qualquer).

D: Não ocorre a crase no início de um sujeito.

E: Não ocorre a crase no início de um sujeito.

GABARITO: C.

---

205. **(2019 – Prefeitura de Arujá/SP – Oficial Administrativo)** O sinal indicativo de crase está empregado corretamente, conforme a norma-padrão, em:

a) Uma feijoada acabou levando o menino mais novo à passar mal do estômago.

b) O turista foi à uma casa especializada em feijoada que os amigos lhe indicaram.

c) Feijoada é recomendável à quem deseja conhecer um prato típico brasileiro.

d) Uma boa feijoada pode agradar à representantes de qualquer classe social.

e) A moça pediu à avó que lhe revelasse o segredo daquela feijoada tão saborosa.

Quem pede, pede algo A alguém (a avó) A + A = À

Outras alternativas:

A: Não ocorre a crase antes de verbos (passar)

B: Não ocorre a crase antes de artigos indefinidos (uma).

C: Não ocorre a crase antes de pronomes (exceção: senhora / senhorita / aquele (s) / aquela (s) / aquilo.

D: Não ocorre a crase quando a preposição A (agradar A alguém) vier para a frente de um substantivo feminino no plural (sabe-se que o artigo não foi empregado).

GABARITO: E.

206. **(2019 – Câmara de Sertãozinho/SP – Escriturário)** Assinale a alternativa que preenche, correta e respectivamente, as lacunas do texto a seguir, conforme a norma-padrão da língua portuguesa.

Lavar roupas sintéticas na máquina _______ temperatura normal causa a liberação no esgoto de grandes quantidades de minúsculas fibras de plástico. Essa é a primeira pesquisa ____ identificar os fiapos da roupa lavada como uma fonte de poluição. Estes fiapos se adicionam ____ preocupações quanto a outras variedades maiores e mais visíveis de lixo plástico, que resultaram em medidas como ____ proibição de sacolas de compras feitas desse material.

a) à ... a ... às ... a

b) a ... à ... as ... à

c) à ... à ... as ... à

d) à ... a ... às ... à

e) a ... a ... às ... a

– A temperatura normal (apenas o artigo definido feminino A)

– Não ocorre a crase antes de verbos (identificar).

– Quem adiciona, adiciona A algo (as preocupações) A + AS = ÀS.

– O que resulta, resulta EM algo (não existe a preposição A). A proibição (apenas o artigo).

GABARITO: E.

CONCORDÂNCIA

207. **(2021 – TJM/SP – Analista em Comunicação e Processamento de Dados Judiciário)**

A máxima da teoria ética da responsabilidade apregoa que somos responsáveis por aquilo que fazemos e reza: "Aja para atingir fins universalistas". Em vez de aplicar ordenamentos previamente estabelecidos, os agentes priorizam as consequências das decisões e ações. Realizam assim uma análise situacional: avaliam os efeitos previsíveis que uma ação produz; planejam obter resultados positivos para si e para os demais agentes que interagem consigo sem ferir os interesses alheios; e, por fim, ampliam o leque das escolhas quando preconizam: "dos males, o menor" ou quando visam "fazer mais bem ao maior número de pessoas.

(Robert Henry Srour. Ética empresarial)

Assinale a alternativa que reescreve livremente a passagem do texto, obedecendo à norma-padrão de concordância.

a) Planejam-se obter resultados positivos para si e para os demais.

b) Avaliam-se os efeitos previsíveis que uma ação produz.

c) Devem haver constantes avaliações dos efeitos previsíveis que uma ação produz.

d) É realizado uma análise situacional para os interesses alheios não ser feridos.

e) Precisa ser priorizado as consequências das decisões e ações.

A partícula SE, por ter se unido a um verbo transitivo direto, funciona como pronome apassivador fazendo com que o verbo tenha que concordar com o sujeito (os efeitos previsíveis).

Corrigindo as outras alternativas:

a) Planeja-se ...

c) DEVE HAVER ...

d) É realizadA uma análise situacional ...

e) PRECISAM-SE SER PRIORIZADAS ...

GABARITO: B.

---

208. **(2020 – Câmara de Bragança Paulista/SP – Assistente de Gestão e Políticas Públicas)** Assinale a alternativa que atende à norma-padrão de concordância e pontuação.

a) Os países emergentes, estão à frente das nações desenvolvidas, quando o assunto é as tecnologias.

b) Para trazer mais segurança aos pleitos realizados, o Brasil e a Índia, estão utilizando a tecnologia.

c) Na pesquisa da empresa francesa Idemia ouviu-se 2.800 pessoas que disseram utilizar a biometria.

d) No Brasil, 89% dos cidadãos utilizaram a biometria digital; na Índia, a voz e a íris são utilizadas.

e) Várias ferramentas de segurança estão sendo utilizado pelos bancos, inclusive, a biometria.

A primeira vírgula (optativa) veio isolar um adjunto adverbial descolado, porém curto.

Sujeito formado por percentuais, permite ao verbo dupla concordância: com o núcleo ou com o determinante.

Adjetivos pospostos aos substantivos que caracterizam e em outra função sintática OBRIGATORIAMENTE concordam com todos os substantivos (voz/íris).

Corrigindo as outras alternativas:

a) Os países emergentes (não separa o sujeito do predicado)... o assunto SÃO as tecnologias (não existindo referência à pessoa, o verbo SER concorda com o termo plural).

b) Para..., o Brasil e a Índia (não separa o sujeito do predicado).

c) Na pesquisa da empresa francesa Idemia, (isola-se o adjunto adverbial extenso quando isolado na oração) ... OUVIRAM-SE 2800 (pronome apassivador leva o verbo a concordar com o sujeito – 2.800 pessoas).

e) Várias ferramentas... sendo UTILIZADAS (o adjetivo deve concordar com o substantivo FERRAMENTAS)

GABARITO: D.

---

209. **(2019 – Câmara de Piracicaba/SP – Jornalista)** A frase com a concordância correta, de acordo com a norma-padrão da língua portuguesa, é:

a) Restam-nos muito pouco tempo para viver, não é mesmo?

b) Casos e histórias é que animavam a conversa, pausada.

c) Música, canto, arte, tudo isso são essenciais à vida.

d) Nesses tempos urgem a revitalização da região de Inhotim.

e) Assim como ocorreram com outras artes, cortaram gastos com música.

Sujeito composto tendo como núcleo palavras sinônimas leva o verbo para o singular.

Outros casos:

A: RESTA-NOS ...

C: Música, ...TUDO ISSO É ESSENCIAL ...

D: Nesses tempos URGE ...

E: Assim como OCORREU ...

GABARITO: B.

---

210. **(2019 – Câmara de Piracicaba/SP – Jornalista)** Leia o texto para responder à questão.

Ao filósofo americano Daniel Dennett, os editores da revista *Edge* perguntaram: "Em 2013, o que deve nos preocupar?". Ele contou que em 1980 se temia que a revolução do computador aumentasse a distância entre os países ricos "do Ocidente" e os países pobres, que não teriam acesso à nova tecnologia e a seus aparelhos. A verdade é que a informática criou fortunas enormes, mas permitiu também a mais profunda disseminação niveladora da tecnologia que já se viu na história. "Celulares e *laptops* e, agora, *smartphones* e *tablets* puseram a conectividade nas mãos de bilhões", afirmou Dennett.

O planeta, segundo o filósofo, ficou mais transparente na informação como ninguém imaginaria há 40 anos. Isso é maravilhoso, disse Dennett, mas não é o paraíso. E citou a lista daquilo com que devemos nos preocupar: ficamos dependentes e vulneráveis neste novo mundo, com ameaças à segurança e à privacidade. E sobre as desigualdades, ele disse que Golias ainda não caiu; milhares de Davis*, porém, estão rapidamente aprendendo o que precisam. Os "de baixo" têm agora meios para confrontar os "de cima". O conselho do filósofo é que os ricos devem começar a pensar em como reduzir as distâncias criadas pelo poder e pela riqueza de poucos.

* referência ao episódio bíblico em que Davi, aparentemente mais fraco, derrota o gigante Golias.

(Míriam Leitão. *História do futuro: o horizonte do Brasil no século XXI*. Rio de Janeiro, Intrínseca, 2015)

Assinale a alternativa correta quanto à concordância, de acordo com a norma-padrão da língua portuguesa.

a) Temia-se que a distância entre os países ricos e os países pobres aumentassem.

b) A verdade é que passou a existir fortunas enormes devido à informática.

c) Com *smartphones* e *tablets*, foi posto nas mãos de bilhões a conectividade.

d) Milhares de Davis estão aprendendo o que lhes devem ser necessário.

e) Convém reduzir as distâncias criadas pelo poder e pela riqueza de poucos.

Orações que possuem um SUJEITO ORACIONAL (uma oração inteira como sujeito de outra oração) devem manter o verbo na 3ª P. S. (CONVÉM)

Outras alternativas:

A: Temia-se que A DISTÂNCIA ... AUMENTASSE.

B: A verdade é que PASSARAM a existir FORTUNAS ENORMES ...

C: Com ..., foi POSTA ... a conectividade.

D: Milhares ... O que lhe DEVE ser necessário.

GABARITO: E.

---

211. **(2019 – Prefeitura de Guarulhos/SP – Inspetor Fiscal de Rendas)** Leia o texto para responder à questão.

Roma

O filme *Roma* está constantemente entre dois caminhos. É pessoal e grandioso, popular e intelectual, tecnológico – rodado em 65 mm digital – e clássico – feito em preto e branco com a mesma ousadia dos movimentos cinematográficos das décadas de 1950 e 1960. O título, uma referência a Colonia Roma, bairro da Cidade do México, também remete a *Roma, Cidade Aberta*, filme-símbolo do neorrealismo italiano assinado por Roberto Rossellini.

Ao revisitar a própria memória, o cineasta Alfonso Cuarón escolhe olhar para Cleo, a empregada, de origem indígena, de uma família branca de classe média. Resgata, assim, não apenas os seus anos de formação, mas todas as particularidades do passado do país. O México no início dos anos 1970 fervilhava entre revoluções sociais e a influência da cultura estrangeira. Cleo, porém, se mantinha ingênua, centrada nas suas obrigações: lavar o pátio, buscar as crianças na escola, lavar a roupa, colocar os pequenos para dormir.

Até que tudo se transforma. A família perfeita desmorona, com o pai que sai de casa, a mãe que não se conforma com o fim do casamento e os filhos jogados de um lado para o outro na confusão dos adultos. Enquanto isso, Cleo se apaixona, engravida, é enganada e deixada à própria sorte. Duas mulheres de diferentes origens compartilham a dor do abandono. Juntas, reencontram a **resiliência** que segura o mundo frente às paixões autocentradas.

O cineasta, que além da direção e do roteiro assina a fotografia e a montagem (ao lado de Adam Gough), retrata sua história, entrelaçada com a de seu país, como se na vida adulta reencontrasse o olhar da infância, cujo fascínio por cada descoberta aumenta o tamanho e a importância de tudo.

O que Cuarón faz em *Roma* é raro. São camadas e camadas sobrepostas para reproduzir a complexidade do seu imaginário afetivo e das relações sociais de um país. Entre muitas inspirações, referências e técnicas, sua assinatura está na sinceridade com que olha para si mesmo e para os seus personagens, encontrando beleza e verdade no que muitos menosprezam. Esse é um filme simples e complicado, como a própria vida.

(Natália Bridi. *Omelete*. 11.01.2019. www.omelete.com.br. Adaptado)

Assinale a alternativa em que a frase a seguir está reescrita em conformidade com as regras de concordância da norma-padrão da língua.

O cineasta assina a fotografia e a montagem do filme.

a) A fotografia e a montagem do filme é assinado pelo cineasta.

b) A fotografia e a montagem do filme são assinados pelo cineasta.

c) A fotografia e a montagem do filme são assinadas pelo cineasta.

d) A fotografia e a montagem do filme é assinada pelo cineasta.

e) A fotografia e a montagem do filme são assinado pelo cineasta.

– A fotografia e a montagem do filme (elas) SÃO ASSINADAS pelo cineasta.

GABARITO: C.

---

212. **(2019 – Prefeitura de Guarulhos/SP – Inspetor Fiscal de Rendas)** Assinale a alternativa que completa a lacuna da frase a seguir, em conformidade com a concordância da norma-padrão da língua.

No México no início dos anos 1970, __________ revoluções sociais e a influência da cultura estrangeira.

a) existia

b) havia

c) ocorria

d) abundava

e) surgia

Verbo com sentido de <u>existir</u>, <u>acontecer</u> é impessoal, portanto mantém o verbo na 3º P. S.

Outras alternativas:

A: EXISTIAM

C: OCORRIAM

D: ABUNDAVAM

E: SURGIAM

GABARITO: B.

---

213. **(2019 – Prefeitura de Itapevi/SP – Agente de Administração)** Leia o texto para responder à questão.

O Marajá

A família toda ria de dona Morgadinha e dizia que ela estava sempre esperando a visita de alguém ilustre. Dona Morgadinha não podia ver uma coisa fora do lugar, uma ponta de poeira em seus móveis ou uma mancha em seus vidros e cristais. Gemia baixinho quando alguém esquecia um sapato no corredor, uma toalha no quarto ou – ai, ai, ai – uma almofada fora do sofá da sala. Baixinha, resoluta, percorria a casa com uma flanela na mão, o olho vivo contra qualquer incursão do pó, da cinza, do inimigo nos seus domínios.

Dona Morgadinha era uma alma simples. Não lia jornal, não lia nada. Achava que jornal sujava os dedos e livro juntava mofo e bichos. O marido de dona Morgadinha, que ela amava com devoção apesar do seu hábito de limpar a orelha com uma tampa de caneta Bic, estabelecera um limite para sua compulsão por limpeza. Ela não podia entrar em sua biblioteca. Sua jurisdição acabava na porta. Ali dentro só ele podia limpar, e nunca limpava. E, nas raras vezes em que dona Morgadinha chegava à porta do escritório proibido para falar com o marido, esse fazia questão de desafiá-la. Botava os pés em cima dos móveis. Atirava os sapatos longe. Uma vez chegara a tirar uma meia e jogar em cima da lâmpada só para ver a cara da mulher. Sacudia a ponta do charuto sobre um cinzeiro cheio e errava deliberadamente o alvo. Dona Morgadinha então fechava os olhos e, incapaz de se controlar, lustrava com a sua flanela o trinco da porta.

(Luis Fernando Veríssimo. *Comédias para se ler na escola*. Rio de Janeiro: Objetiva, 2008. Adaptado)

A concordância das palavras está em conformidade com a norma-padrão da língua portuguesa em:

a) A dona de casa não suportava ver sujo ou desorganizado seus móveis, vidros e cristais.

b) Costumava ser constante a insatisfação da dona de casa com os maus hábitos do marido.

c) As almofadas do sofá da sala fora de seu lugar de origem tirava a senhora do sério.

d) A dona de casa não gostava de jornais por achar que suas folhas continha fungos e outras sujeiras.

e) Para desespero da mulher, os pés do marido estavam frequentemente colocado em cima dos móveis.

Outras alternativas:

A: A dona ... SUJOS ou DESORGANIZADOS ...

C: As almofadas do ... TIRAVAM a senhora do sério.

D: A dona da casa ...FOLHAS CONTINHAM ...

E: Para desespero ... os PÉS ... COLOCADOS ...

GABARITO: B.

---

214. **(2019 – Câmara de Sertãozinho/SP – Auxiliar Legislativo – Informática)** Quanto às regras de concordância da norma-padrão da língua, está redigida corretamente a frase:

a) Uma parceria entre Tera, Scoop&Co e Época Negócios obteve dados interessantes sobre como as transformações digitais têm sido vistas pelos trabalhadores brasileiros.

b) A pesquisa sobre as capacidades digitais dos trabalhadores brasileiros, feita em parceria por Tera, Scoop&Co e *Época Negócios*, receberam apoio de Love Mondays.

c) A chegada de novas tecnologias no mercado de trabalho vêm deixando empolgado uma quantidade considerável dos brasileiros, conforme números divulgados pela Época Negócios.

d) Recentemente, surgiu novas tecnologias no mercado de trabalho, transformando a rotina de muitos trabalhadores, obrigado a atualizar seus conhecimentos.

e) O trabalhador precisa estudar para atender às demandas do mercado de trabalho, os quais se transformam constantemente com as novas tecnologias.

Outras alternativas:

B: A pesquisa ... RECEBEU ...

C: A CHEGADA ... VEM deixando EMPOLGADA uma QUANTIDADE ...

D: Recentemente SURGIRAM ..., OBRIGADOS ...

E: O trabalhador ..., AS QUAIS ...

GABARITO: A.

---

215. **(2019 – Câmara de Sertãozinho/SP – Auxiliar Legislativo/Informática)** Leia o texto para responder à questão.

Pesquisa exclusiva mostra que brasileiros superestimam suas capacidades digitais

Os brasileiros estão otimistas com o impacto da transformação digital em suas carreiras, mas superestimam as suas capacidades digitais, que serão **chave** no mercado de trabalho nos próximos anos. A constatação está em pesquisa realizada por Tera, Scoop&Co e Época Negócios, apoiada por Love Mondays. O estudo mostra que mais de 80% dos brasileiros se dizem empolgados com a chegada das novas tecnologias no trabalho e 87% estão confiantes de que vão se adaptar à nova realidade.

Essa percepção positiva da maioria, contudo, não condiz com a realidade do mercado. Quando apresentados a uma lista de habilidades mais demandadas, 42% afirmaram não conhecer as 14 competências digitais desejadas por empregadores, de acordo com lista do LinkedIn para 2018. "A lista traz funções não exigidas nas empresas há cinco anos. Esse cenário descrito pela pesquisa é um retrato de que a renovação das competências aconteceu rápido demais. As pessoas não viram isso acontecer", diz Leandro Herrera, fundador da Tera.

(Barbara Bigarelli. *Época Negócios*. 14.11.2018. https://epocanegocios.globo.com. Adaptado)

O vocábulo **chave**, em destaque no primeiro parágrafo, tem substituto correto quanto à concordância e adequado ao significado, no contexto, em:

a) "essenciais", e está empregado com sentido figurado.

b) "importante", e está empregado com sentido próprio.

c) "excessivo", e está empregado com sentido figurado.

d) "requeridos", e está empregado com sentido próprio.

e) "novidade", e está empregado com sentido próprio.

A leitura do texto leva à interpretação correta quanto ao sentido da palavra e ao seu significado.

GABARITO: A.

216. **(2019 – Prefeitura de Arujá/SP – Escriturário/Oficial Administrativo)**

Tudo o que não puder contar, não faça: integridade é não agir errado mesmo sozinho

Immanuel Kant, famoso filósofo alemão do século VXIII, dizia: "Tudo o que não puder contar como faz, não faça!". Ao jogarmos um simples papelzinho pela janela não temos consciência alguma de que não se trata apenas de um simples papelzinho. O que está por trás disso é absolutamente sério. O que estamos fazendo conosco, com o meio em que vivemos e com o mundo? Há que se dizer que culpar terceiros sempre nos traz alívio.

Mas não é um simples papelzinho... Se jogarmos três ao dia, serão quatorze por semana, e se milhões de pessoas de todo o mundo jogarem três míseros papéis por dia? Um dos maiores responsáveis por alagamentos nas cidades é o lixo, acarreta entupimento de bueiros e canalizações, levando a dispersar doenças e incômodo à população em geral.

O âmago desta questão é a consciência. Nos dias de hoje coletamos informações prontas e não levamos questões reflexivas ao cotidiano agitado e quase atropelado pelo que não nos afeta tanto por enquanto.

O que seremos no futuro? Seremos seres abastecidos virtualmente, mas submergidos no lixo? A grande preocupação é que a realidade virtual se sobreponha à realidade real!

A vida no planeta como a conhecemos acabará de forma dramática, e somente através desse processo de conscientização poderemos garantir a sustentabilidade ambiental. Sustentabilidade: "Pensar globalmente, agir localmente". Não é um simples papelzinho. É questão de educação, caráter, reflexão!

(Mario Sergio Cortella. http://mariosergiocortella.com. Adaptado)

Considerando-se as regras de concordância e de colocação pronominal da norma-padrão, as expressões destacadas no trecho "... **coletamos** informações prontas e **não levamos** questões reflexivas ao cotidiano..." estarão correta e respectivamente substituídas por:

a) são coletadas ... não se levam.

b) é coletada... não leva-se.

c) é coletado ... não levam-se.

d) coleta-se ... não se leva.

e) são coletados ... não levam-se.

– Informações prontas exercem a função sintática de OBJETO DIRETO, do período dado que está na voz ativa, portanto passa a ser o sujeito da voz passiva (informações prontas SÃO COLETADAS).

– O advérbio não isolado (NÃO) atrai o pronome oblíquo para a posição proclítica (não SE LEVAM questões reflexivas ao cotidiano).

GABARITO: A.

217. **(2019 – Câmara de Sertãozinho/SP – Escriturário)** Assinale a alternativa em que a redação escrita a partir do texto está correta quanto à concordância das palavras, de acordo com a norma-padrão da língua portuguesa.

a) Os oceanos podem ser contaminado por determinadas tarefas, como a lavagem de roupas de tecidos sintéticos.

b) Os membros do Parlamento apresentou pesquisas sobre as fibras de tecidos sintéticas que são expelidas das roupas ao serem lavadas em máquinas de lavar.

c) Ocorrerão a conservação dos oceanos se as autoridades criarem regulamentações para os fabricantes.

d) Uma boa desculpa, com todas as indicações propostas pelo autor, é a lavagem de roupas com menos frequência.

e) Também é necessário a compra de menos roupas sintética para reduzir a poluição por plástico nos ambientes.

Outras alternativas:

A: Os oceanos ... CONTAMINADOS ...

B: Os membros ... APRESENTARAM ...

C: OCORRERÁ a conservação dos oceanos ...

E: Também É NECESSÁRIA a compra ... roupas SINTÉTICAS.

GABARITO: D.

---

218. **(2019 – Câmara de Monte Alto/SP – Auxiliar Técnico Legislativo)** Leia o texto para responder à questão.

Fim do mundo "físico"

Meu amigo Daniel Chomski, dono do sebo Berinjela, no Rio de Janeiro, surpreendeu-se outro dia usando uma expressão que, em anos de trato com livros, nunca lhe ocorrera pronunciar: "livro físico". E caiu em si no ato: por que livro "físico" se, até então, todos os livros que haviam passado por suas mãos eram apenas livros – objetos físicos – e não havia motivo para aquele apêndice boboca?

É claro que Daniel sabe a resposta e eu também. De algum tempo para cá, as pessoas têm falado de "livro físico" para diferenciá-lo do livro que, a poder de dois ou três cliques, sai de um lugar não sabido do ciberespaço e desembarca numa tabuleta eletrônica chamada, em português castiço, "tablet" – o *e-book*, ou livro eletrônico, que se lê mais com os dedos do que com os olhos. Considerando-se que o livro "físico", de papel, existe há cerca de 1500 anos, deveria ter o direito de continuar sendo apenas e somente livro, não? Mas não é o que acontece.

O mesmo está acontecendo com o CD, o "disco físico" – que, ironicamente, passou a se chamar assim em pleno processo de extinção física –, em contraposição à música que também sai de qualquer lugar e nos entra pelas orelhas quase sem depender de intermediário.

E, idem, com o "filme físico", o DVD, prestes a se tornar um objeto tão pré-histórico quanto uma mandíbula de pterodáctilo.

Há pouco, vi pela primeira vez alguém pagando as compras com o celular num supermercado sem caixas. É quase certo que, em breve, as últimas moças que ainda conservarem seus empregos serão chamadas de "caixas físicas". E o "dinheiro físico" também ameaça deixar de ser impresso, tal o número de pessoas que hoje pagam até uma bala Juquinha com o cartão.

Imagino que, um dia, as pessoas "físicas", tipo você e eu, também deixaremos de existir. Mas isso é problema de vocês.

(Ruy Castro. *Folha de S.Paulo*, 28.12.2018. Adaptado)

Assinale a alternativa em que a redação está em conformidade com a norma-padrão de concordância da língua portuguesa.

a) Já haviam alguns anos que a venda de livros físicos vinha sendo prejudicada pelo surgimento dos livros eletrônicos.

b) Atualmente, quase já não se encontram mais filmes no formato DVD ou músicas arquivadas em CD.

c) Muitos clássicos da literatura mundial estão sendo disponibilizado também em formato de arquivo digital.

d) Os livros eletrônicos apresentam características muito diferente das encontradas nos livros impressos.

e) A opção de realizar pagamentos de compras em supermercados usando apenas o celular já são uma realidade.

Outras alternativas:

A: Já HAVIA ...

C: Muitos clássicos ... DISPONIBILIZADOS ...

D: Os livros ... DIFERENTES...

E: A opção de realizar ... Já É uma realidade.

GABARITO: B.

---

219. **(2019 – Câmara de Serrana/SP – Técnico Legislativo)** Leia o texto para responder à questão.

Nero e a lira

O Brasil ficou chocado com o incêndio do Museu Nacional no Rio de Janeiro. Só diante das chamas terríveis e do patrimônio desaparecido para sempre que alguns perceberam que nunca tinham ido ao espaço museológico agora perdido. Eu já tinha escrito o mesmo sobre os riscos da nossa Biblioteca Nacional e do seu acervo inestimável em condições de risco similar. Aqui em São Paulo, é o caso do Museu do Ipiranga, fechado há tanto tempo. Perde o público, perde a cultura e empobrecemos em um campo já abalado da memória. Até quando? O que mais precisaria queimar no Brasil, para que a gente percebesse que patrimônio é algo que se vai para sempre?

O descaso tem precedentes terríveis. Em 1978, um conjunto inestimável de quadros virou cinzas no Museu de Arte Moderna do Rio de Janeiro. Patrimônio científico foi carbonizado várias vezes: a coleção do Instituto Butantã em São Paulo e do Museu de Ciências Naturais da PUC de Minas Gerais. Coleções insubstituíveis torraram por completo. O Museu da Língua Portuguesa ardeu em chamas, como também a tapeçaria de Tomie Ohtake no Memorial da América Latina: somos o país que usa cultura como material de combustão. Nenhum Nero foi indiciado, ninguém responde, nada se faz com tantos e repetidos avisos trágicos. É uma política de terra arrasada, de resultados eficazes e criminosos.

Mesmo aquilo que funciona e bem corre o risco do desamparo. A Sala São Paulo enche de orgulho os paulistas e brasileiros. A Osesp é uma joia esculpida com trabalho, talento e muito sacrifício. Manter algo do padrão da Osesp e da Sala São Paulo em um país como o

Brasil é quase um milagre. A qualidade material da sala, o esforço de todos e a educação de um público fiel. Por ela passa a fina flor da música brasileira e internacional.

A cultura brasileira é assim. Muita coisa queimou, projetos sobreviveram em estado precário, e todos aguardam poderes sensíveis ao papel insubstituível da cultura na definição da cidadania. **Quando eu vejo o montante do fundo partidário em comparação ao estado precário de orquestras e museus, sou percorrido por uma dor muito forte**.

O que mais terá de silenciar, queimar, desaparecer ou ficar no passado até que acordemos? Quantos artistas deixarão de comunicar seu talento com uma sociedade que necessita desesperadamente de criação e sensibilidade para pensar mais alto e melhor? Alguém aqui acha coincidência que a economia mais forte da Europa, a Alemanha, também seja uma terra de forte investimento privado e público na música e nas artes? O que mais precisa desaparecer para sempre, para que governos e eleitores descubram o valor do nosso patrimônio material e imaterial?

Para nós, pessoas sem poder, resta prestigiar o que ainda existe, visitar mais nossos museus, cobrar dos políticos que elegemos há pouco e valorizar com alunos e filhos os muitos heróis de uma resistência cultural.

(Leandro Karnal. *O Estado de S.Paulo*. 18.11.2018. Adaptado)

Assinale a alternativa em que o verbo em destaque apresenta concordância correta, de acordo a norma-padrão.

a) Um grande número de quadros **virou** cinzas.

b) **Tratam-se** de políticas de terra arrasada.

c) Nenhum Nero **assumem** a responsabilidade.

d) **Existirá**, ainda hoje, heróis de uma resistência cultural.

e) **Conseguirá** os políticos eleitos preocupar-se com a cultura?

Sujeito formado por expressões partitivas (um grande número de ...) permite a concordância com o núcleo da expressão (número) ou como determinante (de quadros).

Outras alternativas:

B: TRATAVA-SE ...

C: Nenhum NERO ASSUME ...

D: EXISTIRAM ..., HERÓIS ...

E: CONSEGUIRÃO os políticos eleitos ...

GABARITO: A.

---

220. **(2020 - Valiprev/SP - Contador)** Assinale a alternativa redigida de acordo com a norma-padrão de concordância verbal e nominal.

a) 1 metro e meio foram o tamanho das ondas.

b) 85% da cidade de Veneza foram invadidos pela água.

c) Já se registraram cheias em Veneza, ainda maior do que a atual.

d) Segundo o prefeito de Veneza, será necessário os recursos do governo italiano.

e) Perto de 1000 quilômetros de área florestal foi destruído pelo fogo.

Sujeito formado por percentuais permite ao verbo dupla concordância (com o numeral – 85% – ou com o determinante – Cidade de Veneza).

Isso também ocorre com o adjetivo (invadidos/invadida).

Corrigindo:

A: 1 metro e meio FOI o tamanho das ondas.

C: Já se registrou cheias em Veneza, ainda maior do que a atual.

D: Segundo o prefeito de Veneza, SERÃO NECESSÁRIOS os recursos do governo italiano.

E: Perto de 1000 quilômetros de área florestal FORAM DESTRUÍDOS pelo fogo.

GABARITO: B.

---

221. **(2019 – UFABC – Assistente em Administração)** Quanto à concordância da norma-padrão da língua, a frase redigida corretamente é:

a) Os nascidos entre 1981 e 1997 não dispõe de tantas particularidades assim na análise dos gastos com automóveis, alimentação e moradia.

b) A matança cultural promovida pela juventude americana deixaram de afetar apenas poucos setores.

c) Encontraram-se pouca evidência de que gostos e preferências de millennials sejam inferiores aos de gerações passadas.

d) A análise granular dos gastos com automóveis, alimentação e moradia revelou que os *millennials* não têm tantas particularidades.

e) Gastos, renda, endividamento, patrimônio líquido e fatores demográficos de várias gerações, tudo isso foram considerados no estudo.

Outras alternativas:

A: Os nascidos ... não DISPÕEM ...

B: A matança cultural ... DEIXOU de afetar ...

C: ENCONTROU-SE pouca evidência ...

E: Gastos, renda, endividamento ... TUDO ISSO FOI CONSIDERADO no estudo.

GABARITO: D.

---

222. **(2019 – TJ/SP – Contador Judiciário)**

Carta-Poema

Excelentíssimo Prefeito
Senhor Hildebrando de Góis,
Permiti que, rendido o preito
A que faz jus por quem sois,

Um poeta já sexagenário,
Que não tem outra aspiração
Senão viver de seu salário
Na sua limpa solidão,

Peça vistoria e visita
A este pátio para onde dá
O apartamento que ele habita
No Castelo há dois anos já.

É um pátio, mas é via pública,
E estando ainda por calçar,
Faz a vergonha da República
Junto à Avenida Beira-Mar!

Indiferentes ao capricho
Das posturas municipais,
A ele jogam todo o seu lixo
Os moradores sem quintais.

(Manuel Bandeira, *As cidades e as musas.* Org. Antonio Carlos Secchin)

Assinale a alternativa que contém informações coerentes com o poema, organizadas em conformidade com norma-padrão.

a) O eu lírico, um senhor que mora na Avenida Beira-Mar, anseia por uma solução para os problemas que o afetam cotidianamente, a saber, a falta de calçamento do pátio e os lixos ali depositados.

b) O eu lírico sente-se já velho pois seu dia a dia é de solidão, já que ele não aspira mais nada na vida, senão que o prefeito mande vistoriar o pátio de seu edifício, lugar que têm acesso os moradores sem quintais.

c) O eu lírico, por ser já velho como o prefeito, recorre a este para que mande vistoria e visita ao pátio que ele mora, local onde os moradores sem quintais jogam lixo, com o que ele discorda.

d) O eu lírico, amigo de sessenta anos do prefeito, solicita-o na vistoria e visita no prédio o qual mora, uma vez que o local ainda carece de calçamento e aonde os moradores sem quintais têm jogado lixo.

e) O eu lírico exige do velho prefeito da cidade que este se dedique em vistoriar e visitar o pátio aonde ele mora, pois existe ali muito lixo devido ação dos moradores sem quintais na região.

A interpretação do poema está correta na alternativa A além de não apresentar erros gramaticais.

Outras alternativas:

B: O eu lírico ... ele não aspira A mais nada ...

C: O eu lírico, ... pátio EM que ..., DO que ele discorda.

D: O eu lírico, ... vistoria e visita AO prédio No QUAL mora, ... e ONDE ...

E: O eu lírico ... ONDE ele mora, devido A ...

GABARITO: A.

---

223. **(2020 – Câmara de Bragança Paulista/SP – Secretária)** Assinale a alternativa redigida de acordo com a norma-padrão de concordância nominal e verbal.

a) Existe muitos pontos polêmicos no âmbito da literatura, a ponto de escritores até rebater a crítica que os atingem.

b) É vedado comentários acerca dos tropeços que se encontra na escrita de autores clássicos, respeitada pela crítica.

c) As obras que seguem anexo pertencem a escritores que tem grande respeito do público e da crítica.

d) A inundação da biblioteca pública deixou irrecuperável obras de valor inestimável, que pelo menos 80% dos leitores adorava.

e) Sempre vai haver críticas dirigidas aos escritores; mais de um deles já experimentou bastantes dissabores em sua trajetória.

Quando o verbo principal de uma locução verbal for impessoal (HAVER como sinônimo de EXISTIR) a característica da impessoalidade (3ª P.S) é transferida para o verbo auxiliar. Sempre VAI HAVER críticas...

A expressão MAIS DE UM leva-nos a concordar o verbo com o numeral UM (experimento).

Quando se referir a substantivos, a palavra bastantes funciona como pronome indefinido concorda com o substantivo (bastante dissabores).

Corrigindo as outras alternativas:

A: o ponto... REBATEREM ... os ATINGE. EXISTEM...

B: São VEDADOS comentários ... tropeços ... encontram ...

C: As obras que ... ANEXAS ... escritores que TÊM ...

D: A inundação ... IRRECUPERÁVEIS ... 80% dos leitores ADORAVAM.

GABARITO: E.

---

224. **(2020 – Prefeitura de São Roque – Advogado)** Leia o texto para responder à questão.

O ataque da desinformação

Sempre houve boatos e mentiras gerando desinformação na sociedade. O fenômeno é antigo, mas os tempos atuais trouxeram desafios em proporções e numa velocidade até há pouco impensáveis.

A questão não é apenas a incrível capacidade de compartilhamento instantâneo, dada pelas redes sociais e os aplicativos de mensagem, o que é positivo, mas traz evidentes riscos. Muitas vezes, uma informação é compartilhada milhares de vezes antes mesmo de haver tempo hábil para a checagem de sua veracidade. O desafio é também oriundo do avanço tecnológico das ferramentas de edição de vídeo, áudio e imagem. Cada vez mais sofisticadas e, ao mesmo tempo, mais baratas e acessíveis, elas são capazes de falsificar a realidade de forma muito convincente.

Para debater esse atual cenário, a Associação Nacional de Jornais (ANJ) promoveu o seminário "Desinformação: Antídotos e Tendências". Na abertura do evento, Marcelo Rech, presidente da ANJ, lembrou que o vírus da desinformação não é difundido apenas por grupos ou indivíduos extremistas. Também alguns governos têm se utilizado dessa arma para desautorizar coberturas inconvenientes. Tenta–se fazer com que apenas a informação oficial circule.

O diretor da organização Witness, Sam Gregory, falou sobre as *deepfakes* e outras tecnologias que se valem da inteligência artificial (IA) para criar vídeos, imagens e áudios falsos. Houve um grande avanço tecnológico na área, o que afeta diretamente a confiabilidade das informações na esfera pública. O vídeo de um político fazendo determinada declaração pode ser inteiramente falso. Parece não haver limites para as manipulações.

Diante desse cenário, que alguém poderia qualificar como o "fim da verdade", Sam Gregory desestimulou qualquer reação de pânico ou desespero, que seria precisamente o que os difusores da desinformação almejam. Para Gregory, o caminho é melhorar a preparação das pessoas e das instituições, ampliando a "alfabetização midiática" – prover formação para que cada pessoa fique menos vulnerável às manipulações –, aperfeiçoando as ferramentas de detecção de falsidades e aumentando a responsabilidade das plataformas que disponibilizam esses conteúdos.

Há um consenso de que o atual cenário, mesmo com todos os desafios, tem aspectos muito positivos, pois todos os princípios norteadores do jornalismo, como o de independência, da liberdade de expressão e o de rigor na apuração, têm sua importância reafirmada.

O caminho para combater a desinformação continua sendo o mesmo: a informação de qualidade.

(O Estado de São Paulo. 19.10.2019. Adaptado)

Considere os trechos reescritos com base no texto.

• Historicamente, sempre existiram boatos e mentiras gerando desinformação na sociedade. (1º parágrafo)

• ... os tempos atuais trouxeram desafios em proporções e numa velocidade que há poucos anos era algo impensável. (1º parágrafo)

• São tentativas de fazer com que apenas a informação oficial circule. (3º parágrafo)

As expressões destacadas podem ser substituídas, respectivamente e em conformidade com a norma–padrão de concordância, por:

a) houve; fazem; Tratam-se de.

b) houve; faz; Trata-se de.

c) houve; fazem; Trata-se de.

d) houveram; fazem; Tratam-se de.

e) houveram; faz; Trata-se de.

=> O verbo HAVER quando sinônimo para EXISTIR é IMPRESSOAL, portanto só pode se flexionar na 3ª P.S.

=> O verbo FAZER ao expressar a ideia de TEMPO DECORRIDO também é IMPESSOAL – FAZ.

=> A partícula SE ao unir-se a um verbo TRANSITIVO INDIRETO (tratar DE algo) funciona como ÍNDICE DE INDETERMINAÇÃO DO SUJEITO e obriga o verbo a permanecer na 3ª P.S. – TRATA-SE DE.

GABARITO: B.

---

225. **(2020 – EBSERH – Advogado)** A frase em que a concordância se dá em conformidade com a norma-padrão da língua é:

a) Com uma alta taxa de homicídios no país, aumenta-se os índices de depressão na população.

b) Nas últimas décadas, houve um aumento de pessoas que sofrem com transtornos mentais.

c) É necessário medidas que atenuem os problemas sociais ligados aos transtornos mentais.

d) A ansiedade está entre os vários transtornos mentais que pode ser decorrente de um estilo de vida urbanizado.

e) Surge, com o aumento das taxas de desemprego e de violência, problemas na saúde da população.

A primeira vírgula foi empregada para expressar adjunto adverbial deslocado.

Verbo HAVER, quando impessoal (sinônimo para existir) necessariamente permanece na 3ªP.S.

Corrigindo outras alternativas:

a) Com uma... AUMENTAM-SE os índices ...

c) São necessárias medidas ...

d) A ansiedade está ... transtornos mentais que PODEM SER DECORRENTES.

e) SURGEM, ..., problemas na saúde da população.

GABARITO: B.

---

226. **(2019 – TJ/SP – Médico Judiciário)** Leia o texto para responder à questão.

Literatura no cárcere

Desde 2013, quando o Conselho Nacional de Justiça (CNJ) autorizou a remição da pena pela leitura, 5.547 detentos foram beneficiados por esse projeto no Brasil. É um número baixo, se comparado com as quase 700 mil pessoas privadas de liberdade em todo o país.

A recomendação do CNJ determina que, a cada livro lido, é possível reduzir quatro dias da pena. Para isso, o leitor deve escrever um resumo da obra que deve ser aprovado por um parecerista. Esses documentos seguem para o juiz responsável, que julga o pedido de remição.

Medir os benefícios dessa proposta tem feito florescer debates acalorados entre os que veem na leitura ganhos efetivos para a reintegração do indivíduo à sociedade e os que a avaliam como um privilégio concedido a pessoas que, de algum modo, causaram danos à população. Sem entrar no mérito dessa discussão, é fato que, dentro ou fora da prisão, as benesses da leitura são muitas e difíceis de mensurar.

Uma pesquisa feita em 2017 pela editora Companhia das Letras, que em parceria com a Fundação Profº. Dr. Manoel Pedro Pimentel (Funap) subsidia um projeto de clubes de leitura e remição de pena, indicou que os ganhos são mais concretos do que se pode imaginar.

Durante um ano, 177 detentos se reuniram mensalmente para discutir uma obra selecionada pela curadoria do projeto.

Quando perguntados sobre as eventuais mudanças percebidas em si próprios, a resposta mais frequente foi que os envolvidos conseguiram perceber uma "ampliação de conhecimentos". Em segundo, que se sentiam mais motivados "para traçar planos para o futuro". Na sequência, aparecem motivações como "capacidade de reflexão" e de "expressar sentimentos", possibilidade de "dizer o que pensa", "maior criatividade" e, por último, "maior criticidade".

Por qualquer prisma que se procure observar, esses ganhos já seriam significativos, pois no ambiente prisional revelam uma extraordinária mudança na chave da autoestima.

(Vanessa Ferrari, Rafaela Deiab e Pedro Schwarcz. *Folha de S. Paulo*, 25.06.18. Adaptado)

Assinale a alternativa em que a concordância verbal e a grafia das palavras estão em conformidade com a norma-padrão.

a) Desde 2013, o Conselho Nacional de Justiça mantêm projetos de remição de pena ligados à iniciativa privada.

b) As considerações feitas pelo parecerista, que deve agir concienciosamente, segue para o deferimento do juiz.

c) Após a escolha de uma obra pelos responsáveis pelo projeto, ocorreu reuniões em que os detentos expontaneamente expuseram seu ponto de vista.

d) Os detentos que quizeram participar dos clubes de leitura relataram que se sentiram motivados a traçar planos futuros.

e) A capacidade de reflexão bem como a de expressar os sentimentos figuram na lista das benesses advindas da leitura.

Outras alternativas:

A: Desde 2013, o Conselho Nacional de Justiça MATÉM projetos de REMISSÃO ...

B: As considerações feitas ... agir CONSCIENCIOSAMENTE SEGUEM ...

C: Após a escolha ..., OCORRERAM reuniões ... ESPONTANEAMENTE.

D: Os detentos que QUISERAM.

GABARITO: E.

227. **(2019 – TJ/SP – Administrador Judiciário)**

Assassinos culturais

Sou um assassino cultural, e você também é. Sei que é romântico chorar quando uma livraria fecha as portas. Mas convém não abusar do romantismo – e da hipocrisia. Fomos nós que matamos aquela livraria e o crime não nos pesa muito na consciência.

Falo por mim. Os livros físicos que entram lá em casa são cada vez mais ofertas – de amigos ou editoras.

Aos 20, quando viajava por territórios estranhos, entrava nas livrarias locais como um faminto na capoeira. Comprava tanto e carregava tanto que desconfio que o meu problema de ciática é, na sua essência, um problema livresco.

Hoje? Gosto da flânerie*. Mas depois, fotografo as capas com o meu celular antes de regressar para o psicanalista – o famoso dr. Kindle. Culpado? Um pouco. E em minha defesa só posso afirmar que pago pelos meus vícios.

E quem fala em livrarias, fala em todo o resto. Eu também ajudei a matar a Tower Records e a Virgin Megastore. Havia lá dentro uma bizarria chamada CD – você se lembra?

Hoje, com alguns aplicativos, tenho uma espécie de discoteca de Alexandria onde, a meu bel-prazer, escuto meus clássicos e descubro novos.

Se juntarmos ao pacote o iTunes e a Netflix, você percebe por que eu também tenho o sangue dos cinemas e dos blockbusters nas mãos.

Eis a realidade: vivemos a desmaterialização da cultura. Mas não é apenas a cultura que se desmaterializa e tem deixado as nossas salas e estantes mais vazias. É a nossa relação com ela. Não somos mais proprietários de "coisas"; somos apenas consumidores e, palavra importante, assinantes.

O livro "Subscribed", de Tien Tzuo, analisa a situação. É uma reflexão sobre a "economia de assinaturas" que conquista a economia global. Conta o autor que mais de metade das empresas da famosa lista da "Fortune" já não existiam em 2017. O que tinham em comum? O objetivo meritório de vender "coisas" – muitas coisas, para muita gente, como sempre aconteceu desde os primórdios do capitalismo.

Já as empresas que sobreviveram e as novas que entraram na lista souberam se adaptar à economia digital, vendendo serviços (ou, de forma mais precisa, acessos).

Claro que na mudança algo se perde. O desaparecimento das livrarias não acredito que seja total no futuro (e ainda bem). Além disso, ler no papel não é o mesmo que ler na tela. Mas o interesse do livro de Tzuo não está apenas nos números; está no retrato de uma nova geração para quem a experiência cultural é mais importante do que a mera posse de objetos.

Há quem veja aqui um retrocesso, mas também é possível ver um avanço – ou, para sermos bem filosóficos, o triunfo do espírito sobre a matéria. E não será essa, no fim das contas, a vocação mais autêntica da cultura?

(João Pereira Coutinho. *Folha de S.Paulo*, 28.08.2018. Adaptado)

* Flânerie: ato de passear, de caminhar sem compromisso.

Assinale a alternativa redigida em conformidade com a norma-padrão de concordância.

a) As empresas que, hoje, em lugar de coisas vende serviços, moldaram-se à economia digital.

b) Presenteado, em sua maioria, são os livros que hoje fazem parte da biblioteca do escritor.

c) Não faz tantos anos que redes de lojas como Tower Records e Virgin Megastore eram referência no mercado musical.

d) O autor tem registrada, em seu celular, capas de livros que lhe interessam, os quais prefere ler em formato e-book.

e) O livro de Tien Tzuo, além dos dados numéricos, expõem reflexões a respeito do comportamento das novas gerações.

Outras alternativas:

A: As empresas que, ... VENDEM ...

B: PRESENTEADOS, ...

D: O autor tem REGISTRADAS, ...

E: O livro de Tien Tzuo ... EXPÕE ...

GABARITO: C.

228. **(2019 – SEDUC/SP – Oficial Administrativo)**

(Fernando Gonsales. Níquel Náusea. Disponível em https://www1.folha.uol.com.br/ilustrada. 03.11.2018)

Alterando-se a expressão “o caramujo” para o plural (os caramujos), o texto do último quadrinho assumirá, em conformidade com a norma-padrão de concordância da língua portuguesa, a seguinte redação:

a) Por mais que tentem, os caramujos adolescente não consegue sair de casa.

b) Por mais que tente, os caramujos adolescentes não consegue sair de casa.

c) Por mais que tente, os caramujos adolescente não conseguem sair de casa.

d) Por mais que tentem, os caramujos adolescentes não conseque sair de casa.

e) Por mais que tentem, os caramujos adolescentes não conseguem sair de casa.

Por mais que TENTEM os caramujos adolescentes não CONSEGUEM sair de casa.

GABARITO: E.

229. **(2020 – EBSERH – Assistente Administrativo)** Assinale a alternativa em que a concordância verbal e nominal segue a norma-padrão da língua portuguesa.

a) O cardápio incluía inúmeras iguarias, que chegava aos convidados em pratos decorados com flores e frutos.

b) Homenageadas pela festa, a comitiva chilena era formada por oficiais do couraçado Almirante Cochrane.

c) A fiscalização das mercadorias importadas e exportadas eram essencial para a atividade econômica do Império.

d) Na noite de novembro de 1889 participava do último e histórico baile imperial cinco mil convidados.

e) Por conta dos avanços das ideias republicanas, escreviam-se as últimas linhas do período imperial no Brasil

O pronome apassivador SE leva o verbo a concordar com o sujeito (as últimas linhas...).

Corrigindo as outras alternativas:

A: O cardápio ..., que CHEGAVAM ...

B: HOMENAGEADA ..., a comitiva chilena ...

C: A fiscalização ... ERA ...

D: Na noite ... PARTICIPAVAM ... cinco mil convidados.

GABARITO: E.

---

230. **(2020 – FITO – Técnico em Gestão – Assistência Administrativa)** Assinale a alternativa em que a concordância verbal ou nominal está em conformidade com a norma-padrão da língua portuguesa.

a) Na ligação de Calvin para Susi, houveram muitas perguntas feitas por Calvin.

b) "Foi eu que ligou para Susi", disse Calvin preocupado para sua mãe.

c) A conta telefônica eram só ligações do Calvin para a Susi.

d) As crianças pediram à professora que as liberassem do trabalho.

e) Eu tirava cópias de quaisquer livro que estavam esgotados.

O verbo SER, quando na oração em que for empregado não existir referência à pessoa, deverá concordar com o termo que estiver no plural.

Corrigindo as outras alternativas:

A: Na.... houve...

B: Fui eu que liguei....

D: As crianças... as liberasse...

E: Eu... livros...

GABARITO: C.

---

231. **(2018 – Câmara de Itaquaquecetuba/SP – Jornalista)**

CIDADE DO MÉXICO, 13 MAR. O abacate está se convertendo no novo "ouro" do México, ultrapassando o petróleo como produto de exportação que mais gera lucros para o país, de acordo com os números mais recentes divulgados pelo Ministério da Economia do Estado. No entanto, ecologistas se queixam de que o crescimento na demanda do fruto, abundante em vitamina E, está causando um grande estrago ao meio-ambiente mexicano. A polpa do fruto costuma ser usada como acompanhamento dos principais "snacks" dos norte-americanos em competições esportivas, como o Super Bowl. Durante os intervalos da partida, aliás, grandes companhias e produtoras da fruta difundem anúncios publicitários. No dia 5 de fevereiro, por exemplo, o custo de uma propaganda de apenas 30 segundos no estádio, que foi vista por 130 milhões de espectadores, chegou a US$ 5 milhões. A Associação de Produtores e Empacotadores de Abacate do México (Apeam) é a encarregada de financiar essa mensagem, transmitida pela emissora de televisão *Fox*, na qual são exaltados os benefícios do abacate mexicano. Estima-se que cerca de 100 mil toneladas do popular molho "guacamole", que é feito com a fruta, são consumidas apenas durante esse jogo de futebol americano. A maioria do abacate que se consome nos Estados Unidos é produzido nos campos do estado de Michoacán, o que é criticado por ecologistas, que acreditam que o "boom" da produção do fruto no país está causando danos ao meio ambiente, já que muitas terras florestais estão sendo dizimadas para ampliar os campos de abacate, mais rentáveis.

(https://istoe.com.br. Adaptado)

Assinale a alternativa que atende à norma-padrão de concordância nominal.

a) Durante os intervalos do Super Bowl, anúncios publicitários são difundido para exaltar os benefícios do abacate.

b) Os ecologistas mantêm-se alerta quanto à dizimação de terras florestais para ampliar os campos de abacate.

c) Os ecologistas querem que menas áreas florestais sejam utilizadas para a produção do abacate no México.

d) O abacate e o petróleo junto movimentam a economia do México, gerando lucros para o país.

e) Grandes quantidade de abacate são consumidas durante um jogo de futebol americano, como o Super Bowl.

Outras alternativas:

A: Durante ... anúncios publicitários são DIFUNDIDOS ...

C: Os ecologistas querem que MENOS áreas ...

D: O abacate e o petróleo JUNTOS ...

E: Grandes QUANTIDADES de abacate ...

GABARITO: B.

232. **(2018 – Prefeitura de São Bernardo do Campo/SP – Oficial Administrativo I)**

Muita gente acha que rir no escritório pode dar a impressão de que está "faltando serviço". Discussões que até pouco tempo eram presenciais, realizadas na mesa de um colega, acontecem cada vez mais por e-mail ou programas de troca de mensagens instantâneas. Nesse cenário, o bate-papo pode, muitas vezes, parecer **prescindível**. Contudo, e se, em vez de sinalizar ociosidade, rir com os colegas for algo que favoreça a colaboração da equipe e estimule a inovação? Depois de anos sem dar muita atenção ao riso, os cientistas estão começando a chegar a essa conclusão.

Nas últimas duas décadas, muitos estudos sobre o tema foram conduzidos pelo neurocientista Robert Provine, professor de psicologia na Universidade de Maryland, em Baltimore, nos Estados Unidos.

Uma de suas pesquisas mostrou que, no ambiente de trabalho, o riso é desencadeado principalmente por conversas triviais a partir de comentários como "vamos dar um jeito nisso", "acho que já terminei" ou "pronto, aqui está". Quem não se lembra de situações no trabalho em que um simples bate-papo tenha acabado em risada? Não são piadas, mas momentos de conexão com os colegas.

O riso é um sinal subconsciente de que estamos em um estado de relaxamento e segurança, afirma a professora Sophie Scott, da University College London (UCL), no Reino Unido. Por exemplo, muitos mamíferos manifestam reações semelhantes ao riso, mas podem ser interrompidos por causa de certos estados emocionais. Em outras palavras, se os membros de uma equipe estão rindo juntos, isso significa que eles baixaram a guarda. Isso é importante, pois há pesquisas indicando que, quando nossos cérebros estão relaxados, conseguimos associar livremente as ideias com mais facilidade, o que pode potencializar a criatividade.

Os cientistas John Kounios, da Universidade Drexel, na Pensilvânia, e Mark Beeman, da Universidade Northwestern, em Illinois, fizeram um experimento para ver se o riso ajudava um grupo a resolver complicados testes de lógica. O estudo mostrou que uma breve gargalhada aumentava em 20% a taxa de resolução dos testes. Segundo Kounios e Beeman, a aparente falta de concentração relacionada ao riso permite à mente manipular e conectar conceitos de uma forma que a concentração estrita não conseguiria.

(Bruce Daisley. "Como o riso ajuda a melhorar o desempenho no trabalho". www.bbc.com, 27.06.2018. Adaptado)

Assinale a alternativa em que a concordância está de acordo com a norma-padrão da língua.

a) Muitas pesquisas vem demonstrando a relação do riso e a produtividade.

b) A produtividade de funcionários que riem são comprovadamente maiores.

c) São necessárias valorizar a desconcentração entre colegas e a boa convivência.

d) Ter um cérebro relaxado é importante para desenvolver uma mente criativa.

e) A taxa de resolução dos testes crescem se o testado ri ou gargalha antes do experimento.

Outras alternativas:

A: Muitas pesquisas VÊM ...

B: A produtividade ... É ... MAIOR.

C: É NECESSÁRIO valorizar ...

E: A taxa ... CRESCE ...

GABARITO: D.

233. **(2018 – Prefeitura de São José dos Campos/SP – Analista em Gestão Municipal/Ciências Contábeis)**

Característica básica da inovação social é ser criação daqueles que dela vão se beneficiar. Por isso não é possível replicar experiências inovadoras, como se elas pudessem gerar modelos prontos.

A relevância das experiências inovadoras no debate sobre a transformação do sistema educacional está no fato de que elas criam novos conceitos, processos, estruturas e metodologias, que podem indicar as mudanças necessárias nos vários elementos que constituem o ecossistema da educação.

Vejamos, então, algumas experiências inovadoras. Para ficarmos na América do Sul, na Argentina, a QMark High School, em Bariloche, decidiu inovar observando sua paisagem.

Os dias começam e terminam com longas caminhadas na montanha, e os estudantes têm oportunidade de identificar os problemas em sua comunidade e desenvolver pesquisas que possibilitem enfrentá-los, usando as ferramentas disponíveis em seu ambiente. Foi assim que eles construíram um banheiro seco em 2016, que não polui o meio ambiente e, em 2017, criaram um aplicativo que ajuda os turistas a não se perderem nas estradas da montanha.

Novas propostas pedagógicas também ganham cada vez mais espaço entre as escolas brasileiras. Na Escola Estadual Alan Pinho Tabosa, na cidade de Pentecoste (CE), de ensino médio, não há aulas como conhecemos.

Os estudantes, sob orientação dos professores, se organizam em células de aprendizagem e colaboram para resolver problemas. Reconhecem-se dessa forma como agentes de mudança, pensando criticamente sobre o mundo e trabalhando em equipe.

O que essas iniciativas demonstram é que as aprendizagens mais importantes para que os jovens possam produzir mudanças positivas no mundo só podem acontecer em organizações educativas (escolas ou não) que se identificam como centros locais de produção e cultura, reinventando as estruturas, os processos e as metodologias para isso.

(Antonio Lovato, Helena Singer e María Mérola, "Empreendedorismo social e inovação na educação transformam o mundo". Em: https://www1.folha.uol.com.br. Adaptado)

Assinale a alternativa em que a frase reescrita a partir das informações textuais atende à norma-padrão de concordância.

a) Com as caminhadas é que os estudantes argentinos identificaram problemas em sua comunidade.

b) Na Escola Estadual Alan Pinho Tabosa, não acontece as aulas da forma como as conhecemos.

c) Reinventa-se, nos centros locais de produção e cultura, as estruturas, os processos e as metodologias.

d) A relevância das experiências inovadoras são importantes para o debate sobre a transformação do sistema educacional.

e) O banheiro seco e o aplicativo para os turistas mostra como os alunos enfrentaram os problemas locais.

Outras alternativas:

B: Na Escola ..., não ACONTECEM as aulas ...

C: REINVENTAM-SE, ..., os processos e as metodologias.

D: A relevância ... É IMPORTANTE ...

E: O banheiro seco e o aplicativo para os turistas MOSTRAM ...

GABARITO: A.

---

234. **(2018 – UFTM – Assistente em Administração)**

"Me corrige", pede o pronome

Uma das principais marcas do português brasileiro permanece alijada da escrita:

Me parece cada vez mais claro que o pronome átono em início de frase, como o que acabo de cometer, será o último dos últimos tabus normativos a ser quebrado pelo inexorável abrasileiramento da língua que se entende e se pratica como nossa norma culta.

É claro que me refiro à língua escrita. Sabe-se que, falando, a maior parte dos brasileiros iniciaria assim esta frase: "Se sabe que...". Isso inclui pessoas de alta escolaridade e não exclui situações em que a comunicação prevê certa cerimônia.

No livro "Oficina de Texto", um guia de redação sensatamente equilibrado entre tradição e modernidade, o linguista Carlos Alberto Faraco e o romancista Cristovão Tezza, colunista da *Folha*, escrevem o seguinte: "Resta praticamente uma única regra universal na colocação de pronomes da língua-padrão escrita: jamais comece uma sentença com pronome átono".

Logo em seguida reconhecem que talvez esse não seja bem o único mandamento restante. Para poupar dor de cabeça com revisores e corretores de provas, dizem, vale a pena seguir também a regra "bastante duvidosa" das tais palavras atrativas, como "que", "quando" e "não", que sempre puxariam o pronome átono para junto de si.

No mais, Faraco e Tezza dão ao leitor a bússola de colocação pronominal que julgo definitiva: "Prefira a forma que soar melhor". Se você é brasileiro, isso exclui quase certamente a mesóclise, além de limitar a lusitana ênclise. Nossa inclinação é naturalmente proclítica.

O gramático Manuel Said Ali (1861-1953) foi um pioneiro defensor da colocação de pronomes à moda da casa, contra o lusocentrismo dominante em sua época e ainda hoje presente na gramática normativa.

Argumentava que "a pronúncia brasileira diversifica da lusitana; daí resulta que a colocação pronominal em nosso falar espontâneo não coincide perfeitamente com a do falar dos portugueses".

Tudo isso é lindo, mas convém ter sempre em mente o último tabu. Me faça o favor de contrariar sua fala e escrever "Faça-me o favor", a menos que queira marcar uma posição. Se prepare, nesse caso, para as consequências.

(Sérgio Rodrigues, "'Me corrige', pede o pronome". Em: *Folha de S.Paulo*, 02.08.2018. Adaptado)

De acordo com a norma-padrão, quanto à concordância nominal e verbal, assinale a alternativa correta.

a) Pessoas de alta escolaridade tende a usar os pronomes de forma abrasileirada, algumas dela informal.

b) Embora hajam várias regras de colocação pronominal, Faraco e Tezza afirmam que resta praticamente uma única.

c) Pode ser que ainda exista vários tabus normativos a ser quebrado que não apenas o da colocação pronominal.

d) As línguas brasileira e portuguesa parecem diferir no que diz respeito à colocação dos pronomes átonos na sentença.

e) As consequências decorrente da intenção de marcar uma posição está relacionado com a ideia do último tabu.

Outras alternativas:

A: Pessoas ... TENDEM ... algumas DELAS INFORMAIS.

B: Embora HAJA ...

C: Pode ser ... EXISTAM vários tabus ... a SEREM QUEBRADOS ...

E: As consequências DECORRENTES ... ESTÃO RELACIONADAS ...

GABARITO: D.

---

235. **(2018 – Prefeitura de São Paulo/SP – Engenheiro Civil)**

Após 15 anos do Estatuto do Idoso, desafio é cumprir a lei

Quinze anos após ter sido criada, a principal lei de defesa dos direitos do idoso ainda tem sua aplicação completa como desafio. Em outubro de 2003, quando o chamado Estatuto do Idoso entrou em vigor, **8,5% da população tinha 60 anos ou mais** — 15 milhões de pessoas. Hoje, esse grupo já representa 13% do total e supera 27 milhões, segundo o IBGE.

O envelhecimento da população não tem sido acompanhado por medidas que garantam todos os direitos desse público, dizem especialistas. A baixa oferta de políticas de cuidado para idosos que precisam de apoio, como os chamados centros-dia, é um dos gargalos apontados. Outros problemas são dificuldade no ____________ saúde, ____________ abordagem nas escolas sobre ____________ idoso e falta de políticas de emprego.

"Existe uma cultura de que envelheceu e acabou: você ganha um pijama, um chinelo e uma poltrona. Queremos mostrar que o idoso continua sendo sujeito de direitos", diz Delton Pastore, promotor que atua na defesa do idoso no Ministério Público de São Paulo. Para ele, falta integração de serviços ao idoso, como na saúde e na assistência social.

Desde que entrou em vigor, o estatuto já foi alterado em mais de 20 pontos, por 11 leis. Uma das mais recentes, de 2017, deu prioridade especial no atendimento a quem tem a partir de 80 anos.

Pesquisa Datafolha mostra que a maioria dos idosos têm visão pessimista sobre as condições do país: 69% deles avaliam que o Brasil está pior hoje do que na sua juventude. Saúde pública e condições de trabalho têm as piores avaliações.

(Natália Cancian e Laís Alegretti. Disponível em: <https://www1.folha.uol.com.br/>. 10.07.2018. Adaptado)

Assinale a alternativa que reescreve livremente os trechos em destaque de acordo com a norma-padrão de concordância.

a) Há quinze anos de sua criação ... os que tinham mais de 60 anos somava 8,5% ... não existe medidas acompanhando o envelhecimento da população.

b) Já fazem cerca de quinze anos que foi criada ... mais de 8,5% dos brasileiros tinha 60 anos ou mais ... não houveram medidas acompanhando o envelhecimento da população.

c) Criada fazem quinze anos ... a população de 60 anos ou mais eram 8,5% ... medidas não vem acompanhando o envelhecimento da população.

d) Podem fazer uns quinze anos que foi criada ... cerca de 8,5% da população estavam com 60 anos ou mais ... medidas não têm acompanhado o envelhecimento da população.

e) Criada há quinze anos ... 9% da população tinha 60 anos ou mais ... Não tem havido medidas acompanhando o envelhecimento da população.

Outras alternativas:

A: Há ... os que tinham ... SOMAVAM ... não EXISTEM medidas ...

B: Já FAZ cerca ... mais de 8,5% dos brasileiros TINHAM ... não HOUVE ...

C: Criada FAZ uns ... a população ... ERA ... medidas não VÊM ...

D: PODE FAZER ... cerca de 8,5% da população ESTAVA ...

GABARITO: E.

---

236. **(2018 – MPE/SC – Analista Jurídico do Ministério Público)**

O cansaço democrático

Quem disse que a democracia era eterna? Ninguém. Mas palpita ainda no coração do homem civilizado a crença de que essa forma de governo estará entre nós até ao fim dos tempos.

Uma ideia tão otimista seria risível à luz da história do pensamento político. Platão é o exemplo mais extremo: a democracia faz parte de um movimento cíclico de regimes – e, para ele, é uma forma degenerada de governo.

Depois da democracia, haverá um tirano para pôr ordem no pardieiro; e, depois do tirano, haverá novamente uma aristocracia, que será suplantada por uma timocracia, que será suplantada por uma oligarquia, até a democracia regressar. Nada perdura.

É precisamente esse pensamento lúgubre que percorre uma moda editorial recente – livros sobre o fim, real ou imaginário, da democracia liberal.

Em seu recente "How Democracy Ends", David Runciman lida com os contornos desse hipotético fim: se a democracia chegar ao seu termo, não teremos uma repetição da década de 1930, defende. Não teremos violência de massas, movimentos armados, tanques nas ruas. Vivemos em sociedades radicalmente diferentes – mais afluentes, envelhecidas, conectadas. E, além disso, conhecemos o preço da brutalidade autoritária e totalitária. As nostalgias reacionárias são coisa de jovens: eles desejam o que ignoram e ignoram o que desejam.

Mas se os "golpes tradicionais" são improváveis, há formas invisíveis de conseguir o mesmo objetivo: pela gradual suspensão da ordem legal; pelo recurso a eleições fraudulentas; pela marginalização dos freios e contrapesos do regime.

A democracia só sobrevive porque somos capazes de gerir as nossas frustrações quando os resultados nos são desfavoráveis. Essa tolerância diminui de ano para ano.

E diminui sob o chicote das redes sociais. Runciman acredita que o principal problema do mundo virtual está no poder praticamente ilimitado que os gigantes tecnológicos exercem sobre os usuários.

Pessoalmente, o meu temor é outro: o poder praticamente ilimitado que os usuários exercem sobre os poderes Executivo, Legislativo e até Judiciário. A democracia representativa, como a expressão sugere, sempre foi um compromisso feliz entre a vontade do povo e a capacidade dos mais preparados de filtrar as irracionalidades do povo.

O filtro perdeu-se com essa espécie de "democracia direta" que é exercida pela multidão sobre os agentes políticos.

Para que não restem dúvidas: não acredito em formas de governo eternas. Mas, até prova em contrário, a democracia liberal é o único regime que garante a liberdade política e a dignidade pessoal dos indivíduos, bem como a prosperidade sustentada das suas sociedades. A história ilustra a tese.

Mas a história do presente também nos mostra que cresce no Ocidente um certo "cansaço democrático". E que partes crescentes do eleitorado, por ignorância ou desespero, estão dispostas a trocar a liberdade e a dignidade da democracia por expedientes mais radicais e securitários. Por quê?

Devolvo a palavra a David Runciman. Para o autor, a democracia disseminou-se nos últimos dois séculos porque havia uma narrativa aspiracional a cumprir.

Era necessário dar voz política a todos os cidadãos (pobres, mulheres, negros etc.) e integrá-los na mesma rede de direitos e deveres (a grande tarefa do pós-Segunda Guerra). Os Estados tinham ainda recursos materiais e institucionais para cumprir com razoável êxito esse programa. Eis a ironia: o cansaço democrático explica-se pelo sucesso da própria experiência democrática.

Ninguém sabe como será o futuro dessa experiência – para Runciman, a democracia vive a crise da meia-idade. Resta saber se essa crise destrói o casamento ou o torna mais forte.

É uma boa metáfora. Que convida a outra: o casamento só irá sobreviver se a maioria conseguir redescobrir, com novos olhos, as virtudes que permanecem no lar.

(João Pereira Coutinho. Disponível em:<https://www1.folha.uol.com.br/> . Acesso em: 24 jul 2018. Adaptado)

Assinale a alternativa em que informações do texto são reescritas e estão em conformidade com a norma-padrão de concordância nominal e verbal.

a) Depois da democracia, haverão tiranos para porem ordem no pardieiro; e, depois deles, virão novamente os que se diz representante da aristocracia, que será suplantada por uma timocracia, que uma oligarquia suplantará, até que a democracia regresse e as suplantem.

b) Veem-se que os usuários tem poder sobre os poderes instituídos. A democracia representativa, tal qual sugerida pela expressão, sempre foi um compromisso entre o que a maioria das pessoas deseja e a capacidade de os mais preparados filtrar as irracionalidades daquela.

c) Era necessária a voz política de todos os cidadãos se fazer ouvir; e igualmente sua integração na mesma rede de direitos e deveres. Ainda se podia encontrar, nos Estados, recursos materiais e institucionais bastantes para cumprir esse programa.

d) Considerados improváveis os "golpes tradicionais", constatam-se existir formas o mais possíveis invisíveis de obter o mesmo objetivo: pela gradual suspensão da ordem legal; pelo recurso a eleições eivada de fraude; pela marginalização de bastante freios e contrapesos do regime.

e) Não deverá haver movimentos armados, tanques nas ruas, violência de massas. Vive-se em grupos sociais tidos como mais afluentes, envelhecidos, conectados. Já se conhecem os ônus da brutalidade autoritária e totalitária. Quanto às nostalgias reacionárias, trata-se de coisa de jovens.

Outras alternativas:

A: Depois da democracia, HAVERÁ tiranos ... os que se DIZEM REPRESENTANTES ... a democracia regresse e A SUPLANTE.

B: VÊ-SE que os usuários TÊM poder ... A democracia ... capacidade de os ... FILTRAREM ...

C: ... Ainda se PODIAM encontrar ...

D: Considerados ... existir formas O mais POSSÍVEL invisíveis ... eleições EIVADAS ... bastantes FREIOS E ...

GABARITO: E.

---

237. **(2018 – Prefeitura de Barretos/SP – Agente Administrativo)** Assinale a alternativa em que a concordância nominal está de acordo com a norma-padrão.

a) Dizem que uma caixa de morangos tem menas vitaminas do que uma laranja lima.

b) Mesmo em época de safra de lichia, essa fruta custa caro. Ela é caríssima, na verdade

c) Por trazer benefícios à saúde, a banana é recomendado pelos médicos.

d) *Kiwi* e abacaxi: os nutricionistas consideram que os dois são benéfico para a saúde.

e) Já paguei ao feirante pelas frutas que consumi: agora estou quites com ele.

O vocábulo CARO foi empregado como advérbio, portanto INVARIÁVEL.

Outras alternativas:

A: Dizem ... MENOS ...

C: Por trazer ..., a banana é RECOMENDADA ...

D: Kiwi e abacaxi: ... dois são BENÉFICOS para a saúde.

E: Já paguei ...: agora estou QUITE com ele.

GABARITO: B.

---

238. **(2018 – Prefeitura de Ferraz de Vasconcelos/SP – Professor de Educação Básica I)**

Empatia: a arte de se colocar no lugar do outro

Certamente a empatia não é uma habilidade fácil de se colocar em prática. Além de as relações humanas serem complexas, há o fato de o individualismo ser uma característica cada vez mais recorrente, em razão da escassez de tempo das pessoas para se preocupar com o próximo. A empatia, caso você não saiba, é a capacidade de se colocar no lugar do outro, de entendê-lo, de tentar compreender o que se passa em sua mente não a partir da nossa perspectiva, mas tentando pensar como ele, com as suas crenças e valores, e imaginando se teríamos a mesma atitude se estivéssemos na situação dele.

De qualquer forma, com uma coisa todo mundo concorda: a empatia é um antídoto poderoso para esses tempos de individualismo e uma ferramenta eficaz para uma vida melhor.

"Ver o mundo conectado no olhar do outro facilita a comunicação, cria laços, fortalece, promove a solidariedade e permite aprender com a experiência do outro", diz a psicoterapeuta Socorro Leite. Se você deseja se relacionar saudavelmente, precisa aceitar e compreender os sentimentos e emoções das outras pessoas. "Essa conduta nos leva a agir com mais respeito, lealdade, transparência e generosidade. Afinal, todos queremos um mundo mais pacífico, justo, colaborativo e sustentável", ressalta.

Mas por que algumas pessoas têm a capacidade de se colocar no lugar dos outros enquanto outras não? A falta de empatia pode ser ocasionada pela falta de carinho e atenção ao longo da vida.

Segundo pesquisa de uma universidade norte-americana, o brasileiro não está entre os povos mais empáticos do mundo. O Brasil ficou em 51º lugar na lista entre os 63 países pesquisados. A boa notícia é que a empatia pode ser aprendida. Graças à maleabilidade dos circuitos neurais do nosso cérebro, a chamada neuroplasticidade, a tendência de empatia e compaixão do cérebro nunca é fixa; ou seja, é possível reprogramá-lo para que seja mais compreensivo em pequenas escolhas do dia a dia.

(Gisele Bortoleto, *Revista Be Bem-estar*, 20-05-2018. Adaptado)

A alternativa cujo texto está redigido segundo a norma-padrão de concordância é:

a) Ainda existe pessoas que teimam em não demonstrar compaixão pelo semelhante e o ignora intencionalmente.

b) Mais de um especialista estudaram os hábitos das pessoas, não chegando a identificar o que as levam ao individualismo.

c) Entre os países pesquisados haviam muitos em posição mais vantajosa do que o Brasil em termos de empatia.

d) Não se colocam facilmente em prática atitudes condizentes com a empatia que se espera das pessoas.

e) Constataram-se em pesquisa que os brasileiros, de qualquer classe social, não costuma ser empático.

Outras alternativas:

A: Ainda EXISTEM pessoas ... e o IGNORAM.

B: Mais de um ... ESTUDOU ...

C: Entre os países pesquisados HAVIA ...

E: CONSTATOU-SE ... os brasileiros, ..., não COSTUMAM SER EMPÁTICOS ..

GABARITO: D.

---

239. **(2018 – PC/SP – Agente Policial)** A concordância verbal está em conformidade com a norma-padrão na frase:

a) O novo guia recomenda que se passe doze meses para que um diagnóstico seja estabelecido; excetua-se os casos graves.

b) O comportamento típico dos viciados em *games* passam a ter descrição no guia, o que contribui para tratar a doença.

c) Os jogos, para quem é viciado, revela-se muito mais atraentes do que quaisquer outros interesses na vida.

d) Os viciados em *games* acabam se distanciando de amigos e familiares, cuja companhia é facilmente trocada pelo jogo.

e) Consultar as informações no guia de Classificação Internacional de Doenças ajudam médicos e pesquisadores em seu trabalho.

Concordância: Outras alternativas:

A: O novo guia ... se PASSEM doze meses ..., EXCETUAM-SE os casos graves.

B: O comportamento ... PASSA ...

C: Os jogos, ..., REVELAM-SE ...

E: Consultar ... AJUDA ...

GABARITO: D.

---

240. **(2018 – PC/SP – Auxiliar de Papiloscopista Policial)** Leia o texto para responder à questão.

O aspecto mais perverso da brutal recessão de 2014-16 – e da lenta recuperação que a sucedeu até agora – é o custo desproporcional imposto aos mais pobres.

Como primeiro impacto, o fechamento de vagas no mercado de trabalho e a queda da renda reverteram uma trajetória de avanços sociais que já completava uma década. Durante o longo ciclo de retração, a taxa de desemprego subiu de 6,5% para 13,7%, ou, dito de outro modo, 5,9 milhões de pessoas perderam seus postos de trabalho.

A retomada do crescimento econômico, iniciada no ano passado, tem se mostrado tímida e, embora a desocupação tenha caído um pouco, a qualidade das vagas geradas deixa a desejar.

Não surpreende, pois, que os dados mais recentes da Pesquisa Nacional por Amostra de Domicílios (Pnad) do IBGE mostrem um quadro deteriorado.

A partir deles, a consultoria LCA calculou que em 2017 a pobreza extrema se elevou em 11%. Conforme os números publicados pelo jornal *Valor Econômico*, 14,8 milhões de brasileiros são miseráveis – considerando uma linha de R$ 136 mensais. O Nordeste abriga 55% desse contingente.

Embora não se possa afirmar com certeza, uma vez que o IBGE alterou a metodologia da Pnad e ainda não divulgou as novas séries históricas, é plausível que também a exorbitante desigualdade social brasileira tenha aumentado com a recessão.

(Miséria brasileira, editorial. *Folha de S.Paulo.* 14.04.2018. Adaptado)

Assinale a alternativa em conformidade com a norma-padrão de concordância.

a) A consultoria identificou, com base nos dados disponibilizados pelo IBGE, forte tendência de aumento da pobreza.

b) Os dados da Pesquisa Nacional por Amostra de Domicílios sugere aumento da pobreza especialmente no Nordeste.

c) A velocidade da retomada econômica e da geração de empregos determinarão a qualidade dessas vagas e dos salários.

d) O fechamento das vagas no mercado de trabalho tiveram impacto negativo na trajetória de avanços sociais.

e) É brutal e ao mesmo tempo perverso para com os mais pobres os inúmeros efeitos da lenta recuperação econômica.

Outras alternativas:

B: O dados ... SUGEREM ...

C: A velocidade ... DETERMINARÁ ...

D: O fechamento ... TEVE ...

E: SÃO BRUTAIS E AO MESMO TEMPO PERVERSOS ... os inúmeros efeitos ...

GABARITO: A.

241. **(2018 – PC/SP – Papiloscopista Policial)** Assinale a alternativa que atende à norma–padrão de concordância nominal.

a) Considerado o índice de inflação, o rendimento médio do país não passou de R$ 2.169 mensais – equivalente ao do mesmo período de 2017.

b) As atividades econômicas no início deste ano têm se mostrado, em geral, fraca, dados os indicadores do mundo do emprego.

c) Os indicadores de confiança econômica utilizado na pesquisa detectaram ligeiro aumento do pessimismo em relação aos próximos meses.

d) Bastante dúvidas em torno da força e da persistência da retomada do crescimento econômico se acentuaram com dados do IBGE.

e) Permanece precária a oferta de empregos, os quais, em muitos casos, caracterizam–se por serem informal e mal remunerado.

Outras alternativas:

B: As atividades econômicas ..., em geral FRACAS, ...

C: Os indicadores ... UTILIZADOS ...

D: BASTANTES dúvidas ...

E: Permanece precária a oferta de empregos, ... serem INFORMAIS E MAL REMUNERADOS.

GABARITO: A.

242. **(2018 – Câmara de Indaiatuba/SP – Controlador Interno)**

Há 28 anos um grupo de pessoas se reúne semanalmente na sede da ONG (organização não governamental) Anjos da Noite, em um sobrado no bairro de Artur Alvim, na Zona Leste de São Paulo. Os voluntários dedicam–se a aplacar as carências dos moradores de rua. Além de entregar cobertores e roupas, o grupo tem como principal incumbência a distribuição de refeições. Aos sábados, os colaboradores se organizam para preparar 200 quilos de comida. A distribuição de 800 marmitas tem início ao cair da noite. Anteriormente, os voluntários rodavam quatro horas pelas ruas da região central até entregar a última quentinha. Hoje, o trabalho é feito em menos de uma hora. Basta estacionar o carro, e um grupo de pessoas carentes faz fila para ganhar o alimento.

A experiência dos Anjos da Noite confirma a percepção que tem qualquer cidadão dos maiores centros urbanos brasileiros: o número de pessoas que vivem nas ruas elevou–se, e muito, nos últimos anos. As estatísticas são esporádicas e, por isso, não é fácil saber com exatidão a proporção desse crescimento.

(Giovanni Magliano. A rua como único refúgio. *Veja*, 6.12.2017. Adaptado)

A frase redigida segundo os princípios da norma-padrão de concordância é:

a) Confirma-se, com a experiência dessa ONG, o que quaisquer cidadãos das grandes cidades já constataram.

b) Fazem 28 anos que já acontece toda semana reuniões de um grupo de pessoas da ONG Anjos da Noite.

c) Aplacar as carências dos moradores de rua põem-se como incumbência importante dos voluntários.

d) Para os voluntários, não se tratam de ações de caridade, mas de exercício responsável de ações cidadãs.

e) Forma-se filas do pessoal carente querendo receber alimentos que os voluntários lhe fornece.

Outras alternativas;

B: FAZ 28 anos que já ACONTECEM ...REUNIÕES ...

C: Aplacar as carências ... PÕE-SE ...

D: Para os voluntários, não se TRATA de ...

E: FORMAM-SE filas ... os voluntários lhe FORNECEM.

GABARITO: A.

---

243. **(2018 – Prefeitura de Sertãozinho/SP – Psicólogo)** Assinale a alternativa correta quanto à concordância, de acordo com a norma-padrão da língua.

a) Ampliar os espaços de debates constituem um aspecto positivo da revolução digital.

b) Talvez tenha sido encontrado uma solução para o problema das notícias falsas.

c) Deve-se remover os conteúdos impróprios, qualquer que sejam, em até 24 horas.

d) Cinquenta milhões de euros é o valor máximo a que poderão chegar as multas.

e) Formulários digitais serão entregue à população para denunciar as redes sociais.

Expressões com o verbo SER relacionadas à ideia de quantidade mantêm o verbo na 3ª P.S.

Outras alternativas:

A: (o) Ampliar ... CONSTITUI ...

B: Talvez tenha sido ENCONTRADA uma solução ...

C: DEVEM-SE remover os conteúdos impróprios, QUAISQUER ...

E: Formulários digitais serão ENTREGUES ...

GABARITO: D.

---

244. **(2018 – Prefeitura de Suzano /SP – Guarda Civil Municipal)**

Câmara eleva idade mínima para compra de armas

O Legislativo do estado da Flórida aprovou no dia 7 de março uma lei que sobe de 18 para 21 anos a idade mínima para a compra de armas longas, como fuzis, e permite que funcionários de escolas portem armas no trabalho.

As medidas são aprovadas em meio à pressão por controle de armamento após o ataque a tiros a uma escola, em Parkland, que fez 17 vítimas – os sobreviventes da tragédia foram os principais defensores das mudanças na lei.

Além da elevação da idade, a legislação estabelece um período de quarentena para a aquisição de armas longas e proíbe a venda de equipamentos que transformam armas semiautomáticas em metralhadoras.

Também cria um programa voluntário no qual funcionários dos colégios poderão levar armas de pequeno porte aos seus locais de trabalho. Para isso, porém, eles precisarão de treinamento policial e autorização do distrito escolar.

O projeto ainda inclui medidas que criam novos programas de saúde mental para as escolas, um disque-denúncia de ameaças às instituições de ensino e melhora na comunicação entre as áreas educacional e de segurança.

O projeto, por outro lado, não proíbe a venda de armas longas, como queriam os estudantes. Foi com um fuzil AR-15 comprado legalmente que N. Cruz, 19, atacou a escola Marjorie Stoneman Douglas, da qual é ex-aluno.

(https://www1.folha.uol.com.br. 07.03.18. Adaptado)

A alternativa em que a concordância verbal está em conformidade com a norma-padrão é:

a) Houve dezessete vítimas no atentado à escola do estado da Flórida.

b) Para os estudantes, a lei contêm senões, como a liberação de certos tipos de armas.

c) Com a restrição à compra de armas, espera-se que diminuam a morte de inocentes.

d) O ataque à escola de Parkland somam-se a outros já ocorridos nos EUA.

e) Segundo a nova lei, somente jovens que tem 21 anos ou mais poderão adquirir armas legalmente.

Verbos impessoais (HAVER = existir) mantêm o verbo na 3ª P.S.

Outras alternativas:

B: Para ... a lei CONTÉM.

C: Com a restrição ..., DIMINUA a morte de inocentes.

D: O ataque ... SOMA-SE ...

E: Segundo ..., somente jovens que têm 21 anos ...

GABARITO: A.

---

245. **(2017 – Câmara de Cotia/SP)** Assinale a alternativa correta quanto à concordância nominal.

a) Notícias falsas sempre circularam. Sobretudo nas camadas menas expostas ao jornalismo.

b) Basta recordar os persistente mitos relativo à falsidade das viagens tripuladas pelo homem à Lua.

c) A rapidez e a instantaneidade da circulação de informações, próprio desse meio, propiciam a formação de ondas de credulidade.

d) As redes sociais da internet se mostram o veículo ideal para a difusão de bastante notícias falsas.

e) Essas ondas conferem escala e velocidade inéditas à tradicional circulação de boatos.

Outras alternativas:

A: Notícias falsas ... camadas MENOS expostas ...

B: Basta ... os PERSISTENTES... RELATIVOS.

C: A rapidez e a ..., PRÓPRIAS desse ...

D: As redes sociais ... de BASTANTES ...

GABARITO: E.

---

246. **(2018 – PC/SP – Investigador de Polícia)**

Derivada do latim, língua portuguesa é a sétima mais falada no mundo

O português é a língua oficial de nove países e tem mais de 260 milhões de falantes. De acordo com o instituto americano SIL International, há mais de 7.000 idiomas no mundo, e o português é o sétimo mais falado.

Parte do grupo das línguas românicas, que inclui o espanhol e o italiano, entre outras, o português é derivado do latim – idioma que teve origem na Itália, na pequena região do Lácio, onde está Roma.

O latim disseminou-se na Europa juntamente com a expansão do domínio do Império Romano.

Foi com as tropas romanas que o latim chegou à face sul do continente europeu (onde hoje estão os territórios de Portugal e Espanha), entre os séculos III e II a.C.

Devido a ocupações anteriores, a Península Ibérica já tinha a presença de outros povos (e suas línguas, por consequência), como os celtas. Ao longo do tempo, o latim falado foi incorporando elementos linguísticos dessas e de outras populações.

Quando o Império Romano ruiu, no século V d.C., a Península Ibérica já estava totalmente latinizada, e o idioma manteve-se em uso por seus habitantes.

No século XV, com a expansão marítima de Portugal, a língua foi espalhada por suas colônias. O uso de outros idiomas ou dialetos locais era, muitas vezes, proibido.

Hoje há muito mais falantes de português fora de Portugal, que tem apenas 10 milhões de habitantes.

(https://www1.folha.uol.com.br. Adaptado)

Sem prejuízo de sentido ao texto e em conformidade com a norma-padrão de concordância, está correto o enunciado:

a) Muitas vezes, era proibido outros idiomas ou dialetos locais nas colônias portuguesas.

b) Portugal proibia, muitas vezes, que fosse usados outros idiomas ou dialetos locais em suas colônias.

c) Nas colônias portuguesas, muitas vezes, proibiam-se outros idiomas ou uso dos dialetos locais.

d) Contra a vontade das colônias portuguesas, muitas vezes, proibia-se outros idiomas ou dialetos locais.

e) Sem autorização de Portugal, eram proibido outros idiomas ou uso dos dialetos locais nas colônias.

Outras alternativas:

A: Muitas vezes, ERAM PROIBIDOS ...

B: Portugal ..., que FOSSEM USADOS ...

D: Contra a vontade ... PROIBIAM-SE ...

E: Sem ..., ERAM PROIBIDOS, ...

GABARITO: C.

---

247. **(2017 – TJM/SP –)** A concordância está de acordo com a norma-padrão da língua na frase:

a) Muito antes de haver história, já existia seres humanos.

b) Animais bastante similares aos humanos modernos podiam ser encontrado por volta de 2,5 milhões de anos atrás.

c) Na África Oriental de 2 milhões de anos atrás, certas características humanas familiares poderiam ser muito bem observadas.

d) Esses humanos arcaicos competiam por status e poder, assim como ocorriam com os chimpanzés, os babuínos e os elefantes.

e) Eles próprios não havia de suspeitar que seus descendentes um dia viajariam à Lua.

Corrigindo as outras alternativas:

A: Muito ..., já EXISTIAM seres humanos.

B: Animais ... podiam ser encontradoS...

D: Esses humanos ... como OCORRIA ...

E: Eles ... HAVIAM de suspeitar...

GABARITO: C.

---

248. **(2016 – Prefeitura de Presidente Prudente/SP)** Observe o trecho: **Há** muitas e muitas décadas – para não dizer séculos –, a humanidade **tenta** decifrar o impacto do avanço tecnológico em nossa vida. Assinale a alternativa em que a substituição das formas verbais destacadas por outras, no pretérito, mantém a concordância e o sentido da frase corretos.

a) Fazia – queriam.

b) Fizeram – aguardava.

c) Fazem – pretenderam.

d) Fazia – procurava.

e) Faz – buscara.

– HAVER e FAZER com a ideia de tempo decorrido são verbos impessoais, portanto 3ª P.S.

– A humanidade PROCURAVA (é a concordância verbal correta e o significado semelhante.

GABARITO: D.

---

249. **(VUNESP – 2021 – CODEN – SP – Contador)**

Lições de vida

Em 2009, um avião pousou de emergência no rio Hudson. O piloto era Sully Sullenberger e as 155 pessoas a bordo foram salvas por uma manobra impossível, perigosa, milagrosa. Sully virou herói e a lenda estava criada.

Em 2016, no filme "Sully, o herói do rio Hudson", Clint Eastwood revisitou a lenda para contar o que aconteceu depois do milagre: uma séria investigação às competências do capitão Sully Sullenberger. Ele salvara 155 pessoas, ninguém contestava. Mas foi mesmo necessário pousar no Hudson? Ou o gesto revelou uma imprudência criminosa, sobretudo quando existiam opções mais sensatas?

Foram feitas simulações de computador. E a máquina deu o seu veredicto: era possível ter evitado as águas do rio e pousar em LaGuardia ou Teterboro. O próprio Sully come- çou a duvidar das suas competências. Todos falhamos. Será que ele falhou?

Por causa desse filme, reli um dos ensaios de Michael Oakeshott, cujo título é "Rationalism in Politics". Argumenta o autor que, a partir do Renascimento, o "racionalismo" tornou- -se a mais influente moda intelectual da Europa. Por "racionalismo", entenda-se: uma crença na razão dos homens como guia único, supremo, da conduta humana.

Para o racionalista, o conhecimento que importa não vem da tradição, da experiência, da vida vivida. O conhecimento é sempre um conhecimento técnico, ou de uma técnica, que pode ser resumido ou aprendido em livros ou doutrinas.

Oakeshott argumentava que o conhecimento humano depende sempre de um conhecimento técnico e prático, mesmo que os ensinamentos da prática não possam ser apresentados com rigor cartesiano.

Clint Eastwood revisita a mesma dicotomia de Oakeshott para contar a história de Sullenberger. O avião perde os seus motores na colisão com aves; o copiloto, sintomaticamente, procura a resposta no manual de instruções; mas é Sully quem, conhecendo o manual, entende que ele não basta para salvar o dia.

E, se os computadores dizem que ele está errado, ele sabe que não está – uma sabedoria que não se encontra em nenhum livro já que a experiência humana não é uma equação matemática.

As máquinas são ideais para lidar com situações ideais. Infelizmente, o mundo comum é perpetuamente devassado por contingências, ambiguidades, angústias, mas também súbitas iluminações que só os seres humanos, e não as máquinas, são capazes de entender.

Quando li Oakeshott, encontrei um filósofo que, contra toda a arrogância da modernidade, mostrava como a nossa imperfeição pode ser, às vezes, uma forma de salvação. O ensaio era, paradoxalmente, uma lição de humildade e uma apologia da grandeza humana. Eastwood, aos 86 anos, traduziu essas imagens.

(João Pereira Coutinho. *Folha de S.Paulo*, 29.11.2016. Adaptado)

Leia os trechos do texto.

Clint Eastwood revisitou a lenda para contar o que aconteceu depois do milagre: uma séria investigação às competências do capitão Sully Sullenberger. (2º parágrafo)

Por "racionalismo", entenda-se: uma crença na razão dos homens como guia único, supremo, da conduta humana. (4º parágrafo)

Os dois-pontos foram empregados nesses trechos, respectivamente, para inserir no texto:

a) a ressalva de que a história real foi adaptada para o cinema; uma crítica à postura racionalista e conservadora.

b) as consequências advindas da atitude ousada de Sullenberger; a retificação de informação presente na frase.

c) o evento posterior ao pouso de emergência realizado por Sullenberger; a definição de um termo já mencionado no texto.

d) o parecer do jornalista sobre o pouso no rio Hudson; a explicação filosófica do que significa racionalismo.

e) o tema central do filme de Clint Eastwood; a reprodução literal de trecho da obra de Oakeshott.

O emprego dos dois-pontos fica evidente por meio de uma leitura atenta dos períodos.

GABARITO: C.

250. **(VUNESP – 2020 – Câmara de Boituva/SP – Agente Administrativo)** Leia o texto para responder à questão.

Computador doutor

No primeiro dia do ano, o periódico científico Nature apresentou estudo que amplia a confiança na aplicação de inteligência artificial (IA) ao campo de diagnósticos médicos. A tecnologia não vai revolucionar a prática clínica do dia para a noite, mas seria ingênuo duvidar que ganhe papel crescente.

O trabalho diz respeito à interpretação de mamografias, principal exame para detectar câncer de mama. Comparou- -se o desempenho de um sistema computadorizado com o de seis radiologistas especializados na busca de tumores precoces, ambos utilizando bancos com casos de quase 29 mil mulheres no Reino Unido e nos EUA.

O discernimento do computador não fez feio na comparação com os resultados obtidos pelos olhos e pela massa cinzenta de especialistas humanos. O programa logrou 5,7% menos falsos positivos e 9,4% menos falsos negativos, no caso das imagens americanas, e 1,2% e 2,7%, respectivamente, no tocante às britânicas.

A diferença entre os desempenhos com os dois conjuntos de dados pode ser atribuída à peculiaridade de, no Reino Unido, cada mamografia ser interpretada por dois radiologistas – e eventualmente um terceiro, caso haja necessidade de arbitrar divergências.

O estudo contou com financiamento do Google Health e colaboração de vários hospitais e instituições acadêmicas nos dois países.

Apesar da proeza, ninguém arriscaria prognosticar, por isso, que computadores substituirão em pouco tempo o especialista de carne e osso. Parece certo, por outro lado, que há neles potencial para diminuir a carga de trabalho de profissionais de saúde, em especial nos lugares em que haja carência deles.

No Brasil, realizaram-se em 2018 quase 2,5 milhões de mamografias, exame que o Ministério da Saúde recomenda, de dois em dois anos, para mulheres entre 50 e 69 anos. Apesar disso, há longas filas de espera no SUS, seja por falta de especialistas ou de aparelhos.

Estima-se que surjam a cada ano 60 mil novos casos de tumor de mama no país. Detectados precocemente, são tratáveis, resultando em longa sobrevida para as pacientes. Ainda assim, a modalidade da doença permanece como primeira causa de morte por câncer entre mulheres, com 16724 óbitos em 2017.

Mamógrafos móveis, transmissão de imagens e – por que não? – inteligência artificial podem ser poderosos aliados tecnológicos.

(Editorial. *Folha de S.Paulo.* 04.01.2020. Adaptado)

Considere a passagem do 4º parágrafo para responder à questão:

- ... pode ser atribuída à peculiaridade de, no Reino Unido, cada mamografia ser interpretada por dois radiologistas – e eventualmente um terceiro, caso haja necessidade de arbitrar divergências.

Em conformidade com a norma-padrão de pontuação da língua portuguesa, nessa passagem, o seguinte termo pode ser isolado por duas vírgulas:

a) atribuída.

b) peculiaridade.

c) interpretada.

d) eventualmente.

e) arbitrar.

Comentário: adjuntos adverbiais deslocados e de pequena extensão apresentam isolamento facultativo.

GABARITO: D.

251. **(2020 – Prefeitura de Ferraz de Vasconcelos/SP – Guarda Municipal)**

Universidade pública paga?

Pesquisa realizada pelo Datafolha mostrou que a maioria da população brasileira quer educação gratuita para todos, da creche à universidade.

Educação deve ser pública e gratuita, da primeira infância ao ensino médio. Por exemplo, uma menina que passar por esse ciclo gerará um retorno social maior que o privado: a produtividade da economia aumenta com trabalhadores qualificados.

Há justificativa moral para a gratuidade: ela confere liberdade às pessoas. No processo educacional, funcionalidades são apropriadas pelos indivíduos, conferindo-lhes a possibilidade de serem livres e agentes, não dependentes e passivos.

No ensino superior, o retorno privado é maior do que o social. Por exemplo, mais médicos e administradores graduados geram ganhos sociais, mas os salários desses profissionais indicam que os ganhos privados são substantivos: não seria razoável oferecer-lhes educação superior gratuita.

Há aspectos morais que justificariam ensino superior pago, mas somente para quem tem condições de fazê-lo. O Brasil é um país consideravelmente desigual. Logo, desiguais deveriam ser tratados desigualmente. E há dois fundamentos filosóficos para tal posição.

O primeiro advém do conceito de progressividade de impostos e gastos públicos. Logo na graduação, economistas aprendem um princípio de justiça: de cada um de acordo com sua capacidade, a cada um de acordo com sua necessidade. O segundo é derivado da visão do filósofo John Ralws: por vezes, é mais justo tratar desiguais de forma desigual

Logo, seria mais razoável, do ponto de vista econômico e moral, considerar que alunos do ensino superior que possam pagar por este o façam.

(Marcos Fernandes G. da Silva. https://www1.folha.uol.com.br/ opiniao/2020/08/universidade-publica-paga.shtml. 31.08.2020. Adaptado)

Assinale a alternativa em que, na redação escrita a partir do texto, o uso da vírgula está em conformidade com a norma-padrão de pontuação da língua portuguesa.

a) O ganho privado, no ensino superior, tem potencial para ser bem maior do que o retorno social.

b) São muitos os exemplos de que, os trabalhadores qualificados, aumentam a produtividade econômica.

c) Em vista das possibilidades de ganho, não seria adequado, oferecer ensino superior público gratuito.

d) Dadas as condições de desigualdade os indivíduos, também deveriam ser, tratados de forma desigual.

e) O ponto de vista econômico refuta, a ideia da obrigatoriedade, do ensino superior público gratuito.

Adjuntos adverbiais deslocados e de pequena extensão podem aparecer isolados ou não na oração.

Corrigindo as outras alternativas:

b) São muitos os exemplos de que * os ...

c) Em vista ... seria adequado * oferecer ...

d) Dadas as ... desigualdades , (necessidade da vírgula) os indivíduos * também deveriam ser * tratados ...

e) O ponto ... refuta * a ideia da obrigatoriedade * do ensino ...

OBS. * = retirada da vírgula empregada.

GABARITO: A.

252. **(2020 – Câmara de Mogi Mirim – SP – Jornalista)**

No princípio era o caderno

Quando mocinhas, elas podiam escrever seus pensamentos e estados d'alma (em prosa e verso) nos diários de capa acetinada com vagas pinturas representando flores ou pombinhos brancos levando um coração no bico. Nos diários mais simples, cromos coloridos de cestinhos floridos ou crianças abraçadas a um cachorro. Depois de casadas, não tinha mais sentido pensar sequer em guardar segredos, que segredo de mulher casada só podia ser bandalheira. Restava o recurso do cadernão do dia a dia, onde, de mistura com os gastos da casa cuidadosamente anotados e somados no fim do mês, elas ousavam escrever alguma lembrança ou uma confissão que se juntava na linha adiante com o preço do pó de café e da cebola.

Minha mãe guardava um desses cadernos que pertencera à minha avó Belmira. Me lembro da capa dura, recoberta com um tecido de algodão preto. A letrinha vacilante, bem desenhada, era menina quando via minha mãe recorrer a esse caderno para conferir uma receita de doce ou a receita de um gargarejo. "Como mamãe escrevia bem! – Observou ela mais de uma vez. – Que pensamentos e que poesias, como era inspirada!".

Vejo nas tímidas inspirações desse cadernão (que se perdeu num incêndio) um marco das primeiras arremetidas da mulher brasileira na chamada carreira de letras – um ofício de homem.

(A disciplina do amor. Rocco, 1998.)

Um dos sinais de pontuação empregados pela autora no texto são os parênteses, os quais também poderiam ser corretamente inseridos no trecho da alternativa:

a) Nos diários mais simples, cromos coloridos de cestinhos floridos (ou crianças abraçadas a um cachorro).

b) Depois de casadas, não tinha (mais sentido) pensar sequer em guardar segredos...

c) ... uma confissão que se (juntava na linha adiante) com o preço do pó de café e da cebola.

d) Minha mãe guardava um desses cadernos que pertencera (à minha avó Belmira).

e) ... era menina quando via minha mãe (recorrer a esse caderno) para conferir uma receita de doce...

Os parênteses vieram para apresentar uma opção à informação dada. Nas demais alternativas (b/c/d/e) os parênteses estão, erroneamente, isolando um termo de seu complemento.

GABARITO: A.

---

253. **(2020 – FITO – Técnico em Gestão – Recursos Humanos)**

É só sair da estação Osasco da CPTM para chegar ao principal polo varejista de rua do Estado de São Paulo – descontada a 25 de Março, claro.

Os quatro quarteirões fechados para carros que compõem o calçadão da rua Antônio Agú, em Osasco, concentram 250 lojas e recebem 350 mil pessoas por dia.

Preços competitivos, fácil acesso e alternativa ao trânsito de São Paulo são chamarizes para consumidores locais, de cidades vizinhas (Barueri, Itapevi e Cotia) e de bairros da zona oeste paulistana (Butantã e Jaguaré).

A locutora Sonia De Piere, 53, é uma paulistana que prefere comprar em Osasco a enfrentar o trânsito em direção ao centro de São Paulo. "O estacionamento é mais barato, os preços são bons, e os supermercados distribuem sacolinha plástica", resume.

De acordo com a Associação Comercial e Empresarial de Osasco, na época do Natal, o lugar recebe 1,5 milhão de consumidores/dia. "A posição geográfica ajuda. Osasco era bairro de São Paulo, e isso colaborou para que o comércio crescesse de maneira vertiginosa", diz André Menezes, presidente da entidade.

Ao longo do caminho, uma série de lojas lado a lado supre demandas que vão de flores a eletrônicos. Há produtos naturais a granel, moda, bijuterias e utensílios para casa, entre outros itens.

Mas o forte são os calçados. "A cidade é um dos berços da comunidade armênia, que domina esse mercado", explica Menezes.

(Amanda Nogueira. Calçadão de Osasco só perde para a 25 de Março em número de lojas. http://especial.folha.uol.com.br, 13.03.2016. Adaptado)

No trecho "Preços competitivos, fácil acesso e alternativa ao trânsito de São Paulo são chamarizes para consumidores locais..." (3° parágrafo), a vírgula foi empregada pelo mesmo motivo que no trecho:

a) ... descontada a 25 de Março, claro. (1° parágrafo)

b) ... o calçadão da rua Antônio Agú, em Osasco, concentram 250 lojas ... (2° parágrafo)

c) A locutora Sonia De Piere, 53, é uma paulistana que prefere comprar em Osasco ... (4° parágrafo)

d) Osasco era bairro de São Paulo, e isso colaborou para que o comércio crescesse de maneira vertiginosa... (5° parágrafo)

e) Há produtos naturais a granel, moda, bijuterias e utensílios para casa... (6° parágrafo)

A vírgula, no enunciado da questão, veio separar núcleos de uma mesma função sintática (núcleos do sujeito). Esse emprego volta a ocorrer na alternativa E (Isola núcleos do objeto direto).

GABARITO: E.

---

254. **(2019 – Prefeitura de Itapevi/SP – Agente de Administração Pública)** Leia o texto para responder à questão.

O futuro do trabalho

Foi lançado nesse mês, em meio às celebrações do centenário da Organização Internacional do Trabalho (OIT), o relatório da comissão global sobre o futuro do trabalho, que tive a honra de integrar. O que o texto revela é uma visão centrada em políticas públicas para enfrentar desafios que o século trouxe para a humanidade.

Frente à chamada revolução industrial 4.0, ao envelhecimento da população e à mudança climática, a resposta aparece na forma de programas para evitar o crescimento da desigualdade e melhorar a preparação das gerações futuras e o conceito de uma sociedade ativa ao longo da vida.

É importante lembrar que, segundo pesquisadores, haverá em poucos anos a extinção de profissões e de tarefas dentro de várias ocupações, diante da automação e da robotização aceleradas. Outras serão criadas, demandando, porém, competências distintas das que estavam em alta até pouco tempo. O cenário exige grande investimento nas pessoas. Por isso, o relatório clama por uma agenda econômica centrada em seres humanos, especialmente uma ampliação em suas capacidades.

Isso envolve trabalhar com o conceito de aprendizagem ao longo da vida, ou seja, desde a primeira infância, a fim de desenvolver competências basilares, necessárias para promover autonomia para que todos possam aprender a aprender.

Afinal, numa vida em que tarefas vão sendo extintas e assumidas por máquinas, teremos que nos reinventar continuamente, passando a desempenhar atividades que demandam capacidade de resolução criativa e colaborativa de problemas complexos, reflexão crítica e maior profundidade de análise.

Teremos também que contar com um ecossistema educacional que inclua modalidades ágeis de cursos para capacitação, recapacitação e requalificação. A certificação de conhecimentos previamente adquiridos ganha força e sentido de urgência, além de um investimento maior em escolas técnicas e profissionais que fomentem a aquisição das competências necessárias não só para exercer uma profissão específica, mas também para obter outra rapidamente, se necessário.

(Claudia Costin. *Folha de S.Paulo*, 25.01.2019. Adaptado)

Assinale a alternativa em que, após a inserção das vírgulas, a frase do texto estará em conformidade com a norma-padrão da língua portuguesa.

a) ... uma visão centrada, em políticas públicas, para enfrentar desafios que o século trouxe para a humanidade.

b) ... programas para evitar, o crescimento da desigualdade, e melhorar a preparação das gerações futuras...

c) ... haverá, em poucos anos, a extinção de profissões e de tarefas dentro de várias ocupações...

d) Teremos também que contar, com um ecossistema educacional, que inclua modalidades ágeis de cursos para capacitação...

e) A certificação de, conhecimentos previamente adquiridos, ganha força e sentido de urgência...

Expressões deslocadas de sua ordem direta (em poucos anos) quando representadas por um grande número de palavras (três ou mais) deverão se isoladas.

Outras alternativas:

A: Não separamos uma palavra de seu complemento (CENTRADA em políticas públicas).

B: Não separamos o verbo de seu complemento (EVITAR o crescimento da desigualdade).

D: Não separamos um verbo de seu complemento (... CONTAR com um ecossistema educacional).

E: Não separamos uma palavra de seu complemento (A CERTIFICAÇÃO de conhecimentos previamente adquiridos).

GABARITO: C.

---

255. **(2019 – Prefeitura de Itapevi/SP – Auditor Fiscal Tributário)** Leia o texto para responder à questão.

"Tire suas próprias conclusões"

Essa é a frase que mais tenho ouvido recentemente. Passada a euforia de uma notícia qualificada como "bomba", logo os atores de uma das partes corriam a público para disponibilizar a íntegra daquilo que antes foi veiculado em partes.

É preciso saber de tudo e entender de tudo. É preciso tirar as próprias conclusões para não depender de ninguém, e é esse o grande e contraditório imperativo dos nossos tempos. É uma ordem a uma experimentação libertária, e uma quase contradição do termo. O imperativo que liberta também aprisiona: você só passa a ser, ou a pertencer, se tiver uma conclusão. Sobre qualquer coisa.

Nas últimas décadas psicanalistas se debruçaram sobre as mudanças nos arranjos produtivos e sociais de cada período histórico para compreender e nomear as formas de sofrimento decorrentes delas. A revolução industrial, a divisão social do trabalho, a urbanização desenfreada e as guerras, por exemplo, fizeram explodir o número de sujeitos impacientes, irritadiços e perturbados com a velocidade das transformações e suas consequentes perdas de referências simbólicas.

Pensando sobre o imperativo "Leia/Veja/Assista" e "Tire suas próprias conclusões", começo a desconfiar de que estamos diante de uma nova forma de sofrimento relacionado a um mal-estar ainda não nomeado.

Afinal, que tipo de sujeito está surgindo de nossa nova organização social? O que a vida em rede diz sobre as formas como nos relacionamos com o mundo? Que tipos de valores surgem dali? E, finalmente, que tipo de sofrimento essa vida em rede tem causado?

Vou arriscar e sair correndo, já sob o risco de percorrer um campo que não é meu: estamos vendo surgir o sujeito preso à ideia da obrigação de ter algo a dizer. Ao longo dos séculos essa angústia era comum aos chamados formadores de opinião e artistas, responsáveis por reinterpretar o mundo. Hoje basta ter um celular com conexão 3G para ser chamado a opinar sobre qualquer coisa. Pensamos estar pensando mesmo quando estamos apenas terceirizando convicções ao compartilhar aquilo que não escrevemos.

É uma nova versão de um conflito descrito por Clarice Lispector a respeito da insuficiência da linguagem. Algo como: "Não só não consigo dizer o que penso como o que penso passa a ser o que digo". Se vivesse nas redes que atribuem a ela frases que jamais disse, o "dizer" e o "pensar" teriam a interlocução de um outro verbo: "compartilhar".

(Matheus Pichonelli, *Carta Capital*. 18.03.2016. www.cartacapital.com.br. Adaptado)

A passagem do texto que, após o acréscimo da vírgula, está de acordo com a norma-padrão é:

a) Essa é a frase que, mais tenho ouvido recentemente. (1º parágrafo)

b) É preciso tirar as próprias conclusões, para não depender de ninguém... (2º parágrafo)

c) Nas últimas décadas psicanalistas se debruçaram, sobre as mudanças nos arranjos produtivos e sociais de cada período histórico... (3º parágrafo)

d) Ao longo dos séculos essa angústia era comum aos chamados, formadores de opinião e artistas, responsáveis por reinterpretar o mundo. (6º parágrafo)

e) Hoje basta ter um celular com conexão 3G para ser chamado, a opinar sobre qualquer coisa. (6º parágrafo)

Orações subordinadas adverbiais (para não defender de ninguém) quando, depois de sua principal possuem isolamento facultativo.

Outras alternativas:

A: Não separamos o pronome relativo da oração que ele inicia (... frase que mais tenho ouvido recentemente).

C: Não separamos o verbo de seu complemento (DEBRUÇARAM sobre as mudanças ...).

D: Não separamos uma palavra daquela que a determina (... CHAMADOS fornecedores de opinião, e ARTISTAS responsáveis ...).

E: não separamos os termos de uma locução (CHAMADOS A OPINAR ...).

GABARITO: B.

256. **(2019 – Câmara de Sertãozinho/SP – Auxiliar Legislativo – Informática)** Leia o texto para responder à questão.

Karl Marx romancista e dramaturgo?

É preciso levar a sério a filha de Marx, Eleanor, quando disse que seu pai "era o mais alegre e divertido de todos os homens". Em outubro de 1837, com apenas dezenove anos, o jovem Karl compôs uma peça de teatro e um breve romance satírico, inacabados, nos quais ridiculariza e condena as convenções burguesas, o moralismo filisteu, a aristocracia e o pedantismo intelectual.

Naquele ano, por indicação médica – pois adoecera por excesso de trabalho –, Marx deixou Berlim e estabeleceu-se, para repousar, em Stralow, uma vila de pescadores. Mas, em vez do descanso, optou por trabalhar intensamente. Foi nesse momento que escreveu as duas operetas contidas no livrinho que a Boitempo oferece agora aos leitores brasileiros: *Escorpião e Félix e Oulanem.*

Essas pequenas obras remetem à atmosfera cultural da Alemanha no período posterior ao Congresso de Viena, com a rejeição romântica do classicismo e a grande difusão da obra de Laurence Sterne, principalmente do seu *Tristram Shandy*. Esse romance, publicado entre 1759 e 1767, cobre de ridículo os estereótipos literários então dominantes. É dessa fonte literária, além de pitadas de E. T. A. Hoffmann, que o jovem Karl bebe em seu romance *Escorpião e Félix*, dissolvendo os lugares comuns narrativos num divertido desprezo pela lisura formal do romance clássico. Já *Oulanem* é um drama fantástico em versos, um suspense gótico. *Na criação* desse poema-tragédia, ambientado numa aldeia na Itália, o jovem filósofo estava sob a influência dominante de Goethe e, sob essa luz, delineava sua visão da história e sua ideia de que o mundo precisava ser completamente revolucionado.

Esse Karl ainda não é o Marx que conhecemos melhor, mas são claros os indícios do futuro filósofo materialista que despontam.

(Carlos Eduardo Ornelas Berriel. https://blogdaboitempo.com.br. Adaptado)

Os travessões empregados no segundo parágrafo servem ao propósito de isolar uma expressão com função:

a) resumitiva.

b) enumerativa.

c) explicativa.

d) recapitulativa.

e) exemplificativa.

A leitura atenta do texto leva-nos a considerar a expressão isolada como apresentando uma função explicativa.

GABARITO: C.

257. **(2019 – UNICAMP – Jornalista)**

Página infeliz

O mercado editorial no Brasil nunca pareceu tão próximo de uma **catástrofe** – com as duas principais redes de livrarias do país, Saraiva e Cultura, em uma crise profunda, reduzindo o número de lojas e com dívidas que parecem sem fim.

Líder do mercado, a Saraiva, que já acumula atrasos de pagamentos a editores nos últimos anos, anunciou nesta semana o fechamento de 20 lojas. Em nota, a rede afirma que a medida tem a ver com "desafios econômicos e operacionais", além de uma mudança na "dinâmica do varejo".

Na semana anterior, a Livraria Cultura entrou em recuperação judicial. No pedido à Justiça, a rede afirma acumular prejuízos nos últimos quatro anos, ter custos que só crescem e vendas menores. Mesmo assim, diz a petição enviada ao juiz, não teria aumentado seus preços.

O **enrosco** da Cultura está explicado aí. Diante da crise, a empresa passou a pegar dinheiro emprestado com os bancos – o tamanho da dívida é de R$ 63 milhões.

Com os atrasos nos pagamentos das duas redes, editoras já promoveram uma série de demissões ao longo dos últimos dois anos.

O cenário de **derrocada**, contudo, parece estar em descompasso com os números de vendas. Desde o começo do ano, os dados compilados pela Nielsen, empresa de pesquisa de mercado, levantados a pedido do Sindicato Nacional dos Editores de Livros, mostravam que o meio livreiro vinha dando sinais de melhoras pela primeira vez, desde o início da recessão econômica que abala o país.

Simone Paulino, da Nós, editora independente de São Paulo, enxerga um descompasso entre as vendas em alta e a crise. Nas palavras dela, "um paradoxo assustador." A editora nunca vendeu tanto na Cultura quanto nesses últimos seis meses", diz. E é justamente nesse período que eles não têm sido pagos.

"O modelo de produção do livro é muito complicado. Você investe desde a compra do direito autoral ou tradução e vai investindo ao longo de todo o processo. Na hora que você deveria receber, esse dinheiro não volta", diz Paulino.

"Os grandes grupos têm uma estrutura de advogados que vão ter estratégia para tentar receber. E para os pequenos? O que vai acontecer?"

Mas há uma **esperança** para os editores do país: o preço fixo do livro. Diante do cenário de crise, a maior parte dos editores aposta em uma carta tirada da manga no apagar das lu zes do atual governo – a criação, no país, do preço fixo do livro – norma a ser implantada por medida provisória – nos moldes de boa parte de países europeus, como França e Alemanha.

Os editores se inspiram no pujante mercado europeu. Por lá, o preço fixo existe desde 1837, quando a Dinamarca criou a sua lei limitando descontos, abolida só em 2001. A crença é a de que a crise atual é em parte causada pela guerra de preço. Unificar o valor de capa permitiria um **florescimento** das livrarias independentes, uma vez que elas competiriam de forma mais justa com as grandes redes.

(*Folha de S. Paulo*, 03.11.2018. Adaptado)

Assinale a alternativa em que as duas primeiras barras da frase devem ser substituídas por vírgulas, e a terceira, por dois-pontos.

a) Na tentativa de recuperar/ o mercado livreiro os editores se inspiram no mercado europeu para adotar lei criada/ na Dinamarca/ a fixação do preço fixo do livro.

b) Na tentativa de recuperar o mercado livreiro os editores/ se inspiram no mercado europeu/ para adotar lei criada na Dinamarca/ a fixação do preço fixo do livro.

c) Na tentativa de recuperar o mercado livreiro os editores/ se inspiram no mercado europeu para adotar/ lei criada na Dinamarca/ a fixação do preço fixo do livro.

d) Na tentativa de recuperar o mercado livreiro/ os editores se inspiram no mercado europeu/ para adotar lei criada na Dinamarca/ a fixação do preço fixo do livro.

e) Na tentativa/ de recuperar o mercado livreiro os editores se inspiram/ no mercado europeu para adotar lei criada na Dinamarca/ a fixação do preço fixo do livro.

1ª vírgula: isolar um termo deslocado e extenso (Na tentativa ... mercado livreiro).

2ª vírgula: separar uma oração principal de uma oração subordinada adverbial na ordem direta (isolamento facultativo).

Dois pontos: iniciar uma explicação.

GABARITO: D.

---

258. **(2019 – Prefeitura de Arujá/SP – Escriturário/Oficial Administrativo)**

Tudo o que não puder contar, não faça:integridade é não agir errado mesmo sozinho

Immanuel Kant, famoso filósofo alemão do século VXIII, dizia: "Tudo o que não puder contar como faz, não faça!". Ao jogarmos um simples papelzinho pela janela não temos consciência alguma de que não se trata apenas de um simples papelzinho. O que está por trás disso é absolutamente sério. O que estamos fazendo conosco, com o meio em que vivemos e com o mundo? Há que se dizer que culpar terceiros sempre nos traz alívio.

Mas não é um simples papelzinho... Se jogarmos três ao dia, serão quatorze por semana, e se milhões de pessoas de todo o mundo jogarem três míseros papéis por dia? Um dos maiores responsáveis por alagamentos nas cidades é o lixo, acarreta entupimento de bueiros e canalizações, levando a dispersar doenças e incômodo à população em geral.

O âmago desta questão é a consciência. Nos dias de hoje coletamos informações prontas e não levamos questões reflexivas ao cotidiano agitado e quase atropelado pelo que não nos afeta tanto por enquanto.

O que seremos no futuro? Seremos seres abastecidos virtualmente, mas submergidos no lixo? A grande preocupação é que a realidade virtual se sobreponha à realidade real!

A vida no planeta como a conhecemos acabará de forma dramática, e somente através desse processo de conscientização poderemos garantir a sustentabilidade ambiental. Sustentabilidade: "Pensar globalmente, agir localmente". Não é um simples papelzinho. É questão de educação, caráter, reflexão!

(Mario Sergio Cortella. http://mariosergiocortella.com. Adaptado)

A frase "Ao jogarmos um simples papelzinho pela janela não temos consciência alguma de que não se trata apenas de um simples papelzinho." estará pontuada em conformidade com a norma–padrão da língua portuguesa com o acréscimo de uma vírgula após o seguinte trecho:

a) Ao jogarmos.

b) Ao jogarmos um simples papelzinho pela janela.

c) Ao jogarmos um simples papelzinho pela janela não temos.

d) Ao jogarmos um simples papelzinho pela janela não temos consciência.

e) Ao jogarmos um simples papelzinho pela janela não temos consciência alguma de que não se trata apenas.

Separar uma oração adverbial temporal reduzida de infinitivo anteposta à sua principal.

GABARITO: B.

---

259. **(2019 – Câmara de Serrana/SP – Analista Legislativo)**

Por que temos filhos?

A pergunta do título comporta vários níveis de resposta. No plano biológico, a reprodução é um imperativo, fazendo parte de várias das definições de vida. Mas a biologia é só parte da história. A paternidade também encerra dimensões culturais, econômicas e emocionais.

Inspirado em "Anti–Pluralism", de William Galston, arrisco algumas reflexões sobre a matéria.

Até o começo do séculoXIX, filhos eram um ativo econômico. Ajudavam desde cedo com o trabalho doméstico, colaborando para o bem–estar da família, e ainda faziam as vezes de plano de aposentadoria para os pais.

Hoje, contudo, crianças ficaram caras. E, para piorar, elas demoram muito até começar a trazer contribuições econômicas. Como observa Galston, no espaço de dois séculos, a criação de filhos deixou de ser um bem privado para tornar–se um bem público.

Embora a paternidade possa trazer recompensas emocionais, do ponto de vista estritamente econômico, ela favorece a sociedade como um todo, enquanto a maior parte dos custos recai sobre os genitores.

E por que crianças beneficiam a sociedade? A crer na análise de economistas como Julian Simon, riqueza são pessoas. Quanto mais gente, melhor, já que são indivíduos que têm ideias (além de consumir produtos) e são as novas ideias que vêm assegurando o brutal aumento de produtividade a que assistimos nos últimos 200 anos.

E isso nos coloca diante de um dos grandes dilemas dos tempos modernos. Para assegurar a sustentabilidade da exploração dos recursos naturais do planeta, precisaríamos estabilizar ou até reduzir a população. Só que fazê–lo é uma espécie de suicídio econômico, já que ficaria muito difícil manter taxas positivas de crescimento, sem as quais instituições como previdência e até democracia representativa podem entrar em colapso.

(Hélio Schwartsman. *Folha de S.Paulo*. 18.11.2018. Adaptado)

Assinale a alternativa em que a reescrita da frase do texto atende à norma–padrão de pontuação.

a) Dimensões culturais, econômicas e emocionais, também se encerram, na paternidade.

b) Colaboravam desde cedo, para o bem–estar, da família, ajudando nos trabalhos domésticos.

c) Crianças, por demorarem muito a contribuir economicamente com os pais, ficaram caras.

d) A criação de filhos, perdeu a condição de bem privado, passando a ser um bem público.

e) Embora traga recompensas emocionais, o custo da paternidade, é alto para os genitores.

Houve o isolamento de uma oração subordinada adverbial dentro de uma principal.

A: Não separamos os elementos que se apresentam na ordem direta (ENCERRAM NA PATERNIDADE).

B: Não podemos separar uma palavra de seu complemento (para o BEM–ESTAR da família).

D: Não podemos separar o sujeito do predicado (A criação dos filhos = sujeito).

E: Não podemos separar o sujeito do predicado (o custo da paternidade = sujeito).

GABARITO: C.

260. **(2019 – Câmara de Monte Alto/SP – Auxiliar Técnico Legislativo)**

Os benefícios da imigração para um país

Muitos daqueles que se opõem à imigração ignoram uma verdade inconveniente: os imigrantes costumam ser os melhores cidadãos.

Historicamente, imigrantes mexicanos e seus filhos resgataram cidades menores com população em declínio nos Estados Unidos, informou Alfredo Corchado ao *The New York Times*. Cerca de metade das 6 mil pessoas de Kennett Square, perto da Filadélfia, por exemplo, são de ascendência hispânica, e é provável que a cidade teria se extinguido sem elas.

Kennett Square alega ser a capital mundial dos cogumelos, o centro de uma indústria de US$ 2,7 bilhões no sudeste da Pensilvânia que emprega 10 milhões de trabalhadores.

Mas, nos últimos dez anos, o número de imigrantes mexicanos nos EUA diminuiu em mais de um milhão. Alguns foram deportados, e outros foram embora espontaneamente por receio das autoridades.

"Os mexicanos estão indo embora, e isso é má notícia para todos", disse Chris Alonzo, presidente da Pietro Industries, uma das maiores empresas de cogumelos. "Toda essa negatividade e estímulo ao medo geraram um sentimento anti-imigração que está prejudicando nossa cidadezinha. Temos escassez de mão de obra, o que ameaça a vibração da nossa comunidade".

Os recém-chegados também ajudaram a dar novo ânimo à vida cultural da região. "Os mexicanos tiveram um impacto positivo na comunidade ao trazer mais cor e sabor para uma vida sem graça", explicou Loretta Perna, coordenadora de programas da Escola Kennett High.

(Tom Brady, *The New York Times*. Publicado em *O Estado de S.Paulo*. 23.09.2018. Adaptado)

Assinale a alternativa em que, na reescrita da frase "**Mas**, nos últimos dez anos, o número de imigrantes mexicanos nos EUA diminuiu...", a substituição do termo em destaque mantém o sentido original e o uso das vírgulas está em conformidade com a norma-padrão da língua portuguesa.

a) Nos, últimos dez anos **portanto**, diminuiu o número de imigrantes mexicanos nos EUA..."

b) Nos últimos, dez anos **apesar disso**, diminuiu o número de imigrantes mexicanos nos EUA..."

c) Nos últimos dez anos, **contudo**, diminuiu o número de imigrantes mexicanos nos EUA..."

d) Nos últimos dez anos, diminuiu **por isso**, o número de imigrantes mexicanos nos EUA..."

e) Nos últimos dez anos diminuiu, **assim** o número, de imigrantes mexicanos nos EUA..."

A conjunção coordenativa ADVERSATIVA MAS encontra o seu sentido na conjunção, CONTUDO que, por estar dentro da oração, deve ficar isolada.

GABARITO: C.

---

261. **(2019 – Câmara de Serrana /SP – Técnico Legislativo)** Leia trecho da canção *Bom Conselho*, de Chico Buarque, para responder às questões.

Ouça um bom conselho

Que eu lhe dou de graça

Inútil dormir que a dor não passa

Espere sentado

Ou você se cansa

Está provado, quem espera nunca alcança
Venha, meu amigo
Deixe esse regaço
Brinque com meu fogo
Venha se queimar
Faça como eu digo
Faça como eu faço
Aja duas vezes antes de pensar (...)

Assinale a alternativa com pontuação correta, de acordo com a norma-padrão.

a) Ouça um bom conselho, amigo, venha se queimar. Está provado: quem espera, nunca alcança.

b) Ouça, um bom conselho, amigo venha se queimar; Está provado quem espera, nunca alcança.

c) Ouça um bom conselho amigo, venha se queimar. Está provado quem espera nunca alcança.

d) Ouça, um bom conselho amigo, venha se queimar está provado: quem, espera nunca alcança.

e) Ouça um bom conselho, amigo venha se queimar; Está provado quem espera nunca, alcança.

As duas primeiras vírgulas estão isolando um VOCATIVO (amigo).

O ponto final encerra um período.

Os dois-pontos iniciam uma explicação.

A última vírgula separa orações.

GABARITO: A.

---

262. **(2019 – UFABC – Assistente em Administração)**

***Millennials* são iguais aos pais, porém mais pobres, conclui Fed**

A turma nascida entre 1981 e 1997 não tem tantas particularidades assim na análise dos gastos com automóveis, alimentação e moradia. Aos olhos da opinião pública americana, os jovens da geração *Millennial* são assassinos em série – responsabilizados pela morte lenta do queijo processado, do cartão de crédito, do táxi, do peru de Ação de Graças e até do divórcio. Poucos setores saíram ilesos da matança cultural promovida pela juventude americana.

Agora surgiram argumentos em sua defesa. Um novo estudo do banco central dos EUA (*Federal Reserve*) afirma que a turma nascida entre 1981 e 1997 – famosa por adorar aplicativos – não é tão diferente dos pais. Essa geração é apenas mais pobre nesta mesma etapa da vida, já que muitos de seus integrantes chegaram à idade adulta durante a crise financeira.

"Encontramos pouca evidência de que lares de *millennials* têm gostos e preferências de consumo inferiores aos de gerações passadas, quando se leva em conta idade, renda e uma maior variedade de características demográficas", escreveram os autores Christopher Kurz, Geng Li e Daniel J. Vine. As conclusões deles se baseiam em uma análise de gastos, renda, endividamento, patrimônio líquido e fatores demográficos de várias gerações.

A impressão de que os *millennials* não têm tantas particularidades assim também se revela na análise granular dos gastos deles com automóveis, alimentação e moradia. "São principalmente as diferenças de idade média e então as diferenças de renda média que explicam grande parte da diferença de consumo entre os *millennials* e outros grupos", segundo o estudo.

(Jeremy Herron e Luke Kawa. *Exame*. 01.12.2018.https://exame.abril.com. br. Adaptado)

Atente para as passagens do texto enumeradas a seguir:

1. Um novo estudo do banco central dos EUA (*Federal Reserve*) afirma que a turma nascida entre 1981 e 1997 — famosa por adorar aplicativos — não é tão diferente dos pais. (2º parágrafo)
2. As conclusões deles se baseiam em uma análise de gastos, renda, endividamento, patrimônio líquido e fatores demográficos de várias gerações. (3º parágrafo)
3. "São principalmente as diferenças de idade média e então as diferenças de renda média que explicam grande parte da diferença de consumo entre os *millennials* e outros grupos", segundo o estudo. (4º parágrafo)

Os travessões, em 1, as vírgulas, em 2, e as aspas, em 3, servem, respectivamente, aos propósitos de:

a) destacar um exemplo, de contrastar termos com sentidos opostos e de marcar uma recapitulação.

b) circunscrever uma definição, de organizar uma sequência e de evidenciar uma crítica do autor.

c) intercalar uma expressão resumitiva, de enfatizar uma ressalva e de frisar uma reprovação.

d) anunciar uma explicação, de encadear termos sinônimos e de demarcar um comentário técnico.

e) isolar uma especificação, de separar itens de uma lista e de sinalizar uma citação.

A justificativa para as pontuações empregadas está correta apenas na alternativa E.

GABARITO: E.

---

263. **(2019 – TJ/SP – Enfermeiro Judiciário)**

Tempo incerto

Os homens têm complicado tanto o mecanismo da vida que já ninguém tem certeza de nada: para se fazer alguma coisa é preciso aliar a um impulso de aventura grandes sombras de dúvida. Não se acredita mais na existência de gente honesta; e os bons têm medo de exercitarem sua bondade, para não serem tratados de hipócritas ou de ingênuos.

Vivemos um momento em que a virtude é ridícula e os mais vis sentimentos se mascaram de grandiosidade, simpatia, benevolência. A observação do presente leva-nos até a descer dos exemplos do passado: os varões ilustres de outras eras terão sido realmente ilustres? Ou a História nos está contando as coisas ao contrário, pagando com dinheiros dos testemunhos a opinião dos escribas?

Se prestarmos atenção ao que nos dizem sobre as coisas que nós mesmos presenciamos – ou temos que aceitar a mentira como a arte mais desenvolvida do nosso tempo, ou desconfiamos do nosso próprio testemunho, e acabamos no hospício!

Pois assim, é, meus senhores! Prestai atenção às coisas que vos contam, em família, na rua, nos cafés, em várias letras de forma, e dizei-me se não estão incertos os tempos e se não devemos todos andar de pulga atrás da orelha!

Agora, pensam os patrões, os empregados, os amigos e inimigos de uns e de outros e todo o resto da massa humana. E não só pensam, como também pensam que pensam! E além de pensarem que pensam, pensam que têm razão! E cada um é o detentor exclusivo da razão!

Pois de tal abundância de razão é que se faz a loucura. E a vocação das pessoas, hoje em dia, não é para o diálogo com ou sem palavras, mas para balas de diversos calibres. Perto disso, a carestia da vida é um ramo de flores. O que anda mesmo caro é alma. E o Demônio passeia pelo mundo, glorioso e imune.

(Cecília Meireles, Tempo incerto. Em: *Escolha o seu Sonho*. Adaptado)

Assinale a alternativa em que informações do 4º parágrafo estão corretamente reescritas em conformidade com o sentido do texto e com a pontuação, segundo a norma-padrão.

a) Meus senhores prestem atenção às coisas que lhes contam, e digam–me se não estão incertos os tempos.

b) Prestem atenção, meus senhores, às coisas que lhes contam e digam–me se não estão incertos os tempos.

c) Prestem atenção às coisas que lhes contam e digam–me se não estão incertos meus senhores, os tempos?

d) Meus senhores, prestem atenção às coisas que lhes contam! E digam: se não estão, incertos os tempos!

e) Prestem atenção às coisas que lhes contam meus senhores – e digam se não estão incertos os tempos?

– meus senhores: vocativo tem que estar isolado na oração.

Outras alternativas:

A: Não foi isolado o vocativo (meus senhores).

B: Não empregamos vírgula antes da conjunção coordenativa aditiva E quando iniciar uma oração com o mesmo sujeito da oração anterior.

C: Ovocativo (meus senhores) não está isolado.

D: Não podemos separar o verbo da conjunção subordinativa integrante (... digam: se ...).

E: O vocativo (meus senhores) não está isolado.

GABARITO: B.

---

264. **(2019 – TJ/SP – Médico Judiciário)**

Após avanços tecnológicos, medicina deve mirar empatia

Médicos sempre ocuparam uma posição de prestígio na sociedade. Afinal, cuidar do maior bem do indivíduo – a vida – não é algo trivial. Embora a finalidade do ofício seja a mesma, o *modus operandi* mudou drasticamente com o tempo.

O que se pode afirmar é que o foco da atuação médica deve ser cada vez menos o controle sobre o destino do paciente e mais a mediação e a interpretação de tecnologias, incluindo a famigerada inteligência artificial. Já o lado humanístico, que perdeu espaço para os exames e as máquinas, tende a recuperar cada vez mais sua importância.

De meados do século 20 até agora, concomitantemente às novas especialidades, houve avanço tecnológico e a proliferação de modalidades de exames. Cresceu o catálogo dos laboratórios e também a dependência do médico em relação a exames. A impressão dos pacientes passou a ser a de que o cuidado é ruim, caso o médico não os solicite.

O tema é caro a Jayme Murahovschi, referência em pediatria no país. "Tem que haver progressão tecnológica, claro, mas mais importante que isso é a ligação emocional com o paciente. Hoje médicos pedem muitos exames e os pacientes também."

Murahovschi está entre os que acreditam que a profissão está sofrendo uma nova reviravolta, quase que voltando às origens clássicas, hipocráticas: "Os médicos do futuro, os que sobrarem, vão ter que conhecer o paciente a fundo, dar toda a atenção que ele precisa, usando muita tecnologia, mas com foco no paciente."

Alguns profissionais poderão migrar para uma medicina mais técnica, preveem analistas. Esses doutores teriam uma função diferente, atuando na interface entre o conhecimento biomédico e a tecnologia por trás de plataformas de diagnóstico e reabilitação. Ou ainda atuariam alimentando com dados uma plataforma de inteligência artificial, tornando-a mais esperta.

Outra tecnologia já presente é a telemedicina, que descentraliza a realização de consultas e exames. Clínicas e médicos generalistas podem, rapidamente e pela internet, contar com laudos de especialistas situados em diferentes localidades; uma junta médica pode discutir casos de pacientes e seria possível até a realização, a distância, de consultas propriamente ditas, se não existissem restrições do CFM nesse sentido.

Até cirurgias podem ser feitas a distância, com o advento da robótica. O tema continua fascinando médicos e pacientes, mas, por enquanto, nada de droides médicos à la Star Wars – quem controla o robô ainda é o ser humano.

(Gabriela Alves. *Folha de S.Paulo*, 19.10.2018. Adaptado)

No título do texto, a vírgula separa a expressão adverbial – Após avanços tecnológicos – da sequência do enunciado.

A vírgula foi empregada com essa mesma função na alternativa:

a) O tema é caro a Jayme Murahovschi, referência em pediatria no país.

b) De meados do século 20 até agora, concomitantemente às novas especialidades...

c) Esses doutores teriam uma função diferente, atuando na interface entre conhecimento...

d) Outra tecnologia já presente é a telemedicina, que descentraliza a realização de consultas e exames.

e) Alguns profissionais poderão migrar para uma medicina mais técnica, preveem analistas.

A única alternativa em que a vírgula também foi empregada para separar uma expressão adverbial encontramos na opção B.

Outras alternativas:

A: isolar um aposto explicativo.

C: separar as orações em um mesmo período.

D: isolar uma oração subordinada adjetiva explicativa de sua principal.

E: separar as orações coordenadas assindéticas.

GABARITO: B.

---

265. **(2019 – MPE/SP – Analista Técnico Científico/Contador)**

Progresso, enfim

Em atraso nas grandes reformas da Previdência Social e do sistema de impostos, o Brasil tem obtido avanços em uma agenda que, tomada em seu conjunto, mostra-se igualmente essencial – a da melhora do ambiente de negócios.

Trata-se de objetivos tão diferentes quanto facilitar a criação de empresas, reduzir o custo de licenças ou ampliar o acesso ao crédito. Grande parte dessas providências não depende de votações no Congresso, mas sim do combate persistente a empecilhos burocráticos e ineficiências do setor público.

A boa notícia é que o país subiu 16 posições no mais conhecido ranking dessa modalidade, divulgado a cada ano pelo Banco Mundial. A má é que a 109ª colocação, num total de 190 nações consideradas, permanece vergonhosa.

O progresso ocorreu, basicamente, em quatro indicadores – fornecimento de energia elétrica, prazo para abertura de empresa com registro eletrônico, acesso à informação de crédito e certificação eletrônica de origem para importações.

Pela primeira vez em 16 anos de publicação do relatório, o desempenho brasileiro se destacou na América Latina. Os países mais bem posicionados da região, casos de México (54º lugar), Chile (56º) e Colômbia (65º), apresentaram pouca ou nenhuma melhora.

Numa perspectiva mais ampla, o ambiente de negócios vai se tornando mais amigável na maior parte do mundo. A edição mais recente do *ranking* catalogou número recorde de 314 reformas realizadas em 128 economias desenvolvidas e emergentes no período 2017/2018.

Fica claro, no documento, que o maior atraso relativo do Brasil se dá no pagamento de impostos, dados a carga elevada e o emaranhado de regras dos tributos incidentes sobre o consumo. Nesse quesito em particular, o país ocupa um trágico 184º lugar no *ranking*.

O caminho óbvio a seguir nesse caso é uma reforma ambiciosa, que racionalize essa modalidade de taxação. Mesmo que não seja possível abrir mão de receitas, a simplificação já traria ganhos substanciais em eficiência ao setor produtivo.

(Editorial, *Folha de S.Paulo*, 06.11.2018. Adaptado)

Assinale a alternativa em que a reescrita de passagem do texto está correta quanto à norma-padrão de pontuação.

a) O Brasil, segundo a boa notícia, subiu 16 posições no *ranking* do Banco Mundial; se bem que, ainda está na 109ª colocação, num total de 190 nações consideradas.

b) Quanto ao pagamento de impostos em particular, o Brasil, conforme o documento do Banco Mundial, ocupa o 184º lugar no *ranking*, que abrange 190 nações.

c) México, Chile e Colômbia, apresentaram pouca ou nenhuma melhora mas são os países mais bem posicionados da América Latina.

d) Considerando-se: a carga elevada e o emaranhado de regras dos tributos incidentes sobre o consumo; o ranking do Banco Mundial deixa claro, que o maior atraso relativo do Brasil se dá no pagamento de impostos.

e) O progresso brasileiro ocorreu, em quatro indicadores; fornecimento de energia elétrica, prazo para abertura de empresa com registro eletrônico, acesso à informação de crédito e certificação eletrônica de origem para importações.

1ª vírgula: separar uma oração subordinada adverbial anteposto à sua oração principal.

2ª e 3ª vírgula: isolar a oração subordinada adverbial deslocada para dentro de sua oração principal.

Outras alternativas:

A: Não podemos isolar uma oração do elemento que a inicia (SE BEM QUE AINDA ...).

C: Não separamos o sujeito (MÉXICO, CHILE E COLÔMBIA) do predicado.

Antes de uma conjunção coordenativa (MAS) iniciando a oração devemos empregar uma pontuação.

D: Não se separa o verbo do sujeito (CONSIDERANDO-SE a carga elevada ...).

Não se separa uma palavra de seu complemento (deixa claro que...).

E: Uma oração que se apresenta em sua ordem direta não pode ter seus termos isolados (O progresso brasileiro ocorreu em quatro indicadores ...).

GABARITO: B.

266. **(2020 – EBSERH – Assistente Administrativo)**

Prazeres da "melhor idade"

A voz no aeroporto de Congonhas anunciou: "Clientes com necessidades especiais, crianças de colo, melhor idade, gestantes e portadores do cartão tal terão preferência etc.". Num rápido exercício intelectual, concluí que, não tendo necessidades especiais, nem sendo criança de colo, gestante ou portador do dito cartão, só me restava a "melhor idade" – algo entre os 60 anos e a morte.

Para os que ainda não chegaram a ela, "melhor idade" é quando você pensa duas vezes antes de se abaixar para pegar o lápis que deixou cair e, se ninguém estiver olhando, chuta-o para debaixo da mesa. Ou, tendo atravessado a rua fora da faixa, arrepende-se no meio do caminho porque o sinal abriu e agora terá de correr para salvar a vida. Ou quando o singelo ato de dar o laço no pé esquerdo do sapato equivale, segundo o João Ubaldo Ribeiro*, a uma modalidade olímpica.

Privilégios da "melhor idade" são o ressecamento da pele, a osteoporose, as placas de gordura no coração, a pressão lembrando placar de basquete americano, a falência dos neurônios, as baixas de visão e audição, a falta de ar, a queda de cabelo, a tendência à obesidade e as disfunções sexuais. Ou seja, nós, da "melhor idade", estamos com tudo, e os demais podem ir lamber sabão.

Outra característica da "melhor idade" é a disponibilidade de seus membros para tomar as montanhas de estimulantes e antidepressivos que seus médicos lhes receitam e depois não conseguem retirar. Outro dia, bem cedo, um jovem casal cruzou comigo no Leblon. Talvez vendo em mim um pterodáctilo da clássica boemia carioca, o rapaz perguntou: "Voltando da farra, Ruy?". Respondi, eufórico: "Que nada! Estou voltando da farmácia!". E esta, de fato, é uma grande vantagem da "melhor idade": você extrai prazer de qualquer lugar a que ainda consiga ir.

(Ruy Castro. Folha de S.Paulo, 29.01.2012. Adaptado)

*João Ubaldo Ribeiro: escritor baiano, autor, entre várias obras, de Viva o povo brasileiro.

Assinale a alternativa em que a pontuação pode ser modificada de acordo com a norma-padrão e sem alterar o sentido do texto.

a) Ponto e vírgula em: Num rápido exercício intelectual; concluí que, não tendo necessidades especiais...

b) Parênteses em: ... você pensa duas vezes antes de (se abaixar) para pegar o lápis que deixou cair...

c) Travessões em: ... o singelo ato de dar o laço no pé esquerdo do sapato equivale – segundo o João Ubaldo Ribeiro – a uma modalidade...

d) Ponto final em: "Voltando da farra, Ruy."

e) Reticências em: "Que nada... Estou voltando da farmácia..."

Orações colocadas dentro de outras devem vir isoladas por vírgulas ou pelo duplo travessão.

GABARITO: C.

267. **(2019 – SEDUC/SP – Oficial Administrativo)**

(Fernando Gonsales. Níquel Náusea. Disponível em https://www1.folha.uol.com.br/ilustrada. 03.11.2018)

Assinale a alternativa em que, na reescrita do texto do último quadrinho, o emprego das vírgulas está de acordo com a norma-padrão de pontuação.

a) O caramujo adolescente por, mais que tente, não consegue sair de casa.

b) O caramujo adolescente, por mais que tente, não consegue sair de casa.

c) O caramujo adolescente por mais, que tente, não consegue sair de casa.

d) O caramujo adolescente por mais, que tente não consegue, sair de casa.

e) O caramujo adolescente por mais que tente, não consegue, sair de casa.

Oração subordinada adverbial dentro de sua oração principal DEVE estar isolada (POR MAIS QUE TENTE).

GABARITO: B.

268. **(2018 – Câmara de Itaquaquecetuba/SP – Jornalista)**

CIDADE DO MÉXICO, 13 MAR. O abacate está se convertendo no novo "ouro" do México, ultrapassando o petróleo como produto de exportação que mais gera lucros para o país, de acordo com os números mais recentes divulgados pelo Ministério da Economia do Estado. No entanto, ecologistas se queixam de que o crescimento na demanda do fruto, abundante em vitamina E, está causando um grande estrago ao meio-ambiente mexicano. A polpa do fruto costuma ser usada como acompanhamento dos principais "snacks" dos norte-americanos em competições esportivas, como o Super Bowl. Durante os intervalos da partida, aliás, grandes companhias e produtoras da fruta difundem anúncios publicitários. No dia 5 de fevereiro, por exemplo, o custo de uma propaganda de apenas 30 segundos no estádio, que foi vista por 130 milhões de espectadores, chegou a US$ 5 milhões. A Associação de Produtores e Empacotadores de Abacate do México (Apeam) é a encarregada de financiar essa mensagem, transmitida pela emissora de televisão *Fox*, na qual são exaltados os benefícios do abacate mexicano. Estima-se que cerca de 100 mil toneladas do popular molho "guacamole", que é feito com a fruta, são consumidas apenas durante esse jogo de futebol americano. A maioria do abacate que se consome nos Estados Unidos é produzido nos campos do estado de Michoacán, o que é criticado por ecologistas, que acreditam que o "boom" da produção do fruto no país está causando danos ao meio ambiente, já que muitas terras florestais estão sendo dizimadas para ampliar os campos de abacate, mais rentáveis.

(https://istoe.com.br. Adaptado)

Na oração – O abacate está se convertendo no novo "ouro" do México... –, as aspas estão empregadas para marcar:

a) a impropriedade de sentido da palavra.

b) a imprecisão do sentido da palavra.

c) o sentido irônico atribuído à palavra.

d) o sentido figurado da palavra.

e) o sentido pejorativo da palavra.

Toda palavra empregada no sentido figurado (ouro) deve ser destacada.

GABARITO: D.

---

269. **(2018 – Prefeitura de São Bernardo do Campo/SP – Oficial Administrativo I)**

Quando me propus a escrever um texto sobre o filme "Pantera Negra", eu pensei na possibilidade de escrever sobre todos os sentimentos que se misturavam em meu corpo e coração vendo o filme.

Fui ver o filme sob muita expectativa, como todo o povo negro ao redor do mundo indo para as salas de cinema vestidos com suas melhores roupas — acho que eu nunca fui tão arrumada ver um filme —, como se fosse uma ocasião muito especial. E de fato foi.

Em tempos em que a questão da representatividade negra ganha cada vez mais força na cultura *nerd/geek*, ver um herói negro é algo gratificante, muito forte e cheio de significado para o povo negro que curte esse universo.

Diante disso, desde quando vi o trailer do filme pela primeira vez, eu não parei de pensar em um ponto importantíssimo: as crianças negras.

Uma amiga me mostrou uma foto no Instagram que fez meu coração esquentar de felicidade: o seu filho, diante do cartaz do filme, vestido de Pantera Negra, com um sorriso enorme no rostinho. Uma busca rápida pela *hashtag* #BlackPanther, e o resultado são várias fotos de crianças com seus pais e responsáveis, meninos e meninas negras, de várias partes do mundo, sorrindo, usando com orgulho camisetinhas com o herói da vez estampado ou com a máscara do rei T'Challa cobrindo seus rostinhos, da mesma forma que o filho dessa minha amiga.

Eu confesso que saí da sala do cinema sentindo um alívio imenso, porque talvez eu também tenha sido uma criança que precisava dessa carga de representatividade.

(Paula Silva. "Pantera Negra: finalmente um filme 100% negro!". http://azmina.com.br, 07.03.2018. Adaptado)

O uso dos dois-pontos no trecho "Uma amiga me mostrou uma foto no Instagram que fez meu coração esquentar de felicidade: o seu filho, diante do cartaz do filme, vestido de Pantera Negra..." (5º parágrafo) tem a função de indicar:

a) uma correção ao que se afirmou anteriormente aos dois-pontos.

b) uma síntese do que foi expresso antes dos dois-pontos.

c) uma descrição do que se afirmou antes dos dois-pontos.

d) a apresentação de um fato novo para o que se apresenta antes dos dois-pontos.

e) a introdução de uma fala feita em discurso direto.

A leitura atenta do período permite-nos reconhecer a função dos dois-pontos como a descrição do que se afirmou antes deles.

GABARITO: C.

---

270. **(2018 – Prefeitura de São Bernardo do Campo/SP – Oficial Administrativo I)** Com relação ao emprego da vírgula, está em conformidade com a norma-padrão da língua portuguesa o trecho:

a) Há pesquisas que indicam que, associamos ideias com mais liberdade quando estamos relaxados.

b) Se colegas de trabalho riem juntos, a produtividade e a criatividade desses funcionários aumentam.

c) Vários pesquisadores dos Estados Unidos e da Inglaterra, têm apontado os benefícios do riso no ambiente de trabalho.

d) Sophie Scott e John Kounios, ambos, pesquisadores possuem um mesmo objeto de pesquisa: o riso.

e) É muito importante observarmos as pesquisas pois elas, podem trazer benefícios, inclusive no mundo profissional.

Orações subordinadas adverbiais antes de suas orações principais TÊM que estar isoladas.

Outras alternativas:

A: Não separamos a conjunção subordinativa integrante da oração que inicia (... indicam que associamos ideias...).

C: Não separamos o sujeito (Navios perseguidores ... Inglaterra) do predicado.

D: Temos que isolar o aposto explicativo que é a expressão AMBOS PERSEGUIDOES.

E: Não separamos o sujeito (... elas) do predicado.

GABARITO: B.

---

271. **(2018 – Câmara de Indaiatuba/SP – Jornalista)**

Do direito do mais forte

Nunca o mais forte o é tanto para ser sempre senhor, se não converte a força em direito, e em dever a obediência; eis donde vem o direito do mais forte, direito que irônica e aparentemente se tomou, e na realidade se estabeleceu em princípios. A força é um poder físico, não imagino qual moralidade possa resultar de seus efeitos; ceder à força é ato preciso, e não voluntário, ou quando muito prudente: em que sentido pode ser uma obrigação?

Suponhamos por um momento esse pretendido direito. Eu afirmo que dele só dimana o caos inexplicável; pois logo que a força faz o direito, com a causa muda o efeito, e toda força que excede a primeira toma o lugar de direito dela. Logo que a salvo podes desobedecer, legitimamente o fazes, e, como tem sempre razão o mais forte, tratemos só de o ser. Qual é, pois, o direito que resta, quando cessa a força? Se por força cumpre obedecer, desnecessário é o direito; e se não somos forçados a obedecer, que obrigação nos resta de o fazer? Logo, está claro que a palavra *direito* nada ajunta à força, e não tem aqui significação alguma.

(Jean-Jacques Rousseau. *Do contrato social*. Adaptado)

Assinale a alternativa em que a vírgula é utilizada segundo o mesmo princípio que determina seu emprego na passagem "Logo que a salvo podes desobedecer, legitimamente o fazes..."

a) ... eis donde vem o direito do mais forte, direito que irônica e aparentemente se tomou...

b) ... ceder à força é ato preciso, e não voluntário...

c) ... com a causa muda o efeito, e toda força que excede a primeira toma o lugar de direito dela...

d) Se por força cumpre obedecer, desnecessário é o direito...

e) Logo, está claro que a palavra *direito* nada ajunta à força...

Oração subordinada adverbial anteposta à oração principal DEVE estar isolada.

Ordem direta: Legitimamente o fazer (,) logo que a salvo podes desobedecer, (isolamento facultativo).

A oração subordinada adverbial aparece anteposta à sua principal na alternativa D.

GABARITO: D.

---

272. **(2018 – Prefeitura de São José dos Campos/SP – Analista em Gestão Municipal/Ciências Contábeis)** Assinale a alternativa em que o enunciado atende à pontuação de acordo com a norma-padrão.

a) Em Bariloche, a QMark High School, decidiu inovar observando sua paisagem quando acontecem longas caminhadas dos estudantes na montanha.

b) Os estudantes, durante as caminhadas, têm oportunidade de identificar os problemas em sua comunidade que, posteriormente, serão solucionados.

c) Os estudantes, organizam-se em células de aprendizagem e colaboram para resolver problemas e dessa forma, reconhecem-se como agentes de mudança.

d) Novos conceitos, processos, estruturas e metodologias, que podem indicar as mudanças necessárias são criados a partir das experiências inovadoras.

e) As aprendizagens mais importantes para produzir mudanças positivas como demonstram as iniciativas, só podem acontecer em organizações educativas.

– 1ª e 2ª vírgulas: isolar um adjetivo adverbal deslocado.

– 3ª e 4ª vírgulas: isolar um adjetivo adverbial deslocado (isolamento facultativo por se tratar de um pequeno número de palavras).

Outras alternativas:

A: Não se separa o sujeito (a Q Mark High School) do predicado.

C: Não se separa o sujeito (Os estudantes) do predicado.

D: Não se separa o sujeito (Novos conceitos, processos, estruturas e metodologias) do predicado.

E: Orações deslocadas para dentro de uma outra (como demonstram as iniciativas) DEVEM estar isoladas.

GABARITO: B.

273. (2018 – Câmara Municipal de São José dos Campos/SP – Analista Legislativo/Contador)

Meu bem, meu mal

Na psicologia social, há uma definição de comportamento conhecida como "licença moral". É o consentimento que autoriza as pessoas que praticam uma boa ação a compensá-la com o avesso. Dito de outro modo: quando alguém está certo de ter feito o bem, com compaixão e generosidade, pode sentir-se liberado para fazer o mal, com posturas egoístas, preconceituosas, antiéticas e – que surpresa! – até corruptas. No mundo corporativo, em que se **aplaudem** as companhias que cultivam valores morais e éticos, com doações e responsabilidade social, os desvios costumam cair como baldes de água fria e decepção – e estão longe de representar uma raridade. "No Brasil, muitas das empresas que são investigadas em esquemas de corrupção têm o seu instituto e sua fundação com ações filantrópicas, mas ao mesmo tempo estão envolvidas em conluio setorial, cartel implícito ou formas de ganhar recursos de bancos públicos", diz o professor Sérgio Lazzarini, colunista de VEJA.

Esse fenômeno acaba de receber amparo acadêmico. Um trabalho realizado pelos economistas John List e Fatemeh Momeni, da Universidade de Chicago, nos Estados Unidos, põe em xeque a tese da benevolência como uma postura inquebrantável. O estudo revela que trabalhar para uma empresa socialmente responsável pode motivar os empregados a agir de forma exatamente oposta em outras searas. Eles se tornam irresponsáveis, mais propensos a trapacear. Para os autores, o gesto de bondade deflagra uma espécie de crédito para praticar desvios em outros contextos.

Mas, afinal de contas, todas as pessoas que doam trapaceiam? É **atávico**? Não necessariamente. A construção psicológica que diz que, "se fiz um bem, posso então relaxar e fazer algo errado" não é aplicada a todos, de modo incondicional. Há regras morais claras, muitas vezes jogadas para debaixo do tapete, mas que nunca deixam de incomodar, silenciosamente. Diz a psicóloga e professora Denise Ramos: "Nenhum corrupto é inconsciente. A pessoa sempre sabe o que está fazendo". O nó, descoberto pelos professores de Chicago, é que, numa brincadeira com o batido adágio, assim como não há mal que dure para sempre, também não há bem que se eternize. É uma pena. Mas é humano, demasiadamente humano.

(Natália Cuminale. *Veja*, 07.03.2018. Adaptado)

Observe o emprego de dois-pontos e do travessão duplo na seguinte passagem:

(I) Dito de outro modo: quando alguém está certo de ter feito o bem, com compaixão e generosidade, pode sentir-se liberado para fazer o mal, com posturas egoístas, preconceituosas, antiéticas e (II) – que surpresa! – até corruptas.

É correto afirmar que, com esses sinais de pontuação, a autora tem o objetivo de:

a) em (I) introduzir uma informação nova no contexto; em (II) expressar antecipadamente a reação que o leitor terá diante do assunto tratado.

b) em (I e II) explicar uma passagem anterior obscura, levando o leitor a concordar com os pontos de vista dela.

c) em (I) apresentar uma nova versão para fato anteriormente relatado; em (II) expressar a possibilidade de seu ponto de vista chocar o leitor.

d) em (I) detalhar uma ideia anteriormente expressa; em (II) intercalar a expressão de uma reação pessoal diante do comportamento que comenta.

e) em (I e II) apontar a possibilidade de os fatos serem contraditórios, embora estejam associados pela ideia de corrupção.

Os dois pontos foram empregados para detalhar uma ideia anteriormente expressa.

O duplo travessão intercala a expressão de uma reação pessoal diante do comportamento que comenta.

GABARITO: D.

---

274. **(2018 – UFTM – Assistente em Administração)** Assinale a alternativa que está correta quanto à pontuação, segundo a norma-padrão.

a) É evidente que, precisa-se refletir sobre o assunto a ser anunciado ao leitor.

b) Quando se faz uma viagem em geral os amigos e hotéis são avisados.

c) Toda a exposição, em uma introdução, está compreendida implicitamente.

d) A introdução de fato convida, o leitor, a fazer a viagem de leitura.

e) A exposição, é a parte do texto que abre o assunto, que o anuncia ao leitor.

As vírgulas isolam um adjetivo adverbial deslocado.

Outras alternativas:

A: Não se pode isolar a conjunção integrante (QUE) da oração que ela inicia.

B: Oração subordinada adverbial (Quando se faz uma viagem) antes da oração principal DEVE estar isolada.

D: Não separamos o verbo de seu complemento (CONVIDA o leitor).

E: Não separamos o sujeito (A exposição) do predicado.

GABARITO: C.

---

275. **(2018 – Prefeitura de São Paulo/SP – Engenheiro Civil)**

O valor da mentira

Durante o conclave de 1522, que terminaria por ungir Adriano VI em papa, as estátuas no entorno da Piazza Navona, no centro de Roma, passaram a amanhecer com pequenos pedaços de papel pregados. Eram textos de autoria do escritor e poeta Pietro Aretino (1492-1556), já então uma das mais conhecidas "penas de aluguel" da Itália. Com seu estilo satírico e mordaz, inteligente e ferino, Aretino dedicava-se a atacar um por um dos cardeais que poderiam vir a ser o novo pontífice. Os ataques eram financiados pelo cardeal Giulio de Medici, que acabou se tornando o papa Clemente VII um ano depois, com a morte de Adriano VI. A partir daí, o gênero dos "panfletos difamatórios" ficou conhecido como "pasquim". Aretino transformou a difamação em negócio e fez fortuna com os jornalecos.

Em 2016, as mentiras veiculadas com o objetivo de beneficiar um indivíduo ou um grupo – ou simplesmente franquear ao seu disseminador o prazer de manipular multidões – ganharam o nome de fake news. Aquele foi o ano em que o mundo se surpreendeu com a vitória do Brexit no Reino Unido e também o ano em que, nos Estados Unidos, as redes sociais foram infestadas por textos que diziam que a então candidata democrata, Hillary Clinton, havia enviado armas para o Estado Islâmico, ou que o papa Francisco declarara apoio ao rival dela, o hoje presidente Donald Trump.

Nas *fake news* não cabem relativismos nem discussões filosóficas sobre o conceito de "verdade" – trata-se, pura e simplesmente, de informações deliberadamente enganosas. São lorotas destinadas a ludibriar os incautos, ou os nem tão incautos assim, ávidos por pendurar seus argumentos em fatos que não podem ser comprovados. O suposto desconhecimento de uns, aliado ao oportunismo de outros, ampliou o significado da expressão de forma a adequá-lo a demandas de ocasião. Em prática recém-inaugurada, a expressão *fake news* passou a ser usada por poderosos para classificar tudo o que a imprensa profissional publica a respeito deles e que lhes desagrada – apesar de ser invariavelmente verdadeiro. Ajuda no sucesso dessa estratégia maliciosa a popularidade dos novos meios de comunicação nascidos com a internet.

(Anna Carolina Rodrigues, *Veja*, 26.10.2018. Adaptado)

É correto afirmar que, nas três passagens em que há emprego de travessão (2º e 3º parágrafos), esse sinal de pontuação introduz:

a) manifestação do ponto de vista da autora, o que é reforçado pelo emprego dos termos "simplesmente", "deliberadamente" e "invariavelmente".

b) pontos de vista generalizados acerca das *fake news*, haja vista sua disseminação pelo mundo todo, o que se constata pela menção ao reino Unido e aos EUA.

c) expressão de imparcialidade em relação à maledicência nas redes sociais, o que se constata pelo emprego de termos como "manipular" e "enganosas".

d) referência a fatos historicamente determinados, o que se constata pela menção ao surgimento das *fake news* e seu uso nos dias de hoje.

e) conclusões da autora acerca das *fake news*, especialmente pela menção ao uso delas em favor da busca da veracidade dos fatos.

Ao lermos atentamente os parágrafos em que os travessões foram empregados, concluímos a justificativa correta para o emprego desses sinais de pontuação.

GABARITO: A.

276. (2018 – MPE/SP – Analista Jurídico do Ministério Público)

O cansaço democrático

Quem disse que a democracia era eterna? Ninguém. Mas palpita ainda no coração do homem civilizado a crença de que essa forma de governo estará entre nós até ao fim dos tempos.

Uma ideia tão otimista seria risível à luz da história do pensamento político. Platão é o exemplo mais extremo: a democracia faz parte de um movimento cíclico de regimes – e, para ele, é uma forma degenerada de governo.

Depois da democracia, haverá um tirano para pôr ordem no pardieiro; e, depois do tirano, haverá novamente uma aristocracia, que será suplantada por uma timocracia, que será suplantada por uma oligarquia, até a democracia regressar. Nada perdura.

É precisamente esse pensamento lúgubre que percorre uma moda editorial recente – livros sobre o fim, real ou imaginário, da democracia liberal.

Em seu recente "How Democracy Ends", David Runciman lida com os contornos desse hipotético fim: se a democracia chegar ao seu termo, não teremos uma repetição da década de 1930, defende. Não teremos violência de massas, movimentos armados, tanques nas ruas. Vivemos em sociedades radicalmente diferentes – mais afluentes, envelhecidas, conectadas. E, além disso, conhecemos o preço da brutalidade autoritária e totalitária. As nostalgias reacionárias são coisa de jovens: eles desejam o que ignoram e ignoram o que desejam.

Mas se os "golpes tradicionais" são improváveis, há formas invisíveis de conseguir o mesmo objetivo: pela gradual suspensão da ordem legal; pelo recurso a eleições fraudulentas; pela marginalização dos freios e contrapesos do regime.

A democracia só sobrevive porque somos capazes de gerir as nossas frustrações quando os resultados nos são desfavoráveis. Essa tolerância diminui de ano para ano.

E diminui sob o chicote das redes sociais. Runciman acredita que o principal problema do mundo virtual está no poder praticamente ilimitado que os gigantes tecnológicos exercem sobre os usuários.

Pessoalmente, o meu temor é outro: o poder praticamente ilimitado que os usuários exercem sobre os poderes Executivo, Legislativo e até Judiciário. A democracia representativa, como a expressão sugere, sempre foi um compromisso feliz entre a vontade do povo e a capacidade dos mais preparados de filtrar as irracionalidades do povo.

O filtro perdeu-se com essa espécie de "democracia direta" que é exercida pela multidão sobre os agentes políticos.

Para que não restem dúvidas: não acredito em formas de governo eternas. Mas, até prova em contrário, a democracia liberal é o único regime que garante a liberdade política e a dignidade pessoal dos indivíduos, bem como a prosperidade sustentada das suas sociedades. A história ilustra a tese.

Mas a história do presente também nos mostra que cresce no Ocidente um certo "cansaço democrático". E que partes crescentes do eleitorado, por ignorância ou desespero, estão dispostas a trocar a liberdade e a dignidade da democracia por expedientes mais radicais e securitários. Por quê?

Devolvo a palavra a David Runciman. Para o autor, a democracia disseminou-se nos últimos dois séculos porque havia uma narrativa aspiracional a cumprir.

Era necessário dar voz política a todos os cidadãos (pobres, mulheres, negros etc.) e integrá-los na mesma rede de direitos e deveres (a grande tarefa do pós-Segunda Guerra). Os Estados tinham ainda recursos materiais e institucionais para cumprir com razoável êxito esse programa. Eis a ironia: o cansaço democrático explica-se pelo sucesso da própria experiência democrática.

Ninguém sabe como será o futuro dessa experiência – para Runciman, a democracia vive a crise da meia-idade. Resta saber se essa crise destrói o casamento ou o torna mais forte.

É uma boa metáfora. Que convida a outra: o casamento só irá sobreviver se a maioria conseguir redescobrir, com novos olhos, as virtudes que permanecem no lar.

(João Pereira Coutinho. Disponível em:<https://www1.folha.uol.com.br/> . Acesso em: 24 jul 2018. Adaptado)

Em passagens de vários parágrafos do texto o autor emprega dois-pontos. É correto afirmar que ele se vale desse recurso de pontuação para:

a) apresentar ideias que contrastam com outras precedentes, tal como ocorre nas passagens em que se emprega travessão.

b) introduzir esclarecimentos acerca de ideias que apresenta, tal como ocorre nas passagens em que se empregam travessão e parênteses.

c) fazer retificações necessárias para orientação do leitor, tal como ocorre nas passagens em que se empregam parênteses.

d) pôr em xeque pontos de vista defendidos por outrem, tal como ocorre nas passagens em que se empregam travessão e parênteses.

e) inserir comentários cuja pertinência é questionável no contexto, tal como ocorre nas passagens em que se emprega travessão.

Ao observar no texto o emprego desses sinais de pontuação reconhecemos que o motivo que leva a empregá-los está na alternativa B.

GABARITO: B.

---

277. **(2018 – VUNESP – Câmara de Nova Odessa/SP – Assistente Legislativo)**

Tuíto, logo existo

Não tenho Twitter nem estou no Facebook. A Constituição me permite isso. Todavia, há no Twitter um falso perfil meu, assim como de muitas pessoas. Certa vez uma senhora me disse com o olhar cheio de reconhecimento que sempre me lê no Twitter e que já interagiu muitas vezes comigo, para seu grande proveito intelectual. Tentei explicar que se tratava de um falso eu, mas ela olhou para mim como se estivesse dizendo que eu não sou eu. Se estava no Twitter, eu existia. Tuíto, logo existo.

Não me preocupei em convencê-la porque, a despeito do que a senhora pensasse de mim, essa história não mudaria a história do mundo – aliás não mudaria sequer a minha própria história pessoal.

A irrelevância das opiniões expressas no Twitter é que todos falam, e entre estes todos há quem acredite nas coisas mais insensatas. Falam de tudo e mais alguma coisa, um contradiz o outro e todos juntos não dão uma ideia do que pensam as pessoas, mas apenas do que pensam certos pensadores desarvorados.

O Twitter é igual ao bar da esquina de qualquer cidadezinha ou periferia. Falam o idiota da aldeia, o pequeno proprietário que se considera perseguido pela receita, o médico do interior amargurado por não ter conseguido o diploma de uma grande universidade, o passante que já bebeu todas. Mas tudo se consome ali mesmo: os bate-bocas no bar nunca mudaram a política internacional. No geral, o que a maioria das pessoas pensa é apenas um dado estatístico no momento em que, depois de refletir, cada um vota – e vota pelas opiniões emitidas por outro alguém.

Assim, o éter da internet é atravessado por opiniões irrelevantes, mesmo porque não é possível expressar magistralmente ideias em menos de cento e quarenta caracteres*.

(Umberto Eco. *Pape satàn aleppe*: Crônicas de uma sociedade líquida. Editora Record, Rio de Janeiro: 2017. Adaptado)

* antigo limite de caracteres para postagem de mensagens no Twitter

Assinale a alternativa em que a reescrita do trecho – Não me preocupei em convencê-la porque, a despeito do que a senhora pensasse de mim, essa história não mudaria a história do mundo... – permanece correta quanto ao emprego das vírgulas, de acordo com a norma-padrão da língua portuguesa.

a) Já que, essa história não mudaria a história do mundo, a despeito do que a senhora pensasse de mim não me preocupei em convencê-la...

b) Já que essa história, não mudaria a história do mundo a despeito, do que a senhora pensasse de mim, não me preocupei em convencê-la...

c) Já que essa história não mudaria, a história do mundo a despeito do que a senhora pensasse de mim não me preocupei, em convencê-la...

d) Já que essa história não mudaria a história do mundo, a despeito do que a senhora, pensasse de mim não me preocupei em convencê-la...

e) Já que essa história não mudaria a história do mundo, a despeito do que a senhora pensasse de mim, não me preocupei em convencê-la...

1ª vírgula: separa a oração subordinada adverbial deslocada para o início do período.

2ª vírgula: isola a oração subordinada adverbial antes da principal.

GABARITO: E.

---

278. **(2018 – Prefeitura de Barretos/SP – Agente Administrativo)** Leia o texto para responder à questão.

Foi no domingo passado, andando pela feira-livre aqui da Lapa e dando uma olhada nas bancas, que percebi que muitas daquelas frutas maravilhosas ali expostas simplesmente não existiam no meu tempo de menino.

O *kiwi*, por exemplo. Quando usava calças curtas, *kiwi* era aquele bichinho da Nova Zelândia, um dos poucos verbetes da letra K, na enciclopédia que ficava na estante da minha casa. Não havia tomate cereja! Vivíamos sem ele. Como não havia a lichia.

A gente não encontrava goiaba na feira, como não encontrava jabuticaba, nem carambola. Goiaba era só no pé e com bicho, não existia goiaba sem bicho. Jabuticaba, só em Sabará, e carambola, só na chácara de Dona Catarina, em Cataguases.

Laranja era a pera, a Bahia e a lima. Hoje tem até laranja Bahia importada da Espanha, sem contar o *grapefruit*, primo de primeira da laranja.

Aos poucos, novas frutas vão invadindo o mercado: uxi, xixá, tapiá, sapucaia, monguba, marolo...

Quem manteve a linha e não inventou moda foi a banana, que continua a mesma de sempre. A prata, a nanica, a maçã, a banana-da-terra e a ouro. E todas – dizem – ainda a preço de banana.

(Alberto Villas. A revolução das frutas. *CartaCapital*. www.cartacapital.com.br. 01.08.2014. Adaptado)

Considere o trecho:

Aos poucos, novas frutas vão invadindo o mercado: uxi, xixá, tapiá, sapucaia, monguba, marolo...

Nessa passagem, o sinal de dois-pontos é usado para introduzir uma:

a) síntese.

b) explicação.

c) justificativa.

d) emenda.

e) exemplificação.

Os dois pontos introduzem exemplos de novas frutas que vão invadindo o mercado.

GABARITO: E.

279. **(2018 – Prefeitura de Ferraz de Vasconcelos/SP – Professor de Educação Básica I)**

Às vezes, quando vejo uma pessoa que nunca vi, e tenho algum tempo para observá-la, eu me encarno nela e assim dou um grande passo para conhecê-la. E essa intrusão numa pessoa, qualquer que seja ela, nunca termina pela sua própria autoacusação: ao nela me encarnar, compreendo-lhe os motivos e perdoo. Preciso é prestar atenção para não me encarnar numa vida perigosa e atraente, e que por isso mesmo eu não queira o retorno a mim mesmo.

Um dia, no avião... ah, meu Deus – implorei – isso não, não quero ser essa missionária!.

Mas era inútil. Eu sabia que, por causa de três horas de sua presença, eu por vários dias seria missionária. A magreza e a delicadeza extremamente polida de missionária já me haviam tomado. É com curiosidade, algum deslumbramento e cansaço prévio que sucumbo à vida que vou experimentar por uns dias viver. E com alguma apreensão, do ponto de vista prático: ando agora muito ocupada demais com os meus deveres e prazeres para poder arcar com o peso dessa vida que não conheço – mas cuja tensão evangelical já começo a sentir. No avião mesmo percebo que já comecei a andar com esse passo de santa leiga: então compreendo como a missionária é paciente, como se apaga com esse passo que mal quer tocar o chão, como se pisar mais forte viesse prejudicar os outros. Agora sou pálida, sem nenhuma pintura nos lábios, tenho o rosto fino e uso aquela espécie de chapéu de missionária.

(Clarice Lispector, Encarnação involuntária. *Felicidade clandestina.*)

Na passagem – E com alguma apreensão, do ponto de vista prático: ando agora muito ocupada demais com os meus deveres e prazeres para poder arcar com o peso dessa vida que não conheço – os dois-pontos introduzem uma:

a) condição, podendo ser substituídos por travessão seguido da conjunção **se**.

b) concessão, podendo ser substituídos por vírgula seguida da conjunção **portanto**.

c) explicação, podendo ser substituídos por vírgula seguida da conjunção **porque**.

d) comparação, podendo ser substituídos por ponto-e-vírgula seguido da conjunção **como**.

e) finalidade, podendo ser substituídos por travessão seguido da conjunção **para**.

Percebe-se a introdução de uma explicação e, como o enunciado propõe, a possibilidade de substituir os dois-pontos por uma vírgula e acrescentar a conjunção PORQUE.

GABARITO: C.

280. **(2018 – PC/SP – Agente Policial)**

***Pela primeira vez, vício em games é* considerado distúrbio mental pela OMS**

A 11ª Classificação Internacional de Doenças (CID) irá incluir a condição sob o nome de "distúrbio de *games*". O documento descreve o problema como padrão de comportamento frequente ou persistente de vício em *games*, tão grave que leva "a preferir os jogos a qualquer outro interesse na vida". A última versão da CID foi finalizada em 1992, e a nova versão do guia será publicada neste ano. Ele traz códigos para as doenças, sinais ou sintomas e é usado por médicos e pesquisadores para rastrear e diagnosticar uma doença.O documento irá sugerir que comportamentos típicos dos viciados em *games* devem ser observados por um período de mais de 12 meses para que um diagnóstico seja feito. Mas a nova CID irá reforçar que esse período pode ser diminuído se os sintomas forem muito graves. Os sintomas do distúrbio incluem: não ter controle de frequência, intensidade e duração com que joga *video game*; priorizar jogar *video game* a outras atividades.

Richard Graham, especialista em vícios em tecnologia no Hospital Nightingale em Londres, reconhece os benefícios da decisão. "É muito significativo, porque cria a oportunidade de termos serviços mais especializados." Mas para ele é preciso tomar cuidado para não se cair na ideia de que todo mundo precisa ser tratado e medicado. "Pode levar pais confusos a pensar que seus filhos têm problemas quando eles são apenas 'empolgados' jogadores de *video game*", afirmou.

(Jane Wakefield. *BBC Brasil.* www.bbc.com/portuguese. 02.01.2018. Adaptado)

A frase "Mas para ele é preciso tomar cuidado para não se cair na ideia de que todo mundo precisa ser tratado e medicado." (3º parágrafo) permanecerá correta caso seja apresentado entre vírgulas o seguinte trecho:

a) todo mundo.

b) na ideia de.

c) cuidado.

d) para ele.

e) para não se cair.

A expressão PARA ELE está deslocada de sua ordem direta. Em razão de ser expressa por um pequeno número de palavras, o isolamento é facultativo.

Outras alternativas:

A: Todo MUNDO = sujeito (não se separa o sujeito do predicado).

B: NA IDEIA DE: não se isolam os termos de uma oração que se encontrem na ordem direta.

C: CUIDADO: não se separa o verbo de seu complemento.

E: PARA NÃO SE CAIR: existe a possibilidade de uma vírgula antes da expressão que inicia uma oração subordinada adverbial que aparece após a oração principal. Não podemos isola-la, pois separaríamos termos de uma oração na ordem direta.

GABARITO: C.

---

281. **(2018 – PC/SP – Auxiliar de Papiloscopista Policial)** Leia o texto para responder à questão.

O padeiro

Levanto cedo, ponho a chaleira no fogo para fazer café e abro a porta do apartamento – mas não encontro o pão costumeiro. No mesmo instante me lembro de ter lido alguma coisa nos jornais da véspera sobre a "greve do pão dormido" – uma greve dos patrões, que suspenderam o trabalho noturno; acham que obrigando o povo a tomar seu café da manhã com pão dormido conseguirão não sei bem o quê do governo.

Está bem. E enquanto tomo meu café vou me lembrando de um homem modesto que conheci antigamente. Quando vinha deixar o pão à porta do apartamento ele apertava a campainha, mas, para não incomodar os moradores, avisava gritando:

– Não é ninguém, é o padeiro!

Interroguei-o uma vez: como tivera a ideia de gritar aquilo?

"Então você não é ninguém?"

Ele abriu um sorriso largo. Explicou que aprendera aquilo de ouvido. Muitas vezes lhe acontecera bater a campainha de uma casa e ser atendido por uma empregada ou outra pessoa qualquer, e ouvir uma voz que vinha lá de dentro perguntando quem era; e ouvir a pessoa que o atendera dizer para dentro: "não é ninguém, não senhora, é o padeiro". Assim ficara sabendo que não era ninguém...

Ele me contou isso sem mágoa nenhuma, e se despediu ainda sorrindo. Eu preferi não o deter para explicar que estava falando com um colega, ainda que menos importante. Naquele tempo eu também, como os padeiros, fazia o trabalho noturno. Era pela madrugada que deixava a redação de jornal – e muitas vezes saía já levando na mão um dos primeiros exemplares rodados, o jornal ainda quentinho da máquina, como pão saído do forno.

Ah, eu era rapaz, eu era rapaz naquele tempo! E às vezes me julgava importante porque no jornal que levava para casa, além de reportagens ou notas que eu escrevera sem assinar, ia uma crônica ou um artigo em meu nome. O jornal e o pão estariam bem cedinho na porta de cada lar; e dentro do meu coração eu recebi a lição de humildade daquele homem entre todos útil e entre todos alegre; "não é ninguém, é o padeiro!"

E assobiava pelas escadas.

(Rubem Braga. *Para gostar de ler.* Vol. 1 – crônicas. São Paulo: Ática, 1979. Adaptado)

Assinale a alternativa em que o acréscimo das vírgulas na frase está de acordo com a norma-padrão da língua portuguesa.

a) Muitas vezes lhe acontecera, bater a campainha de uma casa, e ser atendido por uma empregada...

b) No mesmo instante me lembro, de ter lido alguma coisa nos jornais da véspera, sobre a "greve do pão dormido"...

c) ... e dentro do meu coração eu recebi, a lição de humildade daquele homem, entre todos útil e entre todos alegre

d) E, enquanto tomo meu café, vou me lembrando de um homem modesto que conheci antigamente.

e) ... acham que obrigando, o povo a tomar seu café da manhã com pão dormido, conseguirão não sei bem o quê do governo.

ENQUANTO TOMO CAFÉ: isolou-se uma oração subordinada adverbial deslocada pra dentro de outra oração.

Outras orações:

A: Não separamos os verbos de uma locução (ACONTECERA, BATER).

B: Não separamos o verbo de seu complemento (LEMBRO de ter lido ...).

Não separamos os termos de uma oração em sua ordem direta (... véspera sobre a ...).

C: Não separamos o verbo de seu complemento (recebi a lição de humildade).

E: Não separamos o verbo de seu complemento (obrigando o povo ...).

GABARITO: D.

282. **(2018 – PC/SP – Auxiliar de Papiloscopista Policial)** Leia o texto para responder à questão.

Automação vai mudar a carreira de 16 milhões de brasileiros até 2030

A elite política e econômica global está preocupada com o futuro do trabalho.

Além das já conhecidas ameaças geopolíticas e ambientais, as transformações do mercado de trabalho também ganharam lugar de destaque. Só no Brasil, 15,7 milhões de trabalhadores serão afetados pela automação até 2030, segundo estimativa da consultoria McKinsey.

No mundo, no período entre 2015 e 2020, o Fórum Econômico Mundial prevê a perda de 7,1 milhões de empregos, principalmente aqueles relacionados a funções administrativas e industriais.

A avaliação de especialistas da área é que o mercado de trabalho passa por uma grande reestruturação, semelhante à revolução industrial. A diferença é que agora tudo acontece muito mais rápido: desde 2010, o número de robôs industriais cresce a uma taxa de 9% ao ano, segundo a Organização Internacional do Trabalho (OIT).

A mudança é positiva na medida em que libera profissionais de tarefas monótonas, que, por sua vez, podem ser feitas com maior rapidez e eficiência quando automatizadas.

"A boa notícia é que fica claro que os trabalhos para humanos terão que envolver qualidades humanas, como criatividade", afirma José Manuel Salazar-Xirinachs, diretor regional da OIT para a América Latina e Caribe. "Isso soa muito legal, mas a questão é: quantos trabalhos para pessoas criativas serão gerados?", questiona.

Nesse cenário de grande extinção de trabalhos que exigem pouca qualificação e de criação de um número menor dos que exigem muita, a tendência é de aumento da desigualdade, alerta a OIT.

O fim de funções hoje exercidas pela população de baixa e média renda vai gerar desemprego e pressionar para baixo o salário das que restarem, diante da massa de pessoas buscando trabalho.

"Há uma forte preocupação com os trabalhadores de menor qualificação, em termos do impacto da tecnologia. Essas pessoas não são realmente alfabetizadas digitais, e não terão oportunidade para aprender habilidades específicas. Eles serão deixados para trás e terão uma empregabilidade muito pequena", diz Salazar-Xirinachs.

(Fernanda Perrin. *Folha de S.Paulo.* http://www1.folha.uol.com. br/mercado/2018/01/1951904-16-milhoes-de-brasileiros-sofrerao -com-automacao-na-proxima-decada.shtml. 21.01.2018. Adaptado)

Os dois-pontos na frase "A diferença é que agora tudo acontece muito mais rápido: desde 2010, o número de robôs industriais cresce a uma taxa de 9% ao ano" introduzem uma:

a) conclusão, podendo ser substituídos por "portanto".

b) explicação, podendo ser substituídos por "pois".

c) condição, podendo ser substituídos por "se".

d) concessão, podendo ser substituídos por "conquanto".

e) oposição, podendo ser substituídos por "porém".

A justificativa para o emprego dos dois-pontos é encontrada na interpretação do texto.

Observa-se também a possibilidade de substituir os dois-pontos pela conjunção POIS.

GABARITO: B.

283. **(2020 – EBSERH – Advogado)** O trecho do texto que está reescrito corretamente, considerando as regras de emprego da vírgula é:

a) Desde o início, nós os instigamos a nos imitar e ansiamos, pelo que talvez seja o elogio mais profundo da vida: o fato de eles escolherem viver de acordo com nosso sistema de valores.

b) O uso generalizado da palavra "reprodução" para essa atividade, com a implicação de que duas pessoas estão quase se trançando juntas, é, na melhor das hipóteses, um eufemismo.

c) A paternidade nos joga, abruptamente em uma relação permanente com um estranho, e quanto mais alheio o estranho, mais forte a sensação de negatividade.

d) Tendo previsto a marcha para a frente de nossos genes egoístas, muitos de nós não estamos preparados para filhos que, apresentam necessidades desconhecidas.

e) Devemos amá-los por si mesmos e, não pelo melhor de nós mesmos neles, e isso é muito mais difícil de fazer.

O emprego das duas primeiras vírgulas ocorrem para isolar uma oração que está dentro da outra. A utilização das duas últimas vírgulas, para isolar uma expressão deslocada.

Corrigindo as outras alternativas:

A: Desde o início, nós os ... ansiamos pelo fato que ... (não se isola o verbo do termo que o complementa).

C: A paternidade nos joga abruptamente ... (o termo em destaque é um adjunto adverbial deslocado. Por ser de pequena extensão pode estar isolado ou não). Não está correto o emprego de apenas uma vírgula.

D: Tendo previsto ... filhos que * ... (não isolamos o pronome relativo da oração que ele inicia).

E: Devemos amá-los e * não ... (não isolamos uma conjunção coordenativa da oração que ela inicia).

GABARITO: B.

---

284. **(2018 – Prefeitura de Sertãozinho/SP – Psicólogo)**

Sobre o "sobre"

De um ano pra cá, comecei a ouvir frases do tipo "não é sobre opinião, é sobre respeito" ou "não é sobre direitos, é sobre deveres".

A primeira vez que me deparei com este novo uso do "sobre", pensei que estavam falando "sobre" algum filme, livro ou peça de teatro. A respeito de "Superman I", por exemplo, poderíamos dizer que "não é sobre superpoderes, é sobre amor". Assim como "Casa de Bonecas", do Ibsen, "não é sobre um casamento, é sobre a liberdade". Prestando mais atenção, porém, percebi que o sentido era outro. Era o "sobre" como "ter a ver com". Trata-se de uma tradução troncha de "*it's not about*", que os anglófonos usam a torto e a direito. Ou melhor, nós usamos torto, eles usam direito.

Palavras são ferramentas, chaves que se encaixam perfeitamente nas delicadas fendas dos significados. Quando a gente usa a ferramenta errada, espana o parafuso. O que aumenta meu desconforto com o "sobre" é que, nas frases em que ele é empregado, tem sempre alguém nos dando uma lição e dizendo que não entendemos lhufas do assunto. É como se eu estivesse tentando aparafusar uma estante na parede, me afastassem da tarefa e assumissem o meu lugar usando uma faca de cozinha. Ou, para ligar a imagem à origem do problema: usando uma chave inglesa.

Não quero parecer arrogante. "Não é sobre preciosismo", eu diria, aderindo à moda, "é sobre lógica". Há frases que fazem sentido, outras que não. Já está tão difícil nos entendermos em bom português, imagina com todo mundo usando faca em parafuso e desrosqueando porca com alicate: acabaremos por estropiar de vez a fragilíssima máquina da comunicação.

(Antônio Prata. *Folha de S.Paulo*. www.folha.uol.com.br. 29.10.2018. Adaptado)

O emprego das aspas no último parágrafo serve ao propósito de:

a) explicitar a citação da opinião de um terceiro.

b) evidenciar a presença da intenção sarcástica.

c) destacar expressões com sentido figurado.

d) anular o propósito crítico do comentário.

e) realçar um uso preciosista da língua.

Um dos empregos das aspas é ressaltar uma palavra ou expressão empregadas com intenção irônica ou sarcástica. Isso ocorreu no último parágrafo do texto.

GABARITO: B.

---

285. **(2018 – Prefeitura de Suzano/SP – Guarda Civil Municipal)** Leia a crônica de Ivan Angelo, para responder à questão.

Alguns fracassos

Em comparação com meus fracassos, não posso dizer como no poema de Fernando Pessoa que "todos os meus conhecidos têm sido campeões em tudo", ou que "toda a gente que eu conheço (...) nunca foi senão príncipe – todos eles príncipes – na vida", mas tenho minhas incompetências. Jamais consegui fazer certas coisas que contam para o convívio social, coisas que vejo tantos fazerem com facilidade e até alguma graça.

Hoje não ligo para essas minhas incompetências, mas houve tempo em que me doíam; não, não, apenas me diminuíam, intimidavam, vá lá, humilhavam. Quando se é jovem e se disputam atenções, essas coisas contam. Vou falar de apenas cinco.

Dançar. Em pista de dança, nunca consegui manter o interesse de uma garota por mais de três minutos, o tempo de uma música. O normal, numa festa, era eu ficar ali no banco de reservas, vendo a bela me escapar em volteios e volutas volutuosas com um pé de valsa. Abandonei esse palco de derrotas e resolvi tentar seduções em papos de botecos, aí com alguma vantagem.

Nadar, outro fracasso. Se a gente não começa criancinha, é difícil pegar o jeito. Sem piscina, rio ou mar, onde bater pernas e braços, em zoeira de tentativa e erro? Adulto inepto, mas não medroso, fui quase um afogado no Leblon, em Cabo Frio, na cachoeira de Iporanga...

Bicicleta é igual: ou você a domina quando criança ou será um ciclista inseguro a vida toda. De pequeno, não tive sequer um velocípede, e me consola pensar que isso explica tudo. Minhas filhas tentaram dar um jeito nisso, quando eu já era um senhor de 55 anos, e, lógico, o resultado foi ridículo. Só pedalo em campo aberto, sem ter por perto humanos, bicho de quatro patas ou outro engenho sobre rodas.

Cantar, nem em coro. Não emendo duas notas no mesmo tom. A falha se estende à música em geral: não toco, não batuco, não danço. Isso é bom? Não, mas fazer o quê?

A quinta é mais uma leve inveja, não faz falta para o convívio, mas poderia dar brilho a certos momentos: assobiar com perfeição. Nasceu quando vi o Myltainho, na redação do Jornal da Tarde, assobiar a melodia da sinfonia inacabada de Schubert, inteira, sem vacilações ou erro. Pálido de espanto, incluí aquele pequeno recital de sala de redação entre as admirações de minha vida e me acrescentei mais uma frustração.

(*Veja São Paulo*, 26.07.2017. Adaptado)

Assinale a alternativa correta acerca do emprego da pontuação no texto.

a) As aspas em – "todos os meus conhecidos têm sido campeões em tudo" – evidenciam a omissão de uma passagem do poema considerada desnecessária para a crônica.

b) O ponto e vírgula em – houve tempo em que me doíam; não, não, apenas me diminuíam – apresenta o motivo que justifica a ação anteriormente citada.

c) As reticências em – fui quase um afogado no Leblon, em Cabo Frio, na cachoeira de Iporanga... – dão a entender que houve outros lugares, além dos citados, em que o cronista quase se afogou.

d) Os dois-pontos em – Bicicleta é igual: ou você a domina quando criança ou será um ciclista inseguro a vida toda – introduzem um comentário malicioso da parte do cronista.

e) O ponto de interrogação em – Isso é bom? – sinaliza que o cronista depende de uma reposta dos leitores.

As reticências foram utilizadas para deixar claro que existiram outros lugares além dos citados pelo autor do texto.

Outras alternativas:

A: As aspas servem para mostrar que a citação é de outra pessoa e não do autor do texto.

B: O ponto e vírgula separam as orações do período quando nelas já existirem situações para a utilização da vírgula.

D: Os dois-pontos iniciam uma explicação do que foi mencionado anteriormente.

E: O ponto de interrogação apresenta-nos uma pergunta retórica já que o próprio autor dá a resposta.

GABARITO: C.

---

286. **(2018 – PC/SP – Escrivão de Polícia Civil)**

(Bill Watterson, *As aventuras de Calvin e Haroldo*)

Acerca do emprego de aspas no primeiro e no segundo quadrinho da tira, é correto afirmar que:

a) no primeiro, as aspas sinalizam uma frase que a personagem quer destacar; no segundo, marcam o emprego de palavra descontextualizada.

b) no primeiro, as aspas sinalizam uma frase que está sendo lida; no segundo, marcam uma expressão de gíria.

c) no primeiro, as aspas sinalizam a citação de uma frase; no segundo, dão destaque a uma palavra.

d) em ambos, as aspas sinalizam expressões empregadas em sentido figurado pelo menino Calvin.

e) em ambos, as aspas sinalizam a fala da personagem que faz a pergunta ao tigre Haroldo.

No primeiro quadrinho, as palavras indicam que a frase mencionada foi reproduzida.
No segundo quadrinho, dão destaque ao termo "NÓS".

GABARITO: C.

---

287. **(2018 – PC/SP – Escrivão de Polícia Civil)**

Debaixo da ponte

Moravam debaixo da ponte. Oficialmente, não é lugar onde se more, porém eles moravam. Ninguém lhes cobrava aluguel, imposto predial, taxa de condomínio: a ponte é de todos, na parte de cima; de ninguém, na parte de baixo. Não pagavam conta de luz e gás porque luz e gás não consumiam. Não reclamavam da falta d'água, raramente observada por baixo de pontes. Problema de lixo não tinham; podia ser atirado em qualquer parte, embora não conviesse atirá-lo em parte alguma, se dele vinham muitas vezes o vestuário, o alimento, objetos de casa. Viviam debaixo da ponte, podiam dar esse endereço a amigos, receber amigos, fazer os amigos desfrutarem comodidades internas da ponte.

À tarde surgiu precisamente um amigo que morava nem ele mesmo sabia onde, mas certamente morava: nem só a ponte é lugar de moradia para quem não dispõe de outro rancho. Há bancos confortáveis nos jardins, **muito** disputados; a calçada, um pouco menos propícia; a cavidade na pedra, o mato. **Até** o ar é uma casa, se soubermos habitá-lo, **principalmente** o ar da rua. O que morava não se sabe onde vinha visitar os de debaixo da ponte e trazer-lhes uma grande posta de carne.

(Carlos Drummond de Andrade. *A bolsa e a vida.* Adaptado)

É correto afirmar que, na passagem – Ninguém lhes cobrava aluguel, imposto predial, taxa de condomínio: a ponte é de todos, na parte de cima; de ninguém, na parte de baixo. –, os dois-pontos são empregados para introduzir uma:

a) conclusão, podendo ser substituídos pela conjunção "portanto".

b) condição, podendo ser substituídos pela conjunção "se".

c) concessão, podendo ser substituídos pela conjunção "embora".

d) explicação, podendo ser substituídos pela conjunção "pois".

e) comparação, podendo ser substituídos pela conjunção "como".

A interpretação do texto permite-nos perceber uma ideia de explicação.

É possível, também, empregarmos a conjunção POIS em lugar dos dois-pontos.

GABARITO: D.

---

288. **(2018 – PC/SP – Investigador de Polícia)** Assinale a alternativa correta quanto à pontuação.

a) O investimento em redução da evasão escolar e as políticas voltadas para os jovens, de fato, são importantes.

b) Fique claro que, tal correção de rumo, não corresponde à complacência, como se pode pensar.

c) O jornal há anos, vem mantendo posição, de reservar o cárcere para autores de crimes violentos.

d) O Brasil está abrigando atrás de EUA e China, a terceira maior população carcerária do mundo.

e) A certeza da punição, é o principal fator de dissuasão, e não, o rigor ou o tamanho da pena.

Expressões explicativas (DE FATO) devem ser isoladas.

Outras alternativas:

B: Não esperamos a conjunção subordinativa integrante (que) da oração que inicia (Fique claro que tal correção ...), não separamos o sujeito (tal correção de rumo) do predicado.

C: Orações dentro de outras DEVEM aparecer isoladas no período (HÁ ANOS).

Não podemos isolar um termo daquilo que o determina (posição de reservar o ...).

D: Termos deslocados da ordem direta DEVEM ficar isolados (, atrás de EUA e China).

E: Não podemos separar o sujeito (A certeza de punição) do predicado.

Advérbios deslocados de sua posição natural quando representados por um pequeno número de palavras (NÃO) podem ficar isolados ou não na oração.

GABARITO: A.

---

289. **(2017 – Câmara de Cotia/SP – Contador)** Leia a charge.

(Gazeta do Povo, 01.12.2016)

O motivo pelo qual se separa entre vírgulas o termo "Baiano" também está presente na seguinte frase:

a) Era um lugar estranho, ou melhor, onde coisas sem explicação aconteciam.

b) Foi em Curitiba, capital do Paraná, que seu coração ganhou companhia.

c) A jovem Veridiana, que estava em viagem, acabou sem saber da tragédia.

d) Eu lhe disse, meu amigo, que esta cidade tem belezas e encantamentos.

e) Ficava a pensar em coisas absurdas, por exemplo, nos sonhos das formigas.

As vírgulas que isolam na charge o termo "Baiano" ocorreram para isolar um vocativo.

Essa mesma justificativa encontramos na alternativa D (meu amigo = vocativo).

GABARITO: D.

---

290. **(2017 – Câmara de Valinhos/SP – Jornalista)** Leia o texto para responder à questão.

Considerando o papel que a mídia ocupa na política contemporânea, somos obrigados a perguntar: em que espécie de democracia estamos pensando quando desejamos que nossa sociedade seja democrática? Permitam que eu comece contrapondo duas concepções diferentes de democracia. Uma delas considera que uma sociedade democrática é aquela em que o povo dispõe de condições de participar de maneira significativa na condução de seus assuntos pessoais e na qual os canais de informação são acessíveis e livres. Se você consultar no dicionário o verbete "democracia", encontrará uma definição parecida com essa.

Outra concepção de democracia é aquela que considera que o povo deve ser impedido de conduzir seus assuntos pessoais e os canais de informação devem ser estreita e rigidamente controlados. Esta pode parecer uma concepção estranha de democracia, mas é importante entender que ela é a concepção predominante. Vou dizer algumas palavras sobre essa noção de democracia.

Consideremos a primeira operação de propaganda governamental de nossa era, que aconteceu no governo de Woodrow Wilson, eleito presidente dos Estados Unidos em 1916, bem na metade da Primeira Guerra Mundial. A população estava extremamente pacifista e não via motivo algum que justificasse o envolvimento numa guerra europeia. O governo Wilson estava, na verdade, comprometido com a guerra e tinha de fazer alguma coisa a respeito disso. Foi constituída uma comissão de propaganda governamental, a Comissão Creel, que conseguiu, em seis meses, transformar uma população pacifista numa população que queria destruir tudo o que fosse alemão, entrar na guerra e salvar o mundo.

Entre os que participaram ativa e entusiasticamente na campanha liderada por Wilson estavam intelectuais progressistas, que lançaram mão dos instrumentos mais diversos para conduzir à guerra uma população relutante, por meio do terror e da indução a um fanatismo xenófobo. Inventaram, por exemplo, que os hunos cometiam uma série de atrocidades, como arrancar os braços de bebês belgas, e toda sorte de fatos horripilantes que ainda podem ser encontrados em alguns livros de história.

(Noam Chomsky. *Mídia*: propaganda política e manipulação. Trad. Fernando Santos. São Paulo, Martins Fontes, 2013. Adaptado)

O acréscimo da vírgula mantém correto o seguinte trecho do texto:

a) ... em que espécie de democracia estamos pensando, quando desejamos que nossa sociedade seja democrática? (1º parágrafo)

b) Permitam que eu comece contrapondo, duas concepções diferentes de democracia. (1º parágrafo)

c) Se você consultar no dicionário, o verbete "democracia", encontrará uma definição parecida com essa. (1º parágrafo)

d) A população estava extremamente pacifista e não via motivo algum que justificasse, o envolvimento numa guerra europeia. (3º parágrafo)

e) Entre os que participaram ativa e entusiasticamente, na campanha liderada por Wilson estavam intelectuais progressistas... (4º parágrafo)

Quando uma oração subordinada adverbial ("quando desejamos") estiver após a oração principal, o isolamento é facultativo)

GABARITO: A.

---

291. **(2017 – Câmara de Barretos/SP – Advogado)** Leia o texto para responder à questão.

Utilidades demais

Flanando outro dia pela avenida Rio Branco, vi-me sem querer numa galeria formada por camelôs na cidade do Rio de Janeiro. E, como estava ali, caí na tentação de procurar um objeto: uma lanterninha, daquelas micro, de plástico, a pilha.

O camelô me mostrou uma pequena peça, que acoplou a seu celular, e produziu um jatinho de luz. Agradeci e respondi que não me servia – "Não uso celular", expliquei. O camelô se escandalizou: "Não usa celular???", perguntou, com vários pontos de interrogação e num volume que o fez ser ouvido por todo mundo em volta. A frase se espalhou pelos demais camelôs e, em segundos, à medida que eu passava pelo corredor humano, podia sentir os dedos apontados para mim e a frase: "Não usa celular!!!". Para eles, eu devia equivaler a alguém que ainda não tinha aderido ao banho quente ou à luz elétrica. Acho até que um camelô me fotografou, talvez para mostrar a algum amigo incrédulo – como pode haver, em 2017, quem não use celular?

Consciente de ser um anacronismo ambulante, confesso-me esta pessoa e me atrevo a dizer que o celular nunca me fez falta – e continua não fazendo. Para me comunicar, vivo hoje mais ou menos como em 1990, quando o treco ainda não existia e nem se pensava no assunto.

Ninguém deixa de falar comigo por falta de telefone. Se estou em casa, atendo àquele aparelho que hoje chamam, com desprezo, de "fixo". Se tiver de sair, faço as ligações de que preciso e vou alegremente para a rua. Se eu estiver fora e alguém me telefonar, paciência – se for importante, ligará de novo.

Por que não uso celular? Porque, com suas 1001 utilidades, tipo Bombril, ele é capaz de me escravizar. O único jeito é manter-me à distância – até o dia em que, com ou sem ele, provavelmente ficarei inviável de vez.

(Ruy Castro. *Folha de S.Paulo.* Disponível em http://www1.folha.uol.com.br/ colunas/ruycastro/2017/07/1905766-utilidades-demais.shtml. Publicado em 31.07.2017. Adaptado)

Assinale a alternativa em que a frase escrita a partir do texto está correta quanto à pontuação e ao emprego do verbo, segundo a norma-padrão da língua portuguesa.

a) O motivo de todo o mal-entendido: era um só a busca do autor por uma lanterna da qual talvez nem precisa.

b) O motivo de todo o mal-entendido era um só: a busca do autor por uma lanterna da qual talvez nem precisasse.

c) O motivo de todo o mal-entendido era um só a busca do autor: por uma lanterna da qual talvez nem precisava.

d) O motivo de todo o mal-entendido era um só a busca do autor por uma lanterna: da qual talvez nem precisou.

e) O motivo de todo o mal-entendido era um só a busca do autor por uma lanterna da qual talvez: nem precise.

Os dois-pontos foram utilizados para iniciar uma explicação (qual era o único motivo).

GABARITO: B.

---

292. **(2020 – Valiprev/SP – Analista de benefícios previdenciários)** Leia o texto para responder à questão.

Se a vida é um vale de lágrimas, por que não processar os pais por nos terem trazido ao mundo?

Se o leitor nunca pensou nessa hipótese, isso pode significar duas coisas. Primeiro, que é uma pessoa sã. Segundo, que nunca leu a saga do indiano Raphael Samuel, 27, que tentou processar os progenitores, segundo o jornal "The Guardian".

Sim, Samuel confessa que tem uma excelente relação com eles. Mas há, digamos, um "pecado original" que o rapaz não pode perdoar: ele nasceu sem dar o seu consentimento.

Uma indenização, ainda que simbólica, seria uma forma de fazer doutrina: quando queremos ter filhos, é importante ter o consentimento deles.

Por essa altura, o leitor inteligente que lê as minhas colunas já deve ter feito uma pergunta fundamental: como obter esse consentimento? E, já agora, em que fase?

A ciência terá aqui uma palavra importante. Mas, conhecendo o narcisismo da espécie e a tendência irresistível de marchar pelas causas mais improváveis, não é de excluir que adolescentes de todas as idades, frustrados com a vida e com a necessidade de escovar os dentes, encontrem em Raphael Samuel um modelo (de negócio).

Antigamente, os pais poupavam para a universidade dos filhos. Hoje, convém poupar primeiro para a indenização que eles nos vão pedir.

No limite, ver o filho a pedir uma indenização aos pais por ter nascido faz tanto sentido como pedir uma indenização ao filho por ele não querer estar cá. Quem disse que só o filho pode ter razões de queixa?

O problema dos cálculos meramente utilitaristas é que eles são dotados de uma espantosa flexibilidade. E da mesma forma que os filhos avaliam os seus danos por terem nascido, os pais podem atuar da mesma forma.

Investiram tudo no delfim – patrimônio genético, tempo, dinheiro, sanidade e expectativas legítimas de que ele seria um adulto.

Mas o ingrato, no fim das contas, ainda quer fazer contas. Se isso não é motivo para uma indenização pesada, só um anjo nos pode salvar.

(João Pereira Coutinho, Alô, filho, você quer mesmo sair? Disponível em: https://www1.folha.uol.com.br. Acesso em: 15.11.2019. Adaptado)

Assinale a alternativa que reescreve o segundo parágrafo de acordo com a norma-padrão de pontuação.

a) Se o leitor nunca pensou nessa hipótese, isso pode significar duas coisas: primeiro, que é uma pessoa sã; segundo, que nunca leu a saga do indiano Raphael Samuel (27), que, segundo o jornal "The Guardian", tentou processar os progenitores.

b) Se o leitor nunca pensou nessa hipótese, isso pode significar duas coisas: primeiro que é uma pessoa sã, segundo, que nunca leu a saga do indiano Raphael Samuel – 27 que segundo o jornal "The Guardian", tentou processar os progenitores.

c) Se o leitor nunca pensou nessa hipótese, isso pode significar duas coisas – que é uma pessoa sã, primeiro. Segundo, que nunca leu a saga do indiano Raphael Samuel, (27) que, tentou processar os progenitores (segundo o jornal "The Guardian").

d) Isso pode significar, se o leitor nunca pensou nessa hipótese duas coisas – que é uma pessoa sã, primeiro, que segundo, nunca leu a saga do indiano Raphael Samuel, 27 (que tentou processar os progenitores) segundo o jornal "The Guardian".

e) Isso, se o leitor nunca pensou nessa hipótese pode significar duas coisas. Primeiro: que é uma pessoa sã, segundo: que nunca leu a saga do indiano Raphael Samuel – 27 –, que tentou processar os progenitores, segundo o jornal "The Guardian".

Corrigindo as outras alternativas:

B: Se o leitor nunca pensou nessa hipótese, isso pode significar duas coisas: primeiro que é uma pessoa sã; segundo, que nunca leu a saga do indiano Raphael Samuel – 27 que, segundo o jornal "The Guardian", tentou processar os progenitores.

C: Se o leitor nunca pensou nessa hipótese, isso pode significar duas coisas: que é uma pessoa sã, primeiro. Segundo, que nunca leu a saga do indiano Raphael Samuel (27) que tentou processar os progenitores (segundo o jornal "The Guardian").

D: Isso pode significar, se o leitor nunca pensou nessa hipótese, duas coisas: que é uma pessoa sã, primeiro; que, segundo, nunca leu a saga do indiano Raphael Samuel 27 que tentou processar os progenitores, segundo o jornal "The Guardian".

E: Isso, se o leitor nunca pensou nessa hipótese, pode significar duas coisas: primeiro que é uma pessoa sã; segundo que nunca leu a saga do indiano Raphael Samuel – 27 – que tentou processar os progenitores, segundo o jornal "The Guardian".

GABARITO: A.

---

293. **(2017 – Câmara de Mogi das Cruzes/SP – Telefonista)** Leia o texto para responder à questão.

***Uso de eletrônicos em excesso atrasa* desenvolvimento infantil, diz Unicamp**

Um estudo da Faculdade de Educação da Unicamp, em Campinas (SP), concluiu que as crianças que usam aparelhos eletrônicos sem controle e não brincam, ou brincam pouco, no "mundo real", podem ter atraso no desenvolvimento. A pesquisa foi realizada com meninos e meninas de 8 a 12 anos de idade, que ficam de quatro a seis horas diante das telas de computadores, *tablets*, celulares e videogames.

Para a pedagoga Ana Lúcia Pinto de Camargo Meneghel, as crianças que se enquadram nesse perfil acabam não brincando e nem tendo uma rotina, o que afeta o ritmo de construção do desenvolvimento cognitivo.

Ao todo, 21 meninos e meninas de uma escola particular na região de Campinas passaram por testes para avaliar as capacidades que eles precisam ter para, inclusive, aprender bem o conteúdo ensinado na escola. Para a surpresa da pesquisadora, de todas as crianças, apenas uma mostrou possuir as habilidades esperadas para essa faixa.

O uso de eletrônicos em si não é exatamente o problema, segundo a pesquisa, mas sim a falta de brincadeiras no "mundo real".

"O mais importante é eles brincarem. É preciso oferecer a essas crianças atividades que estimulem a criatividade".

Segundo a pesquisa, quando a criança brinca, faz uso de operações que garantem noção operatória de espaço, tempo e causalidade.

(Disponível em http://www.unicamp.br/unicamp/clipping/2016/10/19/ uso-de-eletronicos-em-excesso-atrasa-desenvolvimento-infantil-diz-unicamp. Acesso em 29.09.2016. Adaptado)

Assinale a alternativa correta quanto ao emprego da pontuação, de acordo com a norma-padrão da língua portuguesa.

a) Na atualidade as crianças, costumam abusar do uso de aparelhos eletrônicos.

b) A falta de uma rotina de brincadeiras, compromete o desenvolvimento infantil.

c) Enquanto brincam as crianças, desenvolvem noções de tempo e de espaço.

d) Atividades que promovam a criatividade, devem fazer parte da rotina das crianças.

e) Segundo a pesquisadora, brincar é uma atividade indispensável para crianças.

Outras alternativas:

A: Não isolamos o sujeito (as crianças) do predicado.

B: Não isolamos o sujeito (a falta ... brincadeiras) do predicado.

C: Não isolamos o sujeito (as crianças) do predicado.

D: Orações subordinadas adjetivas restritivas (que promovam a criatividade) NÃO podem aparecer isoladas no período.

GABARITO: E.

---

294. **(2017 – Câmara de Porto Ferreira/SP – Assessor de Imprensa)** Leia o texto para responder à questão.

Em 1933, a pintora paulista Tarsila do Amaral, um dos expoentes do modernismo nacional, concluiu sua tela *Operários*, na qual retrata a enorme diversidade étnica dos brasileiros que chegavam aos magotes para trabalhar nas fábricas de São Paulo nos anos 30. Hoje, mais de oito décadas depois, a tela de Tarsila poderia trazer alguns brasileiros humildes usando um chapéu de formatura, para simbolizar que até filhos de operários, em certos casos, podem concluir um curso universitário.

A mudança na paisagem é resultado da adoção da política de cotas raciais e sociais, que vem sendo implantada no país nos últimos quinze anos, com o objetivo de abrir as portas das universidades públicas a negros, pardos, índios e pobres – e acaba de ganhar a adesão da Universidade de São Paulo, a melhor do Brasil.

Hoje, finalmente, é possível fazer um balanço dessa política, e a conclusão é inequívoca: do ponto de vista acadêmico, as cotas estão cumprindo seu papel. Além disso, todos aqueles mitos – segundo os quais as cotas derrubariam a qualidade do ensino universitário, estimulariam a evasão, acirrariam conflitos raciais – acabaram mostrando-se apenas isso: mitos. É um feito a comemorar num Brasil tão carente de notícias positivas.

Dito isso, é preciso não perder de vista que a política das cotas não é uma boa solução. Na verdade, é lamentável que tenha de ser adotada. Afinal, sua implantação é a expressão cabal da profunda desigualdade étnica e social do Brasil. As cotas, raciais ou sociais, são portanto um atalho para compensar um descaminho. O desejável, mesmo, é que elas sejam temporárias e, em seu lugar, o país abra escolas de qualidade para todos, negros e brancos, pobres e ricos, de tal modo que as oportunidades sejam iguais para todos – e o mérito de cada um, apenas o mérito, torne-se a medida do triunfo individual.

(Carta ao Leitor. *Veja*, 16.08.2017. Adaptado)

Observe as passagens:

• ... a pintora paulista Tarsila do Amaral, um dos expoentes do modernismo nacional, concluiu sua tela *Operários*... (1º parágrafo);

• ... com o objetivo de abrir as portas das universidades públicas a negros, pardos, índios e pobres... (2º parágrafo);

• As cotas, raciais ou sociais, são portanto um atalho... (4º parágrafo);

• O desejável, mesmo, é que elas sejam temporárias... (4º parágrafo).

Nas passagens transcritas, emprega-se a vírgula, correta e respectivamente, para:

a) separar aposto explicativo; indicar uma enumeração; expandir uma informação; dar ênfase ao advérbio.

b) separar vocativo; indicar uma enumeração; fazer uma correção; separar advérbio deslocado.

c) separar um comentário; separar termos coordenados; separar termos em ordem inversa; separar o sujeito do predicado.

d) separar aposto explicativo; marcar uma gradação; separar aposto explicativo; separar advérbio deslocado.

e) separar um comentário; separar termos coordenados; separar vocativo; dar ênfase a pronome deslocado.

A justificativa para o emprego das vírgulas nos períodos apresentadas está correta na sequência apresentada na alternativa A.

GABARITO: A.

---

295. **(2017 – Prefeitura de Marília/SP – Procurador Jurídico)** Leia o texto para responder à questão.

Mal aproveitado no Brasil, telhado de casas pode gerar energia e captar água

Tente imaginar as cidades brasileiras vistas de cima. Agora repare no desperdício que é a soma dos telhados de todas as edificações. O modelo construtivo convencional banalizou a função dessa parte de casas, prédios, escolas, ginásios, estádios etc. Ainda hoje, ensina-se em muitos cursos de engenharia e arquitetura que o telhado é apenas um telhado. Um reles arremate que cobre o que está embaixo. Não seria exagero chamar isso de crime de lesa-cidade. No século XXI, essas áreas ganham progressivamente importância e prestígio na promoção da qualidade de vida de seus donos com múltiplos usos inteligentes. Quem mora em São Paulo aprendeu isso na raça. No auge da crise hídrica, muita gente adaptou às pressas o telhado para captar água de chuva.

Segundo a ANA (Agência Nacional de Águas), uma casa com 100 m^2 de área de telhado no centro da capital paulista pode captar água suficiente para abastecer uma família de quatro pessoas em suas necessidades de limpeza e descarga do vaso sanitário, por exemplo. Dependendo da localização, o telhado pode ser uma miniusina solar. Um *kit* completo, incluindo inversores e outros acessórios, custa cerca de R$ 15 mil e é capaz de reduzir em até 80% a conta de luz, com o retorno do capital investido em, no máximo, 12 anos. É caro, mas o valor vem caindo 5% ao ano. O telhado verde, com o plantio de certas espécies mais indicadas para esse fim, promove o isolamento térmico e acústico e, se desejar, captação de água de chuva. Tudo isso sem falar no ar caprichoso da casa, que fica parecendo ter saído de um conto de fada dos irmãos Grimm.

Quer experimentar algo mais simples e barato? Pinte todo o telhado com tinta branca reflexiva e reduza em até 70% a temperatura no interior da construção, além de refletir os raios solares que agravam o efeito estufa. Um projeto simples, de eficácia indiscutível e que assegura bem-estar pessoal e munição extra contra o aquecimento global.

(André Trigueiro. www.folha.uol.com.br. 24.07.2016. Adaptado)

Assinale a alternativa em que a pontuação se mantém em conformidade com a norma-padrão da língua após a rescrita da frase.

a) Mal aproveitado no Brasil, telhado de casas pode gerar energia e captar água.
Telhado de casas mal aproveitado no Brasil, pode gerar energia e captar água.

b) Tente imaginar as cidades brasileiras vistas de cima.
Tente imaginar vistas de cima, as cidades brasileiras.

c) Não seria exagero chamar isso de crime de lesa-cidade.
Chamar isso de crime de lesa-cidade, não seria exagero.

d) Dependendo da localização, o telhado pode ser uma miniusina solar.
O telhado, dependendo da localização, pode ser uma miniusina solar.

e) É caro, mas o valor vem caindo 5% ao ano.

É caro, mas o valor ao ano, vem caindo 5%.

Oração deslocada para dentro de outra (dependendo da localização) DEVE ESTAR isolada no período.

Outras alternativas:

A: Expressões deslocadas da ordem direta PRECISAM APARECER isoladas no período (mal aproveitado no Brasil).

B: Expressões deslocadas da ordem direta SÃO isoladas no período (vistas de cima).

C: Não separamos uma oração que exerça a função de sujeito de uma outra oração (não seria exagero).

E: Não separamos o sujeito (o valor ao ano) do predicado.

GABARITO: D.

---

296. **(2017 – Câmara da Estância Balneária de Itanhaém/SP – Auxiliar Legislativo)** Leia o texto para responder à questão.

Personagem do imaginário popular e de uma novela, a marquesa de Santos, célebre amante de dom Pedro I, aos poucos deixa o rodapé da história para ganhar personalidade, ambição e protagonismo mais nítidos. A partir de arquivos pouco estudados, pesquisadores e historiadores redesenham a trajetória da paulista Domitila de Castro Canto e Melo como uma mulher forte, independente, pragmática e de excepcional tino financeiro. "Domitila era plural, muito mais que uma amante", resume o historiador Paulo Rezzutti, que está relançando seu livro *Domitila – A verdadeira História da Marquesa de Santos*, de 2013, com documentos inéditos e reveladores.

O mais significativo, em termos históricos, é o diário que confirma a existência do primeiro dos cinco filhos dos dois amantes, um menino sobre o qual se especulava haver nascido, mas de quem não se tinha notícia de ter sobrevivido.

Mesmo sendo criticada pelas costas e alvo constante de caricaturas e artigos injuriosos, Domitila, mulher bonita, inteligente e alegre, experimentou ascensão social meteórica na capital. Frequentava seus saraus todo mundo que era importante. No ápice da trajetória de amante imperial, foi nomeada dama de honra da pobre Leopoldina, que sofria com a situação, e ganhou o título de marquesa, o segundo degrau da nobreza brasileira.

A paixão de Domitila e dom Pedro ficou registrada em cartas não recomendáveis para menores. "Ele a amava com amor selvagem, sem conhecer limites nem regras de direito, moral ou religião", diz a historiadora Mary Del Priore, que pesquisou a vida da marquesa.

(Luísa Bustamante, As faces de Domitila. *Veja*, 09.08.2017. Adaptado)

Assinale a alternativa em que a alteração na pontuação do trecho modifica o sentido da frase original.

a) ... foi nomeada dama de honra da pobre Leopoldina, que sofria com a situação e ganhou o título de marquesa, o segundo degrau da nobreza brasileira. (3º parágrafo)

b) ... resume o historiador Paulo Rezzutti, que está relançando seu livro *Domitila – A verdadeira História da Marquesa de Santos* (de 2013) com documentos inéditos e reveladores. (1º parágrafo)

c) O mais significativo em termos históricos é o diário que confirma a existência do primeiro dos cinco filhos dos dois amantes... (2º parágrafo)

d) ... a marquesa de Santos – célebre amante de dom Pedro I – aos poucos deixa o rodapé da história para ganhar personalidade, ambição e protagonismo mais nítidos. (1º parágrafo)

e) ... Domitila (mulher bonita, inteligente e alegre) experimentou ascensão social meteórica na capital. (3º parágrafo)

Ao isolarmos a oração "que sofria com a situação" ela passa a ser classificada como subordinada adjetiva (apresentando um sentido abrangente) e não mais uma oração subordinada adjetiva restritiva (sentido limitante).

Outras alternativas:

B: expressões isoladas por vírgula (de 2013) podem ser isoladas por parênteses.

C: expressões deslocadas da ordem direta quando representadas por um pequeno número de palavras (em termos históricos) apresentam um isolamento facultativo.

D: expressões isoladas por vírgulas (célebre amante de dom Pedro I) também poderão ser isoladas pelo duplo travessão.

E: Aposto explicativo deve vir isolado, porém não obrigatoriamente por vírgulas. Podem ser utilizados parênteses.

GABARITO: A.

---

297. **(2017 – Câmara de Valinhos/SP – Analista Técnico Legislativo)** Leia a tira para responder à questão.

(Scott Adams. *Dilbert*. Disponível em: http://zip.net/bttNyr)

Considere o trecho: Nem pensar, amigo. Aqui no depósito só temos cadeiras de luxo, para gerentes.

Essa fala do segundo quadrinho está corretamente reescrita, no que se refere à pontuação e sem prejuízo do sentido, em:

a) Amigo nem pensar. Aqui no depósito temos cadeiras de luxo só, para gerentes.

b) Amigo, nem pensar. Aqui no depósito temos só cadeiras de luxo, para gerentes.

c) Amigo, nem pensar. Só aqui no depósito, temos cadeiras de luxo para gerentes.

d) Amigo nem pensar! Aqui no depósito temos cadeiras só de luxo, para gerentes.

e) Amigo, nem pensar! Aqui no depósito temos, só cadeiras de luxo para gerentes.

– Amigo = a pontuação obrigatória isola um vocativo.

– nem pensar! = o ponto de exclamação empregado para expressar emoção, indignação, exaltação etc.

– luxo, para gerentes = clareza do que se expressa (as cadeiras para gerentes e não luxo para gerentes).

GABARITO: B.

---

298. **(2017 – Câmara de Valinhos/SP – Assistente Administrativo)** Leia o texto para responder à questão.

Cidades inovadoras

Se uma cidade criativa fosse uma simples soma aritmética, os termos seriam: tecnologia, tolerância, talentos e tesouros.

A equação original, cunhada pelo urbanista americano Richard Florida, continha os três primeiros "tês". O último é acréscimo do engenheiro e professor brasileiro Victor Mirshawka, autor de "Cidades Criativas".

De acordo com Mirshawka, o uso da tecnologia nas cidades não se reduz ao universo digital. Inclui também iniciativas que têm impacto direto no cotidiano da população.

Ele cita Barcelona, que implementou o sistema de captação de lixo por tubos. A medida levou à redução no número de caminhões de coleta, com consequências positivas no trânsito.

Os itens tolerância e talentos, por sua vez, estão intimamente ligados. O primeiro, diz o autor, abarca temas como orientação sexual e migração. "Essa mescla, envolvendo várias religiões e costumes, permite diversidade, com resultados em campos como gastronomia e música."

Já o quesito talentos depende de um excelente sistema educacional, que funciona como um ímã para pessoas com ideias inovadoras.

"Nesse sentido, a cidade com mais talentos do mundo é Boston (EUA), que tem 350 mil estudantes em instituições como Harvard e MIT. Metade dos alunos são estrangeiros e, obviamente, os americanos ganham com isso."

Por último, há os tesouros, que são tanto obras humanas (museus e monumentos) quanto da natureza (rio Amazonas e cataratas do Iguaçu). Essas atrações, diz Mirshawka, geram "visitabilidade", fator fundamental para as cidades criativas. "A grande questão é como fazer com que as pessoas queiram estar na sua cidade."

Assim, também é preciso pensar na criação de um calendário de eventos. Holambra, com seu Festival das Flores, e Barretos, com sua Festa do Peão, são dois exemplos em São Paulo.

O Brasil conta com cinco membros na Rede de Cidades Criativas da Unesco, escolhidos pela atuação em áreas específicas. A capital do Pará, por exemplo, destaca-se na gastronomia pela pesquisa e utilização dos múltiplos ingredientes de origem amazônica e pela capacidade de gerar milhares de empregos.

(Bruno Lee. *Folha de S.Paulo*, 30.06.2017. Adaptado)

Assinale a alternativa em que a frase está redigida e pontuada de acordo com a norma-padrão da língua portuguesa.

a) Boston, onde metade dos alunos são estrangeiros, é uma fonte de riqueza intelectual para os EUA.

b) Boston, pela qual metade dos alunos são estrangeiros, é uma fonte, de riqueza intelectual, para os EUA.

c) Boston, cuja a metade dos alunos são estrangeiros, é uma fonte de riqueza intelectual para os EUA.

d) Boston da qual, metade dos alunos são estrangeiros, é uma fonte de riqueza intelectual para os EUA.

e) Boston com a qual, metade dos alunos são estrangeiros, é uma fonte de riqueza intelectual para os EUA.

– As vírgulas isolam uma oração (onde metade dos alunos são estrangeiros) dentro de outra.

– ONDE = por se referir a um lugar (Boston) pode ser utilizado.

Também cabem EM QUE / NA QUAL.

GABARITO: A.

---

299. **(2017 – IPRESB/SP – Analista de Processos Previdenciários)** Assinale a alternativa em que a pontuação da frase está de acordo com a norma-padrão.

a) Fala-se em uma noção – nuclear para a democracia – de que é preciso respeitar, sempre, os direitos de minorias.

b) Nota-se que o autor se pergunta, entre outras coisas como sair do paradoxo?

c) Levar a liberdade de expressão, realmente a sério, é prática nos Estados Unidos.

d) A negação dos princípios elementares da democracia, é: um dos problemas dos países na modernidade.

e) É preciso perguntar-se, quão tolerante com os intolerantes, a democracia pode ser.

O duplo travessão isola corretamente uma expressão explicativa.

As duas vírgulas (facultativas) isolam um adjunto adverbial deslocado (sempre).

Outras alternativas:

B: Expressões explicativas (entre outras coisas) devem estar isoladas no período.

C: Não isolamos os termos de uma oração que se apresentem na ordem direta (realmente a sério).

D: Não separamos o sujeito (A negação ... democracia) do predicado.

E: Os verbos não podem ser separados de seus complementos (perguntar-se quão tolerante ...).

GABARITO: A.

---

300. **(2017 – IPRESB/SP – Agente Previdenciário)**

A idade das palavras

Já cansei de ver gente madura falando gíria para parecer jovem. O trágico é que, em geral, a **gíria** é velha, daí que é terrível ver uma senhora madura e **plastificada** dizendo "Eu sou prafrentex!".

Esse termo foi usado nos anos 60 para dizer que uma jovem aceitava comportamentos mais ousados, tipo viajar no fim de semana para a praia com um grupo de amigos, o máximo de liberdade imaginável até então.

Mas agora é passado... Assim como as variações para falar de homem bonito. Houve época em que era "pão", agora se usa gato, se não estou atrasado... Volta e meia noto alguém exclamar à passagem de um homem atlético: "Ai, que pão!".

Esse é o mal das gírias. Marcam a juventude de cada um. O tempo passa, mas fica difícil mudar o modo de falar.

Lembro o sucesso de "boko moko", **criado** por uma marca de refrigerante para rotular de cafona quem não tomava a tal bebida. Caiu na boca do povo. Cafona vale? Ou devo dizer "out", como na década de 90?

Reconheço, tenho saudade de certos termos. Lembro-me das conversas com os amigos nos anos 70, quando fiz faculdade e era frequente ouvir "tou numas com ela", equivalente, guardadas algumas proporções, ao "ficar" de hoje em dia.

Que adolescente aceitaria hoje ir a um "**mingau dançante**"? Vão para a balada, para a "night". Aliás, a maioria foge de mingau e de qualquer delícia que engorde!

Muita gente **odeia** gíria e a considera um dialeto capaz de estraçalhar a língua. Elas esquecem que, no seu tempo, também a usavam.

Não é fácil acompanhar sua evolução e, às vezes, me confundo: não sei se ainda se fala "hype" para indicar algo que no passado foi "in". Ou que alguém é "fashion", para dizer que está "nos trinques", como nos anos 80.

A verdade é: não há botox ou plástica que resista. Gíria velha denuncia a idade mais do que as rugas!

(Walcyr Carrasco. http://vejasp.abril.com.br/cidades/ a-idade-das-palavras/ Adaptado)

Assinale a alternativa em que o sinal de pontuação indicado tem como característica permitir que a ideia exposta pelo autor possa ser complementada pelo pensamento do leitor.

a) Reticências em – *agora se usa gato, se não estou atrasado...* (3º parágrafo)

b) Ponto simples em – *Reconheço, tenho saudade de certos termos.* (6º parágrafo)

c) Aspas em – *Vão para a balada, para a "night".* (7º parágrafo)

d) Ponto de exclamação em – *foge de mingau e de qualquer delícia que engorde!* (7º parágrafo)

e) Dois-pontos em – A verdade é: não há botox ou plástica que resista. (10º parágrafo)

A pontuação que se utiliza para expressar que a ideia apresentada não foi concluída, permitindo, portanto, uma continuação de acordo com a interpretação de quem lê, são as reticências.

GABARITO: A.

---

301. **(2017 – Câmara de Sumaré/SP – Escriturário)** No trecho, em "O pior é que o dono do restaurante tinha razão: as famílias pareciam estar gostando do programa.", os dois-pontos introduzem na frase:

a) uma suposição e podem ser substituídos corretamente por "portanto".

b) uma citação e podem ser substituídos corretamente por "porque".

c) uma advertência e podem ser substituídos corretamente por "todavia".

d) uma justificativa e podem ser substituídos corretamente por "pois".

e) um esclarecimento e podem ser substituídos corretamente por "entretanto".

A única interpretação coerente do trecho apresentado no enunciado é que se trata de uma suposição. Existe, também, a possibilidade de substituição dos dois-pontos pela conjunção, "portanto".

GABARITO: D.

---

302. **(2017 – Câmara de Sumaré/SP – Procurador Jurídico)** Apresenta pontuação correta os textos apresentados na alternativa:

a) Nos últimos anos, o que afinal, anda acontecendo com o mundo! E futuramente o que virá.
– A obra de Abranches, caro leitor formula repostas diabolicamente, complicadas.

b) Nos últimos anos, o que afinal anda acontecendo com o mundo. E futuramente o que virá?
– A obra de Abranches caro leitor, formula repostas, diabolicamente complicadas.

c) Nos últimos anos o que afinal anda acontecendo, com o mundo! E, futuramente, o que virá?
– A obra de Abranches, caro leitor formula, repostas, diabolicamente complicadas.

d) Nos últimos anos, o que, afinal, anda acontecendo com o mundo? E futuramente o que virá?
– A obra de Abranches, caro leitor, formula repostas diabolicamente complicadas.

e) Nos últimos anos o que, afinal anda acontecendo com o mundo? E, futuramente o que virá.
– A obra de Abranches caro leitor formula, repostas, diabolicamente, complicadas.

– Nos últimos anos = adjunto adverbial deslocado.

– afinal = isolamento facultativo de um adjunto adverbial.

– Ponto de interrogação (dois) por se tratar de orações interrogativas diretas.

– caro leitor = vocativo (isolamento obrigatório).

GABARITO: D.

Leia o texto para responder às questões 01 a 04.

Ao filósofo americano Daniel Dennett, os editores da revista Edge perguntaram: "Em 2013, o que deve nos preocupar?". Ele contou que em 1980 se temia que a revolução do computador aumentasse a distância entre os países ricos "do Ocidente" e os países pobres, que não teriam acesso à nova tecnologia e a seus aparelhos. A verdade é que a informática criou fortunas enormes, mas permitiu também a mais profunda disseminação niveladora da tecnologia que já se viu na história. "Celulares e laptops e, agora, smartphones e tablets puseram a conectividade nas mãos de bilhões", afirmou Dennett.

O planeta, segundo o filósofo, ficou mais transparente na informação como ninguém imaginaria há 40 anos. Isso é maravilhoso, disse Dennett, mas não é o paraíso. E citou a lista daquilo com que devemos nos preocupar: ficamos dependentes e vulneráveis neste novo mundo, com ameaças à segurança e à privacidade. E sobre as desigualdades, ele disse que Golias ainda não caiu; milhares de Davis*, porém, estão rapidamente aprendendo o que precisam. Os "de baixo" têm agora meios para confrontar os "de cima". O conselho do filósofo é que os ricos devem começar a pensar em como reduzir as distâncias criadas pelo poder e pela riqueza de poucos.

* referência ao episódio bíblico em que Davi, aparentemente mais fraco, derrota o gigante Golias.

(Míriam Leitão. *História do futuro: o horizonte do Brasil no século XXI*. Rio de Janeiro: Intrínseca, 2015)

303. **(2019 - Câmara de Piracicaba/SP – Jornalista)** De acordo com o exposto, Daniel Dennett,

a) demonstra receio de que a informática venha a aumentar a distância entre os países ricos e os países pobres.

b) refuta a ideia de que a tecnologia permitiu que um número pequeno de pessoas enriquecesse.

c) defende que a revolução tecnológica criou oportunidades para que os mais pobres lutem pela diminuição das desigualdades.

d) argumenta que o acesso democrático à tecnologia inviabiliza a transparência da informação.

e) acredita que o fim da desigualdade social está a cargo da população mais pobre, que hoje tem acesso irrestrito à tecnologia.

A assertiva encontra comprovação no seguinte fragmento do texto: "E sobre as desigualdades, ele disse que Golias ainda não caiu; milhares de Davis*, porém, estão rapidamente aprendendo o

que precisam. Os "de baixo" têm agora meios para confrontar os "de cima". Por meio do uso das figuras bíblicas é possível se relacionar a revolução tecnológica à possibilidade dos mais fracos/ Davis lutarem contra os mais fortes/ Golias.

GABARITO: C.

304. **(2019 – Câmara de Piracicaba/SP – Jornalista)** Articulam-se na composição da temática central do texto as seguintes noções:

a) filosofia e verdade.

b) riqueza e sorte.

c) planeta e paraíso.

d) preocupação e informática.

e) imaginação e criatividade.

O texto pauta-se em dois eixos temáticos para a sua elaboração: primeiro, a evidente preocupação da autora por meio da indagação, ilustrada pela pergunta feita pelo filósofo Daniel Dennett: : "Em 2013, o que deve nos preocupar?"; segundo, a retrospectiva até a década de 1980, quando a revolução tecnológica, favorecida pela informática, estabelecia a possibilidade de aumentar as desigualdades sociais entre países ricos e pobres do Ocidente.

GABARITO: D.

305. **(2019 - Câmara de Piracicaba/SP – Jornalista)** A expressão que apresenta sentido correspondente ao de **desigualdades**, no texto, é:

a) revolução do computador. (1º parágrafo)

b) disseminação niveladora da tecnologia. (1º parágrafo)

c) conectividade nas mãos de bilhões. (1º parágrafo)

d) ameaças à segurança e à privacidade. (2º parágrafo)

e) distâncias criadas pelo poder e pela riqueza de poucos. (2º parágrafo)

O substantivo "desigualdades" traz como desdobramentos de sentidos as seguintes ideias: falta de igualdade, diferença, irregularidade, desproporção, inferioridade. No texto, o campo semântico estabelecido abraça a expressão "distância criadas pelo poder e pela riqueza de poucos", devidamente apresentada na alternativa E.

GABARITO: E.

306. **(2019 - Câmara de Piracicaba/SP – Jornalista)** Há flagrante emprego de linguagem figurada na seguinte passagem:

a) Ao filósofo americano Daniel Dennett, os editores da revista Edge perguntaram... (1º parágrafo)

b) "Em 2013, o que deve nos preocupar?" (1º parágrafo)

c) [...] os países pobres, que não teriam acesso à nova tecnologia e a seus aparelhos. (1º parágrafo)

d) E citou a lista daquilo com que devemos nos preocupar [...] (2º parágrafo)

e) [...] milhares de Davis, porém, estão rapidamente aprendendo o que precisam. (2º parágrafo)

O emprego da linguagem figurada compreende uma forma de comunicação em que é permitido o uso de figuras de linguagem para expressar um sentido não literal de um determinado enunciado. Tal perspectiva figurativa realiza-se na alternativa E, na qual se observa o emprego do substantivo "Davis" – como forma de alusão ao personagem bíblico, que mesmo fraco, derrota o gigante –, em vez se empregar "milhares de oprimidos" ou "fracos" para se referir aos indivíduos mais pobres do cenário descrito.

GABARITO: E.

307. **(2019 – Câmara de Piracicaba/SP – Jornalista)**

Com Bernardo, Lenine e Grassi, num sábado de outono, no Inhotim

"Sabe de uma coisa? Nós vivemos muito pouco", disse Bernardo. Lenine tocou de leve em seu antebraço, e concordou, emendando com uma história da Dona Terezinha, vizinha de seu sítio no Vale das Videiras, em Petrópolis, onde instalou o seu orquidário. Ela tem uma sapucaia, que produz um ouriço usado no cultivo de algumas espécies. Bateu na sua casa:

– Dona Terezinha, eu vi que a senhora tem uma sapucaia. A senhora pode me ceder uma muda? Preciso do ouriço para algumas orquídeas.

– Posso! Mas quem planta sou eu.

Dona Terezinha colheu a muda, levou, plantou, fez a reza e molhou. Ia embora, ouviu, pelas costas:

– Dona Terezinha, muito obrigado. Mas quando é que vou poder colher o ouriço?

Pensou, coçou a cabeça, e... "daqui a uns 60 ou 70 anos, meu filho".

Uma longa gargalhada explodiu na mesa. O show do Lenine em Inhotim, neste sábado, trouxe um sopro de vida eterna ao ambiente. A conversa pausada, cheia de casos e histórias, era observada por Grassi com atenção. Inhotim está vivo, cada vez mais vivo, era a mensagem, era o astral no meio daquele paraíso que de perdido não tem nada.

Lembrando a polêmica sobre a filosofia, Lenine mandou:

– Aristóteles jogou a toalha. No final da vida, depois de tanta filosofia, escreveu que o mais importante era rir.

E se o riso precede a felicidade e, com ela, os hormônios da longevidade, viveremos um pouco mais depois deste sábado musical e iluminado de outono, em Inhotim.

Com a noite chegando, os corações se juntaram naquela mesa. A vegetação nos acolheu, luz e sombra bordando os contrastes, pensamentos voando. Um sombrio Bernardo se revelou. Retirado desde os últimos acontecimentos, vive serenando as reflexões, salvando lembranças. Mas não desiste do sonho:

– Com o rompimento da barragem, tivemos que reduzir custos. Outro dia descobri que acabaram com o Coral e a Orquestra formada por gente da região. Mandei voltar. Tem coisa que não pode cancelar.

Bernardo, neste ponto, se afasta da gestão e olha para a transcendência da arte como solução. Não adianta cortar custo de coisas que são para sempre. Música, canto, arte. O Inhotim tem, agora, responsabilidade dobrada: a revitalização de toda uma região devastada pela tragédia.

(Afonso Borges. https://blogs.oglobo.globo.com, 28.04.2019. Adaptado)

Uma leitura adequada do texto em sua totalidade permite concluir que o título:

a) chama a atenção para um encontro corriqueiro e de ocorrência sazonal.

b) expõe uma crítica à indiferença dos artistas citados quanto à beleza natural de Inhotim.

c) prenuncia um discurso impessoal sobre os atributos naturais de Inhotim.

d) antecipa um depoimento de cunho intimista, baseado na memória do autor.

e) destaca o encanto do autor diante da qualidade técnica do show de Lenine.

O emprego do título num texto tem papel de destaque, uma vez que permite a articulação do texto, num todo, considerando-se o caráter de precisão e síntese ao qual o primeiro se propõe. Sob essa perspectiva, quanto à totalidade do texto, observa-se que o autor privilegia o caráter mnemônico, as suas lembranças e, por conta disso, elas são alicerçadas por relato intimista, sendo correta a alternativa D. Não há nenhum aspecto de sazonalidade, como se sugere na alternativa A; nem indiferença aos artistas citados, como é afirmado na alternativa B; o discurso não é impessoal, são lembranças – por isso, a alternativa C é imprópria – e, tampouco, há destaque, subentendido no título, sobre as qualidades técnicas do show.

GABARITO: D.

Leia o texto para responder às questões.

"Tire suas próprias conclusões"

Essa é a frase que mais tenho ouvido recentemente. Passada a euforia de uma notícia qualificada como "bomba", logo os atores de uma das partes corriam a público para disponibilizar a íntegra daquilo que antes foi veiculado em partes.

É preciso saber de tudo e entender de tudo. É preciso tirar as próprias conclusões para não depender de ninguém, e é esse o grande e contraditório imperativo dos nossos tempos. É uma ordem a uma experimentação libertária, e uma quase contradição do termo. O imperativo que liberta também aprisiona: você só passa a ser, ou a pertencer, se tiver uma conclusão. Sobre qualquer coisa.

Nas últimas décadas psicanalistas se debruçaram sobre as mudanças nos arranjos produtivos e sociais de cada período histórico para compreender e nomear as formas de sofrimento decorrentes delas. A revolução industrial, a divisão social do trabalho, a urbanização desenfreada e as guerras, por exemplo, fizeram explodir o número de sujeitos impacientes, irritadiços e perturbados com a velocidade das transformações e suas consequentes perdas de referências simbólicas.

Pensando sobre o imperativo "Leia/Veja/Assista" e "Tire suas próprias conclusões", começo a desconfiar de que estamos diante de uma nova forma de sofrimento relacionado a um mal-estar ainda não nomeado.

Afinal, que tipo de sujeito está surgindo de nossa nova organização social? O que a vida em rede diz sobre as formas como nos relacionamos com o mundo? Que tipos de valores surgem dali? E, finalmente, que tipo de sofrimento essa vida em rede tem causado?

Vou arriscar e sair correndo, já sob o risco de percorrer um campo que não é meu: estamos vendo surgir o sujeito preso à ideia da obrigação de ter algo a dizer. Ao longo dos séculos essa angústia era comum aos chamados formadores de opinião e artistas, responsáveis por reinterpretar o mundo.

Hoje basta ter um celular com conexão 3G para ser chamado a opinar sobre qualquer coisa. Pensamos estar pensando mesmo quando estamos apenas terceirizando convicções ao compartilhar aquilo que não escrevemos.

É uma nova versão de um conflito descrito por Clarice Lispector a respeito da insuficiência da linguagem. Algo como: "Não só não consigo dizer o que penso como o que penso passa a ser o que digo". Se vivesse nas redes que atribuem a ela frases que jamais disse, o "dizer" e o "pensar" teriam a interlocução de um outro verbo: "compartilhar".

(Matheus Pichonelli, *Carta Capital*. 18.03.2016. www.cartacapital.com.br. Adaptado)

308. **(2019 - Prefeitura de Itapevi - Auditor Fiscal Tributário)** Na opinião do autor, o mal-estar provado pelos indivíduos atualmente está relacionado com:

a) a obrigação de produzir conteúdos que sejam instigantes e inéditos.

b) o imperativo de consultar fontes de informação dignas de credibilidade.

c) a exigência de ter de emitir uma opinião sobre qualquer assunto.

d) a perda de referências simbólicas que impulsionou a revolução industrial.

e) o fato de não haver valores éticos sólidos balizando os formadores de opinião.

O autor opina sobre a predominante necessidade, imposta pela contemporaneidade, de que todo e qualquer indivíduo deva saber e entender sobre tudo. Com a apresentação de domínio pleno de informações, deve-se opinar, diante de qualquer demanda, sobre qualquer tema proposto. Por isso, a questão encontra legitimidade na alternativa C.

GABARITO: C.

309. **(2019 - Prefeitura de Itapevi - Auditor Fiscal Tributário)** No contexto do segundo parágrafo, a "experimentação libertária" refere-se:

a) a uma pretensa liberdade de interpretação sem intermediários.

b) ao acesso aos canais de comunicação mais atualizados.

c) a uma característica peculiar às notícias impactantes.

d) à experiência de criar publicações que gerem controvérsia.

e) à liberdade que a imprensa tem de defender sua ideologia.

A expressão "experimentação libertária", empregada no 2º parágrafo do texto, refere-se ao desejo, à intenção de ler, interpretar, entender as informações sem a dependência de outrem "... É preciso tirar as próprias conclusões para não depender de ninguém", ou seja, é preciso experimentar o entendimento, a emissão de opiniões próprias para que desse movimento surja a liberdade de expressão; ainda que essa liberdade esteja vinculada à obrigatoriedade de ter que dizer alguma coisa.

GABARITO: A.

310. **(2019 - Prefeitura de Itapevi - Auditor Fiscal Tributário)** No sexto parágrafo, o verbo pensar em "Pensamos estar pensando..." veicula, em cada ocorrência respectivamente, sentidos que equivalem a:

a) rememorar e corroborar uma opinião.

b) refutar uma ideia e elucubrar.

c) induzir a erro e suscitar uma impressão.

d) fantasiar e agir com intransigência.

e) supor e conceber uma ideia.

A resposta correta, disposta na alternativa E, configura o uso do verbo 'pensar" de forma reiterada, privilegiando, contudo, sentidos e flexões diferentes. No contexto considerado, o verbo 'Pensamos', com uso na 1ª pessoa do plural, subentende o sentido de " suposição". Com a mudança para a forma nominal "pensando", há a percepção de que algo –, um pensamento, uma ideia – está em processo de construção, de elaboração, de concepção. Com isso, as outras alternativas devem ser desconsideradas, sobretudo, pela incompatibilidade de sentidos.

GABARITO: E.

311. **(2019 - Prefeitura de Itapevi - Auditor Fiscal Tributário)** Da menção ao conflito descrito por Clarice Lispector, no último parágrafo, deduz-se o seguinte:

a) para o autor, Clarice Lispector estava equivocada ao ignorar a importância do "compartilhar" como intermediário entre o "dizer" e o "pensar".

b) ao se exprimir com exatidão o pensamento, a insuficiência da linguagem é superada, ainda que provisoriamente.

c) quando o pensamento é traduzido em palavras, e essas palavras são partilhadas, exaltam-se os valores morais da sociedade.

d) não é possível expressar com exatidão o que pensamos, e nos iludimos ao crer que o que dizemos equivale ao que pensamos.

e) o "pensar" adquire valor a partir do momento em que encontra um equivalente no "dizer" e assume forma ao ser compartilhado.

O conflito descrito pela escritora Clarice Lispector, mencionada no último parágrafo do texto, refere-se à consideração feita sobre a linguagem e à incapacidade de ela dar conta de expressar com exatidão todos os dizeres elaborados nas manifestações do pensamento. No fragmento, retirado do texto, há fundamentação para o gabarito dado "*Não só não consigo dizer o que penso como o que penso passa a ser o que digo*", uma vez que o referido choque é motivado pela impossibilidade de tornar exata, precisa e material a expressão do que está no âmbito da abstração.

GABARITO: D.

---

312. **(2019 - Prefeitura de Itapevi - Auditor Fiscal Tributário)** Assinale a alternativa em que a segunda expressão destacada denota, no contexto, um evento posterior ao designado pela primeira expressão destacada.

a) Passada a euforia de uma notícia **qualificada** como "bomba", logo os atores de uma das partes **corriam** a público para disponibilizar a íntegra daquilo que antes foi veiculado em partes. (1º parágrafo)

b) É preciso **saber** de tudo e **entender** de tudo. (2º parágrafo)

c) O imperativo que **liberta** também **aprisiona**: você só passa a ser, ou a pertencer, se tiver uma conclusão. (2º parágrafo)

d) **Pensando** sobre o imperativo "Leia/Veja/Assista" e "Tire suas próprias conclusões", começo a desconfiar de que **estamos** diante de uma nova forma de sofrimento relacionado a um mal-estar ainda não nomeado. (4º parágrafo)

e) O que a vida em rede **diz** sobre as formas como nos **relacionamos** com o mundo? (5º parágrafo)

A questão propõe que seja observada a alternativa em que a segunda expressão destacada, "corriam [a público]", comprove, evidencie, anuncie um *porvir*, tendo em vista o que teria sido anunciado em primeiro plano "uma notícia qualificada" – um furo de reportagem. Os únicos conjuntos que alinhavam esses comandos encontram-se na alternativa A. Os outros pares das alternativas B, C, D, E embora estejam em planos de elaboração semântica coerentes e pertinentes na construção frásica, não atendem aos comandos do enunciado.

GABARITO: A.

---

313. **(2019 - Prefeitura de Itapevi - Auditor Fiscal Tributário)** No trecho – [...] você só passa a ser, ou a pertencer, se tiver uma conclusão. (2º parágrafo) –, os vocábulos **você**, **só** e **se** contêm, respectivamente, os seguintes sentidos:

a) especificação; limitação; concessão.

b) indeterminação; isolamento; modo.

c) identificação; condição; reciprocidade.

d) indefinição; restrição; condição.

e) apelo; ênfase; finalidade.

O conjunto de vocábulos selecionados foram empregados das seguintes formas: "Você" pode ser usado como pronome de tratamento – sendo aquele aquém se fala ou escreve – e como pronome indefinido – pessoa não especificada, alguém. No texto, "privilegia-se a "indefinição"; Só, usado como advérbio, significa "apenas", "com restrição dos demais"; se, usado como conjunção, abarca a ideia de condição. Tais configurações embasam a escolha da alternativa D como correta.

GABARITO: D.

Leia a tira para responder à próxima questão.

(André Dahmer, Malvados. https://www1.folha.uol.com.br/ilustrada/. 08.05.2019)

314. **(2019 - Prefeitura de Ibaté/SP – Telefonista)** As falas da gravação telefônica ouvidas pela personagem dos quadrinhos permitem afirmar que:

a) os pacotes de dados oferecidos pela empresa estão com valor promocional.

b) a empresa oferece poucas opções promocionais aos seus clientes.

c) fazer um elogio à empresa é uma tarefa que requer tempo e paciência.

d) a atividade de telefonista exige profundo conhecimento de matemática.

e) o cancelamento de uma assinatura pode ser excessivamente complexo.

A leitura da tira reproduz uma situação corriqueira típica em gravações de prestadoras de serviços, em que as orientações dadas são simplificadas para que o usuário possa ter atendidas as suas expectativas de forma autônoma, sem depender de uma interface de um atendente. No último quadrinho, contudo, há uma quebra de expectativa, já que a ação sugerida depende de um conhecimento específico da matemática. Tal configuração foi empregada para deixar explícita a crítica de que o cancelamento de uma assinatura e/ou de serviços pode ser complexa. A alternativa correta, portanto, é E.

GABARITO: E.

Leia o texto para responder às questões.

Dieta salvadora

O ser humano revelou-se capaz de dividir o átomo, derrotar o câncer e produzir um "Dom Quixote". Só não consegue dar um destino razoável ao lixo que produz. E não se contenta em brindar os mares, rios e lagoas com seus próprios dejetos. Intoxica-os também com garrafas plásticas, pneus, computadores, sofás e até carcaças de automóveis. Tudo que perde o uso é atirado num curso d'água, subterrâneo ou a céu aberto, que se encaminha inevitavelmente para o mar. O resultado está nas ilhas de lixo que se formam, da Guanabara ao Pacífico.

De repente, uma boa notícia. Cientistas da Grécia, Suíça, Itália, China e dos Emirados Árabes descobriram em duas ilhas gregas um micróbio marinho que se alimenta do carbono contido no plástico jogado ao mar. Parece que, depois de algum tempo ao sol e atacado pelo sal, o plástico, seja mole, como o das sacolas, ou duro, como o das embalagens, fica quebradiço – no ponto para que os micróbios, de guardanapo ao pescoço, o decomponham e façam a festa. Os cientistas estão agora criando réplicas desses micróbios, para que eles ajudem os micróbios nativos a devorar o lixo. Haja estômago.

Em "A Guerra das Salamandras", romance de 1936 do tcheco Karel Čapek, um explorador descobre na costa de Sumatra uma raça de lagartos gigantes, hábeis em colher pérolas e construir diques submarinos. Em troca das pérolas que as salamandras lhe entregam, ele lhes fornece facas para se defenderem dos tubarões. O resto, você adivinhou: as salamandras se reproduzem, tornam-se milhões, ocupam os litorais, aprendem a falar e inundam os continentes. Passam a ser bilhões e tomam o mundo.

Não quero dizer que os micróbios comedores de lixo podem se tornar as salamandras de Čapek. É que, no livro, as salamandras aprendem a gerir o mundo melhor do que nós. Com os micróbios no comando, nossos mares, pelo menos, estarão a salvo.

(Ruy Castro. https://www1.folha.uol.com.br/colunas/. 31.05.2019. Adaptado)

315. **(2019 – Prefeitura de Ibaté/SP – Telefonista)** A frase do final do segundo parágrafo – Haja estômago. – indica que:

a) os micróbios marinhos descobertos têm uma aparência desagradável.

b) o processo de decomposição dos plásticos produz um cheiro insuportável.

c) os micróbios marinhos têm uma grande capacidade de devorar plásticos.

d) é grande a quantidade de lixo descartado inadequadamente nas águas.

e) é insignificante a quantidade de plástico que cada micróbio decompõe.

A frase: "Haja estômago.", constitui-se numa forma de ironia em que o autor faz menção à quantidade lixo existente, infinitamente superior, à quantidade de "micróbios marinhos capazes de se alimentar" do carbono contido no plástico jogado ao mar." A expressão, usada no final do 2º parágrafo, pode ser justificada com os seguintes fragmentos ilustrativos: "Só não consegue dar um destino razoável ao lixo que produz. E não se contenta em brindar os mares, rios e lagoas com seus próprios dejetos. Intoxica-os também com garrafas plásticas, pneus, computadores, sofás e até carcaças de automóveis". E, ainda, "O resultado está nas ilhas de lixo que se formam, da Guanabara ao Pacífico".

GABARITO: D.

---

316. **(2019 – Prefeitura de Ibaté/SP – Telefonista)** De acordo com o texto, um grupo de cientistas de diferentes países,

a) descobriu que uma espécie de micróbios marinhos está sendo dizimada pelo carbono dos plásticos lançados ao mar.

b) vê com muita preocupação o rápido aumento da população dos micróbios recentemente descobertos em ilhas gregas.

c) está criando espécies similares à dos micróbios descobertos para aumentar a capacidade de decomposição do plástico nas águas.

d) está investigando se os micróbios recém-descobertos representam algum perigo para a saúde da população das ilhas gregas.

e) vem tentando reproduzir, em outros locais, as condições encontradas apenas nas ilhas gregas, ideais para reprodução dos micróbios.

A alternativa C justifica-se tomando-se por referência o seguinte fragmento do texto: "Os cientistas estão agora criando réplicas desses micróbios, para que eles ajudem os micróbios nativos a devorar o lixo".

GABARITO: C.

---

317. **(2019 – Prefeitura de Ibaté/SP – Telefonista)** Conforme o texto,

a) uma possível solução para o problema do descarte inadequado do lixo seria a proibição do uso de garrafas plásticas.

b) a poluição de rios e mares teria como principal causa a baixa durabilidade de objetos como computadores e automóveis.

c) países como a China e os Emirados Árabes estão conseguindo reverter o quadro de poluição de suas águas com relativo sucesso.

d) uma espécie desconhecida de micróbio marinho encontrada em ilhas gregas surge como resultado da decomposição de objetos plásticos.

e) cientistas acreditam ter encontrado em uma espécie de micróbio marinho uma possível solução para o lixo acumulado nas águas.

Segundo o texto, cientistas descobriram em duas ilhas gregas um micróbio marinho, o qual se alimenta do carbono contido no plástico jogado ao mar. Tal descoberta estabeleceu, entre os pesquisadores, a crença de que a réplica de tais micróbios, criados em laboratório, somados aos micróbios nativos, pode ser a solução para eliminar o lixo acumulado nas águas. Por isso, a alternativa correta é a E.

GABARITO: E.

---

318. **(2019 – Prefeitura de Ibaté/SP – Telefonista)** Assinale a alternativa em que a expressão destacada é empregada em sentido figurado.

a) E não se contenta em **brindar** os mares, rios e lagoas [...]

b) O ser humano **revelou-se** capaz de dividir o átomo [...]

c) O resultado está nas ilhas de lixo **que se formam** [...]

d) [...] **descobriram** em duas ilhas gregas um micróbio marinho [...]

e) **Parece que**, depois de algum tempo ao sol e atacado pelo sal [...]

O sentido figurado é utilizado com o objetivo de expressar um sentido não literal de um determinado enunciado. Nas alternativas B, C e D os verbos "revelar-se", "formam-se" e "parece que" foram empregados com a manutenção dos sentidos literais – "mostra". Apenas na alternativa A, o verbo "brindar", usado de forma diferente da usual – presentear, por exemplo – aproxima-se do sentido figurado, para firmar a crítica e ironia ali pretendidos.

GABARITO: A.

Leia o texto para responder às questões.

Da perspectiva do processo de trabalho, o *home office* apresenta, de fato, uma face muito sedutora. Afinal, vivendo em uma cidade como São Paulo, por exemplo, quem não gostaria de trabalhar em casa, evitando o trânsito e os perigos ligados à circulação nos espaços públicos, como assaltos e acidentes, por exemplo? Além disso, o trabalho em *home office* satisfaz com mais frequência a parcela feminina da força de trabalho, que percebe na **flexibilização** da jornada uma maneira de equilibrar demandas profissionais e exigências domésticas.

No entanto, cabe observar que muitos efeitos **nocivos** para os profissionais em *home office* têm sido registrados por sociólogos do trabalho. Na medida em que esse trabalho é regulado economicamente pelo sistema de administração por metas, e considerando que as empresas tendem a endurecer permanentemente seus objetivos, verifica-se certa implosão das barreiras entre tempo livre e tempo de trabalho. Ou seja, todo o tempo da vida de quem está em *home office* transforma-se em trabalho.

(Ruy Braga. Dilemas do teletrabalho. *Revista E.* mai. 2019. Adaptado)

319. **(2019 - Prefeitura de Ibaté/SP – Telefonista)** Os termos "flexibilização" e "nocivos", em destaque no texto, têm como sinônimos adequados ao contexto, respectivamente:

a) menor rigidez; prejudiciais.

b) desconcentração; benéficos.

c) maior liberdade; complexos.

d) menor tempo; duradouros.

e) delimitação; incompreensíveis.

Pelo campo de significação, no qual se podem situar as palavras " "flexibilização" e "nocivos", a alternativa A é a única que se compatibiliza com os sentidos empregados no texto em defesa do "home-office" (flexibilização) e sobre os possíveis efeitos nocivos (prejudiciais) advindos de sua utilização.

GABARITO: A.

Leia a tira.

(André Dahmer, "Malvados". *Folha de S.Paulo,* 03.03.2019. Adaptado

320. **(2019 - Prefeitura de Sorocaba/SP - Técnico de Controle Administrativo)** De acordo com o ponto de vista dos alienígenas,

a) acabar com o ódio e a intolerância está além de suas capacidades.

b) ajudar os humanos implica rápido combate ao ódio e à intolerância.

c) viver na Terra é como viver em seu planeta, com ódio e intolerância.

d) vir de longe e encontrar ódio e intolerância na Terra é algo mágico.

e) ser mágico não implica poder acabar com o ódio e a intolerância.

Os personagens Alienígenas, na composição dos quadrinhos, estabelecem um diálogo referindo-se a uma missão para a qual se predispuseram ou foram designados. Há uma expectativa de um humano de que eles possam erradicar duas práticas comuns no planeta: o ódio e a intolerância. No 3º quadrinho, há, todavia, a construção do humor, com a quebra da expectativa do leitor, favorecida pelo emprego das palavras mágicos em oposição a alienígenas, estabelecendo o pressuposto de que a ação esperada não pode ser cumprida por eles.

GABARITO: A.

321. (2019 - Prefeitura de Ibaté/SP – Telefonista) De acordo com as informações do texto, o trabalho em *home office*:

a) divide a opinião de especialistas quanto a ser uma alternativa viável para se evitarem os perigos das grandes cidades.

b) é apontado como responsável pelo receio exacerbado desenvolvido por algumas pessoas de circular em espaços públicos.

c) pode deixar de ser vantajoso nos casos em que empregadores estabeleçam metas de produção a serem alcançadas pelos trabalhadores.

d) tem sido questionado especialmente pelo público feminino, ante à dificuldade para conciliar trabalho e atividades domésticas.

e) traz ganhos ao empregado ainda que não estejam claramente definidos os limites entre o tempo livre e o que deve ser destinado ao trabalho.

A alternativa C justifica-se por intermédio da leitura dos seguintes fragmentos retirados do texto "Na medida em que esse trabalho é regulado economicamente pelo sistema de administração por metas [...], verifica-se certa implosão das barreiras entre tempo livre e tempo de trabalho.", deixando, portanto, de ser vantajoso.

GABARITO: C.

Leia o texto para responder às questões.

Mais um desastre

Ainda demorará um tanto até que o impacto humano e ambiental do rompimento da barragem em Brumadinho (MG) possa ser propriamente avaliado. Algumas lições preliminares, entretanto, já podem ser extraídas desse lamentável desastre.

A primeira deriva do fato acabrunhante de que não se trata de tragédia inédita no gênero. Há apenas três anos o país consternou-se diante das 19 mortes e da incrível devastação desencadeadas pelo colapso de uma barragem da Samarco, que varreu do mapa a localidade de Bento Rodrigues (MG).

Pouco ou quase nada se fez desde então. A não ser, por óbvio, as suspeitas medidas usuais: instalaram-se comissões para tratar do assunto. Resultado? Nenhum. Segundo relatório da Agência Nacional de Águas, ao menos 45 barragens estão vulneráveis no país. Rachaduras, infiltrações e ausência de documentos que comprovem a segurança são algumas das irregularidades identificadas.

Torna-se claro que há uma falha coletiva, institucional. Autoridades estaduais e federais não atuaram como deveriam, e o mesmo se diga da Vale, sobretudo pela reincidência – a mineradora foi corresponsável pela tragédia da Samarco.

Diante da nova catástrofe consumada, o Ibama multou a Vale – a conferir se a penalidade será paga –, enquanto a Justiça determinou o bloqueio de bilhões de reais para garantir reparação de danos. Ao mesmo tempo, Polícia Federal e Ministério Público mostram-se empenhados em investigar as causas e identificar os culpados.

Tais iniciativas, porém, serão inúteis se perderem ímpeto com o tempo. Elas precisam ser efetivas e exemplares, pois só assim ajudarão a impedir um terceiro desastre.

(Editorial. *Folha de S.Paulo*, 28.01.2019. Adaptado)

322. (2019 - Prefeitura de Sorocaba/SP - Técnico de Controle Administrativo) É coerente com as informações do texto a ideia de que:

a) a tragédia em Bento Rodrigues foi um acontecimento único no país, uma vez que os documentos mostram que as barragens brasileiras são seguras.

b) a instalação de comissões para tratar dos desastres ambientais permite que os auxílios às vítimas sejam garantidos com maior rapidez e menos burocracia.

c) a punição severa aos reais culpados pelos estragos causados com as catástrofes ambientais decorre da revolta que normalmente acomete a população.

d) a efetividade das ações para punir os responsáveis pelos desastres ambientais depende da rapidez nas investigações e da identificação dos culpados.

e) Brumadinho entrou nos noticiários do Brasil como a localidade onde ocorreu uma tragédia inédita com o rompimento de uma barragem vista como segura.

A reposta da alternativa D encontra repercussão comprobatória no seguinte excerto retirado do texto: "Tais iniciativas, porém, serão inúteis se perderem ímpeto com o tempo. Elas precisam ser efetivas e exemplares, pois só assim ajudarão a impedir um terceiro desastre".

GABARITO: D.

---

323. **(2019 - Prefeitura de Sorocaba/SP - Técnico de Controle Administrativo)** No trecho – o Ibama multou a Vale – **a conferir se a penalidade será paga...** (6º parágrafo) –, a informação em destaque sugere que:

a) o Ibama isentará a Vale da multa.

b) a multa poderá deixar de ser paga.

c) o pagamento da multa será rápido.

d) a Vale deverá concordar com a multa.

e) o pagamento da multa é optativo.

O texto em destaque não corresponde ao que foi explicitado na alternativa A, já que "o Ibama multou a Vale", não há previsão de isenção; na alternativa C diz-se que o pagamento da multa será rápido, fato inverídico segundo o fragmento; também não há previsão de concordância e pagamento optativo, conforme o que consta nas alternativas D e E, respectivamente. Logo, a alternativa B abarca o sentido da expressão " a conferir", traduzindo-se por não se tem certeza de que a multa será paga.

GABARITO: B.

---

324. **(2019 - Prefeitura de Sorocaba/SP - Técnico de Controle Administrativo)** Considere as passagens do texto:

• Há apenas três anos o país **consternou-se** diante das 19 mortes e da incrível devastação... (2º parágrafo)

• Diante da nova catástrofe **consumada**, o Ibama multou a Vale... (6º parágrafo)

• Tais iniciativas, porém, serão inúteis se perderem **ímpeto** com o tempo. (7º parágrafo)

No contexto em que estão empregados, os termos destacados significam, correta e respectivamente:

a) abateu-se; planejada; emoção.

b) chocou-se; prevista; objetivo.

c) paralisou-se; completada; brandura.

d) escandalizou-se; aproximada; segurança.

e) entristeceu-se; concluída; força.

Os sentidos depreendidos pelos vocábulos destacados e empregados nos contextos linguísticos estabelecidos na construção textual aproximam-se, respectivamente, da sequência apresentada na alternativa E.

GABARITO: E.

---

325. **(2019 - Prefeitura de Sorocaba/SP - Técnico de Controle Administrativo)** Assinale a alternativa em que o termo destacado está bem empregado em sentido figurado.

a) Algumas lições preliminares, entretanto, já podem ser extraídas desse lamentável **desastre**.

b) [...] pelo colapso de uma barragem da Samarco, que **varreu** do mapa a localidade de Bento Rodrigues (MG).

c) A não ser, por óbvio, as suspeitas **medidas** usuais: instalaram-se comissões para tratar do assunto.

d) Segundo relatório da Agência Nacional de Águas, ao menos 45 **barragens** estão vulneráveis no país.

e) [...] Polícia Federal e Ministério Público mostram-se empenhados em **investigar** as causas e identificar os culpados.

O verbo "varrer", empregado na assertiva da alternativa B, contraria o sentido usual o qual se apresenta como "limpar com vassoura o chão de (um lugar)". O sentido figurado se estabelece porque diz respeito ao rompimento da barragem, a qual teria destruído, eliminado, "varrido" a cidade de Bento Rodrigues (MG).

GABARITO: B.

326. **(2019 - Prefeitura de Sorocaba/SP - Técnico de Controle Administrativo)** Sem prejuízo de sentido ao texto, nas passagens "A não ser, **por óbvio**, as suspeitas medidas usuais..." (3º parágrafo) e "Tais iniciativas, **porém**, serão inúteis se perderem ímpeto com o tempo." (último parágrafo), as expressões destacadas podem ser substituídas, correta e respectivamente, por:

a) absolutamente; ademais.

b) possivelmente; portanto.

c) evidentemente; no entanto.

d) improvavelmente; todavia.

e) certamente; assim.

As expressões destacadas podem ser substituídas, tendo em vista o sentido que abarcam, respectivamente, por: "por óbvio" (evidentemente, obviamente) e "porém" – conjunção coordenativa com valor semântico de contrariedade, oposição (no entanto).

GABARITO: C.

327. **(2019 - Prefeitura de Sorocaba/SP - Técnico de Controle Administrativo)** Leia a charge.

(Chargista Duke. Em: www.otempo.com.br)

No diálogo entre as personagens, é correto afirmar que o garoto:

a) desconhece a ação dos bombeiros.

b) deprecia os desfiles de carnaval.

c) enaltece a profissão de bombeiro.

d) sugere que se identifica com os vilões.

e) prefere um super-herói a um bombeiro.

O senso comum já consagrou os personagens das Histórias em Quadrinhos como super-heróis. A Charge, contudo, apresenta uma crítica ao salientar e enaltecer os heróis da vida real, como os bombeiros, por exemplo.

GABARITO: C.

Leia o texto para responder às questões.

O velho

O que eu mais temo – escrevi em um dos meus agás – não é o Sono Eterno, mas a possibilidade de uma insônia eterna – o que seria uma verdadeira estopada, um suplício sem fim. Porém, em uma de minhas costumeiras noites de sonho acordado, o meu amigo morto me pediu um cigarro, e disse-me:

– Não é como tu pensas, todos nós trabalhamos numa série infinita de escritórios (cada geração de mortos num deles) onde a gente se entrega a um sério trabalho de estatística: tem-se de anotar a chegada de cada um e comunicar-lhe o respectivo número, pois isso de nomes é mera convenção terrena. O pior são os que atrapalham a escrita, morrendo antes do tempo – ou porque se mataram ou por culpa dos médicos, e estes ainda são culpados quando fazem os doentes morrer depois da hora, numa espécie de sobrevida artificial, já que os médicos (diga-se em sua honra) julgam criminosa a prática da eutanásia.... Uma pena!

– E fora do expediente, o que fazem vocês?

– Bem, a hora do almoço não deixa de ser divertida por causa dos Santos: põem-se a discutir acaloradamente qual deles fez na Terra o maior número de milagres e outras futilidades.

– E Deus? Me conta como é Ele...

– Ah, o Velho? Desconfio que certa vez O vi...

– Mas conta-me lá como foi que desconfiaste de ter visto o Velho?

– Foi há tempos, eu era recém-chegado, quando uma tarde apareceu de surpresa no escritório um velhinho muito simpático. Com as mãos às costas, curvava-se sobre cada mesa, inspecionando o nosso trabalho, por sinal que me atrapalhei, errei uma palavra. Ele bateu-me confortadoramente no ombro, como quem diz: “Não foi nada... não foi nada...” Ao retirar-se, já com a mão no trinco da porta, virou-se para nós e abanou: “Até outra vez se Eu quiser!”

(Mário Quintana. *Da preguiça como método de trabalho*. Adaptado)

328. **(2019 - Prefeitura de Sorocaba/SP - Técnico de Controle Administrativo)** As informações textuais permitem afirmar que o título do texto se refere:

a) à condição humana daqueles que adoecem cedo e filosofam sobre a morte.

b) ao narrador, que sente o fim da vida chegando e passa a pensar no Sono Eterno.

c) ao velhinho simpático que visitou o amigo morto do narrador no escritório.

d) ao narrador, que sente a presença de Deus em uma noite de insônia.

e) a um amigo do morto que, como os demais Santos, fez um milagre na Terra.

O título do texto "O velho" refere-se ao velhinho simpático – fato comprovado no excerto: "Foi há tempos, eu era recém-chegado, quando uma tarde apareceu de surpresa no escritório um velhinho muito simpático. Com as mãos às costas, curvava-se sobre cada mesa, inspecionando o nosso trabalho [...]" – e que teria visitado, segundo o narrador, o seu amigo morto, como se observa em: "em uma de minhas costumeiras noites de sonho acordado, o meu amigo morto me pediu um cigarro.".

GABARITO: C.

---

329. **(2019 - Prefeitura de Sorocaba/SP - Técnico de Controle Administrativo)** Assinale a alternativa cujo enunciado, devidamente pontuado, explica corretamente o que o amigo morto do narrador quis dizer com a frase "Uma pena!"

a) Os pacientes querem morrer, e os médicos optam pela eutanásia, em nome da honra, o que é uma pena para nossa escrita.

b) Os médicos que honram sua profissão, não praticam a eutanásia o que é uma pena, pois com isso, se evitariam erros na escrita.

c) Os médicos, às vezes não conseguem evitar a morte de seus pacientes. É uma pena, porque chegam aqui antes do tempo.

d) É uma pena que os médicos não pratiquem a eutanásia, pois ela evitaria a sobrevida artificial e não atrapalharia nossa escrita.

e) Muitas vezes, as pessoas morrem antes do tempo. Isso é uma pena já que os médicos não concordam com a prática da eutanásia.

Pelo contexto em que a frase " Uma pena!" foi empregada, observa-se que o personagem lamenta o fato de que a prática da eutanásia seja feita com ressalva pelos médicos, já que prolonga o sofrimento e sobrevida artificial dos doentes. Além disso, atrapalham a escrita no exercício profissional do personagem: "O pior são os que atrapalham a escrita, morrendo antes do tempo – ou porque se mataram ou por culpa dos médicos, e estes ainda são culpados quando fazem os doentes morrer depois da hora, numa espécie de sobrevida artificial [...]", conforme esse fragmento.

GABARITO: D.

---

330. **(2019 - Prefeitura de Sorocaba/SP - Técnico de Controle Administrativo)** Conforme o texto, o amigo morto do narrador desconfiou que tinha visto Deus porque,

a) o velhinho simpático disse "Até outra vez se Eu quiser!", ao sair do escritório.

b) a inspeção do velhinho o desconcertou a ponto de errar a escrita de uma palavra.

c) o escritório recebeu uma visita surpresa e todos ficaram atrapalhados com a situação.

d) a conversa descontraída com os Santos, no almoço, foi seguida de uma inspeção.

e) o velhinho transbordava simpatia enquanto inspecionava o trabalho no escritório

O cenário descrito apresenta uma rotina de trabalho, a qual envolve MORTOS: todos nós trabalhamos numa série infinita de escritórios (cada geração de mortos num deles), SANTOS: "– Bem, a hora do almoço não deixa de ser divertida por causa dos Santos". Ali, o único personagem estranho às funções desempenhadas por todos seria o VELHINHO SIMPÁTICO, que manifesta autonomia e independência de escolha para transitar livre pelo local: "Até outra vez se Eu quiser!".

GABARITO: A.

Leia os quadrinhos para responder à questão.

(Charles M. Schulz. Minduim. *O Estado de S. Paulo*, 29.03.2018. http://cultura.estadao.com.br)

331. **(2019 - Prefeitura de Guarulhos/SP - Inspetor Fiscal de Rendas)** Considerando a organização do conteúdo nos balões de cada quadrinho, pode-se afirmar que no segundo, no terceiro e no quarto quadrinhos são expressos, respectivamente,

a) um projeto, uma reprovação e uma reclamação.

b) uma indagação, uma recordação e um gracejo.

c) um ideal, um alerta e um lamento.

d) um desejo, uma retificação e uma crítica.

e) uma constatação, uma recomendação e um deboche.

No 2º quadrinho, o personagem idealiza a vida dele, o que vai acontecer no futuro, quando tiver 21 anos. No 3º quadrinho, há uma advertência, um alerta dado sobre parte das responsabilidades advindas dessa conquista – o imposto de renda – e o lamento pelo o que ela significa – pagar.

GABARITO: C.

Leia o texto para responder às próximas questões.

A arte mostra-se presente na história da humanidade desde os tempos mais remotos. **Sem dúvida**, ela pode ser considerada como sendo uma necessidade de expressão do ser humano, surgindo como fruto da relação homem/mundo. Por meio da arte a humanidade expressa suas necessidades, crenças, desejos, sonhos. Todos têm uma história, que pode ser individual ou coletiva. As representações artísticas nos oferecem elementos que facilitam a compreensão da história dos povos em cada período.

(Rosane K. Biesdorf e Marli F. Wandscheer. Arte, uma necessidade humana: função social e educativa. Itinerarius reflectionis.)

332. **(2019 - Prefeitura de Guarulhos/SP - Inspetor Fiscal de Rendas)** De acordo com o texto, a arte caracteriza-se como:

a) a maneira de o homem fugir à realidade refugiando-se em um passado glorioso.

b) um documento de produção coletiva com o fim de registrar objetivamente a história.

c) um meio de expressão que revela como o homem vive ao longo da história.

d) uma linguagem universal, que anula as diferenças entre os povos de cada período.

e) o principal modo de uma geração acessar registros históricos da geração que a antecede.

A assertiva encontra justificativa no seguinte fragmento do texto: [a arte] "ela pode ser considerada como sendo uma necessidade de expressão do ser humano, surgindo como fruto da relação homem/mundo".

GABARITO: C.

---

333. **(2019 - Prefeitura de Guarulhos/SP - Inspetor Fiscal de Rendas)** A expressão Sem dúvida, em destaque no texto, pode ser substituída, sem prejuízo do sentido, por:

a) seguramente.

b) eventualmente.

c) porventura.

d) sobretudo.

e) usualmente.

A expressão "Sem dúvida" pode ser substituída por várias outras de equivalente sentido: com certeza, decerto, seguramente, indubitavelmente, seguramente. A alternativa A apresenta a resposta, portanto, adequada.

GABARITO: A.

---

334. **(Prefeitura de Guarulhos/SP - 2019 - Inspetor Fiscal de Rendas)** Está empregado com sentido figurado o vocábulo destacado no trecho:

a) [...] desde os **tempos** mais remotos.

b) [...] surgindo como **fruto** da relação homem/mundo.

c) Todos têm uma **história [...]**

d) [...] **elementos** que facilitam a compreensão [...]

e) [...] compreensão da história dos **povos** [...]

O sentido figurado é utilizado com o objetivo de expressar um sentido não literal de um determinado enunciado. Nas alternativas A, C, D, E, as palavras destacadas foram empregadas em seus sentidos usuais; já na alternativa B, a palavra FRUTO, figuradamente, significa RESULTADO.

GABARITO: B.

Leia o texto e responda às próximas questões.

Roma

O filme Roma está constantemente entre dois caminhos. É pessoal e grandioso, popular e intelectual, tecnológico – rodado em 65 mm digital – e clássico – feito em preto e branco com a mesma ousadia dos movimentos cinematográficos das décadas de 1950 e 1960. O título, uma referência a Colonia Roma, bairro da Cidade do México, também remete a Roma, Cidade Aberta, filme-símbolo do neorrealismo italiano assinado por Roberto Rossellini.

Ao revisitar a própria memória, o cineasta Alfonso Cuarón escolhe olhar para Cleo, a empregada, de origem indígena, de uma família branca de classe média. Resgata, assim, não apenas os seus anos de formação, mas todas as particularidades do passado do país. O

México no início dos anos 1970 fervilhava entre revoluções sociais e a influência da cultura estrangeira. Cleo, porém, se mantinha ingênua, centrada nas suas obrigações: lavar o pátio, buscar as crianças na escola, lavar a roupa, colocar os pequenos para dormir.

Até que tudo se transforma. A família perfeita desmorona, com o pai que sai de casa, a mãe que não se conforma com o fim do casamento e os filhos jogados de um lado para o outro na confusão dos adultos. Enquanto isso, Cleo se apaixona, engravida, é enganada e deixada à própria sorte. Duas mulheres de diferentes origens compartilham a dor do abandono. Juntas, reencontram a **resiliência** que segura o mundo frente às paixões autocentradas.

O cineasta, que além da direção e do roteiro assina a fotografia e a montagem (ao lado de Adam Gough), retrata sua história, entrelaçada com a de seu país, como se na vida adulta reencontrasse o olhar da infância, cujo fascínio por cada descoberta aumenta o tamanho e a importância de tudo. O que Cuarón faz em Roma é raro. São camadas e camadas sobrepostas para reproduzir a complexidade do seu imaginário afetivo e das relações sociais de um país. Entre muitas inspirações, referências e técnicas, sua assinatura está na sinceridade com que olha para si mesmo e para os seus personagens, encontrando beleza e verdade no que muitos menosprezam. Esse é um filme simples e complicado, como a própria vida.

(Natália Bridi. *Omelete*. 11.01.2019. www.omelete.com.br. Adaptado)

335. **(2019 - Prefeitura de Guarulhos/SP - Inspetor Fiscal de Rendas)** De acordo com a autora, a singularidade da linguagem que Alfonso Cuarón adota em Roma está:

a) na comicidade da caracterização de personagens pouco realistas e até caricaturais.

b) na indignação com que o cineasta denuncia a desigualdade entre as classes sociais.

c) no orgulho nacionalista com que se apresentam momentos cruciais da história do México.

d) na sinceridade do relato, valorizando o que para muitos costuma passar despercebido.

e) no modo irrealista com que os dramas das personagens femininas são resolvidos.

A alternativa tem comprovação no seguinte fragmento retirado do texto: "...sua assinatura está na sinceridade com que olha para si mesmo e para os seus personagens, encontrando beleza e verdade no que muitos menosprezam".

GABARITO: D.

336. **(2019 - Prefeitura de Guarulhos/SP - Inspetor Fiscal de Rendas)** Uma característica do filme Roma destacada no texto diz respeito à:

a) utilização da narrativa de cunho jornalístico.

b) fusão da história pessoal com a coletiva.

c) impessoalidade com que é realizado o relato.

d) caracterização da mulher indígena como insubordinada.

e) denúncia do relacionamento abusivo entre patroa e empregada.

A alternativa encontra comprovação no seguinte fragmento, retirado do texto: "Ao revisitar a própria memória, o cineasta Alfonso Cuarón [...]. Resgata, assim, não apenas os seus anos de formação, mas todas as particularidades do passado do país".

GABARITO: B.

337. **(2019 - Prefeitura de Guarulhos/SP - Inspetor Fiscal de Rendas)** Considere o seguinte trecho do primeiro parágrafo:

(1) O filme Roma está constantemente entre dois caminhos.

(2) É pessoal e grandioso, popular e intelectual, tecnológico – rodado em 65 mm digital – e clássico – feito em preto e branco com a mesma ousadia dos movimentos cinematográficos das décadas de 1950 e 1960.

Um vocábulo que pode ser usado para qualificar a palavra **caminhos**, no sentido de explicitar a relação de sentido que se estabelece entre os períodos (1) e (2), é:

a) contrários.

b) idênticos.

c) inviáveis.

d) irreais.

e) exagerados.

A palavra caminhos, tal qual foi empregada, indica posições, escolhas opostas, contrárias, que foram feitas pelo cineasta, segundo a visão da autora do texto.

GABARITO: A.

---

338. **(2019 - Prefeitura de Guarulhos/SP - Inspetor Fiscal de Rendas)** As informações "rodado em 65 mm digital" e "feito em preto e branco com a mesma ousadia dos movimentos cinematográficos das décadas de 1950 e 1960", destacadas com travessões no primeiro parágrafo, ligam-se, respectivamente, aos vocábulos **tecnológico** e **clássico** com o propósito de:

a) mostrar que são sinônimos.

b) ilustrar a que se referem.

c) contestar seus sentidos.

d) apresentá-los como hipotéticos.

e) distorcer seus significados.

As palavras, tais quais foram dispostas, formam um campo semântico no qual é possível estabelecer uma associação entre elas em virtude da ilustração feita: filme "*rodado em 65 mm digital*" liga-se à *tecnologia/tecnológico* e filme "*feito em preto e branco com a mesma ousadia dos movimentos cinematográficos das décadas de 1950* e 1960" liga-se a clássico.

GABARITO: B.

---

339. **(2019 - Prefeitura de Guarulhos/SP - Inspetor Fiscal de Rendas)** O vocábulo **resiliência**, destacado no terceiro parágrafo, abarca o sentido de:

a) amor incondicional que as mães têm por seus filhos.

b) cumplicidade partilhada por pessoas de uma mesma origem.

c) ressentimento que permanece após uma desilusão amorosa.

d) falta de amor-próprio que inibe o desenvolvimento das mulheres.

e) capacidade de se recompor após uma situação difícil.

O texto aborda o ressentimento apresentado pelas personagens – caracterizado pela existência de mágoas, angústias que se formam como consequência de uma ofensa, mágoa. As personagens ressentidas buscam o retorno ao modo, à forma inicial que apresentavam antes de suas desilusões amorosas "Juntas, reencontram a resiliência que segura o mundo frente às paixões autocentradas.". A resiliência, portanto, nesse contexto, representa o estado cíclico do ressentimento após a decepção no amor.

GABARITO: C.

Leia o texto, para responder às próximas questões.

Não sei a sua, mas a minha memória, quando precisa trabalhar em minha própria causa, é preguiçosa, lenta, finge que não é com ela. Minha força de vontade, então, coitada, é uma comédia de mau gosto, boa em me deixar envergonhada, dá uma novela o que eu já passei com ela. Por outro lado, nunca me esqueci dos horários dos remédios dos meus filhos. Nunca atrasei para cumprir um prazo da minha agenda profissional, e, menos ainda, deixei sem fazer qualquer uma das tarefas no trabalho ou em casa. Para as responsabilidades do ganha-pão e dos compromissos com a família, não me permito errar. Sou pontual. Com todos menos comigo. É assim, comigo eu falho mesmo.

São exemplos bobos, mas refletem a fragilidade de nossos impulsos, sentimentos, decisões. Mas, principalmente, mostram a falta de amor, carinho e afeto com nós próprios. E a vida vai passando e você vai se esquecendo disso, abandonando, pouco a pouco, a si mesma. Tudo e todos são importantes e merecem o seu tempo, a sua disposição, o seu sorriso. Tem dias, sinceramente, que não dou nem um sorriso para mim.

À noite, desmonto morta na cama. Meus pés pedem um carinho, um toque, massagem. Estou cansada demais para atendê-los. Bem na hora que seria deles, os heróis que me carregaram o dia todo, eu não tenho mais forças. Vou dormir sem esse deleite, não me mexo em busca de algo tão simples. Tão fácil. Mas é preciso lembrar que temos direito a esses rituais de agrado, aconchego, bem-estar e acolhida. Não é uma crônica para narcisos. É uma crônica para quem não se ama da forma como deveria se amar, se respeitar, se bem querer. Para quem se esqueceu...

Portanto, hoje, ainda, sente-se no sofá e esfregue seus pezinhos com um creme bem cheiroso. E não ligue para o que vão dizer. Apenas se ame.

(Elma E. Bassan Mendes. Eu me amo? *Diário da Região*, 23.02.2019. Adaptado)

340. **(Prefeitura de Valinhos/SP - 2019 - Vice-Diretor de Unidade Educacional)** É correto afirmar que o texto trata, de maneira:

a) sarcástica e com inconformismo, da realidade enfrentada pela mulher nas tarefas do cotidiano.

b) impessoal e objetiva, do enfrentamento das carências afetivas das mulheres em busca da realização.

c) coloquial e debochada, das incertezas que cercam o ser humano diante dos desafios que a vida lhe impõe.

d) confessional e emotiva, da necessidade de dedicar-se a alimentar o sentimento de autoestima.

e) jocosa e com pedantismo, das exigências que a sociedade impõe à mulher que quer cultivar seu bem-estar.

O Texto relata sob a forma de relato confessional a necessidade que se estabelece, na rotina, de não só cumprir as agendas e obrigações, mas também lembrar-se de praticar o hábito, esquecido, de dedicar-se a si mesmo. No fragmento a seguir tem-se a comprovação da resposta: "Não sei a sua, mas a minha memória, quando precisa trabalhar em minha própria causa, é preguiçosa, lenta, finge que não é com ela."

GABARITO: D.

341. **(2019 - Prefeitura de Valinhos/SP - Vice Diretor de Unidade Educacional)** De acordo com o texto, é correto concluir que a autora,

a) quando recebe justo reconhecimento de suas ações, leva a sério compromissos profissionais e maternos.

b) mesmo entediada com seus afazeres diários, não abre mão de um tempo para cuidar de seu corpo.

c) embora negligente consigo mesma, é empenhada no cumprimento de suas responsabilidades para com outrem.

d) por mais que persiga o bem-estar, não entende essa atitude como algo de real importância.

e) deixando de lado cuidados consigo mesma, omite-se de dedicar aos familiares a devida atenção.

A assertiva pode ser comprovada por meio da leitura do seguinte fragmento: "Nunca atrasei para cumprir um prazo da minha agenda profissional, e, menos ainda, deixei sem fazer qualquer uma das tarefas no trabalho ou em casa. Para as responsabilidades do ganha-pão e dos compromissos com a família, não me permito errar. Sou pontual. Com todos menos comigo. É assim, comigo eu falho mesmo".

GABARITO: C.

---

342. **(2019 - Prefeitura de Valinhos/SP - Vice Diretor de Unidade Educacional)** Ao afirmar – Não é uma crônica para narcisos. – a autora, indiretamente,

a) direciona o texto a quem precisa cultivar o amor-próprio.

b) enaltece a vaidade humana desmedida.

c) nega o valor dos que não se amam como deveriam.

d) recusa-se a dialogar com leitores altruístas.

e) confessa estar em busca de interlocutores bem-apessoados.

A resposta pode ser comprovada pelo seguinte fragmento: "É uma crônica para quem não se ama da forma como deveria se amar, se respeitar, se bem querer. Para quem se esqueceu".

GABARITO: A.

---

343. **(2019 - Prefeitura de Valinhos/SP - Vice Diretor de Unidade Educacional)** A passagem do texto caracterizada pelo emprego, exclusivamente, de expressões em sentido próprio é:

a) Bem na hora que seria deles, os heróis que me carregaram o dia todo, eu não tenho mais forças.

b) Portanto, hoje, ainda, sente-se no sofá e esfregue seus pezinhos com um creme bem cheiroso. E não ligue para o que vão dizer.

c) Tem dias, sinceramente, que não dou nem um sorriso para mim. À noite, desmonto morta na cama.

d) Minha força de vontade, então, coitada, é uma comédia de mau gosto, boa em me deixar envergonhada, dá uma novela o que eu já passei com ela.

e) Não sei a sua, mas a minha memória, quando precisa trabalhar em minha própria causa, é preguiçosa, lenta, finge que não é com ela.

O sentido próprio diz respeito ao uso denotativo, objetivo da linguagem. Apenas na alternativa B tal uso se conforma. Em todas as outras alternativas há recorrente emprego de sentido figurado em " heróis" (alternativa A), desmonto morta" (alternativa C), "Minha força de vontade [...] é uma comédia" (alternativa D) e "mas a minha memória [...] é preguiçosa." (alternativa E).

GABARITO: B.

Leia a tira para responder à próxima questão.

(André Dahmer, Malvados. Disponível em ttps://www1.folha.uol.com.br. 15.01.2019)

344. **(Prefeitura de Itapevi/SP - 2019 - Agente da Administração Pública)** No contexto da tira, emprega-se a frase:

a) "O mundo é uma máquina [...]", em sentido próprio, para fazer referência ao atual estágio de evolução tecnológica em que se encontra a humanidade.

b) "[...] é uma máquina de moer corações.", em sentido figurado, para expressar a ideia de que, nas relações sociais, predominam o respeito e o altruísmo.

c) "Como alguém tem coragem de operar [...]", em sentido figurado, para condenar a apatia de algumas pessoas em um contexto de transformações sociais.

d) "Certamente é gente [...]", em sentido próprio, para negar que possam existir pessoas indiferentes ao fato de o mundo ser um ambiente hostil.

e) "[...] gente que não tem coração.", em sentido figurado, para se referir à insensibilidade de pessoas cujas ações tornam o mundo um lugar opressivo.

O 3º quadrinho permite inferir, de forma figurada, a respeito das informações, elaboradas na tirinha, sobre a frieza e insensibilidade dos indivíduos colaboradores para manter a opressão e indiferença no mundo.

GABARITO: E.

Leia o texto para responder às próximas questões.

O futuro do trabalho

Foi lançado nesse mês, em meio às celebrações do centenário da Organização Internacional do Trabalho (OIT), o relatório da comissão global sobre o futuro do trabalho, que tive a honra de integrar. O que o texto revela é uma visão centrada em políticas públicas para enfrentar desafios que o século trouxe para a humanidade. Frente à chamada revolução industrial 4.0, ao envelhecimento da população e à mudança climática, a resposta aparece na forma de programas para evitar o crescimento da desigualdade e melhorar a preparação das gerações futuras e o conceito de uma sociedade ativa ao longo da vida. É importante lembrar que, segundo pesquisadores, haverá em poucos anos a extinção de profissões e de tarefas dentro de várias ocupações, diante da automação e da robotização aceleradas. Outras serão criadas, demandando, porém, competências distintas das que estavam em alta até pouco tempo. O cenário exige grande investimento nas pessoas. Por isso, o relatório clama por uma agenda econômica centrada em seres humanos, especialmente uma ampliação em suas capacidades. Isso envolve trabalhar com o conceito de aprendizagem ao longo da vida, ou seja, desde a primeira infância, a fim de desenvolver competências basilares, necessárias para promover autonomia para que todos possam aprender a aprender. Afinal, numa vida em que tarefas vão sendo extintas e assumidas por máquinas, teremos que nos reinventar continuamente, passando a desempenhar atividades que demandam capacidade de resolução criativa e colaborativa de problemas complexos, reflexão crítica e maior profundidade de análise. Teremos também que contar com um ecossistema educacional que inclua modalidades ágeis de cursos para capacitação, recapacitação e requalificação. A certificação de conhecimentos previamente adquiridos ganha força e sentido de urgência, além de um investimento maior em escolas técnicas e profissionais que fomentem a aquisição das competências necessárias não só para exercer uma profissão específica, mas também para obter outra rapidamente, se necessário.

(Claudia Costin. *Folha de S.Paulo*, 25.01.2019. Adaptado)

345. **(2019 - Prefeitura de Itapevi/SP - Agente da Administração Pública)** Segundo o texto, a reivindicação por uma agenda econômica centrada na ampliação das capacidades humanas deve-se à:

a) recente adoção de políticas públicas educacionais direcionadas ao enfrentamento dos desafios impostos pelas transformações nos modos de produção.

b) necessidade de encontrar soluções que possam minimizar o impacto dos problemas sociais para a população mais idosa que têm origem no desemprego.

c) emergência de se adotarem medidas para conter o processo acelerado de automação e de robotização, responsável pelo avanço das mudanças climáticas.

d) demanda pelo desenvolvimento de novas competências, diante da previsão do fim de ocupações em decorrência da intensa automação e robotização.

e) necessidade de aceleração da automação da indústria nacional, indispensável para atender a demanda de um mercado consumidor em crescimento constante.

A resposta à questão proposta encontra embasamento no seguinte fragmento "o relatório clama por uma agenda econômica centrada em seres humanos, especialmente uma ampliação em suas capacidades. [...] diante da automação e da robotização aceleradas".

GABARITO: D.

Considere a seguinte passagem do 4º parágrafo, para responder às questões a seguir:
Isso envolve trabalhar com o conceito de aprendizagem ao longo da vida, ou seja, desde a primeira infância, a fim de desenvolver competências basilares, necessárias para promover autonomia para que todos possam aprender a aprender

346. **(2019 - Prefeitura de Itapevi/SP - Agente da Administração Pública)** Conforme a passagem, no que diz respeito à autonomia para aptidão à aprendizagem,

a) o aprendizado desde a primeira infância pouco acrescenta.

b) o conceito de aprendizagem ao longo da vida não pode ser implicado.

c) o desenvolvimento de competências básicas é imprescindível.

d) a exigência de aprendizagem ao longo da vida pode ser preterida.

e) a imposição do desenvolvimento de competências desde cedo é controversa.

O texto enfatiza a importância do desenvolvimento humano por meio do investimento na ampliação das competências básicas, principiantes, de modo que a capacidade humana não seja relativizada e diminuída pela automação e robotização.

GABARITO: C.

347. **(2019 - Prefeitura de Itapevi/SP - Agente da Administração Pública)** O termo em destaque na frase "**Isso** envolve trabalhar com o conceito de aprendizagem ao longo da vida..." refere-se à seguinte informação do parágrafo anterior:

a) o desenvolvimento de pesquisas sobre os efeitos da automação.

b) a extinção de certas profissões e de algumas tarefas específicas.

c) a aceleração no processo de automatização e de robotização.

d) a capacidade para reconhecer as competências que estão em alta.

e) a necessidade de ampliação das capacidades dos seres humanos.

O pronome demonstrativo ISSO estabelece coesão referencial – por retomada – do que foi dito sobre a necessidade de ampliação das capacidades humanas. EM nenhuma das outras alternativas é possível estabelecer ligação e relações de continuidade e referência.

GABARITO: E.

Leia o texto para responder às próximas questões.

O Marajá

A família toda ria de dona Morgadinha e dizia que ela estava sempre esperando a visita de alguém ilustre. Dona Morgadinha não podia ver uma coisa fora do lugar, uma ponta de poeira em seus móveis ou uma mancha em seus vidros e cristais. Gemia baixinho quando alguém esquecia um sapato no corredor, uma toalha no quarto ou – ai, ai, ai – uma almofada fora do sofá da sala. Baixinha, resoluta, percorria a casa com uma flanela na mão, o olho vivo contra qualquer incursão do pó, da cinza, do inimigo nos seus domínios.

Dona Morgadinha era uma alma simples. Não lia jornal, não lia nada. Achava que jornal sujava os dedos e livro juntava mofo e bichos. O marido de dona Morgadinha, que ela amava com devoção apesar do seu hábito de limpar a orelha com uma tampa de caneta Bic, estabelecera um limite para sua compulsão por limpeza. Ela não podia entrar em sua biblioteca. Sua jurisdição acabava na porta. Ali dentro só ele podia limpar, e nunca limpava. E, nas raras vezes em que dona Morgadinha chegava à porta do escritório proibido para falar com o marido, esse fazia questão de desafiá-la. Botava os pés em cima dos móveis. Atirava os sapatos longe. Uma vez chegara a tirar uma meia e jogar em cima da lâmpada só para ver a cara da mulher. Sacudia a ponta do charuto sobre um cinzeiro cheio e errava deliberadamente o alvo. Dona Morgadinha então fechava os olhos e, incapaz de se controlar, lustrava com a sua flanela o trinco da porta.

(Luis Fernando Veríssimo. *Comédias para se ler na escola*. Rio de Janeiro: Objetiva, 2008. Adaptado)

348. **(2019 - Prefeitura de Itapevi/SP - Agente da Administração Pública)** A expressão presente no texto que melhor sintetiza a principal característica da personagem dona Morgadinha é:

a) [...] sempre esperando a visita [...]

b) Gemia baixinho [...]

c) Não lia jornal, não lia nada.

d) [...] compulsão por limpeza.

e) [...] incapaz de se controlar [...]

A seguinte passagem do texto também comprova a característica da personagem quanto à obsessão por limpeza: "percorria a casa com uma flanela na mão, o olho vivo contra qualquer incursão do pó, [...]".

GABARITO: D.

---

349. **(2019 - Prefeitura de Itapevi/SP - Agente da Administração Pública)** Considere as frases:

• [...] estava sempre esperando a visita de alguém **ilustre**.

• Baixinha, **resoluta**, percorria a casa com uma flanela na mão [...]
• Sacudia a ponta do charuto sobre um cinzeiro cheio e errava **deliberadamente** o alvo.

Os termos em destaque nas frases têm como sinônimos adequados ao contexto, correta e respectivamente:

a) notável; determinada; propositalmente.
b) imponente; hábil; impensadamente.
c) sentencioso; indolente; manifestamente.
d) observador; servil; insistentemente.
e) crítico; obstinada; indiscriminadamente.

A questão requer conhecimento sobre sinonímia, sendo a alternativa A compatível com todos os sentidos estabelecidos nas frases: ilustre/notável, resoluta /determinada; deliberadamente/ propositalmente.

GABARITO: A.

350. **(2019 - Prefeitura de Itapevi/SP - Agente da Administração Pública)** Assinale a alternativa em que há emprego de palavra ou expressão em sentido figurado.

a) Dona Morgadinha não podia ver uma coisa fora do lugar [...]
b) Dona Morgadinha era uma alma simples.
c) [...] achava que jornal sujava os dedos e livro juntava mofo e bichos.
d) Ali dentro só ele podia limpar, e nunca limpava.
e) Uma vez chegara a tirar uma meia e jogar em cima da lâmpada [...]

O sentido figurado é construído por intermédio da associação da DONA MORGADINHA a uma característica que não é humana : "era uma alma simples.". Mas, possível de ser empregada por conta da comparação ali subentendida.

GABARITO: B.

Leia o texto para responder às próximas questões.

Assombro na porta da Colombo

Youtubers, influencers e humoristas, com milhões de adeptos nas redes sociais, sequer imaginam a popularidade de que desfrutou Olavo Bilac. Em plena Belle Epoque carioca, uma multidinha se formava em frente à confeitaria Colombo só para ver o Príncipe dos Poetas que, no auge dos 30 anos, era uma espécie de monumento da nação, cujos poemas eram devorados e decorados pelos leitores.

Como todo príncipe e todo monumento, caprichava na pose. Seu nome completo era um alexandrino[1]: Olavo Braz Martins dos Guimarães Bilac. De elegante perfil parnasiano, postava-se de óculos para disfarçar o estrabismo. Também era prognata[2] e torcedor do Botafogo, mas moçoilas, madames e marmanjos não ligavam. Afinal, ele era capaz de ouvir e entender as estrelas.

Com o tempo e o estigma (atribuído pelos modernistas) de poeta jocoso, tornou-se sinônimo de formalismo e alienação. Uma injustiça que se reflete hoje: até agora nada se fez para lembrar o centenário de sua morte, que se completa em fevereiro de 2018.

Acusaram-no de indiferença ao cotidiano dos brasileiros. Besteira. Substituindo Machado de Assis, foi cronista semanal da "Gazeta de Notícias", entre 1897 e 1908. Escreveu sobre Canudos e detalhou o processo de modernização do Rio. Não se pode entender aquele período sem ler Bilac, que como jornalista envelheceu melhor do que como poeta.

Numa crônica de 1901, em que tratou do uso das imagens na imprensa, antecipou a televisão e, incrível, as redes sociais: "Qual de vós, irmãos, não escreve todos os dias quatro ou cinco tolices que desejaria ver apagadas ou extintas? Mas, ai! De todos nós! Não há morte para as nossas tolices!" De pince-nez[3], Bilac iria arrasar como youtuber.

(Alvaro Costa e Silva. *Folha de S.Paulo*, 15.02.2018. Adaptado)

1. alexandrino : verso com doze sílabas poéticas.

2. prognata: indivíduo cujos dentes incisivos da arca da inferior se fecham à frente dos incisivos da arca da superior.

3. pince-nez: um modelo de óculos cuja estrutura era desprovida de hastes e sua fixação era feita apenas sobre o nariz.

351. **(2019 - Prefeitura de Valinhos/SP - Professor I)** De acordo com o último parágrafo, é correto concluir que "Bilac iria arrasar como youtuber", pois,

a) já era famoso, ao completar trinta anos, por ser um grande poeta de estilo parnasiano.

b) foi um dos primeiros cronistas do jornal carioca "Gazeta de Notícias".

c) comentava a respeito de futebol porque era torcedor do Botafogo.

d) estava ciente de que, quando explícitos, juízos e ideias, às vezes infundados, não se dissipam.

e) se sentia muito honrado por ter sido eleito pelos brasileiros e pela imprensa "O Príncipe dos Poetas".

A definição de "youtuber" compreende a descrição de uma pessoa que faz vídeos para postar nas redes sociais, em especial no Youtube – site criado com a finalidade de exibição e visualização deles. A comparação a Bilac deve-se ao fato de que ele como cronista e observador do cotidiano, indaga sobre o uso de imagens na imprensa e sobre a impossibilidade de se manter ou publicar opiniões, quando elas são inconsistentes.

GABARITO: D.

---

352. **(2019 - Prefeitura de Valinhos/SP - Professor I)** Lendo o segundo e o quarto parágrafos do texto, é correto afirmar que o autor, respectivamente:

a) cita características físicas do poeta; e opõe-se ao senso comum que considera Bilac um escritor alienado.

b) descreve o comportamento vaidoso do poeta; e menciona a rivalidade existente entre Bilac e Machado de Assis.

c) ironiza o nome pomposo do poeta; e refere-se às críticas de Bilac à modernização do Rio de Janeiro.

d) evidencia o apreço de diferentes gerações pela obra do poeta; e informa que Bilac foi partidário dos revoltosos de Canudos.

e) retrata idealizadamente o poeta; e assegura que Bilac se revelou melhor cronista que autor de poesias.

No 2º parágrafo, tem-se a caracterização do poeta e dois vocábulos destacam o aspecto físico dele: "estrabismo" e "prognata". Já no 4º parágrafo, fragmentos como "Substituindo Machado de Assis, foi cronista semanal da "Gazeta de Notícias", "Escreveu sobre Canudos" e "detalhou o processo de modernização do Rio contribuem para dissipar o estereótipo de alienação atribuído ao escritor.

GABARITO: A.

---

353. **(2019 - Prefeitura de Valinhos/SP - Professor I)** Considere os trechos do texto.

• Youtubers, influencers e humoristas, com milhões de **adeptos** nas redes sociais [...] (1, 2 parágrafo)

• Com o tempo e o **estigma** (atribuído pelos modernistas) de poeta jocoso, tornou-se sinônimo de formalismo
e **alienação**. (3- parágrafo)

As expressões que apresentam sentido oposto às expressões destacadas nos trechos selecionados do texto são, respectivamente:

a) seguidores; a marca; comprometimento.

b) detratores; a fama; alheamento.

c) fãs; a pecha; desinteresse.

d) dissidentes; o elogio; vulnerabilidade.

e) opositores; o mérito; engajamento.

A questão compreende conhecimento vocabular e estabelece o comando para que sejam escolhidos vocábulos com sentido OPOSTO aos empregados. Sendo, portanto: adeptos (opositores), estigma (mérito), alienação (engajamento) a resposta correta.

GABARITO: E.

Leia o texto para responder à próxima questão.

Volta às aulas para pais e filhos

A socióloga Annette Lareau afirma que, nos Estados Unidos, a classe social das famílias tem uma influência decisiva sobre a trajetória escolar de seus filhos, mesmo ao comparar somente alunos da rede pública.

Em suas pesquisas, Lareau constatou que, embora a educação seja valorizada por todos, as medidas tomadas para buscar o sucesso acadêmico dos filhos variam de acordo com a renda familiar.

Enquanto na classe média era incentivado o debate em casa, além da inclusão de atividades extracurriculares e vivências que cultivassem habilidades e um olhar crítico, os pais das classes mais baixas tendiam a valorizar mais a obediência, a convivência com a família e o livre brincar.

Embora essas atividades cultivem a autonomia e a criatividade, são menos valorizadas nas escolas.

A relação entre os pais e o colégio também diferia bastante. Os de classe média acreditavam ser de sua responsabilidade administrar a vida estudantil dos filhos, intervindo quando necessário junto à instituição.

Já as famílias com menor renda atribuíam à escola esse papel. Segundo Lareau, ainda que razoável, essa atitude não é vantajosa, pois os professores muitas vezes interpretavam a ausência dos pais como sinal de descaso.

Famílias das camadas mais pobres tendem a conhecer pouco o funcionamento da escola - e seus esforços, em alguns casos, tornam-se invisíveis no universo escolar. Já os colégios e seus agentes sentem-se ignorados pelas famílias.

Na sociedade do conhecimento, a troca de informações entre escola e família é fundamental. Um primeiro passo é facilitar a comunicação entre pais e professores, algo que pode ser feito por grupos de redes sociais e aplicativos de celular.

Ao convidar os pais para conversar, a escola transmite informações importantes, como explicações sobre o processo de aprendizagem, quais os resultados esperados e como a família pode apoiar os alunos em casa. Escolas que adotaram esses exemplos demonstram bons resultados.

À medida que assumem que a responsabilidade pela educação é compartilhada, pais e escola estabelecem uma relação de apoio mútuo que favorece a todos.

(M aria Alice Setúbal. https://www1 .folha.uol.com.br. Adaptado)

354. **(2019 - Prefeitura de Valinhos/SP - Prova: Professor I)** De acordo com o texto, a respeito das famílias de classe média e das famílias de menor renda, é correto afirmar, respectivamente, que:

a) influenciam determinantemente na trajetória acadêmica dos filhos; estão a par da estrutura organizacional da escola.

b) proporcionam aos filhos experiências que estão além dos limites da escola; veem a escola como responsável pela vida escolar dos filhos.

c) enfatizam a convivência familiar; participam assiduamente da comunidade escolar.

d) avaliam que o sucesso nos estudos é consequência da alta renda familiar; consideram irrelevante a autoridade dos pais em relação aos filhos.

e) preferem que seus filhos estudem na rede privada; veem com descaso os esforços dos professores.

Os fragmentos que comprovam a alternativa correta sobre pais de classe média e os de família com menor renda são, respectivamente: "Os de classe média acreditavam ser de sua responsabilidade administrar a vida estudantil dos filhos, intervindo quando necessário junto à instituição." e "Já as famílias com menor renda atribuíam à escola esse papel".

GABARITO: B.

---

355. **(2019 - Prefeitura de Valinhos/SP - Professor I)** Leia a tira.

Observando a cena, é correto concluir que, em relação ao conquistador barato, que se comporta ________________ , os outros galos e a galinha se sentem, respectivamente, ________________ e ________________.

As lacunas da frase devem ser preenchidas, correta e respectivamente, por:

a) indecorosamente ... resignados ... insegura

b) reticentemente ... irritados ... indecisa

c) romanticamente ... vaidosos ... apaixonada

d) ardilosamente ... traídos ... desconfiada

e) ousadamente ... indignados ... lisonjeada

O emprego das expressões "Conquistador barato", " Prova do meu amor" e " Que delicado", junto à leitura das imagens nos quadrinhos, permitem, ainda que não estejam escritas, a escolha da seleção vocabular disposta na alternativa E.

GABARITO: E.

Leia o texto para responder às próximas questões.

Fim do mundo 'físico'

Meu amigo Daniel Chomski, dono do sebo Berinjela, no Rio de Janeiro, surpreendeu-se outro dia usando uma expressão que, em anos de trato com livros, nunca lhe ocorrera pronunciar: "livro físico". E caiu em si no ato: por que livro "físico" se, até então, todos os livros que haviam passado por suas mãos eram apenas livros - objetos físicos - e não havia motivo para aquele apêndice boboca?

É claro que Daniel sabe a resposta e eu também. De algum tempo para cá, as pessoas têm falado de "livro físico" para diferenciá-lo do livro que, a poder de dois ou três cliques, sai de um lugar não sabido do ciberespaço e desembarca numa tabuleta eletrônica chamada, em português castiço, "tablet" - o e-book, ou livro eletrônico, que se lê mais com os dedos do que com os olhos. Considerando-se que o livro "físico", de papel, existe há cerca de 1500 anos, deveria ter o direito de continuar sendo apenas e somente livro, não? Mas não é o que acontece.

O mesmo está acontecendo com o CD, o "disco físico" - que, ironicamente, passou a se chamar assim em pleno processo de extinção física -, em contraposição à música que também sai de qualquer lugar e nos entra pelas orelhas quase sem depender de intermediário. E, idem, com o "filme físico", o DVD, prestes a se tornar um objeto tão pré-histórico quanto uma mandíbula de pterodáctilo.

Há pouco, vi pela primeira vez alguém pagando as compras com o celular num supermercado sem caixas. É quase certo que, em breve, as últimas moças que ainda conservarem seus empregos serão chamadas de "caixas físicas". E o "dinheiro físico" também ameaça deixar de ser impresso, tal o número de pessoas que hoje pagam até uma bala Juquinha com o cartão.

Imagino que, um dia, as pessoas "físicas", tipo você e eu, também deixaremos de existir. Mas isso é problema de vocês.

(Ruy Castro. *Folha de S.Paulo*, 28.12.2018. Adaptado)

356. **(2019 – Câmara de Monte Alto/SP - Auxiliar Técnico Legislativo)** O autor do texto apresenta uma reflexão sobre:

a) a iminência do fim dos livros físicos devido à preferência dos mais jovens pela leitura em dispositivos eletrônicos.

b) a dificuldade dos comerciantes mais antigos em se adaptar ao surgimento constante de novas tecnologias eletrônicas.

c) a sua boa adaptação ao livro eletrônico e o consequente desprezo pelos livros físicos, levando-o a considerá-los objetos antiquados.

d) as consequências do alcance cada vez maior da substituição de objetos físicos pelos seus equivalentes em versão eletrônica.

e) os benefícios para operadores de caixas em supermercados com a substituição do dinheiro físico pelo uso de cartões eletrônicos.

O autor aborda, reflexivamente, a temática sobre as implicações infinitas dos avanços tecnológicos na vida humana na sociedade, de modo que, cada vez mais, o que se consubstancia em um formato ou matéria física, seja substituído pelas formas/matérias eletrônicas e virtuais.

GABARITO: D.

---

357. **(2019 - Câmara de Monte Alto/SP - Auxiliar Técnico Legislativo)** A previsão do autor sobre o surgimento constante de novas tecnologias eletrônicas aponta como uma das consequências desse processo:

a) o aumento da busca pela leitura, devido à facilidade de acesso propiciada pelos livros eletrônicos.

b) o tempo cada vez menor para essas tecnologias se tornarem obsoletas, como no caso da fita VHS, substituída pelo DVD.

c) a revalorização de antigas profissões, como a de livreiro, em face da imposição de uma nova cultura de consumo.

d) o paradoxo existente entre o aumento da oferta e dificuldade da população para manusear essas tecnologias.

e) a utilização desses recursos também para gradualmente substituir pessoas no desempenho de atividades laborais.

Tal assertiva pode ser comprovada pelo seguinte fragmento: "É quase certo que, em breve, as últimas moças que ainda conservarem seus empregos serão chamadas de 'caixas físicas'".

GABARITO: E.

Leia o quadrinho para responder às próximas questões.

(Bill Watterson. *Os dias estão todos ocupados*: as aventuras de Calvin e Haroldo. São Paulo, Conrad Editora do Brasil, 2011)

358. Conforme a tira, o garoto abdica de fazer a lição de matemática porque, segundo a perspectiva dele,

a) solucionar os problemas matemáticos traz intensa satisfação, então ele prefere postergar esse momento a fim de prolongar seu contentamento.

b) as situações propostas nos problemas matemáticos acabam não lhe despertando interesse por estarem muito distantes dos fatos da vida real.

c) a resolução dos problemas matemáticos representaria um encerramento de uma situação cuja permanência ele considera bastante interessante.

d) a tentativa malsucedida de estimular o interesse por meio de situações duvidosas torna os problemas matemáticos entediantes.

e) a matemática, por ser muito rígida, deixa de ser interessante quando comparada aos conflitos e mistérios proporcionados pela literatura.

As falas do personagem Calvin no 3º quadrinho – "Se eu resolver isso, vai acabar...", "suspense", "conflito" – constituem-se como justificativas para a questão.

GABARITO: C.

---

359. **(2019 - Câmara de Monte Alto/SP - Auxiliar Técnico Legislativo)** A expressão destacada na frase "[...] e não havia motivo para aquele **apêndice boboca**?" (1º parágrafo) refere-se:

a) ao nome "Berinjela" dado ao sebo do amigo do autor.

b) a "físico", empregado para distinguir o livro de papel do eletrônico.

c) ao "Rio de Janeiro", indicado como lugar em que se encontra o sebo.

d) a "meu amigo", usado para identificar o dono do sebo.

e) a "dono", usado para identificar Daniel Chomski como proprietário do sebo.

A palavra "apêndice" tem como alguns dos significados "anexo, acréscimo". No contexto linguístico, em que foi empregada, refere-se a palavra "físico", usada para qualificar o tipo de livro impresso, em oposição à versão digital.

GABARITO: B.

---

360. **(2019 - Câmara de Monte Alto/SP - Auxiliar Técnico Legislativo)** No contexto do terceiro quadrinho, os termos em destaque na frase "vou acabar com o conflito e transformar possibilidades **intrigantes** em fatos **tediosos**." têm sentido contrário aos expressos, correta e respectivamente, em:

a) maçantes, estimulantes.

b) indecifráveis, favoráveis.

c) mensuráveis, imperceptíveis.

d) desgastantes, cativantes.

e) morosas, auspiciosos.

A questão busca os sentidos opostos das palavras destacadas. Sendo o conteúdo abordado a antonímia, a resposta correta forma os seguintes pares: <u>intrigantes/maçantes</u> e <u>tediosos/estimulantes</u>.

GABARITO: A.

Leia o texto para responder às próximas questões.

Os benefícios da imigração para um país

Muitos daqueles que se opõem à imigração ignoram uma verdade inconveniente: os imigrantes costumam ser os melhores cidadãos.

Historicamente, imigrantes mexicanos e seus filhos resgataram cidades menores com população em declínio nos Estados Unidos, informou Alfredo Corchado ao The New York Times.

Cerca de metade das 6 mil pessoas de Kennett Square, perto da Filadélfia, por exemplo, são de ascendência hispânica, e é provável que a cidade teria se extinguido sem elas.

Kennett Square alega ser a capital mundial dos cogumelos, o centro de uma indústria de US$ 2,7 bilhões no sudeste da Pensilvânia que emprega 10 milhões de trabalhadores. Mas, nos últimos dez anos, o número de imigrantes mexicanos nos EUA diminuiu em mais de um milhão. Alguns foram deportados, e outros foram embora espontaneamente por receio das autoridades.

"Os mexicanos estão indo embora, e isso é má notícia para todos", disse Chris Alonzo, presidente da Pietro Industries, uma das maiores empresas de cogumelos. "Toda essa negatividade e estímulo ao medo geraram um sentimento anti-imigração que está prejudicando nossa cidadezinha. Temos escassez de mão de obra, o que ameaça a vibração da nossa comunidade".

Os recém-chegados também ajudaram a dar novo ânimo à vida cultural da região.

"Os mexicanos tiveram um impacto positivo na comunidade ao trazer mais cor e sabor para uma vida sem graça", explicou Loretta Perna, coordenadora de programas da Escola Kennett High.

(Tom Brady, The New York Times. Publicado em *O Estado de S.Paulo.* 23.09.2018. Adaptado)

361. **(2019 - Câmara de Monte Alto/SP - Auxiliar Técnico Legislativo)** Conforme o texto,

a) a chegada de imigrantes aos Estados Unidos gera tensão entre os moradores locais, que passam a ter seus empregos ameaçados.

b) tem aumentado o número de imigrantes mexicanos que não se deixam intimidar pelo medo resultante do sentimento anti-imigração.

c) é consensual entre os norte-americanos o reconhecimento da importância dos imigrantes para o desenvolvimento da economia local.

d) a queda no número de imigrantes mexicanos nos Estados Unidos já permite apontar reflexos negativos no país.

e) o grande número de imigrantes em algumas cidades dos Estados Unidos tem levado os moradores nativos dessas regiões a abandoná-las.

Sobre a repercussão do movimento anti-imigração, o fragmento a seguir "Os mexicanos estão indo embora, e isso é má notícia para todos" mostra que a saída dos mexicanos dos EUA promove aspectos negativos para o país.

GABARITO: D.

---

362. **(2019 - Câmara de Monte Alto/SP - Auxiliar Técnico Legislativo)** Considere as frases:

I. Muitos daqueles que se opõem à imigração ignoram uma verdade **inconveniente**...

II. ... é provável que a cidade teria **se extinguido** sem elas.

As expressões em destaque nas frases encontram sinônimos adequados ao contexto em:

a) I - inoportuna; II - desaparecido.

b) I - inconsistente; II - se arruinado.

c) I - indesejável; II - esmorecido.

d) I - imprecisa; II - se consumado.

e) I - infundada; II - se exaurido.

A questão aborda os sentidos similares das palavras destacadas. Sendo o conteúdo abordado a sinonímia, a resposta correta forma os seguintes pares: inconveniente/ inoportuna e extinguido/ desaparecido.

GABARITO: A.

---

363. **(2019 - Câmara de Monte Alto/SP - Auxiliar Técnico Legislativo)** Assinale a alternativa em que o termo em destaque está empregado, no contexto, em sentido figurado.

a) Muitos daqueles que se opõem à imigração ignoram uma verdade **inconveniente**...

b) Alguns foram **deportados**, e outros foram embora espontaneamente...

c) ... geraram um sentimento anti-imigração que está **prejudicando** nossa cidadezinha.

d) Temos escassez de mão de obra, o que ameaça a **vibração** da nossa comunidade.

e) ... os imigrantes costumam ser os melhores **cidadãos.**

Diferente do sentido literal, o sentido conotativo ou figurado permite o emprego diferente do usual. A palavra vibração corresponde à oscilação, balanço, movimento semelhante produzido no ar atmosférico; no texto, contudo, refere-se ao crescimento, movimento ascendente da comunidade.

GABARITO: D.

Leia o cartum para responder às próximas questões.

(Lute *Hoje em Dia*. 20.11.2018. www.hojeemdia.com.br)

364. **(2019 - Prefeitura de Arujá/SP - Encarregado de Faturamento)** Considerando que a frase "Sonda espacial começa a explorar Marte" tem caráter informativo, contextualizando a temática do cartum, o vocábulo explorar deve ser entendido com o sentido de:

a) ocultar informações sigilosas de um público de curiosos.

b) pesquisar de maneira teórica um objeto imaginado.

c) percorrer uma região para estudá-la e conhecê-la.

d) aproveitar-se de alguém com o fim de obter lucro.

e) induzir um povo a erro visando favorecer um pequeno grupo.

A missões espaciais, com envios de naves, têm o objetivo de reconhecer, pesquisar, coletar amostras, de modo que se possa estudar o desconhecido espaço galáctico. Por isso, o verbo explorar abarca o sentido da alternativa C.

GABARITO: C.

---

365. **(2019 - Prefeitura de Arujá/SP - Encarregado de Faturamento)** Uma afirmação condizente com o que se observa no cartum é:

a) Antes de deduzir algo sobre as intenções dos terráqueos, os marcianos decidiram destruir a sonda espacial.

b) Para evitar a colonização de seu planeta pelos terráqueos, os marcianos concordaram em esconder suas riquezas.

c) A sonda espacial terráquea foi recebida com hostilidade pelos marcianos, que se organizaram para atacar os inimigos.

d) A atitude a tomar em face da presença da sonda dos terráqueos em seu planeta não foi consensual entre os marcianos.

e) Os marcianos sabiam que os terráqueos não desistiriam de colonizar seu planeta ainda que fosse apenas um deserto.

Por meio da leitura do diálogo estabelecido pelos personagens no quadrinho, vê-se que eles têm posicionamentos diferentes quando um sugere esconder o que tem para não serem alvo da colonização espacial e o outro propõe uma reação bélica, manifestando desejo de ataque.

GABARITO: D.

Leia o texto para responder às próximas questões.

Tudo o que não puder contar, não faça: integridade é não agir errado mesmo sozinho

Immanuel Kant, famoso filósofo alemão do século 18, dizia: "Tudo o que não puder contar como faz, não faça!". Ao jogarmos um simples papelzinho pela janela não temos consciência alguma de que não se trata apenas de um simples papelzinho. O que está por trás disso é absolutamente sério. O que estamos fazendo conosco, com o meio em que vivemos e com o mundo? Há que se dizer que culpar terceiros sempre nos traz alívio.

Mas não é um simples papelzinho... Se jogarmos três ao dia, serão quatorze por semana, e se milhões de pessoas de todo o mundo jogarem três míseros papéis por dia? Um dos maiores responsáveis por alagamentos nas cidades é o lixo, acarreta entupimento de bueiros e canalizações, levando a dispersar doenças e incômodo à população em geral.

O âmago desta questão é a consciência. Nos dias de hoje coletamos informações prontas e não levamos questões reflexivas ao cotidiano agitado e quase atropelado pelo que não nos afeta tanto por enquanto.

O que seremos no futuro? Seremos seres abastecidos virtualmente, mas submergidos no lixo? A grande preocupação é que a realidade virtual se sobreponha à realidade real!

A vida no planeta como a conhecemos acabará de forma dramática, e somente através desse processo de conscientização poderemos garantir a sustentabilidade ambiental. Sustentabilidade: "Pensar globalmente, agir localmente". Não é um simples papelzinho. É questão de educação, caráter, reflexão!

(Mario Sergio Cortella. http://mariosergiocortella.com. Adaptado)

366. **(2019 - Prefeitura de Arujá/SP - Encarregado de Faturamento)** A frase do filósofo Immanuel Kant, logo no título, chama a atenção para o fato de que o autor, Mario Sergio Cortella,

a) condena as regras limitadoras da liberdade individual.

b) faz o relato de algumas de suas experiências.

c) satiriza a falta de aplicação prática da filosofia.

d) oferece um conselho ao leitor do texto.

e) desdenha do discurso em prol da sustentabilidade.

A forma como o autor constrói o discurso, retomando a frase também disposta no título, oferece o entendimento de aconselhamento. Fato comprovado pelo uso do verbo no imperativo no pensamento kantiano.

GABARITO: D.

367. **(2019 - Prefeitura de Arujá/SP - Encarregado de Faturamento)** Ao dizer que "não é um simples papelzinho", o autor quer reforçar a ideia defendida no texto de que:

a) a atitude de um único indivíduo resulta do aprendizado de todo um grupo.

b) um pequeno papel é fruto do trabalho conjunto de muitas pessoas.

c) um ato isolado pode ter consequências que afetam a coletividade.

d) os recursos naturais estão fadados a se extinguir em um futuro próximo.

e) a reciclagem do lixo deve ser o tema prioritário dos debates filosóficos.

A questão ressalta do texto a relevância de que mesmo que o indivíduo cometa um gesto simples, isolado, banal, a repercussão consecutiva não será igualmente pequena, provocando prejuízo para toda a coletividade.

GABARITO: C.

---

368. **(2019 - Prefeitura de Arujá/SP - Encarregado de Faturamento)** A opinião do autor está expressa nesta frase:

a) As intenções são mais importantes do que as ações.

b) O homem deve refletir melhor sobre suas atitudes cotidianas.

c) As informações obtidas no meio virtual devem ser ignoradas.

d) O fim da realidade virtual garantirá a sustentabilidade ambiental.

e) O principal papel de cada indivíduo é saber escolher seus governantes.

A: Percebe-se o estabelecimento de comparação.

B: A opinião fica evidente por conta das seguintes palavras: " deve refletir melhor".

C: Há uma constatação expressa pelo conjunto "devem ser ignoradas".

D: A frase estabelece uma associação consecutiva, tendo em vista as expressões: "O fim" e "garantirá".

E: Também faz uma constatação.

GABARITO: B.

---

369. **(2019 - Prefeitura de Arujá/SP - Encarregado de Faturamento)** O vocábulo **Mas**, no início do segundo parágrafo, sinaliza que a atitude de culpar terceiros por nossas faltas é:

a) decente.

b) louvável.

c) inevitável.

d) irrelevante.

e) reprovável.

O emprego do vocábulo Mas, com semântica adversativa, permite a inferência da seguinte expressão: "Ao contrário do que se pensa.". Com isso a palavra "reprovável", dentre as alternativas apresentadas, é a que melhor se aproxima do vocábulo destacado e das relações depreendidas naquele contexto linguístico.

GABARITO: E.

---

370. **(2019 - Prefeitura de Arujá/SP - Encarregado de Faturamento)** Estão empregadas como sinônimas, no segundo parágrafo, as palavras:

a) simples ... míseros.

b) alagamentos ... entupimento.

c) doenças ... incômodo.

d) mundo ... cidade.

e) lixo ... bueiro.

A leitura isolada das palavras não permite a observação sinonímica. Contudo, na formulação das frases empregadas no texto, as palavras simples e , basta reler o fragmento: "Mas não é um simples papelzinho... Se jogarmos três ao dia, serão quatorze por semana, e se milhões de pessoas de todo o mundo jogarem três míseros papéis por dia?" "podem ser aproximadas semanticamente porque pertencem ao mesmo campo semântico construído.

GABARITO: A.

Leia o texto para responder às próximas questões.

Por que temos filhos?

A pergunta do título comporta vários níveis de resposta. No plano biológico, a reprodução é um imperativo, fazendo parte de várias das definições de vida. Mas a biologia é só parte da história. A paternidade também encerra dimensões culturais, econômicas e emocionais. Inspirado em "Anti-Pluralism", de William Galston, arrisco algumas reflexões sobre a matéria.

Até o começo do século 19, filhos eram um ativo econômico. Ajudavam desde cedo com o trabalho doméstico, colaborando para o bem-estar da família, e ainda faziam as vezes de plano de aposentadoria para os pais.

Hoje, contudo, crianças ficaram caras. E, para piorar, elas demoram muito até começar a trazer contribuições econômicas. Como observa Galston, no espaço de dois séculos, a criação de filhos deixou de ser um bem privado para tornar -se um bem público.

Embora a paternidade possa trazer recompensas emocionais, do ponto de vista estritamente econômico, ela favorece a sociedade como um todo, enquanto a maior parte dos custos recai sobre os genitores.

E por que crianças beneficiam a sociedade? A crer na análise de economistas como Julian Simon, riqueza são pessoas. Quanto mais gente, melhor, já que são indivíduos que têm ideias (além de consumir produtos) e são as novas ideias que vêm assegurando o brutal aumento de produtividade a que assistimos nos últimos 200 anos. E isso nos coloca diante de um dos grandes dilemas dos tempos modernos. Para assegurar a sustentabilidade da exploração dos recursos naturais do planeta, precisaríamos estabilizar ou até reduzir a população. Só que fazê-lo é uma espécie de suicídio econômico, já que ficaria muito difícil manter taxas positivas de crescimento, sem as quais instituições como previdência e até democracia representativa podem entrar em colapso.

(Hélio Schwartsman. *Folha de S.Paulo.* 18.11.2018. Adaptado)

371. **(2019 – Câmara de Serrana/SP - Analista Legislativo)** Segundo o texto,

a) a paternidade representa hoje, assim como nos séculos passados, a certeza de auxílio doméstico e a expectativa de futura aposentadoria.

b) os filhos simbolizaram, ao longo dos séculos passados, um investimento caro, que poderia inclusive comprometer a aposentadoria dos pais.

c) a percepção sobre o papel dos filhos manteve-se historicamente inalterada, já que continuam sendo vistos como essenciais para o bem-estar da família.

d) economicamente, a geração de crianças é atualmente vista como um bem público, já que elas beneficiam a sociedade de diferentes maneiras.

e) a mentalidade segundo a qual crianças trazem benefícios econômicos para a sociedade vem sendo questionada, já que eles demoram a gerar riquezas.

Segundo a autora, ainda que sejam caras, crianças podem beneficiar, economicamente, a sociedade, como pode-se comprar no fragmento: "E por que crianças beneficiam a sociedade? A crer na análise de economistas como Julian Simon, riqueza são pessoas. Quanto mais gente, melhor, já que são indivíduos que têm ideias (além de consumir produtos) e são as novas ideias que vêm assegurando o brutal aumento de produtividade a que assistimos nos últimos 200 anos.".

GABARITO: D.

---

372. **(2019 – Câmara de Serrana/SP - Analista Legislativo)** A frase "E isso nos coloca diante de um dos grandes dilemas dos tempos modernos." refere-se à seguinte informação:

a) a recompensa pela paternidade estaria resumida aos laços de afetividade familiar.

b) a geração de novas crianças onera igualmente as famílias, o estado e toda a sociedade.

c) a falta de consenso entre os economistas quanto aos efeitos do aumento populacional.

d) a análise segundo a qual pessoas geram riquezas, então, quanto mais pessoas, melhor.

e) a necessidade de aumentar a baixa produtividade registrada nos últimos 200 anos.

A palavra 'dilema' corresponde a um tipo de raciocínio que parte de colocações contraditórias e excludentes – uma em relação a outra. A contradição reside no fato de quanto mais pessoas melhor, para se produzir riquezas, em oposição à necessidade emergente de diminuir o crescimento populacional.

GABARITO: D.

---

373. **(2019 – Câmara de Serrana/SP - Analista Legislativo)** Conforme opinião do autor, constitui um dos mais importantes dilemas da atualidade:

a) a emergência de as famílias assumirem mais despesas com os filhos, já que os custos da paternidade pesam sobre estado, onerando-o cada vez mais.

b) a necessidade de contenção do aumento populacional, visando atenuar a exploração dos recursos naturais, e as consequências econômicas dessa medida.

c) a percepção da paternidade a partir do viés econômico, colocando em segundo plano as dimensões cultural e afetiva que envolvem as relações familiares.

d) a decisão entre manter ou impor controle sobre os altos índices de produtividade dos últimos anos, para ajustá-los à tendência de queda nos níveis de consumo.

e) o aumento sistemático da produtividade fundado na crença, muito combatida por economistas, de que quanto mais pessoas maior a geração de riqueza.

A resposta a essa questão pode ser comprovada pelo seguinte trecho: "Para assegurar a sustentabilidade da exploração dos recursos naturais do planeta, precisaríamos estabilizar ou até reduzir a população".

GABARITO: B.

---

374. **(2019 – Câmara de Serrana/SP - Analista Legislativo)** Considere as frases:

- No plano biológico, a reprodução é **um imperativo**...
- A paternidade também **encerra** dimensões culturais...
- ... do ponto de vista **estritamente** econômico...

As expressões destacadas nas frases têm como sinônimos adequados ao contexto:

a) uma imposição; contém; precisamente.

b) um propósito; estende; plenamente.

c) um estímulo; propicia; manifestamente.

d) uma obsessão; sobrepõe; devidamente.

e) uma afirmação; atenua; incontestavelmente.

Trata-se de uma questão de sinonímia. A alternativa que cumpre o comando estabelecido pela questão é aquela em que imperativo/imposição; encerra/contém; estritamente/precisamente aproximam-se, assemelham-se nas relações de sentido.

GABARITO: A.

---

375. **(2019 - Câmara de Serrana/SP - Analista Legislativo)** Assinale a alternativa em cuja redação há emprego de palavra ou expressão em sentido figurado.

a) Mas a biologia é só parte da história.

b) Ajudavam desde cedo com o trabalho doméstico [...]

c) [...] elas demoram muito até começar a trazer contribuições econômicas.

d) E por que crianças beneficiam a sociedade?

e) Só que fazê-lo é uma espécie de suicídio econômico

O vocábulo suicídio refere-se a uma ação humana, tendo sido empregado no texto, de modo figurativo, junto à palavra economia.

GABARITO: E.

Leia o texto para responder às próximas questões.

Nero e a lira

O Brasil ficou chocado com o incêndio do Museu Nacional no Rio de Janeiro. Só diante das chamas terríveis e do patrimônio desaparecido para sempre que alguns perceberam que nunca tinham ido ao espaço museológico agora perdido. Eu já tinha escrito o mesmo sobre os riscos da nossa Biblioteca Nacional e do seu acervo inestimável em condições de risco similar. Aqui em São Paulo, é o caso do Museu do Ipiranga, fechado há tanto tempo. Perde o público, perde a cultura e empobrecemos em um campo já abalado da memória. Até quando? O que mais precisaria queimar no Brasil, para que a gente percebesse que patrimônio é algo que se vai para sempre?

O descaso tem precedentes terríveis. Em 1978, um conjunto inestimável de quadros virou cinzas no Museu de Arte Moderna do Rio de Janeiro. Patrimônio científico foi carbonizado várias vezes: a coleção do Instituto Butantã em São Paulo e do Museu de Ciências Naturais da PUC de Minas Gerais. Coleções insubstituíveis torraram por completo. O Museu da Língua Portuguesa ardeu em chamas, como também a tapeçaria de Tomie Ohtake no Memorial da América Latina: somos o país que usa cultura como material de combustão. Nenhum Nero foi indiciado, ninguém responde, nada se faz com tantos e repetidos avisos trágicos. É uma política de terra arrasada, de resultados eficazes e criminosos.

Mesmo aquilo que funciona e bem corre o risco do desamparo. A Sala São Paulo enche de orgulho os paulistas e brasileiros. A Osesp é uma joia esculpida com trabalho, talento e muito sacrifício. Manter algo do padrão da Osesp e da Sala São Paulo em um país como o Brasil é quase um milagre. A qualidade material da sala, o esforço de todos e a educação de um público fiel. Por ela passa a fina flor da música brasileira e internacional.

A cultura brasileira é assim. Muita coisa queimou, projetos sobreviveram em estado precário, e todos aguardam poderes sensíveis ao papel insubstituível da cultura na definição da cidadania. **Quando eu vejo o montante do fundo partidário em comparação ao estado precário de orquestras e museus, sou percorrido por uma dor muito forte.**

O que mais terá de silenciar, queimar, desaparecer ou ficar no passado até que acordemos? Quantos artistas deixarão de comunicar seu talento com uma sociedade que necessita desesperadamente de criação e sensibilidade para pensar mais alto e melhor? Alguém aqui acha coincidência que a economia mais forte da Europa, a Alemanha, também seja uma terra de forte investimento privado e público na música e nas artes? O que mais precisa desaparecer para sempre, para que governos e eleitores descubram o valor do nosso patrimônio material e imaterial?

Para nós, pessoas sem poder, resta prestigiar o que ainda existe, visitar mais nossos museus, cobrar dos políticos que elegemos há pouco e valorizar com alunos e filhos os muitos heróis de uma resistência cultural.

(Leandro Karnal. *O Estado de S.Paulo*. 18.11.2018. Adaptado)

376. **(2019 - Câmara de Serrano/SP - Técnico Legislativo)** O título do texto refere-se ao imperador romano Nero, que ordenou atear fogo em Roma, e à lira, instrumento musical que simboliza as artes. Assinale a alternativa que, de acordo com o texto, explica o sentido expresso no título.

a) Os quadros e todo o acervo museológico viraram cinzas, tamanho o descaso na manutenção.

b) O patrimônio científico do museu foi carbonizado, apesar do empenho em salvá-lo.

c) O incêndio nos museus é um alerta de risco para espaços artísticos, como o da Sala São Paulo.

d) Os danos trazidos pelo incêndio poderão motivar as autoridades em evitar outras ocorrências.

e) O empobrecimento do campo científico no país já é consenso entre as autoridades.

Ao aproximar a figura do personagem Nero à figura da Lira, o autor reúne dois ícones de representatividade simbólica: Nero – relacionado ao fogo e ao incêndio do Museu Histórico Nacional – e a Lira – relacionada à Literatura, à música e aos lapsos na manutenção de espaços como a Sala São Paulo. Tal estratégia seduz o leitor para a leitura do texto, cumprindo, como título, a sua função.

GABARITO: C.

377. **(2019 - Câmara de Serrano/SP - Técnico Legislativo)** Ao afirmar que nenhum Nero foi indiciado, o autor ressalta a ideia de que:

a) figuras como Nero desapareceram ao longo dos períodos históricos.

b) os responsáveis pelo descaso com o patrimônio cultural continuam impunes.

c) a população costuma se distanciar dos bens culturais e científicos.

d) crimes contra o patrimônio cultural não carecem de indiciamento.

e) as autoridades brasileiras se empenham em apurar crimes contra a cultura.

Situada no 2º parágrafo do texto, a afirmação do autor é feita depois de ele elencar vários episódios de incêndio em Patrimônios importantes da cultura brasileira. O fragmento a seguir comprova a alternativa correta: "Nenhum Nero foi indiciado, ninguém responde, nada se faz com tantos e repetidos avisos trágicos. É uma política de terra arrasada, de resultados eficazes e criminosos".

GABARITO: B.

378. **(2019 - Câmara de Serrano/SP - Técnico Legislativo)** Com o segmento "...papel insubstituível da cultura na definição da cidadania." [4º parágrafo] o autor,

a) valoriza mais a cidadania que as questões culturais.

b) expõe a contradição entre cultura e cidadania.

c) admite que a cultura potencializa a cidadania.

d) enfraquece o vínculo entre cultura e cidadania.

e) defende a ruptura entre cidadania e cultura.

O conceito de cidadania, incorporado à Constituição brasileira, compreende também o acesso à arte bem como tudo que faça parte do patrimônio material e imaterial do país. O cidadão privado desse direito – o direito à cultura – não exercita, em sua plenitude, aquilo que, por lei, dever-lhe-ia ser garantido.

GABARITO: C.

---

379. **(2019 - Câmara de Serrano/SP - Técnico Legislativo)** O trecho em destaque no quarto parágrafo indica:

a) o nivelamento entre fundos partidários e fundos culturais.

b) a opção prioritária que os partidos fazem pela cultura.

c) o esforço para nivelar verbas para cultura e para partidos.

d) a distribuição igualitária entre orçamentos políticos e culturais.

e) o descompasso entre as verbas destinadas aos partidos e à cultura.

A alternativa E sintetiza a polaridade existente no que tange ao emprego de verbas públicas, com evidente discrepância – segundo a visão do autor –, entre partidos e cultura.

GABARITO: E.

---

380. **(2019 - Câmara de Serrano/SP - Técnico Legislativo)** Para o autor, de acordo com o quinto parágrafo, não se trata de coincidência o que acontece na Alemanha, mas de:

a) empenho do cidadão alemão em valorizar mais a arte que a economia.

b) questão de opção: os alemães preferem a arte à economia.

c) recusa dos alemães em viver pela música e pelas artes.

d) importância da valorização da cultura no fortalecimento da economia.

e) mérito do governo alemão em priorizar uma economia estável.

A resposta justifica-se considerando-se as colocações feitas pelo autor, nos seguintes fragmentos retirados do texto: (...) uma sociedade que necessita desesperadamente de criação e sensibilidade para pensar mais alto e melhor? – sobre o Brasil – e na indagação "Alguém aqui acha coincidência que a economia mais forte da Europa, a Alemanha, também seja uma terra de forte investimento privado e público na música e nas artes?". A pergunta retórica permite a associação das ideias de valorização da cultura e fortalecimento da economia.

GABARITO: D.

---

381. **(2019 - Câmara de Serrano/SP - Técnico Legislativo)** A sequência de frases interrogativas no penúltimo parágrafo expressa:

a) aceitação do estado em que se encontra a cultura no país.

b) indignação com as condições do patrimônio cultural brasileiro.

c) surpresa diante das possibilidades de mudança no cenário cultural.

d) adesão ao clima favorável ao fortalecimento da cultura no país.

e) certeza de que o Brasil pode igualar-se à Alemanha na cultura.

Pode-se associar a sequência de frases interrogativas a uma forma de construção da retórica textual com vistas à reflexão e provocação do pensamento críticos dos interlocutores/leitores. Diferente das frases interrogativas diretas – que criam a demanda de respostas – as frases retóricas são estratégias de persuasão e convencimento – no caso do texto – sobre a situação do patrimônio histórico brasileiro.

GABARITO: B.

Leia trecho da canção Bom Conselho, de Chico Buarque, para responder às próximas questões.

Ouça um bom conselho
Que eu lhe dou de graça
Inútil dormir que a dor não passa
Espere sentado
Ou você se cansa
Está provado, quem espera nunca alcança
Venha, meu amigo
Deixe esse regaço
Brinque com meu fogo
Venha se queimar
Faça como eu digo
Faça como eu faço
Aja duas vezes antes de pensar [...]

382. **(2019 - Câmara de Serrano/SP - Técnico Legislativo)** De acordo com a canção, é correto afirmar que o eu lírico,

a) pretende oferecer ao leitor regras para a boa convivência.
b) nega a possibilidade de o leitor entender o que ele aconselha.
c) recomenda ao leitor não se arriscar irresponsavelmente.
d) expressa aceitação dos conselhos legados a todas as gerações.
e) sugere ao leitor subverter o que se aprende com o senso comum.

Por meio de ditos populares ou provérbios, no texto, o eu lírico adverte que a assimilação popular e de senso comum deles deve ser desconsiderada e subvertida.

GABARITO: E.

---

383. **(2019 - Câmara de Serrano/SP - Técnico Legislativo)** É correto afirmar sobre o verso - Brinque com meu fogo - que há emprego de sentido,

a) próprio: é perigoso brincar com fogo e desaconselha-se a sugestão do autor.
b) figurado: o autor não se importa com a falta de segurança do amigo.
c) próprio: qualquer tipo de fogo acarreta destruição e demanda cuidado.
d) próprio: os conselhos do autor merecem crédito e não desconfiança.
e) figurado: o autor convida o amigo a compartilhar do seu estado de espírito.

O sentido conotativo ou figurado permite uma nova possibilidade de emprego da palavra "fogo", como forma de expressão do estado de espírito do eu lírico, diferente, portanto, do sentido usual.

GABARITO: E.

Leia o texto para responder às próximas questões.

A legião on-line

Um dos temas de "O Romance Luminoso", a obra póstuma e incrivelmente contemporânea de Mario Levrero, é o uso da internet como antidepressivo. Sem alcançar a tal experiência luminosa que lhe permitiria escrever um romance iniciado há 15 anos, o autor passa os dias em frente ao computador curtindo o fracasso. Baixa e elabora programas, joga paciência, busca sites ao acaso. Nas raras vezes em que desgruda da tela, recorre a outro vício: a televisão.

É um transtorno cada vez mais comum. Todo mundo conhece alguém que está sempre conectado; acorda e já olha o celular, o qual dormiu ao lado dele na cama; checa os aplicativos de cinco em cinco minutos; quando não está on-line, sente ansiedade, mau humor, angústia, tristeza. Os viciados em smartphones são uma legião. Publicado em 2005, o livro de Levrero destaca-se não só pela atualidade mas também pelo caráter profético. A páginas tantas, o autor anota: "O mundo do computador já foi invadido pelos abjetos*, e quanto mais barato fica mais cresce a abjeção. Não porque os pobres sejam necessariamente abjetos, e sim porque as pessoas mais vivas usarão as maravilhas tecnológicas para embrutecer mais ainda os pobres".

E conclui: C Isso nos leva, naturalmente, a pensar na relação das redes sociais com a empresa de dados políticos ligada à campanha presidencial de Donald Trump. Ou, em outro caso, sendo obrigadas a excluir contas por suspeita de fraude.

Esse cenário de disseminação de informações questionáveis – com o fim de manipular condutas –, mas que em geral têm aceitação, aprofunda mais ainda a abjeção diagnosticada por Levrero. Que tal passar mais tempo off-line?

(Alvaro Costa e Silva. *Folha de S.Paulo*, 11.08.2018. Adaptado)

*Abjeto: de abjeção → ato, estado ou condição que revela alto grau de torpeza, degradação.

384. **(2019 – SEDUC/SP - Oficial Administrativo)** Segundo as informações dos dois primeiros parágrafos do texto,

a) o hábito de estar sempre conectado à internet tem levado muitos usuários de smartphones a comportarem-se como dependentes de seu conteúdo.

b) o acesso à internet tem contribuído decisivamente para minimizar problemas como angústia e ansiedade, transtornos comuns na atualidade.

c) a constatação de que são dependentes dos smartphones tem levado muitas pessoas a buscar opções para se afastarem desses aparelhos.

d) a despeito da crítica que se fazia à televisão, ela tem se mostrado benéfica ao diminuir a ansiedade provocada pelo uso da internet.

e) apesar do grande alcance da internet, ela ainda se mostra menos danosa à saúde da população do que o hábito de assistir televisão.

O autor faz menção ao escritor Mario Levrero e à obra dele intitulada: "O Romance Luminoso", para citar os benefícios da internet quanto à minimização da angústia e da ansiedade. No computador, o romancista pode se entreter, diante da sensação de fracasso pela não conclusão do livro "iniciado há 15 anos,", ao dispor de jogos, programas, sites, usando-os como antidepressivos.

GABARITO: B.

385. **(2019 – SEDUC/SP - Oficial Administrativo)** O "caráter profético" mencionado no 3º parágrafo – ...o livro de Levrero destaca-se não só pela atualidade mas também pelo caráter profético. – está relacionado, segundo conclui o autor do texto, à concretização da previsão do livro segundo a qual:

a) a queda nos preços dos computadores daria aos mais pobres acesso à tecnologia necessária para livrá-los da vulnerabilidade ante interesses escusos.

b) a população perceberia, no tempo certo e com muita transparência, os objetivos por trás da criação da internet, passando a usá-la de forma mais crítica.

c) a expansão do acesso à internet permitiria que muito mais pessoas, e não apenas um grupo seleto, fossem beneficiadas pelas informações nela veiculadas.

d) o potencial da internet para influenciar comportamentos das pessoas mais suscetíveis à manipulação não tardaria a ser percebido e colocado em prática.

e) o acesso à internet por meio de smartphones seria responsável por aumentar significativamente o número de pessoas sempre conectadas às redes sociais.

O romancista antecipa em sua obra o quanto a internet pode-se revelar um mundo degradante: "A páginas tantas, o autor anota: "O mundo do computador já foi invadido pelos abjetos*, e quanto mais barato fica mais cresce a abjeção.", de modo que se pode inferir que, com o tempo, o seu uso deve ser feito de forma crítica e seleta.

GABARITO: B.

---

386. **(2019 – SEDUC/SP - Oficial Administrativo)** Na frase "... sendo obrigadas a excluir contas **por** suspeita de fraude.", o termo em destaque forma uma expressão indicativa de:

a) finalidade.

b) oposição.

c) modo.

d) origem.

e) causa.

A expressão por suspeita, no contexto em que foi usada, tem valor semântico de causa, podendo ser substituída – com adaptações - por " uma vez que/ já que há suspeitas de fraudes".

GABARITO: E.

---

387. **(2019 – SEDUC/SP - Oficial Administrativo)** Na frase " ... é o uso da internet **como** antidepressivo", o termo em destaque expressa, no contexto,

a) uma negação sobre a internet.

b) o modo como a internet é usada.

c) uma dúvida relacionada à internet.

d) o lugar de uso da internet.

e) intensificação do sentido da internet.

A construção da frase com o emprego da palavra "como" – usualmente empregada com sentidos de comparação, causa, conformidade – permite o entendimento do seguinte pressuposto: como antidepressivo, a internet passa a ter um valor positivo, sendo portanto uma negação do que , em geral, é associado a ela.

GABARITO: A.

Leia a tira para responder às próximas questões.

(Bill Watterson. *Existem tesouros em todo lugar*: as aventuras de Calvin e Haroldo. São Paulo, Conrad Editora do Brasil, 2013)

388. **(SEDUC/SP – 2019 – Oficial Administrativo)** É correto concluir, da leitura da tira, que a resposta do pai a respeito do computador:

a) confunde o garoto, que passa a interrogar-se sobre a verdadeira razão para o pai omitir-se de comprar-lhe o aparelho.

b) contraria o garoto, que via no computador a esperança de ter menos trabalho na elaboração de suas atividades escolares.

c) aborrece o garoto, que continua acreditando que o computador é fundamental para melhorar seu rendimento escolar.

d) satisfaz o garoto, que se convence de que o computador poderá auxiliá-lo melhor ainda do que ele inicialmente imaginara.

e) atenua as preocupações do garoto, que se convence de que o computador facilita a elaboração dos trabalhos escolares.

O menino tinha a expectativa de o computador pudesse livrá-los da leitura de livros e tarefas escolares. Contudo, o pai enfatiza que mesmo praticando o uso do computador, o que, tradicionalmente, é feito não pode ser suprimido.

GABARITO: B.

389. **(2019 – SEDUC/SP - Oficial Administrativo)** Assinale a alternativa cujo termo em destaque intensifica o sentido da informação a que se refere.

a) do **mesmo** jeito.

b) **tudo** no computador.

c) **depois** digitar.

d) **um** computador.

e) **tanto** barulho.

A ênfase e intensificação deve-se pelo fato de a expressão " mesmo jeito" retomar o que foi dito antes, reafirmando a colocação.

GABARITO: A.

Leia o texto.

Irmãos em livros

Outro dia, num táxi, o motorista me disse que "gostava de ler" e comprava "muitos livros". Dei-lhe parabéns e perguntei qual era sua livraria favorita. Respondeu que "gostava de todas", mas, de há alguns anos, só comprava livros pela internet. Ah, sim? Comentei que também gostava de todos os táxis, mas, a partir dali, passaria a usar apenas o serviço de aplicativos. Ele diminuiu a marcha, como se processasse a informação. Virou-se para mim e disse: “Entendi. O senhor tem razão”.

Tenho amigos que não leem e não frequentam livrarias. Não são pessoas primitivas ou despreparadas – apenas não têm a bênção de conviver com as palavras. Posso muito bem entendê-las porque também não tenho o menor interesse por automóveis, pela alta cozinha ou pelo mundo digital – nunca dirigi um carro, acho que qualquer prato melhora com um ovo frito por cima e, quando me mostram alguma coisa num smartphone, vou de dedão sem querer e mandou a imagem para o espaço. Nada disso me faz falta, assim como o livro e a livraria a eles.

No entanto, quando entro numa livraria, pergunto-me que outro lugar pode ser tão fascinante. São milhares de livros à vista, cada qual com um título, um design, uma personalidade. São romances, biografias, ensaios, poesia, livros de história, de fotos, de autoajuda, infantis, o que você quiser. O que se despendeu de esforço intelectual para produzi-los e em tal variedade é impossível de quantificar. Cada livro, bom ou mau, medíocre ou brilhante, exigiu o melhor que cada autor conseguiu dar.

Uma livraria é um lugar de congraçamento*. Todos ali somos irmãos na busca de algum tipo de conhecimento. E, como este é infinito, não nos faltarão irmãos para congraçar. Aliás, quanto mais se aprende, mais se vai às livrarias.

Lá dentro, ninguém nos obriga a comprar um livro. Mas os livros parecem saber quem somos e, inevitavelmente, um deles salta da pilha para as nossas mãos.

(Ruy Castro, *Folha de S.Paulo*, 07.12.2018. Adaptado)

* Congraçamento: ato ou efeito de congraçar(-se); conciliação, reconciliação

390. Conforme o autor do texto,

a) a quantidade e a diversidade de esforço intelectual empreendido nos livros produzem uma atmosfera de atração no ambiente das livrarias.

b) a dispersão por assuntos muito variados, apesar de exigir grande esforço intelectual do escritor, não raro acaba resultando numa obra medíocre.

c) a disseminação da prática de comprar livros pela internet tem contribuído decisivamente para promover o desinteresse pela leitura.

d) o hábito da leitura é incompatível com o interesse por automóveis, pela alta culinária e, especialmente, pelas novas tecnologias digitais.

e) a leitura realizada em outros ambientes que não seja o de uma livraria acaba resultando numa compreensão medíocre do conteúdo da obra.

A resposta à questão pode ser comprovada pelo seguinte fragmento: “O que se despendeu de esforço intelectual para produzi-los e em tal variedade é impossível de quantificar. Cada livro, bom ou mau, medíocre ou brilhante, exigiu o melhor que cada autor conseguiu dar”.

GABARITO: B.

(2019 – MPE/SP - Analista Técnico Científico/Contador) Leia o texto para responder às questões.

Progresso, enfim

Em atraso nas grandes reformas da Previdência Social e do sistema de impostos, o Brasil tem obtido avanços em uma agenda que, tomada em seu conjunto, mostra-se igualmente essencial – a da melhora do ambiente de negócios.

Trata-se de objetivos tão diferentes quanto facilitar a criação de empresas, reduzir o custo de licenças ou ampliar o acesso ao crédito. Grande parte dessas providências não depende de votações no Congresso, mas sim do combate persistente a empecilhos burocráticos e ineficiências do setor público.

A boa notícia é que o país subiu 16 posições no mais conhecido ranking dessa modalidade, divulgado a cada ano pelo Banco Mundial. A má é que a 109ª colocação, num total de 190 nações consideradas, permanece vergonhosa.

O progresso ocorreu, basicamente, em quatro indicadores – fornecimento de energia elétrica, prazo para abertura de empresa com registro eletrônico, acesso à informação de crédito e certificação eletrônica de origem para importações.

Pela primeira vez em 16 anos de publicação do relatório, o desempenho brasileiro se destacou na América Latina. Os países mais bem posicionados da região, casos de México (54° lugar), Chile (56°) e Colômbia (65°), apresentaram pouca ou nenhuma melhora.

Numa perspectiva mais ampla, o ambiente de negócios vai se tornando mais amigável na maior parte do mundo. A edição mais recente do ranking catalogou número recorde de 314 reformas realizadas em 128 economias desenvolvidas e emergentes no período 2017/2018.

Fica claro, no documento, que o maior atraso relativo do Brasil se dá no pagamento de impostos, dados a carga elevada e o emaranhado de regras dos tributos incidentes sobre o consumo. Nesse quesito em particular, o país ocupa um trágico 184o lugar no ranking.

O caminho óbvio a seguir nesse caso é uma reforma ambiciosa, que racionalize essa modalidade de taxação. Mesmo que não seja possível abrir mão de receitas, a simplificação já traria ganhos substanciais em eficiência ao setor produtivo.

(Editorial, *Folha de S. Paulo*, 06.11.2018. Adaptado)

391. **(2019 – MPE/SP - Analista Técnico Científico/Contador)** As informações do editorial indicam que o Brasil:

a) conseguiu um tímido desempenho no ambiente de negócios, que só não foi melhor porque muitas providências estavam atreladas a votações no Congresso.

b) obteve um progresso considerável no ranking do Banco Mundial, o que fez o país aproximar-se de seus vizinhos com bom desempenho na América Latina.

c) contrariou o ambiente de negócios que vem se desenhando na maior parte do mundo, pois, assim como outros países da América Latina, não apresentou nenhuma melhora.

d) manteve uma colocação desonrosa no ranking do Banco Mundial, considerando-se que no país não foram registradas reformas que melhorassem seu desempenho.

e) está em uma colocação vexatória no ranking do Banco Mundial, apesar de o país ter subido 16 posições e se destacado na América Latina pelo seu desempenho.

A alternativa encontra respaldo no seguinte excerto do texto: "A boa notícia é que o país subiu 16 posições no mais conhecido ranking dessa modalidade, divulgado a cada ano pelo Banco Mundial. A má é que a 109ª colocação, num total de 190 nações consideradas, permanece vergonhosa".

GABARITO: E.

---

392. **(2019 – MPE/SP - Analista Técnico Científico/Contador)** Considere as passagens:

• ... combate **persistente** a empecilhos burocráticos e ineficiências do setor público. (2º parágrafo)

• Numa perspectiva mais ampla, o ambiente de negócios vai se tornando mais **amigável** na maior parte do mundo. (6º parágrafo)
• ... dados a carga elevada e o **emaranhado** de regras dos tributos **incidentes** sobre o consumo. (7º parágrafo)
Conforme o contexto em que ocorrem, as expressões em destaque significam, correta e respectivamente:

a) intermitente; justo; grupo restrito; que têm efeitos.
b) fortuito; amistoso; conjunto ordenado; que se refletem.
c) continuado; favorável; mistura confusa; que recaem.
d) ocasional; sentimental; ajuntamento incoerente; que amenizam.
e) frequente; harmonioso; compilação minuciosa; que se revertem.

As palavras destacadas, considerando-se as construções frásicas em que foram empregadas têm significação pretendida na sequência disposta na alternativa A: persistente (continuado, intermitente), amigável (amistoso, afetuoso, favorável), emaranhado (sem ordem, mistura confusa), incidentes (que recaem).

GABARITO: C.

---

393. **(2019 – MPE/SP - Analista Técnico Científico – Contador)** Assinale a alternativa em que as formas destacadas expressam, correta e respectivamente, ideia de progressão e de hipótese.

a) ... o ambiente de negócios **vai se tornando** mais amigável na maior parte do mundo. / ... a simplificação já **traria** ganhos substanciais em eficiência ao setor produtivo.
b) O caminho óbvio **a seguir** nesse caso é uma reforma ambiciosa... / Os países mais bem posicionados da região [...] **apresentaram** pouca ou nenhuma melhora.
c) ... o Brasil **tem obtido** avanços em uma agenda que... / **Trata-se** de objetivos tão diferentes quanto facilitar a criação de empresas...
d) O progresso **ocorreu**, basicamente, em quatro indicadores... / ... o maior atraso relativo do Brasil **se dá** no pagamento de impostos...
e) Nesse quesito em particular, o país **ocupa** um trágico 184º lugar no ranking. / Grande parte dessas providências não **depende** de votações no Congresso...

A construção verbal "vai se tornando" apresenta ideia de progressão, de uma ação que está em curso – favorecida pelo emprego do gerúndio 'tornando' e a forma verbal "traria" projeta uma ação hipotética, que PODE OCORRER posteriormente a um determinado fato passado.

GABARITO: A.

---

394. **(2019 – MPE/SP - Analista Técnico Científico/Contador)** Há termo empregado em sentido figurado na passagem:

a) ... mostra-se igualmente essencial – a da melhora do ambiente de negócios.
b) A edição mais recente do ranking catalogou número recorde de 314 reformas...
c) ... o maior atraso relativo do Brasil se dá no pagamento de impostos...
d) Nesse quesito em particular, o país ocupa um trágico 184º lugar no ranking.
e) ... a simplificação já traria ganhos substanciais em eficiência ao setor produtivo.

O uso da linguagem figurada abarca uma forma de comunicação em que é permitido o uso de um sentido não literal de um determinado enunciado. Tal perspectiva figurativa realiza-se na alternativa D no seguinte fragmento " o país ocupa um trágico 184º lugar no ranking".

GABARITO: D.

Leia o texto para responder às próximas questões.

Millennials são iguais aos pais, porém mais pobres, conclui Fed

A turma nascida entre 1981 e 1997 não tem tantas particularidades assim na análise dos gastos com automóveis, alimentação e moradia. Aos olhos da opinião pública americana, os jovens da geração Millennial são assassinos em série — responsabilizados pela morte lenta do queijo processado, do cartão de crédito, do táxi, do peru de Ação de Graças e até do divórcio. Poucos setores saíram ilesos da matança cultural promovida pela juventude americana.

Agora surgiram argumentos em sua defesa. Um novo estudo do banco central dos EUA (Federal Reserve) afirma que a turma nascida entre 1981 e 1997 — famosa por adorar aplicativos — não é tão diferente dos pais. Essa geração é apenas mais pobre nesta mesma etapa da vida, já que muitos de seus integrantes chegaram à idade adulta durante a crise financeira.

"Encontramos pouca evidência de que lares de millennials têm gostos e preferências de consumo inferiores aos de gerações passadas, quando se leva em conta idade, renda e uma maior variedade de características demográficas", escreveram os autores Christopher Kurz, Geng Li e Daniel J. Vine. As conclusões deles se baseiam em uma análise de gastos, renda, endividamento, patrimônio líquido e fatores demográficos de várias gerações.

A impressão de que os millennials não têm tantas particularidades assim também se revela na análise granular dos gastos deles com automóveis, alimentação e moradia.

"São principalmente as diferenças de idade média e então as diferenças de renda média que explicam grande parte da diferença de consumo entre os millennials e outros grupos", segundo o estudo.

(Jeremy Herron e Luke Kawa. *Exame*. 01.12.2018. https://exame.abril.com.br. Adaptado)

395. **(2019 – UFAB - Assistente em Administração)** De acordo com o estudo do banco central dos EUA, a geração Millennial distingue-se da anterior principalmente por:

a) haver desencadeado a crise financeira.

b) gastar de modo mais consciente.

c) ter um menor poder aquisitivo.

d) exibir gostos e preferências excêntricos.

e) dar preferência a gastos com bens.

A resposta dada à questão proposta pode ser comprovada pelo seguinte fragmento: "Um novo estudo do banco central dos EUA (Federal Reserve) afirma que a turma nascida entre 1981 e 1997 [...] não é tão diferente dos pais. Essa geração é apenas mais pobre.".

GABARITO: C.

---

396. **(2019 – UFAB - Assistente em Administração)** A descrição dos jovens da geração Millennial como "assassinos em série" destaca a maneira como eles são considerados responsáveis pela:

a) escassez de tecnologias promotoras da mobilidade.

b) súbita extinção de serviços essenciais à população.

c) aceleração da ação exploratória do meio ambiente.

d) redução de investimentos em saneamento público.

e) descontinuidade de algumas tradições culturais.

Como se pode verificar no 1º parágrafo do texto, uma série de ações práticas pela denominada geração Millenial corrobora a quebra de tradições tais como: "morte lenta do queijo processado, do cartão de crédito, do táxi, do peru de Ação de Graças e até do divórcio", de modo que tal constatação pode ser comprovada por esse fragmento.

GABARITO: E.

---

397. **(2019 – UFAB - Assistente em Administração)** Os vocábulos que, combinados no contexto, chamam atenção para o fato de que o conteúdo central divulgado pelo texto contraria uma ideia amplamente difundida estão destacados em negrito no trecho:

a) A turma nascida entre 1981 e 1997 não tem **tantas** particularidades **assim** na análise dos gastos... (1º parágrafo)

b) ... muitos de seus integrantes chegaram à idade adulta durante a **crise financeira**. (2º parágrafo)

c) "Encontramos pouca evidência de que lares de millennials têm **gostos** e **preferências** de consumo inferiores... (3º parágrafo)

d) As conclusões deles se baseiam em uma análise de gastos, renda, endividamento, patrimônio líquido e fatores demográficos de **várias gerações**. (3º parágrafo)

e) "**São** principalmente as diferenças de idade média e **então** as diferenças de renda média... (4º parágrafo)

Os vocábulos " tantas ... assim" permite considerar que a nova geração Millenials, em relação a gerações anteriores, no que tange a gastos econômicos e consumos, são diferentes, sem maiores especificações ou particularidades.

GABARITO: A.

Leia o cartum para responder à questão.

(Bob Thaves. Frank & Ernest. *O Estado de S. Paulo*. 26.11.2018. https://cultura.estadao.com.br/quadrinhos)

398. **(2019 – UFABC - Assistente em Administração)** No contexto do cartum, a fala do operador de câmera dá a entender que, para ele, o outro personagem havia dito que os espectadores estavam:

a) multiplicando números.

b) realizando multiplicação.

c) se multiplicando.

d) resolvendo operações matemáticas.

e) obtendo números multiplicados.

No contexto linguístico do cartum, a fala do operador de câmera expressa o entendimento de que o número de expectadores está aumentado. Contudo, o que está sendo descrito é ação literal de realizar a operação matemática de multiplicar.

GABARITO: C.

---

399. **(2019 – UFABC - Assistente em Administração)** Considere o sentido veiculado pelas palavras destacadas em negrito nos seguintes fragmentos textuais:

- ... fatores **demográficos**... (3º parágrafo)
- A **impressão** de que os millennials não têm... (4º parágrafo)
- ... também se **revela** na análise... (4º parágrafo)

No contexto em que se inserem, as palavras em destaque podem ser substituídas, sem prejuízo do sentido, respectivamente, por:

a) hereditários, constatação, confirma.

b) geográficos, sensação, retifica.

c) ambientais, noção, contesta.

d) populacionais, opinião, manifesta.

e) econômicos, desconfiança, pressente.

Trata-se de uma questão de busca de equivalência de sentidos ou sinonímia, cuja resposta encontra-se na alternativa D: demográficas/populacionais; impressão/opinião; revela/manifesta.

GABARITO: D.

Leia o texto para responder às próximas questões.

Agravamento da poluição por plástico nos oceanos ao lavar roupa

Lavar a roupa pode agravar a poluição por plástico no meio ambiente – a depender do tipo de tecido, a tarefa doméstica contribuiria para a contaminação dos oceanos, apontam estudos.

A questão foi levantada no início deste mês em reunião do Comitê de Auditoria Ambiental do Reino Unido, quando membros do Parlamento discutiram pesquisas que concluem que fibras de tecidos sintéticos que se soltam da roupa durante a lavagem acabam chegando aos oceanos e sendo comidas por peixes e outras criaturas aquáticas.

Os maiores vilões são poliéster, acrílico e náilon. Um casaco de lã de poliéster libera 1 milhão de fibras, enquanto um par de meias de náilon é responsável por 136 mil fibras a cada lavagem, aponta um estudo conduzido por pesquisadores da Universidade de Manchester. Cientistas descobriram que essas fibras estão cobrindo leitos de rios em todo o Reino Unido.

Há sempre a opção de lavar roupa com menos frequência, o que pode ser uma boa desculpa para quem sempre odiou essa tarefa doméstica. Isso teria um grande impacto positivo, na avaliação de Jeroen Dagevos, integrante de um projeto de conservação dos oceanos. Ele sugere ainda que comprar menos roupas sintéticas também ajuda. Preferir tecidos como lã, algodão, seda e caxemira também ajudam.

Uma outra opção, recomendada pelo Instituto de Engenheiros Mecânicos, em um novo relatório, seria o uso de sacolas de roupas de malha para reter os fios. Assim, em vez de irem direto para os oceanos, as fibras podem ser colocadas no lixo.

Jeroen Dagevos diz que a ideia de criar novas regulamentações para os fabricantes poderia ajudar, forçando as empresas a colocar mais recursos na busca por soluções.

(*Folha de S.Paulo*. https://www1.folha.uol.com.br/ambiente/2018/10/por-que-podemos-estar-agravan do-poluicao-por-plastico-nos-oceanos-ao-lavar-roupa.shtml. Adaptado)

400. **(2019 - Câmara de Sertãozinho/SP - Escriturário)** De acordo com o texto, um dos fatores que contribui para a minimização da poluição dos oceanos por plástico se refere:

a) à utilização de sacolas de roupas de malha para a lavagem de tecidos sintéticos, sendo o descarte dos fios realizado diretamente nos rios.

b) ao descarte de roupas que precisam ser higienizadas, para que as fibras dos tecidos não sejam depositadas nos rios.

c) à redução de tarefas domésticas, visando a interrupção da contaminação na água dos rios e oceanos.

d) à redução do consumo de malhas sintéticas, optando pelo uso de tecidos com fibras de baixo impacto na natureza.

e) à lavagem de roupas à mão, com o intuito de reduzir o atrito das roupas na lavagem e a perda das fibras dos tecidos.

Considerando-se o fragmento do texto em que se afirma que: "... fibras de tecidos sintéticos que se soltam da roupa durante a lavagem acabam chegando aos oceanos..." e que "Os maiores vilões são poliéster, acrílico e náilon" para em seguida afirmar que "Preferir tecidos como lã, algodão, seda e caxemira também ajudam", a alternativa correta é a de letra D.

GABARITO: D.

401. **(2019 - Câmara de Sertãozinho/SP – Escriturário)** De acordo com o texto, a poluição por plástico:

a) gera a necessidade da criação de novas regulamentações de produção e expansão da pesquisa de novos materiais, por parte dos fabricantes.

b) limita-se à contaminação dos rios em todo o Reino Unido, devido ao descarte de fibras na lavagem de tecidos.

c) é causada pelo consumo excessivo de roupas produzidas com lã, algodão, seda e caxemira.

d) pode ser evitada com o uso de máquinas de lavar na temperatura normal para a lavagem de roupas de diferentes tecidos.

e) estimula o desenvolvimento de pesquisa para a produção de novos produtos com base nos materiais poliéster, acrílico e náilon.

O texto menciona a problemática criada pelo uso excessivo de produtos sintéticos de roupas e no descarte desse material em lavagens. Com isso, o a poluição por plásticos – poliéster, acrílico e náilon –, segundo excerto do próprio texto: "Jeroen Dagevos diz que a ideia de criar novas regulamentações para os fabricantes poderia ajudar, forçando as empresas a colocar mais recursos na busca por soluções", justificando a resposta dada à questão.

GABARITO: A.

402. **(2019 - Câmara de Sertãozinho/SP - Escriturário)** O termo destacado na frase "**Isso** teria um grande impacto positivo, na avaliação de Jeroen Dagevos..." refere-se à seguinte informação do texto:

a) a compra de menos roupas com tecidos sintéticos para reduzir a poluição dos rios e oceanos.

b) a lavagem de roupas com menos frequência para reduzir a eliminação das fibras dos tecidos das roupas.

c) a preferência por tecidos de lã, algodão, seda e caxemira para preservar o meio ambiente.

d) a criação de novas regulamentações para os fabricantes a fim de reduzir a eliminação das fibras dos tecidos das roupas.

e) a busca de novas soluções pela empresa para reduzir o impacto ambiental nos rios e oceanos.

A leitura do fragmento na íntegra "Há sempre a opção de lavar roupa com menos frequência, o que pode ser uma boa desculpa para quem sempre odiou essa tarefa doméstica. Isso teria um ..." permite a identificação do mecanismo de coesão referencial, em que o pronome demonstrativo "isso" retoma por anáfora toda informação que foi dada antes. Por isso, a resposta encontra-se na alternativa B.

GABARITO: B.

403. **(2019 - Câmara de Sertãozinho/SP - Escriturário)** A palavra destacada no segmento "... fibras de tecidos sintéticos que se soltam da roupa **durante** a lavagem acabam chegando aos oceanos..." exprime ideia de:

a) modo.

b) causa.

c) tempo.

d) finalidade.

e) intensidade.

A palavra "durante", na extensão dos sentidos que possui, exprime ideias de " no decorrer de, ao longo de, nesse ínterim", todas ligadas a tempo.

GABARITO: C.

---

404. **(2019 - Câmara de Sertãozinho/SP – Escriturário)** Na frase "Um casaco de lã de poliéster libera 1 milhão de fibras, **enquanto** um par de meias de náilon é responsável por 136 mil fibras a cada lavagem...", o termo em destaque pode ser substituído corretamente, sem alteração de sentido, por:

a) assim que.

b) tanto como.

c) de modo que.

d) a fim de que.

e) à medida que.

Na questão, a expressão destacada estabelece entre as duas estruturas oracionais o valor semântico de proporção, como o que se observa em "à medida que" na alternativa E. Nas alternativas A, B, C, D, os sentidos observados, respectivamente são: tempo, comparação, consequência e finalidade.

GABARITO: E.

---

405. **(2019 - Câmara de Sertãozinho/SP – Escriturário)** O termo destacado na frase "Uma outra opção, recomendada pelo Instituto de Engenheiros Mecânicos, em um novo relatório, seria o uso de sacolas de roupas de malha **para** reter os fios." expressa:

a) modo.

b) meio.

c) finalidade.

d) tempo.

e) lugar.

A preposição "para", no contexto em que foi empregado, tem valor semântico de finalidade, com equivalência a "a fim de".

GABARITO: C.

---

406. **(2019 - Câmara de Sertãozinho/SP – Escriturário)** Considere as frases do texto:

• Lavar a roupa pode **agravar** a poluição por plástico no meio ambiente...

• Uma outra opção, recomendada pelo Instituto de Engenheiros Mecânicos, em um novo relatório, seria o uso de sacolas de roupas de malha para **reter** os fios.

Os termos destacados nas frases significam, correta e respectivamente,

a) abrandar; não avançar.

b) piorar; não deixar escapar.

c) sobrecarregar; soltar.

d) aliviar; impedir de sair.

e) reprimir; liberar.

Trata-se de uma questão em que se buscam a equivalência e ampliação de sentidos. Tal perspectiva encontra resposta na alternativa B, na qual "agravar" equivale a piorar e "reter" equivale a não deixar soltar.

GABARITO: B.

Leia o texto para responder às próximas questões.

Vacina na marra

Uma das piores coisas que pais podem fazer a seus filhos é privá-los de vacinas. Ainda assim, devo dizer que fiquei chocado com o artigo de uma promotora do Ministério Público, no qual ela defende não só multa para genitores que deixem de imunizar seus rebentos, mas também a busca e apreensão das crianças para vaciná-las.

Imagino até que a adoção de medidas extremas como propõe a promotora possa fazer sentido em determinados contextos, como o de uma epidemia fatal que avança rapidamente e pais que, induzidos por vilões internacionais, se recusam a imunizar seus filhos.

Há motivos para acreditar que as sucessivas quedas na cobertura vacinal registradas por aqui se devam mais a uma combinação de desleixo paterno com inadequações da rede do que a uma maciça militância antivacinal. Há até quem afirme que a queda é menor do que a anunciada pelo Ministério da Saúde, que, por problemas técnicos, não estaria recebendo informações atualizadas de alguns municípios.

Seja como for, tenho a convicção de que, se a fórmula mais draconiana propugnada por ela fosse adotada, acabaríamos produzindo mais mal do que bem.

O ponto central é que o sistema de saúde precisa ser visto pelo cidadão como um aliado e não como um adversário. Se a percepção que as pessoas têm do posto de saúde for a de que ele é uma entidade que pode colocar a polícia atrás de famílias para subtrair-lhes os filhos, elas terão bons motivos para nunca mais pôr os pés numa unidade.

A ideia de que o sistema de saúde precisa ser protegido de ações que possam minar a confiança que o público lhe deposita não é estranha ao mundo do direito. Não é por outra razão que a legislação penal e códigos de ética proíbem o profissional de saúde de divulgar segredos de pacientes e até de denunciar crimes que tenham cometido.

(Hélio Schwartsman. Disponível em: https://www1.folha.uol.com.br/colunas/ helioschwartsman/2018/08/ vacina-na-marra.shtml. Acesso em 11.11.2018. Adaptado)

407. **(2019 - Câmara de Sertãozinho/SP - Escriturário)** Diante de sucessivas quedas registradas na cobertura vacinal de crianças brasileiras, uma promotora do Ministério Público defende:

a) a necessidade da apresentação do comprovante de vacinação de crianças em idade escolar.

b) o acionamento da legislação penal para deter os responsáveis pela criança que não foram vacinadas no período certo.

c) a violação do código de ética que interdita a criança da convivência social para o bem da saúde coletiva de outras crianças.

d) a aplicação de multa e a possível perda da guarda dos filhos por determinação judicial.

e) a notificação dos postos de saúde que não cumprirem as medidas legais como a apreensão de crianças não vacinadas.

A justificativa à questão proposta encontra justificativa no seguinte trecho retirado do texto: "fiquei chocado com o artigo de uma promotora do Ministério Público, no qual ela defende não só multa para genitores que deixem de imunizar seus rebentos, mas também a busca e apreensão das crianças para vaciná-las".

GABARITO: D.

---

408. **(2019 - Câmara de Sertãozinho/SP – Escriturário)** Segundo a opinião do autor do texto,

a) os postos de saúde precisam denunciar as famílias que negligenciam a imunização de seus filhos.

b) a queda na cobertura vacinal é recorrência da falta de divulgação midiática acerca das epidemias que avançam no Brasil.

c) a decisão pela vacinação dos filhos cabe aos pais, considerando pesquisas internacionais contrárias à imunização de crianças.

d) a militância antivacinal influencia a maior parte das famílias brasileiras a não frequentar postos de saúde para a imunização de doenças fatais.

e) a imposição do governo e as medidas judiciais que obrigam os pais a vacinarem seus filhos podem causar mais transtornos que benefícios às famílias.

A alternativa E responde à questão com base no seguinte fragmento retirado do texto: "Seja como for, tenho a convicção de que, se a fórmula mais draconiana propugnada por ela fosse adotada, acabaríamos produzindo mais mal do que bem.", em que a expressão destacada refere-se às medidas judiciais e imposições do governo impostas pela promotora.

GABARITO: E.

---

409. **(Câmara de Sertãozinho/SP - 2019 - Escriturário)** Assinale a alternativa em que as expressões destacadas na frase têm sentidos opostos.

a) ... proíbem o profissional de saúde de **divulgar** segredos de pacientes e até de **denunciar** crimes...

b) ... induzidos por vilões internacionais, se **recusam** a **imunizar** seus filhos.

c) ... o sistema de saúde precisa ser visto pelo cidadão como um **aliado** e não como um **adversário**.

d) ... elas terão **bons** motivos para **nunca** mais pôr os pés numa unidade.

e) .... se a fórmula mais draconiana **propugnada** pela promotora do Ministério Público fosse **adotada**...

Trata-se de uma questão em que se buscam os pares antônimos, contrários, como o que se observa em: "aliado" e "adversário", na alternativa C.

GABARITO: C.

---

410. **(2019 - Câmara de Sertãozinho/SP – Escriturário)** Assinale a alternativa em que o termo destacado é empregado no texto em sentido figurado.

a) A ideia de que o sistema de saúde precisa ser protegido de ações que possam **minar** a confiança...

b) ... a legislação penal e códigos de ética proíbem o profissional de saúde de **divulgar** segredos de pacientes...

c) ... como o de uma epidemia **fatal** que avança rapidamente e pais que, induzidos por vilões internacionais...

d) Há motivos para acreditar que as sucessivas quedas na **cobertura** vacinal registradas.

e) Seja como for, tenho a convicção de que, se a fórmula mais draconiana **propugnada** pela promotora do Ministério Público...

A palavra minar no sentido figurado significa "consumir pouco a pouco", sendo, portanto, dos exemplos recolhidos, a única palavra com sentido figurado, diferente do usual.

GABARITO: A.

Leia o texto para responder à próxima questão.

Pesquisa exclusiva mostra que brasileiros superestimam suas capacidades digitais

Os brasileiros estão otimistas com o impacto da transformação digital em suas carreiras, mas superestimam as suas capacidades digitais, que serão chave no mercado de trabalho nos próximos anos. A constatação está em pesquisa realizada por Tera, Scoop&Co e Época Negócios, apoiada por Love Mondays. O estudo mostra que mais de 80% dos brasileiros se dizem empolgados com a chegada das novas tecnologias no trabalho e 87% estão confiantes de que vão se adaptar à nova realidade.

Essa percepção positiva da maioria, contudo, não condiz com a realidade do mercado. Quando apresentados a uma lista de habilidades mais demandadas, 42% afirmaram não conhecer as 14 competências digitais desejadas por empregadores de acordo com lista do LinkedIn para 2018. "A lista traz funções não exigidas nas empresas há cinco anos. Esse cenário descrito pela pesquisa é um retrato de que a renovação das competências aconteceu rápido demais. As pessoas não viram isso acontecer", diz Leandro Herrera, fundador da Tera.

(Barbara Bigarelli. *Época Negócios*. 14.11.2018. https://epocanegocios.globo.com. Adaptado)

411. **(2019 - Câmara de Sertãozinho/SP - Auxiliar Legislativo/Informática)** A frase em que a forma verbal está empregada com sentido idêntico ao do verbo haver em – A lista traz funções não exigidas nas empresas há cinco anos. (2º parágrafo) – é:

a) Há de tudo um pouco naquela feira de tecnologia que visitamos com o pessoal da empresa.

b) Há cerca de um mês, o documento foi encaminhado ao departamento responsável.

c) Há que se realizar uma série de ajustes para que as reformas sejam implementadas.

d) Há 50% dos trabalhadores que já fizeram cursos para ampliar suas capacidades digitais.

e) Há um prazo de dois meses para a construtora terminar a obra sem que seja multada.

O verbo haver pode apresentar vários sentidos a saber. existir, ocorrer, presenciar, restar, decorrer Em relação ao que foi empregado na frase em destaque – o de tempo decorrido –, verifica-se utilização idêntica em "Há cerca de um mês" alternativa B.

GABARITO: B.

Leia o texto para responder às próximas 4 questões.

Karl Marx romancista e dramaturgo? incompletas e atacarem a tradição acadêmica.

É preciso levar a sério a filha de Marx, Eleanor, quando disse que seu pai "era o mais alegre e divertido de todos os homens". Em outubro de 1837, com apenas dezenove anos, o jovem Karl compôs uma peça de teatro e um breve romance satírico, inacabados, nos quais ridiculariza e condena as convenções burguesas, o moralismo filisteu, a aristocracia e o pedantismo intelectual.

Naquele ano, por indicação médica – pois adoecera por excesso de trabalho –, Marx deixou Berlim e estabeleceu-se, para repousar, em Stralow, uma vila de pescadores. Mas, em vez do descanso, optou por trabalhar intensamente. Foi nesse momento que escreveu as duas operetas contidas no livrinho que a Boitempo oferece agora aos leitores brasileiros: Escorpião e Félix e Oulanem.

Essas pequenas obras remetem à atmosfera cultural da Alemanha no período posterior ao Congresso de Viena, com a rejeição romântica do classicismo e a grande difusão da obra de Laurence Sterne, principalmente do seu Tristram Shandy. Esse romance, publicado entre 1759 e 1767, cobre de ridículo os estereótipos literários então dominantes. É dessa fonte literária, além de pitadas de E. T. A. Hoffmann, que o jovem Karl bebe em seu romance Escorpião e Félix, dissolvendo os lugares comuns narrativos num divertido desprezo pela lisura formal do romance clássico. Já Oulanem é um drama fantástico em versos, um suspense gótico. Na criação desse poema-tragédia, ambientado numa aldeia na Itália, o jovem filósofo estava sob a influência dominante de Goethe e, sob essa luz, delineava sua visão da história e sua ideia de que o mundo precisava ser completamente revolucionado.

Esse Karl ainda não é o Marx que conhecemos melhor, mas são claros os indícios do futuro filósofo materialista que despontam.

(Carlos Eduardo Ornelas Berriel. https://blogdaboitempo.com.br. Adaptado)

412. **(2019 - Câmara de Sertãozinho/SP - Auxiliar Legislativo/Informática)** De acordo com o texto, as obras Escorpião e Félix e Oulanem, de Karl Marx, têm em comum o fato de serem:

a) burlescas e tratarem de temas metafísicos.

b) empoladas e desenvolverem teses filosóficas.

c) classicistas e reproduzirem estereótipos burgueses.

d) incompletas e atacarem a tradição acadêmica.

e) regionalistas e terem a Itália como cenário.

A resposta à questão encontra justificativas nos seguintes fragmentos retirados do texto: "incompletas" porque "Em outubro de 1837, com apenas dezenove anos, o jovem Karl compôs uma peça de teatro e um breve romance satírico, inacabados [...]" e "atacam a tradição acadêmica" porque neles "[...] ridiculariza e condena as convenções burguesas, o moralismo filisteu, a aristocracia e o pedantismo intelectual."

GABARITO: D.

---

413. **(2019 - Câmara de Sertãozinho/SP - Auxiliar Legislativo/Informática)** A respeito da distribuição do conteúdo abordado no texto, pode-se afirmar corretamente que,

a) no parágrafo 1º, são listadas as principais preferências literárias do filósofo Karl Marx.

b) no parágrafo 2º, expõem-se as intenções de Karl Marx ao desenvolver suas obras literárias.

c) no parágrafo 3º, apresentam-se algumas influências sobre Karl Marx romancista e dramaturgo.

d) no parágrafo 4º, defende-se que a obra literária de Karl Marx deve sobrepor-se à obra filosófica.

e) nos parágrafos 2º e 3º, justifica-se a crítica que Karl Marx dirige à classe burguesa alemã.

No 3º parágrafo, são listadas as influências sobre o escritor. Como romancista submeteu-se às leituras de Laurence Sterne, Tristram Shandy. E. T. A. Hoffmann na obra Escorpião e Félix. Como poeta, em Oulanem, escreveu sob a influência dominante de Goethe.

GABARITO: C.

---

414. **(2019 - Câmara de Sertãozinho/SP - Auxiliar Legislativo/Informática)** Os travessões empregados no segundo parágrafo servem ao propósito de isolar uma expressão com função:

a) resumitiva.
b) enumerativa.
c) explicativa.
d) recapitulativa.
e) exemplificativa.

O travessão é um sinal de pontuação o qual costuma ser empregado com diferentes propósitos: no discurso direto, para indicar a fala da personagem ou a mudança de interlocutor nos diálogos; numa frase, para destacar, atribuir explicação a algum elemento em seu interior ou, ainda, servindo muitas vezes para realçar; substituir o uso de parênteses, vírgulas e dois-pontos. No exemplo retirado do 2º parágrafo: "Naquele ano, por indicação médica – pois adoecera por excesso de trabalho –, Marx deixou Berlim", os travessões permitem o acréscimo de uma explicação.

GABARITO: C.

415. **(2019 - Câmara de Sertãozinho/SP - Auxiliar Legislativo/Informática)** Assinale a alternativa em que o sentido expresso pelo vocábulo destacado está indicado entre colchetes.

a) É preciso levar a sério a filha de Marx, Eleanor, **quando** disse que seu pai "era o mais alegre e divertido de todos os homens". [hipótese]
b) Naquele ano, **por** indicação médica – pois adoecera por excesso de trabalho –, Marx deixou Berlim ...[consequência]
c) ... Marx deixou Berlim e estabeleceu-se, **para** repousar, em Stralow, uma vila de pescadores. [direção]
d) **Mas**, em vez do descanso, optou por trabalhar intensamente. [adição]
e) Esse romance, publicado entre 1759 e 1767, cobre de ridículo os estereótipos literários **então** dominantes. [tempo]

Nas alternativas A, B, C e D verificam-se incorreções e incompatibilidade de sentidos – a associação correta seria "quando/tempo"; "por/ causa'; 'para/ finalidade"; "mas/ adversidade". Em vista disso, a alternativa certa é a E, na qual "então" significa "tempo".

GABARITO: E.

Leia o texto para responder às próximas questões.

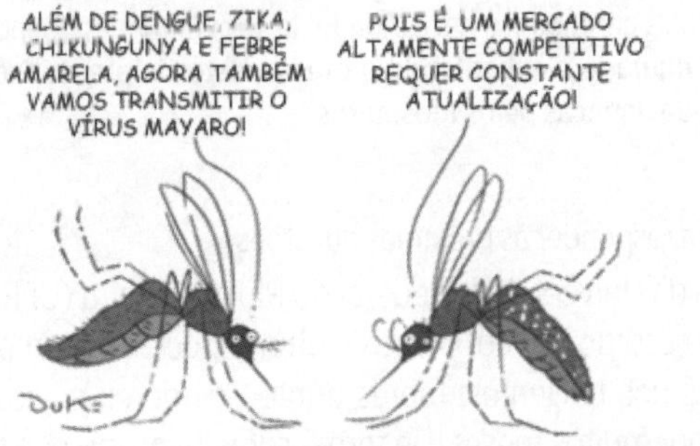

(Chargista Duke. https://www.otempo.com.br)

416. **(2019 - Prefeitura de Guarulhos/SP - Atendente do SUS)** Na fala do segundo mosquito, a expressão Pois é indica uma:

a) conclusão, com a qual ele sintetiza a ideia de que as condições para o surgimento de doenças estão precárias.

b) contestação, utilizada para negar a ideia de que uma nova doença pode ser transmitida pelos mosquitos.

c) confirmação, por meio da qual ele reconhece que agora os da sua espécie têm mais uma atribuição.

d) ressalva, que corrige a informação da fala do primeiro mosquito quanto à transmissão do vírus mayaro.

e) afirmação, que explora a ideia de que os mosquitos se sentem incomodados em transmitir o vírus mayaro.

O vocábulo "pois" usado, em geral, com sentidos de explicação e conclusão, na charge tem a constituição significativa de confirmação, concordância – com o acréscimo do verbo "é" – de um mosquito em relação à fala do outro.

GABARITO: C.

---

417. **(2019 - Prefeitura de Guarulhos/SP - Atendente do SUS)** Nas falas dos mosquitos, os termos agora e altamente expressam, correta e respectivamente, circunstâncias de:

a) tempo e dúvida.

b) afirmação e modo.

c) modo e intensidade.

d) afirmação e dúvida.

e) tempo e intensidade.

As circunstâncias atribuídas às palavras destacadas devem ser identificadas em função do contexto em que foram empregadas. Dessa forma, " agora" liga-se ao sentido de "tempo" e " altamente" ao de intensidade.

GABARITO: E.

---

418. **(2019 - Prefeitura de Guarulhos/SP - Atendente do SUS)** A fala do segundo mosquito caracteriza-se por conter termos empregados em sentido:

a) figurado, os quais reforçam a ideia de proliferação das doenças.

b) coloquial, os quais mostram o bom humor na referência às doenças.

c) próprio, os quais enfatizam a falta de combate às novas doenças.

d) ambíguo, os quais ironizam o perigo que as doenças representam.

e) formal, os quais apregoam a necessidade de se evitarem as doenças.

O sentido é figurado e subentende o pressuposto de preocupação do autor da charge com a proliferação de doenças pelos mosquitos.

GABARITO: A.

Leia o texto para responder às próximas questões.

Pesquisadores da Universidade Federal do Rio de Janeiro (UFRJ) anunciaram a descoberta do vírus mayaro, no Estado do Rio. O vírus é uma espécie de 'primo' da chikungunya e provoca as mesmas reações nos pacientes: febres e intensas dores musculares e articulares que podem se prolongar por muitos meses. De forma semelhante ao que transmite a febre amarela, o mayaro é um vírus que, pelo menos até agora, existia apenas em áreas silvestres amazônicas.

No entanto, sua presença no estado do Rio não surpreendeu os cientistas da UFRJ – há quase quatro anos, eles já alertavam sobre a possibilidade da existência do vírus em território fluminense, por meio de uma adaptação ao ambiente urbano.

Segundo a pesquisa, com o passar do tempo, o mayaro pode se adaptar ainda mais e também ser transmitido tanto pelo Aedes aegypti quanto pelo pernilongo Culex – bastante comum no RJ, o que, segundo os pesquisadores, pode aumentar o risco de epidemia.

(https://g1.globo.com.ghtml. Adaptado)

419. **(2019 - Prefeitura de Guarulhos/SP - Atendente do SUS)** A informação comum à charge e ao texto diz respeito:

a) ao surgimento do mosquito da dengue em áreas silvestres da região amazônica.

b) à semelhança física entre o mosquito Aedes aegypti e o pernilongo Culex.

c) à possibilidade de o vírus mayaro poder ser transmitido pelo mosquito Aedes aegypti.

d) à descoberta do vírus mayaro, que só existia em áreas amazônicas, no Rio de Janeiro.

e) ao fato de o Aedes aegypti tomar o lugar do Culex para a transmissão do vírus.

Ambos os textos dialogam com a mesma temática: a transmissão do vírus mayaro. A diferença está na apresentação da informação: na charge, o enunciador-mosquito se autodetermina como não só o transmissor da dengue como de outras doenças, inclusive o mayaro; no texto do jornal, a fala dos pesquisadores, confirmada pelo trecho: "o mayaro pode se adaptar ainda mais e também ser transmitido tanto pelo Aedes aegypti ...", comprovam a resposta C.

GABARITO: C.

420. **(2019 - Prefeitura de Guarulhos/SP - Atendente do SUS)** Considere as passagens:

• O vírus é uma espécie de 'primo' da chikungunya e **provoca** as mesmas reações nos pacientes... (2º parágrafo)

• De forma **semelhante** ao que transmite a febre amarela... (2º parágrafo)

• No entanto, sua presença no estado do Rio não **surpreendeu** os cientistas da UFRJ... (3º parágrafo)

No contexto em que estão empregados, os termos em destaque significam, correta e respectivamente:

a) incita; igual; flagrou.

b) ocasiona; incomum, vislumbrou.

c) instiga; diversa; induziu em erro.

d) causa; análoga; causou espanto.

e) desperta; parecida; atacou de improviso.

Os sentidos equivalentes às expressões destacadas compreendem a sequência de palavras dispostas na D: provoca/causa; semelhante/ análogo; surpreendeu/ causou espanto.

GABARITO: D.

Leia o texto para responder à próxima questão.

O poder do mosquito

Este 2019 começou marcado pelo ressurgimento de um velho e temível inimigo dos brasileiros: o Aedes aegypti. Nada menos de 994 cidades – um quinto dos 5214 municípios pesquisados – estão com altos níveis de infestação pelo mosquito.

Há duas formas de encarar a recente proliferação o Aedes, mosquito de origem africana que inferniza a vida de brasileiros desde que aqui aportou, séculos atrás, provavelmente a bordo de navios de traficantes de escravos.

A mais benigna põe ênfase nas condições meteorológicas para multiplicação do vetor, como a temperatura e a pluviosidade mais elevadas deste ano. Trata-se da visão favorita de governantes que se esquivam de responsabilidades.

Outra forma de encarar o poder redivivo do inseto é enxergar aí o fracasso do poder público em combater uma doença típica do subdesenvolvimento – ou da sociedade como um todo, porque erradicar o Aedes aegypti é um desafio que começa na casa de cada um.

(Editorial. *Folha de S.Paulo*, 07.05.2019. Adaptado)

421. **(2019 - Prefeitura de Guarulhos/SP - Atendente do SUS)** Com base nas informações textuais, é correto concluir que o título do texto se refere:

a) ao descaso da sociedade como um todo, que reclama da inércia governamental no combate à dengue, mas é incapaz de se mobilizar para começar a combater o mosquito na própria casa.

b) à impossibilidade de se combater o Aedes aegypti, em razão das condições históricas relativas ao tráfico de escravos para o Brasil que, junto com estes, trouxe o mosquito séculos atrás.

c) à preocupação do governo com o aumento dos casos de dengue, beneficiado pela alta temperatura do verão e pela maior quantidade de chuvas, o que exige políticas públicas eficientes.

d) ao aumento expressivo dos casos de dengue no Brasil que se dá em função das condições meteorológicas e da falta de iniciativas públicas e privadas para o combate ao Aedes aegypti.

e) ao iminente contra-ataque a ser lançado pelo governo e pela sociedade como um todo no combate à dengue, uma vez que os altos níveis de infestação têm mobilizado todos os cidadãos.

O título "O poder do mosquito" refere-se ao aumento desenfreado dos casos de dengue no Brasil: "Nada menos de 994 cidades – um quinto dos 5214 municípios pesquisados – estão com altos níveis de infestação pelo mosquito" , às condições meteorológicas: "ênfase nas condições meteorológicas para multiplicação do vetor, como a temperatura e a pluviosidade mais elevadas" e políticas públicas ineficientes: "fracasso do poder público em combater uma doença típica do subdesenvolvimento – ou da sociedade como um todo.", toda sequência comprovada por fragmentos do texto.

GABARITO: D.

Leia um trecho da entrevista com o psiquiatra Miguel Chalub, para responder à próxima questão.

A Organização Mundial da Saúde (OMS) prevê que a depressão será a doença mais comum do mundo em 2030 – atualmente, 121 milhões de pessoas sofrem do problema. Para o psiquiatra Miguel Chalub, há um certo exagero nessas contas. Ele defende que tanto os pacientes quanto os médicos estão confundindo tristeza com depressão. Ele afirma que os psiquiatras são os que menos receitam antidepressivos, porque estão mais preparados para reconhecer as diferenças entre a "tristeza normal e a patológica".

ISTOÉ: Por que tantas previsões alarmantes sobre o aumento da depressão no mundo?

Miguel Chalub: Porque estão sendo computadas situações humanas de luto, de tristeza, de aborrecimento, de tédio. Não se pode mais ficar entediado, aborrecido, chateado, porque isso é imediatamente transformado em depressão. É a medicalização de uma condição humana, a tristeza. É transformar um sentimento normal, que todos nós devemos ter, dependendo das situações, numa entidade patológica.

ISTOÉ: A que se deve essa mudança?

Miguel Chalub: Primeiro, a uma busca pela felicidade. Qualquer coisa que possa atrapalhá-la tem que ser chamada de doença, porque, aí, justifica: "Eu não sou feliz porque estou doente, não porque fiz opções erradas." Dou uma desculpa a mim mesmo. Segundo, à tendência de achar que o remédio vai corrigir qualquer distorção humana. É a busca pela pílula da felicidade. Eu não preciso mais ser infeliz.

ISTOÉ: O que diferencia a tristeza normal da patológica?

Miguel Chalub: A intensidade. A tristeza patológica é muito mais intensa. A normal é um estado de espírito. Além disso, a patológica é longa.

(Adriana Prado. https://istoe.com.br/74405_O+HOMEM+NAO+ACEITA+ MAIS+FICAR+TRISTE+/ Publicado em 26.05.2010. Adaptado.)

422. **(2019 - Prefeitura de Sertãozinho/SP – Farmacêutico)** De acordo com o entrevistado,

a) os períodos de luto ou de adversidades cotidianas justificam, acertadamente, a medicalização dessas condições humanas pelos especialistas.

b) as pessoas atualmente não aceitam mais se sentir infelizes, por isso têm se empenhado em fazer escolhas de vida mais sensatas.

c) o tratamento de indivíduos que manifestem tristeza ausente de traços patológicos deve ser feito com a prescrição regular de antidepressivos.

d) a depressão é um estado de espírito que, por ser vivenciado pelo indivíduo por um breve período, constitui uma distorção humana.

e) a medicalização da tristeza é decorrente, entre outros fatores, do anseio das pessoas por viverem permanentemente felizes.

Na entrevista, o fragmento da resposta dada pelo entrevistado: "Primeiro, a uma busca pela felicidade. Qualquer coisa que possa atrapalhá-la tem que ser chamada de doença, porque, aí, justifica: "Eu não sou feliz porque estou doente, não porque fiz opções erradas." Dou uma desculpa a mim mesmo. Segundo, à tendência de achar que o remédio vai corrigir qualquer distorção humana. É a busca pela pílula da felicidade." comprova a ideia de que a necessidade humana de permanecer feliz o tempo todo faz com que a tristeza seja vista como doença, suscetível a tratamentos, remédios.

GABARITO: E.

(2019 - Prefeitura de Sertãozinho/SP – Farmacêutico) Leia o texto de Ruy Castro, para responder à próxima questão.

Todos chegarão lá

O Brasil está envelhecendo. Segundo projeções oficiais, 20% da população terá mais de 60 anos em 2030.Em números absolutos, esperam-se perto de 50 milhões de idosos em 2030 – imagine o volume de antidepressivos, estimulantes e produtos geriátricos que isso vai exigir. Não quer dizer que a maioria desses macróbios[1] seguirá o padrão dos velhos de antigamente, que, mal passados dos 60, equipados com boina, cachecol, suéter, cobertor nas pernas, eram levados para tomar sol no parquinho.

Quero crer que os velhos de 2030 se parecerão cada vez mais com meus vizinhos do Baixo Vovô, aqui no Leblon – uma rede de vôlei frequentada diariamente por sexa ou septuagenários torrados de sol, com músculos invejáveis e capazes de saques e cortadas mortíferas. A vida para eles nunca parou.

Por sorte, a aceitação do velho é agora maior do que nunca. Bem diferente de 1968 – apogeu de algo que me parecia fabricado, chamado "Poder Jovem" –, em que ser velho era quase uma ofensa. À idade da razão, que deveria ser a aspiração de todos, sobrepunha-se o que Nelson Rodrigues denunciava como "a razão da idade": a juventude justificando todas as injustiças e ignomínias[2] (como as da Revolução Cultural, na China, em que velhos eram humilhados publicamente por ser velhos).

Naquela mesma época, o rock era praticado por jovens esbeltos, bonitos e de longas cabeleiras louras, para uma plateia de rapazes e moças idem. Hoje, ele é praticado por velhos carecas, gordos e tatuados, para garotos que podiam ser seus netos. Já se pode confiar em maiores de 60 anos e, um dia, todos chegarão lá.

(*Folha de S.Paulo*, 04.10.2013. Adaptado)

1 macróbios: pessoas que chegaram à idade muito avançada

2 ignomínias: infâmias; desonra infligida por julgamento público

423. De acordo com o texto,

a) será impossível, em 2030, suprir a demanda dos idosos por antidepressivos, estimulantes e produtos geriátricos.

b) os vizinhos do bairro do Leblon são idosos, ainda profissionalmente ativos, que praticam esportes com amigos e netos.

c) as críticas feitas aos jovens são inaceitáveis, pois o entusiasmo da juventude justifica atitudes de toda espécie.

d) os idosos do Baixo Vovô, avessos ao sedentarismo, comportam-se diferentemente dos idosos que tomavam sol nos parquinhos.

e) as bandas de rock atuais optaram, irreverentemente, por substituir músicos jovens, esbeltos e bonitos ou músicos idosos, gordos e tatuados.

A resposta à questão proposta encontra comprovação nos seguintes fragmentos retirados do texto: "...o padrão dos velhos de antigamente, que, mal passados dos 60, (...) eram levados para tomar sol no parquinho." opõe-se a "... meus vizinhos do Baixo Vovô, aqui no Leblon – uma rede de vôlei frequentada diariamente por sexa ou septuagenários torrados de sol, com músculos invejáveis e capazes de saques e cortadas mortíferas. A vida para eles nunca parou.", denotando a diferença entre os idosos citados.

GABARITO: D.

424. **(2019 - Prefeitura de Sertãozinho/SP – Farmacêutico)** Leia a tirinha em que aparecem as personagens Honi e seus pais Helga e Hagar.

(Dik Browne. *Folha de S.Paulo*, 21.07.2013)

A reação de Honi, no primeiro quadrinho, e a atitude de Helga e de Hagar, no segundo quadrinho, sinalizam, correta e respectivamente:

a) desaprovação, arbitrariedade e regozijo.

b) irritação, sarcasmo e arrependimento.

c) perplexidade, ironia e resignação.

d) indiferença, intransigência e contestação.

e) incredulidade, hesitação e anuência.

A questão compreende as leituras das linguagens verbal e não verbal. Sobre a reação de Honi, no primeiro quadrinho, a fala e a expressão de olhos arregalados sugerem perplexidade, já a atitude de Helga e de Hagar, revelam ironia ao dizer que o marido concordou em jantar fora, quando a imagem mostra-o amarrado e, por último, resignação, com o Hagar, submisso à vontade da mulher.

GABARITO: C.

Leia o texto, para responder às próximas 4 questões.

O valor da mentira

Durante o conclave de 1522, que terminaria por ungir Adriano VI em papa, as estátuas no entorno da Piazza Navona, no centro de Roma, passaram a amanhecer com pequenos pedaços de papel pregados. Eram textos de autoria do escritor e poeta Pietro Aretino (1492-1556), já então uma das mais conhecidas "penas de aluguel" da Itália. Com seu estilo satírico e mordaz, inteligente e ferino, Aretino dedicava-se a atacar um por um dos cardeais que poderiam vir a ser o novo pontífice. Os ataques eram financiados pelo cardeal Giulio de Medici, que acabou se tornando o papa Clemente VII um ano depois, com a morte de Adriano VI. A partir daí, o gênero dos "panfletos difamatórios" ficou conhecido como "pasquim". Aretino transformou a difamação em negócio e fez fortuna com os jornalecos.

Em 2016, as mentiras veiculadas com o objetivo de beneficiar um indivíduo ou um grupo – ou simplesmente franquear ao seu disseminador o prazer de manipular multidões – ganharam o nome de *fake news*. Aquele foi o ano em que o mundo se surpreendeu com a vitória do Brexit no Reino Unido e também o ano em que, nos Estados Unidos, as redes sociais foram infestadas por textos que diziam que a então candidata democrata, Hillary Clinton, havia enviado armas para o Estado Islâmico, ou que o papa Francisco declarara apoio ao rival dela, o hoje presidente Donald Trump.

Nas *fake news* não cabem relativismos nem discussões filosóficas sobre o conceito de "verdade" – trata-se, pura e simplesmente, de informações deliberadamente enganosas. São lorotas destinadas a ludibriar os incautos, ou os nem tão incautos assim, ávidos por pendurar seus argumentos em fatos que não podem ser comprovados. O suposto desconhecimento de uns, aliado ao oportunismo de outros, ampliou o significado da expressão de forma a adequá-lo a demandas de ocasião. Em prática recém-inaugurada, a expressão fake news passou a ser usada por poderosos para classificar tudo o que a imprensa profissional publica a respeito deles e que lhes desagrada – apesar de ser invariavelmente verdadeiro. Ajuda no sucesso dessa estratégia maliciosa a popularidade dos novos meios de comunicação nascidos com a internet.

(Anna Carolina Rodrigues, *Veja*, 26.10.2018. Adaptado)

425. **(2018 - Prefeitura de São Paulo/SP - Engenheiro Civil)** É correto afirmar que a referência ao gênero praticado por Aretino:

a) explica a preferência do grande público pelas notícias em rede, alimentando o gosto milenar por ataques pessoais indiscriminados.

b) pode ser um alerta para o grande público, para que reflita sobre a tradição da mentira praticada sem motivo aparente.

c) é um recurso de que lança mão a revista, com o objetivo de conferir maior credibilidade à matéria por ela veiculada.

d) ancora a sequência de ideias da autora, por associação com a prática contemporânea da manipulação por meio de conteúdos falsos.

e) serve de justificativa para o uso das redes sociais nos dias de hoje, apontando a precariedade dos recursos de que se valia o escritor.

A autora refere-se ao poeta Arelino ((1492-1556),escritor de : "..., o gênero dos "panfletos difamatórios" ficou conhecido como "pasquim". Aretino transformou a difamação em negócio e fez fortuna com os jornalecos." Para dar seguimento à crítica que pretende estabelecer na contemporaneidade, o fragmento a seguir atesta e fundamenta a resposta à questão.: "Em 2016, as mentiras veiculadas com o objetivo de beneficiar um indivíduo ou um grupo – ou simplesmente franquear ao seu disseminador o prazer de manipular multidões – ganharam o nome de fake news."

GABARITO: D.

---

426. **(2018 - Prefeitura de São Paulo/SP - Engenheiro Civil)** À vista das situações exemplares expostas pela autora, é correto afirmar que, na Roma antiga ou na atualidade, a prática das notícias falsas está associada:

a) ao objetivo de fazer fortuna graças ao patrocínio de interesses escusos.

b) à expectativa de obter vantagens políticas, graças ao patrocínio governamental.

c) a interesses legítimos de grupos organizados e com objetivos bem definidos.

d) ao oportunismo daqueles que almejam obter alguma forma de satisfação de interesse.

e) à ingenuidade da população, sempre ávida de obter alguma vantagem.

A autora cita uma série de episódios, tanto da Roma antiga quanto da contemporaneidade para exemplificar a atitude daqueles que se valem de histórias, notícias, imagens falsas para obter algum tipo de proveito.

GABARITO: D.

---

427. **(2018 - Prefeitura de São Paulo/SP - Engenheiro Civil)** Segundo o texto, uma derivação atual do uso das fake news por detentores de poder consiste em:

a) garantir que a população seja informada do que acontece nos bastidores do poder.

b) insistir em que são inverdades fatos noticiados por profissionais da mídia jornalística.

c) contrariar os interesses da população com informações que não se podem provar.

d) evitar que oportunistas manipulem informações que ameacem a estabilidade do país.

e) propiciar discussões éticas acerca da propagação de inverdades insustentáveis.

A resposta à questão encontra fundamento no seguinte fragmento retirado do texto: "Em prática recém-inaugurada, a expressão fake news passou a ser usada por poderosos para classificar tudo o que a imprensa profissional publica a respeito deles e que lhes desagrada – apesar de ser invariavelmente verdadeiro.".

GABARITO: B.

---

428. **(2018 - Prefeitura de São Paulo/SP - Engenheiro Civil)** As expressões destacadas nas passagens – ... ou simplesmente **franquear** ao seu disseminador o prazer de manipular multidões... / São lorotas destinadas a ludibriar os **incautos**... – têm antônimos, correta e respectivamente, em:

a) impedir e incoerentes.

b) reafirmar e imprevidentes.

c) obstar e precavidos.

d) conceder e prevenidos.

e) dificultar e indecisos.

Trata-se de uma questão de antonímia, cuja resposta correta pode-se observar na sequência de pares: "franquear/obstar" e "incautos/precavidos".

GABARITO: C.

Leia o texto, para responder à próxima questão.

Após 15 anos do Estatuto do Idoso, desafio é cumprir a lei

Quinze anos após ter sido criada, a principal lei de defesa dos direitos do idoso ainda tem sua aplicação completa como desafio. Em outubro de 2003, quando o chamado Estatuto do Idoso entrou em vigor, **8,5% da população tinha 60 anos ou mais** — 15 milhões de pessoas. Hoje, esse grupo já representa 13% do total e supera 27 milhões, segundo o IBGE.

O envelhecimento da população não tem sido acompanhado por medidas que garantam todos os direitos desse público, dizem especialistas. A baixa oferta de políticas de cuidado para idosos que precisam de apoio, como os chamados centros-dia, é um dos gargalos apontados. Outros problemas são dificuldade no_______________ saúde,_______________ abordagem nas escolas sobre_____________________ idoso e falta de políticas de emprego.

"Existe uma cultura de que envelheceu e acabou: você ganha um pijama, um chinelo e uma poltrona. Queremos mostrar que o idoso continua sendo sujeito de direitos", diz Delton Pastore, promotor que atua na defesa do idoso no Ministério Público de São Paulo. Para ele, falta integração de serviços ao idoso, como na saúde e na assistência social.

Desde que entrou em vigor, o estatuto já foi alterado em mais de 20 pontos, por 11 leis. Uma das mais recentes, de 2017, deu prioridade especial no atendimento a quem tem a partir de 80 anos.

Pesquisa Datafolha mostra que a maioria dos idosos têm visão pessimista sobre as condições do país: 69% deles avaliam que o Brasil está pior hoje do que na sua juventude. Saúde pública e condições de trabalho têm as piores avaliações.

(Natália Cancian e Laís Alegretti. Disponível em: <https://www1.folha.uol.com.br>. 10.07.2018. Adaptado)

429. **(2018 - Prefeitura de São Paulo/SP - Engenheiro Civil)** A alternativa cujo enunciado emprega palavra(s) em sentido figurado é:

a) A baixa oferta de políticas de cuidado para idosos que precisam de apoio, como os chamados centros-dia, é um dos gargalos apontados.

b) Uma das mais recentes, de 2017, deu prioridade especial no atendimento a quem tem a partir de 80 anos.

c) Queremos mostrar que o idoso continua sendo sujeito de direitos", diz Delton Pastore, promotor que atua na defesa do idoso no Ministério Público de São Paulo.

d) ... 69% deles avaliam que o Brasil está pior hoje do que na sua juventude. Saúde pública e condições de trabalho têm as piores avaliações.

e) O envelhecimento da população não tem sido acompanhado por medidas que garantam todos os direitos desse público, dizem especialistas.

Na alternativa A, o uso da palavra "gargalo" (entrave, barreira) permite o estabelecimento do sentido figurado, uma vez que o significado usual e literal dela diz respeito a "parte de uma garrafa, de uma vaso que é constituída por uma colo de forma alongada e abertura estreita". Dicionário Eletrônico Houaiss

GABARITO: A.

Leia o texto para responder às próximas questões.

'Me corrige', pede o pronome

Uma das principais marcas do português brasileiro permanece alijada da escrita

Me parece cada vez mais claro que o pronome átono em início de frase, como o que acabo de cometer, será o último dos últimos tabus normativos a ser quebrado pelo inexorável abrasileiramento da língua que se entende e se pratica como nossa norma culta.

É claro que me refiro à língua escrita. Sabe-se que, falando, a maior parte dos brasileiros iniciaria assim esta frase: "Se sabe que...". Isso inclui pessoas de alta escolaridade e não exclui situações em que a comunicação prevê certa cerimônia.

No livro "Oficina de Texto", um guia de redação sensatamente equilibrado entre tradição e modernidade, o linguista Carlos Alberto Faraco e o romancista Cristovão Tezza, colunista da Folha, escrevem o seguinte: "Resta praticamente uma única regra universal na colocação de pronomes da língua-padrão escrita: jamais comece uma sentença com pronome átono".

Logo em seguida reconhecem que talvez esse não seja bem o único mandamento restante. Para poupar dor de cabeça com revisores e corretores de provas, dizem, vale a pena seguir também a regra "bastante duvidosa" das tais palavras atrativas, como "que", "quando" e "não", que sempre puxariam o pronome átono para junto de si.

No mais, Faraco e Tezza dão ao leitor a bússola de colocação pronominal que julgo definitiva: "Prefira a forma que soar melhor". Se você é brasileiro, isso exclui quase certamente a mesóclise, além de limitar a lusitana ênclise. Nossa inclinação é naturalmente proclítica.

O gramático Manuel Said Ali (1861-1953) foi um pioneiro defensor da colocação de pronomes à moda da casa, contra o lusocentrismo dominante em sua época e ainda hoje presente na gramática normativa.

Argumentava que "a pronúncia brasileira diversifica da lusitana; daí resulta que a colocação pronominal em nosso falar espontâneo não coincide perfeitamente com a do falar dos portugueses".

Tudo isso é lindo, mas convém ter sempre em mente o último tabu. Me faça o favor de contrariar sua fala e escrever "Faça-me o favor", a menos que queira marcar uma posição. Se prepare, nesse caso, para as consequências.

(Sérgio Rodrigues, "'Me corrige', pede o pronome". Em: *Folha de S. Paulo*, 02.08.2018. Adaptado)

430. **(2018 - Universidade Federal do Triângulo Mineiro - Assistente em Administração)** Nas frases "Uma das principais marcas do português brasileiro permanece **alijada** da escrita" e "e não exclui situações em que a comunicação prevê certa **cerimônia**", os termos destacados significam, correta e respectivamente,

a) reforçada e etiqueta.

b) natural e popularidade.

c) negada e formalidade.

d) harmonizada e dignidade.

e) desnecessária e polidez.

A palavra " alijada", no contexto linguístico, em que foi usada significa eliminada, negada, expulsa – todos com conotação negativa – e "cerimônia" significa formalidade, situações de emprego da língua-padrão.

GABARITO: C.

---

431. **(2018 - Universidade Federal do Triângulo - Assistente em Administração)** As informações textuais permitem afirmar que:

a) as regras duvidosas surgiram porque os autores consideram que se pode usar a forma que soa melhor na comunicação.

b) Faraco e Tezza asseveram que inexistem regras para a colocação de pronomes no português brasileiro.

c) o uso de pronome átono em início de oração é informal e contraria a língua-padrão escrita.

d) revisores e corretores de prova preferem avaliar o uso de pronomes sem usar a ideia de palavras atrativas.

e) a colocação pronominal se limita a uma regra universal, seja para o português do Brasil seja para o de Portugal.

O emprego de pronomes no Brasil distingue-se em relação ao emprego em outros países, que falam a mesma língua. Para os brasileiros, o emprego do pronome átono no início de frases reproduz o que é feito, espontaneamente, na oralidade. Contudo, segundo as regras da gramática normativa representa erro quanto à utilização, conforme se observa na afirmação: "Resta praticamente uma única regra universal na colocação de pronomes da língua-padrão escrita: jamais comece uma sentença com pronome átono", retirada do texto.

GABARITO: C.

---

432. **(2018 - Universidade Federal do Triângulo - Assistente em Administração)** Assinale a alternativa em que o termo destacado está empregado em sentido figurado.

a) No mais, Faraco e Tezza dão ao leitor a **bússola** de colocação pronominal... (5º parágrafo)

b) Para poupar dor de cabeça com revisores e corretores de **provas**... (4º parágrafo)

c) No livro "Oficina de Texto", um guia de redação **sensatamente** equilibrado... (3º parágrafo)

d) Isso inclui pessoas de alta **escolaridade**... (2º parágrafo)

e) Me parece cada vez mais claro que o **pronome** átono em início de frase... (1º parágrafo)

A palavra "bússola" está sendo empregada no lugar de "orientação, sentido", troca que só pode ser feita em função do sentido figurado que a palavra possui nessa frase.

GABARITO: A.

---

433. **(2018 - Universidade Federal do Triângulo - Assistente em Administração)** Considere as passagens:

• Se você é brasileiro, **isso** exclui quase certamente a mesóclise, além de limitar a lusitana ênclise. (5º parágrafo)

• Tudo isso é lindo, mas convém ter sempre em mente **o último tabu**. (8º parágrafo)

As expressões em destaque recuperam, correta e respectivamente, as seguintes informações textuais:

a) colocar os pronomes à moda da casa; comunicar-se de forma bastante cerimoniosa.

b) preferir a forma que soa melhor; pronome átono em início de frase.

c) falar em situações cerimoniosas; aproximar a pronúncia brasileira da portuguesa.

d) eliminar os pronomes em próclise dos enunciados; optar pelo uso de pronomes de forma proclítica.

e) abster-se de usar pronome como os portugueses; estar preparado para as consequências.

O pronome demonstrativo "isso" retoma, por mecanismo de coesão referencial, a informação de que o brasileiro, no que tange ao uso dos pronomes átonos – o 'último tabu' – , deve escolher o emprego preferido por ele. Por isso, a alternativa B.

GABARITO: B.

Leia o texto para responder à próxima questão.

Anuncia-se o assunto na introdução. Ao se receber uma visita, a primeira coisa é abrir-lhe a porta. Da mesma forma, na exposição, é preciso abrir o assunto.

A introdução encerra, implicitamente, toda a exposição, dando ideia de como será desenvolvida. Para tal, ela precisa conter certa dose de entusiasmo. Não há por que se precipitar de chofre* sobre o assunto. Carece incitar, previamente, o auditório. Acender os flashes principais da exposição, prestando atenção para o ponto de partida. Preparar-se para a marcha inicial. Não se começa a viagem sem se saber o destino; fazem-se provisões e previsões; avisam-se os amigos e hotéis.

A introdução é o espaço onde se anuncia, se coloca, se promete, se desperta... Introduzir é convidar. Mas para que se possa pensar "o que vou dizer" é preciso haver refletido sobre o assunto.

(Edivaldo Boaventura, *Como ordenar as ideias*. Adaptado)

* de chofre: repentinamente

434. **(2018 - Universidade Federal do Triângulo - Assistente em Administração)** Na introdução do texto lido, as informações organizam-se por meio de uma:

a) oposição, recurso também presente na passagem: "Não há por que se precipitar de chofre sobre o assunto. Carece incitar, previamente, o auditório."

b) comparação, recurso também presente na passagem: "Preparar-se para a marcha inicial. Não se começa a viagem sem se saber o destino".

c) síntese, recurso também presente na passagem: "A introdução é o espaço onde se anuncia, se coloca, se promete, se desperta... Introduzir é convidar."

d) explicação, recurso também presente na passagem: "A introdução encerra, implicitamente, toda a exposição, dando ideia de como será desenvolvida."

e) hipótese, recurso também presente na passagem: "Mas para que se possa pensar "o que vou dizer" é preciso haver refletido sobre o assunto."

O autor compara o artifício de introduzir o texto à recepção de visitas, à abertura da porta e embora não esteja implícito é em " prepara-se COMO quem se prepara para...", que reside a comparação.

GABARITO: B.

Leia a tira.

(Adão Iturrusgarai, "A vida como ela yeah". Em: *Folha de S.Paulo*. 22.09.2018. Adaptado)

435. **(2018 - Prefeitura de São José dos Campos/SP -Analista em Gestão Ambiental / Administração de Empresas)** Entre outros fatores, o humor da tira decorre:

a) do reconhecimento das vantagens do mundo moderno, para as quais o tempo tem sido mais escasso para que as pessoas possam desfrutá-las plenamente.

b) da exaltação ao mundo moderno que, apesar de tirar uma fatia de tempo considerável das pessoas, traz a elas uma série de comodidades e facilidades.

c) da ambiguidade das ações humanas na modernidade que reportam as pessoas a uma vida de solidão, deixando de interagir com os seus semelhantes.

d) da crítica às situações cotidianas que, além de mostrarem a efemeridade do tempo, reforçam a ideia de que ele pode ser mal utilizado muitas vezes.

e) do empenho das pessoas em potencializarem o uso do tempo de forma mais produtiva, embora surjam situações em que ele é, eventualmente, desperdiçado.

Além da subversão de sentido de algo usual, no que diz respeito a fenômenos meteorológicos, a "Previsão da Perda de Tempo" apresenta uma série de descrições de atividades do dia a dia, em que se observa a ideia de que além de o tempo passar muito rápido, perde-se muito tempo em função do mau uso dele.

GABARITO: D.

Leia o texto para responder às próximas questões.

Característica básica da inovação social é ser criação daqueles que dela vão se beneficiar. Por isso não é possível replicar experiências inovadoras, como se elas pudessem gerar modelos prontos.

A relevância das experiências inovadoras no debate sobre a transformação do sistema educacional está no fato de que elas criam novos conceitos, processos, estruturas e metodologias, que podem indicar as mudanças necessárias nos vários elementos que constituem o ecossistema da educação.

Vejamos, então, algumas experiências inovadoras. Para ficarmos na América do Sul, na Argentina, a QMark High School, em Bariloche, decidiu inovar observando sua paisagem. Os dias começam e terminam com longas caminhadas na montanha, e os estudantes têm oportunidade de identificar os problemas em sua comunidade e desenvolver pesquisas que possibilitem enfrentá-los, usando as ferramentas disponíveis em seu ambiente. Foi assim que eles construíram um banheiro seco em 2016, que não polui o meio ambiente e, em 2017, criaram um aplicativo que ajuda os turistas a não se perderem nas estradas da montanha.

Novas propostas pedagógicas também ganham cada vez mais espaço entre as escolas brasileiras. Na Escola Estadual Alan Pinho Tabosa, na cidade de Pentecoste (CE), de ensino médio, não há aulas como conhecemos.

Os estudantes, sob orientação dos professores, se organizam em células de aprendizagem e colaboram para resolver problemas. Reconhecem-se dessa forma como agentes de mudança, pensando criticamente sobre o mundo e trabalhando em equipe.

O que essas iniciativas demonstram é que as aprendizagens mais importantes para que os jovens possam produzir mudanças positivas no mundo só podem acontecer em organizações educativas (escolas ou não) que se identificam como centros locais de produção e cultura, reinventando as estruturas, os processos e as metodologias para isso.

(Antonio Lovato, Helena Singer e María Mérola, "Empreendedorismo social e inovação na educação transformam o mundo". Em: https://www1.folha.uol.com.br. Adaptado)

436. **(2018 - Prefeitura de São José dos Campos/SP -Analista em Gestão Ambiental / Administração de Empresas)** Ao referir-se à inovação, o texto assinala que o empreendedorismo em educação se fortalece com:

a) a utilização de uma mesma ferramenta para resolver diferentes problemas, garantindo uma redução de processos e metodologias.

b) a replicação de experiências de êxito, de tal forma que o sucesso em ações anteriores se repita com perfeição e rapidez.

c) as mudanças no ecossistema em que esta se constitui, abandonando as práticas educativas tradicionais, dando espaço ao moderno.

d) o reconhecimento da tradição escolar e seus valores, de tal forma que as mudanças sejam sutis e não criem impactos negativos.

e) o conhecimento da comunidade onde a instituição está inserida, para que seja possível identificar suas necessidades e atendê-las.

A resposta dada à questão pode ser comprovada com o seguinte fragmento: "(...) para que os jovens possam produzir mudanças positivas no mundo só podem acontecer em organizações educativas (escolas ou não) que se identificam como centros locais de produção e cultura, reinventando as estruturas, os processos e as metodologias para isso." Somente o conhecimento da comunidade local ode estabelecer uma ponte com a escola, de maneira que necessidades possam ser reconhecidas e supridas.

GABARITO: E.

437. **(2018 - Prefeitura de São José dos Campos/SP -Analista em Gestão Ambiental / Administração de Empresas)** O texto deixa claro que:

a) os empreendimentos educativos podem realizar-se em organizações não educativas, nas quais não se produz cultura.

b) as práticas inovadoras podem ser vistas no cenário educacional internacional, mas ainda não chegaram ao Brasil.

c) as mudanças no sistema educacional implicam revisar as estruturas, os processos e as metodologias nas organizações educativas.

d) a criação de produtos que atendam a demandas específicas de uma comunidade não pode ser vista realmente como inovação.

e) os maiores benefícios de uma transformação educacional decorrem de estudos estratégicos alheios aos interesses de uma comunidade.

A resposta à questão encontra embasamento no seguinte trecho retirado do texto: "A relevância das experiências inovadoras no debate sobre a transformação do sistema educacional está no fato de que elas criam novos conceitos, processos, estruturas e metodologias, que podem indicar as mudanças necessárias nos vários elementos que constituem o ecossistema da educação".

GABARITO: C.

Leia a charge para responder à próxima questão.

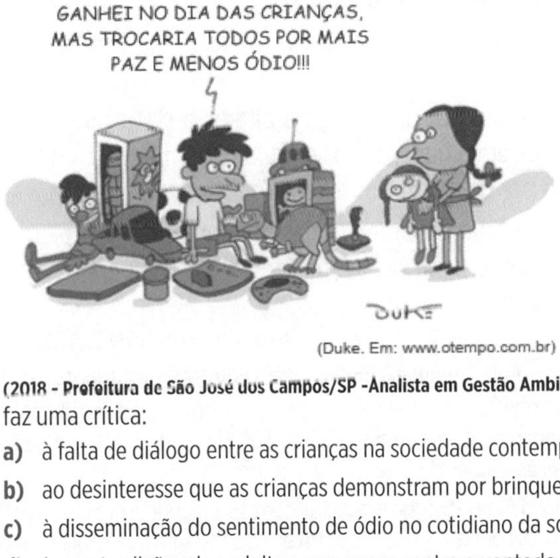

(Duke. Em: www.otempo.com.br)

438. **(2018 - Prefeitura de São José dos Campos/SP -Analista em Gestão Ambiental / Administração de Empresas)** A charge faz uma crítica:

a) à falta de diálogo entre as crianças na sociedade contemporânea.

b) ao desinteresse que as crianças demonstram por brinquedos novos.

c) à disseminação do sentimento de ódio no cotidiano da sociedade.

d) às contradições dos adultos, que agem contra a vontade das crianças.

e) ao comportamento das crianças, tratando de assuntos de adultos.

A charge traz uma crítica ao ódio disseminado na sociedade e à falta de paz decorrente disso. Para tanto, utiliza-se da fala da criança, num universo de brinquedos e ludicidade, para estabelecer a crítica pretendida.

GABARITO: C.

Leia o texto para responder às próximas questões.

Avaliar os servidores

Instituições funcionam bem quando conseguem promover os incentivos corretos. Em se tratando do serviço público, isso significa recompensar o mérito e o esforço, evitando que funcionários sucumbam às forças da inércia.

Uma das razões do fracasso do socialismo real, recorde-se, foi a ausência de estímulos do gênero aos trabalhadores. Para estes, a escolha racional era não chamar a atenção dos superiores, negativa ou positivamente.

A gestão de pessoal no Estado brasileiro não chega a reproduzir um modelo soviético, mas carece de sistema eficaz de incentivos e sanções. Com efeito, políticas de bônus por produtividade nas carreiras públicas ainda são tímidas e raramente bem desenhadas.

Já a dispensa de servidores por insuficiência de desempenho, embora prevista na Constituição, não pode ser posta em prática porque o Congresso nunca elaborou uma lei complementar que regulamentasse a avaliação dos profissionais, como a Carta exige.

Vislumbra-se, agora, uma possibilidade de avanço. Discute-se no Senado projeto que cria um sistema de avaliação periódica, a ser adotado por União, Estados e municípios, que poderá levar à exoneração de servidores que obtenham, por sucessivas vezes (o número exato ainda é objeto de negociação), notas inferiores a 30% da pontuação máxima.

Será ingenuidade, entretanto, contar com uma aprovação fácil – os sindicatos da categoria já se mobilizam contra o texto.

Tampouco se deve imaginar que basta uma lei para alterar o statu quo. Sistemas de avaliação de servidores já existentes em alguns órgãos muitas vezes não passam de um jogo de cena corporativista, que acaba por distribuir premiações quase generalizadas.

As dificuldades, contudo, não podem ser pretexto para o imobilismo. O projeto se apresenta como um passo inicial importante; uma vez posto em prática, a experiência servirá de base para eventuais aperfeiçoamentos.

(Editorial. *Folha de S. Paulo*, 29.09.2017. Adaptado)

439. **(2017 - Tribunal de Contas do Estado de São Paulo - Agente de Fiscalização)** No editorial, argumenta-se que:

a) a avaliação dos funcionários públicos no Brasil contará com uma legislação específica, a partir de projeto que tramita no Senado, o qual prevê a dispensa de 30% dos servidores cujo desempenho profissional não atende às necessidades do Estado.

b) a gestão de pessoal é uma realidade no Estado brasileiro, correspondendo a um jogo de interesses em que se preservam servidores com desempenho sofrível atuando sem punição, razão pela qual o novo projeto de avaliação deveria ser deixado de lado.

c) a aprovação do projeto de lei que tramita no Senado deverá agilizar os processos de avaliação dos funcionários públicos no Brasil, atendendo a uma reivindicação de sindicatos da categoria, que estão mobilizados para essa nova realidade na gestão de pessoal.

d) a avaliação dos funcionários públicos no Brasil seria desejável, de modo a garantir mais eficiência no trabalho, reconhecendo o mérito dos trabalhadores mais dedicados; contudo, a legislação brasileira proíbe esse tipo de acompanhamento de gestão de pessoal.

e) a gestão de pessoal no Estado brasileiro precisa implementar um plano de avaliação de seus servidores que seja capaz de estimulá-los pelo mérito de seu trabalho, bem como aplicar a correta penalidade àqueles cujo desempenho é insatisfatório.

O texto argumenta sobre a necessidade de implementação de um plano de avaliação dos funcionários públicos, entende, todavia a impossibilidade desse projeto de incentivo ser efetivado, já que: "o Congresso nunca elaborou uma lei complementar que regulamentasse a avaliação dos profissionais, como a Carta exige".

GABARITO: E.

---

440. **(2017 - Tribunal de Contas do Estado de São Paulo - Agente de Fiscalização)** Em relação ao projeto de lei a ser votado no Senado, o texto deixa claro que:

a) sofre críticas dos sindicatos e, quando aprovado, irá de encontro aos preceitos da Carta.

b) enfrentará resistências e, ainda que aprovado, sua implementação poderá ser comprometida.

c) compromete os direitos dos trabalhadores e, apesar disso, estes mantêm-se impassíveis.

d) conta com o apoio dos servidores, mas, se aprovado, criará impasses com os sindicatos.

e) é alvo de muitas críticas e, por conta disso, o imobilismo social e político é inevitável.

A resposta a essa questão pode ser reafirmada pelo seguinte fragmento:" Será ingenuidade, entretanto, contar com uma aprovação fácil – os sindicatos da categoria já se mobilizam contra o texto."

GABARITO: B.

Leia a charge para responder à próxima questão.

441. **(2017 - Tribunal de Contas do Estado de São Paulo - Agente de Fiscalização)** É correto concluir, à vista dos elementos verbais e não verbais, que:

a) o comportamento do garoto não incomoda a mulher, que acaba brincando com ele.

b) o garoto demonstra alegria exagerada, o que faz com que a mulher reaja com tristeza.

c) a mulher e o garoto ignoram o fechamento da escola, revelando o seu desprestígio.

d) a mulher reage à manifestação do garoto, expressando contrariedade e repreendendo-o.

e) o garoto se mostra animado com a notícia, mas a mulher evita expressar uma reação.

Diante da notícia do fechamento da escola, o garoto comemora e a professora o repreende, porque a reação dele deveria ser contrária.

GABARITO: D.

---

442. **(2017 - Tribunal de Contas do Estado de São Paulo - Agente de Fiscalização)** Nas passagens – ... evitando que funcionários **sucumbam** às forças da **inércia**. (1º parágrafo) – e – ... políticas de bônus por produtividade nas carreiras públicas ainda são **tímidas** e raramente bem **desenhadas.** (3º parágrafo) –, os termos em destaque significam, correta e respectivamente:

a) cedam, apatia, débeis, planejadas.

b) obedeçam, mobilização, precárias, delineadas.

c) entreguem-se, incapacidade, omissas, visíveis.

d) oponham-se, estagnação, fracas, forjadas.

e) aspirem, transformação, simples, concebidas

Conforme o Dicionário eletrônico Houaiss, as palavras destacadas significam, respectivamente, "sucumbam" (Cedam, verguem); "inércia" (ausência de reação, estagnação, apatia); "tímidas" (fracas, sem força, tímidas); desenhadas (planejadas).

GABARITO: A.

Leia o texto para responder às próximas questões.

Briga de irmãos... Nós éramos cinco e brigávamos muito, recordou Augusto, olhos perdidos num ponto X, quase sorrindo. Isto não quer dizer que nos detestássemos. Pelo contrário. A gente gostava bastante uns dos outros e não podia viver na separação. Se um de nós ia para o colégio (era longe o colégio, a viagem se fazia a cavalo, dez léguas na estrada lamacenta, que o governo não consertava), os outros ficavam tristes uma semana. Depois esqueciam, mas a saudade do mano muitas vezes estragava o nosso banho no poço, irritava ainda mais o malogro da caça de passarinho: "Se Miguel estivesse aqui, garanto que você não deixava o tiziu fugir", gritava Édison. "Você assustou ele falando alto... Miguel te quebrava a cara". Miguel era o mais velho, e fora fazer o seu ginásio. Não se sabe bem por que a sua presença teria impedido a fuga do pássaro, nem ainda por que o tapa no rosto de Tito, com o tiziu já longínquo, teria remediado o acontecimento. Mas o fato é que a figura de Miguel, evocada naquele instante, embalava nosso desapontamento e de certo modo participava dele, ajudando-nos a voltar para casa de mãos vazias e a enfrentar o risinho malévolo dos Guimarães: "O que é que vocês pegaram hoje?" "Nada". Miguel era deste tamanho, impunha-se. Além disto, sabia palavras difíceis, inclusive xingamentos, que nos deixavam de boca aberta, ao explodirem na discussão, e que decorávamos para aplicar na primeira oportunidade, em nossas brigas particulares com os meninos da rua. Realmente, Miguel fazia muita falta, embora cada um de nós trouxesse na pele a marca de sua autoridade. E pensávamos com ânsia no seu regresso, um pouco para gozar de sua companhia, outro pouco para aprender nomes feios, e bastante para descontar os socos que ele nos dera, o miserável.

(Carlos Drummond de Andrade, A Salvação da Alma. Em: *O sorvete e outras histórias.*)

443. **(2017 - Tribunal de Contas do Estado de São Paulo - Agente de Fiscalização)** O texto lido corresponde a trecho de:

a) reminiscências de um dos irmãos, que assume a narração e relata episódios da infância, destacando a figura do irmão mais velho, marcante na vida dos demais por várias razões.

b) lembranças do narrador, que teve uma infância difícil sob a opressão dos irmãos e de outros vizinhos truculentos, mas que consegue chegar ao final da vida perdoando a todos.

c) relato de vida de Augusto, irmão do narrador, traçando o perfil do mais velho, Miguel, por quem todos nutriam sentimentos dúbios, por seu caráter firme e sua força física.

d) memórias do narrador, em que discute com o irmão Augusto a raiva e o desconforto que viviam em presença do irmão Miguel, mais velho e mais inteligente, porém violento.

e) recordações de Miguel, o narrador, em que se vangloria do fascínio que exercia sobre os irmãos nas brincadeiras de criança e na forma como os defendia de quem os ameaçasse.

O texto, narrado na primeira pessoa, fala das lembranças, reminiscências do narrador e de seus irmãos. As idas para a escola, as tentativas de captura de pássaros e a figura de Miguel, o irmão mais velho, representação marcante para todos eles, fazem parte desse universo relatado.

GABARITO: A.

---

444. **(2017 - Tribunal de Contas do Estado de São Paulo - Agente de Fiscalização)** Nas passagens – ... irritava ainda mais o **malogro** da caça de passarinho ... – e – ...com o tiziu já **longínquo** ... –, os termos destacados têm como antônimos, respectivamente:

a) infortúnio e distante.

b) êxito e apartado.

c) revés e perto.

d) sorte e imperceptível.

e) sucesso e próximo.

Trata-se de uma questão de antonímia, na qual se buscam os sentidos contrários das expressões destacadas: malogro (sorte, sucesso) e longínquo (próximo).

GABARITO: E.

---

445. **(2017 - Tribunal de Contas do Estado de São Paulo - Agente de Fiscalização)** Assinale a alternativa em que a expressão destacada está empregada em sentido figurado.

a) **Briga de irmãos**... Nós éramos cinco e brigávamos muito...

b) ... inclusive xingamentos, que nos deixavam de **boca aberta...**

c) ... a viagem se fazia a cavalo, dez léguas na **estrada lamacenta**...

d) Miguel era o **mais velho**, e fora fazer o seu ginásio.

e) ... embora cada um de nós trouxesse **na pele** a marca de sua autoridade.

O sentido figurado pode ser observado na alternativa B, na qual "boca aberta" significa "surpreso".

GABARITO: B.

(2017 - Tribunal de Contas do Estado de São Paulo - Agente de Fiscalização/ Administração) Leia trecho da canção de Gilberto Gil, Andar com Fé, para responder à próxima questão.

Andá com fé eu vou
Que a fé não costuma faiá
Certo ou errado até
A fé vai onde quer que eu vá
Ô-ô
A pé ou de avião
Mesmo a quem não tem fé
A fé costuma acompanhar
Ô-ô
Pelo sim, pelo não

(http://www.gilbertogil.com.br/sec_musica_2017.php)

Leia a tira.

(CJ. Politicopatas. *Folha de S.Paulo*, 15.10.2017)

446. **(2017 - Tribunal de Contas do Estado de São Paulo - Agente de Fiscalização)** A leitura comparativa entre a tira e a canção de Gilberto Gil permite concluir que os dois textos:

a) mostram diferentes percepções quanto à fé: a canção diz que ela ajuda até quem não a tem, ao contrário da tira, que a questiona.

b) trazem percepções antagônicas da fé, ficando claro, na tira, que a crença destrói as situações de má sorte.

c) mostram a fé como forma infalível de superar situações adversas e difíceis da vida, até mesmo para quem não a tem.

d) apresentam o mesmo sentido em relação à fé: embora pareça que seja infalível, na verdade, ela não livra ninguém dos problemas.

e) convergem quanto à fé no sentido de que ela seguramente resolve os problemas da vida de quem crê ou não.

No texto I, existe a certeza, a convicção em relação à fé. Diferentemente, no texto II, em que a incerteza dos efeitos da oração revela decepção, falta de certeza : "suas orações só dão urucubaca."

GABARITO: B.

Leia o texto para responder às próximas questões.

A eletricidade produzida a partir da luz do sol, ou energia fotovoltaica, aparece como a grande estrela do relatório "Renováveis 2017 – Análise e Previsões para 2022", da Agência Internacional de Energia (AIE). E a maior responsável por isso, mais uma vez, é a China.

A geração solar foi a que mais cresceu entre as energias renováveis, alcançando quase a metade (45%) dos 165 gigawatts de capacidade adicionada em 2016, excluídas fontes de origem fóssil (carvão, petróleo e gás natural) e nuclear.

O Brasil instalou 7,8 GW de renováveis no ano passado – de um total de 9,5 GW no país –, repartidos entre usinas hidrelétricas (5,2 GW) e eólicas (2,6 GW). Mantém uma das matrizes de geração mais limpas, mas contribui com menos de 5% do crescimento verde mundial.

Já a China responde por 40% da capacidade renovável adicionada em 2016, e a maior parte disso provém da energia solar. O governo de Pequim incentiva essa fonte limpa na tentativa de minorar a poluição do ar gerada por termelétricas a carvão, grave problema de saúde pública e inquietação social.

Sob esse estímulo, o país asiático já representa 50% da demanda global por painéis fotovoltaicos e manufatura 60% desses equipamentos.

Salta aos olhos a irrelevância do Brasil no que respeita à energia solar fotovoltaica. Algumas grandes centrais começam a ser instaladas, mas o investimento nacional na mais dinâmica fonte alternativa é desprezível, em termos mundiais.

O país só se destaca, no relatório da AIE, na seara das fontes renováveis para o setor de transporte. Embora o noticiário se concentre na voga dos veículos elétricos, o estudo ressalta que os biocombustíveis – como etanol e biodiesel – permanecerão como opções mais viáveis.

Sim, o Brasil conta com a matriz elétrica mais limpa entre nações de grande porte e liderança inconteste em álcool combustível. O futuro, no entanto, é solar.

(Editorial. Império do sol. *Folha de S.Paulo*, 10.10.2017. Adaptado)

447. **(2017 Tribunal de Contas do Estado de São Paulo - Agente de Fiscalização/ Administração)** De acordo com o texto, o papel do Brasil no cenário mundial da energia solar fotovoltaica é:

a) pouco importante, apesar de o país ter um investimento na área que o coloca em situação vantajosa quando comparado aos demais países.

b) inexpressivo, acompanhado pela questionável matriz energética do país, que insiste em investir em álcool combustível, que não corresponde às demandas do futuro.

c) justamente reconhecido, porque o país possui uma das matrizes de geração de energias mais limpas e se destacou, no relatório da AIE, na seara das fontes renováveis.

d) insignificante, com baixos investimentos nessa fonte energética do futuro, por ainda privilegiar outras matrizes de geração de energia limpa.

e) bastante destacado, uma vez que o país tem perseguido índices de investimento apenas superados por nações desenvolvidas que são referência na área.

A resposta à questão encontra comprovação no seguinte fragmento retirado do texto: "Salta aos olhos a irrelevância do Brasil no que respeita à energia solar fotovoltaica. Algumas grandes centrais começam a ser instaladas, mas o investimento nacional na mais dinâmica fonte alternativa é desprezível, em termos mundiais."

GABARITO: D.

448. **(2017 - Tribunal de Contas do Estado de São Paulo - Agente de Fiscalização – Administração)** Observe as duas passagens do texto:

• O governo de Pequim incentiva essa fonte limpa na tentativa de minorar a poluição do ar gerada por termelétricas a carvão... (4º parágrafo)

• Sob esse estímulo, o país asiático já representa 50% da demanda global por painéis fotovoltaicos e manufatura 60% desses equipamentos. (5º parágrafo)

Analisando-se as informações, conclui-se que as do 5º parágrafo representam:

a) consequência do que se apresenta no parágrafo anterior, que define as termelétricas a carvão como uma das causas da poluição do ar.

b) hipótese para superar a situação apresentada no parágrafo anterior, que afirma ser possível a poluição do ar a partir das termelétricas.

c) comparação entre os fatos mencionados no parágrafo anterior, que aponta a problemática da poluição do ar.

d) ressalva com dados que desqualificam o fato mencionado no parágrafo anterior, o qual sugere que as termelétricas poluem o ar.

e) oposição ao contido no parágrafo anterior, que afirma serem as termelétricas a carvão a causa exclusiva da poluição do ar.

O segundo fragmento, subsequente ao outro no texto, apresenta a iniciativa de Pequim de manufaturar, em grande escala os painéis fotovoltaicos, uma vez que reconhece a poluição causada pelas termoelétricas e verifica a demanda global pela compra dos equipamentos manufaturados, conforme se observa em: "O governo de Pequim incentiva essa fonte limpa na tentativa de minorar a poluição do ar gerada por termelétricas a carvão, grave problema de saúde pública e inquietação social".

GABARITO: B.

449. **(2017 - Tribunal de Contas do Estado de São Paulo - Agente de Fiscalização/ Administração)** Nas passagens "aparece como a grande **estrela** do relatório" (1º parágrafo), "Já a China **responde** por 40% da capacidade renovável" (4º parágrafo) e "na tentativa de **minorar** a poluição do ar" (4º parágrafo), os termos em destaque significam, correta e respectivamente:

a) insígnia; é produtora de; relativizar.

b) atração; corresponde a; extinguir.

c) destaque; é responsável por; diminuir.

d) influência; retribui; incentivar.

e) figura; equivale a; amenizar.

A resposta à questão encontra repercussão sinonímica na seguinte sequência: Estrela/destaque; responde/é responsável; minorar/ diminuir.

GABARITO: C.

450. **(2017 - Tribunal de Contas do Estado de São Paulo - Agente de Fiscalização/ Administração)** Leia a charge.

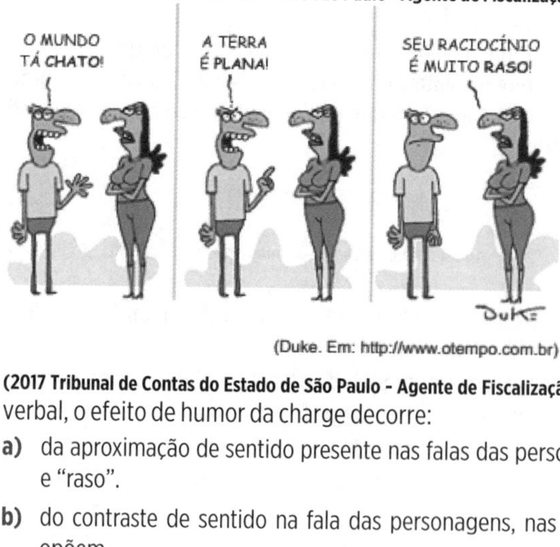

(Duke. Em: http://www.otempo.com.br)

(2017 Tribunal de Contas do Estado de São Paulo - Agente de Fiscalização/ Administração) No plano da linguagem verbal, o efeito de humor da charge decorre:

a) da aproximação de sentido presente nas falas das personagens, com os termos "chato", "plana" e "raso".

b) do contraste de sentido na fala das personagens, nas quais os adjetivos "chato" e "plana" se opõem.

c) da fala confusa da personagem, quando utiliza o adjetivo "plana" para referir-se à Terra.

d) da imprecisão do diálogo das personagens, razão pela qual não se entende o sentido de "raso".

e) da forma respeitosa como as personagens se tratam, o que se comprova com o adjetivo "raso".

Na charge, os adjetivos "chato" (enfadonho) e "plana" (lisa, sem desigualdade de nível) se opõem, embora a personagem entenda que a reflexão do outro não seja garantia de nenhuma conclusão mais profunda ou comprovada, por isso, diz que ela é "rasa".

GABARITO: B.

Leia o texto para responder às próximas questões.

A vontade do falecido

Alguns dias depois, deu-se o evento. Seu Irineu pisou no prego e esvaziou. Apanhou um resfriado, do resfriado passou à pneumonia, da pneumonia passou ao estado de coma e do estado de coma não passou mais. Levou pau e foi reprovado. Um médico do SAMDU*, muito a contragosto, compareceu ao local e deu o atestado de óbito.

Tudo que era parente com razoáveis esperanças de herança foi velar o morto.

Tomou-se conhecimento de uma carta que estava cuidadosamente colocada dentro do cofre, sobre o dinheiro deixado por seu Irineu. E na carta o velho dizia: "Quero ser enterrado junto com a quantia existente nesse cofre, que é tudo o que eu possuo e que foi ganho com o suor do meu rosto, sem a ajuda de parente vagabundo nenhum". E, por baixo, a assinatura com firma reconhecida para não haver dúvida: Irineu de Carvalho Pinto Boaventura.

Para quê! Nunca se chorou tanto num velório, sem se ligar pro morto. A parentada chorava às pampas, mas não apareceu ninguém com peito para desrespeitar a vontade do falecido.

Foi quase na hora do corpo sair. Desde o momento em que se tomou conhecimento do que a carta dizia, que Altamirando imaginava um jeito de passar o morto para trás. Era muita sopa deixar aquele dinheiro ali pro velho gastar com minhoca. Pensou, pensou e, na hora que iam fechar o caixão, ele deu o grito de "pera aí". Tirou os sessenta milhões de dentro do caixão, fez um cheque da mesma importância, jogou lá dentro e disse "fecha".

– Se ele precisar, mais tarde desconta o cheque no Banco.

* SAMDU – Serviço de Assistência Médica Domiciliar e de Urgência, já extinto.

(Stanislaw Ponte Preta. *Dois amigos e um chato*, 1986. Adaptado)

451. **(2017 Tribunal de Contas do Estado de São Paulo - Agente de Fiscalização/ Administração)** O texto relata a situação ocorrida no velório do velho Irineu, enfatizando que:

a) havia, por parte dos parentes, mais interesse econômico do que afetivo, o que se confirma na passagem final, com a atitude de Altamirando.

b) ocorria uma forte compaixão da família pelo morto, o que muitos relacionaram ao fato de haver uma grande quantia em dinheiro no cofre.

c) cabia a Altamirando resgatar o dinheiro do morto para dividir com os familiares, considerando que o sentimento de perda deles era genuíno.

d) acontecia com o morto aquilo que ele desejava em vida, a saber, ser enterrado com algum dinheiro e poder ajudar os familiares necessitados.

e) era provável que algum parente do morto ousasse desobedecer ao seu desejo, porém foi Altamirando que o fez, magoado por ser chamado de vagabundo.

No texto, mas de um fragmento, justifica a resposta dada à questão: sobre o falecido "E na carta o velho dizia: "Quero ser enterrado junto com a quantia existente nesse cofre", sobre os parentes: "Nunca se chorou tanto num velório, sem se ligar pro morto.", sobre Altamirando: "Altamirando imaginava um jeito de passar o morto para trás." e "Tirou os sessenta milhões de dentro do caixão, fez um cheque da mesma importância, jogou lá dentro e disse "fecha".

GABARITO: A.

452. **(2017 - Tribunal de Contas do Estado de São Paulo - Agente de Fiscalização/Administração)** Nas passagens "Um médico do SAMDU, muito **a contragosto**, compareceu ao local..." (1º parágrafo) e "A parentada chorava **às pampas**..." (4º parágrafo), as expressões em destaque opõem-se, quanto ao sentido, respectivamente, a:

a) com desdém; ocasionalmente.

b) com satisfação; comedidamente.

c) com ojeriza; placidamente.

d) com esmero; intensamente.

e) com alegria; metodicamente.

No que tange às oposições de sentidos das palavras destacadas, a sequência a seguir comprova a resposta dada à questão: CONTRAGOSTO, aversão, antipatia/ SATISFAÇÃO; ÀS PAMPAS, muito, demais, excessivo/ COMEDIDAMENTE.

GABARITO: E.

453. **(2017 - Tribunal de Contas do Estado de São Paulo - Agente de Fiscalização/Administração)** Assinale a alternativa em que os termos estão empregados em sentido próprio.

a) ... um jeito de passar o morto para trás.

b) Seu Irineu pisou no prego e esvaziou.

c) Era muita sopa deixar aquele dinheiro ali...

d) ... pro velho gastar com minhoca.

e) Tirou os sessenta milhões de dentro do caixão...

A única alternativa que obedece à literalidade quanto ao uso da expressão empregada é a alternativa E. Em "passar o morto para trás." significa trapacear; em "pisou no prego e esvaziou.", significa morrer; "era muita sopa", significa ser bondoso. "velho gastar com minhoca", significa um despropósito, debaixo da terra, um morto não gastará dinheiro com nada e nem ninguém.

GABARITO: E.

454. **(2017 - Tribunal de Contas do Estado de São Paulo - Agente de Fiscalização/Administração)** No enunciado do 4º parágrafo "Para quê! Nunca se chorou tanto num velório, sem se ligar pro morto. A **parentada** chorava às pampas, **mas** não apareceu ninguém com peito para desrespeitar a vontade do falecido.", as expressões destacadas reportam, correta e respectivamente, aos sentidos de:

a) conjunto e adição.

b) restrição e comparação.

c) coletivo e oposição.

d) dispersão e consequência.

e) grupo seleto e conclusão.

As palavras "parentada" e " mas" possuem, respectivamente, valores semânticos de "coletivo, conjunto" e "oposição, contrariedade.

GABARITO: C.

Leia o trecho de entrevista do historiador Yuval Noah Harari a Filipe Vilicic e André Lopes, para responder às questões.

O senhor argumenta que a inteligência artificial poderá introduzir novas formas de preconceito. Como isso se daria?

No passado, tínhamos de lidar com a discriminação coletiva contra categorias inteiras. Em breve, porém, teremos de lidar com a discriminação individual, não mais coletiva. Será o preconceito com base em dados coletados sobre cada pessoa – informações que podem revelar que alguém é péssimo em matemática, ou um mau vizinho, ou mais preguiçoso que a média. Bancos e outras corporações já estão usando algoritmos para analisar dados pessoais para só então tomar decisões que nos afetam. Quando se solicita um empréstimo, é provável que seu analista seja uma inteligência artificial. O algoritmo analisa dados como seu histórico de pagamento, seu grau de escolaridade e até a frequência de uso de seu plano de saúde para saber se você é confiável. Muitas vezes, o robô faz um trabalho melhor do que o funcionário de carne e osso. O problema é que, quando o algoritmo discrimina alguém injustamente, é difícil detectar isso. Se o banco se recusa a lhe conceder um empréstimo e você pergunta por quê, a resposta é "o algoritmo negou". Aí você retruca: "Por que o algoritmo disse não?". Ao que eles respondem: "Não sabemos". Nenhum funcionário entende o algoritmo porque ele é baseado no que se chama de aprendizado de máquina avançado. Quando as pessoas discriminam grupos inteiros, esses coletivos se unem, se organizam e protestam. Mas e se o preconceito tem origem em um algoritmo que pode discriminar um único indivíduo apenas por ser quem é?

(*Veja*, 29.08.2018. Adaptado)

455. **(2018 - Prefeitura de São José dos Campos/SP - Auditor Tributário Municipal/Gestão Tributária)** Um aspecto negativo na inteligência artificial sugerido pelo entrevistado é:

a) a injustiça cometida por bancos e organizações que invadem dados sigilosos e os utilizam para praticar discriminação coletiva.

b) a impossibilidade de as pessoas lidarem com preconceitos já arraigados nas sociedades, mas que vão sendo aos poucos combatidos pela tecnologia.

c) a dificuldade de reação individual do discriminado, visto que o preconceito contra ele decorre da análise feita pelo algoritmo.

d) o uso indiscriminado de dados pessoais para alimentar ainda mais atitudes discriminatórias contra grupos minoritários.

e) o acesso irrestrito dos robôs à vida das pessoas, com o objetivo de traçar perfis falsos que acabam circulando na mídia eletrônica.

O aspecto negativo da inteligência artificial diz respeito à manipulação de dados do indivíduos, quando ela é feita individualmente, consideração comprovada no seguinte excerto do texto: "Quando as pessoas discriminam grupos inteiros, esses coletivos se unem, se organizam e protestam. Mas e se o preconceito tem origem em um algoritmo que pode discriminar um único indivíduo apenas por ser quem é?"

GABARITO: C.

456. **(2018 - Prefeitura de São José dos Campos/SP - Auditor Tributário Municipal/Gestão Tributária)** É correto afirmar que, do ponto de vista do entrevistado, uma nova forma de preconceito associada à inteligência artificial é:

a) o uso de robôs para treinar analistas de dados de clientes.

b) a praticada contra categorias coletivas que pleiteiam empréstimos.

c) a baseada no consenso acerca do que é ou não justo para o indivíduo.

d) a discriminação decorrente da invasão da privacidade de indivíduos.

e) o julgamento de atitudes das pessoas com base em decisões impessoais.

A resposta à questão proposta pode ser fundamentada pelo seguinte fragmento retirado do texto: "Será o preconceito com base em dados coletados sobre cada pessoa – informações que podem revelar que alguém é péssimo em matemática, ou um mau vizinho, ou mais preguiçoso que a média".

GABARITO: D.

---

457. **(2018 - Prefeitura de São José dos Campos/SP - Auditor Tributário Municipal/Gestão Tributária)** As expressões destacadas na passagem – Bancos e outras corporações **já estão** usando algoritmos para analisar dados pessoais para **só então** tomar decisões que nos afetam. – expressam em relação às ações a que se vinculam, correta e respectivamente, as noções de:

a) momento presente e momento posterior.

b) momento passado e neste momento.

c) tempo anterior e tempo futuro.

d) tempo remoto e momento posterior.

e) momento presente e neste momento.

As duas expressões destacadas: a primeira " já estão", com o verbo conjugado no Presente do indicativo, refere-se ao momento presente; a segunda, "só então", ainda que não tenha verbo, apresenta o sentido de momento posterior, futuro, em relação ao anterior.

GABARITO: A.

Leia a tira, para responder à próxima questão.

(Alexandre Beck. Disponível em: <https://tirasarmandinho.tumblr.com/>. Acesso em: 27.09.2018.)

458. **(2018 - Prefeitura de São José dos Campos/SP - Auditor Tributário Municipal/Gestão Tributária)** É correto afirmar que o efeito de humor na tira decorre:

a) do sentido figurado da primeira pergunta do garoto, que não é capaz de entender a importância dos estudos.

b) da interpretação literal que o garoto faz da afirmação do adulto, por não captar o sentido figurado dela.

c) da resposta lacônica do adulto, que emprega a expressão "ser alguém na vida" em sentido próprio.

d) do sentido ambíguo da fala do garoto no último quadrinho, o qual foi incapaz de compreender a intenção do adulto.

e) da contradição de sentido revelada nas perguntas do garoto, as quais expressam intenção de contestar o adulto.

A expressão, em Língua Portuguesa, "ser alguém na vida" significa "ser reconhecido", "ter concluído os estudos", "ter uma profissão". O garoto entende-a de forma literal, privilegiando o sentido próprio do vocábulo: "ser alguém" significa ser "uma pessoa".

GABARITO: B.

Leia o texto para responder às próximas questões.

Cidades inteligentes e urbanização eficaz

A população mundial tem um aumento diário de 100 mil pessoas e mais da metade delas vive em áreas urbanas. Projeções da ONU mostram que a população global deve chegar a 9,3 bilhões de pessoas até 2050, 66% dos quais morarão em áreas urbanas.

Estudo encomendado pela Federação das Indústrias do Rio de Janeiro revela que a falta de investimentos em transportes públicos, com o consequente aumento nos congestionamentos, diminui a qualidade de vida dos cidadãos e causa prejuízos anuais de R$111 bilhões à economia brasileira.

Além disso, a questão ambiental é premente. Logo, encontrar soluções concretas para a expansão da oferta de transporte público com qualidade e sem emissão de gases de efeito estufa, que garantam o bem-estar da população, está no horizonte de todos os agentes responsáveis por direcionar as discussões em torno do desenvolvimento das cidades.

O conceito de "cidades inteligentes" está diretamente ligado à infraestrutura e à capacidade do uso de tecnologias para a construção de serviços e ações sustentáveis.

Uma cidade inteligente utiliza as tecnologias da informação e comunicação como suporte para o aumento de eficiência operacional de seu centro urbano. Como resultado disso pode-se citar grandes projetos e investimentos focados no princípio do espaço público útil, conectando bairros que antes não entravam no eixo turístico e sempre buscando boas opções de transporte sustentável.

Desenvolver um planejamento de mobilidade é bastante complexo para a engenharia urbana e deve se basear em dados reais da cidade para ter sucesso. O importante é se pensar em fatores que possam contribuir para o desenvolvimento ou melhoria da cidade, que já é ou pode se tornar inteligente.

(Cristiano Lopes Saito. *Revista Planeta*. Edição 531, ano 45, jun 2017. Adaptado)

459. **(2018 - Prefeitura de São José dos Campos/SP - Auditor Tributário Municipal/Gestão Tributária)** De acordo com o texto, a falta de investimentos em transportes públicos:

a) desestimula o uso do espaço público para eventos associados ao turismo.

b) provoca o crescimento desordenado do espaço urbano nas áreas centrais da cidade.

c) prejudica a descentralização do espaço urbano e o aceleramento da urbanização.

d) representa um prejuízo anual de 9,3 bilhões à economia brasileira.

e) resulta em prejuízos à economia e compromete a qualidade de vida da população.

A resposta à questão proposta encontra justificativa no seguinte fragmento retirado do texto: "a falta de investimentos em transportes públicos, com o consequente aumento nos congestionamentos, diminui a qualidade de vida dos cidadãos(...)".

GABARITO: E.

460. **(2018 - Prefeitura de São José dos Campos/SP - Auditor Tributário Municipal/Gestão Tributária)** Segundo informações do texto, consta(m) entre os investimentos que podem contribuir para a urbanização eficaz:

a) a expansão da oferta de transporte sustentável e a democratização na conexão entre bairros que circundam a cidade.

b) o estímulo ao aumento frequente de pessoas que vivem em áreas urbanas e a redução da demanda por mobilidade.

c) a melhoria das condições para o tráfego de veículos particulares e a busca de projetos inovadores em outros países.

d) a adoção de medidas de incentivo ao deslocamento de pessoas que vivem em áreas urbanas para o entorno das cidades.

e) a divisão de responsabilidades, atribuindo ao setor privado a criação de tecnologias de gerenciamento e, ao poder público, a melhoria da mobilidade urbana.

A respeito dos investimentos favorecedores da urbanização eficaz tem-se "(...) grandes projetos e investimentos focados no princípio do espaço público útil, conectando bairros que antes não entravam no eixo turístico e sempre buscando boas opções de transporte sustentável.", fragmento ilustrativo, retirado do texto.

GABARITO: A.

461. **(2018 - Prefeitura de São José dos Campos/SP - Auditor Tributário Municipal/Gestão Tributária)** Segundo o texto, nas chamadas cidades inteligentes, o que pode contribuir para a obtenção de resultados positivos de urbanização é:

a) o incentivo à redução da demanda por transporte em áreas pouco urbanizadas.

b) o estudo das projeções da ONU acerca dos maiores centros urbanos nacionais.

c) a aplicação de recursos tecnológicos informacionais e de comunicação.

d) a oferta de investimentos públicos para estimular o crescimento econômico.

e) a disposição dos gestores de enfrentar o problema do aumento populacional.

A resposta à questão proposta pode ser validada pelo seguinte trecho: "Uma cidade inteligente utiliza as tecnologias da informação e comunicação como suporte para o aumento de eficiência operacional de seu centro urbano".

GABARITO: C.

462. **(2018 - Prefeitura de São José dos Campos/SP - Auditor Tributário Municipal/Gestão Tributária)** Nas passagens "... a questão ambiental é **premente**". e "... utiliza as tecnologias da informação e da comunicação como **propulsoras**...", os termos em destaque significam, correta e respectivamente:

a) dispensável e progressistas.

b) urgente e impulsionadoras.

c) remoto e persistentes.

d) posterior e impulsivas.

e) instantâneo e resistentes.

A questão objetiva que se dê conta do conhecimento vocabular, bem como do significado dele. Assim, "premente" significa "imediata, urgente" e "propulsoras" significa "impulsionadora, motora".

GABARITO: B.

---

463. **(2018 - Prefeitura de São José dos Campos/SP - Auditor Tributário Municipal/Gestão Tributária)** A leitura da tira revela que o garoto Calvin:

(Bill Watterson. O melhor de Calvin. Disponível em: https://cultura.estadao.com.br/quadrinhos. Acesso em 15.07.2018)

a) tem a expectativa de encontrar aventuras e animação em Marte.

b) comporta-se em Marte como um legítimo protetor do meio ambiente.

c) compara a Terra a Marte sem depreciar nosso planeta como lugar para viver.

d) contradiz seu discurso ao contribuir para dar início à poluição em Marte.

e) discorda do amigo tigre quanto a estar agindo para poluir o ambiente.

O personagem Calvin apresenta uma série de características positivas a respeito do planeta Marte, inclusive o fato de não haver poluição lá. Contudo, ao jogar um "papelzinho" e ser advertido por Haroldo, justifica-se dizendo que já iria tirar, entrando, com isso, em contradição com suas falas.

GABARITO: D.

Leia a tira para responder à próxima questão.

(https://www.otempo.com.br)

464. **(2018 - Prefeitura de Ribeirão Preto/SP - Engenheiro Civil)** Analisando a charge, conclui-se corretamente que as reticências ao final da fala do primeiro personagem indicam:

a) a irritação por parte do entrevistado, que claramente preferia um dia de feriado a ser importunado por uma pesquisa eleitoral durante seu trajeto.

b) a complementação por parte do entrevistado, que reportou a proximidade das eleições para mostrar seu pesar por aqueles que estão desempregados.

c) a interrupção por parte do entrevistado, que aproveitou a situação para externar seu descontentamento com a situação de desemprego que vive.

d) a hesitação do pesquisador, que reluta em concluir sua pergunta porque o entrevistado se mostrou pouco receptivo à sua investida e ao tema pesquisado.

e) a distração do pesquisador, que se põe a ouvir o entrevistado, como se assentisse com as considerações deste relativas ao desemprego atual.

O uso de reticências no final da frase marcam uma supressão da frase, muitas vezes, com o objetivo de indicar suspensão ou interrupção do pensamento, situação veiculada na charge: o primeiro personagem é interrompido pelo segundo, o qual faz a sua colocação crítica sobre o dia das eleições e a procura de emprego naquele momento, pela não ocorrência do feriado.

GABARITO: C.

Leia o texto para responder à próxima questão.

Por que a injeção benzetacil dói mais?

São três razões principais, que ocorrem em todas as vacinas intramusculares. A primeira é que a agulha é mais grossa para atravessar o músculo. A segunda é o espaço reduzido para o líquido passar entre as fibras musculares. A terceira: as doses são maiores. Ao ser injetada, a solução tensiona as fibras e causa dor. No caso da penicilina benzatina – "nome completo" da benzetacil –, há um agravante: ela vem em forma de pó para ser diluído em água no momento da aplicação. Se o pó não dissolve direito, os cristais que sobram na dose agridem a fibra e aumentam a dor. Outra má notícia: a aplicação demora 10 torturantes segundos. Para reduzir o estrago, ela deve ser administrada em um músculo grande, que tenha espaço de absorção: o glúteo.

(*Superinteressante*. Maio de 2018. Adaptado)

465. **(2018 - Prefeitura de Ribeirão Preto/SP - Engenheiro Civil)** O objetivo do texto é:

a) apresentar os três motivos que justificam a dor advinda de uma injeção de benzetacil.

b) explicar como se prepara uma injeção de benzetacil e onde ela deve ser aplicada.

c) mostrar que é possível minimizar a dor de uma benzetacil, conhecendo sua ação.

d) comparar o efeito de dor da injeção benzetacil com outras de mesma intensidade.

e) enfatizar os estragos decorrentes de uma injeção de benzetacil mal preparada.

O texto de caráter informativo, descritivo lista "... três razões principais, que ocorrem em todas as vacinas intramusculares" o benzetacil é uma delas.

GABARITO: A.

(2018 - Prefeitura de Ribeirão Preto/SP - Engenheiro Civil) Leia o texto para responder às questões.

As ciências e as humanidades

Os grandes pensadores do Iluminismo eram tanto cientistas, muitos com grandes contribuições à matemática, às ciências da natureza e à física, como filósofos que refletiam sobre nossa condição humana compartilhada. Posteriormente, dentro de uma lógica instrumental, por razões didáticas e para possibilitar maior profundidade nas abordagens, optamos por especializar os domínios de saber e pesquisa.

Isso nos trouxe inúmeras vantagens e permitiu que avanços importantes ocorressem em áreas mais diversas. Mas foram igualmente relevantes as perdas: o mundo real não é separado em disciplinas, ele apresenta problemas a desafiar nossa inventividade e senso de justiça.

Precisamos ter mecanismos para religar os saberes, tanto na prática profissional e de pesquisa como na educação das novas gerações que terão que enfrentar um mundo muito distinto do nosso. Mas, mesmo dentro do que é específico de cada domínio de saber, parece que há distâncias intransponíveis para que se faça uso de ferramentas próprias de qualquer ciência, como o raciocínio matemático.

Steven Pinker, psicólogo cognitivista e linguista, ressalta em seu livro recente, "Enlightenment Now" (Iluminismo já), a importância de análises quantitativas e do uso de evidências científicas nas humanidades.

Isso me fez lembrar das nossas dificuldades para formar analistas de políticas sociais que não tiveram, no ensino superior, um aprendizado sólido de estatística e um raciocínio matemático bem desenvolvido. Afinal, políticas públicas devem ser avaliadas em seus resultados e em seu impacto.

Dizer que determinado programa educacional é instigante, apaixonante não quer dizer necessariamente que funciona para assegurar aprendizado em alto nível para todos.

Um dos grandes erros em educação é nos basearmos só em impressões ou adotarmos abordagens em escala sem testarmos projetos num número menor de escolas para verificar se causam bons resultados de aprendizagem.

Isso não quer dizer que as aulas devam ser monótonas ou não engajadoras. Hoje sabemos, graças a boas pesquisas educacionais que contam com dados qualitativos e quantitativos, que aulas em que alunos participam mais, aplicando conhecimentos adquiridos em problemas concretos, com bons professores orientando, tendem a dar mais certo.

(Claudia Costin. *Folha de S.Paulo*, 03.08.2018. Adaptado)

466. **(Prefeitura de Suzano/SP - 2018 - Professor de Educação Básica II/Artes)** Para a autora, a opção por especializar os domínios do saber e de pesquisa:

a) ao desconsiderar a estreita relação entre os campos de conhecimento, comprome/teu o aprofundamento na aquisição desses saberes separadamente.

b) embora tenha possibilitado avanços desses saberes separadamente, trouxe dificuldades para a apropriação e o uso deles de maneira complementar.

c) criou desinteresse generalizado e crescente pelo desenvolvimento de pesquisas que requerem conhecimento aprofundado de conceitos matemáticos.

d) tornou a aprendizagem monótona, ainda que mais eficiente quanto à preparação dos alunos para aplicação concreta dos conhecimentos adquiridos.

e) resultou em maior aprofundamento em áreas distintas do conhecimento e no emprego eficiente desses saberes de maneira coordenada e complementar.

A autora afirma que "especializar os domínios de saber e pesquisa. (...) trouxe inúmeras vantagens e permitiu que avanços importantes ocorressem em áreas mais diversas ." Contudo, reconhece as perdas no que diz respeito à aquisição do conhecimento e quanto ao emprego deles, uma vez que "o mundo real não é separado em disciplinas".

GABARITO: B.

---

467. **(2018 - Prefeitura de Suzano/SP - Professor de Educação Básica II/Artes)** A autora cita a obra do psicólogo cognitivista e linguista Steven Pinker:

a) como exemplo de um pensador que acumula e emprega em suas pesquisas conhecimento tanto matemático quanto da área de humanidades.

b) como argumento para reforçar sua tese da importância, para a pesquisa e formação das novas gerações, do saber em diferentes áreas de conhecimento.

c) a fim de ilustrar um dos casos em que a opção por se especializar em uma única área de conhecimento gerou resultado bastante significativo.

d) para refutar a ideia de que haveria certa dificuldade para a empregabilidade de conceitos matemáticos e de estatística entre os pesquisadores.

e) como argumento para defender a ideia de que têm proliferado trabalhos acadêmicos baseados apenas em suposições ou em impressões pessoais.

A autora cita Steven Pinker, psicólogo cognitivista e linguista, e o novo livro dele, "Enlightenment Now" (Iluminismo já) o qual defende "a importância de análises quantitativas e do uso de evidências científicas nas humanidades." Tal referência tem como objetivo fundamentar a sua tese de que o domínio das diferentes áreas do conhecimento é muito importante para que um indivíduo, especialista em Ciências Humanas, não tenha nenhum domínio da área de extas, porque não teve, em sua formação, no nível superior, o saber matemático bem desenvolvido.

GABARITO: B.

---

468. **(2018 - Prefeitura de Suzano/SP - Professor de Educação Básica II/Artes)** Considere a seguinte passagem do texto:

• Isso nos trouxe inúmeras **vantagens** (...). Mas foram igualmente relevantes as **perdas**...

No contexto em que são empregados, a mesma relação de sentido existente entre os termos destacados na passagem também está presente entre os termos destacados nas seguintes frases:

a) Os grandes pensadores do Iluminismo eram tanto cientistas... / ... como filósofos que refletiam sobre nossa condição humana...

b) ... permitiu que avanços importantes ocorressem... / Mas foram igualmente relevantes as perdas...

c) ... ele apresenta problemas a desafiar nossa inventividade... / Precisamos ter mecanismos para religar os saberes...

d) Dizer que determinado programa educacional é instigante... / Isso não quer dizer que as aulas devam ser monótonas ou não engajadoras.

e) Um dos grandes erros em educação é nos basearmos só em impressões / ou adotarmos abordagens em escala sem testarmos projetos...

O fragmento destacado, em que o comando da questão se baseia, traz pares de palavras antônimas, tal qual o que se verifica na opção D "instigante/monótonas. Relações de sinonímia ocorrem nas outras alternativas.

GABARITO: D.

469. **(2018 - Prefeitura de Suzano/SP - Professor de Educação Básica II/Artes)** A frase "Mas foram igualmente relevantes as perdas..." exprime, em relação ao que é enunciado anteriormente no mesmo parágrafo, a ideia de:

a) contraste.

b) condição.

c) explicação.

d) comparação.

e) conformidade.

A relação é contrastiva e é favorecida pelo uso da conjunção adversativa "Mas".

GABARITO: A.

470. **(2018 - Prefeitura de Suzano/SP - Professor de Educação Básica II/Artes)** Assinale a alternativa em que o termo destacado, no contexto, está empregado em sentido figurado.

a) ... como filósofos que **refletiam** sobre nossa condição humana compartilhada...

b) ... das novas gerações que terão que enfrentar um mundo muito **distinto** do nosso.

c) Isso me fez lembrar das nossas **dificuldades** para formar analistas de políticas sociais...

d) ... um aprendizado **sólido** de estatística e um raciocínio matemático bem desenvolvido.

e) ... num número menor de escolas para verificar se causam bons **resultados** de aprendizagem.

A palavra empregada no sentido figurado encontra-se em "aprendizado sólido" – alternativa D –, que, ao contrário do sentido usual, significa firme, bem constituído.

GABARITO: D.

Leia a tira para responder à próxima questão.

(André Dahmer. Palestra sobre os novos tempos. Disponível em http://www1.folha.uol.com.br/ilustrada/.01.02.2017)

471. **(2018 - Prefeitura de Suzano/SP - Professor de Educação Básica II/Artes)** O efeito de sentido da tira decorre da:

a) insinuação de que o uso da internet teria potencial para tornar as pessoas mais agressivas.

b) vinculação do uso da internet à opção de algumas pessoas por se afastarem do convívio social.

c) indicação de que o isolamento social resultaria da disposição dos internautas para a agressividade.

d) negação de que o quadro de suposto retraimento social, consequência do uso da internet, possa piorar.

e) previsão sombria quanto às consequências, para os internautas, da evolução dos efeitos do uso da internet.

A tirinha apresenta de forma progressiva os efeitos e consequências negativas dos usos da internet. Para isso, apresenta uma seleção vocabular que contribui para tal relação de sentido "agressivas", "isoladas" e "autoflagelo".

GABARITO: E.

Leia os textos baseados no livro "Falando de grana", de Patrícia Broggi, para responder à próxima questão.

Mostre as necessidades da casa
Fazer a lista de compras e ir ao supermercado com as crianças é uma forma de ensinar prioridades.

Dê o exemplo
Pais que economizam e pechincham têm mais chance de criar filhos poupadores do que pais que desperdiçam.

(*Folha de S.Paulo*, 04.12.2010. Adaptado)

472. **(2016 - Prefeitura Municipal de Guarulhos - Assistente de Gestão)** Os dois textos:

a) apresentam orientações, já que o objetivo é auxiliar pais que desejam que seus filhos saibam usar o dinheiro com responsabilidade.

b) apresentam uma avaliação discutível da realidade, pois retratam situações pouco comuns à maioria das famílias.

c) expõem sugestões, visto que mostram pontos de vista divergentes a respeito da importância de aplicar adequadamente o dinheiro.

d) fazem uma advertência, pois as informações se destinam especificamente aos pais que gastam dinheiro inconsequentemente.

e) fazem referência às escolas, uma vez que indicam que elas deveriam incluir noções de economia na grade de conteúdos.

Trata-se de um texto do tipo injuntivo ou instrucional, típico em publicações de manuais, receitas. No excerto, em questão, apresenta-se orientações sobre como os pais devem proceder para ajudar os filhos a lidar melhor com dinheiro, de modo responsável.

GABARITO: A.

Leia o texto, para responder às questões.

McLuhan já alertava que a aldeia global resultante das mídias eletrônicas não implica necessariamente harmonia, implica, sim, que cada participante das novas mídias terá um envolvimento gigantesco na vida dos demais membros, que terá a chance de meter o bedelho onde bem quiser e fazer o uso que quiser das informações que conseguir. A aclamada transparência da coisa pública "ao julgamento da comunidade de que escolhemos participar.

Não faz sentido falar de dia e noite das redes sociais, apenas em número de atualizações nas páginas e na capacidade dos usuários de distinguir essas variações como relevantes no conjunto virtualmente infinito das possibilidades das redes. Para achar o fio de Ariadne no labirinto das redes sociais, os usuários precisam ter a habilidade de identificar e estimar parâmetros, aprender a extrair informações relevantes de um conjunto finito de observações e reconhecer a organização geral da rede de que participam.

O fluxo de informação que percorre as artérias das redes sociais é um poderoso fármaco viciante. Um dos neologismos recentes vinculados à dependência cada vez maior dos jovens a esses dispositivos é a "nomobofobia" (ou "pavor de ficar sem conexão no telefone celular"), descrito como a ansiedade e o sentimento de pânico experimentados por um número crescente de pessoas quando acaba a bateria do dispositivo móvel ou quando ficam sem conexão com a Internet. Essa informação, como toda nova droga, ao embotar a razão e abrir os poros da sensibilidade, pode tanto ser um remédio quanto um veneno para o espírito.

(Vinicius Romanini, Tudo azul no universo das redes. *Revista USP*, no 92. Adaptado)

473. **(2016 - Ministério Público do Estado de São Paulo - Arquiteto Urbanista)** Do ponto de vista do autor, as redes sociais:

a) são um universo ao qual os usuários resistem porque são afeitos à discrição nos relacionamentos.

b) preservam identidades e opiniões, sendo, portanto, ponto de referência para a busca de informações qualificadas.

c) garantem julgamentos justos, pela comunidade, dos usuários que nelas expõem seus hábitos e ideologias.

d) disponibilizam abundantes informações, o que exige que seus usuários filtrem o que de fato interessa.

e) condensam a infinidade de dados nelas circulantes, caracterizando-se como um meio confiável de exposição pessoal.

O fragmento a seguir justifica a escolha da Alternativa D como a correta: "(...) os usuários precisam ter a habilidade de identificar e estimar parâmetros, aprender a extrair informações relevantes de um conjunto finito de observações e reconhecer a organização geral da rede de que participam."

GABARITO: D.

474. **(2016 - Ministério Público do Estado de São Paulo - Arquiteto Urbanista)** Entre os aspectos negativos que se apontam para usuários das mídias eletrônicas estão:

a) a possibilidade de exibição da intimidade e a ansiedade devida à falta de conexão em rede.

b) a superposição de virtudes a grandes fraquezas morais e a ênfase ao cultivo da individualidade.

c) a possibilidade de imiscuir-se na vida alheia e o consumo de remédios viciantes.

d) o convívio ilimitado com os demais usuários da rede e o uso regulado de informações.

e) o envenenamento do espírito e a harmonia entre os membros do grupo de usuários.

Do ponto de vista dos efeitos negativos que possui, a Internet propicia a "cada participante das novas mídias (...) um envolvimento gigantesco na vida dos demais membros, que terá a chance de meter o bedelho onde bem quiser e fazer o uso que quiser das informações que conseguir.", evidenciando a superexposição da intimidade e, também, a ansiedade, classificada, nos parâmetros de doenças, como "nomofobia".

GABARITO: A.

475. **(2016 - Ministério Público do Estado de São Paulo - Arquiteto Urbanista)** Assinale a alternativa em que se caracteriza o emprego de palavras em sentido figurado.

a) Um dos neologismos recentes vinculados à dependência cada vez maior dos jovens a esses dispositivos é a "nomobofobia"...

b) ... a superexposição de nossas pequenas ou grandes fraquezas morais ao julgamento da comunidade...

c) ... a ansiedade e o sentimento de pânico experimentados por um número crescente de pessoas quando acaba a bateria do dispositivo móvel...

d) ... os usuários precisam ter a habilidade de identificar e estimar parâmetros, aprender a extrair informações relevantes...

e) O fluxo de informação que percorre as artérias das redes sociais é um poderoso fármaco viciante.

Comparação de "O fluxo de informação" ao "fluxo sanguíneo" que percorre "as artérias do sistema vascular" comparando-as às artérias das redes sociais".

GABARITO: E.

476. **(2016 - Ministério Público do Estado de São Paulo - Arquiteto urbanista)** As expressões destacadas nos trechos – **meter o bedelho** / **estimar** parâmetros / **embotar** a razão – têm sinônimos adequados respectivamente em:

a) procurar / gostar de / ilustrar

b) imiscuir-se / avaliar / enfraquecer

c) interferir / propor / embrutecer

d) intrometer-se / prezar / esclarecer

e) contrapor-se / consolidar / iluminar

Trata-se de uma questão em que se buscam sentidos sinonímicos para as expressões destacadas. Sob essa orientação, a alternativa E apresenta a melhor resposta: "meter o bedelho/ intrometer-se, contrapor-se", "estimar/ avaliar, calcular"; "embotar/tirar ou perder o vigor/ enfraquecer".

GABARITO: E.

477. **(2016 - Prefeitura Municipal de Alumínio/SP - Assistente Social)** Dois termos antônimos empregados no primeiro parágrafo são:

a) aulas e lições.

b) ecológico e econômico.

c) normal e exótico.

d) escola e ensino.

e) problemas e desafios.

A questão aborda a antonímia, ou seja, palavras possuidoras de oposições de sentido, como se observa em "normal e exótico", alternativa C.

GABARITO: C.

478. **(2016 - Prefeitura Municipal de Alumínio/SP - Assistente Social)** Os dois-pontos em – Green School é uma escola em Bali, na Indonésia, onde tudo é natural: as estruturas são de bambu e as salas de aula, abertas, para que o calor e o vento balineses possam entrar. (2º parágrafo) – servem ao propósito de introduzir, com relação à primeira parte da frase,

a) um contraste.

b) uma síntese.

c) uma ressalva.

d) um esclarecimento.

e) uma relativização.

O emprego do sinal de dois pontos permite que se introduza um esclarecimento sobre a escola de Bali e consequente caracterização dela.

GABARITO: D.

Leia o texto para responder às questões.

Em busca do tempo perdido

Houve um tempo, já um pouco distante, em que fui perseguido tenazmente por uma mesma pergunta. Nas dezenas de entrevistas a que fui submetido, tive de responder que rodava mil e quinhentos quilômetros por semana. Isso não pareceria nada estranho aos repórteres se eu fosse um motorista profissional, mas era professor.

O significado que a pergunta começou a formular em minha consciência, contudo, eclodiu passado algum tempo, quando uma repórter, com ar meio incrédulo, acrescentou: "Mas então quantas horas o senhor passa dentro do carro a cada semana?" Pronto, estava estabelecido o conflito íntimo. A partir de então comecei a fazer cálculos, a estabelecer porcentagens, comecei a me torturar. Quanto tempo da minha vida estava jogando fora por semana, por mês, por ano?

Torturei-me durante algumas semanas com essa ideia. Pensei até em mudar de profissão. Jogar fora nas estradas meu precioso tempo pareceu-me de uma irresponsabilidade sem perdão.

Dias depois me lembrei de um poema de Mario Quintana, lido há muitos anos e nunca mais encontrado. Era sobre a passagem do trem por uma estaçãozinha. Havia os que chegavam e havia os que partiam. Além deles havia os que não chegavam nem partiam, apenas ficavam olhando as pessoas nas janelas do trem e sonhando com o mundo além, o mundo possível se houvesse a coragem de partir. E ele arrematava com uns poucos versos em que dizia não importar a estação de partida nem a de chegada. O que vale mesmo, dizia o mago do Caderno H, é a viagem.

O poema de Mario Quintana devolveu-me a paz. Sem me sentir culpado por estar jogando fora a vida pela janela do carro, voltei a usar o tempo das travessias, em que o corpo estava preso e condicionado a uns poucos movimentos mecânicos, para soltar a imaginação. Assim foi que, no azul do céu, quase sempre muito azul, debaixo do qual costumava viajar, começaram a surgir revoadas de palavras que aos poucos e aos bandos se combinavam, pintavam cores e formas, botavam algumas ideias respirando e de pé.

(Menalton Braff. www.cartacapital.com.br/sociedade/em-busca-do-tempo-perdido-8754.html, 03.05.2014. Adaptado)

479. **(2016 - Prefeitura Municipal de Alumínio/SP - Assistente Social)** De acordo com o autor,

a) o tempo que passava na estrada não lhe parecia extenso, mesmo com os comentários dos repórteres, pois ele apreciava dirigir.

b) as frequentes perguntas dos repórteres acerca do tempo gasto para ir de carro ao trabalho persuadiram-no a mudar de ocupação.

c) a lembrança do poema de Quintana permitiu a ele compreender que sua vida não era inútil como a das pessoas que apenas sonham com um mundo possível.

d) o conflito acerca do tempo despendido em suas viagens de carro dissipou-se após a lembrança do poema de Mario Quintana.

e) o poema de Quintana levou-o a perceber que valia a pena gastar o tempo que fosse dirigindo, pois o importante mesmo era seu destino: a escola.

Os fragmentos a seguir, retirados do texto, comprovam a resposta dada à alternativa D: "Dias depois me lembrei de um poema de Mario Quintana" e "O poema de Mario Quintana devolveu-me a paz. Sem me sentir culpado por estar jogando fora a vida pela janela do carro, voltei a usar o tempo das travessias".

GABARITO: D.

480. **(2016 - Prefeitura Municipal de Alumínio/SP - Assistente Social)** A partir da leitura do último parágrafo, conclui-se, corretamente, que o autor passou a usar o tempo em que dirigia para:

a) deixar o corpo relaxar, sem pensar em nada que fosse relevante.

b) projetar textos verbais a partir do exercício da imaginação.

c) planejar as aulas que ministraria quando chegasse ao seu destino.

d) apreciar a natureza, atento ao azul do céu e aos pássaros em revoada.

e) resolver assuntos práticos, que não exigissem muito raciocínio.

O autor revela que voltou "... a usar o tempo das travessias, em que o corpo estava preso e condicionado a uns poucos movimentos mecânicos, para soltar a imaginação.", comprovando a resposta dada na alternativa B.

GABARITO: B.

481. **(2016 - Prefeitura Municipal de Alumínio/SP - Assistente Social)** Leia o texto.

Um homem que dorme mantém em círculo em torno de si o fio das horas, a ordem dos anos e dos mundos. Ao acordar consulta-os instintivamente e neles verifica em um segundo o ponto da terra em que se acha, o tempo que decorreu até despertar; essa ordenação, porém, pode se confundir e romper. Se acaso pela madrugada, após uma insônia, vem o sono surpreendê-lo durante a leitura, em uma posição muito diversa daquela em que dorme habitualmente, basta seu braço erguido para deter e fazer recuar o sol, e, no primeiro minuto em que desperte, já não saberá da hora, e ficará pensando que acabou apenas de deitar-se.

(Marcel Proust. *No caminho de Swann*. Trad. Mario Quintana. 17. ed. São Paulo: Globo, 1995, p. 11. [Em busca do tempo perdido, v. 1])

Em consonância com o restante do texto, no trecho – Um homem que dorme mantém em círculo em torno de si o fio das horas, a ordem dos anos e dos mundos. –, empregam-se termos com sentido figurado, atingindo, entre outros efeitos, o de:

a) atribuir conotação negativa à representação do sono.

b) conferir características espaciais à noção de tempo.

c) descrever o sono como um ato meramente biológico.

d) sugerir que o insone dificilmente perde a noção do tempo.

e) enfatizar a estaticidade do corpo de alguém que está dormindo.

O uso da expressão "manter um círculo em torno de si" confere, ainda que, figuradamente, aspectos físicos, espaciais à noção de tempo.

GABARITO: B.

RLM

Proposição

01. **(2019 – Prefeitura de Guarulhos/SP – Fiscal)** Considere as afirmações e seus respectivos valores lógicos.

I. Maria é uma excelente enfermeira. FALSA.

II. Joel não é um carpinteiro. VERDADEIRA.

III. Paulo é um cantor de pagode. VERDADEIRA.

IV. Sandra não é uma analista competente. FALSA.

A alternativa que apresenta uma proposição composta verdadeira é:

a) Se Paulo é um cantor de pagode, então Maria é uma excelente enfermeira.

b) Joel não é um carpinteiro e Sandra não é uma analista competente.

c) Paulo não é um cantor de pagode ou Sandra é uma analista competente.

d) Se Maria não é uma excelente enfermeira, então Sandra não é uma analista competente.

e) Joel é um carpinteiro ou Paulo não é cantor de pagode.

A: No condicional (se, então), se o antecedente é verdadeiro e o consequente é falso, o condicional é falso.

B: Na conjunção (e), se uma das proposições que a compõem é falsa, a conjunção já é falsa.

C: Com base no valor das afirmações I, II, III e IV e analisando as alternativas com seus respectivos conectivos, a única verdadeira é a alternativa C, já que na disjunção (ou), se uma das proposições que a compõem for verdadeira, a proposição composta por disjunção já é verdadeira.

D: Está errada pelo mesmo motivo da alternativa A.

E: A disjunção (ou) é falsa se todas as proposições que compõem a disjunção forem falsas.

GABARITO: C.

02. **(2019 - TJ/SP – Enfermeiro)** Considere as afirmações e o respectivo valor lógico atribuído a cada uma delas.

I. Ada é alegre e Bete é amigável. Afirmação FALSA.

II. Carla é faladora ou Dina é compreensiva. Afirmação VERDADEIRA.

III. Se Ada é alegre, então Dina é compreensiva. Afirmação FALSA.

IV. Bete é amigável ou Elen é calada. Afirmação VERDADEIRA.

A partir dessas informações é correto afirmar que:

a) Bete é amigável.

b) Dina é compreensiva.

c) Elen é calada.

d) Ada não é alegre.

e) Carla não é faladora.

Começando pela afirmação III, sabe-se que o condicional (se, então) só é falso quando o antecedente é verdadeiro e o consequente é falso, com isso "Ada é alegre" é verdadeiro e "Dina é compreensiva" é falso.

Fazendo a afirmação I, e sabendo que a conjunção (e) será falsa se pelo menos uma das suas proposições for falsa, então "Bete é amigável" tem que ser falsa.

Fazendo a afirmação II, e sabendo que a disjunção (ou) será verdadeira se pelo menos uma das suas proposições for verdadeira, então "Carla é faladora" tem que ser verdadeira.

Por fim, fazendo a afirmação IV e sendo ela também uma disjunção, então "Elen é calada" tem que ser verdadeira.

GABARITO: C.

03. **(2019 – TJ/SP – Médico)** Considere as afirmações e o respectivo valor lógico atribuído a cada uma delas.

I. Aldo é bravo ou Beto é tranquilo. Afirmação VERDADEIRA.

II. Carlos não é dorminhoco e Duda é ligeiro. Afirmação FALSA.

III. Beto é tranquilo e Enzo não é calado. Afirmação FALSA.

IV. Se Duda é ligeiro, então Enzo é calado. Afirmação FALSA.

A partir dessas informações, é correto afirmar que

a) Beto é tranquilo.

b) Carlos é dorminhoco.

c) Aldo não é bravo.

d) Enzo é calado.

e) Duda não é ligeiro.

Começando pela afirmação IV, sabe-se que o condicional (se, então) só é falso quando o antecedente é verdadeiro e o consequente é falso, com isso "Duda é ligeiro" é verdadeiro e "Enzo é calado" é falso.

Fazendo a afirmação II, e sabendo que a conjunção (e) será falsa se pelo menos uma das suas proposições for falsa, então "Carlos não é dorminhoco" tem que ser falsa.

Fazendo a afirmação III, e sabendo que "Enzo não é calado" é verdadeira (Enzo é calado = falsa), então "Beto é tranquilo" tem que ser falsa.

Por fim, fazendo a afirmação I e sabendo que a disjunção (ou) será verdadeira se pelo menos uma das suas proposições for verdadeira, então "Aldo é bravo" tem que ser verdadeiro.

Analisando as alternativas, a única correta – por verdade – é a alternativa B, já que se "Carlos não é dorminhoco" é falso, então "Carlos é dorminhoco" é verdadeiro.

GABARITO: B.

---

04. **(2019 - Câmara de Sertãozinho/SP - Tecnologia da Informação)** Considere as afirmações a seguir e os respectivos valores lógicos atribuídos a cada uma.

I. Francisco é pragmático e Geraldo é indeciso. Afirmação FALSA.

II. Geraldo não é indeciso ou Humberto é enfático. Afirmação VERADADEIRA.

III. Se Ítalo não é confuso, então Geraldo não é indeciso. Afirmação FALSA.

IV. Jairo é confiante ou Francisco não é pragmático. Afirmação VERDADEIRA.

V. Se Humberto é enfático, então Jairo não é confiante. Afirmação FALSA.

A partir dessas informações é correto concluir que:

a) Jairo não é confiante.

b) Geraldo não é indeciso.

c) Humberto é enfático.

d) Francisco é pragmático.

e) Ítalo é confuso.

Começando pelas afirmações III e V, sabendo que o condicional (se, então) só é falso quando o antecedente é verdadeiro e o consequente é falso, com isso "Ítalo não é confuso" é verdadeiro, "Humberto é enfático" é verdadeiro, "Geraldo não é indeciso" é falso (Geraldo é indeciso é verdadeiro) e "Jairo não é confiante" é falso (Jairo é confiante é verdadeiro).

Fazendo a afirmação I, e sabendo que a conjunção (e) será falsa se pelo menos uma das suas proposições for falsa, então "Francisco é pragmático" tem que ser falsa.

Por fim, as afirmações II e IV já tem seus valores corroborados pelos respectivos conectivos.

GABARITO: C.

---

05. **(2019 - TJ/SP - Contador)** Considere as afirmações e o respectivo valor lógico atribuído a cada uma delas.

I. Se Bruno é lento, então Aline não é amorosa. Afirmação VERDADEIRA.

II. Se Cátia não é calma, então Bruno não é lento. Afirmação FALSA.

III. Se Érica não é pacífica, então Dante não é contestador. Afirmação FALSA.

A partir dessas informações, é correto afirmar que:

a) Érica não é pacífica e Cátia é calma.

b) Aline não é amorosa ou Dante não é contestador.

c) Bruno não é lento ou Dante não é contestador.

d) Aline é amorosa ou Érica não é pacífica.

e) Cátia não é calma e Bruno não é lento.

Começando pela afirmação II e III, sabe-se que o condicional (se, então) só é falso quando o antecedente é verdadeiro e o consequente é falso, com isso "Cátia não é calma" é verdadeiro (Cátia é calma = falso), "Érica não é pacífica" é verdadeiro (Érica é pacífica = falso), "Bruno não é lento" é falso (Bruno é lento = verdadeiro) e "Dante não é contestador" é falsa (Dante é contestador = verdadeira).

Fazendo a afirmação I, e sabendo que no condicional (se, então) se o antecedente é falso o condicional já é verdadeiro independente do valor do consequente, então nada dá para afirmar sobre "Aline não é amorosa".

Analisando as alternativas, de acordo com os valores das proposições simples e das proposições compostas pelos seus conectivos a resposta correta é a alternativa D.

Obs.: na disjunção basta que uma das proposições que a compõem seja verdadeira para que a disjunção seja verdadeira.

GABARITO: D.

---

06. **(2019 - Prefeitura de Guarulhos/SP – Fiscal)** Considere as afirmações:

I. Se o diretor é forte, então o secretário é fraco ou o diretor é forte.

II. João é alto ou Paulo é gordo e João não é alto e Paulo não é gordo.

III. Carlos não é tímido e, se Pedro é expansivo, então Carlos é tímido.

Na ordem em que estão expressas, as afirmações são, respectivamente, uma:

a) tautologia, contradição e contingência.

b) contingência, contradição e tautologia.

c) contradição, tautologia e contingência.

d) contingência, tautologia e contradição.

e) tautologia, contingência e contradição.

Desenhando a tabela-verdade de cada uma das afirmações e analisando a última coluna, tem-se:

I: Se o diretor é forte, então o secretário é fraco ou o diretor é forte.

Simbolicamente: D→(SvD)

D	S	SvD	D→(SvD)
V	V	V	V
V	F	V	V
F	V	V	V
F	F	F	V

Portanto, uma TAUTOLOGIA.

II: João é alto ou Paulo é gordo e João não é alto e Paulo não é gordo.

Simbolicamente: (JvP)∧(~J∧~P)

J	P	~J	~P	JvP	~J∧~P	(JvP)∧(~J∧~P)
V	V	F	F	V	F	F
V	F	F	V	V	F	F
F	V	V	F	V	F	F
F	F	V	V	F	V	F

Portanto, uma CONTRADIÇÃO.

III: Carlos não é tímido e, se Pedro é expansivo, então Carlos é tímido.

Simbolicamente: ~C∧(P→C)

C	P	~C	P→C	~C∧(P→C)
V	V	F	V	F
V	F	F	V	F
F	V	V	F	F
F	F	V	V	V

Portanto, uma CONTINGÊNCIA.

GABARITO: A.

07. **(2019 - Prefeitura de Guarulhos/SP - Fiscal de Rendas)** Dentre as sentenças a seguir, aquela que é uma sentença aberta é:

a) 3x + 4 – x – 3 – 2x = 0

b) 7 + 3 = 11

c) 0x – 5

d) 13x = 7

e) 43 – 1 = 42

Sentença aberta é aquela que não tem sujeito definido e/ou que não dá para classificar em ou Verdadeiro ou Falso. Analisando as alternativas, apesar de não saber quem é "x" na A e na C, as sentenças presentes nessas alternativas podem ser classificadas. Já a sentença contida na alternativa D não tem como classificar, portanto essa alternativa é a que tem a sentença aberta. Logo a resposta correta é a alternativa D.

GABARITO: D.

08. **(2019 - Prefeitura de Guarulhos/SP – Fiscal)** A alternativa que corresponde à equivalente lógica da proposição composta: "se as frutas estão maduras, então é tempo de colheita", é:

a) as frutas não estão maduras ou é tempo de colheita.

b) se não é tempo de colheita, então as frutas estão maduras.

c) as frutas estão maduras, e é tempo de colheita.

d) não é tempo de colheita, e as frutas não estão maduras.

e) se é tempo de colheita, então as frutas estão maduras.

A equivalência do condicional (se, então) é outro condicional na regra "TROCA e NEGA" ou uma disjunção (ou) na regra "NEGA o antecedente OU MANTÉM o consequente". Analisando as alternativas e aplicando as regras, a única correta é a alternativa A (equivalência do condicional com uma disjunção na regra "NEGA o antecedente OU MANTÉM o consequente").

Simbolicamente fica:

M = as frutas não estão maduras.

T = é tempo de colheita.

M → T = ~M ∨ T

Obs.: as alternativas C e D não são respostas, pois sequer tem um conectivo correspondente. Já as alternativas B e E não seguem a regra da equivalência do condicional para o condicional.

GABARITO: A.

---

09. **(2019 - TJ/SP – Médico)** Uma afirmação logicamente equivalente à afirmação: "Não quero comer agora ou vou tomar banho", é:

a) Se quero comer agora, então não vou tomar banho.

b) Se quero comer agora, então vou tomar banho.

c) Se não quero comer agora, então vou tomar banho.

d) Se não vou tomar banho, então quero comer agora.

e) Se vou tomar banho, então quero comer agora.

A equivalência da disjunção (ou) é outra disjunção, só trocando as proposições de lugar ou um condicional (se, então) na regra "NEGA o antecedente OU MANTÉM o consequente". Como as alternativas só tem condicional, aplicando a regra da equivalência da disjunção com o condicional (Nega OU Mantém) tem-se como resposta correta a alternativa B.

Simbolicamente fica:

Q = quero comer agora.

T = vou tomar banho.

~Q ∨ T = Q → T

GABARITO: B.

---

10. **(2019 - TJ/SP – Administrador)** Considere a seguinte afirmação:

Se Ana e Maria foram classificadas para a segunda fase do concurso, então elas têm chance de aprovação.

Assinale a alternativa que contém uma negação lógica para essa afirmação.

a) Se Ana e Maria não foram classificadas para a segunda fase do concurso, então elas não têm chance de aprovação.

b) Ana ou Maria não têm chance de aprovação e não foram classificadas para a segunda fase do concurso.

c) Se Ana ou Maria não têm chance de aprovação, então elas não foram classificadas para a segunda fase do concurso.

d) Ana e Maria foram classificadas para a segunda fase do concurso, mas elas não têm chance de aprovação.

e) Se Ana ou se Maria, mas não ambas, não foi classificada para o concurso, então ela não tem chance de aprovação.

A negação do condicional (se, então) é uma conjunção (e) na regra "MANTÉM o antecedente E NEGA o consequente". Aplicando a regra da negação do condicional, a resposta correta é a alternativa D.

Simbolicamente fica:

C = Ana e Maria foram classificadas para a segunda fase do concurso.

A = Ana e Maria têm chance de aprovação.

~(C → A) = C ∧ ~A

Obs.: "mas" é sinônimo de "e".

GABARITO: D.

---

11. **(2019 - TJ/SP – Enfermeiro)** 'Gosto de ouvir clássicos e amo cantar forró ou troco isso por uma praia'. Uma afirmação que corresponda à uma negação lógica dessa afirmação é:

a) Não gosto de ouvir clássicos e amo cantar forró, e troco isso por uma praia.

b) Gosto de ouvir clássicos e não amo cantar forró, e troco isso por uma praia.

c) Não gosto de ouvir clássicos e não amo cantar forró ou não troco isso por uma praia.

d) Não gosto de ouvir clássicos ou não amo cantar forró, e não troco isso por uma praia.

e) Gosto de ouvir clássicos e amo cantar forró e não troco isso por uma praia.

A proposição da questão tem dois conectivos, mas o conectivo principal é a disjunção (ou) e, portanto, a regra de negação a ser seguida é a do conectivo principal, ou seja, da disjunção. A negação da disjunção é uma conjunção (e), além da negação das proposições que a compõem. Como uma das proposições que compõem a disjunção é uma conjunção, tem-se que negar também essa conjunção e sabe-se que a negação da conjunção é uma disjunção com a negação das proposições que a compõem. Aplicando as regras de negações da disjunção e da conjunção a resposta correta é a alternativa D.

Simbolicamente fica:

O = gosto de ouvir clássicos.

A = amo cantar forró.

T = troco isso por uma praia.

$\sim[(O \wedge A) \vee T] = \sim(O \wedge A) \wedge \sim T = \sim O \vee \sim A \wedge \sim T$

GABARITO: D.

---

12. **(2019 – TJ/SP – Contador)** A negação lógica da afirmação – 'Se acabou a energia elétrica ou não tive tempo, então fui trabalhar com a roupa amassada' –, é:

a) Acabou a energia elétrica, e não tive tempo, e não fui trabalhar com a roupa amassada.

b) Se não acabou a energia elétrica e tive tempo, então não fui trabalhar com a roupa amassada.

c) Se não fui trabalhar com a roupa amassada, então tive tempo e não acabou a energia elétrica.

d) Não acabou a energia elétrica e tive tempo, e fui trabalhar com a roupa amassada.

e) Acabou a energia elétrica ou não tive tempo, e não fui trabalhar com a roupa amassada.

A proposição da questão tem dois conectivos, mas o conectivo principal é o condicional (se, então) e, portanto, a regra de negação a ser seguida é a do conectivo principal, ou seja, do condicional. A negação do condicional é uma conjunção (e) na regra "MANTÉM o antecedente E NEGA o consequente". No antecedente do condicional, da questão, tem uma disjunção, mas como o antecedente 'não muda' basta seguir a regra. Aplicando a regra da negação do condicional a resposta correta é a alternativa E.

Simbolicamente fica:

A = acabou a energia elétrica.

T = tive tempo.

R = fui trabalhar com a roupa amassada.

$\sim[(A \vee \sim T) \rightarrow R] = (A \vee \sim T) \wedge \sim R$

GABARITO: E.

---

13. **(2019 - Câmara de Sertãozinho/SP - Tecnologia da Informação)** Se coloco água na garrafa e não sobra espaço, então não fico com sede.

Uma afirmação que corresponde à sua negação lógica é:

a) Coloco água na garrafa e não sobra espaço e fico com sede.

b) Se fico com sede, então não coloco água na garrafa ou sobra espaço.

c) Se não coloco água na garrafa e sobra espaço, então fico com sede.

d) Ou coloco água na garrafa ou não sobra espaço e fico com sede.

e) Não fico com sede ou não sobra espaço ou não coloco água na garrafa.

A proposição da questão tem dois conectivos, mas o conectivo principal é o condicional (se, então) e, portanto, a regra de negação a ser seguida é a do conectivo principal, ou seja, do condicional. A negação do condicional é uma conjunção (e) na regra "MANTÉM o antecedente E NEGA o consequente". No antecedente do condicional, da questão, tem uma conjunção, mas como o antecedente 'não muda' basta seguir a regra. Aplicando a regra da negação do condicional a resposta correta é a alternativa A.

Simbolicamente fica:

C = coloco água na garrafa.

E = sobra espaço.

S = fico com sede.

$\sim[(C \wedge \sim E) \rightarrow \sim S] = (C \wedge \sim E) \wedge S$

GABARITO: A.

---

14. **(2019 - TJ-/SP – Enfermeiro)** Considere a afirmação: 'Se administro o remédio nos intervalos previstos e ofereço nas quantidades corretas, então o paciente está bem cuidado'. Uma afirmação logicamente equivalente a ela é:

a) Não administro o remédio nos intervalos previstos ou não ofereço nas quantidades corretas e o paciente não está bem cuidado.

b) Não administro o remédio nos intervalos previstos e não ofereço nas quantidades corretas ou o paciente não está bem cuidado.

c) Se o paciente não está bem cuidado, então não administro o remédio nos intervalos previstos ou não ofereço nas quantidades corretas.

d) Se o paciente está bem cuidado, então administro o remédio nos intervalos previstos e ofereço nas quantidades corretas.

e) Administro o remédio nos intervalos previstos ou ofereço nas quantidades corretas e o paciente está bem cuidado.

A proposição da questão tem dois conectivos, mas o conectivo principal é o condicional (se, então) e, portanto, a regra da equivalência a ser seguida é a do conectivo principal, ou seja, do condicional. A equivalência do condicional é outro condicional na regra "TROCA e NEGA" ou uma disjunção (ou) na regra "NEGA o antecedente OU MANTÉM o consequente". Analisando as alternativas e as regras, a única correta é a alternativa C (equivalência do condicional para outro condicional na regra "TROCA e NEGA").

Obs.: como no antecedente tem uma proposição composta por conjunção (e), essa conjunção será negada e virará uma disjunção (ou) além da negação das proposições que a compõem.

Simbolicamente fica:

A = administro o remédio nos intervalos previstos.

O = ofereço o remédio nas quantidades corretas.

C = o paciente está bem cuidado.

$(A \wedge O) \rightarrow C = \sim C \rightarrow (\sim A \vee \sim O)$

GABARITO: C.

---

15. **(2019 - Câmara de Sertãozinho/SP - Tecnologia da Informação)** Uma frase equivalente à afirmação: Se todos ficam calados, então eu falo, é:

a) Todos ficam calados e eu falo.

b) Nem todos ficam calados e eu não falo.

c) Quase todos ficam calados e eu falo.

d) Se eu falo, então todos ficam calados.

e) Se eu não falo, então nem todos ficam calados.

A equivalência do condicional (se, então) é outro condicional, na regra "TROCA e NEGA" ou uma disjunção (ou) na regra "NEGA o antecedente OU MANTÉM o consequente". Analisando as alternativas e aplicando as regras, a única correta é a alternativa E (equivalência do condicional para outro condicional na regra "TROCA e NEGA").

Obs.: como no antecedente tem um quantificador TODO ele será negado e ficará ALGUM NÃO (ou sinônimos como: pelo menos um não; nem todos; existe um que não; ...).

Simbolicamente fica:

T = todos ficam calados.

L = eu falo.

$T \rightarrow L = \sim L \rightarrow \sim T$

GABARITO: E.

16. **(2019 – TJ/SP – Médico)** Uma afirmação que corresponda à negação lógica a afirmação: "Todos os amigos foram embora e não sobrou o que comer".

a) Se os amigos foram embora, então sobrou o que comer.

b) Todos os inimigos foram embora e há o que comer.

c) Pelo menos um amigo não foi embora ou sobrou o que comer.

d) Alguns amigos foram embora, e sobrou o que comer.

e) Nenhum amigo foi embora e sobrou o que comer.

A negação da conjunção (e) é uma disjunção (ou) além da negação das proposições que a compõem. Uma das proposições que compõem a conjunção tem o quantificador TODO e sua negação será ALGUM NÃO (ou sinônimos como: pelo menos um não; nem todos; existe um que não; ...). Aplicando a regra da negação da conjunção e do quantificador, a resposta correta é a alternativa C.

Simbolicamente fica:

T = todos os amigos foram embora.

S = sobrou o que comer.

$\sim(T \land S) \equiv \sim T \lor S$

GABARITO: C.

17. **(2019 - Prefeitura de Guarulhos/SP – Fiscal)** A alternativa que corresponde à negação lógica da proposição composta: "todos os cantores são músicos e existe advogado que é cantor", é:

a) Nenhum cantor é músico e não existe advogado que seja cantor.

b) Pelo menos um cantor não é músico ou não existe advogado que seja cantor.

c) Há cantores que são músicos e existe advogado que não é cantor.

d) Nenhum cantor é músico ou não existe advogado que seja cantor.

e) Pelo menos um cantor não é músico ou existe advogado que é cantor.

A negação da conjunção (e) é uma disjunção (ou) além da negação das proposições que a compõem. Uma das proposições que compõem a conjunção tem o quantificador TODO e sua negação será ALGUM NÃO (ou sinônimos como: pelo menos um não; nem todos; existe um que não; ...), e a outra proposição que compõem a conjunção tem o quantificador ALGUM (existe) cuja a negação é o NENHUM (ou sinônimos como: não existe; ...). Aplicando a regra da negação da conjunção e dos quantificadores, a resposta correta é a alternativa B.

Simbolicamente fica:

T = todos os cantores são músicos.

A = existe advogado que é cantor.

$\sim(T \land A) = \sim T \lor \sim A$

GABARITO: B.

18. **(2018 - IPSM - Assistente de Gestão)** Considere verdadeira a afirmação (I) e falsa a afirmação (II):

I. Marcelo nasceu em São José dos Campos.

II. Raquel nasceu em Taubaté.

Com base nas informações apresentadas, assinale a alternativa que contém uma afirmação necessariamente verdadeira.

a) Raquel não nasceu em Taubaté e é enfermeira.

b) Marcelo não nasceu em Taubaté ou é engenheiro.

c) Marcelo e Raquel nasceram na mesma cidade.

d) Marcelo e Raquel não nasceram na mesma cidade.

e) Raquel trabalha em São José dos Campos e Marcelo, em Taubaté.

Analisando as alternativas a partir dos valores das proposições I e II, a única que se pode garantir verdadeira é a alternativa B, visto que na proposição composta por disjunção (conectivo OU) se uma das proposições que a compõem é verdadeira (Marcelo não nasceu em Taubaté = VERDADE) a disjunção já é verdadeira.

GABARITO: B.

---

19. **(2018 - PC/SP - Agente de Polícia)** Considere verdadeiras as afirmações a seguir:

- Luiza possui um gato.
- Henrique gosta de observar patos.
- Rafael não tem bicicleta.
- Tiago não gosta de comer macarrão.

A partir dessas afirmações, é logicamente verdadeiro que:

a) Ou Luiza possui um gato ou Tiago não gosta de comer macarrão.

b) Se Henrique gosta de observar patos, então Luiza possui um gato e Tiago gosta de comer macarrão.

c) Se Luiza possui um gato, então Rafael tem bicicleta.

d) Rafael tem bicicleta ou Henrique gosta de observar patos.

e) Tiago não gosta de comer macarrão e Henrique não gosta de observar patos.

A: Na disjunção exclusiva (ou, ou) se as proposições que a compõem tem o mesmo valor (as duas são verdadeiras), a disjunção exclusiva é falsa.

B: No condicional (se, então) se o antecedente é verdadeiro e o consequente é falso o condicional é falso, além disso no consequente do condicional tem uma conjunção (e) e na conjunção se uma das proposições é falsa a conjunção fica falsa.

C: Está errada pelo mesmo motivo da alternativa B.O condicional é falso quando o antecedente é verdadeiro e o consequente é falso.

D: Como as 4 afirmações são verdadeiras, analisando as alternativas com seus respectivos conectivos, a única verdadeira é a alternativa D, já que na disjunção (ou) se uma das proposições que a compõem for verdadeira a proposição composta por disjunção já é verdadeira.

E: A conjunção (e) é falsa se uma das proposições que a compõem é falsa.

GABARITO: D.

---

20. **(2018 - TJ/SP - Escrevente Técnico Judiciário)** Considere falsa a afirmação "Se hoje estudo, então amanhã não trabalho". Nesse caso, é necessariamente verdade que:

a) Hoje não estudo e amanhã trabalho.

b) Amanhã não trabalho.

c) Se amanhã trabalho, então hoje não estudo.

d) Hoje não estudo ou amanhã não trabalho.

e) Hoje estudo e amanhã trabalho.

O condicional (SE, ENTÃO) é falso quando o ANTECEDENTE é VERDADEIRO e o CONSEQUENTE é FALSO, logo "hoje estudo" é verdadeiro e "amanhã não trabalho" é falso. Utilizando os valores estabelecidos e analisando as alternativas com seus respectivos conectivos, a única verdadeira é a alternativa E.

GABARITO: E.

---

21. (2018 - PC/SP - Agente de Polícia) Seja M a afirmação: "Marília gosta de dançar". Seja J a afirmação "Jean gosta de estudar". Considere a composição dessas duas afirmações: "Ou Marília gosta de dançar ou Jean gosta de estudar". A tabela-verdade que representa corretamente os valores lógicos envolvidos nessa situação é:

TABELA-VERDADE

M	J	Ou M ou J
V	V	1
V	F	2
F	V	3
F	F	4

Os valores 1, 2, 3 e 4 da coluna "Ou M ou J" devem ser preenchidos, correta e respectivamente, por:

a) V, F, V e F.

b) F, V, V e F.

c) F, F, V e V.

d) V, F, F e V.

e) V, V, V e F.

Desenhando a tabela-verdade da proposição "Ou Marília gosta de dançar ou Jean gosta de estudar" usando os dados fornecidos pela questão, tem-se:

M	J	Ou M ou J
V	V	F
V	F	V
F	V	V
F	F	F

Associando os valores aos números 1, 2, 3, e 4, chega-se à alternativa correta na letra B.

GABARITO: B.

22. (2018 - PC/SP - Auxiliar de Papiloscopista Policial/Médio) Considere falsidade a proposição I, e verdade a proposição II:

I. Se Ana é auxiliar de papiloscopista, então Caio é investigador.

II. Caio é investigador ou Monica é escrivã.

Com base no que foi apresentado, é verdade que

a) Caio não é investigador, e Monica não é escrivã.

b) Ana não é auxiliar de papiloscopista, e Monica é escrivã.

c) Ana não é auxiliar de papiloscopista, e Caio não é investigador.

d) Ana é auxiliar de papiloscopista, e Monica é escrivã.

e) Caio é investigador, e Monica é escrivã.

Começando pela afirmação I, sabe-se que o condicional (se, então) só é falso quando o antecedente é verdadeiro e o consequente é falso, com isso "Ana é auxiliar de papiloscopista" é verdadeiro e "Caio é investigador" é falso.

Fazendo a afirmação II, e sabendo que a disjunção (ou) será verdadeira se pelo menos uma das suas proposições for verdadeira, então "Monica é escrivã" tem que ser verdadeira.

Analisando as alternativas, a única verdadeira é a alternativa D.A conjunção é verdadeira quando todas as proposições que a compõem são verdadeiras.

GABARITO: D.

23. (2018 - Prefeitura de São Paulo/SP - Engenheiro Civil) Considere cada afirmação e o seu respectivo valor lógico:

I. Ana é advogada ou Clarice é cantora. VERDADEIRA.

II. Beatriz é bancária e Elaine é estilista. FALSA.

III. Ana é advogada ou Débora é dentista. FALSA.

IV. Ana é advogada ou Elaine é estilista. VERDADEIRA.

A partir dessas informações, é correto concluir que

a) Elaine não é estilista.

b) Ana é advogada.

c) Débora é dentista.

d) Clarice não é cantora.

e) Beatriz não é bancária.

Começando pela afirmação III, sabe-se que a disjunção (ou) só é falsa quando todas as proposições que a compõem são falsas, com isso "Ana é advogada" e "Débora é dentista" são falsas.

Fazendo as afirmações I e IV, e sabendo que a disjunção (ou) é verdadeira se pelo menos uma das suas proposições for verdadeira, então "Clarice é cantora" e "Elaine é estilista" têm que serem verdadeiras.

Por fim, fazendo a afirmação II, e sabendo que a conjunção (e) será falsa se pelo menos uma das suas proposições for falsa, então "Beatriz é bancária" tem que ser falsa. Analisando as alternativas, a única correta – por verdade – é a alternativa E.

GABARITO: E.

---

24. **(2018 - PC/SP - Investigador de Polícia Civil)** Considere as afirmações e o respectivo valor lógico de cada uma.

I. Se Antônio canta bem, então Bruna não é atriz. VERDADEIRA

II. Carlos é dançarino ou Bruna não é atriz. FALSA

III. Daniela organiza tudo ou Antônio canta bem. VERDADEIRA

IV. Se Fernando não trouxe o almoço, então Daniela não organiza tudo. VERDADEIRA

A partir dessas afirmações, é correto concluir que

a) Fernando trouxe o almoço ou Antônio canta bem.

b) Carlos é dançarino e Fernando trouxe o almoço.

c) Carlos não é dançarino e Daniela não organiza tudo.

d) Ou Daniela organiza tudo ou Bruna é atriz.

e) Bruna não é atriz e Fernando não trouxe o almoço.

Começando pela afirmação II, sabe-se que a disjunção (ou) só é falsa quando todas as proposições que a compõem são falsas, com isso "Carlos é dançarino" é falsa e "Bruna não é atriz" é falsa (Bruna é atriz = verdadeira).

Fazendo a afirmação I, e sabendo que no condicional (se, então) se o consequente é falso, o antecedente tem que ser falso para o condicional ser verdadeiro, então "Antônio canta bem" é falso.

Fazendo a afirmação III, e sabendo que a disjunção (ou) será verdadeira se pelo menos uma das suas proposições for verdadeira, então "Daniela organiza tudo" tem que ser verdadeira.

Por fim, fazendo a afirmação IV e sabendo que no condicional (se, então) se o consequente é falso, o antecedente tem que ser falso para o condicional ser verdadeiro, então "Fernando não trouxe o almoço" é falso.

Analisando as alternativas, a única correta – por verdade – é a alternativa A.

GABARITO: A.

---

25. **(2018 - TJ/SP - Escrevente Técnico Judiciário)** Considere a afirmação "Marta não atende ao público interno ou Jéssica cuida de processos administrativos". Uma afirmação equivalente à afirmação apresentada é:

a) se Jéssica não cuida de processos administrativos, então Marta atende ao público interno.

b) se Marta não atende ao público interno, então Jéssica cuida de processos administrativos.

c) se Marta atende ao público interno, então Jéssica não cuida de processos administrativos.

d) se Marta atende ao público interno, então Jéssica cuida de processos administrativos.

e) se Marta não atende ao público interno, então Jéssica não cuida de processos administrativos.

Como todas as alternativas estão com o condicional (SE, ENTÃO), então tem-se que encontrar a equivalência do condicional com a disjunção (OU), que segue a regra "NEGA o antecedente OU MANTÉM o consequente". Aplicando a regra nas alternativas, a única que segue e atende a regra é a alternativa D.

Simbolicamente fica:

A: Marta atende ao público interno.

C: Jéssica cuida de processos administrativos.

$\sim A \vee C = A \rightarrow C$

GABARITO: D.

---

26. **(2018 - PC/SP - Agente de Polícia)** Considere a afirmação: "Mateus não ganha na loteria ou ele compra aquele carrão". Uma afirmação equivalente a essa afirmação é:

a) Mateus ganha na loteria e não compra aquele carrão.

b) Ou Mateus não compra aquele carrão ou ele não ganha na loteria.

c) Mateus ganha na loteria ou ele compra aquele carrão.

d) Se Mateus ganha na loteria, então ele compra aquele carrão.

e) Se Mateus não ganha na loteria, então ele não compra aquele carrão.

A equivalência da disjunção (ou) é outra disjunção, só trocando as proposições de lugar ou um condicional (se, então) na regra "NEGA o antecedente OU MANTÉM o consequente".

Analisando as alternativas, aplicando a regra da equivalência da disjunção com o condicional (NEGA OU MANTÉM), tem-se como resposta correta a alternativa D.

Simbolicamente fica:

G = Mateus ganha na loteria.

C = Mateus compra aquele carrão.

$\sim G \vee C = G \rightarrow C$

GABARITO: D.

---

27. **(2018 - PC/SP - Escrivão de Polícia Civil)** Uma equivalência lógica para a proposição "Marcelo é inocente ou Alice é culpada" está contida na alternativa:

a) Marcelo e Alice são culpados.

b) Se Marcelo não é inocente, então Alice é culpada.

c) Marcelo é inocente se, e somente se, Alice é culpada.

d) Se Marcelo é inocente, então Alice não é culpada.

e) Marcelo e Alice são inocentes.

A equivalência da disjunção (ou) é outra disjunção, só trocando as proposições de lugar ou um condicional (se, então) na regra "NEGA o antecedente OU MANTÉM o consequente". Analisando as alternativas e aplicando as regras, a única correta é a alternativa B (equivalência da disjunção com o condicional na regra "NEGA o antecedente OU MANTÉM o consequente").

Simbolicamente fica:

M = Marcelo é inocente.

A = Alice é culpada.

$M \vee A = \sim M \rightarrow A$

GABARITO: B.

---

28. **(2018 - Prefeitura de São Paulo/SP - Engenheiro Civil)** Uma afirmação logicamente equivalente à afirmação: 'Se planto no tempo certo, então a colheita é melhor', é:

a) Ou planto no tempo certo ou a colheita é melhor.

b) Não planto no tempo certo e a colheita é melhor.

c) Se não planto no tempo certo, então a colheita não é melhor.

d) A colheita é melhor ou não planto no tempo certo.

e) Se a colheita é melhor, então planto no tempo certo.

A equivalência do condicional (se, então) é outro condicional na regra "TROCA e NEGA" ou uma disjunção (ou) na regra "NEGA o antecedente OU MANTÉM o consequente". Analisando as alternativas e aplicando as regras, a única correta é a alternativa D (equivalência do condicional com uma disjunção na regra "NEGA o antecedente OU MANTÉM o consequente").

Simbolicamente fica:

P = planto no tempo certo.

C = a colheita é melhor.

$P \to C = {\sim}P \vee C = C \vee {\sim}P$

Obs.: Note que na alternativa D as proposições estão trocadas de lugar, mas tanto na conjunção como na disjunção a ordem das proposições não interfere no resultado, ou seja, a troca de posição é possível e permitida.

GABARITO: D.

---

29. **(2018 - PC/SP - Agente de Telecomunicações)** Assinale a alternativa que contém uma afirmação equivalente à proposição: Se os castelos são antigos, então os prédios são recentes.

a) Se os prédios são recentes, então os castelos são antigos.

b) Os castelos não são antigos ou os prédios são recentes.

c) Os castelos são antigos e os prédios não são recentes.

d) Os prédios não são recentes ou os castelos não são antigos.

e) Ou os castelos são antigos ou os prédios são recentes.

A equivalência do condicional (se, então) é outro condicional na regra "TROCA e NEGA" ou uma disjunção (ou) na regra "NEGA o antecedente OU MANTÉM o consequente". Analisando as alternativas e aplicando as regras, a única correta é a alternativa B (equivalência do condicional com uma disjunção na regra "NEGA o antecedente OU MANTÉM o consequente").

Simbolicamente fica:

C = os castelos são antigos.

P = os prédios são recentes.

$C \to P = {\sim}C \vee P$

GABARITO: B.

---

30. **(2018 - PC/BA - Delegado de Polícia)** Uma equivalente lógica para a proposição – Se Marta é casada, então Dionísio é divorciado – está contida na alternativa:

a) Marta não é casada ou Dionísio é divorciado.

b) Marta não é casada e Dionísio é divorciado.

c) Marta é casada ou Dionísio é divorciado.

d) Marta é casada e Dionísio é divorciado.

e) Marta é casada ou Dionísio não é divorciado.

A equivalência do condicional (se, então) são outro condicional na regra "TROCA e NEGA" ou uma disjunção (ou) na regra "NEGA o antecedente OU MANTÉM o consequente". Analisando as alternativas e aplicando as regras, a única correta é a alternativa A (equivalência do condicional com uma disjunção na regra "NEGA o antecedente OU MANTÉM o consequente").

Simbolicamente fica:

M = Marta é casada.

D = Dionísio é divorciado.

$M \rightarrow D = \sim M \vee D$

GABARITO: A.

31. **(2018 - IPSM - Assistente de Gestão)** Uma afirmação equivalente à afirmação "Se hoje corro, então amanhã descansarei", está contida na alternativa:

a) Se amanhã não descansarei, então hoje não corro.

b) Se hoje não corro, então amanhã não descansarei.

c) Se amanhã descansarei, então hoje corro.

d) Hoje corro ou amanhã descansarei.

e) Hoje descanso e amanhã correrei.

A equivalência do condicional (se, então) é outro condicional na regra "TROCA e NEGA" ou uma disjunção (ou) na regra "NEGA o antecedente OU MANTÉM o consequente". Aplicando as regras nas alternativas, a única correta é a alternativa A (equivalência do condicional com o condicional na regra "TROCA e NEGA").

Simbolicamente fica:

C: hoje corro.

D: amanhã descansarei.

$C \rightarrow D = \sim D \rightarrow \sim C$

GABARITO: A.

32. **(2018 - Câmara Municipal de São José dos Campos/SP - Analista Legislativo/Contabilidade)** A proposição – Se João é contador, então ele é inteligente – tem como uma equivalente a proposição:

a) João não é inteligente e não é contador.

b) João é contador e é inteligente.

c) Se João é inteligente, então ele é contador.

d) Se João não é inteligente, então ele não é contador.

e) João é inteligente ou é contador.

A equivalência do condicional (se, então) é outro condicional na regra "TROCA e NEGA" ou uma disjunção (ou) na regra "NEGA o antecedente OU MANTÉM o consequente". Aplicando as regras nas alternativas, a única correta é a alternativa D (equivalência do condicional com o condicional na regra "TROCA e NEGA").

Simbolicamente fica:

C: João é contador.

I: João é inteligente.

$C \rightarrow I = \sim I \rightarrow \sim C$

GABARITO: D.

33. **(2018 - IPSM - Assistente de Gestão)** Considere a afirmação: "Cláudio é assistente de gestão municipal e Débora é professora".

Uma negação lógica para essa afirmação está contida na alternativa:

a) Cláudio não é assistente de gestão municipal, mas Débora é professora.

b) Débora não é professora, mas Cláudio é assistente de gestão municipal.

c) Se Cláudio não é assistente de gestão municipal, então Débora é professora.

d) Débora não é professora ou Cláudio não é assistente de gestão municipal.

e) Cláudio não é assistente de gestão municipal e Débora não é professora.

A negação da conjunção (E) é uma disjunção (OU), além da negação das proposições que compõem a conjunção. Aplicando a regra e analisando as alternativas, a única correta é a alternativa D.

Simbolicamente fica:

C: Cláudio é assistente de gestão municipal.

D: Débora é professora.

$\sim(C \wedge D) = \sim C \vee \sim D = \sim D \vee \sim C$

Obs.: note que na alternativa D as proposições estão trocadas de lugar, mas tanto na conjunção como na disjunção a ordem das proposições não interfere no resultado, ou seja, a troca de posição é possível e permitida.

GABARITO: D.

---

34. **(2018 - PC/SP - Agente de Polícia)** Uma afirmação que corresponde à negação lógica da afirmação "Vou para Colômbia e participarei de um congresso" é:

a) Se eu for para Colômbia, então participarei de um congresso.

b) Vou para Colômbia e não participarei de um congresso.

c) Se eu não for para Colômbia, então não participarei de um congresso.

d) Não vou para Colômbia e não participarei de um congresso.

e) Não vou para Colômbia ou não participarei de um congresso.

A negação da conjunção (E) é uma disjunção (OU), além da negação das proposições que compõem a conjunção. Aplicando a regra e analisando as alternativas, a única correta é a alternativa E.

Simbolicamente fica:

C: vou para Colômbia.

P: participarei de um congresso.

$\sim(C \wedge P) = \sim C \vee \sim P$

GABARITO: E.

---

35. **(2018 - PC/SP - Agente de Telecomunicações)** Uma negação lógica da afirmação "Marluce é a secretária e Rogério não é o presidente" está contida na alternativa:

a) Marluce não é a secretária e Rogério não é o presidente.

b) Marluce não é a secretária e Rogério é o presidente.

c) Marluce não é a secretária ou Rogério é o presidente.

d) Marluce é a secretária ou Rogério não é o presidente.

e) Marluce é a secretária ou Rogério é o presidente.

A negação da conjunção (E) é uma disjunção (OU), além da negação das proposições que compõem a conjunção. Aplicando a regra e analisando as alternativas, a única correta é a alternativa C.

Simbolicamente fica:

M: Marluce é a secretária.

R: Rogério é o presidente.

$\sim(M \wedge \sim R) = \sim M \vee R$

GABARITO: C.

---

36. **(2018 - PC/SP - Papiloscopista da Polícia)** Uma afirmação que corresponde à negação lógica da afirmação – Leonardo é dentista ou Marcelo não é médico – é:

a) Leonardo é dentista e Marcelo é médico.

b) Leonardo não é dentista ou Marcelo não é médico.

c) Ou Leonardo não é dentista ou Marcelo é médico.

d) Leonardo não é dentista e Marcelo é médico.

e) Se Leonardo é dentista, então Marcelo não é médico.

A negação da disjunção (OU) é uma conjunção (E), além da negação das proposições que compõem a conjunção. Aplicando a regra e analisando as alternativas, a única correta é a alternativa D.

Simbolicamente fica:

L: Leonardo é dentista.

M: Marcelo é médico.

$\sim(L \lor \sim M) = \sim L \land M$

GABARITO: D.

---

37. **(2018 - TJ/SP - Escrevente Técnico Judiciário)** Uma negação lógica para a afirmação "Se Patrícia não é engenheira, então Maurício é empresário" está contida na alternativa:

a) Patrícia é engenheira e Maurício não é empresário.

b) Patrícia é engenheira ou Maurício não é empresário.

c) Patrícia não é engenheira e Maurício não é empresário.

d) Se Maurício não é empresário, então Patrícia é engenheira.

e) Se Patrícia é engenheira, então Maurício não é empresário.

A negação do condicional (SE, ENTÃO) é uma conjunção (E) na regra "MANTÉM o antecedente E NEGA o consequente". Aplicando a regra e analisando as alternativas, a única correta é a alternativa C.

Simbolicamente fica:

P: Patrícia é engenheiro.

M: Maurício é empresário.

$\sim(\sim P \to M) = \sim P \land \sim M$

GABARITO: C.

---

38. **(2018 - Prefeitura de São Paulo/SP - Engenheiro Civil)** Uma negação lógica da afirmação: "Se a noite vira dia, então o animal da noite volta para a toca" é:

a) A noite vira dia e o animal da noite não volta para a toca.

b) A noite não vira dia ou o animal da noite não volta para a toca.

c) Se o animal da noite volta para a toca, então a noite vira dia.

d) Se a noite não vira dia, então o animal da noite não volta para a toca.

e) Se o animal da noite não volta para a toca, então a noite não vira dia.

A negação do condicional (SE, ENTÃO) é uma conjunção (E) na regra "MANTÉM o antecedente E NEGA o consequente". Aplicando a regra e analisando as alternativas, a única correta é a alternativa A.

Simbolicamente fica:

N: a noite vira dia.

A: o animal da noite volta para a toca.

$\sim(N \to A) = N \land \sim A$

GABARITO: A.

---

39. **(2018 - PC/SP - Investigador de Polícia Civil)** Considere a afirmação:

Se os carregadores são fortes, então eles terminam rápido e não ficam cansados.

Uma alternativa que contém a negação lógica dessa afirmação é:

a) Se os carregadores não são fortes, então eles não terminam rápido ou ficam cansados.

b) Se os carregadores ficam cansados e não terminam rápido, então eles não são fortes.

c) Os carregadores são fortes e, eles não terminam rápido ou ficam cansados.

d) Os carregadores não são fortes e, eles não terminam rápido e ficam cansados.

e) Se os carregadores não são fortes, então eles terminam rápido e não ficam cansados.

A proposição da questão tem dois conectivos, mas o conectivo principal é o condicional (se, então) e, portanto, a regra de negação a ser seguida é a do conectivo principal, ou seja, do condicional. A negação do condicional é uma conjunção (e) na regra "MANTÉM o antecedente E NEGA o consequente". No consequente do condicional tem uma conjunção, e como tem que negar o consequente, a negação da conjunção é uma disjunção (ou), além da negação das proposições que a compõem. Aplicando as regras da negação do condicional e da conjunção, chega-se na alternativa C como correta.

Simbolicamente fica:

C = os carregadores são fortes.

T = os carregadores terminam rápido.

S = os carregadores ficam cansados.

Se os carregadores são fortes, então eles terminam rápido e não ficam cansados = $C \rightarrow (T \wedge \sim S)$

$\sim[C \rightarrow (T \wedge \sim S)] = C \wedge (\sim T \vee S)$

$C \wedge (\sim T \vee S)$ = Os carregadores são fortes e, eles não terminam rápido ou ficam cansados.

GABARITO: C.

---

40. **(2018 - PC/SP - Agente de Polícia)** Leia a frase a seguir:

• Qualquer pessoa sabe andar de bicicleta.

A afirmação que corresponde à negação lógica dessa frase é:

a) Todos que andam de bicicleta também andam de motocicleta.

b) Apenas uma pessoa sabe andar de bicicleta.

c) Pelo menos uma pessoa não sabe andar de bicicleta.

d) As crianças não sabem andar de bicicleta.

e) Ninguém sabe andar de bicicleta.

"Qualquer" é sinônimo de "TODO" cuja negação é "ALGUM NÃO" (ou sinônimos como: pelo menos um não; nem todos; existe um que não; ...). Fazendo a negação pedida na questão, chega-se à alternativa C.

GABARITO: C.

---

41. **(2018 - Câmara Municipal de São José dos Campos/SP - Técnico Legislativo)** Considere a seguinte afirmação: "Todo funcionário público é concursado".

A alternativa que apresenta uma negação lógica para essa afirmação é:

a) Nenhum funcionário público é concursado.

b) Nenhum concursado é funcionário público.

c) Não existe funcionário público que não é concursado.

d) Existe funcionário público que não é concursado.

e) Todo concursado é funcionário público.

A negação de "TODO A é B" é "ALGUM A não é B" (ou sinônimos como: pelo menos um não; nem todos; existe um que não; ...). Fazendo a negação pedida na questão, chega-se à alternativa D.

GABARITO: D.

---

42. **(2018 - PC/BA - Investigador de Polícia Civil)** Considere a seguinte afirmação: Todo homem é bípede e mamífero. A alternativa que apresenta uma negação lógica para essa afirmação é:

a) Nenhum homem é bípede e mamífero.

b) Nenhum homem é bípede ou mamífero.

c) Existe homem que não é bípede ou não é mamífero.

d) Existe homem que não é bípede e não é mamífero.

e) Alguns homens são bípedes e mamíferos.

A negação da conjunção (E) é uma disjunção (OU), além da negação das proposições que a compõem. Além da conjunção tem o quantificador TODO e sua negação será ALGUM NÃO (ou sinônimos como: pelo menos um não; nem todos; existe um que não; ...). Aplicando a regra da negação da conjunção e do quantificador, chega-se à alternativa correta como sendo a alternativa C.

Simbolicamente fica:

B = Todo homem é bípede.

M = Todo homem é mamífero.

$\sim(B \wedge M) = \sim B \vee \sim M$

GABARITO: C.

---

43. **(2018 - PC/SP - Auxiliar de Papiloscopista Policial/Médio)** Considere a seguinte proposição:

Todas as pessoas podem reunir-se pacificamente e têm o direito a receber informações de seu interesse. Uma negação lógica para essa proposição está contida na alternativa:

a) Existe pessoa que não pode se reunir pacificamente com outras pessoas ou que não tem o direito a receber informações de seu interesse.

b) Existe pessoa que não pode se reunir pacificamente com outras pessoas e que não tem o direito a receber informações de seu interesse.

c) Nenhuma pessoa pode se reunir pacificamente com outras pessoas ou tem o direito a receber informações de seu interesse.

d) Nenhuma pessoa pode se reunir pacificamente com outras pessoas e tem o direito a receber informações de seu interesse.

e) Todas as pessoas não podem se reunir pacificamente e não têm o direito a receber informações de seu interesse.

A negação da conjunção (E) é uma disjunção (OU), além da negação das proposições que a compõem. Além da conjunção tem o quantificador TODO e sua negação será ALGUM NÃO (ou sinônimos como: pelo menos um não; nem todos; existe um que não; ...). Aplicando a regra da negação da conjunção e do quantificador, a resposta correta é a alternativa A.

Simbolicamente fica:

T = Todas as pessoas podem reunir-se pacificamente.

D = Todos têm o direito a receber informações de seu interesse.

$\sim(T \wedge D) = \sim T \vee \sim D$

GABARITO: A.

---

44. **(2018 - TJ/SP - Escrevente Técnico Judiciário)** Considere falsa a afirmação "Hélio é bombeiro e Cláudia é comissária de bordo" e verdadeira a afirmação "Se Hélio é bombeiro, então Cláudia é comissária de bordo". Nessas condições, é necessariamente verdade que:

a) Hélio é bombeiro.

b) Cláudia não é comissária de bordo.

c) Hélio não é bombeiro.

d) Cláudia é comissária de bordo.

e) Hélio é bombeiro ou Cláudia não é comissária de bordo.

Como a conjunção (E) tem 3 opções de ser FALSA e o condicional (SE, ENTÃO) tem 3 maneiras de ser VERDADEIRO, a melhor forma de resolver a questão é por meio da tabela-verdade, examinando as proposições que possuem o mesmo valor e "garantia" da informação, veja:

	H = Hélio é bombeiro	C = Cláudia é comissária de bordo	H ∧ C	H → C
I	V	V	V	V
II	V	F	F	F
III	F	V	F	V
IV	F	F	F	V

Note que apenas nas linhas III e IV existe uma coincidência de valores afirmados para as proposições com os conectivos da questão, e disso o que pode ser "garantido" é apenas que "Hélio é bombeiro" é falso. Logo, Hélio não é bombeiro.

GABARITO: C.

45. **(2018 - PC/SP - Escrivão de Polícia Civil)** Considere falsa a afirmação "Cristiano é policial militar e Ana é policial civil" e verdadeira a afirmação "se Cristiano é policial militar, então Ana é policial civil".
Nessas condições, é necessariamente:

a) falsidade que Ana é policial civil.

b) verdade que Cristiano e Ana são policiais civis.

c) verdade que Ana é policial civil.

d) falsidade que Cristiano é policial militar.

e) verdade que Cristiano é policial militar.

Como a conjunção (E) tem 3 opções de ser FALSA e o condicional (SE, ENTÃO) tem 3 maneiras de ser VERDADEIRO, a melhor forma de resolver a questão é por meio da tabela-verdade, examinando as proposições que possuem o mesmo valor e "garantia" da informação, veja:

	C = Cristiano é policial militar	A = Ana é policial civil	C ∧ A	C → A
I	V	V	V	V
II	V	F	F	F
III	F	V	F	V
IV	F	F	F	V

Note que apenas nas linhas III e IV existe uma coincidência de valores afirmados para as proposições com os conectivos da questão, e disso o que pode ser "garantido" é apenas que "Cristiano é policial militar" é falso.

GABARITO: D.

46. **(2018 - ARSESP - Analista de Suporte)** Considere verdadeira a afirmação "Se Márcia é Analista de Suporte, então Roberto é especialista em regulação" e falsa a afirmação "Márcia é Analista de Suporte e Roberto é especialista em regulação".
Nessas condições, é necessariamente verdade que

a) Márcia é Analista de Suporte ou Roberto não é especialista em regulação.

b) Roberto é especialista em regulação.

c) Márcia é Analista de Suporte.

d) Márcia não é Analista de Suporte.

e) Roberto não é especialista em regulação.

Como o condicional (SE, ENTÃO) tem 3 maneiras de ser VERDADEIRO e a conjunção (E) tem 3 opções de ser FALSA, a melhor forma de resolver a questão é por meio da tabela-verdade, examinando as proposições que possuem o mesmo valor e "garantia" da informação, veja:

	M = Márcia é Analista de Suporte	R = Roberto é especialista em regulação	M → R	M ∧ R
I	V	V	V	V
II	V	F	F	F
III	F	V	V	F
IV	F	F	V	F

Note que apenas nas linhas III e IV existe uma coincidência de valores afirmados para as proposições com os conectivos da questão, e disso o que pode ser "garantido" é apenas que "Márcia é Analista de Suporte" é falso. Logo, Márcia não é Analista de Suporte.

GABARITO: D.

47. **(2018 - PC/BA - Delegado de Polícia)** Considere falsa a afirmação – Renato é inocente e Raquel é culpada – e verdadeira a afirmação – se Renato é inocente, então Raquel é culpada.

Nessas condições, é correto afirmar que, necessariamente,

a) Raquel é culpada.

b) Renato e Raquel são inocentes.

c) Renato é culpado.

d) Renato e Raquel são culpados.

e) Renato é inocente.

Como a conjunção (E) tem 3 opções de ser FALSA e o condicional (SE, ENTÃO) tem 3 maneiras de ser VERDADEIRO, a melhor forma de resolver a questão é por meio da tabela-verdade, examinando as proposições que possuem o mesmo valor e "garantia" da informação, veja:

	R = Renato é inocente	C = Raquel é culpada	R ∧ C	R → C
I	V	V	V	V
II	V	F	F	F
III	F	V	F	V
IV	F	F	F	V

Note que apenas nas linhas III e IV existe uma coincidência de valores afirmados para as proposições com os conectivos da questão, e disso o que pode ser "garantido" é apenas que "Renato é inocente" é falso. Logo, Renato é culpado.

GABARITO: C.

48. **(2017 - TJ/SP - Escrevente Técnico Judiciário)** Considerando falsa a afirmação "Se Ana é gerente, então Carlos é diretor", a afirmação necessariamente verdadeira é:

a) Ana é gerente.

b) Carlos é diretor.

c) Ana não é gerente, e Carlos não é diretor.

d) Ana não é gerente, ou Carlos é diretor.

e) Ana é gerente, e Carlos é diretor.

O condicional (SE, ENTÃO) é falso quando o ANTECEDENTE é VERDADEIRO e o CONSEQUENTE é FALSO, logo "Ana é gerente" é verdadeiro e "Carlos é diretor" é falso. Com isso a alternativa correta, necessariamente verdadeira, é a alternativa A.

GABARITO: A.

---

49. **(2017 - TCE/SP - Agente de Fiscalização)** Considere verdadeiras as afirmações I, II, III e falsa a afirmação IV.

I. Se como, então não sinto fome.

II. Não sinto fome ou choro.

III. Se choro, então não sorrio.

IV. Não sinto fome ou grito.

A partir dessas afirmações, é verdade que:

a) Como ou grito.

b) Não grito e não choro.

c) Choro e grito.

d) Sorrio ou sinto fome.

e) Não sorrio e não sinto fome.

Iniciando a resolução da questão pela afirmação IV, sendo essa afirmação uma disjunção (ou) e sabendo que a disjunção só é falsa quando todas as proposições que a compõem forem falsas (por isso começa a resolver a questão pela afirmação IV), então "não sinto fome" é falsa ("sinto fome" fica verdadeira) e "grito" é falsa.

A afirmação I é verdadeira, sendo essa afirmação um condicional (se, então) e sabendo que no condicional se o consequente é falso o antecedente também tem que ser falso para que o condicional seja verdadeiro, então "como" é falso.

A afirmação II é verdadeira, sendo essa afirmação uma disjunção e sabendo que a disjunção é verdadeira se pelo menos uma de suas proposições for verdadeira, então "choro" é verdadeiro.

A afirmação III também é verdadeira sendo essa afirmação um condicional e sabendo que no condicional se o antecedente é verdadeiro o consequente também tem que ser verdadeiro para que o condicional seja verdadeiro, então "não sorrio" é verdadeiro.

Analisando as alternativas – com seus conectivos, a única verdadeira é a alternativa D.

GABARITO: D.

---

50. **(2017 - TJM/SP - Técnico de Processamento de Dados)** Considere verdadeiras as afirmações:

Se Maria é médica, então Eduardo não é advogado.

Maria é médica ou Dora é atriz.

Se Dora não é atriz, então Eduardo é professor.

Considere falsa a afirmação:

Dora é atriz ou Beatriz é médica.

A partir dessas afirmações, é possível concluir corretamente que:

a) Dora é atriz e Beatriz não é médica.

b) Maria não é médica ou Eduardo é ator.

c) Eduardo é professor e Dora não é atriz.

d) Maria é advogada e Dora é médica.

e) Dora é advogada e Eduardo é médico.

Iniciando a resolução da questão pela afirmação "Dora é atriz ou Beatriz é médica", sendo essa afirmação uma disjunção (ou) e sabendo que a disjunção só é falsa quando todas as proposições que a compõem forem falsas (por isso começa a resolver a questão por essa afirmação), então "Dora é atriz" é falsa e "Beatriz é médica" é falsa.

Como as outras afirmações são verdadeiras, e sendo a afirmação "se Dora não é atriz, então Eduardo é professor" um condicional (se, então) e sabendo que no condicional se o antecedente é verdadeiro o consequente também tem que ser verdadeiro para que o condicional seja verdadeiro, então "Eduardo é professor" é verdadeiro.

A afirmação "Maria é médica ou Dora é atriz" é verdadeira, sendo essa afirmação uma disjunção e sabendo que a disjunção é verdadeira se pelo menos uma de suas proposições for verdadeira, então "Maria é médica" é verdadeiro.

Por fim, na afirmação "se Maria é médica, então Eduardo não é advogado", também verdadeira, e sendo um condicional e sabendo que no condicional se o antecedente é verdadeiro o consequente também tem que ser verdadeiro para que o condicional seja verdadeiro, então "Eduardo não é advogado" é verdadeiro.

Agora, analisando as alternativas – com seus conectivos, a única verdadeira é a alternativa C.

GABARITO: C.

---

51. **(2017 - TJ/SP - Escrevente Técnico Judiciário)** Uma afirmação equivalente para "Se estou feliz, então passei no concurso" é:

a) Se passei no concurso, então estou feliz.

b) Se não passei no concurso, então não estou feliz.

c) Não passei no concurso e não estou feliz.

d) Estou feliz e passei no concurso.

e) Passei no concurso e não estou feliz.

A equivalência do condicional (se, então) é outro condicional na regra "TROCA e NEGA" ou com a uma disjunção (ou) na regra "NEGA o antecedente OU MANTÉM o consequente". Analisando as alternativas e aplicando as regras, chega-se a resposta correta na alternativa de letra B (equivalência do condicional com o condicional na regra "TROCA e NEGA").

Simbolicamente fica:

E: estou feliz.

P: passei no concurso.

$E \rightarrow P = \sim P \rightarrow \sim E$

GABARITO: B.

---

52. **(2017 - TJ/SP - Escrevente Técnico Judiciário)** Uma negação lógica para a afirmação "João é rico, ou Maria é pobre" é:

a) Se João é rico, então Maria é pobre.

b) João não é rico, e Maria não é pobre.

c) João é rico, e Maria não é pobre.

d) Se João não é rico, então Maria não é pobre.

e) João não é rico, ou Maria não é pobre.

A negação da disjunção (OU) é uma conjunção (E), além da negação das proposições que compõem a conjunção. Aplicando a regra e analisando as alternativas, a única correta é a alternativa B.

Simbolicamente fica:

J: João é rico.

M: Maria é pobre.

$\sim(J \vee M) = \sim J \wedge \sim M$

GABARITO: B.

---

53. **(2017 - TCE/SP - Agente de Fiscalização/Administração)** Uma afirmação que corresponda à negação lógica da afirmação "Pedro distribuiu amor e Pedro colheu felicidade" é:

a) Pedro não distribuiu amor ou Pedro não colheu felicidade.
b) Pedro distribuiu ódio e Pedro colheu infelicidade.
c) Pedro não distribuiu amor e Pedro não colheu felicidade.
d) Se Pedro colheu felicidade, então Pedro distribuiu amor.
e) Pedro não distribuiu ódio e Pedro não colheu infelicidade.

A negação da conjunção (E) é uma disjunção (OU), além da negação das proposições que compõem a conjunção. Aplicando a regra e analisando as alternativas, a única correta é a alternativa A.

Simbolicamente fica:

D: Pedro distribuiu amor.

C: Pedro colheu felicidade.

$\sim(D \wedge C) = \sim D \vee \sim C$

GABARITO: A.

---

54. **(2017 - TCE/SP - Agente de Fiscalização)** Uma afirmação que corresponda à negação lógica da afirmação "Se a demanda aumenta, então os preços tendem a subir" é:

a) Ou os preços tendem a subir, ou a demanda aumenta.
b) A demanda aumenta ou os preços não tendem a subir.
c) Se os preços não tendem a subir, então a demanda não aumenta.
d) Se a demanda não aumenta, então os preços não tendem a subir.
e) Os preços não tendem a subir, e a demanda aumenta.

A negação do condiciona | (SE, ENTÃO) é uma conjunção (E) na regra "MANTÉM o antecedente E NEGA o consequente". Aplicando a regra e analisando as alternativas, a única correta é a alternativa E.

Simbolicamente fica:

D: a demanda aumenta.

S: os preços tendem a subir.

$\sim(D \rightarrow S) = D \wedge \sim S = \sim S \wedge D$

Obs.: note que na alternativa E as proposições estão trocadas de lugar, mas na conjunção a ordem das proposições não interfere no resultado, ou seja, a troca de posição é possível e permitida.

GABARITO: E.

---

55. **(2017 - TCE/SP - Agente de Fiscalização/Administração)** Assinale a alternativa que apresenta uma afirmação equivalente à afirmação "Se comprei e paguei, então levei".

a) Se comprei e não paguei, então não levei.
b) Se não comprei e paguei, então não levei.
c) Se não levei, então não paguei ou não comprei.
d) Se comprei ou paguei, então não levei.
e) Se levei, então comprei e paguei.

A proposição da questão tem dois conectivos, mas o conectivo principal é o condicional (se, então) e, portanto, a regra da equivalência a ser seguida é a do conectivo principal, ou seja, do condicional. Uma das equivalências do condicional (SE, ENTÃO) é com o próprio condicional, na regra "TROCA e NEGA". Como o antecedente do condicional da questão é composto por uma conjunção (E), quando o antecedente for "trocado" de lugar e "negado" ter-se-á que negar também essa conjunção, e a negação da conjunção é uma disjunção (OU), além da negação das proposições que a compõem. Aplicando as regras na questão, a resposta correta é a alternativa C.

Veja simbolicamente:

C: comprei.

P: paguei.

L: levei.

$(C \wedge P) \rightarrow L = \sim L \rightarrow \sim(C \wedge P) = \sim L \rightarrow \sim C \vee \sim P = \sim L \rightarrow \sim P \vee \sim C$

Obs.: note que na alternativa C as proposições da disjunção estão trocadas de lugar, mas na disjunção a ordem das proposições não interfere no resultado, ou seja, a troca de posição é possível e permitida.

GABARITO: C.

56. (2017 - TJ/SP - Escrevente Técnico Judiciário) "Existe um lugar em que não há poluição" é uma negação lógica da afirmação:

a) Em todo lugar, não há poluição.

b) Em alguns lugares, há poluição.

c) Em todo lugar, há poluição.

d) Em alguns lugares, pode não haver poluição.

e) Em alguns lugares, não há poluição.

"Existe um" é sinônimo de "algum"; na estrutura da questão tem-se então uma afirmação do tipo "ALGUM A não é B", cuja negação é "TODO A é B". Analisando as alternativas, a C é a única que está enunciada nessa estrutura.

GABARITO: C.

57. (2017 - TJ/SP - Escrevente Técnico Judiciário) Sabendo que é verdadeira a afirmação "Todos os alunos de Fulano foram aprovados no concurso", então é necessariamente verdade:

a) Fulano foi aprovado no concurso.

b) Se Elvis foi aprovado no concurso, então ele é aluno de Fulano.

c) Se Roberto não é aluno de Fulano, então ele não foi aprovado no concurso.

d) Fulano não foi aprovado no concurso.

e) Se Carlos não foi aprovado no concurso, então ele não é aluno de Fulano.

Implicando a afirmação "TODO A é B" no condicional "Se A, então B", fica: "Todos os alunos de Fulano foram aprovados no concurso" = "Se é aluno de Fulano então foi aprovado no concurso". Fazendo a equivalência do condicional com o condicional na regra "TROCA e NEGA", tem-se: "Se não foi aprovado no concurso então não é aluno de Fulano". Analisando as alternativas, a E é a única que está exemplificada dessa forma.

GABARITO: E.

58. (2017 - TCE/SP - Agente de Fiscalização) Se a afirmação "Ou Renato é o gerente da loja ou Rodrigo é o dono da loja" é verdadeira, então uma afirmação necessariamente verdadeira é:

a) Renato é o gerente da loja se, e somente se, Rodrigo não é o dono da loja.

b) Se Renato é o gerente da loja, então Rodrigo é o dono da loja.

c) Renato é o gerente da loja.

d) Se Renato não é o gerente da loja, então Rodrigo não é o dono da loja.

e) Renato é o gerente da loja e Rodrigo é o dono da loja.

A disjunção exclusiva (OU, OU) tem 2 opções de ser VERDADEIRA, então a melhor forma de resolver a questão – achar outra alternativa verdadeira – é por meio da tabela-verdade, examinando em quais linhas as proposições (do enunciado e das alternativas) têm o mesmo valor (de verdade), veja:

	G = Renato é o gerente	~G	D = Rodrigo é o dono da loja	~D	Enunciado G ⊻ D	a) G ↔ ~D
I	V	F	V	F	F	F
II	V	F	F	V	V	V
III	F	V	V	F	V	V
IV	F	V	F	V	F	F

Note que a alternativa A já tem os mesmos valores – de verdade – do enunciado, portanto a alternativa A já é a alternativa correta.

Obs.: se forem feitas as tabelas das outras alternativas não se chegará a mesma situação que ocorreu na alternativa A.

GABARITO: A.

59. **(2016 - Prefeitura de Presidente Prudente/SP – Analista)** Considere falsa a seguinte afirmação: Czergw é inteligente se, e somente se, ele foi aprovado no concurso. Com base nas informações apresentadas, é necessariamente verdadeira a afirmação:

a) Czergw é inteligente se, e somente se, ele não foi aprovado no concurso.

b) Czergw foi aprovado no concurso e não é inteligente.

c) Se Czergw foi aprovado no concurso, então ele não é inteligente.

d) Czergw não foi aprovado no concurso e é inteligente.

e) Se Czergw não foi aprovado no concurso, então ele é inteligente.

O bicondicional (SE, E SOMENTE SE) tem 2 opções de ser FALSO, então a melhor forma de resolver a questão – achar uma alternativa verdadeira – é por meio da tabela-verdade, examinando em quais linhas as proposições (do enunciado e das alternativas) atendem ao que foi pedido na questão, veja:

	I = Czergw é inteligente	A = Czergw foi aprovado no concurso	~A	Enunciado I ↔ A	a) I ↔ ~A
I	V	V	F	V	F
II	V	F	V	F	V
III	F	V	F	F	V
IV	F	F	V	V	F

Note que a alternativa A já tem a relação pedida no enunciado, portanto resposta correta é a alternativa A.

Obs.: se forem feitas as tabelas das outras alternativas não se chegará a mesma situação que ocorreu na alternativa A.

GABARITO: A.

60. **(2020- EBSERH- Advogado)** Considere falsidade a seguinte afirmação "Se Carlos é advogado, então Amanda é juíza".

Com base nas informações apresentadas, é verdade que:

a) Carlos é advogado.

b) se Amanda não é juíza, então Carlos não é advogado.

c) Amanda é juíza.

d) Amanda é juíza se, e somente se, Carlos é advogado.

e) Carlos não é advogado.

O condicional (SE, ENTÃO) só é falso quando o ANTECEDENTE é VERDADEIRO e o CONSEQUENTE é FALSO, logo "Carlos é advogado" é verdadeiro e "Amanda é juíza" é falso.

Utilizando os valores estabelecidos e analisando as alternativas, a única verdade é o que está na alternativa A.

GABARITO: A.

61. **(2020 - EBSERH - Técnico em Análise Clínicas)** Considere verdadeira a afirmação I e falsa a afirmação II:

I. Carlos é técnico em análises clínicas.

II. Ana é técnica em análises clínicas.

Com base nas informações apresentadas, assinale a alternativa que contém uma afirmação verdadeira.

a) Se Carlos é técnico em análises clínicas, então Ana é técnica em análises clínicas.

b) Carlos não é técnico em análises clínicas e Ana não é técnica em análises clínicas.

c) Se Ana não é técnica em análises clínicas, então Carlos não é técnico em análises clínicas.

d) Carlos e Ana são técnicos em análises clínicas.

e) Se Ana é técnica em análises clínicas, então Carlos é técnico em análises clínicas.

Analisando as alternativas a partir dos valores das proposições I e II, a única que é verdadeira é a alternativa E, visto que na proposição composta por condicional (SE, ENTÃO) se o antecedente é falso o condicional já é verdadeiro.

A alternativa A é falsa, pois com antecedente verdadeiro e consequente falso o condicional é falso; a alternativa B é falsa, pois na conjunção (E) se uma das proposições que compõem a conjunção é falsa (Carlos não é técnico em análises clínicas) a conjunção já é falsa; a alternativa C é falsa pelo mesmo motivo da alternativa A, inclusive as alternativas A e C são equivalentes; e a alternativa D está errada pelo mesmo motivo da alternativa B (Ana é técnica em análises clínicas = FALSA).

GABARITO: E.

62. **(2020-FITO Técnico em Gestão)** Considere verdadeiras as afirmações:

I. I. Felipe não é humorista.

II. Se André é estudioso, então Bruno não é atleta.

III. Se Bruno não é atleta, então Carla é atriz.

IV. Se Débora é cantora, então Carla não é atriz.

V. Se Enzo é escritor, então André é estudioso.

VI. Se Débora não é cantora, então Felipe é humorista

A partir dessas informações, é verdade que:

a) André é estudioso.

b) Carla é atriz.

c) Débora não é cantora.

d) Bruno não é atleta.

e) Enzo não é escritor

Como a questão já disse que todas as afirmações são verdadeiras, então a I: "Felipe não é humorista" já é verdadeira. Com isso na afirmação VI deduzimos que "Débora não é cantora" é falsa, já que no condicional verdadeiro, se o consequente é falso (Felipe é humorista) o antecedente se obriga a ser falso também.

Seguindo com as outras afirmações, na IV deduzimos que "Carla não é atriz" é verdadeira, uma vez que no condicional verdadeiro se o antecedente é verdadeiro (Débora é cantora) o consequente tem que ser verdadeiro também.

Na afirmação III "Bruno não é atleta" é falso, já que no condicional verdadeiro, se o consequente é falso (Carla é atriz) o antecedente se obriga a ser falso também. Por esse mesmo motivo, na afirmação II temos que "André é estudioso" é falso e na afirmação V temos que "Enzo é escritor" é falso.

Analisando as alternativas, a única que é verdade é a alternativa E.

GABARITO: E.

63. **(2021-TJM/SP - Analista de Redes)** Uma proposição equivalente a "Se acordei cedo e me alimentei, então tenho um dia produtivo" é a proposição:

a) Não tenho um dia produtivo e não acordei cedo e não me alimentei.

b) Tenho um dia produtivo e não acordei cedo e não me alimentei.

c) Se não tenho um dia produtivo, então não acordei cedo ou não me alimentei.

d) Se não tenho um dia produtivo, então não acordei cedo e não me alimentei.

e) Se tenho um dia produtivo, então acordei cedo ou me alimentei.

A proposição da questão tem dois conectivos, mas o conectivo principal é o condicional (SE, ENTÃO) e, portanto, a regra da equivalência a ser seguida é a do conectivo principal, ou seja, do condicional.

A equivalência do condicional é outro condicional na regra "TROCA e NEGA" ou uma disjunção (OU) na regra "NEGA o antecedente 'OU' MANTÉM o consequente".

Analisando as alternativas e as regras de equivalência a única correta é a alternativa C (equivalência do condicional para outro condicional na regra "TROCA e NEGA").

Obs.: no antecedente do condicional tem uma proposição composta por conjunção (E), e essa conjunção será negada, virando uma disjunção (OU), além da negação das proposições que a compõem.

Simbolicamente fica:

A = acordei cedo.

M = me alimentei.

T = tenho um dia produtivo.

Se acordei cedo e me alimentei, então tenho um dia produtivo = $(A \wedge M) \rightarrow T$

$(A \wedge M) \rightarrow T = {\sim}T \rightarrow ({\sim}A \vee {\sim}M)$

${\sim}T \rightarrow ({\sim}A \vee {\sim}M)$ **= se não tenho um dia produtivo, então não acordei cedo ou não me alimentei.**

GABARITO: C.

---

64. **(2021-TJM/SP- Desenvolvedor)** Considere as proposições p e q, em que:
p: o dia está ensolarado e a temperatura é baixa.
q: é inverno.
A negação da condicional $p \rightarrow q$ está corretamente representada por:

a) Se o dia não está ensolarado ou a temperatura não está baixa, então não é inverno.

b) Se o dia não está ensolarado ou a temperatura não está baixa, então é inverno.

c) Se o dia não está ensolarado e a temperatura não está baixa, então é inverno.

d) O dia não está ensolarado ou a temperatura não é baixa e é inverno.

e) O dia está ensolarado e a temperatura é baixa e não é inverno.

A proposição '$p \rightarrow q$**' é um condicional (SE, ENTÃO) e a negação do condicional é uma conjunção (E) na regra "MANTÉM o antecedente 'E' NEGA o consequente".**

Obs.: no antecedente 'p' do condicional, da questão, tem uma conjunção, mas como o antecedente 'não muda' basta seguir a regra.

Aplicando a regra da negação do condicional, chega-se na alternativa E como correta.

Simbolicamente fica:

D = o dia está ensolarado.

T = a temperatura é baixa.

I = é inverno.

$p = D \wedge T$

$q = I$

$\sim(p \rightarrow q) = \sim[(D \wedge T) \rightarrow I] = (D \wedge T) \wedge \sim I$

$(D \wedge T) \wedge \sim I$ = O dia está ensolarado e a temperatura é baixa e não é inverno.

GABARITO: E.

65. **(2020-EBSERH - Assistente Administrativo)** Se as providências foram tomadas, então não houve problema. Uma afirmação que é logicamente equivalente a essa é:

a) As providências foram tomadas e não houve problema.

b) Se houve problema, então as providências não foram tomadas.

c) Houve problema ou as providências não foram tomadas.

d) Se as providências não foram tomadas, então houve problema.

e) As providências não foram tomadas e houve problema.

A equivalência do condicional (SE, ENTÃO) é outro condicional, na regra "TROCA e NEGA" (antecedente vira consequente e vice-versa e nega as proposições) ou uma disjunção (OU) na regra "NEGA o 'antecedente' OU MANTÉM o 'consequente".

Analisando as alternativas e aplicando as regras, a única correta é a alternativa B (equivalência do condicional com outro condicional na regra "TROCA e NEGA").

Simbolicamente fica:

T = as providências foram tomadas.

~P = não houve problema.

Se as providências foram tomadas, então não houve problema = $T \rightarrow \sim P$

$T \rightarrow \sim P = P \rightarrow \sim T$ (Se houve problema, então as providências não foram tomadas.)

Obs.: as alternativas A e E não são respostas, pois, sequer tem um conectivo correspondente. Já as alternativas C e D não seguem a regra da equivalência do condicional.

GABARITO: B.

66. **(2020-FITO-Técnico em Gestão)** Uma afirmação logicamente equivalente a "Se carros elétricos não poluem o ar, então eu não destruo a atmosfera" é:

a) Carros elétricos poluem o ar ou eu destruo a atmosfera.

b) Carros elétricos poluem o ar ou eu não destruo a atmosfera.

c) Carros elétricos não poluem o ar e eu não destruo a atmosfera.

d) Carros elétricos poluem o ar e eu destruo a atmosfera.

e) Carros elétricos não poluem o ar e eu destruo a atmosfera.

A equivalência do condicional (SE, ENTÃO) é outro condicional, na regra "TROCA e NEGA" (antecedente vira consequente e vice-versa e nega as proposições) ou uma disjunção (OU) na regra "NEGA o 'antecedente' OU MANTÉM o 'consequente".

Analisando as alternativas e aplicando as regras, a única correta é a alternativa B (equivalência do condicional com uma disjunção na regra "NEGA o antecedente OU MANTÉM o consequente").

Simbolicamente fica:

~P = carros elétricos não poluem o ar.

~D = eu não destruo a atmosfera.

Se carros elétricos não poluem o ar, então eu não destruo a atmosfera = $\sim P \rightarrow \sim D$

$\sim P \rightarrow \sim D = P \vee \sim D$ (Carros elétricos poluem o ar ou eu não destruo a atmosfera.)

Obs.: as alternativas C, D e E não são respostas, pois, sequer tem um conectivo correspondente. Já a alternativa A não segue a regra da equivalência do condicional.

GABARITO: B.

67. **(2020- Prefeitura de Ferraz de Vasconcelos/SP- Guarda Municipal)** Considere a seguinte ordem dada: “Ligue a sirene e leve a viatura até o local da ocorrência.”

Assinale a alternativa que contém uma negação lógica da ordem dada.

a) Não ligue a sirene e leve a viatura até o local da ocorrência.

b) Não ligue a sirene ou leve a viatura até o local da ocorrência.

c) Não leve a viatura até o local da ocorrência e ligue a sirene.

d) Não leve a viatura até o local da ocorrência ou não ligue a sirene.

e) Não leve a viatura até o local da ocorrência e não ligue a sirene.

A negação da conjunção (E) é uma disjunção (OU), além da negação das proposições que compõem a conjunção.

Aplicando a regra e analisando as alternativas, a única correta é a alternativa D.

Simbolicamente fica:

S: Ligue a sirene.

O: leve a viatura até o local da ocorrência.

Ligue a sirene e leve a viatura até o local da ocorrência = S ∧ O

~(S ∧ O) = ~S v ~O = ~O v ~S (Não leve a viatura até o local da ocorrência ou não ligue a sirene.)

Obs.: note que na alternativa D as proposições estão trocadas de lugar, mas tanto na conjunção como na disjunção a ordem das proposições não interfere no resultado, ou seja, a troca de posição é possível e permitida.

GABARITO: D

---

68. **(2020 – FITO – Técnico em Gestão)** Para negar logicamente a afirmação: “Hoje eu corro 15 km ou faço 1000 abdominais”, é correto dizer:

a) Hoje eu não corro 15 km ou não faço 1000 abdominais.

b) Hoje eu não corro 15 km e faço 1000 abdominais.

c) Hoje eu não corro 15 km e não faço 1000 abdominais.

d) Hoje eu corro 15 km e não faço 1000 abdominais.

e) Hoje eu corro 14 km ou faço 900 abdominais.

A negação da disjunção (OU) é uma conjunção (E), além da negação das proposições que compõem a disjunção.

Aplicando a regra e analisando as alternativas, a única correta é a alternativa C.

Simbolicamente fica:

C: Hoje eu corro 15 km.

A: faço 1000 abdominais.

Hoje eu corro 15 km ou faço 1000 abdominais = C v A

~(C v A) = ~C ∧ ~A (Hoje eu não corro 15 km e não faço 1000 abdominais.)

GABARITO: C.

---

69. **(2020 - Prefeitura de Ferraz de Vasconcelos/SP - Guarda Municipal)** Na família de Beltrano, todas as mulheres são guardas civis. Logo, é correto afirmar que:

a) se Fulana não é da família de Beltrano, então ela não é guarda civil.

b) se Fulana não é da família de Beltrano, então ela é guarda civil.

c) se Fulana é da família de Beltrano, então ela não é guarda civil.

d) se Fulana é guarda civil, então ela é da família de Beltrano.

e) se Fulana não é guarda civil, então ela não é da família de Beltrano.

Pressupondo a afirmação “TODO A é B” no condicional “Se A, então B”, fica: “Na família de Beltrano, todas as mulheres são guardas civis” = “Se é mulher da família Beltrano, então é guarda civil”.

Fazendo a equivalência do condicional (SE, ENTÃO) com o condicional na regra "TROCA e NEGA", tem-se: "Se não é guarda civil, então ela não é mulher da família de Beltrano".

Analisando as alternativas, a E é a única que está dentro dessa equivalência.

GABARITO: E.

---

70. **(2020 – EBSERH – Advogado)** A negação de uma afirmação é uma ferramenta importante em várias áreas. Vamos supor que seja necessário fazer a negação lógica da seguinte afirmação:
"Todos os envolvidos são culpados e devem ser punidos."
Uma das possibilidades está contida na alternativa:

a) Existe envolvido inocente e que não deve ser punido.

b) Nenhum dos envolvidos é culpado ou deve ser punido.

c) Existe envolvido que não é culpado ou que não deve ser punido.

d) Todos os envolvidos não são culpados e não devem ser punidos.

e) Nenhum dos envolvidos não é culpado ou não deve ser punido.

A negação da conjunção (E) é uma disjunção (OU), além da negação das proposições que a compõem. Uma das proposições que compõem a conjunção tem o quantificador TODO cuja negação é ALGUM NÃO (ou sinônimos como: pelo menos um não; nem todos; existe um que não; ...).

Aplicando a regra da negação da conjunção e do quantificador a resposta correta é a alternativa C.

Simbolicamente fica:

T = Todos os envolvidos são culpados

D = devem ser punidos.

Todos os envolvidos são culpados e devem ser punidos = $T \wedge D$

$\sim(T \wedge D) = \sim T \vee \sim D$ (Existe envolvido que não é culpado ou que não deve ser punido.)

GABARITO: C.

Argumento

71. **(2019 – TJ/SP – Contador)** Considere que haja elementos em todas as seções e interseções do diagrama.

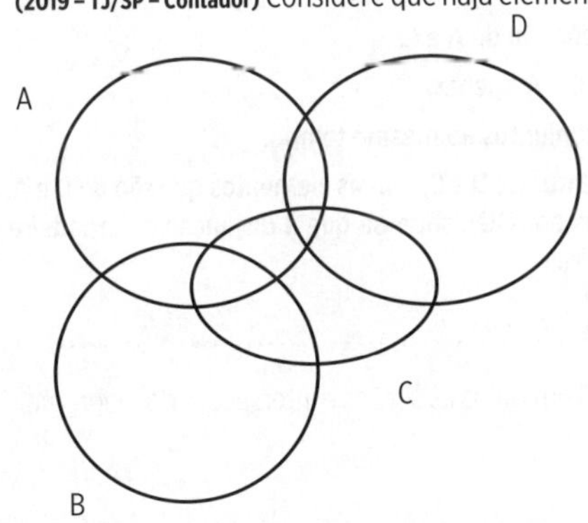

A partir dessas informações, é correto afirmar que:

a) qualquer elemento de C, que não é elemento de B, é também elemento de A ou de D.

b) todos os elementos de D, que não são elementos apenas de D, são também elementos de A e de B e de C.

c) qualquer elemento que pertença a três desses conjuntos pertence ao conjunto B.

d) dentre os elementos que pertencem a dois, e apenas dois conjuntos, não há elemento de C que também seja elemento de A.

e) todo elemento de A, que não é elemento de B e não é elemento de D, é também elemento de C ou apenas elemento de A.

Analisando as alternativas uma por uma:

A: Tem elemento de C que é só de C.

B: Nenhum elemento de D é elemento de B.

C: Tem elementos que pertencem à A, C e D, e não pertencem à B.

D: Tem elemento que é elemento só de A e C.

E: Os elementos de A, que não são B nem são D, ou são só A ou são A e C.

GABARITO: E.

---

72. **(2019 - TJ/SP – Enfermeiro)** Considere que haja elementos em todas as seções e interseções do diagrama.

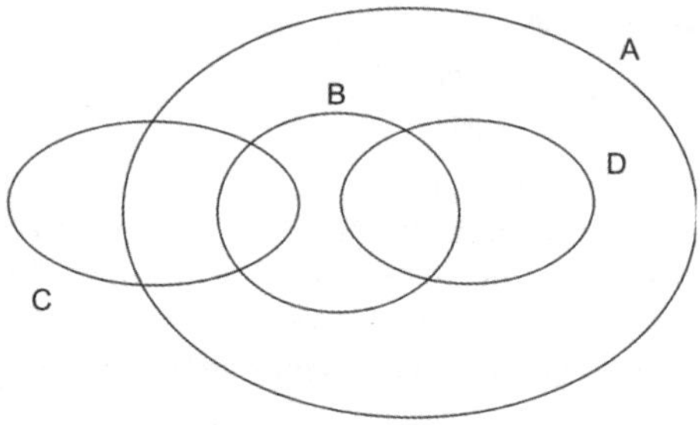

A partir dessas informações, é correto afirmar que:

a) todos os elementos de A, que não são elementos de B, são elementos de C ou de D.

b) não há elemento de B que seja elemento de três conjuntos ao mesmo tempo.

c) todos os elementos de C, que não são elementos apenas de C, ou são também elementos de B ou são também elementos de D.

d) há elemento de B que seja elemento de outros três conjuntos além do B.

e) qualquer elemento de D, que não é elemento de B, é também elemento de C ou elemento de A.

Analisando as alternativas uma por uma:

A: Tem elemento de A que é só de A.

B: Tem elementos de B que são de A e D também ou de A e C.

C: Tem elementos de C que são elementos de C e A apenas.

D: Não tem elemento que seja comum aos 4 conjuntos ao mesmo tempo.

E: Apesar de não ter elementos que são elementos de D e C, tem os elementos que são de D e A, e como o conectivo utilizado na alternativa é a disjunção (OU), sabe-se que a disjunção é verdadeira se pelo menos uma das suas proposições for verdadeira.

GABARITO: E.

---

73. **(2019 - TJ/SP – Médico)** Considere que haja elementos em todas as seções e interseções do diagrama.

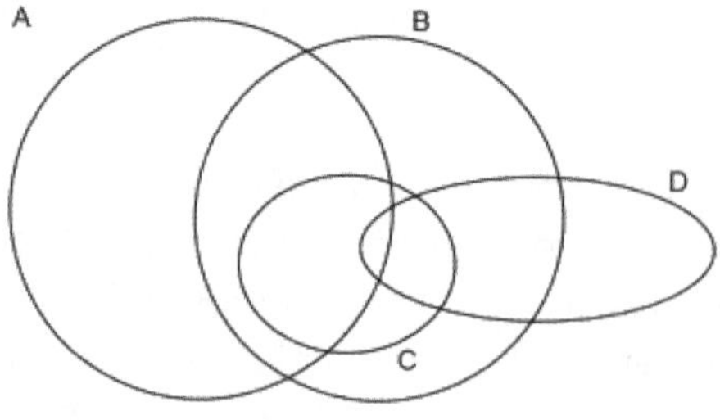

A partir dessas informações, é correto afirmar que:

a) todos os elementos de A, que não são elementos de B, são elementos de C ou de D.

b) não há elemento de B, que seja apenas elemento de B e de D ou apenas elemento de B ou de C.

c) não há elemento de A, que seja apenas elemento de A e de D.

d) qualquer elemento de C que não seja elemento de D, é também elemento de A.

e) qualquer elemento de D, que é também elemento de C é também elemento de A.

Analisando as alternativas uma por uma:

A: Tem elemento de A que é só de A.

B: Tem elementos de B que são apenas elementos de B e D.

C: Os elementos que são de A e D são de C também, logo não há elementos só de A e D.

D: Tem elementos de C que são elementos apenas de C e B.

E: Tem elementos de D que são elementos de D e C apenas.

GABARITO: C.

74. **(2019 - Prefeitura de Guarulhos/SP – Fiscal)** Considere verdadeiras as afirmações a seguir.

I. Todos os funcionários são economistas.

II. Há economista que também é administrador.

A partir dessas afirmações, assinale a alternativa correta.

a) Os administradores que não são economistas são funcionários.

b) Qualquer economista é funcionário.

c) É possível que haja funcionário que não seja economista.

d) Os administradores que são economistas são funcionários.

e) Os funcionários que são administradores são economistas.

Representando as afirmações e analisando as alternativas, tem-se:

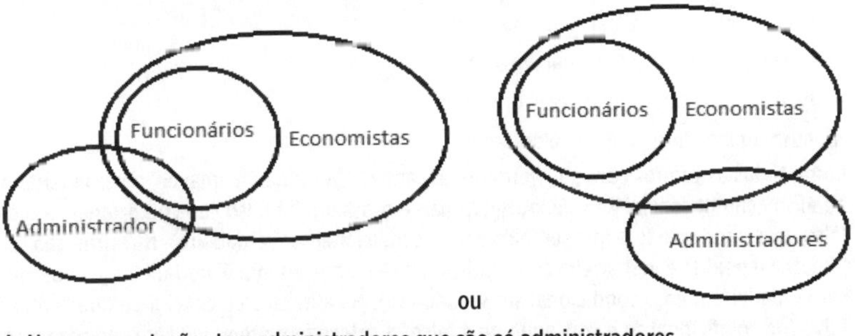

A: Nas representações tem administradores que são só administradores.

B: Nas representações tem economistas que são só economistas.

C: Todos os funcionários são economistas.

D: Em uma das representações os administradores que são economistas não são funcionários.

E: Todos os funcionários são administradores.

GABARITO: E.

75. **(2019 - TJ/SP – Administrador)** Considere verdadeiras as seguintes informações:

I. Se Neusa é juíza, então Débora é advogada.

II. Se Edmilson é administrador judiciário, então Clarice é delegada.

III. Débora é advogada se, e somente se, Mauro for desembargador.

IV. Todo administrador judiciário é formado em Administração.

Sabendo-se que Mauro não é desembargador e que Edmilson não é formado em Administração, é correto afirmar que:

a) Clarice é delegada.

b) Neusa é juíza.

c) Clarice é delegada ou Neusa não é juíza.

d) Neusa não é juíza se, e somente se, Clarice não for delegada.

e) Neusa não é juíza e Clarice não é delegada.

Como todas as proposições são verdadeiras e sabendo que "Mauro não é desembargador" e "Edmilson não é formado em Administração" são verdadeiras. Então, da afirmação III conclui-se que "Débora é advogada" é falso (o bicondicional é verdadeiro quando as proposições que o compõem têm valores iguais). Da afirmação I conclui-se que "Neusa é juíza" é falsa (no condicional se o consequente é falso, o antecedente tem que ser falso para o condicional ser verdadeiro). Da afirmação II nada se pode concluir sobre "Clarisse" (no condicional se o antecedente é falso, o condicional já é verdadeiro, independente do valor do consequente).

Analisando as alternativas, a única verdadeira ("correto afirmar" = alternativa verdadeira) é a C – uma vez que na disjunção (OU) se uma das proposições for verdadeira a disjunção já é verdadeira.

GABARITO: C.

---

76. **(2019 - Prefeitura de Guarulhos/SP - Fiscal de Rendas)** Considere verdadeiras as afirmações.

I. Se Arnaldo é grosseiro, então Beatriz é gentil.

II. Se Cátia é educada, então Arnaldo não é grosseiro.

III. Se Arnaldo não é grosseiro, então Deise é amável.

IV. Deise não é amável.

A partir dessas afirmações, é correto concluir que:

a) Beatriz não é gentil ou Cátia é educada.

b) Arnaldo é grosseiro e Cátia é educada.

c) Beatriz não é gentil ou Cátia não é educada.

d) Cátia é educada ou Arnaldo não é grosseiro.

e) Beatriz é gentil e Arnaldo não é grosseiro.

Como todas as proposições são verdadeiras, então "Deise não é amável" é verdadeira. A partir disso, na afirmação III conclui-se que "Arnaldo não é grosseiro" é falso (no condicional se o consequente é falso, o antecedente tem que ser falso para o condicional ser verdadeiro). Na afirmação I conclui-se que "Beatriz é gentil" é verdadeira (no condicional se o antecedente é verdadeiro, o consequente tem que ser verdadeiro para o condicional ser verdadeiro). Na afirmação II conclui-se que "Cátia é educada" é falso (no condicional se o consequente é falso, o antecedente tem que ser falso para o condicional ser verdadeiro).

Analisando as alternativas, a única verdadeira ("correto afirmar" = alternativa verdadeira) é a C – uma vez que na disjunção (OU) se uma das proposições for verdadeira a disjunção já é verdadeira.

GABARITO: C.

---

77. **(2019 - Prefeitura de Guarulhos/SP – Fiscal)** Considere os argumentos a seguir.

I. O dobro de um número é um número par. O dobro de 1,5 é 3. Logo, o número 3 é um número par.

II. Todos os atletas são fortes. Juca é forte. Logo, Juca é atleta.

III. Os cachorros têm quatro patas. As vacas têm quatro patas. Logo, as vacas são cachorros.

Na ordem em que estão expressas, os argumentos são, respectivamente,

a) válido, válido e inválido.

b) inválido, inválido e válido.

c) válido, inválido e inválido.

d) inválido, inválido e inválido.

e) válido, inválido e válido.

Analisando os argumentos um a um:

I: Tem-se um argumento válido, pois se o "dobro é par", então o dobro de 1,5 é 3 e com isso 3 é par (nos argumentos não importa o que foi dito, mas sim 'como' foi dito).

II: Tem-se um argumento inválido, pois se Juca é forte isso não garante ele ser atleta (o que foi dito foi que todo atleta é forte, não que todo forte é atleta).

III: Tem-se um argumento inválido, pois por mais que os cachorros e as vacas tenham 4 patas isso não garante que as vacas são cachorros.

Com isso, a correta é a alternativa C.

Obs.: em argumentos a GARANTIA tem sempre que está presente para o argumento ser válido.

GABARITO: C.

78. **(2019 - TJ/SP – Administrador)** O irmão de Mário é administrador judiciário, mas o primo dele não. Sendo assim, é correto deduzir que:

a) Henrique é administrador judiciário e, portanto, não é primo de Mário.

b) Se Ronaldo não é primo de Mário, então ele não é administrador judiciário.

c) Se Gilmar não é administrador judiciário, então ele é primo de Mário.

d) Se Sérgio é administrador judiciário, então ele é irmão de Mário.

e) Mário não é irmão de Cláudio e, portanto, Cláudio não é administrador judiciário.

Analisando as alternativas:

A: Se Henrique é administrador, então ele não é primo de Mário, pois o primo de Mário não é administrador.

B: Ronaldo não é primo, mas não sei se é irmão e se fosse irmão seria administrador sim.

C: Se Gilmar é administrador, então ele não pode ser primo de Mário.

D: Sérgio sendo administrador, isso não garante ele ser irmão de Mário (se ele fosse irmão de Mário, aí sim ele seria administrador, mas o fato dele ser administrador não garante ele ser irmão).

E: Cláudio não sendo irmão de Mário isso não garante que ele não seja administrador (se ele não fosse administrador, ai sim ele não seria irmão de Mário, mas o fato dele não ser irmão não garante ele não ser administrador).

Logo a correta é a alternativa A.

Obs.: essa questão é muito interessante, pois envolve O QUE é dito e a GARANTIA do que é dito, exatamente o grande segredo dos argumentos.

GABARITO: A.

79. **(2018 - Prefeitura de São Paulo/SP - Engenheiro Civil)** Considere o diagrama de conjuntos e admita que tenham elementos em todas as seções e interseções.

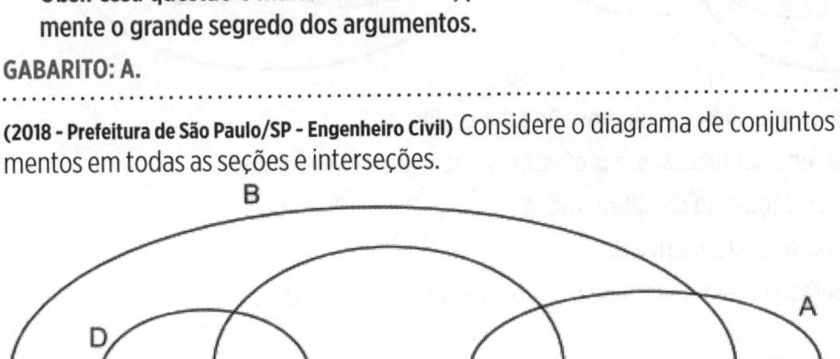

A partir das informações do diagrama, é correto afirmar que:

a) não há elemento do conjunto A que não seja elemento do conjunto D.

b) todos os elementos do conjunto C, que não são elementos do conjunto A, são elementos do conjunto D.

c) não existe elemento do conjunto A que seja elemento de outros dois desses conjuntos.

d) os elementos do conjunto B, que não são elementos do conjunto A, são elementos do conjunto C ou do conjunto D.

e) os elementos do conjunto D, que não são elementos do conjunto C, são elementos do conjunto A ou do conjunto B.

Analisando as alternativas uma por uma:

A: Traduzindo, a alternativa fica "TODO elemento de A é elemento de D" não tem elemento de A que seja elemento de D.

B: Tem elementos de C que são elementos apenas de C.

C: Tem elementos de A que são elementos de B e C também.

D: Tem elemento de B que é apenas elemento de B, logo a alternativa está incompleta.

E: Apesar de não ter elementos que são elementos de D e A, tem os elementos que são de D e B, e como o conectivo utilizado na alternativa é a disjunção (OU), sabe-se que a disjunção é verdadeira se pelo menos uma das suas proposições for verdadeira.

GABARITO: E.

---

80. **(2018 - PC/SP - Auxiliar de Papiloscopista)** Em determinada região, alguns professores são engenheiros, e todo engenheiro é advogado. Sendo assim, nessa região, é:

a) mentira que existe professor que é engenheiro e advogado.

b) mentira que todo professor é engenheiro.

c) verdade que não existe engenheiro que é professor e advogado.

d) verdade que todo professor é advogado.

e) verdade que todo advogado é professor.

Representando as afirmações e analisando as alternativas, tem-se:

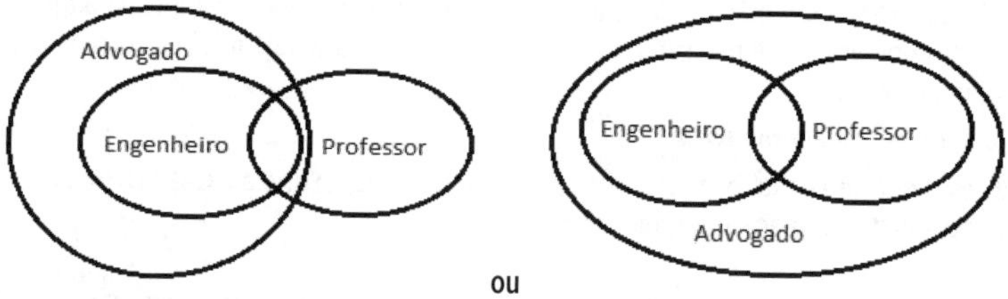

A: Os professores que são engenheiros são advogados.

B: Em uma das representações tem professores que não são advogados.

C: Seu enunciado é igual ao da alternativa A.

D: Ela é o contrário da alternativa B.

E: Nas representações sempre tem advogados que são só advogados.

GABARITO: B.

---

81. **(2018 - PC/SP – Agetel)** Considere as afirmações:

Alguns equilibristas trabalham em circos.

Todos os ciclistas são equilibristas.

A partir dessas afirmações, é correto concluir que

a) há ciclistas que não são equilibristas.

b) todos os trabalhadores em circo são equilibristas.

c) não há ciclista que não trabalhe em circos.

d) os equilibristas que não são ciclistas não trabalham em circos.

e) os ciclistas que trabalham em circos são equilibristas.

Representando as afirmações e analisando as alternativas, tem-se:

ou

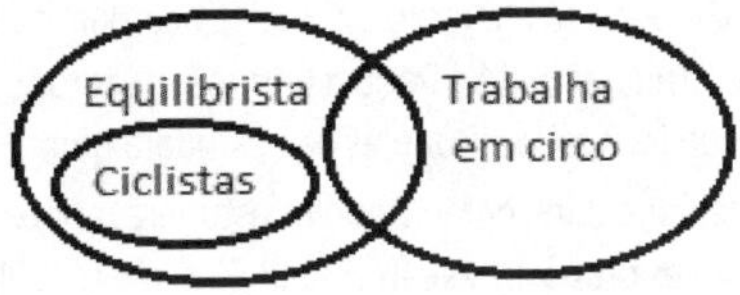

A: Todos os ciclistas são equilibristas.

B: Nas representações tem pessoas que trabalham em circo e não são equilibristas.

C: Traduzindo a alternativa C fica "TODO ciclista trabalha em circo", pode ser que nenhum ciclista trabalhe em circo.

D: Tem equilibristas que trabalham em circo e não são ciclistas.

E: Todos os ciclistas são equilibristas.

GABARITO: E.

---

82. **(2018 - PC/SP – Papiloscopista)** Considere as afirmações:

Se Ana é costureira, então Bruno não é pedreiro.
Se Bruno não é pedreiro, então César é servente.
Se César é servente, então Débora não é faxineira.
Se Debora não é faxineira, então Eliana é cozinheira.
Se Eliana é cozinheira, então Francisco não é mecânico.
Francisco é mecânico.

A partir dessas afirmações, é correto concluir que

a) Débora não é faxineira.

b) Ana é costureira.

c) César não é servente.

d) Eliana é cozinheira.

e) Bruno não é pedreiro.

Quando nada for dito em relação às proposições, considere todas verdadeiras. Portanto, "Francisco é mecânico" é verdadeira. Da proposição "se Eliana é cozinheira, então Francisco não é mecânico", tem-se que "Eliana é cozinheira" é falso, já que no condicional (se, então) se o consequente é falso, o antecedente também tem que ser falso para o condicional ser verdadeiro. Da proposição "se Débora não é faxineira, então Eliana é cozinheira" tem-se que "Débora não é faxineira" é falso, já que no condicional se o consequente é falso, o antecedente também tem que ser falso para o condicional ser verdadeiro. Da proposição "se César é servente, então Débora não é faxineira" tem-se que "César é servente" é falso, já que no condicional se o consequente é falso, o antecedente também tem que ser falso para o condicional ser verdadeiro. Da proposição "se Bruno não é pedreiro, então César é servente" tem-se que "Bruno não é pedreiro" é falso, já que no condicional se o consequente é falso, o antecedente também tem que ser falso para o condicional ser verdadeiro. Da proposição "se Ana é costureira, então Bruno não é pedreiro", tem-se que "Ana é costureira" é falso, já que no condicional se o consequente é falso, o antecedente também tem que ser falso para o condicional ser verdadeiro. Analisando as alternativas, a única verdadeira ("correto concluir" = alternativa verdadeira) é a alternativa C.

GABARITO: C.

---

83. **(2018 - PC/SP – Agetel)** Considere as afirmações:

Se Douglas estudar muito, então Juliana acordará cedo.
Manoel irá à feira ou Juliana acordará cedo.
Raquel dormirá até tarde ou Manoel não irá à feira.
Juliana não acordará cedo.

Sabendo que as afirmações anteriores são VERDADEIRAS, é correto concluir que:

a) Douglas não estudará muito ou Raquel não dormirá até tarde.

b) Raquel não dormirá até tarde ou Juliana acordará cedo.

c) Douglas estudará muito e Raquel dormirá até tarde.

d) Manoel não irá à feira e Douglas não estudará muito.

e) Se Manoel for à feira, então Douglas estudará muito.

Como todas as proposições são verdadeiras, então "Juliana não acordará cedo" é verdadeira. A partir disso, na afirmação "Manoel irá à feira ou Juliana acordará cedo" conclui-se que "Manoel irá à feira" é verdadeiro (a disjunção é verdadeira quando pelo menos uma das suas proposições é verdadeira). Na afirmação "se Douglas estudar muito, então Juliana acordará cedo" conclui-se que "Douglas estudará muito" é falso (no condicional se o consequente é falso, o antecedente também tem que ser falso, para o condicional ser verdadeiro). Na afirmação "Raquel dormirá até tarde ou Manoel não irá à feira" conclui-se que "Raquel dormirá até tarde" é verdadeira (a disjunção é verdadeira quando pelo menos uma das suas proposições é verdadeira). Analisando as alternativas, a única verdadeira ("correto concluir" = alternativa verdadeira) é a alternativa A – uma vez que na disjunção (OU) se uma das proposições for verdadeira a disjunção já é verdadeira.

GABARITO: A.

---

84. **(2018 - PC/SP – Agente Policial)** Considere verdadeiras as afirmações a seguir:

- Se Marcelo acorda cedo, então Helena não sai de casa.
- Se Helena não sai de casa, então Marina vai para escola.
- Se Marina vai para escola, então Fábio pode jogar bola.
- Helena sai de casa e Fábio não pode jogar bola.
- Marcelo acorda cedo ou Fernanda faz o almoço.

A partir dessas afirmações, é correto concluir que:

a) Fernanda faz o almoço.

b) Marina vai para escola.

c) Marcelo acorda cedo.

d) Helena não sai de casa.

e) Fábio pode jogar bola.

Como todas as proposições são verdadeiras, então da proposição "Helena sai de casa e Fábio não pode jogar bola" tem-se que "Helena sai de casa" e "Fábio não pode jogar bola" são verdadeiras. A partir disso, na afirmação "se Marina vai para escola, então Fábio pode jogar bola" conclui-se que "Marina vai para escola" é falsa (no condicional se o consequente é falso, o antecedente também tem que ser falso, para o condicional ser verdadeiro). Na afirmação "se Marcelo acorda cedo, então Helena não sai de casa" conclui-se que "Marcelo acorda cedo" é falso (no condicional se o consequente é falso, o antecedente também tem que ser falso, para o condicional ser verdadeiro). Na afirmação "Marcelo acorda cedo ou Fernanda faz o almoço" conclui-se que "Fernanda faz o almoço" é verdadeira (a disjunção é verdadeira quando pelo menos uma das suas proposições é verdadeira). A afirmação "se Helena não sai de casa, então Marina vai para escola" é verdadeira (no condicional com antecedente e consequente falsos, o condicional é verdadeiro). Analisando as alternativas, a única verdadeira ("correto concluir" = alternativa verdadeira) é a alternativa A.

GABARITO: A.

---

85. **(2018 - Câmara Municipal de São José dos Campos/SP - Técnico Legislativo)** Considere verdadeiras as duas afirmações a seguir.

Se hoje é feriado, então amanhã eu trabalho.

Amanhã eu não trabalho.

Com base apenas nas informações apresentadas, conclui-se corretamente que:

a) hoje não é feriado.

b) hoje é feriado.

c) amanhã não será feriado.

d) amanhã será feriado.

e) ontem foi feriado.

Como as proposições são verdadeiras, então a proposição "Amanhã eu não trabalho" é verdadeira. A partir disso, na afirmação "se hoje é feriado, então amanhã eu trabalho" conclui-se que "hoje é feriado" é falsa (no condicional se o consequente é falso, o antecedente também tem que ser falso, para o condicional ser verdadeiro). Analisando as alternativas, a única verdadeira ("conclui-se corretamente" = alternativa verdadeira) é a alternativa A.

GABARITO: A.

86. **(2018 - TJ/SP - Escrevente Técnico Judiciário)** Se Maria é bonita, então Carlos é rico. Se Ana é feliz, então José é um herói. Sabe-se que Maria é bonita e Ana não é feliz. Logo, pode-se afirmar corretamente que:

a) Carlos é rico ou José é um herói.

b) Carlos não é rico.

c) José não é um herói.

d) José não é um herói e Carlos é rico.

e) José é um herói.

Quando nada for dito em relação às proposições, considere todas verdadeiras. Afirmando que "Maria é bonita e Ana não é feliz" é verdadeira, então "Maria é bonita" é verdadeiro e "Ana é feliz" é falso. De "se Ana é feliz, então José é um herói", como "Ana é feliz" é falso, não se pode afirmar nada de "José é um herói" (no condicional se o antecedente é falso, o condicional é verdadeiro, independentemente do valor do consequente). E de "se Maria é bonita, então Carlos é rico", como "Maria é bonita" é verdadeiro, então "Carlos é rico" também será verdadeiro (no condicional se o antecedente é verdadeiro, o consequente também será verdadeiro, para o condicional ser verdadeiro). Analisando as alternativas, a única verdadeira ("afirmar corretamente" = alternativa verdadeira) é a alternativa A – uma vez que na disjunção (OU) se uma das proposições for verdadeira a disjunção já é verdadeira.

GABARITO: A.

87. **(2018 - IPSM - Assistente de Gestão)** Se José foi ao cinema, então Luana foi ao shopping. Se Luana foi ao shopping ou Willian foi correr, então Armando foi estudar. Sabe-se que Armando não foi estudar. Portanto, conclui-se corretamente que:

a) Willian foi correr, Luana foi ao shopping e José foi ao cinema.

b) Willian não foi correr, Luana foi ao shopping e José foi ao cinema.

c) Willian não foi correr, Luana não foi ao shopping e José foi ao cinema.

d) Willian não foi correr, Luana foi ao shopping e José não foi ao cinema.

e) Willian não foi correr, Luana não foi ao shopping e José não foi ao cinema.

Quando nada for dito em relação às proposições, considere todas verdadeiras. Afirmando que "Armando não foi estudar" é verdadeira, então "Armando foi estudar" é falso. De "se Luana foi ao shopping ou Willian foi correr, então Armando foi estudar" como "Armando foi estudar" é falso, então "Luana foi ao shopping ou Willian foi correr" também será falso (no condicional se o consequente é falso, o antecedente também será falso, para o condicional ser verdadeiro), com isso "Luana foi ao shopping" e "Willian foi correr" ambas serão falsas. De "se José foi ao cinema, então Luana foi ao shopping" como

"Luana foi ao shopping" é falso, então "José foi ao cinema" também será falso (no condicional se o consequente é falso, o antecedente também será falso, para o condicional ser verdadeiro). Analisando as alternativas, a conclusão correta – verdadeira – é a alternativa E.

GABARITO: E.

88. **(2018 - PC/SP – Agente Policial)** Assinale a alternativa que contém um argumento válido.

a) Se derrubar o copo de vidro no chão, então recolherei os cacos. Se não recolhi os cacos, então não derrubei o copo de vidro no chão.

b) Comprei um par de sapatos ou lanchei na padaria. Se não comprei um par de sapatos, então não lanchei na padaria.

c) Fui à feira e guardei tudo. Se não guardei tudo, então não fui à feira.

d) Se estudo muito, então passo de ano. Se passei de ano, então estudei muito.

e) Não escrevi a carta ou não mandei o e-mail. Se mandei o e-mail, então escrevi a carta.

Analisando as alternativas para verificar qual tem um argumento válido, tem-se na alternativa A um argumento válido, pois os dois condicionais são equivalentes, então considerando ambos os condicionais verdadeiros, o argumento é válido.

Nas outras alternativas, as proposições não são equivalentes, logo considerando alguma das proposições verdadeiras, a outra proposição não tem a garantia de ser verdadeira também. Com isso, a correta é a letra A.

Obs.: em argumentos a GARANTIA têm sempre que estar presente para o argumento ser válido.

GABARITO: A.

89. **(2021 – TJM/SP – Desenvolvedor)** Um trabalho foi feito por pelo menos um dentre quatro alunos. O professor, que conhece o estilo desses alunos, sabe que se Hosana não fez o trabalho, então Iago fez. Ou Gabriela, ou Iago, fez o trabalho, mas não ambos. Jeremias fez o trabalho Jeremias fez o trabalho se e somente se Gabriela não fez. Jeremias contou ao professor que ele não pode participar desse trabalho, logo fez (fizeram) esse trabalho apenas.

a) Gabriela e Hosana.

b) Gabriela e Iago.

c) Hosana e Iago.

d) Hosana.

e) Iago.

Organizando as proposições do enunciado temos:

Se Hosana não fez o trabalho, então Iago fez.

Ou Gabriela, ou Iago, fez o trabalho, mas não ambos.

Jeremias fez o trabalho, se e somente, se Gabriela não fez.

Jeremias contou ao professor que ele não pode participar desse trabalho.

Quando nada for dito em relação às proposições (o que temos no enunciado são proposições), considere todas verdadeiras.

Conclui-se então que Jeremias não fez o trabalho, com isso Gabriela fez o trabalho (o bicondicional – SE, E SOMENTE SE – é verdadeiro quando as proposições que o compõem tem o mesmo valor: Jeremias fez o trabalho = F; Gabriela não fez o trabalho = F). Como Gabriela fez o trabalho Iago não fez o trabalho (a disjunção exclusiva – OU, OU – é verdadeira quando as proposições que o compõem tem valores diferentes: Gabriela fez o trabalho = V; Iago fez o trabalho = F). Por fim, se Iago não fez o trabalho, então Hosana fez o trabalho (no condicional – SE, ENTÃO – verdadeiro, se o consequente é falso o antecedente tem que ser falso também).

Portanto, concluímos que Gabriela e Hosana fizeram o trabalho (alternativa A).

GABARITO: A.

90. **(2020- EBSERH- Assistente Administrativo)** No diagrama a seguir, considere que há elementos em todas as seções e interseções.

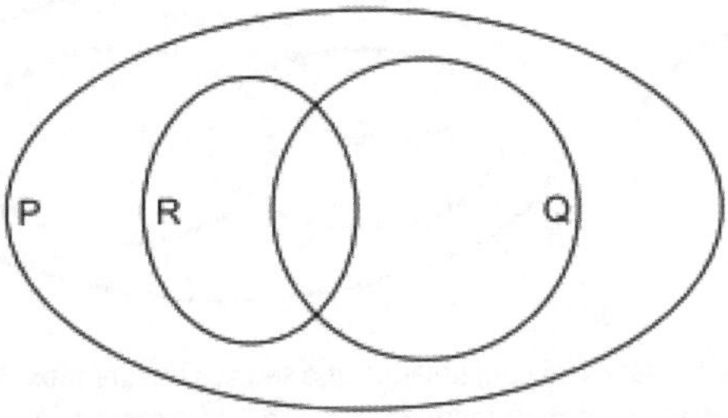

Nessa situação, é verdade afirmar que:

a) todo elemento de P, que não é elemento de R, é elemento de Q.

b) todo elemento de Q, que não é elemento de R, não é elemento de P.

c) todo elemento de R, que é elemento de Q, não é elemento de P.

d) qualquer elemento de P, que não é elemento de Q, é elemento de R.

e) todo elemento de R, que não é elemento de Q, é elemento de P.

A alternativa A está errada, pois tem elemento de P que é só de P. A alternativa B está errada, pois todo os elementos de Q são elementos de P. A a alternativa C está errada, pois todo os elementos de R são elementos de P. A alternativa D está errada, pois tem elemento de P que é só de P. Por fim, a alternativa E está correta, pois os elementos de R são elementos de P.

GABARITO: E.

---

91. (2020-EBSERH-Advogado) Em determinado município, alguns engenheiros são professores e todo professor é concursado. Sendo assim, nesse município, é verdade que:

a) a) todo concursado é engenheiro.

b) b) todo engenheiro é concursado.

c) c) todo concursado é professor.

d) d) não existe professor que é engenheiro.

e) e) existe concursado que é engenheiro.

Representando as afirmações e analisando as alternativas, tem-se:

alguns engenheiros são professores:

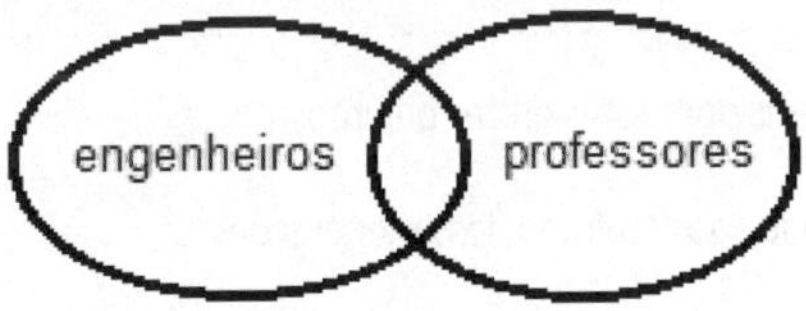

todo professor é concursado:

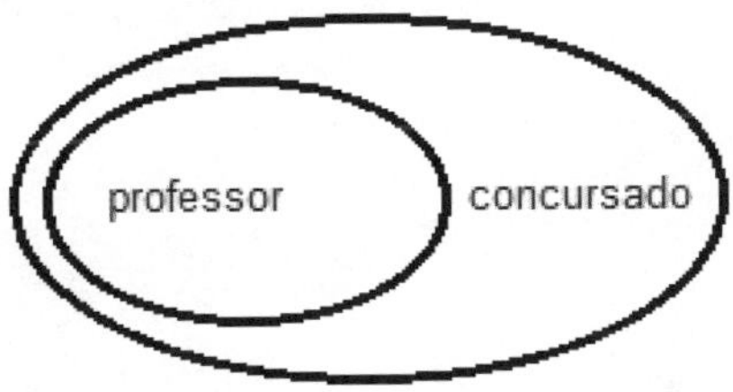

juntando as representações:

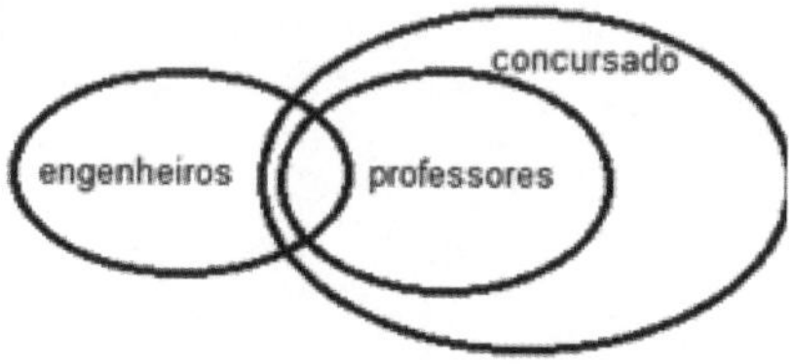

ou

A alternativa A está errada, pois nas representações há concursados que são só concursados. A alternativa B está errada, pois numa das representações tem engenheiro que não é concursado. A alternativa C está errada, pois nas representações tem concursados que são só concursados. A alternativa D está errada, pois "alguns engenheiros são professores" e, claro, alguns professores são engenheiros. Por fim a alternativa E está correta, pois algum concursado é engenheiro (em qualquer das representações).

GABARITO: E.

Conjuntos

92. **(2019 - Prefeitura de Guarulhos/SP – Fiscal)** Considere os conjuntos:

F = {1,2,3,4,5,6}
G = {2,4,6,8,10,12}
H = {1,2,3,10,11,12}
J = {3,4,5,6,7,8}
Sabe-se que K = (G ∪ H) ∩ (F ∩ J)
O conjunto é igual a:

a) K = {1,2,4,5,6}

b) K = {4,5,6}

c) K = {1,2,4,5,6,10}

d) K = {3,4,6}

e) K = {4,6}

Fazendo a União – TODOS os elementos – G ∪ H = {1,2,3,4,6,8,10,11,12}, fazendo a Interseção – elementos COMUNS – F ∩ J = {3,4,5,6}, por fim, fazendo K = (G ∪ H) ∩ (F ∩ J) = {3,4,6}.

GABARITO: D.

93. **(2019 - Prefeitura de Guarulhos/SP – Fiscal)** Considere as operações entre conjuntos:

A ∩ B – C

A alternativa cuja parte sombreada corresponde ao resultado dessas operações é:

a)

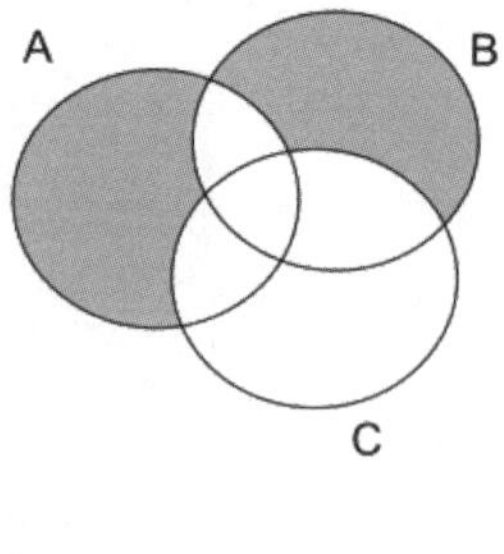

b)

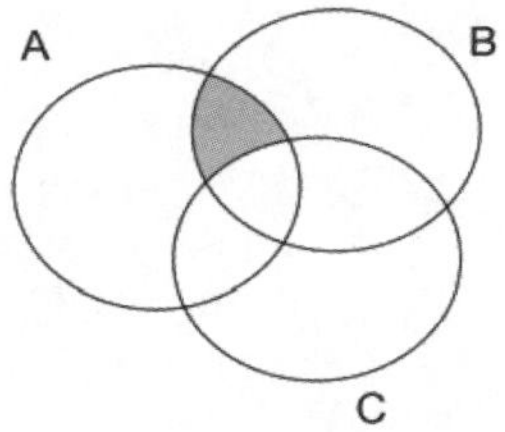

c)

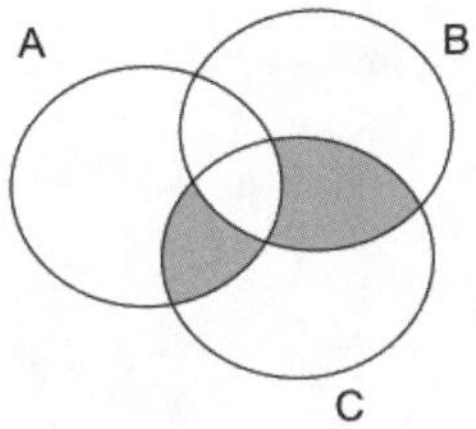

d)

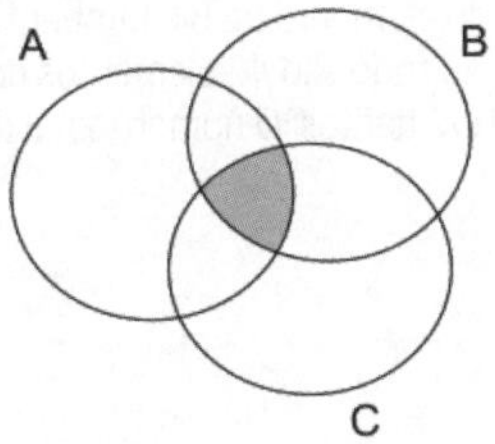

e)

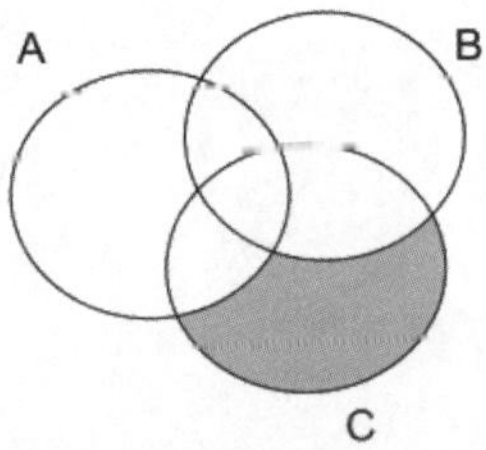

Resolvendo as operações na ordem que aparecem, de acordo com os diagramas propostos nas alternativas, fica:

$A \cap B$

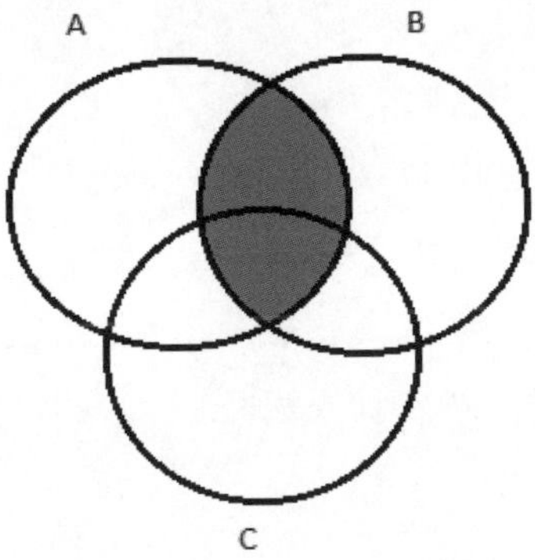

$A \cap B - C$

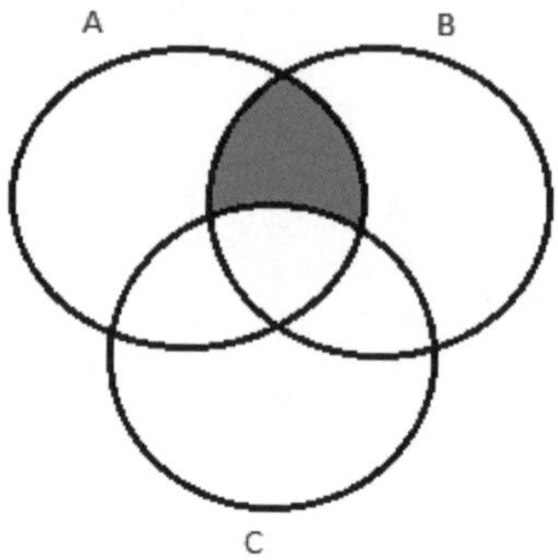

Portanto, a alternativa correta é a alternativa B.

GABARITO: B.

94. **(2019 - TJ/SP – Médico)** Ao todo são 33 elementos no conjunto B. Todo elemento de B é também elemento do conjunto A, e desses, 19 são também elementos do conjunto C. Ao todo são 48 elementos no conjunto C, e desses, 13 são elementos apenas de C. O conjunto A possui 60 elementos. O número total de elementos desses três conjuntos é:

a) 78.

b) 85.

c) 67.

d) 91.

e) 73.

Organizando os dados de acordo com as informações, tem-se:

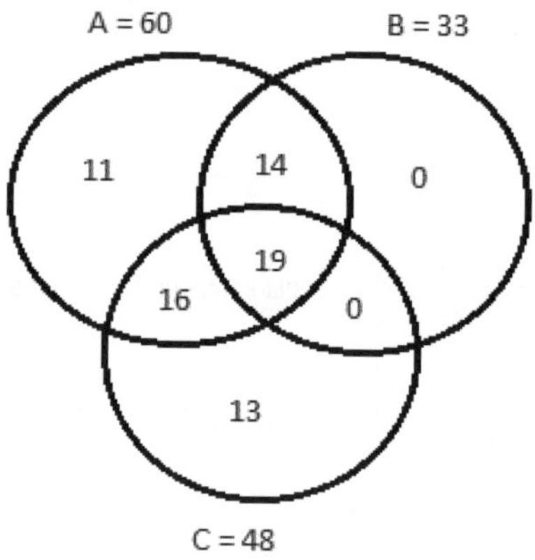

Somando todos os valores chega-se a 73 elementos.

GABARITO: E.

95. **(2019 - Câmara de Sertãozinho/SP - Tecnologia da Informação)** Considere que neste diagrama de conjuntos há elementos em todas as seções e em todas as interseções.

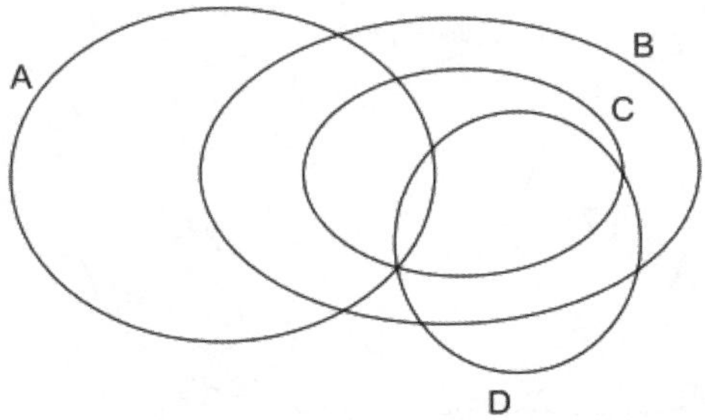

Em cada seção de apenas um conjunto há 10 elementos. Em cada interseção de dois e apenas dois conjuntos há 12 elementos. Em cada interseção de três e apenas três conjuntos há 15 elementos. Na interseção de quatro conjuntos há 18 elementos. A diferença entre o número de elementos do conjunto C e o número de elementos do conjunto A é igual a:

a) 9.

b) 8.

c) 6.

d) 5.

e) 0.

Preenchendo os conjuntos com os valores ditos no enunciado, fica:

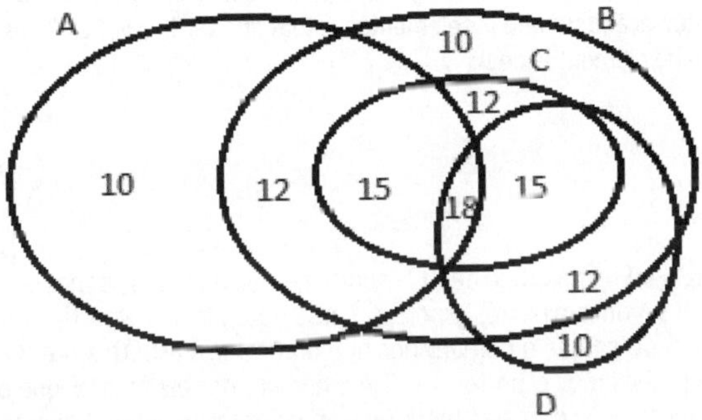

Calculando o total de elementos de A e de C, tem-se:

A = 10 + 12 + 15 + 18 = 55

C = 12 + 15 + 15 + 18 = 60

Fazendo a diferença C – A = 60 – 55 = 5 elementos.

GABARITO: D.

96. **(2019 - TJ/SP – Enfermeiro)** Considere o diagrama de conjuntos.

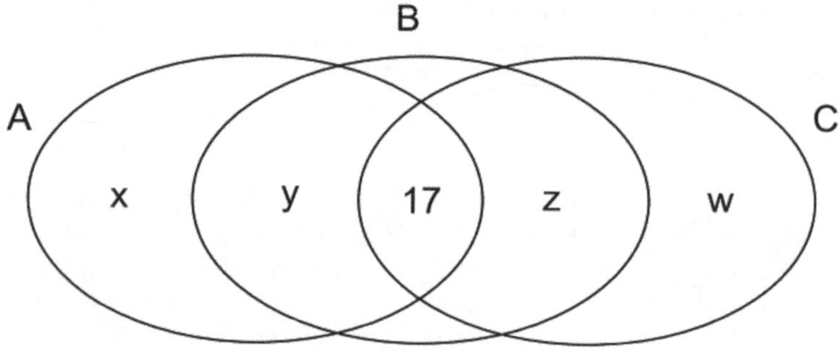

O total de elementos do conjunto A é 37. O total de elementos do conjunto C é 37. Sabendo que há elementos em todas as seções e interseções e que x é o dobro de w, o menor número de elementos possível para o conjunto B é igual a:

a) 30.

b) 26.

c) 28.

d) 32.

e) 34.

Se A tem 37 elementos, então "x + y + 17 = 37", com isso "x + y = 20"; se C tem 37 elementos, então "w + z + 17 = 37", com isso "w + z + 20"; para que B tenha a menor quantidade de elementos possíveis, "fora" de B, ou seja, x e w, tem que ter a maior quantidade possível de elementos; sendo x o dobro de w, e como toda seção ou interseção tem que ter elementos, x tem que ser 18 e w fica 9, disso y é 2 e z é 11. Calculando a quantidade de elementos de B:

B = y + z + 17

B = 2 + 11 + 17 = 30

GABARITO: A.

---

97. **(2018 - TJ/SP - Escrevente Técnico Judiciário)** Em um grupo de 100 esportistas que praticam apenas os esportes A, B ou C, sabe-se que apenas 12 deles praticam os três esportes. Em se tratando dos esportistas que praticam somente dois desses esportes, sabe-se que o número dos que praticam os esportes A e B é 2 unidades menor que o número dos que praticam os esportes A e C, e o número dos esportistas que praticam B e C excede em 2 unidades o número de esportistas que praticam os esportes A e C. Sabe-se, ainda, que exatamente 26, 14 e 12 esportistas praticam, respectivamente, apenas os esportes A, B e C. Dessa forma, o número total de esportistas que praticam o esporte A é:

a) 54.

b) 60.

c) 58.

d) 56.

e) 62.

Organizando as informações, tem-se:

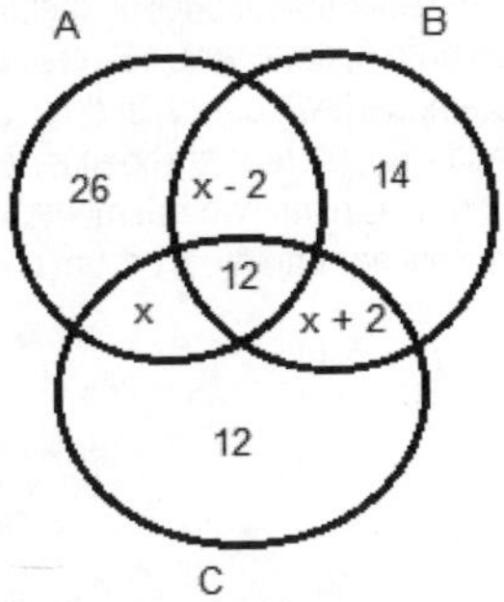

Calculando o valor de X:

26 + 14 + 12 + 12 + x + x + 2 + x – 2 = 100

3x + 64 = 100

3x = 100 – 64

3x = 36

X = 36/3

X = 12

Agora, calculando a quantidade de esportistas de A:

26 + 12 + x + x – 2

36 + 2x

36 + 2(12)

36 + 24 = 60 esportistas.

GABARITO: B.

---

98. **(2018 - PC/SP - Agente de Polícia)** Observe o diagrama de conjuntos e suas intersecções. Os números indicam a quantidade de turistas vindos da cidade K que já visitaram Campinas, Ribeirão Preto e Araraquara.

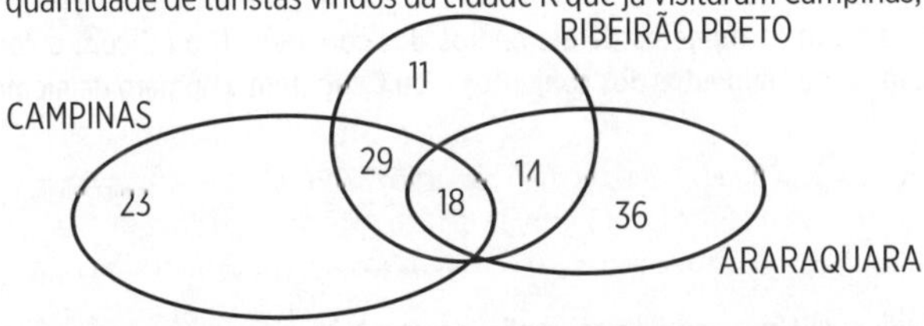

Dessa situação, é correto concluir que o número de turistas que visitou apenas uma dessas cidades supera o número daqueles que visitaram apenas duas dessas cidades em:

a) 31.
b) 9.
c) 34.
d) 16.
e) 27.

Somando os turistas que visitaram apenas uma cidade, tem-se:

23 + 11 + 36 = 70

Somando os turistas que visitaram apenas duas cidades, tem-se:

29 + 14 = 43

Agora, fazendo a diferença entre os números de turistas (para ver em quanto os turistas que visitaram apenas uma cidade superam os que visitaram apenas duas cidades), fica:

70 – 43 = 27.

GABARITO: E.

---

99. **(2018 - PC/SP - Papiloscopista da Polícia)** Pertencer ao conjunto A, pode ser apenas A ou pode ser apenas A e B ou pode ser A e B e C, mas não pode ser apenas A e C. Pertencer ao conjunto B, pode ser apenas B ou pode ser B e A ou pode ser B e C ou pode ser B e A e C. Pertencer ao conjunto C, pode ser C e B ou pode ser C e B e A, mas não pode ser C e A e não pode ser apenas C. Quanto às quantidades, e obedecendo às condições apresentadas, pertencer a apenas um conjunto, 5 elementos em cada caso; pertencer a apenas dois conjuntos, 10 elementos em cada caso; pertencer aos três conjuntos, 15 elementos. O número de elementos que pertencem aos conjuntos B ou C supera o número de elementos que pertencem ao conjunto A em um número igual a:

a) 10.

b) 5.

c) 20.

d) 15.

e) 25.

Organizando as informações de acordo com o enunciado, tem-se:

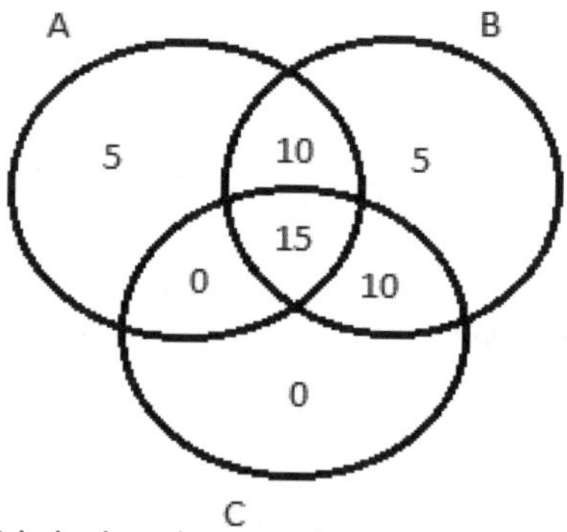

Calculando o número de elementos que pertencem aos conjuntos B ou C:

10 + 10 + 5 + 15 = 40

Calculando o número de elementos que pertencem ao conjunto A:

5 + 10 +15 = 30

Agora, fazendo a diferença entre os números de elementos dos conjuntos B ou C com o conjunto A (para ver em quanto o número de elementos dos conjuntos B ou C superam o número de elementos do conjunto A), fica:

40 – 30 = 10

GABARITO: A.

---

100. **(2018 - PC/SP - Investigador de Polícia Civil)** Uma enquete foi realizada com 427 pessoas, que haviam lido pelo menos um dentre os livros J, K e L. Dentre as pessoas que leram apenas um desses livros, sabe-se que 116 leram o livro K ou o livro L e que 55 pessoas leram o livro J. Dentre as pessoas que leram dois desses livros e apenas dois, sabe-se que 124 leram os livros J e L ou os livros J e K e que 65 pessoas leram os livros K e L. A diferença entre o número de pessoas que leram o livro J e o número de pessoas que não leram esse livro é:

a) 71.

b) 65.

c) 68.

d) 82.

e) 77.

Organizando as informações de acordo com o enunciado, tem-se:

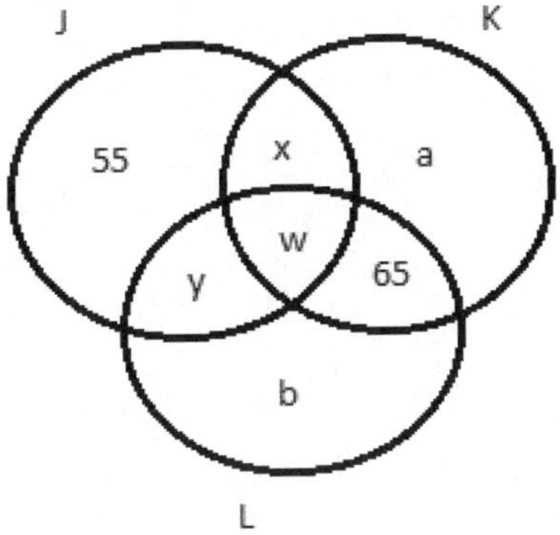

Sabendo que "a + b" = 116 e que "x + y" = 124, então w fica:

a + b + x + y + w + 55 + 65 = 427

116 + 124 + w + 120 = 427

w = 427 – 116 – 124 – 120

w = 427 – 360

w = 67

Calculando o número de pessoas que leram J:

55 + x + y + w =

55 + 124 + 67 = 246

Calculando o número de pessoas que não leram J:

65 + a + b =

65 + 116 = 181

Agora, fazendo a diferença entre o número de pessoas que leram J e o número de pessoas que não lera J, fica:

246 – 181 = 65

GABARITO: B.

---

101. **(2017 - TJ/SP - Escrevente Técnico Judiciário)** Carlos é o único atleta que tem patrocínio de 3 empresas: A, B e C. Em se tratando de atletas que recebem patrocínios de apenas 2 dessas empresas, temos: Leandro e Hamilton, das empresas A e B; Marta e Silas, das empresas A e C; e Amanda, Renata e Sérgio, das empresas B e C. Se esses atletas fazem parte de um grupo contendo, ao todo, 18 atletas que recebem patrocínio das empresas A, B ou C, e cada empresa tem, pelo menos, 1 atleta recebendo patrocínio somente dela, então é correto afirmar que os números mínimo e máximo de atletas que a empresa B pode patrocinar são, respectivamente,

a) 6 e 12.

b) 5 e 10.

c) 8 e 16.

d) 7 e 14.

e) 4 e 8.

Organizando as informações de acordo com o enunciado, tem-se:

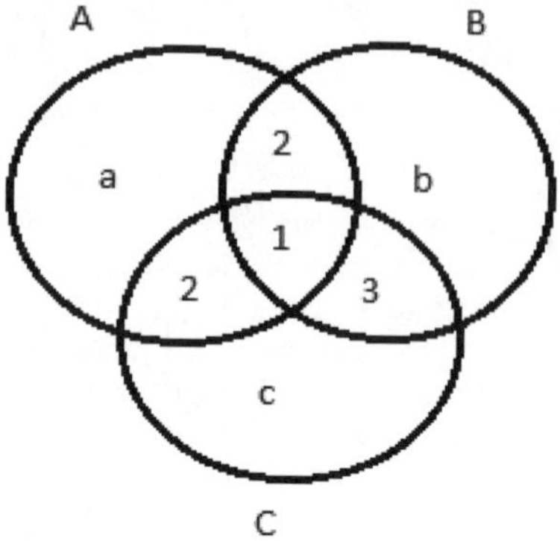

Como "b" tem que ser no mínimo 1, a quantidade mínima de atletas no conjunto B é:

b + 1 + 2 + 3 =

1 + 6 = 7 atletas

Se "a" e "c", ambos, forem iguais a 1, e sabendo que o total de atletas são 18, então "b" será no máximo:

a + b + c + 1 + 2 + 2 + 3 = 18

1 + b + 1 + 8 = 18

b + 10 = 18

b = 18 – 10

b = 8, e com isso o conjunto B terá a quantidade máxima de atletas iguais a:

b + 1 + 2 + 3 =

8 + 6 = 14 atletas.

GABARITO: D.

---

102. **(2017 - TJM/SP - Técnico de Processamento de Dados)** Em uma reunião composta somente por arquitetos e engenheiros, o número daqueles que são apenas arquitetos supera, em 31 unidades, o número daqueles que são apenas engenheiros. O número daqueles que são arquitetos e engenheiros supera, em 63 unidades, o número daqueles que são apenas arquitetos. Ao todo, estão presentes nessa reunião 476 pessoas. Dentre esses, o número daqueles que exercem apenas uma dessas profissões é igual a:

a) 351.

b) 312.

c) 265.

d) 232.

e) 197.

Organizando as informações de acordo com o enunciado, tem-se:

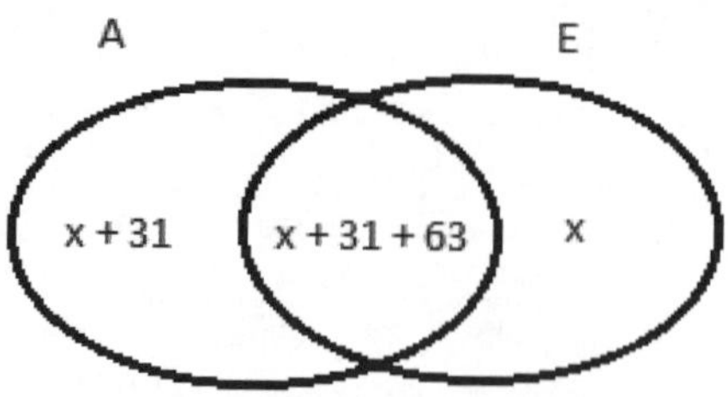

Como o total de pessoas na reunião é 476, então:

x + 31 + x + 31 + 63 + x = 476

3x + 125 = 476

3x = 476 – 125

3x = 351

X = 351/3

X = 117

Com isso o total daqueles que exercem apenas uma das profissões são:

x + 31 + x = 117 + 31 + 117 = 265

GABARITO: C.

---

103. **(2017 - TCE/SP - Agente de Fiscalização/Administração)** Considerando os conjuntos A, B e C e suas intersecções, não existem elementos na intersecção dos 3 conjuntos. O número de elementos dos conjuntos A, B e C são respectivamente 35, 32 e 33. O total de elementos que pertencem a apenas um desses conjuntos é igual a 46. O número total de elementos desses 3 conjuntos é:

a) 87.

b) 54.

c) 73.

d) 64.

e) 59.

Organizando as informações de acordo com o enunciado, tem-se:

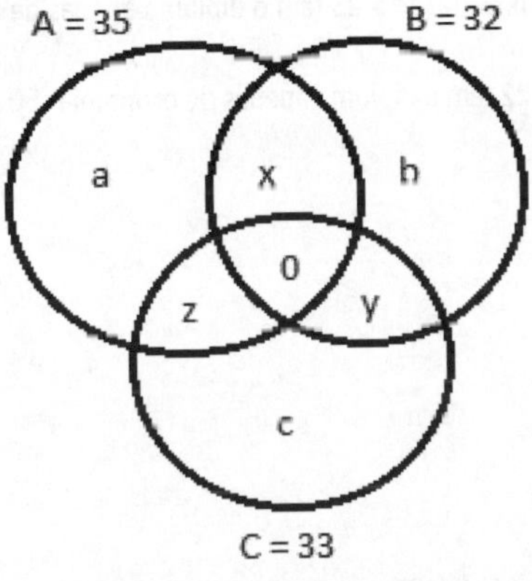

Como o total de elementos do conjunto A são 35, tem-se:

a + x + z = 35 (I)

Como o total de elementos do conjunto B são 32, tem-se:

b + x + y = 32 (II)

Como o total de elementos do conjunto C são 33, tem-se:

c + y + z = 33 (III)

Somando I, II e III, fica:

a + b + c + 2x + 2y + 2z = 100

Sendo a + b + c = 46, então:

46 + 2(x + y + z) = 100

2(x + y + z) = 100 – 46

$2(x + y + z) = 54$

$x + y + z = 54/2$

$x + y + z = 27$

Somando "a + b + c + x + y + z" para se ter o total de elementos dos conjuntos, fica:

$a + b + c + x + y + z = 46 + 27 = 73$

GABARITO: C.

---

104. **(2016 - Prefeitura de Poá/SP - Guarda Civil Municipal)** Para resolver a situação proposta a seguir, considere o seguinte diagrama lógico, sendo A o conjunto de portadores de diploma de administração, e E o conjunto de portadores de diploma de economia:

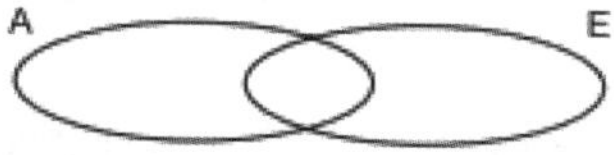

Em um grupo de 50 pessoas, todos têm ensino superior completo em administração ou em economia, e não outros. Se 27 pessoas não têm apenas o diploma de administração e 28 não têm apenas o diploma de economia, então é verdade que o número de pessoas com apenas o diploma de economia é:

a) 25.

b) 24.

c) 23.

d) 22.

e) 21.

Organizando as informações de acordo com o enunciado, tem-se:

27 pessoas não têm apenas o diploma de administração = 23 tem o diploma apenas de administração (50 – 27 = 23);

28 não têm apenas o diploma de economia = 22 tem o diploma apenas de economia (50 – 28 = 22);

Com isso:

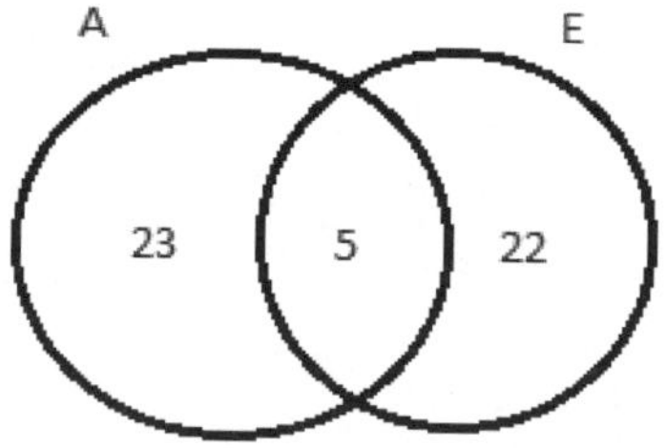

O diagrama serve apenas para comprovar o que já foi dito antes.

GABARITO: D.

---

105. **(2021-TJM/SP- Analista de Redes)** Uma palestra teve a participação de 113 professores com licenciatura. Desses professores 46 também são formados em engenharia e 53 também são formados em economia. No total, 21 professores têm apenas licenciatura. O número de professores que também são formados em economia e engenharia é:

a) 5.

b) 6.

c) 7.

d) 8.

e) 9.

Organizando os dados de acordo com as informações, tem-se:

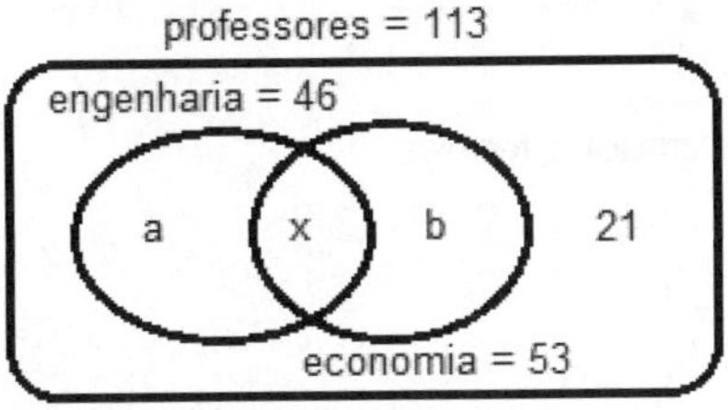

Somando os valores:

a + x = 46 (I)

b + x = 53 (II)

a + b + x + 21 = 113 (III)

Substituindo II em III:

a + 53 + 21 = 113

a = 113 – 74

a = 39

Calculando x por I:

39 + x = 46

X = 46 – 39

X = 7

Logo os professores que são também formados em engenharia e economia são 7.

GABARITO: C.

---

106. **(2021 – TJM/SP- Desenvolvedor)** Em um grupo de 109 atletas, 48 são homens. Cada um desses atletas pratica handebol ou natação, mas somente um esporte por atleta. Entre os homens, 22 jogam handebol e, no total, 50 atletas praticam natação. O número de mulheres que jogam handebol é:

a) 34.

b) 37.

c) 40.

d) 43.

e) 46.

Organizando os dados de acordo com as informações, tem-se:

<table>
<tr><td rowspan="4">Total = 109</td><td rowspan="2">Homens = 48</td><td>22 handebol</td><td rowspan="4">50 natação</td></tr>
<tr><td>26 natação</td></tr>
<tr><td rowspan="2">Mulheres = 61</td><td>24 natação</td></tr>
<tr><td>37 handebol</td></tr>
</table>

Portanto, o número de mulheres que jogam handebol são 37.

GABARITO: B.

---

107. **(2020- EBSERH- Técnico em Análises Clínicas)** Em certo grupo com 29 profissionais formados nas áreas A, B ou C, 4 pessoas têm formação nessas três áreas. Em se tratando de formação em apenas duas dessas áreas, 5 pessoas são formadas em A e B, 7 pessoas, em B e C, e 4 pessoas são formadas nas áreas A e C. Sabendo-se que 15 pessoas são formadas na área A, é correto afirmar que são formados somente na área B ou somente na área C.

a) 7 pessoas.

b) 8 pessoas.

c) 9 pessoas.

d) 10 pessoas.

e) 1 pessoas.

Organizando os dados de acordo com as informações, tem-se:

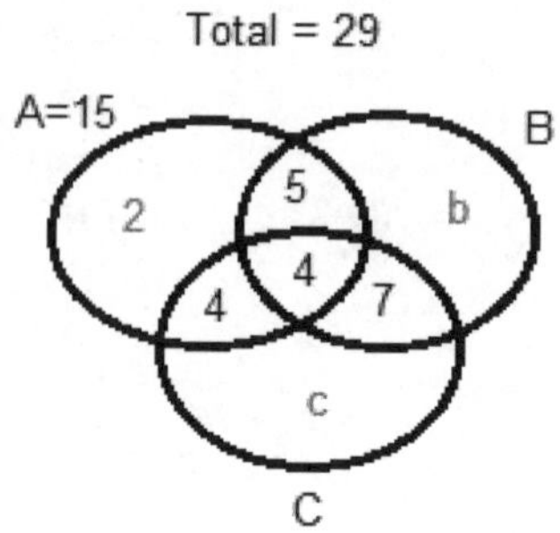

Somando os valores:

2 + 5 + 4 + 4 + 7 + b + c = 29

22 + b + c = 29

b + c = 29 – 22

b + c = 7

Então, podemos afirmar que são formados somente na área B ou somente na área C um total de 7 pessoas.

GABARITO: A.

---

108. **(2020-FITO-Técnico em Gestão)** Em um grupo de pessoas, 23 delas são alegres, mas 12 destas não são apenas alegres; 22 delas são bondosas, mas 16 destas não são apenas bondosas; 26 delas são corajosas, mas 18 destas não são apenas corajosas. Nesse grupo, não há pessoa que seja simultaneamente alegre, bondosa e corajosa. O total de pessoas desse grupo é:

a) 42.

b) 48.

c) 57.

d) 60.

e) 69.

Organizando os dados de acordo com as informações, tem-se:

Se 23 são alegres, mas 12 'não' são apenas alegres, então 'apenas' alegras são 11 (23 – 12 = 11);

Se 22 são bondosas, mas 16 'não' são apenas bondosas, então 'apenas' bondosas são 6 (22 – 16 = 6);

Se 26 são corajosas, mas 18 'não' são apenas corajosas, então 'apenas' corajosas são 8 (26 – 18 = 8);

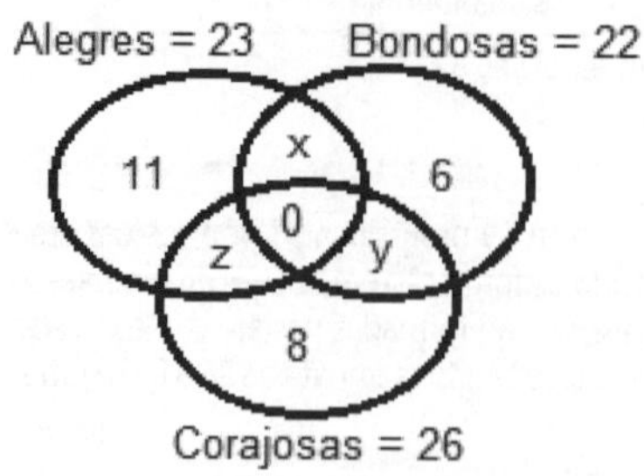

Somando os valores de cada conjunto:

x + z + 11 = 23

x + z = 12 (I)

x + y + 6 = 22

x + y = 16 (II)

y + z + 8 = 26

y + z = 18 (III)

Juntando I, II e III:

2x + 2y + 2z = 46

x + y + z = 23

Somando tudo para achar o total de pessoas:

11 + 6 + 8 + x + y + z = 25 + 23 = 48 pessoas.

GABARITO: B.

Psicotécnico

109. **(2019 - TJ/SP – Contador)** Considere a sequência (1/3, 3/5, 5/7, 7/9, 9/11, ...). O produto entre o 9º, o 17º e o 25º termos é igual a:

a) 83/125

b) 77/95

c) 17/29

d) 35/41

e) 13/19

Seguindo o padrão da sequência (numerador ímpar, denominador ímpar seguinte, numerador da primeira fração = 1º ímpar, numerador da segunda fração = 2º ímpar e assim por diante), a 9ª fração será 17/19, a 17ª fração será 33/35 e a 25ª fração será 49/51. Multiplicando:

17/19 × 33/35 × 49/51

(simplificando 17 com 51)

1/19 × 33/35 × 49/3

(simplificando 35 com 49, tudo por 7)

1/19 × 33/5 × 7/3

(simplificando 3 com 33)

1/19 × 11/5 × 7/1 = 77/95

GABARITO: B.

---

110. **(2019 - Câmara de Sertãozinho/SP - Tecnologia da Informação)** Em uma sequência de 20 termos, os números 7/14; 8/13; 9/12; 10/11 são, respectivamente, o 7º, 8º, 9º e 10º termos. A multiplicação realizada entre o 3º, 12º e 15º termos é igual a:

a) 2/5

b) 5/9

c) 3/10

d) 9/4

e) 13/6

Seguindo o padrão da sequência (numerador corresponde à posição da fração na sequência – ex: 7ª fração = 7/14, 8ª fração = 8/13 – soma do numerador mais denominador da 21 em todas as frações e denominador igual ao valor que somado com o numerador da 21), a 3ª fração será 3/18, a 12ª fração será

12/9 e a 15ª fração será 15/6. Multiplicando:

3/18 × 12/9 × 15/6

(Simplificando cada elemento de cada fração por 3)

1/6 × 4/3 × 5/2

(Simplificando 4 com 2)

1/6 × 2/3 × 5/1

(Simplificando 6 com 2)

1/3 × 1/3 × 5/1 = 5/9.

GABARITO: B.

---

111. **(2019 - Prefeitura de Campinas/SP - Engenheiro Civil)** Considere a sequência:
4.444.445; 4.444.450; 444.445; 444.450; 44.445; 44.450; 4.445; ...
A soma do 5º termo com o 6º termo supera a soma do 11º *termo com o 12º* termo em

a) 88.880.

b) 88.000.

c) 88.800.

d) 888.800.

e) 888.880

Seguindo o padrão da sequência (dividindo de 2 em 2 termos, o primeiro termina em 45 e o segundo em 50, e na dupla seguinte retira-se um 4 do começo dos números anteriores), a soma do 5º (44.445) com o 6º (44.450) termos dá 88.895. O 11º termo será 45 e o 12º termo será 50, cuja soma dá 95. Fazendo a diferença entre as somas (a soma do 5º termo com o 6º termo supera a soma do 11º termo com o 12º termo = diferença entre as somas):

88.895 – 95 = 88.800.

GABARITO: C.

---

112. **(2019 - TJ/SP – Administrador)** Carlos, Denis, Elvis e Flávio têm 1, 2, 3 ou 4 netos, um veículo de marca diferente, sendo as marcas A, B, C ou D, e moram em cidades distintas, sendo Sorocaba, Itu, Valinhos, ou Araraquara, não necessariamente nessas ordens. Sabe-se que:

- Carlos, que mora em Valinhos, tem mais netos do que Denis e do que quem tem o carro da marca A;
- Denis tem o carro da marca D;
- Quem mora em Sorocaba tem o carro da marca A;
- O morador de Itu tem menos netos do que Elvis e do que quem tem o carro da marca C;
- Quem mora em Araraquara tem 2 netos e não tem o carro da marca D;
- Quem tem o carro da marca B tem 4 netos.

Com essas informações, assinale a alternativa que contém uma associação correta.

a) Quem mora em Valinhos tem o carro da marca C.

b) Quem mora em Itu tem o carro da marca D.

c) Flávio mora em Sorocaba.

d) Elvis tem 4 netos.

e) Flávio tem 3 netos.

Organizando os dados de acordo com o enunciado, tem-se:

- **Carlos, que mora em Valinhos, tem mais netos daquele que Denis e do que quem tem o carro da marca A;**
- **Denis tem o carro da marca D;**
- **Quem mora em Sorocaba tem o carro da marca A;**

Nome	Netos	Veículos	Cidades
Carlos			Valinhos
Denis		D	
		A	Sorocaba

• Quem mora em Araraquara tem 2 netos e não tem o carro da marca D;

Nome	Netos	Veículos	Cidades
Carlos			Valinhos
Denis		D	ITU
		A	Sorocaba
	2		Araraquara

• O morador de Itu tem menos netos do que Elvis e daquele que tem o carro da marca C;

Nome	Netos	Veículos	Cidades
Carlos			Valinhos
Denis	1	D	ITU
		A	Sorocaba
	2		Araraquara

• Quem tem o carro da marca B tem 4 netos;

Nome	Netos	Veículos	Cidades
Carlos	4	B	Valinhos
Denis	1	D	ITU
	3	A	Sorocaba
	2	C	Araraquara

• O morador de Itu tem menos netos do que Elvis e daquele que tem o carro da marca C;

Nome	Netos	Veículos	Cidades
Carlos	4	B	Valinhos
Denis	1	D	ITU
ELVIS	3	A	Sorocaba
FLAVIO	2	C	Araraquara

Analisando as alternativas, a única correta é a alternativa B.

GABARITO: B.

113. **(2019 - Prefeitura de Campinas/SP – Enfermeiro)** Um grupo é formado por 5 garotos e sabe-se que suas idades podem ser 11 ou 12 ou 15 anos. Esses garotos sabem a própria idade e sabem as idades dos outros. Os garotos foram questionados sobre a soma das suas idades (a soma das idades dos cinco garotos), e eles responderam, respectivamente, 57 anos, 58 anos, 59 anos, 60 anos e 61 anos. Sabendo-se que, quem tem 12 anos mentiu na resposta, e quem não tem 12 anos disse a verdade, a soma das idades desses cinco garotos, em anos, é:

a) 61.

b) 60.

c) 59.
d) 58.
e) 57.

Para a soma dar 57 a única possibilidade seria:
11 + 11 + 11 + 12 + 12 = 57;
para a soma dar 58 a única possibilidade seria:
11 + 11 + 12 + 12 + 12 = 58;
para a soma dar 59 as possibilidades são:
11 + 12 + 12 + 12 + 12 = 59;
11 + 11 + 11 + 11 + 15 = 59;
para a soma dar 60 as possibilidades seriam:
12 + 12 + 12 + 12 + 12 = 60;
11 + 11 + 11 + 12 + 15 = 60;
para a soma dar 61 a única possibilidade seria:
11 + 11 + 12 + 12 + 15 = 61;
A grande questão, após verificar as possíveis somas, são as afirmações feitas pelos garotos, já que os que têm 12 anos mentem e os que não têm 12 anos, ou seja, os que tem 11 e 15 anos, falam a verdade, dessa forma, só um dos garotos pode falar a verdade – caso contrário teríamos duas somas possíveis – e por isso a soma das idades é 59 (na soma 11+12+12+12+12).

GABARITO: C.

---

114. **(2018 - PC/SP - Investigador de Polícia Civil)** Considere a sequência numérica (1402, 701, 700, 350, 175, 174, 87, 86, ..., 1). Nessa sequência, a soma entre os 11° e 15° termos é igual a:

a) 21.
b) 19.
c) 25.
d) 15.
e) 28.

Continuando a sequência a partir do padrão (se o número é par, o próximo número será a metade do número anterior, se o número é ímpar o próximo número é o anterior menos 1 unidade):
1402, 701, 700, 350, 175, 174, 87, 86, 43, 42, 21, 20, 10, 5, 4, 2, 1
Com isso o 11º termo é o 21 e o 15º termo é o 4, somando-os:
21 + 4 = 25.

GABARITO: C.

---

115. **(2018 - TJ/SP - Escrevente Técnico Judiciário)** Na sequência numérica 1, 2, 3, 6, 7, 8, 21, 22, 23, 66, 67, 68, ..., os termos se sucedem segundo um padrão. Mantido o padrão, o décimo quarto termo é o número:

a) 202.
b) 282.
c) 229.
d) 308.
e) 255.

Reposicionando a sequência, tem-se:
1, 2, 3
6, 7, 8
21, 22, 23
66, 67, 68
...

Note que o primeiro termo de cada linha é igual à soma dos termos da linha anterior (6 = 1+2+3; 21 = 6+7+8; 66 = 21+22+23). Seguindo esse padrão, os próximos elementos da sequência serão:

1, 2, 3
6, 7, 8
21, 22, 23
66, 67, 68
201, 202, 203
606, 607, 608
...

Com isso o 14º termo da sequência é o número 202.

GABARITO: A.

---

116. **(2018 - Câmara Municipal de São José dos Campos/SP - Técnico Legislativo)** Na sequência numérica ..., 12, 17, 23, 30, 38, ..., o número 12 é o 15º elemento. Mantida a lógica de formação, o 23º elemento será:

a) 80.
b) 76.
c) 72.
d) 68.
e) 64

Continuando a sequência a partir do padrão e sendo o 12 o 15º termo (do 12 para o 17 são 5 unidades; do 17 para o 23 são 6 unidades; do 23 para o 30 são 7 unidades; do 30 para o 38 são 8 unidades) tem-se que o 23º termo é:

... 12 (15º), 17, 23, 30, 38 (19º), 47, 57, 68, 80 (23º), ...

Logo o 23º termo é o 80.

GABARITO: A.

---

117. **(2018 - Prefeitura de São Paulo/SP - Engenheiro Civil)** Considere as sequências: A = (1/3, 5/7, 9/11, 13/15, ...) e B = (2/4, 4/6, 6/8, 8/10, ...). O produto entre o 7º termo da sequência A e o 9º termo da sequência B é igual a:

a) 5/6
b) 13/8
c) 3/5
d) 21/19
e) 24/25

Continuando as sequências a partir dos padrões (a sequência A são os números ímpares em ordem, um sendo numerador e o outro o denominador; a sequência B são os números pares, também em ordem, mas o denominador de uma fração é o numerador da próxima) tem-se que o 7º termo de A e o 9º termo de B são:

A = (1/3, 5/7, 9/11, 13/15, 17/19, 21/23, 25/27 (7ª), ...)

B = (2/4, 4/6, 6/8, 8/10, 10/12, 12/14, 14/16, 16/18, 18/20 (9ª), ...)

Multiplicando os termos:

25/27 × 18/20 (simplificando 18 e 27 tudo por 9)

25/3 × 2/20 (simplificando 20 e 25 tudo por 5)

5/3 × 2/4 (simplificando 2 com 4)

5/3 × 1/2 = 5/6.

GABARITO: A.

---

118. **(2018 - ARSESP - Analista de Suporte)** Considere a sequência de figuras em que as primeiras são:

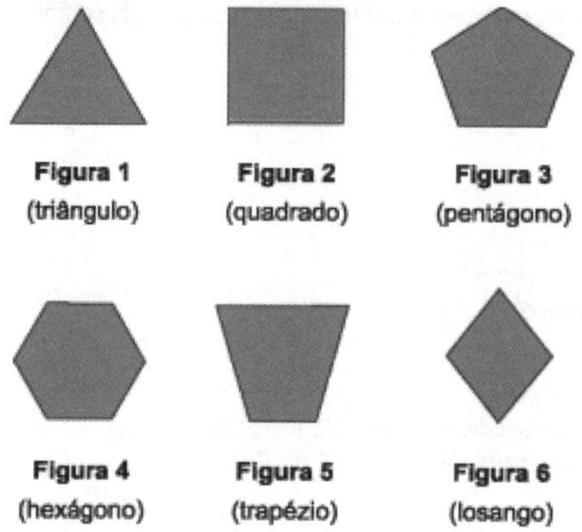

Sabendo-se que a figura 7 é igual à figura 1, a figura 8 é igual à figura 2, a figura 9 é igual à figura 3, e assim por diante, é correto afirmar que a figura 148 é um:

a) quadrado.

b) Losango.

c) triângulo.

d) pentágono.

e) hexágono.

Como as figuras vão se repetir de 6 em 6, conforme dito no enunciado (figura 7 é igual à figura 1, a figura 8 é igual à figura 2, a figura 9 é igual à figura 3, e assim por diante), então tem-se que dividir o 148 por 6 e observar o valor do resto da divisão, caso o resto seja 1 a figura 148 corresponde à figura 1; caso o resto seja 2 à figura 148 corresponde a figura 2; caso o resto seja 3 à figura 148 corresponde a figura 3; caso o resto seja 4 a figura 148 corresponde à figura 4; caso o resto seja 5 à figura 148 corresponde a figura 5; se a divisão for exata, então à figura 148 corresponde à figura 6. Fazendo a divisão:

148/6 = 24 e resto 4, logo a figura 148 é igual à figura 4, ou seja, um hexágono.

GABARITO: E.

---

119. **(2018 - PC/SP - Investigador de Polícia Civil)** Angélica, Bernadete, Cleuza, Dolores e Edite são amigas e brincavam de se pintarem na casa de Edite, quando uma delas virou um vidro de esmalte, sujando todo o tapete. A mãe de Edite perguntou: quem derramou esse esmalte?

Fui eu, gritou Edite.

Não fui eu, disse Dolores.

A Edite mentiu, falou Cleuza.

Eu não vi direito, mas foi a Bernadete ou a Edite, disse a Angélica.

Não derramei nada e a Cleuza também não, falou Bernadete.

Sabendo-se que uma e apenas uma dessas amigas mentiu, é possível concluir logicamente que quem derramou o vidro de esmalte foi a:

a) Bernadete.

b) Cleuza.

c) Angélica.

d) Dolores.

e) Edite.

Com base no que Edite e Cleusa falaram, há contradição em suas informações (se Edite e Cleuza estiverem falando a verdade, essa situação é contraditória, pois estaria Edite falando a verdade e mentindo ao mesmo tempo). Dessa forma, as outras meninas falaram a verdade tendo como base as falas de Angélica e Bernadete, então como só uma das meninas mentiu, conclui-se que foi Edite.

GABARITO: E.

---

120. **(2018 - PC/SP - Escrivão de Polícia Civil)** Considere as primeiras figuras de uma sequência:

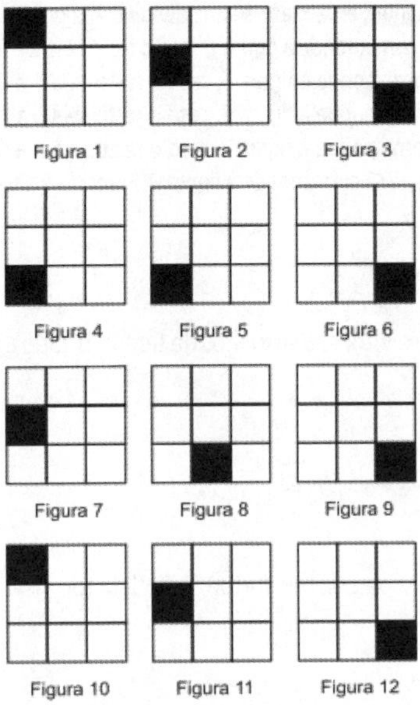

Nessa sequência de figuras, a figura 10 é igual à figura 1, a figura 11 é igual à figura 2, a figura 12, é igual à figura 3, e assim por diante. Dessa forma, a figura 232 será:

a) 

b) 

c) 

d) 

e) 

Como as figuras vão se repetir de 9 em 9, conforme dito no enunciado (figura 10 é igual à figura 1, a figura 11 é igual à figura 2, a figura 12, é igual à figura 3, e assim por diante), então tem-se que dividir o 232 por 9 e observar o valor do resto da divisão; caso o resto seja 1 à figura 232 corresponde a figura 1; caso o resto seja 2 à figura 232 corresponde à figura 2, caso o resto seja 3 à figura 232 corresponde à figura 3, caso o resto seja 4 à figura 232 corresponde à figura 4, caso o resto seja 5 à figura 232 corresponde à figura 5, caso o resto seja 6 à figura 232 corresponde à figura 6, caso o resto seja 7 à figura 232 corresponde à figura 7, caso o resto seja 8 à figura 232 corresponde à figura 8, se à divisão for exata, então à figura 232 corresponde à figura 9. Fazendo à divisão:

232/9 = 25 e resto 7, logo à figura 232 é igual à figura 7.

GABARITO: B.

---

121. **(2018 - PC/SP - Agente de Polícia)** Paulo, Lucas, Sandro, Rogério e Vitor são suspeitos de terem furtado a bicicleta de uma pessoa. Na delegacia:

- Vitor afirmou que não tinha sido nem ele nem Rogério;
- Sandro jurou que o ladrão era Rogério ou Lucas;
- Rogério disse que tinha sido Paulo;
- Lucas disse ter sido Paulo ou Vitor;
- Paulo termina dizendo que Sandro é um mentiroso.

Sabe-se que um e apenas um deles mentiu. Sendo assim, a pessoa que furtou a bicicleta foi:

a) Vitor.

b) Lucas.

c) Paulo.

d) Sandro.

e) Rogério.

Com base no que Paulo e Sandro falaram, há contradição em suas afirmações (se Paulo e Sandro estiverem falando a verdade, essa situação é contraditória, pois estaria Paulo falando a verdade e mentindo ao mesmo tempo). Dessa forma, os outros falaram a verdade tendo como base a fala de Rogério, então como só um deles mentiu, conclui-se que foi Paulo.

GABARITO: E.

---

122. **(2018 - PC/SP - Escrivão de Polícia Civil)** Samantha, Kaoana, Franciane e Débora têm 26, 32, 36 e 41 anos, não necessariamente nessa ordem. Cada uma delas utiliza meio de transporte distinto das outras para irem aos seus trabalhos, sendo eles motocicleta, carro, bicicleta e ônibus, e trabalha em um bairro distinto de São Paulo, sendo Ipiranga, Pinheiros, Santana e Centro, não necessariamente nas ordens apresentadas. Sabe-se que a de maior idade vai trabalhar de carro e seu local de trabalho não é Pinheiros e, tampouco, Santana; Samantha tem menos idade que Franciane, não vai trabalhar de ônibus e trabalha no Ipiranga; a mais nova delas vai trabalhar em Pinheiros, de motocicleta; Débora não anda de ônibus e é mais velha que Samantha e que Franciane. A alternativa que apresenta uma associação correta dessas pessoas às suas idades, aos seus meios de transporte ou aos bairros em que trabalham é:

a) Samantha tem 36 anos.

b) Franciane tem 32 anos.

c) Débora trabalha em Santana.

d) Franciane trabalha no Ipiranga.

e) Samantha trabalha de bicicleta.

Organizando as informações, tem-se:

- **a de maior idade vai trabalhar de carro e seu local de trabalho não é Pinheiros e, tampouco, Santana;**
- **Samantha tem menos idade que Franciane, não vai trabalhar de ônibus e trabalha no Ipiranga;**

Nome	Idade	Bairro	Transporte
	41	CENTRO	Carro
Samantha		Ipiranga	

- a mais nova delas vai trabalhar em Pinheiros, de motocicleta;

Nome	Idade	Bairro	Transporte
	41	CENTRO	Carro
Samantha		Ipiranga	
	26	Pinheiros	Moto

- Débora não anda de ônibus e é mais velha que Samantha e que Franciane;
- Samantha tem menos idade que Franciane, não vai trabalhar de ônibus e trabalha no Ipiranga;

Nome	Idade	Bairro	Transporte
DÉBORA	41	CENTRO	Carro
Samantha	32	Ipiranga	BICICLETA
KAOANA	26	Pinheiros	Moto
FRANCIANE	36	SANTANA	ÔNIBUS

Analisando as alternativas, a única correta é a alternativa E.

GABARITO: E.

---

123. **(2018 - TJ/SP - Escrevente Técnico Judiciário)** Quatro amigos, Paulo, João, Fábio e Caio nasceram em anos distintos, a saber 1970, 1977, 1981 ou 1990, não necessariamente nessa ordem. Cada um exerce, também não necessariamente nessa ordem, uma das profissões entre arquiteto, fotógrafo, engenheiro e advogado. Sabe-se que Paulo não nasceu em 1970, que o arquiteto nasceu antes de Caio e antes do fotógrafo João, que Fábio nasceu antes do advogado, que o advogado não nasceu em 1977 e que o engenheiro, que não é Caio, nasceu em 1981. Sendo assim, é correto afirmar que:

a) Fábio é advogado.

b) Paulo nasceu antes de Caio.

c) Caio é arquiteto.

d) João nasceu antes de Fábio.

e) o engenheiro nasceu antes do fotógrafo.

Organizando as informações, tem-se:

- **o engenheiro, que não é Caio, nasceu em 1981;**

Ano	Nome	Profissão
1970		
1977		
1981		Engenheiro
1990		

- **o arquiteto nasceu antes de Caio e antes do fotógrafo João:**

(Como Caio não é o arquiteto nem o fotógrafo – e não era o engenheiro, então Caio só pode ser o advogado. Como o arquiteto nasceu antes de Caio e do fotógrafo, então o arquiteto só pode ser o mais velho deles);

Ano	Nome	Profissão
1970		Arquiteto
1977		
1981		Engenheiro
1990		

- **o advogado não nasceu em 1977;**

Ano	Nome	Profissão
1970		Arquiteto
1977	João	Fotógrafo
1981		Engenheiro
1990	Caio	Advogado

- **Paulo não nasceu em 1970 (e "Fábio nasceu antes do advogado");**

Ano	Nome	Profissão
1970	Fábio	Arquiteto
1977	João	Fotógrafo
1981	Paulo	Engenheiro
1990	Caio	Advogado

Analisando as alternativas, a única correta é a alternativa B.

GABARITO: B.

124. **(2018 - PC/BA – Delegado)** Em cada um de 3 envelopes, nas cores azul, amarelo e vermelho, há somente um dos relatórios, A, B ou C, não necessariamente nessa mesma ordem. Sabe-se que das informações a seguir, exatamente duas são falsas:

I. No envelope vermelho não está o relatório A.

II. O relatório C está no envelope amarelo.

III. No envelope azul não está o relatório C.

Com base no que foi apresentado, a ordem correta das cores para a abertura dos envelopes que contêm, respectivamente, os relatórios A, B e C é:

a) vermelho, amarelo e azul.

b) vermelho, azul e amarelo.

c) azul, vermelho e amarelo.

d) amarelo, azul e vermelho.

e) amarelo, vermelho e azul.

Como duas informações são falsas temos que ver as possibilidades dentre as 3 informações de quais são as falsas, com base nas contradições, vejamos:

Afirmação	Situação
I. No envelope vermelho não está o relatório A.	V
II. O relatório C está no envelope amarelo.	F
III. No envelope azul não está o relatório C.	F

Nessa situação o relatório C estará no envelope azul, o relatório B no envelope vermelho e o relatório A no envelope amarelo. Note que não houveram contradições, logo essa já é a situação correta dentre as afirmações verdadeiras e falsas e em que envelope cada relatório está.

Obs.: as outras duas situações geram contradições e, portanto, estão erradas.

GABARITO: E.

125. **(2017 - TJ/SP - Escrevente Técnico Judiciário)** Em um edifício com apartamentos somente nos andares de 1° ao 4°, moram 4 meninas, em andares distintos: Joana, Yara, Kelly e Bete, não necessariamente nessa ordem. Cada uma delas tem um animal de estimação diferente: gato, cachorro, passarinho e tartaruga, não necessariamente nessa ordem. Bete vive reclamando do barulho feito pelo cachorro, no andar imediatamente acima do seu. Joana, que não mora no 4°, mora um andar acima do de Kelly, que tem o passarinho e não mora no 2° andar. Quem mora no 3° andar tem uma tartaruga. Sendo assim, é correto afirmar que:

a) Kelly não mora no 1° andar.

b) Bete tem um gato.

c) Joana mora no 3° andar e tem um gato.

d) o gato é o animal de estimação da menina que mora no 1° andar.

e) Yara mora no 4° andar e tem um cachorro.

Organizando as informações de acordo com o enunciado, tem-se:

- **Joana, que não mora no 4°, mora um andar acima do de Kelly, que tem o passarinho e não mora no 2° andar.**

Andares	Nome	Bicho
4º		
3º		
2º	Joana	
1º	Kelly	Passarinho

- **Quem mora no 3° andar tem uma tartaruga.**

Andares	Nome	Bicho
4º		
3º		Tartaruga
2º	Joana	
1º	Kelly	Passarinho

- **Bete vive reclamando do barulho feito pelo cachorro, no andar imediatamente acima do seu.**

Andares	Nome	Bicho
4º	YARA	CÃO
3º	BETE	Tartaruga
2º	Joana	GATO
1º	Kelly	Passarinho

Analisando as alternativas, a única correta é a alternativa E.

GABARITO: E.

126. **(2017 - TCE/SP - Agente de Fiscalização/Administração)** Considere a sequência de números naturais 0, 5, 100, 10, 15, 90, 20, 25, 80, 30, ..., 10. A diferença entre os números que ocupam as 26ª e 22ª posições é um número que ocupa, nessa sequência, a posição:

a) 9ª.

b) 7ª.

c) 6ª.

d) 5ª.

e) 8ª.

Reposicionando a sequência, tem-se:

0, 5, 100

10, 15, 90

20, 25, 80

30, ...,

10

Note que o primeiro termo de cada linha vai aumentando de 10 em 10 (0, 10, 20, 30, ...); o segundo termo de cada linha também aumenta de 10 em 10 (5, 15, 25, 35, ...); por fim, o terceiro termo de cada linha vai diminuindo de 10 em 10 (100, 90, 80, ...). Seguindo esses padrões, os próximos elementos da sequência e o 22º e o 26 termos serão:

0, 5, 100

10, 15, 90

20, 25, 80

30, 35, 70

40, 45, 60

50, 55, 50

60, 65, 40

70 (22º), 75, 30

80, 85 (26º), 20

90, 95, 10

Fazendo a diferença do 26º com o 22º termo fica:

85 – 70 = 15

15 é o 5º termo.

GABARITO: D.

---

127. (2017 - TJ/SP - Escrevente Técnico Judiciário) Observe as 4 primeiras figuras de uma sequência, em que cada figura contém 5 símbolos:

♣♦♥♠●	♦♣♥♠●	♣♦♠♥●	●♦♥♠♣
Figura 1	Figura 2	Figura 3	Figura 4

Nessa sequência, as figuras 5, 6, 7 e 8 correspondem, respectivamente, às figuras 1, 2, 3 e 4, assim como as figuras 9, 10, 11 e 12, e assim por diante, mantendo-se essa correspondência. Com relação à ordem dos símbolos, o 1° dessa sequência é ♣, o 8° é ♥, o 15° é ●, e assim por diante. Nestas condições, o 189° símbolo é:

a) (A)♦

b) (B)♥

c) (C)●

d) (D)♠

e) (E)♣

Como as figuras se repetem de 4 em 4 (figura 5 igual a figura 1, figura 6 igual a figura 2, e assim por diante), então os símbolos também irão se repetir de 20 em 20. Com isso tem-se que dividir o 189 por 20 e observar o valor do resto da divisão, caso o resto seja 1 o símbolo 189 corresponde ao símbolo 1, caso o resto seja 2 o símbolo 189 corresponde ao símbolo 2, caso o resto seja 3 o símbolo 189 corresponde ao símbolo 3, e assim por diante. Se a divisão for exata, então o símbolo 189 corresponde ao símbolo 20. Fazendo a divisão:

189/20 = 9 e resto 9, logo o símbolo 189 é igual ao símbolo 9, logo ♠.

GABARITO: D.

---

128. **(2016 - Prefeitura de Poá/SP - Guarda Civil Municipal)** Três amigas, M, N e P, fazem aniversários em março, julho e agosto, e querem ganhar sapato, roupa e relógio, não necessariamente nas ordens apresentadas. Sabe-se que P não faz aniversário em março e quer um sapato; quem nasceu em julho não quer roupa; M não nasceu em agosto; N não nasceu em julho; e quem quer o relógio nasceu em março. Logo, é correto afirmar que:

a) M nasceu em março.

b) M nasceu em julho.

c) N quer o relógio.

d) N não quer roupa.

e) P não nasceu em julho.

Organizando as informações de acordo com o enunciado, tem-se:

- **P não faz aniversário em março e quer um sapato;**
- **quem quer o relógio nasceu em março:**

Amigas	Meses	Presentes
P		Sapato
	Março	Relógio

- **quem nasceu em julho não quer roupa:**

Amigas	Meses	Presentes
P	JULHO	Sapato
	Março	Relógio
	AGOSTO	ROUPA

- **M não nasceu em agosto;**
- **N não nasceu em julho**

Amigas	Meses	Presentes
P	JULHO	Sapato
M	Março	Relógio
N	AGOSTO	ROUPA

Analisando as alternativas, a única correta é a alternativa A.

GABARITO: A.

---

129. **(2016 - Fundunesp – Analista Programador Júnior)** Em uma agência trabalham quatro modelos, Sandra, Roberta, Karina e Thais, com alturas distintas de 1,70; 1,72; 1,75 e 1,80 metro, não necessariamente nessa ordem, e cores de cabelos distintos. Sabe-se que: Sandra é mais baixa que Roberta e não tem cabelos ruivos; Karina é mais baixa que Thais, que não tem cabelos loiros; a modelo de cabelos ruivos é mais alta que Thais; a modelo de cabelos pretos tem 1,72 metro e não é a Sandra, tampouco a Karina; Roberta não tem cabelos loiros; e a modelo de cabelos castanhos é mais baixa que Roberta e que Sandra. Logo é correto afirmar que a altura e a cor dos cabelos de Sandra e de Karina, respectivamente, são:

a) 1,70 metro e castanho; 1,75 metro e loiro.

b) 1,70 metro e loiro; 1,75 metro e castanho.

c) 1,80 metro e castanho; 1,72 metro e loiro.

d) 1,75 metro e loiro; 1,70 metro e castanho.

e) 1,75 metro e castanho; 1,70 metro e loiro.

Organizando as informações de acordo com o enunciado, tem-se:

- **a modelo de cabelos pretos tem 1,72 metro, e não é a Sandra, tampouco a Karina;**

Alturas	Nomes	Cabelos
1,80		
1,75		
1,72	Roberta ou Thais	Pretos
1,70		

- **a modelo de cabelos castanhos é mais baixa que Roberta e que Sandra;**

Alturas	Nomes	Cabelos
1,80		
1,75		
1,72	Roberta ou Thais	Pretos
1,70		Castanhos

- **Sandra é mais baixa que Roberta e não tem cabelos ruivos;**

Alturas	Nomes	Cabelos
1,80	ROBERTA	RUIVOS
1,75	SANDRA	LOIROS
1,72	Thais	Pretos
1,70	KARINA	Castanhos

As outras informações - Karina é mais baixa que Thais, que não tem cabelos loiros; a modelo de cabelos ruivos é mais alta que Thais; Roberta não tem cabelos loiros – são corroboradas pela organização. Por fim, analisando as alternativas, a única correta é a alternativa D.

GABARITO: D.

---

130. **(2016 - Prefeitura de Poá/SP - Guarda Civil Municipal)** Considere a seguinte sequência dos números naturais ímpares: 1, 3, 5, 7, 9, 11, 13, ...

Nessa sequência, o primeiro elemento é o número 1. Logo, o 189º elemento dessa sequência é:

a) 379.

b) 377.

c) 375.

d) 373.

e) 371.

A sequência é formada pelos números ímpares. Note que todos os números ímpares são "o dobro da 'posição' menos 1" (2º = 2 × 2 = 4 – 1 = 3; 6º = 6 × 2 = 12 – 1 = 11, e assim sempre). Sendo assim o 189º será: 189 × 2 = 378 – 1 = 377.

GABARITO: B.

---

131. **(2016 - Prefeitura de Presidente Prudente/SP – Analista)** Na sequência numérica –2, 0, –3, 1, – 4, 2, –5, 3, –6, ..., o primeiro elemento é –2. Mantendo-se a regularidade, o trigésimo segundo elemento dessa sequência será:

a) 13.

b) 14.

c) 15.

d) 16.

e) 17.

Os termos de ordem par (2º, 4º, 6º, ...) são os números naturais, com isso o 32º termo será o 16º número natural, logo o 15. Veja:

(1º) 0, 1, 2, 3, 4, 5, 6, 7, 8, 9, 10 (11º), 11, 12, 13, 14, 15 (16º)

GABARITO: C.

---

132. **(2016 - MPE/SP - Oficial de Promotoria/Nível Médio)** A sequência ((3, 5); (3, 3, 3); (5; 5); (3, 3, 5); ...) tem como termos sequências contendo apenas os números 3 ou 5. Dentro da lógica de formação da sequência, cada termo, que também é uma sequência, deve ter o menor número de elementos possível. Dessa forma, o número de elementos contidos no décimo oitavo termo é igual a:

a) 5.

b) 4.

c) 6.

d) 7.

e) 8.

A soma dos números 3 e 5 dentro dos parênteses são os números naturais a partir do 8, veja:

1º = (3, 5) = 8

(3, 3, 3) = 9

(5; 5) = 10

4º = (3, 3, 5) = 11

Com isso o 18º termo será o número 25, que pode ser escrito com 3 e 5 das seguintes maneiras:

(3, 3, 3, 3, 3, 5, 5) = 25

ou

(5, 5, 5, 5, 5) = 25

Mas como a questão quer com a menor quantidade de elementos possíveis, então será:

(5, 5, 5, 5, 5) = 25, que tem 5 elementos.

GABARITO: A.

---

133. **(2016 - MPE/SP - Engenheiro da Computação)** Na sequência (4; 4, 6, 12; 30; 90; . . .), a partir do 2° termo, cada termo é obtido por meio de uma operação, ou operações, aplicada(s) ao termo imediatamente anterior. O 7° termo somado ao 10° termo, ambos dessa sequência, resultam em:

a) 5445.

b) 7020.

c) 27035.

d) 28665.

e) 29610.

Continuando a sequência a partir do padrão (do 4 para o 4 → 4 × 1 = 4; do 4 para o 6 → 4 × 1,5 = 6; do 6 para o 12 → 6 × 2 = 12; do 12 pra o 30 → 12 × 2,5 = 30; do 30 para o 90 → 30 × 3 = 90) tem-se que os próximos termos serão:

4; 4; 6; 12; 30; 90; 315 (90 × 3,5) – 7º termo; 1260 (315 × 4); 5670 (1260 × 4,5); 28350 (5670 × 5) – 10º termo. Somando o 7º com o 10º termo:

315 + 28350 = 28.665

GABARITO: D.

---

134. **(2016 - Prefeitura de Alumínio/SP - Professor de Matemática)** As igualdades a seguir são todas verdadeiras, como pode ser observado.

$1 = 1^2$

$1 + 3 = 4 = 2^2$

$1 + 3 + 5 = 9 = 3^2$

$1 + 3 + 5 + 7 = 16 = 4^2$

$1 + 3 + 5 + 7 + 9 = 25 = 5^2$

...

Assim, levando-se em conta a regularidade identificada nessas igualdades, é correto afirmar que a soma de todos os números naturais ímpares até 101 será igual a:

a) 492.

b) 502.

c) 512.

d) 522.

e) 532.

A soma dos números naturais ímpares é a quantidade de números ímpares somados elevado ao quadrado, conforme as somas vistas no enunciado, com isso a soma dos números naturais ímpares até 101 – que tem 51 números ímpares – dá:

51².

GABARITO: C.

---

135. **(2016 - MPE/SP - Oficial de Promotoria/Nível Médio)** Marcos, Paulo e Sérgio são irmãos e fazem cursos diferentes, cada um fazendo apenas um curso. Um tio, visitando a família, sem conhecer qual curso cada sobrinho fazia, ouviu a seguinte conversa:

Marcos: "Eu não curso engenharia."

Paulo: "Eu curso engenharia."

Sérgio: "Eu não curso medicina."

A mãe dos jovens disse corretamente ao tio que seus três filhos cursavam engenharia, medicina e direito e que apenas um falou a verdade, o que permitiu ao tio determinar que Marcos, Paulo e Sérgio cursam, respectivamente,

a) engenharia, direito e medicina.

b) engenharia, medicina e direito.

c) direito, engenharia e medicina.

d) medicina, direito e engenharia.

e) medicina, engenharia e direito.

Como duas informações são falsas temos que ver as possibilidades dentre as 3 informações de quais são as falsas, com base nas contradições, vejamos:

Afirmação	Situação
Marcos: "Eu não curso engenharia."	V
Paulo: "Eu curso engenharia."	F
Sérgio: "Eu não curso medicina."	F

Nessa situação Sérgio faria medicina e Paulo e Marcos fariam direito, o que é uma contradição, logo essa situação não é possível.

Afirmação	Situação
Marcos: "Eu não curso engenharia."	F
Paulo: "Eu curso engenharia."	V
Sérgio: "Eu não curso medicina."	F

Nessa situação Sérgio faria medicina e Paulo e Marcos fariam engenharia, o que é uma contradição, logo essa situação também não é possível.

Portanto, a situação possível é:

Afirmação	Situação
Marcos: "Eu não curso engenharia."	F
Paulo: "Eu curso engenharia."	F
Sérgio: "Eu não curso medicina."	V

E nessa situação Marcos faz engenharia, Sérgio faz direito e Paulo faz medicina.

GABARITO: B.

136. **(2015 - TJ/SP – Contador)** Seis amigos universitários nasceram nas cidades de Leme, Tupã, Ibiúna, Holambra, Olímpia e Mongaguá, uma cidade do litoral paulista. Cada um desses amigos está matriculado em apenas um curso superior e:

1) Alberto e quem nasceu em Mongaguá cursam física;
2) Eliel e o natural de Leme cursam pedagogia;
3) o rapaz de Tupã e Carlos cursam engenharia;
4) Bernardo e Felipe são medalhistas na natação, porém o rapaz de Tupã nunca entrou em uma piscina;
5) o rapaz de Holambra sempre ganha de Alberto no xadrez;
6) o rapaz de Olímpia é mais velho que Carlos;
7) Bernardo nunca esteve próximo ao mar;
8) neste ano, Carlos irá visitar, pela primeira vez, a cidade de Holambra.

Daniel é natural de:

a) Ibiúna.
b) Tupã.
c) Leme.
d) Olímpia.
e) Holambra.

Organizando as informações de acordo com o enunciado em uma tabela que relaciona o nome com a cidade de cada um, preenchendo a tabela com S caso seja a cidade dele e com N caso a cidade não seja a dele, tem-se:

- **Alberto e quem nasceu em Mongaguá cursam física;**
- **Eliel e o natural de Leme cursam pedagogia;**
- **o rapaz de Tupã e Carlos cursam engenharia;**

	Mongaguá	Leme	Tupã	Holambra	Olímpia	Ibiúna
Alberto	N	N	N			
Eliel	N	N	N			
Carlos	N	N	N			
Bernardo						
Felipe						
Daniel						

- Bernardo e Felipe são medalhistas na natação, porém o rapaz de Tupã nunca entrou em uma piscina;
- o rapaz de Holambra sempre ganha de Alberto no xadrez;
- o rapaz de Olímpia é mais velho que Carlos.

	Mongaguá	Leme	Tupã	Holambra	Olímpia	Ibiúna
Alberto	N	N	N	N		
Eliel	N	N	N			
Carlos	N	N	N		N	
Bernardo			N			
Felipe			N			
Daniel	N	N	S	N	N	N

Por aqui já sabemos que Daniel nasceu em Tupã, e que, portanto, a alternativa correta é a B, mas vamos terminar de preencher a tabela:

- Bernardo nunca esteve próximo ao mar (Mongaguá é no litoral paulista);

	Mongaguá	Leme	Tupã	Holambra	Olímpia	Ibiúna
Alberto	N	N	N	N		
Eliel	N	N	N			
Carlos	N	N	N		N	
Bernardo	N	S	N	N	N	N
Felipe	S	N	N	N	N	N
Daniel	N	N	S	N	N	N

- neste ano, Carlos irá visitar, pela primeira vez, a cidade de Holambra;

	Mongaguá	Leme	Tupã	Holambra	Olímpia	Ibiúna
Alberto	N	N	N	N	S	N
Eliel	N	N	N	S	N	N
Carlos	N	N	N	N	N	S
Bernardo	N	S	N	N	N	N
Felipe	S	N	N	N	N	N
Daniel	N	N	S	N	N	N

GABARITO: B.

---

137. **(2015 - CRO/SP - Programador de Computador)** Numa festa na casa do Sr. Osório, compareceram três moças: Mariana, Joana e Silvana, cada uma delas com o seu namorado. Seus namorados chamam-se Pedro, Antônio e Caio, não necessariamente nessa ordem. Cada um deles namora uma única dessas moças. Durante a festa, o Sr. Osório ficou sabendo que as moças gostam de maçã, abacaxi e goiaba, também não necessariamente nessa ordem. Cada uma delas gosta de uma única dessas frutas. Depois da festa, o Sr. Osório se deu conta de que estava confuso sobre quem era namorado de quem, e qual moça gostava de qual fruta. Tentando lembrar, acabou concluindo, com certeza, que:

I. Mariana não gosta de abacaxi e não é a namorada de Antônio.

II. O namorado de Silvana vive discutindo com Pedro.

III. Pedro não namoraria alguém que não gostasse de abacaxi.

IV. A namorada de Antônio gosta de goiaba.

Com base nessas informações, o Sr. Osório pôde deduzir corretamente que:

a) Mariana gosta de goiaba, e Caio é namorado de Joana.

b) Joana gosta de abacaxi, e Pedro é namorado de Silvana.

c) Joana gosta de maçã, e Antônio é namorado de Silvana.

d) Silvana gosta de goiaba, e Caio é namorado de Mariana.

e) Silvana gosta de maçã, e Antônio é namorado de Joana.

Organizando as informações de acordo com o enunciado, tem-se:

IV. A namorada de Antônio gosta de goiaba.

Moças	Namorados	Fruta
	Antônio	Goiaba

III. Pedro não namoraria alguém que não gostasse de abacaxi.

Moças	Namorados	Fruta
	Antônio	Goiaba
	PEDRO	ABACAXI
	CAIO	MAÇÃ

I. Mariana não gosta de abacaxi e não é a namorada de Antônio.

Moças	Namorados	Fruta
	Antônio	Goiaba
	PEDRO	ABACAXI
Mariana	CAIO	MAÇÃ

II. O namorado de Silvana vive discutindo com Pedro.

Moças	Namorados	Fruta
SILVANA	Antônio	Goiaba
JOANA	PEDRO	ABACAXI
Mariana	CAIO	MAÇÃ

Analisando as alternativas, a única correta é a alternativa D (já que a conjunção – proposição composta pelo conectivo E – só é VERDADE se "tudo" for Verdade).

GABARITO: D.

---

138. **(2015 - Prefeitura de Caieiras/SP - Assistente Técnico)** As profissões de três pessoas, Carlos, Antônio e Bruno, são: arquiteto, engenheiro e médico, não necessariamente nessa ordem. Cada um deles possui uma propriedade. Sabe-se que Carlos não é arquiteto, mas é amigo da pessoa que tem a fazenda. O engenheiro não é o amigo de Carlos e tem um sítio. Bruno não gosta do seu sítio e quer vendê-lo.

Com essas informações, é possível concluir corretamente que:

a) Bruno possui um sítio e é médico.

b) Antônio é engenheiro e é o amigo de Carlos.

c) Carlos não possui a chácara e seu amigo é o Antônio.

d) Bruno é o arquiteto ou possui a fazenda.

e) Carlos é quem possui a chácara e é amigo de Antônio

Organizando as informações de acordo com o enunciado, tem-se:

- **O engenheiro não é o amigo de Carlos e tem um sítio.**

- **Bruno não gosta do seu sítio e quer vendê-lo.**

Nomes	Profissões	Propriedades
Bruno	Engenheiro	Sítio

- **Carlos não é arquiteto, mas é amigo da pessoa que tem a fazenda.**

Nomes	Profissões	Propriedades
Bruno	Engenheiro	Sítio
Carlos	MEDICO	
ANTONIO	ARQUITETO	FAZENDA

- **Analisando as alternativas pode-se concluir que Carlos é dono da chácara.**

Nomes	Profissões	Propriedades
Bruno	Engenheiro	Sítio
Carlos	MEDICO	Chácara
ANTONIO	ARQUITETO	FAZENDA

Com isso, a única correta é a alternativa E (já que a conjunção – proposição composta pelo conectivo E – só é VERDADE se "tudo" for Verdade).

GABARITO: E.

139. **(2015 - TJ/SP – Estatístico)** Em uma empresa trabalham, entre outros, um Técnico, um Analista e um Coordenador. Cada um deles possui uma característica marcante: um é estudioso, um é intuitivo e um é metódico, não necessariamente nessa ordem. Quanto à faixa etária desses funcionários, um deles é jovem, um deles é maduro e um deles é idoso, não necessariamente nessa ordem.

Nessa empresa, sabe-se, corretamente, que:

– uma característica marcante do coordenador é ser estudioso.

– o técnico é muito amigo do funcionário maduro.

– o metódico não é o mais jovem nem o mais velho.

– o coordenador é jovem.

A partir dessas informações, é possível concluir, corretamente, que:

a) o técnico é intuitivo e o coordenador é maduro.

b) o analista é maduro ou o técnico é metódico.

c) o idoso é estudioso e o coordenador é jovem.

d) o maduro é o técnico ou o analista é intuitivo.

e) o jovem é coordenador e é amigo do técnico.

Organizando as informações de acordo com o enunciado, tem-se:

- **uma característica marcante do coordenador é ser estudioso;**
- **o metódico não é o mais jovem nem o mais velho.- o coordenador é jovem.**

Idades	Funções	Característica
Jovem	Coordenador	Estudioso
Maduro		Metódico

- **o técnico é muito amigo do funcionário maduro.**

Idades	Funções	Característica
Jovem	Coordenador	Estudioso
Maduro	ANALISTA	Metódico
Idoso	TECNICO	Intuitivo

Analisando as alternativas a única correta é a alternativa B (já que a disjunção – proposição composta pelo conectivo OU – é VERDADE quando uma das proposições que a compõem for Verdade).

GABARITO: B.

140. **(2015 – Prefeitura de São José dos Campos/SP – Fiscal)** O primeiro elemento de uma sequência é 20. Se um elemento dessa sequência é um número negativo, o próximo é 20 a mais do que esse elemento. Se um elemento dessa sequência não é um número negativo, o próximo é 3 a menos do que esse elemento. O menor número que aparece nessa sequência é:

a) –1.

b) –2.

c) –3.

d) –4.

e) –5.

Pela regra proposta no enunciado e começando a sequência com o 20, em algum momento da sequência um dos seus elementos será o 0 (zero) e com isso o próximo termo será o -3. Como, se qualquer elemento da sequência for negativo o próximo elemento será 20 unidades a mais, então não tem como se ter um elemento menor do que o -3. Vamos fazer a sequência (continuando a regra do enunciado) para ver isso:

20, 17, 14, 11, 8, 5, 2, -1, 19, 16, 13, 10, 7, 4, 1, -2, 18, 15, 12, 9, 6, 3, 0, -3, 17, 14, 11, 8, ..., e assim por diante.

GABARITO: C.

141. **(2015 - TJ/SP – Escrevente Técnico Judiciário)** Mantendo-se a regularidade da sequência numérica –3, 1, –5, 3, –7, 5, ..., os dois próximos elementos dessa sequência serão, respectivamente.

a) – 10 e 6.

b) – 9 e 7.

c) – 11 e 5.

d) – 12 e 4.

e) – 13 e 3.

Continuando a sequência a partir do padrão (os termos de ordem ímpar – 1º, 3º, 5º – vão diminuindo de 2 em 2 unidades a partir do -3; os termos de ordem par – 2º, 4º, 6º – vão aumentando de 2 em 2 unidade a partir do 1) tem-se que os próximos termos serão:

–3, 1, –5, 3, –7, 5, –9, 7, ...

GABARITO: B.

142. **(2015 - TJ/SP – Estatístico)** Considere as frases ditas por Paulo, Roberto e Sérgio.

Paulo diz: Roberto é alto.

Roberto diz: Paulo mentiu.

Sérgio diz: Roberto mentiu.

Sabe-se que um, e apenas um deles, não falou a verdade. Desta maneira, é possível concluir corretamente que:

a) Roberto não é alto e Paulo mentiu.

b) Roberto é alto e Paulo mentiu.

c) Roberto não é alto ou Sérgio mentiu.

d) Roberto é alto ou Sérgio mentiu.

e) Roberto não é alto e Roberto mentiu.

Como duas informações são verdadeiras temos que ver as possibilidades dentre as 3 informações de quais são as verdadeiras, com base nas contradições, vejamos:

Afirmação	Situação
Paulo diz: Roberto é alto	V
Roberto diz: Paulo mentiu	V
Sérgio diz: Roberto mentiu	F

Essa situação, é uma contradição, pois Roberto (que disse uma verdade) disse que Paulo mentiu, mas Paulo está falando a verdade.

Afirmação	Situação
Paulo diz: Roberto é alto	V
Roberto diz: Paulo mentiu	F
Sérgio diz: Roberto mentiu	V

Nessa situação Roberto (que disse uma mentira) disse que Paulo mentiu, mas Paulo está falando a verdade, o que está certo (se Roberto mentiu e ele disse que Paulo mentiu, então Paulo disse a verdade). Com base nisso, tem-se:

- **Roberto é alto e mentiu;**
- **Paulo falou a verdade;**
- **Sérgio falou a verdade.**

Analisando as alternativas, a única correta é a alternativa D (já que a disjunção – proposição composta pelo conectivo OU – é VERDADE quando uma das proposições que a compõem for Verdade).

GABARITO: D.

---

143. **(2015 - CRO/SP - Programador de Computador)** Artur, Breno e Ciro estavam brincando sozinhos em casa. À tarde, quando sua mãe, dona Maricota, chegou, encontrou o seu belo vaso de cristal quebrado em mil pedaços. Muito brava, perguntou aos três sobre quem havia sido o culpado. Eis a resposta de cada um dos meninos:
Artur: "Não foi o Breno!"
Breno: "Artur está dizendo a verdade."
Ciro: "Não foi o Artur!"
Dona Maricota sabe que um dos meninos sempre mente e os outros dois sempre falam a verdade. Sendo assim, pôde concluir corretamente que:

a) Artur mentiu, e Breno quebrou o vaso.

b) Ciro mentiu, e Artur quebrou o vaso.

c) Breno mentiu, e Artur quebrou o vaso.

d) Breno mentiu, e Ciro quebrou o vaso.

e) Artur mentiu, e Ciro quebrou o vaso.

Como duas informações são verdadeiras temos que ver as possibilidades dentre as 3 informações de quais são as verdadeiras, com base nas contradições, vejamos:

Afirmação	Situação
Artur: "Não foi o Breno!"	V
Breno: "Artur está dizendo a verdade."	V
Ciro: "Não foi o Artur!"	F

Nessa situação não tem contradição, pois Artur (que disse uma verdade) disse que não foi Breno; Breno (que disse uma verdade) disse que Artur está falando uma verdade e Artur está falando uma verdade; e Ciro (que disse uma mentira) disse que não foi Artur, mas como Ciro mente, então foi Artur que quebrou o vaso. Com base nisso, tem-se:

- Artur falou a verdade e mentiu;
- Breno falou a verdade;
- Ciro mentiu.

Analisando as alternativas, a única correta é a alternativa B (já que a conjunção – proposição composta pelo conectivo E – só é VERDADE se "tudo" for Verdade).

GABARITO: B.

144. **(2015 - Prefeitura de Caieiras/SP - Assistente Técnico)** Dez automóveis largaram em uma corrida de 10 posições diferentes. Durante a corrida, apenas três carros fizeram ultrapassagens, sempre em momentos distintos, conforme relatado a seguir. O carro que largou na 10ª posição ultrapassou quatro automóveis que estavam à sua frente. Em seguida, o automóvel que largou na 8ª posição ultrapassou cinco automóveis que estavam à sua frente. E, por último, o automóvel que largou na 6ª posição ultrapassou seis automóveis que estavam à sua frente. A corrida terminou e pode-se concluir que o número de automóveis que chegaram depois daquele que havia largado na 6ª posição e antes do automóvel que havia largado na 10ª posição é:

a) 2
b) 3
c) 4
d) 5
e) 6

Organizando as informações de acordo com o enunciado (vamos chamar os carros de A, B, C, D, E, F, G, H, I, J), tem-se:

Início da corrida

1º	2º	3º	4º	5º	6º	7º	8º	9º	10º
A	B	C	D	E	F	G	H	I	J

No primeiro momento: "o carro que largou na 10ª posição ultrapassou quatro automóveis que estavam à sua frente".

1º	2º	3º	4º	5º	6º	7º	8º	9º	10º
A	B	C	D	E	J	F	G	H	I

No segundo momento: "o automóvel que largou na 8ª posição ultrapassou cinco automóveis que estavam à sua frente" (lembrando que quem largou em 8º foi o carro H).

1º	2º	3º	4º	5º	6º	7º	8º	9º	10º
A	B	C	H	D	E	J	F	G	I

No terceiro, e último, momento: "o automóvel que largou na 6ª posição ultrapassou seis automóveis que estavam à sua frente" (lembrando que quem largou em 6º foi o carro F).

1º	2º	3º	4º	5º	6º	7º	8º	9º	10º
F	A	B	C	D	E	J	G	H	I

Com isso, o número de carros entre os carros que largaram na 6ª (F) e 10ª (J) posição são 5 carros.

GABARITO: D.

145. **(2021 – TJM/SP – Analista de Redes)** Beto, Cadu, Dedé e Fran são irmãos e têm idades que são maiores ou iguais a 30 anos e menores ou iguais a 35 anos. Um irmão que tem uma idade, em anos, representada por um número ímpar fala mentiras, caso contrário fala verdades. Observe o seguinte diálogo que esses irmãos tiveram:
Dedé: Fran é 1 ano mais velho que Cadu.
Beto: Eu tenho 33 anos.
Cadu: Eu sou o mais velho dos irmãos.
Dedé: Cadu é mais velho que Beto.
Fran: Eu e Dedé temos a mesma idade.
Beto: Nenhum de nós tem 34 anos.
Cadu: A soma da minha idade com a idade de Fran é 62 anos.
A soma das idades, em anos, desses quatro irmãos é igual a:

a) 124.

b) 125.

c) 128.

d) 132.

e) 135.

Como quem tem idade ímpar mente então Beto está mentindo, tem 31 ou 35 anos e algum irmão tem 34 anos.

Cadu não tem como falar a verdade, pois para a soma da idade dele com a de Fran dar 62, ou os dois teriam 31 e ambos estariam mentindo (uma contradição já) ou um 30 e o outro 32, mas aí Cadu não seria o mais velho já que alguém tem que ter 34 anos. Portanto, Cadu mente e tem 31 ou 33 anos.

Dedé e Fran não podem mentir, pois se Dedé mentir, Fran tem que falar a verdade (lembre-se de que alguém tem que ter 34 anos e falar a verdade) e disse que eles têm a mesma idade. Se Fran mentir, Dedé tem que falar a verdade (lembre-se de que alguém tem que ter 34 anos e falar a verdade) e disse que Fran é 1 ano mais velha que Cadu (logo, Fran tem idade par e fala a verdade).

Após essas constatações chegamos nas idades dos irmãos, que são:

Beto: 31 (Dedé disse que Cadu é mais velho que Beto, por isso Beto não pode ter 35 anos).

Cadu: 33 (Dedé disse que Cadu é mais velho que Beto).

Fran: 34 (Dedé disse que Fran tem 1 ano a mais que Cadu).

Dedé: 34 (Fran disse que ela e Dedé tem a mesma idade).

Somando as idades dos irmãos chegamos ao total de 132 anos (31+33+34+34=132).

GABARITO: D.

---

146. **(2021 - TJM/SP - Desenvolvedor)** Em um congresso de matemáticos, Marcelo, Patrícia e Sabrina participaram de uma oficina de lógica. Em uma das atividades, eles deveriam ter um diálogo de maneira que cada um ou falasse apenas verdades ou apenas mentiras. O diálogo foi o seguinte:
Marcelo: Patrícia e Sabrina estão falando mentiras.
Patrícia: Amanhã será primeiro de março.
Marcelo: Hoje não é 29 de fevereiro.
Sabrina: Patrícia está mentindo.
Esses três matemáticos sabiam o dia correto da oficina, logo quem mentia era:

a) apenas Marcelo.

b) apenas Patrícia.

c) Marcelo e Patrícia.

d) Marcelo e Sabrina.

e) Marcelo, Patrícia e Sabrina.

Se Marcelo estiver falando a verdade, teremos uma contradição, pois ele fala que Patrícia e Sabrina estão mentindo e Sabrina fala que Patrícia está mentindo o que gera uma contradição em Sabrina. A partir disso, concluímos que Marcelo está mentindo.

Como Marcelo esta mentindo então hoje é dia 29/02 e amanhã será primeiro de março, portanto Patrícia está falando a verdade (Patrícia disse que amanhã será primeiro de março) e Sabrina está mentindo (Sabrina disse que Patrícia mente).

GABARITO: D.

147. **(2020 - Prefeitura de Ferraz de Vasconcelos/SP - Guarda Municipal)** Considere que a soma dos algarismos do número 9357 seja igual a 9 + 3 + 5 + 7 = 24. Sendo assim, a soma dos algarismos do próximo elemento da sequência numérica 32, 128, 512, 2048, 8192, ..., é igual a:

a) 26.

b) 28.

c) 30.

d) 22.

e) 34.

A sequência 32, 128, 512, 2048, 8192, ... é constituída de forma que a partir do primeiro termo o próximo termo é sempre o termo anterior multiplicado por 4 (128 = 32 × 4; 2048 = 512 × 4; por exemplo). Assim, o próximo termo da sequência será 32768 (8192 × 4 = 32768). Somando 3+2+7+6+8 chegamos em 26.

GABARITO: A.

148. **(2020 – EBSERH -Técnico em Análises Clínicas)** Antonio Carlos elaborou uma senha contendo 12 elementos alfanuméricos, intercalados. Para tanto, ele utilizou um padrão, em que 11 dos 12 elementos da senha são apresentados a seguir:

a4z5b8?7c0x9

O elemento desconhecido dessa senha, indicado por ?, é a letra:

a) t.

b) u.

c) v.

d) w.

e) y.

Reposicionando a sequência de 4 em 4 termos temos:

a4z5

b8?7

c0x9

Olhando de cima para baixo note que na primeira coluna as letras vão "aumentando" do a para o b e do b para o c. Mantendo essa observação, na terceira coluna as letras vão "diminuindo" do z para o y e do y para o x. Portanto, o elemento que fica no lugar da "?" é a letra y.

GABARITO: E.

149. **(2020 - EBSERH - Advogado)** João, Carlos e Paulo moram em estados distintos, sendo eles São Paulo, Santa Catarina e Rio de Janeiro, não necessariamente nessa ordem. Eles se comunicaram ou com sua tia, ou com sua irmã, ou com sua mãe, utilizando apenas um meio: telefone, carta ou e-mail, também não necessariamente nessa ordem. Sabe-se que: Carlos mora em Santa Catarina e se comunicou por telefone; A mãe e o pai de Paulo são filhos únicos; João não conhece a sua mãe e nunca foi adotado; Quem mora em São Paulo se comunicou com sua mãe. Sendo assim, quem se comunicou com a tia, por carta, foi:

a) Carlos, e ele mora em Santa Catarina.

b) João, e ele mora em São Paulo.

c) João, e ele mora no Rio de Janeiro.

d) Paulo, e ele mora em São Paulo.

e) Paulo, e ele mora no Rio de Janeiro.

Comentário: organizando os dados de acordo com o enunciado, tem-se:

- Carlos mora em Santa Catarina e se comunicou por telefone;
- Quem mora em São Paulo se comunicou com sua mãe;

Nome	Estado	Parente	Meio de comunicação
Carlos	SC	Mãe	Telefone
	SP		

- João não conhece a sua mãe e nunca foi adotado;
- A mãe e o pai de Paulo são filhos únicos;

Nome	Estado	Parente	Meio de comunicação
Carlos	SC	Avó	Telefone
Paulo	SP	Mãe	
João	RJ	Tia	

Dessa forma, quem se comunicou com a tia, por carta, foi João.

Nome	Estado	Parente	Meio de comunicação
Carlos	SC	Avó	Telefone
Paulo	SP	Mãe	E-mail
João	RJ	Tia	Carta

Analisando as alternativas, a correta é a C.

GABARITO: C.

MATEMÁTICA

Conjuntos Numéricos

01. **(2021 – Prefeitura de Marília/SP – Supervisor de Saúde)** Uma livraria vendeu, em 2 dias, 420 exemplares de um mesmo livro. No 1º dia, foram vendidos 60 exemplares a mais do que o número de exemplares vendidos no 2º dia. O número de exemplares vendidos no 1º dia foi:

a) 260.

b) 240.

c) 220.

d) 200.

e) 180.

O exercício pede o número de exemplares vendidos no 1º dia. Para saber o número de exemplares vendidos no 1º dia, precisamos saber a quantidade de exemplares vendidos no 2º dia e somar 60.

Como o total de exemplares vendidos foi de 420 e no 1º dia, foram vendidos 60 exemplares a mais do que o número de exemplares vendidos no 2º dia, então fazemos x como sendo os exemplares vendidos no 2º dia e x + 60 como sendo os exemplares vendidos no 1º dia.

Então fazemos:

$x + x + 60 = 420$

$2x = 420 - 60$

$2x = 360$

$x = 360/2$

$x = 180$

No 1º dia, foram vendidos 60 exemplares a mais do que o número de exemplares vendidos no 2º dia, então x + 60 = 180 + 60 = 240.

GABARITO: B.

---

02. **(2018 – PM/SP – Soldado)** Em uma gaveta há 24 canetas, sendo 1/6 delas verdes, 3/8 vermelhas, e as demais azuis. O número de canetas azuis que há nessa gaveta é:

a) 7.

b) 10.

c) 9.

d) 8.

e) 11.

O exercício pede o número de canetas azuis. Para saber a quantidade de canetas azuis precisamos encontrar a quantidade de canetas verdes e vermelhas e subtrair do total.

Como o total de canetas é 24 e sabemos que 1/6 delas são verdes e 3/8 vermelhas, temos:

Verdes = 1/6 de 24

Verdes = 1/6 · 24

Verdes = 24/6

Verdes = 4

Vermelhas = 3/8 de 24

Vermelhas = 3/8 · 24

Vermelhas = 3 · 24/8

Vermelhas = 9

Como o total de canetas é 24 e 4 delas são verdes e 9 são vermelhas, então 11 são azuis, pois:

$24 - 4 - 9 = 11.$

GABARITO: E.

---

03. **(2018 – PM/SP – Soldado)** Um estudante precisa fazer todos os exercícios de uma lista e, para isso, decidiu que irá resolver, por dia, sempre a mesma quantidade de exercícios. Se ele resolver 6 exercícios por dia, levará 3 dias a menos do que levaria se resolvesse 4 exercícios por dia. O número de exercícios da lista é:

a) 36.

b) 72.

c) 12.

d) 48.

e) 60.

O exercício pede o número de exercícios da lista. Precisamos fazer uma equação para encontrar essa quantidade.

Com os dados fornecidos pelo exercício fazemos:

1) Se ele resolver 6 exercícios por dia, levará 3 dias a menos

Exercícios = 6 · (dias – 3)

2) Do que levaria se resolvesse 4 exercícios por dia

Exercícios = 4 · dias

Como a quantidade de exercícios resolvidos ao todo é a mesma, então podemos igualar as equações:

6 · (dias – 3) = 4 · dias

6 · dias – 6 · 3 = 4 · dias

6dias – 18 = 4dias

6dias – 4dias = 18

2dias = 18

dias = 18/2

dias = 9

Encontramos a quantidade de dias = 9, substituindo em uma das duas equações encontramos a quantidade total de exercícios:

Exercícios = 4 · dias

Como dias = 9, então

Exercícios = 4 · 9

Exercícios = 36.

GABARITO: A.

04. **(2018 – PM/SP – Soldado)** Uma avenida retilínea terá um trecho de 3,6 km recapeado, e isso será feito em 3 etapas, conforme mostra a figura.

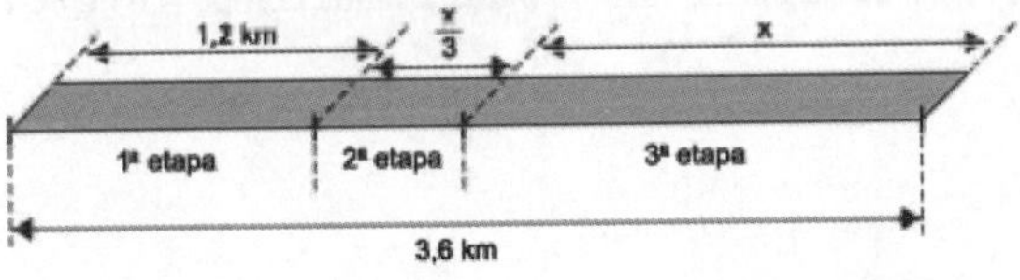

Figura fora de escala

O comprimento do trecho a ser recapeado na 2ª etapa é de:

a) 600m.

b) 400m.

c) 1000m.

d) 800m.

e) 1200m.

O exercício pede o comprimento do trecho a ser recapeado na 2ª etapa. Precisamos encontrar o valor de x e depois dividir por três (2ª etapa é x/3). Sabemos que a soma das três etapas corresponde ao comprimento todo da avenida.

Para encontrar o valor de x fazemos uma equação, somando os três trechos e igualando a 3,6:

$1{,}2 + x/3 + x = 3{,}6$

Fazendo mmc para igualar o denominador, então multiplicamos a equação toda por 3:

$3{,}6 + x + 3x = 10{,}8$

$4x = 10{,}8 - 3{,}6$

$4x = 7{,}2$

$x = 7{,}2/4$

$x = 1{,}8$

Na 2ª etapa temos x/3

Como x = 1,8 então:

$1{,}8/3 = 0{,}6$

O valor na 2ª etapa é de 0,6 km. Para transformar em metros multiplicamos esse valor por mil (1km = 1000m). Assim:

$0{,}6 \cdot 1000 = 600$ m.

GABARITO: A.

---

05. **(2018 – PM/SP – Soldado)** Uma loja colocou à venda 80 peças do tipo A e 40 peças do tipo B, e após uma semana havia vendido 1/4 das peças do tipo A e 2/5 das peças do tipo B. Em relação ao número total de peças colocadas à venda, o número de peças que não foram vendidas nessa semana representam:

a) 3/5.

b) 7/10.

c) 3/10.

d) 9/10.

e) 2/5.

O exercício pede a relação entre o número de peças que não foram vendidas e o número total de peças colocadas à venda. Para saber a quantidade de peças que não foram vendidas, precisamos encontrar a quantidade de peças vendidas e subtrair do total.

Como foram vendidas 1/4 das peças do tipo A e o total de peças à venda do tipo A é de 80 unidades, temos:

Tipo A = 1/4 de 80

Tipo A = $1/4 \cdot 80$

Tipo A = 80/4

Tipo A = 20

Como foram vendidas 2/5 das peças do tipo B e o total de peças à venda do tipo B é de 40 unidades, temos:

Tipo B = 2/5 de 40

Tipo B = $2/5 \cdot 40$

Tipo B = 80/5

Tipo B = 16

Como o total de peças é 120 (80 do tipo A e 40 do tipo B) e foram vendidas 36 peças (20 do tipo A e 16 do tipo B), então não foram vendidas 84 peças, pois:

$120 - 36 = 84$

Assim, o número de peças que não foram vendidas em relação ao número total de peças colocadas à venda é de 84/120.

Não vendidas/Total = 84/120

Simplificando a fração temos:

Não vendidas/Total = 7/10

GABARITO: B.

---

06. **(2018 – PM/SP – Soldado)** Uma pessoa possui um móvel com algumas gavetas, e quer colocar em cada uma delas o mesmo número de blusas. Ao realizar a tarefa percebeu que, colocando 7 blusas em cada gaveta, 3 blusas ficariam de fora, porém, não seria possível colocar 8 blusas em cada gaveta, pois ficariam faltando 2 blusas na última gaveta. O número total de blusas é:

a) 30.

b) 32.

c) 36.

d) 34.

e) 38.

O exercício pede o número total de blusas. Precisamos fazer uma equação para encontrar essa quantidade.

Com os dados fornecidos pelo exercício fazemos:

1) colocando 7 blusas em cada gaveta, 3 blusas ficariam de fora

Blusas = 7 · gavetas + 3

2) não seria possível colocar 8 blusas em cada gaveta, pois ficariam faltando 2 blusas na última gaveta

Blusas = 8 · gavetas – 2

Como a quantidade de blusas ao todo é a mesma, então podemos igualar as equações:

8 · gavetas – 2 = 7 · gavetas + 3

8 · gavetas - 7 · gavetas = 2 + 3

gavetas = 5

Encontramos a quantidade de gavetas = 5. Substituindo substituindo em uma das duas equações encontramos a quantidade total de blusas:

1) Blusas = 7 · gavetas + 3

Como gavetas = 5, então

Blusas = 7 · 5 + 3

Blusas = 35 + 3

Blusas = 38.

GABARITO: E.

---

07. **(2018 - Prefeitura de Suzano/SP - Guarda Civil Municipal)** A prefeitura de uma cidade adquiriu 2400 mudas de árvores diversas, que foram plantadas em 3 dias. No primeiro dia, foram plantados 2/5 do número total de mudas adquiridas. No segundo dia, foram plantados 3/4 das mudas restantes e, no terceiro, as demais mudas. Em relação ao número total de mudas adquiridas, aquelas que foram plantadas no terceiro dia representam:

a) 1/20.

b) 3/10.

c) 3/20.

d) 1/5.

e) 1/4.

O exercício pede a relação entre as mudas que foram plantadas no terceiro dia e o número total de mudas adquiridas. Para saber a quantidade de mudas que foram plantadas no terceiro dia, precisamos encontrar a quantidade de mudas plantadas nos primeiro e segundo dias e subtrair do total.

Como o total de mudas adquiridas é de 2400, temos no primeiro dia:

Plantados = 2/5 de 2400

Plantados = 2/5 · 2400

Plantados = 4800/5

Plantados = 960

Como o total de mudas adquiridas é de 2400 e foram plantados 960 no primeiro dia, então sobram 1440, pois:

2400 – 960 = 1440

Como no segundo dia foram plantados 3/4 das mudas restantes, temos no segundo dia:

Plantados = 3/4 de 1440

Plantados = 3/4 · 1440

Plantados = 4320/4

Plantados = 1080

Assim, foram plantados no primeiro e segundo dias 2040 mudas, pois:

960 + 1080 = 2040

No terceiro dia foram plantadas as demais mudas, ou seja, o restante.

Como o total de mudas é 2400 e foram plantadas 2040 mudas (960 no primeiro dia e 1080 no segundo dia), então no terceiro dia foram plantadas 360 mudas, pois:

2400 – 2040 = 360

Assim, a relação entre as mudas que foram plantadas no terceiro dia e o número total de mudas adquiridas é de 360/2400.

Terceiro dia/Total = 360/2400

Simplificando a fração temos:

Terceiro dia/Total = 3/20.

GABARITO: C.

---

08. **(2018 - Câmara de Dois Córregos/SP - Oficial de Atendimento e Administração)** Uma empresa comprou um lote de envelopes e destinou 3/8 deles ao setor A. Dos envelopes restantes, 4/5 foram destinados ao setor B, e ainda restaram 75 envelopes. O número total de envelopes do lote era:

a) 760.

b) 720.

c) 700.

d) 640.

e) 600.

O exercício pede o número total de envelopes do lote. Para saber a quantidade total de envelopes (chamaremos de x), precisamos encontrar a fração que representa os 75 envelopes e encontrar o total.

Do total de envelopes 3/8 deles foram destinados ao setor A e 4/5 dos restantes foram destinados ao setor B. Chamando de x o total de envelopes temos que:

Setor A = 3/8 de x

Setor A = 3/8 · x

Como 3/8. x foram ao setor A, restaram 5/8 · x (8/8 – 3/8 = 5/8)

Para o setor B foram destinados 4/5 dos restantes, então:

Setor B = 4/5 de 5/8x

Setor B = 4/8 · x

Assim, foram destinados 7/8 do total para os setores A e B, pois:

3x/8 + 4x/8 = 7x/8

Com isso, sobraram 1/8 do total e isso representa 75 envelopes, ou seja:

1x/8 = 75

x = 75 · 8

x = 600.

GABARITO: E.

---

09. **(2018 - Prefeitura de Barretos/SP - Professor I)** Anita fez uma prova de matemática, cuja duração máxima determinada era de duas horas. Sabe-se que na primeira hora ela resolveu 3/5 do número total de questões da prova, e que na segunda hora ela resolveu 3/5 das questões restantes. Se para Anita restaram 4 questões não resolvidas, então o número total de questões que ela resolveu na primeira hora de prova foi igual a:

a) 10.

b) 12.

c) 15.

d) 18.

e) 20.

O exercício pede o número total de questões que Anita resolveu na primeira hora de prova. Precisamos saber a quantidade total de questões (chamaremos de x) e depois fazer 3/5 deste total. Precisamos primeiro encontrar a fração que representa as 4 questões não resolvidas e depois encontrar o total.

Do total de questões 3/5 delas foram resolvidas na primeira hora e 3/5 das restantes foram resolvidas na segunda hora. Chamando de x o total de questões temos que:

Primeira hora = 3/5 de x

Primeira hora = 3/5 · x

Como 3/5 · x foram na primeira hora, restaram 2/5 · x (5/5 – 3/5 = 2/5)

Na segunda hora foram resolvidas 3/5 das restantes, então:

Segunda hora = 3/5 de 2/5x

Segunda hora = 6/25 · x

Assim, foram resolvidas 21/25 questões do total nas duas horas, pois:

Primeira hora = 3/5 · x = 15/25x

Segunda hora = 6/25 · x

Primeira hora + Segunda hora = 15x/25 + 6x/25 = 21x/25

Substituir por:

Com isso, sobraram sem resolver 4/25 do total de questões (25/25 – 21/25 = 4/25) e isso representa 4 questões, ou seja:

4x/25 = 4

x = (25 · 4)/4

x = 25

Sabendo que a prova tem um total de 25 questões, então na primeira hora foram resolvidas 15 questões, pois:

Primeira hora = 3/5 · x

MAT

Como x = 25, então:

Primeira hora = 3/5 · 25

Primeira hora = 75/5

Primeira hora = 15.

GABARITO: C.

10. **(2019 – Câmara de Sertãozinho/SP – Escriturário)** Uma secretária está encaminhando 120 pastas que estão sobre sua mesa. Dessas pastas, 1/3 serão encaminhadas ao setor administrativo, 2/5 serão arquivadas, e das pastas restantes, 1/4 serão enviadas para revisão. A fração que o número de pastas que serão enviadas para revisão representa, em relação ao número de pastas que estavam sobre a mesa, é:

a) 2/3.

b) 1/3.

c) 3/10.

d) 1/15.

e) 1/30.

O exercício pede a relação entre o número de pastas que serão enviadas para revisão e o número de pastas que estavam sobre a mesa. Para saber a quantidade de pastas que serão enviadas para revisão, precisamos encontrar a quantidade de pastas que serão encaminhadas ao setor administrativo e arquivadas e subtrair do total.

Como o total de pastas é de 120, temos as que serão encaminhadas ao setor administrativo:

Administrativo = 1/3 de 120

Administrativo = 1/3 · 120

Administrativo = 120/3

Administrativo = 40

Como o total de pastas é de 120, temos as que serão arquivadas:

Arquivadas = 2/5 de 120

Arquivadas = 2/5 · 120

Arquivadas = 240/5

Arquivadas = 48

Como o total de pastas é de 120 e 40 foram encaminhadas ao setor administrativo e 48 foram arquivadas, então sobram 32, pois:

120 – 40 – 48 = 32

Como restaram 32, temos as que serão enviadas para revisão:

Revisão = 1/4 de 32

Revisão = 1/4 · 32

Revisão = 32/4

Revisão = 8

Assim, a relação entre o número de pastas que serão enviadas para revisão e o número de pastas que estavam sobre a mesa é de 8/120.

Revisão/Total = 8/120

Simplificando a fração temos:

Terceiro dia/Total = 1/15

GABARITO: D.

11. **(2019 - Prefeitura de Arujá/SP - Encarregado de Faturamento)** Uma pessoa utilizou metade do dinheiro que tinha em sua carteira para comprar um livro. Com 1/4 do valor restante, comprou um lanche, e ainda restaram R$ 45,00. O valor em dinheiro que essa pessoa tinha na carteira era:

a) R$ 120,00

b) R$ 115,00

c) R$ 110,00

d) R$ 105,00

e) R$ 100,00

O exercício pede o valor em dinheiro que essa pessoa tinha na carteira. Para saber o valor total (chamaremos de x), precisamos encontrar a fração que representa os R$ 45,00 restantes e encontrar o total.

Do dinheiro total 1/2 foram para comprar um livro e 1/4 do valor restante para comprar um lanche. Chamando de x o total de dinheiro na carteira temos que:

Livro = 1/2 de x

Livro = 1/2 · x

Como 1/2 · x foram para comprar um livro, restaram 1/2 · x (2/2 – 1/2 = 1/2)

Para a compra do lanche foram destinados 1/4 dos restantes, então:

Lanche = 1/4 de 1/2x

Lanche = 1/4 · 1/2x

Lanche = 1/8 · x

Assim, foram gastos 5/8 do total com livro e lanche, pois:

Livro = 1/2 · x = 4x/8

Lanche = 1/8 · x

Livro + Lanche = 4x/8 + 1x/8 = 5x/8

Depois disso restam ainda 3x/8 (8/8 – 5/8 = 3/8)

Com isso, sobraram 3/8 do total e isso representa 45 reais, ou seja:

3x/8 = 45

x = (45 · 8)/3

x = 360/3

x = 120.

GABARITO: A.

---

12. **(2019 - Prefeitura de Itapevi/SP - Agente de Administração Pública)** Quando está planejando uma viagem, Augusto sempre consulta um aplicativo que determina o custo aproximado da viagem, com base no custo por quilômetro rodado, obtido a partir das características do veículo, somado ao valor do pedágio para o percurso definido. Em sua consulta mais recente, verificou que, para uma viagem que irá fazer, o custo total será de R$ 511,80, sendo R$ 25,80 o valor gasto com pedágio. Dado que a viagem terá 900 km, o custo por quilômetro que o aplicativo estipulou para o veículo de Augusto é um valor entre:

a) R$ 0,40 e R$ 0,45.

b) R$ 0,45 e R$ 0,50.

c) R$ 0,50 e R$ 0,55.

d) R$ 0,55 e R$ 0,60.

e) R$ 0,60 e R$ 0,65.

O exercício pede o custo por quilômetro que o aplicativo estipulou para o veículo de Augusto. Precisamos saber o valor gasto apenas com os quilômetros. Para isso, retiramos o valor do pedágio e depois dividimos pelos 900km da viagem.

Como o total gasto foi de R$ 511,80 e o pedágio custou R$ 25,80, então fazemos a diferença entre eles para encontrar o valor gasto apenas com os quilômetros:

511,80 – 25,80 = 486

Então o custo dos quilômetros foi de 486 reais. Sabendo que a viagem terá 900 km fazemos:

486/900 = 0,54

R$ 0,54 é um valor entre R$ 0,50 e R$ 0,55.

GABARITO: C.

---

13. **(2019 - Prefeitura de Itapevi/SP - Auditor Fiscal Tributário)** Um reservatório continha, inicialmente, x litros de água. Com a adição de mais 150 litros, a quantidade de água inicial foi aumentada em 3/5 e passou a ser igual a 2/5 da capacidade total do reservatório. A capacidade total desse reservatório é de:

a) 1250 litros

b) 1150 litros

c) 1000 litros

d) 950 litros

e) 900 litros

O exercício pede a capacidade total desse reservatório. Precisamos encontrar o valor de x (litros de água inicialmente) para depois encontrar capacidade total do reservatório (chamaremos de y).

Para encontrar o valor de x, sabemos que foram adicionados 150 litros de água e que isso representa 3/5 do valor inicial (a quantidade de água inicial foi aumentada em 3/5), assim:

$3x/5 = 150$

$3x = 150 \cdot 5$

$3x = 750$

$x = 750/3$

$x = 250$

Assim, inicialmente continha 250 litros de água no reservatório. Com a adição de mais 150 litros o reservatório passou a ter 400 litros de água, pois:

250 + 150 = 400

Esse valor corresponde a 2/5 da capacidade total do reservatório (passou a ser igual a 2/5 da capacidade total do reservatório), então:

$2y/5 = 400$

$2y = 400 \cdot 5$

$2y = 2000$

$y = 2000/2$

y = 1000 litros

GABARITO: C.

---

14. **(2019 - Prefeitura de Arujá/SP - Escriturário/Oficial Administrativo)** Uma empresa recebeu, em certo dia, 48 correspondências, sendo 1/6 delas apenas propagandas. Das correspondências restantes, 1/5 foi encaminhado ao setor financeiro, e 14 delas, ao setor administrativo. A fração que as demais correspondências representam, em relação ao número total de correspondências recebidas naquele dia, é:

a) 1/8.

b) 1/5.

c) 1/4.

d) 3/8.

e) 2/5.

O exercício pede a fração entre as demais correspondências e o número total de correspondências recebidas. Precisamos encontrar a quantidade de correspondências que são apenas propaganda, as quantidades que foram encaminhadas ao setor financeiro e ao setor administrativo e depois subtrair do total. Fazemos a fração entre as que sobraram e o número total de correspondências.

Como o total de correspondências é de 48, temos as que são apenas propaganda:

Propaganda = 1/6 de 48

Propaganda = 1/6 · 48

Propaganda = 48/6

Propaganda = 8

Como o total de correspondências é de 48 e 8 são apenas propaganda, então sobram 40, pois:

48 – 8 = 40

Como restaram 40, temos as que serão enviadas ao setor financeiro:

Financeiro = 1/5 de 40

Financeiro = 1/5 · 40

Financeiro = 40/5

Financeiro = 8

Como 14 delas foram encaminhadas ao setor administrativo temos que as demais são 18, pois:

Demais = Total – Propaganda – Financeiro – Administrativo

Demais = 48 – 8 – 8 – 14

Demais = 18

Assim, a fração entre as demais correspondências e o número total de correspondências recebidas é de 18/48.

Demais/Total = 18/48

Simplificando a fração temos:

Demais/Total = 3/8.

GABARITO: D.

---

15. **(2019 - Câmara de Serrana/SP - Técnico Legislativo)** Um técnico legislativo arquivou, em uma segunda-feira, um terço do total de x documentos que deveria arquivar. Na quarta-feira seguinte, ele arquivou três quintos do que restava para arquivar e, na sexta-feira depois, ele arquivou os 460 documentos restantes. O número de documentos que esse técnico arquivou na quarta-feira foi:

a) 675.

b) 680.

c) 685.

d) 690.

e) 695.

O exercício pede o número de documentos que esse técnico arquivou na quarta-feira. Precisamos encontrar a fração que representa os 460 documentos restantes e depois encontrar a quantidade total de documentos (x). Assim, podemos encontrar a quantidade de documentos arquivados na quarta-feira.

Do total de documentos 1/3 deles foram arquivados segunda-feira (arquivou, em uma segunda-feira, um terço do total de x documentos que deveria arquivar) e 3/5 dos restantes foram arquivados na quarta-feira (Na quarta-feira seguinte, ele arquivou três quintos do que restava). Como x é o total de documentos temos que:

Segunda-feira = 1/3 de x

Segunda-feira = 1/3 · x

Como 1/3 · x foram na segunda-feira, restaram 2/3 · x (3/3 – 1/3 = 2/3)

Na quarta-feira foram arquivados 3/5 dos restantes, então:

Quarta-feira = 3/5 de 2/3x

Quarta-feira= 6/15 · x

Assim, foram arquivados 11/15 documentos do total em dois dias, pois:

Segunda-feira = 1/3 · x = 5/15x

Quarta-feira= 6/15 · x

Segunda-feira + Quarta-feira = 5x/15 + 6/15x = 11x/15

Com isso, sobraram para arquivar 4/15 do total de documentos (15/15 – 11/15 = 4/15) e isso representa 460 documentos (na sexta-feira depois, ele arquivou os 460 documentos restantes), ou seja:

4x/15 = 460

4x = 460 · 15

4x = 6900

x = 6900/4

x = 1725

Sabendo que tem um total de 1725 documentos, então na quarta-feira foram arquivados 690 documentos, pois:

Quarta-feira = 6/15 · x

Como x = 1725, então:

Quarta-feira = 6/15 · 1725

Quarta-feira = 10350/15

Quarta-feira = 690.

GABARITO: D.

---

16. **(2019 – Câmara de Sertãozinho/SP – Escriturário)** Durante uma exposição de arte foram oferecidas oficinas de desenho. A entrada para essa exposição custava R$ 25,00 e cada oficina tinha o mesmo preço. Nessa exposição, uma pessoa gastou, com a entrada mais as oficinas, o valor de R$ 61,00. Sabendo que essa pessoa participou de 3 oficinas, o valor cobrado por oficina era:

a) R$ 16,00.

b) R$ 14,00.

c) R$ 12,00.

d) R$ 10,00.

e) R$ 8,00.

O exercício pede o valor cobrado por oficina. Precisamos saber o valor gasto apenas com as oficinas. Para isso, retiramos o valor da entrada e depois dividimos pelas três oficinas.

Como o total gasto foi de R$ 61,00 e a entrada custou R$ 25,00, então fazemos a diferença entre eles para encontrar o valor gasto apenas com as oficinas:

61,00 – 25,00 = 36

Então o custo das oficinas foi de 36 reais. Sabendo que essa pessoa participou de 3 oficinas fazemos:

36/3 = 12.

GABARITO: C.

---

17. **(2019 – Câmara de Sertãozinho/SP – Escriturário)** Uma pessoa foi a uma papelaria com R$ 40,00 e comprou 5 pastas de R$ 3,50, cada uma, e 15 lápis iguais. Após pagar essa compra, recebeu R$ 4,50 de troco. O valor de cada lápis era:

a) R$ 1,20.

b) R$ 1,35.

c) R$ 1,50.

d) R$ 1,75.

e) R$ 1,90.

O exercício pede o valor de cada lápis. Precisamos saber o valor gasto apenas com os lápis. Para isso, retiramos o valor das pastas, do troco e depois dividimos pelos 15 lápis.

Sabendo que cada pasta custa R$ 3,50 e a pessoa comprou 5 pastas, temos:

Pastas = 5 · 3,50

Pastas = 17,50

Como o total era de R$ 40,00 e a pessoal gastou R$ 17,50 na compra das 5 pastas e ainda recebeu R$ 4,50 de troco, então fazemos a diferença entre eles para encontrar o valor gasto apenas com os lápis:

40,00 – 17,50 – 4, 50 = 18

Então o custo dos lápis foi de 18 reais. Sabendo que essa pessoa comprou 15 lápis fazemos:

18/15 = 1,20.

GABARITO: A.

---

18. **(2019 - TJ/SP - Médico Judiciário)** Tinha em um carrinho 384 maçãs e saí pelas ruas. Dei, na primeira rua por que passei, 2/3 das maçãs que tinha no carrinho. Comi metade de uma das maçãs que ainda estavam no carrinho. Na segunda rua por que passei dei 2/3 das maçãs que tinha no carrinho e, em seguida, novamente comi metade de uma das maçãs que estavam no carrinho. Na terceira rua por que passei dei 2/3 das maçãs que tinha no carrinho e, nesse momento, eu ainda tinha no carrinho uma quantidade de maçãs igual a:

a) 19.

b) 17,5.

c) 21,5.

d) 14.

e) 9.

O exercício pede a quantidade de maçãs que ainda tinha no carrinho depois de passar pela terceira rua. Precisamos encontrar a quantidade de maçãs que foram retiradas do carrinho e depois subtrair do total.

Como o total de maçãs é de 384, temos que foram dadas na primeira rua:

Primeira Rua = 2/3 de 384

Primeira Rua = 2/3 · 384

Primeira Rua = 768/3

Primeira Rua = 256

Como comeu metade de uma das maçãs que ainda estavam no carrinho, então foram retiradas 256,5 maçãs, pois:

256 + 0,5 = 256,5

Como o total de maçãs é de 384 e foram retiradas 256,5, então sobram 127,5, pois:

384 – 256,5 = 127,5

Como restaram 127,5, temos que foram dadas na segunda rua:

Segunda Rua = 2/3 de 127,5

Segunda Rua = 2/3 · 127,5

Segunda Rua = 255/3

Segunda Rua = 85

Como comeu metade de uma das maçãs que ainda estavam no carrinho, então foram retiradas 85,5 maçãs, pois:

85 + 0,5 = 85,5

Como o restante das maçãs é de 127,5 e foram retiradas 85,5, então sobram 42, pois:

127,5 – 85,5 = 42

Como restaram 42, temos que foram dadas na terceira rua:

Terceira Rua = 2/3 de 42

Terceira Rua = 2/3 · 42

Terceira Rua = 84/3

Terceira Rua = 28

Como o restante das maçãs é de 42 e foram retiradas 28, então sobram 14, pois:

42 – 28 = 14.

GABARITO: D.

---

19. **(2019 – Unicamp – Profissional para Assuntos Administrativos)** Do total de livros em uma estante, 2/3 são de matemática, 1/12 são de inglês, 14 livros são de português e os demais livros são de história e geografia. Sabendo que o número de livros de história é igual a 30% do número de livros de geografia, e que, do total de livros, 5/33 são de geografia, a diferença entre os números de livros de matemática e de inglês é igual a:

a) 118.

b) 127.

c) 136.

d) 145.

e) 154.

O exercício pede a diferença entre os números de livros de matemática e de inglês. Precisamos encontrar a quantidade de livros de matemática e de inglês e depois subtrair um do outro. Precisamos primeiro encontrar a fração que representa os 14 livros de português e depois encontrar o total.

Do total de livros 2/3 são de matemática e 1/12 são de inglês. Chamando de x o total de livros, temos que:

Matemática = 2/3 de x

Matemática = 2/3 · x

Inglês = 1/12 de x

Inglês = 1/12 · x

Assim, matemática e inglês representam 9/12 do total de livros, pois:

Matemática + Inglês = 8x/12 + 1x/12 = 9x/12

Com isso, sobraram 3/12 do total de livros (12/12 – 9/12 = 3/12) e isso representa o restante dos livros.

Como geografia representa 5/33 do total de livros e história é 30% do número de livros de geografia, temos que os livros de história representam 1/22 do total de livros, pois:

História = 30% de 5/33 (Sabendo que 30% = 30/100)

História = 30/100 de 5/33

História = 30/100 · 5/33

História = 150/3300

Simplificando a fração temos:

História = 1/22

Com isso, somando os livros de história e geografia temos 26/132 do total de livros pois:

História = 1/22 · x = 6x/132

Geografia = 5/33 · x = 20x/132

História + Geografia = 6x/132 + 20x/132 = 26x/132

Como 3/12 representa o restante dos livros temos que 7/32 são os livros de português, pois:

Restante = 3/x12 = 33x/132

História + Geografia = 26x/132

História + Geografia + Português = Restantes

26x/132 + Português = 33x/132

Português = 33x/132 – 26x/132

Português = 7x/132

Com isso, 7/132 do total de livros são de português e isso representa 14 livros, ou seja:

7x/132 = 14

x = (132 · 14)/7

x = 264

Matemática = 2/3 de x

Matemática = 2/3 · x

Matemática = 2/3 · 264

Matemática = 528/3

Matemática = 176

Inglês = 1/12 de x

Inglês = 1/12 · x

Inglês = 1/12 · 264

Inglês = 264/12

Inglês = 22

A diferença entre os números de livros de matemática e de inglês é igual a 154, pois:

176 – 22 = 154.

GABARITO: E.

---

20. **(2018 - Câmara Municipal de São José dos Campos/SP - Analista Legislativo/Contador)** Em um concurso para determinado cargo, todos os candidatos cursaram normalmente seus estudos. Sabe-se que somente 300 inscritos tinham o ensino superior completo, somente 100 inscritos tinham cursado apenas o ensino fundamental completo, e o número de inscritos com o ensino médio completo corresponde a 15/16 do número total de inscritos. Sendo assim, o número de candidatos inscritos que têm apenas o ensino médio completo é igual a:

a) 800.

b) 900.

c) 1000.

d) 1100.

e) 1200.

O exercício pede o número de candidatos inscritos que têm apenas o ensino médio completo. Precisamos encontrar a quantidade total de inscritos e depois encontrar a quantidade correspondente aos candidatos que têm apenas o ensino médio completo.

Sabemos que 15/16 do número total de inscritos possuem ensino médio completo, então 1/16 do número total de inscritos não possuem ensino médio completo, pois:

16/16 – 15/16 = 1/16

Assim, esse 1/16 correspondem aos 100 inscritos que tinham cursado apenas o ensino fundamental completo, então chamando o total de x temos:

Ensino fundamental = 1/16 de x

Ensino fundamental = 1/16 · x

1x/16 = 100

x = 1600

Assim, 15/16 do número total de inscritos representa 1500 inscritos, pois:

Ensino médio = 15/16 de 1600

Ensino médio = 15/16 · 1600

Ensino médio = 1500

Sabemos que os inscritos que possuem ensino superior também possuem ensino médio, então o número de candidatos inscritos que têm apenas o ensino médio completo é de 1200, pois:

Apenas ensino médio = Ensino médio – Ensino superior

Apenas ensino médio = 1500 – 300

Apenas ensino médio = 1200.

GABARITO: E.

---

21. **(2018 - Prefeitura de Barretos/SP - Agente Administrativo)** Em uma loja trabalham 15 funcionários, sendo 2/5 deles no período da manhã, 2/3 dos restantes no período da tarde e os demais no período da noite. Sabendo que cada funcionário trabalha em um só período, então, em relação ao número total de funcionários, aqueles que trabalham no período da noite representam:

a) 2/3.

b) 3/5.

c) 2/5.

d) 1/3.

e) 1/5.

O exercício pede a relação entre os funcionários que trabalham no período da noite e número total de funcionários. Para saber a quantidade dos funcionários que trabalham no período da noite, precisamos encontrar a quantidade de funcionários que trabalham no período da manhã e da tarde e subtrair do total.

Como o total de funcionários é 15 e sabemos que 2/5 deles trabalham no período da manhã, temos:

Manhã = 2/5 de 15

Manhã = 2/5 · 15

Manhã = 30/5

Manhã = 6

Como o total de funcionários é 15 e 6 trabalham no período da manhã, então sobram 9, pois:

15 – 6 = 9

Como restaram 9, temos que trabalham no período da tarde:

Tarde = 2/3 de 9

Tarde = 2/3 · 9

Tarde = 18/3

Tarde = 6

Como 6 trabalham no período da manhã e 6 trabalham no período da tarde temos que os que trabalham no período da noite são 3, pois:

Noite = Total – Manhã – Tarde

Noite = 15 – 6 – 6

Noite = 3

Assim, a fração entre os funcionários que trabalham no período da noite e número total de funcionários é de 1/5.

Noite/Total = 3/15

Simplificando a fração temos:

Noite/Total = 1/5.

GABARITO: E.

---

22. **(2018 - Câmara de Indaiatuba/SP - Controlador Interno)** Dorival fez uma viagem em 4 dias. Exceto no último dia, quando terminou a viagem, em todos os outros Dorival viajou sempre a terça parte da distância que faltava para terminar. Desse modo, é correto afirmar que no último dia Dorival percorreu, da distância total da viagem, o equivalente a:

a) 13/27.

b) 31/81.

c) 7/9.

d) 8/27.

e) 19/27.

O exercício pede em relação a distância total da viagem, a distância que Dorival percorreu no último dia. Precisamos encontrar a fração da distância que ele percorreu nos três primeiros dias e subtrair da fração total.

No primeiro dia ele viajou 1/3 do total. Chamando de x a distância total da viagem temos que:

Primeiro dia = 1/3 de x

Primeiro dia = 1/3 · x

Como no primeiro dia viajou 1x/3, então sobram 2x/3, pois:

3x/3 – 1x/3 = 2x/3

No segundo dia viajou 1/3 da distância restante (viajou sempre a terça parte da distância que faltava para terminar), então:

Segundo dia = 1/3 de 2x/3

Segundo dia = 1/3 · 2x/3

Segundo dia = 2x/9

Assim, nos dois primeiros dias ele viajou 5x/9, pois:

Primeiro dia = 1/3 · x = 3x/9

Segundo dia = 2x/9

Primeiro dia + Segundo dia = 3x/9 + 2x/9 = 5x/9

Com isso, sobraram para viajar 4/9 do total da viagem (9/9 – 5/9 = 4/9).

No terceiro dia viajou 1/3 da distância restante (viajou sempre a terça parte da distância que faltava para terminar), então:

Terceiro dia = 1/3 de 4x/9

Terceiro dia = 1/3 · 4x/9

Terceiro dia = 4x/27

Assim, nos três primeiros dias ele viajou 19x/27, pois:

Primeiro dia = 1/3 · x = 9x/27

Segundo dia = 2x/9 = 6x/27

Terceiro dia = 4x/27

Primeiro dia + Segundo dia + Terceiro dia = 9x/27 + 6x/27 + 4x/27 = 19x/27

Então, no último dia viajou 8/27 do total da viagem.

GABARITO: D.

---

23. **(2021 - Prefeitura de Marília/SP - Supervisor de Saúde)** Durante uma campanha de vacinação, determinado posto de saúde vacinou, em um só dia, 750 pessoas. Desse total 4/25 eram crianças, e entre os adultos, 2/7 eram pessoas com idade igual ou superior a 60 anos. Em relação ao número total de pessoas vacinadas, nesse dia, o número de adultos com idade inferior a 60 anos correspondeu a:

a) 1/3.

b) 3/7.

c) 3/5.

d) 5/7.

e) 4/7.

O exercício pede o número de adultos com idade inferior a 60 anos em relação ao número total de pessoas vacinadas. Precisamos encontrar a fração que representa esse número.

Do total 4/25 eram crianças, então 21/25 são adultos (25/25 – 4/25 = 21/25).

Entre os adultos, 2/7 eram pessoas com idade igual ou superior a 60 anos, então 5/7 são adultos com idade inferior a 60 anos (7/7 – 2/7 = 5/7).

Assim, 5/7 de 21/25 são adultos com idade inferior a 60 anos.

Assim temos:

5/7 de 21/25

5/7 · 21/25 = 105/175

Simplificando 105/175 = 3/5 (divide o numerador e denominador por 35).

GABARITO: C.

---

24. **(2021 – CODEN/SP – Operador de Máquinas)** Para consertar certo tipo de máquina, o técnico cobra R$ 120,00 a visita e mais R$ 75,00 por hora de serviço. Se esse técnico levou 2 horas para consertar essa máquina, o valor total cobrado foi:

a) R$ 150,00.

b) R$ 195,00.

c) R$ 240,00.

d) R$ 270,00.

e) R$ 350,00.

O exercício pede o valor cobrado por um técnico para consertar uma máquina em duas horas. Precisamos encontrar esse valor calculando o valor gasto pelo serviço e somar com o valor cobrado pela visita.

Como o preço por hora de serviço é de 75 reais e ele levou 2 horas para consertar essa máquina, será gasto pelo serviço 150 reais (75 · 2 = 150).

Sabendo que a visita custou 120 reais, então fazemos a soma entre a visita e o preço gasto pelo serviço: 120 + 150 = 270.

GABARITO: D.

---

25. **(2020 - Prefeitura de Cananéia/SP - Auxiliar Feminino da Casa da Criança e do Adolescente)** A professora propôs um jogo no qual cada vogal vale +4,4 pontos e cada consoante vale –3,3 pontos. Nesse jogo, a soma dos valores de todas as letras da palavra 'ILUSTRE' resulta em:

a) –4.

b) –3.

c) 0.

d) +3.

e) +4.

O exercício pede a soma dos valores de todas as letras da palavra 'ILUSTRE'. Para saber a soma, precisamos saber qual o valor das vogais e das consoantes e somar os dois.

Como cada vogal vale +4,4 pontos e cada consoante vale –3,3 pontos, então multiplicamos a quantidade de vogais por 4,4 e a quantidade de consoantes por –3,3.

Então fazemos:

ILUSTRE tem 3 vogais (I, U, E) e 4 consoantes (L, S, T, R)

Vogais = 3 · 4,4

Vogais = 13,2

Consoantes = 4 · −3,3

Consoantes = −13,2

Assim, nesse jogo, a soma dos valores de todas as letras da palavra 'ILUSTRE' resulta em 0 (13,2 − 13,2 = 0).

GABARITO: C.

---

26. **(2018 - Câmara de Dois Córregos/SP - Diretor Contábil Legislativo)** Inicialmente, cada um dos quatro amigos participantes de um jantar deveria pagar a quarta parte do valor total da conta. Entretanto, um deles pôde pagar somente a metade da fração que lhe caberia inicialmente e, desse modo, os outros três assumiram a diferença, dividida em partes iguais. Nessas condições, cada um dos três amigos que assumiram a maior contribuição pagou uma quantia que corresponde, do valor total da conta, a:

a) 1/3.

b) 7/24.

c) 4/15.

d) 5/18.

e) 6/25.

O exercício pede a quantia, em relação ao valor total da conta, que cada um dos três amigos que assumiram a maior contribuição pagou. Precisamos encontrar o que não foi pago pelo amigo e dividir em três. Depois somamos esse valor com o que já iriam pagar.

Como cada um dos quatro amigos participantes de um jantar deveria pagar a quarta parte do valor total da conta temos que cada um deveria pagar 1/4 do total.

Sabemos que um deles pôde pagar somente a metade da fração que lhe caberia inicialmente, ou seja, ele só pode pagar 1/8, pois:

Metade de 1/4 = 1/2 de 1/4

Metade de 1/4 = 1/2 · 1/4

Metade de 1/4 = 1/8

Assim ele não pode pagar a outra metade, ou seja, não pode pagar 1/8.

Com isso, foi dividido esses 1/8 entre os outros 3:

1/8:3 = 1/24

Assim, cada amigo vai pagar além do 1/4 inicial mais 1/24 do amigo que só pagou metade.

Valor pago = 1/4 + 1/24

Valor pago = 6/24 + 1/24

Valor pago = 7/24.

GABARITO: B.

---

27. **(2019 - Prefeitura de Arujá/SP - Encarregado de Faturamento)** Saí de casa com determinada quantia no bolso. Gastei, na farmácia, 2/5 da quantia que tinha. Em seguida, encontrei um compadre que me pagou uma dívida antiga que correspondia exatamente à terça parte do que eu tinha no bolso. Continuei meu caminho e gastei a metade do que tinha em alimentos que doei para uma casa de apoio a necessitados. Depois disso, restavam-me 420 reais. O valor que o compadre me pagou é, em reais, igual a:

a) 105.

b) 210.

c) 315.

d) 420.

e) 525.

O exercício pede o valor que o compadre pagou. Precisamos primeiro encontrar o valor total (chamaremos de x), e para isso, precisamos encontrar a fração que representa os R$ 420,00 restantes e encontrar o total. Depois encontrar o valor que o compadre pagou.

Do dinheiro total 2/5 foram gastos na farmácia. Chamando de x o total de dinheiro na carteira temos que:

Farmácia = 2/5 de x

Farmácia = $2/5 \cdot x$

Como 2/5 . x foram gastos na farmácia, restaram $3/5 \cdot x$ (5/5 – 2/5 = 3/5)

Como um compadre pagou uma dívida antiga que correspondia a exatamente 1/3 do valor restante que ele tinha no bolso, então:

Compadre = 1/3 de 3/5x

Compadre = $1/3 \cdot 3/5x$

Compadre = $1/5 \cdot x$

Assim, ficou com 4/5 do total no bolso, pois:

Restante = 3x/5

Compadre = 1x/5

Restante + Compadre = 3x/5 + 1x/5

Restante + Compadre = 4x/5

Como gastou a metade do que tinha em alimentos, então gastou 2x/5 e sobraram 2x/5, pois:

Metade = 1/2 de 4x/5

Metade = $1/2 \cdot 4x/5$

Metade = 2x/5

Com isso, 2/5 do total restaram e isso representa 420 reais, ou seja:

2x/5 = 420

x = $(420 \cdot 5)/2$

x = 1050

Assim, o total que tinha no bolso era de R$ 1050,00. Então, o compadre pagou R$ 210,00, pois:

Compadre = $1/5 \cdot x$

Compadre = $1/5 \cdot 1050$

Compadre = 210.

GABARITO: B.

---

28. **(2020 - Valiprev/SP - Agente Administrativo)** Em uma empresa trabalham 80 funcionários, dos quais 1/5 trabalha no setor administrativo. Entre os funcionários restantes, 7/8 trabalham no setor operacional e os demais na manutenção. Em relação ao número total de funcionários que trabalha nessa empresa, aqueles que trabalham na manutenção correspondem a:

a) 2/5.

b) 3/10.

c) 1/4.

d) 1/10.

e) 1/20.

O exercício pede quanto correspondem os funcionários que trabalham na manutenção em relação ao número total de funcionários que trabalha nessa empresa. Para saber a relação, precisamos encontrar a quantidade de funcionários que trabalham na manutenção e dividir pelo total.

Como o total de funcionários é 80 e sabemos que 1/5 deles trabalha no setor administrativo, temos:

Administrativo = 1/5 de 80

Administrativo = $1/5 \cdot 80$

Administrativo = $1 \cdot 80/5$

Administrativo = 16

Assim, restam 64 funcionários (80 – 16 = 64)

Como o restante de funcionários é 64 e sabemos que 7/8 deles trabalha no setor operacional, temos:

Operacional = 7/8 de 64

Operacional = 7/8 . 64

Operacional = 7 · 64/8

Operacional = 56

Assim, os demais funcionários são 8 (64 – 56 = 8), ou seja, 8 funcionários trabalham na manutenção.

Então, em relação ao número total de funcionários que trabalha nessa empresa, aqueles que trabalham na manutenção correspondem a 8/80.

Simplificando temos 1/10 (dividindo o numerador e denominador por 8).

GABARITO: D.

---

29. **(2019 – PM/SP – Soldado)** Em determinado período de tempo, na conta corrente de Carlos, ocorreram apenas 3 saques e 2 depósitos, sendo os saques de R$ 120,00; R$ 375,00 e R$ 420,00, e os depósitos de R$ 500,00 e R$ 650,00. Se, após essas movimentações, o saldo da conta corrente de Carlos ficou negativo em R$ 213,00, o saldo, antes dessas movimentações, era:

a) positivo de R$ 122,00.

b) positivo de R$ 22,00.

c) negativo de R$ 22,00.

d) negativo de R$ 448,00.

e) negativo de R$ 122,00.

O exercício pede o saldo, antes das movimentações. Precisamos somar os depósitos, subtrair os saques e igualar ao saldo final.

Chamando de x o saldo inicial, temos:

x + 500 + 650 – 120 – 375 – 420 = –213

x + 1150 – 915 = –213

x = -1150 + 915 – 213

x = –448.

Assim, o saldo, antes dessas movimentações, era negativo de R$ 448,00.

GABARITO: D.

---

30. **(2019 – PM/SP – Soldado)** Do último salário que recebeu, no valor líquido de R$ 2.748,00, Ana utilizou 2/3 com os pagamentos das obrigações mensais, e metade do que sobrou ela depositou em uma aplicação que tem. Sabendo que uma das obrigações mensais que Ana pagou foi a conta de energia elétrica, que correspondeu a 1/4 do valor que ela depositou na aplicação, o valor dessa conta de energia foi de:

a) R$ 114,50.

b) R$ 132,00.

c) R$ 149,25.

d) R$ 107,25.

e) R$ 121,75.

O exercício pede o valor da conta de energia. Precisamos encontrar o valor depositado na aplicação e dividir por 4 (1/4 do valor).

Como o total do salário é de R$ 2.748,00, temos que ela utilizou 2/3 com os pagamentos das obrigações mensais:

Mensais = 2/3 de 2748

Mensais = 2/3 · 2748

Mensais = 5496/3

Mensais = 1832

Assim, sobrou R$ 916,00 pois:

2748 – 1832 = 916

Como metade do que sobrou ela depositou em uma aplicação, temos:

Aplicação = 1/2 de 916

Aplicação = 1/2 · 916

Aplicação = 916/2

Aplicação = 458

Como a conta de energia elétrica correspondeu a 1/4 do valor que ela depositou na aplicação, temos:

Energia = 1/4 de 458

Energia = 1/4 · 458

Energia = 458/4

Energia = 114,5

Assim, o valor dessa conta de energia foi de R$ 114,50.

GABARITO: A.

MMC e MDC

31. **(2020 - Prefeitura de Ferraz de Vasconcelos/SP - Guarda Municipal)** Tem-se duas cordas, uma com 60 m e outra com 80 m, e pretende-se cortar essas cordas, sem desperdício, em pedaços de mesmo tamanho, de modo que cada pedaço cortado de corda tenha a maior medida possível. O número total de pedaços de corda que será possível obter é:

a) 20.

b) 14.

c) 10.

d) 7.

e) 5.

O exercício pede o número total de pedaços de corda que será possível obter. Para saber o número total de pedaços, precisamos fazer o máximo divisor comum entre 60 e 80 e descobrir o tamanho de cada pedaço. Depois precisamos somar os pedaços.

mdc (60, 80) = 20

60, 80	2
30, 40	2
15, 20	5
3, 4	

2 · 2 · 5 = 20 m

Assim, cada pedaço tem tamanho de 20 m. Então precisamos dividir o tamanho total da corda pelo tamanho de cada pedaço.

Com isso faremos:

60 : 20 = 3

80 : 20 = 4

Somando cada um deles encontramos 7 pedaços, pois:

3 + 4 = 7

Obs: Podemos observar que precisávamos apenas somar os valores que restaram (3, 4) após fazer o MDC que já encontraríamos a quantidade total de pedaços.

GABARITO: D.

32. **(2018 – PM/SP – Soldado)** Em um depósito há um determinado número de caixas que deverão ser empilhadas, de modo que cada pilha tenha o mesmo número de caixas. Na realização da tarefa foi constatado que, se cada pilha tiver 5 caixas, ou 6 caixas ou 8 caixas, sempre restarão 2 caixas fora das pilhas. O menor número de caixas que deverão ser empilhadas nesse depósito é:

a) 124.

b) 126.

c) 120.

d) 122.

e) 118.

O exercício pede o menor número de caixas que deverão ser empilhadas nesse depósito. Para saber a menor quantidade de caixas, precisamos fazer o mínimo múltiplo comum entre 5, 6 e 8 caixas. Depois precisamos somar 2 a este resultado pois sempre restarão 2 caixas fora das pilhas.

mmc (5, 6, 8) = 120

5, 6, 8	**2**
5, 3, 4	**2**
5, 3, 2	**2**
5, 3, 1	**3**
5, 1, 1	**5**
1, 1, 1	

$2 \cdot 2 \cdot 2 \cdot 3 \cdot 5 = 120$ caixas

Então 120 caixas são empilhadas e sobram 2 caixas fora das pilhas.

Assim, o menor número de caixas que deverão ser empilhadas nesse depósito é 122, pois:

$120 + 2 = 122$.

GABARITO: D.

---

33. **(2019 - UFABC - Assistente em Administração)** Dois relógios emitiram um alerta sonoro, simultaneamente e pela primeira vez, no dia 15 de abril. Um desses relógios emite um alerta a cada 3 minutos, e o outro relógio emite um alerta a cada 5 minutos. Esses relógios terão emitido, simultaneamente, um total de 12000 alertas, no mês de:

a) agosto.

b) setembro.

c) outubro.

d) novembro.

e) dezembro.

O exercício pede o mês em que dois relógios terão emitido 12000 alertas simultaneamente. Para saber o tempo que eles demoram para emitir um alerta sonoro simultaneamente, precisamos fazer o mínimo múltiplo comum entre 3 e 5 minutos. Depois precisamos encontrar em quantos meses eles emitem 12000 alertas simultaneamente.

mmc (3, 5) = 15

3, 5	**3**
1, 5	**5**
1, 1	

$3 \cdot 5 = 15$ minutos

Então, a cada 15 minutos, os relógios vão emitir um alerta sonoro simultaneamente.

Em uma hora, serão 4 alertas simultâneos (1 alerta em cada 15 min, em 60 min serão 4 alertas).

Em um dia, serão 96 alertas simultâneos (4 alertas em cada hora, em 24 horas serão 96 alertas).

Descobrimos, então, que os dois relógios emitem 96 alertas simultâneos por dia.

Assim, serão 12000 alertas simultaneamente em 125 dias, pois:

12000 : 96 = 125

Sabemos que, 125 dias são aproximadamente 4 meses (125 : 30 = 4)

Como a primeira vez foi no dia 15 de abril, 4 meses depois será em agosto.

GABARITO: A.

---

34. **(2019 - Prefeitura de Itapevi/SP - Auditor Fiscal Tributário)** A quantidade de metros de fio elétrico de um rolo, que não chega a 40 m, deverá ser dividida em pedaços iguais, de mesmo comprimento. Sabe-se que se os pedaços tiverem comprimento de 4 m, ou de 6 m, ou de 9 m, sempre restarão 2 m de fio no rolo. Se o eletricista decidir obter o número máximo de pedaços iguais, com 7,5 m de comprimento cada um, a quantidade de fio que restará no rolo será igual a:

a) 0,5 m.

b) 1 m.

c) 1,5 m.

d) 1,75 m.

e) 2,5 m.

O exercício pede a quantidade de fio que restará no rolo. Precisamos encontrar o tamanho do rolo. Para isso, precisamos fazer o mínimo múltiplo comum entre 4, 6 e 9 metros e depois precisamos somar 2 metros (sempre restarão 2 m de fio no rolo). Por fim, dividimos o tamanho do fio por 7,5 e encontramos a quantidade que resta.

mmc (4, 6, 9) = 36

4, 6, 9	2
2, 3, 9	2
1, 3, 9	3
1, 1, 3	3
1, 1, 1	

$2 \cdot 2 \cdot 3 \cdot 3 = 36$ metros

Como sempre restam 2 m de fio, então o rolo tem 38m (36 + 2 = 38).

Dividindo o rolo pelo tamanho do pedaço de 7,5 m temos:

38: 7,5 = 5 e resta 0,5m.

GABARITO: A.

---

35. **(2019 - Prefeitura de Itapevi/SP - Agente de Administração Pública)** Um funcionário do almoxarifado recebeu pedidos de materiais de consumo conforme a tabela a seguir:

Secretaria	Itens
Educação	210
Fazenda e Patrimônio	168
Saúde	294

Esse funcionário irá remeter os pedidos, para cada secretaria, no menor número possível de pacotes, todos contendo a mesma quantidade de itens, independentemente do destino. O número total de pacotes necessários será igual a:

a) 4

b) 5

c) 7

d) 12

e) 16

O exercício pede o número total de pacotes necessários. Para saber o menor número possível de pacotes, precisamos fazer o máximo divisor comum entre 168, 210 e 294 itens para saber quantos itens terá em cada pacote. Depois precisamos somar os pacotes.

mdc (168, 210, 294) = 42

168, 210, 294	**2**
84, 105, 147	**3**
28, 35, 49	**7**
4, 5, 7	

$2 \cdot 3 \cdot 7 = 42$ itens

Assim, serão 42 itens em cada pacote. Então precisamos dividir a quantidade de itens de cada secretaria por 42 e encontrar a quantidade de pacotes.

Com isso faremos:

Educação = 210 : 42 = 5

Fazenda = 168 : 42 = 4

Saúde = 294 : 42 = 7

Somando cada um deles encontramos 16 pacotes, pois:

5 + 4 + 7 = 16

Obs.: Podemos observar que precisávamos apenas somar os valores que restaram (4, 5, 7) após fazer o mdc que já encontraríamos a quantidade total de pacotes.

GABARITO: E.

---

36. **(2019 - Câmara de Sertãozinho/SP - Auxiliar Legislativo/Informática)** Um laboratório deve enviar a uma distribuidora um lote de certo medicamento, acondicionado em três tipos de frascos, de três volumes diferentes. A tabela relaciona volumes e respectivas quantidades.

Tipo	Volume	Quantidade
I	5 mL	1600
II	10 mL	1760
III	20 mL	1440

Para o transporte, o laboratório quer distribuir todos os frascos em pacotes, sem misturar volumes. Todos os pacotes devem ter o mesmo número de frascos, sendo esse número o maior possível. Nessas condições, o número máximo de pacotes contendo frascos do tipo III será igual a:

a) 8.

b) 9.

c) 10.

d) 12.

e) 15.

O exercício pede o número total de pacotes contendo frascos do tipo III. Para saber o número máximo de pacotes, precisamos fazer o máximo divisor comum entre 1440, 1600 e 1760 quantidades para saber a quantidade que terá em cada pacote. Depois encontramos a quantidade de pacotes do Tipo III.
mdc (1440, 1600, 1760) = 160

1440, 1600, 1760	10
144, 160, 176	2
72, 80, 88	2
36, 40, 44	2
18, 20, 22	2
9, 10, 11	

$2 \cdot 2 \cdot 2 \cdot 2 \cdot 10 = 160$ quantidades

Assim, serão 160 quantidades em cada pacote. Então, precisamos dividir a quantidade do Tipo III por 160 e encontrar a quantidade de pacotes.
Com isso faremos:
Tipo III = 1440 : 160 = 9
Obs.: Podemos observar que precisávamos apenas usar o valor que restou (9) após fazer o mdc que já encontraríamos a quantidade de pacotes do Tipo III.

GABARITO: B.

37. **(2019 - Câmara de Sertãozinho/SP - Escriturário)** Uma editora está organizando 180 apostilas de inglês e 150 de espanhol em caixas, todas com o mesmo número de apostilas e na maior quantidade possível. Sabendo que cada caixa só poderá ter apostilas de um mesmo idioma, o número de apostilas de uma caixa é:

a) 10.

b) 15.

c) 20.

d) 25.

e) 30.

O exercício pede o número de apostilas de uma caixa. Para saber o número de apostilas de uma caixa, precisamos fazer o máximo divisor comum entre 150 e 180 apostilas para saber quantas apostilas terá em cada caixa.
mdc (150, 180) = 30

150, 180	10
15, 18	3
5, 6	

$10 \cdot 3 = 30$ apostilas

Assim, serão 30 apostilas em cada caixa.

GABARITO: E.

38. **(2019 - Câmara de Monte Alto/SP - Auxiliar Técnico Legislativo)** Sabe-se que 1600 parafusos do tipo A e 1760 parafusos do tipo B devem ser totalmente distribuídos em pacotes, de modo que todos os pacotes tenham o mesmo número de parafusos, sendo esse número o maior possível, e que cada pacote contenha parafusos de apenas um tipo. Nessas condições, o número máximo de pacotes obtidos será igual a:

a) 21

b) 18

c) 16

d) 14

e) 11

O exercício pede o número máximo de pacotes. Para saber o número máximo de pacotes, precisamos fazer o máximo divisor comum entre 1600 e 1760 parafusos para saber quantos parafusos terá em cada pacote. Depois precisamos somar os pacotes.

mdc (1600, 1760) = 160

1 6 0 0 , 1760	10
160, 176	2
80, 88	2
40, 44	2
20, 22	2
10, 11	

2 · 2 · 2 · 2 · 10 = 160 parafusos

Assim, serão 160 parafusos em cada pacote. Então precisamos dividir as quantidades de parafusos do Tipo A e do Tipo B por 160 e encontrar a quantidade de pacotes.

Com isso faremos:

Tipo A = 1600 : 160 = 10

Tipo B = 1760 : 160 = 11

Somando cada um deles encontramos 21 pacotes, pois:

10 + 11 = 21

Obs.: Podemos observar que precisávamos apenas somar os valores que restaram (10, 11) após fazer o mdc que já encontraríamos a quantidade total de pacotes.

GABARITO: A.

---

39. **(2019 - Câmara de Monte Alto/SP - Auxiliar Técnico Legislativo)** Para uma atividade de orientação e prevenção em determinado bairro, n funcionários da Secretaria de Saúde de certo município deverão ser divididos em grupos, de modo que cada grupo tenha o mesmo número de funcionários. Constatou-se que cada grupo poderá ter 6, ou 10, ou 12 funcionários, e que, em qualquer uma das três composições, não restará nenhum funcionário fora de um grupo. Nessas condições, o menor valor possível para n é:

a) 40.

b) 46.

c) 50.

d) 52.

e) 60.

O exercício pede a menor quantidade possível para n (quantidade de funcionários). Sabemos que cada grupo poderá ter 6, ou 10, ou 12 funcionários. Para saber essa quantidade, precisamos fazer o mínimo múltiplo comum entre 6, 10 e 12 funcionários.

mmc (6, 10, 12) = 60

6, 10, 12	2
3, 5, 6	2
3, 5, 3	3
1, 5, 1	5
1, 1, 1	

2 · 2 · 3 · 5 = 60 funcionários

Então a menor quantidade possível para n é de 60 funcionários.

GABARITO: E.

---

40. **(2019 - Câmara de Serrana/SP - Técnico Legislativo)** Com todos os 126 novos técnicos e 72 novos analistas legislativos, recém incorporados aos quadros de um grande município, em decorrência do último concurso realizado, pretende-se montar o maior número possível de grupos, contendo, cada um, x técnicos e y analistas, para participarem de cursos de capacitação, de modo que cada um desses servidores faça parte de apenas um grupo. Dessa forma, em cada grupo, o número de técnicos deve superar o número de analistas em:

a) 6 servidores.

b) 5 servidores.

c) 4 servidores.

d) 3 servidores.

e) 2 servidores.

O exercício pede o número de técnicos que supera o número de analistas em cada grupo. Precisamos fazer o máximo divisor comum entre 126 e 72 para saber o número de técnicos e o número de analistas em cada grupo. Depois precisamos subtrair o número de analistas do número de técnicos.

mdc (72, 126) = 18

72, 126	2
36, 63	3
12, 21	3
4, 7	

$2 \cdot 3 \cdot 3 = 18$ **grupos**

Assim, serão 18 grupos. Então precisamos dividir o número de técnicos e analistas por 18 e encontrar a quantidade de cada um por grupo.

Com isso faremos:

Analistas = 72 : 18 = 4

Técnicos = 126 : 18 = 7

Subtraindo o número de analistas do número de técnicos, encontramos 3 servidores, pois:

$7 - 4 = 3$

Obs.: Podemos observar que precisávamos apenas subtrair os valores que restaram (4, 7) após fazer o mdc que já encontraríamos a diferença entre analistas e técnicos.

GABARITO: D.

---

41. **(2018 - Prefeitura de São Bernardo do Campo/SP - Oficial Administrativo I)** Uma pessoa comprou 2,6 kg de aveia e 1,8 kg de linhaça e quer dividir totalmente esses dois produtos em pacotinhos menores, cada um deles com a mesma massa e com a maior quantidade possível. Sabendo-se que os dois produtos não podem ser misturados, o número de pacotinhos necessários será:

a) 22.

b) 19.

c) 16.

d) 13.

e) 9.

O exercício pede o número de pacotinhos necessários. Precisamos fazer o máximo divisor comum entre 1,8 e 2,6 para saber quanto de cada produto terá em cada pacote. Depois precisamos somar os pacotes. Para fazer o mdc vamos tirar a vírgula para facilitar a conta.

mdc (18, 26) = 2

18, 26	2
9, 13	

Colocando de volta a vírgula temos 0,2 kg de cada produto.

Assim, serão 0,2kg em cada pacote. Então precisamos dividir as quantidades de cada produto por 0,2 e encontrar a quantidade de pacotes.

Com isso faremos:

Linhaça = 1,8 : 0,2 = 9

Aveia = 2,6 : 0,2 = 13

Somando cada um deles encontramos 22 pacotes, pois:

9 + 13 = 22

Obs.: Podemos observar que precisávamos apenas somar os valores que restaram (9, 13) após fazer o mdc que já encontraríamos a quantidade total de pacotes.

GABARITO: A.

42. **(2020 - Prefeitura de Morro Agudo/SP - Técnico de Enfermagem)** Em uma palestra, estavam presentes 48 mulheres e 42 homens. Ao término dessa palestra, todas essas pessoas foram divididas em grupos, para a realização de uma atividade, de modo que todos os grupos tinham o mesmo número de pessoas e na maior quantidade possível. Sabendo-se que não tinham homens e mulheres juntos, em um mesmo grupo, então o número de grupos formados somente com mulheres foi:

a) 9.

b) 8.

c) 7.

d) 6.

e) 5.

O exercício pede o número de grupos formados somente com mulheres. Para saber o número de grupos formados somente com mulheres, precisamos fazer o máximo divisor comum entre 48, 42 e descobrir o número de pessoas por grupo. Depois, precisamos encontrar o número de grupos formados somente com mulheres.

mdc (48, 42) = 6

48, 42	2
24, 21	3
8, 7	

2 · 3 = 6 pessoas

Assim, cada grupo tem 6 pessoas. Então precisamos dividir a quantidade de mulheres pelo número de pessoas por grupo.

Com isso faremos:

48 : 6 = 8

Obs: Podemos observar que precisávamos apenas colocar o valor que restou (8) após fazer o mdc, que já encontraríamos a quantidade total de grupos formados somente com mulheres.

GABARITO: B.

43. **(2018 - Câmara Municipal de São José dos Campos/SP - Analista Legislativo/Contador)** Três atividades, A, B e C, são executadas respeitando sempre o mesmo intervalo de tempo, durante ou no final da semana. A cada dois dias, é executada a atividade A; a cada três dias, a atividade B; e a cada quatro dias, é executada a atividade C.

Se, em uma mesma segunda-feira, as três atividades foram executadas, então é correto afirmar que a vez imediatamente anterior em que essas três atividades foram executadas em um mesmo dia foi:

a) uma terça-feira.

b) uma quarta-feira.

c) uma quinta-feira.

d) uma sexta-feira.

e) um sábado.

O exercício pede a vez imediatamente anterior a segunda-feira em que essas três atividades foram executadas em um mesmo dia. Sabemos que a cada dois dias, é executada a atividade A; a cada três dias, a atividade B; e a cada quatro dias, é executada a atividade C. Precisamos fazer o mínimo múltiplo comum entre 2, 3 e 4 dias.

mmc (2, 3, 4) = 12

2, 3, 4	2
1, 3, 2	2
1, 3, 1	3
1, 1, 1	

$2 \cdot 2 \cdot 3 = 12$ dias

Assim, 12 dias antes de segunda-feira essas três atividades foram executadas em um mesmo dia.

12 dias antes de segunda-feira é uma quarta-feira.

GABARITO: B.

---

44. **(2018 - Câmara de Nova Odessa/SP - Assistente Legislativo)** Horácio quer comprar parafusos do tipo A, que são vendidos em pacotes contendo 8 unidades cada um; do tipo B, vendidos em pacotes contendo 12 unidades cada; e do tipo C, vendidos em pacotes que contêm 15 unidades cada. Ele precisa comprar quantidades iguais dos três tipos. Para que isso ocorra, o número mínimo de pacotes do parafuso do tipo A que ele precisará comprar é:

a) 8.

b) 9.

c) 10.

d) 12.

e) 15.

O exercício pede o número mínimo de pacotes do parafuso do tipo A que ele precisará comprar. Sabemos que parafusos do tipo A são vendidos em pacotes contendo 8 unidades cada um; do tipo B, vendidos em pacotes contendo 12 unidades cada; e do tipo C, vendidos em pacotes que contêm 15 unidades cada. Precisamos fazer o mínimo múltiplo comum entre 8, 12 e 15 unidades e depois encontrar a quantidade de pacotes de parafusos do tipo A.

mmc (8, 12, 15) = 120

8, 12, 15	2
4, 6, 15	2
2, 3, 15	2
1, 3, 15	3
1, 1, 5	5
1, 1, 1	

$2 \cdot 2 \cdot 2 \cdot 3 \cdot 5 = 120$ parafusos

Com isso, ele vai comprar 120 parafusos de cada tipo.

Temos 120 parafusos do tipo A e em cada pacote deste tipo tem 8 parafusos.

Assim, para encontrar a quantidade de pacotes do tipo A, podemos dividir 120 pela quantidade de parafusos em cada pacote, então:

Tipo A = 120:8 = 15 pacotes

GABARITO: E.

---

45. **(2018 - Prefeitura de Barretos/SP - Agente Administrativo)** Em um tanque há 3 torneiras, A, B e C, todas com defeito e que pingam sem parar. A torneira A pinga a cada 20 segundos, a torneira B pinga a cada 35 segundos e a torneira C pinga a cada 15 segundos. Sabendo que as 3 torneiras pingaram juntas às 8 horas e 54 minutos, e que permaneceram assim o dia todo, sem que alguém tivesse mexido nelas, então, o próximo horário em que as 3 torneiras voltarão a pingar juntas será às:

a) 8 horas e 58 minutos.

b) 9 horas e 01 minuto.

c) 9 horas e 06 minutos.

d) 9 horas e 12 minutos.

e) 9 horas e 15 minutos.

O exercício pede o próximo horário em que as 3 torneiras voltarão a pingar juntas. Sabemos que a torneira A pinga a cada 20 segundos, a torneira B pinga a cada 35 segundos e a torneira C pinga a cada 15 segundos. Precisamos fazer o mínimo múltiplo comum entre 15, 20 e 35 segundos e depois encontrar o próximo horário que vão pingar juntas.

mmc (15, 20, 35) = 420

15, 20, 35	2
15, 10, 35	2
15, 5, 35	3
5, 5, 35	5
1, 1, 7	7
1, 1, 1	

$2 \cdot 2 \cdot 3 \cdot 5 \cdot 7 = 420$ segundos

Sabemos que 60 segundos = 1 minuto, então 420 segundos = 7 minutos, pois:

420:60 = 7

Com isso, as três torneiras vão pingar juntas novamente depois de 7 minutos.

Como pingaram juntas às 8 horas e 54 minutos, 7 minutos depois será às 9 horas e 01 minuto.

GABARITO: B.

---

46. **(2020 – Prefeitura de Morro Agudo/SP– Enfermeiro)** O total de 340 bolinhas, sendo 180 na cor branca e o restante na cor preta, será totalmente distribuído em sacolinhas, de forma que em cada uma tenha x unidades de bolinhas na cor branca e y unidades de bolinhas na cor preta. Se todas as sacolinhas deverão conter o menor número de bolinhas possível, a diferença x – y deverá ser igual a:

a) 1.

b) 2.

c) 3.

d) 4.

e) 5.

O exercício pede a diferença x – y. Para saber x e y, precisamos fazer o máximo divisor comum entre 180, 160 e descobrir o número de sacolinhas. Depois precisamos encontrar o número de bolinhas na cor branca e na cor preta e fazer a subtração.

MAT

Sabendo que o total de 340 bolinhas, sendo 180 na cor branca e o restante na cor preta, temos 160 na cor preta. (340 – 180 = 160).

mdc (180, 160) = 20

180, 160	2
90, 80	2
45, 40	5
9, 8	

$2 \cdot 2 \cdot 5 = 20$ sacolinhas

Assim, temos 20 sacolinhas. Então precisamos dividir a quantidade de bolinhas pelo número de sacolinhas.

Com isso faremos:

$x = 180 : 20 = 9$

$y = 160 : 20 = 8$

$x - y = 9 - 8 = 1$

Obs: Podemos observar que precisávamos apenas subtrair os valores que restaram (9, 8) após fazer o mdc que já encontraríamos a quantidade x – y.

GABARITO: A.

---

47. **(2018 - Prefeitura de Sertãozinho/SP - Engenheiro Civil)** Certo tipo de peça é produzido por uma máquina A em 32 minutos. Esse tipo de peça é produzido por uma máquina B, a cada 36 minutos, e por uma máquina C, a cada 48 minutos. Essas três máquinas são ligadas ao mesmo tempo e começam a produzir essas peças. No momento em que as três máquinas finalizarem uma peça ao mesmo tempo, o total de peças que já terão sido produzidas será:

a) 23.

b) 27.

c) 31.

d) 35.

e) 39.

O exercício pede o total de peças que já terão sido produzidas no momento em que as três máquinas finalizarem uma peça ao mesmo tempo. Sabemos que uma peça é produzida por uma máquina A em 32 minutos, por uma máquina B, a cada 36 minutos, e por uma máquina C, a cada 48 minutos. Precisamos fazer o mínimo múltiplo comum entre 32, 36 e 48 minutos e depois encontrar a quantidade de peças produzidas até esse momento.

mmc (32, 36, 48) = 288

32, 36, 48	2
16, 18, 24	2
8, 9, 12	2
4, 9, 6	2
2, 9, 3	2
1, 9, 3	3
1, 3, 1	3
1, 1, 1	

$2 \cdot 2 \cdot 2 \cdot 2 \cdot 2 \cdot 3 \cdot 3 = 288$ minutos

Com isso, aos 288 minutos as três máquinas vão finalizar uma peça ao mesmo tempo.

Dividindo 288 minutos pelos tempos individuais temos:

Máquina A = 288 : 32 = 9

Máquina B = 288 : 36 = 8

Máquina C = 288 : 48 = 6

Assim, em 288 minutos a máquina A produziu 9 peças, a máquina B produziu 8 peças e a máquina C produziu 6 peças. Então foram produzidas um total de 23 peças (9 + 8 + 6 = 23).

GABARITO: A.

---

48. **(2018 - Câmara de Indaiatuba/SP - Auxiliar Administrativo/Recepcionista)** Para a festa de aniversário de seu filho, Marina comprou 117 balinhas de coco, 144 de caramelo e 180 de chocolate. Marina separou essas balas em muitos saquinhos. Todos os saquinhos tinham o mesmo número de balas, tinham sempre balas de um mesmo sabor e tinham também o maior número de balas possível. Dessa maneira, Marina conseguiu um número de saquinhos de balas igual a:

a) 147.

b) 132.

c) 84.

d) 49.

e) 33.

O exercício pede o número de saquinhos de balas. Para saber o número de saquinhos, precisamos fazer o máximo divisor comum entre 117, 144 e 180 balinhas para saber quantas balinhas terá em cada saquinho. Depois precisamos somar os saquinhos.

mdc (117, 144, 180) = 9

117, 144, 180	3
39, 48, 60	3
13, 16, 20	

3 · 3 = 9 balinhas

Assim, serão 9 balinhas em cada saquinho. Então precisamos dividir as quantidades de balinhas de coco, de caramelo e de chocolate por 9 e encontrar a quantidade de saquinhos.

Com isso faremos:

Coco = 117 : 9 = 13

Caramelo = 144 : 9 = 16

Chocolate = 180 : 9 = 20

Somando cada um deles encontramos 49 saquinhos, pois:

13 + 16 + 20 = 49

Obs.: Podemos observar que precisávamos apenas somar os valores que restaram (13, 16, 20) após fazer o mdc que já encontraríamos a quantidade total de saquinhos.

GABARITO: D.

---

49. **(2018 - Prefeitura de Garça/SP - Professor de Educação Básica I)** Os 50 alunos do terceiro ano, juntamente com os 80 alunos do quarto ano, de uma mesma escola, serão divididos em equipes para participar de um desafio. Cada equipe deverá ter x alunos do terceiro e y alunos do quarto ano, sendo x e y os menores números possíveis, de modo que cada aluno faça parte de uma única equipe. Nessas condições, em cada equipe, o número de alunos do quarto ano deverá exceder o número de alunos do terceiro ano em:

a) 3 unidades.

b) 4 unidades.

c) 5 unidades.

d) 6 unidades.

e) 7 unidades.

O exercício pede o número de alunos do quarto ano que deverá exceder o número de alunos do terceiro ano em cada equipe. Precisamos fazer o máximo divisor comum entre 50 e 80 para saber a quantidade de equipes. Depois precisamos encontrar a quantidade de alunos de cada ano por equipe e subtrair o número de alunos do terceiro ano do número de alunos do quarto ano.

mdc (50, 80) = 10

50, 80	**2**
25, 40	**5**
5, 8	

2 · 5 = 10 equipes

Assim, serão 10 equipes. Então precisamos dividir o número de alunos do terceiro ano e do quarto ano por 10 e encontrar a quantidade de cada um por equipe.

Com isso faremos:

Terceiro ano = 50 : 10 = 5

Quarto ano = 80 : 10 = 8

Subtraindo o número de alunos do terceiro ano e do quarto ano encontramos 3 unidades, pois:

8 – 5 = 3

Obs.: Podemos observar que precisávamos apenas subtrair os valores que restaram (5, 8) após fazer o mdc que já encontraríamos a diferença entre alunos do terceiro ano e do quarto ano.

GABARITO: A.

---

50. **(2020 – Prefeitura de Cananéia/SP – Professor de Ensino Fundamental)** Suponha que as eleições para presidente, em certo país, ocorram a cada 4 anos e, em outro, a cada 6 anos. Se, em 2019, houvesse eleições para presidente nesses dois países, então a próxima vez em que essas eleições ocorreriam novamente, em um mesmo ano, nesses países, seria em:

a) 2031.

b) 2033.

c) 2037.

d) 2041.

e) 2043.

O exercício pede a próxima vez em que as eleições ocorreriam novamente, em um mesmo ano, nesses dois países. Para saber a próxima vez que irá coincidir da eleição ser no mesmo ano, precisamos fazer o mínimo múltiplo comum entre 4 e 6 anos.

mmc (4, 6) = 12

4, 6	**2**
2, 3	**2**
1, 3	**3**
1, 1	

2 · 2 · 3 = 12 anos

Então a cada 12 anos as eleições ocorrem juntas.

Como em 2019 houve eleições para presidente nesses dois países, a próxima vez que isso vai acontecer será 12 anos depois, ou seja, em 2031 (2019 + 12 = 2031).

GABARITO: A.

---

51. **(2018 - Câmara de Dois Córregos/SP - Diretor Contábil Legislativo)** Uma caixa-forte tem 3 sistemas eletrônicos de segurança independentes, conectados a órgãos distintos. No momento de qualquer violação, os três sistemas enviam sinais codificados simultaneamente. A partir daí, um deles repete o envio da mensagem a cada 15 segundos, o outro a cada 25 segundos, e o terceiro, a cada 30 segundos. Caso ocorra qualquer violação, o menor intervalo de tempo decorrido entre dois envios simultâneos de mensagens pelos três sistemas será igual a:

a) 3min 15s.

b) 2min 50s.

c) 2min 30s.

d) 2min 25s.

e) 1min 50s.

O exercício pede o menor intervalo de tempo decorrido entre dois envios simultâneos de mensagens pelos três sistemas. Sabemos que um deles envia mensagens a cada 15 segundos, o outro a cada 25 segundos, e o terceiro, a cada 30 segundos. Precisamos fazer o mínimo múltiplo comum entre 15, 25 e 30 segundos.

mmc (15, 25, 30) = 150

15, 25, 30	**2**
15, 25, 15	**3**
5, 25, 5	**5**
1, 5, 1	**5**
1, 1, 1	

$2 \cdot 3 \cdot 5 \cdot 5 = 150$ segundos

Com isso, o menor intervalo de tempo decorrido entre dois envios simultâneos de mensagens pelos três sistemas é de 150 segundos.

Sabendo que 1 min = 60 segundos então 150 segundos = 2min e 30 segundos.

GABARITO: C.

---

52. **(2018 - Prefeitura de Barretos/SP - Professor I)** Uma professora possui 2 fios de arame, um com 1,5 m de comprimento e o outro, com 1,2 m de comprimento, e quer dividi-los totalmente em pedaços iguais, do maior comprimento possível. Nessas condições, o número máximo de pedaços obtidos será igual a:

a) 13.

b) 11.

c) 9.

d) 7.

e) 5.

O exercício pede o número máximo de pedaços obtidos. Precisamos fazer o máximo divisor comum entre 1,2 e 1,5 para saber o comprimento de cada pedaço. Depois precisamos somar os pedaços.

Para fazer o mdc vamos tirar a vírgula para facilitar a conta.

mdc (12, 15) = 3

12, 15	**3**
4, 5	

Colocando de volta a vírgula temos 0,3m de comprimento cada pedaço.

Assim, serão 0,3m cada pedaço. Então precisamos dividir o comprimento de cada fio por 0,3 e encontrar a quantidade de pedaços.

Com isso faremos:

Comprimento 1,2 = 1,2 : 0,3 = 4

Comprimento 1,5 = 1,5 : 0,3 = 5

Somando cada um deles encontramos 9 pedaços, pois:

4 + 5 = 9

Obs.: Podemos observar que precisávamos apenas somar os valores que restaram (4, 5) após fazer o mdc que já encontraríamos a quantidade total de pedaços.

GABARITO: C.

---

53. **(2018 - Câmara de Dois Córregos/SP - Oficial de Atendimento e Administração)** Em uma caixa, há menos de 1000 livretos que serão empilhados, de modo que cada pilha contenha o mesmo número de livretos. Durante a realização do serviço, percebeu-se que era possível colocar, em cada pilha, ou 30, ou 50, ou 60 livretos, e não restaria livreto na caixa. O número máximo de livretos que podem estar na caixa é:

a) 740.

b) 800.

c) 860.

d) 900.

e) 960.

O exercício pede o número máximo de livretos que podem estar na caixa. Sabemos que era possível colocar, em cada pilha, ou 30, ou 50, ou 60 livretos, e não restaria livreto na caixa. Precisamos fazer o mínimo múltiplo comum entre 30, 50 e 60 livretos.

mmc (30, 50, 60) = 300

30, 50, 60	2
15, 25, 30	2
15, 25, 15	3
5, 25, 5	5
1, 5, 1	5
1, 1, 1	

$2 \cdot 2 \cdot 3 \cdot 5 \cdot 5 = 300$ livretos

Com isso, o número máximo de livretos que podem estar na caixa é o maior múltiplo de 300 menor que 1000 (há menos de 1000 livretos).

Múltiplos de 300 = {0, 300, 600, 900, 1200...}

Assim, o número máximo de livretos que podem estar na caixa é 900 livretos.

GABARITO: D.

---

54. **(2018 - IPSM - Assistente de Gestão Municipal)** Considere que, a cada 40 minutos, um ciclo de produção com 100 unidades de um produto P1 é encerrado; que, a cada 36 minutos, outro ciclo de produção com 300 unidades de um produto P2 é encerrado; e que, a cada 30 minutos, um terceiro ciclo de produção com 200 unidades de um produto P3 é também encerrado. Considere também que, em determinado instante t, iniciou-se cada ciclo de produção desses três produtos. Dessa forma, o número total de produtos produzidos até a primeira vez em que os três ciclos encerrarem, ao mesmo tempo, é:

a) 6200.

b) 6300.

c) 6400.

d) 6500.

e) 6600.

O exercício pede o número total de produtos produzidos até a primeira vez em que os três ciclos encerrarem ao mesmo tempo. Sabemos que a cada 40 minutos, um ciclo de produção com 100 unidades de um produto P1 é encerrado; que, a cada 36 minutos, outro ciclo de produção com 300 unidades de um produto P2 é encerrado; e que, a cada 30 minutos, um terceiro ciclo de produção com 200 unidades de um produto P3 é também encerrado. Precisamos fazer o mínimo múltiplo comum entre 30, 36 e 40 minutos e depois encontrar a quantidade de unidades produzidas até esse momento.

mmc (30, 36, 40) = 360

30, 36, 40	2
15, 18, 20	2
15, 9, 10	2
15, 9, 5	3
5, 3, 5	3
5, 1, 5	5
1, 1, 1	

$2 \cdot 2 \cdot 2 \cdot 3 \cdot 3 \cdot 5 = 360$ minutos

Com isso, aos 360 minutos é encerrado o ciclo de produção dos três produtos ao mesmo tempo pela primeira vez.

Dividindo 360 minutos pelos tempos individuais temos a quantidade de ciclos encerrados de cada um:

P1 = 360 : 40 = 9 ciclos

P2 = 360 : 36 = 10 ciclos

P3 = 360 : 30 = 12 ciclos

Como P1 produz 100 unidades a cada ciclo, P2 produz 300 unidades a cada ciclo e P3 produz 200 unidades a cada ciclo, fazemos o total de unidades produzidas por cada um nesses 360 minutos:

P1 = $9 \cdot 100 = 900$

P2 = $10 \cdot 300 = 3000$

P3 = $12 \cdot 200 = 2400$

Assim, em 360 minutos teremos 900 unidades do produto P1, 3000 unidades do produto P2 e 2400 unidades do produto P3. Então foram produzidas um total de 6300 unidades (900 + 3000 + 2400 = 6300).

GABARITO: B.

---

55. **(2018 - IPSM - Analista de Gestão Municipal/Contabilidade)** Participarão de um congresso 256 funcionários da empresa A, 416 funcionários da empresa B e 656 funcionários da empresa C. Esses funcionários serão divididos em grupos, de modo que, em cada grupo:

- haja o mesmo número de participantes;
- haja o maior número possível de participantes;
- sejam todos da mesma empresa.

Divididos dessa maneira, o total de grupos obtidos será:

a) 48.

b) 54.

c) 75.

d) 83.

e) 96.

O exercício pede o total de grupos obtidos. Para saber o número de grupos, precisamos fazer o máximo divisor comum entre 256, 416 e 656 funcionários para encontrar o número de funcionários por grupo. Depois precisamos somar os grupos.

mdc (256, 416, 656) = 16

256, 416, 656	2
128, 208, 328	2
64, 104, 164	2
32, 52, 82	2
16, 26, 41	

$2 \cdot 2 \cdot 2 \cdot 2 = 16$ funcionários

Assim, serão 16 funcionários por grupo. Então precisamos dividir as quantidades de funcionários das empresas A, B e C por 16 e encontrar a quantidade de grupos de cada empresa.

Com isso faremos:

Empresa A = 256 : 16 = 16

Empresa B = 416 : 16 = 26

Empresa C = 656 : 16 = 41

Somando cada um deles encontramos 83 grupos, pois:

16 + 26 + 41 = 83

Obs.: Podemos observar que precisávamos apenas somar os valores que restaram (16, 26, 41) após fazer o mdc que já encontraríamos a quantidade total de grupos.

GABARITO: D.

56. **(2019 – PM/SP – Soldado)** Marcelo e Débora trabalham em regime de escala. A cada 4 dias sucessivamente trabalhados, Débora folga somente no dia seguinte, e a cada 6 dias sucessivamente trabalhados, Marcelo também folga somente no dia seguinte. No dia 26.07.2019, ambos estavam de folga. Sabendo que o mês de julho tem 31 dias, e que Marcelo e Débora trabalham independentemente de os dias serem sábados, domingos e feriados, se não ocorrer imprevisto e eles trabalharem conforme informado, então o próximo dia em que ambos estarão de folga, em um mesmo dia, será em:

a) 30.08.2019.

b) 07.08.2019.

c) 24.08.2019.

d) 13.08.2019.

e) 19.08.2019.

O exercício pede o próximo dia em que ambos estarão de folga. Para saber a próxima vez que irá coincidir de terem folga, precisamos fazer o mínimo múltiplo comum entre 5 e 7 dias.

A cada 4 dias sucessivamente trabalhados, Débora folga somente no dia seguinte, e a cada 6 dias sucessivamente trabalhados, Marcelo também folga somente no dia seguinte. Assim, Débora folga a cada 5 dias (4 dias de trabalho e um de folga) e Marcelo a cada 7 dias (6 dias de trabalho e um de folga).

mmc (5, 7) = 35

5, 7	5
1, 7	7
1, 1	

$5 \cdot 7 = 35$ dias

Então a cada 35 dias ambos estarão de folga.

Como no dia 26.07.2019 ambos estavam de folga, então 35 dias depois também estarão de folga, ou seja, dia 30.08.2019.

GABARITO: A.

Média Aritmética

57. **(2018 – PM/SP – Soldado)** Uma pessoa comprou 4 camisetas de valores diferentes, conforme mostra a tabela.

Camiseta	Valor
Estampada	R$ 45,00
Básica	R$ 30,00
Regata	R$ 25,00
Polo	?

Sabendo que, em média, o valor de cada camiseta foi R$ 40,00, a diferença entre o valor da camiseta mais cara e o da mais barata foi:

a) R$ 20,00.

b) R$ 30,00.

c) R$ 25,00.

d) R$ 35,00.

e) R$ 15,00.

O exercício pede a diferença entre o valor da camiseta mais cara e o da mais barata. Precisamos encontrar o valor da camiseta Polo para descobrir qual é a camiseta mais cara e a mais barata e depois fazer a diferença entre elas.

Para saber o valor da camiseta Polo (chamaremos de x) fazemos a média das quatro camisetas. Sabendo que a média é a soma dos valores dividido pela quantidade de camisetas fazemos:

Média = soma/quantidade

Média = (45 + 30 + 25 + x)/4

Média = (100 + x)/4

Como a média das quatro camisetas é 40 reais (em média, o valor de cada camiseta foi R$ 40,00), então:

(100 + x)/4 = 40

100 + x = 40 · 4

100 + x = 160

x = 160 - 100

x = 60

Assim, o valor da camiseta Polo é de 60 reais. A Polo é a camiseta mais cara e a mais barata é a Regata, então a diferença entre as duas é de 35 reais, pois:

60 – 25 = 35.

GABARITO: D.

58. **(2018 – PM/SP – Soldado)** O gráfico apresenta o número de pontos obtidos pelos grupos A, B, C e D, que participaram de uma atividade recreativa.

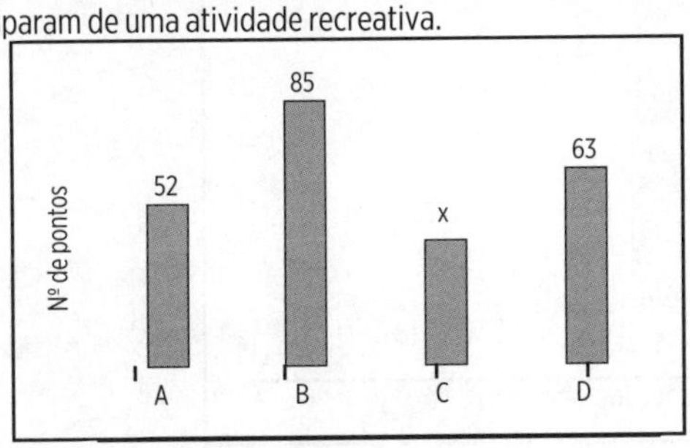

Sabendo que o número de pontos obtidos pelo grupo A foi 30% maior que o número de pontos obtidos pelo grupo C, então, na média, o número de pontos obtidos por um grupo foi:

a) 55.

b) 60.

c) 70.

d) 65.

e) 50.

O exercício pede a média do número de pontos obtidos por um grupo. Precisamos encontrar o valor de x e depois fazer a média entre os quatro grupos.

Para saber o valor de x fazemos a porcentagem. Como 52 é o número de pontos obtidos pelo grupo A e ele é 30% maior que o número de pontos obtidos pelo grupo C, podemos dizer que esse valor corresponde a 130% do valor do grupo C (100% + 30% = 130%). Podemos resolver uma regra de três para encontrarmos o número de pontos obtidos pelo grupo C:

Valor	Porcentagem (%)
x	100
52	130

Como a relação entre valor e porcentagem é diretamente proporcional fazemos:

$130x = 52.100$

$130x = 5200$

$x = 5200/130$

$x = 40$

Sabendo que a média é a soma dos pontos dividido pela quantidade de grupos, fazemos:

Média = soma/quantidade

Média = (52 + 85 + x + 63)/4

Como x = 40 temos:

Média = (52 + 85 + 40 + 63)/4

Média = 240/4

Média = 60

GABARITO: B.

---

59. **(2018 - Prefeitura de Suzano/SP - Guarda Civil Municipal)** Em uma empresa, trabalham 14 funcionários, sendo Rodolfo um deles. O gráfico mostra o número de horas extras feitas por esses funcionários durante uma semana, sendo que Rodolfo foi o único a fazer mais de 4 horas extras.

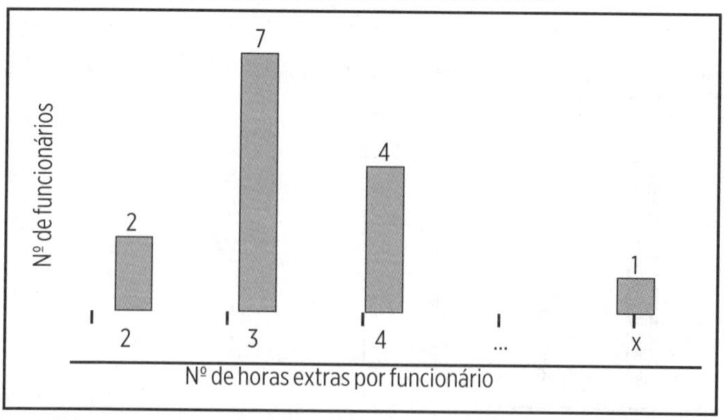

Sabendo que, nessa semana, na média, cada funcionário fez 3,5 horas extras, então o número de horas extras feitas por Rodolfo foi:

a) 5.

b) 6.

c) 7.

d) 8.

e) 9.

O exercício pede o número de horas extras feitas por Rodolfo. Precisamos encontrar o valor de x usando o valor da média.

Pelos dados fornecidos no gráfico sabemos que 2 funcionários fizeram 2 horas extras, 7 funcionários fizeram 3 horas extras, 4 funcionários fizeram 4 horas extras e apenas Rodolfo fez mais de 4 horas extras.

O exercício também nos fornece que a média de horas extras que cada funcionário fez é de 3,5.

Sabendo que a média é a soma das horas extras dividido pela quantidade de funcionários fazemos:

Média = soma/quantidade

Média = $(2 \cdot 2 + 7 \cdot 3 + 4 \cdot 4 + x)/14$

Média = $(4 + 21 + 16 + x)/14$

Média = $(41 + x)/14$

Como média = 3,5 temos:

$(41 + x)/14 = 3,5$

$41 + x = 3,5 \cdot 14$

$41 + x = 49$

$x = 49 - 41$

$x = 8$.

GABARITO: D.

---

60. **(2019 - Câmara de Sertãozinho/SP – Escriturário)** A tabela mostra o número de exemplares de determinado jornal que foi entregue em 4 bancas de revistas.

Banca	Nº de exemplares
A	30
B	24
C	x
D	x + 10

Sabendo que a média de exemplares entregues por banca foi 25, o número de exemplares entregues na banca D foi:

a) 19.

b) 21.

c) 23.

d) 25.

e) 28.

O exercício pede o número de exemplares entregues na banca D. Precisamos encontrar o valor de x e somar com 10 para descobrir qual é o número de exemplares entregues na banca D.

Para saber o valor de x fazemos a média das quatro bancas. Sabendo que a média é a soma dos números de exemplares dividido pela quantidade de bancas fazemos:

Média = soma/quantidade

Média = (30 + 24 + x + x + 10)/4

Média = (64 + 2x)/4

Como a média de exemplares entregues nas quatro bancas é 25 (a média de exemplares entregues por banca foi 25), então:

(64 + 2x)/4 = 25

64 + 2x = 25 · 4

64 + 2x = 100

2x = 100 – 64

2x = 36

x = 36/2

x = 18

Assim, o número de exemplares entregues na banca D é 28, pois:

banca D = x + 10

Como x = 18,

banca D = 18 + 10

banca D = 28.

GABARITO: E.

Sistema de Equação

61. **(2018 – PM/SP – Soldado)** Em uma caixa há parafusos e pregos, num total de 20 unidades. Sabendo que há 4 parafusos a mais do que o número de pregos, então, o número de parafusos dessa caixa é:

a) 10.

b) 6.

c) 8.

d) 4.

e) 12.

O exercício pede o número de parafusos. Precisamos encontrar a quantidade de parafusos usando um sistema de equação.

Para montar o sistema de equação utilizamos as informações fornecidas no exercício:

1) Parafusos + Pregos = 20 (Em uma caixa há parafusos e pregos, num total de 20 unidades)

2) Parafusos = Pregos + 4 (há 4 parafusos a mais do que o número de pregos)

Usando o método da substituição, vamos substituir a equação 2) na 1)

Parafusos + Pregos = 20

Como Parafusos = Pregos + 4 temos:

Pregos + 4 + Pregos = 20

2 · Pregos = 20 – 4

2 · Pregos = 16

Pregos = 16/2

Pregos = 8

Sabendo que o total de pregos e parafuso é de 20 unidades e que na caixa tem 8 pregos, então nesta caixa há 12 parafusos, pois:

Parafusos + Pregos = 20

Como Pregos = 8, temos

Parafusos + 8 = 20

Parafusos = 20 – 8

Parafusos = 12.

GABARITO: E.

---

62. **(2018 – PM/SP – Soldado)** Dois amigos foram a uma lanchonete e pediram cinco pães de queijo e dois sucos, e pagaram, no total, R$ 19,50. Sabendo que o preço de um pão de queijo mais um suco é R$ 6,00, então, o valor a ser pago na compra de três pães de queijo será:

a) R$ 9,00.

b) R$ 9,50.

c) R$ 7,50.

d) R$ 8,00.

e) R$ 8,50.

O exercício pede o valor a ser pago na compra de três pães de queijo. Precisamos encontrar a quantidade de pães de queijo usando um sistema de equação.

Para montar o sistema de equação utilizamos as informações fornecidas no exercício:

1) 5 · Pão de Queijo + 2 · Suco = 19,50 (cinco pães de queijo e dois sucos, no total, R$ 19,50)

2) 1 · Pão de Queijo + 1 · Suco = 6,00 (um pão de queijo mais um suco é R$ 6,00)

Usando o método da adição, vamos multiplicar a equação 2) por -2

1) 5 · Pão de Queijo + 2 . Suco = 19,50

2) -2 · Pão de Queijo -2 · Suco = -12

Somando as duas temos:

3 · Pão de Queijo = 7,50

GABARITO: C.

---

63. **(2020 - AVAREPREV-SP - Técnico Previdenciário)** Maria tem R$ 50,00 a mais do que tem João e, juntos, eles têm R$ 200,00. Dessa forma, o valor que João tem corresponde, do valor que Maria tem, a:

a) 2/5.

b) 1/2.

c) 3/5.

d) 7/10.

e) 4/5.

O exercício pede quanto que o valor que João tem corresponde do valor que Maria tem. Precisamos encontrar a quantidade que tem João e Maria usando um sistema de equação.

Para montar o sistema de equação utilizamos as informações fornecidas no exercício:

1) Maria = João + 50 (Maria tem R$ 50,00 a mais do que tem João)

2) Maria + João = 200 (juntos, eles têm R$ 200,00)

Usando o método da substituição, vamos substituir a equação 1) na 2)

Maria + João = 200

Como Maria = João + 50 temos:

João + 50 + João = 200

2.João = 200 – 50

2.João = 150

João = 150/2

João = 75

Sabendo que juntos eles têm R$ 200,00 e que João tem R$ R$ 75,00, então Maria tem R$ 125,00, pois:

Maria + João = 200

Como João = 75, temos

Maria + 75 = 200

Maria = 200 - 75

Maria = 125

Dessa forma, o valor que João tem corresponde, do valor que Maria tem, a 75/125.

Simplificando temos 3/5 (dividindo o numerador e o denominador por 25).

GABARITO: C.

---

64. **(2019 - Prefeitura de Itapevi/SP - Agente de Administração Pública)** Um feirante expõe mudas de orquídeas e de rosas para venda. Os preços praticados acabam sendo um atrativo para os visitantes do seu espaço. Por exemplo, uma muda de orquídea e duas mudas de rosas totalizam R$ 48,00, sendo que o preço da muda de orquídea é R$ 21,00 mais caro que o preço da muda de rosa. Se, ao longo de uma manhã, esse feirante vender 10 mudas de orquídeas e 10 mudas de rosas, ele irá arrecadar um total de:

a) R$ 345,00.

b) R$ 375,00.

c) R$ 390,00

d) R$ 480,00

e) R$ 670,00

O exercício pede o valor que um feirante irá arrecadar ao vender 10 mudas de orquídeas e 10 mudas de rosas. Precisamos encontrar o valor de uma muda de orquídea e uma muda de rosa usando um sistema de equação. Depois multiplicar cada um dos valores encontrados por 10 e somá-los.

Para montar o sistema de equação utilizamos as informações fornecidas no exercício:

1) Orquídea + 2.Rosa = 48 (uma muda de orquídea e duas mudas de rosas totalizam R$ 48,00)

2) Orquídea = Rosa + 21 (o preço da muda de orquídea é R$ 21,00 mais caro que o preço da muda de rosa)

Usando o método da substituição, vamos substituir a equação 2) na 1)

Orquídea + 2 · Rosa = 48

Como Orquídea = Rosa + 21 temos:

Rosa + 21 + 2 · Rosa = 48

3·Rosa = 48 – 21

3·Rosa = 27

Rosa = 27/3

Rosa = 9

Sabendo que o preço da muda de orquídea é R$ 21,00 mais caro que o preço da muda de rosa, então o preço de uma orquídea é de R$ 30,00 pois:

Orquídea = Rosa + 21

Como Rosa = 9, temos

Orquídea = 9 + 21

Orquídea = 30

Assim, 10 orquídeas custam 300 reais e 10 rosas custam 90 reais, pois:

Rosa = 9, então

10 Rosa = 9 · 10

10 Rosa = 90

Orquídea = 30, então

10 Orquídea = 30 · 10

10 Orquídea = 300

Com isso temos que com a venda de 10 orquídeas e 10 rosas um feirante irá arrecadar 390 reais, pois:

300 + 90 = 390.

GABARITO: C.

M A T

65. **(2019 - Câmara de Sertãozinho/SP - Auxiliar Legislativo/Informática)** Em um mercado, a soma dos preços unitários das caixas de 1 kg de sabão em pó das marcas Delta, Sigma e Ômega é igual a R$ 31,00. Sabe-se que o preço da marca Delta é igual a 2/3 do preço da marca Sigma, e que o preço da marca Ômega supera o preço da marca Delta em R$ 3,00. A diferença entre os preços unitários das caixas de sabão das marcas Sigma e Ômega é igual a:

a) R$ 3,00.

b) R$ 2,50.

c) R$ 2,00.

d) R$ 1,50.

e) R$ 1,00.

O exercício pede a diferença entre os preços unitários das caixas de sabão das marcas Sigma e Ômega. Precisamos encontrar o preço unitário de cada um usando um sistema de equação. Depois subtrair um do outro.

Para montar o sistema de equação utilizamos as informações fornecidas no exercício:

1) Delta + Sigma + Ômega = 31 (a soma dos preços Delta, Sigma e Ômega é igual a R$ 31,00)

2) Delta = 2/3 Sigma (o preço da marca Delta é igual a 2/3 do preço da marca Sigma)

3) Ômega = Delta + 3 (o preço da marca Ômega supera o preço da marca Delta em R$ 3,00)

Na equação 2) temos que:

Delta = 2/3 Sigma

3Delta = 2Sigma

Na equação 3) temos que:

Ômega = Delta + 3

Multiplicando a equação por 3, encontramos:

3Ômega = 3Delta + 9

Usando o método da substituição, vamos substituir a equação 2) na 3)

3Ômega = 3Delta + 9

Como 3Delta = 2Sigma temos:

3Ômega = 2Sigma + 9

Na equação 1) temos que:

Delta + Sigma + Ômega = 31

Multiplicando a equação por 3, encontramos:

3Delta + 3Sigma + 3Ômega = 93

Usando o método da substituição, vamos substituir as equações 2) e 3) na 1)

3Delta + 3Sigma + 3Ômega = 93

Como 3Ômega = 2Sigma + 9 e 3Delta = 2Sigma, temos:

2Sigma + 3Sigma + 2Sigma + 9 = 93

7Sigma = 93 – 9

7Sigma = 84

Sigma = 84/7

Sigma = 12

Como 3Ômega = 2Sigma + 9 e Sigma = 12 temos:

3Ômega = 2 · 12 + 9

3Ômega = 24 + 9

3Ômega = 33

Ômega = 33/3

Ômega = 11

Assim, a diferença entre os preços unitários das caixas de sabão das marcas Sigma e Ômega é R$ 1,00, pois: Sigma – Ômega = 12 – 11 = 1.

GABARITO: E.

---

66. **(2019 - Câmara de Serrana/SP - Analista Legislativo)** Uma empresa está organizando um evento para o lançamento de um novo produto. O responsável pelo evento solicitou o orçamento de brindes montados com sacolas, agendas ou canetas para distribuição no dia. O esquema a seguir ilustra três possibilidades de brindes e seus respectivos custos:

OPÇÃO DE BRINDE	CUSTO DO BRINDE
	**R$ 6,50**
	**R$ 6,40**
	**R$ 7,30**

Por fim, o responsável pelo evento acabou solicitando nova cotação, em que era oferecida uma unidade de cada item. Mantidos os preços, essa nova opção de brinde deverá custar:

a) R$ 8,00.

b) R$ 7,70.

c) R$ 7,40.

d) R$ 7,10.

e) R$ 6,80.

O exercício pede a soma de uma unidade de cada item. Precisamos encontrar o preço unitário de cada um usando um sistema de equação. Depois somar os três.

Para montar o sistema de equação utilizamos as informações fornecidas no exercício:

1) Sacolas + Agendas = 6,50

2) Sacolas + 3Canetas = 6,40

3) Agendas + 3Canetas = 7,30

Usando o método da adição, vamos subtrair a equação 2) da 3)

Agendas + 3Canetas = 7,30

- Sacolas - 3Canetas = - 6,40

Agendas - Sacolas = 0,90

Usando o método da adição, vamos adicionar a equação 1)

Agendas - Sacolas = 0,90

<u>Sacolas + Agendas = 6,50</u>
2Agendas = 7,40
Agendas = 7,40/2
Agendas = 3,70
Na equação 3) temos que:
Agendas + 3Canetas = 7,30
Como Agendas = 3,70 temos:
3,70 + 3Canetas = 7,30
3Canetas = 7,30 – 3,70
3Canetas = 3,60
Canetas = 3,60/3
Canetas = 1,20
Na equação 1) temos que:
Sacolas + Agendas = 6,50
Como Canetas = 1,20 temos:
Sacolas + Agendas + Canetas = 6,50 + 1,20
Sacolas + Agendas + Canetas = 7,70.

GABARITO: B.

M A T

---

67. **(2019 - Câmara de Monte Alto/SP - Auxiliar Técnico Legislativo)** Em um campeonato de basquete escolar, cada time participante ganha 10 pontos por vitória e 5 pontos por empate, e não ganha nem perde pontos por derrota. O time de Jonas disputou 20 partidas nesse campeonato, sendo derrotado em 6 delas, e obteve, ao final, um total de 95 pontos. Das partidas que disputou nesse campeonato, o time de Jonas venceu:

a) 1/5.
b) 1/4.
c) 1/3.
d) 1/2.
e) 5/9.

O exercício pede a relação entre vitórias e o total de partidas disputadas. Precisamos encontrar a quantidade de vitórias usando um sistema de equação. Depois fazer a relação.

Para montar o sistema de equação utilizamos as informações fornecidas no exercício:

1) Vitórias + Empates + Derrotas = 20 (disputou 20 partidas)

2) Derrotas = 6 (sendo derrotado em 6 delas)

3) 10Vitórias + 5Empates + 0Derrotas = 95 (10 pontos por vitória e 5 pontos por empate, e não ganha nem perde pontos por derrota, e obteve, ao final, um total de 95 pontos)

Usando o método da substituição, vamos substituir a equação 2) na 1)
Vitórias + Empates + Derrotas = 20
Como Derrotas = 6 temos:
Vitórias + Empates + 6 = 20
Vitórias + Empates = 20 – 6
Vitórias + Empates = 14
Multiplicando a equação por 5, encontramos:
<u>5Vitórias + 5Empates = 70</u>
Usando o método da adição, vamos subtrair a equação da 3)
10Vitórias + 5Empates + 0Derrotas = 95

- 5Vitórias - 5Empates = - 70

5Vitórias = 25

Vitórias = 25/5

Vitórias = 5

Assim, o time venceu 5 partidas das 20 disputadas.

Então a relação é:

Vitórias/Total = 5/20

Simplificando temos:

Vitórias/Total = 1/4.

GABARITO: B.

---

68. **(2019 - Câmara de Monte Alto/SP - Auxiliar Técnico Legislativo)** Considere a e b dois números naturais, sendo a > b, tais que a + b = 179. Sabe-se que, na divisão de a por b, o quociente e o resto são iguais a 4. Desse modo, é correto afirmar que $\sqrt{a}$ é igual a:

a) 10.

b) 11.

c) 12.

d) 13.

e) 15.

O exercício pede $\sqrt{a}$. Precisamos encontrar o valor de a usando um sistema de equação. Depois fazer a raiz quadrada.

Para montar o sistema de equação utilizamos as informações fornecidas no exercício:

1) a + b = 179

2) a = 4b + 4 (na divisão de a por b, o quociente e o resto são iguais a 4)

Obs.: Na divisão temos que o dividendo (a) é igual a multiplicação do divisor (b) pelo quociente (4) somando com o resto (4)

Usando o método da substituição, vamos substituir a equação 2) na 1)

a + b = 179

Como a = 4b + 4 temos:

4b + 4 + b = 179

5b = 179 – 4

5b = 175

b = 175/5

b = 35

Usando o método da substituição, vamos substituir na equação 1)

a + b = 179

Como b = 35 temos:

a + 35 = 179

a = 179 – 35

a = 144

Assim, $\sqrt{a} = \sqrt{144} = 12$.

GABARITO: C.

---

69. (2019 - Câmara de Serrana/SP - Técnico Legislativo) Em um comércio, os valores unitários de venda dos produtos A e B não se modificam em função do número de unidades compradas de cada um desses produtos. Sabe-se que o valor total necessário para se comprar 5 unidades de um produto A e 9 unidades de um produto B supera em R$ 180,00 o valor total necessário para se comprar 3 unidades do mesmo produto A 7 unidades do mesmo produto B. Sendo assim, comprando-se, apenas, uma unidade de cada um desses produtos, se gastará o total de:

a) R$ 90,00.

b) R$ 95,00.

c) R$ 100,00.

d) R$ 105,00.

e) R$ 110,00.

O exercício pede a soma de uma unidade de cada um desses produtos. Precisamos encontrar o valor usando um sistema de equação.

Para montar o sistema de equação utilizamos as informações fornecidas no exercício:

1) 5a + 9b = 180 + 3a + 7b (5 unidades de A e 9 unidades de B supera em R$ 180,00 o valor total necessário para se comprar 3 unidades de A e 7 unidades de B)

Resolvendo a equação 1)

5a + 9b = 180 + 3a + 7b

5a – 3a + 9b – 7b = 180

2a + 2b = 180

Dividindo a equação por 2, temos:

a + b = 90

Assim, comprando-se, apenas, uma unidade de cada um desses produtos, se gastará o total de R$ 90,00.

GABARITO: A.

---

70. (2018 - Prefeitura de São Bernardo do Campo/SP - Oficial Administrativo I) Em uma reunião, foi servido, entre água e café, um total de 21 litros. Sabendo-se que a quantidade de café servida correspondeu a 40% da quantidade de água, então o número de litros servidos de café foi:

a) 8.

b) 7.

c) 6.

d) 5.

e) 4.

O exercício pede o número de litros servidos de café. Precisamos encontrar o valor usando um sistema de equação.

Para montar o sistema de equação utilizamos as informações fornecidas no exercício:

1) Água + Café = 21 (água e café, um total de 21 litros)

2) Café = 0,4Água (a quantidade de café servida correspondeu a 40% da quantidade de água)

Obs.: 40% = 40/100 = 0,4

Usando o método da substituição, vamos substituir a equação 2) na 1)

Água + Café = 21

Como Café = 0,4Água temos:

Água + 0,4Água = 21

1,4Água = 21

Água = 21/1,4

Água = 15

Usando o método da substituição, vamos substituir na equação 1)

Água + Café = 21

Como Água = 15 temos:

15 + Café = 21

Café = 21 – 15

Café = 6.

GABARITO: C.

---

71. **(2018 - Câmara Municipal de São José dos Campos/SP - Técnico Legislativo)** Carlos tem uma meta de valor a arrecadar com a venda de certo total de unidades de um produto. Se ele vender cada unidade do produto a R$ 20,00, ele supera a meta em R$ 300,00. Se ele vender cada unidade do produto a R$ 15,00, o valor arrecadado fica R$ 100,00 abaixo da meta. Para que a meta seja exatamente atingida, Carlos deverá vender cada unidade do produto pelo valor de:

a) R$ 18,25.

b) R$ 17,75.

c) R$ 17,25.

d) R$ 16,75.

e) R$ 16,25.

O exercício pede o valor de cada unidade do produto. Precisamos encontrar a quantidade de produtos e o valor da meta usando um sistema de equação. Depois dividimos o valor da meta pela quantidade de produtos para encontrar o valor de cada unidade.

Para montar o sistema de equação utilizamos as informações fornecidas no exercício:

1) 20Produto = Meta + 300 (cada unidade do produto a R$ 20,00, supera a meta em R$ 300,00)

2) 15Produto = Meta – 100 (cada unidade do produto a R$ 15,00, valor R$ 100,00 abaixo da meta)

Usando o método da adição, vamos subtrair a equação da 2) da 1)

20Produto = Meta + 300

<u>- 15Produto = - Meta + 100</u>

5Produto = 400

Produto = 400/5

Produto = 80

Assim, foram vendidas 80 unidades do produto

Usando o método da substituição, vamos substituir na equação 1)

20Produto = Meta + 300

Como Produto = 80 temos:

20 · 80 = Meta + 300

1600 = Meta + 300

1600 – 300 = Meta

Meta = 1300

Assim, a meta é de R$ 1300,00

Com isso, para atingir a meta cada produto deverá ser vendido por R$ 16,25, pois:

Meta/Produto = 1300/80 = 16,25.

GABARITO: E.

---

72. **(2018 - Câmara Municipal de São José dos Campos/SP - Técnico Legislativo)** Um levantamento efetuado pelo departamento de compras de uma empresa encontrou três marcas diferentes, A, B e C, para um mesmo produto, sendo o preço unitário do produto da marca A igual à metade da soma dos preços unitários dos produtos das marcas B e C. Se duas unidades da marca A, mais uma unidade da marca B e mais uma unidade da marca C custam, juntas, R$ 1.400,00, então três unidades da marca A irão custar:

a) R$ 1.050,00.

b) R$ 1.100,00.

c) R$ 1.150,00.

d) R$ 1.250,00.

e) R$ 1.300,00.

O exercício pede o valor de três unidades da marca A. Precisamos encontrar o valor de uma unidade da marca A usando um sistema de equação. Depois multiplicar o valor por três.

Para montar o sistema de equação utilizamos as informações fornecidas no exercício:

1) A = (B + C)/2 (o preço da marca A é igual à metade da soma dos preços das marcas B e C)

2) 2A + B + C = 1400 (duas da marca A, mais uma da B e mais uma da C custam R$ 1.400,00)

Na equação 1) temos:

2A = B + C

Usando o método da substituição, vamos substituir a equação 1) na 2)

2A + B + C = 1400

Como 2A = B + C temos:

2A + 2A = 1400

4A = 1400

A = 1400/4

A = 350

Assim, cada unidade do produto da marca A custa R$ 350,00.

Com isso, o valor de três unidades da marca A irão custar R$ 1050,00, pois:

A = 350

3A = 3 · 350

3A = 1050.

GABARITO: A.

---

73. **(2018 - Prefeitura de Barretos/SP - Professor I)** Beto precisava comprar um tipo específico de caderno. Fez um levantamento e encontrou três fornecedores diferentes para o produto procurado. Verificou que, usando totalmente a quantia de que dispunha para esse fim, seria possível comprar 3 unidades do fornecedor A, mais 2 unidades do fornecedor B, ou 7 unidades do fornecedor C, cujo preço unitário era de R$ 21,00. Sendo o preço unitário do fornecedor B menos o preço unitário do fornecedor A igual a R$ 11,00, é correto afirmar que o preço unitário do fornecedor A era igual a:

a) R$ 36,00.

b) R$ 34,00.

c) R$ 30,00.

d) R$ 28,00.

e) R$ 25,00.

O exercício pede o preço unitário do fornecedor A. Precisamos encontrar o valor usando um sistema de equação.

Para montar o sistema de equação utilizamos as informações fornecidas no exercício:

1) 3A + 2B = 7C (3 unidades do A, mais 2 unidades do B, ou 7 unidades do C)

2) C = 21 (C, cujo preço unitário era de R$ 21,00)

3) B – A = 11 (o preço unitário do B menos o preço unitário do A é igual a R$ 11,00)

Usando o método da substituição, vamos substituir a equação 2) na 1)

$3A + 2B = 7C$

Como C = 21 temos:

$3A + 2B = 7 \cdot 21$

$3A + 2B = 147$

Multiplicando a equação 3) por -2 temos:

$B - A = 11$

$-2B + 2A = -22$

Usando o método da adição, vamos somar as equações:

$3A + 2B = 147$

$\underline{-2B + 2A = -22}$

$5A = 125$

$A = 125/5$

$A = 25$

Assim, o preço unitário do fornecedor A era igual a R$ 25,00.

GABARITO: E.

---

74. **(2018 - Prefeitura de Barretos/SP - Professor I)** Em uma papelaria, foram colocados dois cestos com itens promocionais: um deles só com canetas (todas de mesmo valor) e outro só com borrachas (todas de mesmo valor). Sabendo-se que o valor de 6 canetas é igual ao valor de 16 borrachas e que uma borracha custa R$ 2,50 a menos que uma caneta, é correto afirmar que, se uma pessoa comprar 3 canetas e 6 borrachas, pagará no total:

a) R$ 21,00.

b) R$ 23,00.

c) R$ 25,00.

d) R$ 28,00.

e) R$ 30,00.

O exercício pede o preço de 3 canetas e 6 borrachas. Precisamos encontrar os valores unitários usando um sistema de equação. Depois multiplicar os valores unitários pelo que pede no exercício e somar.

Para montar o sistema de equação utilizamos as informações fornecidas no exercício:

1) 6Canetas = 16Borrachas (6 canetas é igual ao valor de 16 borrachas)

2) Borrachas = Canetas – 2,50 (uma borracha custa R$ 2,50 a menos que uma caneta)

Multiplicando a equação 2) por 16 temos:

Borrachas = Canetas – 2,50

16Borrachas = 16Canetas – 40

Usando o método da substituição, vamos substituir a equação 1) na 2)

16Borrachas = 16Canetas – 40

Como 6Canetas = 16Borrachas temos:

6Canetas = 16Canetas – 40

40 = 16Canetas – 6Canetas

40 = 10Canetas

Canetas = 40/10

Canetas = 4

Usando o método da substituição, vamos substituir a equação na 2)

Borrachas = Canetas – 2,50

Como Canetas = 4 temos:

Borrachas = 4 – 2,50

Borrachas = 1,50

Assim temos que o preço de 3 canetas é de R$ 12,00 pois:

Canetas = 4

3Canetas = 3 · 4

3Canetas = 12

Assim temos que o preço de 6 borrachas é de R$ 9,00 pois:

Borrachas = 1,50

6Borrachas = 6 · 1,50

6Borrachas = 9

Então uma pessoa pagará R$ 21,00 para comprar 3 canetas e 6 borrachas, pois:

3Canetas + 6Borrachas = 12 + 9 = 21.

GABARITO: A.

---

75. **(2020 - Prefeitura de Cananéia/SP - Engenheiro Civil)** Em determinado dia, um fabricante entregou 1100 caixas de certo produto, que foram totalmente repartidas entre 3 clientes distintos, A, B e C. Sabe-se que o cliente B recebeu 100 caixas a mais que o cliente A, e que este, por sua vez, recebeu a metade do número de caixas recebidas pelo cliente C. A diferença entre os números de caixas recebidas pelo cliente C e pelo cliente B é igual a:

a) 300.

b) 250.

c) 200.

d) 150.

e) 100.

O exercício pede a diferença entre os números de caixas recebidas pelo cliente C e pelo cliente B. Precisamos encontrar a quantidade de caixas recebidas pelo cliente C e pelo cliente B usando um sistema de equação.

Para montar o sistema de equação utilizamos as informações fornecidas no exercício:

1) A + B + C = 1100 (um fabricante entregou 1100 caixas de certo produto, que foram totalmente repartidas entre 3 clientes distintos, A, B e C)

2) B = 100 + A (cliente B recebeu 100 caixas a mais que o cliente A)

3) A = C/2 (cliente A recebeu a metade do número de caixas recebidas pelo cliente C)

A equação 3) pode ser escrita 2A = C

Usando o método da substituição, vamos substituir as equações 1) e 2) na 3)

A + B + C = 1100

Como B = 100 + A e 2A = C temos:

A + 100 + A + 2A = 1100

4.A = 1100 – 100

4.A = 1000

A = 1000/4

A = 250

Sabendo que B = 100 + A e 2A = C, então B = 350 e C = 500, pois:

B = 100 + A e 2A = C

Como A = 250, temos

B = 100 + 250

B = 350

2 · 250 = C

C = 500

Dessa forma, a diferença entre os números de caixas recebidas pelo cliente C e pelo cliente B é igual a 150 (500 – 350 = 150).

GABARITO: D.

---

76. **(2020 - FITO - Técnico em Gestão/Assistência Administrativa)** Carlos tem a terça parte da idade que tem Clara, e a soma das idades deles é igual a 36 anos. Logo, a diferença entre as idades de Clara e de Carlos é igual a:

a) 9 anos.

b) 15 anos.

c) 18 anos.

d) 21 anos.

e) 27 anos.

O exercício pede a diferença entre as idades de Clara e de Carlos. Precisamos encontrar a idade de Clara e Carlos usando um sistema de equação.

Para montar o sistema de equação utilizamos as informações fornecidas no exercício:

1) Clara + Carlos = 36 (a soma das idades deles é igual a 36 anos)

2) Carlos = Clara/3 (Carlos tem a terça parte da idade que tem Clara)

A equação 2) pode ser escrita 3 · Carlos = Clara

Usando o método da substituição, vamos substituir a equação 2) na 1)

Clara + Carlos = 36

Como 3 · Carlos = Clara temos:

3 · Carlos + Carlos = 36

4 · Carlos = 36

Carlos = 36/4

Carlos = 9

Sabendo que 3 · Carlos = Clara, então Clara = 27, pois:

3 · Carlos = Clara

Como Carlos = 9, temos

3 · 9 = Clara

Clara = 27

Dessa forma, a diferença entre as idades de Clara e de Carlos é igual a 18 (27 – 9 = 18).

GABARITO: C.

Razão

77. **(2018 – PM/SP – Soldado)** Em certo dia, em uma empresa onde trabalham 36 pessoas, a razão do número de pessoas resfriadas para o número de pessoas não resfriadas era 2/7. No dia seguinte, constatou-se que mais uma dessas pessoas estava resfriada. Assim, a razão do número de pessoas resfriadas para o número de pessoas não resfriadas passou a ser:

a) 1/2.

b) 3/7.

c) 4/7.

d) 1/4.

e) 1/3.

O exercício pede a razão do número de pessoas resfriadas para o número de pessoas não resfriadas. Com as informações fornecidas pelo exercício podemos resolver a razão e encontrar a quantidade de pessoas resfriadas e não resfriadas. Depois somamos um na quantidade de pessoas resfriadas e subtraímos um na quantidade de pessoas não resfriadas. Assim, fazemos a nova razão que ele solicitou na questão.

Para encontrar a quantidade de pessoas resfriadas e não resfriadas podemos pegar o total de pessoas e dividir pela soma da razão. Depois pegamos a proporção encontrada e multiplicamos pela razão de pessoas resfriadas e não resfriadas para encontrar as quantidades de cada uma:

Resfriadas/Não resfriadas = 2/7

Soma da razão é 9 (2 + 7)

Como o total = 36, então

36 : 9 = 4

Resfriadas = 2 · 4

Resfriadas = 8

Não resfriadas = 7 · 4

Não resfriadas = 28

Como no dia seguinte constatou-se que mais uma dessas pessoas estava resfriada e a quantidade de pessoas não mudou, então:

Resfriadas = 8 + 1

Resfriadas = 9

Não resfriadas = 28 – 1

Não resfriadas = 27

Assim a nova razão será:

Resfriadas/Não resfriadas = 9/27

Simplificando a fração temos:

Resfriadas/Não resfriadas = 1/3

Obs.: Sempre que o exercício fornecer o total e a razão, podemos dividir esse total pela soma dos números da razão. Assim encontramos a proporção. Depois multiplicamos essa proporção por cada um dos números dessa razão para encontrar a quantidade de cada um.

GABARITO: E.

---

78. **(2018 – PM/SP – Soldado)** Uma pessoa tirou 150 fotos com seu celular e excluiu 14 delas. Considerando-se as fotos restantes, a razão entre as fotos de boa qualidade e as fotos de baixa qualidade é 3/5. Sabendo-se que havia somente fotos de boa ou de baixa qualidade no celular, o número de fotos de boa qualidade era:

a) 62.

b) 68.

c) 57.

d) 51.

e) 73.

O exercício pede o número de fotos de boa qualidade. Com as informações fornecidas pelo exercício podemos resolver a razão e encontrar a quantidade de fotos de boa e de baixa qualidade.

Como a pessoa tirou 150 fotos com seu celular e excluiu 14 delas, temos um total de 136 fotos, pois: 150 – 14 = 136.

Para encontrar a quantidade de fotos de boa qualidade podemos pegar o total de fotos e dividir pela soma da razão. Depois pegamos a proporção encontrada e multiplicamos pela razão de fotos de boa qualidade:

Boa/Baixa = 3/5

Soma da razão é 8 (3 + 5)

Como o total = 136, então

136 : 8 = 17

Boa = 3 · 17

Boa = 51

Obs.: Sempre que o exercício fornecer o total e a razão, podemos dividir esse total pela soma dos números da razão. Assim encontramos a proporção. Depois multiplicamos essa proporção por cada um dos números dessa razão para encontrar a quantidade de cada um.

GABARITO: D.

---

79. **(2019 – TJ/SP - Contador Judiciário)** Em uma enquete, cada pessoa deveria escolher um dentre prato salgado ou prato doce. Um grupo de 168 pessoas participou da enquete e observou-se que a razão entre o número de votos para prato salgado e o número de votos para prato doce foi 5/7. Dentre aqueles que votaram no prato doce, o número de pessoas que deveriam trocar sua escolha para que essa razão se tornasse 3/1 é igual a:

a) 48.

b) 56.

c) 60.

d) 64.

e) 68.

O exercício pede, dentre aqueles que votaram no prato doce, o número de pessoas que deveriam trocar sua escolha para que essa razão se tornasse 3/1. Com as informações fornecidas pelo exercício podemos resolver a razão e encontrar a quantidade de pessoas que escolheram prato doce. Depois fazemos a outra razão para encontrar a quantidade de pessoas que deveriam escolher o prato doce. Assim, fazemos a subtração das duas quantidades para encontrar o número de pessoas que deveriam trocar sua escolha.

Para encontrar a quantidade de pessoas que escolheram prato salgado ou prato doce podemos pegar o total de pessoas e dividir pela soma da razão. Depois pegamos a proporção encontrada e multiplicamos pela razão de pessoas que escolheram prato salgado e prato doce para encontrar as quantidades de cada uma:

Salgado/Doce = 5/7

Soma da razão é 12 (5 + 7)

Como o total = 168, então

168 : 12 = 14

Doces = 7 · 14

Doces = 98

Fazendo o mesmo para a outra razão e sabendo que a quantidade de pessoas não mudou então:

Salgado/Doce = 3/1

Soma da razão é 4 (3 + 1)

Como o total = 168, então

168 : 4 = 42

Doces = 1 · 42

Doces = 42

Com isso encontramos que 98 pessoas escolheram prato doce e que a quantidade de pessoas que deveriam escolher o prato doce é de 42. Assim 56 pessoas deveriam trocar sua escolha, pois:

98 – 42 = 56

Obs.: Sempre que o exercício fornecer o total e a razão, podemos dividir esse total pela soma dos números da razão. Assim encontramos a proporção. Depois multiplicamos essa proporção por cada um dos números dessa razão para encontrar a quantidade de cada um.

GABARITO: B.

---

80. **(2019 - Prefeitura de Arujá/SP - Oficial Administrativo)** Uma pessoa possui 480 folhas de papel sulfite, sendo que cada folha ou é da cor branca ou é da cor azul, de modo que a razão entre o número de folhas azuis e o número de folhas brancas é 3/5. Após ela utilizar 30 folhas azuis, a razão entre o número de folhas azuis e o número de folhas brancas passará a ser:

a) 1/3.

b) 2/5.

c) 1/2.

d) 3/4.

e) 4/5.

O exercício pede a razão entre o número de folhas azuis e o número de folhas brancas. Com as informações fornecidas pelo exercício podemos resolver a razão e encontrar a quantidade de folhas azuis e brancas. Depois subtraímos 30 na quantidade de folhas azuis. Assim, fazemos a nova razão que ele solicitou na questão.

Para encontrar a quantidade de folhas azuis e brancas podemos pegar o total de folhas e dividir pela soma da razão. Depois pegamos a proporção encontrada e multiplicamos pelas razão de folhas azuis e brancas para encontrar as quantidades de cada uma:

Azul/Branca = 3/5

Soma da razão é 8 (3 + 5)

Como o total = 480, então

480:8 = 60

Azul = 3 · 60

Azul = 180

Branca = 5 · 60

Branca = 300

Como foram utilizadas 30 folhas azuis então:

Azul = 180 - 30

Azul = 150

Assim a nova razão será:

Azul/Branca = 150/300

Simplificando a fração temos:

Azul/Branca = 1/2

Obs.: Sempre que o exercício fornecer o total e a razão, podemos dividir esse total pela soma dos números da razão. Assim encontramos a proporção. Depois multiplicamos essa proporção por cada um dos números dessa razão para encontrar a quantidade de cada um.

GABARITO: C.

---

81. **(2019 – Câmara de Sertãozinho/SP – Escriturário)** Em um fichário com 400 folhas, a razão entre o número de folhas preenchidas e o número total de folhas é 3/8. Preenchendo mais 10 folhas desse fichário, a razão entre o número de folhas preenchidas e o número de folhas não preenchidas será de:

a) 3/4.

b) 2/3.

c) 3/5.

d) 1/3.

e) 1/4.

O exercício pede a razão entre o número de folhas preenchidas e o número de folhas não preenchidas. Com as informações fornecidas pelo exercício podemos resolver a razão e encontrar a quantidade de folhas preenchidas e não preenchidas. Depois subtraímos 10 na quantidade de folhas não preenchidas e somamos 10 na quantidade de folhas preenchidas. Assim, fazemos a razão que ele solicitou na questão.

Para encontrar a quantidade de folhas preenchidas podemos pegar o total de folhas que o exercício forneceu e resolver a razão. O restante são as não preenchidas:

Preenchidas /Total = 3/8

Como o total = 400, então

Preenchidas /400 = 3/8

Preenchidas = 3 · 400/8

Preenchidas = 1200/8

Preenchidas = 150

Como tem um total de 400 folhas e 150 foram preenchidas, então 250 não foram preenchidas, pois:

400 – 150 = 250

Como foram preenchidas mais 10 folhas então:

Preenchidas = 150 + 10

Preenchidas = 160

Não Preenchidas = 250 – 10

Não Preenchidas = 240

Assim a razão será:

Preenchidas /Não Preenchidas = 160/240

Simplificando a fração temos:

Preenchidas /Não Preenchidas = 2/3.

GABARITO: B.

---

82. **(2019 - Câmara de Serrana/SP - Técnico Legislativo)** Em determinada secretaria municipal, a razão entre o número de servidores com até 5 anos de serviços prestados àquele município e o número de servidores com mais de 5 anos de serviços prestados pode ser representada por 3/5. Sabendo-se que, no total, 104 servidores prestam serviços naquela secretaria, a diferença entre os números de servidores com mais tempo e menos tempo de serviço prestados ao município em questão é igual a:

a) 25.

b) 26.

c) 27.

d) 28.

e) 29.

O exercício pede a diferença entre os números de servidores com mais tempo e menos tempo de serviço. Com as informações fornecidas pelo exercício podemos resolver a razão e encontrar a quantidade de servidores com mais tempo e menos tempo. Depois subtraímos um do outro.

Para encontrar a quantidade de servidores com mais tempo e menos tempo podemos pegar o total de servidores e dividir pela soma da razão. Depois pegamos a proporção encontrada e multiplicamos pela razão de servidores com mais tempo e menos tempo para encontrar as quantidades de cada uma:

Mais tempo/Menos tempo = 3/5

Soma da razão é 8 (3 + 5)

Como o total = 104, então
104 : 8 = 13
Mais tempo = 3 · 13
Mais tempo = 39
Menos tempo = 5 · 13
Menos tempo = 65
Assim, a diferença entre os números de servidores com mais tempo e menos tempo de serviço prestados ao município é igual a 26, pois:
Menos tempo – Mais tempo = 65 – 39 = 26
Obs.: Sempre que o exercício fornecer o total e a razão, podemos dividir esse total pela soma dos números da razão. Assim, encontramos a proporção. Depois multiplicamos essa proporção por cada um dos números dessa razão para encontrar a quantidade de cada um.

GABARITO: B.

M A T

83. **(2019 - TJ/SP - Médico Judiciário)** No primeiro concurso de culinária, com 165 participantes, a razão entre o número de homens e o número total de participantes foi 3/11, sendo que essa razão se repetiu no segundo concurso, que teve um total de 231 participantes. A diferença entre o número de homens que participaram do segundo e do primeiro concursos foi igual a:

a) 14.
b) 28.
c) 23.
d) 18.
e) 25.

O exercício pede a diferença entre o número de homens que participaram do segundo e do primeiro concursos. Com as informações fornecidas pelo exercício podemos resolver a razão e encontrar a quantidade de homens no primeiro e no segundo concurso. Depois, subtraímos um do outro.
Para encontrar a quantidade de homens podemos pegar o total de participantes que o exercício forneceu e resolver a razão.
Para o primeiro concurso fazemos:
Homens /Total = 3/11
Como o total = 165, então
Homens /165 = 3/11
Homens = 3 · 165/11
Homens = 495/11
Homens = 45
Para o segundo concurso a razão é a mesma (razão se repetiu no segundo concurso), então fazemos:
Homens /Total = 3/11
Como o total = 231, então
Homens /231 = 3/11
Homens = 3 · 231/11
Homens = 693/11
Homens = 63
Assim, a diferença entre o número de homens que participaram do segundo e do primeiro concursos foi igual a 18, pois:
63 – 45 = 18

GABARITO: D.

84. **(2019 - Unicamp - Profissional para Assuntos Administrativos)** Um recipiente A possuía 9 litros de água e outro recipiente B possuía 4 litros de álcool. Foram passados 2 litros do recipiente A para o recipiente B, de maneira que a mistura resultante ficou homogênea. Em seguida foram passados 3 litros do recipiente B para o recipiente A, e a razão entre o volume de álcool e o volume total do recipiente A ficou em:

a) 1/5.

b) 2/5.

c) 3/5.

d) 3/10.

e) 7/10.

O exercício pede a razão entre o volume de álcool e o volume total do recipiente A. Com as informações fornecidas pelo exercício encontramos a quantidade de litros de álcool no recipiente A e a quantidade total. Assim, fazemos a razão que ele solicitou na questão.

Um recipiente A possuía 9 litros de água e outro recipiente B possuía 4 litros de álcool, então:

A = 9 água

B = 4 álcool

Foram passados 2 litros do recipiente A para o recipiente B, de maneira que a mistura resultante ficou homogênea, assim:

A = 9 água – 2 água

A = 7 água

B = 4 álcool + 2 água

Em seguida foram passados 3 litros do recipiente B para o recipiente A.

Como o recipiente B tem 6 litros de mistura homogênea (água + álcool) e foram passados 3 litros para o recipiente A, então foram passados 2 litros de álcool e 1 litro de água, pois deve manter a mesma proporção de água e álcool, então:

B = 4 álcool + 2 água (6 litros)

Metade (3 litros), então:

B = 4 álcool + 2 água - 2 álcool - 1 água

B = 2 álcool + 1 água

A = 7 água

A = 7 água + 2 álcool + 1 água

A = 2 álcool + 8 água (total de 10 litros)

Assim a razão será:

Álcool /Total = 2/10

Simplificando a fração temos:

Álcool /Total = 1/5

GABARITO: A.

---

85. **(2018 - Prefeitura de São Bernardo do Campo/SP - Oficial Administrativo I)** No preparo de um refresco, utiliza-se vinho misturado com água, na seguinte proporção: 180 ml de vinho em 300 ml de água. Mantendo-se essa mesma proporção e utilizando-se totalmente 1,5 litro de vinho, a quantidade que se pode preparar desse refresco é:

a) 3,0 litros.

b) 3,5 litros.

c) 4,0 litros.

d) 4,5 litros.

e) 5,0 litros.

O exercício pede a quantidade de refresco. Com as informações fornecidas pelo exercício podemos resolver a razão e encontrar a quantidade de vinho e de água. Depois somamos os dois para encontrar a quantidade de refresco.

Sabendo que 1 L = 1000 ml, transformando para litros temos:

Vinho = 180 ml

Vinho = 180 : 1000

Vinho = 0,180 L

Água = 300 ml

Água = 300 : 1000

Água = 0,300 L

Para encontrar a quantidade de água podemos pegar a quantidade de vinho que o exercício forneceu e resolver a razão:

Vinho /Água = 0,180/0,300

Como o Vinho = 1,5 então

1,5 /Água = 0,180/0,300

1,5 · 0,300 = 0,180 Água

0,45 = 0,180 Água

Água = 0,45/0,180

Água = 2,5

Assim, temos 2,5 L de água e 1,5 L de vinho.

Com isso, a quantidade que se pode preparar desse refresco é de 4 L, pois:

Refresco = Água + Vinho

Como Água = 2,5 e Vinho = 1,5

Refresco = 2,5 + 1,5

Refresco = 4

GABARITO: C.

---

86. **(2019 - Prefeitura de Itapevi/SP - Auditor Fiscal Tributário)** Ricardo abasteceu o tanque de combustível de seu carro com gasolina e etanol, na razão de 1 para 4, nessa ordem. Se ele tivesse colocado 4 litros de gasolina a mais e 4 litros de etanol a menos, a razão entre o número de litros de gasolina e o número de litros de etanol passaria a ser 1/2.

O número total de litros de combustível colocados nesse abastecimento foi:

a) 40.

b) 36.

c) 32.

d) 30.

e) 28.

O exercício pede o número total de litros de combustível. Com as informações fornecidas pelo exercício podemos resolver a razão e encontrar a quantidade de gasolina e etanol. Depois somamos os dois.

Para encontrar a quantidade de gasolina e etanol resolvemos um sistema de equações usando as razões que o exercício forneceu.

1) Gasolina/Etanol = 1/4 (gasolina e etanol, na razão de 1 para 4)

2) (Gasolina + 4)/(Etanol – 4) = 1/2 (4 litros de gasolina a mais e 4 litros de etanol a menos, razão 1/2)

Na equação 1) temos:

Gasolina/Etanol = 1/4

4Gasolina = Etanol

Na equação 2) temos:

(Gasolina + 4)/(Etanol – 4) = 1/2

2Gasolina + 8 = Etanol – 4

Como 4Gasolina = Etanol, então:

2Gasolina + 8 = 4Gasolina – 4

8 + 4 = 4Gasolina – 2Gasolina

12 = 2Gasolina

Gasolina = 12/2

Gasolina = 6

Assim, como 4Gasolina = Etanol, temos:

Como Gasolina = 6

4 · 6 = Etanol

Etanol = 24

O número total de litros de combustível colocados nesse abastecimento foi 30 litros, pois:

Gasolina + Etanol = 6 + 24

Gasolina + Etanol = 30.

GABARITO: D.

---

87. **(2019 - TJ/SP - Administrador Judiciário)** Em um concurso somente para os cargos A e B, a razão entre o número de candidatos inscritos para o cargo A e o número de candidatos inscritos para o cargo B era 2/3. No dia do concurso, 40 candidatos inscritos para o cargo A e 120 candidatos inscritos para o cargo B não compareceram, e a razão entre o número de candidatos que fizeram a prova para o cargo A e o número de candidatos que fizeram a prova para o cargo B foi 3/4. Dessa forma, a diferença entre o número de candidatos que fizeram a prova para o cargo B e o número de candidatos que fizeram a prova para o cargo A foi:

a) 140.

b) 130.

c) 150.

d) 120.

e) 160.

O exercício pede a diferença entre o número de candidatos que fizeram a prova para o cargo B e o número de candidatos que fizeram a prova para o cargo A. Com as informações fornecidas pelo exercício podemos resolver a razão e encontrar as quantidades de candidatos inscritos para os cargos A e B. Depois encontramos a quantidade de candidatos que fizeram a prova para cada cargo e fazemos a diferença entre os dois.

Para encontrar a quantidade de candidatos inscritos para os cargos A e B resolvemos um sistema de equações usando as razões que o exercício forneceu.

1) A/B = 2/3 (a razão entre o cargo A e o cargo B era 2/3)

2) (A - 40)/(B – 120) = 3/4 (40 para o A e 120 para o B não compareceram, e a razão foi 3/4)

Na equação 1) temos:

A/B = 2/3

3A = 2B

Multiplicando por 3, temos:

9A = 6B

Na equação 2) temos:

(A - 40)/(B – 120) = 3/4

4A – 160 = 3B – 360

Multiplicando por 2, temos:

8A – 320 = 6B – 720

Como 9A = 6B, então:

8A – 320 = 9A – 720

720 – 320 = 9A – 8A

A = 400

Como 3A = 2B, então:

3 · 400 = 2B

1200 = 2B

B = 1200/2

B = 600

Assim, temos 400 candidatos inscritos para o cargo A e 600 candidatos inscritos para o cargo B.

Como ele quer o número de candidatos que fizeram a prova, temos:

A – 40 = 400 – 40 = 360

B – 120 = 600 – 120 = 480

Assim, a diferença entre o número de candidatos que fizeram a prova para o cargo B e o número de candidatos que fizeram a prova para o cargo A foi 120, pois:

B – A = 480 – 360 = 120.

GABARITO: D.

88. **(2018 - Prefeitura de São Bernardo do Campo/SP - Analista Tributário Financeiro I)** Em um concurso público para cargos com graus de escolaridade de ensino médio completo e de ensino superior completo, a razão entre o número de candidatos que se inscreveram com somente o ensino médio completo e o número de candidatos que se inscreveram com o ensino superior completo foi igual a 0,4. No dia da prova, 7000 candidatos compareceram, sendo que foram constatadas as faltas de 8 candidatos com somente o ensino médio completo e de 20 candidatos com o ensino superior completo. Em se tratando dos candidatos inscritos, a diferença entre o número dos que tinham o ensino superior completo e o número dos que tinham somente o ensino médio completo é igual a:

a) 2998.

b) 3005.

c) 3012.

d) 3019.

e) 3026.

O exercício pede a diferença entre o número dos candidatos inscritos que tinham o ensino superior completo e o número dos que tinham somente o ensino médio completo. Com as informações fornecidas pelo exercício podemos resolver a razão e encontrar a quantidade de candidatos inscritos que tinham o ensino superior completo e que tinham somente o ensino médio completo. Depois subtraímos um do outro.

Para encontrar a quantidade de candidatos inscritos que tinham o ensino superior completo e que tinham somente o ensino médio completo podemos pegar o total de candidatos que compareceram na prova e somar com os que não compareceram na prova e dividir pela soma da razão. Depois pegamos a proporção encontrada e multiplicamos pela razão dos que têm o ensino superior completo e os que têm o ensino médio completo para encontrar as quantidades de cada um:

Sabemos que 7000 candidatos compareceram e 8 candidatos com o ensino médio e 20 candidatos com o ensino superior faltaram. Assim, o total de inscritos é de 7028 (7000 + 8 + 20 = 7028)

Médio/Superior = 4/10 (a razão é 0,4)

Soma da razão é 14 (4 + 10)

Como o total = 7028, então

7028 : 14 = 502

Médio = 4 · 502

Médio = 2008

Superior = 10 · 502

Superior = 5020

Assim, a diferença entre o número dos candidatos inscritos que tinham o ensino superior completo e o número dos que tinham somente o ensino médio completo é igual a 3012, pois:

Superior – Médio = 5020 – 2008 = 3012

Obs.: Sempre que o exercício fornecer o total e a razão, podemos dividir esse total pela soma dos números da razão. Assim encontramos a proporção. Depois multiplicamos essa proporção por cada um dos números dessa razão para encontrar a quantidade de cada um.

GABARITO: C.

---

89. **(2021 - CODEN/SP - Operador de Máquinas)** Para preparar certa massa, um pedreiro utiliza 5 partes de areia para 2 partes de cimento. Se esse pedreiro utilizar 8 partes de cimento, o número de partes de areia será:

a) 12.

b) 16.

c) 20.

d) 24.

e) 28.

O exercício pede o número de partes de areia. Com as informações fornecidas pelo exercício podemos resolver a razão e encontrar o número de partes de areia.

Para encontrar o número de partes de areia podemos utilizar a quantidade de partes de cimento e resolver a razão.

Usando as informações, temos:

Areia/Cimento = 5/2

Como o Cimento = 8, então:

Areia/8 = 5/2

2 · Areia = 8 · 5

Areia = 40/2

Areia = 20.

GABARITO: C.

---

90. **(2018 - UFTM - Assistente em Administração)** Em um concurso para os cargos A e B, a razão entre o número de candidatos inscritos para o cargo A e o número de candidatos inscritos para o cargo B é 4/5. Se, nesse concurso, o número de candidatos inscritos para o cargo B supera em 420 o número de candidatos inscritos para o cargo A, então é correto afirmar que o número total de candidatos inscritos é:

a) 3780.

b) 3375.

c) 3370.

d) 3365.

e) 3760.

O exercício pede o número total de candidatos inscritos. Com as informações fornecidas pelo exercício podemos resolver a razão e encontrar as quantidades de candidatos inscritos para os cargos A e B. Depois somamos os dois.

Para encontrar a quantidade de candidatos inscritos para os cargos A e B resolvemos um sistema de equações usando as razões que o exercício forneceu.

1) A/B = 4/5 (a razão entre o cargo A e o cargo B é 4/5)

2) B = A + 420 (inscritos para o cargo B superam em 420 os inscritos para o cargo A)

Na equação 1) temos:

A/B = 4/5

5A = 4B

Na equação 2) temos:

B = A + 420

Multiplicando por 4 temos:

4B = 4A + 1680

Como 5A = 4B, então:

5A = 4A + 1680

5A – 4A = 1680

A = 1680

Como B = A + 420, então:

B = 1680 + 420

B = 2100

Assim, temos 1680 candidatos inscritos para o cargo A e 2100 candidatos inscritos para o cargo B.

Assim, o número total de candidatos inscritos é 3780, pois:

A + B = 1680 + 2100 = 3780

GABARITO: A.

---

91. **(2018 - Prefeitura de Barretos/SP - Agente Administrativo)** Em um estacionamento onde há 85 lâmpadas, a razão entre o número de lâmpadas acesas e o número de lâmpadas apagadas é 5/12. Se 10 lâmpadas apagadas forem acesas, a razão entre o número de lâmpadas acesas e o número de lâmpadas apagadas passará a ser:

a) 7/10.

b) 3/5.

c) 1/2.

d) 2/5.

e) 3/10.

O exercício pede a nova razão entre o número de lâmpadas acesas e o número de lâmpadas apagadas. Com as informações fornecidas pelo exercício podemos resolver a razão e encontrar as lâmpadas acesas e apagadas. Depois somamos dez na quantidade de lâmpadas acesas e subtraímos dez na quantidade de lâmpadas apagadas. Assim, fazemos a nova razão que ele solicitou na questão.

Para encontrar a quantidade de lâmpadas acesas e apagadas podemos pegar o total de lâmpadas e dividir pela soma da razão. Depois pegamos a proporção encontrada e multiplicamos pela razão das lâmpadas acesas e apagadas para encontrar as quantidades de cada uma:

Acesas/Apagadas = 5/12

Soma da razão é 17 (5 + 12)

Como o total = 85, então

85 : 17 = 5

Acesas = 5 · 5

Acesas = 25

Apagadas = 12 · 5

Apagadas = 60

Como 10 lâmpadas apagadas forem acesas e a quantidade de lâmpadas não mudou então:

Acesas = 25 + 10

Acesas = 35

Apagadas = 60 – 10

Apagadas = 50

Assim a nova razão será:

Acesas/Apagadas = 35/50

Simplificando a fração temos:

Acesas/Apagadas = 7/10

Obs.: Sempre que o exercício fornecer o total e a razão, podemos dividir esse total pela soma dos números da razão. Assim encontramos a proporção. Depois multiplicamos essa proporção por cada um dos números dessa razão para encontrar a quantidade de cada um.

GABARITO: A.

---

92. **(2018 - Prefeitura de Ferraz de Vasconcelos/SP - Professor de Educação Básica I)** O gráfico apresenta o número de linhas de telefone fixo e celular no mundo, proporcionalmente, de 1990 a 2016.

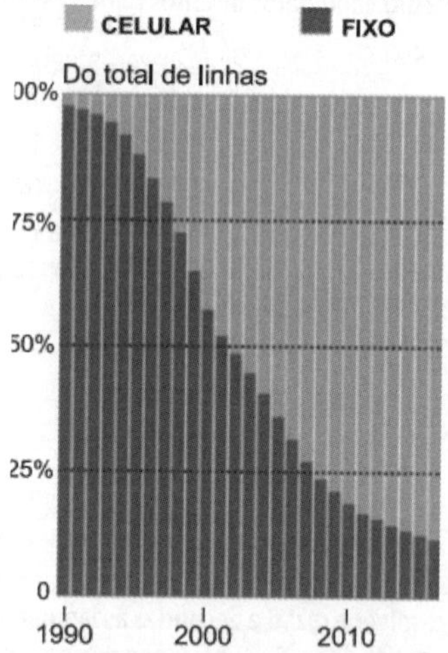

(www.nexojornal.com.br. Adaptado)

De acordo com o gráfico, a razão entre o número de celulares e o número de linhas fixas superou a razão 3 para 1, respectivamente, a partir do ano de:

a) 1997.

b) 2001.

c) 2005.

d) 2008.

e) 2012.

O exercício pede a partir de qual ano a razão entre o número de celulares e o número de linhas fixas superou a razão 3 para 1. Precisamos encontrar no gráfico quando a quantidade de celulares fica três vezes maior que a quantidade de linhas fixas.

Para encontrar a quantidade de celulares e linhas fixas podemos pegar o total de 100% e dividir pela soma da razão. Depois pegamos a proporção encontrada e multiplicamos pela razão dos celulares e das linhas fixas para encontrar as quantidades de cada uma:

Celular/Fixa = 3/1

Soma da razão é 4 (3 + 1)

Como o total = 100%, então

100 : 4 = 25

Celular = 3 · 25

Celular = 75

Fixa = 1 · 25

Fixa = 25

Como ele pede o ano em que a razão entre o número de celulares e o número de linhas fixas superou a razão 3 para 1, precisamos encontrar no gráfico o ano em que a coluna dos celulares ultrapassa os 75% e coluna das linhas fixas fica abaixo de 25%. Olhando no gráfico encontramos isso a partir de 2008.

Obs.: Sempre que o exercício fornecer o total e a razão, podemos dividir esse total pela soma dos números da razão. Assim encontramos a proporção. Depois multiplicamos essa proporção por cada um dos números dessa razão para encontrar a quantidade de cada um.

GABARITO: D.

---

93. **(2018 - Câmara de Indaiatuba/SP - Controlador Interno)** A razão entre o dinheiro que Luciana tinha e o dinheiro que Renata tinha era 2/5. Após Luciana gastar R$ 150,00 e Renata gastar R$ 125,00, a razão entre o dinheiro que restou à Luciana e o dinheiro que restou a Renata passou a ser 3/8. Renata passou a ter a mais que Luciana em reais e, após esses gastos, a quantia igual a:

a) 2500.

b) 2750.

c) 2930.

d) 3025.

e) 3100.

O exercício pede quanto Renata passou a ter a mais que Luciana após os gastos. Com as informações fornecidas pelo exercício podemos resolver a razão e encontrar os valores de Luciana e Renata. Depois fazemos a diferença entre os dois.

Para encontrar os valores de Luciana e Renata resolvemos um sistema de equações usando as razões que o exercício forneceu.

1) Luciana / Renata = 2/5 (razão entre o dinheiro de Luciana e o dinheiro de Renata era 2/5)

2) (Luciana – 150)/(Renata – 125) = 3/8 (Luciana gastou R$150,00, Renata R$ 125,00, a razão é 3/8)

Na equação 1) temos:

Luciana / Renata = 2/5

5Luciana = 2Renata

Multiplicando por 3 temos:

15Luciana = 6Renata

Na equação 2) temos:

(Luciana – 150)/(Renata – 125) = 3/8

8Luciana – 1200 = 3Renata – 375

Multiplicando por 2 temos:

16Luciana – 2400 = 6Renata – 750

Como 15Luciana = 6Renata, então:

16Luciana – 2400 = 15Luciana – 750

16Luciana – 15Luciana = 2400 – 750

Luciana = 1650

Como 5Luciana = 2Renata, então:

5 · 1650 = 2Renata

8250 = 2Renata

Renata = 8250/2

Renata = 4125

Como Luciana gastou R$ 150,00 e Renata gastou R$ 125,00, temos:

Luciana = 1650 – 150

Luciana = 1500

Renata = 4125 – 125

Renata = 4000

Assim, Renata passou a ter a mais que Luciana, em reais e após esses gastos, a quantia igual a R$ 2500,00, pois:

Renata - Luciana = 4000 – 1500 = 2500.

GABARITO: A.

---

94. **(2018 - Prefeitura de Sertãozinho/SP - Analista de Orçamento e Planejamento)** João coleciona selos e moedas. No dia 8 de janeiro, ele tinha 9 selos para cada 4 moedas. No dia 9 de janeiro, ele ganhou alguns selos e 46 moedas e, agora, para cada 9 selos, João tem 5 moedas. Se a soma do número de selos com o número de moedas que João passou a ter no dia 9 é igual a 420, o número de selos que ele ganhou nesse dia foi:

a) 12.

b) 18.

c) 24.

d) 30.

e) 36.

O exercício pede o número de selos que João ganhou. Com as informações fornecidas pelo exercício podemos resolver a razão e encontrar a quantidade de selos nos dias 8 e 9. Depois fazemos a diferença entre eles.

Para encontrar a quantidade de selos e moedas podemos pegar o total de moedas e selos e dividir pela soma da razão. Depois pegamos a proporção encontrada e multiplicamos pela razão de selos e moedas para encontrar as quantidades de cada um.

Usando as informações do dia 9, temos:

Selos/Moedas = 9/5

Soma da razão é 14 (9 + 5)

Como o total = 420, então

420 : 14 = 30

Selos = 9 · 30

Selos = 270

Moedas = 5 · 30

Moedas = 150

Como ele ganhou 46 moedas, então no dia 8 ele tinha 104 moedas, pois:

Moedas = 150 – 46 = 104

Sabendo que a razão no dia 8 era de 9 selos para cada 4 moedas, temos:

Selos/Moedas = 9/4

Como Moedas = 104, então

Selos/104 = 9/4

4Selos = 9 · 104

4Selos = 936

Selos = 936/4

Selos = 234

Com isso, no dia 8 ele tinha 234 selos e no dia 9 ficou com 270 selos.

Assim, o número de selos que ele ganhou nesse dia foi 36, pois:

Selos = 270 – 234 = 36

Obs.: Sempre que o exercício fornecer o total e a razão, podemos dividir esse total pela soma dos números da razão. Assim encontramos a proporção. Depois multiplicamos essa proporção por cada um dos números dessa razão para encontrar a quantidade de cada um.

GABARITO: E.

---

95. **(2020 - TJM/SP - Analista em Comunicação e Processamento de Dados Judiciário/Analista de Redes)** Em um restaurante, em qualquer dia, a razão entre o número de sucos vendidos para o número de refrigerantes vendidos é 5 para 11. Certo dia, a diferença entre os números de refrigerantes e sucos vendidos foi 84. A soma do número de refrigerantes e o número de sucos vendidos nesse dia foi:

a) 224.

b) 240.

c) 256.

d) 272.

e) 288.

O exercício pede a soma do número de refrigerantes e o número de sucos vendidos. Com as informações fornecidas pelo exercício podemos resolver a razão e encontrar a soma do número de refrigerantes e o número de sucos vendidos.

Sabendo que a razão entre o número de sucos vendidos para o número de refrigerantes vendidos é 5 para 11 e que a diferença entre os números de refrigerantes e sucos vendidos foi 84, temos:

Suco/Refrigerante = 5/11

Como a diferença entre os números de refrigerantes e sucos vendidos = 84, então:

Suco/Suco + 84 = 5/11

11 · Suco = 5 · Suco + 5 · 84

11 · Suco = 5 · Suco + 420

11 · Suco - 5 · Suco = 420

6 · Suco = 420

Suco = 420/6

Suco = 70

Assim, temos 70 sucos vendidos e 154 refrigerantes vendidos (70 + 84 = 154).

A soma do número de refrigerantes e o número de sucos vendidos nesse dia foi 224 (154 + 70 = 224).

GABARITO: A.

---

96. **(2020 - Prefeitura de Sorocaba/SP - Professor)** Em uma turma de 4° ano, a razão entre o número de alunos e de alunas matriculados era igual a 3/4, e a diferença entre os números de alunas e de alunos era 4. Se nessa turma houvesse uma aluna a menos matriculada, a razão em questão seria igual a:

a) 4/5.

b) 5/6.

c) 6/7.

d) 7/8.

e) 8/9.

O exercício pede a razão se nessa turma houvesse uma aluna a menos matriculada. Com as informações fornecidas pelo exercício podemos resolver a razão, encontrar o número de alunas matriculadas e a nova razão.

Sabendo que a razão entre o número de alunos e de alunas matriculados era igual a 3/4 e que a diferença entre os números de alunas e de alunos era 4, temos:

Alunos/Alunas = 3/4

Como a diferença entre os números de alunas e de alunos = 4, então:

Alunos/Alunos + 4 = 3/4

4 · Alunos = 3 · Alunos + 4 · 3

4 · Alunos = 3 · Alunos + 12

4 · Alunos – 3 · Alunos = 12

Alunos = 12

Alunas = 12 + 4

Alunas = 16

Se nessa turma houvesse uma aluna a menos matriculada seriam 15 alunas (16 – 1 = 15)

Assim a razão Alunos/Alunas = 12/15

Simplificando temos a razão Alunos/Alunas = 4/5 (divide o numerador e denominador por 3).

GABARITO: A.

---

97. **(2020 - FITO - Técnico em Gestão/Assistência)** Sobre os 1430 candidatos que prestaram a última fase de um concurso, sabe-se que a razão entre o número de aprovados e o número de não aprovados é 4/7. O número de candidatos aprovados nessa fase do concurso é:

a) 520.

b) 530.

c) 540.

d) 550.

e) 560.

O exercício pede o número de candidatos aprovados nessa fase do concurso. Com as informações fornecidas pelo exercício podemos resolver a razão e encontrar o número de candidatos aprovados nessa fase do concurso.

Para encontrar o número de candidatos aprovados e não aprovados podemos pegar o total de pessoas e dividir pela soma da razão. Depois pegamos a proporção encontrada e multiplicamos pela razão de candidatos aprovados:

Aprovados/Não aprovados = 4/7

Soma da razão é 11 (4 + 7)

Como o total = 1430, então

1430 : 11 = 130

Aprovados = 130 · 4

Aprovados = 520

Obs: Sempre que o exercício fornecer o total e a razão, podemos dividir esse total pela soma dos números da razão. Assim encontramos a proporção. Depois multiplicamos essa proporção por cada um dos números dessa razão para encontrar a quantidade de cada um.

GABARITO: A.

---

98. **(2018 - Câmara Municipal de São José dos Campos/SP - Técnico Legislativo)** Em um concurso somente para os cargos A e B, cada candidato poderia fazer inscrição para um desses cargos. Sabendo que o número de candidatos inscritos para o cargo A era 3000 unidades menor que o número de candidatos inscritos para o cargo B, e que a razão entre os respectivos números, nessa ordem, era igual a 0,4, então é verdade que o número de candidatos inscritos para o cargo B correspondeu, do total de candidatos inscritos, a:

a) 3/7.

b) 5/9.

c) 4/7.

d) 2/3.

e) 5/7.

O exercício pede a razão entre o número de candidatos inscritos para o cargo B e o total de candidatos inscritos. Com as informações fornecidas pelo exercício podemos resolver a razão e encontrar a quantidade de candidatos inscritos para os cargos A e B. Depois somamos os dois e encontramos a razão.

Para encontrar a quantidade de candidatos inscritos para os cargos A e B resolvemos um sistema de equações usando as razões que o exercício forneceu.

1) A/B = 4/10 (a razão entre o cargo A e o cargo B é 0,4)

2) A = B – 3000 (candidatos inscritos para o cargo A era 3000 unidades menor que para o cargo B)

Na equação 1) temos:

A/B = 4/10

10A = 4B

Na equação 2) temos:

A = B – 3000

Multiplicando por 10 temos:

10A = 10B – 30000

Como 10A = 4B, então:

4B = 10B – 30000

30000 = 10B – 4B

30000 = 6B

B = 30000/6

B = 5000

Como A = B – 3000, então:

A = 5000 – 3000

A = 2000

Assim, temos 2000 candidatos inscritos para o cargo A e 5000 candidatos inscritos para o cargo B.

Assim, o número total de candidatos inscritos é 7000, pois:

A + B = 2000 + 5000 = 7000

Assim, temos a relação:

B/Total = 5000/7000

Simplificando a razão:

B/Total = 5/7.

GABARITO: E.

---

99. **(2018 - Prefeitura de Garça/SP - Professor de Educação Básica I)** Em uma sala de aula, há 16 meninos e certo número de meninas. Se nessa sala tivesse um menino a menos e uma menina a mais, a razão entre o número de meninos e o número de meninas seria 3/4. Logo, o número total de alunos dessa sala é:

a) 33.

b) 34.

c) 35.

d) 36.

e) 37.

O exercício pede o número total de alunos dessa sala. Com as informações fornecidas pelo exercício podemos resolver a razão e encontrar a quantidade de meninas. Depois somamos com a quantidade de meninos e encontramos o total.

Para encontrar a quantidade de meninas podemos utilizar a quantidade de meninos e resolver a razão. Depois somamos os dois para encontrar o total de alunos.

Se nessa sala tivesse um menino a menos teriam 15 meninos.

Usando as informações de um menino a menos e uma menina a mais, temos:

Meninos/Meninas = 3/4

Como o Meninos = 15, então

15/Meninas = 3/4

15 · 4 = 3Meninas

60 = 3Meninas

Meninas = 60/3

Meninas = 20

Assim, se nessa sala tivesse um menino a menos e uma menina a mais teríamos:

Meninos = 15

Meninas = 20

Somando um nos meninos e subtraindo um nas meninas o número total de alunos dessa sala é 35, pois:

Meninos = 15 + 1

Meninos = 16

Meninas = 20 – 1

Meninas = 19

Total = Meninos + Meninas

Total = 16 + 19

Total = 35.

GABARITO: C.

---

100. **(2019 – PM/SP – Soldado)** A razão entre o número de mulheres e o número de homens convocados para a segunda fase de um concurso é 3/5. No dia da segunda fase, 4 mulheres e 10 homens não compareceram e, no total, 362 candidatos realizaram essa fase. Dessa forma, o número de mulheres que realizaram a segunda fase do concurso foi:

a) 131.

b) 134.

c) 143.

d) 140.

e) 137.

O exercício pede o número de mulheres que realizaram a segunda fase do concurso. Com as informações fornecidas pelo exercício podemos resolver a razão e encontrar o número de mulheres que realizaram a segunda fase do concurso.

Como 362 candidatos realizaram a segunda fase e 4 mulheres e 10 homens não compareceram nessa fase, então temos um total de 376 convocados para a segunda fase, pois:

Total = 362 + 4 + 10 = 376

Fazendo a razão entre os convocados para a segunda fase temos:

Mulheres/Homens = 3/5

Soma da razão é 8 (3 + 5)

Como o total = 376, então

376 : 8 = 47

Mulheres = 3 · 47

Mulheres = 141

Como 4 mulheres não compareceram, o número de mulheres que realizaram a segunda fase do concurso foi 137, pois:

141 – 4 = 137

Obs.: Sempre que o exercício fornecer o total e a razão, podemos dividir esse total pela soma dos números da razão. Assim encontramos a proporção. Depois multiplicamos essa proporção por cada um dos números dessa razão para encontrar a quantidade de cada um.

GABARITO: E.

Proporção

101. **(2019 - Câmara de Monte Alto/SP - Auxiliar Técnico Legislativo)** Uma dívida, de valor igual a n reais, foi totalmente paga, sem acréscimo de juros, em três parcelas, A, B e C, de valores diretamente proporcionais aos números 2, 3 e 4, respectivamente. Se o valor da parcela A foi de R$ 7.000,00, então o valor de n é igual a:

a) R$ 24.500,00.

b) R$ 31.500,00.

c) R$ 36.000,00.

d) R$ 42.500,00.

e) R$ 49.000,00.

O exercício pede o valor de n. Com as informações fornecidas pelo exercício encontramos a proporção e depois multiplicamos pelo valor de cada parcela. Somamos as três e encontramos o total n.

Para encontrar a proporção precisamos dividir a quantidade de R$ 7.000,00 pelo número 2 (correspondente ao A). Depois multiplicamos a proporção pelos outros números para encontrar o total. Usando as informações, temos:

Proporção = A:2

Proporção = 7000:2

Proporção = 3500

Encontramos a proporção de 3500. Fazendo para as outras parcelas, temos:

B = 3500 · 3

B = 10500

C = 3500 · 4

C = 14000

Assim, a soma de todos os valores é igual a 31500, pois:

Total = A + B + C

Total = 7000 + 10500 + 14000

Total = 31.500.

GABARITO: B.

102. **(2018 - Prefeitura de São Paulo/SP - Engenheiro Civil)** Três amigos apostaram em um concurso e combinaram repartir o prêmio em partes diretamente proporcionais às idades de cada um. As idades deles são: 17, 27 e 28 anos. Se ganharem o prêmio, a porcentagem do prêmio que caberá ao amigo de 27 anos será igual a:

a) 35%.

b) 44%.

c) 37,5%.

d) 42,5%.

e) 33,3%.

O exercício pede a porcentagem do prêmio que caberá ao amigo de 27 anos. Com as informações fornecidas pelo exercício encontramos a proporção e depois multiplicamos pelo valor da idade de 27 anos.

Para encontrar a proporção precisamos dividir a quantidade de 100% pela soma das idades. Depois multiplicamos a proporção pelos 27 anos.

A soma das idades é 72, pois:

Idades = 17 + 27 + 28

Idades = 72

Usando as informações, temos:

Proporção = 100 : 72

Proporção = 1,3888...

Encontramos a proporção de 1,3888.... Fazendo para a idade de 27 anos, temos:

Prêmio = 27 · 1,3888...

Prêmio = 37,5

Assim, a porcentagem do prêmio que caberá ao amigo de 27 anos será igual a 37,5%.

GABARITO: C.

---

103. **(2019 - UFABC - Assistente em Administração)** Diana recebeu um pagamento de R$ 200,00 por um serviço pelo qual são pagos R$ 120,00 por hora, tendo recebido proporcionalmente ao tempo trabalhado. Em um segundo serviço, Diana recebeu R$ 567,00 por um trabalho que durou 3,5 horas. O valor que Diana receberia no segundo serviço, se tivesse trabalhado um tempo igual ao que trabalhou no primeiro serviço, seria:

a) R$ 230,00

b) R$ 240,00

c) R$ 250,00

d) R$ 260,00

e) R$ 270,00

O exercício pede o valor que Diana receberia no segundo serviço, se tivesse trabalhado um tempo igual ao que trabalhou no primeiro serviço. Com as informações fornecidas pelo exercício encontramos o tempo trabalhado no primeiro serviço, o valor pago por hora de trabalho no segundo serviço e depois multiplicamos os dois.

Para encontrar o tempo trabalhado no primeiro serviço dividimos R$ 200,00 por R$ 120,00, assim:

Tempo = 200/120

Tempo = 1,666...

Para encontrar o valor pago por hora de trabalho no segundo serviço dividimos R$ 567,00 por 3,5 horas, assim:

Valor = 567/3,5

Valor = 162

Multiplicando o tempo do primeiro serviço pelo valor do segundo serviço temos:

Total = Tempo · Valor

Total = 1,666 · 162

Total = 270

Assim, o valor que Diana receberia no segundo serviço, se tivesse trabalhado um tempo igual ao que trabalhou no primeiro serviço, seria R$ 270,00.

GABARITO: E.

---

104. **(2017 - Câmara de Sumaré/SP - Ajudante Administrativo)** Certo produto de limpeza é vendido em duas caixas diferentes, uma com 2 Kg, por R$ 24,00 e outra com 0,5 kg, por x reais. Nesse caso, se o preço for proporcional à massa contida em cada caixa, o valor de x é:

a) R$ 6,00.

b) R$ 6,50.

c) R$ 7,00.

d) R$ 8,00.

e) R$ 8,60.

O exercício pede o valor de x. Com as informações fornecidas pelo exercício encontramos a proporção e depois multiplicamos pelo de 0,5Kg.

Para encontrar a proporção precisamos dividir R$ 24,00 por 2Kg. Depois multiplicamos a proporção pelos 0,5Kg.

Usando as informações, temos:

Proporção = 24 : 2

Proporção = 12

Encontramos a proporção de 12. Fazendo para 0,5Kg temos:

Preço = 12 · 0,5

Preço = 6

Assim, o valor de x é R$ 6,00.

GABARITO: A.

Regra de Três

105. **(2021 - CODEN/SP - Técnico em Segurança do Trabalho)** Dois quintos do total de unidades de parafusos, que foram encomendados por um cliente, foram produzidos em certo dia, por 4 máquinas, todas iguais, trabalhando juntas, e com a capacidade máxima de fabricação, em um período de 5 horas ininterruptas de trabalho. No dia seguinte, o restante das unidades foi produzido por apenas 3 daquelas máquinas, nas mesmas condições de funcionamento. Nesse segundo dia, o tempo em que as máquinas concluíram o serviço foi de:

a) 8 horas e 30 minutos.

b) 9 horas e 00 minuto.

c) 9 horas e 30 minutos.

d) 10 horas e 00 minuto.

e) 10 horas e 30 minutos.

O exercício pede o tempo que as máquinas concluíram o serviço. Com as informações fornecidas pelo exercício podemos resolver uma regra de três composta para encontrar esse tempo.

Sabemos que 4 máquinas em um período de 5 horas produzem apenas dois quintos do total de unidades de parafusos. Quanto menos máquinas mais tempo demoram para produzir os parafusos e quanto mais parafusos precisa produzir mais tempo demora. Assim, descobrimos que a relação entre máquinas e tempo é inversamente proporcional e a relação entre parafusos e tempo é diretamente proporcional.

Como dois quintos do total de unidades de parafusos foram produzidos, faltam três quintos (5/5 – 2/5 = 3/5). Não precisamos usar o denominador, apenas o numerador.

Podemos fazer:

Tempo	Máquinas	Parafusos
x	3	3
5	4	2

Como a relação entre máquinas e tempo é inversamente proporcional e a relação entre parafusos e tempo é diretamente proporcional fazemos:

$2 \cdot 3 \cdot x = 3 \cdot 4 \cdot 5$

$6x = 60$

$x = 60/6$

$x = 10$

x = 10 horas e 00 minuto.

GABARITO: D.

106. **(2018 – PM/SP – Soldado)** Uma máquina trabalhando ininterruptamente 5 horas por dia produz um lote de peças em 3 dias. Para que esse mesmo lote fique pronto em 2 dias, o tempo que essa máquina terá que trabalhar diariamente, de forma ininterrupta, é de:

a) 7 horas e 05 minutos.

b) 7 horas e 30 minutos.

c) 7 horas e 50 minutos.

d) 6 horas e 45 minutos.

e) 6 horas e 35 minutos.

O exercício pede o tempo que essa máquina terá que trabalhar para produzir o mesmo lote em dois dias. Com as informações fornecidas pelo exercício podemos resolver uma regra de três para encontrar esse tempo.

A máquina trabalha 5 horas por dia e produz um lote de peças em 3 dias. Se ela quer terminar em menos dias, terá que trabalhar mais horas por dia para produzir a mesma quantidade de peças. Assim, descobrimos que a relação entre dias e horas é inversamente proporcional.

Podemos fazer:

Horas	Dias
x	2
5	3

Como a relação entre dias e horas é inversamente proporcional fazemos:

$2x = 5 \cdot 3$

$2x = 15$

$x = 15/2$

$x = 7,5$

1 hora são 60 minutos e 0,5 horas são 30 minutos, então:

7,5 horas são 7 horas e 30 minutos (0,5h = 30 min).

GABARITO: B.

107. **(2021 - Prefeitura de Marília/SP - Supervisor de Saúde)** Em um laboratório, há 3 máquinas iguais, de mesmo rendimento, que, trabalhando de forma simultânea e sem interrupções, analisam 360 amostras de determinado material orgânico em 1 hora e 48 minutos. Trabalhando nessas mesmas condições, o tempo necessário para que 2 dessas máquinas analisem 420 amostras desse mesmo material é de:

a) 3 horas e 9 minutos.

b) 3 horas e 15 minutos.

c) 3 horas e 40 minutos.

d) 3 horas e 52 minutos.

e) 4 horas e 5 minutos.

O exercício pede o tempo necessário para que 2 máquinas analisem 420 amostras. Com as informações fornecidas pelo exercício podemos resolver uma regra de três composta para encontrar esse tempo.

Sabemos que 3 máquinas analisam 360 amostras de determinado material orgânico em 1 hora e 48 minutos. Quanto menos máquinas mais tempo demoram para analisar as amostras e quanto mais amostras precisa analisar mais tempo demora. Assim, descobrimos que a relação entre máquinas e tempo é inversamente proporcional e a relação entre amostras e tempo é diretamente proporcional.

Vamos transformar o tempo para minutos.

Sabendo que 1 hora = 60 minutos, então 1 hora e 48 minutos = 108 minutos (60 + 48 = 108).

Podemos fazer:

Tempo	Máquinas	Amostras
x	2	420
108	3	360

Como a relação entre máquinas e tempo é inversamente proporcional e a relação entre amostras e tempo é diretamente proporcional fazemos:

$2 \cdot 360 \cdot x = 3 \cdot 420 \cdot 108$

$720x = 136080$

$x = 136080/720$

$x = 189$

Sabendo que 1 hora = 60 minutos, então 189 minutos = 3 horas e 9 minutos (180 : 60 = 3)

Assim, 189 minutos é igual a 3 horas e 9 minutos.

GABARITO: A.

---

108. **(2019 - Prefeitura de Arujá/SP - Encarregado de Faturamento)** Uma torneira goteja sem parar, desperdiçando 2 litros de água a cada 44 minutos. Mantendo sempre esse mesmo gotejamento, o número aproximado de litros de água que serão desperdiçados em 4 horas será:

a) 7.

b) 8.

c) 9.

d) 10.

e) 11.

O exercício pede a quantidade aproximada de litros de água que serão desperdiçados em 4 horas. Com as informações fornecidas pelo exercício podemos resolver uma regra de três para encontrar essa quantidade.

A torneira goteja sem parar, desperdiçando 2 litros de água a cada 44 minutos, se ela ficar mais tempo gotejando irá desperdiçar mais litros de água. Assim, descobrimos que a relação entre litros desperdiçados e tempo é diretamente proporcional.

Temos que deixar o tempo na mesma unidade. Vamos então transformar tudo para minutos.

Sabendo que 1 hora = 60 minutos, então 4 horas = 240 minutos (60 · 4 = 240)

Podemos fazer:

Litros	Minutos
x	240
2	44

Como a relação entre litros desperdiçados e tempo é diretamente proporcional fazemos:

44x = 240 · 2

44x = 480

x = 480/44

x = 10,9

Como ele pede a quantidade aproximada temos que 10,9 é aproximadamente 11.

GABARITO: E.

---

109. **(2019 - Prefeitura de Itapevi/SP - Agente de Administração Pública)** O futebol foi criado na Inglaterra, onde a jarda é unidade tradicional de comprimento. Com o passar dos anos, a FIFA, entidade internacional, precisava estabelecer as dimensões também em metros, unidade de comprimento adotada pela maioria dos outros países filiados. Ao fazer isso, a FIFA precisou converter as dimensões de jardas para metros a fim de facilitar as medições.

Por exemplo, a distância da barreira em relação à bola, numa cobrança de falta, que era igual a 10 jardas, foi convertida para 9,15 metros. Analogamente, é correto concluir que as dimensões mínimas de um campo de futebol para jogos internacionais foram convertidas de 110 jardas de comprimento por 70 jardas de largura para, aproximadamente:

a) 105 metros por 65 metros.

b) 100 metros por 64 metros.

c) 100 metros por 60 metros.

d) 95 metros por 65 metros.

e) 95 metros por 60 metros.

O exercício pede o valor aproximado de 110 jardas e 70 jardas em metros. Com as informações fornecidas pelo exercício podemos resolver uma regra de três para cada valor e encontrar essa medida.

Sabemos que 10 jardas foram convertidas para 9,15 metros, então quanto maior o valor em jardas maior o valor em metros. Assim, descobrimos que a relação entre jardas e metros é diretamente proporcional.

Podemos fazer para o comprimento:

Metros	Jardas
x	110
9,15	10

Como a relação entre jardas e metros é diretamente proporcional fazemos:

10x = 110 · 9,15

10x = 1006,5

x = 1006,5/10

x = 100,65

Como ele pede a quantidade aproximada temos que 100,65 é aproximadamente 100.

Podemos fazer para a largura:

Metros	Jardas
x	70
9,15	10

Como a relação entre jardas e metros é diretamente proporcional fazemos:

$10x = 70 \cdot 9,15$

$10x = 640,5$

$x = 640,5/10$

$x = 64,05$

Como ele pede a quantidade aproximada temos que 64,05 é aproximadamente 64.

Assim, o comprimento é aproximadamente 100m e a largura aproximadamente 64m.

GABARITO: B.

110. **(2019 - Câmara de Monte Alto/SP - Auxiliar Técnico Legislativo)** A 94ª edição da tradicional corrida de São Silvestre, realizada em 31.12.2018, teve como vencedor o etíope Belay Bezabh, que terminou o trajeto de 15 km com o tempo de 45 minutos e 5 segundos.

(O Estado de S.Paulo - 01.01.2019. Adaptado)

Diante disso, é correto concluir que, a cada 100m percorridos, esse atleta gastou, em média, aproximadamente:

a) 22 segundos.
b) 21 segundos.
c) 20 segundos.
d) 18 segundos.
e) 16 segundos.

O exercício pede o tempo médio gasto pelo atleta para percorrer 100 metros. Com as informações fornecidas pelo exercício podemos resolver uma regra de três para encontrar esse tempo.

Sabemos que o atleta percorre 15 km com o tempo de 45 minutos e 5 segundos, então quanto maior a distância maior o tempo gasto. Assim, descobrimos que a relação entre distância e tempo é diretamente proporcional.

Vamos transformar o tempo para segundos.

Sabendo que 1 min = 60 segundos, então 45 min = 2700 segundos ($60 \cdot 45 = 2700$)

45 min e 5 segundos = 2705 segundos ($2700 + 5 = 2705$)

Sabemos que 1km = 1000m então 15km = 15000m ($15 \cdot 1000 = 15000$)

Podemos fazer:

Tempo	Metros
x	100
2705	15000

Como a relação entre distância e tempo é diretamente proporcional, fazemos:

$15000x = 100 \cdot 2705$

$15000x = 270500$

$x = 270500/15000$

$x = 18,0333...$

Como ele pede a quantidade aproximada temos que 18,0333... é aproximadamente 18 segundos.

GABARITO: D.

111. **(2019 - Câmara de Serrana/SP - Técnico Legislativo)** Um reservatório, com 280 mil litros de água, está sendo esvaziado na razão de 420 litros de água por minuto. O tempo total necessário para que esse reservatório seja totalmente esvaziado é de:

a) 11 horas, 15 minutos e 20 segundos.

b) 11 horas, 07 minutos e 06 segundos.

c) 11 horas, 06 minutos e 40 segundos.

d) 11 horas, 05 minutos e 15 segundos.

e) 10 horas, 57 minutos e 33 segundos.

O exercício pede o tempo total necessário para que esse reservatório seja totalmente esvaziado. Com as informações fornecidas pelo exercício podemos resolver uma regra de três para encontrar esse tempo.

Sabemos que é esvaziado 420 litros de água por minuto, então quanto maior a quantidade de litros maior o tempo gasto para esvaziar. Assim, descobrimos que a relação entre quantidade de litros e tempo é diretamente proporcional.

Podemos fazer:

Minutos	Litros
x	280000
1	420

Como a relação entre litros e tempo é diretamente proporcional fazemos:

420x = 1 · 280000

420x = 280000

x = 280000/420

x = 666,666...

Vamos transformar o tempo para horas, minutos e segundos.

Sabendo que 1 hora = 60 minutos, então 666 min = 11,1 horas (666 : 60 = 11,1)

11,1 horas = 11 horas e 6 minutos (0,1 · 60 = 6)

0,666 minutos = 40 segundos (0,666 · 60 = 40)

Assim, o tempo é de 11 horas, 06 minutos e 40 segundos.

GABARITO: C.

---

112. **(2019 - Câmara de Serrana/SP - Técnico Legislativo)** Um lote contendo 30 mil unidades de determinado produto é produzido por 6 máquinas, todas idênticas e funcionando com a mesma capacidade de produção, trabalhando ao mesmo tempo, de forma ininterrupta, em 5 horas e 30 minutos. Certo dia, uma dessas máquinas quebrou e não pôde ser utilizada. Sendo assim, um lote contendo a mesma quantidade de peças foi produzido nas 5 máquinas, nas mesmas condições, em um período de tempo igual a:

a) 7 horas e 00 minutos.

b) 6 horas e 50 minutos.

c) 6 horas e 36 minutos.

d) 6 horas e 15 minutos.

e) 6 horas e 06 minutos.

O exercício pede o tempo total necessário para que 5 máquinas produzam 30 mil unidades do produto. Com as informações fornecidas pelo exercício podemos resolver uma regra de três para encontrar esse tempo.

Sabemos que 6 máquinas produzem 30 mil unidades do produto em 5 horas e 30 minutos, então quanto menor a quantidade de máquinas maior o tempo gasto para produzir. Assim, descobrimos que a relação entre quantidade de máquinas e tempo é inversamente proporcional.

Sabemos que 5 horas e 30 minutos = 5,5 horas.

Podemos fazer:

Tempo	Máquinas
x	5
5,5	6

Como a relação entre máquinas e tempo é inversamente proporcional fazemos:

$5x = 6 \cdot 5,5$

$5x = 33$

$x = 33/5$

$x = 6,6$

Vamos transformar o tempo para horas e minutos.

Sabendo que 1 hora = 60 minutos, então 0,6 horas = 36 minutos ($0,6 \cdot 60 = 36$)

Assim, o tempo é de 6 horas e 36 minutos.

GABARITO: C.

---

113. **(2019 - TJ/SP - Contador Judiciário)** Considere apenas os dados a seguir para resolver a questão.

Fiz uma viagem que durou 1 hora e 30 minutos, a 60 km/h. Para ter gasto 20% a menos do tempo de viagem, a minha velocidade deveria ter sido de:

a) 70 km/h.

b) 68 km/h.

c) 75 km/h.

d) 72 km/h.

e) 64 km/h.

O exercício pede a velocidade para fazer a viagem gastando 20% a menos de tempo. Com as informações fornecidas pelo exercício podemos resolver uma regra de três para encontrar essa velocidade.

Sabemos que a viagem durou 1 hora e 30 minutos, a 60 km/h, então quanto maior a velocidade menor o tempo gasto. Assim, descobrimos que a relação entre velocidade e tempo é inversamente proporcional.

Sabemos que 1 hora e 30 minutos = 1,5 horas.

Como é 20% a menos de tempo temos que será um tempo de 80% (100% – 20% = 80%)

Sabendo que 80% = 80/100 = 0,80, então:

$1,5 \cdot 0,80 = 1,2$ horas

Podemos fazer:

Velocidade	Tempo
x	1,2
60	1,5

Como a relação entre velocidade e tempo é inversamente proporcional fazemos:

$1,2x = 60 \cdot 1,5$

$1,2x = 90$

$x = 90/1,2$

$x = 75$

Assim, a velocidade é de 75km/h.

GABARITO: C.

---

114. **(2019 - TJ/SP - Médico Judiciário)** Suponha que na ida viajei a 93 km/h durante 1 hora e 20 minutos e outros 40 minutos a 96 km/h. Suponha que na volta fiz toda a viagem em 2 horas e 20 minutos com apenas uma velocidade que foi:

a) maior que 83 km/h.

b) entre 77km/h e 79 km/h.

c) menor que 77 km/h.

d) entre 81 km/h e 83 km/h.

e) entre 79 km/h e 81 km/h.

O exercício pede a velocidade para fazer a viagem em 2 horas e 20 minutos. Com as informações fornecidas pelo exercício podemos resolver uma regra de três para encontrar essa velocidade.

Sabemos que na ida viajou a 93 km/h durante 1 hora e 20 minutos e outros 40 minutos a 96 km/h. Sabendo o valor total do trajeto encontraremos a velocidade da volta, já que a distância da volta é a mesma da ida, e quanto maior a distância percorrida maior o tempo gasto. Assim, descobrimos que a relação entre distância e tempo é diretamente proporcional.

Vamos transformar o tempo para minutos.

Sabendo que 1 hora = 60 minutos, então 1 hora e 20 minutos = 80 minutos (60 + 20 = 80)

Fazendo a regra de três para 93 km/h (93km a cada 1 hora), podemos fazer:

Km	Tempo
x	80
93	60

Como a relação entre distância e tempo é diretamente proporcional fazemos:

$60x = 80 \cdot 93$

$60x = 7440$

$x = 7440/60$

$x = 124$

Assim, a distância é de 124km

Fazendo a regra de três para 96 km/h (96km a cada 1 hora), podemos fazer:

Km	Tempo
x	40
96	60

Como a relação entre distância e tempo é diretamente proporcional fazemos:

$60x = 40 \cdot 96$

$60x = 3840$

$x = 3840/60$

$x = 64$

Assim, a distância é de 64km

Então a distância total é de 188km (124 + 64 = 188)

Vamos transformar o tempo para minutos.

Sabendo que 1 hora = 60 minutos, então 2 horas e 20 minutos = 140 minutos (120 + 20 = 140)

Fazendo a regra de três para a volta, podemos fazer:

Km	Tempo
x	60
188	140

Como a relação entre distância e tempo é diretamente proporcional fazemos:

140x = 60 · 188

140x = 11280

x = 11280/140

x = 80,5

A velocidade é de 80,5km/h, que está entre 79 km/h e 81 km/h.

GABARITO: E.

115. (2019 - TJ/SP - Administrador Judiciário) Em um órgão público, um grupo de trabalho com 15 funcionários é formado para elaborar uma tarefa. Verifica-se que após 8 dias do início do trabalho apenas 30% da tarefa havia sido elaborada. Em função disto, mais 5 funcionários foram incorporados ao grupo a partir do 9° dia, dando continuidade ao trabalho. Supondo que todos os funcionários apresentam desempenhos iguais e constantes, tem-se que toda a tarefa, incluindo os 8 dias iniciais, será elaborada ao final de:

a) 28 dias.

b) 24 dias.

c) 20 dias.

d) 16 dias.

e) 22 dias.

O exercício pede o tempo que os funcionários demorarão para realizar toda a tarefa. Com as informações fornecidas pelo exercício podemos resolver uma regra de três composta para encontrar esse tempo.

Sabemos que 15 funcionários em 8 dias realizam apenas 30% da tarefa. Quanto mais funcionários menos tempo demoram para realizar a tarefa e quanto mais tarefa para realizar mais tempo demora. Assim, descobrimos que a relação entre funcionários e tempo é inversamente proporcional e a relação entre tarefa e tempo é diretamente proporcional.

Como mais 5 funcionários foram incorporados teremos 20 funcionários e como 30% da tarefa havia sido elaborada, faltam 70% da tarefa (100% – 30% = 70%).

Podemos fazer:

Tempo	Funcionários	Tarefa
x	20	70
8	15	30

Como a relação entre funcionários e tempo é inversamente proporcional e a relação entre tarefa e tempo é diretamente proporcional fazemos:

20 · 30 · x = 8 · 15 · 70

600x = 8400

x = 8400/600

x = 14

Assim, incluindo os 8 dias iniciais temos que o tempo é de 22 dias, pois:

14 + 8 = 22.

GABARITO: E.

116. **(2019 - SEDUC/SP - Oficial Administrativo)** Três máquinas idênticas e com a mesma força de produção, trabalhando juntas e ao mesmo tempo, fabricam certa quantidade x de um tipo de parafuso em 5 horas e 42 minutos de trabalho ininterrupto. Certo dia, por motivo de queda de energia elétrica, a produção de parafusos foi interrompida exatamente quando se produziu 4/9 da quantidade x.

Para a produção do restante da quantidade x de parafusos, as máquinas ainda precisam trabalhar, nas mesmas condições, um período de tempo igual a 3 horas e:

a) 10 minutos.

b) 18 minutos.

c) 01 minuto.

d) 25 minutos.

e) 07 minutos.

O exercício pede o tempo que as três máquinas demorarão para produzir o restante dos parafusos. Com as informações fornecidas pelo exercício podemos resolver uma regra de três para encontrar esse tempo.

Sabemos que 3 máquinas fabricam uma quantidade de parafusos em 5 horas e 42 minutos. Quanto maior a quantidade de parafusos para produzir, mais tempo demora. Assim, descobrimos que a relação entre quantidade de parafusos e tempo é diretamente proporcional.

Como foi produzido 4/9 da quantidade x de parafusos, faltam produzir 5/9 (9/9 – 4/9 = 5/9).

Para facilitar a conta podemos retirar o denominador e utilizar apenas os numeradores.

Vamos transformar o tempo para minutos.

Sabendo que 1 hora = 60 minutos, então 5 horas e 42 minutos = 342 minutos (300 + 42 = 342)

Podemos fazer:

Tempo	Parafusos
x	5
342	9

Como a relação entre parafusos e tempo é diretamente proporcional, fazemos:

$9x = 342 \cdot 5$

$9x = 1710$

$x = 1710/9$

$x = 190$

Sabendo que 1 hora = 60 minutos, então 190 minutos = 3 horas e 10 minutos.

Assim, 190 minutos é igual a 3 horas e 10 minutos.

GABARITO: A.

---

117. **(2020 - AVAREPREV-SP - Técnico Previdenciário)** Em uma fábrica de refrigerantes, 3 máquinas iguais, trabalhando com capacidade máxima, ligadas ao mesmo tempo, engarrafam 5 mil unidades de refrigerante, em 4 horas. Se apenas 2 dessas máquinas trabalharem, nas mesmas condições, no engarrafamento de 6 mil unidades do refrigerante, o tempo esperado para a realização desse trabalho será de:

a) 6 horas e 40 minutos.

b) 6 horas e 58 minutos.

c) 7 horas e 12 minutos.

d) 7 horas e 20 minutos.

e) 7 horas e 35 minutos.

O exercício pede o tempo esperado para que 2 máquinas engarrafem 6 mil unidades do refrigerante. Com as informações fornecidas pelo exercício podemos resolver uma regra de três composta para encontrar esse tempo.

Sabemos que 3 máquinas engarrafam 5 mil unidades de refrigerante, em 4 horas. Quanto menos máquinas mais tempo demoram para engarrafar o refrigerante e quanto mais refrigerante para engarrafar

mais tempo demora. Assim, descobrimos que a relação entre máquinas e tempo é inversamente proporcional e a relação entre refrigerante e tempo é diretamente proporcional.

Vamos transformar o tempo para minutos.

Sabendo que 1 hora = 60 minutos, então 4 horas = 240 minutos (60 · 4 = 240)

Podemos fazer:

Tempo	Máquinas	Refrigerantes
x	2	6000
240	3	5000

Como a relação entre máquinas e tempo é inversamente proporcional e a relação entre refrigerante e tempo é diretamente proporcional fazemos:

2 · 5000 · x = 3 · 6000 · 240

10000x = 4320000

x = 4320000/10000

x = 432

Sabendo que 1 hora = 60 minutos, então 432 minutos = 7 horas e 12 minutos (420 : 60 = 7).

Assim, 432 minutos é igual a 7 horas e 12 minutos.

GABARITO: C.

118. **(2018 - Prefeitura de São Bernardo do Campo/SP - Fiscal I)** Cinco máquinas iguais, trabalhando juntas e em período ininterrupto, produzem certa quantidade de uma peça em 8 horas. Ao completar um quarto da produção, interrompeu-se o trabalho e decidiu-se colocar mais uma máquina em funcionamento, idêntica às anteriores, de modo a diminuir o tempo necessário para a produção daquela quantidade de peças. Reiniciada a produção, as seis máquinas completaram o trabalho. Desprezando-se o tempo em que as máquinas ficaram paradas na interrupção do trabalho, o tempo total utilizado para a produção daquela quantidade de peças foi:

a) 7 horas e 15 minutos.

b) 7 horas e 00 minuto.

c) 6 horas e 45 minutos.

d) 6 horas e 30 minutos.

e) 6 horas e 15 minutos.

O exercício pede o tempo total utilizado para a produção de certa quantidade de peças. Com as informações fornecidas pelo exercício podemos resolver uma regra de três para encontrar esse tempo.

Cinco máquinas produzem certa quantidade de uma peça em 8 horas; se tiver mais uma máquina, terá que trabalhar menos horas por dia e quanto mais peças mais horas terá que trabalhar por dia. Assim, descobrimos que a relação entre máquinas e horas é inversamente proporcional e a relação entre peças e horas é diretamente proporcional.

Como foi completado 1/4 da produção, faltam produzir 3/4 (4/4 – 1/4 = 3/4)

Para facilitar a conta podemos retirar o denominador e utilizar apenas os numeradores.

Podemos fazer:

Horas	Máquinas	Peças
x	6	3
8	5	4

Como a relação entre máquinas e horas é inversamente proporcional e a relação entre peças e horas é diretamente proporcional fazemos:

$4 \cdot 6\,x = 8 \cdot 5 \cdot 3$

$24x = 120$

$x = 120/24$

$x = 5$

Sabendo que em 8 horas as máquinas produzem uma quantidade de peças, então para completar 1/4 de peças demora 1/4 do tempo. Assim 1/4 de 8 = 2 horas.

Assim, o tempo total utilizado para a produção daquela quantidade de peças foi de 7 horas, pois: 5 horas + 2 horas = 7 horas.

GABARITO: B.

---

119. **(2018 - Câmara Municipal de São José dos Campos/SP - Analista Legislativo/Contador)** Uma determinada máquina fabrica 24 unidades de um determinado produto em uma hora e meia de funcionamento ininterrupto. Três máquinas idênticas à anterior, trabalhando juntas, nas mesmas condições de funcionamento, fabricarão 100 unidades desse mesmo produto em:

a) 1 hora e 12 minutos.

b) 1 hora e 34 minutos.

c) 1 hora e 50 minutos.

d) 2 horas e 05 minutos.

e) 2 horas e 17 minutos.

O exercício pede o tempo total utilizado para fabricar 100 unidades de um produto. Com as informações fornecidas pelo exercício podemos resolver uma regra de três para encontrar esse tempo.

Uma máquina produz 24 unidades de um produto em uma hora e meia; se tiver mais duas máquinas, demora menos tempo e quanto mais produtos mais tempo demora. Assim, descobrimos que a relação entre máquinas e tempo é inversamente proporcional e a relação entre produtos e tempo é diretamente proporcional.

Vamos transformar o tempo para minutos.

Sabendo que 1 hora = 60 minutos, então 1 hora e 30 minutos = 90 minutos (60 + 30 = 90), podemos fazer:

Tempo	Máquinas	Produtos
x	3	100
90	1	24

Como a relação entre máquinas e tempo é inversamente proporcional e a relação entre produtos e tempo é diretamente proporcional fazemos:

$3 \cdot 24\,x = 90 \cdot 100 \cdot 1$

$72x = 9000$

$x = 9000/72$

$x = 125$

Vamos transformar o tempo para horas e minutos.

Sabendo que 1 hora = 60 minutos, então 125 minutos = 2 horas e 5 minutos.

GABARITO: D.

120. **(2018 - Câmara de Nova Odessa/SP - Assistente Legislativo)** Em uma indústria, 15 máquinas iguais, de mesmo rendimento, produzem 22500 unidades de certa peça em 5 horas de funcionamento simultâneo e ininterrupto. Desse modo, para produzir 12000 unidades dessa mesma peça em 10 horas de funcionamento simultâneo e ininterrupto, será necessário utilizar uma quantidade, das mesmas máquinas, igual a:

a) 4.

b) 5.

c) 6.

d) 7.

e) 8.

O exercício pede a quantidade de máquinas necessárias para produzir 12000 unidades de uma peça em 10 horas. Com as informações fornecidas pelo exercício podemos resolver uma regra de três para encontrar essa quantidade de máquinas.

Sabemos que 15 máquinas produzem 22500 unidades de certa peça em 5 horas de funcionamento; se produzir menos peças precisa de menos máquinas e quanto mais horas de funcionamento, menos máquinas são necessárias. Assim, descobrimos que a relação entre máquinas e peças é diretamente proporcional e a relação entre máquinas e horas de funcionamento é inversamente proporcional.

Podemos fazer:

Máquinas	Horas	Peças
x	10	12000
15	5	22500

Como a relação entre máquinas e peças é diretamente proporcional e a relação entre máquinas e horas de funcionamento é inversamente proporcional fazemos:

$10 \cdot 22500 \cdot x = 15 \cdot 5 \cdot 12000$

$225000x = 900000$

$x = 900000/225000$

x = 4 máquinas.

GABARITO: A.

---

121. **(2018 - Câmara de Indaiatuba/SP - Controlador Interno)** Na situação a seguir, considere que os ralos de escoamento apresentam sempre a mesma vazão.

Uma piscina pode ter seu volume total esvaziado com o uso de dois ralos de escoamento e, para isso, o tempo necessário é de 34 horas. O tempo a menos que se gastaria para esvaziar a mesma piscina utilizando cinco ralos de escoamento é igual a:

a) 13h6min

b) 15h12min

c) 16h36min

d) 18h4min

e) 20h24min

O exercício pede o tempo a menos que se gastaria para esvaziar a mesma piscina utilizando cinco ralos de escoamento. Com as informações fornecidas pelo exercício podemos resolver uma regra de três para encontrar esse tempo.

Sabemos que dois ralos demoram 34 horas para esvaziar a piscina; se tiver mais ralos demora menos tempo. Assim, descobrimos que a relação entre ralos e tempo é inversamente proporcional.

Podemos fazer:

Tempo	Ralos
x	5
34	2

Como a relação entre ralos e tempo é inversamente proporcional fazemos:

$5x = 34 \cdot 2$

$5x = 68$

$x = 68/5$

$x = 13,6$

Como o exercício pede o tempo a menos precisamos fazer $34 - 13,6 = 20,4$

Vamos transformar o tempo para horas e minutos.

Sabendo que 1 hora = 60 minutos, então 0,4 horas = 24 minutos ($0,4 \cdot 60 = 24$)

Assim o tempo a menos é de 20 horas e 24 minutos.

GABARITO: E.

---

122. **(2018 - Prefeitura de Sertãozinho/SP - Analista de Orçamento e Planejamento)** Para limpar uma sala de cinema, 3 funcionários de igual capacidade trabalharam por 2h30. Para limpar quatro salas iguais à primeira, 8 funcionários irão trabalhar por:

a) 3h15.

b) 3h30.

c) 3h45.

d) 4h.

e) 4h15.

O exercício pede o tempo que 8 funcionários irão trabalhar para limpar quatro salas. Com as informações fornecidas pelo exercício podemos resolver uma regra de três para encontrar esse tempo.

Sabemos que para limpar uma sala, 3 funcionários trabalharam por 2h30, se tiver mais salas demora mais tempo e se tiver mais funcionários demora menos tempo. Assim, descobrimos que a relação entre salas e tempo é diretamente proporcional e a relação entre funcionários e tempo é inversamente proporcional.

Vamos transformar o tempo para minutos.

Sabendo que 1 hora = 60 minutos, então 2 horas e 30 minutos = 150 minutos ($120 + 30 = 150$)

Podemos fazer:

Tempo	Salas	Funcionários
x	4	8
150	1	3

Como a relação entre salas e tempo é diretamente proporcional e a relação entre funcionários e tempo é inversamente proporcional fazemos:

$1 \cdot 8 \cdot x = 150 \cdot 4 \cdot 3$

$8x = 1800$

$x = 1800/8$

$x = 225$

Vamos transformar o tempo para horas e minutos.

Sabendo que 1 hora = 60 minutos, então 225 minutos = 3 horas e 45 minutos.

GABARITO: C.

123. **(2018 - Câmara de Indaiatuba/SP - Auxiliar Administrativo/Recepcionista)** Em um atelier, 15 artesãos, trabalhando 6 horas por dia, durante 8 dias, pintam 240 caixas de lembranças. Com a mesma capacidade de trabalho que os artesãos anteriores, outros 12 artesãos, trabalhando 10 horas por dia, durante 12 dias, pintarão um total das mesmas caixas de lembranças igual a:

a) 240.

b) 360.

c) 480.

d) 540.

e) 600.

O exercício pede o número de caixas de lembranças que serão pintadas. Com as informações fornecidas pelo exercício podemos resolver uma regra de três para encontrar essa quantidade.

Sabemos que 15 artesãos, trabalhando 6 horas por dia, durante 8 dias, pintam 240 caixas de lembranças, se tiver menos artesãos vai pintar menos caixas; se trabalhar mais dias vai pintar mais caixas e se trabalhar mais horas vai pintar mais caixas. Assim, descobrimos que as relações são todas diretamente proporcionais.

Podemos fazer:

Caixas	Horas	Dias	Artesãos
x	10	12	12
240	6	8	15

Como a relação é diretamente proporcional fazemos:

$6 \cdot 15 \cdot 8 \cdot x = 240 \cdot 12 \cdot 12 \cdot 10$

$720x = 345600$

$x = 345600/720$

$x = 480.$

GABARITO: C.

124. **(2018 - Câmara de Indaiatuba/SP - Auxiliar Administrativo/Recepcionista)** Juliana, uma ciclista, percorreu, no seu penúltimo treinamento, 1 quilômetro a cada 90 segundos. Ela fez isso durante 12 minutos. No seu último treinamento, Juliana acelerou e percorreu 1 quilômetro a cada 75 segundos. Ela fez isso também durante 12 minutos. A distância a mais, em metros, que Juliana percorreu no último treinamento, em relação ao penúltimo, é igual a:

a) 2200.

b) 1850.

c) 1600.

d) 1420.

e) 1390.

O exercício pede a distância a mais, em metros, que Juliana percorreu no último treinamento, em relação ao penúltimo. Com as informações fornecidas pelo exercício podemos resolver uma regra de três para encontrar essa distância.

Sabemos que no seu penúltimo treinamento percorreu 1 quilômetro a cada 90 segundos; se for correr mais tempo vai percorrer mais quilômetros. Assim, descobrimos que a relação entre quilômetros e tempo é diretamente proporcional.

Vamos transformar o tempo para segundos.

Sabendo que 1 minuto = 60 segundos, então 12 minutos = 720 segundos ($12 \cdot 60 = 720$).

Podemos fazer para o penúltimo treinamento:

Km	Tempo
x	720
1	90

Como a relação é diretamente proporcional, fazemos:

$90x = 720 \cdot 1$

$90x = 720$

$x = 720/90$

$x = 8$

Podemos fazer para o último treinamento:

Km	Tempo
x	720
1	75

Como a relação é diretamente proporcional, fazemos:

$75x = 720 \cdot 1$

$75x = 720$

$x = 720/75$

$x = 9{,}6$

Assim no último treinamento ela percorreu 9,6 km e no penúltimo 8 km

Com isso percorreu 1,6 km a mais, pois:

$9{,}6 - 8 = 1{,}6$

Para transformar em metros basta multiplicar por 1000, pois:

1km = 1000m então 1,6km = 1600m.

GABARITO: C.

---

125. **(2018 - Câmara de Indaiatuba/SP - Auxiliar Administrativo/Recepcionista)** É sabido que 5 operários transportaram 4 m^3 de areia em exatas duas horas de trabalho. A quantidade de areia, em m^3, que outros 13 operários, cada um com a mesma capacidade de cada um dos 5 operários anteriores, transportarão a mais que os operários anteriores, no mesmo tempo de serviço, é igual a:

a) 8,2.

b) 7,1.

c) 6,4.

d) 5,8.

e) 5,3.

O exercício pede a quantidade de areia a mais que os 13 operários transportarão. Com as informações fornecidas pelo exercício podemos resolver uma regra de três para encontrar essa quantidade.

Sabemos que 5 operários transportaram 4 m^3 de areia; se forem mais operários transportarão mais areia. Assim, descobrimos que a relação entre operários e areia é diretamente proporcional.

Podemos fazer:

Areia	Operários
x	13
4	5

Como a relação é diretamente proporcional fazemos:

$5x = 4 \cdot 13$

$5x = 52$

$x = 52/5$

$x = 10,4$

Como o exercício pede o quanto a mais esses 13 operários vão transportar fazemos:

$10,4 - 4 = 6,4m^3$.

GABARITO: C.

---

126. **(2018 - Câmara de Dois Córregos/SP - Diretor Contábil Legislativo)** Em uma indústria, 20 máquinas iguais, de mesmo rendimento, produzem juntas 5000 parafusos iguais, em meia hora de funcionamento simultâneo e ininterrupto. Desse modo, para produzir 1000 unidades dos mesmos parafusos em uma hora, seria necessário o funcionamento, nas mesmas condições operacionais, de apenas:

a) 2 máquinas.

b) 3 máquinas.

c) 5 máquinas.

d) 6 máquinas.

e) 8 máquinas.

O exercício pede a quantidade de máquinas necessárias para produzir 1000 parafusos em 1 hora. Com as informações fornecidas pelo exercício podemos resolver uma regra de três para encontrar essa quantidade de máquinas.

Sabemos que 20 máquinas produzem 5000 parafusos em meia hora de funcionamento; se produzir menos parafusos precisa de menos máquinas e quanto mais horas de funcionamento, menos máquinas são necessárias. Assim, descobrimos que a relação entre máquinas e parafusos é diretamente proporcional e a relação entre máquinas e horas de funcionamento é inversamente proporcional.

Vamos transformar o tempo para horas.

Sabendo que 1 hora = 60 minutos, então 30 minutos (meia hora) = 0,5 horas, podemos fazer:

Máquinas	Horas	Parafusos
x	1	1000
20	0,55	5000

Como a relação entre máquinas e parafusos é diretamente proporcional e a relação entre máquinas e horas de funcionamento é inversamente proporcional fazemos;

$1 \cdot 5000 \cdot x = 20 \cdot 0,5 \cdot 1000$

$5000x = 10000$

$x = 10000/5000$

$x = 2$ máquinas.

GABARITO: A.

---

127. **(2018 - Prefeitura de Barretos/SP - Professor)** Doze máquinas iguais, de mesmo rendimento, funcionando de forma simultânea durante 6 horas ininterruptas por dia, produzem determinada quantidade de certa peça em 5 dias. Para produzir a mesma quantidade da mesma peça em 4 dias, as doze máquinas deverão trabalhar, por dia, durante:

a) 6h 45min.

b) 7h.

c) 7h 30min.

d) 7h 48min.

e) 8h.

O exercício pede número de horas diárias que essas 12 máquinas deverão trabalhar para produzir uma quantidade de peças em 4 dias. Com as informações fornecidas pelo exercício podemos resolver uma regra de três para encontrar esse tempo.

A máquina trabalha 6 horas por dia para produzir determinada quantidade de certa peça em 5 dias; se ela quer terminar em menos dias, terá que trabalhar mais horas por dia. Assim, descobrimos que a relação entre dias e horas é inversamente proporcional.

Podemos fazer:

Horas	Dias
x	4
6	5

Como a relação entre dias e horas é inversamente proporcional fazemos:

$4x = 6 \cdot 5$

$4x = 30$

$x = 30/4$

$x = 7,5$

Sabendo que 1 hora = 60 minutos, então 0,5 horas = 30 minutos ($0,5 \cdot 60 = 30$).

Assim, 7,5 horas é igual a 7 horas e 30 minutos.

GABARITO: C.

---

128. **(2020 - Prefeitura de Cananéia/SP - Professor do Ensino)** Das 9 horas às 15 horas, de trabalho ininterrupto, 5 máquinas, todas idênticas e trabalhando com a mesma produtividade, fabricam 600 unidades de determinado produto. Para a fabricação de 400 unidades do mesmo produto por 3 dessas máquinas, trabalhando nas mesmas condições, o tempo estimado para a realização do serviço é de:

a) 5 horas e 54 minutos.

b) 6 horas e 06 minutos.

c) 6 horas e 20 minutos.

d) 6 horas e 40 minutos.

e) 7 horas e 06 minutos.

O exercício pede o tempo estimado para a fabricação de 400 unidades de um produto por 3 máquinas. Com as informações fornecidas pelo exercício podemos resolver uma regra de três composta para encontrar esse tempo.

Sabemos que das 9 horas às 15 horas, 5 máquinas fabricam 600 unidades de determinado produto. Quanto menos máquinas mais tempo demoram para fabricar o produto e quanto mais produto para fabricar mais tempo demora. Assim, descobrimos que a relação entre máquinas e tempo é inversamente proporcional e a relação entre produto e tempo é diretamente proporcional.

Das 9 horas às 15 horas são 6 horas ($15 - 9 = 6$)

Vamos transformar o tempo para minutos.

Sabendo que 1 hora = 60 minutos, então 6 horas = 360 minutos ($60 \cdot 6 = 360$)

Podemos fazer:

Tempo	Máquinas	Produtos
x	3	400
360	5	600

Como a relação entre máquinas e tempo é inversamente proporcional e a relação entre produto e tempo é diretamente proporcional fazemos:

$3 \cdot 600 \cdot x = 5 \cdot 400 \cdot 360$

$1800x = 720000$

$x = 720000/1800$

$x = 400$

Sabendo que 1 hora = 60 minutos, então 400 minutos = 6 horas e 40 minutos (360 : 60 = 6)

Assim, 400 minutos é igual a 6 horas e 40 minutos.

GABARITO: D.

---

129. (2018 - Câmara de Dois Córregos/SP - Oficial de Atendimento e Administração) Uma gráfica imprimiu 2400 calendários com o logotipo de uma empresa. Após o final da impressão, constatou que a máquina utilizada para o serviço imprimiu os 28 primeiros calendários sem defeitos, na sequência imprimiu 2 com falhas e continuou a imprimir nesse mesmo padrão, ou seja, a cada 28 calendários sem defeitos, imprimia 2 calendários com falhas. O número total de calendários impressos com falhas foi:

a) 180.

b) 170.

c) 160.

d) 150.

e) 140.

O exercício pede o número total de calendários impressos com falhas. Com as informações fornecidas pelo exercício podemos resolver uma regra de três para encontrar essa quantidade.

Uma gráfica imprimiu 2400 calendários, e a cada 30 calendários impressos, 28 são sem defeitos e 2 calendários são com falhas. Se aumentar a quantidade de calendários impressos, aumenta a quantidade de calendários com falhas. Assim, descobrimos que a relação entre calendários impressos e calendários com falha é diretamente proporcional.

Podemos fazer:

Falhas	Impressos
x	2400
2	30

Como a relação entre calendários impressos e calendários com falha é diretamente proporcional, fazemos:

$30x = 2 \cdot 2400$

$30x = 4800$

$x = 4800/30$

$x = 160.$

GABARITO: C.

---

130. (2018 - IPSM - Assistente de Gestão Municipal) Um total de 30 mil unidades de determinado produto seria produzido por 6 máquinas, todas idênticas, trabalhando ao mesmo tempo, durante 5 horas e 30 minutos, de forma ininterrupta. No exato instante em que se produziu metade das unidades, 2 das máquinas quebraram, e a produção foi automaticamente interrompida em todas as máquinas. Após a retomada do trabalho, o restante das unidades foi produzido pelas 4 máquinas não quebradas, nas mesmas condições iniciais. Dessa forma, contando apenas o tempo em que as máquinas estiveram em funcionamento, a produção toda foi concluída em um período de tempo de, aproximadamente:

a) 6 horas e 50 minutos.

b) 6 horas e 35 minutos.

c) 6 horas e 20 minutos.

d) 6 horas e 05 minutos.

e) 5 horas e 50 minutos.

O exercício pede o tempo necessário para a produção das 30 mil unidades de determinado produto. Com as informações fornecidas pelo exercício podemos resolver uma regra de três para encontrar esse tempo.

Sabemos que 30 mil unidades de determinado produto seriam produzidas por 6 máquinas durante 5 horas e 30 minutos. Quando tinha produzido metade das unidades 2 das máquinas quebraram e a outra metade foi produzida pelas 4 máquinas não quebradas. Como tem menos máquinas, o tempo para produzir será maior e como tem menos unidades para produzir demora menos tempo. Assim, descobrimos que a relação entre máquinas e tempo é inversamente proporcional e a relação entre unidades e tempo é diretamente proporcional.

Vamos usar 5 horas e 30 minutos como 5,5 horas.

Assim, o tempo gasto para produzir metade das unidades é 2,75, ou seja, metade do tempo (5,5:2 = 2,75)

Se o total de unidades é 30000, metade é 15000 (30000 : 2 = 15000)

Para encontrar o tempo gasto para produzir a outra metade podemos fazer:

Tempo	Máquinas	Unidades
x	4	15000
5,5	6	30000

Como a relação entre máquinas e tempo é inversamente proporcional e a relação entre unidades e tempo é diretamente proporcional fazemos:

$4 \cdot 30000 \cdot x = 15000 \cdot 6 \cdot 5{,}5$

$120000x = 495000$

$x = 495000/120000$

$x = 4{,}125$

Então, metade da produção demorou 2,75 horas e a outra metade demorou 4,125 horas

Assim, a produção toda foi concluída em 6,875 horas, pois:

$2{,}75 + 4{,}125 = 6{,}875$

Vamos transformar o tempo para horas e minutos.

Sabendo que 1 hora = 60 minutos, então 0,875 horas = 52 minutos

Assim, a produção toda foi concluída em um período de tempo de, aproximadamente, 6 horas e 50 minutos.

GABARITO: A.

---

131. **(2018 - IPSM - Analista de Gestão Municipal/Contabilidade)** Considere que os professores gastam sempre o mesmo tempo para corrigir cada redação. Sabe-se que 12 professores corrigiram 1575 redações em 7 horas e 30 minutos. Para corrigir 1120 redações, 15 professores gastarão o tempo de:

a) 3 horas e 28 minutos.

b) 3 horas e 42 minutos.

c) 4 horas e 16 minutos.

d) 4 horas e 34 minutos.

e) 5 horas e 4 minutos.

O exercício pede o tempo que 15 professores gastarão para corrigir 1120 redações. Com as informações fornecidas pelo exercício podemos resolver uma regra de três para encontrar esse tempo.

Sabemos que 12 professores corrigiram 1575 redações em 7 horas e 30 minutos. Como tem mais professores demora menos tempo para corrigir e como tem menos redações demora menos tempo. Assim,

descobrimos que a relação entre professores e tempo é inversamente proporcional e a relação entre redações e tempo é diretamente proporcional.

Vamos usar 7 horas e 30 minutos como 7,5 horas.

Podemos fazer:

Tempo	Professores	Redações
x	15	1120
7,5	12	1575

Como a relação entre professores e tempo é inversamente proporcional e a relação entre redações e tempo é diretamente proporcional, fazemos:

$15 \cdot 1575 \cdot x = 1120 \cdot 12 \cdot 7,5$

$23625 = 100800$

$x = 100800/23625$

$x = 4,2666...$

Vamos transformar o tempo para horas e minutos.

Sabendo que 1 hora = 60 minutos, então 0,2666 horas = 16 minutos ($0,2666 \cdot 60 = 16$)

Assim, o tempo é de 4 horas e 16 minutos.

GABARITO: C.

---

132. **(2019 – PM/SP – Soldado)** No dia 28.11.2017, o site da Fundação Nacional da Saúde, do Ministério da Saúde, publicou a fala do então ministro daquela pasta em um congresso internacional. De acordo com essa fala, pode-se concluir que, a cada R$ 50,00 investidos em saneamento, R$ 450,00 são economizados em saúde. Considerando-se essa informação, para uma economia de R$ 2,88 milhões em saúde, é necessário um investimento em saneamento de:

a) R$ 330.000,00.

b) R$ 310.000,00.

c) R$ 320.000,00.

d) R$ 290.000,00.

e) R$ 300.000,00.

O exercício pede o valor de investimento em saneamento. Com as informações fornecidas pelo exercício podemos resolver uma regra de três para encontrar esse valor.

A cada R$ 50,00 investidos em saneamento, R$ 450,00 são economizados em saúde; se economizar mais em saúde, então investe mais em saneamento. Assim, descobrimos que a relação entre economia em saúde e investimento em saneamento é diretamente proporcional.

Podemos fazer:

Saneamento	Saúde
x	2880000
50	450

Como a relação entre economia em saúde e investimento em saneamento é diretamente proporcional, fazemos:

$450x = 50 \cdot 2880000$

$450x = 144000000$

$x = 144000000/450$

$x = 320000.$

GABARITO: C.

Porcentagem

133. **(2018 – PM/SP – Soldado)** No início de um dia, em um escritório, havia 120 envelopes disponíveis para uso, dos quais 37,5% eram amarelos, e os demais, brancos. Sabendo que 20% dos envelopes amarelos e 60% dos envelopes brancos foram utilizados no decorrer do dia, então, o número de envelopes não utilizados nesse dia foi:

a) 70.

b) 66.

c) 64.

d) 68.

e) 62.

O exercício pede o número de envelopes não utilizados nesse dia. Precisamos encontrar os valores de envelopes utilizados e subtrair do total.

Para saber o valor de envelopes utilizados calculamos separadamente os envelopes amarelos e brancos.

Sabendo que 37,5% dos 120 envelopes eram amarelos, temos:

Amarelos = 37,5% de 120

Amarelos = 37,5% · 120

Amarelos = 0,375 · 120 (Sabendo que 37,5% = 37,5/100 = 0,375)

Amarelos = 45

Como foram utilizados 20% dos envelopes amarelos fazemos:

Amarelos utilizados = 20% de 45

Amarelos utilizados = 20% · 45

Amarelos utilizados = 0,20 · 45 (Sabendo que 20% = 20/100 = 0,20)

Amarelos utilizados = 9

Como tem um total de 120 envelopes e 45 envelopes são amarelos, então 75 são brancos, pois:

Brancos = 120 – 45

Brancos = 75

Como foram utilizados 60% dos envelopes brancos fazemos:

Brancos utilizados = 60% de 75

Brancos utilizados = 60% · 75

Brancos utilizados = 0,60 · 75 (Sabendo que 60% = 60/100 = 0,60)

Brancos utilizados = 45

Assim foram utilizados 54 envelopes (9 amarelos e 45 brancos)

Então o número de envelopes não utilizados é igual a 66, pois:

120 – 54 = 66.

GABARITO: B.

---

134. **(2018 – PM/SP – Soldado)** Um determinado produto, se for comprado a prazo, terá 10% de acréscimo sobre o valor da etiqueta, e passará a custar R$ 93,50. Se esse produto for comprado à vista, terá 20% de desconto sobre o valor da etiqueta. O preço desse produto à vista é:

a) R$ 79,00.

b) R$ 81,40.

c) R$ 68,00.

d) R$ 72,50.

e) R$ 75,80

O exercício pede o preço do produto à vista. Precisamos encontrar o valor que corresponde a 20% de desconto da etiqueta.

Como R$ 93,50 é o preço do produto com 10% de acréscimo, podemos dizer que esse valor corresponde a 110% do valor da etiqueta (100% + 10% = 110%). Sabendo que 20% de desconto (preço à vista) corresponde a 80% do valor da etiqueta (100% – 20% = 80%) podemos resolver uma regra de três para encontrarmos o preço do produto à vista:

Valor	Porcentagem (%)
x	80
93,50	110

Como a relação entre valor e porcentagem é diretamente proporcional fazemos:

110x = 93,50 · 80

110x = 7480

x = 7480/110

x = 68

Obs.: Outro modo de fazer seria usar a regra de três para encontrar o valor de 100% e depois fazer os 20% de desconto.

GABARITO: C.

---

135. **(2021 - CODEN/SP - Técnico Segurança do Trabalho)** Certo material foi comprado por R$ 1.008,00, já com desconto de 10% sobre o seu preço normal de venda. O preço normal de venda desse material é:

a) R$ 1.108,00.

b) R$ 1.114,00.

c) R$ 1.120,00.

d) R$ 1.126,00.

e) R$ 1.132,00.

O exercício pede o preço normal de venda de um produto. Precisamos encontrar o valor de x antes do desconto de 10%.

Como R$ 1008,00 é o preço do produto com 10% de desconto, podemos dizer que esse valor corresponde a 90% do valor de x (100% – 10% = 90%). Podemos resolver uma regra de três para encontrarmos o preço de venda x:

Valor	Porcentagem (%)
x	100
1008	90

Como a relação entre valor e porcentagem é diretamente proporcional fazemos:

90x = 1008 . 100

90x = 100800

x = 100800/90

x = 1120.

GABARITO: C.

---

136. **(2018 - Prefeitura de Suzano/SP - Guarda Civil Municipal)** Em um determinado concurso, estavam presentes na prova 1400 candidatos, sendo 60% homens. Sabendo que foram aprovados 10% dos homens e 15% das mulheres, é correto concluir que o número total de aprovados foi:

a) 93.

b) 125.

c) 144.

d) 156.

e) 168.

O exercício pede o número total de aprovados. Precisamos encontrar as quantidades dos homens e das mulheres aprovados e somar os dois.

Para saber o valor de homens e mulheres aprovados faremos separadamente cada um.

Sabendo que 60% dos 1400 candidatos são homens, temos:

Homens = 60% de 1400

Homens = 60% · 1400

Homens = 0,60 · 1400 (Sabendo que 60% = 60/100 = 0,60)

Homens = 840

Como foram aprovados 10% dos homens fazemos:

Homens Aprovados = 10% de 840

Homens Aprovados = 10% · 840

Homens Aprovados = 0,10 · 840 (Sabendo que 10% = 10/100 = 0,10)

Homens Aprovados = 84

Sabendo que 840 dos 1400 candidatos são homens e os restantes são mulheres, então:

Mulheres = 1400 – 840

Mulheres = 560

Como foram aprovadas 15% das mulheres fazemos:

Mulheres Aprovadas = 15% de 560

Mulheres Aprovadas = 15% · 560

Mulheres Aprovadas = 0,15 · 560 (Sabendo que 15% = 15/100 = 0,15)

Mulheres Aprovadas = 84

Como foram aprovados 84 homens e 84 mulheres, o número total de aprovados foi de 168, pois:

84 + 84 = 168.

GABARITO: E.

---

137. **(2019 - Câmara de Serrana/SP - Técnico Legislativo)** Um produto teve o seu preço de venda x aumentado em 5%, em determinado ano e, no ano seguinte, o preço desse produto novamente aumentou, de R$ 42,00 para R$ 45,20. Sendo assim, com esses dois aumentos, o valor x sofreu um acréscimo de:

a) R$ 5,20.

b) R$ 5,30.

c) R$ 5,40.

d) R$ 5,50.

e) R$ 5,60.

O exercício pede o valor de acréscimo que um produto sofreu depois de dois aumentos. Precisamos encontrar o valor de x e subtrair de 45,20 para encontrar o valor de acréscimo.

Como R$ 42,00 é o preço do produto com 5% de acréscimo, podemos dizer que esse valor corresponde a 105% do valor de x (100% + 5% = 105%). Podemos resolver uma regra de três para encontrarmos o preço de venda x:

Valor	Porcentagem (%)
x	100
42	105

Como a relação entre valor e porcentagem é diretamente proporcional fazemos:

$105x = 42 \cdot 100$

$105x = 4200$

$x = 4200/105$

$x = 40$

Com isso encontramos o preço inicial. Assim o acréscimo foi de R$ 5,20, pois:

R$ 45,20 – R$ 40,00 = R$ 5,20.

GABARITO: A.

---

138. **(2019 - Prefeitura de Itapevi/SP - Agente de Administração Pública)** "Com temperaturas que ultrapassam os 30 °C, a Prefeitura de Tietê, a 150 km de São Paulo, encontrou uma forma criativa de reduzir o número nos termômetros: usar a cor azul ciano em pinturas urbanas. Os termômetros constataram a eficiência da técnica: temperaturas passaram de 53,1 para 45,8 graus nos asfaltos pintados da cidade."

(https://noticias.r7.com. Adaptado)

Segundo os dados da notícia, a cor azul utilizada no asfalto diminui a temperatura em, aproximadamente,

a) 7,3%.
b) 11,8%.
c) 12,7%.
d) 13,7%.
e) 15,9%.

O exercício pede a porcentagem que a cor azul diminui a temperatura. Precisamos encontrar a porcentagem que corresponde a diminuição de 53,1 para 45,8 graus.

Como 53,1 é a temperatura inicial, podemos dizer que esse valor corresponde a 100%. Para encontrar a porcentagem de diminuição de 53,1 para 45,8 graus podemos resolver uma regra de três:

Temperatura	Porcentagem (%)
45,8	x
53,1	100

Como a relação entre temperatura e porcentagem é diretamente proporcional fazemos:

$53,1x = 45,8 \cdot 100$

$53,1x = 4580$

$x = 4580/53,1$

$x = 86,3$

Como o valor passou de 100% para 86,3% houve uma diminuição aproximada de 13,7% pois:

100% – 86,3% = 13,7%.

GABARITO: D.

---

139. **(2019 - Prefeitura de Itapevi/SP - Agente de Administração Pública)** De acordo com o monitoramento por satélite feito pelo Instituto Nacional de Pesquisas Espaciais, de agosto de 2017 a julho de 2018 foram desmatados 6675 km^2 no bioma Cerrado, configurando uma redução de 11% em relação à área desmatada de agosto de 2016 a julho de 2017 que, por sua vez, havia apresentado um crescimento de 9% em relação à área desmatada de agosto de 2015 a julho de 2016.

A área desmatada no Cerrado, de agosto de 2015 a julho de 2016 foi de, aproximadamente,

a) 5980 km^2.
b) 6250 km^2.
c) 6760 km^2.

d) 6880 km².

e) 7170 km².

O exercício pede a área desmatada no Cerrado, de agosto de 2015 a julho de 2016. Precisamos encontrar as áreas desmatadas entre agosto de 2017 a julho de 2018 e entre agosto de 2016 a julho de 2017 para depois encontrar a área desmatada no período solicitado.

Como entre agosto de 2017 e julho de 2018 foram desmatados 6675 km² e isso corresponde a uma redução de 11% em relação à área desmatada de agosto de 2016 a julho de 2017, podemos dizer que esse valor corresponde a 89% (100% – 11% = 89%). Para encontrar a área desmatada de agosto de 2016 a julho de 2017 podemos resolver uma regra de três:

Área	Porcentagem (%)
x	100
6675	89

Como a relação entre área e porcentagem é diretamente proporcional fazemos:

$89x = 6675 \cdot 100$

$89x = 667500$

$x = 667500/89$

$x = 7500$

Assim, a área desmatada entre agosto de 2016 e julho de 2017 foi de 7500 km².

Como entre agosto de 2016 e julho de 2017 foram desmatados 7500 km² e isso corresponde a um crescimento de 9% em relação à área desmatada de agosto de 2015 a julho de 2016, podemos dizer que esse valor corresponde a 109%. Para encontrar a área desmatada de agosto de 2015 a julho de 2016 podemos resolver uma regra de três:

Área	Porcentagem (%)
x	100
7500	109

Como a relação entre área e porcentagem é diretamente proporcional, fazemos:

$109x = 7500 \cdot 100$

$109x = 750000$

$x = 750000/109$

$x = 6880$

Assim, a área desmatada no Cerrado, de agosto de 2015 a julho de 2016 foi de aproximadamente 6880 km².

GABARITO: D.

---

140. **(2019 - Câmara de Sertãozinho/SP - Auxiliar Legislativo/Informática)** Do número total de funcionários de uma empresa, 25% pertencem ao setor de Tecnologia da Informação (TI). Sabe-se que 10% do número de funcionários do setor de TI e 5% do número de funcionários restantes, que não trabalham em TI, ocupam os 10 cargos de diretoria da empresa. O número de funcionários dessa empresa que não trabalham no setor de Tecnologia da Informação é:

a) 120.

b) 130.

c) 140.

d) 150.

e) 160.

O exercício pede o número de funcionários dessa empresa que não trabalham no setor de Tecnologia da Informação. Precisamos encontrar o número total de funcionários da empresa e depois encontrar o número solicitado.

Para saber o número total de funcionários fazemos separadamente os que pertencem ao setor de Tecnologia da Informação e os que não pertencem ao setor de Tecnologia da Informação.

Sabendo que 25% do total pertencem ao TI, então 75% não pertencem ao TI, pois:

100% - 25% = 75%

Sabe-se que 10% do número de funcionários do setor de TI e 5% do número de funcionários restantes, que não trabalham em TI, ocupam os 10 cargos de diretoria da empresa.

TI = 10% de 25%

TI = 10% · 25%

TI = 0,10 · 0,25 (Sabendo que 10% = 10/100 = 0,10 e 25% = 25/100 = 0,25)

TI = 0,025

Não TI = 5% de 75%

Não TI = 5% · 75%

Não TI = 0,05 · 0,75 (Sabendo que 5% = 5/100 = 0,05 e 75% = 75/100 = 0,75)

Não TI = 0,0375

Assim, 0,0625 (0,025 + 0,0375) do total ocupam os 10 cargos de diretoria da empresa, então:

0,0625x = 10

x = 10/0,0625

x = 160

Com isso, a empresa tem 160 funcionários.

Sabemos que 75% desse total não trabalham no setor de Tecnologia da Informação.

Assim o número de funcionários dessa empresa que não trabalham no setor de Tecnologia da Informação é 120, pois:

Não TI – 0,75 · 160

Não TI = 120.

GABARITO: A.

---

141. **(2019 - Prefeitura de Arujá/SP - Escriturário/Oficial Administrativo)** O gráfico mostra a distribuição, por setores, dos funcionários de uma editora.

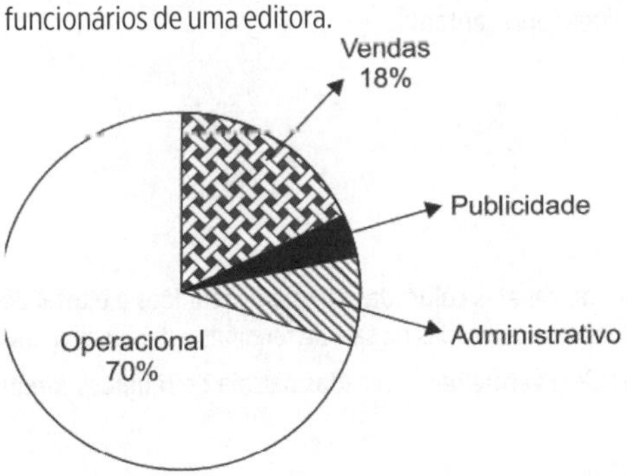

Sabendo-se que o número de funcionários dos setores administrativo e de publicidade juntos é de 18 pessoas, então o número de funcionários do setor operacional supera o número de funcionários do setor de vendas em:

a) 86 pessoas.

b) 84 pessoas.

c) 82 pessoas.

d) 80 pessoas.

e) 78 pessoas.

O exercício pede o número de funcionários do setor operacional que supera o número de funcionários do setor de vendas. Precisamos encontrar o número total de funcionários e depois encontrar o número de funcionários do setor operacional e do setor de vendas e fazer a subtração entre eles.

Sabendo que 70% do total pertencem ao setor operacional e 18% ao setor de vendas, então 12% pertencem aos setores administrativos e de publicidade, pois:

100% – 70% – 18% = 12%

Assim, sabemos que 12% do total equivalem a 18 pessoas (o número de funcionários dos setores administrativo e de publicidade juntos é de 18 pessoas), então:

12% do total = 18 (Sabendo que 12% = 12/100 = 0,12)

0,12x = 18

x = 18/0,12

x = 150

Com isso, a empresa tem 150 funcionários.

Sabemos que 70% desse total pertencem ao setor operacional e 18% ao setor de vendas, então:

Operacional = 70% de 150

Operacional = 0,70 · 150 (Sabendo que 70% = 70/100 = 0,70)

Operacional = 105

Vendas = 18% de 150

Vendas = 0,18 · 150 (Sabendo que 18% = 18/100 = 0,18)

Vendas = 27

Assim o número de funcionários do setor operacional supera o número de funcionários do setor de vendas em 78 pessoas, pois:

Operacional – Vendas = 105 – 27 = 78

GABARITO: E.

---

142. **(2019 – Câmara de Sertãozinho/SP – Escriturário)** Determinado departamento de uma empresa comprou 120 canetas, das quais 75% são azuis e as demais vermelhas. Sabendo que 10% das canetas azuis e 20% das canetas vermelhas foram colocadas na sala de reuniões, então, em relação ao número de canetas compradas, as que foram colocadas na sala de reuniões representam:

a) 5,5%.

b) 8,0%.

c) 12,5%.

d) 24,5%.

e) 30,0%.

O exercício pede a relação entre o número de canetas colocadas na sala de reuniões e o total de canetas. Precisamos encontrar as quantidades de canetas colocadas na sala de reuniões e depois dividir pelo total.

Para saber as quantidades de canetas azuis e vermelhas colocadas na sala de reuniões faremos separadamente cada um.

Sabendo que 75% das 120 canetas são azuis, temos:

Azuis = 75% de 120

Azuis = 75% · 120

Azuis = 0,75 · 120 (Sabendo que 75% = 75/100 = 0,75)

Azuis = 90

Como 10% das canetas azuis foram colocadas na sala de reuniões fazemos:

Azuis Sala = 10% de 90

Azuis Sala = 10% · 90

Azuis Sala = 0,10 · 90 (Sabendo que 10% = 10/100 = 0,10)

Azuis Sala = 9

Sabendo que 90 das 120 canetas são azuis e as demais são vermelhas, então:

Vermelhas = 120 – 90

Vermelhas = 30

Como 20% das canetas vermelhas foram colocadas na sala de reuniões fazemos:

Vermelhas Sala = 20% de 30

Vermelhas Sala = 20% · 30

Vermelhas Sala = 0,20 · 30 (Sabendo que 20% = 20/100 = 0,20)

Vermelhas Sala = 6

Assim o número de canetas colocadas na sala de reuniões foi 15, pois:

Total Sala = Azuis Sala + Vermelhas Sala

Total Sala = 9 + 6

Total Sala = 15

Então, em relação ao número de canetas compradas, as que foram colocadas na sala de reuniões representam 12,5%, pois:

Total Sala/Total Comprada = 15/120

Total Sala/Total Comprada = 0,125

Total Sala/Total Comprada = 12,5%

GABARITO: C.

---

143. **(2019 - Câmara de Serrana/SP - Analista Legislativo)** Uma pesquisa feita no Brasil mostrou os carros que mais desvalorizam ao longo de um ano. Para tanto, a pesquisa levou em consideração o preço do carro zero quilômetro e o preço do carro exatamente um ano após a retirada da concessionária, de acordo com um site especializado em revenda. Dado que o primeiro colocado nessa pesquisa desvalorizou 19,8% e seu preço com um ano de uso era igual a R$ 88.220,00, a desvalorização desse carro com um ano de uso foi igual a:

a) R$ 17.500,00.

b) R$ 18.650,00.

c) R$ 19.800,00.

d) R$ 20.200,00.

e) R$ 21.780,00.

O exercício pede a desvalorização desse carro com um ano de uso. Precisamos encontrar o valor inicial do carro e subtrair do seu preço com um ano de uso.

Como seu preço com um ano de uso era igual a R$ 88.220,00 e isso representa uma desvalorização de 19,8%, podemos dizer que esse valor corresponde a 80,2% (100% – 19,8% = 80,2%). Para encontrar o valor do carro sem a desvalorização podemos resolver uma regra de três:

Valor	Porcentagem (%)
x	100
88220	80,2

Como a relação entre valor e porcentagem é diretamente proporcional fazemos:

80,2x = 88220 · 100

80,2x = 8822000

x = 8822000/80,2

x = 110000

Assim, a desvalorização desse carro com um ano de uso foi igual a R$ 21.780,00, pois:

110000 – 88220 = 21780.

GABARITO: E.

---

144. **(2019 - Câmara de Monte Alto/SP - Auxiliar Técnico Legislativo)** No último trimestre de 2018, uma empresa vendeu 180 condicionadores de ar a mais do que no trimestre anterior, e, desse modo, o número de unidades vendidas no quarto trimestre apresentou um crescimento de 15% em relação ao número de unidades vendidas no trimestre anterior. O número de condicionadores de ar vendidos por essa empresa, no último trimestre de 2018, foi igual a:

a) 1 020.

b) 1 150.

c) 1 200.

d) 1 290.

e) 1 380.

O exercício pede o número de condicionadores de ar vendidos por essa empresa, no último trimestre de 2018. Precisamos encontrar a quantidade no terceiro trimestre e somar com 180.

Como no último trimestre uma empresa vendeu 180 condicionadores de ar a mais do que no trimestre anterior e isso apresentou um crescimento de 15% em relação ao número de unidades vendidas no trimestre anterior, podemos dizer que 15% do total é igual a 180, assim:

15% de x = 180 (Sabendo que 15% = 15/100 = 0,15)

015x = 180

x = 180/0,15

x = 1200

Então no terceiro trimestre foram vendidos 1200 condicionadores de ar.

Assim, como no último trimestre de 2018 uma empresa vendeu 180 condicionadores de ar a mais do que no trimestre anterior temos que o número de condicionadores de ar vendidos por essa empresa, no último trimestre de 2018, foi igual a 1380, pois:

1200 + 180 = 1380.

GABARITO: E.

---

145. **(2019 - Câmara de Monte Alto/SP - Auxiliar Técnico Legislativo)** Em um levantamento efetuado por uma entidade cultural junto a um público específico, cada pessoa ouvida deveria indicar uma circunstância que a levaria mais vezes ao teatro. A tabela mostra o resultado desse levantamento:

CIRCUNSTÂNCIAS	PORCENTAGEM
Preços menores	41%
Proximidade de casa	20%
Facilidade de acesso	14%
Diversidade da programação	10%
Horários mais acessíveis	15%

Se 112 pessoas ouvidas nesse levantamento indicaram "facilidade de acesso", então o número de pessoas que indicaram "preços menores" foi:

a) 328.

b) 322.

c) 286.

d) 244.

e) 228.

O exercício pede o número de pessoas que indicaram "preços menores". Precisamos encontrar a quantidade total de pessoas e depois fazer a porcentagem do que se pede.

Como 112 pessoas ouvidas nesse levantamento indicaram "facilidade de acesso" e isso representa 14% temos:

14% de x = 112 (Sabendo que 14% = 14/100 = 0,14)

0,14x = 112

x = 112/0,14

x = 800

Então foram ouvidas um total de 800 pessoas.

Como 41% de pessoas indicaram "preços menores", temos:

Preços menores = 41% de 800

Preços menores = 41% · 800 (Sabendo que 41% = 41/100 = 0,41)

Preços menores = 0,41 · 800

Preços menores = 328

Assim, o número de pessoas que indicaram "preços menores", foi 328.

GABARITO: A.

---

146. **(2019 - UFABC - Assistente em Administração)** Uma empresa deu férias para 84% de seus vendedores durante a última quinzena do ano. Do total de vendedores que permaneceram em serviço, 30% ficaram responsáveis pelas visitas aos atuais clientes, e os demais 28 vendedores ficaram responsáveis pelo controle de estoque. A diferença entre o número de vendedores que entraram em férias e o número de vendedores que permaneceram em serviço é igual a:

a) 150.

b) 160.

c) 170.

d) 180.

e) 190.

O exercício pede a diferença entre o número de vendedores que entraram em férias e o número de vendedores que permaneceram em serviço. Precisamos encontrar o número total de funcionários da empresa e depois encontrar o número de vendedores que entraram em férias e o número de vendedores que permaneceram em serviço e subtrair um do outro.

Para saber o número total de funcionários fazemos separadamente o número dos vendedores que entraram em férias e os que permaneceram em serviço.

Sabendo que 84% do total saíram de férias, então 16% permaneceram em serviço, pois:

100% – 84% = 16%

Sabe-se que 30% do número de funcionários que permaneceram em serviço ficaram responsáveis pelas visitas aos atuais clientes, temos:

Visita = 30% de 16%

Visita = 30% · 16%

Visita = 0,30 · 0,16 (Sabendo que 30% = 30/100 = 0,30 e 16% = 16/100 = 0,16)

Visita = 0,048

Visita = 4,8%

Como 4,8% ficaram responsáveis pelas visitas, então 11,2% ficaram responsáveis pelo controle de estoque, pois:

16% – 4,8% = 11,2%

Como 11,2% ficaram responsáveis pelo controle de estoque e isso representa 28 vendedores, então:

11,2% de x = 28

11,2% · x = 28

0,112x = 28 (Sabendo que 11,2% = 11,2/100 = 0,112)

x = 28/0,112

x = 250

Com isso, a empresa tem 250 funcionários.

Sabemos que 84% do total saíram de férias, então:

Férias = 84% de 250

Férias = 84% · 250

Férias = 0,84 · 250

Férias = 210

Com isso temos que 40 funcionários permaneceram em serviço, pois:

Serviço = Total – Férias = 250 – 210 = 40

Assim diferença entre o número de vendedores que entraram em férias e o número de vendedores que permaneceram em serviço é igual a 170, pois:

210 – 40 = 170

GABARITO: C.

---

147. **(2019 - TJ/SP - Contador Judiciário)** Um investidor comprou ações de uma empresa. Planejou vender essas ações em duas situações:

I. se subirem 16%;

II. se caírem 20%.

Em relação ao preço de saída do negócio com prejuízo, o preço de saída do negócio com lucro é superior em:

a) 45%.

b) 30%.

c) 42%.

d) 40%.

e) 36%.

O exercício pede a porcentagem que o preço de saída do negócio com lucro é superior ao preço de saída do negócio com prejuízo. Precisamos encontrar o valor com prejuízo e com lucro e encontrar a porcentagem que se pede.

Como ele não fala o valor investido podemos usar R$ 100,00 como base.

Então como o lucro foi de 16% e o prejuízo de 20%, temos:

Lucro = 16% de 100

Lucro = 16% · 100

Lucro = 0,16 · 100 (Sabendo que 16% = 16/100 = 0,16)

Lucro = 16

Assim o preço com lucro de 16% vai para R$ 116,00 pois:

100 + 16 = 116

Prejuízo = 20% de 100

Prejuízo = 10% · 100

Prejuízo = 0,20 · 100 (Sabendo que 20% = 20/100 = 0,20)

Prejuízo = 20

Assim o preço com prejuízo de 20% vai para R$ 80,00, pois:

100 – 20 = 80

Para encontrar a porcentagem do lucro em relação ao prejuízo podemos resolver uma regra de três:

Valor	Porcentagem (%)
116	x
80	100

Como a relação entre valor e porcentagem é diretamente proporcional, fazemos:

80x = 116 · 100

80x = 11600

x = 11600/80

x = 145

Assim, em relação ao preço de saída do negócio com prejuízo, o preço de saída do negócio com lucro é superior em 45%, pois:

145% – 100% = 45%.

GABARITO: A.

148. (2019 - TJ/SP - Contador Judiciário) Após as filmagens, o tempo de duração de um filme era de 2 horas e 50 minutos. Os produtores queriam diminuir esse tempo em 20%, e o diretor achava que precisava aumentar esse tempo em 10%. A diferença de tempo da duração total do filme entre essas duas pretensões é de:

a) 30 minutos.

b) 58 minutos.

c) 45 minutos.

d) 63 minutos.

e) 51 minutos.

O exercício pede a diferença de tempo da duração total do filme entre essas duas pretensões. Precisamos encontrar o valor com 20% a menos de tempo e com 10% a mais de tempo e subtrair os dois.

Sabemos que 1 hora = 60 minutos, então 2 horas e 50 minutos = 170 minutos (60 · 2 + 50 = 170)

Então para diminuir esse tempo em 20%, temos:

Diminuir = 20% de 170

Diminuir = 20% · 170

Diminuir = 0,20 · 170 (Sabendo que 20% = 20/100 = 0,20)

Diminuir = 34

Assim diminuindo esse tempo em 20% temos 136 minutos, pois:

170 – 34 = 136

Então para aumentar esse tempo em 10%, temos:

Aumentar = 10% de 170

Aumentar = 10% · 170

Aumentar = 0,10 · 170 (Sabendo que 10% = 10/100 = 0,10)

Aumentar = 17

Assim aumentando esse tempo em 10% temos 187 minutos, pois:

170 + 17 = 187

Assim, a diferença de tempo da duração total do filme entre essas duas pretensões é de 51 minutos, pois:

187 – 136 = 51.

GABARITO: E.

---

149. **(2019 - TJ/SP - Enfermeiro Judiciário)** O planejamento de um filme era que ele durasse 1 hora e 40 minutos. Os atores do filme reclamaram e o diretor aumentou esse tempo em 15%. Ao serem realizadas as filmagens verificou-se que o tempo excedeu o tempo planejado (já com os 15% de acréscimo) em 20%. Desse modo o tempo total do filme, após esses aumentos, é de:

a) 2 horas e 25 minutos.

b) 2 horas e 20 minutos.

c) 2 horas e 18 minutos.

d) 2 horas e 27 minutos.

e) 2 horas e 15 minutos.

O exercício pede o tempo total do filme, após esses aumentos. Precisamos encontrar o tempo com aumento de 15% e depois com aumento de 20% e somar os dois no tempo inicial.

Sabemos que 1 hora = 60 minutos, então 1 hora e 40 minutos = 100 minutos (60 · 1 + 40 = 100)

Então para aumentar esse tempo em 15%, temos:

Aumento = 15% de 100

Aumento = 15% · 100

Aumento = 0,15 · 100 (Sabendo que 15% = 15/100 = 0,15)

Aumento = 15

Assim aumentando esse tempo em 15% temos 115 minutos, pois:

100 + 15 = 115

Então para aumentar esse novo tempo de 115 minutos em 20%, temos:

Aumentar = 20% de 115

Aumentar = 20% · 115

Aumentar = 0,20 · 115 (Sabendo que 20% = 20/100 = 0,20)

Aumentar = 23

Assim aumentando esse tempo em 20% temos 138 minutos, pois:

115 + 23 = 138

Como 1 hora = 60 minutos, então 138 minutos = 2 horas e 18 minutos.

Assim, o tempo total do filme, após esses aumentos, é de 2 horas e 18 minutos.

GABARITO: C.

---

150. **(2019 - TJ/SP - Médico Judiciário)** Após a filmagem, o diretor de um filme achou que o tempo de duração de 3 horas e 40 minutos era longo demais. Ele fez cortes e a duração original foi reduzida em 20%. Consultados, os produtores sugeriram que fossem feitos mais cortes para que o tempo de duração, apresentado pelo diretor, fosse reduzido em 25%. Desse modo, o tempo de duração do filme desejado pelos produtores é:

a) 2 horas e 56 minutos.

b) 2 horas e 12 minutos.

c) 2 horas e 24 minutos.

d) 2 horas e 42 minutos.

e) 2 horas e 06 minutos.

O exercício pede o tempo de duração do filme desejado pelos produtores. Precisamos encontrar o tempo com redução de 20% e depois com redução de 25% e subtrair os dois do tempo inicial.

Sabemos que 1 hora = 60 minutos, então 3 horas e 40 minutos = 220 minutos (60 · 3 + 40 = 220)

Então para reduzir esse tempo em 20%, temos:

Redução = 20% de 220

Redução = 20% · 220

Redução = 0,20 · 220 (Sabendo que 20% = 20/100 = 0,20)

Redução = 44

Assim reduzindo esse tempo em 20% temos 176 minutos, pois:

220 – 44 = 176

Então para reduzir esse novo tempo de 176 minutos em 25%, temos:

Redução = 25% de 176

Redução = 25% · 176

Redução = 0,25 · 176 (Sabendo que 25% = 25/100 = 0,25)

Redução = 44

Assim reduzindo esse tempo em 25% temos 132 minutos, pois:

176 – 44 = 132

Como 1 hora = 60 minutos, então 132 minutos = 2 horas e 12 minutos.

Assim, o tempo total do filme, após essas reduções, é de 2 horas e 12 minutos.

GABARITO: B.

---

151. **(2019 - TJ/SP - Administrador Judiciário)** Sobre o preço P de venda de determinado produto, aplicou-se um aumento de 15% e, sobre o novo preço de venda do produto, aplicou-se, dias depois, um desconto de 10%. Após essas duas mudanças, comparado ao preço P, o preço final de venda do produto aumentou:

a) 3,5%.

b) 4,5%.

c) 4,0%.

d) 5,0%.

e) 3,0%.

O exercício pede a porcentagem de aumento do preço final de venda do produto em relação ao preço inicial P. Precisamos encontrar o valor após o aumento de 15% e o desconto de 10% e encontrar a porcentagem que se pede.

Como ele não fala o preço, podemos usar R$ 100,00 como base (o preço P de venda).

Então como o aumento foi de 15% temos:

Aumento = 15% de 100

Aumento = 15% · 100

Aumento = 0,15 · 100 (Sabendo que 15% = 15/100 = 0,15)

Aumento = 15

Assim o preço com aumento de 15% vai para R$ 115,00, pois:

100 + 15 = 115

Como teve um desconto de 10% sobre o novo preço com aumento de 15% temos:

Desconto = 10% de 115

Desconto = 10% · 115

Desconto = 0,10 · 115 (Sabendo que 10% = 10/100 = 0,10)

Desconto = 11,5

Assim o preço com desconto de 10% vai para R$ 103,50, pois:

115 – 11,5 = 103,50

Assim, após essas duas mudanças, comparado ao preço P, o preço final de venda do produto aumentou 3,5%, pois:

103,5% – 100% = 3,5%.

GABARITO: A.

---

152. **(2019 – MPE/SP – Contador)** De acordo com a Companhia Nacional de Abastecimentos (Conab), a saca de 60 kg do arroz longo fino, em casca, foi comercializada, no Estado de São Paulo, ao preço médio de R$ 50,05, no mês de janeiro de 2018, e ao preço médio de R$ 47,75, no mês de fevereiro de 2018. Isso significa que, de janeiro para fevereiro de 2018, o preço médio de comercialização do referido produto teve uma variação negativa que ficou entre:

a) 4,4% e 4,5%.

b) 4,5% e 4,6%.

c) 4,7% e 4,8%.

d) 4,8% e 4,9%.

e) 4,9% e 5,0%.

O exercício pede a variação negativa que o preço médio de comercialização do referido produto teve de janeiro para fevereiro de 2018. Precisamos encontrar a porcentagem que se pede.

Como o preço médio no mês de janeiro de 2018 era de R$ 50,05 podemos dizer que esse valor representa o valor inicial de 100%.

Para encontrar a porcentagem do preço médio de R$ 47,75, no mês de fevereiro de 2018 podemos resolver uma regra de três:

Valor	Porcentagem (%)
47,75	x
50,05	100

Como a relação entre valor e porcentagem é diretamente proporcional fazemos:

50,05x = 47,75 · 100

50,05x = 4775

x = 4775/50,05

x = 95,41

Com isso, temos que a variação negativa foi de 4,59%, pois:

100% – 95,41% = 4,59%

Assim, de janeiro para fevereiro de 2018, o preço médio de comercialização do referido produto teve uma variação negativa que ficou entre 4,5% e 4,6%.

GABARITO: B.

---

153. **(2019 - SEDUC/SP - Oficial Administrativo)** A tabela apresenta a distribuição do número total de atendimentos realizados em dois dias da semana passada, apenas pelos oficiais administrativos Raquel e Denis.

	Segunda-feira	Quarta-feira
Raquel	60%	40%
Denis	40%	60%

Com base nas informações apresentadas, assinale a alternativa que contém uma informação necessariamente verdadeira:

a) Denis fez mais atendimentos na quarta-feira do que na segunda-feira.

b) O número total de atendimentos realizados na segunda-feira foi igual ao número total de atendimentos realizados na quarta-feira.

c) O número de atendimentos realizados por Denis, na segunda-feira, foi igual ao número de atendimentos realizados por Raquel, na quarta-feira.

d) Na segunda-feira Raquel fez mais atendimentos que Denis.

e) Raquel fez mais atendimentos na segunda-feira do que na quarta-feira.

O exercício pede uma informação necessariamente verdadeira de acordo com a tabela.

Como não sabemos a quantidade de atendimentos nos dias apresentados na tabela, podemos apenas concluir que na segunda-feira Raquel fez mais atendimentos que Denis, pois a porcentagem de atendimentos da Raquel nesse dia é maior que de Denis.

GABARITO: D.

---

154. **(2018 - Prefeitura de São Bernardo do Campo/SP - Oficial Administrativo I)** Em uma caixa, há 150 pastas de papelão, das quais 30% estão em bom estado, mas precisam ter o elástico trocado. Entre as pastas restantes, 40% serão substituídas por pastas novas, e as demais permanecerão em uso, por estarem em ótimo estado. Em relação ao número total de pastas da caixa, as que estão em ótimo estado correspondem a:

a) 36%.

b) 38%.

c) 40%.

d) 42%.

e) 44%.

O exercício pede a relação entre as pastas que estão em ótimo estado e o número total de pastas da caixa. Precisamos encontrar os valores de pastas em ótimo estado e dividir pelo total.

Para saber o valor de pastas em ótimo estado precisamos encontrar as pastas que estão em bom estado, mas precisam ter o elástico trocado e as que serão substituídas por pastas novas e subtrair do total.

Sabendo que 30% das 150 pastas precisam ter o elástico trocado, temos:

Elástico Trocado = 30% de 150

Elástico Trocado = 30% · 150

Elástico Trocado = 0,30 · 150 (Sabendo que 30% = 30/100 = 0,30)

Elástico Trocado = 45

Assim restaram 105 pastas, pois:

150 – 45 = 105

Sabendo que 40% das 105 pastas restantes serão substituídas por pastas novas, temos:

Nova = 40% de 105

Nova = 40% · 105

Nova = 0,40 · 105 (Sabendo que 40% = 40/100 = 0,40)

Nova = 42

Assim, as demais que estão em ótimo estado são 63 pastas, pois:

105 – 42 = 63

Com isso, em relação ao número total de pastas da caixa, as que estão em ótimo estado correspondem a 42%, pois:

Ótimo Estado/Total = 63/150

Ótimo Estado/Total = 0,42

Ótimo Estado/Total = 42%.

GABARITO: D.

---

155. **(2021 - Prefeitura de Marília/SP – Supervisor de Saúde)** Uma pessoa sacou determinado valor em dinheiro, e gastou 40% desse valor na compra de roupas. Do valor restante, gastou 30% no supermercado e ainda sobraram R$ 336,00. O valor sacado, em dinheiro, por essa pessoa foi:

a) R$ 800,00.

b) R$ 750,00.

c) R$ 700,00.

d) R$ 650,00.

e) R$ 600,00.

O exercício pede o valor sacado pela pessoa. Precisamos encontrar a porcentagem que representa a sobra de R$336,00.

Sabendo que 40% do total foi gasto na compra de roupas, então sobra 60%, pois:

100% – 40% = 60%

Sabe-se que 30% do valor restante foi gasto no supermercado, então sobra 70%, pois:

100% – 30% = 70%

Assim temos:

70% de 60%

70% · 60%

0,70 · 0,60 (Sabendo que 70% = 70/100 = 0,70 e 60% = 60/100 = 0,60)

0,70 · 0,60 = 0,42

0,42 = 42%

Chamaremos o total de x.

Como 42% sobrou e isso representa R$336,00, então:

42% de x = 336

42% · x = 336

0,42x = 336 (Sabendo que 42% = 42/100 = 0,42)

x = 336/0,42

x = 800.

GABARITO: A.

---

156. **(2021 - TJM/SP - Técnico em Comunicação e Processamento de Dados Judiciário/Desenvolvedor)** Um pintor possui uma lata com 20 litros de tinta vermelha e outra lata com 17 litros de tinta amarela. Ele quer misturar essas tintas de modo que a cor obtida contenha 32% de vermelho e 68% de amarelo. O número de litros dessa mistura que o pintor conseguirá fazer será, no máximo:

a) 16.

b) 18.

c) 20.

d) 24.

e) 25.

O exercício pede o número de litros de mistura de tinta que o pintor conseguirá fazer. Com as informações fornecidas pelo exercício utilizamos a porcentagem da tinta amarela e encontramos o valor total da mistura.

Sabemos que, na mistura, a maior porcentagem é da tinta amarela, que representa 68% do total. Utilizando toda a tinta amarela, esses 68% correspondem a 17 litros.

Assim temos:

Tinta	Porcentagem (%)
x	100
17	68

Como a relação entre tinta e porcentagem é diretamente proporcional fazemos:

$68x = 17 \cdot 100$

$68x = 1700$

$x = 1700/68$

$x = 25.$

GABARITO: E.

---

157. **(2018 - UFTM - Assistente em Administração)** Em uma promoção, André comprou um produto com 18% de desconto sobre o preço normal de venda, pagando o valor de R$ 229,60. O valor, em reais, que André economizou nessa promoção foi:

a) R$ 41,33.

b) R$ 47,68.

c) R$ 50,40.

d) R$ 55,46.

e) R$ 60,02.

O exercício pede o valor que André economizou nessa promoção. Precisamos encontrar o preço normal de venda (valor sem desconto) e depois subtrair os R$ 229,60.

Como ele pagou R$ 229,60 e esse valor é com desconto de 18%, podemos dizer que esse valor representa 82% (100% – 18% = 82%)

Para encontrar o preço normal de venda podemos resolver uma regra de três:

Preço	Porcentagem (%)
x	100
229,60	82

Como a relação entre preço e porcentagem é diretamente proporcional fazemos:

$82x = 229{,}60 \cdot 100$

$82x = 22960$

$x = 22960/82$

$x = 280$

Assim, o preço normal de venda é igual a R$ 280,00 e ele pagou R$ 229,60.

Então o valor, em reais, que André economizou nessa promoção foi de R$ 50,40, pois:

$280 - 229{,}60 = 50{,}40.$

GABARITO: C.

---

158. **(2018 - Câmara de Nova Odessa/SP - Assistente Legislativo)** Uma empresa produz e comercializa um único produto. Sabe-se que, no mês de dezembro, o número de unidades vendidas cresceu 15% em relação a novembro e que, devido a promoções natalinas, o preço unitário em dezembro foi 10% inferior ao do mês anterior. Desse modo, a receita obtida com a venda desse produto em dezembro teve, em relação à receita obtida em novembro, um aumento de:

a) 3,5%.

b) 4,5%.

c) 5%.

d) 6%.

e) 7,5%.

O exercício pede a porcentagem de aumento da receita obtida em dezembro em relação a receita obtida com a venda desse produto em novembro. Precisamos encontrar o valor após o crescimento de 15% e o decréscimo de 10% e encontrar a porcentagem que se pede.

Como ele não fala o preço, podemos usar R$ 100,00 como base.

Então como o crescimento foi de 15% temos:

Crescimento = 15% de 100

Crescimento = $15\% \cdot 100$

Crescimento = $0{,}15 \cdot 100$ (Sabendo que $15\% = 15/100 = 0{,}15$)

Crescimento = 15

Assim o preço com crescimento de 15% vai para R$ 115,00, pois:

$100 + 15 = 115$

Como teve um decréscimo de 10% sobre o novo preço com aumento de 15%, temos:

Decréscimo = 10% de 115

Decréscimo = $10\% \cdot 115$

Decréscimo = $0{,}10 \cdot 115$ (Sabendo que $10\% = 10/100 = 0{,}10$)

Decréscimo = 11,5

Assim o preço com desconto de 10% vai para R$ 103,50, pois:

$115 - 11{,}5 = 103{,}50$

Assim, a receita obtida com a venda desse produto em dezembro teve, em relação à receita obtida em novembro, um aumento de 3,5%, pois:

$103{,}5\% - 100\% = 3{,}5\%$

Como ele não fala o preço, podemos usar R$ 100,00 como base.

Então como o crescimento foi de 15% temos:

Crescimento = 15% de 100

Crescimento = $15\% \cdot 100$

Crescimento = $0{,}15 \cdot 100$ (Sabendo que $15\% = 15/100 = 0{,}15$)

Crescimento = 15

Assim o preço com crescimento de 15% vai para R$ 115,00, pois:

$100 + 15 = 115$

Como teve um decréscimo de 10% sobre o novo preço com aumento de 15%, temos:

Decréscimo = 10% de 115

Decréscimo = $10\% \cdot 115$

Decréscimo = $0{,}10 \cdot 115$ (Sabendo que $10\% = 10/100 = 0{,}10$)

Decréscimo = 11,5

Assim o preço com desconto de 10% vai para R$ 103,50, pois:

$115 - 11{,}5 = 103{,}50$

Assim, a receita obtida com a venda desse produto em dezembro teve, em relação à receita obtida em novembro, um aumento de 3,5%, pois:

103,5% – 100% = 3,5%.

GABARITO: A.

---

159. **(2020 - Câmara de Boituva/SP - Agente Administrativo)** Em um lote de 240 peças, 70% estão perfeitas. Algumas peças com defeitos mais graves foram descartadas e retiradas do lote, e, desse modo, as peças perfeitas passaram a representar 80% das peças restantes no lote. O número de peças retiradas do lote foi:

a) 20.

b) 24.

c) 28.

d) 30.

e) 42.

O exercício pede o número de peças retiradas do lote. Com as informações fornecidas pelo exercício podemos resolver a porcentagem depois que as peças foram retiradas, e encontrar o número total de peças que sobraram. Depois é só subtrair o total de peças inicialmente pelo total de peças restantes.

Sabendo que no lote de 240 peças, 70% estão perfeitas.

Assim temos:

Peças	Porcentagem (%)
x	70
240	100

Como a relação entre peças e porcentagem é diretamente proporcional fazemos:

100x = 70 · 240

100x = 16800

x = 16800/100

x = 168

Sabendo que as peças perfeitas passaram a representar 80% das peças restantes no lote, temos que as 168 peças perfeitas representam agora 80%.

Assim temos:

Peças	Porcentagem (%)
x	100
168	80

Como a relação entre peças e porcentagem é diretamente proporcional fazemos:

80x = 168 · 100

80x = 16800

x = 16800/100

x = 210

Assim, depois que algumas peças com defeitos mais graves foram descartadas e retiradas do lote sobraram 210 peças. Como era um lote de 240 peças, temos que o número de peças retiradas do lote foi 30 (240 – 210 = 30).

GABARITO: D.

---

160. **(2018 - Câmara de Indaiatuba/SP - Auxiliar Administrativo/Recepcionista)** Uma TV teve um aumento de 13%. Um ano depois, teve outro aumento de 13%. Considerando o valor original da TV, o preço atual foi aumentado em:

a) 24,2%.

b) 25,9%.

c) 27,69%.

d) 30,12%.

e) 31,44%.

O exercício pede a porcentagem de aumento em relação ao valor original da TV depois de dois aumentos consecutivos de 13%. Precisamos encontrar o valor após os aumentos e encontrar a porcentagem que se pede.

Como ele não fala o preço, podemos usar R$ 100,00 como base.

Então como o aumento foi de 13%, temos:

Aumento = 13% de 100

Aumento = 13% · 100

Aumento = 0,13 · 100 (Sabendo que 13% = 13/100 = 0,13)

Aumento = 13

Assim o preço com aumento de 13% vai para R$ 113,00, pois:

100 + 13 = 113

Como teve um aumento de 13% sobre o novo preço com aumento de 13%, temos:

Aumento = 13% de 113

Aumento = 13% · 113

Aumento = 0,13 · 113 (Sabendo que 13% = 13/100 = 0,13)

Aumento = 14,69

Assim o preço com aumento de 13% vai para R$ 127,69, pois:

113 + 14,69 = 127,69

Assim, considerando o valor original da TV, o preço atual foi aumentado em 27,69%, pois:

127,69% – 100% = 27,69%

GABARITO: C.

---

161. **(2020 - AVAREPREV-SP - Técnico Previdenciário)** Carlos comprou uma camiseta, com desconto de 15% sobre a etiqueta, pagando por ela o valor de R$ 32,30. Em dinheiro, o valor do desconto foi de:

a) R$ 4,80.

b) R$ 5,70.

c) R$ 6,30.

d) R$ 7,40.

e) R$ 8,20.

O exercício pede o valor do desconto de uma camiseta. Precisamos encontrar o valor de x antes do desconto de 15% e depois subtrair 32,30 reais desse valor.

Como R$ 32,30 é o preço da camiseta com 15% de desconto, podemos dizer que esse valor corresponde a 85% do valor de x (100% – 15% = 85%). Podemos resolver uma regra de três para encontrarmos o preço de venda x:

Valor	Porcentagem (%)
x	100
32,30	85

Como a relação entre valor e porcentagem é diretamente proporcional fazemos:

85x = 32,30 · 100

85x = 3230

x = 3230/85

x = 38

Assim, o valor de desconto é de R$ 5,70 (38 – 32,30 = 5,70).

GABARITO: B.

162. **(2019 – PM/SP – Soldado)** Dados da Polícia Militar do Estado de São Paulo, publicados no site que ela mantém, indicam que o número médio, por hora, de ocorrências atendidas no mês de março de 2019 foi 216. Sabendo que esse número é 12,5% maior que o número registrado no mês imediatamente anterior, é correto afirmar que a diferença entre os números médios, por hora, de ocorrências atendidas nos meses de março e de fevereiro de 2019 é:

a) 27.

b) 28.

c) 24.

d) 25.

e) 26.

O exercício pede a diferença entre os números médios, por hora, de ocorrências atendidas nos meses de março e de fevereiro de 2019. Precisamos encontrar o valor que corresponde a 100% e subtrair de 216.

Como 216 é o número médio de ocorrências atendidas no mês de março de 2019 e esse número é 12,5% maior que o número registrado no mês imediatamente anterior, podemos dizer que esse valor corresponde a 112,5% (100% + 12,5% = 112,5%). Podemos resolver uma regra de três para encontrarmos as ocorrências em fevereiro:

Ocorrências	Porcentagem (%)
x	100
216	112,5

Como a relação entre ocorrências e porcentagem é diretamente proporcional fazemos:

$112{,}5x = 216 \cdot 100$

$112{,}5x = 21600$

$x = 21600/112{,}5$

$x = 192$

Assim, a diferença entre os números médios, por hora, de ocorrências atendidas nos meses de março e de fevereiro de 2019 é 24, pois:

$216 - 192 = 24$

GABARITO: C.

---

163. **(2019 – PM/SP – Soldado)** O gráfico apresenta informações associadas ao atendimento de pessoas em determinada repartição pública, nos meses de maio e de junho de 2019.

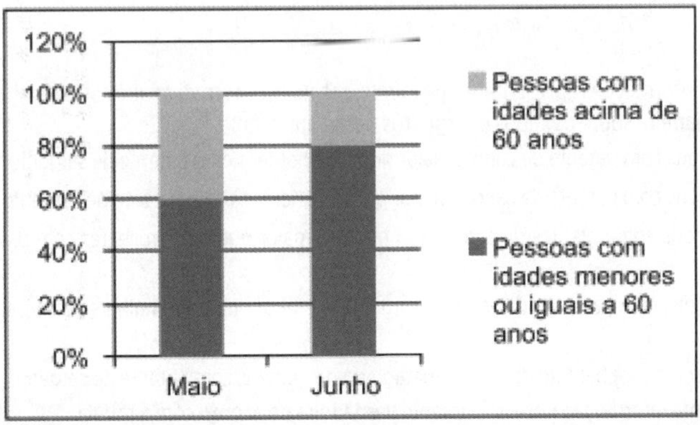

Sabendo que o número de pessoas atendidas em maio foi 3/4 do número de pessoas atendidas em junho, o número de pessoas atendidas com idades acima de 60 anos no mês de junho corresponde, do número de pessoas atendidas com idades acima de 60 anos no mês de maio, a:

a) 1/5.

b) 2/3.

c) 1/2.

d) 5/6.

e) 3/4.

O exercício pede a relação entre o número de pessoas atendidas com idades acima de 60 anos no mês de junho e maio. Precisamos encontrar os valores e depois fazer a razão entre eles.

Como ele não fala a quantidade, podemos usar 100 como base.

Então como em maio foram atendidos 3/4 do número de pessoas atendidas em junho, temos:

Maio = 3/4 de 100

Maio = 3/4 · 100

Maio = 300/4

Maio = 75

Como em maio 40% (100% – 60% = 40%) tem mais de 60 anos, temos:

Maio = 40% de 75

Maio = 40% · 75

Maio = 0,40 · 75 (Sabendo que 40% = 40/100 = 0,40)

Maio = 30

Como em junho 20% (100% – 80% = 20%) tem mais de 60 anos, temos:

Junho = 20% de 100

Junho = 20% · 100

Junho = 0,20 · 100 (Sabendo que 20% = 20/100 = 0,20)

Junho = 20

Assim, o número de pessoas atendidas com idades acima de 60 anos no mês de junho corresponde, do número de pessoas atendidas com idades acima de 60 anos no mês de maio, a 2/3, pois:

Junho/Maio = 20/30 = 2/3.

GABARITO: B.

---

164. **(2019 – PM/SP – Soldado)** A tabela a seguir apresenta informações sobre a composição do quadro de cabos e sargentos em um batalhão.

	Cabos	Sargentos
Homens	65%	70%
Mulheres	35%	30%

Com base apenas nas informações apresentadas na tabela, assinale a alternativa que contém informação necessariamente verdadeira sobre os cabos e sargentos desse batalhão.

a) O número de homens com patente de cabo é maior que o de homens com patente de sargento.

b) O número de homens com patente de cabo é menor que o de homens com patente de sargento.

c) O número de homens com patentes de cabo ou sargento é maior que o de mulheres com patentes de cabo ou sargento.

d) O número de homens com patentes de cabo ou sargento é menor que o de mulheres com patentes de cabo ou sargento.

e) O número de mulheres com patente de cabo é metade do de homens com patente de sargento.

O exercício pede uma informação necessariamente verdadeira de acordo com a tabela.

Como não sabemos a quantidade de cabos e sargentos apresentados na tabela, podemos apenas concluir que o número de homens com patentes de cabo ou sargento é maior que o de mulheres com patentes de cabo ou sargento, pois a porcentagem de homens é sempre maior que a de mulheres.

GABARITO: C.

Geometria

165. **(2018 – PM/SP – Soldado)** Um terreno retangular foi dividido em dois lotes, I e II, conforme mostra a figura, sendo que as medidas indicadas estão em metros.

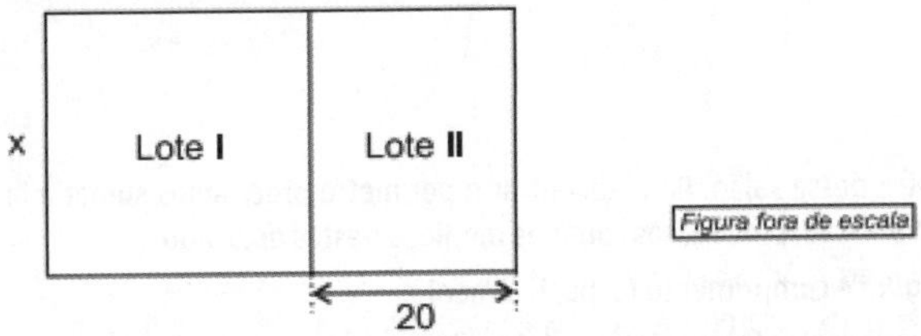

Sabendo que o lote I tem a forma de um quadrado com 900 m^2 de área, então a área total desse terreno é:

a) 1300m^2.

b) 1400m^2.

c) 1500m^2.

d) 1200m^2.

e) 1100m^2.

O exercício pede a área total deste terreno. Para fazer a área deste terreno retangular precisamos multiplicar a largura pelo comprimento. Para isso, precisamos saber as medidas destes dois lados.

Para encontrar a medida da largura precisamos descobrir o valor de x.

A área do Lote I é igual a 900 m^2 e ele é um quadrado (os quatro lados iguais a x).

Assim, sabendo que a área do quadrado é $x \cdot x = x^2$, fazemos:

Área = $x^2 = 900$

$\sqrt{x^2} = \sqrt{900}$

x = 30 (o lado do quadrado vale 30)

Obs.: Sempre que ele me falar a área do quadrado e quiser o valor do lado, podemos tirar a raiz quadrada para encontrar o valor deste lado.

Para encontrar a medida do comprimento, precisamos somar o valor de x do Lote I com os 20m de comprimento do Lote II.

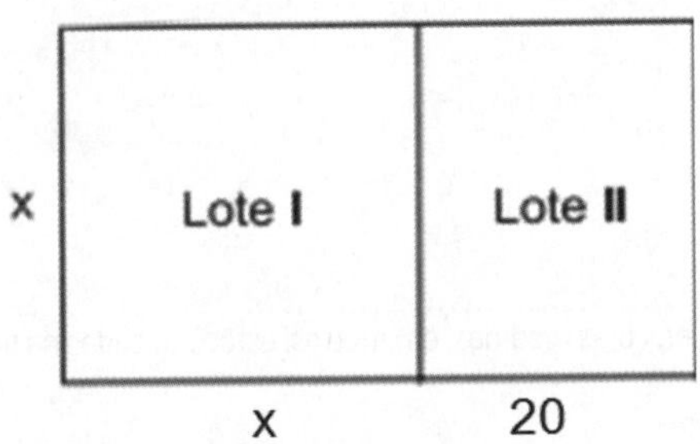

Como x = 30 o comprimento do terreno é de 50m (30 + 20)

Obtemos largura igual a 30m e comprimento igual a 50m

Assim, a área total do terreno será:

Área = largura · comprimento

Área = 30 · 50

Área = 1500 m^2

GABARITO: C.

166. **(2021 – VUNESP - CODEN/SP – Técnico -Técnico Segurança do Trabalho)** Um salão retangular tem 32 m^2 de área. Se o comprimento desse salão é o dobro da sua largura, o perímetro desse salão é de:

a) 21 m.

b) 22 m.

c) 23 m.

d) 24 m.

e) 25 m.

O exercício pede o perímetro desse salão. Para encontrar o perímetro precisamos somar a largura e o comprimento duas vezes. Para isso, precisamos saber as medidas destes dois lados.

Chamaremos de x e y a largura e comprimento respectivamente.

Assim, temos y = 2x (o comprimento desse salão é o dobro da sua largura)

A área é a multiplicação da largura pelo comprimento deste retângulo:

Assim, a área retangular será:

Área = largura . comprimento

Área = $x \cdot y$

Área = $x \cdot 2x$

Como a área é igual a 32 m^2, temos:

Área = $x \cdot 2x$

$32 = x \cdot 2x$

$32 = 2x^2$

$x^2 = 32/2$

$x^2 = 16$

$x^2 = \sqrt{16}$

$x = 4$

largura = x

largura = 4

comprimento = y = 2x

comprimento = $2 \cdot 4$

comprimento = 8

Assim, o perímetro será:

Perímetro = 4 + 4 + 8 + 8

Perímetro = 24.

GABARITO: D.

---

167. **(2018 – PM/SP – Soldado)** Uma praça retangular, cujas medidas, em metros, estão indicadas na figura, tem 160 m de perímetro.

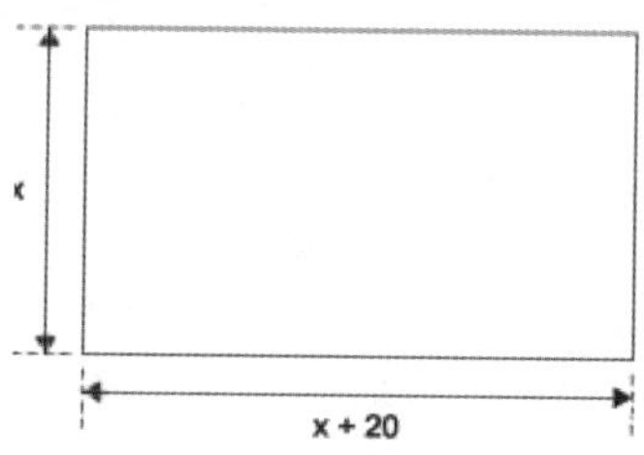

Figura fora de escala

Sabendo que 70% da área dessa praça estão recobertos de grama, então a área não recoberta com grama tem:

a) $550m^2$.

b) $400m^2$.

c) $350m^2$.

d) $450m^2$.

e) $500m^2$.

O exercício pede a área não recoberta com grama. Precisamos encontrar a área total e calcular 30% do valor dela, pois se 70% da área dessa praça estão recobertos de grama, o restante (100% – 70% = 30%) não está recoberta com grama.

Para fazer a área total deste terreno retangular, precisamos multiplicar a largura pelo comprimento. Para isso, precisamos saber as medidas destes dois lados.

Para encontrar a medida da largura precisamos descobrir o valor de x.

Para encontrar o valor de x usaremos o valor do perímetro que ele forneceu.

O perímetro do terreno é de 160m, e o perímetro é a soma dos lados do retângulo.

Perímetro = x + x + (x + 20) + (x + 20) (soma dos quatro lados do retângulo)

Perímetro = 4x + 40

Como Perímetro = 160, então

4x + 40 = 160

4x = 160 – 40

4x = 120

x = 120/4

x = 30

A largura vale 30m e o comprimento x + 20.

Como x = 30 o comprimento do terreno é de 50m (30 + 20).

Para saber a área total da praça retangular precisamos multiplicar a largura pelo comprimento deste retângulo:

Assim, a área total do terreno será:

Área = largura · comprimento

Área = 30 · 50

Área = 1500

Assim, sabendo que 70% está recoberto com grama, então 30% desta área não é recoberta de grama (100% – 70% = 30%):

Sabendo que 30% = 30/100 = 0,3, então:

30% de 1500 = 0,3 · 1500 = 450 m^2.

GABARITO: D.

---

168. **(2020 - Prefeitura de Cananéia/SP - Recreacionista)** André comprou uma lona retangular para toldo de 2,5 m de comprimento por 2,0 m de largura. Pagou o total de R$ 1.050,00. O valor do metro quadrado da lona desse toldo é:

a) R$ 175,00.

b) R$ 180,00.

c) R$ 190,00.

d) R$ 200,00.

e) R$ 210,00.

O exercício pede o valor do metro quadrado da lona desse toldo. Para encontrar o valor precisamos encontrar a área e dividir o valor pago pelo toldo por essa área. Para isso, precisamos saber a área da lona.

A área é a multiplicação da largura pelo comprimento deste retângulo:

Assim, a área retangular será:

Área = largura · comprimento

Área = 2 · 2,5

Área = 5

Como foi pago o total de R$ 1.050,00 temos:

1050 : 5 = 210.

GABARITO: E.

---

169. **(2019 - Prefeitura de Itapevi/SP - Auditor Fiscal Tributário)** Considere um recipiente cúbico e um recipiente com formato de bloco reto retangular, ambos inicialmente vazios, cujas medidas das arestas internas estão mostradas nas figuras 1 e 2, respectivamente.

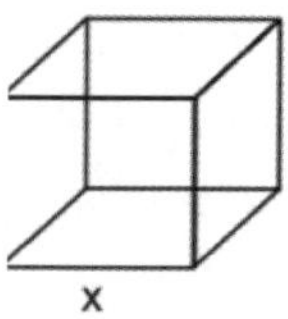

Figura 1

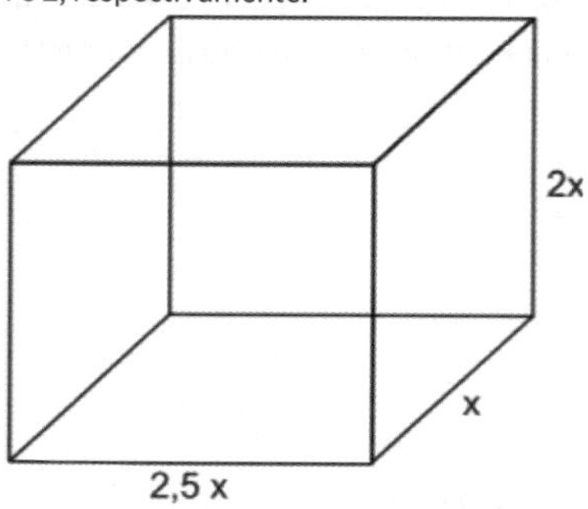

Figura 2

Com vazão constante, uma torneira enche totalmente o recipiente cúbico, sem transbordar, em 40 minutos. Aberta nas mesmas condições, essa mesma torneira irá encher totalmente o recipiente com formato de bloco retangular, sem transbordar, em:

a) 3 horas e 40 minutos.

b) 3 horas e 20 minutos.

c) 3 horas e 10 minutos.

d) 2 horas e 40 minutos.

e) 2 horas e 20 minutos.

O exercício pede o tempo necessário para encher totalmente o recipiente com formato de bloco retangular, sem transbordar. Sabemos que o tempo para encher totalmente o recipiente cúbico, sem transbordar, é de 40 minutos. Então precisamos encontrar o volume do recipiente cúbico para saber o volume que a torneira enche em 40 min. Depois encontramos o volume do recipiente com formato de bloco retangular e verificamos quanto tempo a mesma torneira vai demorar para enchê-lo.

O volume do cubo 1 é a multiplicação de 3 lados (largura, comprimento e altura).

$V_1 = x \cdot x \cdot x$ (cubo tem os lados iguais)

$V_1 = x^3$

O volume do bloco retangular 2 é a multiplicação de 3 lados (largura, comprimento e altura).

$V_2 = x \cdot 2{,}5x \cdot 2x$

$V_2 = 2{,}5 \cdot 2 \cdot x^3$

$V_2 = 5 \cdot x^3$

$V_1 = x^3$ e $V_2 = 5 \cdot x^3$

Assim, o volume da figura 2 é cinco vezes maior que o volume da figura 1:

$V_2 = 5 \cdot x^3$

$V_2 = 5 \cdot V_1$

Como o V_1 demora 40 min para encher totalmente e V_2 é cinco vezes maior, então demorará cinco vezes mais tempo para encher totalmente, ou seja:

Tempo = $40 \cdot 5 = 200$ min

200 min = 3h e 20 min (cada hora são 60 min, então 3h são 180 min).

GABARITO: B.

---

170. **(2019 – Câmara de Sertãozinho/SP – Escriturário)** Uma peça maciça de madeira, no formato de um prisma reto, tem suas medidas, em centímetros, indicadas na figura.

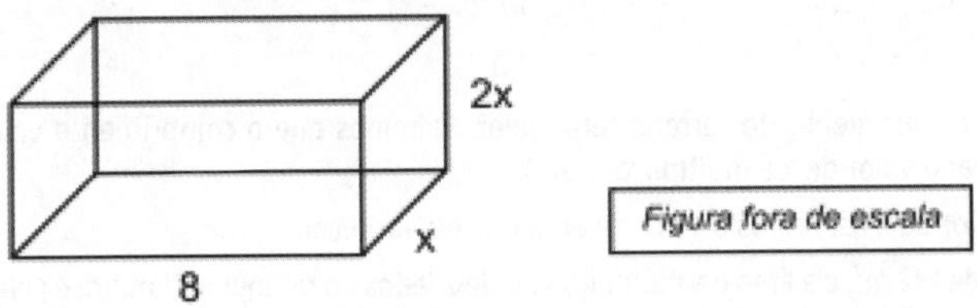

Sabendo que o volume dessa peça é 144 cm^3, a medida de sua altura, indicada na figura por 2x, é:

a) 18 cm.

b) 16 cm.

c) 14 cm.

d) 12 cm.

e) 6 cm.

O exercício pede a altura do prisma. Sabemos que a altura vale 2x, então precisamos encontrar o valor de x e multiplicar por 2.

Para encontrar o valor de x usaremos o valor do volume que ele forneceu.

O volume da peça é de 144 cm^3, e o volume é a multiplicação de 3 lados do paralelepípedo (largura, comprimento e altura).

Volume = largura · comprimento · altura

Volume = $x \cdot 8 \cdot 2x$ (multiplicação de 3 lados)

Volume = $16 \cdot x^2$

Como Volume = 144, então:

$16x^2 = 144$

$x^2 = 144/16$

$x^2 = 9$

$\sqrt{x^2} = \sqrt{9}$

$x = 3$

Para encontrar a altura fazemos:

Altura = 2x

Altura = $2 \cdot 3$

Altura = 6 cm.

GABARITO: E.

171. **(2019 – Câmara de Sertãozinho/SP – Escriturário)** A medida do comprimento de um terreno retangular é o triplo da medida de sua largura, conforme indica a figura, cujas medidas estão em metros.

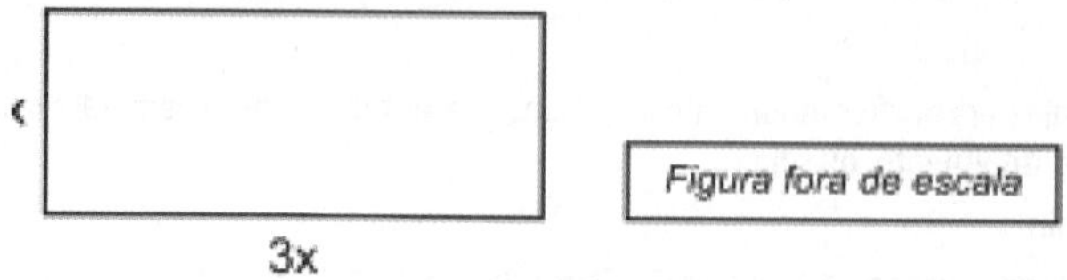

Sabendo que a área desse terreno é 192 m^2, a medida de seu comprimento é:

a) 12 m.

b) 15 m.

c) 18 m.

d) 21 m.

e) 24 m.

O exercício pede o comprimento do terreno retangular. Sabemos que o comprimento vale 3x, então precisamos encontrar o valor de x e multiplicar por 3.

Para encontrar o valor de x usaremos o valor da área que ele forneceu.

A área do terreno é de 192 m^2, e a área é a multiplicação de 2 lados do retângulo (largura e comprimento).

Área = largura · comprimento

Área = $x \cdot 3x$ (multiplicação de 2 lados)

Área = $3 \cdot x^2$

Como Área = 192, então:

$3x^2 = 192$

$x^2 = 192/3$

$x^2 = 64$

$\sqrt{x^2} = \sqrt{64}$

$x = 8$

Para encontrar o comprimento fazemos:

Comprimento = 3x

Comprimento = $3 \cdot 8$

Comprimento = 24 m.

GABARITO: E.

---

172. **(2019 – Câmara de Monte Alto/SP - Auxiliar Técnico Legislativo)** Um painel quadrado ABCD foi dividido em três regiões retangulares (R1, R2 e R3), conforme mostra a figura, com dimensões indicadas em centímetros:

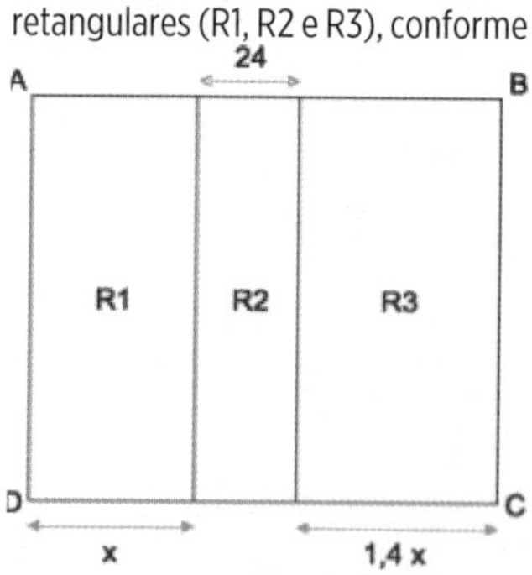

Se a área de R2 é igual a 2880 cm^2, então a medida indicada por 1,4x na figura é igual a:

a) 80 cm.

b) 64 cm.

c) 60 cm.

d) 56 cm.

e) 40 cm.

O exercício pede a medida indicada por 1,4x na figura. Então precisamos encontrar o valor de x e multiplicar por 1,4. Precisamos primeiro encontrar o valor do lado do painel quadrado ABCD (quadrado tem todos os quatro lados iguais) para depois fazer uma equação do 1º grau e encontrar o valor de x.

Para encontrar o valor do lado (que tem a mesma medida da largura de R2) do painel quadrado ABCD, usaremos o valor da área que ele forneceu.

A área de R2 é de 2880 cm^2, e a área é a multiplicação de 2 lados do retângulo (largura e comprimento). Chamaremos de y a largura de R2.

Área = largura · comprimento

Área = y · 24 (multiplicação de 2 lados)

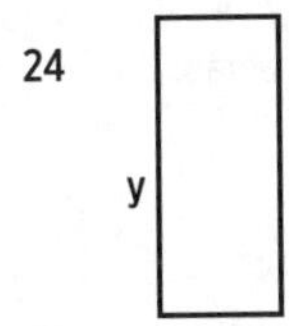

Área = 24y

Como Área = 2880, então:

24y = 2880

y = 2880/24

y = 120

Encontramos o valor da largura de R2 que é o mesmo valor do lado do quadrado ABCD

Assim, cada um dos quatro lados do quadrado ABCD mede 120cm.

Para encontrar o valor de x fazemos:

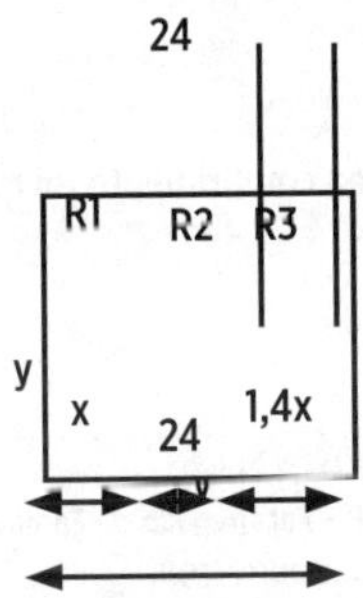

y = x + 24 + 1,4x

y = 2,4x + 24

Como y = 120 então

2,4x + 24 = 120

2,4x = 120 – 24

2,4x = 96

x = 96/2,4

x = 40

Para encontrar a medida 1,4x fazemos:

Medida = 1,4x

Medida = 1,4 · 40

Medida = 56 cm.

GABARITO: D.

---

173. **(2019 – Câmara de Sertãozinho/SP – Escriturário)** Um pedaço retangular de papel tem 50 cm de perímetro, e a medida do seu comprimento tem 5 cm a mais do que a medida da sua largura, conforme indica a figura, cujas medidas indicadas estão em centímetros.

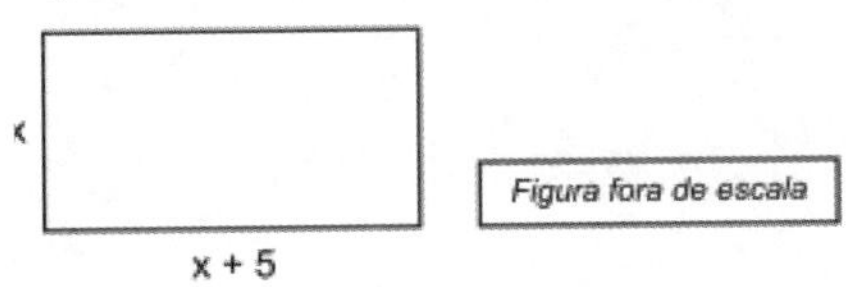

Esse pedaço de papel foi recortado e somente a medida de seu comprimento foi reduzida em 2 cm. A medida do comprimento após a redução passou a ser de:

a) 14 cm.

b) 13 cm.

c) 12 cm.

d) 11 cm.

e) 10 cm.

O exercício pede a medida do comprimento do retângulo após a redução de 2cm. Precisamos encontrar o valor de x, fazer a medida do comprimento (x + 5) e depois subtrair 2cm deste resultado.

Para encontrar o valor de x usaremos o valor do perímetro que ele forneceu.

O perímetro do pedaço retangular de papel é de 50cm e o perímetro é a soma dos lados do retângulo.

Perímetro = x + x + (x + 5) + (x + 5) (soma dos quatro lados do retângulo)

Perímetro = 4x + 10

Como Perímetro = 50, então:

4x + 10 = 50

4x = 50 – 10

4x = 40

x = 40/4

x = 10

Para encontrar o comprimento fazemos:

Comprimento = x + 5

Comprimento = 10 + 5

Comprimento = 15

Como a medida de seu comprimento foi reduzida em 2 cm, fazemos:

Comprimento = 15 – 2

Comprimento = 13 cm.

GABARITO: B.

---

174. **(2019 - Prefeitura de Arujá/SP - Encarregado de Faturamento)** A figura mostra uma sala e um banheiro (B), cujas medidas indicadas estão em metros.

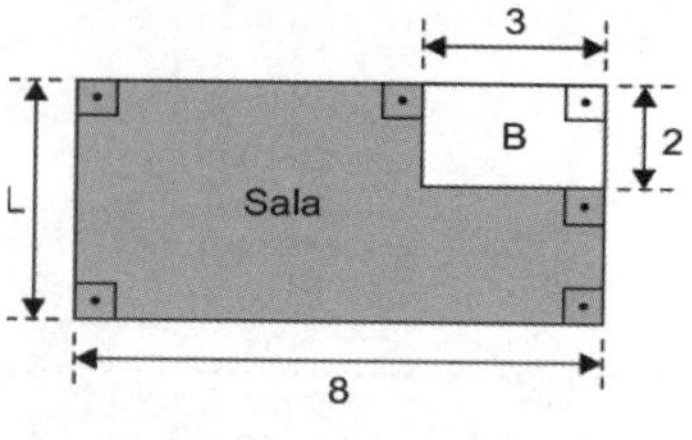

Figura fora de escala

Sabe-se que a área da sala é igual a 7 vezes a área do banheiro. Então, a medida do lado da sala, indicada na figura pela letra L, é:

a) 6,5 m.

b) 6,0 m.

c) 5,5 m.

d) 5,0 m.

e) 4,5 m.

O exercício pede a medida do lado da sala, indicada na figura pela letra L. Para encontrar o valor de L, precisamos saber a área total (área da sala mais a área do banheiro).

Para encontrar a área do banheiro (B) usaremos os valores das medidas que ele forneceu.

A área é a multiplicação de 2 lados do retângulo (largura e comprimento).

Área = largura · comprimento

Área = 3 · 2

Área = 6

Como a sala (parte sombreada) é igual a sete vezes a área do banheiro (B), temos:

Área da sala = 7 · Área do banheiro

Como a Área do banheiro = 6, então:

Área da sala = 7 · 6

Área da sala = 42

Com isso, fazemos a área total (soma da área da sala e a área do banheiro):

Área total = Área da sala + Área do banheiro

Área total = 42 + 6

Área total = 48

Assim, Área total = L · 8 (área é a multiplicação de 2 lados do retângulo: largura e comprimento)

Como a Área total = 48, então:

L · 8 = 48

L = 48/8

L = 6 m.

GABARITO: B.

---

175. **(2019 - Prefeitura de Itapevi/SP - Auditor Fiscal Tributário)** Um jardim, de formato retangular, é formado por 4 canteiros distintos, C1, C2, C3 e C4, sendo C3 quadrado e C1, C2 e C4, retangulares, conforme mostra a figura, cujas dimensões indicadas estão em metros.

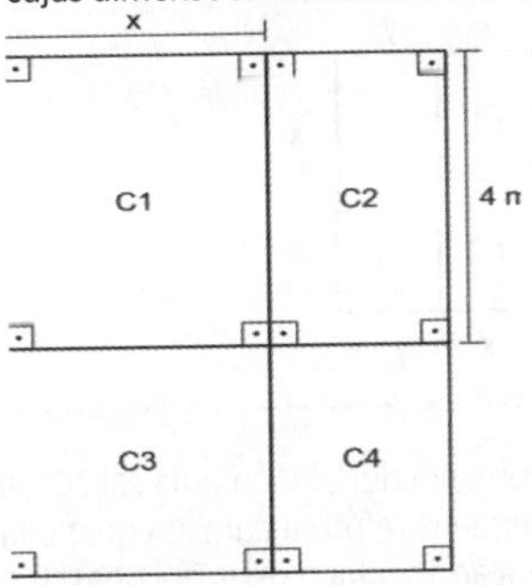

Sabe-se que a área do canteiro C4 é igual à metade da área do canteiro C1, e que a soma das áreas de ambos é igual a 18 m^2. Nessas condições, é correto afirmar que o perímetro desse jardim é igual a:

a) 26 m.

b) 24 m.

c) 22 m.

d) 20 m.

e) 18 m.

O exercício pede o perímetro desse jardim. Para saber o perímetro precisamos encontrar x e o comprimento de C2 (mesmo comprimento de C4) e depois somar todos os lados.

Para encontrar o valor de x usaremos a relação entre as áreas de C1 e C4 que ele forneceu.

A área de C4 = 0,5·C1 (área do canteiro C4 é igual à metade da área do canteiro C1)

Como a soma das áreas é igual a 18 m², faremos:

C1 + C4 = 18

Como C4 = 0,5 · C1, então

C1 + 0,5 · C1 = 18

1,5 · C1 = 18

C1 = 18/1,5

C1 = 12

Então C4 = 6, pois

C1 + C4 = 18

12 + C4 = 18

C4 = 18 - 12

C4 = 6

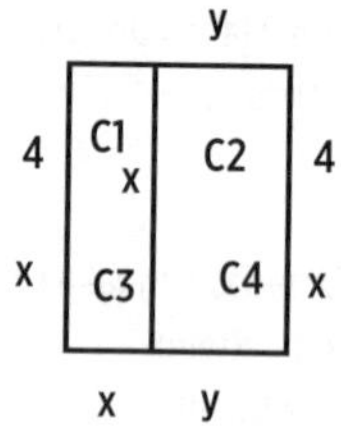

Sabendo que a área de C1 = 12 fazemos:

C1 = 4 · x (largura de C1 é a mesma de C2)

4x = 121

x = 12/4

x = 3

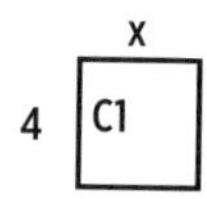

Sabendo que a área de C4 = 6 fazemos:

C4 = x · y (largura de C4 é a mesma de C3)

C4 = 3 · y

3y = 6

y = 6/3

y = 2

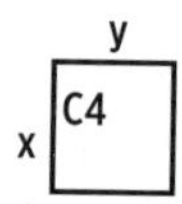

Para encontrar o perímetro basta somar os lados:

P = x + y + 4 + x + x + y + 4 + x

Como x = 3 e y = 2 então:

P = 3 + 2 + 4 + 3 + 3 + 2 + 4 + 3

P = 24 m.

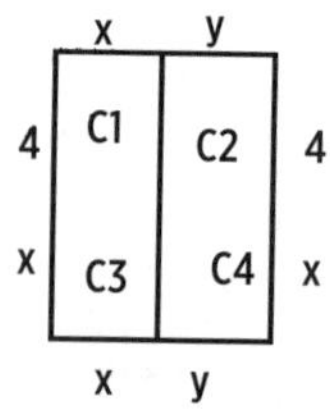

GABARITO: B.

---

176. **(2019 - Prefeitura de Itapevi/SP - Agente de Administração Pública)** Um empreendedor alugou uma sala de área igual a 58 m² para iniciar um novo negócio. Ele está fazendo uma pequena reforma para adequar o lugar e irá instalar eletrodutos externos ao longo de duas paredes. A ilustração a seguir mostra detalhes da planta do local alugado e as paredes onde serão instalados os eletrodutos.

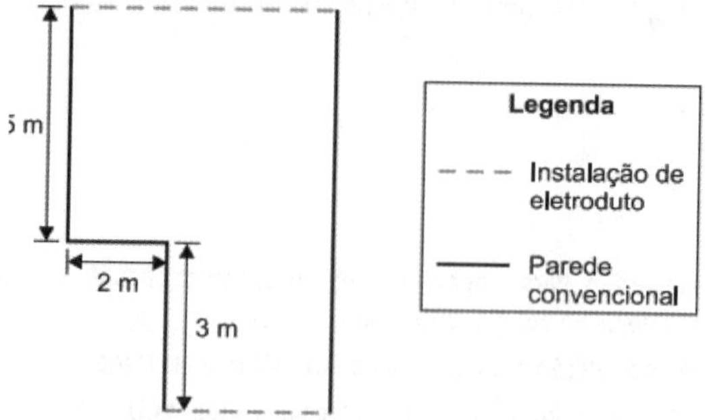

A soma dos comprimentos da parede onde serão colocados os eletrodutos é igual a:

a) 14 metros.

b) 16 metros.

c) 17 metros.

d) 19 metros.

e) 21 metros.

O exercício pede a soma dos comprimentos da parede onde serão colocados os eletrodutos. Para saber os comprimentos precisamos dividir a sala em dois retângulos e utilizando a área da sala fornecida encontraremos estes comprimentos.

Fazendo a divisão desta figura em dois retângulos, determinamos a área de um dos triângulos como A1 e do outro como A2, assim:

A área é a multiplicação de 2 lados do retângulo (largura e comprimento).

Área = largura · comprimento

$A1 = 5 \cdot 2$

$A1 = 10$

Como a área da sala toda é igual a $58m^2$, então a área A2 = 48, pois:

$A1 + A2 = 58$

Como $A1 = 10$

$10 + A2 = 58$

$A2 = 58 - 10$

$A2 = 48$

A área é a multiplicação de 2 lados do retângulo (largura e comprimento).

Área = largura · comprimento

$A2 = 8 \cdot x$

Como $A2 = 48$

$8x - 48$

$x = 48/8$

$x = 6$

Para fazer a soma dos comprimentos da parede onde serão colocados os eletrodutos, faremos:

Comprimento = 2 + x + x

Como x = 6 então

Comprimento = 2 + 6 + 6

Comprimento = 14 m

GABARITO: A.

---

177. **(2019 - Câmara de Monte Alto/SP - Auxiliar Técnico Legislativo)** Considere dois blocos de madeira, B1 e B2, ambos com forma de paralelepípedo reto retângulo e com as respectivas dimensões indicadas nas figuras.

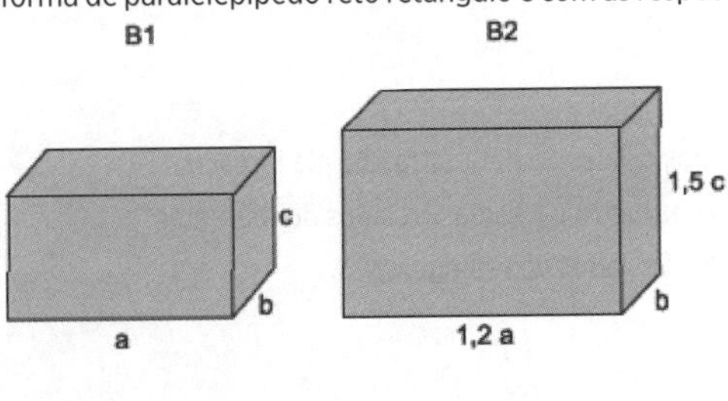

Se o volume de B1 é 6 cm³, então o volume de B2 é:

a) 7,2 cm³.

b) 8,7 cm³.

c) 9,8 cm³.

d) 10,2 cm³.

e) 10,8 cm³.

O exercício pede volume de B2. Para saber o volume de B2 precisamos comparar com o volume de B1 e encontrar o valor de a, b, c.

Usaremos o valor do volume que ele forneceu.

O volume de B1 é de 6 cm³, e o volume é a multiplicação de 3 lados do paralelepípedo (largura, comprimento e altura).

Volume = largura · comprimento · altura

Volume B1 = a · b · c (multiplicação de 3 lados)

Como Volume de B1 = 6, então:

a · b · c = 6

Fazendo o volume de B2 encontramos:

Volume = largura · comprimento · altura

Volume B2 = 1,2a · b · 1,5c (multiplicação de 3 lados)

Volume B2 = 8 · a· b · c

Como a · b · c = 6, então

Volume B2 = 1,8 · 6

Volume B2 = 10,8 cm³.

GABARITO: E.

---

178. **(2019 - Câmara de Serrana/SP - Técnico Legislativo)** Um terreno retangular, cuja frente mede um terço da medida lateral, tem perímetro de 400 metros. Sendo assim, a área desse terreno mede:

a) 6 500 m².

b) 6 750 m².

c) 7 000 m².

d) 7 250 m².

e) 7 500 m².

O exercício pede a área desse terreno retangular. Precisamos encontrar os lados para fazer a área deste retângulo.

Construindo o retângulo temos que a frente mede um terço da medida lateral.

Se chamarmos de 3x a medida lateral, a medida da frente será x, pois:

Um terço da medida lateral = 1/3 · 3x = x

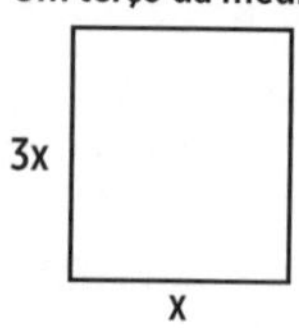

Para encontrar o valor dos lados usaremos o valor do perímetro que ele forneceu.

O perímetro do terreno é de 400m, e o perímetro é a soma dos lados do retângulo.

Perímetro = 3x + x + 3x + x (soma dos quatro lados do retângulo)

Perímetro = 8x

Como Perímetro = 400, então:

8x = 400

x = 400/8

x = 50

Assim, a frente mede 50m e a lateral mede 150m, pois:

Lateral = 3 · x

Como x = 50, então:

Lateral = 3 · 50

Lateral = 150

Assim, a área do terreno será:

Área = largura · comprimento

Área = 150 · 50

Área = 7500 m^2.

GABARITO: E.

---

179. **(2019 - Câmara de Sertãozinho/SP – Escriturário)** O quadro de avisos de uma firma tem a forma de um retângulo com 80 cm de altura e 1,2 m^2 de área. A medida do comprimento desse quadro é:

a) 1,2 m.

b) 1,3 m.

c) 1,4 m.

d) 1,5 m.

e) 1,6 m.

O exercício pede o comprimento do quadro retangular. Sabemos que a área mede 1,2m^2 e um dos lados mede 80 cm. Chamando o comprimento de x, basta encontrarmos o valor de x.

Para encontrar o valor de x usaremos o valor da área que ele forneceu.

A área do quadro é de 1,2 m^2, e a área é a multiplicação de 2 lados do retângulo (altura e comprimento).

Como a altura está em centímetros precisamos transformá-la em metros. Fazemos então 80 : 100 (1m = 100cm) e encontramos que a altura é de 0,8 m.

Chamando o comprimento de x, temos:

Área = altura · comprimento

Área = 0,8 · x (multiplicação de 2 lados)

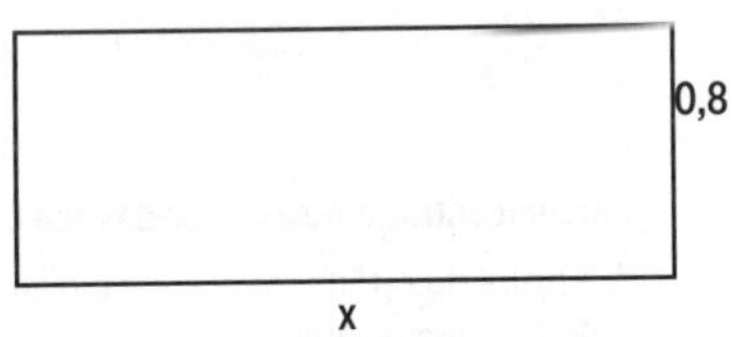

Área = 0,8x

Como Área = 1,2, então:

0,8x = 1,2

x = 1,2/0,8

x = 1,5

Comprimento = 1,5 m.

GABARITO: D.

---

180. **(2019 – TJ/SP - Médico Judiciário)** O perímetro de um retângulo é a soma da medidas de seus quatro lados. Para se obter a área de um retângulo multiplica-se o comprimento por sua largura. Considere um retângulo cujo comprimento seja de 120 centímetros e a largura 45 centímetros. Mantendo-se constante o perímetro e reduzindo o comprimento em 10%, a área do retângulo aumentará:

a) 10%.

b) 16%.

c) 14%.

d) 8%.

e) 12%.

O exercício pede o aumento da área do retângulo. Sabemos que comprimento é de 120 centímetros e a largura 45 centímetros, então fazemos a área. Depois reduzimos o comprimento em 10% e mantemos o perímetro, com isso encontramos uma nova largura. Calculamos a área do novo retângulo e encontramos o valor do aumento em porcentagem.

Para encontrar o valor da área usamos a largura e o comprimento que ele forneceu.

A largura do retângulo é 45cm e o comprimento 120cm, e a área é a multiplicação de 2 lados do retângulo (largura e comprimento).

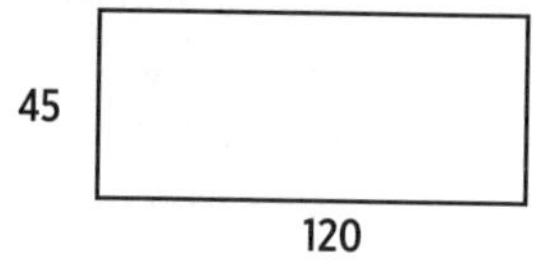

Área = largura · comprimento

Área = 45 · 120 (multiplicação de 2 lados)

Área = 5400

Sabendo que o perímetro é a soma dos lados do retângulo, então:

Perímetro = 45 + 45 + 120 + 120 (soma dos quatro lados do retângulo)

Perímetro = 330

Assim, sabendo que reduzimos o comprimento em 10%, então o comprimento ficou com 90% do valor inicial (100% – 10% = 90%):

Sabendo que 90% = 90/100 = 0,9, então:

90% de 120 = 0,9 · 120 = 108

Comprimento = 108

O exercício diz que o perímetro foi mantido, então precisamos encontrar a nova largura (chamaremos de x).

Para encontrar o valor de x usaremos o valor do perímetro.

O perímetro é de 330cm e o perímetro é a soma dos lados do retângulo.

Perímetro = 108 + 108 + x + x (soma dos quatro lados do retângulo)

Perímetro = 216 + 2x

Como Perímetro = 330, então:

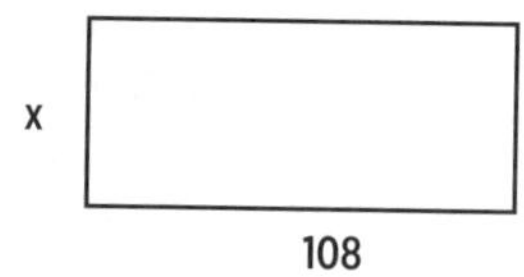

216 + 2x = 330

2x = 330 – 216

2x = 114

x = 114/2

x = 57

Para encontrar o novo valor da área usamos a largura e o comprimento que encontramos.

A largura do retângulo é 57cm e o comprimento 108cm, e a área é a multiplicação de 2 lados do retângulo (largura e comprimento).

Área = largura · comprimento

Área = 57 · 108 (multiplicação de 2 lados)

Área = 6156

Como a área inicial era de 5400cm², podemos dizer que esse valor corresponde a 100%. Para encontrar a porcentagem de aumento da área (aumentou para 6156cm²) podemos resolver uma regra de três:

Porcentagem (%)	Área
x	6156
100	5400

Como a relação entre área e porcentagem é diretamente proporcional fazemos:

$5400x = 6156 \cdot 100$

$5400x = 615600$

$x = 615600/5400$

$x = 114$

Como o valor passou de 100% para 114% houve um aumento 14% (110% – 100% = 14%).

GABARITO: C.

181. **(2019 - UFABC - Assistente em Administração)** Dois retângulos têm os lados maiores medindo 8 cm e os lados menores medindo 3 cm e interceptam-se perpendicularmente, de acordo com a figura.

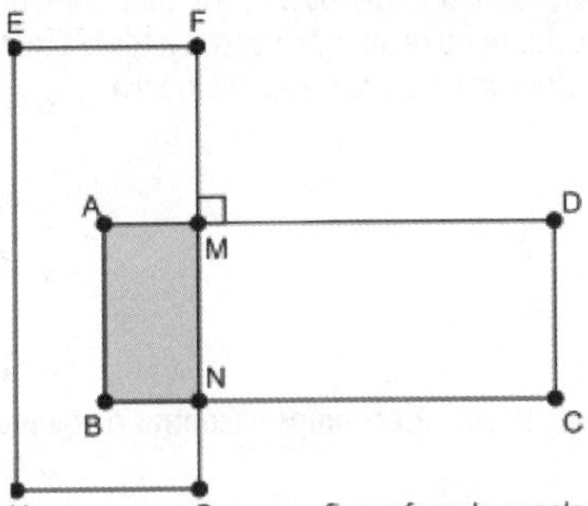

figura fora de escala

Se a área em comum desses dois retângulos é 6 cm^2 o perímetro do retângulo CDMN é igual a:

a) 12 cm.

b) 14 cm.

c) 16 cm.

d) 18 cm.

e) 20 cm.

O exercício pede o perímetro do retângulo CDMN. Precisamos encontrar a medida do comprimento deste retângulo para depois fazer o perímetro.

Precisamos primeiro encontrar o comprimento do retângulo ABNM. Para encontrar o valor do comprimento (chamaremos de x) usaremos o valor da área que ele forneceu (área em comum desses dois retângulos é 6 cm^2).

A área do retângulo é de 6 cm^2, e a área é a multiplicação de 2 lados do retângulo (largura e comprimento).

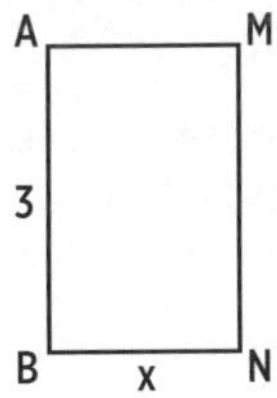

Área = largura · comprimento

Área = $3 \cdot x$ (multiplicação de 2 lados)

Área = $3x$

Como Área = 6, então:

$3x = 6$

$x = 6/3$

$x = 2$

Como o lado BC mede 8cm e BN mede 2cm, então NC mede 6cm, pois:

8 – 2 = 6

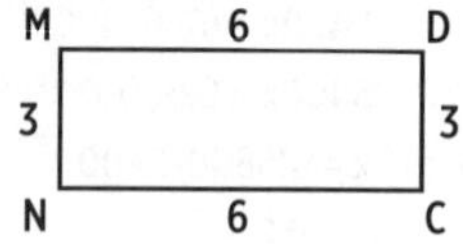

Assim o perímetro do retângulo CDMN é igual a 18cm, pois:

Perímetro = 3 + 3 + 6 + 6

Perímetro = 18.

GABARITO: D.

---

182. **(2019 - Câmara de Sertãozinho/SP - Auxiliar Legislativo/Informática)** Em uma farmácia de manipulação, um recipiente, com a forma de um bloco retangular reto, cujas medidas internas das arestas da base são iguais a 24 cm e 15 cm, continha determinada droga líquida, sendo que o nível do líquido contido nesse recipiente atingia uma altura de 16 cm. Utilizou-se parte desse líquido para preparar 8 frascos de certo medicamento, todos com quantidades iguais da droga, e o nível do líquido restante no recipiente passou a ter 12 cm de altura. Dessa forma, é correto afirmar que o volume da droga colocado em cada frasco foi igual a:

a) 150 cm^3.

b) 160 cm^3.

c) 170 cm^3.

d) 180 cm^3.

e) 200 cm^3.

O exercício pede o volume da droga colocado em cada frasco. Precisamos encontrar o volume que foi utilizado e depois dividir entre os oito frascos.

A base do recipiente não se altera e a altura do recipiente passou de 16cm para 12cm. Então a altura diminui 4 cm (16 – 12 = 4). Sabemos então que para calculamos o volume que foi utilizado usaremos os valores da base que o exercício forneceu junto com os 4 cm da altura:

O volume é a multiplicação de 3 lados do paralelepípedo (largura, comprimento e altura).

Volume = largura · comprimento · altura

Volume = 15 · 24 · 4 (multiplicação de 3 lados)

Volume = 15 · 24 · 4 = 1440

Fazendo a divisão do volume utilizado em oito frascos, temos:

1440 : 8 = 180cm^3.

GABARITO: D.

---

183. **(2019 - Prefeitura de São Bernardo do Campo/SP - Oficial Administrativo I)** A figura mostra as dimensões internas de uma caixa, que tem a forma de um prisma reto, de base retangular.

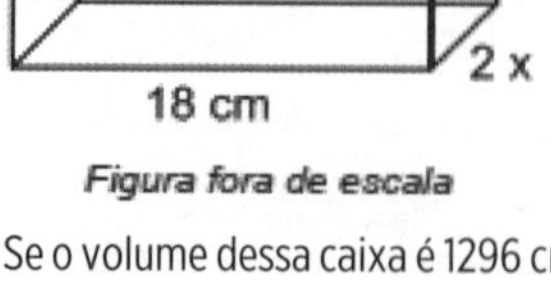

Figura fora de escala

Se o volume dessa caixa é 1296 cm^3, a medida da sua altura, indicada na figura pela letra x, é:

a) 6 cm.

b) 8 cm.

c) 10 cm.

d) 12 cm.

e) 14 cm.

O exercício pede a altura da caixa. Sabemos que a altura vale x, então precisamos encontrar o valor de x.

Para encontrar o valor de x usaremos o valor do volume que ele forneceu.

O volume da caixa é de 1296 cm³, e o volume é a multiplicação de 3 lados do paralelepípedo (largura, comprimento e altura).

Volume = largura · comprimento · altura

Volume = 2x · 18 · x (multiplicação de 3 lados)

Volume = $36 \cdot x^2$

Como Volume = 1296, então:

$36x^2 = 1296$

$x^2 = 1296/36$

$x^2 = 36$

x = 6.

GABARITO: A.

---

184. **(2018 - Câmara de Nova Odessa/SP - Assistente Legislativo)** Um sorvete é vendido em embalagens cúbicas de dois tamanhos diferentes, P e M, cujas medidas das arestas, indicadas nas figuras, estão em centímetros.

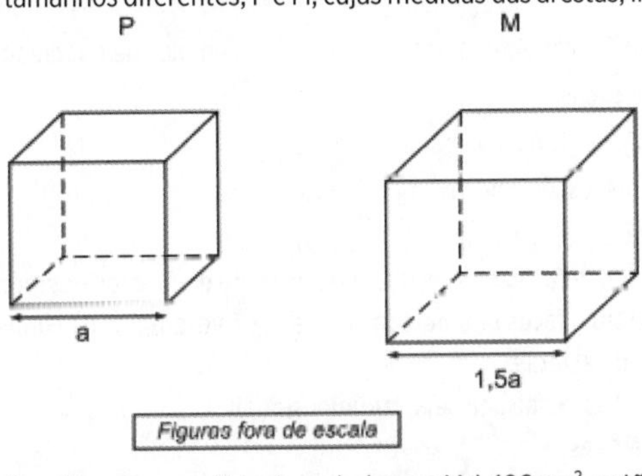

Se a área da superfície da embalagem M é 486 cm², então o volume da embalagem P é igual a:

a) 64 cm³.

b) 125 cm³.

c) 166 cm³.

d) 216 cm³.

e) 343 cm³.

O exercício pede o volume da embalagem P. Sabemos que os lados da embalagem cúbica P medem "a", então precisamos encontrar o valor de "a" e depois fazer o volume.

Para encontrar o valor de "a" usaremos o valor da área que ele forneceu.

A área da superfície da embalagem M é 486 cm², e esta embalagem é cúbica. Assim, ela possui 6 faces iguais, então o valor da área de cada face desta embalagem mede 81cm², pois:

486 : 6 = 81

A área de cada face da embalagem M é de 81cm², e a área é a multiplicação de 2 lados do quadrado (largura e comprimento).

Área = largura · comprimento

Área = 1,5a · 1,5a (multiplicação de 2 lados)

Área = $2{,}25a^2$

Como Área = 81, então:

$2{,}25a^2 = 81$

$a^2 = 81/2{,}25$

$a^2 = 36$

a = 6

Precisamos calcular o volume da embalagem P.

O volume é a multiplicação de 3 lados do cubo (largura, comprimento e altura).

Volume = largura · comprimento · altura

Volume = a · a · a (multiplicação de 3 lados)

Volume = a^3

Como a = 6, então:

Volume = 6^3

Volume = 216 cm^3.

GABARITO: D.

---

185. **(2020 - Prefeitura de Cananéia/SP - Professor/Educação)** Assinale a alternativa que contém informação correta a respeito de elementos geométricos.

a) Os dados tradicionais, aqueles que têm 6 faces enumeradas de 1 a 6, são exemplos de quadrado.

b) As bolas de basquete são exemplos de círculo.

c) As caixinhas tradicionais de remédio são exemplos de paralelepípedo.

d) Os cubos são elementos geométricos planos, ou seja, bidimensionais.

e) Os triângulos têm faces, arestas e vértices.

O exercício pede a alternativa que contém informação correta a respeito de elementos geométricos.

A) Os dados tradicionais, aqueles que têm 6 faces enumeradas de 1 a 6, são exemplos de cubos.

B) As bolas de basquete são exemplos de esferas.

D) Os cubos são elementos geométricos espaciais, ou seja, tridimensionais.

E) As pirâmides têm faces, arestas e vértices.

GABARITO: C.

---

186. **(2020 - Prefeitura de Cananéia/SP - Professor do Ensino Fundamental)** Uma peça em madeira maciça, com formato de paralelepípedo reto retangular, com base quadrada, tem volume de 300 cm^3 e aresta da base medindo 5 cm. A altura dessa peça é de:

a) 10 cm.

b) 11 cm.

c) 12 cm.

d) 13 cm.

e) 14 cm.

O exercício pede a altura dessa peça. Como temos o volume, conseguimos encontrar a altura a partir dele.

Chamaremos o valor da altura de h.

Para encontrar o valor da altura usaremos o valor do volume que ele forneceu.

O volume da peça é de 300cm^3, e o volume é a multiplicação de 3 lados do paralelepípedo (largura, comprimento e altura).

Volume = largura . comprimento . altura

Volume = 5 · 5 · h (multiplicação de 3 lados)

Volume = 25 · h

Como Volume = 300, então:

25h = 300

h = 300/25

h = 12.

GABARITO: C.

---

187. **(2018 - Prefeitura de Barretos/SP - Professor I)** Em um laboratório escolar, há alguns recipientes iguais ao representado na figura, em que as medidas internas estão indicadas em centímetros. Todos têm a forma de bloco retangular de base quadrada, sendo a área da base igual a 400 cm^2. Sabe-se que cada recipiente contém, quando totalmente cheio, 14000 cm^3 de determinado componente líquido.

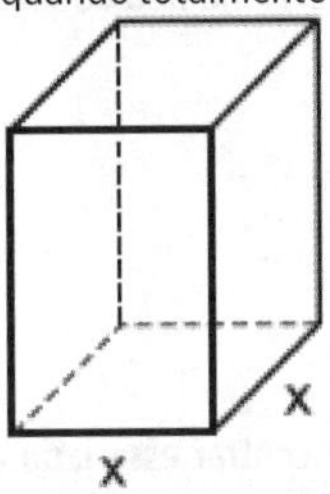

(figura fora de escala)

Nessas condições, a razão entre as medidas, em centímetros, da aresta da base e da altura desse recipiente, indicada por h na figura, será igual a:

a) 3/8.

b) 4/7.

c) 3/5.

d) 2/3.

e) 5/7.

O exercício pede a razão entre as medidas da aresta da base (x) e da altura (h) desse recipiente. Usando a área da base e o volume fornecidos, encontramos x, h e fazemos a razão entre eles.

Para encontrar o valor de x usaremos o valor da área que ele forneceu.

A área da base é de 400 cm^2, e a área é a multiplicação de 2 lados do quadrado (largura e comprimento).

Área = largura · comprimento

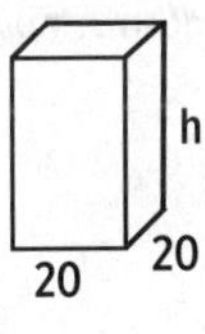

Área = x · x (multiplicação de 2 lados)

Área = x^2

Como Área = 400, então:

$x^2 = 400$

x = 20

Para encontrar a altura (h) usaremos o valor do volume que ele forneceu.

O volume do recipiente é de 14000 cm^3, e o volume é a multiplicação de 3 lados do paralelepípedo (largura, comprimento e altura).

Volume = largura · comprimento · altura

Volume = 20 · 20 · h (multiplicação de 3 lados)

Volume = 400 · h

Como Volume = 14000, então:

400h = 14000

x = 14000/400

x = 35

Assim a aresta da base (x) mede 20cm e a altura (h) mede 35cm

A razão entre as medidas da aresta da base e da altura desse recipiente será:

Base/altura = 20/35

Simplificando a fração, temos:

Base/altura = 4/7.

GABARITO: B.

---

188. **(2020 - Prefeitura de São Roque/SP - Secretário de Escola)** De um terreno no formato de triângulo retângulo, sabe-se que o maior e o menor lados medem 25 metros e 15 metros, respectivamente. A medida do terceiro lado desse terreno é igual a:

a) 19,5 metros.

b) 20,0 metros.

c) 20,5 metros.

d) 21,0 metros.

e) 21,5 metros.

O exercício pede a medida do terceiro lado desse terreno. Precisamos encontrar esse lado usando o teorema de Pitágoras.

Como o triângulo é retângulo temos que 25 é a hipotenusa (maior lado) e 15 é um cateto.

Para encontrar o outro cateto fazemos o Teorema de Pitágoras:

$25^2 = 15^2 + x^2$

$625 = 225 + x^2$

$x^2 = 625 - 225$

$x^2 = 400$

$x = \sqrt{400}$

$x = 20.$

GABARITO: B.

---

189. **(2019 - Prefeitura de Itapevi/SP - Auditor Fiscal Tributário)** Uma gleba destinada a reflorestamento tem a forma de um triângulo retângulo ABC, conforme mostra a figura.

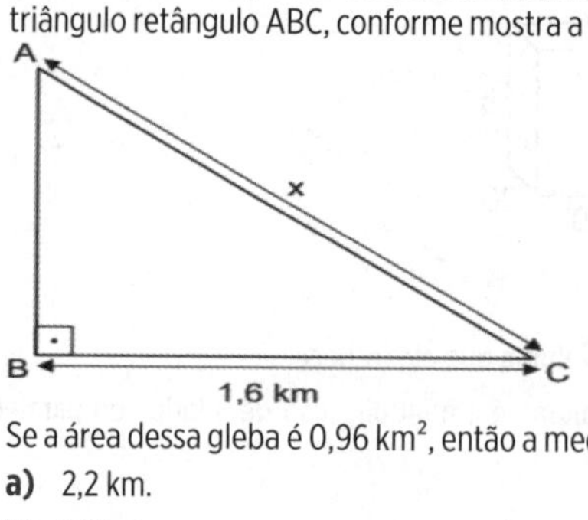

Se a área dessa gleba é 0,96 km^2, então a medida do lado AC, indicada por x na figura, é igual a:

a) 2,2 km.

b) 2,1 km.

c) 2 km.

d) 1,9 km.

e) 1,8 km.

O exercício pede a medida do lado AC, indicada por x. Precisamos encontrar a altura do triângulo usando a área e depois usamos o teorema de Pitágoras para encontrar o valor da hipotenusa (x).

Para encontrar o valor da altura (chamaremos de y) usaremos o valor da área que ele forneceu.

A área do triângulo é de 0,96 km^2, e a área é a multiplicação da base pela altura do triângulo e depois dividido por 2.

Área = (base · altura)/2

Área = (1,6 · y)/2

Área = 0,8 · y

Como Área = 0,96, então:

0,8y = 0,96

x = 0,96/0,8

x = 1,2

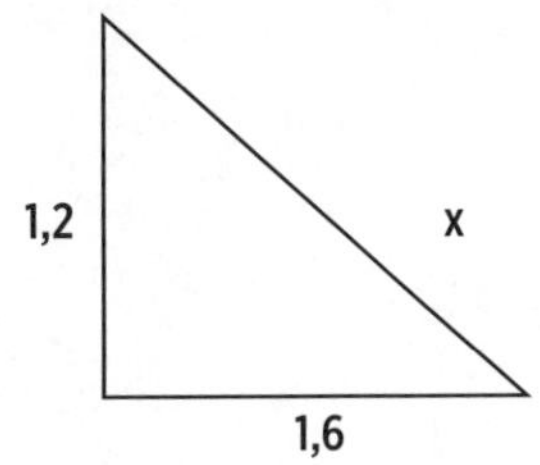

Como o triângulo é retângulo (ângulo de 90°) temos que 1,2 e 1,6 são os catetos e x é a hipotenusa.

Para encontrar o valor de x fazemos o Teorema de Pitágoras:

$x^2 = 1,2^2 + 1,6^2$

$x^2 = 1,44 + 2,56$

$x^2 = 4$

x = 2 km.

GABARITO: C.

---

190. **(2019 - Câmara de Sertãozinho/SP - Auxiliar Legislativo/Informática)** Um canteiro para rosas, com a forma do triângulo retângulo ABC, tem área de 54 m^2. Sabe-se que uma placa, com informações sobre as espécies cultivadas, está posicionada no ponto D, distante 3,5 m do ponto B, e que outra placa, também com informações sobre as espécies cultivadas, está posicionada no ponto E, distante 4,5 m do ponto C, conforme mostra a figura, com dimensões indicadas em metros.

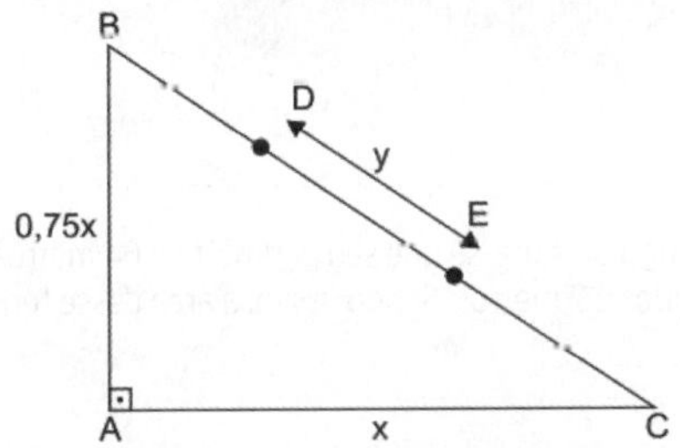

A distância entre as duas placas, indicada por y na figura, é de:

a) 7,5 m.

b) 7 m.

c) 6,5 m.

d) 6 m.

e) 5,5 m.

O exercício pede a distância entre as duas placas, indicada por y. Precisamos encontrar a altura e a base do triângulo (x) usando a área. Depois usamos o teorema de Pitágoras para encontrar o valor da hipotenusa e encontrar o valor de y.

Para encontrar o valor de x usaremos o valor da área que ele forneceu.

A área do triângulo é de 54 m^2, e a área é a multiplicação da base pela altura do triângulo e depois dividido por 2.

Área = (base · altura)/2

Área = (x · 0,75x)/2

Área = 0,375 · x^2

Como Área = 54, então:

$0{,}375x^2 = 54$

$x^2 = 54/0{,}375$

$x^2 = 144$

x = 12

Assim temos:

Altura = 0,75x

Altura = 0,75 . 12

Altura = 9

Base = x

Base = 12

Como o triângulo é retângulo (ângulo de 90°) temos que 9 e 12 são os catetos e z é a hipotenusa. Para encontrar o valor de z fazemos o Teorema de Pitágoras:

$z^2 = 9^2 + 12^2$

$z^2 = 81 + 144$

$z^2 = 225$

z = 15

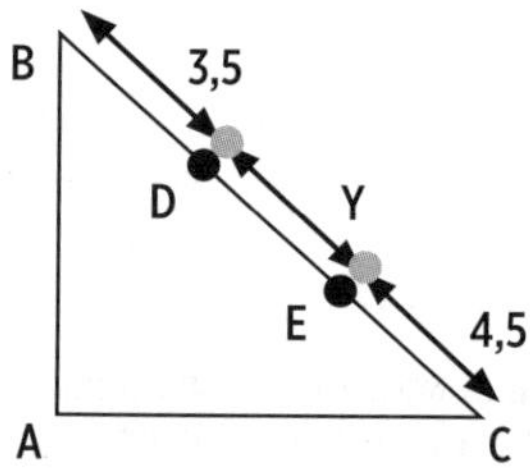

Como o ponto D está distante 3,5 m do ponto B, e o ponto E está distante 4,5 m do ponto C e como BC vale 15m então y vale 7m, pois:

y = 15 – 3,5 – 4,5

y = 7.

GABARITO: B.

---

191. **(2019 – PM/SP – Soldado)** A respeito de um terreno retangular, sabe-se que seu perímetro é 64 metros e que a diferença entre as medidas do maior e do menor lados é 2 metros. Sendo assim, a área desse terreno, em metros quadrados, é:

a) 255.

b) 224.

c) 1155.

d) 195.

e) 1023.

O exercício pede a área desse terreno. Para encontrar a área total deste terreno retangular precisamos multiplicar a largura pelo comprimento. Para isso, precisamos saber as medidas destes dois lados.

Sabemos que a diferença entre as medidas do maior e do menor lados é 2 metros. Então se um lado mede x o outro mede x – 2.

Para encontrar o valor de x usaremos o valor do perímetro que ele forneceu.

O perímetro do terreno é de 64m, e o perímetro é a soma dos lados do retângulo.

Perímetro = x + x + (x – 2) + (x – 2) (soma dos quatro lados do retângulo)

Perímetro = 4x – 4

Como Perímetro = 64, então:

$4x - 4 = 64$

$4x = 64 + 4$

$4x = 68$

$x = 68/4$

$x = 17$

A largura vale 17m e o comprimento x - 2

Como x = 17 o comprimento do terreno é de 15m (17 – 2)

Para saber a área precisamos multiplicar a largura pelo comprimento deste retângulo:

Assim, a área do terreno será:

Área = largura · comprimento

Área = 17 · 15

Área = 255.

GABARITO: A.

---

192. **(2019 – PM/SP – Soldado)** Considere S a superfície plana do tampo de uma mesa retangular M. Se, na fabricação de uma nova mesa, aumentarmos em 1/4 as medidas da largura e do comprimento da mesa M, a superfície plana da nova mesa corresponderá, de S, a:

a) 15/8

b) 19/16

c) 3/2

d) 11/8

e) 25/16

O exercício pede a superfície plana da nova mesa. Para encontrar a superfície (área) precisamos multiplicar a largura pelo comprimento. Para isso, precisamos saber as medidas destes dois lados.

Chamaremos de x e y a largura e comprimento respectivamente.

Para saber a área precisamos multiplicar a largura pelo comprimento deste retângulo.

Assim, a área da superfície plana do tampo de uma mesa retangular será:

Área = largura · comprimento

Área = x · y

Aumentando 1/4 as medidas da largura e comprimento, temos:

largura = x +1x/4 = 5x/4

comprimento = y +1y/4 = 5y/4

Assim, a nova área será:

Área Aumento = largura · comprimento

Área Aumento = 5x/4 · 5y/4

Área Aumento = 25xy/16

Como Área = x · y, temos:

Área Aumento = 25/16 Área

Assim, a superfície plana da nova mesa corresponderá, de S, a 25/16.

GABARITO: E.

Sistema de Medidas

193. **(2019 - UFABC - Assistente em Administração)** Carla corre 5 km por dia de segunda a sexta-feira e 7 km por dia aos sábados e domingos. Considerando um período de 20 dias seguidos, o total de quilômetros corridos por Carla é, no máximo:

a) 106.

b) 108.

c) 110.

d) 112.

e) 114.

O exercício pede o máximo de quilômetros corridos por Carla. Com as informações fornecidas pelo exercício encontramos a quantidade de Km corridos por semana.

Como são 20 dias temos 6 dias de finais de semana e 14 dias de semana.

Temos mais finais de semana porque é o período que ela corre mais quilômetros e como quer o máximo, usamos o máximo de finais de semana em 20 dias.

Como Carla corre 5 km por dia de segunda a sexta-feira e 7 km por dia aos sábados e domingos, temos:

Semana = 14 · 5

Semana = 70

Final de Semana = 6 · 7

Final de Semana = 42

Assim, o total de quilômetros corridos por Carla é, no máximo 112, pois:

Total = Semana + Final de Semana

Total = 70 + 42

Total = 112.

GABARITO: D.

---

194. **(2019 - TJ/SP - Médico Judiciário)** Considere que 1 mililitro contém 20 gotas e que 1 gota contém 3 microgotas. Um paciente está recebendo soro fisiológico na razão de 4 microgotas a cada 5 segundos. Nessas condições, o tempo mínimo para que seja administrado ao paciente 300 mL de soro é:

a) 6 horas.

b) 5 horas e 40 minutos.

c) 5 horas e 25 minutos.

d) 5 horas e 15 minutos.

e) 6 horas e 15 minutos.

O exercício pede tempo mínimo para que seja administrado ao paciente 300 mL de soro. Com as informações fornecidas pelo exercício, encontramos a quantidade de microgotas em 300mL e depois encontramos o tempo.

Como em 1mL tem 20 gotas, em 300mL tem 6000 gotas (300 · 20 = 6000).

Como em 1 gota tem 3 microgotas, em 6000 gotas tem 18000 microgotas (6000 · 3 = 18000).

Como o paciente recebe 4 microgotas a cada 5 segundos, 18000 microgotas ele recebe em 22500 segundos ((18000 · 5)/4 = 90000/4 = 22500).

Sabemos que 1 hora = 3600 segundos (60 · 60 = 3600).

Transformando 22500 segundos em horas e minutos, temos:

22500 : 3600 = 6,25

Como 1 hora = 60 minutos, então 0,25 horas = 15 minutos (0,25 · 60 = 15).

Assim, o tempo mínimo para que seja administrado ao paciente 300 mL de soro é 6 horas e 15 minutos.

GABARITO: E.

---

195. **(2018 - Câmara Municipal de São José dos Campos/SP - Técnico Legislativo)** Um terreno tem 0,50 quilômetro quadrado de área. Em metros quadrados, a área desse terreno corresponde a:

a) 5000000.

b) 500000.

c) 50000.

d) 5000.

e) 500.

O exercício pede a área desse terreno em metros quadrados. Com as informações fornecidas pelo exercício encontramos a quantidade em metros quadrados.

Como $1Km^2 = 1000000m^2$, então:

$0,5Km^2 = 500000m^2$ ($0,5 \cdot 1000000 = 500000$)

Assim, em metros quadrados, a área desse terreno corresponde a 500000.

GABARITO: B.

---

196. **(2017 - Câmara Municipal da Estância Balneária de Itanhaém/SP - Auxiliar Legislativo)** Uma palestra teve início às 9 horas e 30 minutos e, após 1 hora e 5 minutos, sofreu uma interrupção de 10 minutos, retomando, em seguida, por mais 35 minutos até o intervalo, que durou 25 minutos. Após o intervalo, a palestra continuou por 1 hora e 20 minutos, chegando, assim, ao seu término, que ocorreu às:

a) 13 horas e 10 minutos.

b) 13 horas e 05 minutos.

c) 12 horas e 50 minutos.

d) 12 horas e 35 minutos.

e) 12 horas e 20 minutos.

O exercício pede o horário de término da palestra. Com as informações fornecidas pelo exercício somamos os tempos para encontrar esse horário.

Sabendo que a palestra teve início às 9 horas e 30 minutos, precisamos somar o tempo da palestra, o tempo de interrupção e o intervalo.

Após 1 hora e 5 minutos de palestra, sofreu uma interrupção de 10 minutos. Mais 35 minutos de palestra, um intervalo, que durou 25 minutos, após o intervalo, a palestra continuou por 1 hora e 20 minutos. Somando tudo temos 3 horas e 35 minutos, pois:

1 hora e 5 minutos + 10 minutos + 35 minutos + 25 minutos + 1 hora e 20 minutos = 3 horas e 35 minutos

Assim, como a palestra teve início às 9 horas e 30 minutos e terminou 3 horas e 35 minutos depois, ela chegou ao seu término às 13 horas e 05 minutos.

GABARITO: B.

---

197. **(2017 – Prefeitura de Itanhaém/SP – Recepcionista)** Um agente de saúde está auxiliando no atendimento telefônico para dar esclarecimentos sobre uma determinada campanha de vacinação. Se cada atendimento tem duração média de 5 minutos, em 3 horas e 30 minutos de trabalho contínuo, o agente irá realizar uma quantidade de atendimentos igual a:

a) 34.

b) 36.

c) 38.

d) 40.

e) 42.

O exercício pede a quantidade de atendimentos do agente em 3 horas e 30 minutos de trabalho contínuo. Com as informações fornecidas pelo exercício dividimos o tempo total por 5 minutos para encontrar essa quantidade.

Sabendo que 1 hora = 60 minutos, então 3 horas e 30 minutos = 210 minutos

Como cada atendimento tem duração média de 5 minutos, então em 210 minutos tem um total de 42 atendimentos, pois:

210 : 5 = 42

Assim, o agente irá realizar uma quantidade de atendimentos igual a 42.

GABARITO: E.

---

198. **(2017 – Prefeitura de Itanhaém/SP – Recepcionista)** Um ciclista venceu uma competição percorrendo 5 km em 14 minutos e 36 segundos. O 2º colocado chegou 27 segundos depois do primeiro, e o 3º colocado chegou 1 minuto e 15 segundos depois do 2º colocado. O tempo em que o 3º colocado demorou para percorrer os 5 km foi:

a) 14 min e 27 s.

b) 14 min e 51 s.

c) 15 min e 27 s.

d) 16 min e 18 s.

e) 16 min e 36 s.

O exercício pede o tempo que o 3º colocado demorou para percorrer os 5 km. Com as informações fornecidas pelo exercício somamos os tempos para encontrar esse horário.

Sabemos que o ciclista que venceu a competição percorreu os 5 km em 14 minutos e 36 segundos.

O 2º colocado chegou 27 segundos depois do primeiro, e o 3º colocado chegou 1 minuto e 15 segundos depois do 2º colocado.

Somando esses valores temos que o 3º colocado demorou 16 minutos e 18 segundos para percorrer os 5 km, pois:

14 minutos e 36 segundos + 27 segundos + 1 minuto e 15 segundos = 16 minutos e 18 segundos

Assim, o tempo que o 3º colocado demorou para percorrer os 5 km foi 16 minutos e 18 segundos.

GABARITO: D.

---

199. **(2017 - Câmara de Valinhos/SP - Assistente Administrativo)** Com 30 litros de combustível, um carro percorre 240 km. Se o litro do combustível custa R$ 3,90, o valor gasto para percorrer 320 km será:

a) R$ 124,00.

b) R$ 132,00.

c) R$ 140,00.

d) R$ 148,00.

e) R$ 156,00.

O exercício pede o valor gasto para percorrer 320 km. Com as informações fornecidas pelo exercício encontramos a quantidade de litros gastos para percorrer os 320 km e depois multiplicamos pelo valor do litro de combustível que custa R$ 3,90.

Sabemos que com 30 litros de combustível um carro percorre 240 km, então ele gasta 1 litro a cada 8 km, pois:

240 : 30 = 8

Com isso, para percorrer 320 km ele gasta 40 litros, pois:

320 : 8 = 40

Se o litro do combustível custa R$ 3,90, o valor gasto com 40 litros é de R$ 156,00, pois:

$40 \cdot 3{,}90 = 156$

Assim, o valor gasto para percorrer 320 km será de R$ 156,00.

GABARITO: E.

---

200. **(2017 – Câmara de Sumaré/SP – Escriturário)** Renata foi realizar exames médicos em uma clínica. Ela saiu de sua casa às 14h 45 min e voltou às 17h 15 min. Se ela ficou durante uma hora e meia na clínica, então o tempo gasto no trânsito, no trajeto de ida e volta, foi igual a:

a) 1/2h.

b) 3/4h.

c) 1h.

d) 1h 15min.

e) 1 1/2h.

O exercício pede o tempo gasto no trânsito, no trajeto de ida e volta. Com as informações fornecidas pelo exercício subtraímos os horários de saída de casa e de volta para encontrar esse tempo.

Sabemos que ela saiu de sua casa às 14h 45 min e voltou às 17h 15 min, então ficou fora de casa um período igual a 2 horas e 30 minutos, pois:

17 horas e 15 minutos – 14 horas e 45 minutos = 2 horas e 30 minutos

Se ela ficou durante uma hora e meia na clínica, então o tempo gasto no trânsito, no trajeto de ida e volta é de 1 hora, pois:

2 horas e 30 minutos – 1 hora e 30 minutos = 1 hora

GABARITO: C.

M A T

INFORMÁTICA

01. **(2021 - CODEN/SP - Técnico em Segurança do Trabalho)** Para ter acesso à Internet é necessário utilizar aplicativos específicos, que funcionam como uma ponte entre o usuário e o conteúdo virtual da Internet. Esses aplicativos são conhecidos como navegadores, "web browsers" ou simplesmente "browsers". São exemplos de navegadores:

a) Power Point.

b) Google Chrome.

c) Excel.

d) Outlook.

e) Explorador de arquivos.

O Google Chrome é o navegador mais utilizado na internet, tendo ultrapassado o Internet Explorer. Os demais programadas das questões possuem outra classificações, como o Powerpoint, editor de apresentações, o Excel, editor de planilhas de cálculos, o Outlook, que é um serviço de e-mails e o Explorador de Arquivos, que é o programa gerenciador de arquivos do Windows 10.

GABARITO: B.

02. **(2021 - CODEN/SP - Técnico em Segurança do Trabalho)** Imagine que um documento foi criado no MS Word 2010, na sua configuração padrão, e precisa ser enviado para a equipe de trabalho, para que acrescentem seus comentários e sugestões de alteração. Antes de enviar o arquivo, seu criador deve se certificar de que os comentários e alterações sugeridas pelo grupo sejam facilmente identificadas no retorno do arquivo. Como isso deve ser feito através dos recursos disponíveis no MS-Word 2010? Assinale a alternativa correta.

a) Na guia REFERÊNCIAS selecionar INSERIR CITAÇÃO.

b) Na guia de REFERÊNCIAS selecionar REFERÊNCIA CRUZADA.

c) Na guia REVISÃO selecionar CONTROLAR ALTERAÇÕES e CONTROLAR ALTERAÇÕES.

d) Na guia INSERIR, selecionar LINKS e INDICADORES.

e) Na guia DESIGN, selecionar MARCA-D'AGUA para deixar claro a origem do documento.

A guia REVISÃO e as opões CONTROLAR ALTERAÇÕES e CONTROLAR ALTERAÇÕES possibilitam comentários e sugestões de alteração do documento em edição de forma colaborativa, pois o Office 365 permite inclusive que sejam desenvolvidos projetos on-line por múltiplos usuários.

GABARITO: C.

03. **(2021 - CODEN/SP – Técnico em Segurança do Trabalho)** Quando estivermos utilizando o MS-Windows 2010, podemos verificar os aplicativos que estão abertos:

a) na barra de Ferramentas.

b) no Painel de Controle.

c) na barra de Tarefas.

d) na Barra de Apresentação.

e) no explorador de Arquivos.

A Barra de Tarefas do Windows 10 permite que sejam visualizadas miniaturas dos arquivos abertos em um mesmo aplicativo, e no caso do Microsoft Word, estes arquivos ficam agrupados em um mesmo ícone do aplicativo na barra de tarefas.

GABARITO: C.

04. **(2021 – CODEN/SP – Técnico em Segurança do Trabalho)** No programa MS-PowerPoint 2010, em sua configuração padrão, é possível, durante a apresentação de um slide, acessar páginas da WEB ou outros arquivos. O recurso que permite que isso seja possível é:

a) Inserir Ação.

b) Inserir anotações no slide mestre.

c) Verificar acessibilidade.

d) Inserir Link.

e) Adicionar animação.

Links são atalhos que podem ser utilizados tanto em sites da internet quanto em aplicativos de texto, apresentações ou planilhas, para que se acessem tanto conteúdos externos (como determinadas páginas da internet), quanto páginas internas do documento.

GABARITO: D.

05. **(2021 - CODEN/SP - Técnico em Segurança do Trabalho)** A figura exibida a seguir consta de uma planilha criada no MS-Excel 2010. Nas células B9 e B10 dessa planilha, foram inseridas, respectivamente, as fórmulas =MÁXIMO(A1:A7) e =SOMA(A1:A7).

	A	B
1	10	
2	7	
3	3	
4	5	
5	4	
6	9	
7	15	
8		
9		
10		

Os resultados obtidos nas células B9 e B10 decorrentes da inserção dessas duas fórmulas são, respectivamente:

a) 10 e 53.

b) 3 e 15.

c) 15 e 55.

d) 15 e 53.

e) 7 e 59.

Considerando a configuração padrão do aplicativo de Planilhas Microsoft Excel, MÁXIMO(A1:A7) procura o maior valor ordinal dentre os números inseridos na fórmula, e o resultado é 15, já a fórmula SOMA(A1:A7) soma os maiores números contidos no intervalo, e o resultado é 53.

GABARITO: D.

06. **(2021 - CODEN/SP – Advogado)** Por meio do Google Chrome 78, em sua configuração padrão, um advogado deseja imprimir uma página sendo exibida, para fazer um registro. Assinale a alternativa que apresenta o atalho por teclado usado para imprimir a página.

a) Ctrl + P.

b) Ctrl + U.

c) Ctrl + I.

d) Alt + J.

e) Alt + M.

Atalhos de teclado são definidos de acordo com a linguagem padrão que os programas utilizam, por exemplo: os atalhos do Windows 10 são baseados na língua inglesa, já os atalhos dos programas do Pacote Office são baseados na língua portuguesa. O Google Chrome tem atalhos baseados na língua inglesa, e o Ctrl+P (Print) imprime um documento.

GABARITO: A.

---

07. **(2021 – CODEN/SP – Advogado)** Um advogado deparou-se com os ícones a seguir, retirados do MS-PowerPoint 2010, em sua configuração original.

Os ícones exibidos são opções de:

a) Modos de Exibição de Apresentação.

b) Modos de Exibição Mestre.

c) Temas.

d) Transições.

e) Animações.

No editor de apresentações Microsoft PowerPoint 2010, Apresentações, Transições e Apresentações são aplicações para serem executadas nos slides e nos objetos que podem ser inseridos nos slides, como imagens, textos, tabelas ou fluxogramas, e as opções Dividir, Revelar e Forma são opções vinculadas às Animações.

GABARITO: E.

---

08. **(2021 - CODEN/SP – Advogado)** Observe a planilha a seguir, elaborada por meio do MS-Excel 2010, em sua configuração padrão, para gerar códigos de processos automaticamente.

	A	B	C	D
1	Ano	Número	Estado	Código
2	2020	14567	SP	2020-SP/14567
3	2020	2341	SP	2020-SP/2341
4	2017	3478	MG	2020-MG/3478
5				

Após digitar os dados das colunas A, B e C, o usuário adicionou fórmulas na coluna D, para gerar os valores exibidos na imagem. Assinale a alternativa que apresenta, corretamente, a fórmula inserida na célula D2, para estar de acordo com a imagem exibida.

a) =CONCATENAR(A2;"TRAÇO";C2;"BARRA";B2)

b) =CONCATENAR(A2;"-";C2;"/";B2)

c) =CONCATENAR(A2;C2;B2)

d) =CONCAT(A2;"TRAÇO";B2;"BARRA";C2)

e) =CONCAT(A2;"-";C2;"/";B2)

Em edição de planilhas, a concatenação representa a junção de termos, e pode-se tanto utilizar a função CONCATENAR quanto utilizar o símbolo &, e a função =CONCATENAR(A2;"-";C2;"/";B2) realiza a concatenação do conteúdo da célula A2 com o resultado da fórmula C2;/;B2.

GABARITO: B.

09. **(2021 - CODEN/SP – Advogado)** Um usuário, a partir de um documento vazio do MS-Word 2010, em sua configuração padrão, executou as seguintes ações, na ordem em que aparecem: 1 – Digitou a palavra "Pedra" seguida de um Enter. 2 – Clicou em "Centralizar". 3 – Digitou a palavra "uma" seguida de um Enter. 4 – Digitou a palavra "pedra" seguida de um Enter. 5 – Digitou a palavra "no" seguida de um Enter. 6 – Clicou em "Justificar". 7 – Digitou a palavra "caminho" seguida de um Enter. 8 – Clicou em "Alinhar Texto à Direita". Após essas ações, o número de parágrafos centralizados é:

a) 1.

b) 2.

c) 3.

d) 4.

e) 5.

No editor de textos Microsoft Word 2010, existem os seguintes alinhamentos de texto: Alinhar à esquerda, Alinhar à direita, Centralizado e Justificado. A última opção, Justificado, representa o texto começando em uma margem e terminando em outra margem. Considerando a ordem de aplicações presentes no enunciado da questão, a quantidade de parágrafos centralizados será 3.

GABARITO: C.

10. **(2021 - CODEN/SP – Advogado)** Um advogado, utilizando o Explorador de Arquivos do MS-Windows 10, ambos em configuração original, para organizar seus arquivos de processos por ano, abre uma pasta local de seu computador, chamada processos, e cria três novas pastas vazias, como se vê a seguir.

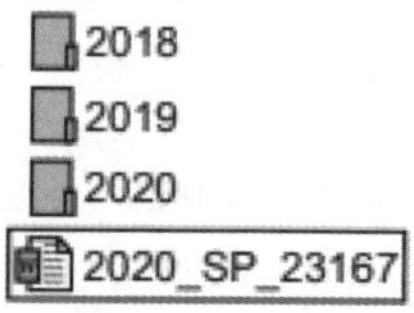

Ao clicar com o botão principal do mouse (mantendo o botão pressionado) sobre o arquivo de texto (fechado no momento), 2020_SP_23167.docx, visto na imagem, e arrastar até a pasta de nome 2020, soltando, nesse momento, o botão pressionado, a ação será:

a) ficarão selecionados o arquivo e a pasta 2020.

b) excluir o arquivo definitivamente.

c) mandar o arquivo inicialmente para a Lixeira.

d) mover o arquivo para a pasta 2020.

e) copiar o arquivo para a pasta 2020.

O Explorador de Arquivos representa o gerenciador de dados do Windows 10, que é o aplicativo para organizar o conteúdo do computador, e quando é executada a ação de clicar com o botão principal do mouse (mantendo o botão pressionado) sobre o arquivo de texto (fechado no momento) 2020_SP_23167.docx visto na imagem, e arrastar até a pasta de nome 2020, soltando, nesse momento, o botão pressionado, a ação será de mover o arquivo para a pasta 2020.

GABARITO: D.

11. **(2021 - Prefeitura de Marília/SP - Supervisor de Saúde)** Usando o navegador Google Chrome 87, em sua configuração padrão, um usuário navegou em um website. Automaticamente, esse endereço ficou gravado:

a) nos favoritos.

b) no histórico.

c) nas extensões.

d) nos downloads.

e) na página de inicialização.

O Google Chrome e os demais navegadores da internet possuem um recurso chamado Histórico de Navegação, que representa uma listagem de sites acessados no computador e que ficam registrados para que se ganhe em desempenho e comodidade nos acessos futuros.

GABARITO: B.

---

12. **(2021 - Prefeitura de Marília/SP - Supervisor de Saúde)** Em uma apresentação criada anteriormente por outro usuário no Microsoft PowerPoint 2016, em sua configuração original, um novo usuário precisa fazer algumas alterações. Existe uma AutoForma que está presente em todos os slides e, em todos eles, na mesma posição. Esse novo usuário precisa eliminar essa AutoForma, mas não consegue nem mesmo selecioná-la no modo de exibição Normal. Assinale a alternativa correta.

a) A AutoForma está no slide mestre e, assim, o usuário deve eliminá-la a partir dessa exibição.

b) Apenas o usuário que criou a apresentação poderá alterá-la.

c) É preciso eliminar primeiro todas as animações da apresentação, para depois poder eliminar objetos como AutoFormas.

d) Não pode haver nenhum slide marcado como oculto na apresentação para poder eliminar um objeto comum a todos eles.

e) Deve-se selecionar todos os slides nas miniaturas e pressionar a tecla DEL.

Quando a situação dá uma AutoForma que está presente em todos os slides e, em todos eles, na mesma posição, esse novo usuário precisa eliminar essa AutoForma, mas não consegue nem mesmo selecioná--la no modo de exibição Normal, a alternativa que pode resolver a situação é eliminá-la a partir dessa exibição.

GABARITO: A.

---

13. **(2021 - Prefeitura de Marília/SP - Supervisor de Saúde)** Tem-se a seguinte planilha criada no Microsoft Excel 2016, em sua configuração padrão.

	A	B	C	D
1	9	5	8	3
2	8	9	9	0
3	8	7	5	2
4	8	4	6	1

Assinale a alternativa com os resultados das seguintes fórmulas, a serem aplicadas nas células A5, A6 e A7, respectivamente. =CONT.VALORES(A1:D4) =CONT.NÚM(A1:D4) =CONTAR.VAZIO(A1:D4)

a) 15, 15, 0.

b) 15, 15, 1.

c) 15, 16, 1.

d) 16, 16, 0.

e) 16, 16, 1.

No editor de planilhas Microsoft Excel 2016, as funções de contagem realizam a totalização da quantidade de células que cumprem determinada condição, e =CONT.VALORES(A1:D4) conta as células que tenham qualquer conteúdo interno, =CONT.NÚM(A1:D4) conta as células que tenham apenas conteúdo numérico, e CONTAR.VAZIO(A1:D4) conta apenas as células que não tenham conteúdo algum.

GABARITO: D.

---

14. **(2021 - Prefeitura de Marília/SP - Supervisor de Saúde)** Tem-se o seguinte documento criado no Microsoft Word 2016, em sua configuração original, com apenas 1 palavra, sem nenhuma formatação. Marília| Observe que o cursor está posicionado no final da palavra. Considere que o usuário clicou nos ícones Sublinhado, Itálico e Negrito, e, em seguida, digitou mais algumas letras, como apresentado a seguir. Marília ***<u>de</u>***| Na sequência, o usuário equivocou-se e pressionou a tecla BACKSPACE até apagar a última letra da primeira palavra, como demonstrado a seguir. Marílí| A partir desse ponto, qualquer letra digitada no documento:

a) será formatada com Sublinhado, Itálico e Negrito.

b) será formatada com Sublinhado e Negrito, apenas.

c) será formatada com Negrito, apenas.

d) será formatada com Sublinhado, apenas.

e) não terá nenhuma formatação.

Quando são inseridos efeitos e estilos em textos aplicados em um documento em edição, é possível que, por meio de ações de atalhos de teclados ou teclas diretas, se reverta ou anule a ação automática de determinado efeito e estilo, como apresentado na questão.

GABARITO: E.

---

15. **(2021 - Prefeitura de Marília/SP - Supervisor de Saúde)** Em uma pasta em um computador com o Microsoft Windows 10, existe apenas um arquivo, chamado Controle.xlsx. Um usuário está editando um documento no Microsoft Word 2016 e deseja salvá-lo com nome de Controle nessa mesma pasta. Considerando que todos os aplicativos estão em suas configurações originais e que não há restrições de espaço ou de gravação no computador, assinale a alternativa que preenche, correta e respectivamente, as lacunas do texto. O usuário ___________ gravar o arquivo Controle editado no Microsoft Word porque ___________ do novo arquivo é ___________ do arquivo já existente.

a) não conseguirá ... a extensão ... a mesma.

b) não conseguirá ... o nome ... o mesmo.

c) conseguirá ... a extensão ... diferente.

d) conseguirá ... a extensão ... a mesma.

e) não conseguirá ... a extensão ... diferente.

A ordem correta das frases é: Em uma pasta em um computador com o Microsoft Windows 10, existe apenas um arquivo, chamado Controle.xlsx. Um usuário está editando um documento no Microsoft Word 2016 e deseja salvá-lo com nome de Controle nessa mesma pasta. Considerando que todos os aplicativos estão em suas configurações originais e que não há restrições de espaço ou de gravação no computador, assinale a alternativa que preenche, correta e respectivamente, as lacunas do texto. O usuário conseguirá gravar o arquivo Controle editado no Microsoft Word porque a extensão do novo arquivo é diferentes do arquivo já existente.

GABARTO: C.

---

16. **(2021 – CODEN/SP - Contador)** Um usuário clicou em um link para um documento PDF no navegador Google Chrome versão 80, em sua configuração original. No topo da guia em que o documento foi carregado, aparecem 3 ícones na lateral direita, conforme imagem a seguir.

O ícone com a seta para baixo, com um traço logo embaixo, tem a função de:

a) fazer a correção ortográfica do documento.

b) fazer o download do documento.

c) gravar o documento nos Favoritos do Google Chrome.

d) imprimir o documento.

e) atualizar o documento.

Quando o usuário navega em determinado Browser, como o Google Chrome, e no site que está aberto existe algum arquivo vinculado, seja arquivo de texto, de imagem, multimídia, é possível que sejam feitos downloads para o local remoto do conteúdo.

GABARITO: B.

---

17. **(2021 – CODEN/SP – Contador)** No Microsoft PowerPoint 2010, em sua configuração padrão, o tamanho da barra ao lado da animação do Retângulo 6, indicada pela imagem a seguir, representa:

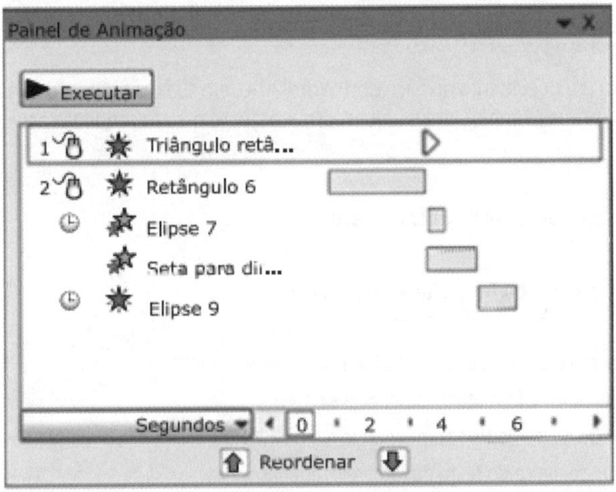

a) o tempo de espera para a animação Retângulo 6 ser iniciada.

b) a ordem em que Retângulo 6 será animada, sendo assim a primeira animação por ser a maior barra.

c) o tempo de duração da animação do Retângulo 6.

d) o tamanho da AutoForma Retângulo 6, que é maior do que as demais AutoFormas.

e) a ordem em que Retângulo 6 será animada, sendo assim a última animação por ser a maior barra.

No editor de apresentações PowerPoint 2010, quando é inserido um objeto, como uma imagem, um texto, uma tabela ou um organograma, o usuário pode configurar elementos da apresentação como tempo da apresentação, ordem da apresentação, duração da apresentação ou mesmo forma da apresentação.

GABARITO: C.

---

18. **(2021 – CODEN/SP – Contador)** No Microsoft Excel 2010, em sua configuração padrão, um usuário digitou 10/3 na célula A1 e o Excel entendeu tratar-se da data de 10 de março de 2020, como demonstrado na imagem a seguir.

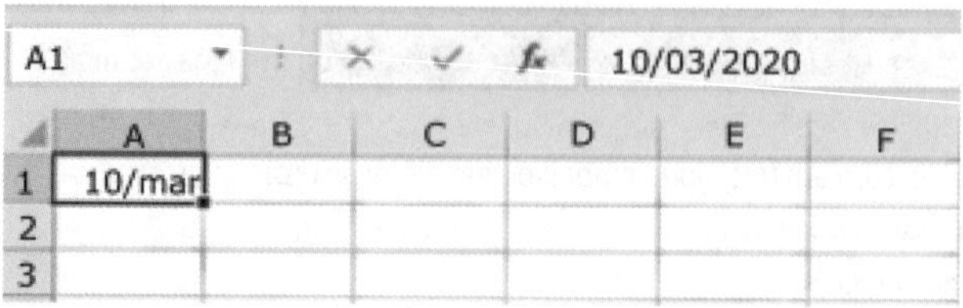

Assinale a alternativa que indica o resultado que será apresentado na célula B1, ao se digitar a função =NÚM.CARACT(A1).

a) 0.

b) 3.

c) 4.

d) 5.

e) 10.

Considerando o editor de planilhas Microsoft Excel, quando se pretende buscar a quantidade de caracteres inseridos em uma célula, a fórmula =NÚM.CARACT(A1), considerando o conteúdo 10/mar, o resultado será 5 caracteres.

GABARITO: D.

---

19. **(2021 – CODEN/SP – Contador)** Em um documento do Microsoft Word 2010, em sua configuração original, com apenas 1 palavra digitada na primeira linha, sem qualquer formatação, têm-se as seguintes ações, executadas em sequência:

I. Selecionar a palavra;

II. Clicar sobre o ícone Cor da fonte alterando a cor para azul;

III. Selecionar a palavra;

IV. Clicar sobre o ícone Cor do Realce do Texto alterando para amarelo;

V. Selecionar a palavra;

VI. Clicar sobre o ícone Maiúsculas e Minúsculas e selecionar a opção MAIÚSCULAS;

VII. Assinale a alternativa que indica a formatação final dessa palavra.

a) Cor da fonte em azul, cor de realce do texto em amarelo e a palavra inteira em letras maiúsculas.

b) Cor da fonte em azul e cor de realce do texto em amarelo, apenas.

c) Palavra inteira em letras maiúsculas, apenas.

d) Cor da fonte em azul, cor de realce do texto em amarelo e a primeira letra em maiúscula.

e) Primeira letra em maiúscula, apenas.

No Microsoft Word 2010, as ações ordenadas de Selecionar a palavra; Clicar sobre o ícone Cor da fonte alterando a cor para azul; Selecionar a palavra; Clicar sobre o ícone Cor do Realce do Texto alterando para amarelo; Selecionar a palavra; Clicar sobre o ícone Maiúsculas e Minúsculas e selecionar a opção MAIÚSCULAS retorna o resultado Cor da fonte em azul, cor de realce do texto em amarelo e a palavra inteira em letras maiúsculas.

GABARITO: A.

---

20. **(2021 – CODEN/SP – Contador)** Em uma pasta do Microsoft Windows 10, em sua configuração geral original, mas com uma configuração específica para que os arquivos ocultos sejam exibidos, existem 4 arquivos e 1 pasta, tal qual apresentado na imagem a seguir.

Nome	Data de modificação	Tipo	Tamanho
Pasta 1	01/03/2020 20:09	Pasta de arquivos	
Arq1.txt	12/01/2020 15:13	Documento de Texto	0 KB
Arq2.txt	12/01/2020 15:13	Documento de Texto	0 KB
Arquivo A.txt	07/09/2019 13:56	Documento de Texto	4 KB
Arquivo B.txt	07/09/2019 13:56	Documento de Texto	87 KB

O arquivo Arq1.txt está configurado como oculto. O arquivo Arquivo A.txt está configurado como apenas leitura. Os demais arquivos e a pasta Pasta 1 não possuem nenhuma configuração específica. Assinale a alternativa que indica qual(is) item(ns) será(ão) apagado(s) quando o usuário selecionar todos, pressionando as teclas CTRL+A e pressionando, em seguida, a tecla Delete.

a) Pasta 1, apenas.

b) Arq1.txt, Arq2.txt, Arquivo A.txt e Arquivo B.txt, apenas.

c) Pasta 1, Arq2.txt, e Arquivo B.txt, apenas.

d) Arq2.txt, e Arquivo B.txt, apenas.

e) Pasta 1, Arq1.txt, Arq2.txt, Arquivo A.txt e Arquivo B.txt.

No Windows 10 é possível vincular atributos aos arquivos existentes no computador, e um destes atributos é arquivo oculto, que não fica visível para outros usuários mas o administrador pode visualizar em marca d'agua, e quando são selecionados os arquivos e dentre eles existe um arquivo oculto, ele é excluído com os demais arquivos.

GABARITO: E.

21. **(2021 – TJM/SP – Analista em Comunicação e Processamento de Dados Judiciário/Analista de Redes)** Uma das classificações mais adotadas, no que diz respeito aos tipos de ameaças a sistemas de informação, refere-se à intenção pretendida com a ameaça. Dessa forma, considerando tal objetivo, as ameaças classificam-se em:

a) soft, hard e firm.

b) naturais, voluntárias e involuntárias.

c) manuais, automatizadas e autenticadas.

d) simples, compostas e mistas.

e) severas, auditáveis e secretas.

Considerando a segurança da informação e os critérios da disponibilidade, da integridade, da confidencialidade e da autenticidade, os ataques podem ocorrer por força bruta (invasão) ou por engenharia social (indução), e a natureza dos ataques são classificados em naturais, voluntários e involuntários.

GABARITO: B.

22. **(2021 – TJM/SP - Analista em Comunicação e Processamento de Dados Judiciário/Analista de Redes)** Um tipo de malware conhecido como ransomware em geral criptografa ou bloqueia o acesso aos arquivos do usuário no computador infectado, solicitando algum tipo de resgate para suposto desbloqueio. Uma boa prática que mitigaria as consequências de um ataque desse tipo é:

a) manter backups atualizados dos arquivos importantes do computador do usuário, em mídias externas offline.

b) manter uma carteira bitcoin ativa e com algum saldo, o que permitiria efetuar o pagamento do resgate solicitado pelo atacante rapidamente, já que na maioria das vezes o resgate é solicitado nessa criptomoeda.

c) possuir um software antivírus atualizado que tenha capacidade de descriptografar os arquivos atacados, além de eliminar o ransonware, o que permite sua recuperação mesmo na ausência de backup e, portanto, é mais efetivo.

d) utilizar computadores Mac com o sistema operacional OS X no lugar de PCs com Windows, já que esse sistema é imune a ransonware.

e) manter o firewall do sistema operacional sempre ativo, o que impede a entrada de ransonware e outras ameaças.

Ransomwares sequestram o conteúdo do computador bloqueado e o acesso do usuário a tal conteúdo. A forma de adotar uma política preventiva é realizar Backup, que tem como elementos básicos deixar a cópia em um lugar diferente do original e realizar a cópia periodicamente.

GABARITO: A.

---

23. **(2021 – TJM/SP - Analista em Comunicação e Processamento de Dados Judiciário (Analista de Redes)** Em relação ao Sistema de Detecção de Intrusão (IDS – Intrusion Detection System) e ao Sistema de Prevenção de Intrusão (IPS – Intrusion Prevention System) tem-se que:

a) o IDS é uma versão mais recente, englobando as funções do IPS, que se tornou obsoleto.

b) o IDS foi projetado para bloquear ataques, não possuindo a função de monitorar a rede.

c) o IPS não protege uma rede de ataques, mas monitora essa rede e envia alertas aos administradores no caso de uma ameaça ser detectada.

d) um dos métodos que o IPS utiliza é a detecção baseada em assinaturas.

e) um dos métodos que o IDS utiliza é a detecção estatística de anomalias, que se baseia em um dicionário de padrões de identificação exclusiva no código de cada exploração de um invasor.

O Intrusion Prevention System (IPS) utiliza detecção baseada em assinaturas em suas operações de segurança em servidores e computadores locais ou remotos.

GABARITO: D.

---

24. **(2020 - Câmara de Boituva/SP - Agente Administrativo)** Após o usuário clicar em um link de uma página da Internet, o navegador exibiu a mensagem "Erro 404 – Página não encontrada". Isso mostra que:

a) o buscador não encontrou o termo procurado.

b) a conexão de internet está indisponível, pois o link não foi acessado.

c) o programa necessário para abrir o link não está instalado.

d) o download da página não foi concluído, por isso não foi encontrada.

e) o link está quebrado, pois encaminhou para um endereço indisponível.

Um link representa um atalho criado, direcionando para um local interno (do site ou arquivo) assim como para um local externo (outro arquivo ou mesmo um site). Quando este local não existe ou está indisponível, o link não deixa de existir, porém, como o destino está indisponível, surge a mensagem Erro 404 – Página não encontrada.

GABARITO: E.

---

25. **(2020 - Câmara de Boituva/SP - Agente Legislativo)** No Microsoft Excel 2010, em sua configuração padrão, para que as células copiadas na figura A preencham corretamente a coluna "Idade", como demonstrado na figura B, é necessário:

Figura A

	A	B	C	D	E	F
1	Nome	Idade				
2	João					
3	Maria		35	15	26	31
4	Pedro					
5	Gabriel					

Figura B

	A	B	C	D	E	F
1	Nome	Idade				
2	João	35				
3	Maria	15	35	15	26	31
4	Pedro	26				
5	Gabriel	31				

a) selecionar a célula A1, clicar em "Colar" > "Colar Especial..." e marcar a opção "Ignorar em branco".

b) utilizar, em B2, a fórmula =PROCH(A2;$C$3:$F$3;1;FALSE), replicando esta para as células abaixo.

c) selecionar a célula B2, clicar em "Colar" > "Colar Especial..." e marcar a opção "Transpor".

d) clicar com o botão direito do mouse na célula B2, clicar em "Formatar células..." e selecionar a opção "Vertical".

e) clicar com o botão direito do mouse na célula B2, clicar em "Formatar células..." e, na aba "Alinhamento", selecionar a opção "Quebrar texto automaticamente".

Considerando o editor de planilhas Microsoft Excel, existem várias formas de copiar conteúdo, e a opção de transposição sobrepõe o novo conteúdo sobre o conteúdo anterior, para que seja feita a atualização de conteúdo.

GABARITO: C.

INF

26. **(2020 - Câmara de Boituva/SP - Agente Administrativo)** Ao receber uma mensagem de correio eletrônico, João notou que seu e-mail (joao@empresa.com) e o de Maria (maria@empresa.com) estavam listados no campo "Para", e o de seu gerente (gerente@empresa.com) estava listado no campo "CC" (com cópia).

Tal constatação indica que:

a) somente gerente@empresa.com pode responder a mensagem.

b) joao@empresa.com, maria@empresa.com e gerente@empresa.com podem responder a mensagem.

c) somente joao@empresa.com e maria@empresa.com podem responder a mensagem.

d) somente joao@empresa.com pode responder a mensagem.

e) somente maria@empresa.com e gerente@empresa.com podem responder a mensagem.

Considerando o cabeçalho de um e-mail, os destinatários que se encontram nos campos PARA, Cv e Cco podem responder, se dirigindo exclusivamente para o remetente, responder a todos, respondendo para o remetente e destinatários não ocultos e encaminhar, enviando a mensagem para um terceiro que não estava na mensagem original.

GABARITO: B.

27. **(2020 - Câmara de Boituva/SP - Agente Administrativo)** Ao digitar um texto no Microsoft Word 2010, em sua configuração padrão, um usuário notou que uma palavra foi automaticamente destacada com sublinhado vermelho ondulado. Isso indica que:

a) o texto contém erros gramaticais, como concordância de gênero e número.

b) a palavra deve ser grafada utilizando somente letras maiúsculas.

c) outra pessoa está editando o documento simultaneamente.

d) a palavra não consta no dicionário configurado, o que possivelmente representa um erro ortográfico.

e) as últimas alterações realizadas no documento ainda não foram salvas.

No editor de textos Microsoft Word 2010, o sublinhado vermelho representa que a palavra não consta do dicionário interno do aplicativo, porém é possível alterar este dicionário, que é completamente editável, e a palavra sublinhada (mesmo com erros ortográficos), pode ser inserida ao dicionário do Microsoft Word.

GABARITO: D.

---

28. **(2020 - Câmara de Boituva/SP - Agente Administrativo)** No Microsoft Windows 7, em sua configuração padrão, os sufixos .DOCX, .XLSX, .PPTX e .PDF representam:

a) extensões de nomes de arquivos.

b) mensagens de erro.

c) instruções de linha de comando.

d) sites da internet.

e) telas de configuração do sistema.

Considerando bases conceituais da informática, os arquivos têm nomes compostos, como "CURRÍCULO.DOCX", em que Currículo representa o prefixo, que é escolhido pelo usuário, e DOCX representa o tipo de extensão de arquivo, um arquivo de texto.

GABARITO: A.

---

29. **(2020 - Câmara de Mogi Mirim/SP – Jornalista)** Observe a planilha a seguir, elaborada por meio do MS- -Excel 2010, em sua configuração padrão, por um jornalista que estava analisando pesquisas de opinião realizadas num determinado período de tempo.

	A	B	C
1	Meio de comunicação	Pesquisas feitas	Realizar mais?
2	Jornal	75	Sim
3	Revista	29	Não
4	Internet	140	Sim
5			

Assinale a alternativa que apresenta a fórmula que deve estar contida na célula C2, para que esta apresente o valor exibido na imagem.

a) =SE("Sim";B2>50;"Não").

b) =SE(B2>50;"Não";"Sim").

c) =SE(B2<50;"Sim";"Não").

d) =SE(B2>50;"Sim";"Não").

e) =SE("Não";"Sim";B2>50).

A função SE do aplicativo de planilhas Microsoft Excel tem a seguinte sintaxe: "Teste Lógico; Verdadeiro; Falso", e a fórmula =SE(B2>50;"Sim";"Não") considera que a teste lógico B2<50 será errado, pois 75 não é menor do que 50, e neste caso o resultado será NÃO.

GABARITO: D.

---

30. **(2020 - EBSERH - Analista de Tecnologia da Informação)** No Sistema de Comunicação e Arquivamento de Imagens (PACS), o formato para a transferência e o armazenamento de imagens é o:

a) FFDM.

b) GIF.

c) DICOM.

d) PDF.

e) JPEG7.

DICOM representa o formato para a transferência e o armazenamento de imagens no Sistema de Comunicação e Arquivamento de Imagens (PACS).

GABARITO: C.

31. **(2020 - EBSERH - Analista de Tecnologia da Informação)** A emissão de certos tipos de notas fiscais eletrônicas por empresas requer um certificado digital, tal como o e-CNPJ. Nesse contexto, o objetivo deste certificado é permitir a geração de uma assinatura digital com relação ao conteúdo da nota fiscal eletrônica a ser transmitida para o órgão competente. Assinale a alternativa correta a esse respeito.

a) O certificado digital implementa o algoritmo que gera a assinatura digital. A verificação da validade da assinatura requer a chave privada presente no certificado.

b) O certificado digital contém uma chave pública que é utilizada para gerar a assinatura digital juntamente com o conteúdo da nota fiscal. A chave privada, também presente no certificado, permite a verificação da validade da assinatura.

c) O certificado digital armazena uma senha chamada senha PIN. Esta senha é utilizada como chave para gerar a assinatura digital juntamente com o conteúdo da nota fiscal. Uma outra senha, chamada senha PUK, é utilizada para verificar a validade da assinatura.

d) O certificado digital contém uma chave privada, que é utilizada para gerar a assinatura digital juntamente com o conteúdo da nota fiscal. A chave pública, também presente no certificado, permite a verificação da validade da assinatura.

e) O certificado digital contém um par de chaves privada e pública. Esse par de chaves é transmitido para o órgão competente junto com a nota fiscal eletrônica, e lá é gerada a assinatura digital com base no par de chaves e no conteúdo da nota fiscal.

O Certificado Digital representa um método de segurança baseado em uma terceira parte confiável, em que a terceira parte é identificada como Autoridade Certificadora, por meio da emissão da chave privada relacionada a uma chave pública, que envia este certificado ao emissor, que o repassa ao receptor como garantia certificadora da relação, como um pregão eletrônico.

GABARITO: D.

32. **(2020 - Prefeitura de Morro Agudo - SP - Agente do Setor de Água e Esgoto)** João recebeu uma mensagem de correio eletrônico por meio do aplicativo Microsoft Outlook 2010, em sua configuração padrão. No entanto, João era o único que estava relacionado no campo Cco. Isso significa que todos os demais destinatários não sabem que João recebeu a mensagem. Assinale a alternativa que indica a pasta em que, por padrão, a mensagem foi gravada no aplicativo de João.

a) Rascunhos.

b) Caixa de Entrada.

c) Tens Lidos.

d) Caixa de Itens Ocultos.

e) Caixa Confidencial.

Considerando que um destinatário se encontra no campo Cco (Com Cópia Oculta), os demais destinatários não visualizam seu endereço, porém, do ponto de vista prático, o recebimento desta mensagem por parte do destinatário oculto não altera sua ação se comparada a um usuário que não está oculto, e nos dois casos o e-mail estará na Caixa de Entrada.

GABARITO: B.

33. **(2020 - Prefeitura de Morro Agudo/SP - Agente do Setor de Água e Esgoto)** Tem-se a seguinte planilha criada no Microsoft Excel 2010, em sua configuração padrão.

	A
1	73
2	99
3	95
4	88
5	47
6	91
7	60
8	6
9	28
10	
11	0

A célula A11 contém a fórmula =CONTAR.VAZIO(A1:A9). Se o usuário alterar o conteúdo da célula A1 para um texto, apagar o conteúdo da célula A2, selecionando-a e pressionando a tecla DEL, alterar o conteúdo da célula A3 para o valor zero, alterar o conteúdo da célula A4 para um espaço em branco e, finalmente, ocultar a linha 5, assinale a alternativa que indica o conteúdo final da célula A11.

a) 1.

b) 2.

c) 3.

d) 4.

e) 5.

No editor de planilhas Microsoft Excel, a fórmula =CONTAR.VAZIO(A1:A9) conta quantas células não estão preenchidas em determinado intervalo, e considerando o intervalo A1:A9 na tabela anterior, a única célula vazia é A10.

GABARITO: A.

---

34. **(2020 - Prefeitura de Morro Agudo/SP - Agente de Licitações e Contratos)** Assinale a alternativa que indica o ícone que inicia o Modo de Apresentação de slides no Microsoft PowerPoint 2010, em sua configuração original.

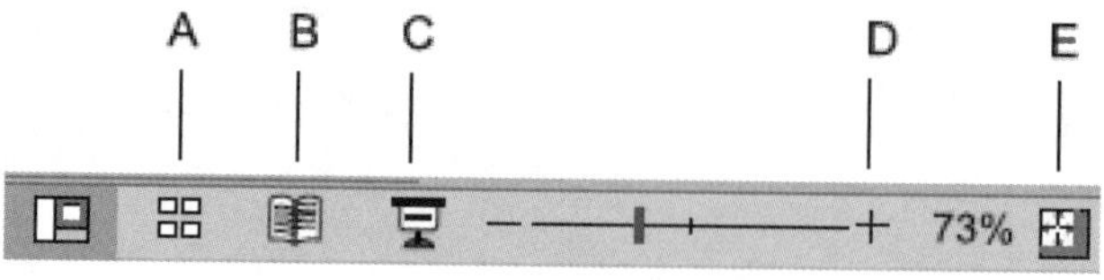

a) A.

b) B.

c) C.

d) D.

e) E.

Considerando a barra de Status (que se encontra na parte inferior da janela do aplicativo) do editor de apresentações Microsoft PowerPoint 2010, o botão C representa um atalho para que imediatamente se saia do modo de edição do slide e se inicie o primeiro slide a apresentação.

GABARITO: C.

---

35. **(2020 - AVAREPREV/SP - Técnico Previdenciário)** Para responder a questão, considere a planilha exibida a seguir, elaborada por meio do MS-Excel 2010, em sua configuração padrão.

	A	B	C
1	**Fluxo de Documentos**		
2	Tipo de Documento	Destino	Prazo
3	Processo	Área de protocolo	5
4	Resolução	Publicação	4
5	Oficio	Superior imediato	3
6	Expediente	Sala 3	2
7	Portaria	Publicação	1
8			

O usuário selecionou os dados conforme visto na planilha e, em seguida, clicou em .
O valor exibido na célula C6 após as ações descritas no enunciado será:

a) 1.

b) 2.

c) 3.

d) 4.

e) 5.

Considerando o editor de planilhas Microsoft Excel 2010, é possível realizar classificação crescente ou decrescente. Quando é analisado o botão apresentado na questão, a coluna selecionada realiza classificação crescente, e o conteúdo da célula C6 será 5.

GABARITO: E.

---

36. **(2020 - AVAREPREV/SP - Técnico Previdenciário)** Observe a planilha a seguir, preparada por meio do MS-Excel 2010, em sua configuração padrão.

	A	B
1	1	2
2	3	3
3	5	2
4	7	9
5		

O valor que será apresentado na célula A5 após esta ser preenchida com a fórmula =MÉDIA(A1:B4) é:

a) 1.

b) 3.

c) 4.

d) 5.

e) 9.

O editor de planilhas Microsoft Excel apresenta fórmulas que permitem dar como resultado as diferentes medias, e a fórmula =MÉDIA(A1:B4) encontra a média aritmética do conteúdo das células apresentadas, realizando a soma dos elementos e dividindo pela quantidade dos elementos.

GABARITO: C.

37. **(2020 - AVAREPREV/SP - Técnico Previdenciário)** Para copiar arquivos no MS-Windows 7, em sua configuração original, de uma pasta local para uma outra pasta local inicialmente vazia, após selecionar o arquivo desejado por meio do Windows Explorer, um usuário deve usar o seguinte atalho por teclado:

a) Ctrl + V.

b) Ctrl + X.

c) Ctrl + Z.

d) Ctrl + C.

e) Ctrl + Y.

No sistema operacional Windows 10 os seguintes atalhos representam as seguintes ações: Ctrl + V (colar), Ctrl + X (recortar), Ctrl + Z (desfazer), Ctrl + C (copiar) e Ctrl + Y não possui ação vinculada.

GABARITO: D.

38. **(2020 - Prefeitura de Cananéia/SP - Orientador Social)** No Microsoft PowerPoint 2010, em sua configuração padrão, um usuário criou uma apresentação com 10 slides, sem nenhuma animação ou transição de slides. No slide 4 ele adicionou um botão de ação, com a ação de ir para o slide 10. No slide 5 ele adicionou outro botão de ação também com a ação de ir para o slide 10. No slide 10 ele adicionou um botão de ação, com a ação de ir para o Último slide exibido, como apresentado na imagem a seguir.

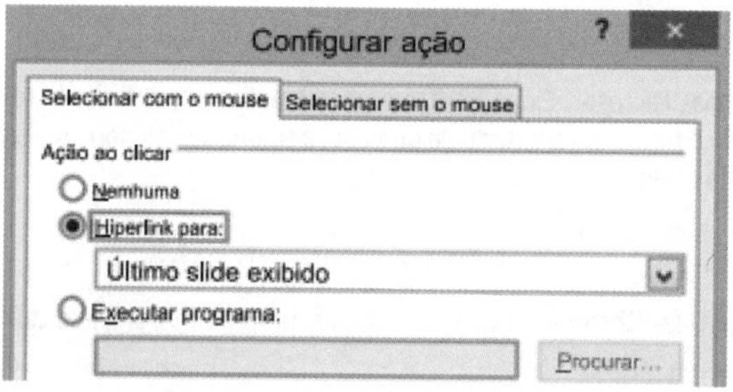

Ao iniciar o Modo de Apresentação, o usuário navegou pelos slides de forma sequencial, e chegou ao slide 9. Pressionou ENTER e foi exibido o slide 10. Assinale a alternativa que indica o resultado da ação ao se pressionar no botão de ação do slide 10.

a) Exibe o slide 4.

b) Exibe o slide 5.

c) Exibe o slide 9.

d) Permanece no slide 10.

e) Termina a apresentação.

No editor de apresentações Microsoft PowerPoint 2010, é possível configurar a apresentação de slides para início da apresentação do primeiro, do último, do primeiro visualizado, do último visualizado ou do primeiro ou último exibido.

GABARITO: C.

39. **(2020 - Prefeitura de Cananéia/SP - Médico 20H)** Um usuário, editando um documento por meio do MS-Word 2010, em sua configuração padrão, digitou alguns parágrafos, conforme visto na imagem ANTES.

ANTES

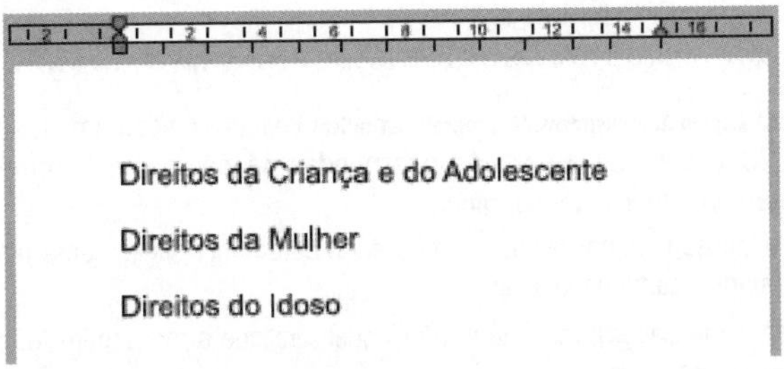

Em seguida, selecionou os parágrafos e acionou um recurso do MS-Word 2010, que deixou o documento conforme visto na imagem DEPOIS.

DEPOIS

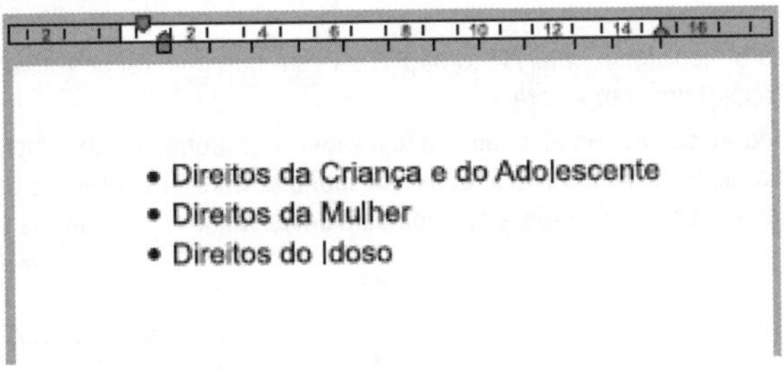

O recurso utilizado pelo usuário foi:

a) Numeração.

b) Espaçamento.

c) Marcadores.

d) Aumentar Recuo.

e) Diminuir Recuo.

No editor de textos Microsoft Word 2010, existem marcadores e numeração, e os marcadores são caracterizados como aqueles que não apresentam relação de importância ou cronologia; já numeração representa qualquer tipo de indicação (numérica, alfabética, alfanumérica) que permite a separação de conteúdo por ordem cronológica ou sequencial.

GABARITO: C.

---

40. **(2020 - FITO - Auxiliar de Administração - Apoio Administrativo/Reprografia e Gráfica)** No MS Excel 2010, para visualizar os limites das páginas a serem impressas em relação às células da planilha, deve-se selecionar a opção:

a) Visualização da Quebra de Página, na aba Exibição.

b) Limite das Páginas, na aba Layout da Página.

c) Visualizar Impressão, na aba Impressão.

d) Quebra de Página, na aba Revisão.

e) Visualização de Páginas, na aba Página Inicial.

Existem várias formas de exibição de arquivos do pacote Microsoft Office, e o modo de exibição padrão do editor de planilhas Excel é o nome Normal, porém quando o usuário necessita visualizar os limites das páginas a serem impressas em relação às células da planilha é utilizada a Visualização de Quebra de Página, na aba Exibição.

GABARITO: A.

41. **(2020 - FITO - Auxiliar de Administração - Apoio Administrativo/Reprografia e Gráfica)** Leandro enviou uma mensagem a Mário e Sandra, ambos como CCO (cópia oculta). Caso Mário responda essa mensagem de correio eletrônico incluindo todos os destinatários da mensagem original,

a) somente Leandro receberá a mensagem, pois é impossível a Mário determinar que a mensagem original enviada por Leandro também foi encaminhada a Sandra.

b) Leandro e Sandra receberão a mensagem, mas Mário não visualizará que a mensagem foi enviada a Sandra, pois ela é uma leitora oculta.

c) Leandro e Sandra receberão a mensagem e Mário será capaz de visualizar todos os destinatários dessa mensagem.

d) somente Sandra receberá a mensagem, pois somente ela está na mesma categoria de destinatários que Mário.

e) Leandro e Sandra receberão a mensagem, mas Mário não visualizará que a mensagem foi enviada a Leandro, pois Leandro ocultou-se como remetente.

Considerando o cabeçalho padrão de um e-mail, quando a mensagem é respondida, ela é encaminhada apenas para o remetente; quando ela é respondida a todos; é respondida para o remetente e para todos os usuários visíveis; e, quando ela é encaminhada, é enviada para um destinatário que não se encontrava na mensagem original.

GABARITO: A.

42. **(2020 - FITO - Auxiliar de Administração - Apoio Administrativo / Reprografia e Gráfica)** Considere a planilha do MS Excel 2010 a seguir, contendo as vendas de 5 vendedores realizadas em uma loja ao longo do ano de 2019.

	A	B	C	D	E	F	G	H	I	J	K	L	
1	Vendedor	Jan	Fev	Mar	Abr	Mai	Jun	Jul	Ago	Set	Out	Nov	De
2	João	R$ 400,00	R$ 200,00	R$ 500,00	R$ 500,00	R$ 500,00	R$ 100,00	R$ 170,00	R$ 500,00	R$ 200,00	R$ 900,00	R$ 100,00	R$
3	Pedro	R$ 200,00	R$ 154,00	R$ 100,00	R$ 1.884,00	R$ 100,00	R$ 15,00	R$ 100,00	R$ 4.010,00	R$ 584,00	R$ 950,00	R$ 500,00	R$
4	Marta	R$ 100,00	R$ 520,00	R$ 300,00	R$ 100,00	R$ 600,00	R$ 120,00	R$ 185,00	R$ 151,00	R$ 600,00	R$ 480,00	R$ 700,00	R$
5	Marcio	R$ 560,00	R$ 1.200,00	R$ 890,00	R$ 50,00	R$ 900,00	R$ 211,00	R$ 1.510,00	R$ 100,00	R$ 170,00	R$ 12,00	R$ 800,00	R$
6	José	R$ 456,00	R$ 155,00	R$ 100,00	R$ 100,00	R$ 874,00	R$ 100,00	R$ 100,00	R$ 500,00	R$ 100,00	R$ 100,00	R$ 480,00	R$

Para se obter a soma das vendas de todos os vendedores nos meses de junho a dezembro, deve-se utilizar a fórmula:

a) =SOMA(B2+M6).

b) =SOMA(G2+M6).

c) =SOMA(B2:M6).

d) =SOMA(G2:M6).

e) =SOMA(B2;M6).

Considerando o editor de apresentações MS - Excel 2010, a função =SOMA(G2:M6) realizará a soma das colunas G, H, I, J, K, L, M e as linhas 2, 3, 4, 5, 6, e o resultado será a venda de 5 vendedores no período.

GABARITO: D.

43. **(2020 - FITO - Auxiliar de Administração - Apoio Administrativo/Reprografia e Gráfica)** No MS - Word 2010, o botão "Substituir Tudo" do menu "Localizar e substituir" faz com que:

a) todo o documento seja substituído por outro documento do MS - Word.

b) todas as palavras do documento sejam substituídas por palavras semelhantes.

c) os termos da busca sejam limpos para que uma nova busca possa ocorrer.

d) uma nova sentença seja localizada no documento.

e) todas as ocorrências de uma sentença encontrada no documento sejam substituídas.

No editor de textos Microsoft Word 2010, quando é realiza a ação de LOCALIZAR E SUBSTITUIR, ocorre a substituição de todas as ocorrências existentes pelas novas ocorrências indicadas.

GABARITO: E.

---

44. **(2020 - Câmara de Bragança Paulista/SP - Assistente de Gestão e Políticas Públicas - Gestão Administrativa)** Um usuário do MS-Windows 10, em sua configuração padrão, baixou um arquivo da internet e salvou na Área de Trabalho para acesso rápido. Em seguida, para verificar o tamanho do arquivo, clicou com o botão ____________ do mouse e escolheu a opção ____________.

Assinale a alternativa que preenche, correta e respectivamente, as lacunas do enunciado.

a) secundário ... Propriedades.

b) primário ... Propriedades.

c) secundário ... Tamanho.

d) primário ... Size.

e) primário ... Tamanho.

A frase correta é: Um usuário do MS-Windows 10, em sua configuração padrão, baixou um arquivo da internet e salvou na Área de Trabalho para acesso rápido. Em seguida, para verificar o tamanho do arquivo, clicou com o botão secundário do mouse e escolheu a opção Propriedades.

GABARITO: A.

---

45. **(2020 - Valiprev/SP - Agente Administrativo)** No Microsoft Word 2010, em sua configuração padrão, tem-se o ícone Recortar, do grupo Área de Transferência e guia Página Inicial, destacado na imagem a seguir

Assinale a alternativa que apresenta a combinação de teclas com o mesmo efeito desse ícone.

a) CTRL+V.

b) CTRL+C.

c) CTRL+X.

d) CTRL+A.

e) CTRL+R.

Nos aplicativos do pacote de Microsoft Office e no editor de textos Microsoft Word, os atalhos de teclado para manipulação de conteúdo seguem a ordem do Windows 10, e a ferramenta Recortar é relacionada com o comando de atalho CTRL+X.

GABARITO: C.

I
N
F

46. **(2019 - Câmara de Piracicaba/SP – Jornalista)** Andréa preparou e enviou uma mensagem de correio eletrônico, usando o Microsoft Outlook 2010, em sua configuração original, tendo preenchido no campo Para: Ricardo, Rafael e Lúcia, e tendo preenchido, também, no campo Cc: Fábio, André e Guilherme. Ao receber essa mensagem, Fábio respondeu, clicando no botão Responder. Andréa, assim que recebeu a mensagem de Fábio, respondeu, por sua vez, usando o botão: Responder a todos. Fábio, mais uma vez, respondeu, agora usando o botão: Responder a todos. Finalmente, de maneira conclusiva, André respondeu, usando o botão: Responder.
Assinale a alternativa que indica o número de mensagens que Ricardo recebeu, depois de todos os procedimentos, considerando que não houve nenhuma falha nos envios.

a) 1.
b) 2.
c) 3.
d) 4.
e) 5.

Quando o destinatário clica em RESPONDER, a mensagem será enviada apenas para o Remetente; quando clica em RESPONDER A TODOS a mensagem será enviada para o Remetente e para os Destinatários que estão nos campos Para e Cc. Como Ricardo estava apenas na mensagem original enviada por Andréa, mas não estava nas demais mensagens, trocadas por Fábio e Andréa, Ricardo, depois de todos os procedimentos e considerando que não houve nenhuma falha nos envios, estava apenas em UMA mensagem: a original.

GABARITO: A.

47. **(2019 - Câmara de Piracicaba/SP – Jornalista)** Considere a seguinte apresentação, criada no Microsoft PowerPoint 2010, em sua configuração padrão, com 4 slides, em dois momentos:

ANTES

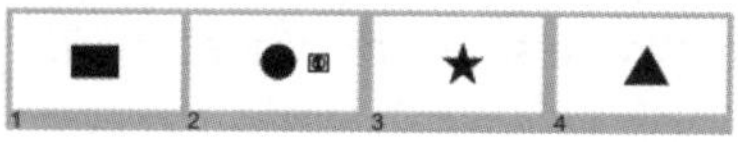

No momento ANTES, o 2º slide, com o círculo, tem um botão de ação configurado, com a ação de Ir para o slide 3. O slide 3 é caracterizado por ter a estrela.
Um usuário reajustou os slides da seguinte forma, na guia Slides: movimentou o slide 2 (com o círculo para a primeira posição) e movimentou o slide 3 (com a estrela) para a última posição, ficando agora com a seguinte aparência:

DEPOIS

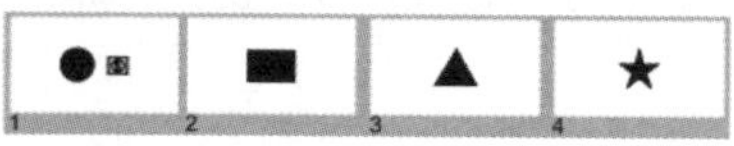

Assinale a alternativa que indica, correta e respectivamente, os slides que serão exibidos quando o usuário iniciar o modo de apresentação, pressionando a tecla F5, e quando clicar no botão de ação do slide com o círculo, no momento.

a) 1,1.
b) 1,4.
c) 2,1.
d) 2,3.
e) 2,4.

Na condição de ANTES o slide 2 (com o círculo) existe um botão de ação que leva até o slide 3 (com a estrela); na condição DEPOIS os slides são reorganizados e o slide com círculo e o botão de ação são relocados para a posição 1, enquanto o slide com a estrela é realocado para a posição 4, como é corretamente apresentado na alternativa B. A tecla de atalho F5 inicia a apresentação do slide 1, que é, na posição DEPOIS, o slide do círculo.

GABARITO: B.

48. **(2019 - Câmara de Piracicaba/SP – Jornalista)** Tem-se a seguinte planilha criada no Microsoft Excel 2010, em sua configuração padrão:

	A	B	C
1	Nota Fiscal	Valor	
2	1	878,6	
3	2	342,1	
4	3		
5	4	980,7	
6	5		
7			

Assinale a alternativa com o resultado correto da fórmula =CONT.NÚM(A1:B6), a ser inserida na célula A7, considerando que as células B4 e B6 estão vazias.

a) 2.
b) 6.
c) 8.
d) 10.
e) 12.

A função CONT (Contagem) conta a quantidade de células em um intervalo, as quais apresentam a condição indicada. Caso o usuário insira apenas a função CONT, o Excel não consegue realizar a operação por faltar a condição, que deve complementar a fórmula. A fórmula apresentada na questão =CONT.NÚM(A1:B6) tem o complemento NÚM, pedindo que seja realizada a contagem de células que tenham apenas valores numéricos no intervalo A1:B6, e, considerando a planilha apresentada, são 8 células que apresentam valor numérico neste intervalo.

GABARITO: C

49. **(2019 - Câmara de Piracicaba/SP – Jornalista)** Considere os seguintes arquivos em uma pasta no Microsoft Windows 7, em sua configuração padrão:

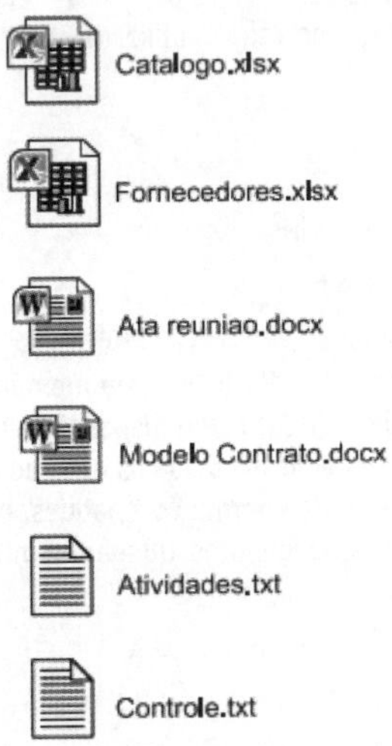

Usando o aplicativo Windows Explorer, um usuário clicou com o botão principal do mouse sobre o arquivo Catalogo.xlsx. Em seguida, mantendo a tecla CTRL pressionada, ele clicou com o botão principal do mouse sobre o arquivo Controle.txt. Assinale a alternativa que indica o número de arquivos que será(ão) selecionado(s) nessa operação.

a) 0.

b) 1.

c) 2.

d) 4.

e) 6.

As diferentes versões do sistema operacional Windows permitem que sejam selecionados arquivos não contínuos ao escolher um deles. Isso é feito ao apertar a tecla CTRL, mantê-la pressionada e selecionando outros arquivos. No exemplo apresentado na questão, o arquivo Catalogo.xlsx é selecionado. Após realizar essa ação, pressionar a tecla CTRL e selecionar o arquivo Controle.txt, teremos dois arquivos selecionados.

GABARITO: C.

50. **(2019 - Prefeitura de Guarulhos/SP - Inspetor Fiscal de Rendas/Conhecimentos Gerais)** O processo de Assinatura Digital de documentos digitais inclui recursos para garantir os fatores de segurança da informação. Nesse processo, o recurso utilizado para garantir o não repúdio, ou a irretratabilidade, é:

a) a chave privada do Certificado Digital do autor do documento.

b) a chave pública do Certificado Digital do autor do documento.

c) a chave pública do Certificado Digital do receptor do documento.

d) o índice positivo de confiabilidade da Autoridade Certificadora (CA).

e) o resumo criptográfico gerado a partir do documento.

Na Assinatura Digital, o documento é assinado por meio de um arquivo de resumo criptográfico, chamado de HASH. Esse arquivo, quando combinado com o Certificado Digital, confirma a identidade do autor. Ele gera Autenticidade e confirma que o documento não foi alterado, pois o HASH contém a quantidade de bits do documento original. Assim, é possível dizer que há Integridade. Toda vez que o autor confirma sua identidade com a Autenticidade, gera-se o Não Repúdio.

GABARITO: A.

51. **(2019 - Prefeitura de Guarulhos/SP - Inspetor Fiscal de Rendas/Conhecimentos Gerais)** Embora os discos rígidos (Hsejam ainda muito utilizados, as unidades de estado sólido (SSvêm cada vez mais sendo utilizadas. Comparando os HDs convencionais com os SSDs, tem-se que:

a) a vida útil dos SSDs é maior do que a dos HDs.

b) o consumo dos SSDs é maior do que o dos HDs.

c) o preço por bit de armazenamento dos SSDs é menor do que o dos HDs.

d) os tempos de leitura e escrita dos SSDs são maiores do que os dos HDs.

e) os SSDs são mais resistentes do que os HDs em relação a movimentos, quedas ou interferências magnéticas.

Os Discos de Estado Sólido (SSD) são desenvolvidos com memória flash (mesma memória dos pen drives) e, nos computadores atuais, substituem os discos rígidos (HDs) como dispositivos de armazenamento massivo. Os SSDs são compostos de chips de memórias eletrônicas. Já os HDs são compostos por discos de leitura magnética e sequencial. Se houver queda de energia ou choques, pode sofrer danos. Os SSDs são mais resistentes do que os HDs em relação a movimentos, quedas ou interferências magnéticas.

GABARITO: E.

52. **(2019 - Prefeitura de Guarulhos/SP - Inspetor Fiscal de Rendas/Conhecimentos Gerais)** A planilha a seguir foi editada no MS-Excel 2016.

	A	B	C
1	2	4	6
2	7	3	8
3	5	9	1
4			
5			

Caso a fórmula: =SOMA(A1:C3) seja inserida na célula C5, o resultado produzido nessa célula será igual a:

a) 3.

b) 6.

c) 16.

d) 21.

e) 45.

No editor de planilhas Microsoft Excel 2016, e em suas versões anteriores, a função SOMA realiza a soma dos valores numéricos contidos nas células indicadas na fórmula. O uso da referência A1:C3 realiza a soma das células que constam no intervalo A1:C3, inclusive as células A1 e C3, e, considerando os valores indicados nas células da planilha anterior, o resultado é 45.

GABARITO: E.

INF

53. **(2019 - Prefeitura de Guarulhos /SP - Inspetor Fiscal de Rendas/Conhecimentos Gerais)** Em um texto presente em um documento editado no MS-Word 2016, a palavra "Janela" encontra-se com a seguinte aparência original (formato Normal, Arial):

Janela

A aparência dessa palavra pode ser modificada ao se aplicar diferentes Estilos de Fonte ou Efeitos. Seguem três possíveis modificações dessa palavra em relação à sua aparência original:

Janela ; ~~Janela~~ ; $_{\text{Janela}}$

Essas três modificações de Estilo de Fonte ou de Efeito são denominadas, respectivamente, de:

a) Itálico; Tachado; Subscrito.

b) Itálico; Versalete; Sobrescrito.

c) Negrito; Sublinhado; Sobrescrito.

d) Negrito; Tachado; Subscrito.

e) Negrito; Versalete; Subscrito.

Considerando o editor de textos Microsoft Word 2016, assim como suas versões anteriores, estilos e efeitos podem ser inseridos em um documento em edição. Dentre os principais efeitos estão Negrito, Itálico e, Sublinhado, Tachado, Subscrito e Sobrescrito. Considerando a alteração da aparência original apresentada na questão, a palavra Janela teve, nessa ordem, aplicados Negrito, Tachado e Subscrito.

GABARITO: D.

54. **(2019 - Prefeitura de Guarulhos/SP - Inspetor Fiscal de Rendas/Conhecimentos Gerais)** O Windows 10 possui o recurso Windows Hello, que é uma maneira de se obter acesso rápido aos dispositivos com esse sistema operacional. O acesso aos dispositivos pode ser feito por meio:

a) da impressão digital e do certificado digital.

b) do certificado digital e do smartphone.

c) do certificado digital e do reconhecimento facial.

d) do reconhecimento facial e da impressão digital.

e) do smartphone e da impressão digital.

Uma das novas ferramentas do sistema operacional Windows 10, que não está presente nas versões anteriores, é o Windows Hello. Essa ferramenta permite autenticação por biometria para inicializar o sistema ou acessar contas de usuários. E, dentre as opções disponíveis de autenticação por biometria, estão reconhecimento facial, impressão digital ou da íris, caso o usuário possua os respectivos hardwares de leitura biométrica.

GABARITO: D.

---

55. **(2019 - Prefeitura de Itapevi/SP - Agente de Administração Pública)** Uma das formas recorrentes de Phishing durante a navegação na Internet é o envio de e-mails em nome de instituições financeiras, que levam o usuário para uma página falsa, onde são solicitados e roubados os seus dados pessoais e financeiros. Como um dos passos para prevenção desse golpe, o usuário pode verificar se a página acessada utiliza um protocolo de conexão segura. Para tal, ele deve certificar-se de que a URL da página:

a) começa com "http://".

b) começa com "https://".

c) termina com ".com".

d) termina com ".html".

e) termina com ".php".

O phishing é um tipo de e-mail em que o remetente se passa por uma empresa conhecida, induzindo o destinatário a acessar um site que contém algum tipo de fraude. Uma das formas de se proteger contra ataques por phishing é utilizar o protocolo HTTPs, que é seguro e confidencial, já que utiliza como protocolos auxiliares as criptografias SSL e TLS.

GABARITO: B.

---

56. **(2019 - Prefeitura de Itapevi/SP - Agente de Administração Pública)** Considere que um usuário configurou o MS-Outlook 2010 para exibir as mensagens da Caixa de Entrada como Conversas, ordenadas por Data, com a mais recente na parte superior. Nessa configuração, serão agrupadas em Conversas as mensagens que contêm:

a) sempre os mesmos remetentes.

b) sempre os mesmos destinatários.

c) sempre os mesmos remetentes e destinatários.

d) a mesma data de envio.

e) a mesma linha de assunto.

As ferramentas de e-mail, como o MS-Outlook 2010 ou demais ferramentas, permitem que se organize os e-mails recebidos e enviados de várias formas, como por remetente, data, tamanho, anexo ou pelo conteúdo das conversas. Neste último caso, as mensagens são organizadas por assunto.

GABARITO: E.

---

57. **(2019 - Prefeitura de Itapevi/SP - Agente de Administração Pública)** Observe a figura a seguir para responder à questão. Ela apresenta parte da pasta Biblioteca de Documentos do Windows Explorer, MS-Windows 7, no modo de exibição Detalhes.

Nome	Tipo	Data de modific...	Tamanho
Pasta1	Pasta de arquivos	03/02/2019 18:25	
Pasta2	Pasta de arquivos	03/02/2019 18:25	
Pasta3	Pasta de arquivos	03/02/2019 18:46	
Aula do Site	Apresentação do Microsoft PowerPoint	03/02/2019 18:26	29 KB
Considerações Gerais	Apresentação do Microsoft PowerPoint	03/02/2019 19:01	2.322 KB
Contas de Suporte	Planilha do Microsoft Excel	03/02/2019 18:36	39 KB
Foto da Entrada	Imagem JPEG	14/07/2009 01:52	859 KB
Notas Importantes	Documento de Texto	03/02/2019 19:02	2.468 KB
Rascunho de Notas	Documento do Microsoft Word	03/02/2019 18:37	2.109 KB
Resumo do Livro	Documento do Microsoft Word	03/02/2019 18:37	583 KB
Texto para o Site	Documento do Microsoft Word	03/02/2019 18:36	211 KB

A partir da configuração exibida na figura, o usuário decide renomear um dos seus arquivos, sem alteração da sua extensão. Para tal, ele seleciona a opção Renomear do menu de contexto do arquivo "Rascunho de Notas" e digita o novo nome desejado: "Notas Importantes". Nenhum outro arquivo tem o nome alterado ou é modificado.

Após a confirmação da ação de renomear descrita, o novo nome do arquivo "Rascunho de Notas" será:

a) Notas Importantes (2).

b) Notas Importantes.

c) Notas Importantes – Cópia.

d) Rascunho de Notas.

e) Rascunho de Notas – (2).

No sistema operacional Windows 7, assim como nas demais versões do Windows, é possível disponibilizar dois arquivos com o mesmo prefixo na mesma pasta, desde que tenham extensões diferentes, ou dois arquivos com a mesma extensão, desde que tenham prefixos diferentes. Quando o usuário renomeou o arquivo "Rascunho de Notas" para "Notas Importantes", este foi definido como o novo nome do arquivo, pois o arquivo com o prefixo "Notas Importantes" é de outro formato, portanto possui outra extensão.

GABARITO: B.

58. **(2019 - Prefeitura de Itapevi/SP - Agente de Administração Pública)** Observe a figura a seguir para responder à questão. Ela apresenta parte da pasta Biblioteca de Documentos do Windows Explorer, MS-Windows 7, no modo de exibição Detalhes.

Nome	Tipo	Data de modific...	Tamanho
Pasta1	Pasta de arquivos	03/02/2019 18:25	
Pasta2	Pasta de arquivos	03/02/2019 18:25	
Pasta3	Pasta de arquivos	03/02/2019 18:46	
Aula do Site	Apresentação do Microsoft PowerPoint	03/02/2019 18:26	29 KB
Considerações Gerais	Apresentação do Microsoft PowerPoint	03/02/2019 19:01	2.322 KB
Contas de Suporte	Planilha do Microsoft Excel	03/02/2019 18:36	39 KB
Foto da Entrada	Imagem JPEG	14/07/2009 01:52	859 KB
Notas Importantes	Documento de Texto	03/02/2019 19:02	2.468 KB
Rascunho de Notas	Documento do Microsoft Word	03/02/2019 18:37	2.109 KB
Resumo do Livro	Documento do Microsoft Word	03/02/2019 18:37	583 KB
Texto para o Site	Documento do Microsoft Word	03/02/2019 18:36	211 KB

Assinale a alternativa que contém o tipo do arquivo que contém o maior tamanho dentre os oito listados na figura.

a) Planilha do MS-Excel.

b) Imagem JPEG.

c) Documento de Texto.

d) Documento do MS-Word.

e) Apresentação do MS-PowerPoint.

A imagem apresentada na figura é de uma janela do gerenciador de dados do sistema operacional Windows 7, que é o Windows Explorer. Quando o nome de exibição Detalhes é selecionado, são apresentados o nome do arquivo, tipo, data de modificação, tamanho. E, por esses elementos, é possível verificar que o arquivo de maior tamanho nominal é o de nome "Notas Importantes", que é um arquivo de texto de tamanho nominal de 2.468 kB.

GABARITO: C.

---

59. **(2019 - Prefeitura de Itapevi/SP - Agente de Administração Pública)** No MS-PowerPoint 2010, a opção para exibir guias inteligentes está ativa e a opção para exibir as guias de desenho está inativa. Nesse contexto, o usuário está editando um slide que contém apenas duas formas (dois retângulos). Em um determinado momento, quando uma das formas está sendo movimentada, uma guia inteligente aparece, tal como na figura a seguir:

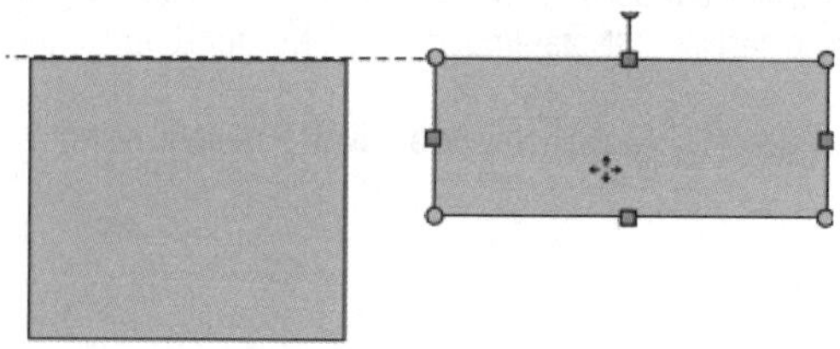

De acordo com a sinalização da guia inteligente, as duas formas apresentadas na figura estão:

a) agrupadas.

b) sobrepostas.

c) alinhadas pela parte superior.

d) alinhadas pela parte inferior.

e) selecionadas.

O editor de apresentações Microsoft PowerPoint 2010, assim como em suas demais versões, é possível visualizar guias de desenho e vinculação de um objeto ao outro para alinhamento. Na imagem apresentada na questão, os dois retângulos estão com as guias de desenho habilitadas e estão com as guias inteligentes alinhada pela parte superior.

GABARITO: C.

---

60. **(2019 - Prefeitura de Itapevi/SP - Agente de Administração Pública)** Um usuário do MS-Word 2010 está editando um texto de uma página que contém dois parágrafos. Em um determinado momento, ele decide dividir o texto em duas páginas, colocando um parágrafo em cada página. Para tal, ele pode marcar o ponto em que uma página termina e a outra página começa utilizando um recurso do grupo "Configurar Página", da guia "Layout da Página", chamado:

a) Marca D'água.

b) Referência Cruzada.

c) Marcar Entrada.

d) Quebra de Página.

e) Orientação da Página.

No editor de textos Microsoft Word 2010, assim como em suas outras versões, é possível aplicar tanto quebra de seção como quebra de página, criando áreas independentes no mesmo documento. Quando se deseja dividir o texto em duas páginas contendo dois parágrafos na página, é necessário inserir Quebra de Página.

GABARITO: D.

---

61. **(2019 - Prefeitura de Itapevi/SP - Agente de Administração Pública)** Um usuário está editando uma lista de munícipes em atendimento utilizando o MS-Excel 2010. A lista contém 100 nomes, todos do tipo texto, sendo um nome por linha e todos posicionados no intervalo A2:A101. A célula A1 contém o cabeçalho "Nomes".
O usuário pode contar quantas vezes o nome "João Carlos" aparece no intervalo A2:A101 da sua lista de munícipes colocando a seguinte fórmula na célula A102:

a) =CONT.SE(A2:A101; "João Carlos").

b) =CONT.SE(A2:J2; "João Carlos").

c) =CONT.VALORES(A2:J101; "João Carlos").

d) =CONT.VALORES(A2:J2; "João Carlos").

e) =CONT.VALORES(A2:A101; "João Carlos").

A função CONT (Contagem) conta a quantidade de células em um intervalo que apresenta a condição indicada. Caso o usuário insira apenas a função CONT, o Excel não consegue realizar a operação por faltar a condição, que deve complementar a fórmula. Para realizar a contagem da quantidade de células que atenda a uma determinada condição específica, como "João Carlos", deve ser utilizada o complemento SE. Na fórmula =CONT.SE(A2:A101; "João Carlos"), o Excel conta as células de A2 até A101 que contenham a condição (teste lógico) "João Carlos".

GABARITO: A.

I N F

62. **(2019 - Prefeitura de Itapevi/SP - Agente de Administração Pública)** Considere os softwares em sua configuração padrão para responder a questão.
Observe a figura a seguir, que exibe parte de uma planilha extraída do MS-Excel 2010.

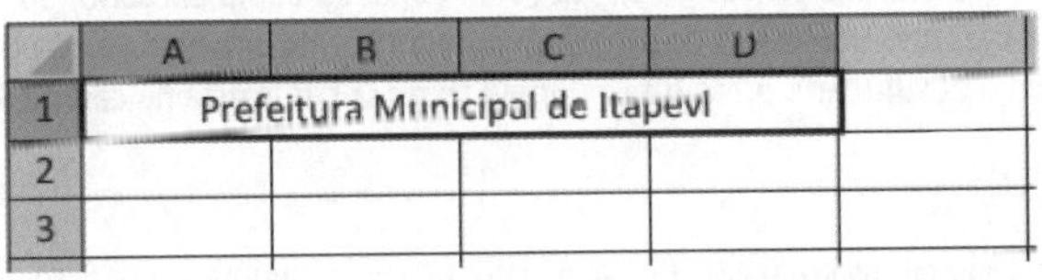

As células A1, B1, C1 e D1 foram unificadas em uma célula maior e o conteúdo desta nova célula foi centralizado utilizando o recurso "Mesclar e Centralizar", do grupo "Alinhamento", da guia "Página Inicial". Ao selecionar a célula unificada exibida na figura, clicar na seta para baixo do recurso "Mesclar e Centralizar" e selecionar o item "Desfazer Mesclagem de Células", o texto "Prefeitura Municipal de Itapevi" será colocado na célula:

a) E1.

b) D1.

c) C1.

d) B1.

e) A1.

A estrutura de um arquivo do editor de planilhas Microsoft Excel 2010, assim como em suas demais versões, é Arquivo > Pasta de Trabalho > Planilhas > Colunas e Linhas > Células, sendo a célula o menor elemento do Excel. Como a célula é o menor elemento do Excel, ela não pode ser dividida, porém é possível que células sejam mescladas, como no exemplo da questão. Independentemente de onde se encontra originalmente a frase "Prefeitura Municipal de Itapevi", assim que a mesclagem é desfeita, a frase irá para a célula que se encontra mais acima e à direita, que, nesse caso, será a A1.

GABARITO: E.

---

63. **(2019 - Prefeitura de Itapevi/SP - Auditor Fiscal Tributário)** Observe a mensagem de correio eletrônico que está sendo digitada no MS-Outlook 2010, na sua configuração padrão, apresentada a seguir.

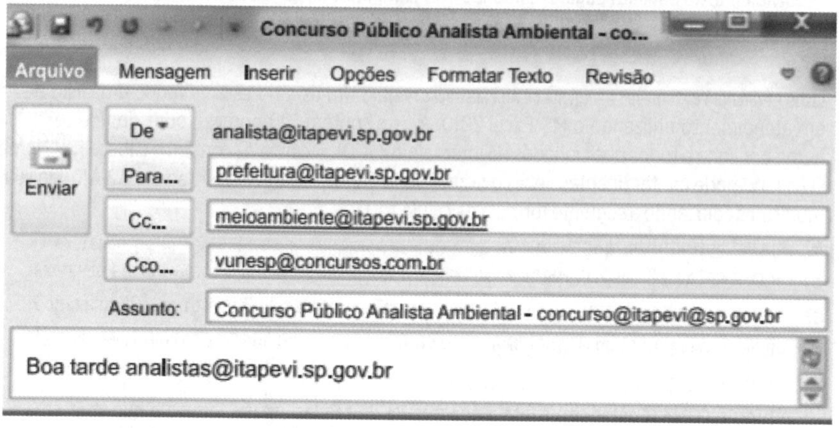

Assinale a alternativa que contém a conta de e-mail que também receberá a mensagem e que estará visível para o destinatário prefeitura@itapevi.sp.gov.br.

a) analista@itapevi.sp.gov.br.

b) vunesp@concursos.com.br.

c) concurso@itapevi@sp.gov.br.

d) analistas@itapevi.sp.gov.br.

e) meioambiente@itapevi.sp.gov.br.

No cabeçalho de um e-mail, é obrigatório haver, pelo menos, um destinatário, não importando se este destinatário está no campo Para (destinatário original), Cc (Com Cópia ou Cópia Carbono) ou Cco (Com Cópia Oculta ou Com Cópia Carbono Oculta). O destinatário meioambiente@itapevi.sp.gov.br está no campo Cc, sendo visível para o destinatário prefeitura@itapevi.sp.gov.br, que está no campo Para.

GABARITO: E.

---

64. **(2019 - Prefeitura de Itapevi/SP - Auditor Fiscal Tributário)** No MS-Excel 2010, na sua configuração padrão, assinale a alternativa que contém a situação da região norte após aplicação da fórmula =SE(D5>0;"Atrasado";SE(D5<0; "Adiantado";"No Prazo")) na célula E5 da planilha a seguir.

	A	B	C	D	E
1			**Laudos Ambientais**		
2	**Região**	**Data Original**	**Nova Data**	**Var Dias**	**Situação**
3	Leste	20/jan	02/fev	13	
4	Oeste	05/fev	25/jan	-11	
5	Norte	14/abr	14/abr	0	
6	Sul	25/jan	30/mar	64	

a) "Adiantado".

b) Adiantado.

c) Atrasado.

d) No Prazo.

e) "No Prazo".

No editor de planilhas Microsoft Excel 2010, assim como em suas demais versões, a função SE tem a seguinte sintaxe: (Teste Lógico ; Valor se Verdadeiro ; Valor se Falso) e a função apresentada na questão tem o Teste Lógico "D5>0". Como o conteúdo da célula D5 é 0, e 0 é igual e não menor do que 0, o teste lógico está errado. O valor, se verdadeiro, é "Atrasado" e o valor, se falso, é SE(D5<0; "Adiantado";"No Prazo"), como o teste lógico desta outra função SE também é errado, o valor, se falso, é No Prazo.

GABARITO: D.

65. **(2019 - Prefeitura de Itapevi/SP - Auditor Fiscal Tributário)** Considere a janela do WordPad no MS-Windows 7, em sua configuração original, apresentada a seguir na qual se verifica a tentativa de se editar um arquivo.

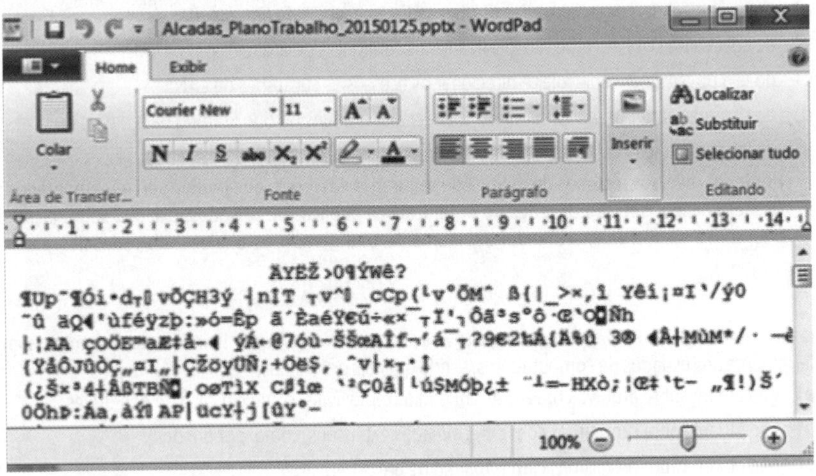

O WordPad não conseguiu interpretar o arquivo porque se trata de um(a):

a) planilha eletrônica do Excel e o WordPad entende documentos XML.

b) documento do Word e o WordPad entende documentos de texto sem formatação.

c) apresentação do PowerPoint e o WordPad entende documentos com extensão RTF.

d) página Web e o WordPad entende imagens JPG.

e) imagem JPG e o WordPad entende páginas Web.

No sistema operacional Window 7, assim como nas demais versões do Windows, o editor de textos nativo WordPad tem sua extensão padrão no formato. RTF e, como ela não consegue ler e interpretar de forma correta arquivos do PowerPoint (com a extensões PPTX, PPTSX, PPTM e PPSM), é possível verificar na imagem da questão que se trata de um arquivo do PowerPoint (pptx). Esse arquivo, ao ser aberto no WordPad, fica codificado, como na imagem apresentada.

GABARITO: C.

66. **(2019 - Câmara de Sertãozinho/SP - Auxiliar Legislativo/Informática)** Durante o processo de backup no Windows Server 2019,

a) não é possível interagir com o sistema, sendo necessário encerrar todas as sessões ativas.

b) todas as unidades são desconectadas para que o serviço tenha acesso exclusivo aos dados.

c) o desempenho do sistema pode ser degradado, devido ao volume de leituras/gravações realizado nas unidades de armazenamento.

d) é necessário que exista um usuário autenticado para disponibilizar acesso aos arquivos e diretórios que requerem permissões especiais.

e) nenhuma outra tarefa agendada pode ser executada e, dessa forma, todas as execuções programadas são adiadas para o término do backup.

As diferentes versões do sistema operacional Windows possuem assistente de backup, e, dependendo do tipo de backup (completo, incremental ou diferencial) e da quantidade de arquivos que são copiados, de fato o desempenho do sistema pode ser degradado, devido ao volume de leituras/gravações realizado nas unidades de armazenamento.

GABARITO: C.

67. **(2019 - Câmara de Sertãozinho/SP - Auxiliar Legislativo/Informática)** Uma das diretrizes da políticas de segurança da informação em redes de computadores estabelece o recurso da segregação de redes, que pode ser realizada em uma rede local de computadores (LAN), por meio:

a) do estabelecimento de sub-redes IP, utilizando os recursos de um roteador.

b) da criação de DMZ, na qual são localizados os servidores de arquivos para a LAN.

c) do uso do NAT, para controlar e direcionar os acessos às sub-redes da LAN.

d) de sistemas antivírus, para identificar e direcionar ataques do tipo Sniffing para o Bastion host.

e) da implementação de VPNs, utilizando os recursos do IDS.

Dentre os diversos recursos de política de segurança em redes, que podem ser implementados em LANs (Redes Locais), que são as redes de organizações públicas ou privadas, existe a segregação de redes, que, com o auxílio de um roteador devidamente configurado, estabelece sub-redes IP.

GABARITO: A.

68. **(2019 - Câmara de Sertãozinho/SP - Auxiliar Legislativo/Informática)** Programas antivírus representam uma importante ferramenta aos usuários de computadores, sendo que tais programas:

a) não atuam sobre arquivos presentes em mídias removíveis, como é o caso de pen drives.

b) não atuam sobre programas com determinadas extensões, como .pdf ou .docx.

c) não atuam sobre programas com tamanho de até 50 KB.

d) devem ser executados somente em dois momentos: quando o computador é ligado e quando é desligado.

e) devem ser mantidos atualizados, assim como as definições de vírus presentes nesses programas.

O critério de eficácia de um antivírus é a atualização constante da biblioteca de vírus (malwares). Dessa forma, os antivírus estão atualizados para atuar por meio dos métodos de Comportamento (ação desenvolvida pelo arquivo), Heurístico (código-fonte do arquivo) ou Assinatura (formato do arquivo).

GABARITO: E.

69. **(2019 - Câmara de Sertãozinho/SP - Auxiliar Legislativo/Informática)** Um técnico necessita especificar a compra de um lote de DVDs para a empresa, sendo correto que o DVD com diâmetro de:

a) 8 cm, uma camada e face simples, tem capacidade de 2,7 GB.

b) 8 cm, duas camadas e face dupla, tem capacidade de 4,7 GB.

c) 12 cm, duas camadas e face simples, tem capacidade de 4,7 GB.

d) 12 cm, uma camada e face simples, tem capacidade de 4,7GB.

e) 12 cm, duas camadas e face dupla, tem capacidade de 17 GB.

O diâmetro-padrão de CD-ROM, CD-Rs ou RWs, DVDs-Rs ou RWs é de 12 cm e sua capacidade de gravação de dados é de 4,7 GB.

GABARITO: D.

70. **(2019 - UNICAMP – Jornalista)** Considere a mensagem de correio eletrônico digitada no MS-Outlook 2010, na sua configuração padrão, pronta para ser enviada.

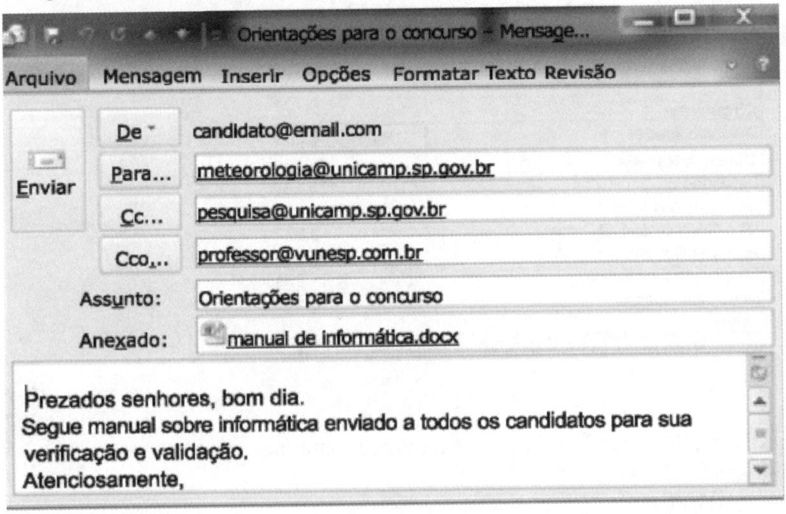

Ao receber a mensagem, professor@vunesp.com.br pretende retransmiti-la apenas para a banca da Vunesp (banca@vunesp.com.br), mantendo o manual de informática como anexo. Para isso, é necessário o seguinte procedimento a partir da mensagem originalmente recebida: clicar na opção:

a) encaminhar e inserir o e-mail banca@vunesp.com.br no campo Para.

b) encaminhar, inserir o e-mail banca@vunesp.com.br no campo Para e eliminar os demais destinatários preenchidos automaticamente.

c) responder e inserir o e-mail banca@vunesp.com.br no campo Para.

d) responder, anexar o manual de informática e inserir o e-mail banca@vunesp.com.br no campo Para.

e) responder a todos e inserir o e-mail banca@vunesp.com.br no campo Para.

Na ação padrão de um e-mail, quando um destinatário que está em algum dos campos Para (destinatário original), Cc (Com Cópia ou Cópia Carbono) ou Cco (Com Cópia Oculta ou Com Cópia Carbono Oculta) clica em Encaminhar, a mensagem será encaminhada para qualquer outro endereço de e-mail, não sendo inserido automaticamente nenhum endereço que está na mensagem original. No exemplo da questão, é necessário inserir o endereço banca@vunesp.com.br no campo Para, e, desta forma, encaminhar a mensagem e seu respectivo anexo para o endereço.

GABARITO: A.

71. **(2019 - UNICAMP – Jornalista)** No Google Chrome, na sua configuração padrão, para salvar em pdf uma página web que está sendo visitada, é necessário alterar a seguinte opção da janela Imprimir:

a) Páginas.

b) Layout.

c) Arquivo.

d) Salvar.

e) Destino.

No browser (navegador) Google Chrome é possível visualizar arquivos no formato PDF, assim como salvar este arquivo em um local determinado pelo usuário. Para realizar essa ação, na janela Imprimir deve-se escolher a opção Destino.

GABARITO: E.

72. **(2019 - UNICAMP – Jornalista)** Considere a planilha do MS-Excel 2010, na sua configuração padrão:

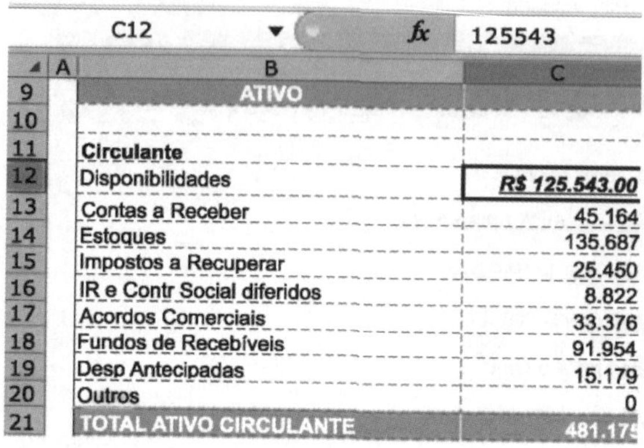

	A	B	C
C12		fx	125543
9		ATIVO	
10			
11		Circulante	
12		Disponibilidades	R$ 125.543,00
13		Contas a Receber	45.164
14		Estoques	135.687
15		Impostos a Recuperar	25.450
16		IR e Contr Social diferidos	8.822
17		Acordos Comerciais	33.376
18		Fundos de Recebíveis	91.954
19		Desp Antecipadas	15.179
20		Outros	0
21		TOTAL ATIVO CIRCULANTE	481.17

Ao pressionar CTRL+C na célula C12 e colar na célula C15 com a opção de colagem especial , resultará no seguinte conteúdo:

a) R$ 125.543,00.

b) R$ 25.450,00.

c) R$ 125.543,00.

d) 125.543.

e) 25.450.

No editor de planilhas Microsoft Excel 2010, assim como em suas demais versões, quando o usuário seleciona uma célula e faz uma colagem por meio de colagem especial "123%", como no botão apresentado na questão, a colagem será de 100% do valor original, mesmo que no estilo moeda, como na célula copiada.

GABARITO: D.

---

73. **(2019 - UNICAMP – Jornalista)** Observe o texto digitado em um documento do MS-Word 2010, em sua configuração original, e assinale a alternativa correta.

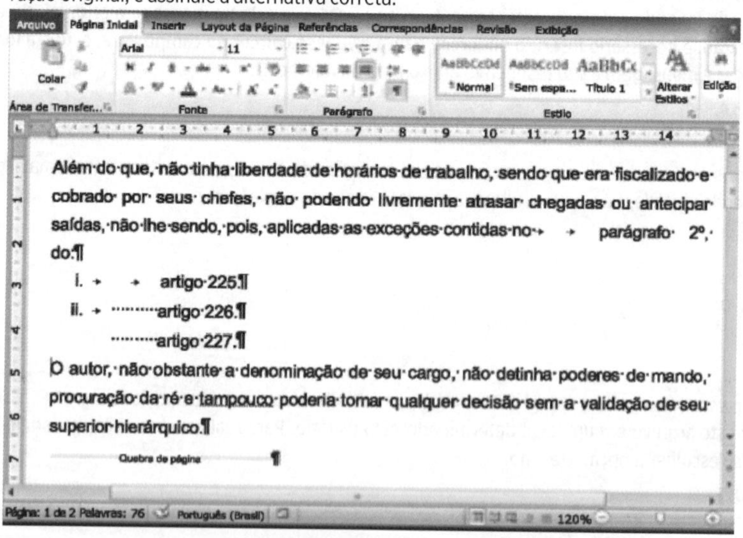

a) Foi aplicado o alinhamento de texto à esquerda e o modo de visualização é o layout de impressão.

b) Em todo o texto existem dois parágrafos.

c) Não foi atribuído o número iii para o artigo 227, pois o usuário aplicou tabulação na linha.

d) Foi aplicado o efeito de fonte Oculto na palavra tampouco, assumindo que ela não está sublinhada

e) Na terceira linha do documento, foram utilizados espaços em branco entre as palavras: no parágrafo.

No editor de textos Microsoft Word 2010, assim como em suas demais versões, a ferramenta que está habilitada na figura é "Mostrar tudo", que apresenta os elementos ocultos no texto que está sendo editado. Como os identificados na ferramenta apresentam o espaço de uma palavra, é correto definir que foi aplicado o efeito de fonte Oculto na palavra "tampouco", assumindo que ela não está sublinhada.

GABARITO: D.

---

74. **(2019 - Prefeitura de Arujá/SP – Escriturário/Oficial Administrativo)** Observe a pesquisa efetuada no Google exibida na figura a seguir:

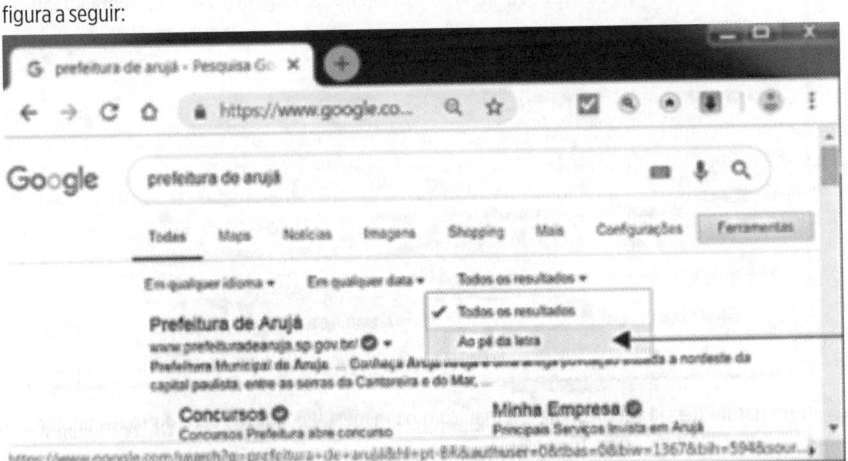

Ao clicar na opção indicada pela seta, o usuário fará com que o Google traga os mesmos resultados da pesquisa:

a) !prefeitura de arujá!.

b) "prefeitura de arujá".

c) @prefeitura de arujá@.

d) #prefeitura de arujá#.

e) $prefeitura de arujá$.

O motor de pesquisa Google possui diversos comandos avançados de busca, como uso de aspas duplas, que pesquisam o termo exato. Ao selecionar essa opção pesquisando a frase prefeitura de arujá o resultado será o mesmo que "prefeitura de arujá".

GABARITO: B.

---

75. **(2019 - Prefeitura de Arujá/SP – Escriturário/Oficial Administrativo)** No Google Chrome, ao pressionar Ctrl + Shift + Del o usuário poderá:

a) reiniciar o browser.

b) reiniciar o computador.

c) limpar o preenchimento automático na barra de endereço.

d) iniciar uma pesquisa no Google.

e) criar uma nova janela ou guia no browser.

O browser Google Chrome, assim como os demais browsers, possui atalhos de teclado específicos para cada browser. No Google Chrome, o atalho de teclado Ctrl + Shift + Del limpa o preenchimento automático na barra de endereço.

GABARITO: C.

76. **(2019 - Prefeitura de Arujá/SP – Escriturário/Oficial Administrativo)** Considere a mensagem de correio eletrônico recebida pela prefeitura de Arujá por meio do MS-Outlook 2010, em sua configuração original, e responda a questão a seguir.

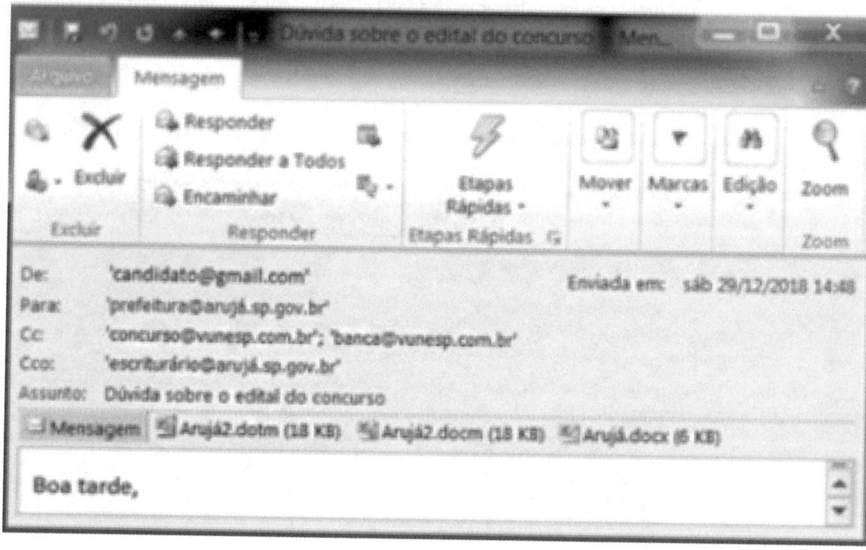

A prefeitura deseja retransmitir o e-mail com os respectivos anexos para outro destinatário somente, para isso é necessário clicar no botão:

a) responder e inserir o e-mail desejado no campo Para.

b) responder a Todos, inserir o e-mail desejado no campo Para e excluir os destinatários preenchidos automaticamente.

c) responder a Todos e inserir o e-mail desejado no campo Para.

d) encaminhar, inserir o e-mail desejado no campo Para e eliminar os demais destinatários preenchidos automaticamente.

e) encaminhar e inserir o e-mail desejado no campo Para.

Na ação padrão de um e-mail, quando um destinatário que está em algum dos campos Para (destinatário original), Cc (Com Cópia ou Cópia Carbono) ou Cco (Com Cópia Oculta ou Com Cópia Carbono Oculta) clicar em Encaminhar, a mensagem será encaminhada para qualquer outro endereço de e-mail. Não há inserção automática de nenhum endereço eletrônico que está na mensagem original, portanto, para cumprir a condição do enunciado, deve-se encaminhar e inserir o e-mail desejado no campo Para.

GABARITO: E.

77. **(2019 - Prefeitura de Arujá/SP – Escriturário/Oficial Administrativo)** Considere a mensagem de correio eletrônico recebida pela prefeitura de Arujá por meio do MS-Outlook 2010, em sua configuração original, e responda a questão a seguir.

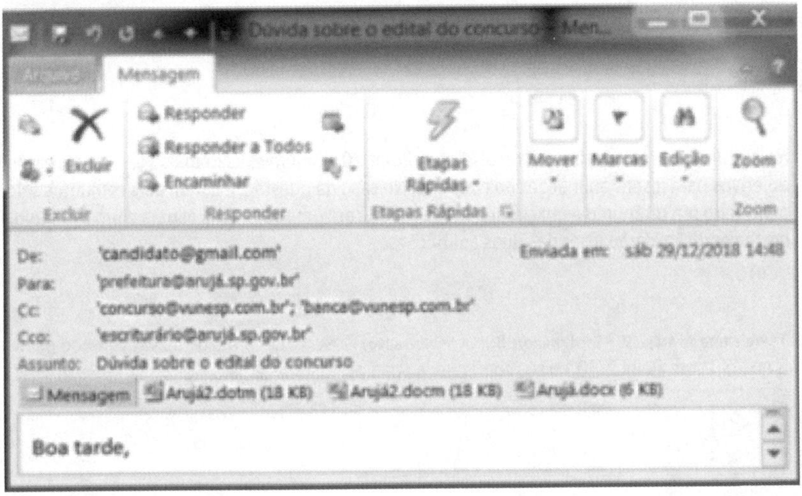

Supondo que o destinatário copiado banca@vunesp.com.br clique no botão Responder, o Outlook preencherá os seguintes destinatários na nova mensagem:

a) prefeitura@arujá.sp.gov.br.

b) escriturário@arujá.sp.gov.br.

c) candidato@gmail.com.

d) prefeitura@arujá.sp.gov.br e concurso@vunesp.com.br.

e) candidato@gmail.com, prefeitura@arujá.sp.gov.br, concurso@vunesp.com.br, banca@vunesp.com.br e escriturário@arujá.sp.gov.br.

Caso qualquer destinatário original da mensagem (prefeitura@arujá.sp.gov.br, concurso@vunesp.com.br, banca@vunesp.com.br e escriturário@arujá.sp.gov.br) selecione a opção Responder, o Outlook preencherá no campo Para o e-mail do remetente (candidato@gmail.com).

GABARITO: C.

---

78. **(2019 - Prefeitura de Arujá/SP – Escriturário/Oficial Administrativo)** Considere as autoformas selecionadas em um slide do MS-PowerPoint 2010, na sua configuração padrão.

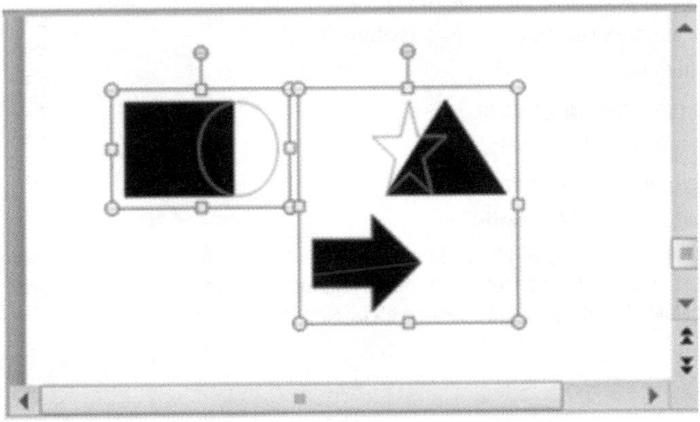

O usuário pretende aplicar uma animação de entrada que será ativada após o clique do mouse. Assinale a alternativa com a quantidade de animações que aparecerão no painel de animação:

a) 1.

b) 2.

c) 3.

d) 4.

e) 5.

No editor de apresentações Microsoft PowerPoint 2010, e em suas demais versões, é possível agrupar objetivos para inserir animações no conjunto. No caso da questão, existem dois conjuntos selecionados, o primeiro um retângulo e um círculo; e o segundo com uma seta, uma estrela e um triângulo. Portanto, nesta condição, serão inseridas duas animações.

GABARITO: B.

---

79. **(2019 - Prefeitura de Arujá/SP – Escriturário/Oficial Administrativo)** Observe as caixas de texto contendo palavras formatadas no MS-PowerPoint 2010, na sua configuração padrão:

Após selecionar a caixa em que se encontra a palavra Concurso, como se observa na figura, assinale a alternativa com a formatação que será aplicada nas palavras após a execução das ações a seguir:

I. Clique em.

II. Seleção da caixa em que se encontra as palavras Prefeitura Arujá.

III. Seleção da caixa em que se encontra a palavra **Escriturário**.

a) Concurso, Prefeitura Arujá, Escriturário.

b) Concurso. ***Prefeitura Arujá, Escriturário***.

c) ***Concurso***, Prefeitura Arujá, Escriturário.

d) ***Concurso, Prefeitura Arujá***, **Escriturário.**

e) ***Concurso, Prefeitura Arujá, Escriturário***.

No editor de apresentações Microsoft PowerPoint 2010, e em suas demais versões, executando as ações descritas na questão, a palavra Concurso e a frase Prefeitura Arujá terão os efeitos Negrito, Itálico e Sublinhado e a palavra Escriturário terá apenas o efeito Negrito.

GABARITO: D.

---

80. **(2019 - Prefeitura de Valinhos/SP - Vice-Diretor de Unidade Educacional)** Frequentemente, os usuários de Correio Eletrônico recebem mensagens contendo frases como "atualize seus dados bancários" ou, então, "parabéns, você é o novo milionário", cujo objetivo é capturar informações como senhas de banco e demais informações pessoais para utilizá-las de maneira fraudulenta. Esse tipo de crime, que cresce em ritmo acelerado, é chamado:

a) Accounting.

b) Backdoor.

c) Download.

d) Phishing.

e) Redirecting.

Dentre os e-mails maliciosos, o phishing se caracteriza por ser uma fraude em que o remetente se passa por uma empresa conhecida, induzindo o destinatário (que é individual) a acessar algum site ou enviar informações sigilosas e, por meio da indução da engenharia social, como nos exemplos da questão, informar dados bancários.

GABARITO: D.

---

81. **(2019 - Prefeitura de Valinhos/SP - Vice-Diretor de Unidade Educacional)** No programa MS-PowerPoint 2010, em sua configuração padrão, o recurso que permite ao usuário adicionar à apresentação uma imagem com informações de um arquivo do computador, sem a necessidade de sair do programa em que está trabalhando, é o

a) Agregação.

b) Inserção.

c) Instantâneo.

d) Recuperar.

e) Transportar.

No editor de apresentações Microsoft PowerPoint 2010, e em suas demais versões, o recurso que permite ao usuário adicionar à apresentação uma imagem com informações de um arquivo do computador, sem a necessidade de sair do programa em que está trabalhando, é o Instantâneo, possibilitando, por exemplo, incluir a parte de um site aberto em uma janela do browser diretamente na apresentação em edição.

GABARITO: C.

---

82. **(2019 - Prefeitura de Valinhos/SP - Vice-Diretor de Unidade Educacional)** Um Gerente de Vendas elaborou a planilha mostrada na figura, que tem as vendas realizadas pelos seus vendedores no último mês. Essa planilha foi elaborada com o auxílio do MS Excel 2010 em sua configuração padrão.

	A	B	C
1	Vendas (R$)	Nome	Sobrenome
2	14.500,00	Armando	Santana
3	10.500,00	Bernardo	Fagundes
4	11.200,00	Carlos	Barbosa
5	13.800,00	Dante	Alguri
6	12.500,00	Ernesto	Barreto
7			
8	Menor vendas		10.500,00
9	Média de vendas		12.500,00
10	Maior vendas		14.500,00
11			
12	Vendedor para treinamento		

Sabendo que o Gerente de Vendas introduziu a expressão =PROCV(C10;A2:C6;2;FALSO) na célula C12, o vendedor que será encaminhado para treinamento será:

a) Armando.

b) Bernardo.

c) Carlos.

d) Dante.

e) Ernesto.

No editor de planilhas Microsoft Excel 2010, e em suas demais versões, a função PROCV tem a seguinte sintaxe "Valor Procurado" ; "Intervalo" ; "Coluna de resultado", e na fórmula =PROCV(C10;A2:C6;2;-FALSO). O valor procurado é aquele presente na célula C10 (14.500), no intervalo A2:C6, sendo que o resultado na linha encontrada (linha 2) será da coluna 2 (a segunda da esquerda para a direita dentro do intervalo selecionado) e o resultado correspondente é Armando.

GABARITO: A.

83. **(2019 - Prefeitura de Valinhos/SP - Vice-Diretor de Unidade Educacional)** O arquivo modelo que sempre abre quando é iniciado o programa MS-Word 2010, em sua configuração padrão, e que inclui os estilos padrão e as personalizações que determinam a aparência básica de um documento, é o:

a) Abertura.dotm.

b) Begin.docx.

c) Início.dotx.

d) Padrão.docx.

e) Normal.dotm.

No editor de textos Microsoft Word 2010, e em suas demais versões, quando o aplicativo é aberto em sua configuração padrão, o arquivo Normal.dotm (que é uma extensão de modelo com macro) é iniciado em sua configuração padrão, incluindo os estilos que são padrão e as personalizações que determinam a aparência básica de um documento.

GABARITO: E.

84. **(2019 - Prefeitura de Valinhos/SP - Vice-Diretor de Unidade Educacional)** Um usuário do MS Windows 7, em sua configuração padrão, está utilizando o Windows Explorer para visualizar os arquivos de uma pasta do disco rígido de seu computador. Pretendendo apagar definitivamente um arquivo do disco rígido, de modo que esse não possa ser recuperado da Lixeira, o usuário poderá selecionar esse arquivo por meio de um clique de mouse e, depois, acionar as teclas:

a) TAB + DEL.

b) SHIFT + DEL.

c) END + DEL.

d) CTRL + DEL.

e) ALT + DEL.

Na configuração padrão do sistema operacional Windows 7 em sua configuração padrão, no gerenciador de dados Windows Explorer, o atalho SHIFT + DEL possibilita apagar definitivamente um arquivo do disco rígido, de modo que esse arquivo não pode ser recuperado da Lixeira.

GABARITO: B.

85. **(2019 - Prefeitura de Itapevi/SP - Agente de Administração Pública)** Um usuário está editando um slide no MS-PowerPoint 2010 que contém as regras de segurança para a utilização de um equipamento. O texto com tais regras foi inserido em uma única Caixa de Texto e cada regra ocupa um parágrafo. Agora, ele precisa que as regras apareçam uma por vez ao iniciar a exibição do slide. Para tal, ele pode selecionar a Caixa de Texto onde estão as regras, clicar na opção "Aparecer", do grupo "Animação", que pertence à guia "Animações" e, em seguida, clicar na opção:

a) Com o anterior, do item Iniciar.

b) que define um intervalo de Duração.

c) que define um intervalo de Atraso.

d) Por Parágrafo, do item Opções de Efeito.

e) Mover Antes, do item Reordenar Animação.

No editor de apresentações Microsoft PowerPoint 2010, e em suas demais versões, é possível aplicar diversas animações e configurar a forma em que serão apresentadas. Para ter o efeito que o enunciado da questão apresenta, com cada parágrafo aparecendo um por vez ao iniciar a exibição do slide, deverá ser selecionada a opção Por Parágrafo, do item Opções de Efeito.

GABARITO: D.

86. **(2019 - Prefeitura de Itapevi/SP - Auditor Fiscal Tributário)** Considere o slide do MS-PowerPoint 2010, em sua configuração original, exibido na figura a seguir:

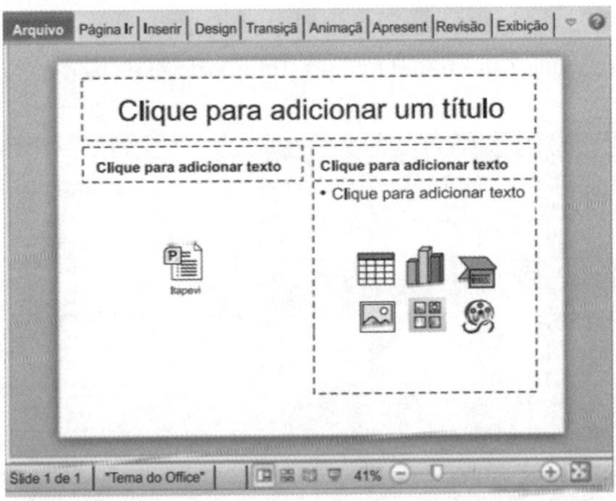

Assinale a alternativa que contém o ícone da guia Inserir que foi usado para incluir a apresentação Itapevi

Itapevi

no slide.

a)

Objeto

b)

Tabela

c)

Clip-Art

d)

SmartArt

e)

Formas

No editor de apresentações Microsoft PowerPoint 2010, e em suas demais versões, é possível inserir objetos no slide de uma apresentação em edição. Esse objeto pode ser inclusive um arquivo de apresentação do próprio PowerPoint, como no exemplo da questão (Arquivo Itapevi), e a ferramenta que permite inserir o objeto é "Objeto".

GABARITO: A.

---

87. **(2019 - Prefeitura de Itapevi/SP - Auditor Fiscal Tributário)** Assinale a alternativa que contém pelo menos uma palavra formatada pelo ícone X^2 encontrado no grupo Fonte da guia Página Inicial, e sublinhada no MS-Word 2010, em sua configuração padrão.

a) Prefeitura ~~Municipal~~ de Itapevi.

b) Prefeitura Municipal de Itapevi.

c) Prefeitura ~~Municipal~~ de Itapevi.

d) D)Analista Ambiental.

e) Analista Ambiental.

Considerando o editor de textos Microsoft Word 2016, assim como suas versões anteriores, estilos e efeitos podem ser inseridos em um documento em edição. Dentre os principais efeitos estão Negrito, Itálico e Sublinhado, Tachado, Subscrito e Sobrescrito. A ferramenta apresentada na questão deixa o texto selecionado em Sobrescrito.

GABARITO: B.

---

88. **(2019 - UNICAMP – Jornalista)** Na figura a seguir, é mostrada uma apresentação do MS-PowerPoint 2010, em sua configuração original.

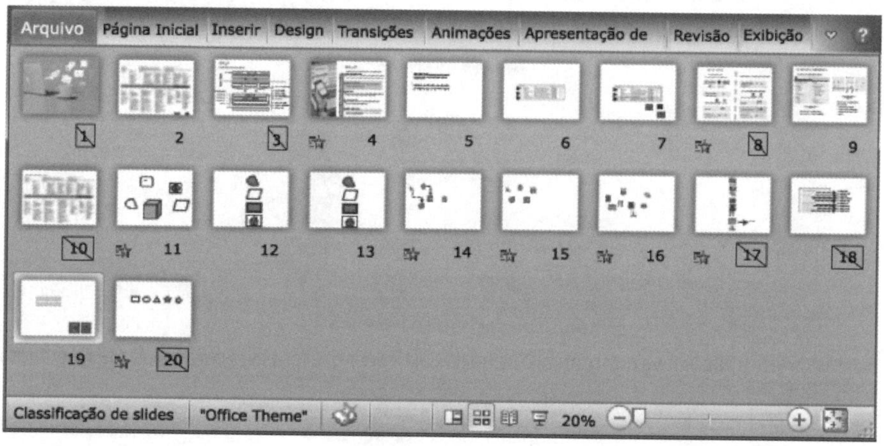

No slide 19, foi inserido o botão de ação  (configurado com hiperlink padrão) que, ao ser clicado em modo de exibição de slides, levará a apresentação para o seguinte slide:

a) 1.

b) 2.

c) 3.

d) 16.

e) 18.

No editor de apresentações Microsoft PowerPoint 2010, e em suas demais versões, é possível inserir botões de ação pré-configurados por padrão com hiperlinks e o botão apresentado retorna a apresentação para o primeiro slide visível, que é o slide 2, já que o primeiro slide está oculto, como mostra o símbolo com um traço diagonal abaixo de sua miniatura.

GABARITO: B.

---

89. **(2019 - Prefeitura de Arujá/SP – Escriturário/Oficial Administrativo)** Considere a janela de configuração de cabeçalho de uma planilha do MS-Excel 2010, na sua configuração original, exibida na figura a seguir.

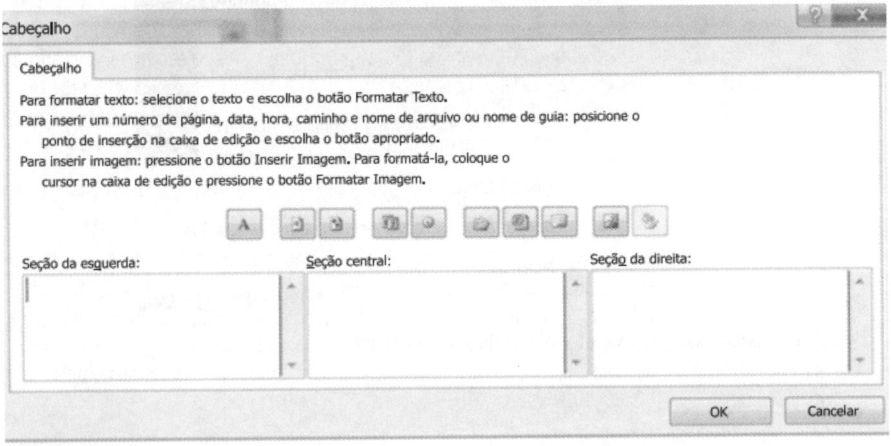

Para incluir o nome da planilha no cabeçalho, na seção da esquerda, deve-se clicar no ícone:

a) 

b) 

c) 

d) 

e) 

No editor de apresentações Microsoft PowerPoint 2010 em sua configuração padrão e em suas demais versões, é possível configurar o cabeçalho da planilha em edição para exibir o nome da planilha no cabeçalho, na seção da esquerda. Para tal ação, é necessário clicar na ferramenta presente na alternativa D.

GABARITO: D.

---

90. **(2019 - Prefeitura de Arujá/SP – Escriturário/Oficial Administrativo)** A planilha do MS-Excel 2010 apresentada na figura está configurada para não executar automaticamente as fórmulas:

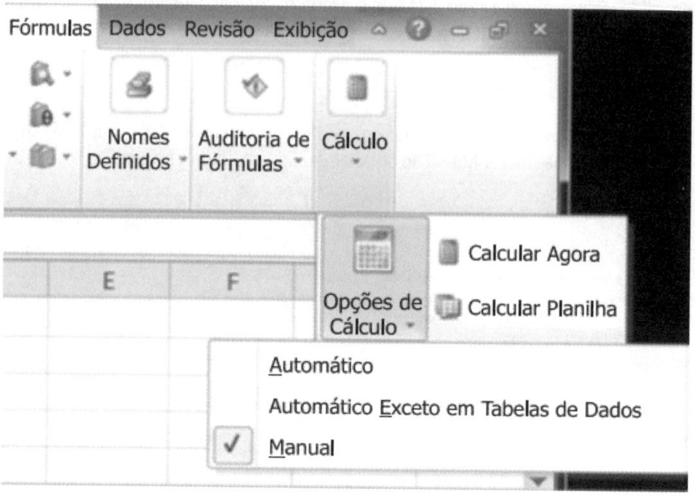

A tecla que possibilita executar os cálculos manualmente é:

a) F1.

b) F3.

c) F5.

d) F7.

e) F9.

No editor de apresentações PowerPoint 2010, e em suas demais versões, as teclas de atalhos executam funções específicas. A tecla F9 executa a mesma função do caminho apresentado na questão (Cálculo > Opções de Cálculo > Manual), possibilitando executar os cálculos manualmente.

GABARITO: E.

91. **(2019 - Prefeitura de Arujá/SP – Escriturário/Oficial Administrativo)** Considerando que foi digitado 3500 na célula E5 de uma planilha do MS-Excel 2010, na sua configuração padrão, assinale a alternativa que contém o resultado da fórmula a seguir:

=SE(E5>750;SE(E5>2500;SE(E5>3500;E5*5%;E5*10%); E5*15%);E5*20%)

a) 175.

b) 350.

c) 525.

d) 700.

e) 3500.

No editor de planilhas Microsoft Excel 2010, assim como em suas demais versões, a função SE tem a seguinte sintaxe: (Teste Lógico ; Valor se Verdadeiro ; Valor se Falso); e a função apresentada na questão tem o Teste Lógico E5>750, o Valor se Verdadeiro SE(E5>2500;SE(E5>3500;E5*5%;E5*10%); E5*15%) e o Valor se Falso E5*20%. Como o Teste Lógico é verdadeiro, pois o valor de E5 é 3500, ou seja, maior do que 2500, consideramos a fórmula SE(E5>3500;E5*5%;E5*10%) que tem valor falso, pois 3500 não é maior do que 3500, isto é 10% de 3500, com o resultado sendo 350.

GABARITO: B.

92. **(2019 - Prefeitura de Arujá/SP – Escriturário/Oficial Administrativo)** Observe o texto e respectivas marcas de parágrafos e formatações presentes no rodapé de um documento do MS-Word 2010, em sua configuração original.

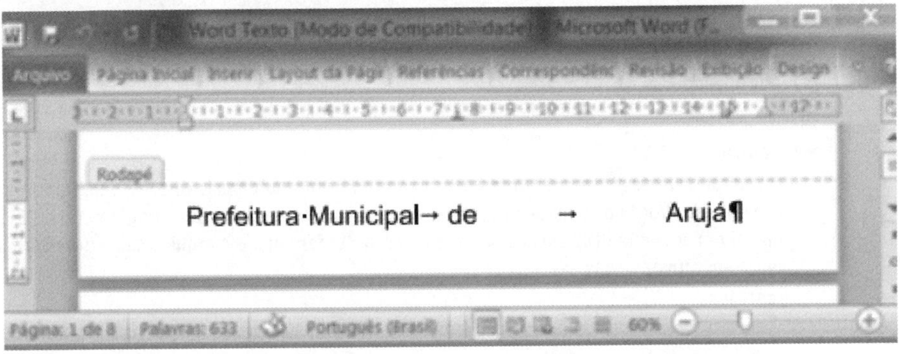

A seta antes e após a preposição, → de →, indica que foi utilizada a:

a) tecla de tabulação uma vez antes e uma vez depois da preposição de.

b) tecla de tabulação apenas uma vez depois da preposição de.

c) barra de espaços uma vez antes e várias vezes depois a da preposição de.

d) barra de espaços uma vez antes e uma vez depois da preposição de.

e) seta para direita uma vez antes e uma vez depois da preposição de.

No editor de textos Microsoft Word 2010, assim como em suas demais versões, é possível inserir e configurar Tabulação de Texto, que é um espaçamento a partir da margem esquerda, e como a imagem da questão tem habilitada a ferramenta "Mostrar tudo", as setas antes e depois de "de" apresentam os locais em que a tabulação foi inserida.

GABARITO: A.

93. **(2019 - Prefeitura de Arujá/SP – Escriturário/Oficial Administrativo)** Ao manipular um documento no MS-Word 2010, em sua configuração original, o usuário precisou transformá-lo no formato apresentado a seguir antes de encaminhá-lo por e-mail:

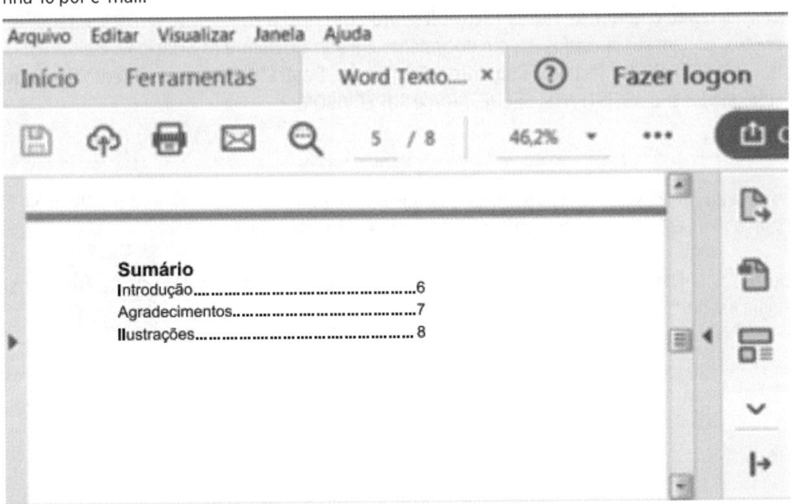

Para transformar o documento do Word no formato apresentado, foi necessário salvar o arquivo original como:

a) PDF.

b) modelo do Word.

c) documento XPS.

d) página da Web.

e) formato Rich Text.

No editor de textos Microsoft Word 2010, assim como em suas demais versões, para transformar o documento do Word no formato apresentado, é necessário salvar o arquivo original como PDF. O Word não abre nem edita PDF, apenas permite salvar neste formato, e o arquivo salvo deve ser aberto em outro aplicativo.

GABARITO: A.

---

94. **(2019 - Prefeitura de Arujá/SP – Escriturário/Oficial Administrativo)** Observe as palavras digitadas e formatadas em um documento do MS-Word 2010, na sua configuração padrão.

AJUDANTE GERAL	~~OFICIAL~~ ADMINISTRATIVO
ASSISTENTE DE SECRETARIA	CHEFE DE ~~DIVISÃO~~
DIRETOR DE ^{EDUCAÇÃO} $_{\textit{BÁSICA}}$	~~SUPERVISOR~~ DE ENSINO

Assumindo que não há erro de ortografia ou gramática, assinale a alternativa que contém todas as palavras sublinhadas.

a) AJUDANTE GERAL.

b) DIRETOR, ADMINISTRATIVO, CHEFE.

c) OFICIAL, DIVISÃO, SUPERVISOR

d) EDUCAÇÃO, OFICIAL, DIVISÃO.

e) ASSISTENTE, SECRETARIA, SUPERVISOR.

Considerando o editor de textos Microsoft Word 2016, assim como suas versões anteriores, estilos e efeitos, podem ser inseridos em um documento em edição. Dentre os principais efeitos estão Negrito, Itálico e Sublinhado, Tachado, Subscrito e Sobrescrito. Dentre as palavras apresentadas na questão, as sublinhadas são ASSISTENTE, SECRETARIA e SUPERVISOR.

GABARITO: E.

---

95. **(2019 - Prefeitura de Arujá/SP – Escriturário/Oficial Administrativo)** Utilizando um computador com Windows 7 instalado em sua configuração original, um escriturário criou um arquivo de valores separados por vírgula (extensão.csv).

Depois de algum tempo ele decidiu abri-lo novamente e, para isso, clicou no botão como se observa na figura a seguir:

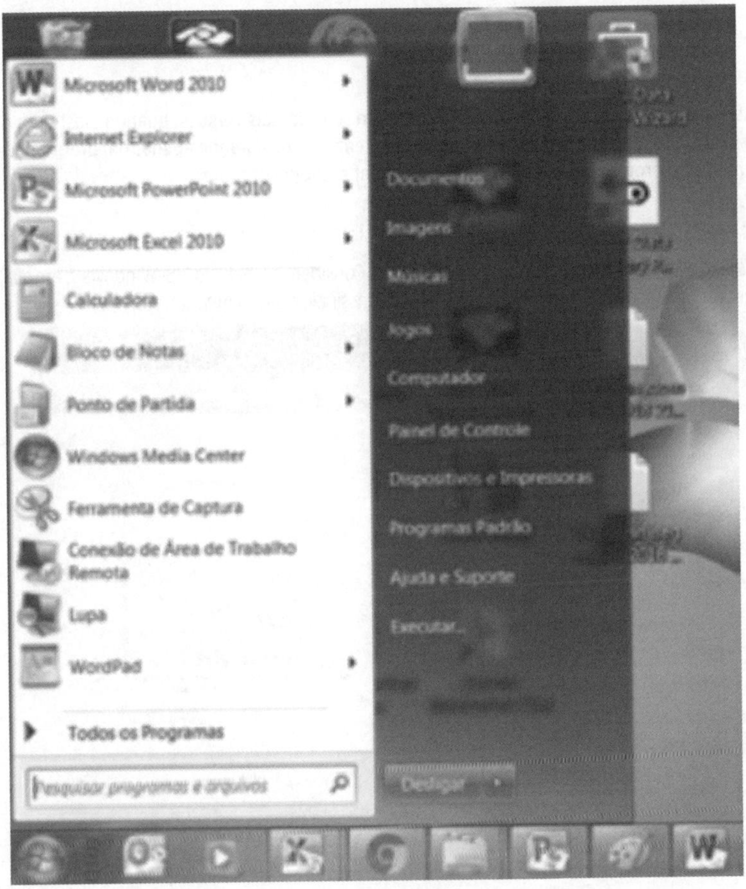

Para encontrar seu arquivo, o escriturário deve clicar na seta ▶ à frente da opção:

a) Microsoft Excel 2010.

b) Ponto de Partida.

c) Microsoft PowerPoint 2010

d) Internet Explorer.

e) Microsoft Word 2010.

Arquivos com a extensão "extensão.csv" tem o texto separado por ponto e vírgula. Quando é aberto o Menu Iniciar, como apresentado na figura, dentre os aplicativos que tem uma seta na frente do seu nome, indicando que foram recentemente abertos arquivos nesses aplicativos, o Excel é o único que permite criar, editar e abrir esse tipo de arquivo.

GABARITO: A.

96. **(2019 - Prefeitura de Arujá/SP – Escriturário/Oficial Administrativo)** Um escriturário está trabalhando em um computador com Windows 7 instalado na sua configuração original, com uma pasta de trabalho do Excel contendo 3 planilhas, um documento do Word, uma apresentação do PowerPoint e uma sessão do Google Chrome com 2 guias abertas. Assinale a alternativa que contém a quantidade de aplicativos em execução no momento descrito.

a) 7.

b) 6.

c) 5.

d) 4.

e) 3.

No sistema operacional Windows 7, assim como em suas demais versões, quando existe um programa sendo executado, não importa quantas janelas ele tenha, é considerado apenas um programa, e a questão lista quatro programas: Excel, Word, PowerPoint e Google Chrome.

GABARITO: D.

---

97. **(2019 - Prefeitura de Arujá/SP – Escriturário/Oficial Administrativo)** Considere a janela do MS-Windows 7, em sua configuração original, que mostra o arquivo Arujá selecionado e assinale a alternativa correta.

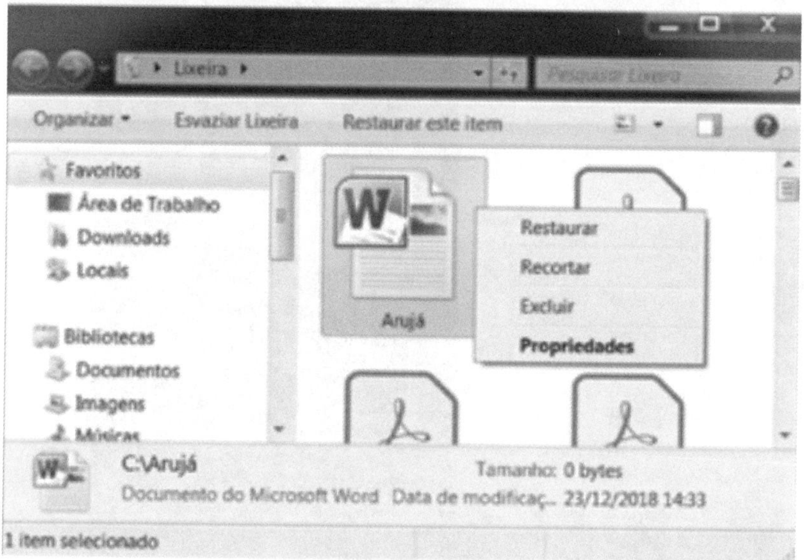

Ao clicar em:

a) recortar fará com que o arquivo seja copiado para outra pasta.

b) restaurar fará com que o arquivo seja transferido para a pasta C:\Arujá\.

c) restaurar fará com que o arquivo seja transferido para o diretório raiz C:\.

d) restaurar fará com que o Windows pergunte se o usuário quer mover e substituir o mesmo arquivo ainda existente na pasta origem C:\Arujá\.

e) excluir fará com que o arquivo seja enviado para a Lixeira.

No sistema operacional Windows 7, assim como nas demais versões do Windows, um arquivo que é enviado para a lixeira não libera espaço no disco rígido, pois a lixeira está no disco rígido, não permitindo que tal arquivo seja manipulado. Porém, é possível que os arquivos sejam restaurados para seu local de origem, e, no caso da restauração do arquivo Arujá, ele voltará para o diretório C:/.

GABARITO: C.

---

98. **(2019 - Câmara de Sertãozinho/SP – Escriturário)** Qual ou quais campo(s) de destinatários de um e-mail permite(m) que o endereço de e-mail fique invisível para os destinatários?

a) PARA.

b) CC.

c) CCO.

d) CC e CCO.

e) PARA e CCO.

No cabeçalho de um e-mail, é obrigatório haver, pelo menos, um destinatário, não importando se este destinatário está no campo Para (destinatário original), Cc (Com Cópia ou Cópia Carbono) ou Cco (Com Cópia Oculta ou Com Cópia Carbono Oculta). Os destinatários que estiverem no campo CCO (Com Cópia Oculta ou Com Cópia Carbono Oculta) não serão visualizados pelos demais destinatários.

GABARITO: C.

---

99. **(2019 - Câmara de Sertãozinho/SP – Escriturário)** Para fazer uma consulta no buscador Google que encontre arquivos em formato PDF com a palavra "concurso", basta digitar no campo de busca:

a) concurso typefile:pdf.

b) filetype:pdf concurso.

c) file:pdf concurso.

d) file=pdf concurso.

e) pdf:concurso.

No motor de pesquisa Google existem diversos comandos avançados de busca, e, quando é inserido o comando filetype, é possível indicar o tipo de arquivo específico para pesquisa. A linha de pesquisa filetype:pdf concurso encontra arquivos em formato PDF com a palavra "concurso".

GABARITO: B.

---

100. **(2019 - Câmara de Sertãozinho/SP – Escriturário)** A imagem a seguir apresenta um recorte de uma guia do MS-PowerPoint 2010. As legendas dos ícones foram intencionalmente omitidas. Considere que há uma apresentação aberta com 10 slides e o slide selecionado no momento é o slide 5.

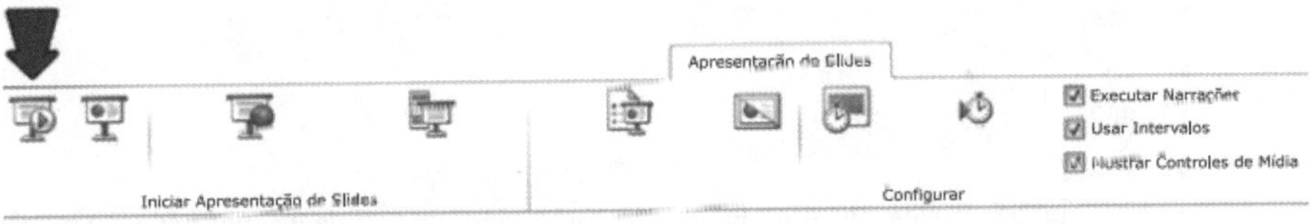

Nesse contexto, assinale a alternativa que descreve o que irá acontecer quando o usuário clicar no ícone indicado pela seta na imagem.

a) Entrará em Modo de Apresentação de Slides a partir do slide atual.

b) Entrará em Modo de Apresentação de Slides a partir do primeiro slide.

c) Entrará em Modo de Apresentação de Anotações a partir do slide atual.

d) Entrará em Modo de Exibição de Anotações a partir do primeiro slide.

e) Entrará em Modo de Visualização de Anotações a partir do slide atual.

No editor de apresentações Microsoft PowerPoint 2010, assim como em suas demais versões, é possível configurar a apresentação a partir de qualquer slide do arquivo, desde que este esteja, oculto, e a ferramenta presente no ícone indicado, entrará em Modo de Apresentação de Slides a partir do primeiro slide.

GABARITO: B.

---

101. **(2019 - Câmara de Sertãozinho/SP – Escriturário)** O nome do modo de apresentação do MS-PowerPoint 2010 que permite visualizar anotações é:

a) modo de Exibição do Apresentador.

b) modo de Apresentação de Slides.

c) modo de Apresentação de Anotações.

d) modo de Exibição de Anotações.

e) modo de Visualização de Anotações.

No editor de apresentações Microsoft PowerPoint 2010, assim como em suas demais versões, é possível, por meio do modo de apresentação Modo de Exibição do Apresentador visualizar as anotações inseridas no arquivo em edição no aplicativo.

GABARITO: A.

---

102. **(2019 - Câmara de Sertãozinho/SP – Escriturário)** A fórmula do MS-Excel 2010, em sua configuração padrão, que tem com resultado o valor 5, é:

a) =2*4+1.

b) =10/5*0.

c) =MÉDIA(10;5).

d) =SOMA(2;1)+2+SE(VERDADEIRO;2;0).

e) =SOMA(3;1)+1+SE(VERDADEIRO;0;2).

No editor de planilhas Microsoft Excel 2010, assim como em suas demais versões, a fórmula contida na alternativa A dará o resultado 9; a fórmula contida na alternativa B dará o resultado 0; a fórmula contida na alternativa C dará o resultado 7,5; a fórmula contida na alternativa D dará o resultado 7 e a fórmula contida na alternativa E dará resultado 5, pois soma-se 3 com o valor se verdadeiro na SE, que é 2.

GABARITO: E.

---

103. **(2019 - Câmara de Sertãozinho/SP – Escriturário)** Qual das alternativas apresenta uma referência relativa para a célula A2, no MS-Excel 2010, em sua configuração padrão?

a) =A2$.

b) =$A2.

c) =A!2!.

d) =A2.

e) =$A$2.

No editor de planilhas Microsoft Excel 2010, assim como em suas demais versões, uma referência relativa é aquela que muda de linha e coluna dependendo da direção que é arrastada pela alça de preenchimento, como A2. E uma referência absoluta é aquela em que não existe mudança de linha e coluna ao arrastar para qualquer direção com a alça de preenchimento, pois todas as linhas e colunas estão bloqueadas com $, como =$A$2.

GABARITO: D.

---

104. **(2019 - Câmara de Sertãozinho/SP – Escriturário)** O seguinte trecho de texto foi editado no MS-Word 2010, em sua configuração padrão.

Original $^{\text{Versão 1}}$

Assinale a alternativa que apresenta o recurso correto de formatação utilizado em $^{\text{Versão 1}}$.

a) Negrito.

b) Sublinhado.

c) Subscrito.

d) Sobrescrito.

e) Alterar Maiúsculas e Minúsculas.

Considerando o editor de textos Microsoft Word 2016, assim como suas versões anteriores, estilos e efeitos podem ser inseridos em um documento em edição. Dentre os principais efeitos estão Negrito, Itálico e, Sublinhado, Tachado, Subscrito e Sobrescrito. O Texto Versão 1 apresentado no enunciado da questão está sobrescrito.

GABARITO: D.

---

105. **(2019 - Câmara de Sertãozinho/SP – Escriturário)** No MS-Word 2010, em sua configuração padrão, é habilitada a opção de exibir marcas de formatação. Assinale a alternativa que apresenta o significado da marcação ¶.

a) Nova página.

b) Nova seção.

c) Parágrafo.

d) Espaçamento.

e) Tabulação.

Considerando o editor de textos Microsoft Word 2016, assim como suas versões anteriores, a marcação com a ferramenta ¶ apresenta o parágrafo, que é a visualização dos elementos inseridos e não visíveis no documento em edição. No Microsoft Word 2016, a ferramenta representada pelo símbolo ¶ chama-se Mostrar Tudo.

GABARITO: C.

106. **(2018 - Câmara de Nova Odessa/SP - Assistente Legislativo)** No MS-Word 2010, em sua configuração padrão, o ícone

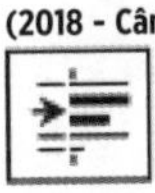

, do grupo Parágrafo, da guia Página Inicial, permite ao usuário:

a) alinhar o texto à direita.

b) alinhar o texto à esquerda.

c) aumentar o nível do recuo do parágrafo.

d) diminuir o nível do recuo do parágrafo.

e) alterar o espaço entre as linhas do texto.

Considerando o editor de textos Microsoft Word 2010, assim como suas versões anteriores, é possível inserir recuos nos parágrafos por meio de ferramentas de inserção automática, e o botão apresentado no enunciado da questão possibilita aumentar o nível do recuo do parágrafo.

GABARITO: C.

107. **(2019 - Câmara de Sertãozinho/SP – Escriturário)** O atalho de teclado para alternar janelas abertas no Windows 7 é:

a) TAB.

b) WINDOWS+TAB.

c) SHIFT+TAB.

d) CTRL+TAB.

e) ALT+TAB.

As diferentes versões do sistema operacional Windows permitem o uso de atalhos de teclado para acessar ferramentas ou executar diversas ações. Além disso, existem atalhos nativos e é possível também inserir novos atalhos. O atalho de teclado ALT+TAB permite alternar janelas abertas no sistema operacional.

GABARITO: E.

108. **(2019 - Câmara de Serrana/SP - Analista Legislativo)** Considerando uma apresentação com 10 slides no Microsoft PowerPoint 201 0, em sua configuração padrão, sendo que o slide ativo é o slide 10 e ele está oculto, assim como o slide 1 também está oculto, assinale a alternativa correta.

a) Ao pressionar as teclas SHIFT+F5 para iniciar o modo de apresentação, a apresentação inicia-se pelo slide 11.

b) Ao pressionar as teclas SHIFT+F5 para iniciar o modo de apresentação, a apresentação inicia-se pelo slide 1.

c) Ao pressionar a tecla F5 para iniciar o modo de apresentação, a apresentação inicia-se pelo slide 1.

d) Ao pressionar a tecla F5 para iniciar o modo de apresentação, a apresentação inicia-se pelo slide 10.

e) Ao pressionar a tecla F5 para iniciar o modo de apresentação, a apresentação inicia-se pelo slide 2.

No editor de apresentações Microsoft PowerPoint 2010, assim como em suas demais versões, é possível deixar oculto um slide inserido na apresentação. Conforme apresenta o enunciado da questão, os slides 1 e 10 estão ocultos na apresentação em edição e a tecla de atalho F5 inicia apresentação do primeiro slide não oculto, portanto, nesse caso, inicia-se a apresentação do slide 2, que é o primeiro não oculto.

GABARITO: E.

---

109. **(2019 - Câmara de Serrana/SP - Analista Legislativo)** Tem-se a seguinte planilha, criada no Microsoft Excel 2010, em sua configuração original.

	A	B	C	D
1	Nome	Cidade	Estado	Valor
2	Ricardo	São Paulo	SP	100
3	Ana Paula	Boa Vista	RR	90
4	Valéria	Mucajaí	RR	80
5	Lucas	Araxá	MG	70
6	Rogério	São Paulo	SP	60
7	Isabela	Rio de Janeiro	RJ	50

Assinale a alternativa que contém o resultado correto da função =CONT.SE(C2:C7;"SP") a ser inserida na célula D8.

a) SP, SP.

b) Ricardo, Rogério.

c) São Paulo, São Paulo.

d) 2.

e) 160.

A função CONT (Contagem) conta a quantidade de células em um intervalo que apresenta a condição indicada. Caso o usuário insira apenas a função CONT, o Excel não consegue realizar a operação por faltar a condição, que deve complementar a fórmula. Na fórmula =CONT.SE(C2:C7;"SP") é realizada a contagem das células de C2 até C7 que tiverem o conteúdo SP, que, neste caso, totalizam DUAS células.

GABARITO: D.

---

110. **(2019 - Câmara de Serrana/SP - Analista Legislativo)** Tem-se o seguinte documento sendo editado no Microsoft Word 2010, em sua configuração padrão, com uma tabela de 4 linhas e 3 colunas. Observe que o cursor do mouse está posicionado exatamente entre a primeira e a segunda células da segunda linha da tabela, e que a terceira linha tem as 2 primeiras células mescladas.

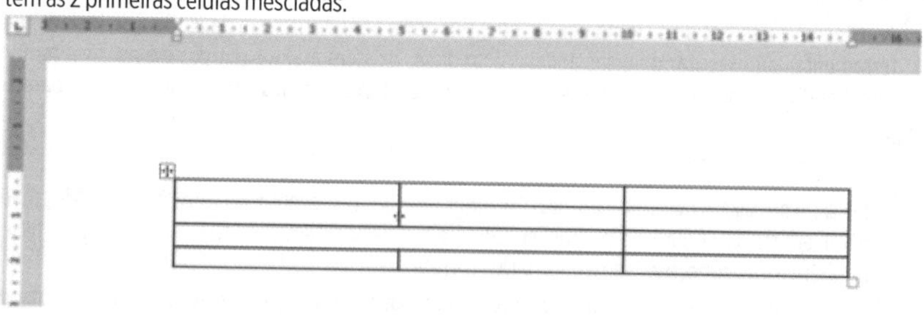

Assinale a alternativa que apresenta o resultado correto quando o usuário pressionar o botão principal do mouse e, mantendo-o pressionado, arrastar o mouse para a esquerda até o valor 2,5 da régua superior.

a) 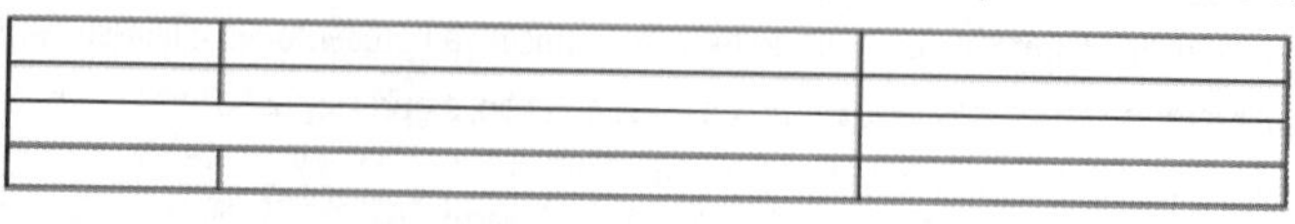

b) 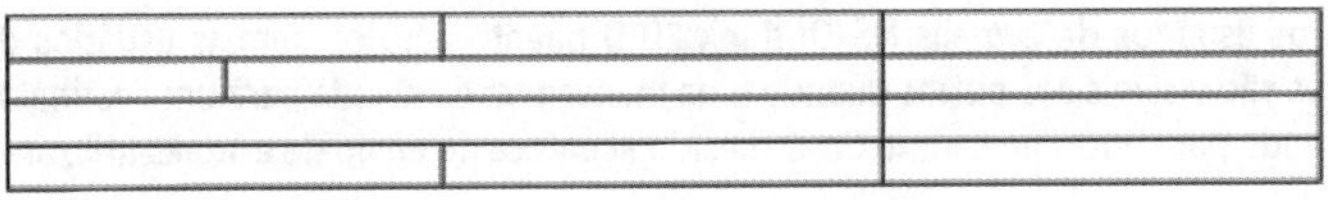

c) 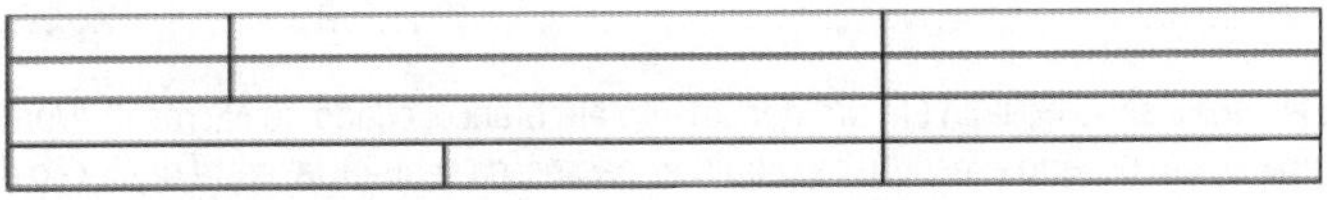

d) 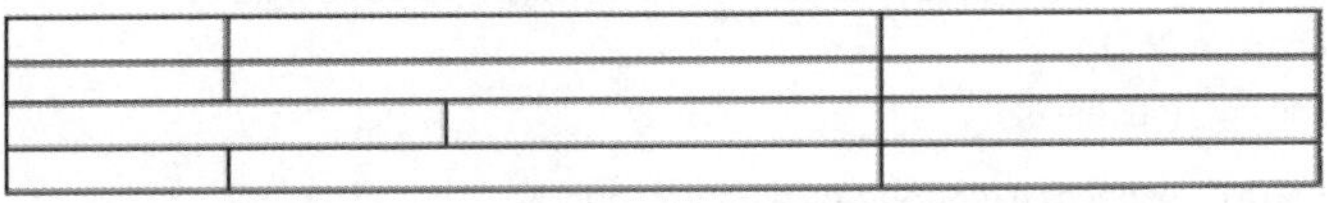

e) 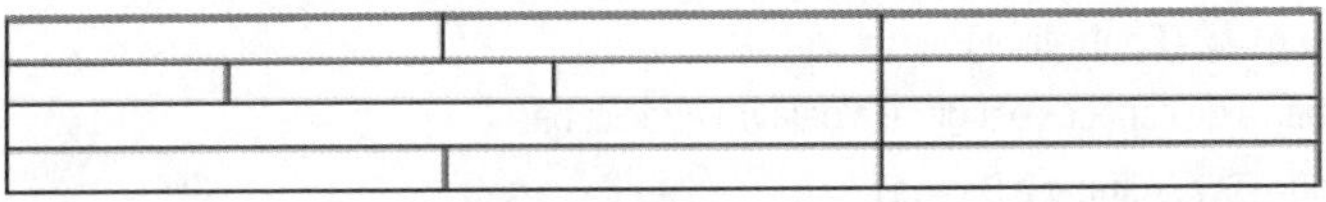

No editor de planilhas Microsoft Word 2010, assim como em suas demais versões, é possível inserir tabelas no documento em edição, editar estas tabelas, mesclando células, incluindo e excluindo linhas e colunas. Na situação apresentada no enunciado da questão, as colunas 1 e 2 terão sua terceira linha mesclada.

GABARITO: A.

INF

111. **(2019 - Câmara de Serrana/SP - Analista Legislativo)** Têm-se os seguintes recursos para aplicar na edição de um texto.

I. Formatação em negrito.

II. Localizar e substituir.

III. Alterar a fonte de letra.h

Considerando os aplicativos Bloco de Notas e WordPad, em um computador com Microsoft Windows 7, em sua configuração original, assinale a alternativa que indica corretamente onde cada recurso, de I a III, pode ser aplicado.

a) I - Ambos; II - ambos; III - ambos.

b) I - Wordpad, apenas; II - ambos; III - ambos.

c) I - Ambos; II - ambos; III - Bloco de Notas, apenas.

d) I - Bloco de Notas, apenas; II - WordPad, apenas; III - ambos.

e) I - Wordpad, apenas; II - Wordpad, apenas; III - Wordpad, apenas.

As diferentes versões do sistema operacional Windows permitem edição de textos nos aplicativos nativos Notepad (Bloco de Notas)WordPad. Os e os dois aplicativos de edição de textos têm como características comuns: Formatação em negrito, Localizar e substituir e Alterar a fonte de letra.

GABARITO: A.

112. **(2019 - Câmara de Monte Alto/SP - Auxiliar Técnico Legislativo)** Um usuário, por meio do MS-Outlook 2010, em sua configuração padrão, usando a conta email1@pref.gov.br, deseja enviar um e-mail para um destinatário de conta email2@pref.gov.br e, para isso, adiciona tal e-mail no campo Para. Além disso, ele deseja que outras pessoas também recebam o e-mail e que todas elas saibam quais pessoas também receberam esse e-mail.

Assinale a alternativa que apresenta o campo de e-mail do MS-Outlook 2010 que deve ser usado para o preenchimento das contas de e-mail conforme o enunciado.

a) Anexo.

b) Assunto.

c) Cc.

d) Cco.

e) De.

Tanto para os usuários de e-mails MS-Outlook 2010 quanto para os demais usuários de e-mails, os destinatários são visíveis aos outros quando uma mensagem é enviada para um destinatário no campo PARA e copiado para outro no campo Cc. O mesmo acontece no envio de e-mails utilizando webmail.

GABARITO: C.

113. **(2019 - Câmara de Piracicaba/SP – Jornalista)** Em um documento em branco, criado no Microsoft Word 2010, em sua configuração original, um usuário executou os seguintes passos, na sequência, entre digitação de textos e uso de ícones de alinhamento de textos, todos na guia Página Inicial, no grupo Parágrafo:

1. Digitou a palavra Câmara.
2. Clicou no ícone (Justificar).
3. Pressionou barra de espaços e digitou a palavra Vereadores.
4. Clicou no ícone (Centralizar).
5. Pressionou barra de espaços e digitou a palavra Piracicaba.
6. Clicou no ícone (Alinhar à Direita).

Assinale a alternativa que indica corretamente o resultado gerado no documento Word.

a) 

b) 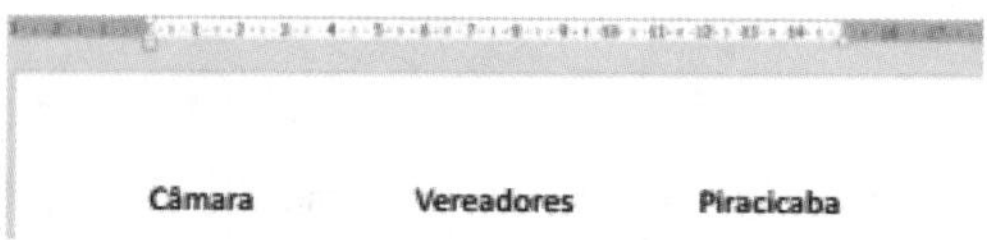

c) 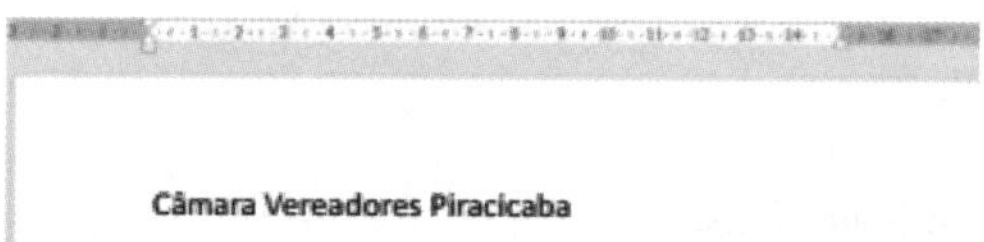

d) 

e) 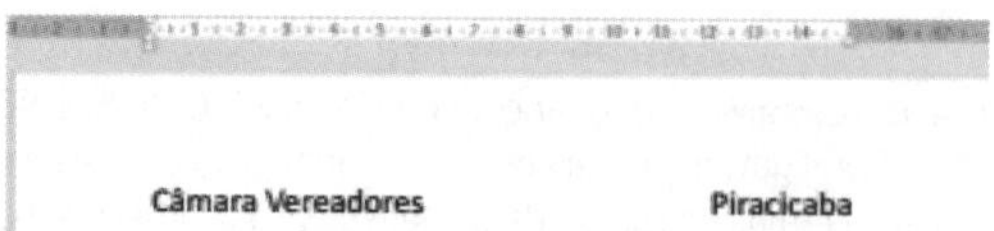

Considerando o editor de textos Microsoft Word 2010, assim como suas versões anteriores, é possível configurar tanto alinhamento de texto quanto alinhamento de tabulação. Existem quatro opções de alinhamento de texto (centralizado, esquerdo, direito e justificado) e cinco alinhamentos de tabulação (esquerdo, direito, centralizado, barra e decimal). A questão apresenta uma condição de alinhamento à direita, última centralização selecionada.

GABARITO: D.

114. **(2019 - Câmara de Monte Alto/SP - Auxiliar Técnico Legislativo)** Um auxiliar técnico legislativo localizou informações em um site da internet por meio do Internet Explorer 11, em sua configuração padrão, e deseja imprimir o conteúdo da página para entregar a um cidadão que solicitou informações. O atalho por teclado que permite imprimir é:

a) Alt + F.

b) Alt + P.

c) Ctrl + A.

d) Ctrl + F.

e) Ctrl + P.

No browser (navegador) Internet Explorer 11, assim como nos demais navegadores, existem atalhos de teclado pré-configurados para acessar ferramentas ou ações, e o atalho de teclado Ctrl + P (Print) é o indicado para solicitar impressão do conteúdo da página para entregar a um cidadão que solicitou informações. No Internet Explorer 11 os atalhos de teclado têm como base a língua inglesa.

GABARITO: E.

---

115. **(2019 - Câmara de Monte Alto/SP - Auxiliar Técnico Legislativo)** Foi solicitado a um usuário do MS-PowerPoint 2010, em sua configuração padrão, que fizesse a verificação ortográfica de uma apresentação.

Assinale a alternativa que apresenta respectivamente, a guia e o grupo em que se localiza o ícone Verificar Ortografia.

a) Revisão; Revisão de Texto.

b) Revisão; Ortografia e Gramática.

c) Página Inicial; Revisão de Texto.

d) Página Inicial; Ortografia e Gramática.

e) Design; Revisão.

No editor de apresentações Microsoft PowerPoint 2010, assim como em suas demais versões, é possível realizar verificação ortográfica e gramatical dos textos inseridos em um arquivo em edição, respeitando a linguagem padrão do aplicativo. E, para executar tais verificações, o caminho é Verificar Ortografia > Revisão > Revisão de Texto.

GABARITO: A.

---

116. **(2019 - Câmara de Monte Alto/SP - Auxiliar Técnico Legislativo)** A planilha a seguir foi elaborada por meio do MS-Excel 2010, em sua configuração padrão.

	A	B	C
1	9	2	5
2	4	8	9
3	8	7	7
4			

Assinale a alternativa que apresenta o valor que será exibido na célula C4, após esta ser preenchida com a fórmula =MAIOR(A1:C3;3).

a) 9.

b) 8.

c) 7.

d) 5.

e) 4.

No editor de planilhas Microsoft Excel 2010, assim como em suas demais versões, as funções MAIOR e MENOR pedem que o usuário indique qual o ordinal, sendo que sua sintaxe é =MAIOR(REFERÊNCIA ; ORDINAL) e, na fórmula apresentada =MAIOR(A1:C3;3), o resultado será o terceiro maior valor entre os que estão na coluna A1 até C3 e o resultado é 8, sendo o primeiro maior que 9, o segundo maior que 8 e o terceiro maior que 8 também.

GABARITO: B.

---

117. **(2019 - Câmara de Monte Alto/SP - Auxiliar Técnico Legislativo)** Um usuário prepara uma listagem telefônica simples utilizando o MS-Excel 2010, em sua configuração padrão, na forma exibida a seguir, na qual a coluna A contém os nomes dos contatos, a coluna B contém o tipo de telefone, e a coluna C contém o número de telefone do contato. Considere que esse formato se repete por dezenas de linhas.

	A	B	C
1	Nome	Tipo	Número
2			
3	Contato 1	Celular	91111-1111
4	Contato 2	Fixo	2222-2222
5	Contato 3	Fixo	3333-3333
6	Contato 4	Celular	94444-4444
7	Contato 5	Celular	95555-5555

Caso o usuário deseje saber quantos dos contatos usam telefone do tipo Celular, ele pode utilizar, para isso, a função:

a) =CONT.SE(B1:B10;"Celular").

b) =CONT.SE(B*;"Celular").

c) =CONT.SE(B:B;"Celular").

d) =CONT.SE(B+;"Celular").

e) =CONT.SE(B+:B*;"Celular").

No editor de planilhas Microsoft Excel 2010, assim como em suas demais versões, as funções de contagem pedem que o usuário indique um complemento, e o complemento SE conta as células se atenderem a determinada condição. A função =CONT.SE(B:B;"Celular") conta quantas células de toda a coluna B têm o conteúdo "Celular".

GABARITO: C.

---

118. **(2019 - Câmara de Monte Alto/SP - Auxiliar Técnico Legislativo)** Observe o parágrafo a seguir, editado por meio do MS-Word 2010, em sua configuração padrão.

~~Prefeitura~~ **Municipal** $_{de}$ Monte *Alto*

Assinale a alternativa que correlaciona corretamente cada palavra com sua respectiva formatação de fonte aplicada.

a) Prefeitura - tachado; de - sobrescrito.

b) Monte - sublinhado; Alto - itálico.

c) Municipal - negrito; Monte - tachado.

d) Prefeitura - sublinhado; Alto - itálico.

e) de - subscrito; Monte - tachado.

Considerando o editor de textos Microsoft Word 2016, assim como suas versões anteriores, estilos e efeitos podem ser inseridos em um documento em edição. Dentre os principais efeitos, estão Negrito, Itálico e, Sublinhado, Tachado, Subscrito e Sobrescrito. A alternativa B apresenta corretamente sublinhado para a palavra Monte e itálico para a palavra Alto.

GABARITO: B.

---

119. **(2019 - Câmara de Monte Alto/SP - Auxiliar Técnico Legislativo)** Observe o ícone exibido a seguir, retirado do MS-Word 2010, em sua configuração padrão.

O recurso associado ao ícone apresentado serve para:

a) bloquear com senha apenas as alterações do documento.

b) bloquear com senha as alterações e a leitura do documento.

c) controlar os usuários que podem alterar o documento.

d) identificar alterações referentes à edição, como inserções, remoções e formatações.

e) identificar permissões de alteração por assinatura digital.

Considerando o editor de textos Microsoft Word 2010, assim como suas versões anteriores, a ferramenta Controlar Alterações possibilita identificar alterações referentes à edição, como inserções, remoções e formatações de um documento em edição.

GABARITO: D.

---

120. **(2019 - Câmara de Monte Alto/SP - Auxiliar Técnico Legislativo)** Para criar uma nova pasta por meio do Windows Explorer do MS-Windows 7, em sua configuração padrão, de modo a organizar os arquivos recebidos como anexos via e-mail, um usuário pode dar um clique com o botão ________________ do mouse dentro da pasta onde desejar criar a nova pasta e,________________, escolher a opção Nova, seguida da opção Pasta.

Assinale a alternativa que preenche, correta e respectivamente, as lacunas do enunciado.

a) principal ... no Menu de Contexto.

b) principal ... na janela aberta.

c) principal ... na área de trabalho.

d) secundário ... na janela aberta.

e) secundário ... no Menu de Contexto.

As diferentes versões do sistema operacional Windows permitem, em seu Gerenciador de Dados, organizar os arquivos recebidos, como anexos via e-mail. Um usuário pode dar um clique com o botão secundário do mouse dentro da pasta onde desejar criar a nova pasta e, no Menu de Contexto, escolher a opção Nova, seguida da opção Pasta.

GABARITO: E.

---

121. **(2019 - Câmara de Monte Alto/SP - Auxiliar Técnico Legislativo)** Em sua rotina de atendimentos telefônicos aos gabinetes, um auxiliar técnico legislativo recebe demandas frequentemente, de modo que está sempre anotando recados, além de outras atividades que desenvolve para atender tais demandas.

Assinale a alternativa que apresenta o aplicativo acessório do MS-Windows 7, em sua configuração padrão, muito útil para anotar recados na forma de lembretes que ficam na área de trabalho, como se fossem pequenos papéis colados na tela.

a) Notas Autoadesivas.

b) Bloco de Notas.

c) WordPad.

d) Caixa de Texto.

e) Ferramenta de Captura.

As diferentes versões do sistema operacional Windows (desde o Windows 7) permitem , por meio do aplicativo Notas, a edição de textos em edição gráfica, para lembretes ou anotações que ficam minimizados na barra de Tarefas e que não são excluídos quando o computador é reinicializado.

GABARITO: A.

---

122. **(2019 - Câmara de Monte Alto/SP - Auxiliar Técnico Legislativo)** Durante um atendimento a um cidadão, um auxiliar técnico legislativo utiliza um aplicativo de acessibilidade do MS-Windows 7, em sua configuração padrão, para ampliar textos e outros itens da tela de seu computador, facilitando ao cidadão a leitura de sua tela.
Assinale a alternativa que apresenta o aplicativo a que se refere o enunciado.

a) Paint.

b) Painel de Controle.

c) Teclado Virtual.

d) Lupa.

e) Ferramenta de Captura.

As diferentes versões do sistema operacional Windows apresentam ferramentas de acessibilidade que visam a facilitação do o acesso ao sistema, e a Lupa é a ferramenta de acessibilidade para usuários com deficiência visual.

GABARITO: D.

---

123. **(2019 - Câmara de Serrana/SP - Técnico Legislativo)** Um usuário preparou uma mensagem de correio eletrônico no Microsoft Outlook 2010, em sua configuração original, com as seguintes características:
Para: danilo@empresa.com.br
Cc: andreia@empresa.com.br; rogerio@empresa.com.br
Cco: roberto@empresa.com.br
Anexo: contrato.pdf
Considerando que a mensagem foi enviada e entregue com sucesso, assinale a alternativa que indica qual(is) usuário(s) recebeu(ram) o anexo.

a) Danilo, apenas.

b) Roberto, apenas.

c) Andreia, Rogerio, apenas.

d) Danilo, Andreia, Rogerio, apenas.

e) Danilo, Andreia, Rogerio e Roberto.

No cabeçalho de um e-mail, quando um remetente envia um arquivo com anexo, todos os destinatários de todos os campos, tanto os que estão no campo destinatário original PARA quanto os que estão no campo COM CÓPIA ou CÓPIA CARBONO, e os que estão no campo COM CÓPIA OCULTA ou CÓPIA CARBONO OCULTA, recebem o arquivo anexo.

GABARITO: E.

---

124. **(2019 - Câmara de Serrana/SP - Técnico Legislativo)** Assinale a alternativa que indica o termo de busca utilizado no site do Google que trará a menor quantidade de resultados possíveis.

a) "camara" "municipal" "de" "serrana"

b) "camara municipal de serrana"

c) camara municipal de serrana

d) [camara municipal de serrana]

e) -camara municipal de serrana-

No motor de pesquisa Google, existem comandos avançados de busca, e, quando o usuário pretende pesquisar um termo exato, com as palavras na ordem apresentada no campo de busca, o termo deve estar entre aspas duplas, como no exemplo "camara municipal de serrana".

GABARITO: B.

125. **(2019 - Câmara de Serrana/SP - Técnico Legislativo)** No Microsoft Powerpoint 2010, em sua configuração padrão, um slide pode ser configurado como oculto. No entanto, se o usuário desejar retirar essa configuração de slide oculto, ele deve selecionar o slide no painel de navegação à esquerda e:

a) clicar com o botão invertido do mouse e selecionar a opção Ocultar Slide.

b) pressionar CTRL+C e depois CTRL+V.

c) pressionar CTRL+A.

d) clicar com o botão invertido do mouse e selecionar a opção Reiniciar Slide.

e) clicar com o botão invertido do mouse e selecionar a opção Adicionar Seção.

No editor de apresentações Microsoft PowerPoint 2010, assim como em suas demais versões, quando o usuário clicar com o botão invertido do mouse e selecionar a opção Ocultar Slide, é retirada a configuração padrão do slide oculto.

GABARITO: A.

126. **(2019 - Câmara de Serrana/SP - Técnico Legislativo)** Tem-se a seguinte apresentação de slides criada no Microsoft PowerPoint 2010, em sua configuração original.

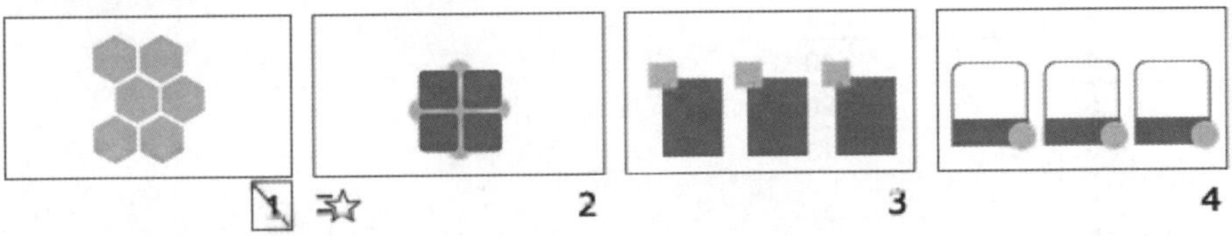

Observe que o slide 1 está oculto e que há uma transição de slides configurada no slide 2. Considerando que não há nenhuma animação configurada nas AutoFormas contidas na apresentação, ao iniciar o modo de apresentação pressionando a tecla F5, a apresentação:

a) se inicia pelo slide 2, mas sem a transição de slides.

b) se inicia pelo slide 1, exibindo a transição de slides para o slide 2 assim que for pressionado ENTER.

c) se inicia pelo slide 2, apresentando de imeditato a transição de slides.

d) se inicia pelo slide 1, mas sem exibir a transição de slides para o slide 2 assim que for pressionado ENTER.

e) se inicia pelo slide 2, exibindo a transição de slides para o slide 3 assim que for pressionado ENTER.

No editor de apresentações Microsoft PowerPoint 2010, assim como em suas demais versões, a tecla de atalho F5 inicia a apresentação do primeiro slide não oculto. Nos slides da questão, o primeiro está oculto e o segundo não está oculto, mas apresenta transição de slides.

GABARITO: C.

127. **(2019 - Câmara de Serrana/SP - Técnico Legislativo)** Tem-se a seguinte planilha criada no Microsoft Excel 2010, em sua configuração padrão.

	A	B	C	D
1	Nome	Data de nascimento	Data da Admissão	Tempo de trabalho
2	Aguinaldo Lima	06/11/1970	19/10/1998	20
3	Aires Vilas Boas	05/06/1971	19/10/1998	20
4	Almeno Lages	15/04/1974	05/07/2000	18
5	Anabela Quadros	22/01/1983	05/05/2003	15
6	Bruno Canedo	11/10/1976	08/05/2006	12

Considerando que as células D2 até D6 estão formatadas como número, sem casas decimais, assinale a alternativa que contém a fórmula correta na célula D2 e que pode ser copiada até a célula D6, para apresentar o tempo de trabalho, partindo da data de admissão, sempre de forma atualizada, em anos.

a) =C2-AGORA().

b) =C2-AGORA()/360.

c) =DIAS360(C2).

d) =C2/360.

e) =INT((AGORA()-C2)/360).

No editor de planilhas Microsoft Excel 2010, assim como em suas demais versões, a função INT apresenta a parte inteira de um número decimal e a função AGORA apresenta data e hora do sistema. Assim, a fórmula =INT((AGORA()-C2)/360) apresenta o tempo de trabalho, partindo da data de admissão, sempre de forma atualizada, em anos.

GABARITO: E.

128. **(2019 - Câmara de Serrana/SP - Técnico Legislativo)** Tem-se a seguinte planilha criada no Microsoft Excel 2010, em sua configuração original.

	A
1	10
2	18
3	3
4	20
5	20
6	13
7	
8	

Assinale a alternativa com o resultado correto da fórmula =MAIOR(A1:A6;3), a ser inserida na célula A8.

a) 3.

b) 13.

c) 18.

d) 20.

e) 58.

No editor de planilhas Microsoft Excel 2010, assim como em suas demais versões, as funções MAIOR e MENOR demandam a indicação do ordinal, e a fórmula =MAIOR(A1:A6;3) retorna o terceiro maior valor no intervalo A1:A6, que é 18.

GABARITO: C.

129. **(2019 - Câmara de Serrana/SP - Técnico Legislativo)** Tem-se o seguinte documento sendo editado no Microsoft Word 2010, em sua configuração padrão.

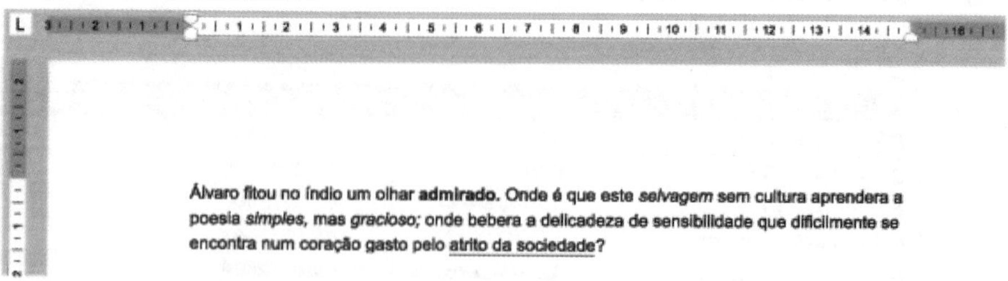

Observe que o texto contém algumas palavras com formatação em negrito, itálico ou sublinhado. Assinale a alternativa que indica o resultado correto ao selecionar todo o texto e depois clicar no ícone de formatação em negrito.

a) **Álvaro fitou no índio um olhar** admirado. **Onde é que este *selvagem* sem cultura aprendera a poesia *simples*, mas *gracioso*; onde bebera a delicadeza de sensibilidade que dificilmente se encontra num coração gasto pelo atrito da sociedade?**

b) **Álvaro fitou no índio um olhar admirado. Onde é que este** *selvagem* **sem cultura aprendera a poesia** *simples*, **mas** *gracioso*; **onde bebera a delicadeza de sensibilidade que dificilmente se encontra num coração gasto pelo** atrito da sociedade**?**

c) **Álvaro fitou no índio um olhar** admirado. **Onde é que este** *selvagem* **sem cultura aprendera a poesia** *simples*, **mas** *gracioso*; **onde bebera a delicadeza de sensibilidade que dificilmente se encontra num coração gasto pelo** atrito da sociedade**?**

d) **Álvaro fitou no índio um olhar admirado. Onde é que este selvagem sem cultura aprendera a poesia simples, mas gracioso; onde bebera a delicadeza de sensibilidade que dificilmente se encontra num coração gasto pelo atrito da sociedade?**

e) **Álvaro fitou no índio um olhar admirado. Onde é que este *selvagem* sem cultura aprendera a poesia *simples*, mas *gracioso*; onde bebera a delicadeza de sensibilidade que dificilmente se encontra num coração gasto pelo atrito da sociedade?**

Considerando o editor de textos Microsoft Word 2016, assim como suas versões anteriores, estilos e efeitos podem ser inseridos em um documento em edição. Dentre os principais efeitos, estão Negrito, Itálico e, Sublinhado, Tachado, Subscrito e Sobrescrito. Quando um texto apresenta diferentes estilos e efeitos, a regra é priorizar a maior parte para aplicação.

GABARITO: E.

---

130. **(2019 - Câmara de Serrana/SP - Técnico Legislativo)** Um usuário está editando um documento de 10 páginas no Microsoft Word 2010, em sua configuração original. Com o cursor no meio da página 5, assinale a alternativa que indica a posição do cursor após o usuário pressionar CTRL+Page Up.

a) Página 1, início do documento.

b) Página 4, início da página.

c) Página 5, início da página.

d) Página 5, início do parágrafo onde está o cursor.

e) Página 10, final do documento.

Considerando o editor de textos Microsoft Word 2010, assim como suas versões anteriores, é possível navegar entre páginas de um documento em edição. Caso o usuário esteja no meio da página 5 e pressione CTRL + Page Up, irá para o início da Página 4.

GABARITO: B.

---

131. **(2019 - Câmara de Serrana/SP - Técnico Legislativo)** Usando o Microsoft Windows 7, em sua configuração original, um usuário abriu o aplicativo Paint. Em seguida, abriu o Bloco de Notas. Finalmente, abriu o WordPad. Todos foram abertos com a janela maximizada. Ao pressionar ALT+TAB uma vez, para colocar em primeiro plano o Bloco de Notas, e minimizar essa janela do Bloco de Notas, assinale a alternativa que indica qual aplicativo aparece em primeiro plano.

a) WordPad.

b) Bloco de Notas.

c) Paint.

d) Área de Trabalho.

e) Área de Transferência.

Mesmo nas diferentes versões do sistema operacional Windows, a tecla ALT+TAB possibilita visualizar todas as páginas de todos os arquivos em edição, e, ao minimizar o Bloco de Notas, o WordPad aparecerá em primeiro plano na área de trabalho do Windows 7.

GABARITO: A.

---

132. **(2019 - Câmara de Serrana/SP - Técnico Legislativo)** Tem-se a seguinte imagem ilustrativa da hierarquia da pasta Projetos e suas subpastas, do Microsoft Windows 7, em sua configuração original.

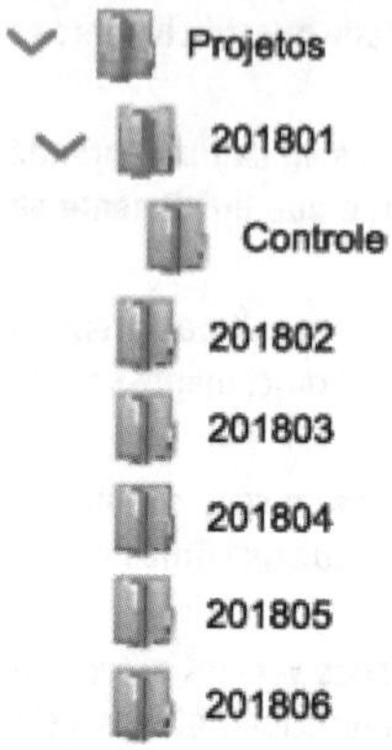

Considerando que o arquivo texto tarefas.txt só existe na pasta Projetos, assinale a alternativa que indica onde o arquivo tarefas.txt estará, quando o usuário clicar sobre ele com o botão principal do mouse e, mantendo o botão pressionado, o arrastar para a pasta 201801, sem pressionar nenhuma tecla no teclado.

a) Projetos, 201801 e Controle.

b) Projetos e 201801, apenas.

c) 201801, 201802, 201803, 201804, 20805, 201806, apenas.

d) 201801, apenas.

e) Controle, apenas.

Mesmo nas diferentes versões do sistema operacional Windows, quando o usuário clicar com o botão principal do mouse sobre o arquivo tarefas.txt, que originalmente se encontra na pasta Projetos e, mantendo o botão pressionado, o arrastar para a pasta 201801, o arquivo estará apenas na pasta 201801.

GABARITO: D.

---

133. **(2019 - UFABC - Assistente em Administração)** Considere a seguinte planilha, criada no Microsoft Excel 2010, em sua configuração padrão:

	A	B	C	D	E
1	Registro	Nome	Estado Civil	Idade	
2	1	Alberto	Casado	20	
3	2	Júlia	Solteiro	24	
4	3	Marta	Casado	54	
5	4	André	Solteiro	34	
6	5	Lucia	Solteiro	29	
7					

Um usuário ocultou a coluna C, deixando a planilha com o seguinte aspecto:

	A	B	D	E
1	Registro	Nome	Idade	
2	1	Alberto	20	
3	2	Júlia	24	
4	3	Marta	54	
5	4	André	34	
6	5	Lucia	29	
7				

Quando o usuário seleciona todas as células do intervalo entre A1 e D6, pressiona CTRL+C e cola o resultado em outra planilha nova, que não tem nenhuma coluna oculta, o resultado é:

a)

	A	B	C	D
1	Registro	Nome	Idade	
2	1	Alberto	20	
3	2	Júlia	24	
4	3	Marta	54	
5	4	André	34	
6	5	Lucia	29	

b)

	A	B	C	D
1	Registro	Nome		
2	1	Alberto		
3	2	Júlia		
4	3	Marta		
5	4	André		
6	5	Lucia		

c)

	A	B	C	D
1	Registro	Nome	Estado Civ	Idade
2	1	Alberto	Casado	20
3	2	Júlia	Solteiro	24
4	3	Marta	Casado	54
5	4	André	Solteiro	34
6	5	Lucia	Solteiro	29

d)

	A	B	C	D
1	Estado Civil			
2	Casado			
3	Solteiro			
4	Casado			
5	Solteiro			
6	Solteiro			

e)

	A	B	C	D
1	Registro	Nome		Idade
2	1	Alberto		20
3	2	Júlia		24
4	3	Marta		54
5	4	André		34
6	5	Lucia		29

No editor de planilhas Microsoft Excel 2010, assim como em suas demais versões, não é possível excluir linhas e colunas, pois as ordens alfabética e numérica não podem ser alteradas. Porém, é possível ocultar linhas e colunas, que não ficam visíveis para o usuário, embora o conteúdo de suas células continuem sendo considerados para fins de cálculos e fórmulas.

GABARITO: C.

134. **(2019 - UFABC - Assistente em Administração)** Durante a navegação na Internet usando o Google Chrome versão 70, um usuário fez o download de um arquivo com extensão PDF. Depois de alguns dias, o usuário não se lembrava mais dessa operação e, por isso, decidiu verificar o histórico dos downloads realizados. Para obter o histórico dos downloads, ele pressionou as teclas:

a) CTRL+H.

b) CTRL+D.

c) CTRL+A.

d) CTRL+N.

e) CTRL+J.

No browser (navegador) Google Chrome versão 7.0, e também em suas demais versões, é possível armazenar e acessar conteúdos baixados no navegador, e, caso o usuário deseje obter o histórico dos downloads, ele deve pressionar as teclas CTRL+J.

GABARITO: E.

135. **(2019 - UFABC - Assistente em Administração)** Considere a seguinte planilha, criada no Microsoft Excel 2010, em sua configuração padrão.

	A	B
1	1000	
2	2100	
3	300	
4	20	
5	40000	
6		

Assinale a alternativa que indica a formatação correta ao se selecionar o intervalo entre A1 e A5 e pressionar o ícone destacado a seguir, da guia Página Inicial, grupo Número.

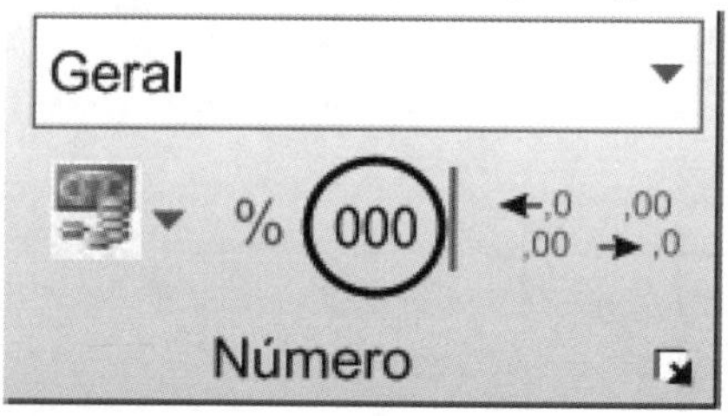

a)
1.000,00
2.100,00
300,00
20,00
40.000,00

b)
01.000,00
02.100,00
0.0300,00
0.0020,00
40.000,00

c)
1000,00
2100,00
300,00
20,00
40000,00

d)
1.000
2.100
300
20
40.000

e)
01.000
02.100
0.0300
0.0020
40.000

No editor de planilhas Microsoft Excel 2010, assim como em suas demais versões, o botão apresentado na questão é o separador de milhares. Considerando os valores apresentados, o resultado será respectivamente 1.000,00, 2.100,00, 300,00, 20,00 e 40.000,00.

GABARITO: A.

136. **(2019 - UFABC - Assistente em Administração)** Assinale a alternativa que indica a(s) tecla(s) que foi(foram) pressionada(s) entre as palavras "antes" e "depois" no Microsoft Word 2010, em sua configuração padrão, com as marcas de parágrafo ativadas.

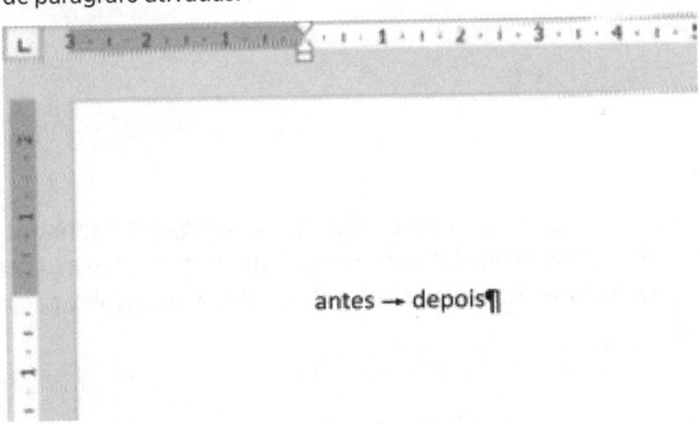

a) Seta para a direita.

b) TAB.

c) Espaço em branco.

d) ENTER.

e) SHIFT+CTRL.

No editor de textos Microsoft Word 2010 e nas demais versões, a tecla TAB insere tabulações alinhadas pelas opções Esquerda, Direita, Centralizado, Barra e Decimal. Na figura apresentada na questão, a ferramenta Mostrar Tudo apresenta a tabulação inserida entre as palavras "antes" e "depois".

GABARITO: B.

137. **(2019 - UFABC - Assistente em Administração)** Considere a seguinte imagem de um atalho criado na Área de Trabalho do computador de um usuário, com o Microsoft Windows 7, em sua configuração original, para acessar um arquivo texto que está armazenado em determinada pasta.

Assinale a alternativa correta a respeito do atalho apresentado.

a) Ao se apagar o atalho, o arquivo para o qual o atalho faz referência também é apagado, ambos em definitivo.

b) Quando o usuário efetua um duplo clique com o botão principal do mouse sobre o atalho, é aberta uma janela solicitando confirmação do usuário para abrir o arquivo.

c) Ao apagar o atalho, o arquivo para o qual o atalho faz referência também é apagado, enviando o arquivo para a Lixeira e apagando o atalho em definitivo.

d) Um atalho é um ícone que representa um link para um arquivo, em vez do próprio arquivo em si.

e) O atalho sempre abre a pasta onde está o arquivo ao qual o atalho faz referência, para que o usuário possa, então, abrir o arquivo com um duplo clique com o botão principal do mouse.

No sistema operacional Windows 7 e nas demais versões, quando o ícone apresenta uma seta no canto inferior esquerdo, trata-se de um atalho, que representa um link para um arquivo (de texto, no caso) e não o arquivo em si, que se encontra em outro local.

GABARITO: D.

---

138. **(2019 – TJ/SP - Contador Judiciário)** Um usuário, acessando várias abas simultaneamente por meio do Microsoft Edge, em sua configuração padrão, pode fechar a aba atual por meio do atalho por teclado:

a) Ctrl + A.

b) Ctrl + J.

c) Ctrl + W.

d) Ctrl + F.

e) Ctrl + R.

No browser (navegador) Microsoft Edge, que é vem de fábrica, e no navegador padrão do sistema operacional Windows 10, existem atalhos preestabelecidos , mas, além disso, é possível criar atalhos personalizados, como em outros navegadores. No atalho CTLR + W, o usuário pode fechar a aba atual.

GABARITO: C.

---

139. **(2019 – TJ/SP - Contador Judiciário)** Por meio do MS-Excel 2016, em sua configuração padrão, um usuário pode acessar dados de um banco de dados institucional como, por exemplo, o MS-SQLServer, permitindo realizar cálculos e visualizações com dados do banco de dados ao invés de dados da própria planilha.
A guia onde se encontra o recurso para acessar dados externos é:

a) Revisão.

b) Transformação.

c) Dados.

d) Fórmulas.

e) Externos.

No editor de planilhas Microsoft Excel 2016, assim como em suas versões anteriores, um usuário pode acessar dados de um banco de dados institucional, como o MS-SQLServer, e a guia que permite acessar o Data Base é a guia Dados (que é uma guia exclusiva do Excel, não existindo em outros aplicativos do pacote MA-Office).

GABARITO: C.

---

140. **(2019 – TJ/SP - Contador Judiciário)** Observe a planilha a seguir, sendo editada por meio do MS-Excel 2016, em sua configuração padrão, em que um contador listou algumas contas contábeis (coluna A) e seus respectivos saldos (coluna B).

	A	B
1	Conta Contábil	Saldo
2	100.100.100.100	R$ 1.000.000,00
3	101.101.101.101	-R$ 500.000,00
4	102.102.102.102	R$ 2.000.000,00
5	103.103.103.103	-R$ 200.000,00
6	104.104.104.104	-R$ 150.000,00
7	105.105.105.105	-R$ 300.000,00
8		

O contador, para somar os valores positivos da coluna B, pode utilizar a fórmula:

a) =SOMASE(B2:B7;">0";B2:B7).

b) =SOMASE(B2;B7;">0";B2;B7).

c) =SOMASE(B2:B7;B2:B7;">0").

d) =SOMASE(B2;B7;"<0";B2;B7).

e) =SOMASE(B2:B7;"<0";B2:B7).

No editor de planilhas Microsoft Excel 2016, assim como em suas versões anteriores, a estrutura da função SOMASE é ("Intervalo de teste" ; Teste lógico" ; "Intervalo de soma") e ela realiza a soma de um intervalo considerando a condição presente em outro intervalo (ou no mesmo intervalo). A função =SOMASE(B2:B7;">0";B2:B7) soma as células do intervalo B2:B7 que contenham valores maiores do que 0.

GABARITO: A.

---

141. **(2019 – TJ/SP - Contador Judiciário)** Todo arquivo deveria ter cópias de segurança para evitar perda de informações ou mesmo para evitar ter que refazer atividades. No MS-Windows 10, em sua configuração padrão, entre seus vários aplicativos, um usuário pode fazer cópias de segurança de seus arquivos usando o recurso:

a) Restauração.

b) Hardware.

c) Personalização.

d) Contas de Usuário.

e) Histórico de Arquivos.

O sistema operacional Windows 10 possibilita que o usuário realize cópias de segurança (backup) para garantir a disponibilidade de um arquivo no caso de perda da informação original. Por meio do recurso nativo Histórico de Arquivos é possível realizar tal ação.

GABARITO: E.

---

142. **(2019 – TJ/SP - Enfermeiro Judiciário)** Rafael tem em seu computador um arquivo chamado contrato.pdf, e o anexou em uma mensagem de correio eletrônico do Microsoft Outlook 2010, em sua configuração original, que foi enviada para Viviane, com cópia oculta para Tiago, e recebida em seus respectivos computadores, também com o Microsoft Outlook 2010, em sua configuração padrão.

Assinale a alternativa que indica em quais computadores existe o arquivo contrato.pdf.

a) Computadores de Rafael e Viviane, apenas.

b) Computadores de Rafael, Viviane e Tiago.

c) Computadores de Viviane e Tiago, apenas.

d) Computador de Rafael, apenas.

e) Computador de Viviane, apenas.

Na ferramenta de e-mails Microsoft Outlook 2010, em qualquer outra ferramenta ou acessando o e-mail pelo browser (webmail), quando o remetente (Rafael) anexa um arquivo em qualquer formato (contrato.pdf), os destinatários de todos os campos, Para (destinatário original), Cc (Com Cópia ou Cópia Carbono) ou Cco (Com Cópia Oculta ou Com Cópia Carbono Oculta) recebem o arquivo em anexo. No enunciado da questão são Rafael, Viviane e Tiago.

GABARITO: B.

---

143. **(2019 – TJ/SP - Enfermeiro Judiciário)** Tem-se a seguinte planilha, criada no Microsoft Excel 2010, em sua configuração padrão.

	A	B	C
1	Mês	Qtde	
2	Junho	2	
3	Julho	6	
4	Agosto	8	
5	Setembro	9	
6	Outubro	7	
7			

Assinale a alternativa com o resultado da fórmula =SOMA(B2;B6) a ser inserida na célula B7.

a) 9.

b) 32.

c) #ERRO.

d) 7.

e) 2.

No editor de planilhas Microsoft Excel 2010 e em suas demais versões, a função SOMA realiza a soma dos valores inseridos diretamente ou do intervalo apresentado. Na questão; a fórmula =SOMA(B2;B6) realiza a soma dos valores contidos apenas nas células B2 e B6, que são respectivamente 2 e 7, devolvendo o resultado 9.

GABARITO: A.

---

144. **(2019 – TJ/SP - Enfermeiro Judiciário)** No Microsoft Windows 10 Pro, em sua configuração padrão, um usuário está utilizando o Explorador de Arquivos para ver os arquivos de uma pasta. O modo de exibição é Ícones Grandes e o usuário selecionou um deles.

Assinale a alternativa que indica onde o usuário consegue o tamanho desse arquivo.

a) Barra de endereços, acima dos arquivos exibidos.

b) Barra de título, na parte superior da janela.

c) Barra de status, na parte inferior da janela.

d) As informações do arquivo, tais como tamanho e data de criação, são copiadas para a Área de Transferência.

e) O usuário deve pressionar as teclas ALT+F4 e as informações do arquivo, tais como tamanho e data de criação, são exibidas em menu suspenso.

No sistema operacional Microsoft Windows 10 Pro, assim como em suas demais versões, quando o usuário utiliza o gerenciador de arquivos Explorador de Arquivos (até o Windows 7 denominado Windows Explorer), é possível exibir arquivos de diversas formas, como Ícones Grandes, e o tamanho do arquivo é visualizado na Barra de Status, que se encontra na parte inferior da janela.

GABARITO: C.

---

145. **(2019 – TJ/SP - Enfermeiro Judiciário)** Tem-se o seguinte documento criado no Microsoft Word 2010, em sua configuração original.

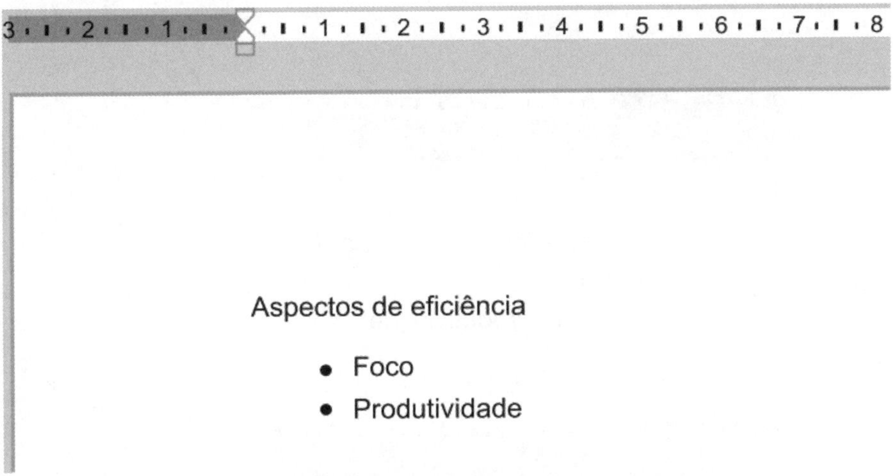

Assinale a alternativa com o resultado, ao posicionar o cursor imediatamente após a palavra eficiência (no final da primeira linha) e pressionar DEL.

a)

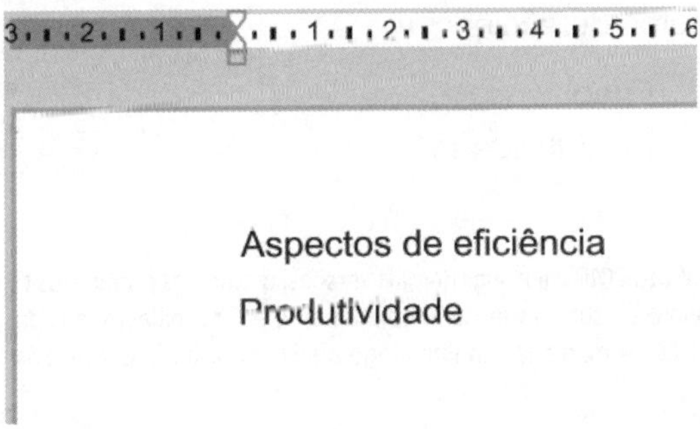

b)

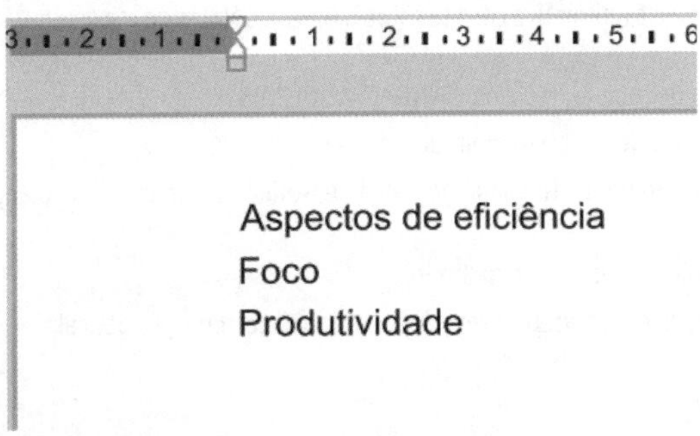

c) 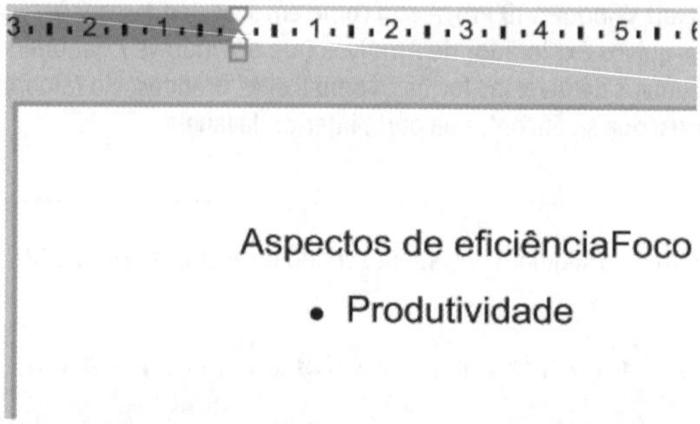

d) 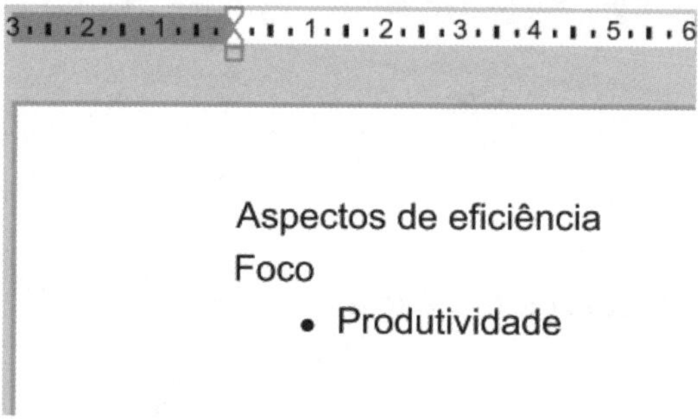

e) 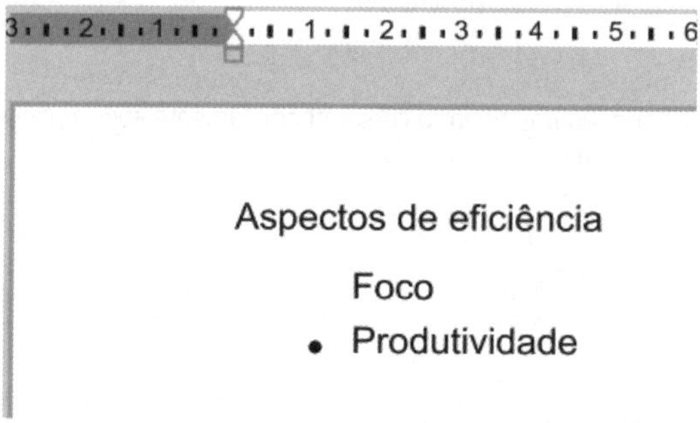

No editor de textos Microsoft Word 2010 e em suas demais versões, quando os parágrafos têm marcadores inseridos e o usuário posiciona o cursor do mouse imediatamente após a palavra eficiência (no final da primeira linha) e pressionar DEL "o marcador da linha logo abaixo é excluído e a palavra é integrada à primeira linha.

GABARITO: C.

---

146. **(2019 – TJ/SP - Médico Judiciário)** Assinale a alternativa correta sobre o Bloco de Notas do Microsoft Windows 10, em sua configuração padrão.

a) Existe um recurso de criação de tabelas, igual ao Microsoft Word 2016.

b) É possível trocar a fonte de letra de um texto digitado.

c) Imagens podem ser incluídas em um texto criado no Bloco de Notas, porém apenas copiando a partir da Área de Transferência.

d) É possível alterar a cor das letras de um texto digitado.

e) O Bloco de Notas tem um recurso de corretor ortográfico, mas não corretor gramatical.

No sistema operacional Windows 10 da Microsoft, assim como em suas demais versões, existem programas nativos, da categoria aplicativos e utilitários, assim como atalhos de teclado preestabelecidos, e o editor de textos Bloco de Notas permite trocar a fonte de letra de um texto digitado.

GABARITO: B.

---

147. **(2019 – TJ/SP - Médico Judiciário)** Um usuário fez a seguinte pesquisa no site Google, exibida parcialmente, usando o navegador Google Chrome versão 70, em sua configuração original.

Considerando que o usuário deseja abrir os 3 primeiros resultados em abas diferentes, como se mostra na imagem a seguir, assinale a alternativa com a tecla que deve ser pressionada junto com o clique do botão principal do mouse sobre os links.

a) *.

b) ENTER.

c) SHIFT.

d) ALT

e) CTRL.

O motor de pesquisa Google possui comandos avançados de busca, assim como atalhos de teclado, e quando se deseja apresentar os três primeiros resultados de busca em abas diferentes, é necessário pressionar o link com o botão esquerdo do mouse e apertar a tecla CTRL.

GABARITO: E.

---

148. **(2019 – TJ/SP - Médico Judiciário)** Tem-se a seguinte planilha, criada no Microsoft Excel 2016, em sua configuração padrão.

	A	B	C
1	Mês	Valor	
2	Junho	2505,79	
3	Julho	1887,14	
4	Agosto	2769,14	
5	Setembro	532,20	
6	Outubro	4843,85	
7			

Assinale a alternativa que indica o resultado correto, quando o usuário selecionar todo o conteúdo, no intervalo A1 até B6, e clica com o botão principal do mouse no ícone destacado a seguir, do grupo Número na guia Página Inicial.

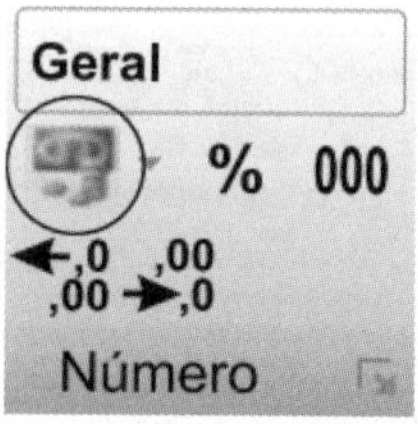

a)

	A	B	C
1	Mês	Valor	
2	Junho	2505,79	
3	Julho	1887,14	
4	Agosto	2769,14	
5	Setembro	532,20	
6	Outubro	4843,85	
7			

b)

	A	B	C
1	Mês	R$ Valor	
2	Junho	R$ 2.505,79	
3	Julho	R$ 1.887,14	
4	Agosto	R$ 2.769,14	
5	Setembro	R$ 532,20	
6	Outubro	R$ 4.843,85	
7			

c)

	A	B	C
1	Mês	Valor	
2	Junho	R$ 2.505,79	
3	Julho	R$ 1.887,14	
4	Agosto	R$ 2.769,14	
5	Setembro	R$ 532,20	
6	Outubro	R$ 4.843,85	
7			

d)

	A	B	C
1	Mês	Valor	
2	1/6	R$ 2.505,79	
3	1/7	R$ 1.887,14	
4	1/8	R$ 2.769,14	
5	1/9	R$ 532,20	
6	1/10	R$ 4.843,85	
7			

e)

	A	B	C
1	R$ Mês	R$ Valor	
2	R$ Junho	R$ 2.505,79	
3	R$ Julho	R$ 1.887,14	
4	R$ Agosto	R$ 2.769,14	
5	R$ Setembro	R$ 532,20	
6	R$ Outubro	R$ 4.843,85	
7			

No editor de planilhas Microsoft Excel 2016, assim como em suas demais versões, existe uma estrutura pré-determinada de funções e fórmulas, e a ferramenta Estilo Moeda permite que os valores das células selecionadas sejam transformados na moeda padrão definida pelo usuário.

GABARITO: C.

---

149. **(2019 – TJ/SP - Médico Judiciário)** Tem-se o seguinte documento criado no Microsoft Word 2016, em sua configuração original.

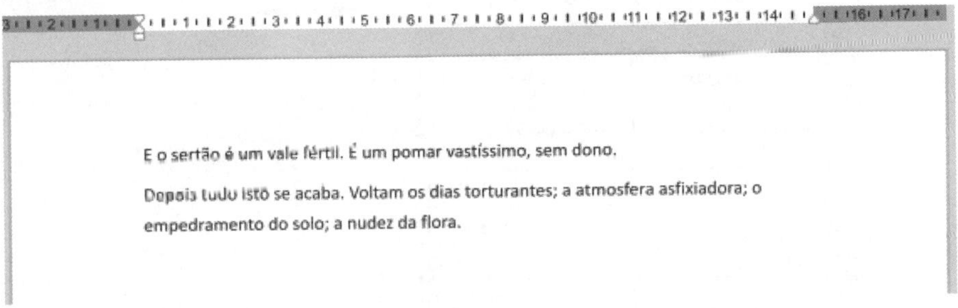

E o sertão é um vale fértil. É um pomar vastíssimo, sem dono.

Depois tudo isto se acaba. Voltam os dias torturantes; a atmosfera asfixiadora; o empedramento do solo; a nudez da flora.

Assinale a alternativa com o resultado, ao selecionar a palavra "torturantes" e clicar no ícone negrito duas vezes.

a) E o sertão é um vale fértil. É um pomar vastíssimo, sem dono. Depois tudo isto se acaba. Voltam os dias TORTURANTES; a atmosfera asfixiadora; o empedramento do solo; a nudez da flora.

b) E o sertão é um vale fértil. É um pomar vastíssimo, sem dono.
Depois tudo isto se acaba. Voltam os dias torturantes; a atmosfera asfixiadora; o empedramento do solo; a nudez da flora.

c) E o sertão é um vale fértil. É um pomar vastíssimo, sem dono.
Depois tudo isto se acaba. Voltam os dias torturantes; a atmosfera asfixiadora; o empedramento do solo; a nudez da flora.

d) E o sertão é um vale fértil. É um pomar vastíssimo, sem dono.
Depois tudo isto se acaba. Voltam os dias **torturantes**; a atmosfera asfixiadora; o empedramento do solo; a nudez da flora.

e) E o sertão é um vale fértil. É um pomar vastíssimo, sem dono.
Depois tudo isto se acaba. Voltam os dias torturantes; a atmosfera asfixiadora; o empedramento do solo; a nudez da flora.

Considerando o editor de textos Microsoft Word 2016, assim como suas versões anteriores, estilos e efeitos podem ser inseridos em um documento em edição. Dentre os principais efeitos, estão Negrito, Itálico e, Sublinhado, estão Tachado, Subscrito e Sobrescrito. Caso se selecione qualquer trecho do texto com um clique duplo sobre o botão de qualquer estilo ou efeito, este será aplicado e retirado logo em seguida.

GABARITO: E.

---

150. **(2019 – TJ/SP – Administrador Judiciário)** Um usuário precisa verificar os sites recentemente visitados por meio do Microsoft Edge, em sua configuração padrão, para organizar um relatório contendo as fontes usadas para consultar normas de recursos humanos nos sites oficiais do governo. O atalho por teclado para abrir a janela de histórico é:

a) Ctrl + J.

b) Ctrl + H.

c) Alt + F4.

d) Alt + F1.

e) Ctrl + F.

No sistema operacional Windows 10 da Microsoft, assim como em suas demais versões, existem programas nativos, da categoria aplicativos e utilitários, assim como atalhos de teclado preestabelecidos. Também existem atalhos em seus aplicativos, como no browser Microsoft Edge. O atalho de teclado Ctrl + H no Edge abre a janela do Histórico.

GABARITO: B.

---

151. **(2019 – TJ/SP - Administrador Judiciário)** Observe a planilha a seguir, sendo editada por meio do MS-Excel 2010, em sua configuração padrão, por um usuário que deseja controlar itens de despesas miúdas (coluna A) e seus respectivos valores (coluna B).

	A	B
1	Despesa	Valor
2		
3	Item A	R$ 157,00
4	Item B	R$ 234,00
5	Item C	R$ 876,00
6	Item D	R$ 190,00
7	Item E	R$ 22,00
8		
9		R$ 876,00

A fórmula usada para calcular o valor apresentado na célula B9, que corresponde ao maior valor de um item de despesa, deve ser:

a) =MAIOR(B3;B7;1).

b) =MAIOR(B3:B7;1).

c) =MAIOR(1;B3:B7).

d) D)=MAIOR(B3;B5;1).

e) =MAIOR(1;B3;B5).

No editor de planilhas Microsoft Excel 2010, assim como em suas demais versões, existe uma estrutura pré-determinada de funções e fórmulas. As funções MAIOR E MENOR pedem que se indique o ordinal que será procurado. Na fórmula =MAIOR(B3:B7;1), o resultado será o primeiro maior valor no intervalo B3:B7.

GABARITO: B.

---

152. **(2019 – TJ/SP - Administrador Judiciário)** A imagem a seguir foi retirada do MS-Word 2010, em sua configuração padrão, e mostra opções que podem ser escolhidas relacionadas ao ícone de nome.

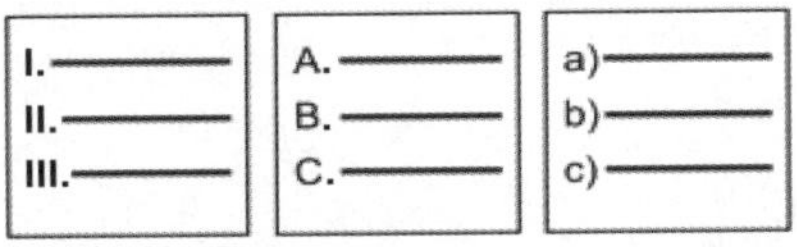

Assinale a alternativa que preenche corretamente a lacuna do enunciado.

a) Marcadores.
b) Espaçamento.
c) Recuo.
d) Alinhamento.
e) Numeração.

Considerando o editor de textos Microsoft Word 2016, assim como suas versões anteriores, a lacuna da questão é corretamente preenchida por "A imagem a seguir foi retirada do MS-Word 2010, em sua configuração padrão, e mostra opções que podem ser escolhidas relacionadas ao ícone de nome Numeração".

GABARITO: E.

I N F

153. **(2019 – TJ/SP - Administrador Judiciário)** Um usuário do MS-Windows 10, em sua configuração padrão, que precise organizar seus arquivos e pastas deve usar o aplicativo acessório padrão Explorador de Arquivos, que pode ser aberto por meio do atalho por teclado, segurando-se a tecla Windows do teclado e, em seguida, clicando na letra:

a) T.
b) F.
c) R.
d) E.
e) A.

No sistema operacional Windows 10 da Microsoft, assim como em suas demais versões, existem programas nativos, da categoria aplicativos e utilitários, assim como atalhos de teclado preestabelecidos, e o atalho de teclado Windows + E abre o Explorador de Arquivos do Windows.

GABARITO: D.

154. **(2019 – MPE/SP - Analista Técnico Científico/Contador)** Considere os resultados apresentados pelo Google, conforme imagem a seguir.

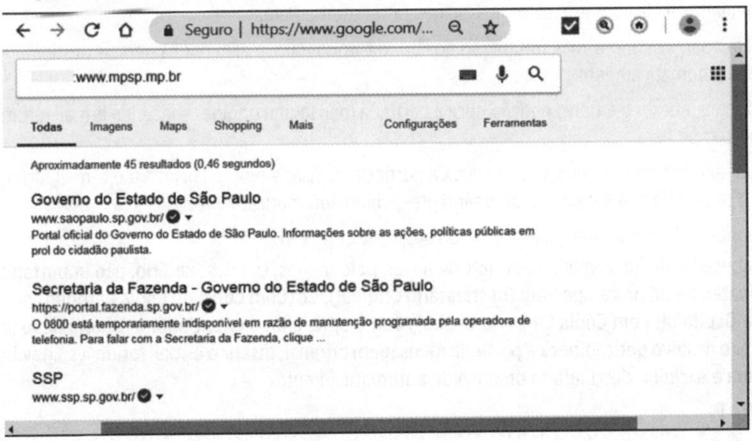

O comando de pesquisa inserido antes do URL do Ministério Público________:www.mpsp.mp.br foi:

a) info.

b) intitle.

c) inurl.

d) site.

e) related.

O motor de pesquisa Google possui comandos avançados de busca, e o comando related possibilita que a busca seja feita por termos relacionados ao pesquisado. No exemplo da questão é pesquisado o termo www.mpsp.mp.br.

GABARITO: E.

---

155. **(2019 – MPE/SP - Analista Técnico Científico/Contador)** Considere a mensagem de correio eletrônico digitada no MS--Outlook 2010, em sua configuração original, pronta para ser enviada.

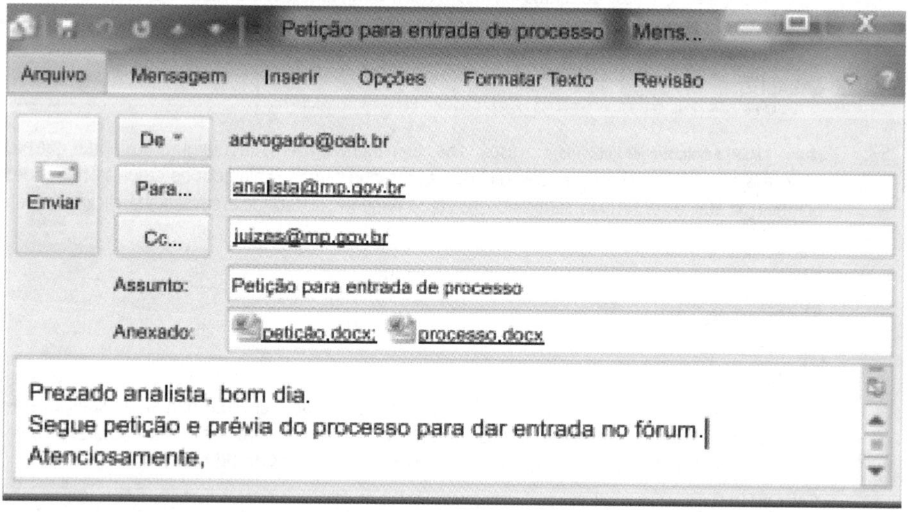

Ao receber a mensagem, o analista pretende retransmiti-la apenas para o fórum (forum@sp.gov.br), mantendo somente a petição como anexo. Para isso, é necessário seguir o seguinte procedimento a partir da mensagem originalmente recebida: clicar na opção:

a) encaminhar, e inserir o e-mail forum@sp.gov.br no campo Para.

b) encaminhar, inserir o e-mail forum@sp.gov.br no campo Para, e eliminar os demais destinatários preenchidos automaticamente.

c) responder, anexar o arquivo petição.docx a partir da mensagem original, e inserir o e-mail forum@sp.gov.br no campo Para.

d) responder, anexar o arquivo petição.docx a partir da mensagem original, inserir o e-mail forum@sp.gov.br no campo Para, e excluir o destinatário preenchido automaticamente.

e) responder a todos, e inserir o e-mail forum@sp.gov.br no campo Para.

No cabeçalho de um e-mail, é obrigatório haver, pelo menos, um destinatário, não importando se este destinatário está no campo Para (destinatário original), Cc (Com Cópia ou Cópia Carbono) ou Cco (Com Cópia Oculta ou Com Cópia Carbono Oculta). Como apresenta o enunciado, o usuário deve responder, anexar o arquivo petição.docx a partir da mensagem original, inserir o e-mail forum@sp.gov.br no campo Para e excluir o destinatário preenchido automaticamente.

GABARITO: D.

---

156. **(2019 – MPE/SP - Analista Técnico Científico/Contador)** Considere a planilha do MS-Excel 2010, em sua configuração original, exibida na figura a seguir.

14	LUCRO BRUTO	18.500.000
15	Despesas com Vendas	-250.000
16	Despesas Gerais e Administrativas	-50.000
17	Impostos e Taxas	-10.000
18	Despesas com Depreciações e Amortizações	-55.000
19	Equivalência Patrimonial	300
20	Outras Receitas (Desp) Operacionais Líquidas	0
21	Receitas Financeiras	25.000
22	Despesas Financeiras	-55.000

Com todas as linhas selecionadas, foi aplicada a seguinte classificação:

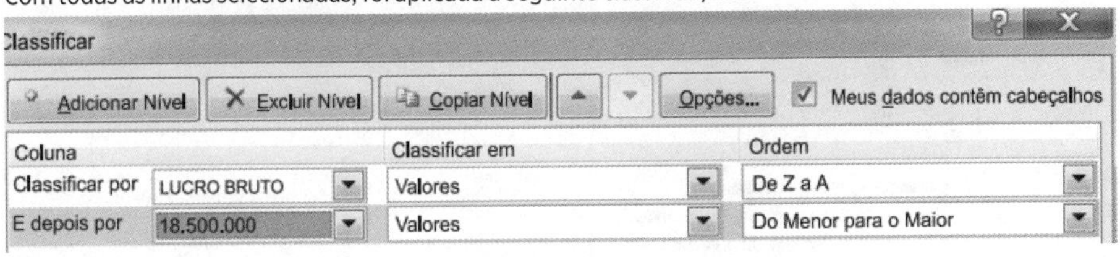

Após a classificação, Despesas Gerais e Administrativas aparecerá na linha:

a) 22.

b) 21.

c) 20.

d) 19.

e) 18.

No editor de planilhas Microsoft Excel 2010, assim como em suas demais versões, existe uma estrutura pré-determinada de funções e fórmulas, e, com todas as linhas selecionadas, sendo aplicada a classificação apresentada na questão, o resultado será 19.

GABARITO: D.

---

157. **(2019 – MPE/SP - Analista Técnico Científico/Contador)** Observe a pasta de trabalho do MS-Excel 2010, na sua configuração padrão.

	A	B	C	D
25		LUCRO ANTES DO IMP E CONTR SOCIAL	18.106.300	
26		Imp de Renda e Contr Social Corrente	-10.000	
27		Imp de Renda e Contr Social Diferido	0	
28		LUCRO LÍQUIDO ANTES DA PART ADM	18.096.300	
29		Participação dos Funcionários no LL	-2.000	
30		LUCRO LÍQUIDO DO EXERCÍCIO	18.094.300	
31				
32				

Resumo | DRE | Balanço | Ativos | Passivos | Patrimônio | Receita | Lucro | LAIR

Considerando os parâmetros de impressão aplicados em toda a pasta de trabalho, assinale a alternativa que contém a quantidade de folhas que serão impressas, assumindo que o conteúdo de cada planilha cabe em uma página e que a impressora está alimentada com papel ofício.

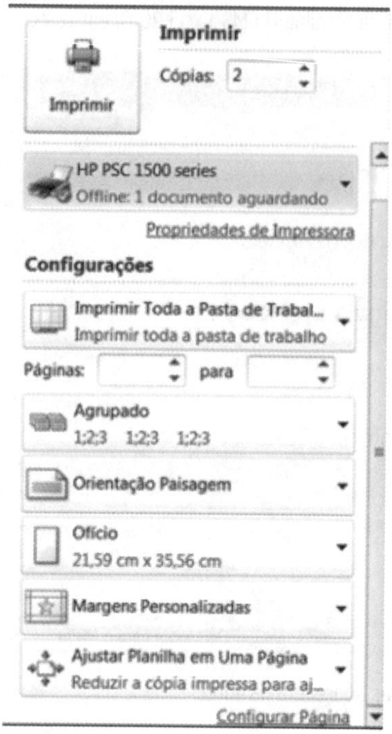

a) 1.

b) 2.

c) 9.

d) 14.

e) 18.

No editor de planilhas Microsoft Excel 2010, assim como em suas demais versões, existe uma estrutura pré-determinada de funções e fórmulas, e, quando se deseja imprimir parte de um documento em edição ou parte de um planilha, é necessário classificar e separar com o uso de ponto e vírgula ou vírgula. Considerando as definições apresentadas na questão, serão necessárias 18 folhas de papel.

GABARITO: E.

---

158. **(2019 – MPE/SP - Analista Técnico Científico/Contador)** Observe o balanço da empresa Exemplo, que foi feito no MS-Excel 2010, em sua configuração padrão, e está apresentado parcialmente na figura, e responda a questão. Note que alguns valores foram ocultados propositalmente.

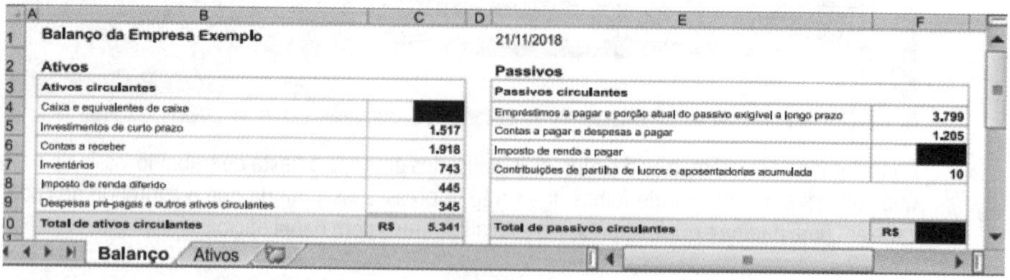

	A/B	C	D	E	F
1	Balanço da Empresa Exemplo			21/11/2018	
2	Ativos			Passivos	
3	Ativos circulantes			Passivos circulantes	
4	Caixa e equivalentes de caixa			Empréstimos a pagar e porção atual do passivo exigível a longo prazo	3.799
5	Investimentos de curto prazo	1.517		Contas a pagar e despesas a pagar	1.205
6	Contas a receber	1.918		Imposto de renda a pagar	
7	Inventários	743		Contribuições de partilha de lucros e aposentadorias acumulada	10
8	Imposto de renda diferido	445			
9	Despesas pré-pagas e outros ativos circulantes	345			
10	Total de ativos circulantes	R$ 5.341		Total de passivos circulantes	R$

Balanço / Ativos

Assinale a alternativa que contém a alíquota utilizada para calcular o imposto de renda a pagar, célula F6 da planilha Balanço, cuja fórmula está descrita a seguir.

=SE(C10>1000;SE(C10>3000;SE(C10>5000;C10*0,0612);C10*0,0825);C10*0,105)

a) 0,0612%.

b) 0,0825%.

c) 6,12%.

d) 8,25%.

e) 10,5%.

No editor de planilhas Microsoft Excel 2010 assim como em suas demais versões, existe uma estrutura pré-determinada de funções e fórmulas, e a função SE tem a seguinte sintaxe: (Teste Lógico ; Valor se Verdadeiro ; Valor se Falso). Na fórmula =SE(C10>1000;SE(C10>3000;SE(C10>5000;C10*0,0612);-C10*0,0825);C10*0,105), o teste lógico é falso, retornando o resultado verdadeiro, que é SE(C10>5000;-C10*0,0612);C10*0,0825).

GABARITO: C.

---

159. **(2019 – MPE/SP - Analista Técnico Científico/Contador)** Observe o balanço da empresa Exemplo, que foi feito no MS-Excel 2010, em sua configuração padrão, e está apresentado parcialmente na figura, e responda a questão. Note que alguns valores foram ocultados propositalmente.

	A	B	C	D	E	F
1		**Balanço da Empresa Exemplo**			21/11/2018	
2		**Ativos**			**Passivos**	
3		**Ativos circulantes**			**Passivos circulantes**	
4		Caixa e equivalentes de caixa			Empréstimos a pagar e porção atual do passivo exigível a longo prazo	**3.799**
5		Investimentos de curto prazo	**1.517**		Contas a pagar e despesas a pagar	**1.205**
6		Contas a receber	**1.918**		Imposto de renda a pagar	
7		Inventários	**743**		Contribuições de partilha de lucros e aposentadorias acumulada	**10**
8		Imposto de renda diferido	**445**			
9		Despesas pré-pagas e outros ativos circulantes	**345**			
10		**Total de ativos circulantes**	**R$ 5.341**		**Total de passivos circulantes**	**R$**

Balanço / Ativos

Os valores do bloco de ativos circulantes foram obtidos da planilha Ativos, existente na mesma pasta de trabalho do balanço apresentado:

	A	B
1	Caixa e equivalentes de caixa	
2	Investimentos de curto prazo	1.517
3	Contas a receber	1.918
4	Inventários	743
5	Imposto de renda diferido	445
6	Despesas pré-pagas e outros ativos circulantes	345
7		

Balanço / **Ativos**

O valor 743 atribuído a Inventários, célula B7 da planilha Balanço, foi obtido com a fórmula:

a) =PROCV(B7;Ativos!A:B;2;FALSO).

b) =PROCV(Balanço!C7;A:B;2;FALSO).

c) =PROCH(Balanço!B;Ativos!A:B;2;FALSO).

d) =PROCV(B7;A1:B6;2;VERDADEIRO).

e) =PROCH(B7;A1:B6;2;VERDADEIRO).

No editor de planilhas Microsoft Excel 2010, assim como em suas demais versões, existe uma estrutura pré-determinada de funções e fórmulas, e a função PROCV tem a seguinte sintaxe: ("Valor Procurado" ; "Intervalo de Busca", "Coluna de Resultado"). Na fórmula =PROCV(B7;Ativos!A:B;2;FALSO) se procura o valor contido na célula B7 no intervalo Ativos!A:B, apresentando o resultado da coluna 2 da esquerda para a direita.

GABARITO: A.

---

160. **(2019 – MPE/SP - Analista Técnico Científico/Contador)** Observe o texto e as respectivas marcas de parágrafos e formatações presentes em um documento do MS-Word 2010, em sua configuração original.

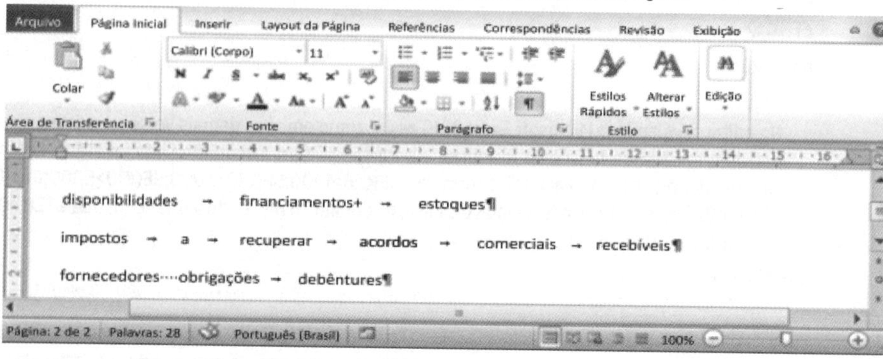

Após selecionar todo o texto, o usuário executou o comando de conversão de texto em tabela. Assinale a alternativa que contém as palavras que permanecerão juntas em uma mesma célula na nova tabela.

a) impostos a recuperar.

b) fornecedores obrigações.

c) acordos comerciais.

d) financiamentos estoques.

e) recebíveis fornecedores.

Considerando o editor de textos Microsoft Word 2016, assim como suas versões anteriores, é possível converter textos em tabelas e vice-versa. Considerando os dados apresentados, *fornecedores obrigações* permanecerão na mesma célula da tabela criada.

GABARITO: B.

---

161. **(2019 – MPE/SP - Analista Técnico Científico/Contador)** Observe as palavras digitadas e formatadas no MS-Word 2010, na sua configuração padrão.

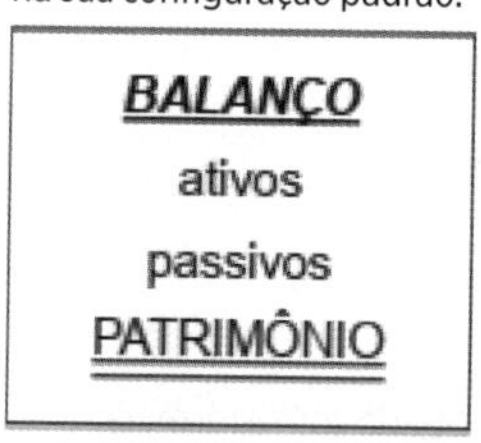

Após selecionar a palavra ***BALANÇO***, assinale a alternativa com a formatação que será aplicada nas palavras após a execução das ações a seguir:

I. Clique em 

II. Seleção das palavras ativos e passivos simultaneamente.

III. Seleção da palavra PATRIMÔNIO.

a) ***ativos; passivos***; PATRIMÔNIO.

b) ***ativos; passivos; PATRIMÔNIO.***

c) ***ATIVOS; PASSIVOS; PATRIMÔNIO***.

d) ***ATIVOS; PASSIVOS;*** PATRIMÔNIO.

e) *ativos; passivos;* PATRIMÔNIO.

Considerando o editor de textos Microsoft Word 2016, assim como suas versões anteriores, estilos e efeitos podem ser inseridos em um documento em edição. Dentre os principais efeitos, estão Negrito, Itálico e, Sublinhado, Tachado, Subscrito e Sobrescrito, e seguindo a ordem de estilos e efeitos aplicados, o resultado será **ativos; passivos; PATRIMÔNIO.**

GABARITO: A.

162. **(2019 – MPE/SP - Analista Técnico Científico/Contador)** Assinale a alternativa que contém a quantidade máxima de itens que podem ser armazenados na área de transferência do MS-Windows 7 e no MS-Office 2010, ambos em sua configuração original, correta e respectivamente.

a) 1 e 8.

b) 1 e 24.

c) 8 e 24.

d) 24 e 1.

e) 24 e 8.

No sistema operacional Windows 7 da Microsoft, assim como em suas demais versões, existem programas nativos, da categoria aplicativos e utilitários, assim como atalhos de teclado preestabelecidos. A área de transferência tem uma limitação de conteúdo, sendo respectivamente 1 item no Windows 7 e 24 itens no pacote Office.

GABARITO: B.

163. **(2019 – MPE/SP - Analista Técnico Científico/Contador)** Considere a pasta Ministério Público criada na biblioteca Documentos em um computador com MS-Windows 7, em sua configuração original, exibida a seguir.

Utilizando o WordPad do Windows, o usuário digitou um texto e deseja salvá-lo no formato original do aplicativo, mas com o nome Descrição. Assinale a alternativa que apresenta o resultado dessa ação.

a) Uma mensagem de erro vai sugerir que o documento seja salvo com o nome Descrição – Cópia.

b) Uma mensagem de erro não permitirá que o documento seja salvo com o nome Descrição.

c) O documento será salvo normalmente com o nome Descrição.

d) O documento será salvo com o nome Descrição – Cópia.

e) O documento será salvo com o nome Descrição – Cópia (3).

No sistema operacional Windows 7 da Microsoft, assim como em suas demais versões, existem programas nativos, da categoria aplicativos e utilitários, assim como atalhos de teclado preestabelecidos. Existe a regra de não permitir arquivos com o mesmo nome na mesma pasta, apenas com prefixos iguais, mas extensões diferentes, ou com o mesmo prefixo, desde que com outras extensões.

GABARITO: C.

164. **(2019 – SEDUC/SP - Oficial Administrativo)** Um usuário do MS-PowerPoint 2013 deseja, ao preparar uma apresentação, inserir efeitos de transições entre os slides. Nesse caso, duas das opções de transições que esse usuário pode escolher são:

a) Cor do Pincel e Dissolver.

b) Dividir e Revelar

c) Cor da Linha e Vortex

d) Volante e Loops.

e) Elástico e Pulso.

No editor de apresentações Microsoft PowerPoint 2013, assim como em suas demais versões, é possível animar a abertura do slide do arquivo em edição por meio de transição de slides e, dentre as diversas opções de transição, existem Dividir e Revelar.

GABARITO: B.

---

165. **(2019 – SEDUC/SP - Oficial Administrativo)** Ao preparar uma apresentação utilizando o MS-PowerPoint 2013, deseja-se inserir um gráfico, sendo que dentre as opções padrão disponibilizadas por esse software, está o gráfico do tipo:

a) 3D.

b) Superfície.

c) Quadro.

d) Mesclado.

e) Simétrico.

No editor de apresentações Microsoft PowerPoint 2013, assim como em suas demais versões, é possível inserir diferentes tipos de gráficos em um slide de uma arquivo em edição. É possível, inclusive, animar este gráfico, e, dentre os diversos tipos de gráficos, existe o de superfície.

GABARITO: B.

---

166. **(2019 - SEDUC/SP - Oficial Administrativo)** Considere a seguinte planilha, editada no MS-Excel 2013.

	A	B	C
1	8	2	7
2	12	2	4
3	6	7	8
4	5	5	5
5	4	4	4
6			

Caso a fórmula
=SE(MAIOR(B1:B5;3)<>MENOR(A2:C3;2);C1;C4)
seja inserida na célula **A6**, o resultado produzido será:

a) 4.

b) 8.

c) 7.

d) 6.

e) 5.

No editor de planilhas Microsoft Excel 2013, assim como em suas demais versões, existe uma estrutura pré-determinada de funções e fórmulas, e a função SE tem a seguinte sintaxe: ("Teste Lógico" ; "Valor se verdadeiro" ; "Valor se falso"). Na fórmula =SE(MAIOR(B1:B5;3)<>MENOR(A2:C3;2);C1;C4), o teste lógico (MAIOR(B1:B5;3)<>MENOR(A2:C3;2) é falso, retornando o valor presente na célula C4.

GABARITO: E.

---

167. **(2019 – SEDUC/SP - Oficial Administrativo)** No MS-Word 2013, os recursos de criação e manipulação de mala direta podem ser acessados por meio da guia:

a) Revisão.

b) Exibir.

c) Referências.

d) Design.

e) Correspondências.

Considerando o editor de textos Microsoft Word 2013, assim como suas versões anteriores, existem guias específicas com ferramentas agrupadas. A guia Correspondências (exclusiva do Microsoft Word) apresenta opções para desenvolvimento de mala direta.

GABARITO: E.

168. **(2019 - SEDUC/SP - Oficial Administrativo)** No Windows 10, em sua configuração padrão, os arquivos e pastas apresentam algumas características, como:

a) poder ter nomes de qualquer tamanho.

b) os arquivos marcados como favoritos, que só podem ser apagados mediante o fornecimento de senha.

c) os seus nomes não aceitarem caracteres especiais, como ? e *.

d) não mais permitir arquivos ocultos.

e) ao contrário de outras versões do Windows, não mais possuem extensão.

No sistema operacional Windows 10 da Microsoft, assim como em suas demais versões, existem programas nativos, da categoria aplicativos e utilitários, assim como atalhos de teclado preestabelecidos, e na criação de nomes de pastas e arquivos não são aceitos os seguintes símbolos: / | \ < > * : ? e “.

GABARITO: C.

169. **(2019 – SEDUC/SP - Oficial Administrativo)** O Painel de Controle do sistema operacional Windows 10 permite o ajuste das configurações do sistema e do computador. Os elementos configuráveis podem ser exibidos por:

a) Recursos do Usuário e Recursos do Administrador.

b) Ícones Grandes, Ícones Médios ou Ícones Pequenos.

c) Gerenciador de Dispositivos, Gerenciador de Programas e Gerenciador de Usuários.

d) Categoria.

e) Recursos de Hardware e Recursos de Software.

No sistema operacional Windows 10 da Microsoft, assim como em suas demais versões, existem programas nativos, da categoria aplicativos e utilitários, assim como atalhos de teclado prestabelecidos. No painel de controle, caso o usuário decida realizar ajustes nas configurações, deve acessar o item Categoria.

GABARITO: D.

170. **(2019 – SEDUC/SP - Oficial Administrativo)** No sistema operacional Windows 10, em sua configuração padrão, atalhos podem ser utilizados para várias finalidades. Os atalhos podem ser:

a) identificados com facilidade, pois seus ícones possuem uma seta no canto inferior esquerdo.

b) colocados em diversos locais do Windows, como na Área de Trabalho, mas não podem ser colocados dentro de pastas.

c) utilizados para acessar arquivos e programas, mas atalhos para endereços da Internet não são permitidos.

d) utilizados para acessar pastas, mas atalhos para subpastas não são permitidos.

e) colocados em qualquer local do Windows, exceto na Barra de Tarefas.

No sistema operacional Windows 10 da Microsoft, assim como em suas demais versões, existem programas nativos, da categoria aplicativos e utilitários, assim como atalhos de teclado prestabelecidos. É possível criar atalhos para arquivos, programas e diretórios, sendo que os atalhos do Windows são identificados com uma seta no canto inferior esquerdo.

GABARITO: A.

---

171. **(2019 – SEDUC/SP - Oficial Administrativo)** Em navegadores web como o Google Chrome, Mozilla Firefox ou Microsoft Edge há a opção de abrir as páginas de interesse em um modo de navegação conhecido como privativo ou anônimo, que tem como uma de suas características:

a) ter um tempo máximo de exibição de cada página visitada.

b) não salvar o histórico de navegação das páginas visitadas.

c) exigir o cadastro do usuário a cada página visitada.

d) ser exclusivo de dispositivos móveis, como os smartphones.

e) exigir a solicitação da digitação de uma senha a cada página visitada.

Nos diversos tipos de browsers (navegadores de internet) é possível realizar a navegação no modo de navegação anônima, que não deixa registro das páginas visitadas, apagando elementos de auditoria posterior, como cookies e histórico de navegação das URLs acessadas.

GABARITO: B.

---

172. **(2019 – SEDUC/SP - Oficial Administrativo)** Em navegadores web como o Google Chrome, Mozilla Firefox ou Microsoft Edge, frequentemente é necessário localizar uma palavra ou um texto na página que estiver sendo exibida. Uma forma rápida de se efetuar tal ação é digitar as teclas de atalho apropriadas. As teclas de atalho que provocam a exibição de uma barra que permite digitar o texto a ser buscado, na página em exibição, são:

a) Ctrl + h.

b) Ctrl + n.

c) Ctrl + x.

d) Ctrl + v.

e) Ctrl + f.

Nos diversos tipos de browsers (ou navegadores de internet) existem atalhos de teclado preestabelecidos. O atalho Ctrl + F exibe uma barra que permite digitar o texto a ser buscado, na página em exibição.

GABARITO: E.

---

173. **(2019 – SEDUC/SP - Oficial Administrativo)** Na rede mundial de computadores, Internet, os serviços de comunicação e informação são disponibilizados por meio de endereços e links com formatos padronizados URL (Uniform Resource Locator). Um exemplo de formato de endereço válido na Internet é:

a) http:@site.com.br.

b) HTML:site.estado.gov.

c) html://www.mundo.com.

d) https://meusite.org.br.

e) www.#social.*site.com.

Nos diversos tipos de browsers)navegadores de internet) uma URL válida tem a seguinte estrutura www (identificador do serviço e de inclusão facultativa), MEUSITE (domínio, também chamado de nome do site e de inclusão obrigatória) e ORG.BR (extensão de domínio e de inclusão obrigatória).

GABARITO: D.

---

174. **(2019 - UNICAMP - Profissional para Assuntos Administrativos)** Uma mensagem de correio eletrônico está na Caixa de Saída do Microsoft Outlook 2010, em sua configuração original. Isso significa que:

a) o usuário já clicou no botão Enviar da mensagem, mas ela ainda não foi enviada para o destinatário.

b) a mensagem já foi enviada para o destinatário, porém ainda não foi lida.

c) a mensagem já foi enviada para o destinatário, e também já foi lida.

d) o usuário gravou a mensagem, mas ainda não clicou no botão Enviar.

e) a mensagem foi excluída e está em uma pasta onde as mensagens são processadas antes de irem para a pasta Itens Excluídos em definitivo.

A ferramenta de e-mails Microsoft Outlook 2010, as demais ferramentas de e-mail e inclusive o acesso por meio do browser (webmail), possuem uma Caixa de Saída, uma caixa em que a mensagem fica retida, segundos antes de ser enviada ao destinatário, depois que o usuário clica no botão Enviar a mensagem.

GABARITO: A.

---

175. **(2019 - UNICAMP - Profissional para Assuntos Administrativos)** Em uma apresentação no Microsoft PowerPoint 2010, em sua configuração padrão, com 10 slides, o terceiro slide está oculto, contém animações em suas AutoFormas e possui uma transição de slides configurada. Ao selecionar esse slide nas miniaturas, e pressionar CTRL+M para duplicá-lo, assinale a alternativa que indica as características que o novo slide duplicado possui.

a) Está oculto, mas sem as animações e sem a transição de slides.

b) Está oculto e contém as mesmas animações, mas sem a transição de slides.

c) Possui a mesma transição de slides configurada, mas não está oculto e não contém as animações.

d) Contém as mesmas animações e possui a mesma transição configurada, mas o slide não está oculto.

e) Está oculto, contém as mesmas animações e possui a mesma transição de slides configurada.

INF

No editor de apresentações Microsoft PowerPoint 2010, assim como em suas demais versões, é possível deixar slides ocultos, que podem conter animações e transições, que, apesar de serem parte integrante do arquivo em edição, não serão apresentados momento da apresentação de slides.

GABARITO: E.

---

176. **(2019 - UNICAMP - Profissional para Assuntos Administrativos)** Em um novo documento, usando o Microsoft Word 2010, em sua configuração original, um usuário pressionou CTRL+ENTER 10 vezes. O documento ficou com 11

a) linhas.

b) páginas.

c) marcadores.

d) colunas.

e) tabulações.

Considerando o editor de textos Microsoft Word 2010, assim como suas versões anteriores, quando o usuário clicar 10 vezes nas teclas CTRL+ENTER 10 o documento ficará com 11 páginas, pois a primeira página é automática e parte da configuração padrão do aplicativo.

GABARITO: B.

---

177. **(2019 - UNICAMP - Profissional para Assuntos Administrativos)** Tem-se a seguinte planilha, criada no Microsoft Excel 2010, em sua configuração padrão. Considere que apenas as células A1 e A6 estão selecionadas. A seleção foi feita com o usuário tendo clicado com o botão principal do mouse primeiro sobre a célula A1, e depois pressionado a tecla CTRL e, com a tecla mantida pressionada, o usuário clicando com o botão principal do mouse sobre a célula A6.

	A	B
1	20	
2	30	
3	40	
4	50	
5	60	
6	70	
7		

Assinale a alternativa que indica o resultado correto, quando o usuário clica sobre o ícone destacado, do grupo Número, da Guia Página Inicial.

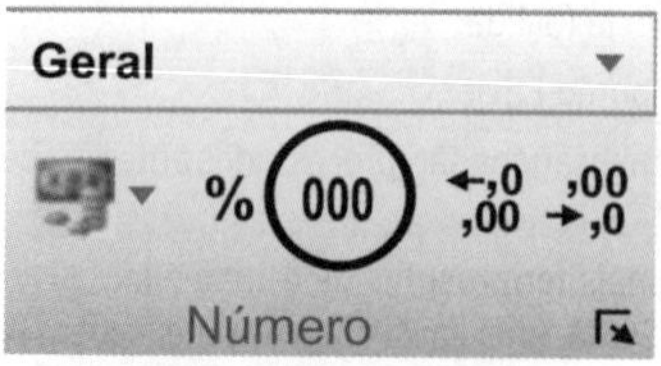

a)

	A	B
1	20,00	
2	30	
3	40	
4	50	
5	60	
6	70,00	
7		

b)

	A	B
1	20,00	
2	30,00	
3	40,00	
4	50,00	
5	60,00	
6	70,00	
7		

c)

	A	B
1	20	
2	30	
3	40	
4	50	
5	60	
6	70	
7		

d)

	A	B
1	20,00	
2	30	
3	40	
4	50	
5	60	
6	70	
7		

e)

	A	B
1	20	
2	30	
3	40	
4	50	
5	60	
6	70,00	
7		

No editor de planilhas Microsoft Excel 2010, assim como em suas demais versões, existe uma estrutura pré-determinada de funções, fórmulas, e ferramentas auxiliares. A ferramenta apresentada na questão é Separador de Milhares, sendo aplicada a separação, que é apresentada na alternativa A.

GABARITO: A.

178. **(2019 - UNICAMP - Profissional para Assuntos Administrativos)** Tem-se o seguinte conteúdo editado no Bloco de Notas do Microsoft Windows 7, em sua configuração original.

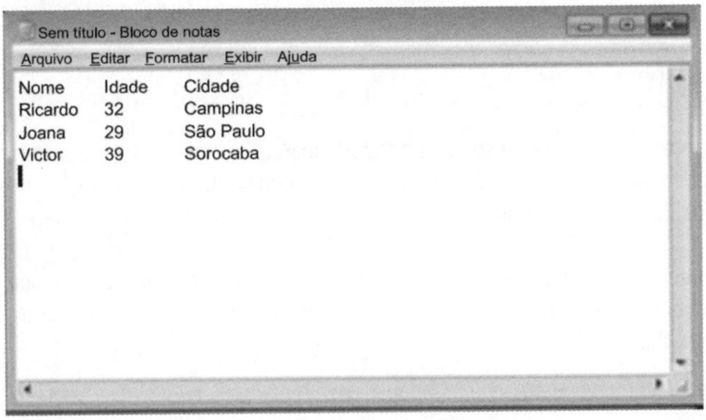

As informações de nome, idade e cidade são separadas por um TAB. Assinale a alternativa com o procedimento correto para substituir todas essas separações por um ponto-e-vírgula, considerando o preenchimento do campo Localizar na janela Substituir, acessada através do atalho CTRL+H, apresentada a seguir, e que o campo Substituir por terá o ponto-e-vírgula e será clicado no botão Substituir Tudo.

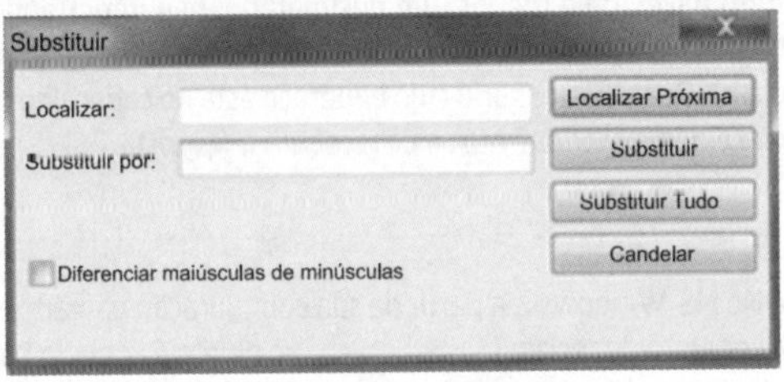

a) Pressionar TAB no campo Localizar.

b) Digitar [TAB] no campo Localizar.

c) Digitar _TAB_ no campo Localizar.

d) Deve-se selecionar no texto um desses espaços provocados pela tecla TAB e pressionar as teclas CTRL+C. Na janela Substituir, pressionar CTRL+V no campo Localizar.

e) Pressionar TAB 2 vezes no campo Localizar.

No sistema operacional Windows 7 da Microsoft, assim como em suas demais versões, existem programas nativos, da categoria aplicativos e utilitários, assim como atalhos de teclado preestabelecidos. A ação desenvolvida no enunciado é obtida quando o usuário selecionar no texto um desses espaços provocados pela tecla TAB e pressionar as teclas CTRL+C. Na janela Substituir, ele deve pressionar CTRL+V no campo Localizar.

GABARITO: D.

179. **(2018 - Câmara de Itaquaquecetuba/SP – Jornalista)** Utilizando o MS-Outlook 2010, a partir da sua configuração padrão, uma funcionária da prefeitura, cujo endereço eletrônico de e-mail é norma santa, preparou o seguinte e-mail, conforme ilustra a figura, para seis funcionários do mesmo departamento da prefeitura, cujos endereços eletrônicos de e-mail são: celio_bonito, clovis_alto, jade_paixao, jose_falante, laura_morena e paula_linda.

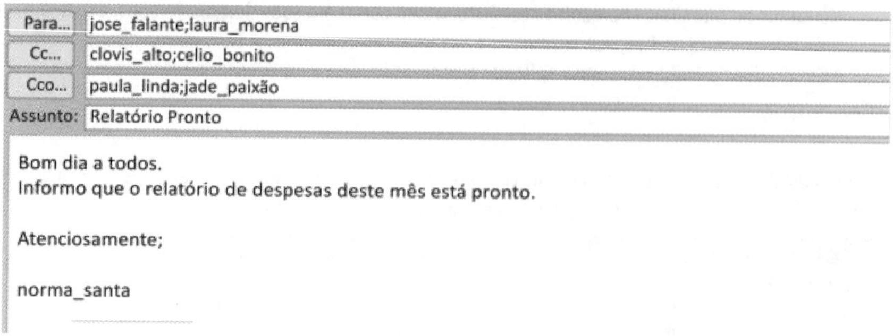
Para... jose_falante;laura_morena
Cc... clovis_alto;celio_bonito
Cco... paula_linda;jade_paixão
Assunto: Relatório Pronto

Bom dia a todos.
Informo que o relatório de despesas deste mês está pronto.

Atenciosamente;

norma_santa

O funcionário jose_falante usou a opção "Responder a todos" do MS-Outlook 2010, para encaminhar um e-mail de retorno, agradecendo pelo aviso. A funcionária paula_linda também usou a opção "Responder a todos" do MS-Outlook 2010, também para enviar um e-mail de retorno, a fim de agradecer também pelo aviso.

Assinale a alternativa que indica quantos e-mails, no total, as funcionárias norma_santa e jade_paixao receberam, respectivamente, contabilizados a partir do encaminhamento do e-mail de retorno dos funcionários jose_falante e paula_linda.

a) 1 e 0.

b) 1 e 1.

c) 1 e 2.

d) 2 e 1.

e) 2 e 0.

No cabeçalho de um e-mail, é obrigatório haver, pelo menos, um destinatário, não importando se este destinatário está no campo Para (destinatário original), Cc (Com Cópia ou Cópia Carbono) ou Cco (Com Cópia Oculta ou Com Cópia Carbono Oculta). Quando o usuário cujo endereço está no cabeçalho do e-mail clica em Responder a Todos, o Remetente e destinatários PARA e Cc recebem a resposta.

GABARITO: E.

180. **(2018 - Câmara de Itaquaquecetuba/SP – Jornalista)** No MS-Windows 7, a partir da sua configuração padrão, um objeto foi previamente selecionado e, por meio do conjunto de teclas ____________, o objeto é copiado para a área de transferência, e por meio do conjunto de teclas ______________, o mesmo objeto da área de transferência é colado em um local previamente estabelecido.

Assinale a alternativa que preenche, correta e respectivamente, as lacunas.

a) Ctrl + C... Ctrl + V.

b) Ctrl + V... Ctrl + A.

c) Ctrl + Y... Ctrl + C.

d) Alt + C... Alt + V.

e) Esc + Y.... Ctrl + V.

No sistema operacional Windows 7 da Microsoft, assim como em suas demais versões, existem programas nativos, da categoria aplicativos e utilitários, assim como atalhos de teclado preestabelecidos. Considerando que o atalho Ctrl+C realiza CÓPIA e o atalho Ctrl+V realiza COLA, a lacuna é corretamente preenchida da seguinte forma: No MS-Windows 7, a partir da sua configuração padrão, um objeto foi previamente selecionado e, por meio do conjunto de teclas Ctrl+C o objeto é copiado para a área de transferência, e por meio do conjunto de teclas Ctrl+V, o mesmo objeto da área de transferência é colado em um local previamente estabelecido.

GABARITO: A.

181. **(2018 - Câmara de Itaquaquecetuba/SP – Jornalista)** No MS-PowerPoint 2010, a partir da sua configuração padrão, foi criada uma apresentação composta de 4 *slides*, conforme ilustra a figura.

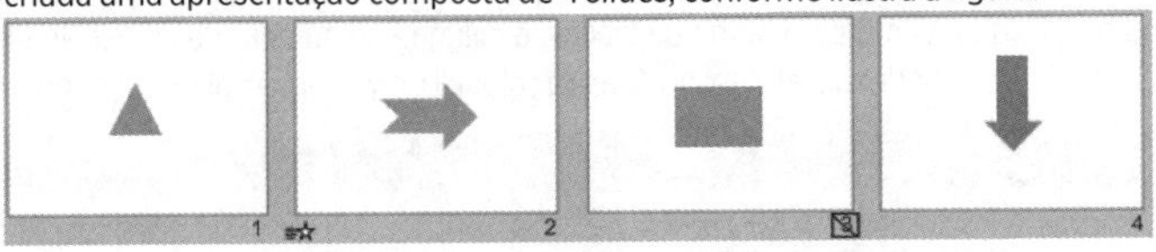

Assinale a alternativa que apresenta uma afirmativa correta sobre essa apresentação.

a) O slide 1 está oculto, e no slide 3 está configurada uma transição.

b) O slide 2 está oculto, e no slide 3 está configurada uma transição.

c) O slide 3 está oculto, e no slide 2 está configurada uma transição.

d) O slide 3 está oculto, e no slide 1 está configurada uma transição.

e) O slide 1 está oculto, e no slide 4 está configurada uma transição.

No editor de apresentações Microsoft PowerPoint 2010, assim como em suas demais versões, quando se visualiza a miniatura dos slides em edição no documento, os símbolos na parte de baixo desta miniatura dão informações de atributos do texto. O símbolo na parte inferior do slide 3 indica que está oculto, enquanto o símbolo na parte de baixo do slide 2 indica que foi inserida uma transição.

GABARITO: C.

INF

182. **(2018 - Câmara de Itaquaquecetuba/SP – Jornalista)** No MS-Word 2010, a partir da sua configuração padrão, o ícone que permite inserir um hiperlink, em um documento que está sendo editado, é:

a)

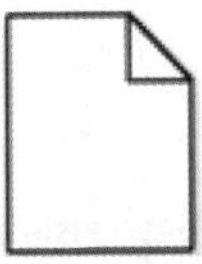

b)

c)

d)

e)

Considerando o editor de textos Microsoft Word 2010, assim como suas versões anteriores, é possível inserir hiperlinks, que são atalhos internos (para outras páginas) e externos (para sites ou outros aplicativos). A forma de habilitar um hiperlink em um texto é passando o cursor do mouse sobre o texto, mantendo a tecla Ctrl pressionada.

GABARITO: D.

183. **(2018 - Câmara de Itaquaquecetuba/SP – Jornalista)** Observe uma planilha do MS-Excel 2010, a partir da sua configuração padrão, utilizada pela Prefeitura de Itaquaquecetuba para controlar as verbas encaminhadas para as creches, conforme ilustra a figura. A coluna A contém o nome da creche, a coluna B, o número de alunos atendidos pela creche, a coluna C, a Zona da cidade onde a creche se localiza, e a coluna D, o valor mensal recebido pela creche.

	A	B	C	D
1	Nome da Creche	Nº Alunos	Zona	Verba Mensal
2	Creche Maria Angelica	120	Sul	R$ 30.000,00
3	Creche Paulista	150	Norte	R$ 33.000,00
4	Creche Dom Pedro	110	Oeste	R$ 28.000,00
5	Creche Villares	100	Leste	R$ 29.000,00
6	Creche Saúde	105	Sul	R$ 28.000,00
7	Creche Lopes	90	Norte	R$ 25.000,00
8				
9			Total de Verbas das Creches Zona Sul	R$ 58.000,00

A fórmula usada na célula D9, para calcular o total de verbas das creches localizadas na zona Sul, é:

a) =SOMASE(D2:D7;"Sul";C2:C7).

b) =SOMASE(C2:C7;"Sul";D2:D7).

c) =SOMASE(D2:D7;"Sul").

d) =SOMA(C2:C7;"Sul";D2:D7).

e) =SOMA(D2:D7;"Sul";C2:C7).

No editor de planilhas Microsoft Excel 2010, assim como em suas demais versões, existe uma estrutura pré-determinada de funções e fórmulas, e a função SOMASE tem a seguinte sintaxe: SOMASE ("Intervalo de teste" ; "Teste lógico" ; "Intervalo de soma"). Assim, a fórmula =SOMASE(C2:C7;"Sul";D2:D7) irá procurar o conteúdo "Sul" no intervalo C2:C7, somando as respectivas linhas no intervalo D2:D7.

GABARITO: B.

---

184. **(2018 - Prefeitura de São Bernardo do Campo/SP - Agente de Tesouraria I)** Considere o MS-Excel 2010, na sua configuração padrão, em modo de visualização de impressão:

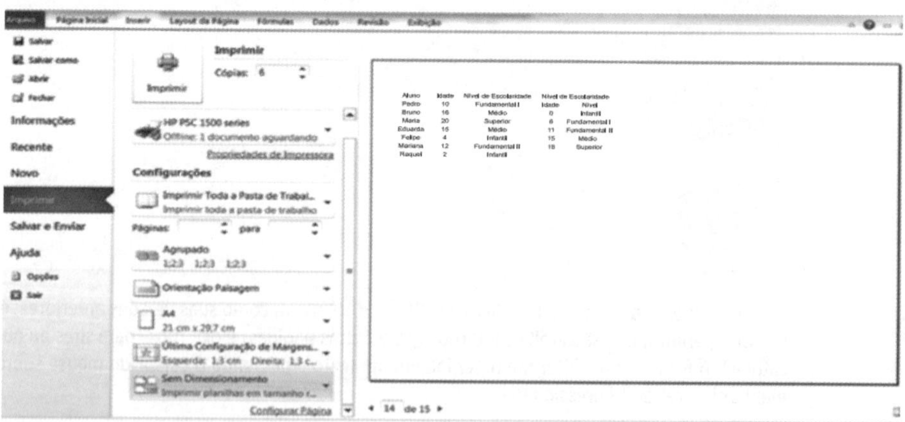

Assinale a alternativa que contém a quantidade de folhas que serão impressas, assumindo que a impressora está alimentada com papel A4 (21 cm × 29,7 cm).

a) 1.

b) 6.

c) 14.

d) 15.

e) 90.

No editor de planilhas Microsoft Excel 2010, assim como em suas demais versões, existe uma estrutura pré-determinada de funções e fórmulas, sendo possível configurar as planilhas e partes das planilhas que serão impressas. Considerando as configurações da figura apresentada, serão impressas 90 folhas.

GABARITO: E.

---

185. **(2018 - Prefeitura de São Bernardo do Campo/SP - Oficial Administrativo I)** Observe a planilha a seguir, extraída do MS-Excel 2010 em sua configuração padrão. Ela exibe duas colunas de texto (Funcionário e Nível) e uma coluna numérica (Atividades).

	A	B	C
1	Funcionário	Nível	Atividades
2	Maria Clara	Gerente	20
3	Daniel Pontes	Analista	23
4	Maria Aparecida	Gerente	11
5	Carlos Augusto	Gerente	20
6	Daniela Farias	Analista	23

Considere que sobre esta tabela, o usuário irá utilizar o recurso Classificar, do grupo Classificar e Filtrar, da guia Dados, no intervalo A1:C6 com a seguinte configuração:

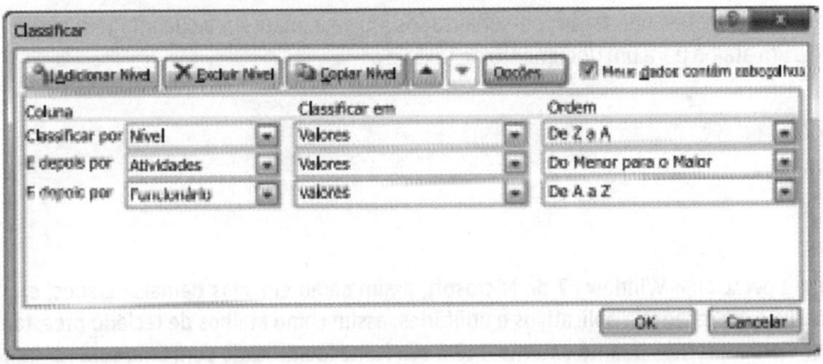

Assinale a alternativa que contém o conteúdo da célula A5 obtido após a utilização do recurso Classificar com a configuração apresentada.

a) Daniela Farias.

b) Carlos Augusto.

c) Maria Aparecida.

d) Daniel Pontes.

e) Maria Clara.

No editor de planilhas Microsoft Excel 2010, assim como em suas demais versões, existe uma estrutura pré-determinada de funções e fórmulas, sendo possível classificar dados em ordem crescente ou decrescente. Na configuração apresentada, a célula A5 estará com o conteúdo Daniel Pontes.

GABARITO: D.

---

186. **(2018 - Prefeitura de São Bernardo do Campo/SP - Oficial Administrativo I)** No MS-Outlook 2010, em sua configuração padrão, o endereço de e-mail colocado no campo Cco:

a) sempre recebe a mensagem com alta prioridade.

b) sempre recebe a mensagem com baixa prioridade.

c) não é identificado para os outros destinatários do e-mail.

d) recebe automaticamente uma cópia extra do e-mail.

e) é bloqueado automaticamente.

No cabeçalho de um e-mail, é obrigatório haver, pelo menos, um destinatário, não importando se este destinatário está no campo Para (destinatário original), Cc (Com Cópia ou Cópia Carbono) ou Cco (Com Cópia Oculta ou Com Cópia Carbono Oculta). Portanto, todos que estão no campo Cco não serão visíveis para os destinatários que estão nos campos PARA e CC.

GABARITO: C.

---

187. **(2018 - Prefeitura de São Bernardo do Campo/SP - Oficial Administrativo I)** A Biblioteca de Documentos a seguir foi extraída do Windows Explorer do MS-Windows 7, em sua configuração padrão.

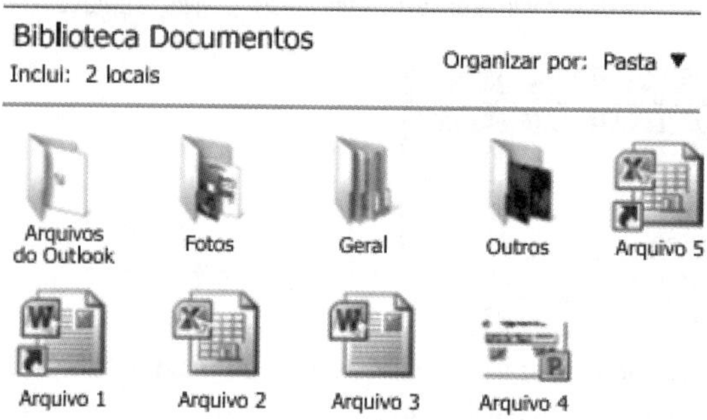

Considerando que os ícones não foram personalizados, ou seja, mantém a sua imagem padrão, aquele que se refere a um atalho para um documento de texto é o:

a) Arquivo 1.

b) Arquivo 2.

c) Arquivo 3.

d) Arquivo 4.

e) Arquivo 5.

No sistema operacional Windows 7 da Microsoft, assim como em suas demais versões, existem programas nativos, da categoria aplicativos e utilitários, assim como atalhos de teclado preestabelecidos. Os atalhos (tanto internos quanto externos) têm seu ícone identificado com uma seta no canto inferior esquerdo, logo, apenas o Arquivo 1 é um atalho.

GABARITO: A.

---

188. **(2018 - Prefeitura de São Bernardo do Campo/SP - Oficial Administrativo I)** Observe o Painel de Animação a seguir, extraído do MS-PowerPoint 2010, em sua configuração padrão. Ele apresenta a configuração de animação de cinco formas.

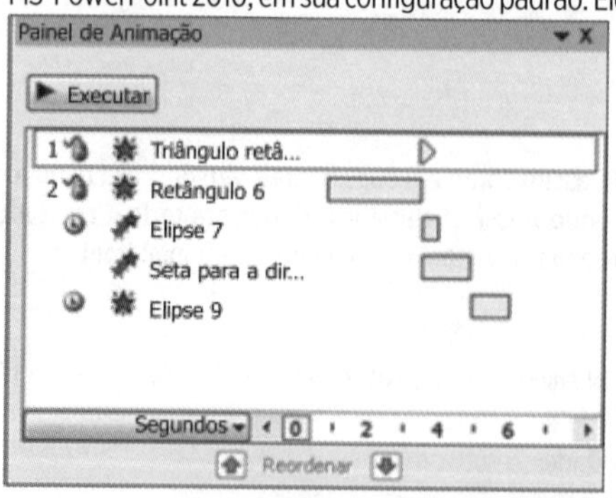

Assinale a alternativa que contém o nome da forma que tem a animação com maior duração.

a) Triângulo retângulo.

b) Retângulo 6.

c) Elipse 7.

d) Seta para a direita.

e) Elipse 9.

No editor de apresentações Microsoft PowerPoint 2010, assim como em suas demais versões, é possível animar os elementos inseridos nos slides de um arquivo em edição. A régua na parte inferior da janela de animação representa sua duração, sendo o Retângulo 6 de maior duração.

GABARITO: B.

---

189. **(2018 - Prefeitura de São Bernardo do Campo/SP - Oficial Administrativo I)** O slide a seguir está sendo editado no MS-PowerPoint 2010, em sua configuração padrão. Três formas (um triângulo, um quadrado e um círculo) estão dispostas no slide como apresentado a seguir:

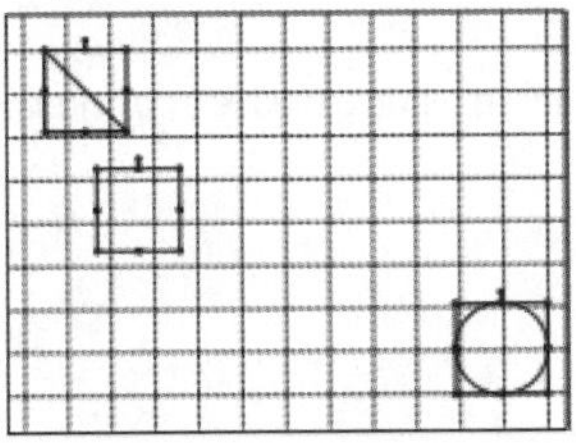

Considerando que a opção "Alinhar Objetos Selecionados" está marcada, quando o usuário selecionar as três formas e clicar na opção "Distribuir Horizontalmente", que pertence ao recurso Alinhar, do grupo Organizar, da guia Formatar, que aparece quando as formas são selecionadas, a nova disposição das formas no slide será:

a) 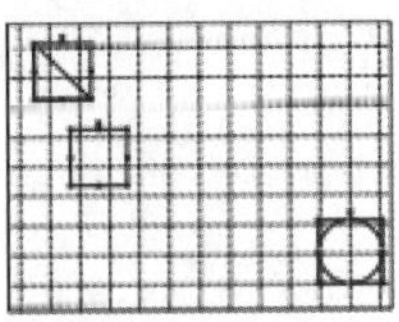

b) 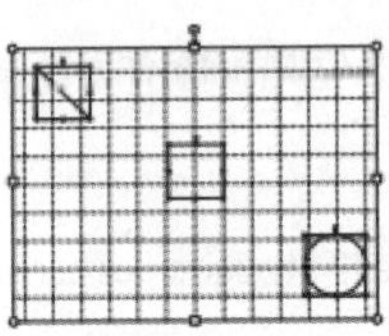

c) 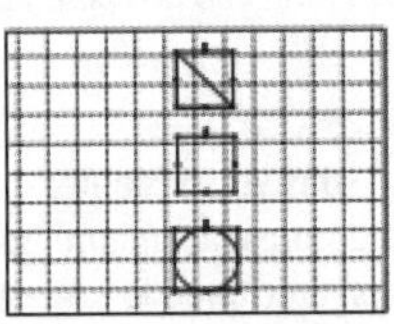

d) 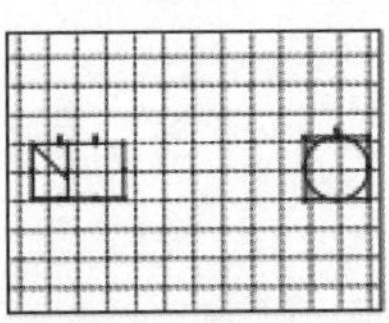

e) 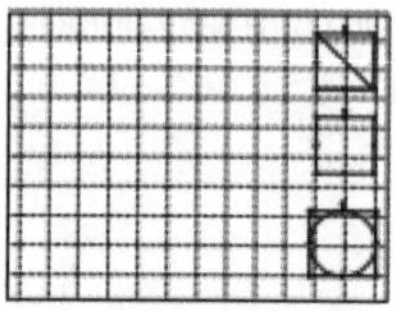

No editor de apresentações Microsoft PowerPoint 2010, assim como em suas demais versões, a opção "Alinhar Objetos Selecionados" possibilita que o usuário defina vários tipos de alinhamentos. Quando a opção "Distribuir Horizontalmente" é escolhida, e resultado visual será igual do exemplo B.

GABARITO: B.

---

190. **(2018 - Prefeitura de São Bernardo do Campo/SP - Oficial Administrativo I)** Observe os ponteiros de mouse extraídos durante a navegação do usuário no MS-Internet Explorer 11, em sua configuração padrão, que foram indicados de I a V.

O ponteiro utilizado para identificar se um item da página é um link, quando o mouse é posicionado sobre ele, foi indicado com o número:

a) I.

b) II.

c) III.

d) IV.

e) V.

Nos diversos tipos de browsers (navegadores de internet) o cursor do mouse se modifica para indicar algum elemento específico, e quando uma imagem ou texto apresentam um hiperlink, que é um atalho externo ou interno para o site, o indicador é de uma pequena mão com um dedo em riste.

GABARITO: A.

---

191. **(2018 - Prefeitura de São Bernardo do Campo/SP - Oficial Administrativo I)** A figura a seguir foi extraída do grupo Parágrafo, da guia Layout da Página, do MS-Word 2010 em sua configuração padrão.

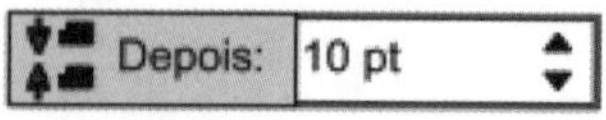

Assinale a alternativa que indica o efeito de formatação associado ao recurso apresentado na figura.

a) Mover o lado esquerdo do parágrafo em 10 pt.

b) Mover o lado direito do parágrafo em 10 pt.

c) Alterar o espaçamento entre parágrafos, adicionando um espaço de 10 pt abaixo dos parágrafos selecionados.

d) Alterar o espaçamento entre parágrafos, adicionando um espaço de 10 pt acima dos parágrafos selecionados.

e) Alterar o espaçamento entre as palavras do texto em 10 pt.

Considerando o editor de textos Microsoft Word 2010, assim como suas versões anteriores, é possível definir o espaçamento entre linhas e parágrafos. Quando é definido o espaçamento apresentado na imagem da questão, será alterado o espaçamento entre parágrafos, adicionando um espaço de 10 pt abaixo dos parágrafos selecionados.

GABARITO: C.

---

192. **(2018 - Prefeitura de São Bernardo do Campo/SP - Oficial Administrativo I)** No MS-Word 2010, em sua configuração padrão, o usuário encontra, no grupo Configurar Página, da guia Layout da Página, um recurso que permite alternar o layout de uma página entre as opções Retrato e Paisagem, chamado de:

a) Parágrafo.

b) Orientação.

c) Colunas.

d) Quebras.

e) Margens.

Considerando o editor de textos Microsoft Word 2010, assim como suas versões anteriores, páginas na posição vertical são definidas como "Retrato" e páginas na posição horizontal são definidas como "Paisagem". É possível alterar essas posições, por meio da opção Orientação.

GABARITO: B.

---

193. **(2018 - Prefeitura de São Bernardo do Campo/SP - Oficial Administrativo I)** No MS-Windows 7, em sua configuração padrão, para manter a sua sessão e colocar o computador em um estado de baixa energia para que se possa reiniciar rapidamente o trabalho, o usuário pode clicar no botão Iniciar da barra de tarefas, depois clicar no botão Desligar e, por fim, clicar na opção:

a) Trocar usuário.

b) Fazer logoff.

c) Bloquear.

d) Reiniciar.

e) Suspender.

No sistema operacional Windows 7 da Microsoft, assim como em suas demais versões, existem programas nativos, da categoria aplicativos e utilitários, assim como atalhos de teclado preestabelecidos. E, mesmo ao clicar na opção Suspender, o sistema operacional do computador continuará funcionando com baixa energia e mantendo seus processos em curso.

GABARITO: E.

---

194. **(2018 - Prefeitura de São Bernardo do Campo/SP - Agente de Tesouraria I)** Considere a barra de status do MS-Outlook 2010, na sua configuração padrão:

As 361 mensagens foram armazenadas em:

a) Itens recebidos.

b) Itens enviados.

c) Caixa de saída.

d) Caixa de entrada.

e) Rascunhos.

Na ferramenta de e-mails Microsoft Outlook 2010, assim como nas demais ferramentas e inclusive no acesso pelo browser (webmail) a Caixa de Entrada é o local em que ficam armazenadas as mensagens recebidas de todos os remetentes. No caso da imagem apresentada, foram recebidas 361 mensagens de um total de 385.

GABARITO: D.

---

195. **(2018 - Prefeitura de São Bernardo do Campo/SP - Agente de Tesouraria I)** Na figura a seguir, é apresentado o slide 15 com cinco figuras numeradas de I a V e o respectivo painel de animação do MS-PowerPoint 2010, em sua configuração original.

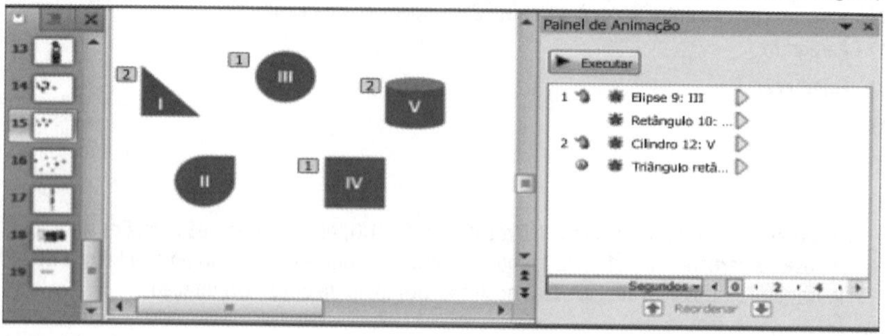

Assinale a alternativa que apresenta o número da primeira figura que será exibida quando o slide entrar em modo de apresentação.

a) I.

b) II.

c) III.

d) IV.

e) V.

No editor de apresentações Microsoft PowerPoint 2010, assim como em suas demais versões, é possível incluir animações nos elementos inseridos nos slides em edição. A ordem dessas animações pode ser editada no menu de Animações, como apresentado na imagem da questão.

GABARITO: B.

---

196. **(2018 - Prefeitura de São Bernardo do Campo/SP - Agente de Tesouraria I)** Observe o documento do MS-Word 2010, em sua configuração original, com as marcas de parágrafo e outros símbolos de formatação visíveis:

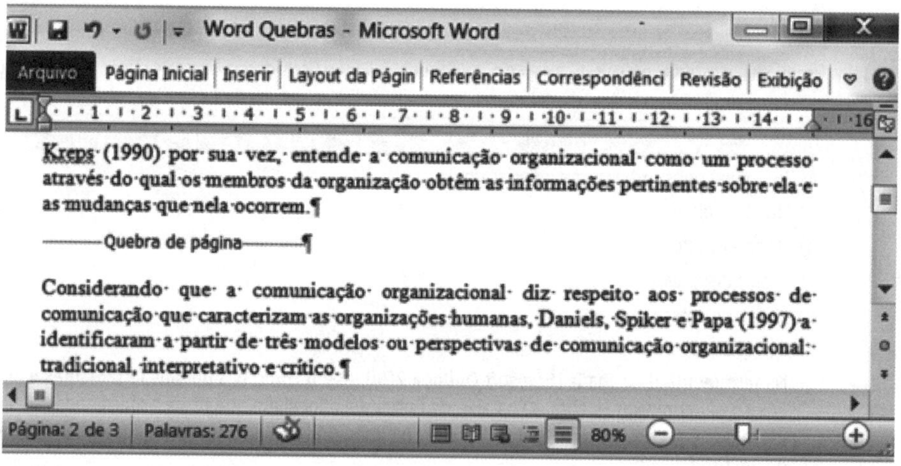

Assinale a alternativa que descreve a quebra aplicada no documento.

a) Separa o texto das legendas do corpo de texto.

b) Insere uma quebra de seção e inicia a nova seção na mesma página.

c) Inicia a próxima página logo após a quebra.

d) Insere uma quebra de seção e inicia a nova seção na próxima página com número par.

e) Insere uma quebra de seção e inicia a nova seção na próxima página com número ímpar.

Considerando o editor de textos Microsoft Word 2010, assim como suas versões anteriores, é possível inserir quebra de página, com dois setores independentes do mesmo documento, ou quebrar a página com partes do texto tendo configurações independentes e específicas.

GABARITO: C.

---

197. **(2018 - Prefeitura de São Bernardo do Campo/SP - Agente de Tesouraria I)** Observe a biblioteca Documentos de um computador instalado com o MS-Windows 7, na sua configuração padrão:

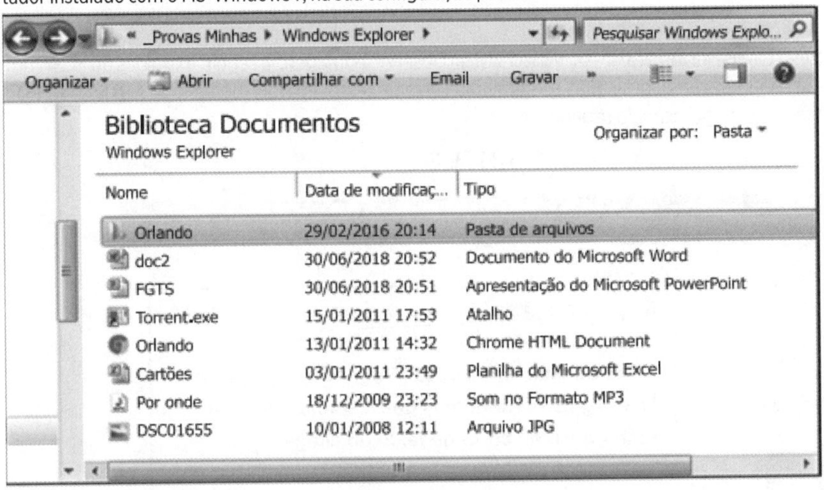

O comando de pesquisa tipo:=.pptx digitado no canto superior direito trará como resultado o(s) seguinte(s) objeto(s):

a) FGTS.

b) DSC01655.

c) doc2.

d) Cartões.

e) Orlando.

No sistema operacional Windows 7 da Microsoft, assim como em suas demais versões, existem programas nativos, da categoria aplicativos e utilitários, assim como atalhos de teclado preestabelecidos. O Windows Explorer é o gerenciador de arquivos nativo do sistema operacional, permitindo que se faça pesquisa por tipo de arquivo, e, entre os listados, o arquivo com formato PPTX é FGTS.

GABARITO: A.

---

198. **(2018 - Prefeitura de São Bernardo do Campo/SP - Oficial Administrativo I)** Observe o intervalo A1:B2 extraído do MS-Excel 2010, em sua configuração padrão, em dois momentos: ANTES e DEPOIS da aplicação de um recurso que uniu as células A1 e B1 em uma só e centralizou seu conteúdo.

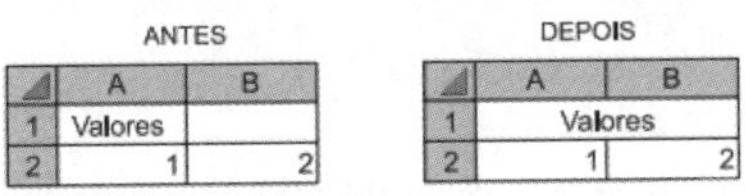

Assinale a alternativa que contém o nome do recurso utilizado entre os dois momentos, que pertence ao grupo Alinhamento, da guia Página Inicial.

a) Alinhar à Esquerda.

b) Alinhar à Direita.

c) Justificar.

d) Centralizar.

e) Mesclar e Centralizar.

No editor de planilhas Microsoft Excel 2010, assim como em suas demais versões, existe uma estrutura pré--determinada de funções e fórmulas A célula é o menor elemento do Excel e, por isso, não pode ser dividida. Ao utilizar os recursos Mesclar e Centralizar células, as grades das células são extintas e duas células se transformam apenas em uma.

GABARITO: E.

---

199. **(2018 - Câmara de Indaiatuba/SP - Controlador Interno)** Observe as imagens a seguir, extraídas do MS-Word 2010 em sua configuração padrão. Elas exibem uma caixa de texto em dois momentos: **ANTES** e **DEPOIS** de uma ação de configuração do usuário.

ANTES

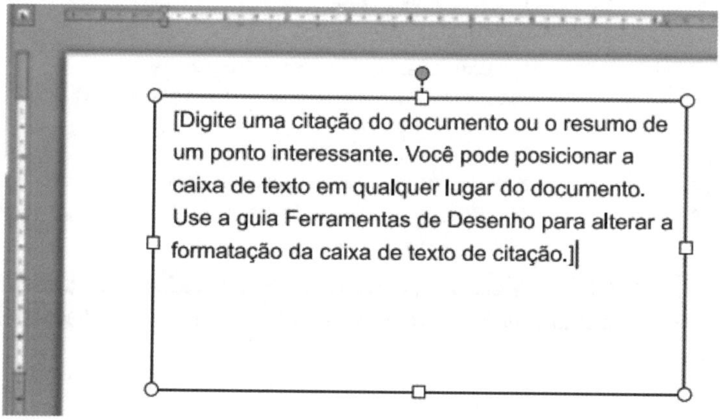

DEPOIS

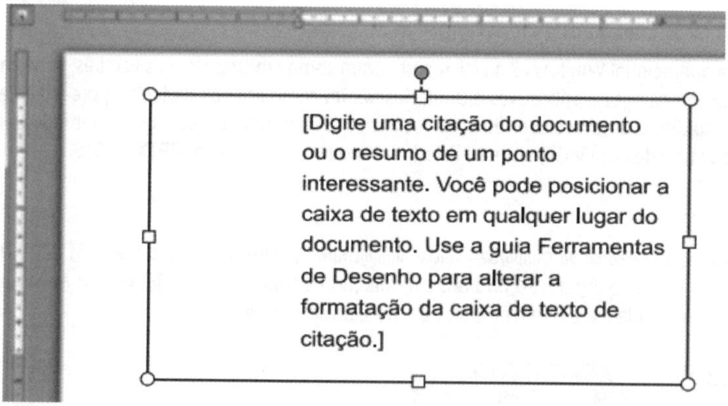

Considere que a opção de configuração modificada pode ser acessada quando o usuário clica com o botão direito do mouse na borda da caixa de texto, clica no menu de atalho "Formatar Forma..." e depois em "Caixa de Texto" do painel esquerdo.

Assinale a alternativa que contém o nome da configuração modificada pelo usuário entre os dois momentos da figura.

a) Alinhamento Vertical.

b) Direção de Texto.

c) Margem interna à Esquerda.

d) Margem interna Superior.

e) Quebrar texto automaticamente na forma.

Considerando o editor de textos Microsoft Word 2010, assim como suas versões anteriores, é possível alinhar textos que se encontram dentro de uma caixa de textos, sendo alinhados à direta, à esquerda, centralizado ou justificado.

GABARITO: C.

---

200. **(2018 - Prefeitura de São José dos Campos/SP - Analista em Gestão Municipal/Ciências Contábeis)** Considere os elementos apresentados na janela do Internet Explorer 11, na sua configuração padrão, apresentada a seguir.

O usuário pretende imprimir o conteúdo visitado. No cabeçalho da página impressa, o Internet Explorer imprimirá o seguinte conteúdo, além do número da página:

a) PREFEITURA SÃO JOSÉ DOS CAMPOS.

b) https://www.sjc.sp.gov.br/.

c) https://www.sjc.sp.gov.br/secretarias/.

d) Secretarias.

e) Prefeitura de São José dos Campos.

Nos diversos tipos de browsers (ou navegadores de internet) é possível definir quais partes de um documento serão impressas. No caso da impressão de um conteúdo visitado, considerando o site visualizado na imagem apresentada, será Prefeitura de São José dos Campos.

GABARITO: E.

---

201. **(2018 - Prefeitura de São José dos Campos/SP - Analista em Gestão Municipal/Ciências Contábeis)** Assinale a alternativa que apresenta o resultado correto para a seguinte fórmula, digitada na célula A1 de uma planilha do MS-Excel 2010, na sua configuração padrão:

=SOMA(5;25)+15+4^2*5+8/4-MÉDIA(17;25)

a) 1816.

b) 462,25.

c) 106.

d) 36.

e) 31.

No editor de planilhas Microsoft Excel 2010, assim como em suas demais versões, existe uma estrutura pré-determinada de funções e fórmulas. A sintaxe da função SE é ("Teste Lógico" ; "Valor se Verdadeiro" e "Valor se Falso"); já na fórmula =SOMA(5;25)+15+4^2*5+8/4-MÉDIA(17;25), o resultado, aplicando-se a soma e média apresentadas, o valor será 106.

GABARITO: C.

---

202. **(2018 - Prefeitura de São José dos Campos/SP - Analista em Gestão Municipal/Ciências Contábeis)** Na figura a seguir, é apresentada parcialmente uma apresentação do MS-PowerPoint 2010, em sua configuração original. Note que alguns slides estão selecionados.

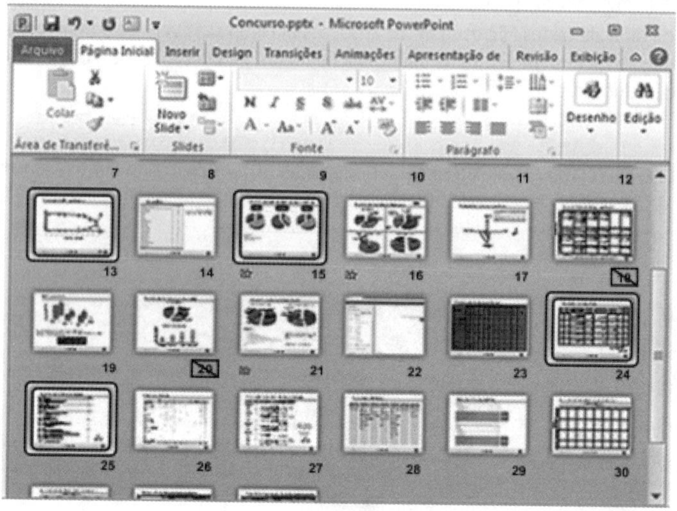

No slide 17, foi inserido o botão de ação 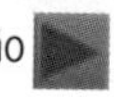, que, ao ser clicado em modo de exibição de slides, levará a apresentação para o slide:

a) 18.

b) 19.

c) 20.

d) 21.

e) 24.

No editor de apresentações Microsoft PowerPoint 2010, assim como em suas demais versões, é possível inserir botões de ações ja preestabelecida. O botão apresentado e inserido no slide 17 leva imediatamente o slide para o próximo slide visível, que é o 19.

GABARITO: B.

203. **(2018 - Prefeitura de São José dos Campos/SP - Analista em Gestão Municipal/Ciências Contábeis)** Observe o texto e as respectivas marcas de parágrafos e formatações presentes em um documento do MS-Word 2010, na sua configuração padrão.

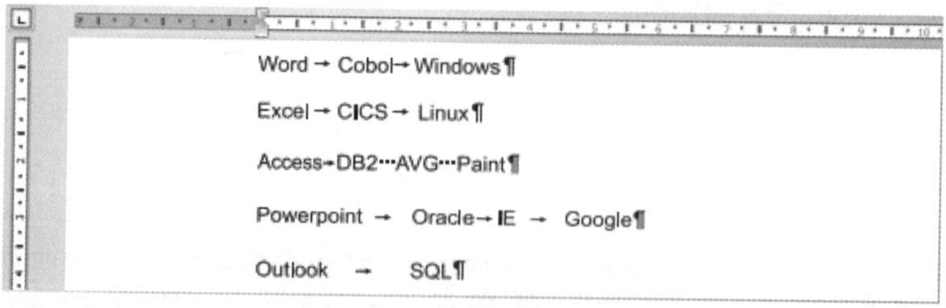

Após selecionar todo o texto, o usuário executou o comando de conversão de texto em tabela com os parâmetros: largura de coluna fixa e texto separado por tabulações. Assinale a alternativa que contém a quantidade de colunas criadas na tabela resultante.

a) 1.

b) 2.

c) 3.

d) 4.

e) 5.

Considerando o editor de textos Microsoft Word 2010, assim como suas versões, anteriores é possível converter texto em tabelas e vice-versa, e a apresentação com a ferramenta Mostrar Tudo apresenta 4 colunas definidas na terceira linha.

GABARITO: D.

---

204. **(2018 - Prefeitura de São José dos Campos/SP - Analista em Gestão Municipal/Ciências Contábeis)** Considere a barra de tarefas de um computador com MS-Windows 7 exibida a seguir e assinale a alternativa correta.

a) Ao digitar a palavra Imagens em  e pressionar Enter, será aberta a respectiva biblioteca do Windows.

b) Ao digitar www.vunesp.com.br em  e pressionar Enter, será exibida uma mensagem de erro, pois o computador não está conectado à Internet.

c) Tanto o Excel quanto o Windows Explorer estão em execução no momento.

d) O Outlook, o Google Chrome e o Word estão em execução no momento.

e) Ao clicar em , todas as janelas serão minimizadas para exibição da área de trabalho.

No sistema operacional Windows 7 da Microsoft, assim como em suas demais versões, existem programas nativos, da categoria aplicativos e utilitários, assim como atalhos de teclado preestabelecidos. A pesquisa do sistema operacional permite digitar uma palavra e abrir imediatamente determinada biblioteca.

GABARITO: A.

I N F

---

205. **(2018 - Câmara Municipal de São José dos Campos - SP - Analista Legislativo/Contador)** Ricardo Silva (e-mail ricardo.silva@empresa.com.br) recebeu uma mensagem de correio eletrônico com as seguintes características.

De: joao@empresa.com.br

Para: ricardo.souza@empresa.com.br;

rafaela@empresa.com.br

Cc: pedro@empresa.com.br

Assunto: Importante! Tarefas pendentes

Ele observou que seu e-mail não estava na lista de destinatários, no campo Para, tampouco no campo Cc. No campo Para, havia apenas um Ricardo Souza (e-mail ricardo.souza@empresa.com.br). Ricardo Silva recebeu a mensagem porque:

a) houve um erro no programa de correio eletrônico, que não considerou o ponto no endereço ricardo.souza@empresa.com.br e enviou a mensagem para todos aqueles que começam com "ricardo".

b) seu endereço de correio eletrônico estava no campo Cco.

c) o usuário ricardo.souza@empresa.com.br encaminhou-lhe a mensagem.

d) seu endereço de correio eletrônico estava no corpo da mensagem e, por isso, o programa de correio eletrônico assumiu que ele deveria receber a mensagem.

e) ele configurou uma regra em seu programa de correio eletrônico, segundo a qual ele receberá todas as mensagens com o trecho "importante" no assunto, independentemente de quem for o remetente e os destinatários.

No cabeçalho de um e-mail, é obrigatório haver, pelo menos, um destinatário, não importando se este destinatário está no campo Para (destinatário original), Cc (Com Cópia ou Cópia Carbono) ou Cco (Com Cópia Oculta ou Com Cópia Carbono Oculta). Caso um dos destinatários resolva enviar o mesmo e-mail para outro endereço de correio eletrônico que não conste da mensagem original, deve encaminhar a mensagem.

GABARITO: C.

---

206. **(2018 - Câmara Municipal de São José dos Campos/SP - Analista Legislativo/Contador)** No primeiro slide de uma apresentação criada no Microsoft PowerPoint 2010, em sua configuração original, um usuário configurou a seguinte animação, observada a partir do Painel de Animação.

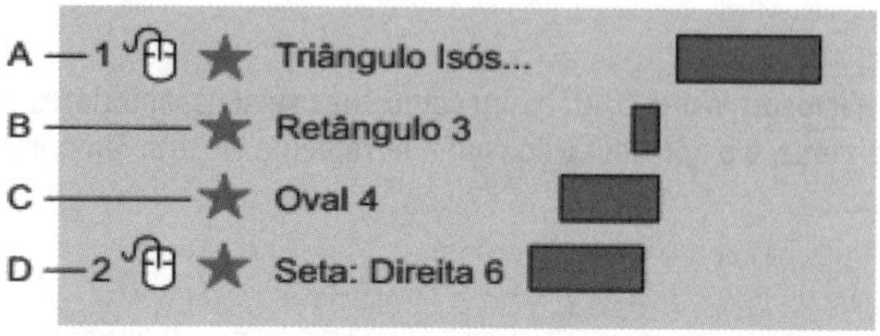

Ao iniciar o modo de apresentação, pressionando a tecla F5, assinale a alternativa que indica qual(is) será(ão) a(s) primeira(s) forma(s) que será(ão) exibida(s) após um clique no botão principal do *mouse*.

a) A.

b) C.

c) A e D.

d) D.

e) Todas as formas serão exibidas ao mesmo tempo.

No editor de apresentações Microsoft PowerPoint 2010, assim como em suas demais versões, a tecla F5 inicia a apresentação a partir do primeiro slide visível. As animações A e D serão iniciadas após o clique do mouse, porém as animações B e C serão apresentadas automaticamente.

GABARITO: B.

---

207. **(2018 - Câmara Municipal de São José dos Campos/SP - Analista Legislativo/Contador)** No Microsoft Excel 2010, em sua configuração padrão, a célula A1 contém o valor 80. Assinale a alternativa que indica o resultado correto da função =TEXTO(A1; "0000"), inserida na célula B1.

a) 0,080.

b) 80,00.

c) 0080.

d) 000080.

e) 8000.

No editor de planilhas Microsoft Excel 2010, assim como em suas demais versões, existe uma estrutura pré-determinada de funções e fórmulas. A fórmula função =TEXTO(A1; "0000") insere o texto 00 logo antes do valor presente inicialmente na célula A1.

GABARITO: C.

---

208. **(2018 - Câmara Municipal de São José dos Campos/SP - Analista Legislativo/Contador)** Tem-se a seguinte planilha criada no Microsoft Excel 2010, em sua configuração original.

	A	B	C	D	E	F	G	H	I
1	Lote	Conta	Filial	Descrição	Valor			Lote	Total
2	100	DRE_3.1	1	PROVISÃO MARÇO/2018	900			100	
3	100	DRE_3.1	2	PROVISÃO MARÇO/2018	550			101	
4	100	DRE_3.1	3	PROVISÃO MARÇO/2018	900				
5	100	DRE_3.1	4	PROVISÃO MARÇO/2018	500				
6	100	DRE_3.1	5	PROVISÃO MARÇO/2018	80				
7	100	DRE_3.1	6	PROVISÃO MARÇO/2018	50				
8	100	DRE_3.1	7	PROVISÃO MARÇO/2018	520				
9	100	BAL_CONTAS_REC_1.1.02	1	PROVISÃO MARÇO/2018	-3500				
10	101	DRE_3.1	1	PROVISÃO FEVEREIRO/2018	700				
11	101	DRE_3.1	2	PROVISÃO FEVEREIRO/2018	1200				
12	101	DRE_3.1	4	PROVISÃO FEVEREIRO/2018	100				
13	101	BAL_CONTAS_REC_1.1.02	1	PROVISÃO FEVEREIRO/2018	-2000				
14									

A fórmula a ser inserida na célula I1, e que pode ser copiada para a célula I2, para somar os lançamentos por lote, é:

a) =SOMASE(A:A;H2;E:E).

b) =SOMA(E:E).

c) =SOMA(E:E; "Lote=100").

d) =SOMA(E:E; "Lote=" & H2).

e) =SOMAFILTRO(A:A;E:E).

No editor de planilhas Microsoft Excel 2010, assim como em suas demais versões, existe uma estrutura pré-determinada de funções e fórmulas. A sintaxe da função SOMASE é ("Intervalo de teste" ; "Teste lógico" ; "Intervalo de soma"); já a fórmula =SOMASE(A:A;H2;E:E) procura o conteúdo da célula H2 em toda a coluna A e soma a linha respectiva em toda a coluna E.

GABARITO: A.

---

209. **(2018 - Câmara Municipal de São José dos Campos/SP - Analista Legislativo/Contador)** Considerando o Microsoft Windows 7, em sua configuração padrão, assinale a alternativa que indica corretamente a extensão de arquivos que executam comandos, tais como copiar e apagar arquivos, com um simples duplo clique com o botão principal do mouse sobre eles:

a) .bmp.

b) .txt.

c) .pdf.

d) .rtf.

e) .bat.

No sistema operacional Windows 7 da Microsoft, assim como em suas demais versões, existem programas nativos, da categoria aplicativos e utilitários, assim como atalhos de teclado preestabelecidos. Os arquivos com extensão .bat executam comandos, como copiar e apagar arquivos, com um duplo clique com o botão principal do mouse sobre eles.

GABARITO: E.

---

210. **(2018 - UFTM - Assistente em Administração)** Um usuário recebeu uma mensagem de correio eletrônico, em que os campos Para e Cc estavam vazios. Isso significa que seu endereço de e-mail estava:

a) no campo Assunto.

b) no campo Cco.

c) no corpo da mensagem.

d) no campo Anexo.

e) no campo Assinatura.

No cabeçalho de um e-mail, é obrigatório haver, pelo menos, um destinatário, não importando se este destinatário está no campo Para (destinatário original), Cc (Com Cópia ou Cópia Carbono) ou Cco (Com Cópia Oculta ou Com Cópia Carbono Oculta). Caso não exista nenhum destinatário visível no e-mails, todos estão no campo Cco.

GABARITO: B.

---

211. **(2018 - UFTM - Assistente em Administração)** Em uma apresentação criada no Microsoft PowerPoint 2010, em sua configuração padrão, com 3 slides, o slide 2 contém 4 AutoFormas (A, B, C e e tem configurado uma transição de slides. A AutoForma A tem uma animação de entrada. As AutoFormas B, C e D têm, todas, uma animação de entrada agrupada, o que significa que a animação acontece ao mesmo tempo para essas 3 AutoFormas. Ao iniciar o modo de apresentação a partir do slide 1, e pressionar ENTER para avançar para o slide 2, assinale a alternativa que indica qual evento acontece primeiro, considerando que todas as animações e a transição se iniciam com clique no mouse.

a) A animação de entrada agrupada das AutoFormas B, C e D.

b) A animação de entrada da AutoForma A.

c) As animações de entrada de todas as AutoFormas, ao mesmo tempo.

d) A transição de slides e a animação de entrada da AutoForma A, ao mesmo tempo.

e) A transição de slides.

No editor de apresentações Microsoft PowerPoint 2010, assim como em suas demais versões, é possível inserir transição de slides, que representam a forma de abertura de cada slide. Portanto, a transição de slide sempre será o primeiro elemento mostrado no momento da apresentação.

GABARITO: E.

---

212. **(2018 - UFTM - Assistente em Administração)** Considere a seguinte planilha, criada no Microsoft Excel 2010, em sua configuração padrão.

	A
1	10
2	20
3	30
4	40
5	50
6	150
7	

A célula A6 contém a fórmula =SOMA(A1:A5). Assinale a alternativa que indica o resultado correto dessa mesma fórmula, se o usuário selecionar a linha 4 e a ocultá-la, deixando a planilha com o aspecto a seguir (o resultado da fórmula foi hachurado propositalmente).

	A
1	10
2	20
3	30
5	50
6	
7	

a) 50.

b) 60.

c) 110.

d) 150.

e) #ERRO.

No editor de planilhas Microsoft Excel 2010, assim como em suas demais versões, existe uma estrutura pré-determinada de funções e fórmulas. A função SOMA realiza a soma de células indicadas na fórmula, =SOMA(A1:A5), com a linha 4 oculta. Mas, considerando os demais conteúdos das demais linhas, o resultado só poderá ser 150.

GABARITO: D.

---

213. **(2018 - Câmara de Nova Odessa/SP - Assistente Legislativo)** Assinale a alternativa que contém o recurso associado ao ícone 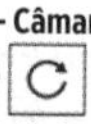 do Google Chrome, versão 65.0.3325.162.

a) Adicionar esta página aos favoritos.

b) Inspecionar a página.

c) Clique para voltar a página.

d) Recarregar esta página.

e) Personalizar e controlar o Google Chrome.

O motor de pesquisa Google possui comandos avançados de busca, e os browsers possuem ferramentas nativas. O botão apresentado na questão, possibilita quer o usuário volte para a página que estava sendo visualizada anteriormente.

GABARITO: D.

---

214. **(2018 - Câmara de Nova Odessa/SP - Assistente Legislativo)** Observe as figuras a seguir, extraídas do MS-PowerPoint 2010 em sua configuração padrão. Elas apresentam o mesmo círculo em dois momentos, ANTES e DEPOIS, da utilização de um recurso de formatação que pertence ao grupo Estilos da Forma, da guia Ferramentas de Desenho > Formatar.

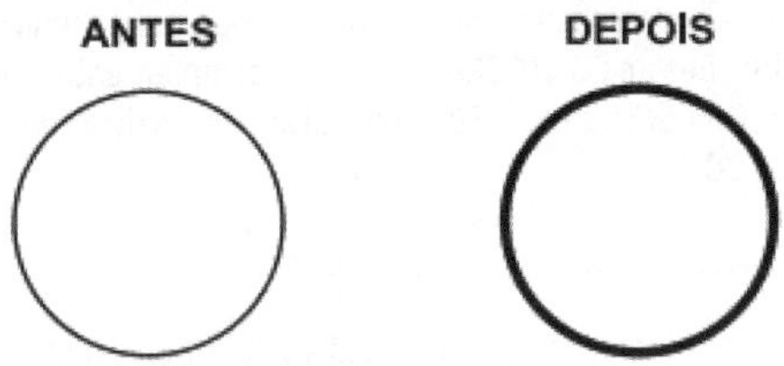

Assinale a alternativa que contém o ícone do recurso de formatação que permitiu mudar a largura da linha de contorno do círculo.

a) 

b) 

c) 

d) 

e) 

No editor de apresentações Microsoft PowerPoint 2010, assim como em suas demais versões, é possível alterar a espessura de formas geométricas inseridas no slide em edição. O botão apresentado na alternativa A permite tal ação.

GABARITO: A.

---

215. **(2018 - Câmara de Nova Odessa/SP - Assistente Legislativo)** Observe a planilha a seguir, extraída do MS-Excel 2010 em sua configuração padrão.

	A	B	C
1		Pontos	Extra
2	Paula Costa	300	200
3	Daniela Moura	350	350
4	Cesar Pires	200	350
5	Gustavo Flores	300	600
6	Maria Pinheiro	500	250
7	Pedro Goes	600	300
8		3	3

Considerando que o caractere ";" (ponto e vírgula) está configurado como separador dos argumentos das funções, a fórmula que, ao ser inserida na célula B8, resulta no mesmo valor apresentado nela atualmente é:

a) =CONT.NÚM(B2:B7).

b) =SE(B2>3;300;2).

c) =MÉDIA(B2:B7).

d) =CON.NÚM(B2:B7;C2:C7).

e) =CONT.SE(B2:B7;">300").

No editor de planilhas Microsoft Excel 2010, assim como em suas demais versões, existe uma estrutura pré-determinada de funções e fórmulas. A funções de CONTAGEM pedem um complemento, para que se saiba aquilo que será contado, e a fórmula =CONT.SE(B2:B7;">300") conta as células do intervalo B2:B7 que tenham conteúdo inserido maior do que 300.

GABARITO: E.

---

216. **(2018 - Câmara de Nova Odessa/SP - Assistente Legislativo)** A Biblioteca de Documentos a seguir, apresentada no modo de exibição Detalhes, foi extraída do MS-Windows 7, em sua configuração padrão. No momento, a imagem JPEG 100_3202 é a terceira da lista de arquivos.

Biblioteca Documentos
Outros

Nome ▲	Data de modificação	Tipo	Tamanho
100_3198	13/12/2005 06:51	Imagem JPEG	774 KB
100_3199	13/12/2005 07:15	Imagem JPEG	864 KB
100_3202	13/12/2005 07:16	Imagem JPEG	563 KB
100_3203	13/12/2005 07:16	Imagem JPEG	781 KB
100_3213	13/12/2005 07:25	Imagem JPEG	822 KB
100_3216	13/12/2005 07:31	Imagem JPEG	906 KB
100_3217	13/12/2005 07:34	Imagem JPEG	938 KB
100_3225	13/12/2005 07:36	Imagem JPEG	905 KB
100_3226	13/12/2005 07:36	Imagem JPEG	806 KB
100_3227	13/12/2005 07:36	Imagem JPEG	783 KB
100_3229	13/12/2005 07:36	Imagem JPEG	1.032 KB

Considere que, para reordenar a lista, o usuário clicou no rótulo "Tamanho", apenas uma vez. Como confirmação dessa ação, os rótulos foram atualizados para:

Nome	Data de modificação	Tipo	Tamanho ▼

Após a reordenação promovida pelo usuário, a terceira imagem JPEG da lista de arquivos passou a ser a:

a) 100_3198.

b) 100_3202.

c) 100_3216.

d) 100_3203.

e) 100_3229.

No sistema operacional Windows 7 da Microsoft, assim como em suas demais versões, existem programas nativos, da categoria aplicativos e utilitários, assim como atalhos de teclado preestabelecidos. No gerenciador de arquivos Windows Explorer, o conteúdo de uma pasta pode ser organizado por diferentes critérios. Se for organizado por tamanho, o terceiro será 100_3216.

GABARITO: C.

---

217. **(2018 - Prefeitura de Barretos/SP - Agente Administrativo)** Gustavo preparou uma mensagem de correio eletrônico no Microsoft Outlook 2010, em sua configuração padrão, com as seguintes características:

Para: Aline, Livia, Alexandre. Cc: Joana, José Cco: Edmundo

Alexandre, ao receber a mensagem, clicou em Responder a todos. Assinale a alternativa que indica quantos destinatários aparecem automaticamente em sua mensagem.

a) 1, apenas o remetente original, Gustavo.

b) 3, sendo Gustavo, Aline e Livia.

c) 4, sendo Aline, Livia, Joana e José.

d) 5, sendo Gustavo, Aline, Livia, Joana e José.

e) 6, sendo Gustavo, Aline, Livia, Joana, José e Edmundo.

No cabeçalho de um e-mail, é obrigatório haver, pelo menos, um destinatário, não importando se este destinatário está no campo Para (destinatário original), Cc (Com Cópia ou Cópia Carbono) ou Cco (Com Cópia Oculta ou Com Cópia Carbono Oculta). Quando o usuário responde para todos, responde para o Remetente e para os que estão nos campos PARA e Cc.

GABARITO: D.

---

218. **(2018 - Prefeitura de Barretos/SP - Agente Administrativo)** Considere uma apresentação criada no Microsoft PowerPoint 2010, em sua configuração original, com 5 slides, sendo que o usuário deixou o slide 3 oculto propositalmente, com informações mais detalhadas do assunto abordado na apresentação. A intenção do usuário era exibir esse slide apenas em caso de necessidade, se seu público fizesse questionamentos. Assim, no modo de apresentação e com o slide 2 em exibição, assinale a alternativa que indica o que o usuário pode fazer para exibir o slide 3.

a) Pressionar ESC para encerrar a apresentação, posicionar no slide 3 e pressionar SHIFT+F5.

b) Pressionar ENTER.

c) Pressionar SHIFT+ENTER.

d) Pressionar ESC para encerrar a apresentação, posicionar no slide 3 e pressionar F5.

e) Pressionar TAB.

No editor de apresentações Microsoft PowerPoint 2010, assim como em suas demais versões, quando o usuário pressionar o botão ESC para encerrar a apresentação, posicionar no slide 3 e pressionar SHIFT+F5 será executada a ação desejada, apresentando o slide 3.

GABARITO: A.

---

219. **(2018 - Prefeitura de Barretos/SP - Agente Administrativo)** No Microsoft Word 2010, em sua configuração original, um usuário redigiu o seguinte conteúdo.

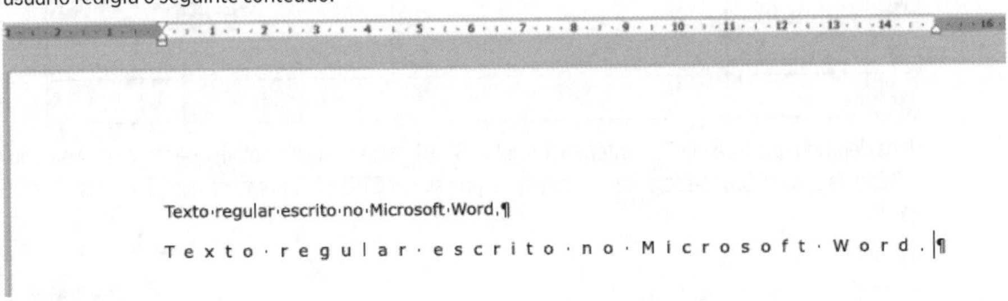

Assinale a alternativa que indica a formatação que foi aplicada na segunda linha.

a) Recuo à esquerda aumentado.

b) Espaçamento entre caracteres expandido.

c) Um espaço em branco entre cada caractere.

d) Dois espaços em branco entre cada caractere.

e) Marcador simbólico à direita.

Considerando o editor de textos Microsoft Word 2010, assim como suas versões anteriores, o espaçamento expandido entre caracteres possibilita aumentar o espaçamento entre caracteres da mesma linha do texto inserido.

GABARITO: B.

220. **(2018 - Prefeitura de Barretos/SP - Agente Administrativo)** Considerando a tabela a seguir, criada no Microsoft Word 2010, em sua configuração original, na qual o cursor está na primeira letra da célula com o conteúdo Augusto.

Nome	Idade	Sexo
Augusto	20	M
Cecília	27	F
Caroline	38	F

Assinale a alternativa que indica a tecla e a quantidade de vezes que precisa ser pressionada, respectivamente, para que o cursor se posicione na célula com o conteúdo Caroline.

a) ENTER, 2 vezes.

b) TAB, 2 vezes.

c) Seta para a direita, 6 vezes.

d) Seta para baixo, 2 vezes.

e) TAB, 8 vezes.

Considerando o editor de textos Microsoft Word 2010, assim como suas versões anteriores, é possível inserir tabelas e, com apoio do teclado físico, navegar entre as células da tabela. Caso o usuário clique duas vezes a seta para baixo, a célula selecionada será a quarta linha da primeira coluna.

GABARITO: D.

221. **(2018 - Prefeitura de Barretos/SP - Agente Administrativo)** No Microsoft Excel 2010, em sua configuração padrão, tem-se a seguinte planilha:

	A	B	C	D
1	Dolar	3		
2	Euro	4		
3				
4	Item	Valor moeda estrangeira	Valor em Reais	
5	Calçado	90	270	
6	Camiseta	50		
7				

Considerando que a célula C5 contém a fórmula =B5*B1, assinale a alternativa que indica o conteúdo que será exibido na célula C6, ao se selecionar a célula C5, pressionar CTRL+C, ir para a célula C6 e pressionar CTRL+V.

a) 0.

b) 150.

c) 200.

d) 270.

e) 360.

No editor de planilhas Microsoft Excel 2010, assim como em suas demais versões, existe uma estrutura pré-determinada de funções e fórmulas. Considerando a fórmula =B5*B1 inserida inicialmente na célula C6, copiando e colando para a célula C5, o conteúdo será modificado pela movimentação na planilha, gerando o resultado 200.

GABARITO: C.

222. **(2018 - Prefeitura de Barretos/SP - Agente Administrativo)** Considere a planilha a seguir, criada no Microsoft Excel 2010, em sua configuração original.

	A	B	C	D	E
1	Mês	Abreviação Mês	Inicial Mês	Quantidade de dias	Número mês
2	Outubro	Out	O	31	10
3	Abril	Abr	A	30	4
4	Novembro	Nov	N	30	11
5	Dezembro	Dez	D	31	12
6	Fevereiro	Fev	F	28	2
7	Maio	Mai	M	31	5
8	Setembro	Set	S	30	9
9	Junho	Jun	J	30	6
10	Março	Mar	M	31	3
11	Janeiro	Jan	J	31	1
12	Agosto	Ago	A	31	8
13	Julho	Jul	J	31	7

Assinale a alternativa que indica a coluna que deve ser utilizada para que seja feita uma classificação crescente dos meses, a fim de que a coluna A exiba na ordem Janeiro, Fevereiro, Março, Abril, Maio, Junho, Julho, Agosto, Setembro, Outubro, Novembro e Dezembro, considerando que a primeira linha será usada como cabeçalho na classificação.

a) Coluna A.

b) Coluna B.

c) Coluna C.

d) Coluna D.

e) Coluna E.

No editor de planilhas Microsoft Excel 2010, assim como em suas demais versões, existe uma estrutura pré-determinada de funções e fórmulas, sendo possível classificar o conteúdo da coluna em ordem crescente ou decrescente, com todas as outras se deslocando respectivamente na nova ordenação, como quando a classificação for aplicada na coluna E em ordem crescente.

GABARITO: E.

223. **(2018 - Prefeitura de Barretos - SP - Agente Administrativo)** Utilizando o Bloco de Notas, um usuário gravou um arquivo texto na Área de Trabalho do Microsoft Windows 7, em sua configuração padrão, e, na sequência, fechou o aplicativo. Assinale a alternativa que indica a ação correta para ver o ícone do arquivo e poder acessá-lo, posteriormente, considerando que 5 diferentes programas estão abertos simultaneamente.

a) Minimizar todas as janelas.

b) Acessar a Lixeira do Windows.

c) Maximizar todas as janelas.

d) Alternar as janelas usando CTRL+ESC até exibir o arquivo texto.

e) Acessá-lo a partir de seu atalho fixado na Barra de Tarefas.

No sistema operacional Windows 7 da Microsoft, assim como em suas demais versões, existem programas nativos, da categoria aplicativos e utilitários, assim como atalhos de teclado preestabelecidos. O Windows opera em Modo Gráfico com auxílio de ícones e janelas, que podem ser maximizadas ou minimizadas. Quando uma janela é minimizada, ela fica como ícone na barra de tarefas e pode ser maximizada a qualquer momento.

GABARITO: A.

224. **(2018 - Prefeitura de Barretos/SP - Agente Administrativo)** No Microsoft Windows 7, em sua configuração padrão, um usuário tem o seguinte conteúdo editado no Bloco de Notas.

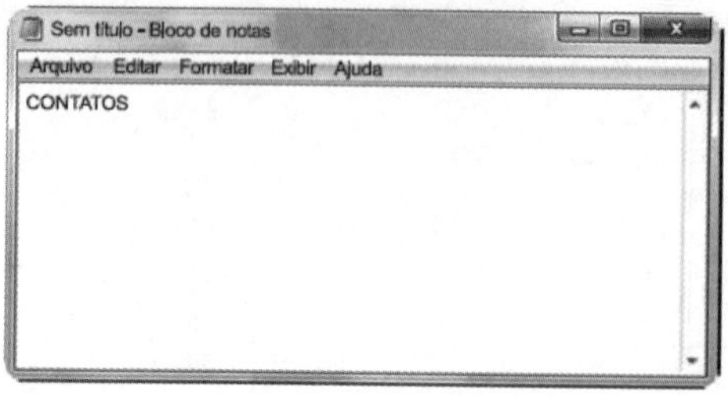

O usuário selecionou a palavra CONTATOS e pressionou as teclas CTRL+C.
Posteriormente, selecionou um arquivo existente na biblioteca Documentos, chamado PENDENCIAS, pressionou F2, CTRL+V e, finalmente, ENTER.
Assinale a alternativa que indica o novo nome do arquivo PENDENCIAS.

a) Sem título.

b) Bloco de notas.

c) CONTATOS.

d) Sem título - Bloco de notas.

e) PENDENCIAS – cópia.

No sistema operacional Windows 7 da Microsoft, assim como em suas demais versões, existem programas nativos, da categoria aplicativos e utilitários, assim como atalhos de teclado preestabelecidos. É possível copiar um conteúdo de um arquivo em edição, alocar esse conteúdo na área de transferência do Windows e colá-lo em outro aplicativo.

GABARITO: C.

225. **(2018 - PC/SP - Delegado de Polícia)** Um usuário de um computador com Windows 7 está utilizando o navegador Google Chrome, versão 65, para realizar a busca por informações sobre cursos de informática. Ao localizar uma página com informações interessantes, o usuário decide por salvar a página. Nessa situação, um dos tipos de salvamento da página é: Página da web.

a) somente HTML.

b) imagem JPEG.

c) formato PDF.

d) somente texto.

e) formato impressão.

O motor de pesquisa Google possui comandos avançados de busca, e os browsers permitem salvar de várias formas o conteúdo de páginas visitadas. Quando a opção de salvamento por Página da web o arquivo será salvo em HTML, que é uma linguagem de criação de sites.

GABARITO: A.

226. **(2018 – PC/SP - Delegado de Polícia)** Considere que você recebeu uma mensagem de e-mail com um anexo de arquivo de imagem em formato JPEG. Dentre as possíveis ações do serviço de e-mail, ao realizar a ação de Encaminhar desse e-mail, o:

a) campo Cco: será preenchido com o endereço do remetente automaticamente.

b) campo Assunto da mensagem não poderá ser alterado.

c) arquivo de imagem será anexado automaticamente.

d) texto da mensagem não pode ser editado.

e) arquivo de imagem será descartado da mensagem.

Na ferramenta de e-mails Microsoft Outlook 2010, assim como nas demais ferramentas e no acesso de e-mails por meio do browser (webmail), quando o destinatário receber uma mensagem com conteúdo anexo e decidir encaminhar para qualquer outro destinatário, o anexo será encaminhado junto com o novo e-mail.**

GABARITO: C.

227. **(2018 – PC/SP - Delegado de Polícia)** Considere a seguinte planilha elaborada no MS-Excel 2010 (em sua configuração padrão e em português):

	A	B	C	D
1	2	2	2	
2	3	3	3	
3	1	1	1	
4	0	0	0	
5				

Suponha que as seguintes fórmulas tenham sido inseridas nas células **A5, B5, C5** e **D5**.

A5: =SOMA(A1:A4) **B5:** =SOMA(A1:B4) **C5:** =SOMA(A1:C4) **D5:** =MÉDIA(A5:C5)

O resultado produzido em **D5** será:

a) 12.

b) 36.

c) 18.

d) 0.

e) 6.

No editor de planilhas Microsoft Excel 2010, assim como em suas demais versões, existe uma estrutura pré-determinada de funções e fórmulas. Considerando a soma gerada pelas fórmulas =SOMA(A1:A4), =SOMA(A1:B4) e =SOMA(A1:C4), e gerando a média aritmética por meio da fórmula =MÉDIA(A5:C5), o resultado será 12.

GABARITO: A.

228. **(2018 – PC/SP - Delegado de Polícia)** Em um documento editado no MS-Word 2010 (em sua configuração padrão e em português), a palavra "Casa" de um parágrafo está com os formatos de fonte Arial, Negrito e Sublinhado, apenas, e a palavra "Mesa", de outro parágrafo, está com os formatos de fonte Calibri e Itálico, apenas. O usuário selecionou a palavra "Casa" e, a seguir, clicou no botão Pincel. Após isso, clicou na palavra "Mesa".

É correto afirmar que, após todas essas ações, a palavra "Mesa" estará apenas com os formatos de fonte:

a) Arial e Itálico.

b) Calibri, Negrito e Sublinhado.

c) Calibri, Itálico e Negrito.

d) Arial, Negrito e Sublinhado.

e) Calibri e Sublinhado.

Considerando o editor de textos Microsoft Word 2010, assim como suas versões anteriores, o pincel de formatação permite copiar e colar a formatação de texto. Caso seja utilizada a ação sugerida, aplicando estilos e efeitos originais, o texto com pincel aplicado ficará em Arial, Negrito e Sublinhado.

GABARITO: D.

229. **(2018 – PC/SP - Delegado de Polícia)** Em um computador com o sistema operacional MS-Windows 7, um usuário selecionou o arquivo A.txt em uma pasta no disco rígido e, em seguida, pressionou a tecla Delete (ou Del), confirmando a exclusão. Posteriormente, selecionou com o botão direito do mouse (supondo este em sua configuração padrão) o arquivo B.txt em uma pasta em um pen drive, e ao soltar o botão, selecionou a opção Excluir exibida em um menu, confirmando a exclusão.

A respeito desses procedimentos, é correto afirmar que:

a) ambos os arquivos serão colocados na Lixeira.

b) B.txt será colocado na Lixeira, enquanto A.txt será excluído definitivamente, sem ser colocado na Lixeira.

c) A.txt será colocado na Lixeira, enquanto B.txt será compactado e colocado em uma Lixeira Auxiliar do MS-Windows 7, destinada a arquivos excluídos de pen drives.

d) ambos os arquivos serão excluídos definitivamente e não serão colocados na Lixeira.

e) A.txt será colocado na Lixeira, enquanto B.txt será excluído definitivamente, sem ser colocado na Lixeira.

No sistema operacional Windows 7 da Microsoft, assim como em suas demais versões, existem programas nativos, da categoria aplicativos e utilitários, assim como atalhos de teclado preestabelecidos. Um conteúdo que vai para a lixeira pode ser recuperado posteriormente, sendo restaurado para seu local de origem, porém, quando ele é excluído definitivamente, não poderá ser recuperado.

GABARITO: E.

---

230. **(2018 – PC/SP - Agente Policial)** Em uma impressora jato de tinta colorida, há, normalmente, 4 cartuchos de tinta em seu reservatório, cujas cores são, além do preto,

a) violeta, amarelo e verde.

b) ciano, amarelo e magenta.

c) verde, azul e marrom.

d) magenta, ouro e creme.

e) cinza, ouro e prata.

As impressoras podem ter cores organizadas em um círculo cromático seguindo o sistema RYB: Red (vermelho), Yellow (amarelo) e Blue (azul). No entanto, se abrirmos uma impressora, vamos perceber que ela utiliza outras cores como base para imprimir, sendo elas: preto, amarelo, ciano e magenta.

GABARITO: B.

---

231. **(2018 – PC/SP - Agente Policial)** Um dos dispositivos de armazenamento externo de microcomputadores são os pen drives, cujos valores típicos de capacidade de armazenamento são 4, 8 e 16:

a) TB (TeraBytes).

b) GB (GigaBytes).

c) MB (MegaBytes).

d) KB (KiloBytes).

e) EB (ExaBytes).

Considerando os conceitos de hardware (parte física do computador), a capacidade de armazenamento de Memórias Flash, que é a memória do pen drive, sua capacidade nominal de armazenamento é de GB, que corresponde a 1.024 MB.

GABARITO: B.

---

232. **(2018 - PC/SP - Agente Policial)** Considerando-se, principalmente, os dispositivos mais recentes, há um tipo utilizado com microcomputadores que deve ser conectado em uma porta HDMI do microcomputador. Esse dispositivo corresponde:

a) ao pen drive.

b) ao adaptador wireless.

c) à impressora.

d) ao microfone.

e) ao monitor de vídeo.

Considerando os conceitos de hardware (parte física do computador) e os barramentos utilizados, o HDMI (High-Definition Multimedia Interface) é um barramento que permite aumentar a velocidade de envio de dados. Os monitores de vídeo utilizam por padrão este barramento.

GABARITO: E.

---

233. **(2018 - PC/SP - Agente Policial)** Um mouse sem fio possui um dispositivo transmissor que envia os sinais a um dispositivo receptor ligado ao computador. Esse receptor de sinais é ligado, normalmente, em uma porta do tipo:

a) USB.

b) DVI.

c) VGA.

d) Bluetooth.

e) PS2.

Considerando os conceitos de hardware (parte física do computador) os barramentos USB (Universal Serial Bus) representam atualmente o barramento utilizado como padrão nos dispositivos móveis, como pen-drives, mouses e impressoras.

GABARITO: A.

234. **(2018 - PC/SP - Agente Policial)** Utilizando um navegador típico de Internet, o usuário digitou o seguinte endereço: www.carlos.cim.br. De acordo com o endereço digitado, é correto afirmar que o usuário está acessando um site web de um profissional liberal da classe:

a) contador.

b) instrutor.

c) impressor.

d) corretor.

e) importador.

Nos diversos tipos de browser é possível identificar na leitura da URL quais os serviços oferecidos pelo site. A extensão .cim.br representa o registro de um site classificado como de um corretor de imóveis.

GABARITO: D.

235. **(2018 - PC/SP - Agente Policial)** Atualmente, é muito comum realizar o acesso à Internet por meio de uma conexão sem fio disponibilizado por Access Points ou Roteadores fixos ou móveis. Dentre os esquemas de segurança disponibilizados nesse tipo de comunicação, o que fornece mais proteção é o:

a) WPA.

b) WiFi.

c) WPS.

d) WEP.

e) WPA2.

Em redes de computadores, considerando arquitetura, escopo e topologia padronizados, as conexões sem fio permitem vários tipos de arquiteturas, que representam a hierarquia entre servidores e clientes. A WPA2 permite, por padrão, maior segurança na computação de dados.

GABARITO: E.

236. **(2018 - PC/SP - Agente Policial)** Uma das vantagens da telefonia IP (VoIP), se comparada com a telefonia tradicional (fixa e analógica), é a:

a) ausência de atrasos na conversação, ou seja, a comunicação é instantânea.

b) possibilidade de compartilhar o canal de comunicação de dados com outros serviços.

c) maior confiabilidade devido ao uso de uma conexão permanente entre os interlocutores.

d) maior disponibilidade do canal de comunicação, pois o canal é dedicado.

e) melhor qualidade da ligação sem interrupção ou cortes.

Em redes de computadores, considerando arquitetura, escopo e topologia padronizados, o serviço de Voz por IP utiliza os recursos de internet para conversação telefônica por voz, utilizando o protocolo VoIP, que possibilita compartilhar o canal de comunicação de dados com outros serviços.

GABARITO: B.

237. **(2018 - PC/SP - Agente Policial)** Na preparação de um e-mail a ser enviado, é necessário que se insira um endereço de e-mail válido.

Um endereço de e-mail com formato válido é:

a) usuario~sobrenome@provedor^br.

b) @usuario.provedor.br.

c) usuario@provedor.br.

d) #usuario@provedor.br.

e) usuario.provedor.br@.

Na ferramenta de e-mails Microsoft Outlook 2010, assim como nas demais ferramentas e no acesso de e-mails por meio do browser (webmail), o endereço válido de e-mail é composto por login (usuário), identificador do serviço (@) e provedor (provedor.br).

GABARITO: C.

---

238. **(2018 - PC/SP - Agente Policial)** Ao se preparar uma mensagem para envio por meio de um correio eletrônico, o usuário anexou dois ou mais arquivos em uma mesma mensagem, sendo correto afirmar que esses arquivos:

a) podem ser todos do tipo pdf.

b) devem ser criptografados.

c) não podem ser protegidos por senha.

d) não podem ser de mesmo tamanho.

e) devem ser compactados.

Na ferramenta de e-mails Microsoft Outlook 2010, assim como nas demais ferramentas e no acesso de e-mails por meio do browser (webmail), um e-mail pode ter vários arquivos anexos, desde que a soma do tamanho nominal desses arquivos não ultrapasse a capacidade máxima do e-mail. Além disso, todos os arquivos podem ser do mesmo formato, como PDF.

GABARITO: A.

---

239. **(2018 - PC/SP - Agente Policial)** Ao se preparar uma mensagem para envio por meio de um correio eletrônico, é correto afirmar que:

a) os campos Cc e Cco são ambos obrigatórios.

b) o campo Assunto é obrigatório, e o campo Cco é opcional.

c) os campos Para e Cco são ambos obrigatórios.

d) pelo menos um dos campos Para, Cc ou Cco deve ser especificado.

e) o campo Cco é obrigatório, e o campo Assunto é opcional.

No cabeçalho de um e-mail, é obrigatório haver, pelo menos, um destinatário, não importando se este destinatário está no campo Para (destinatário original), Cc (Com Cópia ou Cópia Carbono) ou Cco (Com Cópia Oculta ou Com Cópia Carbono Oculta). Assim, o destinatário é obrigatório, não importando em qual dos campos seja indicado, PARA, Cc ou Cco.

GABARITO: D.

---

240. **(2018 – PC/SP - Agente Policial)** No MS-Excel 2016, em português e em sua configuração padrão, existe a função **NÃO**. Assinale a alternativa que apresenta dois usos da função NÃO que produzem como resultado **VERDADEIRO**.

a)

=NÃO(1)
=NÃO(VERDADEIRO)

b)

=NÃO(FALSO)
=NÃO(0)

c)

=NÃO(0)
=NÃO(10)

d)

=NÃO(FALSO)
=NÃO(1)

e)

=NÃO(VERDADEIRO)
=NÃO(FALSO)

No editor de planilhas Microsoft Excel 2016, assim como em suas demais versões, existe uma estrutura pré-determinada de funções e fórmulas. A função NÃO nega a lógica interna, e as fórmulas =NÃO(FALSO) e =NÃO(0) geram o resultado, negando a lógica interna, devolvendo o valor VERDADEIRO.

GABARITO: B.

---

241. **(2018 – PC/SP - Agente Policial)** Analise a tabela a seguir, inserida no MS-Excel 2016, em português e em sua configuração padrão.

	A	B
1	Paulo	Sérgio
2	João	Maria

Considere que a seguinte fórmula tenha sido inserida em **C1**:
=NÚM.CARACT(B2)
O resultado produzido em **C1** foi:

a) 11.

b) 4.

c) 9.

d) 6.

e) 5.

No editor de planilhas Microsoft Excel 2016, assim como em suas demais versões, existe uma estrutura pré-determinada de funções e fórmulas. A fórmula =NÚM.CARACT(B2) analisa a quantidade de caracteres da célula B2, que tem o conteúdo MARIA com 5 caracteres.

GABARITO: E.

---

242. **(2018 – PC/SP - Agente Policial)** A planilha a seguir foi editada no MS-Excel 2016, em português e em sua configuração padrão

	A	B	C
1	1	2	3
2	4	4	4
3	3	2	3
4	5	6	5

As fórmulas posteriormente digitas nas células **A6, B6** e **C6** foram:
A6: =MÉDIA(A1:C2)
B6: =SOMA(A3:C4)
C6: =B6-A6
Assinale a alternativa que apresenta o resultado produzido em **C6**.

a) 21.

b) 12.

c) 18.

d) 24.

e) 3.

No editor de planilhas Microsoft Excel 2016, assim como em suas demais versões, existe uma estrutura pré-determinada de funções e fórmulas. A função =MÉDIA(A1:C2) devolve a média aritmética do intervalo A1:C2, enquanto a fórmula =SOMA(A3:C4) realiza a soma do intervalo A3:C4. Assim, subtraindo o resultado de uma fórmula por outra, por meio da fórmula =B6-A6, o resultado será 21.

GABARITO: A.

---

243. **(2018 - PC/SP - Agente Policial)** A hifenização no MS-Word 2016, em português e em sua configuração padrão, admite os seguintes tipos:

a) Condicional, Simples e Nenhuma.

b) Opcional, Incondicional e Duplo.

c) Oculto, Explícito e Automático.

d) Nenhuma, Automático e Manual.

e) Manual, Implícito e Condicional.

Considerando o editor de textos Microsoft Word 2016, assim como suas versões anteriores, permite determinar vários tipos de hifenização, e dentre eles, Nenhuma, Automático e Manual.

GABARITO: D.

---

244. **(2018 - PC/SP - Agente Policial)** Por meio do recurso Links da guia Inserir do MS-Word 2016, em português e em sua configuração padrão, é possível a inserção de Hiperlink, Indicador e Referência Cruzada.

Assinale a alternativa correta a respeito da inserção de um Hiperlink em um documento do MS-Word 2016.

a) Introduz efeitos especiais em partes do documento, como textos piscantes, por exemplo.

b) Elimina espaços não utilizados no documento, o que faz gerar arquivos menores ao se salvar o documento.

c) Cria um índice para o documento, com base nos títulos de cada assunto.

d) Ajusta o espaçamento entre parágrafos, por meio de pontos de paradas predefinidos.

e) Permite criar um link no documento para acesso rápido a páginas da web e a outras partes do próprio documento.

Considerando o editor de textos Microsoft Word 2016, assim como suas versões anteriores, é possível criar hiperlinks, que são atalhos internos (para outras páginas do mesmo documento) ou externos (como páginas da internet, demais arquivos de outros aplicativos ou outros computadores conectados na mesma rede).

GABARITO: E.

---

245. **(2018 - PC/SP - Agente Policial)** No MS-Word 2016, em português e em sua configuração padrão, pode-se utilizar teclas de atalho para agilizar algumas formatações no texto que está sendo editado. Para aplicar o formato subscrito a uma palavra selecionada, as teclas de atalho a serem utilizadas são:

a) Ctrl + U.

b) Ctrl + T.

c) Ctrl + S.

d) Ctrl + C.

e) Ctrl + =.

Considerando o editor de textos Microsoft Word 2016, assim como suas versões anteriores, estilos e efeitos podem ser inseridos em um documento em edição. Dentre os principais efeitos, estão Negrito, Itálico e, Sublinhado, Tachado, Subscrito e Sobrescrito. O atalho de teclado Ctrl + = possibilita deixar um texto selecionado subscrito.

GABARITO: E.

---

246. **(2018 – PC/SP - Agente Policial)** Um usuário de um computador com o sistema operacional Windows e o MS-Office pretende copiar um texto elaborado no MS-Word e colá-lo em uma planilha elaborada no MS-Excel. Para tanto, executou as seguintes ações:

1. Selecionou o texto desejado no MS-Word.

2. Digitou o atalho Ctrl + C.

3. Abriu a planilha e selecionou a célula que receberá a cópia.

4. Digitou o atalho Ctrl + V.

Após essas ações, é correto afirmar que elas:

a) não realizarão a cópia, pois o atalho presente em **2** deveria estar no lugar de **4**, e vice-versa.

b) realizarão a cópia, conforme pretendido.

c) realizarão a cópia, porém irão apagar o texto do arquivo elaborado no MS-Word.

d) não realizarão a cópia, pois os atalhos utilizados apenas funcionam para um mesmo programa, não podendo ser utilizados entre programas distintos.

e) não realizarão a cópia, pois o atalho que deveria ser utilizado em **4** é Ctrl + X.

Considerando o editor de textos Microsoft Word 2016, assim como suas versões anteriores, considere a seguinte sequência executada pelo usuário: selecionou o texto desejado no MS-Word, digitou o atalho Ctrl + C, abriu a planilha e selecionou a célula que receberá a cópia e digitou o atalho Ctrl + V. O resultado após copiar e colar o conteúdo, será realizar a cópia, conforme pretendido.

GABARITO: B.

247. **(2018 – PC/SP - Agente Policial)** Os computadores pessoais, como os que utilizam o sistema operacional Windows, dispõem de uma região de memória para o armazenamento temporário de objetos copiados ou recortados, que ficam nesse local enquanto aguardam para serem colados. Essa área é denominada Área de:

a) Transferência.

b) Recorte e Cola.

c) Armazenamento Temporário.

d) Trabalho.

e) Armazenamento Virtual.

No sistema operacional Windows 7 da Microsoft, assim como em suas demais versões, existem programas nativos, da categoria aplicativos e utilitários, assim como atalhos de teclado preestabelecidos, e é possível que um conteúdo seja copiado no arquivo de um aplicativo, realocado para a Área de Transferência e copiado em outro aplicativo em edição.

GABARITO: A.

248. **(2018 – PC/SP - Agente Policial)** A criação de atalhos para unidades de armazenamento em um computador com o sistema operacional Windows pode ser feita para:

a) unidades de armazenamento internas e externas (HDs) e pen drives.

b) unidades de armazenamento externas (HDs), apenas.

c) pen drives e cartões de memória (por exemplo, SD), apenas.

d) pen drives, apenas.

e) unidades de armazenamento internas (HDs), apenas.

No sistema operacional Windows 7 da Microsoft, assim como em suas demais versões, existem programas nativos, da categoria aplicativos e utilitários, assim como atalhos de teclado preestabelecidos. Porém, podem ser criados atalhos internos e externos, incluindo sites, outros computadores conectados na mesma rede, arquivos internos, inclusive unidades de armazenamento internas e externas (HDs), e pen drives.

GABARITO: A.

249. **(2018 – PC/SP - Agente Policial)** No sistema operacional Windows, um usuário deseja mover o arquivo **a.txt** da pasta **P1** para a pasta **P2**. Para tanto, ele selecionou **a.txt**, digitou **Ctrl + Z**, abriu a pasta **P2** e digitou **Ctrl + Y**. É correto afirmar que, após essa ação,

a) **a.txt** será deletado sem ser copiado para **P2**.

b) **a.txt** será compactado e colocado em **P2**.

c) **a.txt** não será movido nem copiado de **P1** para **P2**.

d) **a.txt** será movido de **P1** para **P2**, conforme desejado.

e) **a.txt** será copiado de **P1** para **P2**, permanecendo em **P1**.

No sistema operacional Windows 7 da Microsoft, assim como em suas demais versões, existem programas nativos, da categoria aplicativos e utilitários, assim como atalhos de teclado preestabelecidos, e com ações pré-definidas. O atalho Ctrl+Z apresentado no enunciado cancela a ação anterior, e, portanto, a.txt não será movido nem copiado de P1 para P2.

GABARITO: C.

---

250. **(2018 - PC/SP - Auxiliar de Papiloscopista Policial)** O tipo de impressora que utiliza toner como material de impressão é conhecido como impressora:

a) de impacto.

b) jato de tinta.

c) matricial.

d) térmica.

e) laser.

Considerando os conceitos de hardware (parte física do computador), existem vários tipos de impressora,como matriciais, jato de tinta e laser. As impressoras laser funcionam com a tinta no estado sólido, com os tonners sendo os alimentadores.

GABARITO: E.

---

251. **(2018 - PC/SP - Auxiliar de Papiloscopista Policial)** Os pen drives utilizados em computadores de mesa e em notebooks são conectados por meio do tipo de conexão do computador denominado:

a) DVI.

b) HDMI.

c) PS-2.

d) USB.

e) VGA.

Considerando os conceitos de hardware (parte física do computador), o barramento padrão é o USB (Universal Serial Bus), que permite conectar diversos dispositivos, como pen drives, webcams, além de outros dispositivos de entrada e saída de dados.

GABARITO: D.

---

252. **(2018 - PC/SP - Auxiliar de Papiloscopista Policial)** A maioria dos mouses possui um botão no centro, ou roda central, que tem como uma de suas funções rolar um texto para baixo ou para cima. Uma das denominações desse botão é:

a) *reset.*

b) *scroll.*

c) *start button.*

d) *modem.*

e) *touch.*

Considerando os conceitos de hardware (parte física do computador), os mouses atuais apresentam um botão rolante entre os botões esquerdo (principal) e direito (secundário) denominado scroll, que tem como uma de suas funções rolar um texto para baixo ou para cima.

GABARITO: B.

253. **(2018 – PC/SP - Auxiliar de Papiloscopista Policial)** Utilizando o site de pesquisa (busca) Google na Internet, o usuário digitou o seguinte texto na Barra de pesquisa:

concurso -vunesp

O resultado dessa forma de busca serão os *sites* que

a) apresentam ambas as palavras, concurso e vunesp, em qualquer ordem.

b) incluem a palavra concurso, no endereço do site, e a palavra vunesp na informação do site.

c) apresentam ambas as palavras, concurso e vunesp, nessa ordem.

d) incluem a palavra concurso, no texto da página, e a palavra vunesp no endereço do site.

e) apresentam a palavra concurso e não apresentam a palavra vunesp.

O motor de pesquisa Google possui comandos avançados de busca, e a busca concurso -vunesp procura sites que contenham concurso subtraindo a palavra na frente do sinal de subtração, que é vunesp.

GABARITO: E.

254. **(2018 - PC/SP - Auxiliar de Papiloscopista Policial)** Considere o seguinte URL utilizado na barra de endereços de um navegador de Internet típico:

http://www.policiacivil.sp.gov.br/portal

Com relação a esse URL, é correto afirmar que:

a) permite acesso exclusivo à Intranet, e apenas aos funcionários da polícia civil do Estado de São Paulo.

b) o tipo de serviço identificado pelo URL é para a transferência de arquivos entre o usuário e o servidor Internet.

c) a forma de acesso ao site identificado pelo URL só pode ser executada por meio de tablets.

d) a transferência de informação entre o navegador e o servidor Internet não é criptografada.

e) é um site cujo domínio é do tipo comercial, ou seja, para a realização de transações e negócios.

Os diversos tipos de browser permitem navegação privada e não privada. A navegação no do endereço http://www.policiacivil.sp.gov.br/portal permite, por meio protocolo HTTP navegação não sigilosa e não criptografada, ser visível por terceiros.

GABARITO: D.

255. **(2018 - PC/SP - Auxiliar de Papiloscopista Policial)** Um usuário da Internet está preparando uma mensagem de e-mail para enviar uma imagem em formato JPEG que está armazenada em seu computador. Uma das formas de se preparar e enviar corretamente esse e-mail com a imagem é:

a) em modo texto com formatação, incluir o link (caminho) para a pasta com o arquivo da imagem.

b) em modo texto simples, ou sem formatação, utilizar o recurso de anexar o arquivo com a imagem.

c) em modo texto simples, ou sem formatação, inserir a imagem no corpo da mensagem.

d) inserir o link (caminho) para a pasta com o arquivo da imagem no campo Cco da mensagem.

e) inserir o atalho para o arquivo com a imagem no corpo da mensagem.

Na ferramenta de e-mails Microsoft Outlook 2010, assim como nas demais ferramentas e no acesso de e-mails por meio do browser (webmail), é possível criar o corpo do e-mail com formatação e sem formatação ou modo de texto simples. Nos dois tipos de criação de corpo, é possível anexar arquivos.

GABARITO: C.

256. **(2018 – PC/SP - Auxiliar de Papiloscopista Policial)** Considere a seguinte planilha editada no MS-Excel 2016 (em português e em sua configuração padrão).

	A	B	C
1	1	2	3
2	a	b	c
3			
4	8	7	9

Nessa planilha, foram inseridas três fórmulas, nas células **A6**, **B6** e **C6**, conforme apresentado a seguir:
A6: =CONT.NÚM(A1:C3) **B6**: =MÍNIMO(C1:C3) **C6**: =A6-B6
O resultado produzido em **C6** foi:

a) 1.

b) 3.

c) 2.

d) 6.

e) 0.

No editor de planilhas Microsoft Excel 2016, assim como em suas demais versões, existe uma estrutura pré-determinada de funções e fórmulas. A fórmula =CONT.NÚM(A1:C3) conta a quantidade de células no intervalo A1:C3 que contêm conteúdo apenas numérico; e a fórmula =MÍNIMO(C1:C3) encontra o menor valor dentro do intervalo C1:C3, subtraindo o resultado de uma fórmula por outra. O resultado será 0.

GABARITO: E.

---

257. **(2018 – PC/SP - Auxiliar de Papiloscopista Policial)** Deseja-se, no MS-Word 2016 (em português e em sua configuração padrão), configurar a página de um documento em colunas. Na janela Colunas, acessível por meio da guia Layout da Página, algumas das opções predefinidas de colunas são:

a) De textos, De imagens e De figuras.

b) Principal, Secundária e Oculta.

c) Larga, Normal e Estreita.

d) Uma, Duas e Três.

e) Simples, Dupla e Quádrupla.

Considerando o editor de textos Microsoft Word 2016, assim como suas versões anteriores, é possível dividir o texto inserido em uma página. O usuário também pode escolher a quantidade de colunas em que o texto será dividido, podendo ser em uma, duas e três colunas.

GABARITO: D.

---

258. **(2018 – PC/SP - Auxiliar de Papiloscopista Policial)** No MS-Word 2016 (em português e em sua configuração padrão), as teclas de atalho possibilitam um acesso direto a determinadas ações no aplicativo. Em particular, as teclas de atalho Ctrl+S, quando pressionadas, realizam a ação de:

a) salvar o documento aberto.

b) sublinhar um texto selecionado.

c) substituir um texto por outro no documento.

d) inserir SmartArt no documento.

e) sombrear um texto selecionado.

Considerando o editor de textos Microsoft Word 2016, assim como suas versões anteriores, os atalhos que permitem inserir efeitos e estilos estão traduzidos integralmente para a língua portuguesa (desde o Word 2010), e o atalho Ctrl+S insere o estilo Sublinhado no texto selecionado.

GABARITO: B.

---

259. **(2018 – PC/SP - Auxiliar de Papiloscopista Policial)** Um usuário de um computador com Windows e o MS-Office deseja elaborar um relatório no MS-Word, utilizando informações extraídas de uma planilha elaborada no MS-Excel. Uma das maneiras de se realizar a transferência das informações para o MS-Word é selecionando as informações desejadas no MS-Excel e utilizando:

a) a Área de Transferência, que receberá as informações a serem transferidas.

b) a Área de Notificação, por meio da qual as informações a serem transferidas são notificadas ao aplicativo que irá recebê-las.

c) a Área de Trabalho, que receberá as informações a serem transferidas.

d) o recurso Interação com o Conjunto de Aplicativos.

e) um Atalho para as informações a serem transferidas.

No sistema operacional Windows 10 da Microsoft, assim como em suas demais versões, existem programas nativos, da categoria aplicativos e utilitários, assim como atalhos de teclado preestabelecidos, e a Área de Transferência possibilita que um conteúdo seja copiado em um arquivo de um programa, como o Word, e copiado para outro programa, como o Excel.

GABARITO: A.

---

260. **(2018 – PC/SP - Papiloscopista Policial)** A impressora presente em vários POS e ATMs para emissão de cupons fiscais e extratos bancários é do tipo:

a) Jato de tinta.

b) Plotter.

c) Impacto.

d) Laser.

e) Térmica.

Considerando os conceitos de hardware (parte física do computador), e dentre os vários tipos de impressoras presentes no mercado, há as matriciais, jato de tinta, laser e térmicas. Essas últimas estão presentes em vários POS e ATMs para emissão de cupons fiscais e extratos bancários.

GABARITO: E.

---

261. **(2018 – PC/SP - Papiloscopista Policial)** Considere o cartão de memória (classe UHS) apresentado na figura a seguir e assinale a alternativa com sua velocidade mínima de trabalho.

a) 3 MB/s.

b) 95 MB/s.

c) 30 MB/s.

d) 10 MB/s.

e) 32 MB/s.

Considerando os conceitos de hardware (parte física do computador), o cartão de memória apresentado na questão à velocidade de 30 Megabits por segundo, sendo 32 gigabytes sua capacidade nominal de armazenamento.

GABARITO: C.

262. **(2018 - PC/SP - Papiloscopista Policial)** Assinale a alternativa que contém o cartão SD de maior capacidade de armazenamento atualmente.

a) SD UHS.

b) SD.

c) SDSC.

d) SDHC.

e) SDXC.

Considerando os conceitos de hardware (parte física do computador), existem diversos tipos de cartões SD e SSD. Dentre os cartões padronizados no mercado, o tipo SDXC (SD Extended Capacity) é o que apresenta maior capacidade de armazenamento.

GABARITO: E.

263. **(2018 – PC/SP - Papiloscopista Policial)** Dentre as tecnologias em uso de armazenamento externo de dados, assinale a mais recente.

a) BluRay.

b) Solid state drive.

c) Compact disk.

d) Secure digital.

e) Hard disk.

Considerando os conceitos de hardware (parte física do computador), os computadores atuais não utilizam os HDs como dispositivos de armazenamento massivo e, sim, os SSDs (Solid State Drives) que são memórias flash com alta capacidade de armazenamento.

GABARITO: B.

264. **(2018 – PC/SP - Papiloscopista Policial)** Os telefones IP são aparelhos que se conectam diretamente à Internet recebendo voz, dados e imagens, conforme apresentado na figura a seguir.

A diferença para os telefones comuns é que os telefones IP utilizam os seguintes conectores:

a) RJ-12.

b) RJ-11.

c) RJ-47.

d) RJ-45.

e) RJ-9.

Em redes de computadores, os cabos de rede par trançado são os cabeamentos e conectores padrão da informática. Os cabos de rede par trançado das categorias 3, 4 e 5 é o conector RJ 45.

GABARITO: D.

---

265. **(2018 – PC/SP - Papiloscopista Policial)** Considere a janela de impressão do Google Chrome, em sua configuração original, apresentada parcialmente na figura.

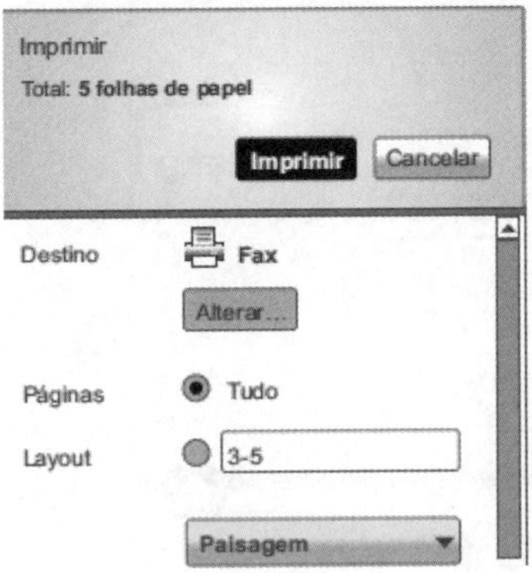

Ao marcar a opção  serão impressas as seguintes páginas:

a) 3, 4 e 5.

b) 1 a 5.

c) 3 e 5.

d) 1, 2, 3 e 4.

e) 1, 2, 3 e 5.

Nos diversos tipos de browser é possível determinar quais páginas serão impressas. Quando é indicado 3-5, entende-se que as páginas contidas no intervalo entre 3 e 5, incluindo as páginas 3 e 5, serão impressas, ou seja, as páginas 3, 4 e 5.

GABARITO: A.

---

266. **(2018 – PC/SP - Papiloscopista Policial)** Observe a janela e guias do Google Chrome, em sua configuração padrão, apresentadas na figura a seguir.

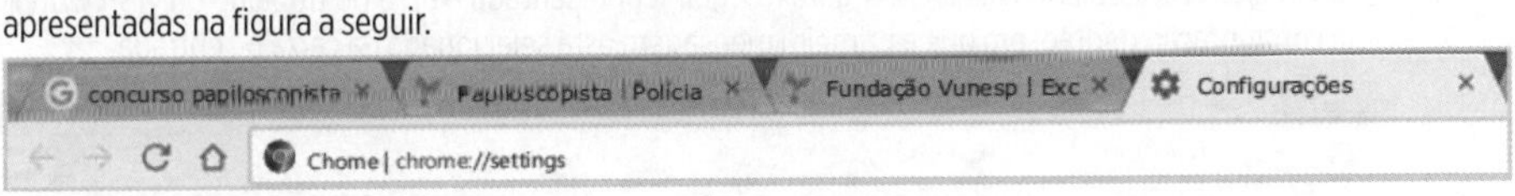

Para mostrar ou ocultar o botão Página Inicial  é necessário clicar na respectiva opção na seguinte seção da guia Configurações:

a) Privacidade e segurança.

b) Inicialização.

c) Navegador padrão.

d) Aparência.

e) Mecanismo de pesquisa.

Nos diversos tipos de browsers botões estão configurados para serem visualizados de forma automática, e, caso algum dos botões, como o que leva para a página inicial do browser, não seja exibido, a configuração está em Aparência.

GABARITO: D.

---

267. **(2018 – PC/SP - Papiloscopista Policial)** Observando a página do concurso de Papiloscopista visitada com Google Chrome, assinale a alternativa que contém o URL do link Editais e Documentos indicado com .

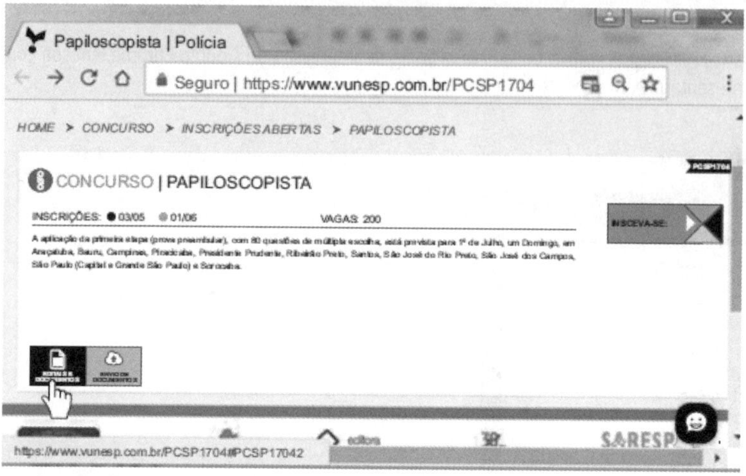

a) https://www.vunesp.com.br/PCSP1704

b) https://www.vunesp.com.br/PCSP1704#PCSP17042

c) CONCURSO | PAPILOSCOPISTA

d) Papiloscopista | Polícia

e) https://www.vunesp.com.br

Nos diversos tipos de browser o cursor do mouse com o formato de uma pequena mão com um dedo em riste, possibilita que seja aberto o link de uma página ou atalho para objetos. O ícone na parte de baixo da imagem, está vinculado ao link da parte de cima.

GABARITO: B.

---

268. **(2018 – PC/SP - Papiloscopista Policial)** Na figura a seguir é apresentada a área de trabalho do MS-Outlook 2010, na sua configuração padrão, em que a primeira mensagem está selecionada na caixa de entrada.

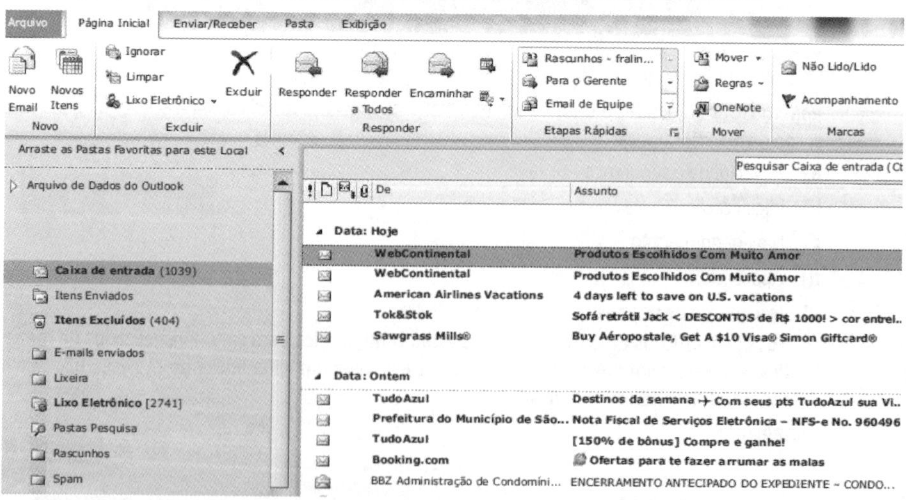

Ao clicar no botão 

e, na sequência, confirmar a ação, fará com que a mensagem selecionada seja:

a) movida para Lixo Eletrônico.

b) transferida para Rascunhos.

c) movida para Itens Excluídos.

d) marcada como lida.

e) movida para Spam.

Na ferramenta de e-mails Microsoft Outlook 2010, assim como nas demais ferramentas e no acesso de e-mails por meio do browser (webmail), é possível excluir e-mails lidos e não lidos, ação diferente de Lixo Eletrônico, em que são armazenados automaticamente e-mails de remetentes previamente selecionados como indesejados.

GABARITO: C.

269. **(2018 – PC/SP - Papiloscopista Policial)** Assinale a alternativa que contém um dos elementos que será impresso no rodapé de uma página acessada pelo Google Chrome, em sua configuração original.

a) hora.

b) nome.

c) título.

d) data.

e) url.

Nos diversos tipos de browser a URL representa o endereço do domínio, como www.pudim.com.br, sendo www o identificador do serviço, pudim o domínio e com.br a extensão do domínio.

GABARITO: E.

270. **(2018 – PC/SP - Papiloscopista Policial)** Considerando a mensagem de correio eletrônico do MS-Outlook 2010, em sua configuração original, apresentada a seguir, assinale a alternativa que contém a opção que permitiu incluir os anexos.

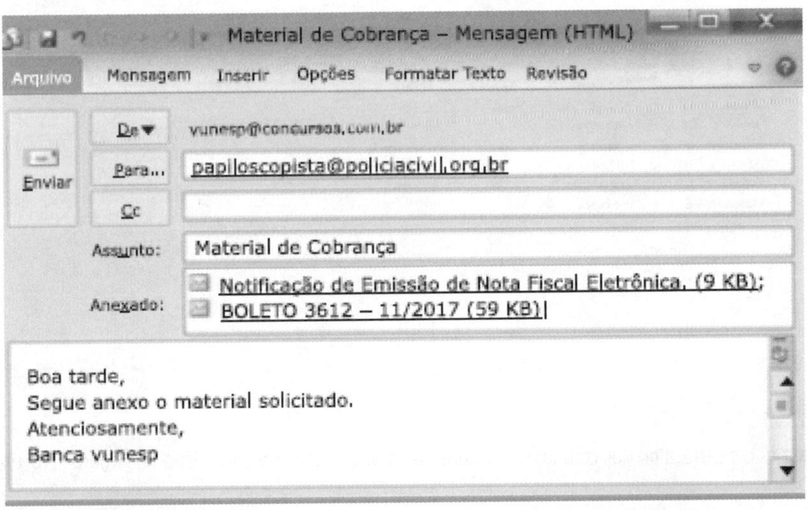

a) Item do Outlook.

b) Clip-Art.

c) Partes Rápidas.

d) SmartArt.

e) Anexar Arquivo.

Na ferramenta de e-mails Microsoft Outlook 2010, assim como nas demais ferramentas e no acesso de e-mails por meio do browser (webmail), é possível anexar arquivos comuns ou arquivos compactados em qualquer arquivo em edição.

GABARITO: A.

---

271. **(2018 – PC/SP - Papiloscopista Policial)** Considere a planilha do MS-Excel 2010, na sua configuração padrão, exibida na figura I, e a visualização de impressão da mesma planilha, na figura II.

FIGURA I

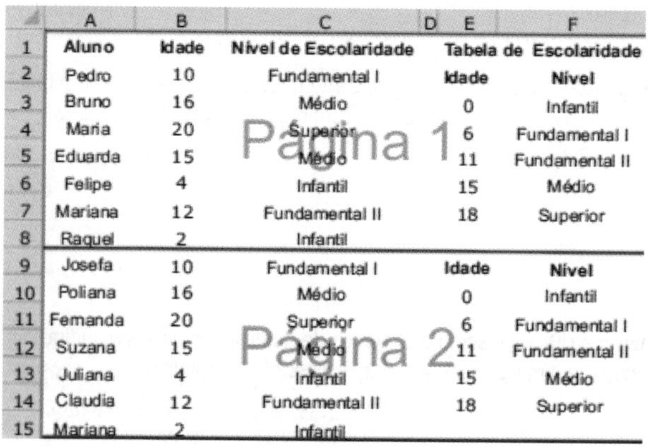

	A	B	C	D	E	F
1	Aluno	Idade	Nível de Escolaridade		Tabela de	Escolaridade
2	Pedro	10	Fundamental I		Idade	Nível
3	Bruno	16	Médio		0	Infantil
4	Maria	20	Superior		6	Fundamental I
5	Eduarda	15	Médio		11	Fundamental II
6	Felipe	4	Infantil		15	Médio
7	Mariana	12	Fundamental II		18	Superior
8	Raquel	2	Infantil			
9	Josefa	10	Fundamental I		Idade	Nível
10	Poliana	16	Médio		0	Infantil
11	Fernanda	20	Superior		6	Fundamental I
12	Suzana	15	Médio		11	Fundamental II
13	Juliana	4	Infantil		15	Médio
14	Claudia	12	Fundamental II		18	Superior
15	Mariana	2	Infantil			

FIGURA II

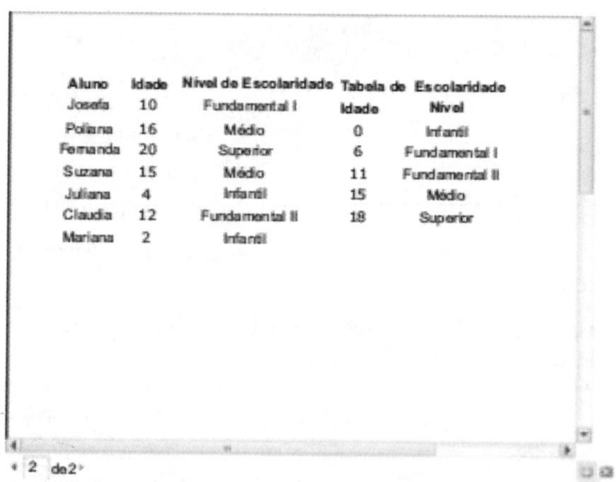

Aluno	Idade	Nível de Escolaridade	Tabela de	Escolaridade
Josefa	10	Fundamental I	Idade	Nível
Poliana	16	Médio	0	Infantil
Fernanda	20	Superior	6	Fundamental I
Suzana	15	Médio	11	Fundamental II
Juliana	4	Infantil	15	Médio
Claudia	12	Fundamental II	18	Superior
Mariana	2	Infantil		

Para que o cabeçalho das colunas seja impresso na página 2, como visualizado na figura II, foi utilizada a opção:

a) Layout da Página do grupo Modos de Exibição de Pasta de Trabalho, guia Arquivo.

b) Imprimir Títulos do grupo Configurar Página, guia Layout da Página.

c) Quebras do grupo Configurar Página, guia Layout da Página.

d) Margens do grupo Imprimir Página, guia Layout da Página.

e) Cabeçalho e Rodapé do grupo Texto, guia Inserir.

No editor de planilhas Microsoft Excel 2010, assim como em suas demais versões, existe uma estrutura pré-determinada de funções e fórmulas, e também existe a possibilidade de exibir o conteúdo em edição de várias formas. A visualização apresentada na questão é Imprimir Títulos do grupo Configurar Página, guia Layout da Página.

GABARITO: B.

---

272. **(2018 – PC/SP - Papiloscopista Policial)** Assumindo que foi digitada a fórmula =$F2-G$2 na célula H2 e que essa fórmula foi copiada e colada nas células H3 até H9, assinale a alternativa com o valor que aparecerá na célula H6 da planilha do MS-Excel 2010, em sua configuração original, exibida na figura.

	F	G	H
1	Vendas	Desconto	Total
2	R$ 1.000,00	R$ 500,00	R$ 500,00
3	R$ 1.500,00	R$ 750,00	
4	R$ 500,00	R$ 50,00	
5	R$ 1.900,00	R$ 950,00	
6	R$ 400,00	R$ 40,00	
7	R$ 300,00	R$ 30,00	
8	R$ 600,00	R$ 60,00	
9	R$ 100,00	R$ 10,00	

a) R$ 360,00.

b) R$ 400,00.

c) –R$ 960,00.

d) –R$ 100,00.

e) R$ 500,00.

No editor de planilhas Microsoft Excel 2010, assim como em suas demais versões, existe uma estrutura pré-determinada de funções e fórmulas, e =$F2-G$2 tem referências híbridas, com colunas e linhas bloqueadas e desbloqueadas. Quando se arrasta tal fórmula da célula H2 até H9, considerando o deslocamento da alça de preenchimento, o resultado da célula H6 será –R$ 100,00.

GABARITO: D.

---

273. **(2018 – PC/SP - Papiloscopista Policial)** Considere a planilha do MS-Excel 2010, em sua configuração original, exibida na figura a seguir.

	A	B
1	**Veículo**	**Acessórios**
2	Armada	◑ R$ 2.000
3	Equinox	○ R$ 1.000
4	Infinity	○ R$ 1.000
5	Lincoln	● R$ 3.000
6	Suburban	● R$ 3.000

Após selecionar todas a células foi aplicada a seguinte classificação na planilha:

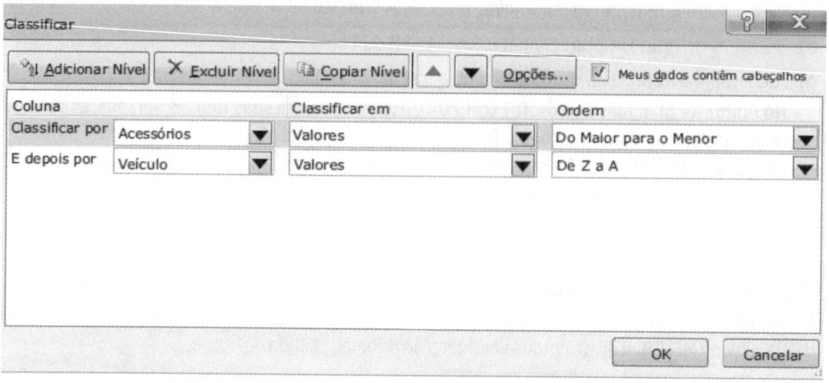

Após a execução da classificação citada, o veículo Equinox passou da linha 3 para a linha:

a) 5.

b) 4.

c) 6.

d) 2.

e) 3

No editor de planilhas Microsoft Excel 2010, assim como em suas demais versões, existe uma estrutura pré-determinada de funções e fórmulas. É possível também realizar classificação de colunas em ordem crescente ou decrescente, com as demais linhas das colunas ao lado acompanhando o deslocamento da coluna classificada.

GABARITO: C.

---

274. **(2018 – PC/SP - Papiloscopista Policial)** Considere os termos digitados no MS-Word 2010, em sua configuração original, exibidos a seguir.

Ao clicar duas vezes em , selecionar a palavra ***Papilos*** e selecionar a palavra copista, tem-se como resultado:

a) ***Papilos*** ***copista***

b) ***Papilos*** copista

c) Papilos copista

d) ***Papilos*** ***Papilos***

e) ***Papilos*** ***Papiloscopista***

Considerando o editor de textos Microsoft Word 2016, assim como suas versões anteriores, estilos e efeitos podem ser inseridos em um documento em edição. Dentre os principais efeitos, estão Negrito, Itálico e, Sublinhado, Tachado, Subscrito e Sobrescrito. O Pincel de Formatação permite copiar e colar a formatação de texto.

GABARITO: A.

---

275. **(2018 – PC/SP - Papiloscopista Policial)** Considere o documento do MS-Word 2010, na sua configuração padrão, conforme exibido na figura.

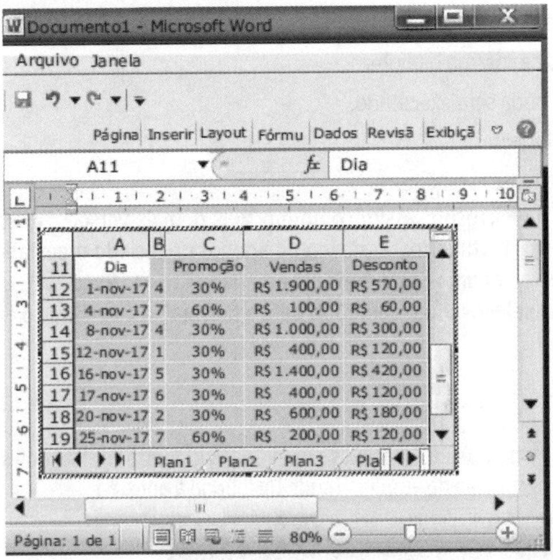

O usuário selecionou, copiou e colou uma planilha no documento Word com a intenção de editá-la, conforme se pode notar na figura. Para isso, ele utilizou a seguinte opção de colagem especial:

a) Imagem (Metarquivo Avançado): objeto.

b) Texto formatado (RTF) do Microsoft Excel: objeto.

c) Texto em unicode sem formatação: objeto.

d) Texto não formatado do Microsoft Excel: objeto.

e) Pasta de Trabalho do Microsoft Excel: objeto.

Considerando o editor de textos Microsoft Word 2010, assim como suas versões anteriores, é possível inserir elemento de um aplicativo dentro do elemento em edição, como uma planilha do Excel dentro do arquivo em edição do Word. Isso é feito por meio do recurso Pasta de Trabalho do Microsoft Excel: objeto.

GABARITO: E.

---

276. **(2018 – PC/SP - Papiloscopista Policial)** Considere a figura que apresenta a biblioteca Vídeos do MS-Windows 7, na sua configuração padrão, e que o usuário tem permissão de administrador. Responda à questão.

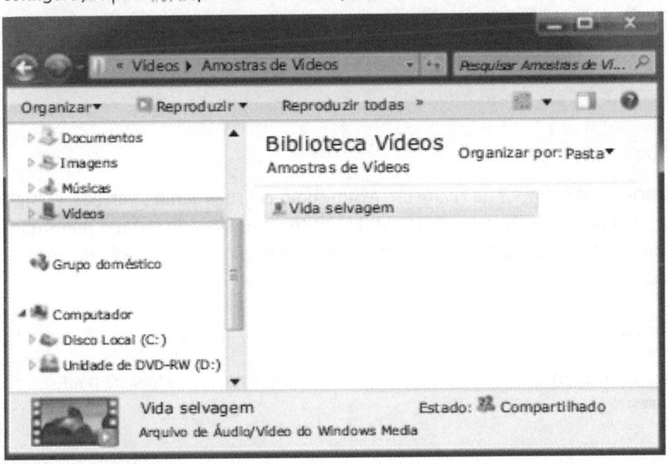

Após selecionar o arquivo Vida selvagem, o usuário pressiona simultaneamente Ctrl e X e, na sequência, Ctrl e V. Assinale a alternativa com o resultado das ações descritas.

a) O arquivo será apagado da biblioteca.

b) Será criado um atalho para o arquivo na mesma biblioteca.

c) Aparecerá uma mensagem de erro e nada será executado.

d) O arquivo será duplicado na mesma biblioteca.

e) Será gerada uma cópia do arquivo na mesma biblioteca.

No sistema operacional Windows 7 da Microsoft, assim como em suas demais versões, existem programas nativos, da categoria aplicativos e utilitários, assim como atalhos de teclado preestabelecidos. Quando o usuário seleciona um arquivo em uma pasta e executa o atalho Ctrl+X (Recortar) se não sair da pasta Ctrl+V (Colar), não será possível mover um conteúdo para a mesma pasta em que o arquivo já se encontra.

GABARITO: C.

---

277. **(2018 – PC/SP - Papiloscopista Policial)** Considere a figura que apresenta a biblioteca Vídeos do MS-Windows 7, na sua configuração padrão, e que o usuário tem permissão de administrador. Responda à questão.

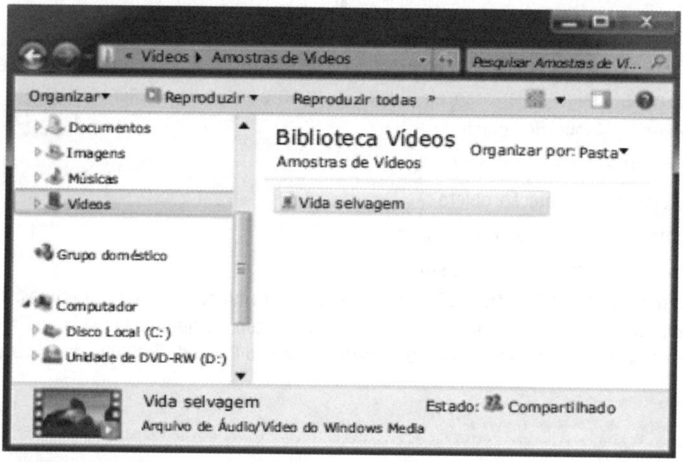

Assinale a alternativa com a ação que será executada quando o usuário arrastar o arquivo Vida selvagem, utilizando o botão principal do mouse, para o Disco Local (C:).

a) Colar.

b) Mover.

c) Recortar.

d) Gravar.

e) Copiar.

No sistema operacional Windows 7 da Microsoft, assim como em suas demais versões, existem programas nativos, da categoria aplicativos e utilitários, assim como atalhos de teclado preestabelecidos. É possível mover um arquivo de um diretório para outro, com ele sendo deslocado do endereço antigo para o novo indicado.

GABARITO: B.

---

278. **(2018 – PC/SP - Papiloscopista Policial)** Observe a janela do MS-Windows 7, na sua instalação padrão, apresentada parcialmente na figura a seguir.

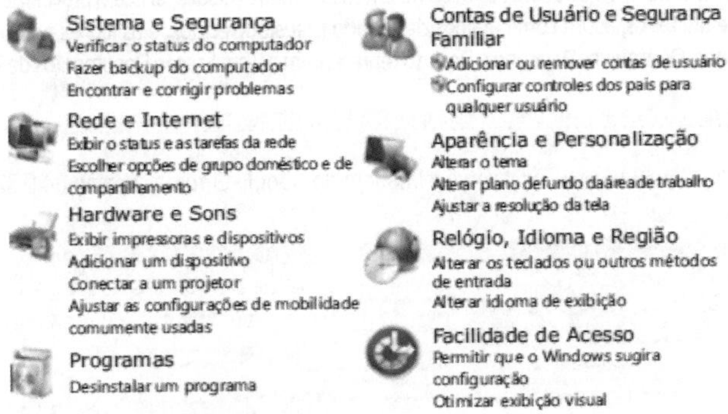

Assinale a alternativa que contém o link do menu Iniciar que exibe essa janela. O menu Iniciar aparece ao clicar no botão 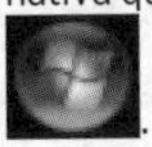.

a) Bibliotecas.

b) Computador.

c) Documentos.

d) Painel de Controle.

e) Grupo Doméstico.

No sistema operacional Windows 7 da Microsoft, assim como em suas demais versões, existem programas nativos, da categoria aplicativos e utilitários, assim como atalhos de teclado preestabelecidos, e o Painel de Controle é o local no Windows em que o usuário pode alterar configurações preestabelecidos.

GABARITO: D.

279. **(2018 – PC/SP - Papiloscopista Policial)** Observe os objetos da pasta Papiloscopista na biblioteca Documentos de um computador instalado com MS-Windows 7, na sua configuração padrão.

O comando de pesquisa tipo:="Documento de Texto" digitado no canto superior direito, na barra de pesquisa, trará como resultado o(s) seguinte(s) objeto(s):

a) Relatório e Deserto.

b) Militar, Segurança e Perito.

c) Civil e Polícia.

d) Material.

e) Perícia e Relatório.

No sistema operacional Windows 7 da Microsoft, assim como em suas demais versões, existem programas nativos, da categoria aplicativos e utilitários, assim como atalhos de teclado preestabelecidos, e os ícones apresentam os tipos de arquivos vinculados. Os arquivos Relatório e Deserto representam a visualização Documentos de Texto.

GABARITO: A.

---

280. **(2018 - Câmara de Indaiatuba /SP - Controlador Interno)** Observe a imagem do Google Chrome (Versão 64.0.3282.167), em sua configuração padrão.

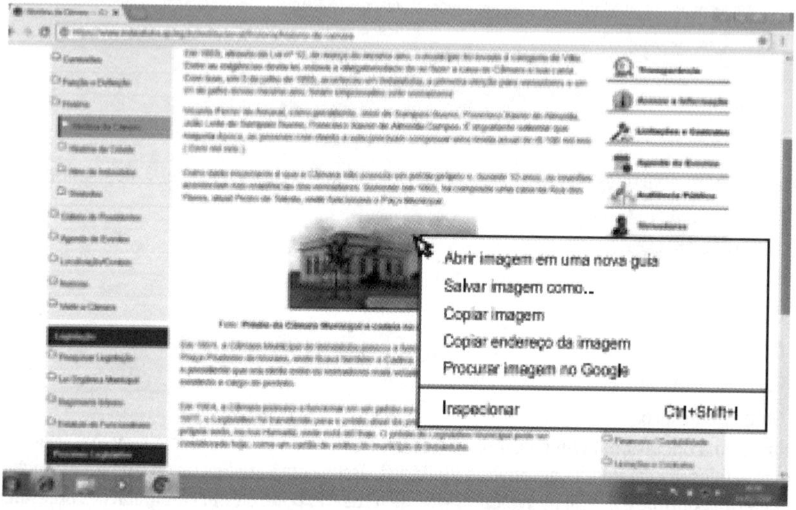

Para salvar a foto apresentada no portal como um arquivo local, usando apenas o navegador, o usuário pode clicar com o botão secundário do mouse, geralmente o botão direito, e clicar na opção:

a) Salvar imagem como...

b) Copiar endereço da imagem.

c) Abrir imagem em uma nova guia.

d) Copiar imagem.

e) Inspecionar.

Nos diversos tipos de browser é possível salvar uma imagem de um site, desde que tal imagem não esteja protegida contra cópias. A opção Salvar imagem como... permite tal ação.

GABARITO: A.

---

281. **(2018 - Câmara de Indaiatuba/SP - Controlador Interno)** Considere a planilha a seguir, extraída do MS-Excel 2010 em sua configuração padrão, para responder a questão.

	A	B	C
1	**Nome**	**Matrícula**	**Valor**
2	Carlos da Silva	12332	R$ 2.500,00
3	Armando Paulo	23345	R$ 3.000,00
4	Erivaldo Gomes	22334	R$ 3.000,00
5	Daiane Lima	54870	R$ 3.000,00
6	Alice Pereira	98966	R$ 2.500,00
7			

Assinale a alternativa que contém o valor resultante da fórmula =CONT.SE(C2:C6;">2500") após ser inserida na célula C7.

a) 6.

b) 5.

c) 4.

d) 3.

e) 2.

No editor de planilhas Microsoft Excel 2010, assim como em suas demais versões, existe uma estrutura pré-determinada de funções e fórmulas, e a função de CONTAGEM pede para que seja indicada uma condição para contagem de células, e na fórmula =CONT.SE(C2:C6;">2500") serão contadas as células do intervalo C2:C6 que tenham valores maiores do que 2500.

GABARITO: D.

---

282. **(2018 - Câmara de Indaiatuba/SP - Controlador Interno)** Observe a imagem a seguir, extraída Windows do Explorer do MS-Windows 7, em sua configuração padrão, para responder a questão.

Ao selecionar a pasta "Administrativo" com um clique do botão primário do mouse, geralmente o botão esquerdo, depois manter pressionada a tecla "Shift" e finalmente clicar no arquivo "Testes":

a) a pasta "Administrativo" será aberta em nova janela.

b) o arquivo "Testes" será enviado para a pasta "Administrativo".

c) todos os 10 itens serão selecionados.

d) o arquivo "Testes" será o único selecionado.

e) apenas a pasta "Administrativo" e o arquivo "Testes" serão selecionados.

No sistema operacional Windows 7 da Microsoft, assim como nas demais versões, existem programas nativos, da categoria aplicativos e utilitários, e atalhos de teclado preestabelecidos. Quando o usuário executar a ação de selecionar a pasta "Administrativo" com um clique do botão primário do mouse (geralmente o botão esquerdo) e pressionar a tecla Shift e, por fim, clicar no arquivo Testes, todos os 10 itens serão selecionados.

GABARITO: C.

---

283. **(2018 - Câmara de Indaiatuba/SP - Controlador Interno)** As três formas a seguir (quadrado, círculo e triângulo) estão sendo formatadas em um slide no MS-PowerPoint 2010, em sua configuração padrão. Entre os momentos **ANTES** e **DEPOIS**, o usuário utilizou o recurso, de modo que as formas sejam tratadas como um único objeto.

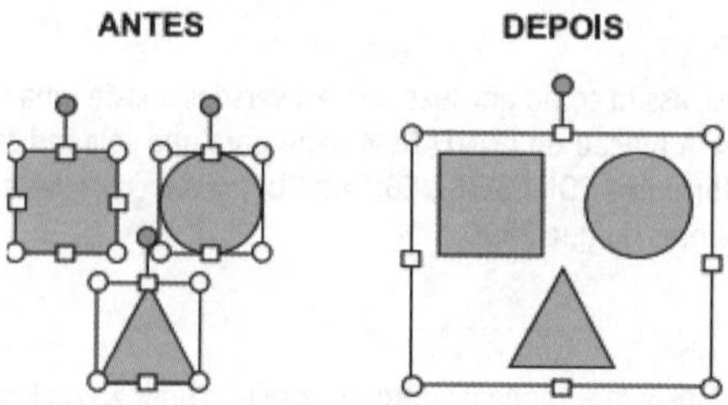

Assinale a alternativa que preenche corretamente a lacuna do enunciado. Considere que o recurso utilizado pode ser acessado no grupo Organizar, da guia Ferramentas de Desenho > Formatar.

a) Avançar.

b) Alinhar.

c) Girar.

d) Desagrupar.

e) Agrupar.

No editor de apresentações Microsoft PowerPoint 2010, assim como em suas demais versões, é possível inserir caixas de texto, imagens e formas geométricas, e esses elementos podem ser editados de forma independente, porém podem ser manipulados de forma conjunta, como tendo animação única. O caminho para isso é guia Ferramentas de Desenho > Formatar> Agrupar.

GABARITO: E.

---

284. **(2018 – PC/SP - Agente de Telecomunicações Policial)** Dois dos tipos de impressoras disponíveis no mercado são:

a) térmica e LCD.

b) matricial e plasma.

c) jato de tinta e laser.

d) 3D e EPROM.

e) de impacto e RAM.

Considerando os conceitos de hardware (parte física do computador), existem diversos tipos de impressoras, como matricial, jato de tinta, laser e térmica.

GABARITO: C.

---

285. **(2018 – PC/SP - Agente de Telecomunicações Policial)** Quando se deseja conectar um pen drive a um computador, é correto afirmar que o mesmo pode ser inserido na respectiva porta do computador, sem que seja danificado,

a) somente com o computador no modo hibernação.

b) somente no momento em que o computador é ligado.

c) apenas após o usuário ter digitado a tecla com o ícone do Windows.

d) a qualquer momento.

e) apenas com o computador desligado.

Considerando os conceitos de hardware (parte física do computador), os pen drives são plug and play, assim como os atuais sistemas operacionais, portanto, eles podem ser inseridos a qualquer momento sem danificação do hardware e dos dados inseridos.

GABARITO: D.

---

286. **(2018 – PC/SP - Agente de Telecomunicações Policial)** Uma mídia de armazenamento de dados utilizada em microcomputadores e que emprega a tecnologia óptica para armazenar e ler os dados é o:

a) mouse.

b) pen drive.

c) DVD.

d) ponteiro laser.

e) disco flexível.

Considerando os conceitos de hardware (parte física do computador). existem discos magnéticos como disquetes e discos óticos, CDs, DVDs, Blu-ray discs.

GABARITO: C.

---

287. **(2018 - Agente de Telecomunicações Policial)** O tipo de dispositivo que pode ser acoplado a uma porta USB de um microcomputador e que visa utilizar, normalmente, uma rede Wi-Fi para conexão do computador à Internet é o

a) scanner.

b) conversor HDMI.

c) adaptador wireless.

d) blue ray.

e) conversor DVI.

Considerando os conceitos de hardware (parte física do computador), os adaptadores wireless possibilitam acesso sem fio entre clientes e servidores de uma mesma rede de dados e serviços compartilhados.

GABARITO: C.

---

288. **(2018 – PC/SP - Agente de Telecomunicações Policial)** Há um tipo de mouse que utiliza um LED como emissor de luz, sendo essa luz captada por sensores, conforme se movimenta o mouse. Esse tipo de mouse é conhecido como:

a) óptico.

b) paralelo.

c) térmico.

d) de pressão.

e) mecânico.

Considerando os conceitos de hardware (parte física do computador), existem vários tipos de mouses, desde os mecânicos, que utilizam atrito físico para registro de deslocamento, até os atuais ópticos, que utilizam pontos de luz para deslocamento.

GABARITO: A.

---

289. **(2018 – PC/SP - Agente de Telecomunicações Policial)** O recurso de armazenamento na nuvem (*Cloud Storag* é bastante eficiente e útil para as necessidades de processamento e armazenamento de dados. Entretanto, deve-se tomar alguns cuidados no uso desse recurso, como:

a) acessar o sistema de armazenamento utilizando dispositivos móveis que permitem a comunicação de vários lugares.

b) acessar o sistema de armazenamento utilizando uma conexão sem fio com WPA-2.

c) realizar backups próprios, uma vez que não há esquema de backup no armazenamento na nuvem.

d) não realizar o compartilhamento dos arquivos, pois não há como configurar as permissões de acesso no armazenamento na nuvem.

e) acessar o sistema de armazenamento utilizando os recursos de criptografia e segurança da informação.

Em redes de computadores, considerando arquitetura, escopo e topologia padrões, o serviço de Cloud Storage permite o armazenamento de dados, e, como procedimento de segurança padrão, eles devem ser protegidos utilizando os recursos de criptografia e segurança da informação.

GABARITO: E.

---

290. **(2018 – PC/SP - Agente de Telecomunicações Policial)** O URL utilizado na Barra de endereço de um navegador identifica o tipo de informação que será encontrado no site visitado. No Brasil, o domínio REC.BR é utilizado para identificar sites de empresas com atividades de:

a) televisão.

b) turismo.

c) radiodifusão pela rede.

d) esportes.

e) entretenimento.

Em redes de computadores, considerando arquitetura, escopo e topologia padrões, as URLs indicam em suas extensões os tipos de serviços oferecidos pelos sites, e sites com a extensão REC.BR indicam páginas recreativas e de entretenimento.

GABARITO: E.

291. **(2018 – PC/SP - Agente de Telecomunicações Policial)** O site de pesquisa (busca) na Internet Google possibilita a realização de pesquisas direcionadas utilizando-se símbolos em conjunto com palavras e frases. Por exemplo, o uso do símbolo @ antes de uma palavra direciona a pesquisa para:

a) endereços de e-mail.

b) redes sociais.

c) nomes de domínio.

d) endereços de servidores de páginas.

e) um site específico.

O motor de pesquisa Google possui comandos avançados de busca, e, quando na frente de um termo é inserido @, tal termo é pesquisado em redes sociais.

GABARITO: B.

292. **(2018 – PC/SP - Agente de Telecomunicações Policial)** Ao navegar pela Internet, deve-se tomar o cuidado para não ser vítima de um ataque conhecido como phishing. Uma das formas desse tipo de ataque é:

a) a modificação do conteúdo de páginas web para apresentar propaganda ou dados falsos.

b) o roubo de dados pessoais como CPF e senha em comunicação que não utiliza o protocolo https.

c) a falsificação do certificado digital utilizado para acessar um site.

d) o roubo de dados pessoais e/ou financeiros utilizando páginas web falsas de comércio eletrônico.

e) o bloqueio do acesso a uma página web como se ela estivesse fora do ar.

Em redes de computadores, considerando arquitetura, escopo e topologia padrões, existem diversos golpes que atuam por engenharia social. Os phishing são fraudes que direcionam o usuário para sites falsos que apresentam algum tipo de golpe que afeta a confidencialidade.

GABARITO: D.

293. **(2018 – PC/SP - Agente de Telecomunicações Policial)** O acesso à Internet nos dias atuais é realizado, em grande parte, por meio da rede sem fio Wi-Fi (Wireless Fidelity). Nessas redes, mesmo que esteja sendo utilizado o WPA-2, os dados transmitidos podem ser rastreados e roubados no Access Point ou em outro equipamento de rede. Uma forma de proteção para evitar esse tipo de roubo é pelo uso de:

a) VLAN.

b) VPN.

c) WEP.

d) WAN.

e) WPS.

Em redes de computadores, considerando arquitetura, escopo e topologia padrões, um computador que está nas redes púbicas (internet) podem acessar computadores de redes privadas (intranets) por meio do método do tunelamento e de criação de VPNs (Redes Virtuais Privadas).

GABARITO: B.

---

294. **(2018 – PC/SP - Agente de Telecomunicações Policial)** Para se realizar a comunicação de dados (comunicação digital), pode-se utilizar diversos tipos de meios de transmissão. Dentre os tipos de meios, o que apresenta maior velocidade de transmissão é:

a) satélite.

b) pLC (comunicação pelo cabo de energia).

c) fibra ótica.

d) sem fio Wi-Fi.

e) cabo ADSL.

Em redes de computadores, considerando arquitetura, escopo e topologia padrões, os cabeamentos coaxial e de par trançado atuam com sinais elétricos, e têm uma taxa e manutenção de transmissão menores que os cabos de fibra ótica, que atuam com sinal de luz.

GABARITO: C.

---

295. **(2018 – PC/SP - Agente de Telecomunicações Policial)** Atualmente, o uso do sistema webmail é mais difundido que aquele que se utiliza de um programa específico de gerenciamento de e-mail. No sistema webmail, a pasta:

a) rascunhos fica armazenada na pasta Documentos do usuário do computador.

b) spam contém todos os e-mails recebidos com mais de um destinatário.

c) enviados se localiza no servidor de e-mail acessado por webmail.

d) entrada, ou Inbox, fica localizada no computador ou dispositivo móvel utilizado e armazena os e-mails recebidos.

e) lixeira é um atalho para a Lixeira do computador ou dispositivo móvel utilizado para o acesso por webmail.

No sistema de e-mails Microsoft Outlook 2010, assim como nos demais sistemas e inclusive no acesso de e-mail por meio do browser (Webmail), e no caso dos webmails, as mensagens recebidas e enviadas ficam localizadas nos servidores dos provedores e não nos computadores dos usuários.

GABARITO: C.

---

296. **(2018 – PC/SP - Agente de Telecomunicações Policial)** Considere que você recebeu uma mensagem de e-mail com um arquivo de imagem (no formato JPEG) anexo. Caso você utilize a opção de Responder esse e-mail, na ferramenta de gerenciamento de e-mails,

a) deve-se incluir um texto no corpo da mensagem para que a resposta seja enviada.

b) o Assunto da mensagem de resposta não pode ser editado.

c) o modo de texto (com ou sem formatação) da mensagem não pode ser alterado.

d) por padrão, todos os destinatários da mensagem original receberão a resposta.

e) por padrão, o arquivo de imagem não será anexado na mensagem de resposta.

No cabeçalho de um e-mail, é obrigatório haver, pelo menos, um destinatário, não importando se este destinatário está no campo Para (destinatário original), Cc (Com Cópia ou Cópia Carbono) ou Cco (Com Cópia Oculta ou Com Cópia Carbono Oculta). Quando um usuário responde uma mensagem para o remetente original, o conteúdo anexo na mensagem original não é anexado na resposta.

GABARITO: E.

INF

297. **(2018 – PC/SP - Agente de Telecomunicações Policial)** Um usuário da Internet está escrevendo uma mensagem de e-mail utilizando uma ferramenta típica de e-mail. Por um engano, o usuário, em vez de preencher os campos destinados para se colocar os endereços de e-mail (Para, Cc e Cco) escreveu o endereço do destinatário no campo Assunto e não preencheu os outros campos de endereço. Nessa situação,

a) ao enviar a mensagem, o sistema de e-mail retornará uma mensagem de endereço inválido.

b) a ferramenta de e-mail abrirá uma janela solicitando a confirmação do endereço destinatário como sendo aquele inserido no campo Assunto.

c) ao enviar a mensagem, o servidor de e-mail de destino retornará uma mensagem de usuário não encontrado.

d) o e-mail não será enviado, pois o sistema requer que pelo menos um destinatário seja especificado.

e) o e-mail será enviado corretamente, pois o sistema de e-mail faz a verificação e a correção automática do destinatário.

No cabeçalho de um e-mail, é obrigatório haver, pelo menos, um destinatário, não importando se este destinatário está no campo Para (destinatário original), Cc (Com Cópia ou Cópia Carbono) ou Cco (Com Cópia Oculta ou Com Cópia Carbono Oculta).

GABARITO: D.

---

298. **(2018 – PC/SP - Agente de Telecomunicações Policial)** No MS-Excel 2016 (em português e em sua configuração padrão), considere a janela Configurar Página, aba Planilha, item Imprimir. Nessa janela, pode-se selecionar opções para a impressão de um documento. Duas dessas opções disponíveis nessa janela são:

a) Linhas de grade; Preto e branco.

b) Linhas horizontais somente; Linhas de grade.

c) Título de linha e coluna; Colorido.

d) Qualidade de rascunho; Cores básicas.

e) Linhas verticais somente; Cores básicas.

No editor de planilhas Microsoft Excel 2016, assim como em suas demais versões, existe uma estrutura pré-determinada de funções e fórmulas, sendo possível formatar a impressão de documentos. Dentre as tais opções, é possível imprimir ou não Linhas de grade; Preto e branco.

GABARITO: A.

---

299. **(2018 – PC/SP - Agente de Telecomunicações Policial)** No MS-Excel 2016 (em português e em sua configuração padrão), considere a função SE. Assinale a alternativa que apresenta a sintaxe correta de uso da função SE:

a) SE (condição_1; condição_2; valor_1; valor_2).

b) SE (teste_lógico; valor_se_falso; valor_se_verdadeiro).

c) SE (teste_lógico; valor).

d) SE (condição_1; condição_2; valor).

e) SE (teste_lógico; valor_se_verdadeiro; valor_se_falso).

No editor de planilhas Microsoft Excel 2016, assim como em suas demais versões, existe uma estrutura pré-determinada de funções e fórmulas, e a função SE tem a seguinte sintaxe SE: (teste_lógico; valor_se_verdadeiro; valor_se_falso).

GABARITO: E.

---

300. **(2018 – PC/SP - Agente de Telecomunicações Policial)** Analise a seguinte planilha editada no MS-Excel 2016 (em português e em sua configuração padrão).

	A	B
1	Paulo	Eduardo
2	João	Marcelo

Caso seja inserida na célula **D1** a fórmula =CONCATENAR(A1;B2) resultará nessa célula:

a) Paulo+Marcelo.

b) PauloMarcelo.

c) Paulo Eduardo Joao Marcelo.

d) Paulo+Eduardo+Joao+Marcelo.

e) Paulo-Eduardo-Joao-Marcelo.

No editor de planilhas Microsoft Excel 2016, assim como em suas demais versões, existe uma estrutura pré-determinada de funções e fórmulas, e a função CONCATENAR faz a junção dos elementos contidos nas células inseridas, portanto, a fórmula =CONCATENAR(A1;B2) devolve o resultado PauloMarcelo.

GABARITO: B.

DIREITO CONSTITUCIONAL

Administração Pública - Arts. 37 e 38 da CF/1988

01. **(2019 – TJ/SP – Administrador Judiciário)** Nos termos da Constituição Federal, a Administração Pública direta e indireta de qualquer dos Poderes da União, dos Estados, do Distrito Federal e dos Municípios obedecerá aos princípios de legalidade, impessoalidade, moralidade, publicidade e eficiência. Assim, é correto afirmar que:

a) o prazo de validade do concurso público será de até um ano, prorrogável uma vez, por igual período.

b) o prazo de validade do concurso público será de até dois anos, vedada a prorrogação por qualquer período.

c) os cargos, empregos e funções públicas são acessíveis aos brasileiros que preencham os requisitos estabelecidos em lei, assim como aos estrangeiros, na forma da lei.

d) é vedada a vinculação de quaisquer espécies remuneratórias para o efeito de remuneração de pessoal do serviço público, permitida a equiparação.

e) os cargos, empregos e funções públicas são acessíveis aos brasileiros que preencham os requisitos estabelecidos em lei, excetuados os estrangeiros.

Analisando cada alternativa:

A: O prazo de validade será de até dois anos (Art. 37, III, da CF).

B: É permitida a prorrogação, uma vez, por igual período.

C: A alternativa correta repete o texto do Art. 37, inciso I, da Constituição Federal: *I - os cargos, empregos e funções públicas são acessíveis aos brasileiros que preencham os requisitos estabelecidos em lei, assim como aos estrangeiros, na forma da lei.*

D: De acordo com o Art. 37, inciso XIII, da CF, é vedada a vinculação ou equiparação de quaisquer espécies remuneratórias para o efeito de remuneração de pessoal do serviço público.

E: Os cargos, empregos e funções públicas, de fato, são acessíveis aos brasileiros que preencham os requisitos estabelecidos em lei; aos estrangeiros, contudo, não será vedado o ingresso, mas deverá se dar na forma da lei (Art. 37, I, CF).

GABARITO: C.

---

02. **(2019 – SEDUC/SP – Oficial Administrativo)** É correto afirmar que a Constituição Federal veda a acumulação remunerada de cargos públicos:

a) independentemente de haver ou não compatibilidade de horário.

b) somente na hipótese de não existir a possibilidade de compatibilizar o horário.

c) prevendo como única exceção, quando houver compatibilidade de horário, a de dois cargos ou empregos privativos de profissionais de saúde, com profissões regulamentadas.

d) prevendo como uma das hipóteses de exceção, quando houver compatibilidade de horário, a de dois cargos de professor.

e) prevendo como única exceção, quando houver compatibilidade de horário, a de um cargo de professor com outro técnico ou científico.

A Constituição Federal, em regra, veda a acumulação remunerada de cargos públicos. Contudo, excepcionalmente, a acumulação remunerada será possível em duas situações diferentes: em primeiro lugar, de acordo com o Art. 38 da Constituição Federal, será possível ao servidor público da administração direta, autárquica e fundacional, se houver compatibilidade de horários, cumular o cargo, emprego ou função público com mandato de Vereador, percebendo as vantagens cumulativamente; também será possível, havendo compatibilidade de horários e respeitado o teto da remuneração instituído no Art. 37, inciso XI, da CF, a acumulação nas seguintes hipóteses:

a) a de dois cargos de professor;

b) a de um cargo de professor com outro técnico ou científico;

c) a de dois cargos ou empregos privativos de profissionais de saúde, com profissões regulamentadas.

Vale o registro, ainda, que o Supremo Tribunal Federal entende que nas situações jurídicas em que a CF autoriza a acumulação de cargos, o teto remuneratório é considerado em relação à remuneração de cada um deles, e não ao somatório do que é recebido. [STF, Pleno, RE 612.975 e RE 602.043, rel. Min. Marco Aurélio, j. 27-4-2017, DJE de 8-9-2017, Tema 377 e Tema 384].

GABARITO: D.

---

03. **(2019 - Câmara de Tatuí/SP - Procurador Legislativo)** Nos termos da Constituição Federal, é correto afirmar que, na Administração Pública, a remuneração e o subsídio dos ocupantes de cargos, funções e empregos públicos da administração direta, autárquica e fundacional, dos membros de qualquer dos Poderes da União, dos Estados, do Distrito Federal e dos Municípios, dos detentores de mandato eletivo e dos demais agentes políticos e os proventos, pensões ou outra espécie remuneratória, percebidos cumulativamente ou não, incluídas as vantagens pessoais ou de qualquer outra natureza, não poderão exceder o subsídio mensal, em espécie,

a) dos Ministros do Supremo Tribunal Federal, e têm como limite, nos Municípios, o subsídio do Governador.

b) dos Ministros do Supremo Tribunal Federal, e têm como limite, nos Municípios, o subsídio do Prefeito.

c) dos Desembargadores do Tribunal de Justiça, e têm como limite o subsídio dos Deputados Estaduais e Distritais no âmbito do Poder Executivo.

d) dos Desembargadores do Tribunal de Justiça, e têm como limite, nos Estados e no Distrito Federal, o subsídio mensal do Governador no âmbito do Poder Executivo e Legislativo.

e) dos Ministros do Supremo Tribunal Federal, e têm como limite, nos Estados e no Distrito Federal, o subsídio mensal do Governador no âmbito do Poder Executivo e Legislativo.

A questão trata do mais longo inciso do Art. 37 da Constituição Federal. Esse inciso estabelece, em primeiro lugar, que a **remuneração e o subsídio dos ocupantes de cargos, funções e empregos públicos da administração direta, autárquica e fundacional, dos membros de qualquer dos Poderes** da União, dos Estados, do Distrito Federal e dos Municípios, dos detentores de mandato eletivo e dos demais agentes políticos **e os proventos, pensões ou outra espécie remuneratória, percebidos cumulativamente ou não, incluídas as vantagens pessoais ou de qualquer outra natureza, não poderão exceder o subsídio mensal, em espécie, dos Ministros do Supremo Tribunal Federal.** Na sequência, a Constituição estabelece **limites** específicos para Municípios e Estados, da seguinte maneira:

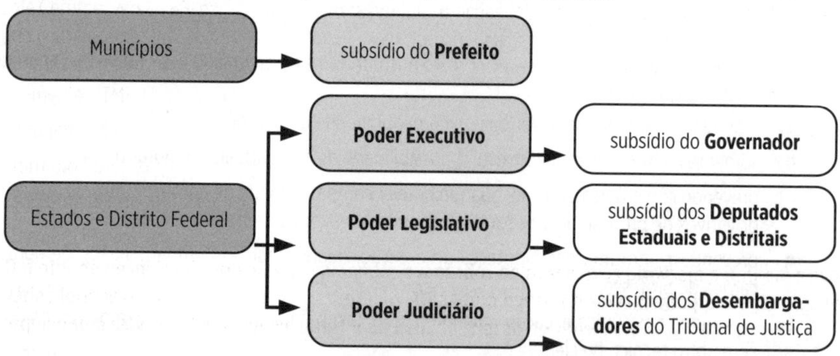

Em relação ao subsídio dos Desembargadores do Tribunal de Justiça, registre-se que será limitado a 90,25% do subsídio mensal, em espécie, dos Ministros do Supremo Tribunal Federal, no âmbito do Poder Judiciário, aplicável esse limite aos membros do Ministério Público, aos Procuradores e aos Defensores Públicos. De acordo com o Supremo Tribunal Federal, ademais, *a expressão 'Procuradores', contida na parte final do inciso XI do Art. 37 da Constituição da República, compreende os Procuradores Municipais, uma vez que esses se inserem nas funções essenciais à Justiça, estando, portanto, submetidos ao teto de noventa inteiros e vinte e cinco centésimos por cento do subsídio mensal, em espécie, dos Ministros do Supremo Tribunal Federal* [STF, Pleno, RE 663.696, rel. Min. Luiz Fux, j. 28-2-2019, DJE de 22-8-2019, Tema 510].

GABARITO: B.

---

04. **(2019 - Prefeitura de Itapevi/SP - Analista Jurídico/Procurador Municipal)** Considere a seguinte situação hipotética: No município de Itapevi, a contratação de profissionais da área da saúde está condicionada à proibição de acumulação remunerada de cargos ou empregos públicos quando a jornada de trabalho for superior a 60 horas semanais. Nos termos da jurisprudência firmada pelo Supremo Tribunal Federal, essa condicionante:

a) é inconstitucional, uma vez que inexiste tal requisito na Constituição Federal e o município não pode criar restrições para o acúmulo remunerado de cargos ou empregos públicos privativos de profissionais da área da saúde.

b) é constitucional, porque o servidor deve gozar de boas condições físicas e mentais para o desempenho de suas atribuições, e cabe à Administração Pública estabelecer administrativamente o máximo de horas trabalhadas para esse fim, apenas com relação aos profissionais da área da saúde.

c) é constitucional se o município estabeleceu previamente essa limitação, por meio de lei ordinária, especificamente para os profissionais da área da saúde.

d) somente será inconstitucional se não houver legislação estadual prevendo tal limitação das horas de trabalho, no acúmulo remunerado de cargos ou empregos públicos privativos de profissionais da área da saúde.

e) que impossibilita a acumulação remunerada de cargos ou empregos públicos privativos de profissionais da área de saúde, quando a jornada de trabalho for superior a 60 horas semanais, obedece ao princípio da eficiência da Administração Pública.

A jurisprudência do Supremo Tribunal Federal estabelece que os entes federativos não podem estabelecer óbices à acumulação remunerada quando incidir as hipóteses autorizadas pela Constituição Federal. Assim, se forem os cargos estabelecidos na norma (dois de professor, dois de profissional de saúde ou um de professor com um técnico ou científico) e havendo compatibilidade de horários, não é possível a criação de outros limites. Veja-se: *Agravo regimental no recurso extraordinário com agravo.* Servidor público. Acumulação de cargos. Compatibilidade de horários. Fixação de jornada por legislação infraconstitucional. Limitação da acumulação. Impossibilidade. Precedentes. A jurisprudência da Corte é no sentido de que a Constituição Federal autoriza a acumulação remunerada de dois cargos públicos privativos de profissionais da saúde quando há compatibilidade de horários no exercício das funções e que a existência de norma infraconstitucional que estipula limitação de jornada semanal não constitui óbice ao reconhecimento do direito à acumulação prevista no Art. 37, inciso XVI, alínea c [STF, 2ª T., ARE 859.484, rel. Min. Dias Toffoli, j. 12-05-2015, DJE de 18-06-2015]

GABARITO: A.

---

05. **(2019 - Prefeitura de Guarulhos/SP - Inspetor Fiscal de Rendas)** A Constituição Federal, ao tratar "Da Administração Pública", estabelece no § 1º do Art. 37, a proibição de promoção pessoal de autoridades ou servidores públicos por meio de símbolos ou imagens na publicidade dos atos, programas, obras, serviços e campanhas de órgãos públicos. Nos termos da doutrina majoritária, essa é uma consequência direta do princípio constitucional da:

a) supremacia do interesse público.

b) publicidade.

c) eficiência.

d) impessoalidade.

e) presunção de legitimidade.

Em que pese o dispositivo utilize a expressão publicidade, o princípio protegido é a impessoalidade, visando a não vinculação da pessoa da autoridade ou servidor público, mas sim da pessoa jurídica de direito público (União, Estado, Distrito Federal ou Município) responsável pelo ato, programa, obra, serviço ou campanha. De acordo com o Supremo Tribunal Federal, o dispositivo impede *que haja qualquer tipo de identificação entre a publicidade e os titulares dos cargos, alcançando os partidos políticos a que pertençam. O rigor do dispositivo constitucional que assegura o princípio da impessoalidade vincula a publicidade ao caráter educativo, informativo ou de orientação social é incompatível com a menção de nomes, símbolos ou imagens, aí incluídos slogans, que caracterizem promoção pessoal ou*

de servidores públicos. A possibilidade de vinculação do conteúdo da divulgação com o partido político a que pertença o titular do cargo público mancha o princípio da impessoalidade e desnatura o caráter educativo, informativo ou de orientação que constam do comando posto pelo constituinte dos oitenta. **[STF, 1ª Turma, RE 191.668, rel. Min. Menezes Direito, j. 15-4-2008, DJE de 30-5-2008].**

GABARITO: D.

---

06. **(2019 – Prefeitura de Sorocaba/SP – Técnico de Controle Administrativo)** Um prefeito recém-eleito, com ampla experiência na área privada, mas com pouca experiência no setor público, propôs à sua equipe de Secretários e Assessores a criação de um serviço de atendimento ao cidadão, bairro a bairro, 24 horas por dia. Parte da equipe questionou os custos desse serviço, o retorno esperado, bem como a necessidade concreta da proposta apresentada pelo prefeito, dada a baixa demanda da população durante a madrugada. Para sustentar o argumento contrário à ideia, um dos assessores utilizou corretamente o princípio constitucional da Administração Pública descrito na seguinte alternativa:

a) Eficácia, na medida em que o horário imaginado de atendimento geraria ociosidade e, portanto, um custo desnecessário e um serviço com baixa demanda.

b) Eficiência, pois espera-se que a gestão pública seja simples, que preste seus serviços com excelência e pautada pelo custo-benefício.

c) Moralidade, por entender que o município tem outras demandas mais urgentes na saúde, na educação e mesmo na assistência social.

d) Legalidade, pois o prefeito levou em consideração as Leis vigentes no município, ou seja, a proposta apresenta respaldo legal para existir.

e) Impessoalidade, pois os cidadãos devem ser tratados de forma discriminatória, e o horário noturno, ou a madrugada, não estaria acessível à maioria dos moradores.

A: Não há previsão expressa do princípio da eficácia em relação à administração pública na Constituição Federal.

B: Por representar uma das definições possíveis do princípio da eficiência: uma gestão pública simples, que preste seus serviços com excelência, pautada pelo custo-benefício. Esse princípio, vale lembrar, foi previsto expressamente no *caput* do Art. 37 da Constituição Federal, a partir da edição da Emenda Constitucional 19/1998.

C: O principal conteúdo do princípio da moralidade é a probidade administrativa, sendo que *o princípio da moralidade administrativa – enquanto valor constitucional revestido de caráter ético-jurídico – condiciona a legitimidade e a validade dos atos estatais. A atividade estatal, qualquer que seja o domínio institucional de sua incidência, está necessariamente subordinada à observância de parâmetros ético--jurídicos que se refletem na consagração constitucional do princípio da moralidade administrativa. Esse postulado fundamental, que rege a atuação do poder público, confere substância e dá expressão a uma pauta de valores éticos sobre os quais se funda a ordem positiva do Estado.* [STF, Pleno, ADI 2.661 MC, rel. Min. Celso de Mello, j. 5-6-2002, DJ de 23-8-2002].

D: A legalidade consiste, a rigor, na realização da administração nos exatos limites da lei, como bem definido na alternativa. Ocorre, contudo, que não há na questão qualquer menção à existência de lei (ou qualquer ato normativo) autorizando a proposta do Prefeito.

E: A impessoalidade tem justamente a função de não tratar as pessoas de forma discriminatória.

GABARITO: B.

---

07. **(2019 – Câmara Municipal de Monte Alto/SP – Procurador Jurídico)** Nos termos da Constituição Federal, sobre a Administração Pública, é correto afirmar que:

a) as funções de confiança, exercidas também por servidores ocupantes de cargo efetivo, e os cargos em comissão, a serem preenchidos por servidores de carreira nos casos, condições e percentuais mínimos previstos em lei, destinam-se apenas às atribuições de assessoramento.

b) a proibição de acumulação remunerada de cargos públicos estende-se a empregos e funções, mas não abrange autarquias, fundações, empresas públicas, sociedades de economia mista, suas subsidiárias, e sociedades controladas, diretamente, pelo poder público.

c) os vencimentos dos cargos do Poder Legislativo e do Poder Judiciário poderão ser superiores aos pagos pelo Poder Executivo, porém é vedada a vinculação ou equiparação de quaisquer espécies remuneratórias para o efeito de remuneração de pessoal do serviço público.

d) não é garantido ao servidor público civil o direito à livre associação sindical, e o direito de greve será exercido nos termos e nos limites definidos em lei específica.

e) somente por lei específica poderá ser criada autarquia e autorizada a instituição de empresa pública, de sociedade de economia mista e de fundação, cabendo à lei complementar, neste último caso, definir as áreas de sua atuação.

A: A alternativa está incorreta por utilizar a expressão *apenas* ao final, pois as funções de confiança e os cargos em comissão podem ser destinados não só às atribuições de assessoramento, mas também de direção e chefia (lembre-se da mnemônica *DAC*: direção, chefia e assessoramento).

B: De acordo com o Art. 37, inciso XVII, da Constituição Federal, *a proibição de acumular estende-se a empregos e funções e abrange autarquias, fundações, empresas públicas, sociedades de economia mista, suas subsidiárias, e sociedades controladas, direta ou indiretamente, pelo poder público.*

C: De acordo com o inciso XII do Art. 37 da CF, os vencimentos dos cargos do Poder Legislativo e do Poder Judiciário não poderão ser superiores aos pagos pelo Poder Executivo.

D: A Constituição Federal prevê justamente o contrário em relação a primeira parte da assertiva: é garantido ao servidor público civil o direito à livre associação sindica (Art. 37, VI, CF). A afirmação em relação à regra está correta (inciso VII do mesmo artigo).

E: A alternativa reproduz o texto do Art. 37, inciso XIX, da Constituição Federal: *somente por lei específica poderá ser criada autarquia e autorizada a instituição de empresa pública, de sociedade de economia mista e de fundação, cabendo à lei complementar, neste último caso, definir as áreas de sua atuação.*

GABARITO: E.

---

08. **(2019 – Prefeitura Arujá/SP – Chefe da Divisão de Abastecimento e Merenda Escolar)** Com relação à Administração Pública, assinale a alternativa que está em consonância com o disposto na Constituição Federal.

a) A contratação de obras, serviços, compras e alienações deve se dar por meio de processo simplificado, visando celeridade e agilidade nos serviços prestados pelos órgãos públicos.

b) A regra de contratação de prestadores de serviços e de obras pelo poder público é que sejam levadas em conta as diferenças de condições entre os concorrentes interessados.

c) O processo de licitação pública somente permitirá as exigências de qualificação técnica e econômica indispensáveis à garantia do cumprimento das obrigações a serem contratadas.

d) A lei não poderá estabelecer casos de contratação de obras, compras, serviços e alienações por dispensa de licitação.

e) Os serviços, obras e compras a serem contratados mediante processo de licitação pública serão apenas naqueles casos em que haja complexidade ou elevados valores.

A: O tipo de procedimento licitatório depende do caso concreto, devendo seguir a Lei nº 8.666/1993, sendo mais simples ou mais concreto a depender dos critérios estabelecidos pela lei. Ademais, a própria Constituição estabelece o processo de licitação pública para compras, obras, serviços e alienações (é o CASO de licitar).

B: As condições efetivas da proposta serão estabelecidas previamente na licitação, somente podendo ser levadas em contas as exigências constitucionais indispensáveis à garantia do cumprimento das obrigações, para privilegiar a igualdade entre os concorrentes, o que é reforçado, inclusive, pelo Art. 3º da Lei nº 8.666/1993: *a licitação destina-se a garantir a observância do princípio constitucional da isonomia, a seleção da proposta mais vantajosa para a administração e a promoção do desenvolvimento nacional sustentável e será processada e julgada em estrita conformidade com os princípios básicos da legalidade, da impessoalidade, da moralidade, da igualdade, da publicidade, da probidade administrativa, da vinculação ao instrumento convocatório, do julgamento objetivo e dos que lhes são correlatos.*

C: De acordo com o Art. 37, XXI, da Constituição Federal, *ressalvados os casos especificados na legislação, as obras, os serviços, as compras e as alienações serão contratados mediante* ***processo de licitação pública que assegure igualdade de condições a todos os concorrentes****, com cláusulas que estabeleçam obrigações de pagamento, mantidas as condições efetivas da proposta, nos termos da lei, o qual* ***somente permitirá as exigências de qualificação técnica e econômica indispensáveis à garantia do cumprimento das obrigações.***

D: Ao ressalvar os casos especificados na legislação, a Constituição Federal autoriza o estabelecimento de hipóteses de dispensa.

E: A Constituição não estabelece, *a priori*, esse entendimento. O que temos, em verdade, é a licitação como regra, havendo, no entanto, exceções previstas no ordenamento em situações específicas.

GABARITO: C.

---

09. **(2019 – Prefeitura Arujá/SP – Chefe da Divisão de Abastecimento e Merenda Escolar)** A Carta Magna brasileira estabelece como penas a suspensão dos direitos políticos, a perda da função pública, a indisponibilidade dos bens e o ressarcimento ao erário, na forma e gradação previstas em lei, para os:

a) crimes contra a Administração Pública.

b) atos de improbidade administrativa.

c) crimes hediondos.

d) crimes de racismo, prática da tortura e o tráfico ilícito de entorpecentes.

e) crimes políticos.

De acordo com o Art. 37, § 4º, da Constituição: **os atos de improbidade administrativa** importarão na forma e gradação previstas em lei, sem prejuízo da ação penal cabível, nas seguintes consequências:

- ***a suspensão dos direitos políticos;***
- ***a perda da função pública;***
- ***a indisponibilidade dos bens; e***
- ***o ressarcimento ao erário.***

GABARITO: B.

---

10. **(2019 – Prefeitura de Arujá/SP – Advogado)** A Constituição Federal prevê, dentre outras, as seguintes sanções pela prática de atos de improbidade administrativa:

a) cassação dos direitos políticos e perda da função pública.

b) suspensão dos direitos políticos e confisco de bens.

c) perda da função pública e indisponibilidade de bens.

d) perda dos direitos políticos e ressarcimento ao erário.

e) perda da função pública e confisco de bens.

Nos termos do Art. 37, § 4º, da CF, *atos de improbidade administrativa importarão a suspensão dos direitos políticos, a perda da função pública, a indisponibilidade dos bens e o ressarcimento ao erário, na forma e gradação previstas em lei, sem prejuízo da ação penal cabível.*

GABARITO: C.

---

11. **(2019 - Prefeitura de Arujá/SP - Chefe de Divisão Pessoal)** Em relação à Administração Pública, e conforme disciplinado na Constituição Federal, assinale a alternativa correta.

a) Os cargos, empregos ou funções públicas são acessíveis apenas aos brasileiros natos, maiores de 21 (vinte e um) anos de idade e que preencham os requisitos exigidos em lei.

b) A remuneração dos servidores públicos e o subsídio somente poderão ser alterados por decreto da autoridade competente.

c) Os vencimentos dos cargos dos Poderes Legislativo, Executivo e Judiciário são iguais para todos os fins de direitos.

d) A vinculação ou equiparação salarial de qualquer espécie poderá servir de base para a fixação remuneratória de pessoal ou servidor público.

e) É garantido ao servidor público civil o direito à livre associação sindical, assim como o direito de greve, que será exercido nos termos e nos limites definidos em lei específica.

A: Os cargos, empregos ou funções são acessíveis, em regra, a todos os brasileiros, independentemente de seres natos ou naturalizados. Somente a própria Constituição Federal cria cargos privativos de brasileiros natos (nos Arts. 12, § 3º, e 89, inciso VII); a idade mínima, de outro lado, é de 18 anos e não de 21;

B: De acordo com o inciso X da Constituição Federal, ***a remuneração dos servidores públicos e o subsídio de que trata o § 4º do Art. 39 somente poderão ser fixados ou alterados*** **por lei específica,** ***observada a iniciativa privativa em cada caso, assegurada revisão geral anual, sempre na mesma data e sem distinção de índices.***

C: Não há o estabelecimento de igualdade de vencimentos dos cargos dos diferentes poderes, havendo, inclusive, diferentes tetos remuneratórios entre eles (CF Art. 37, XI, CF), sendo que, de acordo com o Art. 37, XII, da CF, os vencimentos dos cargos do Poder Legislativo e do Poder Judiciário não poderão ser superiores aos pagos pelo Poder Executivo.

D: Ao contrário do afirmado, a Constituição veda a vinculação ou equiparação de quaisquer espécies remuneratórias para o efeito de remuneração de pessoal do serviço público (Art. 37, XIII, CF). Nesse sentido, o Supremo Tribunal Federal estabelece que ***a jurisprudência da Corte é pacífica no que tange ao não cabimento de qualquer espécie de vinculação da remuneração de servidores públicos, repelindo, assim, a vinculação da remuneração de servidores do Estado a fatores alheios à sua vontade e ao seu controle; seja às variações de índices de correção editados pela União; seja aos pisos salariais profissionais.*** **[STF, Pleno, ADI 668, rel. Min. Dias Toffoli, j. 19-2-2014, DJE de 28-3-2014.]** ***Conforme reiterada jurisprudência desta Corte, mostra-se inconstitucional a equiparação de vencimentos entre servidores estaduais e federais, por ofensa aos Arts. 25 e 37, XIII*** **[STF, Pleno, ADI 196, rel. Min. Ellen Gracie, j. 15-8-2002, DJ de 20-9-2002.].**

E: A Constituição Federal prevê expressamente ser ***garantido ao servidor público civil o direito à livre associação sindical*** **(Art. 37, VI, CF), sendo que** ***o direito de greve será exercido nos termos e nos limites definidos em lei específica*** **(Art. 37, VII, CF).**

GABARITO: E.

12. **(2019 – Prefeitura de Arujá/SP – Encarregado/Cadastro Imobiliário)** São princípios constitucionais da Administração Pública previstos no *caput* do Art. 37 da Constituição Federal a serem observados pelos servidores públicos:

a) probidade, eticidade, publicidade, legalidade, modicidade.

b) legalidade, eticidade, transparência, probidade, moralidade.

c) eficiência, modicidade, legalidade, publicidade.

d) moralidade, impessoalidade, legalidade, eficácia, probidade.

e) impessoalidade, moralidade, eficiência, publicidade, legalidade.

De acordo com o Art. 37 da Constituição Federal, a administração pública direta e indireta de qualquer dos Poderes da União, dos Estados, do Distrito Federal e dos Municípios obedecerá aos princípios de:

Legalidade;

Impessoalidade;

Moralidade;

Publicidade; e

Eficiência.

GABARITO: E.

13. **(2019 – Prefeitura de Poá/SP – Procurador)** Nos termos da Constituição Federal, a respeito da Administração Pública é correto afirmar que:

a) as funções de confiança, exercidas por servidores não efetivos, e os cargos em comissão, a serem preenchidos por servidores de carreira nos casos, condições e percentuais mínimos previstos em lei, destinam-se somente às atribuições de assessoramento.

b) somente por lei específica poderá ser criada autarquia e autorizada a instituição de empresa pública, de sociedade de economia mista e de fundação, cabendo ao decreto do Poder Executivo, neste último caso, definir as áreas de sua atuação.

c) os acréscimos pecuniários percebidos por servidor público serão computados e acumulados para fins de concessão de acréscimos ulteriores, desde que lei complementar os regulamente.

d) os atos de improbidade administrativa importarão a suspensão dos direitos políticos e da função pública, a indisponibilidade dos bens e o ressarcimento ao erário, na forma e gradação previstas em lei, com prejuízo de eventual ação penal cabível.

e) a lei disciplinará as formas de participação do usuário na administração pública direta e indireta, regulando, dentre outras, as reclamações relativas à prestação dos serviços públicos em geral, asseguradas a manutenção de serviços de atendimento ao usuário e a avaliação periódica, externa e interna, da qualidade dos serviços.

A: A alternativa está incorreta por utilizar a expressão *apenas* ao final, pois as funções de confiança e os cargos em comissão podem ser destinados não só às atribuições de assessoramento, mas também de direção e chefia (lembre-se da mnemônica *DAC*: direção, chefia e assessoramento).

B: Caberá à *lei complementar* e não ao decreto do Poder Executivo, definir as áreas de atuação da fundação (Art. 37, § XIX, CF).

C: De acordo com o Art. 37, inciso XIV, da CF, *os acréscimos pecuniários percebidos por servidor público não serão computados nem acumulados para fins de concessão de acréscimos ulteriores.*

D: As sanções previstas para a improbidade serão impostas *sem* prejuízo de eventual ação penal cabível, isto é, poderá haver a cumulação das responsabilidades.

E: De acordo com o Art. 37, § 3º, da Constituição Federal, a lei disciplinará as formas de participação do usuário na administração pública direta e indireta, regulando especialmente:

I. *as reclamações relativas à prestação dos serviços públicos em geral, asseguradas a manutenção de serviços de atendimento ao usuário e a avaliação periódica, externa e interna, da qualidade dos serviços;*

II. o acesso dos usuários a registros administrativos e a informações sobre atos de governo;

III. a disciplina da representação contra o exercício negligente ou abusivo de cargo, emprego ou função na administração pública.

GABARITO: E.

---

14. **(2019 – PM/SP – Aluno-Oficial)** Apolo é funcionário público e praticou um ato de improbidade administrativa. Nessa hipótese, portanto, a Constituição Federal dispõe, expressamente, que, para esse ato específico, Apolo estará sujeito, dentre outras, às seguintes sanções:

a) proibição de contratar com o poder público e cassação dos direitos políticos.

b) pena de detenção e suspensão dos direitos políticos.

c) pena de reclusão e ressarcimento dos danos ao erário.

d) suspensão da função pública e dos direitos políticos.

e) suspensão dos direitos políticos e indisponibilidade dos seus bens.

A: A cassação dos direitos políticos é vedada pela Constituição (Art. 15).

B e C: As penas de detenção e reclusão somente são aplicáveis a crimes (Art. 1º da Lei de Introdução ao Código Penal).

D: A Constituição determina a perda da função pública e não a suspensão.

E: De acordo com o Art. 37, § 4º, da Constituição: os atos de improbidade administrativa importarão na forma e gradação previstas em lei, sem prejuízo da ação penal cabível, nas seguintes consequências:

- a suspensão dos direitos políticos;
- a perda da função pública;
- a indisponibilidade dos bens; e
- o ressarcimento ao erário.

GABARITO: E.

---

15. **(2019 – PM/SP – Soldado da Polícia Militar)** A Administração Pública no Brasil orienta-se segundo a seguinte regra:

a) é vedada a contratação por tempo determinado para atender à necessidade temporária de serviço.

b) é garantido ao servidor público civil o direito à livre associação sindical.

c) obediência aos princípios de legalidade, pessoalidade, moralidade, publicidade e eficiência.

d) é vedada a greve de servidores públicos civis e militares.

e) os vencimentos dos cargos do Poder Judiciário poderão ser superiores aos pagos pelo Poder Executivo.

A: É possível contratação por tempo determinado para atender à necessidade temporária de excepcional interesse público, desde que nos casos estabelecidos pela lei (Art. 37, inciso IX, da CF).

B: De acordo com o Art. 37, inciso VI, da Constituição Federal, é garantido ao servidor público civil o direito à livre associação sindical.

C: O Art. 37, *caput*, prevê a obediência a *impessoalidade*, e não a *pessoalidade*.

D: A vedação é apenas as servidores militares (Art. 142, § 6º, inciso IV, CF); em relação aos servidores públicos civis, o direito de greve será exercido nos termos e nos limites definidos em lei específica (Art. 37, VII, CF).

E: De acordo com o Art. 37, inciso XII, da CF, os vencimentos dos cargos do Poder Legislativo e do Poder Judiciário não poderão ser superiores aos pagos pelo Poder Executivo.

GABARITO: B.

---

16. **(2018 – TJ/SP – Titular de Serviços de Notas e de Registros/Provimento)** De acordo com a Constituição Federal, a respeito da Administração Pública direta e indireta de qualquer dos Poderes da União, dos Estados, do Distrito Federal e dos Municípios, assinale a alternativa correta.

a) A vedação de acumulação de cargo público, bem como suas exceções, estende-se a empregos e funções e abrange autarquias, fundações, empresas públicas, sociedades de economia mista, suas subsidiárias e sociedades controladas, direta e indiretamente, pelo poder público.

b) O prazo de validade do concurso público é de dois anos, podendo ser prorrogado, pelo mesmo período, por duas vezes.

c) Para efeito de remuneração de pessoal do serviço público, é garantida a vinculação e equiparação dos cargos do Poder Executivo, do Poder Judiciário e do Poder Legislativo para quaisquer espécies remuneratórias.

d) A investidura em cargo ou emprego público se dá exclusivamente por aprovação prévia em concursos públicos de provas ou de provas e títulos.

A: A assertiva adapta o texto do Art. 37, inciso XVII, da CF, que determina que a proibição de acumular estende-se a empregos e funções e abrange autarquias, fundações, empresas públicas, sociedades de economia mista, suas subsidiárias, e sociedades controladas, direta ou indiretamente, pelo poder público.

B: A prorrogação pode ser por apenas uma vez (Art. 37, inciso III, CF).

C: A vinculação e equiparação de quaisquer espécies remuneratórias para o efeito de remuneração de pessoal do serviço público é expressamente vedada pelo Art. 37, inciso XIII, da CF.

D: É possível, além da investidura por meio de aprovação em concurso público de provas e títulos, a nomeação para cargo em comissão declarado em lei de livre nomeação e exoneração, desde que para função de direção, assessoramento ou chefia (*DAC*).

GABARITO: A.

---

17. **(2018 – Pauliprev – Agente Previdenciário)** O servidor público, em exercício de mandato eletivo federal,

a) ficará afastado de seu cargo, emprego ou função pública.

b) ficará afastado de seu cargo, emprego ou função, sendo-lhe facultado optar por sua remuneração.

c) perceberá as vantagens do seu cargo, emprego ou função, sem prejuízo da remuneração do cargo eletivo.

d) seu tempo de serviço será contado para todos os efeitos legais e para a promoção por merecimento.

e) para os efeitos de benefícios previdenciários, os valores não serão determinados como se no exercício estivesse.

De acordo com o Art. 38 da Constituição Federal, ao servidor público da administração direta, autárquica e fundacional, no exercício de mandato eletivo, aplica-se o seguinte:

I. tratando-se de mandato eletivo federal, estadual ou distrital, ficará afastado de seu cargo, emprego ou função;

II. investido no mandato de Prefeito, será afastado do cargo, emprego ou função, sendo facultado optar por sua remuneração;

III. investido no mandato de Vereador, havendo compatibilidade de horários, perceberá as vantagens de seu cargo, emprego ou função, sem prejuízo da remuneração do cargo eletivo, e, não havendo compatibilidade, será aplicada a norma anterior;

IV. em qualquer caso que exija o afastamento para o exercício de mandato eletivo, seu tempo de serviço será contado para todos os efeitos legais, exceto para promoção por merecimento;

V. para efeito de benefício previdenciário, no caso de afastamento, os valores serão determinados como se no exercício estivesse.

GABARITO: A.

---

18. **(2018 – Pauliprev – Agente Previdenciário)** A contratação por tempo determinado:

a) não é admitida pela Constituição Federal.

b) é admitida em períodos exclusivamente eleitorais.

c) é admitida para atender à necessidade temporária de excepcional interesse público.

d) é admitida em qualquer caso ou circunstância.

e) é admitida e depende unicamente da discricionariedade do administrador público.

É possível contratação por tempo determinado para atender à necessidade temporária de excepcional interesse público, desde que nos casos estabelecidos pela lei (Art. 37, inciso IX, da CF).

GABARITO: C.

---

19. **(2018 – Câmara Municipal de Indaiatuba – Agente Administrativo)** É vedada a acumulação remunerada de cargos públicos, exceto quando houver compatibilidade de horários,

a) a de dois cargos ou empregos privativos de profissionais de segurança.

b) a de um cargo de professor com outro técnico ou científico.

c) se os dois cargos forem exercidos em autarquias ou fundações controladas, direta ou indiretamente, pelo poder público.

d) se um dos cargos for exercido em empresas públicas controladas pelo poder público.

e) a de dois cargos de professor com outro privativo de profissionais de saúde.

Havendo compatibilidade de horários e respeitado o teto da remuneração instituído no Art. 37, inciso XI, da CF, é permitida a acumulação nas seguintes hipóteses:

a) a de dois cargos de professor;

b) a de um cargo de professor com outro técnico ou científico;

c) a de dois cargos ou empregos privativos de profissionais de saúde, com profissões regulamentadas.

GABARITO: B.

---

20. **(2018 - Câmara Municipal de São José dos Campos/SP - Técnico Legislativo)** A Constituição Federal prevê, em seu capítulo sobre a Administração Pública, que o concurso público:

a) determinará a convocação dos novos concursados para assumir cargo ou emprego na carreira, com prioridade em relação aos aprovados em concurso anterior.

b) terá o prazo de validade de até um ano, prorrogável uma única vez, por mais um ano.

c) determinará a convocação dos concursados que ainda não assumiram cargo ou emprego com prioridade para exercer cargos ou funções de confiança.

d) terá o prazo de validade de até três anos, prorrogável uma única vez, por mais um ano.

e) será de provas ou de provas e títulos, de acordo com a natureza e a complexidade do cargo ou emprego, na forma prevista em lei.

A e C: De acordo com o Art. 37, inciso IV, da CF, durante o prazo improrrogável previsto no edital de convocação, aquele aprovado em concurso público de provas ou de provas e títulos será convocado com prioridade sobre novos concursados para assumir cargo ou emprego, na carreira.

B e D: O prazo de validade será de até *dois* anos, *prorrogável uma vez*, por *igual período* (Art. 37, III, CF).

E: O inciso II do Art. 37 da Constituição Federal estabelece que a investidura em cargo ou emprego público depende de aprovação prévia em concurso público de provas ou de provas e títulos, de acordo com a natureza e a complexidade do cargo ou emprego, na forma prevista em lei, ressalvadas as nomeações para cargo em comissão declarado em lei de livre nomeação e exoneração.

GABARITO: E.

---

21. **(2018 - Câmara Municipal de São José dos Campos/SP - Técnico Legislativo)** Ressalvados os casos especificados na legislação, a Constituição Federal impõe que as obras, os serviços, as compras e as alienações serão contratados:

a) após autorização legislativa, para cada caso, ou genericamente para determinados objetos, mas sempre com prazo determinado.

b) mediante processo de licitação pública, com obrigações de pagamento independentes das condições efetivas da proposta.

c) mediante processo de licitação pública que assegure igualdade de condições a todos os concorrentes.

d) diretamente, desde que comprovadas as exigências de qualificação técnica e econômica indispensáveis à garantia do cumprimento das obrigações.

e) mediante processo de licitação pública que não poderá exigir qualificação técnica nem econômica, em nenhum tipo de contratação.

De acordo com o Art. 37, XXI, da Constituição Federal, ressalvados os casos especificados na legislação, as compras, alienações, serviços e obras (*CASO*) serão contratados mediante processo de licitação pública que assegure igualdade de condições a todos os concorrentes, com cláusulas que estabeleçam obrigações de pagamento, mantidas as condições efetivas da proposta, nos termos da lei, o qual somente permitirá as exigências de qualificação técnica e econômica indispensáveis à garantia do cumprimento das obrigações.

GABARITO: C.

---

22. **(2018 – PC/BA - Investigador de Polícia)** Com base na Constituição Federal, assinale a alternativa correta sobre as disposições gerais da Administração Pública.

a) O prazo de validade dos concursos públicos será de até 2 (dois) anos, prorrogável, por no máximo 2 (duas) vezes, por igual período.

b) A lei reservará percentual dos cargos e empregos públicos para as pessoas portadoras de deficiência e definirá os critérios de sua admissão.

c) Por decreto da Administração Pública, serão estabelecidos os casos de contratação por tempo determinado para atender à necessidade temporária de excepcional interesse público.

d) Os vencimentos dos cargos do Poder Executivo e Judiciário não poderão ser superiores aos pagos pelo Poder Legislativo.

e) Os acréscimos pecuniários percebidos por servidor público serão computados e acumulados para fins de concessão de acréscimos ulteriores.

A: A prorrogação será por no máximo *uma vez* (Art. 37, III, da CF).

B: A alternativa repete o texto do Art. 37, VIII, da Constituição Federal, que determina que a lei reservará percentual dos cargos e empregos públicos para as pessoas portadoras de deficiência e definirá os critérios de sua admissão.

C: Cabe à *lei*, e não a decreto, estabelecer os casos de contratação por tempo determinado para atender à necessidade temporária de excepcional interesse público.

D: De acordo com o inciso XII do Art. 37, os vencimentos dos cargos do Poder Legislativo e do Poder Judiciário não poderão ser superiores aos pagos pelo Poder Executivo.

E: Diz o Art. 37, XIV, da CF, que os acréscimos pecuniários percebidos por servidor público não serão computados nem acumulados para fins de concessão de acréscimos ulteriores.

GABARITO: B.

---

23. **(2018 - ARSESP – Especialista em Regulamentação e Fiscalização de Serviços Públicos I/Relações Institucionais)** De acordo com a Constituição Federal de 1988,

a) os vencimentos dos cargos do Poder Legislativo e do Poder Judiciário poderão ser superiores aos pagos pelo Poder Executivo.

b) os acréscimos pecuniários percebidos por servidor público serão computados para fins de concessão de acréscimos ulteriores.

c) salvo disposição expressa em lei, é vedada a vinculação ou equiparação de quaisquer espécies remuneratórias para o efeito de remuneração de pessoal do serviço público.

d) o servidor público de autarquia poderá exercer mandato eletivo e ficará afastado de seu cargo, emprego ou função se o mandato eletivo for federal, estadual ou distrital.

e) a proibição de se acumularem cargos públicos remunerados não se estende a empregos e funções, nem abrange autarquias e as fundações.

A: De acordo com o inciso XII do Art. 37, os vencimentos dos cargos do Poder Legislativo e do Poder Judiciário não poderão ser superiores aos pagos pelo Poder Executivo.

B: Diz o Art. 37, XIV, da CF, que os acréscimos pecuniários percebidos por servidor público não serão computados nem acumulados para fins de concessão de acréscimos ulteriores.

C: Não há previsão na constituição da expressão *salvo disposição expressa em lei*, sendo, portanto, a vedação imperativa (Art. 37, XIV).

D: De acordo com o Art. 38 da Constituição Federal, o servidor público de autarquia poderá exercer mandato eletivo, sendo que se tratando de mandato eletivo federal, estadual ou distrital, ficará afastado de seu cargo, emprego ou função (inciso I).

E: A proibição de acumulação estende-se a empregos e funções e abrange autarquias, fundações, empresas públicas, sociedades de economia mista, suas subsidiárias, e sociedades controladas, direta ou indiretamente, pelo poder público (Art. 37, XVII, CF).

GABARITO: D.

---

24. **(2018 – Prefeitura de Buritizal/SP – Procurador Jurídico)** A Constituição Federal, ao tratar da Administração Pública, preceitua que os atos de improbidade administrativa, na forma e gradação previstas em lei, importarão a:

a) suspensão dos direitos políticos, a perda da função pública, a indisponibilidade dos bens e o ressarcimento ao erário, sem prejuízo da ação penal cabível.

b) suspensão dos direitos políticos e da função pública, a indisponibilidade dos bens e o ressarcimento ao erário, sem prejuízo das ações civil e penal cabíveis.

c) perda dos direitos políticos, a suspensão da função pública, e o ressarcimento ao erário, sem prejuízo das ações civil e penal cabíveis.

d) suspensão dos direitos políticos e da função pública, e a indisponibilidade dos bens, sem prejuízo da ação penal cabível.

e) perda dos direitos políticos e da função pública, e o ressarcimento ao erário, sem prejuízo da ação penal cabível.

De acordo com o Art. 37, § 4º, da Constituição: ***os atos de improbidade administrativa importarão na forma e gradação previstas em lei, sem prejuízo da ação penal cabível, nas seguintes consequências:***

- ***a suspensão dos direitos políticos;***
- ***a perda da função pública;***
- ***a indisponibilidade dos bens; e***
- ***o ressarcimento ao erário.***

Alternativas incorretas: A Constituição determina a *perda* da função pública e *não a sua suspensão*, que é determinada para os direitos políticos.

GABARITO: A.

---

25. **(2021 – Prefeitura de Guarujá/SP – Procurador Jurídico)** Determinado Vereador apresentou projeto de lei ordinária objetivando a criação de um órgão vinculado à Câmara Municipal, para auxiliar a Casa na sua função constitucional de fiscalização das contas do Município, dispondo que os cargos públicos desse novo órgão seriam todos de livre nomeação e exoneração por parte do Presidente da Câmara.
Nessa situação hipotética, segundo o disposto na Constituição Federal, é correto afirmar que o referido projeto de lei:

a) está em consonância com a Constituição Federal, pois não há impedimento para a criação do órgão por meio de projeto de lei ordinária de iniciativa parlamentar, e os respectivos cargos podem ser criados como cargos em comissão.

b) apresenta vício de iniciativa no projeto de lei, uma vez que um único Vereador não poderia propor esse tipo de projeto e, ainda, essa matéria teria que ser proposta por meio de emenda à Lei Orgânica Municipal.

c) é inconstitucional quanto aos cargos do novo órgão, que não poderiam ser criados como cargos em comissão, mas teriam que ser preenchidos por meio de concurso público, mas não há inconstitucionalidades quanto aos seus demais aspectos.

d) viola a Constituição Federal quanto à proposta de criação do órgão, que é vedado pelo texto constitucional, ainda que, em tese, possa haver interesse público na sua criação.

e) não contraria o texto constitucional se a criação do novo órgão esteja prevista na Constituição do Estado e na Lei Orgânica Municipal, devendo prever que apenas os cargos de direção, chefia e assessoramento devem ser cargos em comissão.

A Constituição Federal prevê, expressamente, em seu Art. 31 que a fiscalização do Município será exercida pelo Poder Legislativo Municipal, mediante controle externo, e pelos sistemas de controle interno do Poder Executivo Municipal, na forma da lei. No caso da criação pela Câmara Municipal de um órgão para auxiliar a Casa na sua função constitucional de fiscalização, há expressa proibição pelo § 3º do Art. 31 da CF que veda a criação de Tribunais, Conselhos ou órgãos de Contas Municipais. Ademais, e especialmente, a iniciativa legislativa encontra impedimento no Art. 37 da Constituição Federal: não é possível estabelecer-se um órgão que, genericamente, tenha todos os cargos comissionados, pois esses são destinados, unicamente, às funções de direção, assessoramento e chefia.

GABARITO: D.

---

26. **(2021 – CODEN/SP – Escriturário)** A administração pública direta e indireta de qualquer dos Poderes da União, dos Estados, do Distrito Federal e dos Municípios obedecerá aos princípios de legalidade, impessoalidade, moralidade, publicidade e eficiência e, entre outros, também, ao seguinte:

a) É vedado ao servidor público civil o direito à livre associação sindical.

b) É vedada a vinculação ou equiparação de quaisquer espécies remuneratórias para o efeito de remuneração de pessoal do serviço público.

c) Os cargos, empregos e funções públicas são acessíveis aos brasileiros que preencham os requisitos estabelecidos, e vedados, em qualquer hipótese, aos estrangeiros.

d) Os vencimentos dos cargos do Poder Legislativo e do Poder Judiciário poderão ser superiores aos pagos pelo Poder Executivo.

e) É vedada a contratação por tempo determinado, mesmo na hipótese de se atender às necessidades temporárias e de excepcional interesse público.

A Constituição Federal no Art. 37, inciso III, prevê, expressamente, ser vedada a vinculação ou equiparação de quaisquer espécies remuneratórias para o efeito de remuneração de pessoal do serviço público. A alternativa B, assim, está de acordo com o texto constitucional.

A alternativa A está incorreta, por ser garantido ao servidor público civil o direito à livre associação sindical (cf. Art. 37, VI, CF); a alternativa C incorre em erro evidente: os estrangeiros não são proibidos absolutamente de prestar concurso, mas dependem de previsão expressa legal (cf. Art. 37, I, CF); em relação à alternativa D, o erro decorre da ausência da negativa: o correto seria que os vencimentos dos cargos dos poderes legislativo e judiciário não poderão ser superiores aos pagos pelo executivo; por fim, a alternativa E encontra-se incorreta por ser permitido, excepcionalmente, a contratação por tempo determinado.

GABARITO: B.

---

27. **(2021 – CODEN-SP – Escriturário)** Entre os conhecimentos básicos da Administração Pública, encontra-se a forma como deve ser realizada a publicidade dos atos, programas, obras, serviços e campanhas dos órgãos públicos, que deverá ter caráter educativo, informativo ou de orientação social, conforme parágrafo 1º do inciso XXII do Art. 37 da Constituição Federal, nessa publicidade não podendo constar:

a) a sua função social e as formas de fiscalização pelo Estado e pela sociedade.

b) o valor da obra previsto.

c) informação de texto ou apresentação visual que direta ou indiretamente, por implicação, omissão, exagero ou ambiguidade, leve o cidadão a engano quanto ao objeto de informação que está sendo comunicada.

d) o tempo estimado para a realização do serviço.

e) nomes, símbolos ou imagens que caracterizem promoção pessoal de autoridades ou servidores públicos.

O objetivo do dispositivo é assegurar, diretamente, o princípio da impessoalidade. Assim, determina o Art. 37, § 1º, da Constituição Federal que a publicidade dos atos, programas, obras, serviços e campanhas dos órgãos públicos deverá ter caráter educativo, informativo ou de orientação social, dela não podendo constar nomes, símbolos ou imagens que caracterizem promoção pessoal de autoridades ou servidores públicos.

GABARITO: E.

---

28. **(2020 - Prefeitura de Ilhabela/SP - Analista/Gestão de Políticas Públicas/Gestão Pública)** Assinale a alternativa que está de acordo com a Constituição Federal.

a) É vedada a acumulação remunerada de dois cargos de professor, ainda que haja compatibilidade de horários.

b) Independe de autorização legislativa a criação de subsidiárias de autarquias e empresas públicas, assim como a participação de qualquer delas em empresa privada.

c) O prazo de validade do concurso público será de até quatro anos, prorrogável uma vez, por igual período.

d) Com o fim de garantir a preservação do valor salarial, admite-se a vinculação ou equiparação de espécies remuneratórias para o efeito de remuneração de pessoal do serviço público.

e) A administração fazendária e seus servidores fiscais terão, dentro de suas áreas de competência e jurisdição, precedência sobre os demais setores administrativos, na forma da lei.

A alternativa está de acordo com o Art. 37, XVIII, da Constituição Federal que prevê que a administração fazendária e seus servidores fiscais terão, dentro de suas áreas de competência e jurisdição, precedência sobre os demais setores administrativos, na forma da lei.

Alternativas incorretas – a alternativa A está incorreta, por ser permitido expressamente a acumulação de dois cargos de professor, desde que haja compatibilidade de horários; a alternativa B incorre no seguinte erro: ao contrário do texto da questão, a Constituição determina que depende de autorização legislativa; em relação à alternativa C, o erro está no prazo incorreto: são dois, e não quatro anos o prazo máximo de validade do concurso público; por fim, a alternativa D encontra-se incorreta, pois, em verdade, não se admite a vinculação mencionada (cf. Art. 37, XIII, CF).

GABARITO: E.

---

29. **(2020 - Câmara de Boituva/SP - Analista Jurídico)** Ao disciplinar a Administração Pública, a Constituição Federal assegura que:

a) as administrações tributárias da União, dos Estados, do Distrito Federal e dos Municípios, atividades essenciais ao funcionamento do Estado, exercidas por servidores de carreiras específicas, terão recursos prioritários para a realização de suas atividades e atuarão de forma integrada, inclusive com o compartilhamento de cadastros e de informações fiscais, na forma da lei ou convênio.

b) a proibição de acumular estende-se a empregos e funções e abrange autarquias, fundações, empresas públicas, sociedades de economia mista, suas subsidiárias, e sociedades controladas diretamente pelo poder público, excetuadas as de controle indireto.

c) é vedada a vinculação ou equiparação de quaisquer espécies remuneratórias para o efeito de remuneração de pessoal do serviço público e os acréscimos pecuniários percebidos por servidor público serão computados e acumulados para fins de concessão de acréscimos ulteriores.

d) a remuneração e o subsídio dos ocupantes de cargos, funções e empregos públicos da administração direta, autárquica e fundacional, dos membros de qualquer dos Poderes da União, dos Estados, do Distrito Federal e dos Municípios, dos detentores de mandato eletivo e dos demais agentes políticos e os proventos, pensões ou outra espécie remuneratória, percebidos cumulativamente ou não, incluídas as vantagens pessoais ou de qualquer outra natureza, não poderão exceder o subsídio mensal, em espécie, dos Ministros do Supremo Tribunal Federal, aplicando-se como limite, nos Municípios, o subsídio do Governador do respectivo Estado.

e) as funções de confiança, exercidas exclusivamente por servidores ocupantes de cargo efetivo, e os cargos em comissão, a serem preenchidos por servidores de carreira nos casos, condições e percentuais mínimos previstos em lei, destinam-se unicamente às atribuições de assessoramento.

A assertiva está em consonância com o texto constitucional que prevê no Art. 37, XVIII, que a administração fazendária e seus servidores fiscais terão, dentro de suas áreas de competência e jurisdição, precedência sobre os demais setores administrativos, na forma da lei; ademais, o mesmo artigo, no inciso XXII, prevê que as administrações tributárias da União, dos Estados, do Distrito Federal e dos Municípios, atividades essenciais ao funcionamento do Estado, exercidas por servidores de carreiras específicas, terão recursos prioritários para a realização de suas atividades e atuarão de forma integrada, inclusive com o compartilhamento de cadastros e de informações fiscais, na forma da lei ou convênio.

Alternativas incorretas – o erro na alternativa B decorre do fato de a Constituição não excluir as sociedade de controle indireto; em relação à alternativa C, a segunda parte é que está incorreta, pois os acréscimos pecuniários percebidos por servidor público não serão acumulados para fins de concessão de acréscimos ulteriores; a alternativa D tem erro em seu final: no âmbito dos Municípios, o teto será representado pelo subsídio do Prefeito; por fim, a alternativa E traz erro evidente: os cargos comissionados não são exclusivos para as atribuições de assessoramento, mas também as de direção e de chefia.

GABARITO: A.

---

30. **(2020 - Prefeitura de Morro Agudo/SP - Auditor de Controle Interno)** Aos servidores públicos, conforme a Constituição Federal de 1988, os padrões de vencimento e dos demais componentes do sistema remuneratório deverão considerar, entre outros fatores, o seguinte:

a) as exigências técnicas e de tempo para a função, o grau de complexidade das tarefas e desempenho alcançado.

b) a natureza, o grau de responsabilidade, os requisitos para a investidura e as peculiaridades dos cargos.

c) o nível de senioridade do cargo, o grau de exigência técnica e complexidade das tarefas e as atribuições referentes à função.

d) a complexidade e o grau de exigência da função, posicionamento vis a vis das demais carreiras do setor público.

e) a compatibilidade entre o cargo, função e tarefas, as exigências inerentes à função e ao cargo ocupado e resultados alcançados.

A resposta correta encontra-se em concordância com o Art. 37, § 1º, da Constituição Federal que determina que a fixação dos padrões de vencimento e dos demais componentes do sistema remuneratório observará a natureza, o grau de responsabilidade e a complexidade dos cargos componentes de cada carreira, os requisitos para a investidura e as peculiaridades dos cargos.

GABARITO: B.

31. **(2020 - FITO - Analista de Gestã/Recursos Humanos)** A CF estabelece teto (limite) para a remuneração e o subsídio dos ocupantes de cargos, funções e empregos públicos da administração direta, autárquica e fundacional, dos membros de qualquer dos Poderes da União, dos Estados, do Distrito Federal e dos Municípios. Para o Município, o teto é o subsídio:

a) do Prefeito.

b) dos Vereadores.

c) do Governador.

d) dos Deputados Estaduais e Distritais.

e) dos Desembargadores do Tribunal de Justiça.

Em questões como essa, o candidato costuma ficar receoso pela obviedade da resposta, contudo, de fato, a resposta óbvia, aqui, é a correta: no âmbito dos municípios o teto dos subsídios é o dos Prefeitos, pelo próprio texto constitucional (Art. 37, XI, CF).

GABARITO: A.

32. **(2020 - Prefeitura de Cananéia/SP - Controlador Interno do Município)** A Constituição Federal determina que os padrões de vencimentos e demais componentes do sistema remuneratório dos servidores públicos devem observar, entre outros parâmetros,

a) a jornada de trabalho, as condições de prestação do serviço e o disposto em convenção coletiva.

b) a complexidade dos cargos e empregos componentes de cada carreira, a jornada de trabalho e o grau de responsabilidade da função.

c) a isonomia com as carreiras semelhantes nos demais poderes, os requisitos para investidura e a exclusividade da jornada de trabalho.

d) a natureza, o grau de responsabilidade e a complexidade dos cargos componentes de cada carreira.

e) os requisitos para investidura, a exclusividade da jornada de trabalho e a remuneração das carreiras paradigma no setor privado.

A alternativa está de acordo com o texto do Art. 37, § 1º, da Constituição Federal que determina que a fixação dos padrões de vencimento e dos demais componentes do sistema remuneratório observará a natureza, o grau de responsabilidade e a complexidade dos cargos componentes de cada carreira, os requisitos para a investidura e as peculiaridades dos cargos.

GABARITO: D.

33. **(2020 - SEMAE - Engenharia Civil)** Nos termos da Constituição Federal, é correto afirmar que:

a) o preenchimento dos cargos em comissão exigirá a aprovação em concurso público de provas ou de provas e títulos.

b) os vencimentos dos cargos do Poder Legislativo e do Poder Judiciário poderão ser superiores aos pagos pelo Poder Executivo.

c) a revisão geral da remuneração dos servidores públicos, sem distinção de índices entre servidores públicos civis e militares, far-se-á sempre na mesma data.

d) o prazo de validade do concurso público será de até dois anos, prorrogável uma vez, por igual período.

e) os cargos em comissão serão exercidos, preferencialmente, por servidores ocupantes de cargo de carreira técnica ou profissional.

Conforme prevê o texto expresso do Art. 37, inciso III, da Constituição Federal, o prazo de validade do concurso público será de até dois anos, prorrogável uma vez, por igual período.

Alternativas incorretas – a alternativa A está incorreta, pois os cargos em comissão são de livre nomeação e exoneração; em relação à alternativa B, o erro decorre da ausência da negativa: o correto seria que os vencimentos dos cargos dos poderes legislativo e judiciário não poderão ser superiores aos pagos pelo executivo; a alternativa C é perigosa, pois copia texto revogado da Constituição Federal; atualmente, o correto é: "a remuneração dos servidores públicos e o subsídio de que trata o § 4º do Art. 39 somente poderão ser fixados ou alterados por lei específica, observada a iniciativa privativa em cada caso, assegurada revisão geral anual, sempre na mesma data e sem distinção de índices;" (Art. 37, X); em relação à alternativa E, o erro decorre da ausência de previsão legal nesse sentido.

GABARITO: D.

---

34. **(2020 - Valiprev /SP - Analista de Benefícios Previdenciários)** Suponha que João era servidor público efetivo vinculado a autarquia municipal, ocupava cargo técnico e, após preenchidos os requisitos legais, solicitou a sua aposentadoria e passou a receber proventos. João tem uma trajetória funcional exemplar e sempre contou com a confiança dos seus superiores hierárquicos. Considerando a situação hipotética e o disposto na Constituição Federal, assinale a alternativa correta.

a) João poderá ocupar cargo declarado por lei como de livre nomeação ou exoneração na mesma entidade, hipótese em que deverá optar pelo recebimento dos proventos ou da remuneração do cargo, no período em que estiver em exercício.

b) João poderá participar de concurso público e prover cargo público efetivo de professor, hipótese em que cumulará a remuneração e os proventos.

c) Caso conte com mais de 75 (setenta e cinco) anos, João não poderá ocupar cargo de livre nomeação ou exoneração na mesma autarquia

d) João poderá cumular o seu benefício previdenciário com salário caso passe a ser empregado de sociedade de economia mista, hipótese em que não se aplicarão as regras de controle relativas a cumulação entre remuneração e proventos.

e) Caso João passe a receber remuneração em função do exercício de cargo de confiança e a contribuir para o sistema próprio de previdência, ele poderá utilizar as novas contribuições vertidas em favor do sistema para majorar o seu benefício.

Para responder a questão, é importante perceber que as proibições à acumulação de aposentadoria com função ativa, em regra, seguem o mesmo padrão da acumulação de cargos e empregos. Na hipótese, aplica-se o texto do Art. 37, § 10, da Constituição Federal: "É vedada a percepção simultânea de proventos de aposentadoria decorrentes do Art. 40 ou dos arts. 42 e 142 com a remuneração de cargo, emprego ou função pública, ressalvados os cargos acumuláveis na forma desta Constituição, os cargos eletivos e os cargos em comissão declarados em lei de livre nomeação e exoneração".

GABARITO: B.

---

35. **(2020 - Valiprev/SP - Analista de Benefícios Previdenciários)** A respeito da remuneração dos servidores públicos, com base na Constituição Federal, assinale a alternativa correta.

a) A remuneração de servidores públicos organizados em carreira deverá ser realizada por subsídio.

b) A Constituição Federal não veda que servidores que sejam remunerados por subsídio fixado em parcela única recebam benefício de natureza comprovadamente indenizatória.

c) Fica estendida aos servidores públicos a proteção da relação estatutária contra a despedida arbitrária ou sem justa causa, nos termos da legislação, que preverá indenização compensatória.

d) Lei de cada ente federativo deverá estabelecer uma relação entre a maior e a menor remuneração recebida entre os servidores públicos, a fim de viabilizar o controle dos gastos com pessoal.

e) Os vencimentos dos cargos do Poder Judiciário poderão ser superiores aos cargos da mesma natureza pagos pelo Poder Executivo.

A assertiva correta é bastante perigosa: o texto constitucional determina que a remuneração será exclusiva por subsídio fixado em parcela única, vedado o acréscimo de qualquer gratificação, adicional, abono, prêmio, verba de representação ou outra espécie remuneratória (cf. Art. 37, § 4º, da CF). Entre as vedações, contudo, não consta expressamente o benefício de natureza indenizatória.

Assertivas incorretas – a alternativa A e D estão incorretas por substituir a expressão "poderá" (do Art. 37, § 8º e § 5º, respectivamente, CF) por "deverá"; em relação à alternativa C, deve ser observado que a proteção contra despedida arbitrária ou sem justa causa não se encontra entre as proteções dos servidores públicos, uma vez que os concursados podem ter estabilidade, sendo desnecessário esse direito previsto aos trabalhadores urbanos e rurais em geral; a alternativa E está incorreta, pois de acordo com o Art. 37, XII, os vencimentos do Poder Judiciário não poderão ser superiores aos pagos pelo Poder Executivo.

GABARITO: B.

36. **(2020 - Valiprev/SP - Analista de Benefícios Previdenciários)** Tiago foi nomeado para cargo de provimento efetivo em virtude de aprovação em concurso público e, após três anos de efetivo exercício, foi considerado estável no serviço público. De acordo com a Constituição Federal, é correto afirmar que Tiago:

a) não poderia ter sido considerado estável, pois a estabilidade apenas se adquire após 5 (cinco) anos de efetivo exercício no serviço público.

b) apenas poderá perder o cargo em virtude de sentença judicial transitada em julgado.

c) ficará em disponibilidade, com remuneração proporcional ao tempo de serviço, caso extinto o cargo, até seu adequado aproveitamento em outro cargo.

d) não poderá perder seu cargo em virtude de processo administrativo, ainda que lhe seja assegurada ampla defesa.

e) adquiriu a estabilidade automaticamente ao completar 2 (dois) anos de efetivo exercício, pois tal garantia independe de avaliação especial de desempenho.

A alternativa está de acordo com o Art. 41, § 3º, da Constituição Federal, que prevê que extinto o cargo ou declarada a sua desnecessidade, o servidor estável ficará em disponibilidade, com remuneração proporcional ao tempo de serviço, até seu adequado aproveitamento em outro cargo.

GABARITO: C.

37. **(2020 – AVAREPREV/SP - Procurador Jurídico)** Suponha que o Prefeito do Município X apresente proposta de reforma da previdência no âmbito local, com o objetivo de adequar as disposições do regime próprio de previdência do funcionalismo ao texto constitucional vigente após a promulgação da EC nº 103/2019. A respeito dessa proposição, é correto afirmar que:

a) poderá ser estabelecido por lei ordinária tempo de contribuição diferenciado para o gozo de aposentadoria para todos os integrantes do quadro da guarda municipal, diante do pressuposto de que esses agentes estão, necessariamente, sujeitos à situação de risco.

b) por meio de emenda à lei orgânica poderá ser estabelecida regra que admita a cumulação de benefícios decorrentes do regime próprio de previdência, ainda que os cargos não sejam cumuláveis na atividade.

c) por meio de emenda à lei orgânica não poderá ser definida regra que autorize à soma ao período de contribuição o período relativo às licenças-prêmio não gozadas pelo servidor em atividade.

d) a lei local não poderá conceder abono de permanência ao servidor que, tendo completado as exigências para a aposentadoria voluntária, opte por permanecer em atividade, em valor igual ao da sua contribuição previdenciária.

e) por meio de lei local é válida a criação de entidades autárquicas distintas para gerir a previdência dos servidores do poder executivo e do poder legislativo, em respeito ao princípio da separação dos poderes.

Questão importante e atual, decorre da inclusão do § 14 ao Art. 201 da Constituição Federal, que tem a seguinte redação: "É vedada a contagem de tempo de contribuição fictício para efeito de concessão dos benefícios previdenciários e de contagem recíproca".

Alternativas incorretas – à alternativa A está errada, pois exige-se lei complementar e não lei ordinária; em relação a alternativa B, o erro é semelhante: exige-se lei complementar e não emenda; a alternativa D está em desacordo com o Art. 40, § 19 da CF, pois o servidor que optar por permanecer em atividade poderá fazer jus a abono de permanência equivalente; por fim, a alternativa E encontra-se contrária ao Art. 40, § 20, CF, que determina ser vedada a existência de mais de um regime próprio de previdência social e de mais de um órgão ou entidade gestora desse regime em cada ente federativo, abrangidos todos os poderes, órgãos e entidades autárquicas e fundacionais, que serão responsáveis pelo seu financiamento, observados os critérios, os parâmetros e a natureza jurídica definidos na lei complementar.

GABARITO: C.

38. **(2020 – FITO – Advogado)** De acordo com o princípio constitucional da acessibilidade aos cargos públicos, é correto afirmar que:

a) a investidura em cargo, cargo em comissão, emprego público ou emprego público em comissão depende de aprovação prévia em concurso público de provas e títulos, de acordo com a natureza e a complexidade do cargo ou emprego, na forma prevista em lei.

b) o prazo de validade do concurso público para investidura em função publica será de até dois anos, prorrogável por iguais e sucessivos períodos, até o limite de cinco anos.

c) durante o prazo prorrogável previsto no edital de convocação, aquele aprovado em concurso público de provas ou de provas e títulos poderá ser convocado com prioridade sobre novos concursados para assumir o cargo ou emprego, na carreira.

d) a investidura em cargo ou emprego em comissão poderá ser autorizada em níveis não iniciais de carreira, mediante justificativa que comprove a necessidade da medida, considerando a complexidade das atribuições e a prévia experiência do candidato no Poder Público.

e) o ingresso em carreira pública será em nível inicial, mediante concurso público de provas e títulos, observando-se a natureza e a complexidade do cargo ou emprego, na forma prevista em lei.

A resposta está em desacordo com determinações constitucionais e com o entendimento atual do Supremo Tribunal Federal. De acordo com o Art. 37, inciso II, da CF, o ingresso em cargo ou emprego público depende de aprovação prévia em concurso público de provas ou de prova e títulos, de acordo com a natureza e a complexidade do cargo ou emprego, sendo que, pelo entendimento do STF, o ingresso será em nível inicial, haja vista que de acordo com a Súmula vinculante 43: "É inconstitucional toda modalidade de provimento que propicie ao servidor investir-se, sem prévia aprovação em concurso público destinado ao seu provimento, em cargo que não integra a carreira na qual anteriormente investido.".

Alternativas incorretas – a alternativa A está incorreta, pois cargos em comissão independem de concurso público; em relação à alternativa B, deve-se registrar que só é permitida uma prorrogação no prazo de validade de concurso público; a alternativa C contraria o Art. 37, IV, da CF, que impõe prazo improrrogável no edital de convocação; por fim, a alternativa D está incorreta com fundamento em precedente do Supremo Tribunal Federal, materializado na Súmula vinculante 43.

GABARITO: E.

39. **(2020 - Valiprev/SP- Procurador)** Aquiles, ao alcançar aposentadoria, nos termos do artigo 40, § 1º, III, "a", da Constituição Federal, antes da Reforma Previdenciária, fará jus a proventos calculados segundo a regra da:

a) "integralidade" e reajustados de forma paritária.

b) "média" e reajustados na forma da lei.

c) "integralidade" e reajustados na forma da lei.

d) "média" e reajustados de forma paritária.

e) "proporcionalidade" e reajustados de forma paritária.

O regime da integralidade referia-se à aposentadoria do servidor equivalente ao valor de sua última remuneração. Esse regime foi substituído, em 2003, pelos regimes da média e da proporcionalidade. No caso da questão, o antigo Art. 40, § 1º, III, a, da CF, fazia referência a proventos calculados segundo a regra da média, reajustados na forma da lei, enquanto a alínea b fazia referência à proporcionalidade. Sobre o tema, vale registrar que a atual redação do dispositivo, modificado pela Emenda Constitucional 103/2019, é a seguinte:

Art. 40. O regime próprio de previdência social dos servidores titulares de cargos efetivos terá caráter contributivo e solidário, mediante contribuição do respectivo ente federativo, de servidores ativos, de aposentados e de pensionistas, observados critérios que preservem o equilíbrio financeiro e atuarial. § 1º O servidor abrangido por regime próprio de previdência social será aposentado: II - no âmbito da União, aos 62 (sessenta e dois) anos de idade, se mulher, e aos 65 (sessenta e cinco) anos de idade, se homem, e, no âmbito dos Estados, do Distrito Federal e dos Municípios, na idade mínima estabelecida mediante emenda às respectivas Constituições e Leis Orgânicas, observados o tempo de contribuição e os demais requisitos estabelecidos em lei complementar do respectivo ente federativo.

GABARITO: B.

---

40. **(2020 – Valiprev/SP – Procurador)** Emiliano é servidor público municipal, no exercício de cargo de provimento efetivo, e afastou-se do cargo para concorrer a mandato eletivo, tendo sido eleito. Segundo as normas constitucionais que regem a matéria, é correto afirmar que Emiliano:

a) deverá pedir exoneração do cargo em se tratando de mandato eletivo federal.

b) se eleito para o mandato de Prefeito, será afastado do seu cargo, mas terá a faculdade de optar pela sua remuneração.

c) se eleito para o mandato de Vereador, perderá as vantagens de seu cargo, mas sem prejuízo da remuneração do cargo eletivo.

d) ao pedir o afastamento para o exercício de mandato eletivo, seu tempo de serviço será contado para todos os efeitos legais, inclusive para promoção por merecimento.

e) poderá acumular as vantagens do seu cargo com a remuneração do cargo eletivo, em se tratando de mandato estadual ou municipal.

De acordo com o Art. 38 da Constituição Federal, ao servidor público da administração direta, autárquica e fundacional, no exercício de mandato eletivo, aplica-se o seguinte:

I. tratando-se de mandato eletivo federal, estadual ou distrital, ficará afastado de seu cargo, emprego ou função;

II. investido no mandato de Prefeito, será afastado do cargo, emprego ou função, sendo facultado optar por sua remuneração;

III. investido no mandato de Vereador, havendo compatibilidade de horários, perceberá as vantagens de seu cargo, emprego ou função, sem prejuízo da remuneração do cargo eletivo, e, não havendo compatibilidade, será aplicada a norma anterior;

IV. em qualquer caso que exija o afastamento para o exercício de mandato eletivo, seu tempo de serviço será contado para todos os efeitos legais, exceto para promoção por merecimento;

V. para efeito de benefício previdenciário, no caso de afastamento, os valores serão determinados como se no exercício estivesse.

GABARITO: B.

---

41. (2020 - Valiprev/SP - Procurador) Considerando o disposto na Constituição Federal a respeito da Administração Pública, assinale a alternativa correta.

a) Somente por lei específica poderá ser criada autarquia e autorizada a instituição de empresa pública, de sociedade de economia mista e de fundação, que poderão criar subsidiárias, independentemente de autorização legislativa.

b) A lei disporá sobre os requisitos e as restrições ao ocupante de cargo ou emprego da administração direta e indireta que possibilite o acesso a informações privilegiadas.

c) Os atos de improbidade administrativa importarão a cassação dos direitos políticos, a suspensão da função pública, a indisponibilidade dos bens e o ressarcimento ao erário, na forma e gradação previstas em lei, sem prejuízo da ação penal cabível.

d) A lei estabelecerá os prazos de prescrição para ilícitos praticados por qualquer agente, servidor ou não, que causem prejuízos ao erário, incluídas as respectivas ações de ressarcimento.

e) É vedada a percepção simultânea de proventos de aposentadoria com a remuneração de cargo, emprego ou função pública, incluídos os cargos acumuláveis na forma da Constituição e os cargos em comissão.

Nos termos expressos no Art. 37, § 7º, da CF, a lei disporá sobre os requisitos e as restrições ao ocupante de cargo ou emprego da administração direta e indireta que possibilite o acesso a informações privilegiadas.

Alternativas incorretas – a alternativa A está em desacordo com o texto constitucional, pois a criação de subsidiárias das empresas citadas também depende de autorização legislativa (Art. 37, XX, CF); a alternativa C contraria os arts. 15 e 37, § 4º, da CF, pois não pode haver cassação de direitos políticos em nenhuma hipótese; em relação à alternativa D, o Art. 37, § 5º, da CF, ressalva a ação de ressarcimento em relação à prescrição, o que foi confirmado pelo STF, que exigiu, entretanto, que a condenação seja por improbidade dolosa; por fim, em relação à alternativa E, é autorizada a percepção simultânea nos casos de cargos cumuláveis nos próprios termos da Constituição.

GABARITO: B.

Dos Servidores Públicos (Arts. 39 a 41 da CF/1988)

42. (2019 - TJ/SP - Contador Judiciário) O Senhor X foi aprovado em concurso público e nomeado para exercer cargo de provimento efetivo. Após três anos de efetivo exercício, o Senhor X adquiriu estabilidade e poderá perder o cargo apenas em razão:

a) da instauração de inquérito policial.

b) da instauração de inquérito civil pelo Ministério Público.

c) de decisão proferida em procedimento de avaliação especial de desempenho por comissão instituída com tal finalidade.

d) de decisão em processo administrativo em que lhe tenha sido assegurada ampla defesa.

e) de decisão de segunda instância confirmando sentença judicial que determinou sua demissão.

De acordo com o Art. 41, § 1º, da Constituição Federal, *o servidor público estável somente perderá o cargo:*

I. em virtude de sentença judicial transitada em julgado;

II. mediante processo administrativo em que lhe seja assegurada ampla defesa;

III. mediante procedimento de avaliação periódica de desempenho, na forma de lei complementar, assegurada ampla defesa.

GABARITO: D.

43. (2019 – Câmara Municipal de Orlândia/SP – Procurador Jurídico) Conforme a Constituição Federal, a respeito do servidor público da administração direta, autárquica e fundacional, no exercício de mandato eletivo, é correto afirmar que:

a) em se tratando de mandato eletivo federal, estadual ou distrital, ficará afastado de seu cargo, emprego ou função, sendo-lhe facultado optar pela sua remuneração.

b) investido no mandato de Vereador, independentemente da compatibilidade de horários, perceberá as vantagens de seu cargo, emprego ou função, mas com prejuízo da remuneração do cargo eletivo.

c) investido no mandato de Vereador ou de Prefeito, deverá pedir exoneração do seu cargo um mês antes da posse.

d) em qualquer caso que exija o afastamento para o exercício de mandato eletivo, seu tempo de serviço será contado para todos os efeitos legais, inclusive para fins de promoção por merecimento.

e) investido no mandato de Prefeito, será afastado do cargo, emprego ou função, sendo-lhe facultado optar pela sua remuneração.

Analisando as alternativas, temos:

A: A possibilidade de optar pela remuneração do cargo, emprego ou função somente se aplica nas hipóteses de eleição para Prefeito ou Vereador no caso de incompatibilidade de horários.

B: A hipótese de Vereador é a única que permite a cumulação de cargos, caso haja compatibilidade de horários.

C: Não há necessidade de exoneração do cargo, emprego ou função pública, sendo possível o afastamento do servidor estável.

D: A contagem de tempo será para todos os efeitos legais, *exceto* para promoção por merecimento.

E: De acordo com o Art. 38 da Constituição Federal, ao servidor público da administração direta, autárquica e fundacional, no exercício de mandato eletivo, aplica-se o seguinte:

I. tratando-se de mandato eletivo federal, estadual ou distrital, ficará afastado de seu cargo, emprego ou função;

II. investido no mandato de Prefeito, será afastado do cargo, emprego ou função, sendo facultado optar por sua remuneração;

III. investido no mandato de Vereador, havendo compatibilidade de horários, perceberá as vantagens de seu cargo, emprego ou função, sem prejuízo da remuneração do cargo eletivo, e, não havendo compatibilidade, será aplicada a norma anterior;

IV. em qualquer caso que exija o afastamento para o exercício de mandato eletivo, seu tempo de serviço será contado para todos os efeitos legais, exceto para promoção por merecimento;

V. para efeito de benefício previdenciário, no caso de afastamento, os valores serão determinados como se no exercício estivesse.

GABARITO: E.

---

44. **(2019 – UNIFAI – Controlador Interno)** Sobre os servidores públicos, a Constituição Federal de 1988 afirma que:

a) o servidor público estável perderá o cargo em virtude de sentença judicial transitada em julgado.

b) é proibido se estabelecer, aos servidores ocupantes de cargo público, requisitos diferenciados de admissão, independentemente da natureza do cargo.

c) ao servidor ocupante de qualquer cargo ou de emprego público, aplica-se o regime geral de previdência social.

d) são estáveis, após dois anos de efetivo exercício, os servidores nomeados para cargo de provimento efetivo em virtude de concurso público.

e) extinto o cargo, o servidor estável ficará em disponibilidade, com remuneração integral, até seu adequado aproveitamento em outro cargo.

Analisando as alternativas, temos:

A: De acordo com o Art. 41, § 1º, da Constituição Federal, a sentença judicial transitada em julgado é uma das hipóteses para a perda do cargo do servidor público estável, além das hipóteses de processo administrativo em que lhe seja assegurada ampla defesa e de procedimento de avaliação periódica de desempenho, na forma de lei complementar, assegurada ampla defesa.

B: O Art. 39, § 3º, da Constituição Federal admite que a lei pode estabelecer requisitos diferenciados de admissão quando a natureza do cargo o exigir.

C: De acordo com o § 13 do Art. 40 da Constituição Federal, *aplica-se ao agente público ocupante, exclusivamente, de cargo em comissão declarado em lei de livre nomeação e exoneração, de outro cargo temporário, inclusive mandato eletivo, ou de emprego público, o Regime Geral de Previdência Social.*

D: A estabilidade se dá após *três anos* de efetivo exercício (Art. 41 da CF).

E: De acordo com o Art. 41, § 3º, da Constituição, o servidor terá remuneração *proporcional ao tempo de serviço*, e não integral, quando em disponibilidade.

GABARITO: A.

---

45. **(2019 – Câmara Municipal de Sertãozinho/SP – Procurador Jurídico Legislativo)** O servidor público ocupante de cargo público, que foi eleito Vereador,

a) poderá acumular os vencimentos do cargo com os subsídios do mandato, desde que haja compatibilidade de horários.

b) ficará afastado de seu cargo público, devendo exercer somente o mandato, independentemente de compatibilidade de horários.

c) independentemente de compatibilidade de horários, será afastado do cargo, sendo-lhe facultado optar pela sua remuneração.

d) se exigido seu afastamento para o exercício do mandato, seu tempo de serviço será contado para todos os efeitos legais, inclusive para promoção por merecimento.

e) terá que pedir exoneração de seu cargo, pois a Constituição veda a acumulação de cargos públicos.

De acordo com o Art. 38 da Constituição, é admitida a cumulação dos vencimentos do cargo, emprego ou função com o mandato de Vereador, havendo compatibilidade de horários. Contudo, caso não haja a compatibilidade de horário, o servidor será afastado do cargo, emprego ou função, sendo-lhe facultado optar pela sua remuneração. Vale observar que, caso exigido seu afastamento, seu tempo de serviço será contado para todos os efeitos legais, exceto para promoção por merecimento.

GABARITO: A.

---

46. **(2020 - Valiprev/SP - Analista de Benefícios Previdenciários)** Tiago foi nomeado para cargo de provimento efetivo em virtude de aprovação em concurso público e, após três anos de efetivo exercício, foi considerado estável no serviço público. De acordo com a Constituição Federal, é correto afirmar que Tiago:

a) não poderia ter sido considerado estável, pois a estabilidade apenas se adquire após 5 (cinco) anos de efetivo exercício no serviço público.

b) apenas poderá perder o cargo em virtude de sentença judicial transitada em julgado.

c) ficará em disponibilidade, com remuneração proporcional ao tempo de serviço, caso extinto o cargo, até seu adequado aproveitamento em outro cargo.

d) não poderá perder seu cargo em virtude de processo administrativo, ainda que lhe seja assegurada ampla defesa.

e) adquiriu a estabilidade automaticamente ao completar 2 (dois) anos de efetivo exercício, pois tal garantia independe de avaliação especial de desempenho.

De acordo com o Art. 41, § 3º, da Constituição Federal, *extinto o cargo ou declarada a sua desnecessidade, o servidor estável ficará em disponibilidade, com remuneração proporcional ao tempo de serviço, até seu adequado aproveitamento em outro cargo.*

Alternativas incorretas:

A e E: A estabilidade ocorre com três anos de efetivo serviço (Art. 41, *caput*, CF).

B e D: A perda do cargo pode ocorrer também mediante processo administrativo e procedimento de avaliação periódica de desempenho, na forma de lei complementar, assegurada nas duas hipóteses a ampla defesa.

GABARITO: C.

---

47. **(2020 - FITO - Advogado)** Sobre o regime jurídico constitucional aplicável ao servidor público da administração fundacional, no exercício de mandato eletivo, é coreto afirmar que:

a) em se tratando de mandato eletivo federal, estadual ou distrital, ficará afastado de seu cargo, emprego ou função.

b) investido no mandato de Vereador, será obrigatoriamente afastado do cargo, emprego ou função.

c) investido no mandato de Prefeito, perceberá as vantagens de seu cargo, emprego ou função, sem prejuízo da remuneração do cargo eletivo.

d) no caso de afastamento para o exercício de mandato eletivo, seu tempo de serviço será contado para promoção por merecimento.

e) para efeito de benefício previdenciário, no caso de afastamento, a contagem do tempo de serviço ficará suspensa.

A: Conforme prevê expressamente o Art. 38, inciso I, da Constituição Federal: ***Ao servidor público da administração direta, autárquica e fundacional, no exercício de mandato eletivo, aplicam-se as seguintes disposições: I - tratando-se de mandato eletivo federal, estadual ou distrital, ficará afastado de seu cargo, emprego ou função.***

B: No caso do vereador, havendo compatibilidade horários será possível a cumulação remunerada (Art. 38, III, CF).

C: Investido no mandato de Prefeito, será afastado do cargo, emprego ou função, sendo-lhe facultado optar pela sua remuneração (Art. 38, II, CF).

D e E: Em qualquer caso que exija o afastamento para o exercício de mandato eletivo, seu tempo de serviço será contado para todos os efeitos legais, exceto para promoção por merecimento (Art. 38, IV, CF).

GABARITO: A.

---

48. **(2019 - Prefeitura de Arujá/SP - Assistente Social)** O *caput* do Art. 5º da Constituição Federal de 1988, vigente no país até os dias atuais, expressa claramente o entendimento dos governantes acerca da importância atribuída a cada cidadão brasileiro, ao definir que todos são iguais perante a lei, sem distinção de qualquer natureza, garantindo-se aos brasileiros e aos estrangeiros residentes no país a inviolabilidade do direito à vida, à liberdade, à igualdade, à segurança e à propriedade. Em se tratando dos servidores das diferentes esferas públicas, determina o Art. 39 que a União, os Estados, o Distrito Federal e os Municípios instituirão conselho de política de administração e remuneração de pessoal, integrado por servidores:

a) aposentados por tempo de serviço.

b) na condição de comissionados.

c) caracterizados como líderes.

d) designados pelos respectivos Poderes.

e) que representem sindicatos.

De acordo com o Art. 39, *caput*, da Constituição Federal: ***A União, os Estados, o Distrito Federal e os Municípios instituirão conselho de política de administração e remuneração de pessoal, integrado por servidores designados pelos respectivos Poderes.***

GABARITO: D.

---

49. **(2019 - Prefeitura de Ibaté - Procurador Jurídico)** Ivan foi professor da rede pública estadual de ensino, em regime estatutário, tendo se aposentado voluntariamente em 2017. Em novembro de 2018, foi nomeado e passou a exercer o cargo de Secretário Municipal da Educação, na mesma localidade em que lecionou. Neste caso hipotético, de acordo com a Constituição Federal, a percepção simultânea de proventos de aposentadoria com a remuneração do cargo público:

a) é vedada, porque embora os regimes de contratação sejam diferentes para os cargos de professor e de Secretário municipal, o regime previdenciário é o mesmo.

b) é vedada, porque o ordenamento jurídico brasileiro proíbe o exercício de atividade remunerada por aposentado pelo regime próprio de previdência, como é o caso de Ivan.

c) é possível, porque os cargos públicos exercidos por Ivan são acumuláveis nos termos da Constituição.

d) é possível, porque o cargo de Secretário Municipal é eletivo e Ivan não se aposentou compulsoriamente pelo regime geral de previdência social.

e) é possível, porque o cargo de Secretário Municipal é em comissão.

Nos termos do Art. 37, § 10, da Constituição Federal: *É vedada a percepção simultânea de proventos de aposentadoria decorrentes do Art. 40 ou dos Arts. 42 e 142 com a remuneração de cargo, emprego ou função pública, ressalvados os cargos acumuláveis na forma desta Constituição, os cargos eletivos e os cargos em comissão declarados em lei de livre nomeação e exoneração.*

GABARITO: E.

---

50. **(2017 - IPRESB/SP - Analista de Processos Previdenciários)** É direito assegurado constitucionalmente aos servidores ocupantes de cargo público:

a) seguro-desemprego.

b) fundo de garantia do tempo de serviço.

c) salário-mínimo.

d) piso salarial proporcional à extensão e à complexidade do trabalho.

e) proibição de qualquer discriminação no tocante a salário e critérios de admissão do trabalhador portador de deficiência.

De acordo com o Art. 39, § 3º, da Constituição Federal, aplica-se aos servidores ocupantes de cargo público o disposto no Art. 7º, IV, VII, VIII, IX, XII, XIII, XV, XVI, XVII, XVIII, XIX, XX, XXII e XXX, podendo a lei estabelecer requisitos diferenciados de admissão quando a natureza do cargo o exigir. Assim, são direitos trabalhistas aplicáveis ao servidores públicos:

IV - salário mínimo, fixado em lei, nacionalmente unificado, capaz de atender a suas necessidades vitais básicas e às de sua família com moradia, alimentação, educação, saúde, lazer, vestuário, higiene, transporte e previdência social, com reajustes periódicos que lhe preservem o poder aquisitivo, sendo vedada sua vinculação para qualquer fim;

VII - garantia de salário, nunca inferior ao mínimo, para os que percebem remuneração variável;

VIII - décimo terceiro salário com base na remuneração integral ou no valor da aposentadoria;

IX – remuneração do trabalho noturno superior à do diurno;

XII - salário-família pago em razão do dependente do trabalhador de baixa renda nos termos da lei;

XIII - duração do trabalho normal não superior a oito horas diárias e quarenta e quatro semanais, facultada a compensação de horários e a redução da jornada, mediante acordo ou convenção coletiva de trabalho;

XV - repouso semanal remunerado, preferencialmente aos domingos;

XVI - remuneração do serviço extraordinário superior, no mínimo, em cinquenta por cento à do normal;

XVII - gozo de férias anuais remuneradas com, pelo menos, um terço a mais do que o salário normal;

XVIII - licença à gestante, sem prejuízo do emprego e do salário, com a duração de cento e vinte dias;

XIX - licença-paternidade, nos termos fixados em lei;

XX - proteção do mercado de trabalho da mulher, mediante incentivos específicos, nos termos da lei;

XXII - redução dos riscos inerentes ao trabalho, por meio de normas de saúde, higiene e segurança;

XXX - proibição de diferença de salários, de exercício de funções e de critério de admissão por motivo de sexo, idade, cor ou estado civil.

GABARITO: C.

---

51. **(2019 - Prefeitura de Arujá/SP - Chefe de Divisão Pessoal)** A Constituição Federal estabelece que, ao servidor ocupante, exclusivamente, de cargo em comissão declarado em lei de livre nomeação ou exoneração, bem como de outro cargo temporário ou emprego público, aplica-se o regime:

a) estatutário.

b) parcial da previdência social.

c) geral da previdência social.

d) privado da previdência social.

e) de previdência própria e exclusiva para o cargo.

De acordo com o § 13 do Art. 40 da Constituição Federal, *Aplica-se ao agente público ocupante, exclusivamente, de cargo em comissão declarado em lei de livre nomeação e exoneração, de outro cargo temporário, inclusive mandato eletivo, ou de emprego público, o Regime Geral de Previdência Social.*

GABARITO: C.

---

52. **(2017 - TJ/SP - Escrevente Técnico Judiciário)** Nos termos da Constituição Federal, extinto o cargo, o servidor público estável ficará em disponibilidade:

a) com remuneração integral, até seu adequado aproveitamento em outro cargo.

b) com remuneração proporcional ao tempo de serviço, até seu adequado aproveitamento em outro cargo.

c) sem remuneração, até seu adequado aproveitamento em outro cargo.

d) com remuneração integral, até serem preenchidas as condições necessárias para sua aposentadoria.

e) com remuneração proporcional ao tempo de serviço, até serem preenchidas as condições necessárias para sua aposentadoria.

De acordo com o Art. 41, § 3º, da Constituição Federal, extinto o cargo ou declarada a sua desnecessidade, o servidor estável ficará em disponibilidade, com remuneração proporcional ao tempo de serviço, até seu adequado aproveitamento em outro cargo.

GABARITO: B.

---

53. **(2018 – TJ/SP – Notário e Registrador/Remoção)** A respeito dos servidores públicos, é correto afirmar que:

a) ao servidor ocupante, exclusivamente, de cargo em comissão declarado em lei de livre nomeação e exoneração aplica-se a regra geral de aposentadoria do servidor público civil.

b) o servidor público investido no mandato de vereador, havendo compatibilidade de horários, perceberá as vantagens de seu cargo, emprego ou função, sem prejuízo da remuneração do cargo eletivo.

c) os servidores públicos estáveis perderão o cargo por decisão judicial do 2º grau de jurisdição, mesmo sem trânsito em julgado.

d) os servidores nomeados para cargo de provimento efetivo em virtude de concurso público são estáveis após dois anos de efetivo exercício.

A: De acordo com o Art. 40, § 13, da CF, o regime geral de previdência social também se aplica ao detentor de cargo temporário ou de emprego público.

B: O Art. 38 da Constituição determina ser admitida a cumulação dos vencimentos do cargo, emprego ou função com o mandato de Vereador, havendo compatibilidade de horários.

C: O Art. 41, § 1º, inciso I, da CF, exige o transito em julgado da sentença para a perda do cargo.

D: A estabilidade ocorre após *três anos* de efetivo exercício (Art. 41, *caput*, da CF).

GABARITO: B.

---

54. **(2017 - Câmara de Mogi das Cruzes/SP - Procurador Jurídico)** Roberto é servidor público de determinada autarquia e foi eleito para o mandato de Prefeito. Segundo a Constituição Federal, Roberto, ao ser investido no mandato de Prefeito,

a) perceberá as vantagens de seu cargo sem prejuízo da remuneração do cargo eletivo.

b) será afastado do cargo que ocupa na autarquia, devendo receber a remuneração do cargo eletivo.

c) será afastado do cargo que ocupa na autarquia, sendo que, para efeito de benefício previdenciário, os valores serão determinados como se no exercício estivesse.

d) será afastado do cargo que ocupa na autarquia, e seu tempo de serviço será contado apenas para fins de aposentadoria.

e) deverá ser exonerado do cargo que ocupa na autarquia.

O servidor público da administração direta, autárquica e fundacional investido no mandato de Prefeito, será afastado do cargo, emprego ou função, sendo-lhe facultado optar pela sua remuneração (Art. 38, I, CF).

GABARITO: C.

---

55. **(2018 – Câmara Municipal de Indaiatuba – Agente Administrativo)** São estáveis os servidores nomeados para cargo de provimento efetivo em virtude de concurso público após:

a) seis meses de efetivo exercício.

b) um ano de efetivo exercício.

c) dois anos de efetivo exercício.

d) três anos de efetivo exercício.

e) quatro anos de efetivo exercício.

Textualmente, o Art. 41, *caput*, da Constituição Federal, afirma que *são estáveis após três anos de efetivo exercício os servidores nomeados para cargo de provimento efetivo em virtude de concurso público.*

GABARITO: D.

---

56. **(2017 - TJM/SP - Escrevente Técnico Judiciário)** O servidor público estável só perderá o cargo:

a) se preso em flagrante por crime inafiançável.

b) mediante processo administrativo em que lhe seja assegurada ampla defesa.

c) no caso de extinção do cargo.

d) quando posto em disponibilidade há mais de cinco anos.

e) mediante procedimento de avaliação mensal de desempenho.

De acordo com o Art. 41, § 1º, da Constituição Federal, o servidor público estável somente perderá o cargo:

I - em virtude de sentença judicial transitada em julgado;

II - mediante processo administrativo em que lhe seja assegurada ampla defesa;

III - mediante procedimento de avaliação periódica de desempenho, na forma de lei complementar, assegurada ampla defesa.

GABARITO: A.

---

57. **(2018 – PC/SP – Escrivão de Polícia)** Sobre os servidores públicos, a Constituição Federal estabelece que, extinto o cargo ou declarada a sua desnecessidade, o servidor estável:

a) ficará em disponibilidade, com remuneração proporcional ao tempo de serviço, até seu adequado aproveitamento em outro cargo.

b) será demitido do cargo, com direito à indenização pelo período de tempo que restar para obter a aposentadoria.

c) será alocado em cargo equivalente, na repartição mais próxima do seu domicílio, sem direito à indenização.

d) será exonerado, com direito à indenização proporcional ao tempo de serviço em um décimo para cada ano trabalhado.

e) ficará à disposição do órgão público em que se encontra lotado, sem prejuízo dos vencimentos até que seja readaptado em outro cargo.

Nos termos do Art. 41, § 3º, da CF, extinto o cargo ou declarada a sua desnecessidade, o servidor estável ficará em disponibilidade, com remuneração proporcional ao tempo de serviço, até seu adequado aproveitamento em outro cargo.

GABARITO: A.

---

58. **(2018 – PC/SP – Agente de Polícia)** Nos termos da Constituição Federal, invalidada por sentença judicial a demissão do servidor estável,

a) será ele reintegrado, e o eventual ocupante da vaga, se estável, reconduzido ao cargo de origem sem direito à indenização, aproveitado em outro cargo ou posto em disponibilidade com remuneração proporcional ao tempo de serviço.

b) será ele reintegrado, e o eventual ocupante da vaga, se estável, reconduzido ao cargo de origem com direito à indenização, aproveitado em outro cargo ou posto em disponibilidade com remuneração proporcional ao tempo de serviço.

c) será ele reintegrado, e o eventual ocupante da vaga, se estável, não poderá ser reconduzido ao cargo de origem, devendo permanecer em situação de disponibilidade até o surgimento de novo cargo, assegurando- se o direito à indenização.

d) ele não será reintegrado e deverá aguardar decisão sobre as providências que serão adotadas em relação ao eventual ocupante da vaga, o qual necessitará ser exonerado, dispensando-se a instauração de processo administrativo.

e) ele não será reintegrado e deverá aguardar decisão sobre as providências que serão adotadas em relação ao eventual ocupante da vaga, o qual necessitará ser dispensado após a conclusão do devido processo administrativo, assegurando-se a ampla defesa e o contraditório.

De acordo com o Art. 41, § 2º, da CF, uma vez invalidada por sentença judicial a demissão do servidor estável, será ele reintegrado, e o eventual ocupante da vaga, se estável, reconduzido ao cargo de origem, sem direito à indenização, aproveitado em outro cargo ou posto em disponibilidade com remuneração proporcional ao tempo de serviço.

GABARITO: A.

---

59. **(2018 - Prefeitura de Sorocaba/SP - Procurador do Município)** A Carta Magna brasileira veda a adoção de requisitos e critérios diferenciados para a concessão de aposentadoria aos abrangidos pelo regime próprio de previdência dos servidores públicos. Todavia, por meio de lei complementar, poderá haver exceções nos casos de servidores:

a) professores universitários.

b) da administração fazendária e fiscais.

c) portadores de deficiência.

d) detentores de cargos políticos.

e) do Poder Judiciário e do Ministério Público.

De acordo com o Art. 40, *caput*, da Constituição Federal, o regime de previdência social dos servidores titulares de cargos efetivos terá caráter contributivo e solidário. A princípio é vedada a adoção de requisitos ou critérios diferenciados, contudo, poderão ser estabelecidos por lei complementar do respectivo ente federativo idade e tempo de contribuição diferenciados para aposentadoria de servidores com deficiência, previamente submetidos à avaliação biopsicossocial realizada por equipe multiprofissional e interdisciplinar, bem como para aposentadoria de ocupantes do cargo de agente penitenciário, de agente socioeducativo ou de policial ou ainda de servidores cujas atividades sejam exercidas com efetiva exposição a agentes químicos, físicos e biológicos prejudiciais à saúde, ou associação desses agentes, vedada a caracterização por categoria profissional ou ocupação.

GABARITO: C.

---

60. **(2018 - UNICAMP - Procurador de Universidade Assistente)** De acordo com a Constituição da República, se um Município pretender fixar, para o valor das aposentadorias e pensões a serem concedidas pelo regime próprio de previdência, o limite máximo estabelecido para os benefícios do regime geral de previdência social,

a) poderá fazê-lo, uma vez que a Constituição assim autoriza, independentemente de qualquer requisito ou exigência.

b) não poderá fazê-lo, uma vez que o regime geral de previdência aplica-se somente aos ocupantes de cargos em comissão de livre nomeação e exoneração.

c) poderá fazê-lo, mas terá que oferecer uma compensação financeira aos aposentados e pensionistas que propicie a estes obter o mesmo valor que teriam direito quando na ativa.

d) não poderá fazê-lo, a menos que aprovada lei complementar específica e que o valor da economia obtida aos cofres públicos seja aplicada na previdência do próprio ente público.

e) poderá fazê-lo, desde que institua regime de previdência complementar para os seus respectivos servidores titulares de cargo efetivo.

De acordo com o Art. 40, § 14, da Constituição Federal, a União, os Estados, o Distrito Federal e os Municípios, instituirão, por lei de iniciativa do respectivo Poder Executivo, regime de previdência complementar para servidores públicos ocupantes de cargo efetivo, observado o limite máximo dos benefícios do Regime Geral de Previdência Social para o valor das aposentadorias e das pensões em regime próprio de previdência social.

GABARITO: E.

Poder Legislativo

61. **(2019 – Câmara Municipal de Sertãozinho/SP – Procurador Jurídico Legislativo)** Na hipótese de uma comissão da Câmara dos Deputados convocar Ministro de Estado para prestar, pessoalmente, informações sobre assunto previamente determinado, mas o convocado não comparecer e não justificar a sua ausência, a Constituição Federal estabelece que:

a) responderá por ato de improbidade administrativa.

b) deverá ser novamente intimado e, se não comparecer no prazo de trinta dias, será penalizado por ato de improbidade.

c) o não comparecimento implica nas mesmas penas que o crime de obstrução da justiça.

d) sua omissão importa em crime de responsabilidade.

e) nenhuma pena poderá ser aplicada, uma vez que a comissão não tem poderes para convocar Ministro de Estado.

Entre as atribuições do Congresso Nacional, o Art. 50 da Constituição Federal prevê expressamente que a Câmara dos Deputados e o Senado Federal, ou qualquer de suas Comissões, poderão convocar Ministro de Estado ou quaisquer titulares de órgãos diretamente subordinados à Presidência da República para prestarem, pessoalmente, informações sobre assunto previamente determinado, sendo que importará crime de responsabilidade a ausência sem justificação adequada.

GABARITO: D.

62. **(2019 – Prefeitura de Arujá/SP – Advogado)** A partir do quanto preceituado pela Constituição Federal de 1988 a respeito das prerrogativas, imunidades e incompatibilidades concernentes aos parlamentares, assinale a alternativa correta.

a) Os deputados e senadores não poderão, desde a expedição do diploma, ser titulares de mais de um cargo eletivo.

b) Perderá o mandato o deputado ou senador que deixar de comparecer, em cada sessão legislativa, a um quarto das sessões ordinárias da Casa a que pertencer, salvo licença ou missão por esta autorizada.

c) A investidura de um deputado ou senador no cargo de Ministro de Estado implicará automaticamente na sua renúncia ao cargo eletivo e, consequentemente, no preenchimento de sua vaga pelo suplente.

d) Os deputados e senadores, desde a expedição do diploma, serão submetidos a julgamento perante o Supremo Tribunal Federal.

e) Caso seja investido no cargo de Secretário de Estado ou do Distrito Federal, um deputado ou senador receberá, cumulativamente, a remuneração por ambas as funções.

A: Essa vedação tem início com a posse do parlamentar e não com a expedição do diploma (Art. 54, inciso II, alínea *d*, da Constituição Federal).

B: De acordo com o Art. 55, inciso III, da CF, a perda do mandado do parlamentar será possível pelo não comparecimento a 1/3 das sessões ordinárias, e não 1/4.

C: A investidura do parlamentar no cargo de Ministro de Estado não leva a perda do mandato (Art. 56, inciso I, da CF).

D: De acordo com o Art. 53, § 1º, da Constituição Federal, os Deputados e Senadores serão submetidos a julgamento perante o Supremo Tribunal Federal desde a expedição do diploma. A diplomação, de acordo com o Glossário do Tribunal Superior Eleitoral: É o ato pelo qual a Justiça Eleitoral atesta quem são, efetivamente, os eleitos e os suplentes com a entrega do diploma devidamente assinado. Com a diplomação os eleitos se habilitam a exercer o mandato que postularam, mesmo que haja recurso pendente de julgamento, pelo qual se impugna exatamente a diplomação (disponível em: http://www. tse.jus.br/eleitor/glossario/termos-iniciados-com-a-letra-d#diplomacao; consulta realizada em 10 de jul de 2019).

E: A afirmativa está incorreta, pois não será possível a cumulação, mas somente a opção pela remuneração do mandato (Art. 56, § 3º, da CF).

GABARITO: D.

---

63. **(2019 – Unifai – Procurador Jurídico)** A Constituição Federal ao tratar "Das Comissões" do Poder Legislativo decidiu que, em razão da matéria de sua competência, cabe a elas:

a) elaborar o regimento comum e regular a criação de serviços comuns às duas Casas.

b) receber petições, reclamações, representações ou queixas de qualquer pessoa contra atos ou omissões das autoridades ou entidades públicas.

c) aprovar previamente, por voto secreto, após arguição em sessão secreta, a escolha dos chefes de missão diplomática de caráter permanente.

d) conhecer do veto e sobre ele deliberar, além de aprovar o projeto de lei de diretrizes orçamentárias.

e) estabelecer limites globais e condições para o montante da dívida mobiliária dos Estados, do Distrito Federal e dos Municípios.

A: A elaboração do regimento comum e a função de regular a criação de serviços comuns às duas Casas é atribuição do Congresso Nacional, em sessão conjunta (Art. 57, § 3º, inciso II).

B: Como maneira de reforçar a função típica ou primária do Poder Legislativo, a Constituição Federal atribui às Comissões, no Art. 58, § 2º, inciso IV, receber petições, reclamações, representações ou queixa de qualquer pessoa contra atos ou omissões das autoridades ou entidades públicas.

C: A aprovação dos chefes de missão diplomática é atribuição do Senado Federal (Art. 52, inciso IV, da CF).

D: A função de deliberar sobre projeto de lei de diretrizes orçamentárias (LDO) é do Congresso Nacional, em sessão conjunta da Câmara dos Deputados e do Senado Federal (Art. 57, § 3º, inciso IV).

E: De acordo com o inciso IX do Art. 52 da Constituição compete ao Senado Federal *estabelecer limites globais e condições para o montante da dívida mobiliária dos Estados, do Distrito Federal e dos Municípios.*

GABARITO: B.

---

64. **(2019 – TJ/AC – Juiz Estadual)** Considerando o disposto na Constituição Federal no tocante às Comissões Parlamentares de Inquérito (CPIs), à luz do direito pátrio vigente, assinale a alternativa correta.

a) Tem competência a CPI para expedir decreto de indisponibilidade de bens de particular, como medida de instrução a embasar futura medida cautelar perante o Poder Judiciário.

b) A CPI tem poderes para determinar a busca e apreensão de bens, objetos e computadores, desde que essa diligência não se efetive em local inviolável, como os espaços domiciliares.

c) As ações de mandado de segurança e de *habeas corpus* impetradas contra CPIs não se extinguem em virtude da conclusão dos seus trabalhos investigatórios se não aprovado seu relatório final.

d) Diferentemente do entendimento que se aplica às CPIs em âmbito federal, uma CPI estadual não pode requerer a quebra de sigilo de dados bancários do investigado.

A: A CPI *não* tem competência para expedir decreto de indisponibilidade de bens de particular, devendo submeter esse pleito ao Poder Judiciário: *Incompetência da CPI para expedir decreto de indisponibilidade de bens de particular, que não é medida de instrução – a cujo âmbito se restringem os poderes de*

autoridade judicial a elas conferidos no Art. 58, § 3º, mas de provimento cautelar de eventual sentença futura, que só pode caber ao juiz competente para proferi-la [STF, Pleno, MS 23.480, rel. Min. Sepúlveda Pertence, j. 4-5-2000, DJ de 15-9-2000.].

B: Embora a realização de busca e apreensão em ambientes privados, protegidos pela inviolabilidade da casa (Art. 5º, XI, da Constituição) seja prerrogativa do Poder Judiciário (é um poder decorrente da chamada cláusula de reserva de jurisdição), a busca em locais não amparados por essa proteção constitucional pode ser realizada por CPI. Assim entende o Supremo Tribunal Federal: *Impossibilidade jurídica de CPI praticar atos sobre os quais incida a cláusula constitucional da reserva de jurisdição, como a busca e apreensão domiciliar (...). Possibilidade, contudo, de a CPI ordenar busca e apreensão de bens, objetos e computadores, desde que essa diligência não se efetive em local inviolável, como os espaços domiciliares, sob pena, em tal hipótese, de invalidade da diligência e de ineficácia probatória dos elementos informativos dela resultantes.*[STF, MS 33.663 MC, rel. Min. Celso de Mello, j. 19-6-2015, dec. monocrática, DJE de 18-8-2015.].

C: A jurisprudência do Supremo Tribunal Federal entende que as ações constitucionais propostas contra CPI se extinguem com a conclusão de seus trabalhos. Veja-se: É firme a jurisprudência deste STF no sentido de que a extinção da CPI prejudica o conhecimento do *habeas corpus* impetrado contra as eventuais ilegalidades de seu relatório final, notadamente por não mais existir legitimidade passiva do órgão impetrado [STF, Pleno, HC 95.277, rel. Min. Cármen Lúcia, j. 19-12-2008, DJE de 20-2-2009].

D: O Supremo Tribunal Federal entende possível que as CPIs estaduais requeiram a quebra de sigilo de dados bancário: *Poderes de CPI estadual: ainda que seja omissa a LC 105/2001, podem essas comissões estaduais requerer quebra de sigilo de dados bancários, com base no Art. 58, § 3º, da Constituição* [STF, Pleno, ACO 730, rel. Min. Joaquim Barbosa, j. 22-9-2004, DJ de 11-11-2005].

GABARITO: B.

65. **(2019 – Unifai – Procurador Jurídico)** Ao dispor sobre o “Processo Legislativo” a Constituição Federal determina que:

a) a proposta de emenda à Constituição será discutida e votada em cada Casa do Congresso Nacional, em dois turnos, considerando-se aprovada se obtiver, em ambos, ao menos dois quintos dos votos dos respectivos membros.

b) a Constituição não poderá ser emendada na vigência de intervenção federal, de estado de defesa ou de estado de sítio.

c) a Constituição poderá ser emendada mediante proposta de metade das Assembleias Legislativas das unidades da Federação, manifestando-se, cada uma delas, pela maioria absoluta de seus membros.

d) a matéria constante de proposta de emenda à Constituição rejeitada ou havida por prejudicada poderá ser objeto de nova proposta, por mais uma vez, na mesma sessão legislativa.

e) a Constituição poderá ser emendada mediante proposta do Presidente da República, do Vice Presidente e do Presidente do Senado Federal.

A: A maioria qualificada para aprovação de emenda à constituição é de 3/5 dos membros de cada casa (e não 2/5) – conforme Art. 60, § 2º, da CF.

B: O Art. 60 da Constituição Federal que regular o procedimento das emendas à constituição, estabelece alguns limites ao poder constituinte derivado reformador. Entre eles, estão as chamadas *limitações circunstanciais*, que impedem a modificação do texto constitucional em situações de instabilidade democrática, como ocorre durante a vigência de intervenção federal, estado de defesa ou estado de sítio (Art. 60, § 1º, da CF).

C: A Constituição Federal exige maioria simples ou relativas dos membros das Assembleias Legislativas (Art. 60, inciso III).

D: De acordo com o § 5º do Art. 60, da Constituição, *a matéria constante de proposta de emenda rejeitada ou havida por prejudicada não pode ser objeto de nova proposta na mesma sessão legislativa.*

E: O Art. 60, *caput*, da Constituição Federal estabelece que a Constituição poderá ser emendada mediante proposta: *I - de um terço, no mínimo, dos membros da Câmara dos Deputados ou do Senado Federal; II - do Presidente da República; III - de mais da metade das Assembleias Legislativas das unidades da Federação, manifestando-se, cada uma delas, pela maioria relativa de seus membros.*

GABARITO: B.

66. **(2019 – Prefeitura de Guarulhos – Inspetor Fiscal de Rendas)** A Constituição poderá ser emendada mediante proposta:

a) formulada por três quintos, no mínimo, dos membros da Câmara dos Deputados.

b) de dois terços dos membros da Câmara dos Deputados ou do Senado Federal.

c) a ser discutida e votada em cada Casa do Congresso Nacional, em dois turnos, considerando-se aprovada se obtiver, em ambos, três quintos dos votos dos respectivos membros.

d) formulada por mais da metade das Assembleias Legislativas das unidades da Federação, manifestando-se, cada uma delas, pela maioria absoluta de seus membros.

e) a ser discutida e votada por um terço dos membros das Assembleias Legislativas das unidades da Federação, manifestando-se pela maioria relativa total de seus membros.

A legitimidade para propor emendas à constituição é restrita. Essa limitação decorreu de escolha soberana do Poder Constituinte. Como já afirmou o Supremo Tribunal Federal: *a eficácia das regras jurídicas produzidas pelo poder constituinte (redundantemente chamado de "originário") não está sujeita a nenhuma limitação normativa, seja de ordem material, seja formal, porque provém do exercício de um poder de fato ou suprapositivo. Já as normas produzidas pelo poder reformador, essas têm sua validez e eficácia condicionadas à legitimação que recebam da ordem constitucional. Daí a necessária obediência das emendas constitucionais às chamadas cláusulas pétreas* [STF, Pleno, ADI 2.356 MC e ADI 2.362 MC, rel. p/ o ac. Min. Ayres Britto, j. 25-11-2010, DJE de 19-5-2011.]. O Art. 60, *caput*, da Constituição Federal estabelece que a Constituição poderá ser emendada mediante proposta:

I. de 1/3, no mínimo, dos membros da Câmara dos Deputados ou do Senado Federal;

II. do Presidente da República;

III. de mais da metade das Assembleias Legislativas das unidades da Federação, manifestando-se, cada uma delas, pela maioria relativa de seus membros.

GABARITO: C.

67. **(2019 – Prefeitura de Valinhos – Procurador)** A Constituição Federal poderá ser emendada:

a) mediante proposta de menos da metade das Assembleias Legislativas das unidades da Federação.

b) mediante proposta do Vice-Presidente da República.

c) na vigência de estado de defesa ou de estado de sítio, mas não na vigência de intervenção federal.

d) e a matéria constante de proposta de emenda rejeitada ou havida por prejudicada pode ser objeto de nova proposta na mesma sessão legislativa.

e) mediante proposta de um terço, no mínimo, dos membros da Câmara dos Deputados ou do Senado Federal.

A: A proposta deve ser de mais da metade das Assembleias Legislativas.

B: Somente proposta do Presidente.

C: Na vigência de intervenção federal a Constituição também não poderá ser objeto de emenda (Art. 60, §1º, da CF), são as chamadas limitações circunstanciais.

D: De acordo com o § 5º do Art. 60 da CF, a matéria constante de proposta de emenda rejeitada ou havida por prejudicada não pode ser objeto de nova proposta na mesma sessão legislativa.

E: De acordo com o Art. 60, *caput*, da Constituição Federal, a Constituição poderá ser emendada mediante proposta: *I - de um terço, no mínimo, dos membros da Câmara dos Deputados ou do Senado Federal; II - do Presidente da República; III - de mais da metade das Assembleias Legislativas das unidades da Federação, manifestando-se, cada uma delas, pela maioria relativa de seus membros.*

GABARITO: E.

68. **(2019 – Prefeitura de Arujá/SP – Advogado)** Assinale a alternativa que corresponda à literalidade do texto constitucional a respeito das medidas provisórias.

a) É vedada a edição de medida provisória a respeito da organização do Poder Judiciário, mas permite-se caso se trate da organização interna do Ministério Público Federal, cuja estrutura está vinculada à Administração Pública.

b) As medidas provisórias possuem o prazo de vigência de 45 dias prorrogáveis uma única vez por igual período, caso não sejam analisadas pelo Poder Legislativo.

c) A deliberação de cada uma das Casas do Congresso Nacional sobre o mérito das medidas provisórias dependerá de juízo prévio sobre o atendimento de seus pressupostos constitucionais.

d) As medidas provisórias terão a sua votação iniciada no Senado Federal.

e) Se a medida provisória não for apreciada em até 30 dias contados de sua publicação, entrará em regime de urgência, subsequentemente, em cada uma das Casas do Congresso Nacional, ficando sobrestadas, até que se ultime a votação, todas as demais deliberações legislativas da Casa em que estiver tramitando.

A: O Art. 62, § 1º, inciso I, alínea *c*, da Constituição Federal veda expressamente a edição de medidas provisórias sobre a organização do Ministério Público.

B: O prazo de 45 dias é o prazo que determina a entrada da medida provisória em regime de urgência na Casa Legislativa em que se encontra (Art. 62, § 6º, da CF); já o prazo das medidas provisórias, em verdade, será de 60 dias, podendo ser prorrogado por uma única vez, se não tiver a sua votação encerrada nas duas casas do Congresso Nacional (Art. 62, § 7º, da CF).

D: O § 8º do Art. 62 da Constituição determina expressamente que as medidas provisórias terão sua votação iniciada na Câmara dos Deputados.

E: O regime de urgência tem início 45 dias contados da publicação da medida provisória.

GABARITO: C.

---

69. **(2019 – Prefeitura de Valinhos – Procurador)** Ao tratar das medidas provisórias, a Constituição Federal estabelece que:

a) a deliberação do Congresso Nacional sobre o mérito das medidas provisórias não dependerá de juízo prévio sobre o atendimento de seus pressupostos constitucionais.

b) é permitida a reedição, na mesma sessão legislativa, de medida provisória que tenha sido rejeitada ou que tenha perdido sua eficácia por decurso de prazo.

c) caberá à comissão mista de Deputados e Senadores examinar as medidas provisórias e sobre elas emitir parecer, antes de serem apreciadas, em sessão separada, pelo plenário de cada uma das Casas do Congresso Nacional.

d) será prorrogado o período de vigência de medida provisória, que no prazo de noventa dias, contado da data da publicação, não tiver sua votação encerrada nas duas Casas do Congresso Nacional.

e) as medidas provisórias terão sua votação iniciada no Senado Federal.

A: Deliberação de cada uma das Casas do Congresso Nacional sobre o mérito das medidas provisórias dependerá de juízo prévio sobre o atendimento de seus pressupostos constitucionais (Art. 62, § 5º, CF).

B: Na verdade, é *vedada a reedição*, na mesma sessão legislativa, de medida provisória que tenha sido rejeitada ou que tenha perdido sua eficácia por decurso de prazo (Art. 62, § 10, CF).

C: Conforme previsto no Art. 62, § 9º, da Constituição Federal, caberá à comissão mista de Deputados e Senadores examinar as medidas provisórias e sobre elas emitir parecer, antes de serem apreciadas, em sessão separada, pelo plenário de cada uma das Casas do Congresso Nacional.

D: As medidas provisórias, podem ser prorrogadas por uma única vez pelo prazo de 60 dias, se não tiver a sua votação encerrada nas duas casas do Congresso Nacional (Art. 62, § 7º, da CF).

E: As medidas provisórias terão sua **votação iniciada na Câmara dos Deputados** (Art. 62, § 8º, CF).

GABARITO: C.

---

70. **(2019 – Câmara Municipal de Serrana/SP – Analista Legislativo)** No processo legislativo federal, segundo a Constituição da República, a matéria reservada à lei complementar:

a) deve ser aprovada por maioria de três quintos dos votos.

b) não admite emendas parlamentares.

c) não será objeto de delegação.

d) não permite emendas que gerem aumento de despesas.

e) terá seu início de votação no Senado Federal.

A: De acordo com o Art. 69 da Constituição, as leis complementares serão aprovadas por maioria absoluta, isto é, por 50% mais 1 do total dos membros da Casa Legislativa.

B: Não há vedação à edição de emendas parlamentares nas leis complementares.

C: A Constituição Federal prevê a hipótese de delegação de competência normativa do Poder Legislativo para o Poder Executivo por meio das chamadas Leis Delegadas. De acordo com o Art. 68 da Constituição, as leis delegadas serão elaboradas pelo Presidente da República, que deverá solicitar a delegação ao Congresso Nacional. Há, contudo, matérias que não podem ser objetivo de delegação: os atos de competência exclusiva do Congresso Nacional, os de competência privativa da Câmara dos Deputados ou do Senado Federal, a matéria reservada à lei complementar, nem a legislação sobre: I - *organização do Poder Judiciário e do Ministério Público, a carreira e a garantia de seus membros; II - nacionalidade, cidadania, direitos individuais, políticos e eleitorais; III - planos plurianuais, diretrizes orçamentárias e orçamentos* (Art. 68, § 1º, CF).

D: O Art. 63 da Constituição Federal determina que não será admitido aumento de despesa: *I - nos projetos de iniciativa exclusiva do Presidente da República; e II - nos projetos sobre organização dos serviços administrativos da Câmara dos Deputados, do Senado Federal, dos Tribunais Federais e do Ministério Público.*

E: O início de votação das leis complementares será, em regra, na Câmara dos Deputados, pois conforme determina o Art. 64 da Constituição Federal, a discussão e votação dos projetos de lei de iniciativa do Presidente da República, do Supremo Tribunal Federal e dos Tribunais Superiores terão início na Câmara dos Deputados.

GABARITO: C.

---

71. **(2019 – TJ/RS - Titular de Serviços de Notas e de Registros/Provimento)** Assinale a alternativa correta a respeito do veto presidencial.

a) O veto parcial efetivado pelo Presidente da República impede que o todo o projeto de lei venha a ser promulgado e publicado até que o veto seja, eventualmente, derrubado pelo Congresso Nacional.

b) Se o veto do Presidente da República não for mantido, será o respectivo projeto enviado, para promulgação, pelo Presidente do Congresso Nacional.

c) O Presidente da República tem o prazo de 30 dias, contados do seu recebimento, para vetar, total ou parcialmente, o projeto de lei que lhe foi encaminhado para sanção.

d) Se o Presidente da República vetar o projeto de lei, total ou parcialmente, deverá comunicar ao Presidente do Senado Federal os motivos do veto, dentro do prazo de quarenta e oito horas.

e) O veto será apreciado em sessão conjunta, dentro de trinta dias a contar de seu recebimento, só podendo ser rejeitado pelo voto da maioria de dois terços dos Deputados e Senadores.

A: Ocorrendo o veto parcial, os trechos da lei que não tenham sido vetados terão vigência normalmente, independentemente da apreciação dos trechos votados pelo Congresso Nacional.

B: De acordo com o Art. 66, § 5º, da Constituição, caso o veto não seja mantido pelo Congresso Nacional, *o projeto será enviado ao Presidente da República para promulgação.*

C: O prazo para sanção expressa ou tácita ou para o veto é de 15 dias úteis (Art. 66, § 1º, CF).

D: Após o trâmite do projeto de lei no âmbito do Congresso Nacional, o Art. 66 da Constituição Federal determina que a Casa Legislativa na qual tenha sido concluída a votação envie o projeto ao Presidente da República. O Chefe do Poder executivo deverá, então, caso considere o projeto, no todo ou em parte, inconstitucional ou contrário ao interesse público, vetá-lo total ou parcialmente, no prazo de 15 dias úteis, contados da data do recebimento, e comunicará, dentro de 48 horas, ao Presidente do Senado Federal os motivos do veto. Note que independente da Casa Legislativa que enviou o projeto, será o Presidente do Senado Federal comunicado, haja vista ser ele também o Presidente do Congresso Nacional.

E: De fato, o veto será apreciado em sessão conjunta, dentro de 30 dias a contar de seu recebimento.

Contudo, nos termos do Art. 66, § 4º, da Constituição, basta para o veto ser rejeitado o *voto da maioria absoluta dos Deputados e Senadores.*

GABARITO: D.

72. **(2019 – Câmara Municipal de Piracicaba/SP – Advogado)** Um Senador propôs projeto de Lei que cria cargos e empregos públicos em uma autarquia federal, sendo o projeto votado e aprovado regularmente em ambas as Casas Legislativas, indo, então, ao Presidente da República para sanção ou veto. Considerando essa hipótese à luz da Constituição Federal, é correto afirmar que o Presidente:

a) terá o prazo de 15 dias úteis para sanção ou veto, contados do recebimento do projeto, mas, ainda que concorde com o seu conteúdo, deverá vetar o projeto de lei por inconstitucionalidade formal.

b) deverá vetar total ou parcialmente o projeto de lei, no prazo de 10 dias úteis, contados do seu recebimento, mas deverá comunicar ao Presidente da Câmara os motivos do seu veto, no prazo de 48 horas.

c) poderá sancionar o projeto de lei no prazo de 15 dias, contados do seu recebimento, desde que haja interesse público, o que redundará na convalidação da inconstitucionalidade formal do projeto de lei.

d) poderá sancionar ou vetar o projeto de lei no prazo de 15 dias, contados do envio do projeto pelo Congresso Nacional, exigindo, para sanção ou veto, fundamentação e expressa manifestação.

e) poderá vetar o projeto no prazo de 10 dias úteis, contados do seu recebimento, devendo o veto ser expresso e fundamentado, que pode ser rejeitado pelo voto da maioria simples dos membros do Congresso Nacional.

De acordo com o Art. 66, § 1º, da Constituição Federal, se o Presidente da República considerar o projeto, no todo ou em parte, inconstitucional ou contrário ao interesse público, vetá-lo-á total ou parcialmente, no prazo de quinze dias úteis, contados da data do recebimento, e comunicará, dentro de quarenta e oito horas, ao Presidente do Senado Federal os motivos do veto. No caso, tendo em vista que o Art. 61, § 1º, inciso II, alínea *a*, da CF, determina que são de iniciativa privativa do Presidente da República as leis que disponham sobre a criação de cargos, funções ou empregos públicos na administração direta e autárquica ou aumento de sua remuneração, o Presidente deverá vetar o projeto de lei por inconstitucionalidade formal, consistente no vício de iniciativa. Tendo em vista que a matéria só poderia ser proposta pelo Presidente de República, houve usurpação de sua competência pelo Senado Federal, sendo caso de veto total do projeto de lei, pois o vício de iniciativa não pode sequer ser suprido pela concordância posterior do Chefe do Executivo com a norma, conforme jurisprudência do Supremo Tribunal Federal: *A sanção do projeto de lei não convalida o vício de inconstitucionalidade resultante da usurpação do poder de iniciativa. A ulterior aquiescência do chefe do Poder Executivo, mediante sanção do projeto de lei, ainda quando dele seja a prerrogativa usurpada, não tem o condão de sanar o vício radical da inconstitucionalidade. Insubsistência da Súmula 5/STF* [STF, Pleno, ADI 2.867, rel. Min. Celso de Mello, j. 3-12-2003, DJ de 9-2-2007].

GABARITO: A.

73. **(2019 – Câmara Municipal de Orlândia – Procurador Jurídico)** Apolo é Vereador e durante o exercício de suas funções constatou que um projeto de lei em tramitação estaria violando o Regimento Interno da Câmara Municipal. Não obstante esse detalhe do referido projeto, este foi colocado na pauta para deliberação dos Vereadores. Apolo pretende judicializar o caso para impedir a aprovação do projeto de lei em questão. Nesse sentido, considerando o que estabelece o direito brasileiro, é correto afirmar que Apolo:

a) não poderá levar o caso à discussão no Poder Judiciário, sob pena de violação do princípio da separação de poderes.

b) poderá impetrar mandado de segurança, sob a alegação de violação do seu direito de participar de um hígido processo legislativo.

c) tem o direito de ajuizar ação direta de inconstitucionalidade perante o Tribunal de Justiça para trancar o processo legislativo.

d) deverá requerer ao Ministério Público a abertura de processo criminal contra o Presidente da Câmara de Vereadores por abuso de poder.

e) a única coisa que poderá fazer será aguardar eventual aprovação do projeto para ajuizar ação direta de inconstitucionalidade por vício formal da lei.

A jurisprudência do Supremo Tribunal Federal se firmou no sentido de que, excepcionalmente, parlamentar pode pleitear o reconhecimento judicial da inconstitucionalidade de projeto de lei, na hipótese de ter havido vício no processo legislativo. Tem o parlamentar, como aponta a alternativa, o direito a um processo legislativo hígido. Importante anotar que a medida jurídica para tanto será o mandado de segurança e não a ação direta de inconstitucionalidade, pois a última só é admissível após a edição da lei.

Veja-se o seguinte precedente da Corte Suprema: *Não se admite, no sistema brasileiro, o controle jurisdicional de constitucionalidade material de projetos de lei (controle preventivo de normas em curso de formação). O que a jurisprudência do STF tem admitido, como exceção, é "a legitimidade do parlamentar – e somente do parlamentar - para impetrar mandado de segurança com a finalidade de coibir atos praticados no processo de aprovação de lei ou emenda constitucional incompatíveis com disposições constitucionais que disciplinam o processo legislativo"* (MS 24.667, P, min. Carlos Velloso, DJ de 23-4-2004).

Nessas excepcionais situações, em que o vício de inconstitucionalidade está diretamente relacionado a aspectos formais e procedimentais da atuação legislativa, a impetração de segurança é admissível, segundo a jurisprudência do STF, porque visa a corrigir vício já efetivamente concretizado no próprio curso do processo de formação da norma, antes mesmo e independentemente de sua final aprovação ou não. Sendo inadmissível o controle preventivo da constitucionalidade material das normas em curso de formação, não cabe atribuir ao parlamentar, a quem a Constituição nega habilitação para provocar o controle abstrato repressivo, a prerrogativa, sob todos os aspectos mais abrangente e mais eficiente, de provocar esse mesmo controle antecipadamente, por via de mandado de segurança.

A prematura intervenção do Judiciário em domínio jurídico e político de formação dos atos normativos em curso no Parlamento, além de universalizar um sistema de controle preventivo não admitido pela Constituição, subtrairia dos outros Poderes da República, sem justificação plausível, a prerrogativa constitucional que detém de debater e aperfeiçoar os projetos, inclusive para sanar seus eventuais vícios de inconstitucionalidade.

Quanto mais evidente e grotesca possa ser a inconstitucionalidade material de projetos de leis, menos ainda se deverá duvidar do exercício responsável do papel do Legislativo, de negar-lhe aprovação, e do Executivo, de opor-lhe veto, se for o caso. Partir da suposição contrária significaria menosprezar a seriedade e o senso de responsabilidade desses dois Poderes do Estado. E se, eventualmente, um projeto assim se transformar em lei, sempre haverá a possibilidade de provocar o controle repressivo pelo Judiciário, para negar-lhe validade, retirando-a do ordenamento jurídico [STF, Pleno, MS 32.033, rel. p/ o ac. Min. Teori Zavascki, j. 20-6-2013, DJE de 18-2-2014].

GABARITO: B.

---

74. **(2018 – Câmara Municipal de Jaboticabal/SP – Procurador Jurídico)** A Comissão de Direitos Humanos do Senado convoca um Ministro de Estado para prestar pessoalmente informações sobre assunto previamente determinado. No entanto, o Ministro deixa de comparecer, pessoalmente, à Comissão, sem justificação adequada, mas envia seu chefe de Gabinete para ir em seu lugar, levando toda a documentação necessária aos esclarecimentos do referido assunto. Segundo a Constituição Federal, considerando essa situação, é correto afirmar que o Ministro:

a) não poderá sofrer qualquer penalidade, uma vez que a Comissão não tem poderes para convocar Ministros de Estado, competência pertencente à Mesa do Senado e da Câmara.

b) deverá responder pelo crime de desobediência, por não atender à convocação, uma vez que as Comissões Parlamentares detêm poderes de investigação próprios das autoridades judiciais.

c) não sofrerá penalidade, pois, embora esteja obrigado a atender à convocação, cumpriu com o seu propósito ao enviar seu chefe de Gabinete com a documentação necessária.

d) ficará sujeito a responder por crime de responsabilidade por não ter comparecido pessoalmente perante a Comissão.

e) deverá responder a processo administrativo perante o Senado, ficando sujeito à pena de demissão do cargo a bem do serviço público.

De acordo com o Art. 50 da Constituição Federal, entre as atribuições do Congresso Nacional, consta expressamente que a Câmara dos Deputados e o Senado Federal, ou qualquer de suas Comissões, poderão convocar Ministro de Estado ou quaisquer titulares de órgãos diretamente subordinados à Presidência da República para prestarem, pessoalmente, informações sobre assunto previamente determinado, sendo que importará **crime de responsabilidade a ausência sem justificação adequada.**

GABARITO: D.

75. **(2018 - Prefeitura de Buritizal/SP – Procurador Jurídico)** Ao tratar da organização dos poderes, a Constituição Federal instituiu que autorizar, em terras indígenas, a exploração e o aproveitamento de recursos hídricos e a pesquisa e lavra de riquezas minerais é de competência:

a) privativa da Câmara dos Deputados.

b) privativa do Senado Federal.

c) exclusiva do Congresso Nacional.

d) do Congresso Nacional, com a sanção do Presidente da República.

e) privativa do Presidente da República.

Nos termos do Art. 49, inciso XVI, da Constituição Federal, é da competência exclusiva do Congresso Nacional: ***autorizar, em terras indígenas, a exploração e o aproveitamento de recursos hídricos e a pesquisa e lavra de riquezas minerais.***

GABARITO: C.

76. **(2018 - Prefeitura de São Bernardo do Campo/SP - Assistente Jurídico)** Cabe ao Congresso Nacional, com a sanção do Presidente da República, dispor sobre todas as matérias de competência da União, e especialmente:

a) aprovar o estado de defesa e a intervenção federal, autorizar o estado de sítio, ou suspender qualquer uma dessas medidas.

b) aprovar, previamente, a alienação ou concessão de terras públicas com área superior a dois mil hectares.

c) escolher dois terços dos membros do Tribunal de Contas da União.

d) sobre matéria financeira, cambial e monetária, instituições financeiras e suas operações.

e) apreciar os atos de concessão e renovação de concessão de emissoras de rádio e televisão.

A: Essa competência é exclusiva do Congresso Nacional (Art. 49, IV, CF).

B: De acordo com o Art. 49, inciso XVII, é competência exclusiva do Congresso Nacional aprovar, previamente, a alienação ou concessão de terras públicas com área superior a 2.500 hectares.

C: Trata-se, também, de competência exclusiva do Congresso Nacional (Art. 49, XIII, CF).

D: Conforme determinação expressa no Art. 48, inciso XII, cabe ao Congresso Nacional, com a sanção do Presidente da República, dispor sobre matéria financeira, cambial e monetária, instituições financeiras e suas operações.

E: Igualmente (Art. 49, XII, CF).

GABARITO: D.

77. **(2018 - Câmara de Olímpia/SP - Procurador Jurídico)** A Mesa da Câmara dos Deputados encaminhou pedido escrito de informações a determinado Ministro de Estado, no qual constou que o pedido deveria ser atendido, no prazo de trinta dias. Contudo, o Ministro somente respondeu à solicitação após o prazo estipulado. Nessa hipótese, portanto, o texto constitucional dispõe que a conduta do Ministro:

a) não enseja penalidade, tendo em vista que, embora com atraso, atendeu ao pedido.

b) implica na perda do cargo por improbidade administrativa.

c) não enseja consequências, pois a Constituição não prevê penalidade nesse caso.

d) poderá ensejar penalidade de afastamento do cargo no caso de reincidência da conduta.

e) importa em crime de responsabilidade.

De acordo com o § 2º do Art. 50 da Constituição Federal, as Mesas da Câmara dos Deputados e do Senado Federal poderão encaminhar pedidos escritos de informações a Ministros de Estado ou a qualquer das pessoas referidas no *caput* deste artigo, importando em crime de responsabilidade: a recusa, - o não atendimento, no prazo de 30 dias, - a prestação de informações falsas.

GABARITO: E.

78. **(2018 - Prefeitura de São Bernardo do Campo/SP - Assistente Jurídico)** Compete privativamente à Câmara dos Deputados

a) proceder à tomada de contas do Presidente da República, quando não apresentadas ao Congresso Nacional dentro de sessenta dias após a abertura da sessão legislativa.

b) processar e julgar o Procurador-Geral da República e o Advogado-Geral da União nos crimes de responsabilidade.

c) autorizar operações externas de natureza financeira, de interesse da União, dos Estados, do Distrito Federal, dos Territórios e dos Municípios.

d) dispor sobre limites e condições para a concessão de garantia da União em operações de crédito externo e interno.

e) estabelecer limites globais e condições para o montante da dívida mobiliária dos Estados, do Distrito Federal e dos Municípios.

São apenas cinco as competências privativas da Câmara dos Deputados e estão previstas no Art. 51 da Constituição Federal:

I. autorizar, por 2/3 de seus membros, a instauração de processo contra o Presidente e o Vice-Presidente da República e os Ministros de Estado;

II. proceder à tomada de contas do Presidente da República, quando não apresentadas ao Congresso Nacional dentro de sessenta dias após a abertura da sessão legislativa;

III. elaborar seu regimento interno;

IV. dispor sobre sua organização, funcionamento, polícia, criação, transformação ou extinção dos cargos, empregos e funções de seus serviços, e a iniciativa de lei para fixação da respectiva remuneração, observados os parâmetros estabelecidos na lei de diretrizes orçamentárias;

V. eleger dois membros do Conselho da República.

As alternativas corretas registram competências privativas do Senado Federal, respectivamente previstas no Art. 52, incisos II (alternativa B), inciso V (alternativa C), inciso VIII (alternativa D) e inciso IX (alternativa E).

GABARITO: A.

79. **(2018 – Câmara Municipal de São Joaquim Barra/SP – Encarregado de Recursos Humanos)** Na hipótese de o Presidente da República não apresentar ao Congresso Nacional, no prazo de sessenta dias após a abertura da sessão legislativa anual, a prestação de contas referente ao exercício anterior, a tomada das contas é de competência:

a) comum da Câmara dos Deputados e do Senado Federal.

b) privativa da Câmara dos Deputados.

c) privativa do Senado Federal.

d) da Câmara dos Deputados com o auxílio do Tribunal de Contas.

e) do Congresso Nacional com o auxílio do Tribunal de Contas.

De acordo com o Art. 51, inciso II, da Constituição Federal, compete privativamente à Câmara dos Deputados, proceder à tomada de contas do Presidente da República, quando não apresentadas ao Congresso Nacional dentro de 60 dias após a abertura da sessão legislativa.

GABARITO: B.

80. **(2018 - Prefeitura de São Bernardo do Campo/SP – Procurador)** Compete privativamente ao Senado Federal:

a) conferir condecorações e distinções honoríficas, eleger membros do Conselho da República e elaborar seu regimento interno.

b) aprovar, por maioria absoluta e por voto aberto, a exoneração, de ofício, do Procurador-Geral da República antes do término de seu mandato.

c) proceder à tomada de contas do Presidente da República, quando não apresentadas ao Congresso Nacional dentro de sessenta dias após a abertura da sessão legislativa.

d) permitir, nos casos previstos em lei complementar, que forças estrangeiras transitem pelo território nacional ou nele permaneçam temporariamente.

e) avaliar periodicamente a funcionalidade do Sistema Tributário Nacional, em sua estrutura e seus componentes, e o desempenho das administrações tributárias da União, dos Estados e do Distrito Federal e dos Municípios.

A: Conferir condecorações e distinções honoríficas é competência do Presidente da República (Art. 84, XXI, CF), as demais competências estão presentes tanto no Senado Federal (incisos XII e XIV do Art. 52, da CF) quanto na Câmara dos Deputados (Art. 51, IV e V, CF).

B: A votação para exoneração do Procurador-Geral da República será por voto secreto (Art. 52, XI, CF).

C: Proceder à tomada de contas é competência da Câmara dos Deputados (Art. 51, II, CF).

D: É competência do Presidente da República (Art. 84, XXII, CF).

E: As competências privativas do Senado Federal estão expressas no Art. 52 da Constituição Federal. A última dessas competências, inciso XV, é justamente a de avaliar periodicamente a funcionalidade do Sistema Tributário Nacional, em sua estrutura e seus componentes, e o desempenho das administrações tributárias da União, dos Estados e do Distrito Federal e dos Municípios.

GABARITO: E.

---

81. **(2018 - Câmara de Dois Córregos/SP - Diretor Contábil Legislativo)** No que diz respeito aos Deputados e Senadores, a Constituição Federal estabelece que é uma hipótese de perda de mandato se o Parlamentar assumir o cargo:

a) de Secretário de Estado ou do Distrito Federal.

b) de Prefeitura de Capital.

c) de Ministro de Estado.

d) de Governador de Território.

e) remunerado demissível *ad nutum* em empresa pública.

Entre as vedações impostas aos parlamentares, consta o impedimento, desde a posse, de que ocupem cargo ou função que sejam demissíveis *ad nutum* em pessoa jurídica de direito público, autarquia, empresa pública, sociedade de economia mista ou empresa concessionária de serviço público (Art. 52, inciso II, alínea *b*, CF). De outro lado, conforme determina o Art. 56, inciso II, da Constituição Federal, não perderá o mandato o Deputado ou Senador investido no cargo de Ministro de Estado, Governador de Território, Secretário de Estado, do Distrito Federal, de Território, de Prefeitura de Capital ou chefe de missão diplomática temporária. Nessas hipótese, conforme jurisprudência do Supremo Tribunal Federal, não há perda do vínculo com o Parlamento: *O membro do Congresso Nacional que se licencia do mandato para investir-se no cargo de ministro de Estado não perde os laços que o unem, organicamente, ao Parlamento (CF, Art. 56, I). (...) ainda que licenciado, cumpre-lhe guardar estrita observância às vedações e incompatibilidades inerentes ao estatuto constitucional do congressista, assim como às exigências ético-jurídicas que a Constituição (CF, Art. 55, § 1º) e os regimentos internos das Casas Legislativas estabelecem como elementos caracterizadores do decoro parlamentar* [STF, Pleno, MS 25.579 MC, rel. p/ o ac. Min. Joaquim Barbosa, j. 19-10-2005, DJ de 24-8-2007].

GABARITO: E.

---

82. (2018 - Câmara de Indaiatuba/SP - Procurador Jurídico) Suponha que o Senador Y, no exercício do seu mandato, seja investido no cargo de Governador de Território. É correto afirmar, segundo a Constituição, que:

a) conservará o seu mandato e poderá exercer ambas as funções, desde que haja compatibilidade de horários.

b) perderá o seu mandato, ante a nítida incompatibilidade entre as funções exercidas, e em atenção ao princípio da separação de poderes.

c) inexistindo suplente que possa substituir o Senador, far-se-á eleição para preencher a vaga se faltarem mais de 15 meses para o término do mandato.

d) mesmo que exista suplente para assumir a vaga, caso a vacância ocorra faltando mais de 9 meses para o término do mandato, deverão ser realizadas novas eleições.

e) o Senador deverá abrir mão da remuneração do mandato de senador e receber a correspondente ao novo cargo.

Não perderá o mandato o Deputado ou Senador investido no cargo de Governador de Território (Art. 56, II, CF). Nessa hipótese, o suplente será convocado. Contudo, caso não haja suplente, deverá ser realizada eleição para preenchimento da vaga se faltarem mais de quinze meses para o término do mandato, conforme determina o Art. 56, § 2º, da Constituição Federal.

GABARITO: C.

83. (2018 – PC/SP - Delegado de Polícia) Supondo que o Senador Y deixe de comparecer, em cada sessão legislativa, à terça parte das sessões ordinárias do Senado Federal, é correto assinalar que:

a) perderá o seu mandato, mediante decisão declaratória do Senado Federal, salvo se a ausência decorra de licença ou missão autorizada pela Casa legislativa.

b) perderá o seu mandato automaticamente, mediante decisão constitutiva por maioria simples do Senado Federal.

c) perderá o seu mandato automaticamente, mediante decisão constitutiva por maioria absoluta do Senado Federal, independentemente de que lhe seja assegurado contraditório e ampla defesa.

d) perderá o seu mandato automaticamente, mediante decisão declaratória por maioria absoluta do Senado Federal.

e) perderá o seu mandato, mediante decisão constitutiva do Congresso Nacional, assegurando-se contraditório e ampla defesa.

De acordo com o Art. 55, inciso III, da CF, o Deputado ou Senador que deixar de comparecer, em cada sessão legislativa, à terça parte das sessões ordinárias da Casa a que pertencer, salvo licença ou missão por essa autorizada, perderá o mandato. Registre-se que nesse caso, de acordo com o § 3º do mesmo artigo, a perda será declarada pela Mesa da Casa respectiva, de ofício ou mediante provocação de qualquer de seus membros, ou de partido político representado no Congresso Nacional, assegurada a ampla defesa.

GABARITO: A.

84. (2018 - Prefeitura de São Bernardo do Campo/SP – Procurador) A respeito do Processo Legislativo, é correto afirmar que:

a) a Constituição poderá ser emendada mediante proposta de um terço das Assembleias Legislativas das unidades da Federação.

b) a sanção tácita ao projeto de lei ocorre quando o Presidente da República não o sanciona expressamente, mas também não o veta, no prazo de 10 dias úteis.

c) o veto parcial somente abrangerá texto integral de artigo, de parágrafo, de inciso ou de alínea, pois não existe a possibilidade de vetar apenas palavras ou expressões de projeto de lei.

d) prorrogar-se-á uma única vez por igual período a vigência de medida provisória que, no prazo de trinta dias, contado de sua publicação, não tiver a sua votação encerrada nas duas Casas do Congresso Nacional.

e) o veto deverá ser apreciado em sessão conjunta, impreterivelmente, dentro de quinze dias a contar de seu recebimento, só podendo ser rejeitado pelo voto da maioria absoluta dos Deputados e Senadores.

A: Para a proposta de ementa, é necessária a proposta de mais da metade das Assembleias Legislativas das unidades da Federação, manifestando-se, cada uma delas, pela maioria relativa de seus membros. (Art. 60, III, CF).

B: O prazo para a sanção tática, diante do silencio do Presidente da República é de 15 dias (Art. 66, § 3º, CF).

C: A alternativa repete o teor do Art. 66, § 2º, da Constituição Federal, que prevê que o veto parcial somente abrangerá texto integral de artigo, de parágrafo, de inciso ou de alínea. Essa limitação visa manter a unidade do texto, impedindo que sejam vetadas expressões (palavras, trechos) que levariam a descaracterização da própria proposta. Um exemplo seria simplesmente vetar a palavra não em uma vedação, convertendo-a numa autorização, que inverteria totalmente o sentido da opção político-legislativa.

D: A prorrogação será por 60 dias (Art. 62, § 7º, CF).

E: O prazo da sessão conjunta é de 30 dias a contar do recebimento do veto, e não há menção a expressão *impreterivelmente* (Art. 66, § 4º, CF).

GABARITO: C.

---

85. **(2018 – Câmara Municipal de São Joaquim da Barra/SP – Analista Legislativo)** Conforme dispõe a Constituição Federal, se o Prefeito julgar um projeto de lei no todo ou em parte, inconstitucional ou contrário ao interesse público,

a) devolvê-lo-á à Câmara dos Vereadores para uma nova votação.

b) ficará obrigado a sancioná-lo.

c) deve pedir ao Judiciário que anule o projeto.

d) vetá-lo-á total ou parcialmente.

e) mandará arquivá-lo.

Utilizando-se por parâmetro (aplicado o paralelismo constitucional) a previsão relativa ao Presidente da República, caberá ao Prefeito, se considerar o projeto, no todo ou em parte, inconstitucional ou contrário ao interesse público, vetá-lo total ou parcialmente (Art. 66, § 1º, CF).

GABARITO: D.

---

86. **(2018 - Câmara de Indaiatuba/SP - Procurador)** Assinale a alternativa que corresponde à previsão constitucional sobre o processo legislativo brasileiro.

a) A Constituição poderá ser emendada mediante proposta de, no mínimo, 2/3 dos membros da Câmara dos Deputados ou do Senado Federal.

b) A iniciativa popular pode ser exercida pela apresentação ao Senado Federal de projeto de lei subscrito por, no mínimo, um por cento do eleitorado nacional, distribuído por pelo menos por 4 Estados, com não menos de três décimos por cento dos eleitores de cada um deles.

c) As medidas provisórias terão sua votação iniciada na Câmara dos Deputados.

d) O veto do Presidente a projeto de lei deve ser apreciado em sessão conjunta, dentro de 30 dias a contar do seu recebimento, só podendo ser rejeitado pelo voto da maioria simples dos Deputados e Senadores.

e) As leis complementares serão aprovadas se atingido o quórum mínimo de 2/3 dos membros da Câmara dos Deputados e do Senado Federal.

A: A quantidade mínima de Deputados ou Senadores será de 1/3 (Art. 60, I, CF).

B: De acordo com o § 2º do Art. 61 da Constituição Federal, a *iniciativa popular* pode ser exercida pela *apresentação à Câmara dos Deputados* de projeto de lei subscrito por, no mínimo, 1% do eleitorado nacional, distribuído pelo menos por cinco Estados, com não menos de três por cento dos eleitores de cada um deles.

C: Assim como a maioria das propostas legislativas, de acordo com o Art. 62, § 8º, da Constituição Federal, as medidas provisórias terão sua votação iniciada na Câmara dos Deputados.

D: A maioria exigida para rejeição do veto é *absoluta* e não relativa (Art. 66, § 4º, CF).

E: As leis complementares serão aprovadas por maioria absoluta (Art. 69 da CF).

GABARITO: C.

---

87. **(2021 – Prefeitura de Guarujá/SP)** Julgar anualmente as contas prestadas pelo Presidente da República e apreciar os relatórios sobre a execução dos planos de governo, é competência constitucional:

a) privativa da Câmara dos Deputados.

b) exclusiva do Senado Federal.

c) do Tribunal de Contas da União.

d) da Câmara dos Deputados, que aprecia a matéria e do Senado, que a julga.

e) exclusiva do Congresso Nacional.

A competência de julgar anualmente as contas prestadas pelo Presidente da República e apreciar os relatórios sobre a execução dos planos de governo é exclusiva do Congresso Nacional, de acordo com o Art. 49, IX, da CF. Sobre o tema, vale lembrar:

- julgar anualmente as contas prestadas pelo Presidente da República - Congresso Nacional (Art. 49, IX, CF).

- apreciar as contas prestadas anualmente pelo Presidente da República, mediante parecer prévio que deverá ser elaborado em sessenta dias a contar de seu recebimento - Tribunal de Contas da União (Art. 71, I, CF).

- proceder à tomada de contas do Presidente da República, quando não apresentadas ao Congresso Nacional dentro de sessenta dias após a abertura da sessão legislativa - Câmara dos Deputados (Art. 51, II, CF).

- examinar e emitir parecer sobre as contas apresentadas anualmente pelo Presidente da República - Comissão mista permanente de Senadores e Deputados (Art. 166, § 1º, inciso I, CF).

GABARITO: E.

---

88. **(VUNESP – 2021 - CODEN - SP - Advogado)** A competência para sustar os atos normativos do Poder Executivo que exorbitem do poder regulamentar ou dos limites de delegação legislativa é:

a) exclusiva do Conselho Nacional de Justiça.

b) exclusiva do Congresso Nacional.

c) concorrente do Supremo Tribunal Federal e do Congresso Nacional.

d) exclusiva do Supremo Tribunal Federal.

e) exclusiva do Senado Federal.

A competência de sustar os atos normativos do Poder Executivo que exorbitem do poder regulamentar ou dos limites de delegação legislativa é exclusiva do Congresso Nacional, de acordo com o Art. 49, V, da CF.

GABARITO: B.

---

89. **(2021 - CODEN/SP – Advogado)** A respeito das imunidades parlamentares, assinale a alternativa correta.

a) A imunidade material, garantida aos membros do Poder Legislativo de todas as esferas de governo, torna o parlamentar irresponsável penal e civilmente por opiniões, palavras e votos, mas não impede a perda do cargo em caso de quebra do decoro parlamentar.

b) Caso um senador e um cidadão não detentor de qualquer mandato cometam um crime, em concurso de agentes, estarão ambos acobertados pela imunidade formal e não poderão ser presos, salvo em flagrante delito.

c) Não comete crime o vereador que, fora da circunscrição do seu município, mas, em razão de funções inerentes ao mandato, imputa crime a outro parlamentar de que sabe inocente.

d) Os membros do Congresso Nacional poderão ser presos em caso de flagrante de crime inafiançável, hipótese em que os autos serão remetidos dentro de 48 horas à respectiva Casa, para que, pelo voto da maioria de seus membros, resolva sobre a prisão.

e) Cometido o crime durante o exercício funcional, prevalece a competência especial por prerrogativa, ainda que o inquérito ou a ação penal sejam iniciados após a cessação daquele exercício.

O Art. 53 da Constituição Federal determina que os Deputados e Senadores são invioláveis, civil e penalmente, por quaisquer de suas opiniões, palavras e votos. No mesmo sentido, o texto constitucional afirma no Art. 27, § 1º, da CF que aos deputados estaduais serão aplicadas as imunidades, que também se estendem aos vereadores na circunscrição do Município (Art. 29, VIII, da CF).

Alternativas incorretas – a alternativa B está incorreta, pois a imunidade é pessoal (conforme Súmula 245 do STF: A imunidade parlamentar não se estende ao corréu sem essa prerrogativa); em relação à alternativa C, o Art. 29, VIII, da CF determina que o vereador somente possui a imunidade na circunscrição do Município; a alternativa D, por sua vez, também está incorreta em relação ao prazo: os autos deverão ser remetidos em 24 horas para a Casa legislativa; por fim, a alternativa E está incorreta por representar entendimento já superado do Supremo Tribunal Federal, que cancelou a Súmula 394 que previa justamente o quanto determinado na questão.

GABARITO: A.

---

90. **(2020 - Prefeitura de Ilhabela/SP - Analista/Gestão de Políticas Públicas/Gestão Pública)** Suponha que o Congresso Nacional, por meio de um decreto legislativo, convocou plebiscito para decidir sobre tema relevante ao país. De acordo com a Constituição Federal, é correto afirmar que o Congresso Nacional:

a) não poderia ter convocado plebiscito, mas apenas autorizado a realização de referendo.

b) não possui tal atribuição, pois compete privativamente ao Senado Federal convocar plebiscito.

c) detém a competência exclusiva para convocar plebiscito, assim como para autorizar o estado de sítio.

d) incorreu em equívoco, pois compete privativamente ao Presidente da República convocar plebiscito.

e) não poderia ter convocado plebiscito, mas deteria competência para autorizar, em terras indígenas, a exploração e o aproveitamento de recursos hídricos.

Nos exatos termos da Constituição Federal, deve-se observar que é da competência exclusiva do Congresso Nacional autorizar o estado de sítio (inciso IV), bem como convocar plebiscito (inciso XV).

GABARITO: C.

---

91. **(2020 - Prefeitura de Ilhabela/SP - Analista/Direito/Gestão Pública)** Considere que um Deputado Estadual, no exercício do seu mandato e em razão dele, recebeu informação relevante de um cidadão sobre graves fatos ocorridos em determinada repartição pública. Nessa situação hipotética, se esse Deputado for chamado a depor em juízo sobre os referidos fatos, a Carta Magna brasileira dispõe que o Parlamentar:

a) deve testemunhar, mas sob a garantia de que a pessoa que lhe confidenciou a informação não poderá ser punida.

b) poderá apenas testemunhar sobre a pessoa que lhe confidenciou os fatos, mas não sobre estes.

c) terá a obrigação de testemunhar sobre a pessoa e sobre os respectivos fatos, se houve danos ao erário.

d) não será obrigado a testemunhar em juízo.

e) tem a obrigação legal de testemunhar, mas a pessoa que lhe confidenciou a informação tem o direito de receber proteção especial da lei.

A questão diz respeito ao chamado "Estatuto do Congressista", que prevê uma série de direitos e garantias para o pleno exercício do mandato dos parlamentares. Em relação à questão, cuida-se da chamada imunidade probatória, aplicando-se o disposto no Art. 53, § 6º, da CF, que prevê que: "Os Deputados e Senadores não serão obrigados a testemunhar sobre informações recebidas ou prestadas em razão do exercício do mandato, nem sobre as pessoas que lhes confiaram ou deles receberam informações.".

GABARITO: D.

---

92. **(2020 - Prefeitura de Ilhabela/SP - Analista/Direito/Gestão Pública)** Assinale a alternativa correta a respeito das atribuições do Tribunal de Contas da União.

a) É uma das suas competências apreciar, para fins de registro, a legalidade dos atos de admissão de pessoal, a qualquer título, na administração direta e indireta, inclusive as nomeações para cargo de provimento em comissão, bem como a das concessões de aposentadorias, reformas e pensões.

b) É da sua competência aplicar aos responsáveis, em caso de ilegalidade de despesa ou irregularidade de contas, as sanções previstas em lei, que estabelecerão, entre outras cominações, indisponibilidade dos bens do acusado e multa proporcional ao dano causado ao erário.

c) Se verificar alguma ilegalidade, tem competência para assinar prazo a fim de que o órgão ou entidade adote as providências necessárias ao exato cumprimento da lei e sustar, se não atendido, a execução do ato impugnado, comunicando a decisão à Câmara dos Deputados e ao Senado Federal.

d) É sua competência julgar anualmente as contas prestadas pelo Presidente da República e apreciar os relatórios sobre a execução dos planos de governo, aplicando as sanções previstas em lei em caso de ilegalidade de despesa ou de contas.

e) O Supremo Tribunal Federal já decidiu, por meio de súmula, que é vedado ao Tribunal de Contas da União, no exercício de suas funções, apreciar a constitucionalidade das leis e dos atos do Poder Público.

Nos termos do Art. 71, IX, CF, é competência do Tribunal de Contas da União assinar prazo para que o órgão ou entidade adote as providências necessárias ao exato cumprimento da lei, se verificada ilegalidade.

Alternativas incorretas – em relação à alternativa A, vale mencionar que o TCU não aprecia legalidade das nomeações para cargos em comissão (Art. 71, III, CF); a alternativa B está incorreta, pois a indisponibilidade depende de decisão judicial; a alternativa D, por sua vez, contém erro evidente: o TCU não julga as contas prestas pelo Presidente da República, limita-se a emitir parecer prévio; por fim, a alternativa E está em desacordo com a Súmula 347 do STF que prevê: "O Tribunal de Contas, no exercício de suas atribuições, pode apreciar a constitucionalidade das leis e dos atos do poder público." Sobre o tema, é importante anotar que em decisão recente, o Supremo Tribunal Federal manifestou-se em sentido contrário à própria Súmula, mas não declarou seu cancelamento. Veja-se: "O Tribunal de Contas da União, órgão sem função jurisdicional, não pode declarar a inconstitucionalidade de lei federal com efeitos erga omnes e vinculantes no âmbito de toda a Administração Pública Federal" (STF, Pleno, MS 35.410, rel. Min. Alexandre de Moraes, j. 13.04.2021, j. 06.05.2021, trecho da ementa).

GABARITO: C.

---

93. **(2020 - Prefeitura de Ilhabela/SP - Analista/Ciências Sociais/Gestão Pública)** Suponha que o Congresso Nacional, por meio de um decreto legislativo, convocou plebiscito para decidir sobre tema relevante ao país. De acordo com a Constituição Federal, é correto afirmar que o Congresso Nacional:

a) não poderia ter convocado plebiscito, mas apenas autorizado a realização de referendo.

b) não possui tal atribuição, pois compete privativamente ao Senado Federal convocar plebiscito.

c) detém a competência exclusiva para convocar plebiscito, assim como para autorizar o estado de sítio.

d) incorreu em equívoco, pois compete privativamente ao Presidente da República convocar plebiscito.

e) não poderia ter convocado plebiscito, mas deteria competência para autorizar, em terras indígenas, a exploração e o aproveitamento de recursos hídricos.

Art. 49. ***É da competência exclusiva do Congresso Nacional:***

IV - aprovar o estado de defesa e a intervenção federal, autorizar o estado de sítio, ou suspender qualquer uma dessas medidas;

XV - autorizar referendo e convocar plebiscito.

GABARITO: C.

---

94. **(2020 - AVAREPREV-SP - Procurador Jurídico)** Assinale a alternativa que contempla, corretamente, uma atribuição do Tribunal de Contas da União.

a) Fiscalizar a aplicação de recursos repassados pela União a Estado, ao Distrito Federal ou a Município.

b) Sustar os atos normativos do Poder Executivo que exorbitem do poder regulamentar.

c) Julgar anualmente as contas prestadas pelo Presidente da República.

d) Apreciar os relatórios sobre a execução dos planos de governo.

e) Apreciar a legalidade dos atos de admissão de pessoal na administração, incluindo nomeações para cargos em comissão.

A alternativa está em consonância com o disposto no Art. 71, VI, da CF, sendo de atribuição do TCU: "fiscalizar a aplicação de quaisquer recursos repassados pela União mediante convênio, acordo, ajuste ou outros instrumentos congêneres, a Estado, ao Distrito Federal ou a Município;".

Alternativas incorretas – as alternativas B, C e D referem-se a competências exclusivas do Congresso Nacional (Art. 49, V e IX, CF); a alternativa E está incorreta, pois o Art. 71, III, da CF excepciona a apreciação da legalidade em relação às nomeações para cargos de provimento em comissão.

GABARITO: A.

Da Fiscalização Contábil, Financeira e Orçamentária

95. **(2019 – TJ/SP - Administrador Judiciário)** Ao tratar da fiscalização contábil, financeira e orçamentária, a Constituição Federal estabelece que:

a) compete ao Tribunal de Contas da União apreciar as contas prestadas semestralmente pelo Presidente da República, mediante parecer prévio, que deverá ser elaborado em trinta dias a contar de seu recebimento.

b) dois terços dos Ministros do Tribunal de Contas serão escolhidos pelo Presidente da República, com aprovação do Congresso Nacional.

c) os Ministros do Tribunal de Contas da União serão nomeados dentre brasileiros com mais de vinte e cinco anos e menos de sessenta anos de idade.

d) o Tribunal de Contas da União, integrado por nove Ministros, tem sede no Distrito Federal, quadro próprio de pessoal e jurisdição em todo o território nacional.

e) fiscalizar a aplicação de quaisquer recursos repassados pela União, mediante convênio, excetuados os acordos e ajustes, aos Estados, Distrito Federal ou Municípios cabe ao Tribunal de Contas da União e dos Estados.

A: Compete ao Tribunal de Contas da União apreciar as contas prestadas anualmente pelo Presidente da República, mediante parecer prévio que deverá ser elaborado em 60 dias a contar de seu recebimento (Art. 71, I, CF).

B: O correto é que 1/3 dos Ministros do TCU será indicado pelo Presidente da República, com aprovação do Senado Federal, sendo dois alternadamente dentre auditores e membros do Ministério Público junto ao Tribunal, indicados em lista tríplice pelo Tribunal, segundo os critérios de antiguidade e merecimento (Art. 73, § 2º, I, CF).

C: Os Ministros do Tribunal de Contas da união deverão ter mais de 35 e menos de 65 anos de idade (Art. 73, § 1º, I, CF).

D: Nos termos do Art. 73, *caput*, da Constituição Federal, o Tribunal de Contas da União é integrado por nove Ministros, tem sede no Distrito Federal, quadro próprio de pessoal e jurisdição em todo o território nacional.

E: Entre as competências do TCU está incluída a fiscalização dos acordos e ajustes (Art. 71, VI, CF).

GABARITO: D.

96. **(2019 – Câmara Municipal de Tatuí/SP - Procurador Legislativo)** Segundo a Constituição Federal, o Tribunal de Contas da União encaminhará relatório de suas atividades ao:

a) Congresso Nacional, trimestral e anualmente.

b) Congresso Nacional, semestral e anualmente.

c) Senado Federal, semestral e anualmente.

d) Senado Federal, trimestral e anualmente.

e) Ministério do Planejamento, semestral e anualmente.

De acordo com o Art. 71, § 4º, da Constituição Federal, o Tribunal *encaminhará ao Congresso Nacional, trimestral e anualmente*, relatório de suas atividades.

GABARITO: A.

DIR CON

97. **(2019 – TJ/SP - Contador Judiciário)** O controle interno dos Poderes Legislativo, Executivo e Judiciário, mantido de forma integrada, tem como finalidade:

a) comprovar a legalidade e avaliar os resultados, quanto à eficácia e eficiência, da gestão orçamentária, financeira e patrimonial nos órgãos e entidades da administração federal, bem como da aplicação de recursos públicos por entidades de direito privado.

b) fiscalizar a aplicação de quaisquer recursos repassados pela União mediante convênio, acordo, ajuste ou outros instrumentos congêneres, a Estado, ao Distrito Federal ou a Município.

c) apreciar, para fins de registro, a legalidade dos atos de admissão de pessoal, a qualquer título, excetuadas as nomeações para cargo de provimento em comissão.

d) avaliar o cumprimento das metas previstas no plano de diretrizes orçamentárias e a execução da lei orçamentária anual.

e) julgar as contas dos administradores e demais responsáveis por dinheiros, bens e valores públicos da administração e as contas daqueles que derem causa a perda, extravio ou outra irregularidade de que resulte prejuízo ao erário público.

A: De acordo com o Art. 74, inciso II, da Constituição Federal, os Poderes Legislativo, Executivo e Judiciário manterão, de forma integrada, sistema de controle interno com a finalidade de comprovar a legalidade e avaliar os resultados, quanto à eficácia e eficiência, da gestão orçamentária, financeira e patrimonial nos órgãos e entidades da administração federal, bem como da aplicação de recursos públicos por entidades de direito privado.

B: Atribuição do Tribunal de Contas da União (Art. 71, VI, CF).

C: Atribuição do Tribunal de Contas da União (Art. 71, III, CF).

D: De acordo com o Art. 74, inciso I, da Constituição, o controle interno dos Poderes tem como finalidade avaliar o cumprimento das metas previstas no plano plurianual, além da execução dos programas de governo e dos orçamentos da União.

E: Atribuição do Tribunal de Contas da União (Art. 71, II, CF).

GABARITO: A.

---

98. **(2018 - Prefeitura de Sorocaba/SP - Procurador do Município)** Segundo o disposto, expressamente, na Constituição Federal, as decisões do Tribunal de Contas de que resulte imputação de débito ou multa:

a) serão encaminhados ao Ministério Público para as medidas cabíveis.

b) servirão de base para processo de cobrança em ação de rito ordinário.

c) terão eficácia de título executivo.

d) embasarão processo de improbidade administrativa contra o infrator.

e) impõem ao infrator o recolhimento do respectivo valor, sob pena de responder por crime de desobediência.

De acordo com o Art. 71, § 3º, da Constituição Federal, as decisões do Tribunal de que resulte imputação de débito ou multa terão eficácia de título executivo.

GABARITO: C.

---

99. **(2018 - Unicamp - Procurador de Universidade Assistente)** A Constituição Federal prevê, expressamente, que é competência do Tribunal de Contas da União aplicar aos responsáveis, em caso de ilegalidade de despesa ou irregularidade de contas, as sanções previstas em lei, que estabelecerá, entre outras cominações,

a) perda dos direitos políticos do responsável.

b) proibição de contratar com o poder público pelo prazo de oito anos.

c) multa proporcional ao dano causado ao erário.

d) pena de prisão do responsável.

e) perda do cargo público.

Nos termos do Art. 71, VIII, da Constituição Federal, compete ao Tribunal de Contas da União aplicar aos responsáveis, em caso de ilegalidade de despesa ou irregularidade de contas, as sanções previstas em lei, que estabelecerá, entre outras cominações, multa proporcional ao dano causado ao erário.

GABARITO: C.

100. **(2018 – Prefeitura de São Bernardo do Campo/SP - Agente Contábil)** A partir do quanto preceituado pela Constituição Federal de 1988 sobre a Fiscalização Contábil, Financeira e Orçamentária, assinale a alternativa correta.

a) A fiscalização contábil, financeira, orçamentária, operacional e patrimonial da União e das entidades da administração direta e indireta, quanto à legalidade, legitimidade, economicidade, aplicação das subvenções e renúncia de receitas, será exercida pelo Senado Federal, mediante controle externo, e pelo sistema de controle interno de cada Poder.

b) Compete ao Tribunal de Contas da União, na condição de auxiliar do Congresso Nacional, dentre outras funções, apreciar as contas prestadas anualmente pelo Presidente da República, mediante parecer prévio que deverá ser elaborado em sessenta dias a contar de seu recebimento.

c) Os Ministros do Tribunal de Contas da União serão escolhidos dois terços pelo Presidente da República e um terço pelo Congresso Nacional, os quais devem ser brasileiros natos com mais de 30 anos de idade.

d) O Tribunal de Contas é composto por 7 Ministros e tem sede no Distrito Federal, quadro próprio de pessoal e jurisdição em todo o território nacional.

e) As Constituições estaduais disporão sobre os Tribunais de Contas respectivos, que serão integrados por oito Conselheiros.

A: A fiscalização contábil, financeira, orçamentária, operacional e patrimonial da União e das entidades da administração direta e indireta, quanto à legalidade, legitimidade, economicidade, aplicação das subvenções e renúncia de receitas, será exercida pelo Congresso Nacional, e não pelo Senado Federal (Art. 70, *caput*, CF).

B: De acordo com o Art. 71, inciso I, da Constituição Federal, compete ao Tribunal de Contas da União na condição de auxiliar do Congresso Nacional, dentre outras funções, apreciar as contas prestadas *anualmente* pelo Presidente da República, mediante parecer prévio que deverá ser elaborado em *60 dias* a contar de seu recebimento.

C: A proporção é inversa: 1/3 dos Ministros serão escolhidos pelo Presidente de República e 2/3 pelo Congresso Nacional, em qualquer das hipóteses com mais de 35 anos.

D: O Tribunal de Contas da União é integrado por nove Ministros (Art. 73, *caput*, CF).

E: As Constituições estaduais disporão sobre os Tribunais de Contas respectivos, que serão integrados por *sete* Conselheiros (Art. 75, parágrafo único, CF).

GABARITO: B.

101. **(2018 – Prefeitura de São Bernardo do Campo/SP – Agente de Tesouraria)** Nos termos da Constituição Federal, os Ministros do Tribunal de Contas da União serão escolhidos:

a) um terço pelo Presidente da República, com aprovação do Senado Federal, sendo dois alternadamente dentre auditores e membros do Ministério Público junto ao Tribunal, indicados em lista tríplice pelo Tribunal, segundo os critérios de antiguidade e merecimento; e dois terços pelo Congresso Nacional.

b) dois terços pelo Presidente da República, com aprovação do Senado Federal, sendo dois alternadamente dentre auditores e membros do Ministério Público junto ao Tribunal, indicados em lista tríplice pelo Tribunal, segundo os critérios de antiguidade e merecimento; e um terço pelo Congresso Nacional.

c) um terço pelo Presidente da República, com aprovação do Congresso Nacional, sendo dois alternadamente dentre auditores e membros do Ministério Público junto ao Tribunal, indicados em lista tríplice pelo Tribunal, segundo os critérios de antiguidade e merecimento; e dois terços pelo Senado Federal.

d) dois terços pelo Presidente da República, com aprovação da Câmara dos Deputados, sendo dois alternadamente dentre auditores e membros do Ministério Público junto ao Tribunal, indicados em lista tríplice pelo Tribunal, segundo os critérios de antiguidade e merecimento; e um terço pelo Senado Federal.

e) um terço pelo Presidente da República com aprovação da Câmara dos Deputados, sendo dois alternadamente dentre auditores e membros do Ministério Público junto ao Tribunal, indicados em lista tríplice pelo Tribunal, segundo os critérios de antiguidade e merecimento; e dois terços pelo Senado Federal.

Nos termos do § 2º do Art. 73 da Constituição Federal, os Ministros do Tribunal de Contas da União serão escolhidos:

I. um terço pelo Presidente da República, com aprovação do Senado Federal, sendo dois alternadamente dentre auditores e membros do Ministério Público junto ao Tribunal, indicados em lista tríplice pelo Tribunal, segundo os critérios de antiguidade e merecimento;

II. dois terços pelo Congresso Nacional.

GABARITO: A.

---

102. **(2018 – AresPCJ/SP - Procurador Jurídico)** A respeito do Tribunal de Contas da União, e sua função fiscalizatória, nos termos da Constituição Federal, é correto afirmar que:

a) é competente para o exercício do controle externo e será auxiliado pelo Congresso Nacional.

b) apreciará as contas prestadas anualmente pelo Presidente da República, mediante parecer prévio, que deverá ser elaborado em trinta dias a contar de seu recebimento.

c) fiscalizará as contas nacionais das empresas supranacionais de cujo capital social a União participe, de forma direta e nos termos da lei complementar.

d) as decisões do Tribunal de que resulte imputação de débito ou multa terão eficácia de título executivo.

e) o Tribunal encaminhará ao Congresso Nacional, bimestral e anualmente, relatório de suas atividades.

A: Na verdade, o controle externo será realizado pelo Congresso Nacional, com o auxílio do Tribunal de Contas da União (Art. 71, *caput*, CF).

B: O parecer deverá ser elaborado em 60 dias a contar do recebimento (Art. 71, I, CF).

C: Fiscalizar as contas nacionais das empresas supranacionais de cujo capital social a União participe, de forma direta ou indireta, nos termos do *tratado constitutivo* (Art. 71, V, CF).

D: Conforme expressamente determina o § 3º do Art. 71 da Constituição Federal, as decisões do Tribunal de que resulte imputação de débito ou multa terão eficácia de título executivo.

E: O relatório deverá ser encaminhado *trimestral* e anualmente (Art. 71, § 4º, CF).

GABARITO: D.

---

103. **(2020 - AVAREPREV-SP - Procurador Jurídico)** Segundo o disposto na Constituição Federal, na hipótese de o Tribunal de Contas da União se deparar com um contrato administrativo que entenda ilegal, o órgão de contas:

a) mandará sustá-lo de imediato e tomará as medidas cabíveis contra o gestor do contrato.

b) intimará o órgão público responsável para suspender a sua execução no prazo de 30 dias.

c) deverá assinar prazo para que o órgão ou entidade adote as providências necessárias ao exato cumprimento da lei.

d) remeterá cópias ao Ministério Público para que este tome as medidas para a sua sustação.

e) não poderá sustá-lo, uma vez que o ato de sustação deve ser adotado diretamente pelo Congresso Nacional.

Nos exatos termos da Constituição Federal, no caso de contrato, o ato de sustação será adotado diretamente pelo Congresso Nacional, que solicitará, de imediato, ao Poder Executivo, as medidas cabíveis (cf. Art. 71, § 1º, da CF).

GABARITO: E.

---

104. **(2020 - Prefeitura de São Roque/SP)** A respeito dos Tribunais de Contas, de acordo com a Constituição Federal e com a jurisprudência dos Tribunais Superiores, assinale a alternativa correta.

a) O Tribunal de Contas da União não possui competência para fiscalizar a aplicação de recursos repassados pela União mediante convênio a Município.

b) O Tribunal de Contas possui competência para direta e imediatamente suspender a execução de contrato administrativo, sempre que verificada ilegalidade capaz de gerar prejuízo ao interesse público.

c) O Tribunal de Contas possui competência para realizar, por iniciativa própria, inspeções e auditorias de natureza contábil, financeira, orçamentária, operacional e patrimonial, nas unidades administrativas do Poder Executivo.

d) Deverão ser obedecidos os princípios do contraditório e da ampla defesa pelo Tribunal de Contas na apreciação da legalidade do ato de concessão de aposentadoria.

e) O Ministério Público de Contas possui competência privativa para executar multa resultante de sanção aplicada pelo Tribunal de Contas.

De acordo com o Art. 71, IV, da CF, compete ao Tribunal de Contas da União, por iniciativa própria, da Câmara dos Deputados, do Senado Federal, de Comissão técnica ou de inquérito, inspeções e auditorias de natureza contábil, financeira, orçamentária, operacional e patrimonial, nas unidades administrativas dos Poderes Legislativo, Executivo e Judiciário.

GABARITO: C.

---

105. **(2020 - FITO - Advogado)** De acordo com a Constituição Federal, o controle externo, a cargo do Congresso Nacional, será exercido com o auxílio do Tribunal de Contas da União. Sobre o tema, é correto afirmar que:

a) o Poder Legislativo manterá sistema de controle interno com a finalidade de apoiar o controle externo exercido pelo Tribunal de Contas, no exercício de sua missão institucional.

b) os responsáveis pelo controle interno, ao tomarem conhecimento de qualquer irregularidade ou ilegalidade, dela darão ciência ao Tribunal de Contas da União, sob pena de responsabilidade subsidiária.

c) as Constituições estaduais disporão sobre os Tribunais de Contas respectivos, que serão integrados por nove Conselheiros.

d) os Ministros do Tribunal de Contas da União terão as mesmas garantias, prerrogativas, impedimentos, vencimentos e vantagens dos Ministros do Supremo Tribunal Federal.

e) compete ao Tribunal de Contas da União julgar, em sessenta dias a contar do recebimento, as contas prestadas anualmente pelo Presidente da República.

A alternativa está de acordo com o *caput* do Art. 70 da Constituição Federal que impõe um sistema de controle interno a cada um dos Poderes da República, sendo que, de acordo com o Art. 74, IV, da CF, os Poderes Legislativo, Executivo e Judiciário manterão, de forma integrada, sistema de controle interno com a finalidade de apoiar o controle externo no exercício de sua missão institucional.

Alternativas incorretas – a alternativa B está incorreta: a responsabilidade será solidária (respondem juntos) e não subsidiária; em relação à alternativa C, o erro consiste no número de conselheiros: serão 7 (cf. Art. 75, parágrafo único, CF); a alternativa D está incorreta, pois as garantias dos Ministros do TCU serão as mesmas dos ministros do STJ (cf. Art. 73, § 3º, CF); por fim, a alternativa E está incorreta, pois cabe ao TCU apreciar as contas, e não as julgar.

GABARITO: A.

---

106. **(2020 - Valiprev/SP - Procurador)** No que diz respeito à função de fiscalização do Tribunal de Contas, a Constituição Federal estabelece que:

a) uma das suas atribuições é apreciar as contas prestadas, anualmente, pelo Presidente da República, mediante parecer prévio que deverá ser elaborado em sessenta dias a contar do seu recebimento.

b) é sua competência apreciar a legalidade dos atos de admissão de pessoal, incluídas as nomeações para cargo em comissão, na administração direta e indireta.

c) o Tribunal de Contas tem o poder-dever de sustar atos e contratos que considerar irregulares, devendo solicitar, de imediato, ao Poder Executivo, as medidas cabíveis.

d) compete ao Tribunal de Contas executar as multas impostas ao administrador ou ao particular que incidirem em ilegalidade ou em abuso de poder e que tenham causado prejuízo ao erário.

e) a Carta Magna lhe atribuiu a competência para julgar, anualmente, as contas prestadas pelo Presidente da República e apreciar os relatórios sobre a execução dos planos de governo.

A alternativa está de acordo com o Art. 71, I, da CF, pois é competência do Tribunal de Contas da União, entre outras, apreciar as contas prestadas anualmente pelo Presidente da República, mediante parecer prévio que deverá ser elaborado em sessenta dias a contar de seu recebimento.

Alternativas incorretas – a alternativa B está incorreta em razão do Art. 71, III, da CF, mencionar que as nomeações para cargo de provimento em comissão não são apreciadas pelo TCU; em relação à alternativa C, o erro consiste na menção da possibilidade de contratos que considerar irregulares, possibilidade restrita ao Congresso Nacional (Art. 70, § 1º, CF); a alternativa D está incorreta, pois em desacordo com o Art. 71, § 3º as decisões do Tribunal de que resulte imputação de débito ou multa terão eficácia de título executivo; por fim, a alternativa E está incorreta, pois essa competência é do Congresso Nacional (Art. 49, IX, CF).

GABARITO: A.

Poder Executivo

107. **(2019 - Prefeitura de Arujá/SP - Chefe de Divisão Pessoal)** Em relação ao Poder Executivo, e conforme disciplinado na Constituição Federal, assinale a alternativa correta.

a) O Presidente e o Vice-Presidente da República não poderão, sem licença do Congresso Nacional, ausentar- se do País por período superior a 15 (quinze) dias, sob pena de perda do cargo.

b) Vagando os cargos de Presidente e Vice-Presidente da República, deverá ser convocada nova eleição 60 (sessenta) dias depois de aberta a última vaga.

c) Ocorrendo a vacância nos últimos três anos do período presidencial, a eleição para ambos os cargos será feita em 45 (quarenta e cinco) dias depois da última vaga, pelo Congresso Nacional, na forma da lei.

d) Em quaisquer dos casos ou situações de vacância dos cargos, os eleitos deverão cumprir mais quatro anos de mandato.

e) Se decorridos 20 (vinte) dias da data fixada para a posse, o Presidente ou o Vice-Presidente não tiver assumido o cargo, este será declarado vago, devendo ocupar o cargo o Presidente do Superior Tribunal Federal.

A: O Art. 83 da Constituição Federal determina expressamente que o Presidente e o Vice-Presidente da República não poderão, sem licença do Congresso Nacional, ausentar-se do País por período superior a 15 dias, sob pena de perda do cargo.

B e C: O prazo para realização de novas eleições dependerá do momento da vacância: se nos dois primeiros anos do mandado, será realizada em 90 dias depois de aberta a última vaga (Art. 81, *caput*, da CF), se nos dois últimos; a eleição para ambos será feita 30 dias depois da última vaga, pelo Congresso Nacional (Art. 81, § 1º, CF).

D: De acordo com o § 2º do Art. 81 da Constituição Federal, em qualquer dos casos de vacância, os eleitos somente deverão completar o período de seus antecessores, sem qualquer dilação.

E: O prazo para a declaração da vacância do cargo por não ter sido assumido pelo Presidente ou pelo Vice-Presidente é de 10 dias (Art. 78, parágrafo único, CF), sendo que serão sucessivamente chamados ao exercício da Presidência o Presidente da Câmara dos Deputados, o do Senado Federal e o do Supremo Tribunal Federal, por último.

GABARITO: A.

108. **(2019 - Câmara de Sertãozinho/SP - Procurador Jurídico Legislativo)** Segundo a Constituição Federal, os Ministros de Estado podem exercer, dentre outras, a seguinte atribuição delegada pelo Presidente da República:

a) sancionar, promulgar e fazer publicar as leis, bem como expedir decretos e regulamentos para sua fiel execução.

b) celebrar tratados, convenções e atos internacionais, sujeitos a referendo do Congresso Nacional.

c) enviar ao Congresso Nacional o plano plurianual, o projeto de lei de diretrizes orçamentárias e as propostas de orçamento previstos nesta Constituição.

d) conferir condecorações e distinções honoríficas.

e) dispor, mediante decreto, sobre extinção de funções ou cargos públicos, quando vagos.

Entre as competências privativas do Presidente de República expressas no Art. 84 da Constituição Federal, três são passíveis de delegação para os Ministros de Estado (parágrafo único do mesmo artigo):

VI. dispor, mediante decreto, sobre:

a) organização e funcionamento da administração federal, quando não implicar aumento de despesa nem criação ou extinção de órgãos públicos;

b) extinção de funções ou cargos públicos, quando vagos;

XII. conceder indulto e comutar penas, com audiência, se necessário, dos órgãos instituídos em lei;

XXV – prover os cargos públicos federais, na forma da lei.

GABARITO: E.

---

109. **(2018 – Pauliprev/SP - Procurador Autárquico)** A eleição do Presidente e do Vice-Presidente da República realizar-se-á, simultaneamente, no primeiro domingo de outubro, em primeiro turno, e no último domingo de outubro, em segundo turno, se houver, do ano anterior ao do término do mandato presidencial vigente, sendo correto afirmar que:

a) será considerado eleito Presidente o candidato que, registrado por partido político, obtiver a maioria absoluta de votos, computados os em branco e não computados os nulos.

b) se nenhum candidato alcançar maioria absoluta na primeira votação, far-se-á nova eleição em até trinta dias após a proclamação do resultado, concorrendo os dois candidatos mais votados e considerando-se eleito aquele que obtiver a maioria dos votos válidos.

c) se, antes de realizado o segundo turno, ocorrer morte, desistência ou impedimento legal de candidato, convocar-se-á, dentre os remanescentes, o de maior votação.

d) será considerado eleito Presidente o candidato que, registrado por partido político, obtiver a maioria absoluta de votos, computados os em branco e os nulos.

e) se, antes de realizado o segundo turno, ocorrer morte, desistência ou impedimento legal de candidato, convocar-se-á nova eleição.

A e D: Para a verificação da maioria absoluta necessária para a eleição do Presidente ***não são computados os votos brancos e os nulos*** **(Art. 77, § 2º, CF).**

B: O prazo para a nova eleição será de 20 dias após a proclamação do resultado (e não 30).

C: A alternativa reproduz o texto do Art. 77, § 4º, da Constituição Federal que determinar que, se, antes de realizado o segundo turno, ocorrer morte, desistência ou impedimento legal de candidato, convocar-se-á, dentre os remanescentes, o de maior votação.

E: Caso antes de realizado o segundo turno, ocorrer morte, desistência ou impedimento legal de candidato, convocar-se-á, dentre os remanescentes, o de maior votação (Art. 77, § 4º, Constituição Federal), prosseguindo o pleito.

GABARITO: C.

---

110. **(2018 - Câmara de Indaiatuba/SP - Procurador Jurídico)** Considere a seguinte situação hipotética: no ano de 2018 foram realizadas eleições Presidenciais e proclamados como Presidente e Vice-Presidente da República Federativa do Brasil, respectivamente, os senhores X e Y. Considere ainda que, em abril de 2019, contudo, em um trágico acidente aéreo, tanto o Presidente como o Vice-Presidente da República venham a falecer no mesmo momento, deixando os cargos vagos. Nesse caso, é correto afirmar que:

a) serão sucessivamente chamados ao exercício da Presidência o Presidente do Senado Federal, da Câmara dos Deputados e do Supremo Tribunal Federal.

b) serão sucessivamente chamados ao exercício da Presidência o Presidente da Câmara dos Deputados, do Supremo Tribunal Federal e do Senado.

c) deverá ocorrer eleição indireta, pelo Congresso Nacional, no prazo de 30 dias.

d) deverá ser realizada nova eleição direta, no prazo de 30 dias, por meio de sufrágio universal, depois de aberta a última vaga.

e) deverá ser realizada nova eleição direta, no prazo de 90 dias, por meio de sufrágio universal, depois de aberta a última vaga.

A e B: A ordem está incorreta: o primeiro que substituirá o Presidente da República até a realização de eleições é o Presidente da Câmara dos Deputados, na sequencia o Presidente do Senado Federal e, por fim, do Supremo Tribunal Federal (Art. 80, CF).

C e D: Como a vacância se deu nos dois primeiros anos do mandado, a eleição será direta, realizada pela Justiça Eleitora, 90 dias depois de aberta a última vaga.

E: A questão está de acordo com o texto do Art. 81 da Constituição Federal: uma vez que a vacância se deu nos dois primeiros anos do mandato, será realizava nova eleição direta, pela Justiça Eleitoral, no prazo de 90 dias após aberta a última vaga. A eleição será para ambos os cargos, devendo os eleitos limitarem-se a concluir os mandatos para os quais forem eleitos. É importante registrar, por fim, que a ordem de substituição (Presidentes da Câmara dos Deputados, do Senado Federal e do Supremo Tribunal Federal) é provisória, somente servindo até o retorno do titular ou realização de eleições.

GABARITO: E.

---

111. **(2018 – PC/BA - Investigador de Polícia)** Suponha que, nas Eleições de 2018, candidataram-se ao cargo de Presidente da República X, Y e Z, respectivamente com 40 (quarenta), 45 (quarenta e cinco) e 50 (cinquenta) anos. Nesse caso, é correto afirmar que:

a) será considerado eleito Presidente o candidato que, registrado por partido político, obtiver a maioria dos votos válidos, computando-se os votos em branco, mas não os nulos.

b) se na primeira votação nenhum candidato alcançar maioria absoluta, será realizada nova eleição em até 30 (trinta) dias após a proclamação do resultado, concorrendo os 2 (dois) candidatos mais votados.

c) havendo nova votação no caso de não se ter alcançado maioria absoluta de votos, e, antes da realização do segundo turno, ocorrer a morte, desistência ou impedimento legal de candidato, será convocado, dentre os remanescentes, o mais idoso.

d) se, por exemplo, o candidato X tiver obtido a maior votação, mas desistido do cargo antes do segundo turno, e os candidatos Y e Z obtiveram a mesma votação, será qualificado como Presidente o candidato Z.

e) se decorridos 5 (cinco) dias para a posse, o Presidente ou o Vice-Presidente, salvo por motivo de força maior, não tiver assumido o cargo, este será declarado como vago.

A: Para verificação dos chamados votos válidos não serão computados nem os votos branco e nem os votos nulos.

B: Se nenhum candidato alcançar maioria absoluta na primeira votação, será realizada nova eleição em até 20 dias após a proclamação do resultado, concorrendo os dois candidatos mais votados e considerando-se eleito aquele que obtiver a maioria dos votos válidos.

C: Na verdade o mais idoso será convocado caso os remanescentes de maior votação estiverem empatados (Art. 77, § 5º, CF); o primeiro critério para convocação será daquele com maior votação (Art. 77, § 4º, CF).

D: A questão está de acordo com os §§ 4º e 5º do Art. 77 da Constituição Federal, pois caso nenhum candidato alcance maioria absoluta na primeira votação, será realizada nova eleição em até 20 dias após a proclamação do resultado, concorrendo os dois candidatos mais votados e considerando-se eleito aquele que obtiver a maioria dos votos válidos. Caso, conduto, remanesça, em segundo lugar, mais de um candidato com a mesma votação, qualificar-se-á o mais idoso.

E: Em verdade, o prazo para declaração de vacância do cargo exige que sejam decorridos 10 dias da data fixada para a posse.

GABARITO: D.

---

112. **(2018 - Prefeitura de Sorocaba/SP - Procurador do Município)** Assinale a alternativa que contempla uma competência privativa do Presidente da República, mas que pode ser delegada a Ministro de Estado.

a) Remeter mensagem ao Congresso Nacional por ocasião da abertura da sessão legislativa, expondo a situação do País.

b) Conceder indulto e comutar penas, com audiência, se necessário, dos órgãos instituídos em lei.

c) Sancionar, promulgar e fazer publicar as leis, bem como expedir decretos e regulamentos para sua fiel execução.

d) Manter relações com Estados estrangeiros e acreditar seus representantes diplomáticos.

e) Conferir condecorações e distinções honoríficas.

Entre as competências privativas do Presidente de República expressas no Art. 84 da Constituição Federal, três são passíveis de delegação para os Ministros de Estado (parágrafo único do mesmo artigo):

VI – dispor, mediante decreto, sobre:

a) organização e funcionamento da administração federal, quando não implicar aumento de despesa nem criação ou extinção de órgãos públicos;

b) extinção de funções ou cargos públicos, quando vagos;

XII – conceder indulto e comutar penas, com audiência, se necessário, dos órgãos instituídos em lei;

XXV – prover os cargos públicos federais, na forma da lei.

GABARITO: B.

---

113. **(2018 - SAAE de Barretos/SP – Advogado)** Dentre as várias competências privativas do Presidente da República, na sua função de chefe de governo, assinale a alternativa que apresenta impossibilidade de delegação.

a) Dispor sobre moeda e seus limites de emissão.

b) Prover cargos públicos federais.

c) Conceder indulto.

d) Expedir instruções para a execução das leis, decretos e regulamentos.

e) Nomear o presidente e os diretores do Banco Central.

Dentre as competências do Presidente da República constantes na questão, apenas a atribuição de nomear o presidente e os diretos do Banco Central não sao passíveis de delegação (Art. 84, parágrafo único, CF).

GABARITO: E.

---

114. **(2018 – Prefeitura de Jaboticabal/SP – Procurador Jurídico)** Assinale a alternativa correta a respeito da responsabilidade do Presidente da República.

a) Os atos do Presidente da República que atentem contra a Constituição Federal e, especialmente, contra a probidade na administração, dentre outros, são considerados crimes de responsabilidade.

b) Admitida a acusação, por maioria absoluta da Câmara dos Deputados, será ele submetido a julgamento perante o STF, nas infrações penais comuns, ou perante o Senado, nos crimes de responsabilidade.

c) Os crimes de responsabilidade e os crimes comuns, que podem gerar o afastamento do Presidente, serão definidos em lei complementar, que estabelecerá as normas de processo e julgamento.

d) O Presidente ficará suspenso de suas funções, nas infrações penais comuns, se recebida a denúncia ou queixa-crime pelo Senado Federal.

e) Se o Presidente for suspenso de suas funções, decorrido o prazo de 180 dias, e o julgamento não estiver concluído, cessará o afastamento, e o processo terá sustado o seu andamento.

A: A Constituição Federal prevê no Art. 85 que são crimes de responsabilidade os atos do Presidente da República que atentem contra a Constituição Federal e, especialmente, contra:

I. a existência da União;

II o livre exercício do Poder Legislativo, do Poder Judiciário, do Ministério Público e dos Poderes constitucionais das unidades da Federação;

III o exercício dos direitos políticos, individuais e sociais;

IV a segurança interna do País;

V a probidade na administração;

VI a lei orçamentária;

VII o cumprimento das leis e das decisões judiciais.

Esses crimes serão definidos em lei especial, que estabelecerá as normas de processo e julgamento.

B: Para admitir-se a acusação contra o Presidente da República na Câmara dos Deputados, é necessária a maioria qualificada de 2/3 dos votos do Deputados Federais (Art. 86, CF).

C: Qualquer infração penal comum sujeita o Presidente ao afastamento quando recebida a denúncia ou queixa-crime pelo Supremo Tribunal Federal.

D: A denúncia ou a queixa-crime, nas infrações penais comuns, pode ser recebida pelo *Supremo Tribunal Federal* e não pelo Senado Federal, adstrito às hipótese de crimes de responsabilidade.

E: Se, decorrido o prazo de 180 dias, o julgamento não estiver concluído, cessará o afastamento do Presidente, sem prejuízo do regular prosseguimento do processo (Art. 86, § 2º, CF).

GABARITO: A.

---

115. **(2018 - Prefeitura de São Bernardo do Campo/SP - Assistente Jurídico)** O Presidente da República ficará suspenso de suas funções:

a) nas infrações penais comuns, se recebida a denúncia ou queixa-crime pelo Senado Federal.

b) nas infrações penais comuns, se recebida a denúncia ou queixa-crime pela Câmara dos Deputados.

c) nas infrações penais comuns, depois de admitida a acusação por dois terços do Senado Federal.

d) nos crimes de responsabilidade, após a instauração do processo pela Câmara dos Deputados.

e) nos crimes de responsabilidade, após a instauração do processo pelo Senado Federal.

De acordo com o Art. 86 da Constituição Federal, admitida a acusação contra o Presidente da República, por dois terços da Câmara dos Deputados, será ele submetido a julgamento perante o Supremo Tribunal Federal, nas infrações penais comuns, ou perante o Senado Federal, nos crimes de responsabilidade. Nos termos do § 1º desse artigo, o Presidente ficará suspenso de suas funções:

I. nas infrações penais comuns, se recebida a denúncia ou queixa-crime pelo Supremo Tribunal Federal;

II. nos crimes de responsabilidade, após a instauração do processo pelo Senado Federal.

GABARITO: E.

---

116. **(2018 – PC/SP - Delegado de Polícia)** Supondo que o Presidente da República decida nomear como novo Ministro de Defesa FULANO DE TAL, é correto afirmar que referido Ministro:

a) deverá contar no máximo 30 anos de idade, podendo ser brasileiro nato ou naturalizado, no gozo dos seus direitos políticos.

b) tendo preenchido os requisitos constitucionais para sua nomeação e assumido o cargo, caso pratique infração penal comum, será julgado pelo Superior Tribunal de Justiça.

c) deverá possuir no mínimo 18 anos de idade, podendo ser brasileiro nato ou naturalizado, no gozo de seus direitos políticos.

d) uma vez nomeado, caso pratique crime de responsabilidade juntamente com o Presidente da República, será julgado pelo Supremo Tribunal Federal.

e) obrigatoriamente, deverá possuir mais de 21 anos de idade e ser exclusivamente brasileiro nato, no gozo de seus direitos políticos.

A: Não há limite máximo de idade de Ministros, somente o mínimo de 21 anos.

B: Caso pratique infração penal comum, os Ministros de Estado serão julgados pelo Supremo Tribunal Federal (Art. 102, inciso I, alínea *b*, da CF).

C: A idade mínima dos Ministros é de 21 anos (Art. 87 da CF), devendo o Ministro da Defesa ser brasileiro nato (Art. 12, 3º, CF).

D: Nos crimes de responsabilidade conexos com os crimes praticados pelo Presidente ou pelo Vice-Presidente, os Ministros de Estado serão julgados pelo Senado Federal (Art. 52, inciso I, CF).

E: De acordo com o Art. 87 da Constituição Federal, os Ministros de Estado serão escolhidos dentre brasileiros maiores de vinte e um anos e no exercício dos direitos políticos. Importante lembrar, ademais, que somente brasileiro nato poderá ocupar o cargo de Ministro da Defesa (Art. 12, § 3º, CF).

GABARITO: E.

---

117. **(2018 – Câmara Municipal de São Joaquim da Barra – Encarregado de Recursos Humanos)** Nos termos do que dispõe a Constituição Federal, compete aos Ministros de Estado:

a) editar medidas provisórias.

b) vetar os atos e decretos expedidos pelo Presidente da República, quando eivados de vícios.

c) declarar guerra quando o Presidente da República estiver impossibilitado de fazer.

d) apresentar ao Presidente da República relatório mensal de sua gestão no Ministério.

e) expedir instruções para a execução das leis, decretos e regulamentos.

Diz o parágrafo único do Art. 87 da Constituição Federal, que compete ao Ministro de Estado, além de outras atribuições estabelecidas nesta Constituição e na lei:

I. exercer a orientação, coordenação e supervisão dos órgãos e entidades da administração federal na área de sua competência e referendar os atos e decretos assinados pelo Presidente da República;

II. expedir instruções para a execução das leis, decretos e regulamentos;

III. apresentar ao Presidente da República relatório anual de sua gestão no Ministério;

IV. praticar os atos pertinentes às atribuições que lhe forem outorgadas ou delegadas pelo Presidente da República.

GABARITO: E.

---

118. **(2018 – PC/SP - Delegado de Polícia)** É correto afirmar sobre o Conselho da República.

a) compete-lhe estudar, propor e acompanhar o desenvolvimento de iniciativas necessárias a garantir a independência nacional e a defesa do Estado democrático.

b) dentre as suas competências constitucionais deve opinar nas hipóteses de declaração de guerra e de celebração de paz.

c) dele participam como membros, dentre outros, os líderes da maioria e da minoria, tanto na Câmara dos Deputados como no Senado Federal.

d) é composto, dentre outros membros, de oito cidadãos brasileiros natos ou naturalizados, com mais de trinta e cinco anos de idade, sendo três nomeados pelo Presidente da República, três eleitos pelo Senado Federal e dois eleitos pela Câmara dos Deputados, todos com mandato de três anos, sendo possível a recondução por uma única vez.

e) possui como um de seus membros o Ministro do Planejamento.

A e B: Essas competências são do Conselho de Defesa Nacional (Art. 91, § 1º, incisos IV e I, respectivamente, CF).

C: De acordo com o Art. 89 da Constituição Federal, o Conselho da República é órgão superior de consulta do Presidente da República, e dele participam:

DIR CON

I. o Vice-Presidente da República;

II. o Presidente da Câmara dos Deputados;

III. o Presidente do Senado Federal;

IV. os líderes da maioria e da minoria na Câmara dos Deputados;

V. os líderes da maioria e da minoria no Senado Federal;

VI. o Ministro da Justiça;

VII. seis cidadãos brasileiros natos, com mais de trinta e cinco anos de idade, sendo dois nomeados pelo Presidente da República, dois eleitos pelo Senado Federal e dois eleitos pela Câmara dos Deputados, todos com mandato de três anos, vedada a recondução.

D: São *seis brasileiros natos* e não oito.

E: O Ministro do Planejamento compõe o Conselho de Defesa Nacional (Art. 91, VII, CF).

GABARITO: C.

---

119. **(2018 – AresPCJ/SP – Procurador Jurídico)** Estudar, propor e acompanhar o desenvolvimento de iniciativas necessárias a garantir a independência nacional e a defesa do Estado democrático, de acordo com a Constituição Federal, compete ao:

a) Congresso Nacional.

b) Conselho de Defesa Nacional.

c) Senado Federal.

d) Supremo Tribunal Federal.

e) Conselho da República.

São competências do Conselho de Defesa Nacional (Art. 91, § 1º, CF):

I. opinar nas hipóteses de declaração de guerra e de celebração da paz, nos termos desta Constituição;

II. opinar sobre a decretação do estado de defesa, do estado de sítio e da intervenção federal;

III. propor os critérios e condições de utilização de áreas indispensáveis à segurança do território nacional e opinar sobre seu efetivo uso, especialmente na faixa de fronteira e nas relacionadas com a preservação e a exploração dos recursos naturais de qualquer tipo;

IV. estudar, propor e acompanhar o desenvolvimento de iniciativas necessárias a garantir a independência nacional e a defesa do Estado democrático.

GABARITO: B.

---

120. **(2021 - Prefeitura de Guarujá/SP - Procurador Jurídico)** Assinale a alternativa correta a respeito do veto do Chefe do Poder Executivo.

a) Dentro de quarenta e oito horas, deve o Presidente do Senado Federal ser comunicado dos motivos do veto.

b) O prazo do veto presidencial é de quinze dias corridos, contados da data do seu recebimento.

c) O veto parcial somente abrangerá texto de artigo, de parágrafo, de inciso ou de palavra.

d) O veto será apreciado em sessão conjunta do Congresso, dentro de quinze dias a contar de seu recebimento.

e) Se o veto não for mantido, será o projeto imediatamente enviado, para promulgação, ao Presidente do Senado Federal.

A alternativa correta reproduz a parte final do parágrafo 1º do Art. 66 da Constituição Federal. Lembre-se que o prazo para vetar é de 15 dias úteis, já as 48 horas determinam o prazo da comunicação dos motivos do veto ao Presidente do Senado Federal (que é, também, o Presidente do Congresso Nacional).

Alternativas incorretas – a alternativa B está errada em relação à forma de contagem do prazo: são 15 dias úteis e não corridos; em relação à alternativa C, determina o Art. 66, § 2º, da CF que o veto parcial

somente abrangerá texto integral de artigo, parágrafo, inciso ou alínea; a alternativa D está incorreta por contrariar o Art. 66, § 4º, da CF que prevê que o veto será apreciado em sessão conjunta, dentro de 30 dias a contar de seu recebimento, só podendo ser rejeitado pelo voto da maioria absoluta dos Deputados e Senadores; por fim, a alternativa E está errada, pois se o veto não for mantido, será o projeto enviado, para promulgação, ao Presidente da República (cf. Art. 66, § 6º, CF).

GABARITO: A.

---

121. **(2021 - Prefeitura de Jundiaí/SP - Procurador do Município)** Suponha que uma calamidade da natureza tenha alcançado grandes proporções a ponto de afetar seriamente a ordem pública ou a paz social em determinadas regiões do Estado brasileiro. Nessa situação, conforme dispõe a Constituição Federal, o Presidente da República poderá:

a) decretar o estado de sítio, pelo prazo de 30 dias, prorrogáveis uma única vez pelo mesmo prazo, depois de consultar os Conselhos da República e da Defesa, cujos pareceres não são vinculantes, não sendo exigida autorização prévia do Poder Legislativo, podendo, por exemplo, restringir o direito de reunião e os sigilos de correspondência e de comunicação telefônica, vedada a incomunicabilidade do preso, devendo o decreto ser submetido ao Congresso Nacional dentro de 24 horas, que deverá apreciar o decreto no prazo de 10 dias a contar do seu recebimento.

b) solicitar, depois de consultar os Conselhos da República e da Defesa, cujos pareceres são vinculantes, ao Congresso Nacional a decretação do estado de defesa, que, uma vez autorizado, vigorará pelo prazo de 30 dias, prorrogáveis uma única vez pelo mesmo prazo, podendo, por exemplo, restringir o direito de reunião e os sigilos de correspondência e de comunicação telefônica, permitida a incomunicabilidade do preso, devendo o decreto ser apreciado no prazo de 10 dias a contar do seu recebimento.

c) decretar o estado de calamidade pública, pelo prazo de 30 dias, improrrogáveis, depois de consultar os Conselhos da República e da Defesa, cujos pareceres não são vinculantes, não sendo exigida autorização prévia do Poder Legislativo, podendo, por exemplo, restringir o direito de reunião e os sigilos de correspondência e de comunicação telefônica, vedada a incomunicabilidade do preso, devendo o decreto ser submetido ao Congresso Nacional dentro de 24 horas, que deverá apreciar o decreto no prazo de 10 dias a contar do seu recebimento.

d) decretar o estado de defesa, pelo prazo de 30 dias, improrrogáveis, depois de consultar os Conselhos da República e da Defesa, cujos pareceres são vinculantes, sendo exigida autorização prévia do Poder Legislativo, podendo, por exemplo, restringir o direito de reunião e os sigilos de correspondência e de comunicação telefônica, vedada a incomunicabilidade do preso, devendo o decreto ser submetido ao Congresso Nacional dentro de 24 horas, que deverá apreciar o decreto no prazo de 10 dias a contar do seu recebimento.

e) decretar o estado de defesa, pelo prazo de 30 dias, prorrogáveis uma única vez pelo mesmo prazo, depois de consultar os Conselhos da República e da Defesa, cujos pareceres não são vinculantes, não sendo exigida autorização prévia do Poder Legislativo, podendo, por exemplo, restringir o direito de reunião e os sigilos de correspondência e de comunicação telefônica, vedada a incomunicabilidade do preso, devendo o decreto ser submetido ao Congresso Nacional dentro de 24 horas, que deverá apreciar o decreto no prazo de 10 dias a contar do seu recebimento.

A hipótese narrada permitiria, em tese, a decretação de estado de defesa, previsto no Art. 136 da Constituição Federal, pois é o indicado para restabelecer em locais restritos e determinados, a ordem pública ou a paz social atingidas por calamidades de grandes proporções. Nesse contexto, é importante registrar que para a decretação do estado de defesa, o Presidente deverá ouvir o Conselho da República e o Conselho da Defesa, que como o nome diz servem para aconselhar e não determinar, cabendo ao Congresso Nacional apreciar o estado de defesa dez dias após o recebimento do decreto que determinou o estado de defesa. Registre-se, ademais, que durante o estado de defesa é autorizado pelo Art. 136, § 1º, da CF, restringirem-se o direito de reunião, e os sigilos de correspondências e de comunicação telegráfica e telefônica.

GABARITO: E.

DIR CON

122. **(2020 - Prefeitura de Ilhabela/SP - Analista/Gestão de Políticas Públicas/Gestão Pública)** A respeito da responsabilidade do Presidente da República, é correto afirmar que:

a) o Presidente ficará suspenso de suas funções nas infrações penais comuns, após a instauração do processo pela Câmara dos Deputados.

b) admitida a acusação contra o Presidente, por dois terços da Câmara dos Deputados, será ele submetido a julgamento perante o Senado Federal, nos crimes de responsabilidade.

c) o Presidente da República, na vigência de seu mandato, pode ser responsabilizado por atos estranhos ao exercício de suas funções, desde que se configurem como crimes hediondos.

d) nas infrações comuns, antes da prolação da sentença condenatória pelo STF, o Presidente da República estará sujeito a prisão, desde que autorizada por decisão de dois terços do Plenário.

e) se decorrido o prazo de noventa dias da suspensão do Presidente de suas funções e o julgamento não estiver concluído, cessará automaticamente o afastamento do Chefe do Poder Executivo.

A alternativa está de acordo com o texto do Art. 86, *caput*, da Constituição Federal, que prevê que uma vez admitida a acusação contra o Presidente da República, por dois terços da Câmara dos Deputados, será ele submetido a julgamento perante o Supremo Tribunal Federal, nas infrações penais comuns, ou perante o Senado Federal, nos crimes de responsabilidade.

Alternativas incorretas – a alternativa A está incorreta, pois em infrações penais comuns, a suspensão das funções do Presidente depende do recebimento da denúncia pelo STF; em relação à alternativa C, o erro é ainda mais evidente: o correto é que o Presidente não pode ser responsabilizado por atos estranhos ao exercício de suas funções, independente da espécie de crimes que configurem; a alternativa D, por sua vez, está incorreta, pois não há previsão de que outras espécies de prisão do Presidente fora a condenação definitiva pelo STF; por fim, a alternativa E também está errada, pois o prazo de suspensão do Presidente é de 180 dias, e não 90.

GABARITO: B.

---

123. **(2020 - Prefeitura de Ilhabela/SP - Analista/Direito/Gestão Pública)** Na hipótese de ocorrer a vacância do cargo de Presidente da República, assumindo o cargo, por consequência, o Vice-Presidente da República, e este tiver seu mandato cassado nos dois últimos anos do mandato, a Constituição Federal estabelece que:

a) far-se-á nova eleição noventa dias depois de aberta a última vaga, e os eleitos deverão completar o período de seus antecessores.

b) far-se-á nova eleição noventa dias depois de aberta a última vaga, e os eleitos iniciarão um novo mandato de quatro anos.

c) a eleição para ambos os cargos será feita trinta dias depois da última vaga, pelo Congresso Nacional, na forma da lei.

d) a eleição para ambos os cargos será feita noventa dias depois da última vaga, pelo Congresso Nacional, na forma da lei.

e) o Presidente da Câmara dos Deputados assumirá o cargo de Presidente da República, completando o período do seu antecessor.

A Constituição Federal prevê no Art. 81 que, vagando os cargos de Presidente e Vice-Presidente da República, far-se-á eleição 90 dias depois de aberta a última vaga. Caso, contudo, a vacância se dê nos últimos dois anos do período presidencial, a eleição para ambos os cargos será feita trinta dias depois da última vaga, pelo Congresso Nacional, na forma da lei. De todo modo, em qualquer dos casos, os eleitos deverão completar o período de seus antecessores.

GABARITO: C.

---

124. **(2020 - FITO - Advogado)** Assinale a alternativa correta, quanto ao regramento constitucional estabelecido para o Poder Executivo federal.

a) Compete privativamente ao Presidente da República remeter mensagem e plano de governo ao Congresso Nacional por ocasião da abertura da sessão legislativa.

b) O Presidente da República não poderá delegar a atribuição de prover e extinguir os cargos públicos federais ao Advogado-Geral da União.

c) Admitida a acusação contra o Presidente da República, por dois terços do Senado Federal, será ele submetido a julgamento perante o Supremo Tribunal Federal, nas infrações penais comuns.

d) O Presidente da República será submetido a julgamento perante o Congresso Nacional, nos crimes de responsabilidade.

e) O Presidente da República, na vigência de seu mandato, não pode ser responsabilizado por atos estranhos ao exercício de suas funções, salvo flagrante delito.

A alternativa está de acordo com o Art. 84, XI, da Constituição Federal, que estabelece ser competência privativa do Presidente da República remeter mensagem e plano de governo ao Congresso Nacional por ocasião da abertura da sessão legislativa, expondo a situação do País e solicitando as providências que julgar necessárias.

Alternativas incorretas – a alternativa B está incorreta, pois essa atribuição é delegável (cf. Art. 84, parágrafo único, da CF); a alternativa C também está incorreta: a Casa Legislativa responsável por admitir acusação contra o Presidente da República é a Câmara dos Deputados; em relação à alternativa D, deve-se registrar que o julgamento será realizado perante o Senado Federal; por fim, vale mencionar que não existe a exceção mencionada ao final da alternativa, sendo proibida a responsabilização do Presidente por atos estranhos à função.

GABARITO: A.

Poder Judiciário

125. **(2019 – TJ/SP - Administrador Judiciário)** A Constituição Federal determina que o Estatuto da Magistratura deverá observar, dentre outros, o seguinte princípio:

a) aferição do merecimento conforme o desempenho e pelos critérios objetivos de produtividade e presteza no exercício da jurisdição e pela frequência e aproveitamento em cursos oficiais ou reconhecidos de aperfeiçoamento.

b) o ato de remoção, disponibilidade e aposentadoria do magistrado, por interesse público, fundar-se-á em decisão por voto de um terço do respectivo Tribunal ou do Conselho Nacional de Justiça, assegurada ampla defesa.

c) na apuração de antiguidade, o tribunal somente poderá recusar o juiz mais antigo pelo voto fundamentado de um terço de seus membros, conforme procedimento próprio, e assegurada ampla defesa, repetindo-se a votação até fixar-se a indicação

d) as decisões administrativas dos tribunais serão motivadas e em sessão fechada, sendo as disciplinares tomadas pelo voto de um terço de seus membros.

e) a promoção por merecimento pressupõe três anos de exercício na respectiva entrância e integrar o juiz a primeira metade da lista de antiguidade desta, salvo se não houver com tais requisitos quem aceite o lugar vago.

A: A assertiva reproduz integralmente o disposto no Art. 93, inciso I, alínea *c*, da Constituição Federal: *aferição do merecimento conforme o desempenho e pelos critérios objetivos de produtividade e presteza no exercício da jurisdição e pela frequência e aproveitamento em cursos oficiais ou reconhecidos de aperfeiçoamento.*

B: O erro da alternativa está na maioria exigida. Conforme o Art. 93, VIII, da Constituição, o ato de remoção, disponibilidade e aposentadoria do magistrado, por interesse público, será fundado em decisão por *voto da maioria absoluta* do respectivo tribunal ou do Conselho Nacional de Justiça, assegurada ampla defesa.

C: Também erra na maioria necessária para negar a promoção por antiguidade: o correto é que são necessários *2/3 dos membros do Tribunal* para recusar a promoção do juiz mais antigo.

D: A regra das decisões do Poder Judiciário é a publicidade; de acordo com a Constituição Federal: *as decisões administrativas dos tribunais serão motivadas e em sessão pública, sendo as disciplinares tomadas pelo voto da maioria absoluta de seus membros* (Art. 93, X).

E: A promoção por merecimento pressupõe *dois anos de exercício* Art. 93, inciso II, alínea *b*, CF).

GABARITO: A.

---

126. **(2019 – TJ/AC – Juiz Estadual)** A denominada cláusula de reserva de plenário, aplicada na apreciação judicial de leis e atos normativos submetidos ao controle de constitucionalidade, deve ser observada quando:

a) o processo for objeto de julgamento de plano pelo relator, ainda que haja pronunciamento anterior do Plenário sobre a questão.

b) o órgão fracionário do Tribunal julgar a norma ou o ato impugnado e entender pela sua constitucionalidade.

c) o órgão fracionário do Tribunal apenas afasta a incidência, parcialmente, da lei ou ato normativo, mas não declara expressamente a sua inconstitucionalidade.

d) do julgamento realizado pelas Turmas Recursais dos Juizados Especiais.

A: A assertiva está incorreta pois se já houver pronunciamento do Plenário do Tribunal (todos os seus membros reunidos) ou do seu Órgão Especial pela inconstitucionalidade da norma, não é necessário submeter a questão novamente à reserva de plenário, podendo o órgão fracionário aplicar o entendimento do Tribunal. Nesse sentido: "*Como cediço, não afronta a cláusula de reserva de plenário (CF, Art. 97) a decisão de órgão fracionário de tribunal que, embora não declare expressamente a inconstitucionalidade de lei ou ato normativo do Poder Público, afasta a sua incidência no todo ou em parte, quando já houver pronunciamento do Plenário do Supremo Tribunal Federal ou do Plenário ou Órgão Especial, estes do respectivo Tribunal, sobre a questão . É a inteligência do § 1º do Art. 481 do Código de Processo Civil* [STF, Pleno, Reclamação 11.228 ED, rel. Min. Gilmar Mendes j. 07.11.2013, DJE de 10.02.2014 trecho do voto].

B: Caso entenda pela constitucionalidade da norma ou ato impugnado, o órgão fracionário apenas confirmará a presunção de constitucionalidade das leis e atos administrativos. Nessa hipótese, não há necessidade de remessa ao plenário para julgamento.

C: A cláusula de reserva de plenário é prevista no Art. 97 da Constituição Federal com a seguinte redação: *Somente pelo voto da maioria absoluta de seus membros ou dos membros do respectivo órgão especial poderão os tribunais declarar a inconstitucionalidade de lei ou ato normativo do Poder Público.* Dessa forma, os órgãos fracionários (Câmaras, Turmas ou Sessões) dos tribunais limitam-se a afastar a incidência de um dispositivo legal, mas não podem declarar a inconstitucionalidade de um dispositivo, pois essa função é exclusiva da maioria absoluta do Tribunal ou de seu órgão especial (que é um órgão representativo da maioria, previsto no Art. 93, XI, da CF: *nos tribunais com número superior a 25 julgadores, poderá ser constituído órgão especial, com o mínimo de 11 e o máximo de 25 membros, para o exercício das atribuições administrativas e jurisdicionais delegadas da competência do tribunal pleno, provendo-se metade das vagas por antiguidade e a outra metade por eleição pelo tribunal pleno*). Sobre o assunto, vale observar a Súmula Vinculante 10 do Supremo Tribunal Federal: *Viola a cláusula de reserva de plenário (CF, Art. 97) a decisão de órgão fracionário de tribunal que, embora não declare expressamente a inconstitucionalidade de lei ou ato normativo do Poder Público, afasta sua incidência, no todo ou em parte.*

D: A reserva de plenário somente se aplica aos Tribunais previstos no rol do Art. 92 da Constituição, não se aplicando no julgamento das Turmas Recursais dos Juizados Especiais. Assim entende o Supremo Tribunal Federal: *A regra da chamada reserva do plenário para declaração de inconstitucionalidade (Art. 97 da CF) não se aplica, deveras, às turmas recursais de juizado especial. Mas tal circunstância em nada atenua nem desnatura a rigorosa exigência de juntada de cópia integral do precedente que tenha, ali, pronunciado inconstitucionalidade de norma objeto de recurso extraordinário fundado no Art. 102, III, b, da Constituição da República, pela mesmíssima razão por que, a igual título de admissibilidade do recurso, não se dispensa juntada de cópia de acórdão oriundo de plenário.* [STF, 1ª T., RE 453.744 AgR, voto do rel. Min. Cezar Peluso, j. 13-6-2006, DJ de 25-8-2006.].

GABARITO: C.

---

127. **(2019 – Câmara Municipal de Piracicaba/SP – Advogado)** Como cediço na doutrina e na jurisprudência, a cláusula de reserva de plenário é um dos requisitos do controle de constitucionalidade difuso. Nesse sentido, a respeito dessa cláusula é correto afirmar que é obrigatória sua observância:

a) ainda que a decisão do órgão fracionário do tribunal seja pela constitucionalidade da lei ou do ato normativo.

b) também na hipótese de análise e julgamento de normas pré-constitucionais pelos órgãos fracionários dos tribunais.

c) quando o Tribunal julgador utilizar a técnica da interpretação conforme a Constituição.

d) ainda que o próprio Tribunal ao qual pertença o órgão julgador fracionário tenha se pronunciado anteriormente sobre a questão.

e) ainda que o órgão fracionário não declare expressamente a inconstitucionalidade da lei ou do ato normativo, mas apenas afaste sua incidência no todo ou em parte.

A: Caso entenda pela constitucionalidade da norma ou ato impugnado, o órgão fracionário apenas confirmará a presunção de constitucionalidade das leis e atos administrativos. Nessa hipótese, não há necessidade de remessa ao plenário para julgamento.

B: As normas pré-constitucionais (isto é, editadas antes da Constituição Federal de 1988) não são – formalmente – declaradas inconstitucionais. Caso estejam em desacordo com a Constituição considera-se que elas não foram recepcionadas (é o juízo de recepção), não havendo necessidade de submissão do julgamento ao plenário ou órgão especial. Veja-se: *(...) a discussão em torno da incidência, ou não, do postulado da recepção – precisamente por não envolver qualquer juízo de inconstitucionalidade (mas, sim, quando for o caso, o de simples revogação de diploma pré-constitucional) – dispensa, por tal motivo, a aplicação do princípio da reserva de plenário (CF, Art. 97), legitimando, por isso mesmo, a possibilidade de reconhecimento, por órgão fracionário do Tribunal, de que determinado ato estatal não foi recebido pela nova ordem constitucional (RTJ 191/329-330), além de inviabilizar, porque incabível, a instauração do processo de fiscalização normativa abstrata (RTJ 95/980 – RTJ 95/993 – RTJ 99/544 – RTJ 143/355 – RTJ 145/339, v.g.)* [STF, 2ª T, AI 582.280 AgR, voto do rel. Min. Celso de Mello, j. 12-9-2006, DJ de 6-11-2006].

C: O Supremo Tribunal Federal entende que a decisão do órgão fracionário que utilizar a técnica da interpretação conforme a Constituição não precisa submeter-se ao Art. 97 da CF.

D: A reserva de plenário somente se aplica aos Tribunais previstos no rol do Art. 92 da Constituição, não se aplicando no julgamento das Turmas Recursais dos Juizados Especiais. Assim entende o Supremo Tribunal Federal: *A regra da chamada reserva do plenário para declaração de inconstitucionalidade (Art. 97 da CF) não se aplica, deveras, às turmas recursais de juizado especial. Mas tal circunstância em nada atenua nem desnatura a rigorosa exigência de juntada de cópia integral do precedente que tenha, ali, pronunciado inconstitucionalidade de norma objeto de recurso extraordinário fundado no Art. 102, III, b, da Constituição da República, pela mesmíssima razão por que, a igual título de admissibilidade do recurso, não se dispensa juntada de cópia de acórdão oriundo de plenário.* [STF, 1ª T., RE 453.744 AgR, voto do rel. Min. Cezar Peluso, j. 13-6-2006, DJ de 25-8-2006].

E: A afirmativa está de acordo com a Súmula Vinculante 10 do Supremo Tribunal Federal: *Viola a cláusula de reserva de plenário (CF, Art. 97) a decisão de órgão fracionário de tribunal que, embora não declare expressamente a inconstitucionalidade de lei ou ato normativo do Poder Público, afasta sua incidência, no todo ou em parte.*

GABARITO: E.

128. **(2019 – Câmara Municipal de Serrana/SP – Procurador Jurídico)** Estabelece a Constituição Federal que:

a) a cessão de precatórios somente produzirá efeitos após comunicação, por meio de petição protocolizada, ao tribunal de origem e à entidade devedora.

b) é obrigatório ao credor, conforme estabelecido em resolução da entidade federativa devedora, a entrega de créditos em precatórios para compra de imóveis públicos do respectivo ente federado.

c) é obrigatória a inclusão, no orçamento das entidades de direito público, de verba necessária ao pagamento de seus débitos, oriundos de sentenças transitadas em julgado, constantes de precatórios judiciários apresentados até 1º de outubro, fazendo-se o pagamento até o final do exercício seguinte, quando terão seus valores atualizados monetariamente.

d) a União não poderá assumir débitos, oriundos de precatórios, de Estados, Distrito Federal e Municípios, ainda que refinanciando-os diretamente.

e) as dotações orçamentárias e os créditos abertos serão consignados junto à Caixa Econômica Federal, cabendo ao Magistrado que proferir a decisão exequenda determinar o pagamento integral, não podendo, porém, autorizar, ainda que a requerimento do credor e exclusivamente para os casos de preterimento de seu direito de precedência ou de não alocação orçamentária do valor necessário à satisfação do seu débito, o sequestro da quantia respectiva.

A: A alternativa repete integralmente o texto constitucional: *a cessão de precatórios somente produzirá efeitos após comunicação, por meio de petição protocolizada, ao tribunal de origem e à entidade devedora* (Art. 100, § 14, CF).

B: A alternativa tem dois erros: na verdade não é obrigatório ao credor, mas *facultado* a ele, conforme estabelecido em *lei* da entidade federativa devedora, a entrega de créditos em precatórios para compra de imóveis públicos do respectivo ente federado (Art. 100, § 11, CF).

C: Alternativa maldosa, o único erro está na data: o correto é que será obrigatória a inclusão, no orçamento das entidades de direito público, de verba necessária ao pagamento de seus débitos, oriundos de sentenças transitadas em julgado, constantes de precatórios judiciários apresentados até *1º de julho*, fazendo-se o pagamento até o final do exercício seguinte, quando terão seus valores atualizados monetariamente (Art. 100, § 5º, CF).

D: Na verdade, *a seu critério exclusivo e na forma de lei*, a União poderá assumir débitos, oriundos de precatórios, de Estados, Distrito Federal e Municípios, refinanciando-os diretamente (Art. 100, § 16, CF).

E: Nos termos do Art. 100, § 6º, da Constituição Federal, as dotações orçamentárias e os créditos abertos serão consignados diretamente ao Poder Judiciário, cabendo ao Presidente do Tribunal que proferir a decisão exequenda determinar o pagamento integral e autorizar, a requerimento do credor e exclusivamente para os casos de preterimento de seu direito de precedência ou de não alocação orçamentária do valor necessário à satisfação do seu débito, o sequestro da quantia respectiva.

GABARITO: A.

---

129. **(2019 – Câmara Municipal de Piracicaba/SP – Advogado)** Segundo a Constituição Federal,

a) é obrigatória a inclusão, no orçamento das entidades de direito público, de verba necessária ao pagamento de seus débitos, oriundos de sentenças transitadas em julgado, constantes de precatórios judiciários apresentados até 1º de julho, fazendo-se o pagamento até o final do exercício seguinte, quando terão seus valores atualizados monetariamente.

b) os débitos de natureza alimentícia compreendem aqueles decorrentes de salários, vencimentos, proventos, pensões e suas complementações, benefícios previdenciários e indenizações por morte ou por invalidez, fundadas em responsabilidade civil, em virtude de sentença judicial transitada em julgado e serão pagos com preferência sobre todos os demais débitos, inclusive sobre os débitos de natureza alimentícia cujos titulares, originários ou por sucessão hereditária, tenham 60 (sessenta) anos de idade, ou sejam portadores de doença grave, ou pessoas com deficiência, assim definidos na forma da lei.

c) é obrigatória a inclusão, no orçamento das entidades de direito público, de verba necessária ao pagamento de seus débitos, oriundos de sentenças transitadas em julgado, constantes de precatórios judiciários apresentados até 1o de junho, fazendo-se o pagamento até o final do exercício seguinte, quando terão seus valores atualizados monetariamente.

d) o Presidente do Tribunal competente que, por ato comissivo ou omissivo, retardar ou tentar frustrar a liquidação regular de precatórios responderá pessoalmente pelos créditos constantes nos precatórios e perante o competente Tribunal de Contas da União, dos Estados, do Distrito Federal ou dos Municípios.

e) é vedada ao credor, nos termos da lei da entidade federativa devedora, a entrega de créditos em precatórios para compra de imóveis públicos do respectivo ente federado.

A: A alternativa repete o inteiro teor do Art. 100, § 5º, da Constituição Federal: é obrigatória a inclusão, no orçamento das entidades de direito público, de verba necessária ao pagamento de seus débitos, oriundos de sentenças transitadas em julgado, constantes de precatórios judiciários apresentados até 1º de julho, fazendo-se o pagamento até o final do exercício seguinte, quando terão seus valores atualizados monetariamente.

B: A alternativa começa bem, de fato, os débitos de natureza alimentícia compreendem aqueles decorrentes de salários, vencimentos, proventos, pensões e suas complementações, benefícios previdenciários e indenizações por morte ou por invalidez, fundadas em responsabilidade civil, em virtude de sentença judicial transitada em julgado e serão pagos com preferência sobre todos os demais débitos. Contudo, os débitos de natureza alimentícia cujos titulares, originários ou por sucessão hereditária, tenham 60 anos de idade, ou sejam portadores de doença grave, ou pessoas com deficiência, assim definidos na forma da lei, serão pagos com preferência sobre todos os demais débitos, até o valor equivalente ao triplo fixado em lei como de pequeno valor, admitido o fracionamento para essa finalidade, sendo que o restante será pago na ordem cronológica de apresentação do precatório.

C: Erro maldoso, *o correto é 1º de julho* e não de junho.

D: O Presidente do Tribunal competente que, por ato comissivo ou omissivo, retardar ou tentar frustrar a liquidação regular de precatórios incorrerá em crime de responsabilidade e responderá, também, perante o Conselho Nacional de Justiça (Art. 100, § 7º, CF).

E: Não é vedada, mas facultada ao credor, conforme estabelecido em lei da entidade federativa devedora, a entrega de créditos em precatórios para compra de imóveis públicos do respectivo ente federado (Art. 100, § 11, CF).

GABARITO: A.

---

130. **(2019 – Unifai – Procurador Jurídico)** Assinale a alternativa que reproduz texto de súmula do Supremo Tribunal Federal.

a) Cabe *habeas corpus* originário para o Tribunal Pleno de decisão de Turma, ou do Plenário, proferida em *habeas corpus*.

b) São da competência comum da União, dos Estados, do Distrito Federal e dos Municípios a definição dos crimes de responsabilidade e o estabelecimento das respectivas normas de processo e julgamento, em cada esfera.

c) Cabe recurso extraordinário contra acórdão que defere medida liminar.

d) Para efeito de aposentadoria especial de professores, não se computa o tempo de serviço prestado fora da sala de aula.

e) A impetração de mandado de segurança coletivo por entidade de classe em favor dos associados depende da autorização desses.

A: A Súmula 606 do STF diz o contrário: ***Não cabe habeas corpus originário para o Tribunal Pleno de decisão de Turma, ou do Plenário, proferida em habeas corpus ou no respectivo recurso.***

B: Essa competência é privativa da União e não comum. O Art. 85, parágrafo único, da Constituição Federal, diz que os crimes de responsabilidade serão definidos em lei especial, que estabelecerá as normas de processo e julgamento e a Súmula Vinculante 46 do STF estabelece que *a definição dos crimes de responsabilidade e o estabelecimento das respectivas normas de processo e julgamento são de competência legislativa privativa da União.*

C: Em verdade, a Súmula 735 do STF diz que *não cabe recurso extraordinário contra acórdão que defere medida liminar.*

D: A alternativa correta reproduz a Súmula 726 do Supremo Tribunal Federal: *Para efeito de aposentadoria especial de professores, não se computa o tempo de serviço prestado fora da sala de aula.* Essa súmula interpreta o Art. 37, § 5º, da Constituição que afirma que os requisitos de idade e de tempo de contribuição dos professores serão reduzidos em cinco anos, para o professor que comprove exclusivamente tempo de efetivo exercício das funções de magistério na educação infantil e no ensino fundamental e médio.

E: A hipótese do mandado de segurança é de substituição processual (Art. 5º, LXX, CF) que não precisa de autorização específica dos associados, sendo esse o teor da Súmula 629 do STF: *a impetração de mandado de segurança coletivo por entidade de classe em favor dos associados independe da autorização destes*; não confunda com a hipótese de representação processual (Art. 5º, XXI, CF), na qual a entidade associativa, desde que expressamente autorizada, tem legitimidade para representar seus filiados judicial ou extrajudicialmente.

GABARITO: D.

---

131. **(2019 - Prefeitura de Itapevi/SP - Analista Jurídico/Procurador)** Nos termos do entendimento firmado pelo Supremo Tribunal Federal, a respeito do Mandado de Segurança, é correto afirmar que:

a) a impetração de mandado de segurança coletivo por entidade de classe em favor dos associados depende da autorização desses.

b) controvérsia sobre matéria de direito não impede concessão de mandado de segurança.

c) compete ao Supremo Tribunal Federal conhecer originariamente de mandado de segurança contra atos de outros tribunais.

d) o Procurador-Geral da Justiça não tem legitimidade para propor ação direta interventiva por inconstitucionalidade de Lei Municipal.

e) pedido de reconsideração na via administrativa interrompe o prazo para o mandado de segurança.

A: A hipótese do mandado de segurança é de substituição processual (Art. 5º, LXX, CF) que não precisa de autorização específica dos associados, sendo esse o teor da Súmula 629 do STF: *a impetração de mandado de segurança coletivo por entidade de classe em favor dos associados independe da autorização destes*; não confunda com a hipótese de representação processual (Art. 5º, XXI, CF), na qual a entidade associativa, desde que expressamente autorizada, tem legitimidade para representar seus filiados judicial ou extrajudicialmente.

B: De acordo com a Súmula 625 do Supremo Tribunal Federal: *controvérsia sobre matéria de direito não impede concessão de mandado de segurança.* Esse entendimento significa que o que o mandado de segurança precisa para ser julgado é que a matéria de prova esteja demonstrada integralmente, pois não há fase para a produção de provas nessa ação constitucional. Em relação a questões de direito, contudo, por mais complexa que seja e por maior que seja discussão doutrinária e dos tribunais, não será possível ao Poder Judiciário deixar de julgar do mandado de segurança.

C: Essa competência, em verdade, é do Superior Tribunal de Justiça (Art. 105, II, *b*, da CF); no mesmo sentido a Súmula 624 do STF: *não compete ao Supremo Tribunal Federal conhecer originalmente mandado de segurança contra atos de outros tribunais*.

D: O *não* está incorreto. De acordo com a Súmula 614 do STF, *somente o Procurador-Geral da Justiça tem legitimidade para propor ação direta interventiva por inconstitucionalidade de Lei Municipal.*

E: O pedido de reconsideração na via administrativa, na verdade, *não* interrompe o prazo para o mandado de segurança (Súmula 430 do STF).

GABARITO: B.

---

132. **(2019 – Câmara Municipal de Monte Alto/SP – Procurador Jurídico)** Assinale a alternativa que reproduz texto de Súmula do Supremo Tribunal Federal.

a) O Procurador-Geral da Justiça e o Presidente do Tribunal de Justiça têm legitimidade para propor ação direta interventiva por inconstitucionalidade de Lei Municipal.

b) É constitucional a vinculação do reajuste de vencimentos de servidores estaduais ou municipais a índices federais de correção monetária.

c) É constitucional a taxa municipal de conservação de estradas de rodagem cuja base de cálculo seja idêntica à do imposto territorial rural.

d) A Constituição Estadual não pode estabelecer limite para o aumento de tributos municipais.

e) Não ofende o princípio da livre concorrência lei municipal que impede a instalação de estabelecimentos comerciais do mesmo ramo em determinada área.

A: De acordo com a Súmula 614 do STF, *somente* o Procurador-Geral da Justiça tem legitimidade para propor ação direta interventiva por inconstitucionalidade de Lei Municipal.

B: A Súmula Vinculante 42 do STF, ao contrário, afirma que "é *inconstitucional a vinculação do reajuste de vencimentos de servidores estaduais ou municipais a índices federais de correção monetária*".

C: O Supremo Tribunal Federal entende que essa taxa é *inconstitucional* (Súmula 595).

D: O Supremo Tribunal Federal entende que a Constituição estadual não pode estabelecer limite para o aumento de tributos municipais (Súmula 69), pois haveria violação à autonomia financeira do Municípios e, consequentemente, ofensa ao pacto federativo.

E: A Súmula Vincula 49 do STF determina justamente o inverso: *ofende o princípio da livre concorrência lei municipal que impede a instalação de estabelecimentos comerciais do mesmo ramo em determinada área.*

GABARITO: D.

---

133. **(2019 – Prefeitura de Poá/SP – Procurador)** Assinale a alternativa que corresponde a um entendimento sumulado pelo Supremo Tribunal Federal.

a) Compete ao Supremo Tribunal Federal conhecer de *habeas corpus* impetrado contra decisão do Relator que, em *habeas corpus* requerido a tribunal superior, indefere a liminar.

b) No mandado de segurança contra a nomeação de magistrado da competência do Presidente da República, este é considerado autoridade coatora, ainda que o fundamento da impetração seja nulidade ocorrida em fase anterior do procedimento.

c) Cabe ação direta de inconstitucionalidade de lei do Distrito Federal derivada da sua competência legislativa municipal.

d) É constitucional toda modalidade de provimento que propicie ao servidor investir-se, sem prévia aprovação em concurso público destinado ao seu provimento, em cargo que não integra a carreira na qual já anteriormente investido.

e) No Tribunal de Contas estadual, composto por sete conselheiros, quatro devem ser escolhidos pelo Chefe do Poder Executivo estadual e três pela Assembleia Legislativa, cabendo a esta indicar um dentre auditores e outro dentre membros do Ministério Público, e um terceiro a sua livre escolha.

A: A Súmula 691 do Supremo Tribunal Federal, em verdade, prevê justamente que *não compete ao STF conhecer de habeas corpus impetrado contra decisão do relator que, em habeas corpus requerido a tribunal superior, indefere a liminar*. Deve-se registrar, contudo, que há diversas manifestações do próprio STF afastando a incidência dessa Súmula quando o caso levado a julgamento for teratológico (caso de um erro absurdo) ou excepcional: É certo que o enunciado da Súmula 691/STF comporta relativização. Mas somente quando, de logo, avulta que o cerceio à liberdade de locomoção do paciente decorre de ilegalidade ou abuso de poder (...). [STF, 1ª T., HC 92.534 AgR, rel. Min. Ayres Britto, j. 23-10-2007, DJE de 29-8-2008].

B: A questão compreende o texto da Súmula 627 do Supremo Tribunal Federal: *no mandado de segurança contra a nomeação de magistrado da competência do presidente da República, este é considerado autoridade coatora, ainda que o fundamento da impetração seja nulidade ocorrida em fase anterior ao procedimento.* Essa súmula reflete o entendimento de que nos procedimentos para nomeação de magistrados para Tribunais, como ocorre no caso dos Tribunais Regionais Federa ou do Superior Tribunal de Justiça, por exemplo, mesmo que o procedimento tenha fases anteriores, a elaboração de uma lista tríplice, pelo Tribunal em que será preenchida a vaga, por exemplo, o Supremo Tribunal Federal entende que eventual mandado de segurança deverá ser impetrado contra o Chefe do Poder Executivo.

C: O Distrito Federal é um constante problema no texto constitucional: ora se comporta como Estado, ora como Município e ainda tem suas constas, muitas vezes, pagas pela União. No caso de sua Lei Orgânica, tendo em vista que ela contém matérias de competência legislativa estadual e municipal, o Supremo Tribunal Federal faz uma divisão da seguinte maneira: caso a norma corresponda à matéria que seria de competência estadual, caberá ação direta de inconstitucionalidade perante o Supremo Tribunal Federal (Art. 102, inciso I, alínea *a*, da CF); caso contrário, a análise deverá ser feita pelo Tribunal

de Justiça do Distrito Federal e Territórios (TJDFT). Esse é o teor da Súmula 641 do Supremo Tribunal Federal: ***não cabe ação direta de inconstitucionalidade de lei do Distrito Federal derivada da sua competência legislativa municipal.***

D: A Súmula Vinculante 43 do Supremo Tribunal Federal determina justamente a inconstitucionalidade na hipótese: É inconstitucional toda modalidade de provimento que propicie ao servidor investir-se, sem prévia aprovação em concurso público destinado ao seu provimento, em cargo que não integra a carreira na qual anteriormente investido.

E: Súmula 653 do Supremo Tribunal Federal: ***No tribunal de contas estadual, composto por sete conselheiros, quatro devem ser escolhidos pela assembleia legislativa e três pelo chefe do Poder Executivo estadual, cabendo a este indicar um dentre auditores e outro dentre membros do Ministério Público, e um terceiro à sua livre escolha.***

GABARITO: B.

---

134. **(2019 - Prefeitura de Valinhos/SP – Procurador)** É texto de Súmula do Supremo Tribunal Federal:

a) A competência do Tribunal de Justiça para julgar prefeitos restringe-se aos crimes de competência da Justiça comum estadual; nos demais casos, a competência originária caberá ao respectivo tribunal de segundo grau.

b) A extinção do mandato do prefeito impede a instauração de processo pela prática dos crimes previstos no Art. 1º do Dl. 201/67.

c) São da competência legislativa dos Estados a definição dos crimes de responsabilidade e o estabelecimento das respectivas normas de processo e julgamento.

d) Somente o Advogado-Geral da União tem legitimidade para propor ação direta interventiva por inconstitucionalidade de Lei Municipal.

e) Cabe recurso extraordinário contra acórdão de Tribunal de Justiça que defere pedido de intervenção estadual em Município.

A: De acordo com a Súmula 702 do Supremo Tribunal Federal: ***A competência do tribunal de justiça para julgar prefeitos restringe-se aos crimes de competência da justiça comum estadual; nos demais casos, a competência originária caberá ao respectivo tribunal de segundo grau.*** **Esse entendimento decorre da previsão constitucional segundo a qual os prefeitos serão julgados pelos Tribunais de Justiça dos Estados (Art. 29, X, CF). Interpretando esse dispositivo, contudo, o Supremo Tribunal Federal determinou que o texto constitucional limita a prerrogativa de foro nos Tribunais de Justiça aos crimes de competência da justiça comum estadual (um roubo, por exemplo), enquanto os crimes de competência da justiça comum federal deverão ser julgados pelos Tribunais Regionais Federais ou pelo Tribunal Regional Eleitoral, se o crime for eleitoral.**

B: Em verdade, mesmo após a extinção do mandato do prefeito será possível a instauração de processo pela prática dos crimes de responsabilidade previstos no Art. 1º do Decreto-Lei nº 201/1967, conforme Súmula 703 do Supremo Tribunal Federal.

C: De acordo com a Súmula 722 do STF: ***são da competência legislativa da União a definição dos crimes de responsabilidade e o estabelecimento das respectivas normas de processo e julgamento.***

D: De acordo com a Súmula 614 do STF, ***somente o Procurador-Geral da Justiça tem legitimidade para propor ação direta interventiva por inconstitucionalidade de Lei Municipal.***

E: A Súmula 637 do STF, ao contrário, ***proíbe*** **a interposição de recurso extraordinário na hipótese.**

GABARITO: A.

---

135. **(2019 – Prefeitura de Arujá/SP – Advogado)** Considere que o Supremo Tribunal Federal tem interesse em editar uma Súmula dotada de efeitos vinculantes conferindo poder ao Chefe da Autoridade Policial para homologação de casos de delação premiada no país. Nesse caso, a partir da previsão constitucional, é certo afirmar que:

a) a criação da Súmula deve partir de iniciativa exclusiva do Supremo Tribunal Federal, único órgão competente a fazê-lo, mediante decisão de metade dos seus membros.

b) a Súmula poderá ser instaurada de ofício pelo Supremo Tribunal Federal ou, por exemplo, por provocação dos mesmos legitimados para propositura de ação direta de inconstitucionalidade, desde que se tenham reiteradas decisões sobre a matéria e seja aprovada por dois terços dos membros do Supremo.

c) a Súmula poderá ser instaurada de ofício pelo Supremo Tribunal Federal ou por provocação das Mesas das Casas do Congresso Nacional, desde que se tenha pelo menos uma decisão a respeito do tema pela Corte e seja aprovada por maioria absoluta dos membros do Supremo.

d) do ato administrativo ou decisão judicial que contrariar Súmula Vinculante aplicável caberá ação direta de inconstitucionalidade.

e) caso a Súmula Vinculante tenha sido aprovada pela maioria simples do Supremo Tribunal Federal, surtirá efeitos a partir da sua publicação no Diário Oficial e vinculará todos os órgãos da Administração Pública direta e indireta, do poder judiciário e do poder legislativo, inclusive em sua função legislativa.

A: O quórum é de 2/3 dos membros do Supremo Tribunal Federal, e não metade (Art. 103-A, CF).

B: As Súmulas Vinculantes foram criadas pela Emenda Constitucional 45/2004 e impõe pelo Supremo Tribunal Federal a *adoção oficial de uma interpretação fixa, que se imponha a todos* (José Afonso da Silva. *Curso de direito constitucional positivo.* 37ª ed. São Paulo: Malheiros, 2014, p. 570). Sua disciplina está no Art. 103-A da Constituição Federal: *Supremo Tribunal Federal poderá, de ofício ou por provocação, mediante decisão de dois terços dos seus membros, após reiteradas decisões sobre matéria constitucional, aprovar súmula que, a partir de sua publicação na imprensa oficial, terá efeito vinculante em relação aos demais órgãos do Poder Judiciário e à administração pública direta e indireta, nas esferas federal, estadual e municipal, bem como proceder à sua revisão ou cancelamento, na forma estabelecida em lei.* A diferenciação entre uma súmula comum e uma vinculante é importante para entender a importância desse instituto: *A súmula (...) (excetuada aquela de perfil vinculante), ao contrário das notas que tipificam o ato normativo, não se reveste de compulsoriedade na sua observância externa nem de cogência na sua aplicação por terceiros. A súmula comum, na realidade, configura mero instrumento formal de exteriorização interpretativa de uma dada orientação jurisprudencial. A súmula comum, portanto, tendo em vista a tese jurisprudencial não vinculante que nela se acha consagrada, encerra, apenas, um resultado paradigmático para decisões futuras. A jurisprudência compendiada na formulação sumular, desse modo, não se reveste de expressão normativa, muito embora traduza e reflita, a partir da experiência jurídica motivada pela atuação jurisdicional do Estado, o significado da norma de direito positivo, tal como ela é compreendida e constatada pela atividade cognitiva e interpretativa dos tribunais. (...) a formulação sumular de perfil ordinário, que não se qualifica como "pauta vinculante de julgamento" (despojada, portanto, da eficácia vinculante que lhe é excepcional, considerado o que dispõe o Art. 103-A da Carta Magna), há de ser entendida, em face das múltiplas funções que lhe são inerentes – função de estabilidade do sistema, função de segurança jurídica, função de orientação jurisprudencial, função de simplificação da atividade processual e função de previsibilidade decisória (...) –, como mero resultado paradigmático a ser autonomamente observado, sem caráter impositivo, pelos magistrados e demais tribunais judiciários, nas decisões que venham a proferir* [STF, Pleno, Rcl 10.707 AgR, voto do rel. Min. Celso de Mello, J. 28-5-2014, DJE de 30-10-2014]. A súmula vinculante, de acordo com o § 1º do Art. 103-A da CF, terá por objetivo a validade, a interpretação e a eficácia de normas determinadas, acerca das quais haja controvérsia atual entre órgãos judiciários ou entre esses e a administração pública que acarrete grave insegurança jurídica e relevante multiplicação de processos sobre questão idêntica, sendo que a aprovação, revisão ou cancelamento de súmula poderá ser provocada por aqueles que podem propor a ação direta de inconstitucionalidade (Art. 103-A, § 2º, CF). A propósito, podem propor ação direta de inconstitucionalidade e a ação declaratória de constitucionalidade:

→ 3 pessoas	→ 3 mesas	→ 3 entidades
Presidente da República	Mesa do Senado Federal	Conselho Federal da Ordem dos Advogados do Brasil
Procurador-Geral da República	Mesa da Câmara dos Deputados	Partido político com representação no Congresso Nacional
Governador de Estado ou do Distrito Federal	Mesa de Assembleia Legislativa ou da Câmara Legislativa do Distrito Federal	Confederação sindical ou entidade de classe de âmbito nacional

C: A Constituição exige *reiteradas* decisões, não bastando uma só.

D: O Art. 103-A, § 3º, da Constituição Federal afirma que *do ato administrativo ou decisão judicial que contrariar a súmula aplicável ou que indevidamente a aplicar, caberá reclamação* ao Supremo Tribunal Federal que, julgando-a procedente, anulará o ato administrativo ou cassará a decisão judicial reclamada, e determinará que outra seja proferida com ou sem a aplicação da súmula, conforme o caso.

E: Em primeiro lugar, a questão está errada no que toca a maioria: o correto é 2/3 do Supremo Tribunal Federal. Também em relação a quem a Súmula Vinculante de fato, vincula. Segundo o teor do Art. 103-A, a súmula terá efeito vinculante em relação aos demais órgãos do Poder Judiciário e à administração pública direta e indireta, nas esferas federal, estadual e municipal. Assim, portanto, não haverá vinculação do Poder Legislativo em suas funções típicas.

GABARITO: B.

---

136. **(2019 – IPREMM/SP – Procurador)** Corresponde ao texto de Súmula Vinculante a afirmativa:

a) É constitucional a lei ou ato normativo estadual ou distrital que disponha sobre sistemas de consórcios e sorteios, inclusive bingos e loterias.

b) É inconstitucional a vinculação do reajuste de vencimentos de servidores estaduais ou municipais a índices federais de correção monetária.

c) É constitucional a exigência de depósito prévio como requisito de admissibilidade de ação judicial na qual se pretenda discutir a exigibilidade de crédito tributário.

d) A cobrança de taxa de matrícula nas universidades públicas não viola o disposto no Art. 206, IV, da Constituição Federal.

e) É inconstitucional a adoção, no cálculo do valor de taxa, de um ou mais elementos da base de cálculo própria de determinado imposto, desde que não haja integral identidade entre uma base e outra.

A: A Súmula Vinculante 2 do STF determina exatamente o contrário: É *inconstitucional a lei ou ato normativo Estadual ou Distrital que disponha sobre sistemas de consórcios e sorteios, inclusive bingos e loterias*, haja vista que de acordo com o Art. 22, XX, da Constituição Federal, compete privativamente à União legislar sobre sistemas de consórcios e sorteios.

B: A alternativa corresponde ao texto da Súmula Vinculante 42 do Supremo Tribunal Federal: É inconstitucional a vinculação do reajuste de vencimentos de servidores estaduais ou municipais a índices federais de correção monetária.

C: A Súmula Vinculante 28 afirma: É *inconstitucional a exigência de depósito prévio como requisito de admissibilidade de ação judicial na qual se pretenda discutir a exigibilidade de crédito tributário.*

D: A cobrança da taxa de matrícula nas universidades públicas, em verdade, viola o Art. 206, inciso IV, da Constituição Federal (Súmula Vinculante 28).

E: O Supremo Tribunal Federal adotou entendimento de que é constitucional a adoção, no cálculo do valor de taxa, de um ou mais elementos da base de cálculo própria de determinado imposto, desde que não haja integral identidade entre uma base e outra (Súmula Vinculante 29).

GABARITO: B.

---

137. **(2019 - Câmara de Piracicaba/SP – Advogado)** Assinale a alternativa cujo conteúdo está de acordo com o disposto nas súmulas vinculantes do Supremo Tribunal Federal.

a) Não viola a Constituição Federal a lei ou o ato normativo estadual ou distrital que disponha sobre sistemas de consórcios e sorteios, inclusive bingos e loterias.

b) A defesa técnica por advogado é indispensável no processo administrativo disciplinar e sua falta ofende a Constituição.

c) O cálculo de gratificações e outras vantagens do servidor público incide sobre o abono utilizado para se atingir o salário-mínimo.

d) Não fere a Constituição Federal a exigência de depósito prévio como requisito de admissibilidade de ação judicial na qual se pretenda discutir a exigibilidade de crédito tributário.

e) Ofende o princípio da livre concorrência lei municipal que impede a instalação de estabelecimentos comerciais do mesmo ramo em determinada área.

A: A Súmula Vinculante 2 do STF determina exatamente o contrário: É *inconstitucional a lei ou ato normativo Estadual ou Distrital que disponha sobre sistemas de consórcios e sorteios, inclusive bingos e loterias*, haja vista que de acordo com o Art. 22, XX, da Constituição Federal, compete privativamente à União legislar sobre sistemas de consórcios e sorteios.

B: De acordo com a Súmula Vinculante 5 do Supremo Tribunal Federal: *a falta de defesa técnica por advogado no processo administrativo disciplinar não ofende a Constituição.*

C: Na verdade, o cálculo de gratificações e outras vantagens do servidor público *não incide* sobre o abono utilizado para se atingir o salário mínimo (Súmula Vinculante 15).

D: Fere a constituição, e portanto, é inconstitucional a exigência de depósito prévio como requisito de admissibilidade de ação judicial na qual se pretenda discutir a exigibilidade de crédito tributário (Súmula Vinculante 28).

E: A alternativa correta está de acordo com a Súmula Vinculante 49 do Supremo Tribunal Federal: *Ofende o princípio da livre concorrência lei municipal que impede a instalação de estabelecimentos comerciais do mesmo ramo em determinada área.*

GABARITO: E.

138. **(2019 – Câmara Municipal de Serrana/SP – Procurador Jurídico)** Assinale a alternativa que reproduz entendimento sumulado pelo Superior Tribunal de Justiça.

a) Não é permitida a instauração de processo administrativo disciplinar com base em denúncia anônima, mesmo que a decisão seja motivada ou tenha amparo em sindicância.

b) Não pode ocorrer ou permanecer a inscrição do município em cadastros restritivos fundada em irregularidades na gestão anterior quando, na gestão sucessora, são tomadas as providências cabíveis à reparação dos danos eventualmente cometidos.

c) Não é defeso, ao município, atualizar o IPTU, mediante decreto, em percentual superior ao índice oficial de correção monetária.

d) Compete à Justiça Estadual processar e julgar Prefeito Municipal por desvio de verba sujeita a prestação de contas perante órgão federal.

e) Compete à Justiça Federal processar e julgar ação de servidor público municipal, pleiteando direitos relativos ao vínculo estatutário.

A: Em verdade, *desde que devidamente motivada e com amparo em investigação ou sindicância, é possível a instauração de processo administrativo disciplinar com base em denúncia anônima, em face do poder-dever de autotutela imposto à Administração* (Súmula 611 do STJ).

B: A alternativa reproduz a Súmula 615 do Superior Tribunal de Justiça: *não pode ocorrer ou permanecer a inscrição do Município em cadastros restritivos fundada em irregularidades na gestão anterior quando, na gestão sucessora, são tomadas as providências cabíveis à reparação dos danos eventualmente cometidos.*

C: Nos termos da Súmula 160 do Superior Tribunal de Justiça, o aumento da base de cálculo do IPTU depende, necessariamente de lei, portanto, é defeso, isto é, é proibido ao Município, atualizar o IPTU, mediante decreto, em percentual superior ao incide oficial de correção monetária.

D: De acordo com a Súmula 208 do Superior Tribunal de Justiça: *compete à Justiça Federal processar e julgar prefeito municipal por desvio de verba sujeita a prestação de contas perante órgão federal.*

E: O Superior Tribunal de Justiça sumulou o entendimento de que *compete a justiça comum estadual processar e julgar ação de servidor público municipal, pleiteando direitos relativos ao vínculo estatutário* (Súmula 137).

GABARITO: B.

139. **(2019 – Prefeitura de Itapevi/SP – Analista Jurídico)** Assinale a alternativa que reproduz texto de Súmula do Superior Tribunal de Justiça.

a) Cabe recurso extraordinário contra acórdão de Tribunal de Justiça que defere pedido de intervenção estadual em Município.

b) Mesmo com amparo em investigação ou sindicância, não é permitida a instauração de processo administrativo disciplinar com base em denúncia anônima, em face do poder-dever de autotutela imposto à Administração.

c) O Ministério Público não tem legitimidade ativa para atuar na defesa de direitos difusos, coletivos e individuais homogêneos dos consumidores, decorrentes da prestação de serviço público.

d) A Câmara de Vereadores não possui personalidade jurídica, apenas personalidade judiciária, somente podendo demandar em juízo para defender os seus direitos institucionais.

e) Não cabe à legislação municipal estabelecer o sujeito passivo do IPTU.

A: Essa alternativa está claramente errada: não faria sentido o Superior Tribunal de Justiça possuir uma súmula sobre o recurso extraordinário, recurso cabível exclusivamente ao Supremo Tribunal Federal. De qualquer modo, ela é contrariada por Súmula do próprio STF: *não cabe recurso extraordinário contra acórdão de tribunal de justiça que defere pedido de intervenção estadual em município* (Súmula 637 do STF).

B: Em verdade, *desde que devidamente motivada e com amparo em investigação ou sindicância, é possível a instauração de processo administrativo disciplinar com base em denúncia anônima, em face do poder-dever de autotutela imposto à Administração* (Súmula 611 do STJ).

C: De acordo com a Súmula 601 do Superior Tribunal de Justiça: *o Ministério Público tem legitimidade ativa para atuar na defesa de direitos difusos, coletivos e individuais homogêneos dos consumidores, ainda que decorrentes da prestação de serviço público.*

D: De acordo com a Súmula 525 do Superior Tribunal de Justiça: *a Câmara de Vereadores não possui personalidade jurídica, apenas personalidade judiciária, somente podendo demandar em juízo para defender os seus direitos institucionais.* Essa hipótese de personalidade judiciária é reconhecida pelo Supremo Tribunal Federal para os órgãos não personalidades como a Câmara dos Vereadores, de Ministérios ou mesmo do Conselho Nacional de Justiça. Veja-se: *A jurisprudência – com amplo respaldo doutrinário (v.g., Victor Nunes, Meirelles, Buzaid) – tem reconhecido a capacidade ou "personalidade judiciária" de órgãos coletivos não personalizados e a propriedade do mandado de segurança para a defesa do exercício de suas competências e do gozo de suas prerrogativas. Não obstante despido de personalidade jurídica, porque é órgão ou complexo de órgãos estatais, a capacidade ou personalidade judiciária do Ministério lhe é inerente – porque instrumento essencial de sua atuação – e não se pode dissolver na personalidade jurídica do Estado, tanto que a ele frequentemente se contrapõe em juízo; se, para a defesa de suas atribuições finalísticas, os tribunais têm assentado o cabimento do mandado de segurança, esse igualmente deve ser posto a serviço da salvaguarda dos predicados da autonomia e da independência do Ministério Público, que constituem, na Constituição, meios necessários ao bom desempenho de suas funções institucionais* [STF, Pleno, MS 21.239, rel. Min. Sepúlveda Pertence, j. 5-6-1991, DJ de 23-4-1993.].

E: A Súmula 399 do Superior Tribunal de Justiça determina exatamente o contrário: *cabe à legislação municipal estabelecer o sujeito passivo do IPTU.*

GABARITO: D.

140. **(2019 – TJ/AC – Juiz Estadual)** É competência, respectivamente, do Supremo Tribunal Federal e do Superior Tribunal de Justiça processar e julgar, originariamente,

a) nas infrações penais comuns e nos crimes de responsabilidade, os Ministros de Estado; e o mandado de segurança e o *habeas data* contra atos da Mesa da Câmara dos Deputados.

b) as causas e os conflitos entre a União e os Estados, a União e o Distrito Federal, ou entre uns e outros, inclusive as respectivas entidades da administração indireta; e a homologação de sentenças estrangeiras e a concessão de exequatur às cartas rogatórias.

c) os conflitos de competência entre quaisquer tribunais; e o mandado de injunção, quando a elaboração da norma regulamentadora for atribuição da Câmara dos Deputados.

d) nos crimes comuns, os Governadores dos Estados e do Distrito Federal, e, nestes e nos de responsabilidade, os desembargadores dos Tribunais de Justiça dos Estados; e a ação em que todos os membros da magistratura sejam direta ou indiretamente interessados.

A: A competência do Supremo Tribunal Federal para julgar os Ministros de Estado nas infrações comuns está correta (Art. 102, I, *c*, CF), mas também cabe ao STF julgar o mandado de segurança e o *habeas data* contra atos da Mesa da Câmara dos Deputados (Art. 102, I, *d*, CF).

B: Compete ao Supremo Tribunal Federal processar e julgar, originariamente, as causas e os conflitos entre a União e os Estados, a União e o Distrito Federal, ou entre uns e outros, inclusive as respectivas entidades da administração indireta (Art. 102, I, *f*, CF) e compete ao Superior Tribunal de Justiça processar e julgar, originariamente a homologação de sentenças estrangeiras e a concessão de *exequatur* às cartas rogatórias (Art. 105, I, *i*, CF). Note que essa competência do STJ foi atribuída a partir da Emenda Constitucional 45/2004, pois antes, essa competência era do STF.

C: As competências estão invertidas: a primeira cabe ao STJ (Art. 105, I, *d*, CF) e a segunda ao STF (Art. 102, I, *q*, CF).

D: Também inverteu-se aqui as competências: a primeira é do STJ (Art. 105, I, *a*, CF) e a segunda do STF (Art. 102, I, *n*, da CF).

GABARITO: B.

---

141. **(2019 – Câmara Municipal de Monte Alto/SP – Procurador Jurídico)** De acordo com Súmula do Superior Tribunal de Justiça,

a) na ação de mandado de segurança se admite condenação em honorários advocatícios.

b) a fixação do horário bancário, para atendimento ao público, é da competência do Município.

c) o princípio da insignificância é inaplicável aos crimes contra a Administração Pública.

d) compete ao juiz estadual, nas comarcas que não sejam sede de vara da Justiça Federal, processar e julgar ação civil pública, desde que a União não figure no processo.

e) o Ministério Público não tem legitimidade para propor ação civil pública em defesa do patrimônio público.

A: Em verdade, na ação de mandado de segurança *não* se admite condenação em honorários advocatícios (Súmula 105 do Superior Tribunal de Justiça).

B: Pois essa competência é da União: *a fixação do horário bancário, para atendimento ao público, é da competência da União* (Súmula 19 do Superior Tribunal de Justiça).

C: De acordo com a Súmula 599 do Superior Tribunal de Justiça, *o princípio da insignificância é inaplicável aos crimes contra a administração pública*. É bom registrar que essa Súmula não é aplicável aos crimes de descaminho (Art. 344 do Código Penal), conforme Tema 157 da 3ª Seção do Superior Tribunal de Justiça: *Incide o princípio da insignificância aos crimes tributários federais e de descaminho quando o débito tributário verificado não ultrapassar o limite de R$ 20 mil a teor do disposto no artigo 20 da Lei nº 10.522/2002, com as atualizações efetivadas pelas Portarias 75 e 130, ambas do Ministério da Fazenda.*

D: A competência será do juiz estadual, ainda que a União figure no processo (Súmula 183, STJ: *compete ao juiz estadual, nas comarcas que não sejam sede de vara da Justiça Federal, processar e julgar ação civil pública, ainda que a União figure no processo*).

E: O entendimento sumulado do Superior Tribunal de Justiça é de que o ministério público *tem legitimidade* para propor ação civil pública em defesa do patrimônio público (Súmula 329, STF).

GABARITO: C.

---

142. **(2019 – Prefeitura de Valinhos/SP – Procurador)** É entendimento sumulado pelo Superior Tribunal de Justiça:

a) O excesso de prazo para a conclusão do processo administrativo disciplinar não causa nulidade, em nenhuma circunstância.

b) A inversão do ônus da prova não se aplica às ações de degradação ambiental.

c) O locatário possui legitimidade ativa para discutir a relação jurídico-tributária de IPTU e de taxas referentes ao imóvel alugado.

d) A ocupação indevida de bem público configura detenção, de natureza precária, sendo suscetível de retenção e/ou indenização por acessões e benfeitorias.

e) Desde que devidamente motivada e com amparo em investigação ou sindicância, é permitida a instauração de processo administrativo disciplinar com base em denúncia anônima, em face do poder-dever de autotutela imposto à Administração.

A: Em verdade, de acordo com a Súmula 592 do Superior Tribunal de Justiça: *o excesso de prazo para a conclusão do processo administrativo disciplinar só causa nulidade se houver demonstração de prejuízo à defesa.*

B: A Súmula 618 do Superior Tribunal de Justiça prevê que *a inversão do ônus da prova aplica-se às ações de degradação ambiental.* Essa súmula decorre da aplicação prática do princípio da precaução, que tem como uma das características que a incerteza deve ser interpretada em favor do meio ambiente. Veja-se: *O princípio da precaução, aplicável ao caso dos autos, pressupõe a inversão do ônus probatório, transferindo para a concessionária o encargo de provar que sua conduta não ensejou riscos ao meio ambiente e, por consequência, aos pescadores da região* [STJ, 3ª T., ARESP 1.311.669, rel. Min. Ricardo Villas Bôas Cueva, j. 03.12.2008, DJE 06.12.2018].

C: A Súmula 614 do Superior Tribunal de Justiça prevê que: *o locatário não possui legitimidade ativa para discutir a relação jurídico-tributária de IPTU e de taxas referentes ao imóvel alugado nem para repetir indébito desses tributos.*

D: Nos termos da Súmula 619 do Superior Tribunal de Justiça, a ocupação indevida de bem pública é *insuscetível de retenção ou indenização por acessões e benfeitorias* (Súmula 619 do STJ).

E: A alternativa está de acordo com o teor da Súmula 611 do Superior Tribunal de Justiça *desde que devidamente motivada e com amparo em investigação ou sindicância, é possível a instauração de processo administrativo disciplinar com base em denúncia anônima, em face do poder-dever de autotutela imposto à Administração.*

GABARITO: E.

---

143. **(2019 – IPREMM/SP – Procurador Jurídico)** A respeito do *habeas corpus* e do *habeas data*, a Constituição Federal estabelece que:

a) compete ao Superior Tribunal de Justiça processar e julgar, originariamente, o *habeas corpus*, quando a autoridade coatora for juiz federal.

b) compete ao Supremo Tribunal Federal processar e julgar, originariamente, o *habeas data* contra atos do Presidente da República, das Mesas da Câmara dos Deputados e do Senado Federal, entre outros.

c) compete aos Tribunais Regionais Federais julgar, em recurso ordinário, os *habeas data* decididos em única ou última instância pelos tribunais dos Estados e do Distrito Federal, quando a decisão for denegatória.

d) conceder-se-á *habeas data* sempre que alguém sofrer ou se achar ameaçado de sofrer violência ou coação em sua liberdade de locomoção, por ilegalidade ou abuso de poder.

e) conceder-se-á *habeas corpus* para a retificação de dados, quando não se prefira fazê-lo por processo sigiloso, judicial ou administrativo.

A: Essa competência é dos Tribunais Regionais Federais (Art. 108, I, *d*, CF).

B: De acordo com o Art. 102, inciso I, alínea *d*, da Constituição Federal, compete ao Supremo Tribunal Federal processar e julgar, originariamente, o *habeas corpus*, sendo paciente o Presidente da República, o Vice-Presidente, os membros do Congresso Nacional, os Ministros de Estado, os Comandantes da Marinha, do Exército e da Aeronáutica, o Procurador-Geral da República, os membros dos Tribunais Superiores, os do Tribunal de Contas da União e os chefes de missão diplomática de caráter permanente. O mandado de segurança e o habeas data contra atos do Presidente da República, das Mesas da Câmara dos Deputados e do Senado Federal, do Tribunal de Contas da União, do Procurador-Geral da República e do próprio Supremo Tribunal Federal.

C: Os Tribunais Regionais Federais terão competência para julgar, em grau de recurso, as causas decididas pelos juízes federal e *pelos juízes estaduais no exercício da competência federal na área de sua jurisdição* (Art. 108, inciso II, CF). De outro lado, caberá ao Superior Tribunal de Justiça processar e julgar *os conflitos*

de competência entre quaisquer tribunais, ressalvado o conflito que envolva Tribunais Superiores, bem como entre tribunal e juízes a ele não vinculados e entre juízes vinculados a tribunais diversos.

D e E: As alternativas invertem as hipóteses de cabimento constitucionais: na *D* o correto seria o *habeas corpus* (Art. 5º, LXVIII, CF) e na *E* o correto seria o *habeas data* (Art. 5º, LXXII, da CF).

GABARITO: B.

---

144. **(2020 - Prefeitura de São Roque/SP)** Com relação aos precatórios, pode-se corretamente afirmar:

a) Os atos do presidente do tribunal que disponham sobre processamento e pagamento de precatório têm caráter jurisdicional, contra os quais cabe recurso especial e extraordinário, se houver, respectivamente, violação de norma federal ou constitucional.

b) A Fazenda Pública não pode recusar a substituição do bem penhorado por precatório.

c) Os honorários advocatícios incluídos na condenação ou destacados do montante principal devido ao credor não consubstanciam verba de natureza alimentar, e sua satisfação deverá ocorrer mediante a expedição de precatório ou requisição de pequeno valor.

d) Se o precatório for apresentado até 1º de julho, e o pagamento for realizado no final do exercício seguinte, haverá a incidência de juros de mora.

e) A cessão de precatórios realizada pelo credor a terceiros poderá ser realizada independentemente da concordância do devedor e produzirá efeitos após comunicação, por meio de petição protocolizada, ao tribunal de origem e à entidade devedora.

A alternativa está de acordo com o disposto no Art. 100, §§ 13 e 14 da Constituição Federal, uma vez que se determina que o credor poderá ceder, total ou parcialmente, seus créditos em precatórios a terceiros, independentemente da concordância do devedor, sendo que a cessão de precatórios somente produzirá efeitos após comunicação, por meio de petição protocolizada, ao tribunal de origem e à entidade devedora.

Afirmativas incorretas – a alternativa A está em desacordo com a Súmula 311 do STF (Os atos do presidente do tribunal que disponham sobre processamento e pagamento de precatório não têm caráter jurisdicional); em relação à alternativa B, o erro também decorre da contrariedade da afirmativa com a Súmula 406 do STF, segundo a qual: "A Fazenda Pública pode recusar a substituição do bem penhorado por precatório". Em relação à alternativa C, a Súmula Vinculante 47 do STF determina que "Os honorários advocatícios incluídos na condenação ou destacados do montante principal devido ao credor consubstanciam verba de natureza alimentar cuja satisfação ocorrerá com a expedição de precatório ou requisição de pequeno valor, observada ordem especial restrita aos créditos dessa natureza"; por fim, a alternativa D está em desacordo com o Art. 100, § 5º, da CF, que prevê: "É obrigatória a inclusão, no orçamento das entidades de direito público, de verba necessária ao pagamento de seus débitos, oriundos de sentenças transitadas em julgado, constantes de precatórios judiciários apresentados até 1º de julho, fazendo-se o pagamento até o final do exercício seguinte, quando terão seus valores atualizados monetariamente.".

GABARITO: E.

Segurança Pública

145. **(2019 – Prefeitura de Itapevi/SP – Guarda Civil Municipal)** Nos termos da Constituição Federal, assinale a alternativa em que todas as Instituições descritas não possuem previsão no Capítulo da Segurança Pública.

a) Polícia Civil e Guarda Municipal.

b) Corpos de Bombeiros Militares e Força Nacional.

c) Polícia Ferroviária Federal e Polícia Técnico-Científica.

d) Força Nacional e Polícia Técnico-Científica.

e) Polícia Militar e Força Nacional.

De acordo com o Art. 144 da Constituição Federal: A segurança pública, dever do Estado, direito e responsabilidade de todos, é exercida para a preservação da ordem pública e da incolumidade das pessoas e do patrimônio, através dos seguintes órgãos:

I. polícia federal;

II. polícia rodoviária federal;

III. polícia ferroviária federal;

IV. polícias civis;

V. polícias militares e corpos de bombeiros militares.

Desse modo, a alternativa D (Força Nacional e Polícia Técnico-Científica) é a única que não contém previsão no Art. 144. Vale registrar que não é permitida a criação de órgão de segurança pública diverso dos previstos no Art. 144 da Constituição: *Impossibilidade da criação, pelos Estados-membros, de órgão de segurança pública diverso daqueles previstos no Art. 144 da Constituição. (...) Ao Instituto-Geral de Perícias, instituído pela norma impugnada, são incumbidas funções atinentes à segurança pública. Violação do Art. 144, c/c o Art. 25 da Constituição da República.* [STF, Pleno, ADI 2.827, rel. Min. Gilmar Mendes, j. 16-9-2010, DJE de 6-4-2011].

GABARITO: D.

---

146. **(2019 – Prefeitura de Olímpia/SP – Guarda Civil Municipal)** Com relação à segurança pública prevista na Constituição Federal, assinale a alternativa correta.

a) A Polícia Rodoviária Federal é um órgão permanente, organizado e mantido pela União, Estados, Municípios e Distrito Federal.

b) As Polícias Civis, dirigidas por delegados de polícia de carreira, possuem a incumbência da polícia ostensiva e a preservação da ordem pública, além das funções de polícia judiciária e a apuração de infrações penais, exceto as militares.

c) Os Municípios poderão constituir Guardas Municipais destinadas à proteção de bens, serviços e instalações, pertencentes à União, Estado e Município.

d) A Polícia Ferroviária Federal é um órgão permanente, organizado e mantido pela União e estruturado em carreira, que se destina, na forma da lei, a apuração das infrações penais ocorridas nas ferrovias federais.

e) As Polícias Militares possuem a incumbência da polícia ostensiva e a preservação da ordem pública.

A: A Polícia Rodoviária Federal é mantida pela União, somente (Art. 144,§ 3º, CF: *a polícia ferroviária federal, órgão permanente, organizado e mantido pela União e estruturado em carreira, destina-se, na forma da lei, ao patrulhamento ostensivo das ferrovias federais*).

B: A função de polícia ostensiva e a preservação da ordem pública são das Polícias Militares.

C: De acordo com o Art. 144, § 8º, da Constituição Federal, *os Municípios poderão constituir guardas municipais destinadas à proteção de seus bens, serviços e instalações.*

D: A polícia ferroviária federal *destina-se, na forma da lei, ao patrulhamento ostensivo das ferrovias federais* (Art. 144, § 3º, CF).

E: A alternativa repete o teor do Art. 144, § 4º, da Constituição Federal: às polícias militares cabem a polícia ostensiva e a preservação da ordem pública.

GABARITO: E.

---

147. **(2019 - Prefeitura de Valinhos/SP - Guarda Civil Municipal/SSPC)** Segundo texto expresso da Constituição Federal, os Municípios poderão constituir guardas municipais destinadas, conforme dispuser a lei,

a) ao policiamento repressivo, limitado ao território do Município.

b) ao patrulhamento das vias públicas, das rodovias e das escolas municipais.

c) ao policiamento ostensivo, ao combate ao crime e à preservação da ordem pública.

d) à apuração de infrações penais contra a ordem política e social ou em detrimento de bens do Município.

e) à proteção de bens, serviços e instalações do Município.

A, B e C: As funções de policiamento *ostensivo* são atribuições das polícias militares, rodoviária federal e ferroviária federal. A expressão policiamento repressivo não encontra previsão constitucional.

D: A apuração de infrações penais contra a ordem política e social é atribuição da Polícia Federal (Art. 144, § 1º, inciso I, CF) e a apuração de infrações em detrimento de bens do Município é atribuição das polícias civis (Art. 144, § 4º, CF).

E: De acordo com o Art. 144, § 8º, da Constituição Federal, *os Municípios poderão constituir guardas municipais destinadas à proteção de seus bens, serviços e instalações.*

GABARITO: E.

---

148. **(2019 – PM/SP - Soldado da Polícia Militar)** Sobre o tratamento da segurança pública na Constituição, é correto afirmar que:

a) aos corpos de bombeiros militares, além das atribuições definidas em lei, incumbe a execução de atividades de defesa civil.

b) às polícias militares cabem a apuração de infrações penais em geral.

c) às polícias civis, dirigidas por delegados de polícia de carreira, incumbem a apuração de infrações penais, inclusive as militares.

d) as polícias civis são forças auxiliares e reserva do Exército.

e) a segurança pública é dever da família, direito e responsabilidade de todos os servidores públicos.

A: A alternativa está de acordo com a segunda parte do § 5º do Art. 144 da Constituição Federal: *aos corpos de bombeiros militares, além das atribuições definidas em lei, incumbe a execução de atividades de defesa civil.*

B: A apuração de infrações penais cabe às polícias federal (Art. 144, § 14º, CF) e civil (Art. 144, § 4º, CF), cabendo à polícia militar a polícia ostensiva e a preservação da ordem pública (Art. 144, § 5º, CF).

C: De fato, incumbe às polícias civis a apuração de infrações penais, contudo, há duas exceções: as infrações militares e as federais.

D: Nos termos do § 6º do Art. 144 da Constituição Federal, as polícias militares e os corpos de bombeiros militares são forças auxiliares e reserva do Exército.

E: A segurança pública é *dever do Estado*, direito e responsabilidade de todos (Art. 144, *caput*, CF).

GABARITO: A.

Da Tributação e do Orçamento

149. **(2019 – TJ/SP - Contador Judiciário)** Sobre os princípios gerais do Sistema Tributário Nacional, dispõe a Constituição Federal de 1988 que:

a) compete privativamente aos Municípios instituir contribuições de melhoria decorrentes de obras públicas.

b) os tributos terão, obrigatoriamente, caráter pessoal e serão graduados segundo a capacidade econômica do contribuinte.

c) cabe à lei ordinária regular as limitações constitucionais ao poder de tributar previstas na Constituição Federal de 1988.

d) as taxas instituídas em razão do poder de polícia ou pela utilização de serviço público específico e divisível não podem ter base de cálculo idêntica a dos impostos.

e) os municípios e o distrito federal poderão instituir taxa para o custeio da iluminação pública.

A: A contribuição de melhoria (Art. 145, III, CF) pode ser instituída pode todos os entes federativos (União, Estado, Distrito Federal e Municípios).

B: Em verdade, o correto é que os impostos, sempre que possível, terão caráter pessoal e serão graduados segundo a capacidade econômica do contribuinte, facultado à administração tributária, especialmente para conferir efetividade a esses objetivos, identificar, respeitados os direitos individuais e nos termos da lei, o patrimônio, os rendimentos e as atividades econômicas do contribuinte (Art. 145, § 1º, CF).

C: O Art. 146, inciso II, da Constituição Federal determinou que cabe à *lei complementar* regular as limitações constitucionais ao poder de tributar.

D: As taxas podem ser instituídas em razão do exercício do poder de polícia ou, ainda, pela utilização -efetiva ou potencial- de serviços públicos específicos e divisíveis, prestados ao contribuinte ou postos a sua disposição (Art. 145, II, CF), por isso, por exemplo que o serviço de iluminação pública não pode ser remunerado mediante taxa (Súmula Vinculante 41), haja vista não ser um serviço divisível. A alternativa também está correta quando afirma que as taxas não podem ter base de cálculo própria de impostos (Art. 145, § 2º, CF). Ademais, sobre o tema, é importante lembrar que *preços de serviços públicos e taxas não se confundem, porque estas, diferentemente daqueles, são compulsórias e têm sua cobrança condicionada à prévia autorização orçamentária, em relação à lei que as instituiu* (Súmula 545 do STF).

E: De acordo com a Súmula Vinculante 41 do Supremo Tribunal Federal: *O serviço de iluminação pública não pode ser remunerado mediante taxa*, em razão da sua universalidade.

GABARITO: D.

---

150. **(2019 - Prefeitura de Guarulhos/SP - Inspetor Fiscal de Rendas)** A Constituição Federal, no artigo 145, aponta os impostos, as taxas e a contribuição de melhoria como tributos que compõem o Sistema Tributário Nacional. Assim, é correto afirmar que:

a) o imposto é um tributo cuja obrigação tem por fato gerador o exercício do poder de polícia.

b) o imposto é uma prestação pecuniária que incide sobre fatos descritos em lei só pela atuação do contribuinte.

c) a taxa tem por fato gerador a valorização de imóveis do contribuinte em decorrência da execução de obras públicas.

d) a taxa é um tributo cuja obrigação tem por fato gerador uma situação independente de qualquer atividade estatal específica.

e) a contribuição de melhoria pressupõe a utilização, efetiva ou potencial, de serviços públicos específicos e divisíveis, prestados ao contribuinte ou postos à sua disposição.

A: O tributo que tem por fato gerador o exercício do poder de polícia é a taxa e não o imposto: de acordo com o Art. 145, inciso II, da Constituição Federal, a União, os Estados, o Distrito Federal e os Municípios poderão instituir *taxas, em razão do exercício do poder de polícia ou pela utilização, efetiva ou potencial, de serviços públicos específicos e divisíveis, prestados ao contribuinte ou postos a sua disposição.*

B: A alternativa expressa trecho da obra de José Afonso da Silva: "*Imposto* é o *tributo* cuja obrigação tem por fato gerador urna situação independente de qualquer atividade estatal especifica em favor do contribuinte ou relativa a ele. **Isso quer dizer que o imposto é uma prestação pecuniária que incide sobre fatos descritos em lei só pela atuação do contribuinte**" (*Curso de direito constitucional positivo.* 37ª ed. São Paulo: Malheiros, p. 718 – destacou-se).

C: Em verdade, é a contribuição de melhoria que tem por fato gerador a valorização de imóveis do contribuinte em decorrência de obras públicas (Art. 145, III, CF).

D: De acordo com o Art. 16 do Código Tributário Nacional, *imposto* - e não a taxa - é o tributo cuja obrigação tem por fato gerador uma situação independente de qualquer atividade estatal específica, relativa ao contribuinte.

E: O correto é que a *taxa* pressupõe a utilização, efetiva ou potencial, de serviços públicos específicos e divisíveis, prestados ao contribuinte ou postos à sua disposição (Art. 145, II, CF).

GABARITO: B.

---

151. **(2019 – Câmara Municipal de Piracicaba/SP – Advogado)** Segundo a Constituição Federal,

a) a União, mediante lei complementar, poderá instituir empréstimo compulsório para atender a despesas extraordinárias decorrentes de calamidade pública, de guerra externa ou sua iminência, sendo que, nesse caso, a aplicação dos recursos provenientes de empréstimo compulsório não será vinculada à despesa que fundamentou sua instituição.

b) os Municípios e o Distrito Federal poderão instituir contribuição, na forma das respectivas leis, para o custeio do serviço de iluminação pública.

c) os impostos terão caráter pessoal e poderão ser graduados segundo a capacidade econômica do contribuinte, devendo a administração tributária, especialmente para conferir efetividade a esses objetivos, identificar, respeitados os direitos individuais e nos termos da lei, o patrimônio, os rendimentos e as atividades econômicas do contribuinte.

d) as contribuições sociais e de intervenção no domínio econômico não incidirão sobre a importação de produtos estrangeiros ou serviços.

e) competem à União, em Território Federal, os impostos estaduais e, se o Território for dividido em Municípios, cumulativamente, os impostos municipais, e ao Distrito Federal cabem os impostos estaduais.

A: A aplicação dos recursos provenientes de todas as espécies de empréstimos compulsórios será vinculada à despesa que fundamentou sua instituição (Art. 148, parágrafo único, CF).

B: De acordo com o Art. 149-A da Constituição Federal: *Os Municípios e o Distrito Federal poderão instituir contribuição, na forma das respectivas leis, para o custeio do serviço de iluminação pública, observado o disposto no Art. 150, I e III.* Esse dispositivo, decorrente da Emenda Constitucional 39/2002 foi criado em razão da edição da Súmula Vinculante 41 do Supremo Tribunal Federal que impede a instituição de taxa para remuneração desse serviço, por não ser divisível.

C: A questão transcreve o Art. 145, § 1º, da Constituição Federal, fazendo pequenas alterações. Eis o teor do dispositivo: *sempre que possível, os impostos terão caráter pessoal e serão graduados segundo a capacidade econômica do contribuinte, facultado à administração tributária, especialmente para conferir efetividade a esses objetivos, identificar, respeitados os direitos individuais e nos termos da lei, o patrimônio, os rendimentos e as atividades econômicas do contribuinte.*

D: Nos termos do Art. 149, § 2º, inciso II, as contribuições sociais, de intervenção no domínio econômico e de interesse das categorias profissionais ou econômicas incidirão também sobre a importação de produtos estrangeiros ou serviços.

E: Em verdade, competirá à União os tributos municipais em Território Federal que não seja dividido em Municípios (Art. 147, CF).

GABARITO: B.

---

152. **(2019 – TJ/AC - Juiz Estadual)** Considerando o disposto no texto constitucional sobre as garantias asseguradas aos contribuintes, é correto afirmar que:

a) infringe os princípios da anterioridade e o da vedação de delegação legislativa, decreto estadual que modifica a data de vencimento de tributo de competência do Estado.

b) a imunidade tributária é matéria a ser tratada por norma constitucional, enquanto que a isenção pode ser criada por lei.

c) a instituição dos emolumentos cartorários pelo tribunal de justiça não viola o princípio da reserva legal.

d) não viola a Constituição a mera concessão de isenção tributária à operação de aquisição de automóveis por oficiais de justiça estaduais.

A: Embora antigo, continua vigente o entendimento do Supremo Tribunal Federal de que é possível por meio de decreto estadual a modificação de data de vencimento de tributo de competência do Estado. O precedente decorre de análise de recurso extraordinário sobre data de vencimento de ICMS: *Não se compreendendo no campo reservado à lei a definição de vencimento das obrigações tributárias, legítimo o Decreto 34.677/1992, que modificou a data de vencimento do ICMS. Improcedência da alegação no sentido de infringência ao princípio da anterioridade e da vedação de delegação legislativa* [STF, 1ª T., RE 182.971, rel. min. Ilmar Galvão, j. 5-8-1997, DJ de 31-10-1997].

B: A alternativa está correta, pois as imunidades tributárias somente decorrem de determinações constitucionais. "As *imunidades fiscais*, instituídas por razoes de privilégio, ou de considerações de interesse

DIR CON

geral (neutralidade religiosa, econômicos, sociais ou políticos), excluem a atuação do poder de tributar. Nas hipóteses imunes de tributação, não ocorre fato gerador da obrigação tributária. Nisso diferem imunidades e isenções, pois, relativamente a estas, dá-se o fato gerador da obrigação tributária, mas o contribuinte fica apenas isento do pagamento do tributo. As imunidades configuram privilégios de natureza constitucional e não podem estender-se além das hipóteses expressamente previstas na Constituição. (...) Note-se que só existe imunidade quanto aos *impostos*. Ela não beneficia as taxas, nem a contribuição de melhoria nem as demais contribuições fiscais ou parafiscais" (José Afonso da Silva. *Curso de direito constitucional positivo.* 37ª ed. São Paulo: Malheiros, 2014, p. 730-731). Veja-se, ainda, a manifestação do Supremo Tribunal Federal: *A criação de imunidade tributária é matéria típica do texto constitucional, enquanto a de isenção é versada na lei ordinária; não há, pois, invasão da área reservada à emenda constitucional quando a lei ordinária cria isenção. O poder público tem legitimidade para isentar contribuições por ele instituídas, nos limites das suas atribuições (Art. 149 da Constituição).* [STF, Pleno, ADI 2.006 MC, rel. Min. Maurício Corrêa, j. 1º-7-1999, DJ de 24-9-1999]

C: Tendo em vista que os emolumentos cartorários são considerados *taxas* para fins tributários, sua instituição decorre, necessariamente, de lei. Veja-se que o Art. 236, § 2º, da Constituição Federal determina que a *lei federal estabelecerá normas gerais para fixação de emolumentos relativos aos atos praticados pelo serviços notariais e de registro, tendo estabelecido o Supremo Tribunal Federal sua natureza jurídica de taxa: "A idoneidade em tese da disciplina de matéria tributária em medida provisória é firme na jurisprudência do Tribunal, de que decorre a validade de sua utilização para editar norma geral sobre fixação de emolumentos cartorários, que são taxas"* [STF, Pleno, ADI 1.790 MC, rel. Min. Sepúlveda Pertence, j. 23-4-1999, DJ de 8-9-2000].

D: A Constituição Federal veda, expressamente, a instituição de tratamento desigual entre contribuintes que se encontrem em situação equivalente, proibida qualquer distinção em razão de ocupação profissional ou função por eles exercida, independentemente da denominação jurídica dos rendimentos, títulos ou direitos (Art. 150, II). Veja-se: *"Concessão de isenção à operação de aquisição de automóveis por oficiais de justiça estaduais. (...) A isonomia tributária (CF, Art. 150, II) torna inválidas as distinções entre contribuintes em razão de ocupação profissional ou função por eles exercida,* máxime nas hipóteses nas quais, sem qualquer base axiológica no postulado da razoabilidade, engendra-se tratamento discriminatório em benefício da categoria dos oficiais de justiça estaduais." [STF, Pleno, ADI 4.276, rel. Min. Luiz Fux, j. 20-8-2014, DJE de 18-9-2014].

GABARITO: B.

---

153. **(2019 - Prefeitura de Guarulhos/SP - Inspetor Fiscal de Rendas)** A Constituição Federal, ao tratar das limitações do poder de tributar, estabelece que a União, os Estados, o Distrito Federal e os Municípios devem:

a) instituir contribuição, na forma das respectivas leis, para o custeio do serviço de iluminação pública.

b) estabelecer diferença tributária entre bens e serviços, de qualquer natureza, em razão de sua procedência ou destino.

c) instituir impostos sobre patrimônio, renda ou serviços, uns dos outros.

d) cobrar tributos no mesmo exercício financeiro em que haja sido publicada a lei que os instituiu ou aumentou.

e) divulgar, até o último dia do mês subsequente ao da arrecadação, os montantes de cada um dos tributos arrecadados e os recursos recebidos, entre outros.

A: De acordo com o Art. 149-A da Constituição, a contribuição para o custeio do serviço de iluminação pública somente pode ser instituída pelos Municípios e pelo Distrito Federal.

B: A previsão constitucional, em verdade, é do inverso: é *vedado aos Estados, ao Distrito Federal e aos Municípios estabelecer diferença tributária entre bens e serviços, de qualquer natureza, em razão de sua procedência ou destino* (Art. 152, CF).

C: É proibido aos entes federativos instituir impostos sobre o patrimônio, renda ou serviços, uns dos outros (Art. 150, VI, *a*, CF), por aplicação do princípio da imunidade recíproca de impostos.

D: Nos termos do Art. 150, inciso III, alínea *b*, da Constituição Federal, é vedado aos entes federativos, cobrar tributos no mesmo exercício financeiro em que haja sido publicada a lei que os instituiu ou aumentou. Trata-se do princípio da anterioridade anual ou da anualidade do lançamento do tributo, "segundo o qual o lançamento dos tributos está vinculado a cada *exercício financeiro* (1º de janeiro a 31 de dezembro de cada ano), o que tem importância para a situação temporal do fato gerador da obrigação temporária" (José Afonso da Silva. *Curso de direito constitucional positivo.* 37ª ed. São Paulo: Malheiros, 2014, p. 726).

E: A alternativa está de acordo com o Art. 162 da Constituição Federal que afirma que: *a União, os Estados, o Distrito Federal e os Municípios divulgarão, até o último dia do mês subsequente ao da arrecadação, os montantes de cada um dos tributos arrecadados, os recursos recebidos, os valores de origem tributária entregues e a entregar e a expressão numérica dos critérios de rateio.*

GABARITO: E.

---

154. **(2019 – Prefeitura de Valinhos/SP – Auditor Fiscal)** Assinale a alternativa que se apresenta de acordo com a Constituição Federal.

a) A União, os Estados, o Distrito Federal e os Municípios poderão estabelecer limitações ao tráfego de pessoas ou bens, por meio de tributos interestaduais ou intermunicipais, inclusive por meio de cobrança de pedágio pela utilização de vias conservadas pelo Poder Público.

b) Aos Estados, ao Distrito Federal e aos Municípios, é permitido cobrar tributos em relação a fatos geradores ocorridos antes do início da vigência da lei que os houver instituído ou aumentado.

c) A União, os Estados, o Distrito Federal e os Municípios poderão instituir impostos sobre fonogramas e videofonogramas musicais produzidos no Brasil, contendo obras musicais ou literomusicais de autores brasileiros e/ou obras em geral interpretadas por artistas brasileiros, bem como os suportes materiais ou arquivos digitais que os contenham, salvo na etapa de replicação industrial de mídias ópticas de leitura a laser.

d) Os Estados, o Distrito Federal e os Municípios não poderão instituir tratamento desigual entre contribuintes que se encontrem em situação equivalente, admitida apenas a distinção em razão de ocupação profissional ou função por eles exercida, dependendo da denominação jurídica dos rendimentos, títulos ou direitos.

e) Aos Estados, ao Distrito Federal e aos Municípios, é vedado estabelecer diferença tributária entre bens e serviços, de qualquer natureza, em razão de sua procedência ou destino.

A: De acordo com o Art. 150, inciso V, da Constituição Federal, é vedado aos entes federativos *estabelecer limitações ao tráfego de pessoas ou bens, por meio de tributos interestaduais ou intermunicipais, ressalvada a cobrança de pedágio pela utilização de vias conservadas pelo Poder Público.* "Essa é uma regra complementar do direito à livre circulação de pessoas e de bens" (José Afonso da Silva. *Curso de direito constitucional positivo.* 37ª ed. São Paulo: Malheiros, 2014, p. 727).

B: A Constituição Federal, na verdade, veda aos entes federativos cobrar tributos em relação a fatos geradores ocorridos antes do início da vigência da lei que os houver instituído ou aumentado (Art. 150, III, *a*, CF).

C: Em verdade, cuida-se da chamada imunidade cultura, que veda aos entes federativos cobrar tributos de *fonogramas e videofonogramas musicais produzidos no Brasil contendo obras musicais ou literomusicais de autores brasileiros e/ou obras em geral interpretadas por artistas brasileiros bem como os suportes materiais ou arquivos digitais que os contenham, salvo na etapa de replicação industrial de mídias ópticas de leitura a laser* (Art. 150, III, *e*, CF).

D: Pelo princípio da igualdade tributária, previsto no Art. 150, inciso II, da Constituição Federal que veda aos entes federativos *instituir tratamento desigual entre contribuintes que se encontrem em situação equivalente, proibida qualquer distinção em razão de ocupação profissional ou função por eles exercida, independentemente da denominação jurídica dos rendimentos, títulos ou direitos.*

E: A alternativa confirma o *"princípio da não diferenciação tributária,* de acordo com o qual é vedado aos Estados, ao Distrito Federal e aos Municípios estabelecer diferença tributária entre bens e serviços, de qualquer

natureza, em razão de sua procedência ou destino (Art. 152)" (José Afonso da Silva. *Curso de direito constitucional positivo.* 37ª ed. São Paulo: Malheiros, 2014, p. 729). Dando concretude a esse princípio, o Supremo Tribunal Federal estabeleceu que *a isonomia tributária e a vedação constitucional à discriminação segundo a procedência ou o destino de bens e serviços (Arts. 150, II, e 152 da CRFB/88) tornam inválidas as distinções em razão do local em que se situa o estabelecimento do contribuinte ou em que produzida a mercadoria, máxime nas hipóteses nas quais, sem qualquer base axiológica no postulado da razoabilidade, engendra-se tratamento diferenciado* [STF, Pleno, ADI 3.984, rel. Min. Luiz Fux, j. 30-8-2019, DJE de 23-9-2019].

GABARITO: E.

---

155. **(2019 - Câmara Municipal de Piracicaba/SP – Advogado)** De acordo com a Constituição Federal, é vedado à União, aos Estados, ao Distrito Federal e aos Municípios instituir imposto sobre o patrimônio, renda ou serviços, uns dos outros. Nesse caso, a imunidade recíproca:

a) será extensiva às autarquias e às fundações instituídas e mantidas pelo Poder Público, no que se refere ao patrimônio, à renda e aos serviços, vinculados a suas finalidades essenciais ou às delas decorrentes.

b) aplica-se ao patrimônio, à renda e aos serviços, ainda que haja o pagamento de preços ou tarifas pelo usuário, exonerando o promitente comprador da obrigação de pagar imposto relativamente ao bem imóvel de propriedade das Pessoas Políticas.

c) não será extensiva às autarquias e às fundações instituídas e mantidas pelo Poder Público, no que se refere ao patrimônio, à renda e aos serviços, vinculados a suas finalidades essenciais ou às delas decorrentes.

d) compreende somente o patrimônio e os serviços, ainda que não relacionados com as finalidades essenciais das Pessoas Políticas ou às delas decorrentes.

e) aplica-se ao patrimônio, à renda e aos serviços da Administração Pública indireta, relacionados com exploração de atividades econômicas regidas pelas normas aplicáveis a empreendimentos privados.

A: A imunidade recíproca de tributos entre os entes federativos é extensiva às autarquias e fundações instituídas e mantidas pelo Poder Público, no que se refere ao patrimônio, à renda e aos serviços, vinculados a suas finalidades ou às delas decorrentes (Art. 150, § 2º, CF).

B: A imunidade recíproca não se aplica quando houver o pagamento de preços ou tarifas pelos usuários (Art. 150, § 3º, CF).

C: Na verdade, será extensiva às autarquias e às fundações (Art. 150, § 2º, CF).

D: A impunidade somente se aplica ao patrimônio e aos serviços vinculados a suas finalidades ou às delas decorrentes (Art. 150, § 2º, CF).

E: Nos termos do Art. 150, § 3º, da Constituição Federal, a imunidade recíproca não se aplica ao patrimônio, à renda e aos serviços, relacionados com exploração de atividades econômicas regidas pelas normas aplicáveis a empreendimentos privados, ou em que haja contraprestação ou pagamento de preços ou tarifas pelo usuário, nem exonera o promitente comprador da obrigação de pagar imposto relativamente ao bem imóvel.

GABARITO: A.

---

156. **(2019 – Prefeitura de Valinhos/SP – Auditor Fiscal)** Segundo a Constituição Federal, compete aos Municípios instituir impostos sobre:

a) operações relativas à circulação de mercadorias e sobre prestações de serviços de transporte interestadual e intermunicipal e de comunicação, ainda que as operações e as prestações se iniciem no exterior e sobre a propriedade de veículos automotores.

b) produtos industrializados e sobre as operações relativas à circulação de mercadorias e sobre prestações de serviços de transporte interestadual e intermunicipal e de comunicação, ainda que as operações e as prestações se iniciem no exterior.

c) a transmissão "intervivos", a qualquer título, por ato oneroso, de bens imóveis, por natureza ou acessão física, e de direitos reais sobre imóveis, exceto os de garantia, bem como cessão de direitos a sua aquisição e sobre a propriedade predial e territorial urbana.

d) as operações de crédito, câmbio e seguro, ou relativas a títulos ou valores mobiliários e sobre a exportação, para o exterior, de produtos nacionais ou nacionalizados, sendo defeso ao Poder Executivo, atendidas as condições e os limites estabelecidos em lei, alterar suas alíquotas.

e) as operações de crédito, câmbio e seguro, ou relativas a títulos ou valores mobiliários e sobre a propriedade territorial rural.

A: O ICMS e o IPVA são de competência dos Estados e do Distrito Federal (Art. 155, II e III, da CF).

B: O IPI é de competência da União (Art. 153, IV, CF) e o ICMS dos Estados e do Distrito Federal (Art. 155, II, CF).

C: De acordo com o Art. 156 da Constituição Federal, compete aos Municípios instituir impostos sobre: I - propriedade predial e territorial urbana; II - transmissão "intervivos, a qualquer título, por ato oneroso, de bens imóveis, por natureza ou acessão física, e de direitos reais sobre imóveis, exceto os de garantia, bem como cessão de direitos a sua aquisição.

D: O IOF é da competência da União (Art. 153, V, CF), sendo que não é defeso, mas sim facultado ao Poder Executivo alterar as suas alíquotas (Art. 153, § 1º, CF).

E: Os dois impostos são de competência da União (Art. 153, V e VI, da CF).

GABARITO: C.

---

157. **(2019 - Câmara Municipal de Piracicaba/SP – Advogado)** Assinale a alternativa que se encontra de acordo com a Constituição Federal.

a) O imposto sobre a transmissão intervivos, a qualquer título, por ato oneroso, de bens imóveis, por natureza ou acessão física, e de direitos reais sobre imóveis, exceto os de garantia, bem como cessão de direitos a sua aquisição terá suas alíquotas máximas fixadas pelo Senado Federal.

b) O imposto sobre a propriedade predial e territorial urbana não poderá ser progressivo em razão do valor do imóvel, mas terá alíquotas diferentes de acordo com a localização e o uso do imóvel.

c) O imposto sobre serviços de qualquer natureza poderá ser progressivo em razão do tipo de serviço prestado pelo contribuinte, hipótese em que a lei ordinária municipal deverá observar as alíquotas máximas e mínimas previstas na lei complementar.

d) O imposto sobre a transmissão *causa mortis* e doação de quaisquer bens ou direitos compete ao Estado onde se processar o inventário ou arrolamento, ou tiver domicílio o doador, ou ao Distrito Federal, relativamente a bens imóveis e respectivos direitos.

e) O imposto sobre serviços de qualquer natureza terá as suas alíquotas máximas e mínimas fixadas pela lei complementar.

A: A previsão da fixação das alíquotas máximas pelo Senado Federal não é do imposto sobre a transmissão "intervivos", mas sim do imposto de transmissão "*causa mortis*" e doação, de quaisquer bens ou direitos (Art. 155, § 1º, IV, CF).

B: A Constituição Federal prevê a possibilidade do IPTU ser progressivo em razão valor do imóvel (Art. 156, § 1º, I, CF), além de efetivamente ter alíquotas diferentes de acordo com a localização e o uso do imóvel.

C: A Constituição Federal exige lei complementar para estabelecer as alíquotas máximas e mínimas (Art. 156, § 3º, I, da CF).

D: O Art. 155, § 1º, incisos I e II, da Constituição Federal, prevê que em relação ao imposto sobre transmissão "*causa mortis*" e doação, de quaisquer bens ou direitos: I - relativamente a bens imóveis e respectivos direitos, compete ao Estado da situação do bem, ou ao Distrito Federal; II - relativamente a bens móveis, títulos e créditos, compete ao Estado onde se processar o inventário ou arrolamento, ou tiver domicílio o doador, ou ao Distrito Federal.

E: O imposto sobre serviços de qualquer natureza, previsto no Art. 156, inciso III, da Constituição Federal, terá suas alíquotas máximas e mínimas fixadas por lei complementar (Art. 156, § 3º, I, da CF).

GABARITO: E.

---

158. **(2019 - Câmara Municipal de Piracicaba/SP – Advogado)** De acordo com a Constituição Federal,

a) o decreto do Poder Executivo competente disporá sobre dívida pública externa e interna, incluída a das autarquias, fundações e demais entidades controladas pelo Poder Público.

b) o Banco Central não poderá comprar e vender títulos de emissão do Tesouro Nacional, com o objetivo de regular a oferta de moeda ou a taxa de juros.

c) a competência da União para emitir moeda será exercida exclusivamente pelo Banco Central.

d) as disponibilidades de caixa da União serão depositadas no Banco do Brasil e as dos Estados, do Distrito Federal, dos Municípios e dos órgãos ou entidades do Poder Público e das empresas por ele controladas, em instituições financeiras públicas ou privadas, ressalvados os casos previstos em lei.

e) a lei ordinária disporá sobre operações de câmbio realizadas por órgãos e entidades da União, dos Estados, do Distrito Federal e dos Municípios.

A: A Constituição reserva à lei complementar dispor sobre dívida pública externa e interna, incluída a das autarquias, fundações e demais entidades controladas pelo Poder Público (Art. 163, III).

B: O Art. 164, § 3º, da Constituição Federal autoriza o banco sempre a comprar e vender títulos de emissão do Tesouro Nacional, com o objetivo de regular a oferta de moeda ou a taxa de juros.

C: A alternativa reproduz fielmente o Art. 164 da Constituição Federal que prevê: *a competência da União para emitir moeda será exercida exclusivamente pelo Banco Central.*

D: De acordo com o § 3º do Art. 164 da Constituição Federal, *as disponibilidades de caixa da União serão depositadas no Banco Central; as dos Estados, do Distrito Federal, dos Municípios e dos órgãos ou entidades do Poder Público e das empresas por ele controladas, em instituições financeiras oficiais, ressalvados os casos previstos em lei.* Ademais, de acordo com o Supremo Tribunal Federal: *as disponibilidades de caixa dos Estados-membros, dos órgãos ou entidades que os integram e das empresas por eles controladas deverão ser depositadas em instituições financeiras oficiais, cabendo, unicamente, à União Federal, mediante lei de caráter nacional, definir as exceções autorizadas pelo Art. 164, § 3º, da Constituição da República* [STF, Pleno, ADI 2.661 MC, rel. min. Celso de Mello, j. 5-6-2002, DJ de 23-8-2002].

E: A matéria só pode ser veiculada por lei complementar (Art. 163, VI, CF).

GABARITO: C.

---

159. **(2019 – TJ/SP - Contador Judiciário)** A lei que compreenderá as metas e prioridades da administração pública estadual, incluindo as despesas de capital para o exercício financeiro subsequente, é a:

a) lei que instituir o Plano Plurianual.

b) lei de diretrizes orçamentárias.

c) lei orgânica.

d) lei de responsabilidade fiscal.

e) lei orçamentária anual.

De acordo com o Art. 165, § 2º, da Constituição Federal, a lei de diretrizes orçamentárias compreenderá as metas e prioridades da administração pública federal, incluindo as despesas de capital para o exercício financeiro subsequente, orientará a elaboração da lei orçamentária anual, disporá sobre as alterações na legislação tributária e estabelecerá a política de aplicação das agências financeiras oficiais de fomento.

GABARITO: B.

---

160. **(2019 – Câmara Municipal de Serrana/SP – Procurador Jurídico)** Assinale a alternativa correta, de acordo com a Constituição Federal.

a) Cabe à lei ordinária dispor sobre o exercício financeiro, a vigência, os prazos, a elaboração e a organização do plano plurianual, da lei de diretrizes orçamentárias e da lei orçamentária anual.

b) Os planos e programas nacionais, regionais e setoriais previstos na Constituição Federal serão elaborados em consonância com os orçamentos anuais e apreciados pelo Tribunal de Contas da União.

c) A lei de diretrizes orçamentárias compreenderá as metas e prioridades da administração pública federal, excluindo as despesas de capital para o exercício financeiro subsequente, orientará a elaboração da lei orçamentária anual, estabelecerá a política de aplicação das agências financeiras oficiais de fomento, não podendo dispor sobre alterações na legislação tributária.

d) As emendas individuais ao projeto de lei orçamentária serão aprovadas no limite de 1,5% (um inteiro e meio por cento) da receita corrente líquida prevista no projeto encaminhado pelo Poder Executivo, sendo a metade deste percentual destinada a ações e serviços públicos de saúde.

e) A despesa com pessoal ativo e inativo da União, dos Estados, do Distrito Federal e dos Municípios não poderá exceder os limites estabelecidos em lei complementar.

A: O correto é que caberá a lei complementar dispor sobre o exercício financeiro, a vigência, os prazos, a elaboração e a organização do plano plurianual, da lei de diretrizes orçamentárias e da lei orçamentária anual (Art. 165, § 9º, I, CF).

B: Na verdade, os planos e programas nacionais, regionais e setoriais previstos nesta Constituição serão elaborados em consonância com o plano plurianual e *apreciados pelo Congresso Nacional* (Art. 165, § 4º, CF).

C: O correto é que a lei de diretrizes orçamentárias *incluirá* as despesas de capital para o exercício financeiro subsequente.

D: O limite das emendas individuais ao projeto de lei orçamentário é de 1,2% e não 1,5% (Art. 166, § 9º, CF).

E: A alternativa está de acordo com o Art. 169 da Constituição Federal que determina que *a despesa com pessoal ativo e inativo da União, dos Estados, do Distrito Federal e dos Municípios não poderá exceder os limites estabelecidos em lei complementar*. Atualmente esse limite é trazido pela Lei de Responsabilidade Fiscal (LC 101/2000).

GABARITO: E.

---

161. **(2019 – Câmara Municipal de Tatuí/SP – Procurador Legislativo)** Assinale a alternativa que se apresenta de acordo com a Constituição Federal.

a) O Poder Executivo publicará, até 15 (quinze) dias após o encerramento de cada bimestre, relatório resumido da execução orçamentária.

b) A lei ordinária disporá sobre o exercício financeiro, a vigência, os prazos, a elaboração e a organização do plano plurianual, da lei de diretrizes orçamentárias e da lei orçamentária anual.

c) Os projetos de lei relativos ao plano plurianual, às diretrizes orçamentárias, ao orçamento anual e aos créditos adicionais serão apreciados pelas duas Casas do Congresso Nacional, na forma do regimento comum.

d) Os recursos que, em decorrência de veto, emenda ou rejeição do projeto de lei orçamentária anual, ficarem sem despesas correspondentes não poderão ser utilizados como créditos especiais ou suplementares, mesmo com prévia e específica autorização legislativa.

e) Considera-se equitativa a execução das programações de caráter facultativo que atenda de forma igualitária e impessoal às emendas apresentadas, independentemente da autoria.

A: De acordo com o Art. 165, § 3º, da Constituição, o Poder Executivo publicará, *até trinta dias* após o encerramento do bimestre, relatório resumido da execução orçamentária.

B: O correto é que *lei complementar* disporá sobre o exercício financeiro, a vigência, os prazos, a elaboração e a organização do plano plurianual, da lei de diretrizes orçamentárias e da lei orçamentária anual (Art. 165, § 9º, I, CF).

C: A alternativa reproduz o texto do Art. 166 da Constituição Federal: *Os projetos de lei relativos ao plano plurianual, às diretrizes orçamentárias, ao orçamento anual e aos créditos adicionais serão apreciados pelas duas Casas do Congresso Nacional, na forma do regimento comum.*

D: O correto é que os recursos que, em decorrência de veto, emenda ou rejeição do projeto de lei orçamentária anual, ficarem sem despesas correspondentes poderão ser utilizados, conforme o caso, mediante créditos especiais ou suplementares, com prévia e específica autorização legislativa (Art. 166, § 8º, CF).

E: De acordo com o Art. 166, § 8º, da CF: *considera-se equitativa a execução das programações de caráter obrigatório que atenda de forma igualitária e impessoal às emendas apresentadas, independentemente da autoria.*

GABARITO: C.

162. **(2019 – Câmara Municipal de Tatuí/SP – Procurador Legislativo)** Segundo a Constituição Federal, é:

a) permitida a realização de despesas ou a assunção de obrigações diretas que excedam os créditos orçamentários ou adicionais.

b) vedada a abertura de crédito suplementar ou especial sem prévia autorização legislativa e sem indicação dos recursos correspondentes.

c) permitida a realização de operações de créditos que excedam o montante das despesas de capital, ressalvadas as autorizadas mediante créditos suplementares ou especiais com finalidade precisa, aprovados pelo Poder Legislativo por maioria absoluta.

d) vedado ao banco central comprar e vender títulos de emissão do Tesouro Nacional, com o objetivo de regular a oferta de moeda ou a taxa de juros.

e) permitido o início de programas ou projetos não incluídos na lei orçamentária anual.

A: Em verdade, é vedada a realização de despesas ou a assunção de obrigações diretas que excedam os créditos orçamentários ou adicionais (Art. 167, II, CF).

B: Nos termos do Art. 167, inciso V, da Constituição Federal, são vedados: *a abertura de crédito suplementar ou especial sem prévia autorização legislativa e sem indicação dos recursos correspondentes.* Note que mesmo a modificação do nome do crédito não serve para fugir à vedação: *Medida cautelar em ação direta de inconstitucionalidade. MP 402, de 23-11-2007, convertida na Lei 11.656, de 16-4-2008. Abertura de crédito extraordinário. (...) Violação que alcança o inciso V do mesmo artigo, na medida em que o ato normativo adversado vem a categorizar como de natureza extraordinária crédito que, em verdade, não passa de especial, ou suplementar.* [STF, Pleno, ADI 4.049 MC, rel. min. Ayres Britto, j. 5-11-2008, DJE de 8-5-2009].

C: É vedada a realização de operações de créditos que excedam o montante das despesas de capital (Art. 167, III, CF).

D: O Art. 164, § 2º, da Constituição Federal prevê que o banco central poderá comprar e vender títulos de emissão do Tesouro Nacional, com o objetivo de regular a oferta de moeda ou a taxa de juros.

E: É vedado o início de programas ou projetos não incluídos na lei orçamentária anual (Art. 167, I, CF).

GABARITO: B.

163. **(2021 - Prefeitura de Guarujá/SP)** Assinale a alternativa que está em consonância com o disposto na Constituição Federal no que se refere aos orçamentos.

a) A lei orçamentária anual não poderá conter previsões de despesas para exercícios seguintes, com a especificação dos investimentos plurianuais e daqueles em andamento.

b) A lei orçamentária de diretrizes orçamentárias compreenderá o orçamento fiscal, o orçamento de investimento e o orçamento da seguridade social, abrangendo todas as entidades e órgãos a ela vinculados, da administração direta ou indireta, bem como os fundos e fundações instituídos e mantidos pelo Poder Público.

c) O projeto de lei orçamentária será acompanhado de demonstrativo regionalizado do efeito, sobre as receitas e despesas, decorrente de isenções, anistias, remissões, subsídios e benefícios de natureza financeira, tributária e creditícia.

d) A lei de diretrizes orçamentárias compreenderá as metas e prioridades da administração pública federal, exceto as despesas de capital para o exercício financeiro subsequente, orientará a elaboração da lei orçamentária anual, disporá sobre as alterações na legislação tributária e estabelecerá a política de aplicação das agências financeiras oficiais de fomento.

Os orçamentos fiscais e de investimento, compatibilizados com a lei do orçamento anual, terão entre suas funções a de reduzir desigualdades regionais, segundo critério populacional.

A alternativa reproduz o texto do Art. 165, § 6º, da CF, que prevê: "O projeto de lei orçamentária será acompanhado de demonstrativo regionalizado do efeito, sobre as receitas e despesas, decorrente de isenções, anistias, remissões, subsídios e benefícios de natureza financeira, tributária e creditícia.".

Alternativas incorretas – a alternativa A está incorreta, pois a lei orçamentária anual poderá conter previsões de despesas para exercícios seguintes; a alternativa B está em desacordo com a Constituição Federal, pois a lei de diretrizes orçamentárias compreenderá metas e prioridades da administração pública federal, estabelecerá as diretrizes de política fiscal e respectivas metas, em consonância com trajetória sustentável da dívida pública, orientará a elaboração da lei orçamentária anual, disporá sobre as alterações na legislação tributária e estabelecerá a política de aplicação das agências financeiras oficiais de fomento; em relação à alternativa D, o erro consiste no fato de que as despesas de capital estarão incluídas na lei de diretrizes orçamentárias; por fim, a alternativa E está incorreta por prever o Art. 165, § 7º, da CF que a função será reduzir desigualdades inter-regionais (e não regionais).

GABARITO: C.

---

164. **(2021 - CODEN/SP)** De acordo com a Constituição Federal, é necessária lei complementar para:

a) instituir impostos extraordinários, na iminência ou no caso de guerra externa, os quais serão suprimidos, gradativamente, cessadas as causas de sua criação.

b) instituir taxas em razão do exercício do poder de polícia ou pela utilização, efetiva ou potencial, de serviços públicos.

c) Instituir contribuições sociais e contribuições de interesse de categorias profissionais.

d) instituir contribuições para custeio de regime próprio de previdência social, cobradas dos servidores ativos, dos aposentados e dos pensionistas.

e) instituir imposto sobre grandes fortunas.

A exigência de lei complementar deve, obrigatoriamente, ser expressa na Constituição. Entre as alternativas, assim, a única hipótese que exige lei complementar é a instituição de imposto sobre grandes fortunas (cf. Art. 153, VII, da CF).

GABARITO: E.

---

165. **(2020 - Câmara Municipal de Pindorama/SP)** Sobre o Sistema Tributário Nacional, nos termos da Constituição Federal, é correto afirmar que:

a) impostos terão caráter pessoal e serão graduados segundo a capacidade econômica do contribuinte, sempre que possível.

b) taxas são decorrentes de obras públicas específicas.

c) contribuição de melhorias decorrem do exercício do poder de polícia ou pela utilização, efetiva ou potencial, de serviços públicos prestados ao contribuinte.

d) os Municípios e o Distrito Federal não poderão instituir contribuição, nas respectivas leis, para o custeio do serviço de iluminação pública.

e) cabe à lei ordinária dispor sobre conflitos de competência, em matéria tributária, entre a União, os Estados, o Distrito Federal e os Municípios.

De acordo com Art. 145, § 1º, da CF, sempre que possível, os impostos terão caráter pessoal e serão graduados segundo a capacidade econômica do contribuinte, facultado à administração tributária, especialmente para conferir efetividade a esses objetivos, identificar, respeitados os direitos individuais e nos termos da lei, o patrimônio, os rendimentos e as atividades econômicas do contribuinte.

Alternativas incorretas – a alternativa B está incorreta, pois as taxas são devidas em razão do exercício do poder de polícia ou pela utilização, efetiva ou potencial, de serviços públicos específicos e divisíveis, prestados ao contribuinte ou postos a sua disposição (Art. 145, II, CF); a alternativa C está incorreta, pois

as contribuições de melhorias decorrem de obras públicas (Art. 145, III, CF); em relação à alternativa D, prevê o Art. 149-A da CF que os Municípios e o Distrito Federal poderão instituir contribuição, na forma das respectivas leis, para o custeio do serviço de iluminação pública; por fim, a alternativa E contraria o Art. 146, I, da CF, que exige lei complementar para dispor sobre conflitos de competência.

GABARITO: A.

---

166. **(2020 - Câmara de Boituva/SP)** Autoriza-se pelo Art. 167 da Constituição Federal, desde que mediante prévia autorização legislativa:

a) a vinculação da receita de impostos a fundo, despesa ou órgão.

b) a concessão ou utilização de créditos orçamentários ilimitados.

c) a transferência voluntária de recursos pelo Governo Federal para pagamento de despesas com pessoal dos Estados e Municípios.

d) o início de programas ou projetos não incluídos na lei orçamentária anual.

e) a transposição, o remanejamento ou a transferência de recursos de uma categoria de programação para outra ou de um órgão para outro.

De acordo com o Art. 167, VI, da CF, é vedada a transposição, o remanejamento ou a transferência de recursos de uma categoria de programação para outra ou de um órgão para outro, sem prévia autorização legislativa.

GABARITO: E.

---

167. **(2020 - Câmara de Boituva/SP)** O Município "X" criou, mediante lei, contribuição incidente sobre a categoria profissional dos advogados e contadores, exigindo, para operacionalização da cobrança, a prévia habilitação daqueles profissionais interessados em atuar em defesa dos interesses dos cidadãos do Município junto à Administração Municipal. Como justificativa para a cobrança, calculada sobre o preço do serviço prestado por esses profissionais, o prefeito sustentou que o Município faria controle de qualidade dos serviços prestados por referidos profissionais, considerando inúmeros casos no Município de falha na prestação de serviços aos munícipes. O produto da arrecadação da referida contribuição, porém, seria destinado integralmente ao custeio do regime próprio de previdência dos servidores municipais. Com base na situação hipotética descrita, é correto afirmar que:

a) a lei criada é compatível com a Constituição Federal, na medida em que aos Municípios é autorizada a criação de contribuição para custeio do regime próprio de previdência social.

b) a lei é incompatível com a Constituição, pois se trata de contribuição de interesse das categorias profissionais, cuja competência para a criação é exclusiva da União.

c) a cobrança seria constitucional se tivesse sido criada na forma de taxa e não de contribuição, considerando que tem como fundamento o poder de fiscalização do Município, ou seja, o seu chamado "poder de polícia".

d) a cobrança não é compatível com a Constituição, pois as contribuições não poderão ter a mesma base de cálculo dos impostos, o que foi violado na situação descrita, visto que a contribuição tem a mesma base de cálculo do imposto sobre serviços de qualquer natureza.

e) a contribuição criada não viola a isonomia entre diferentes contribuintes, na medida em que as falhas observadas na prestação dos serviços por advogados e contadores em exercício no Município justificam a ação fiscalizadora da Prefeitura.

Nos termos do Art. 149 da Constituição Federal, compete exclusivamente à União instituir contribuições sociais, de intervenção no domínio econômico e de interesse das categorias profissionais ou econômicas, como instrumento de sua atuação nas respectivas áreas.

GABARITO: B.

Da ordem Econômica e Financeira

168. **(2019 - Câmara de Serrana/SP - Procurador Jurídico)** Sobre a Ordem Econômica e Financeira, a Constituição Federal estabelece que:

a) as jazidas, em lavra ou não, e demais recursos minerais e os potenciais de energia hidráulica constituem propriedade distinta da do solo, para efeito de exploração ou aproveitamento, e pertencem à União, aos Estados, ao Distrito Federal e aos Municípios, garantida ao concessionário a propriedade do produto da lavra.

b) é facultado à União, aos Estados e ao Distrito Federal dispensar às microempresas e às empresas de pequeno porte, assim definidas em lei, tratamento jurídico diferenciado, visando a incentivá-las pela simplificação de suas obrigações administrativas, tributárias, previdenciárias e creditícias, por meio de lei.

c) os Estados, o Distrito Federal e os Municípios poderão dispensar às microempresas e às empresas de pequeno porte, assim definidas em lei, tratamento jurídico diferenciado, visando a incentivá-las pela simplificação de suas obrigações administrativas e tributárias, ou pela eliminação ou redução destas por meio de lei.

d) a lei disporá sobre a ordenação dos transportes aéreo, aquático e terrestre, devendo, quanto à ordenação do transporte internacional, observar os acordos firmados pela União, atendido o princípio da reciprocidade.

e) a lei disporá sobre a ordenação dos transportes aéreo, aquático e terrestre, devendo, quanto à ordenação do transporte internacional, observar os acordos firmados pela União, pelos Estados, Distrito Federal e pelos Municípios, atendido o princípio da anterioridade.

A: De acordo com o Art. 176 da Constituição, as jazidas, em lavra ou não, e demais recursos minerais e os potenciais de energia hidráulica constituem propriedade distinta da do solo, para efeito de exploração ou aproveitamento, e pertencem à União, garantida ao concessionário a propriedade do produto da lavra.

B e C: Esse tratamento jurídico diferenciado é uma *imposição,* não uma faculdade que poderá ser dispensada (Art. 179 da CF).

D: A alternativa reproduz o texto do Art. 178 da Constituição Federal segundo o qual a lei disporá sobre a ordenação dos transportes aéreo, aquático e terrestre, devendo, quanto à ordenação do transporte internacional, observar os acordos firmados pela União, atendido o princípio da reciprocidade.

E: De acordo com o Art. 178 da Constituição Federal, a lei disporá sobre a ordenação dos transportes aéreo, aquático e terrestre, devendo, quanto à ordenação do transporte internacional, observar os acordos firmados pela União, atendido o princípio da reciprocidade.

GABARITO: D.

---

169. **(2019 - Prefeitura de Valinhos/SP – Procurador)** A Constituição Federal dispõe sobre a Ordem Financeira e Econômica que:

a) incumbe ao Poder Público, diretamente, a prestação de todos os serviços públicos.

b) cada ente federativo disporá sobre o transporte e a utilização de materiais radioativos nos seus territórios.

c) não dependerá de autorização ou concessão o aproveitamento do potencial de energia renovável de capacidade reduzida.

d) a autorização para pesquisa de recursos naturais será sempre por prazo indeterminado, e as autorizações e concessões poderão ser cedidas ou transferidas, total ou parcialmente, independentemente de qualquer autorização.

e) a pesquisa, a lavra, o enriquecimento, o reprocessamento, a industrialização e o comércio de minérios e minerais nucleares e seus derivados não constituem monopólio da União.

A: De acordo com o Art. 175 da Constituição Federal, incumbe ao Poder Público, na forma da lei, diretamente ou mesmo *sob regime de concessão ou permissão, sempre por meio de licitação,* a prestação de serviços públicos.

B: Constitui monopólio da União o transporte e a utilização de materiais radioativos no território nacional (Art. 177, § 3º, CF).

C: a alternativa reproduz o Art. 176, § 4º, da Constituição Federal que determina que não dependerá de autorização ou concessão o aproveitamento do potencial de energia renovável de capacidade reduzida.

D: No termos do Art. 176, § 3º, da CF, a autorização de pesquisa será sempre por prazo determinado, e as autorizações e concessões previstas neste artigo não poderão ser cedidas ou transferidas, total ou parcialmente, sem prévia anuência do poder concedente.

E: A Constituição Federal determina que constitui monopólio da União a pesquisa, a lavra, o enriquecimento, o reprocessamento, a industrialização e o comércio de minérios e minerais nucleares e seus derivados, com exceção dos radioisótopos cuja produção, comercialização e utilização poderão ser autorizadas sob regime de permissão (Art. 177, V, CF).

GABARITO: C.

---

170. **(2019 – Câmara Municipal de Orlândia/SP – Procurador Jurídico)** Nos termos da Constituição federal, a desapropriação de imóvel urbano não edificado, subutilizado ou não utilizado,

a) é uma das medidas que podem ser, oportunamente, aplicadas pelo Município, se o proprietário não promover o adequado aproveitamento do imóvel.

b) é uma das penas que podem ser impostas para o imóvel que não cumpre sua função social, devendo ser aplicada antes da imposição do IPTU progressivo no tempo.

c) deverá ser feita com prévia e justa indenização em dinheiro ao proprietário do imóvel, incluindo as benfeitorias úteis e necessárias.

d) será paga mediante títulos da dívida pública de emissão previamente aprovada pelo Senado Federal, com prazo de resgate de até vinte anos.

e) tem sua aplicação vedada, uma vez que o poder público tem como opção impor o parcelamento ou a edificação compulsórios do imóvel.

A: Trata-se da conhecida *desapropriação-sanção*, que será imposta como última alternativa ao proprietário do solo urbano que não edificar, subutilizar ou não utilizar a área. Essa desapropriação se dará com o pagamento mediante títulos da dívida pública de emissão previamente aprovada pelo Senado Federal, com prazo de resgate de até dez anos, em parcelas anuais, iguais e sucessivas, assegurados o valor real da indenização e os juros legais (Art. 182, § 4º, III, CF).

B: A desapropriação é a última das medidas aplicáveis, devendo ser precedida de parcelamento ou edificação compulsórios (Art. 182, § 4º, I, CF).

C: De acordo com o Art. 182, § 4º, inciso III, da Constituição Federal, ela será efetivada com pagamento mediante títulos da dívida pública de emissão previamente aprovada pelo Senado Federal, com prazo de resgate de até dez anos, em parcelas anuais, iguais e sucessivas, assegurados o valor real da indenização e os juros legais.

D: O prazo será de *dez anos*.

E: É *autorizada* (Art. 182, § 4º, III, CF).

GABARITO: A.

---

171. **(2019 - Unifai – Procurador Jurídico)** No que diz respeito à Política Agrícola, a Constituição Federal estabelece que:

a) a alienação ou a concessão, a qualquer título, de terras públicas com área superior a dois mil e quinhentos hectares a pessoa física ou jurídica, ainda que por interposta pessoa, dependerá de prévia aprovação do Congresso Nacional.

b) os beneficiários da distribuição de imóveis rurais pela reforma agrária receberão títulos de domínio ou de concessão de uso, inegociáveis pelo prazo de quinze anos.

c) a lei regulará ou limitará a aquisição e o arrendamento de propriedade rural por pessoa física ou jurídica estrangeira e estabelecerá os casos que dependerão de autorização das Assembleias Legislativas.

d) o título de domínio e a concessão de uso serão conferidos ao homem preferencialmente, ou à mulher, ou a ambos, independentemente do estado civil, nos termos e condições previstos em resolução específica.

e) aquele que, mesmo sendo proprietário de imóvel rural ou urbano, possua como seu, por três anos ininterruptos, sem oposição, área de terra, em zona rural, não superior a trinta hectares, tornando-a produtiva por seu trabalho ou de sua família, tendo nela sua moradia, adquirir-lhe-á a propriedade.

A: A alternativa está de acordo com o disposto no Art. 188, § 1º, da Constituição Federal que determina que a alienação ou a concessão, a qualquer título, de terras públicas com área superior a dois mil e quinhentos hectares a pessoa física ou jurídica, ainda que por interposta pessoa, dependerá de prévia aprovação do Congresso Nacional.

B: O prazo será de *dez anos* (Art. 189, CF).

C: A autorização deve ser do *Congresso Nacional* (Art. 190, CF).

D: O parágrafo único do Art. 189 da Constituição Federal afirma que o título de domínio e a concessão de uso serão conferidos ao homem preferencialmente, ou à mulher, ou a ambos, independentemente do estado civil, nos termos e condições *previstos em lei*.

E: De acordo com o Art. 191 da Constituição Federal: aquele que, não sendo proprietário de imóvel rural ou urbano, possua como seu, por cinco anos ininterruptos, sem oposição, área de terra, em zona rural, não superior a cinquenta hectares, tornando-a produtiva por seu trabalho ou de sua família, tendo nela sua moradia, adquirir-lhe-á a propriedade.

GABARITO: A.

172. **(2019 - Câmara de Sertãozinho/SP - Procurador Jurídico Legislativo)** Conforme a Constituição Federal, os títulos da dívida pública de emissão previamente aprovada pelo Senado Federal, com prazo de resgate de até dez anos, em parcelas anuais, iguais e sucessivas, assegurados o valor real da indenização e os juros legais, destinam-se ao pagamento:

a) das desapropriações por interesse social, para fins de reforma agrária.

b) das desapropriações de imóveis urbanos em geral.

c) das desapropriações de imóvel urbano que não esteja cumprindo sua função social.

d) das benfeitorias úteis e necessárias na desapropriação urbana.

e) das desapropriações por utilidade pública das pequenas e médias propriedades rurais.

A: De acordo com o Art. 184 da Constituição Federal, compete à União desapropriar por interesse social, para fins de reforma agrária, o imóvel rural que não esteja cumprindo sua função social, mediante prévia e justa indenização em títulos da dívida agrária, com cláusula de preservação do valor real, resgatáveis no prazo de até vinte anos, a partir do segundo ano de sua emissão, e cuja utilização será definida em lei.

B: As desapropriações de imóveis urbanos em geral serão feitas mediante prévia e justa indenização em dinheiro (Art. 182, § 3º, CF).

C: A *desapropriação-sanção* é prevista como última alternativa ao proprietário do solo urbano que não edificar, subutilizar ou não utilizar a área, em outras palavras, daquele proprietário que não esteja cumprindo a fundão social. Essa desapropriação se dará com o pagamento mediante títulos da dívida pública de emissão previamente aprovada pelo Senado Federal, com prazo de resgate de até dez anos, em parcelas anuais, iguais e sucessivas, assegurados o valor real da indenização e os juros legais (Art. 182, § 4º, III, CF).

D: As benfeitorias úteis e necessárias serão indenizadas em dinheiro (Art. 184, § 1º, CF).

E: Não há previsão específica dessa hipótese, aplicando-se a regra geral de indenização justa, prévia e em dinheiro.

GABARITO: C.

173. **(2019 – Câmara Municipal de Tatuí/SP – Procurador Legislativo)** Nos termos da Constituição Federal, a política de desenvolvimento urbano, executada pelo poder público municipal, conforme diretrizes gerais fixadas em lei, tem por objetivo:

a) ordenar o pleno desenvolvimento das funções sociais da cidade e garantir o bem-estar de seus habitantes.

b) promover o adequado aproveitamento do solo urbano não edificado, sob pena, sucessivamente, de parcelamento e de ação de desapropriação.

c) estabelecer a função social da propriedade urbana, bem como seu aproveitamento racional e adequado.

d) regular a exploração que favoreça o bem-estar dos proprietários e dos trabalhadores da propriedade urbana.

e) fornecer o título de domínio ao homem ou à mulher como instrumento básico da política de desenvolvimento e de expansão urbana.

A: Nos termos do Art. 182 da Constituição Federal, a política de desenvolvimento urbano, executada pelo Poder Público municipal, conforme diretrizes gerais fixadas em lei, tem por objetivo: ordenar o pleno desenvolvimento das funções sociais da cidade e garantir o bem-estar de seus habitantes.

B: Antes da desapropriação a Constituição Federal determina a aplicação do imposto sobre a propriedade rural e territorial de forma progressiva no tempo (Art. 182, § 4º, II, CF).

C: O aproveitamento racional e adequado da propriedade é requisito e não objetivo (Art. 186, I, CF).

D: A exploração que favoreça o bem-estar dos proprietários e dos trabalhadores, igualmente, é requisito e não objetivo da política de desenvolvimento urbano (Art. 186, IV, CF).

E: O plano diretor, aprovado pela Câmara Municipal, obrigatório para cidades com mais de vinte mil habitantes, é que é o instrumento básico da política de desenvolvimento e de expansão urbana (Art. 182, § 1º, CF).

GABARITO: A.

---

174. **(2019 – Câmara Municipal de Monte Alto/SP – Procurador Jurídico)** A Constituição Federal, ao tratar da Política Urbana, assegura que:

a) é facultado ao poder público municipal, mediante lei específica para área incluída no plano diretor, exigir, nos termos da lei federal, do proprietário do solo urbano não edificado, subutilizado ou não utilizado, que promova seu adequado aproveitamento, sob pena de parcelamento ou edificação compulsórios.

b) a desapropriação do solo urbano será realizada mediante pagamento de títulos da dívida pública de emissão previamente aprovada pela Câmara Municipal, com prazo de resgate de até quinze anos, em parcelas bianuais, assegurado o valor real da indenização.

c) a propriedade urbana cumpre sua função social quando atende às exigências fundamentais de ordenação da cidade expressas nas legislações estadual e federal.

d) o plano diretor, aprovado pela Câmara Municipal, obrigatório para cidades com mais de dez mil habitantes, é o instrumento complementar da política de desenvolvimento e de expansão urbana.

e) a política de desenvolvimento urbano, executada pelo poder público municipal, conforme diretrizes gerais fixadas em normas constitucionais estaduais, tem por objetivo ordenar a ocupação das cidades e garantir o uso adequado do solo.

A: A alternativa está de acordo com o que determina o Art. 182, § 4º, da Constituição Federal, que faculta ao Poder Público municipal, mediante lei específica para área incluída no plano diretor, exigir, nos termos da lei federal, do proprietário do solo urbano não edificado, subutilizado ou não utilizado, que promova seu adequado aproveitamento, sob pena, *sucessivamente*, de:

I. parcelamento ou edificação compulsórios;

II. imposto sobre a propriedade predial e territorial urbana progressivo no tempo;

III. desapropriação com pagamento mediante títulos da dívida pública de emissão previamente aprovada pelo Senado Federal, com prazo de resgate de até dez anos, em parcelas anuais, iguais e sucessivas, assegurados o valor real da indenização e os juros legais.

B: Em regra as desapropriações serão feitas com prévia e justa indenização em dinheiro (Art. 182, § 3º, CF), aplicando-se a hipótese de pagamento em títulos da dívida pública somente no caso de desapropriação-sanção.

C: De acordo com o Art. 182, § 2º, da Constituição Federal: *a propriedade urbana cumpre sua função social quando atende às exigências fundamentais de ordenação da cidade expressas no plano diretor.*

D: Em verdade, o plano diretor, aprovado pela Câmara Municipal, obrigatório para cidades com mais de vinte mil habitantes, é o instrumento *básico (e não complementar)* da política de desenvolvimento e de expansão urbana (Art. 181, § 1º, CF).

E: O texto do Art. 182, *caput*, da Constituição Federal, prevê que política de desenvolvimento urbano, executada pelo Poder Público municipal, conforme *diretrizes gerais fixadas em lei*, tem por objetivo ordenar *o pleno desenvolvimento das funções sociais da cidade e garantir o bem- estar de seus habitantes.*

GABARITO: A.

---

175. **(2019 – Prefeitura de Poá/SP – Procurador)** A Constituição Federal, ao tratar da Política Urbana, determina que:

a) o título de domínio e a concessão de uso serão conferidos ao homem ou à mulher, ou a ambos, independentemente do estado civil.

b) o plano diretor, aprovado pelo Executivo Municipal e obrigatório para cidades com mais de 10.000 (dez mil) habitantes, é o instrumento básico da política de desenvolvimento e de expansão urbana.

c) as desapropriações de imóveis urbanos serão feitas mediante prévia e justa indenização em títulos da dívida pública, com cláusula de preservação do valor real.

d) a propriedade urbana cumpre sua função social quando utiliza adequadamente os recursos naturais disponíveis e preserva o meio ambiente.

e) a política de desenvolvimento urbano, executada pelo poder público municipal, tem por objetivo o incentivo à pesquisa e à tecnologia.

A: A alternativa cuida da hipótese da chamada usucapião especial urbana, que será concedido aquele que possuir como sua área urbana de até 250 metros quadrados, por cinco anos, ininterruptamente e sem oposição, utilizando-a para sua moradia ou de sua família, adquirir-lhe-á o domínio, desde que não seja proprietário de outro imóvel urbano ou rural, sendo que, de acordo com o § 1º do Art. 183 da Constituição Federal, o título de domínio e a concessão de uso serão conferidos ao homem ou à mulher, ou a ambos, independentemente do estado civil. Importante registrar que *(...) preenchidos os requisitos do Art. 183 da CF, o reconhecimento do direito à usucapião especial urbana não pode ser obstado por legislação infraconstitucional que estabeleça módulos urbanos na respectiva área em que situado o imóvel (dimensão do lote)* [STF, Pleno, RE 422.349, rel. Min. Dias Toffoli, j. 29-4-2015, DJE de 5-8-2015, Tema 815].

B: O plano diretor é obrigatório para cidades com mais de 20 mil habitantes (Art. 182, § 1º, CF).

C: Em regra, as desapropriações de imóveis urbanos serão realizadas com prévia e justa indenização em dinheiro (Art. 182, § 3º, CF).

D: De acordo com o Art. 182, § 2º, da Constituição Federal, a propriedade urbana cumpre sua função social quando atende às exigências fundamentais de ordenação da cidade expressas no plano diretor.

E: A política de desenvolvimento urbano, executada pelo Poder Público municipal, conforme diretrizes gerais fixadas em lei, tem por *objetivo ordenar o pleno desenvolvimento das funções sociais da cidade e garantir o bem-estar de seus habitantes* (Art. 182, *caput*, CF).

GABARITO: A.

---

176. **(2019 - Prefeitura de Guarulhos/SP - Inspetor Fiscal de Rendas)** É correto afirmar, nos termos do estabelecido pela Constituição Federal, que o Sistema Financeiro Nacional:

a) será regulado por leis complementares que disporão, inclusive, sobre a participação do capital estrangeiro nas instituições que o integram.

b) não abrange as cooperativas de crédito e delega a gerência dos títulos de capitalização.

c) é estruturado de forma a promover o desenvolvimento equilibrado do país, a servir aos interesses da União e dos entes federados que a compõem.

d) proporciona tratamento favorecido para as empresas de pequeno porte constituídas sob as leis brasileiras, independentemente do país onde estiver sua sede e administração.

e) assegura a todos o livre exercício de qualquer atividade econômica, mediante autorização prévia dos órgãos públicos competentes.

A: De acordo com o Art. 192 da Constituição Federal, o sistema financeiro nacional, estruturado de forma a promover o desenvolvimento equilibrado do País e a servir aos interesses da coletividade, em todas as partes que o compõem, abrangendo as cooperativas de crédito, será regulado por leis complementares que disporão, inclusive, sobre a participação do capital estrangeiro nas instituições que o integram.

B: As cooperativas de crédito são abrangidas pelo sistema financeiro nacional (Art. 192, CF).

C: O sistema financeiro nacional, estruturado de forma a promover o desenvolvimento equilibrado do País e a servir aos interesses da coletividade (Art. 192, CF).

D: O tratamento será favorecido para as empresas de pequeno porte constituídas sob as leis brasileiras e que tenham sua sede e administração no país (Art. 170, IX, CF).

E: O parágrafo único do Art. 170 da Constituição Federal estabelece ser assegurado a todos o livre exercício de qualquer atividade econômica, independentemente de autorização de órgão públicos, salvo nos casos expressos em lei.

GABARITO: A.

Da Ordem Social

177. **(2019 – Câmara Municipal de Serrana/SP – Procurador Jurídico)** Observado o texto da Constituição Federal, é correto afirmar que:

a) o caráter democrático e descentralizado da administração, mediante gestão quadripartite, com participação dos trabalhadores, dos empregadores, dos aposentados e do Governo nos órgãos colegiados é um dos objetivos da seguridade social.

b) a valorização dos profissionais da educação escolar, garantidos, na forma da lei, planos de carreira, com ingresso por nomeação e/ou por concurso público de provas e títulos aos das redes públicas, é um dos princípios da educação básica.

c) compete aos Poderes Executivo e Legislativo, dentro de suas esferas de atuação, outorgar e renovar concessão, permissão e autorização para o serviço de radiodifusão sonora e de sons e imagens.

d) é dever do Estado fomentar práticas desportivas formais e não formais, como direito de cada um, observado o tratamento igualitário obrigatório para o desporto profissional e o não profissional.

e) é facultado aos Estados, ao Distrito Federal e aos Municípios vincular parcela de sua receita orçamentária a entidades públicas de fomento ao ensino e à pesquisa científica e tecnológica.

A: A alternativa está de acordo com o Art. 194, inciso VII, da Constituição Federal, que determina competir ao Poder Público, nos termos da lei, organizar a seguridade social observando o caráter democrático e descentralizado da administração, mediante gestão quadripartite, com participação dos trabalhadores, dos empregadores, dos aposentados e do Governo nos órgãos colegiados.

B: A valorização dos profissionais da educação escolar é princípio do ensino como um todo, e não somente da educação básica (Art. 206, V, CF).

C: A competência para outorgar e renovar concessão, permissão e autorização para o serviço de radiodifusão sonora e de sons e imagens é competência do Poder Executivo (Art. 223, CF).

D: O tratamento será *diferenciado* para o desporto profissional e o não profissional (Art. 217, III, CF).

E: De acordo com o Art. 218, § 5º, da Constituição Federal, é facultado aos Estados e ao Distrito Federal (e não ao Município) vincular parcela de sua receita orçamentária a entidades públicas de fomento ao ensino e à pesquisa científica e tecnológica.

GABARITO: A.

178. **(2019 – Câmara Municipal de Monte Alto/SP – Procurador Jurídico)** As contribuições sociais advindas da receita de concursos de prognósticos deverão financiar, além dos recursos provenientes dos orçamentos da União, dos Estados, do Distrito Federal e dos Municípios, nos termos da lei,

a) a ciência e a tecnologia.

b) a ordem social.

c) o desporto e a cultura.

d) a educação.

e) a seguridade social.

Nos termos do Art. 195 da Constituição Federal, a seguridade social será financiada por toda a sociedade, de forma direta e indireta, nos termos da lei, mediante recursos provenientes dos orçamentos da União, dos Estados, do Distrito Federal e dos Municípios, e das seguintes contribuições sociais:

I. do empregador, da empresa e da entidade a ela equiparada na forma da lei, incidentes sobre:

a) a folha de salários e demais rendimentos do trabalho pagos ou creditados, a qualquer título, à pessoa física que lhe preste serviço, mesmo sem vínculo empregatício;

b) a receita ou o faturamento;

c) o lucro;

II. do trabalhador e dos demais segurados da previdência social, não incidindo contribuição sobre aposentadoria e pensão concedidas pelo regime geral de previdência social;

III. sobre a receita de concursos de prognósticos.

GABARITO: E.

---

179. **(2019 - Prefeitura de Valinhos/SP – Procurador)** Sobre a seguridade social, é correto afirmar que:

a) seus objetivos são a garantia de padrão de qualidade e o piso salarial profissional nacional para os profissionais da área.

b) compreende um conjunto integrado de ações de iniciativa dos poderes públicos e da sociedade, destinadas a assegurar os direitos relativos à saúde, à previdência e à assistência social.

c) será financiada por toda a sociedade, de forma direta, nos termos da lei, mediante recursos provenientes dos orçamentos dos Estados, do Distrito Federal e dos Municípios.

d) tem como base o primado do trabalho, e como objetivo o bem-estar e a justiça sociais.

e) tem por objetivo o caráter democrático e centralizado da Administração, mediante gestão tripartite, com participação dos trabalhadores, dos empregadores e do Governo nos órgãos colegiados.

A: São *objetivos* da seguridade social (Art. 194, parágrafo único, CF):

I. universalidade da cobertura e do atendimento;

II. uniformidade e equivalência dos benefícios e serviços às populações urbanas e rurais;

III. seletividade e distributividade na prestação dos benefícios e serviços;

IV. irredutibilidade do valor dos benefícios;

V. equidade na forma de participação no custeio;

VI. diversidade da base de financiamento;

VII. caráter democrático e descentralizado da administração, mediante gestão quadripartite, com participação dos trabalhadores, dos empregadores, dos aposentados e do Governo nos órgãos colegiados.

B: De acordo com o Art. 194 da Constituição Federal, a seguridade social compreende um conjunto integrado de ações de iniciativa dos Poderes Públicos e da sociedade, destinadas a assegurar os direitos relativos à saúde, à previdência e à assistência social.

C: A seguridade social será financiada por toda a sociedade, de forma direta *e indireta*, nos termos da lei, mediante recursos provenientes dos orçamentos da *União*, dos Estados, do Distrito Federal e dos Municípios, além de contribuições sociais constantes dos incisos do Art. 195 da Constituição Federal.

D: É a ordem social que tem como base o primado do trabalho, e como o objetivo o bem-estar e a justiça sociais (Art. 193, CF), e não a seguridade social.

E: De acordo com o Art. 194, parágrafo único, inciso VII, da Constituição Federal, a seguridade social tem como um dos objetivos o caráter democrático e *descentralizado* da administração, mediante gestão *quadripartite*, com participação dos trabalhadores, dos empregadores, dos aposentados e do Governo nos órgãos colegiados.

GABARITO: B.

---

180. **(2019 – TJ/SP - Enfermeiro Judiciário)** A Constituição da República Federativa do Brasil estabelece que as ações e serviços públicos de saúde integrem uma rede regionalizada e hierarquizada, constituindo um sistema único, que deve ser organizado de acordo com diretrizes, entre elas,

a) a centralização, com protagonismo do município, por meio das unidades básicas de saúde (UBS).

b) a descentralização, com direção única em cada esfera de governo.

c) a centralização, com protagonismo da esfera federal representada pelo Ministério da Saúde.

d) o atendimento integral, com prioridade para as atividades curativas, sem prejuízo dos serviços de atenção primária à saúde.

e) a implantação do programa de Saúde da Família como estratégia para a efetivação da atenção básica à saúde.

B: O Art. 198, inciso I, da Constituição Federal, determina que a descentralização, com direção única em cada esfera de governo, constitui uma das diretrizes das ações e serviços públicos de saúde que integram uma rede regionalizada e hierarquizada e constituem um sistema único.

A e C: Como visto, a descentralização é uma das diretrizes básicas.

D: O atendimento integral terá prioridade para as *atividades preventivas* (Art. 198, II, CF).

E: O programa Saúde da Família não é previsto na Constituição Federal (e sim na Lei nº 11.350/2006 e outros diplomas legislativos).

GABARITO: B.

---

181. **(2019 - Prefeitura de Itapevi/SP – Médico Clínico/UBS)** A relação entre as instituições públicas e privadas sempre foi uma das questões polêmicas do SUS. A Constituição Federal:

a) estimula as parcerias público-privadas por meio de organizações sociais.

b) determina que as entidades filantrópicas e as sem fins lucrativos têm preferência entre as que recebem recursos públicos para auxílios ou subvenções.

c) permite a destinação de recursos públicos para auxílios ou subvenções às instituições privadas com fins lucrativos, desde que justificada.

d) veda a participação da iniciativa privada no sistema de assistência à saúde.

e) veda a participação direta ou indireta de empresas ou capitais estrangeiros na assistência à saúde no País, salvo nos casos previstos em lei.

A: Não há qualquer menção nesse sentido na Constituição Federal.

B: De fato, o § 1º do Art. 199 da Constituição Federal prevê que as instituições privadas poderão participar de forma complementar do sistema único de saúde, segundo diretrizes desse, mediante contrato de direito público ou convênio, tendo preferência as entidades filantrópicas e as sem fins lucrativos, mas não há qualquer menção a auxílios ou subvenções.

C: A destinação de recursos públicos para auxílios ou subvenções às instituições privadas com fins lucrativos é vedada (Art. 199, § 2º, CF).

D: A assistência à saúde é livre à iniciativa privada (Art. 199, CF).

E: A alternativa está de acordo com o Art. 199, § 3º, da Constituição Federal que prevê ser vedada a participação direta ou indireta de empresas ou capitais estrangeiras na assistência à saúde no País, salvo casos previstos em lei.

GABARITO: E.

---

182. **(2019 – IPREMM/SP - Médico Perito)** Segundo a Constituição Federal de 1988, é correto afirmar que:

a) o servidor que exerça funções equivalentes às de agente comunitário de saúde ou de agente de combate às endemias não poderá perder o cargo em hipótese alguma.

b) é atribuição do SUS ordenar a formação de recursos humanos na área de saúde e fiscalizar e inspecionar alimentos, compreendido o controle de seu teor nutricional, bem como bebidas e águas para consumo humano e para irrigação de hortaliças.

c) ela estabelece rígida e detalhadamente as normas de fiscalização, avaliação e controle das despesas com saúde nas esferas federal, estadual, distrital e municipal.

d) as ações e os serviços de saúde são de relevância pública, cabendo ao Poder Público dispor, nos termos da lei, sobre sua regulamentação, fiscalização e controle, devendo sua execução ser feita preferencialmente de forma direta ou por meio de pessoa física.

e) os gestores locais do sistema único de saúde poderão admitir agentes comunitários de saúde e agentes de combate às endemias por meio de processo seletivo público, de acordo com a natureza e complexidade de suas atribuições e requisitos específicos para sua atuação.

A: O servidor que exerça funções equivalentes às de agente comunitário de saúde ou de agente de combate às endemias poderá perder o cargo em caso de descumprimento dos requisitos específicos, fixados em lei, para o seu exercício (Art. 198, § 6º, CF), aplicando-se, portanto, as hipóteses dos arts. 41, § 1º, e 169, § 4º, da Constituição Federal.

B: Ao sistema único de saúde não compete fiscalizar e inspecionar agua para irrigação de hortaliças.

C: As normas de fiscalização, avaliação e controle das despesas com saúde deverão ser dispostas por meio de lei pelo Poder Público (Art. 197, *caput*, da CF).

D: O Art. 197 da Constituição Federal determina que são de relevância pública as ações e serviços de saúde, cabendo ao Poder Público dispor, nos termos da lei, sobre sua regulamentação, fiscalização e controle, *devendo sua execução ser feita diretamente ou através de terceiros e, também, por pessoa física ou jurídica de direito privado.*

E: A afirmação está de acordo com o Art. 198, § 4º, da Constituição Federal que prevê que os gestores locais do sistema único de saúde poderão admitir agentes comunitários de saúde e agentes de combate às endemias por meio de processo seletivo público, de acordo com a natureza e complexidade de suas atribuições e requisitos específicos para sua atuação.

GABARITO: E.

---

183. **(2019 – IPREMM/SP - Procurador Jurídico)** Nos termos da Emenda Constitucional 47/2005, é correto afirmar que:

a) não serão computadas, para efeito dos limites remuneratórios, as parcelas de caráter indenizatório previstas em lei.

b) é vedada a adoção de requisitos e critérios diferenciados para a concessão de aposentadoria, incluídos, entre outros, os servidores portadores de deficiência.

c) as contribuições sociais previstas não poderão ter alíquotas ou bases de cálculo diferenciadas em razão da atividade econômica, ou da utilização intensiva de mão de obra.

d) é vedada a adoção de requisitos e critérios diferenciados para a concessão de aposentadoria aos beneficiários do regime geral de previdência social, incluídos os casos de atividades exercidas sob condições especiais que prejudiquem a saúde ou a integridade física.

e) a lei disporá sobre sistema especial de inclusão previdenciária para atender a trabalhadores sem renda própria, que se dediquem exclusivamente ao trabalho doméstico no âmbito de sua residência, desde que pertencentes a famílias de baixa renda, garantindo-lhes acesso a benefícios de valor igual à metade de um salário-mínimo.

A: A alternativa está de acordo com o Art. 37, § 11, da Constituição Federal, modificada pela Emenda Constitucional 47/2005, que determina que não serão computados, para efeitos dos limites remuneratórios previstos na Constituição, as parcelas de caráter indenizatório previstas em lei.

B: A vedação a adoção de requisitos e critérios diferenciados para a concessão de aposentadoria não se aplica ao servidores portadores de deficiência (Art. 40, § 4º, I, CF).

C: Nos termos do Art. 195, § 9º, da Constituição Federal, as contribuições sociais do empregador, da empresa e da entidade a ela equiparada, incidentes sobre a folha de salários e demais rendimentos do trabalho pagos ou creditados, a qualquer título, à pessoa física que lhe preste serviço, mesmo sem vínculo empregatício; a receita ou o faturamento ou sobre o lucro, poderão ter alíquotas ou bases de cálculo diferenciadas, em razão da atividade econômica, da utilização intensiva de mão de obra, do porte da empresa ou da condição estrutural do mercado de trabalho.

D: Em verdade, embora seja vedada a adoção de requisitos e critérios diferenciados para a concessão de aposentadoria aos beneficiários do regime geral de previdência social, são ressalvados os casos de atividades exercidas sob condições especiais que prejudiquem a saúde ou a integridade física e quando se tratar de segurados portadores de deficiência, nos termos definidos em lei complementar (Art. 201, § 1º, CF).

E: O valor do benefício será de *um salário mínimo* (Art. 201, § 12, CF).

GABARITO: A.

---

184. **(2019 – Prefeitura de Olímpia/SP – Monitor de Creche)** De acordo com o Art. 203 da Constituição Federal de 1988, a assistência social será prestada a quem dela necessitar, independentemente de contribuição à seguridade social, e tem, dentre outros objetivos,

a) encaminhar adolescentes às empresas recrutadoras de pessoas para inserção no mercado de trabalho.

b) garantir um salário mínimo de benefício mensal aos idosos, independentemente de sua condição financeira.

c) habilitar e reabilitar as pessoas portadoras de deficiência e promover sua integração à vida comunitária.

d) proteger a família, infância, adolescência e velhice delegando a proteção à maternidade ao governo municipal.

e) promover e integrar a pessoa portadora de deficiência aos cuidados de instituições filantrópicas.

A: O objetivo é a promoção da integração ao mercado de trabalho (Art. 203, III, CF).

B: A garantia de um salário mínimo de benefício mensal aos idosos depende da comprovação de que não possuem meios de prover a própria manutenção ou de tê-la provida por sua família, conforme dispõe a lei (Art. 203, V, CF).

C: De acordo com o Art. 203 da Constituição Federal, a assistência social tem por objetivos:

I. a proteção à família, à maternidade, à infância, à adolescência e à velhice;

II. o amparo às crianças e adolescentes carentes;

III. a promoção da integração ao mercado de trabalho;

IV. a habilitação e reabilitação das pessoas portadoras de deficiência e a promoção de sua integração à vida comunitária;

V. a garantia de um salário mínimo de benefício mensal à pessoa portadora de deficiência e ao idoso que comprovem não possuir meios de prover à própria manutenção ou de tê-la provida por sua família, conforme dispuser a lei.

D: Não há previsão da delegação ao governo municipal (Art. 203, I, CF).

E: Deve ocorrer a habilitação e reabilitação das pessoas com deficiência e a consequente promoção de sua integração à vida comunitária (Art. 203, IV, CF), a pessoa com deficiência deve ser integrada à comunidade.

GABARITO: C.

---

185. **(2019 – Prefeitura de Tatuí/SP – Procurador Legislativo)** Ao tratar da educação, a Constituição Federal prescreve que a lei estabelecerá o plano nacional de educação, de duração decenal, com o objetivo de articular o sistema nacional de educação em regime de colaboração e definir diretrizes, objetivos, metas e estratégias de implementação para assegurar a manutenção e o desenvolvimento do ensino em seus diversos níveis, etapas e modalidades por meio de ações integradas dos poderes públicos das diferentes esferas federativas que conduzam, entre outras, a:

a) destinação de bolsas de estudo para o ensino fundamental e médio, na forma da lei, para os que demonstrarem insuficiência de recursos.

b) defesa e valorização do patrimônio cultural brasileiro e produção, promoção e difusão de bens culturais e do ensino.

c) formação de pessoal qualificado para a gestão da cultura e do ensino em suas múltiplas dimensões, e valorização da diversidade étnica e regional.

d) formação para o trabalho e estabelecimento de meta de aplicação de recursos públicos em educação como proporção do produto interno bruto.

e) inventários, registros, vigilância, tombamento e outras formas de acautelamento e preservação do ensino.

A: Os recursos públicos serão destinados às escolas públicas, podendo, ainda, ser dirigidos a escolas comunitárias, confessionais ou filantrópicas ou mesmo destinados a bolsas de estudo para o ensino fundamental e médio, a forma da lei, para os que demonstrarem insuficiência de recursos, quando houver falta de vagas e cursos regulares da rede pública na localidade da residência do educando, ficando o Poder Público obrigado a investir prioritariamente na expansão de sua rede na localidade (Art. 213, *caput*, e § 1º, CF), contudo, essa determinação não tem relação propriamente com o plano nacional de educação, previsto no Art. 214 da Constituição Federal.

B e C: A defesa e valorização do patrimônio cultural (Art. 215, I, CF) e a formação de pessoal qualificado para a gestão da cultura em suas múltiplas dimensões compõe o plano Nacional de Cultura e não de Educação (Art. 214, CF).

D: O Art. 214 da Constituição Federal determina que a lei estabelecerá o plano nacional de educação, de duração decenal, com o objetivo de articular o sistema nacional de educação em regime de colaboração e definir diretrizes, objetivos, metas e estratégias de implementação para assegurar a manutenção e desenvolvimento do ensino em seus diversos níveis, etapas e modalidades por meio de ações integradas dos poderes públicos das diferentes esferas federativas que conduzam a:

I. erradicação do analfabetismo;

II. universalização do atendimento escolar;

III. melhoria da qualidade do ensino;

IV. formação para o trabalho;

V. promoção humanística, científica e tecnológica do País.

VI. estabelecimento de meta de aplicação de recursos públicos em educação como proporção do produto interno bruto.

E: A alternativa refere-se ao patrimônio cultural brasileiro, que dever ser protegido pelo Poder Público, com a colaboração da comunidade, por meio de inventários, registros vigilância, tombamento, desapropriação e outras formas de acautelamento e preservação.

GABARITO: D.

---

186. **(2019 - Prefeitura de Itapevi/SP - Agente de Inclusão Escolar)** Conforme o artigo 206 da Constituição Federal (1988), um dos princípios, dentre outros, que fundamenta o ensino no país é:

a) o padrão único de metodologias de ensino e de instrumentos de avaliação.

b) o uso de diferentes formas dirigidas de pensar e de se preparar para o trabalho.

c) o pagamento de mensalidade em estabelecimentos oficiais.

d) a liberdade de aprender e ensinar, pesquisar e divulgar o pensamento, a arte e o saber.

e) o oferecimento de condições diferenciadas para o acesso e permanência na escola.

A Constituição Federal (Art. 206) estabelece que o ensino será ministrado com base nos seguintes *princípios*:

I. igualdade de condições para o acesso e permanência na escola;

II. liberdade de aprender, ensinar, pesquisar e divulgar o pensamento, a arte e o saber;

III. pluralismo de ideias e de concepções pedagógicas, e coexistência de instituições públicas e privadas de ensino;

IV. gratuidade do ensino público em estabelecimentos oficiais;

V. valorização dos profissionais da educação escolar, garantidos, na forma da lei, planos de carreira, com ingresso exclusivamente por concurso público de provas e títulos, aos das redes públicas;

VI. gestão democrática do ensino público, na forma da lei;

VII. garantia de padrão de qualidade;

VIII. piso salarial profissional nacional para os profissionais da educação escolar pública, nos termos de lei federal.

A liberdade de cátedra está na essência do processo de educação. Conforme decidiu o Supremo Tribunal Federal, com efeito vinculante e eficácia contra todos: *(...) as normas previstas nos artigos 206, II e III, e 207 da CF se harmonizam com os direitos às liberdades de expressão do pensamento, de informar e de ser informado. Esses direitos são constitucionalmente assegurados, para o que o ensino e a aprendizagem se conjugam, de modo a garantir espaços de libertação da pessoa, a partir de ideias e compreensões do mundo convindas ou não e expostas para convencer ou simplesmente expressar o entendimento de cada qual. A autonomia é o espaço de discricionariedade conferido constitucionalmente à atuação normativa infralegal de cada universidade para o excelente desempenho de suas funções. As universidades são espaços de liberdade e de libertação pessoal e política. Seu título indica a pluralidade e o respeito às diferenças, às divergências para se formarem consensos, legítimos apenas quando decorrentes de manifestações livres. Por isso, a Constituição ali garante, de modo expresso, a liberdade de aprender e ensinar e, ainda, de divulgar livremente o pensamento* [STF, Pleno, ADPF 548-MC-REF, rel. min. Cármen Lúcia, j. 31-10-2018, Informativo 922].

GABARITO: D.

187. **(2019 - Prefeitura de Itapevi/SP - Agente de Inclusão Escolar)** Miguel é um adolescente de 16 anos e tem uma deficiência mental leve. Ele estuda em uma escola de educação especial. Sônia, sua mãe, deseja matriculá-lo gratuitamente, no período noturno, em uma instituição de ensino regular pública. Considerando o Art. 208 da Constituição Federal (1988), Sônia:

a) poderá efetuar a matrícula, uma vez que o atendimento aos portadores de deficiência deve ser oferecido preferencialmente na rede regular de ensino.

b) não poderá efetuar a matrícula, uma vez que educação básica obrigatória e gratuita é oferecida dos quatro aos quinze anos de idade.

c) poderá efetuar a matrícula, uma vez que a escola pública regular oferece ensino noturno até os vinte e um anos de idade.

d) não poderá efetuar a matrícula, uma vez que a escola pública regular é proibida de oferecer ensino noturno.

e) não poderá efetuar a matrícula, uma vez que o atendimento às pessoas com deficiência deve ser realizado nas escolas de educação especial.

O dever do Estado com a educação será efetivado mediante a garantia de:

I. educação básica obrigatória e gratuita dos 4 aos 17 anos de idade, assegurada inclusive sua oferta gratuita para todos os que a ela não tiveram acesso na idade própria;

II. progressiva universalização do ensino médio gratuito;

III. atendimento educacional especializado aos portadores de deficiência, preferencialmente na rede regular de ensino;

IV. educação infantil, em creche e pré-escola, às crianças até 5 anos de idade;

V. acesso aos níveis mais elevados do ensino, da pesquisa e da criação artística, segundo a capacidade de cada um;

VI. oferta de ensino noturno regular, adequado às condições do educando;

VII. atendimento ao educando, em todas as etapas da educação básica, por meio de programas suplementares de material didático-escolar, transporte, alimentação e assistência à saúde.

GABARITO: A.

---

188. **(2019 - Prefeitura de Itapevi/SP - Agente de Inclusão Escolar)** Em uma reunião de Atividade de Trabalho Pedagógico coletivo em uma escola de Itapevi, ocorreram uma discussão e algumas dúvidas sobre a educação escolar no Brasil. Para tanto, os profissionais consultaram o Art. 210 da Constituição Federal (1988), o qual estabelece:

a) a inexistência de conteúdos mínimos a serem ensinados no ensino fundamental.

b) a utilização de suas línguas maternas e processos próprios de aprendizagem às comunidades indígenas.

c) o ensino religioso como disciplina no contraturno das aulas regulares nas escolas de ensino fundamental.

d) o ensino religioso, que deverá ter matrícula obrigatória nos ensinos fundamental e médio.

e) a ausência de programas suplementares de material didático-escolar, transporte e alimentação.

A: Na verdade, a Constituição Federal determina sim a fixação de conteúdos mínimos para o ensino fundamental, de maneira a assegurar formação básica comum e respeito aos valores culturais e artísticos, nacionais e regional (Art. 210, *caput*).

B: A alternativa está de acordo com o § 2º do Art. 210 da Constituição Federal que determina que o ensino fundamental regular será ministrado em língua portuguesa, assegurada às comunidades indígenas também a utilização de suas línguas maternas e processos próprios de aprendizagem.

C e D: De acordo com o Art. 210, § 1º, da Constituição Federal, o ensino religioso, de *matrícula facultativa*, constituirá disciplina dos *horários normais* das escolas públicas de ensino fundamental. Sobre o tema, o Supremo Tribunal Federal decidiu que: *A Constituição Federal garante aos alunos, que expressa e voluntariamente se matriculem, o pleno exercício de seu direito subjetivo ao ensino religioso como disciplina dos horários normais das escolas públicas de ensino fundamental, ministrada de acordo com os princípios de sua confissão religiosa e baseada nos dogmas da fé, inconfundível com outros ramos do conhecimento científico, como história, filosofia ou ciência das religiões. O binômio Laicidade do Estado/Consagração da Liberdade religiosa está presente na medida em que o texto constitucional (a) expressamente garante a voluntariedade da matrícula para o ensino religioso, consagrando, inclusive o dever do Estado de absoluto respeito aos agnósticos e ateus; (b) implicitamente impede que o Poder Público crie de modo artificial seu próprio ensino religioso, com um determinado conteúdo estatal para a disciplina; bem como proíbe o favorecimento ou hierarquização de interpretações bíblicas e religiosas de um ou mais grupos em detrimento dos demais* [STF, Pleno, ADI 4.439, rel. Min. Alexandre de Moraes, j. 27-09-2017, DJE 21-06-2018].

E: Em verdade, é garantido o atendimento ao educando, em todas as etapas da educação básica, por meio de programas suplementares de material didático escolar, transporte, alimentação e assistência à saúde (Art. 208, VII, CF).

GABARITO: B.

---

189. **(2019 - Prefeitura de Itapevi/SP – Analista Jurídico)** Ao tratar da Educação, a Constituição Federal estipula que:

a) os Municípios atuarão prioritariamente no ensino fundamental e médio.

b) os Estados e o Distrito Federal atuarão prioritariamente no ensino fundamental e na educação infantil.

c) a educação básica pública atenderá prioritariamente ao ensino regular.

d) a União aplicará, anualmente, nunca menos de vinte e cinco por cento, e os Estados, o Distrito Federal e os Municípios quinze por cento, no mínimo, da receita resultante de impostos, compreendida a proveniente de transferências, na manutenção e no desenvolvimento do ensino.

e) os Estados, o Distrito Federal e os Municípios aplicarão, anualmente, nunca menos de dezoito por cento, e a União vinte e cinco por cento, no mínimo, da receita resultante de impostos, compreendida a proveniente de transferências, na manutenção e no desenvolvimento do ensino.

A: Os Municípios atuarão prioritariamente no ensino fundamental e na educação infantil (Art. 211, § 2º, CF).

B: Os Estados e o Distrito Federal atuarão prioritariamente no ensino fundamental e médio (Art. 211, § 3º, CF).

C: Nos termos do Art. 211, § 5º, da Constituição Federal, a educação básica pública atenderá prioritariamente ao ensino regular.

D e E: De acordo com o Art. 212 da Constituição Federal, a União aplicará, anualmente, nunca menos de *dezoito*, e os Estados, o Distrito Federal e os Municípios *vinte e cinco* por cento, no mínimo, da receita resultante de impostos, compreendida a proveniente de transferências, na manutenção e desenvolvimento do ensino.

GABARITO: C.

---

190. **(2019 - Prefeitura de Itapevi/SP - Professor de Educação Básica II/Educação Especial)** De acordo com o inciso I, do artigo 208, da Constituição Federal, o dever do Estado com a educação será efetivado mediante a garantia de educação básica gratuita:

a) dos 2 (dois) aos 18 (dezoito) anos de idade, tornando- se optativa gratuidade após a maioridade civil.

b) dos 4 (quatro) aos 17 (dezessete) anos de idade, assegurada inclusive sua oferta gratuita para todos os que a ela não tiveram acesso na idade certa.

c) dos 6 (seis) aos 17 (dezessete) anos de idade, assegurada, caso tenha vaga, sua oferta gratuita para todos os que a ela não tiveram acesso na idade certa.

d) dos 5 (cinco) aos 18 (dezoito) anos de idade, desobrigando o Estado a fornecer ensino gratuito após a maioridade civil.

e) às pessoas com deficiência em qualquer idade, na rede regular de ensino.

O Art. 208, inciso I, da Constituição Federal determina que o dever do Estado com a educação será efetivado mediante a garantia de educação básica obrigatória e gratuita dos 4 aos 17 anos de idade, assegurada inclusive sua oferta gratuita para todos os que a ela não tiveram acesso na idade própria.

GABARITO: B.

---

191. **(2021 - Prefeitura de Guarujá/SP)** De acordo com a Constituição Federal, o Regime Próprio de Previdência Social aplica-se ao agente público ocupante:

a) de emprego público.

b) de cargo público.

c) exclusivamente de cargo temporário.

d) exclusivamente de cargos nas Polícias Militares e Corpos de Bombeiros Militares de Estados e Municípios.

e) exclusivamente de cargo em comissão declarado em lei de livre nomeação e exoneração.

Conforme prevê o Art. 40 da CF, o regime próprio de previdência social destina-se aos servidores titulares de cargos efetivos e terá caráter contributivo e solidário, mediante contribuição do respectivo ente federativo, de servidores ativos, de aposentados e de pensionistas, observados critérios que preservem o equilíbrio financeiro e atuarial.

GABARITO: B.

---

192. **(2021 - Prefeitura de Guarujá/SP)** Segundo as normas constitucionais, o sistema especial de inclusão previdenciária:

a) veda a instituição de alíquotas diferenciadas.

b) tem por objetivo atender aos trabalhadores de baixa renda, exceto os que se encontram na informalidade.

c) beneficia aqueles sem renda própria que se dediquem ao trabalho doméstico, independentemente da renda da sua família.

d) não prevê redução no tempo de contribuição dos trabalhadores incluídos para fins de aposentadoria e pensão.

e) aplica-se aos trabalhadores informais e os que exercem trabalho doméstico no âmbito de sua residência, não beneficiando os trabalhadores com vínculo formal de emprego.

Nos termos do Art. 201, § 13, da CF, lei instituirá sistema especial de inclusão previdenciária, com alíquotas diferenciadas, para atender aos trabalhadores de baixa renda, inclusive os que se encontram em situação de informalidade, e àqueles sem renda própria que se dediquem exclusivamente ao trabalho doméstico no âmbito de sua residência, desde que pertencentes a famílias de baixa renda.

GABARITO: D.

---

193. **(2020 - Prefeitura de Sorocaba/SP)** O acesso aos anos iniciais está universalizado, de acordo com a Pesquisa Nacional por Amostra de Domicílios Contínua 2017, do IBGE. Nessa etapa, o atendimento escolar é de 99,2% da população com a faixa etária adequada: de 6 a 14 anos. Com 10,3 milhões de alunos, a rede municipal tem uma participação de 67,8% no total de matrículas dos anos iniciais e concentra 83,5% dos alunos da rede pública. (Inep/Censo Escolar 2018) De acordo com o artigo 208, § 1° da CF/88, o acesso ao ensino obrigatório e gratuito é:

a) direito facultativo da família.

b) dever privativo do Estado.

c) direito privado do aluno.

d) dever público objetivo.

e) direito público subjetivo.

A questão é bastante simples, pedindo basicamente a complementação do texto do Art. 208, § 1º, da CF, que prevê que o acesso ao ensino obrigatório e gratuito é direito público subjetivo. Ser um direito público significa que deve ser prestado pelo Estado, mas não necessariamente de maneira privativa, isto é, precisa estar disponível pelo Estado. Em relação a ser subjetivo refere-se à condição de um direito fundamental do sujeito que, por isso, pode exigir do Estado o seu cumprimento.

GABARITO: E.

---

194. **(2020 - AUTOR)** No Brasil, ainda estamos avançando na concretização do direito à educação. Para isso, o artigo 208 da Constituição Federal de 1988 estabelece algumas garantias para a educação. Uma delas é:

a) atendimento educacional especializado aos portadores de deficiência, preferencialmente na rede regular de ensino.

b) educação básica obrigatória dos 6 aos 18 anos de idade, assegurada a oferta gratuita a ela aos que não tiveram acesso na idade própria.

c) atendimento em creche e pré-escola às crianças de zero a seis anos de idade.

d) valorização dos profissionais do ensino, garantido, na forma da lei, plano de carreira para o magistério público.

e) atendimento ao educando, no ensino fundamental, através de programas suplementares de material didático-escolar.

De acordo com o texto do Art. 208, III, da CF, uma das formas de efetivação do dever do Estado com a educação é o atendimento educacional especializado aos portadores de deficiência, preferencialmente na rede regular de ensino. Lembre-se que, por regra, o sistema deve ser o inclusivo em relação à pessoa com deficiência, e não o exclusivo.

Alternativas incorretas – em relação à alternativa B, o erro está nas idades: a educação básica obrigatória será dos 4 aos 17 anos de idade; a alternativa C também aponta idade incorreta: o correto é que o atendimento em creche e pré-escola é garantido até os 5 anos; a alternativa D contém erro na denominação: o plano de carreira é princípio e não garantia; por fim, a alternativa E está em desacordo

com o Art. 208, VII, da CF que prevê que o atendimento ao educando, em todas as etapas da educação básica, por meio de programas suplementares de material didático-escolar, transporte, alimentação e assistência à saúde

GABARITO: A.

195. **(2020 - Prefeitura de Sorocaba/SP)** A Constituição Federal de 1988 é a primeira a estabelecer a educação como um direito social. Conforme o artigo 205, a educação, direito de todos e dever do Estado e da família, será promovida e incentivada com a colaboração da sociedade, visando ao pleno desenvolvimento da pessoa, seu preparo para o exercício da cidadania e:

a) a divulgação da arte e do saber.

b) o pluralismo de ideias.

c) sua qualificação para o trabalho.

d) o acesso ao ensino superior.

e) sua qualidade de vida.

A questão reproduz o texto do Art. 205 da CF, que tem a seguinte redação: "A educação, direito de todos e dever do Estado e da família, será promovida e incentivada com a colaboração da sociedade, visando ao pleno desenvolvimento da pessoa, seu preparo para o exercício da cidadania e sua qualificação para o trabalho.".

GABARITO: C.

196. **(2020 - Câmara de Boituva/SP)** Francisco completou 60 (sessenta) anos e deseja utilizar os transportes coletivos urbanos de forma gratuita. De acordo com o que dispõe a Constituição Federal, é correto afirmar que o desejo de Francisco:

a) deverá ser atendido, pois aos maiores de 60 (sessenta) anos é garantida a gratuidade dos transportes coletivos urbanos e interurbanos.

b) não poderá ser atendido imediatamente, pois apenas aos maiores de 70 (setenta) anos é garantida a gratuidade dos transportes coletivos urbanos.

c) somente será atendido quando completar 65 (sessenta e cinco) anos e se houver a comprovação de que ele é pobre na forma da lei.

d) deverá ser atendido, pois aos maiores de 55 (cinquenta e cinco) anos é garantida a gratuidade dos transportes coletivos urbanos.

e) não poderá ser atendido, pois somente aos maiores de 65 (sessenta e cinco) anos é garantida a gratuidade dos transportes coletivos urbanos.

Nos termos do Art. 230, § 2º, da CF, somente é garantido aos maiores de 65 anos a gratuidade dos transportes coletivos urbanos. Vale lembra que essa é a previsão "mínima" da Constituição Federal, podendo haver previsões diferentes nos Estados e Municípios que reduzam a idade mínima, melhorando a proteção ao direito.

GABARITO: E.

197. **(2020 - Prefeitura de Morro Agudo/SP - Dentista/Periodontista)** O lema "Saúde é direito de todos e dever do Estado" e que transformou o Sistema Único de Saúde brasileiro em um dos maiores do mundo, foi implantado a partir da constituição de:

a) 1934.

b) 1947.

c) 1967.

d) 1988.

e) 1991.

Um dos principais méritos da atual Constituição Federal, o Sistema Único de Saúde (SUS) foi implementado para substituir o antigo Instituto Nacional de Assistência Médica da Previdência Social (INAMPS), que não possuía o caráter universal que constitui uma das principais marcas do SUS.

GABARITO: D.

---

198. **(2020 - EBSERH - Pedagogo)** A Constituição Federal de 1988 traz uma nova concepção para a Assistência Social brasileira. Incluída no âmbito da Seguridade Social e regulamentada pela Lei Orgânica da Assistência Social (LOAS), como política social pública, a assistência social inicia seu trânsito para um campo novo: o campo dos direitos, da universalização dos acessos e da responsabilidade estatal. Entre as diretrizes traçadas para a Assistência Social encontra-se:

a) participação da população, por meio de organizações representativas, na formulação das políticas e no controle das ações em todos os níveis.

b) centralização político-administrativa, cabendo a coordenação e as normas gerais à esfera municipal com a participação de outras entidades.

c) primazia da responsabilidade da sociedade civil na condução da Política de Assistência Social em cada esfera de governo.

d) centralidade nas pessoas em situação de risco para concepção e implementação dos benefícios, serviços, programas e projetos.

e) gestão dos recursos financeiros pela Câmara Municipal local, a quem cabe definir as prioridades para a distribuição.

Nos termos do Art. 204, inciso II, da CF, as ações governamentais na área da assistência social serão realizadas com recursos do orçamento da seguridade social,, além de outras fontes, e organizadas com base, entre outras diretrizes, na participação da população, por meio de organizações representativas, na formulação das políticas e no controle das ações em todos os níveis.

GABARITO: A.

---

199. **(2020 - EBSERH - Técnico em Análises Clínicas)** Segundo a Constituição Federal, o financiamento da seguridade social:

a) é de responsabilidade principalmente dos Estados, do Distrito Federal, dos Municípios e dos trabalhadores e demais segurados da previdência social.

b) deve ser planejado anualmente pelos órgãos responsáveis pela previdência social e assistência social, considerando o orçamento da União e dos Estados.

c) deve sofrer cortes em períodos de crises econômicas, até que se reestabeleça o equilíbrio fiscal da União, dos Estados, do Distrito Federal e dos Municípios ou até que haja uma decisão em contrário do Congresso Nacional.

d) é de responsabilidade de toda sociedade, de forma direta e indireta, mediante recursos provenientes dos orçamentos da União, dos Estados, do Distrito Federal e dos Municípios e de várias contribuições sociais.

e) advindo das receitas dos Estados, do Distrito Federal e dos Municípios deverá constar dos respectivos orçamentos e do orçamento da União.

De acordo com o teor do Art. 195 da CF, a seguridade social será financiada por toda a sociedade, de forma direta e indireta, nos termos da lei, mediante recursos provenientes dos orçamentos da União, dos Estados, do Distrito Federal e dos Municípios e de contribuições sociais expressamente previstas no texto constitucional.

GABARITO: D.

---

200. **(2020 - Prefeitura de Cananéia/SP - Professor de Ensino Fundamental)** A União aplicará, anualmente, nunca menos de ______________, e os Estados, o Distrito Federal e os Municípios ____________ por cento, no mínimo, da receita resultante de impostos, compreendida a proveniente de transferências, na manutenção e desenvolvimento do ensino. Com base no Art. 212 da Constituição Federal, assinale a alternativa que preenche, correta e respectivamente, as lacunas do texto.

a) dez ... vinte e cinco.

b) dezoito ... vinte e cinco.

c) dezoito ... vinte.

d) dezoito ... vinte.

e) dez ... quinze.

A questão exige o conhecimento do texto do Art. 212 da CF, que assim dispõe: "A União aplicará, anualmente, nunca menos de dezoito, e os Estados, o Distrito Federal e os Municípios vinte e cinco por cento, no mínimo, da receita resultante de impostos, compreendida a proveniente de transferências, na manutenção e desenvolvimento do ensino.".

GABARITO: B.

DIREITO ADMINISTRATIVO

Princípios

01. **(2020 - Câmara de Boituva/SP - Agente Administrativo)** A transparência na administração pública é um dos princípios fundamentais da democracia e, apesar de não estar explicitada no *caput* do artigo 37 da Constituição Federal de 1988, tem como um dos seus principais componentes o princípio constitucional da:

a) publicidade.

b) eficiência.

c) legalidade.

d) eficácia.

e) moralidade.

O princípio da Publicidade é tratado sob dois prismas:

a) exigência de publicação em órgão oficial como requisito de eficácia dos atos administrativos gerais que devam produzir efeitos externos ou onerem o patrimônio público enquanto não for publicado, o ato não pode produzir efeitos;

b) exigência de transparência da atuação administrativa finalidade de possibilitar, de forma mais ampla possível, controle da administração pública pelo povo.

Portanto, a publicidade está diretamente relacionada à transparência.

GABARITO: A.

02. **(2020 - Câmara Municipal de Pindorama/SP - Procurador Jurídico)** Princípios são proposições básicas, fundamentais, típicas, que condicionam todas as estruturas e institutos subsequentes de uma disciplina. Sobre os princípios existentes no regime jurídico administrativo, é corretor afirmar:

a) no Direito Administrativo pátrio não são admitidos princípios implícitos.

b) os princípios mínimos de Direito Administrativo são aplicáveis à Administração Direta e à Indireta, exceto quando exploradora de atividade econômica.

c) o princípio da supremacia determina privilégios jurídicos e um patamar de superioridade do interesse público sobre o particular.

d) o princípio da legalidade é da essência de qualquer Estado ou sociedade juridicamente organizada.

e) o princípio da isonomia estabelece que a atuação do agente público deve basear-se na ausência de subjetividade.

Com relação aos princípios implícitos, sim são admitidos, tendo em vista que o Art. 37 da Constituição Federal elenca apenas cinco deles e temos diversos outros, como o princípio da supremacia do interesse público, trazidos pela doutrina.

Os princípios são aplicados em todos os níveis da administração, seja direta ou indireta, não tem exceção quando houver exploração da atividade econômica. Exemplo disso são as Sociedades de Economia mista.

Do confronto entre os interesses particulares e o interesse público, prevalece o interesse público. De acordo com o princípio da supremacia do interesse público, a coletividade deve prevalecer ao interesse particular. Em nome da supremacia do interesse público, o Poder Público pode fazer quase tudo. Ele só não pode deixar de lado o interesse público em suas decisões, em obediência ao princípio da indisponibilidade do interesse público.

O princípio da legalidade está previsto no Art. 37 da constituição federal, mas não se pode presumir a mesma aplicação para os outros estados ou sociedade. Muitos países utilizam a "*common law*" por exemplo.

Princípio da isonomia refere-se ao tratamento igualitário e não tem relação com objetividade ou subjetividade. Dar tratamento isonômico às partes significa tratar igualmente os iguais e desigualmente os desiguais, na exata medida de suas desigualdades.

GABARITO: C.

03. **(2013 - MPE/ES - Agente de Promotoria/Secretaria)** Dentre as inovações surgidas no Estado brasileiro com o objetivo de permitir um maior controle e transparência das atividades da Administração Pública Direta e Indireta, destacam-se os princípios constitucionais da Administração Pública, expressamente previstos na Constituição Federal de 1988, que são os seguintes:

a) lealdade, liberdade, legalidade, igualdade e fraternidade.

b) legalidade, legitimidade, transparência, eficiência e moralidade.

c) eficiência, legalidade, moralidade, transparência e impessoalidade.

d) legitimidade, probidade, moralidade, eficiência e transparência.

e) legalidade, impessoalidade, moralidade, publicidade e eficiência.

Constituição Federal

Art. 37. ***A administração pública direta e indireta de qualquer dos Poderes da União, dos Estados, do Distrito Federal e dos Municípios obedecerá aos princípios de legalidade, impessoalidade, moralidade, publicidade e eficiência e, também, ao seguinte* (...).**

GABARITO: E.

---

04. **(2020 - Prefeitura de Morro Agudo/SP - Auditor de Controle Interno)** Um grupo de cidadãos ficou indignado ao ver a seguinte faixa na inauguração de conjunto habitacional:

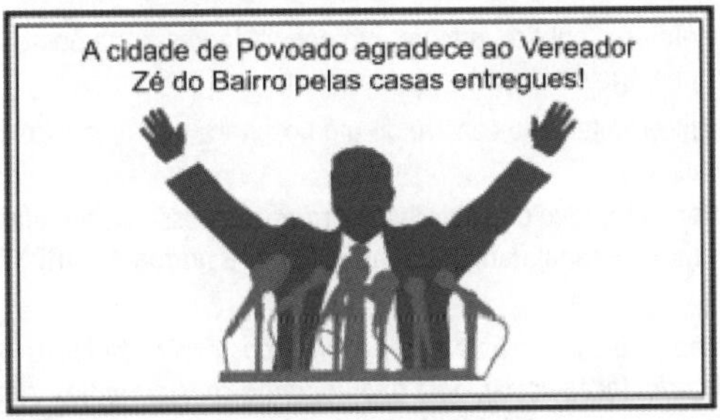

De fato, tal comunicação fere um princípio constitucional da Administração Pública conhecido como princípio da:

a) Moralidade.

b) Legalidade.

c) Publicidade.

d) Eficiência.

e) Impessoalidade.

Do exame da hipotética faixa de inauguração do conjunto habitacional, percebe-se óbvia intenção de se promover um determinado parlamentar, vale dizer, o vereador Zé do Bairro.

Ora, o princípio informativo da administração pública em vista do qual, em uma de suas acepções possíveis, proíbe-se a promoção pessoal de agentes públicos, vem a ser o princípio da impessoalidade, sendo que o aspecto abordado na presente questão tem previsão expressa no Art. 37, § 1º, da CRFB/88, *in verbis*:

Art. 37 (...)

§ 1º *A publicidade dos atos, programas, obras, serviços e campanhas dos órgãos públicos deverá ter caráter educativo, informativo ou de orientação social, dela não podendo constar nomes, símbolos ou imagens que caracterizem promoção pessoal de autoridades ou servidores públicos.*

GABARITO: E.

DIR ADM

05. **(2020 - Prefeitura de Morro Agudo/SP - Fiscal de Tributos)** O Prefeito do Município "X" expediu decreto expropriatório envolvendo o imóvel onde está localizada a casa de um desafeto político. No decreto, constou a informação de que a desapropriação tinha o fim de instalar uma escola no local. Embora houvessem outros imóveis na região que pudessem atender de maneira satisfatória o interesse público, o Prefeito determinou a desapropriação daquele imóvel, visando, exclusivamente, prejudicar seu desafeto. Após o processo de desapropriação ter sido concluído, verificou-se que o município não precisava mais de uma escola na região, pois outra fora construída em bairro próximo. Com isso, foi determinada a construção de um hospital, pois ainda não havia nenhum na cidade, e os indicadores de saúde locais justificavam o investimento. Concluídas as obras, o prefeito mandou instalar uma placa no local com os dizeres: "Obra realizada pelo Prefeito Fulano, o melhor prefeito da história". Por fim, o Prefeito nomeou o Dr. Beltrano, com quem não possui qualquer amizade ou parentesco, para o cargo em comissão de Médico-Chefe do Hospital, sem que este fosse previamente aprovado em concurso público.

A respeito do caso descrito e com base na legislação nacional, assinale a alternativa correta.

a) A publicidade é princípio que rege a atividade administrativa, de modo que não há qualquer ilegalidade na placa instalada pelo Prefeito.

b) A nomeação do Dr. Beltrano viola o princípio da impessoalidade, pois a Constituição Federal veda a investidura em cargo sem aprovação prévia em concurso público.

c) Não houve qualquer ilegalidade na desapropriação, pois, embora a escolha do imóvel tenha sido motivada por interesses pessoais do Prefeito, o interesse público foi atendido ao final.

d) Dado o princípio da supremacia do interesse público, o Município poderá ingressar na posse no imóvel antes de pagar qualquer valor ao proprietário do imóvel.

e) Não houve ilegalidade no fato específico de ter sido construído um hospital e não uma escola no local, tratando o caso de tredestinação lícita.

A: Errado. A placa colocada, evidentemente, teve por objetivo a promoção pessoal do prefeito, o que malfere ostensivamente o princípio da impessoalidade, violando, ainda, a norma do Art. 37, § 1º, da CRFB/88:

§ 1º A publicidade dos atos, programas, obras, serviços e campanhas dos órgãos públicos deverá ter caráter educativo, informativo ou de orientação social, dela não podendo constar nomes, símbolos ou imagens que caracterizem promoção pessoal de autoridades ou servidores públicos.

B: Errado. Em se tratando de cargo em comissão, de livre nomeação e exoneração, a Constituição excepciona a regra do concurso público, admitindo-se, pois, a nomeação realizada, com esteio no Art. 37, II, da CRFB/88:

II - a investidura em cargo ou emprego público depende de aprovação prévia em concurso público de provas ou de provas e títulos, de acordo com a natureza e a complexidade do cargo ou emprego, na forma prevista em lei, ressalvadas as nomeações para cargo em comissão declarado em lei de livre nomeação e exoneração.

C: Errado. A desapropriação descrita pela Banca encontra-se viciada por desvio de finalidade, uma vez que se assentou a premissa de que a escolha do imóvel foi movida por sentimentos de ordem pessoal, com vistas a prejudicar um desafeto, comportamento que viola o princípio da impessoalidade. Assim sendo, ainda que, ao final, tenha sido atendido o interesse público, via construção do hospital, o desvio de finalidade restou configurado.

D: Errado. Diferentemente do sustentado neste item, o ingresso antecipado na posse do imóvel pressupõe, sim, o depósito de soma em dinheiro, conforme se vê da leitura do Art.

Art. 15. ***Se o expropriante alegar urgência e depositar quantia arbitrada de conformidade com o art. 685 do Código de Processo Civil, o juiz mandará imiti-lo provisoriamente na posse dos bens;***

Parágrafo único. Revogado

§ 1º A imissão provisória poderá ser feita, independente da citação do réu, mediante o depósito:

a) do preço oferecido, se este for superior a 20 (vinte) vezes o valor locativo, caso o imóvel esteja sujeito ao imposto predial;

b) da quantia correspondente a 20 (vinte) vezes o valor locativo, estando o imóvel sujeito ao imposto predial e sendo menor o preço oferecido;

c) do valor cadastral do imóvel, para fins de lançamento do imposto territorial, urbano ou rural, caso o referido valor tenha sido atualizado no ano fiscal imediatamente anterior;

d) não tendo havido a atualização a que se refere o inciso c, o juiz fixará independente de avaliação, a importância do depósito, tendo em vista a época em que houver sido fixado originalmente o valor cadastral e a valorização ou desvalorização posterior do imóvel.

E: Certo:

Realmente, a alteração da destinação do imóvel, de escola para hospital, mantido o atendimento do interesse público, não caracteriza qualquer ilegalidade, o que a doutrina denomina como tredestinação lícita. Assim, correta esta opção.

GABARITO: E.

---

06. **(2020 - Prefeitura de Morro Agudo/SP - Agente de Licitações e Contratos)** A possibilidade de a Administração fazer acordos ou transações é uma relativização da aplicação do princípio da:

a) segurança jurídica.

b) moralidade.

c) indisponibilidade do interesse público.

d) impessoalidade.

e) eficiência.

A realização de acordos e transações trazem ínsitas a ideia da existência de concessões recíprocas entre as partes que chegam a um dado ajuste. Pode-se trabalhar com a ideia da identificação de um denominador comum, um meio termo, um ponto de equilíbrio situado entre as pretensões iniciais de cada qual. Firmada essa premissa, quando é a Administração Pública que entabula um dado acordo, é legítimo supor que também tenha aberto mão de uma determinada parcela de sua pretensão originária, daquilo que, em tese, lhe seria devido. Ora, via de regra, o princípio em vista do qual os entes públicos não têm livre disposição sobre bens e interesses públicos vem a ser o princípio da indisponibilidade do interesse público. É esse o postulado, portanto, que se mostra relativizado quando a Administração transaciona com um dado particular.

GABARITO: C.

---

07. **(2016 - PPSA - Assistente Jurídico)** O princípio da ________________ nada mais é do que o clássico princípio da finalidade, o qual impõe ao administrador público que só pratique o ato para o seu fim legal.

No que concerne aos princípios constitucionais da Administração Pública, assinale a alternativa que completa corretamente a assertiva.

a) eficiência.

b) impessoalidade.

c) moralidade.

d) legalidade.

e) publicidade.

"Alguns doutrinadores ainda classificam o Princípio da Impessoalidade como sinônimo do Princípio da Finalidade ou Imparcialidade. Para esses, a Finalidade seria pública, o que impediria o administrador de buscar objetivos próprios ou de terceiros". (M. Carvalho)

O raciocínio é o seguinte: qual é a finalidade da Administração? O Interesse público; e como se alcança o Interesse Público? Tendo, como traço característico dos atos administrativo, a Impessoalidade, para não beneficiar ninguém propositalmente e nem prejudicá-lo e evitando promoções pessoais dos agentes estatais; por isso que a Finalidade está embutida na Impessoalidade.

GABARITO: B.

---

08. **(2019 - Prefeitura de São José dos Campos/SP - Fiscal de Postura e Ética Urbana)** Suponha que uma minuta de Decreto relativo a posturas municipais tenha sido colocada em consulta pública em um município brasileiro e sofra questionamentos por parte da sociedade civil porque: (i) – estabelece obrigações para cidadãos, que somente poderiam ser impostas por lei, e (ii) – visa ao favorecimento de um único determinado imóvel e respectivo uso na cidade.

Esses dois questionamentos expressarão, de forma direta, correta e respectivamente, os princípios da:

a) moralidade e eficiência.

b) moralidade e publicidade.

c) publicidade e legalidade.

d) impessoalidade e eficiência.

e) legalidade e impessoalidade.

Mapeando de forma rápida esses princípios:

- Legalidade: A Administração Pública se subordina à lei. Diferente do que ocorre no direito privado, em que o particular pode fazer o que quiser, desde que a lei não proíba; no direito público, a Administração Pública só pode agir se a lei assim permitir.

- Impessoalidade: A Administração Pública só pode estabelecer critérios imparciais/objetivos no trato com o particular e com os agentes públicos, não pode se pautar em critérios subjetivos. Além do mais, o agente público age em nome da Administração Pública, portanto não pode veicular o seu agir em nome próprio.

- Moralidade: é o dever que a Administração Pública e os administrados têm de agir com honestidade, lealdade, probidade, boa-fé.

- Publicidade: Os atos da Administração Pública devem ser públicos, sendo o sigilo exceção prevista em lei.

- Eficiência: É a obrigação que a Administração tem de fazer mais com menos tempo e recursos.

Na questão, há dois erros no decreto editado pela Administração:

- estabelecimento de obrigações que somente poderia ser feito por lei: viola o princípio da legalidade, uma vez que a Administração só pode agir e deixar de agir em razão da lei. Se essas obrigações só podem ser estabelecidas por lei, evidentemente que um decreto neste sentido é ilegal.

- favorecimento de um único determinado imóvel: viola o princípio da impessoalidade, pois que esse impõe à Administração atuar de forma a tratar igualmente todos aqueles que estiverem na mesma situação fática e jurídica.

GABARITO: E.

09. **(2020 - FITO - Analista de Gestão/Serviços de Apoio)** Em Direito Administrativo, quando se fala que nem tudo que é legal é honesto, estamos nos referindo ao princípio constitucional:

a) implícito da finalidade administrativa.

b) implícito da motivação administrativa.

c) explícito da moralidade administrativa.

d) explícito do poder-dever do administrador público.

e) explícito da publicidade.

O enunciado da questão faz referência ao princípio da moralidade, expresso no Art. 37, *caput*, da Constituição Federal. Alexandre Mazza destaca que a moralidade administrativa difere da moral comum. O princípio jurídico da moralidade administrativa não impõe o dever de atendimento à moral comum vigente na sociedade, mas exige respeito a padrões éticos, de boa-fé, decoro, lealdade, honestidade e probidade incorporados pela prática diária ao conceito de boa administração.

GABARITO: C.

10. **(2020 - FITO - Analista de Gestão/Recursos Humanos)** Um dos princípios da Administração Pública é o da finalidade, o qual rege seus atos e do qual não se pode afastar sob nenhuma hipótese porque representa algo que se sobrepõe a outros aspectos, que é:

a) a eficiência.

b) o interesse público.

c) a autotutela.

d) a eficácia.

e) a razoabilidade.

De acordo com o princípio da finalidade, toda a atuação da Administração deve estar voltada para o atendimento do interesse público, da finalidade pública. É inconcebível, portanto, que o Poder Público direcione suas ações para a satisfação de interesses estritamente particulares, do que resultarão privilégios ou perseguições indevidas a pessoas determinadas. Os atos administrativos que assim sejam praticados estarão maculados pelo vício denominado como desvio de finalidade, sendo, por conseguinte, passíveis de anulação.

Cuida-se de princípio extraído de outro postulado, esse expresso no texto constitucional no Art. 37, qual seja, o princípio da impessoalidade, sendo tratado como um dos aspectos deste último. A ideia básica consiste em que, atuando de maneira impessoal, sem privilégios ou perseguições, a Administração estará, por conseguinte, dando atendimento à finalidade pública, observando, assim, o interesse público. Do exposto, fica claro que o princípio da finalidade representa, em última análise, o próprio interesse público, de sorte que a resposta correta se encontra na letra B.

GABARITO: B.

---

11. **(2020 - FITO - Analista de Gestão/Recursos Humanos)** Desde há muitos anos (Constituição de 1967, Art. 95) que o concurso público passou a ser obrigatório para o provimento de todos os cargos públicos. O Art. 37 da CF de 1988 reproduz a mesma regra, mas no *caput* do artigo estabelece a necessidade da observância de princípios constitucionais.

Assinale a alternativa que contém o princípio constitucional da legalidade que deve ser respeitado pelo gestor público que realizar o concurso público.

a) Tal gestor deve se sujeitar aos mandamentos da lei e às exigências do bem comum, podendo ter os seus atos e efeitos anulados caso se constate qualquer irregularidade.

b) Tal gestor deve ser imparcial. Isso significa que não pode favorecer determinados cidadãos durante a sua realização.

c) Tal gestor não pode realizar qualquer etapa do concurso público de maneira sigilosa. Há que se dar publicidade a todas as etapas do concurso.

d) Tal gestor deve garantir o direito de qualquer cidadão ao acesso igualitário nos cargos e empregos públicos oferecidos.

e) Tal gestor deve respeitar os parâmetros que estão estabelecidos no edital.

A: Correta - De acordo com o princípio da legalidade, a administração pública só pode agir quando houver lei que determine ou autorize sua atuação. Assim, a eficácia da atividade da administração pública está condicionada ao que a lei permite ou determina.

B: Aqui temos princípio de imparcialidade.

C: Aqui temos o princípio da publicidade. D: Aqui temos o princípio da igualdade.

E: Aqui temos uma alternativa dúbia, pois também poderia ser entendido com relação ao princípio da publicidade, mas está mais ligada a segurança jurídica.

GABARITO: A.

---

12. **(2020 - FITO - Técnico em Gestão/Recursos Humanos)** Entre os vários princípios constitucionais que regem os concursos públicos está aquele que proíbe que se privilegie participantes, como em ações de nepotismo, ou, ao contrário, que se persiga algum candidato/a. Esse princípio constitucional, que também rege outras ações da administração pública em todos os níveis, é o princípio da:

a) Moralidade.

b) Publicidade.

c) Eficiência.

d) Legalidade.

e) Eficácia.

Art. 37. ***A administração pública direta e indireta de qualquer dos Poderes da União, dos Estados, do Distrito Federal e dos Municípios obedecerá aos princípios de legalidade, impessoalidade, moralidade, publicidade e eficiência e, também, ao seguinte.***

Ora, o caso em tela ressalta o princípio que veda os atos de privilegiar ou perseguir candidatos em concurso. Conectando com os princípios acima citados, podemos concluir que a resposta então é moralidade.

GABARITO: A.

---

13. **(2020 - Prefeitura de Cananéia/SP - Controlador Interno do Município)** A revisão dos atos administrativos decorre do poder administrativo:

a) sancionador.

b) de autotutela.

c) regulamentar.

d) jurisdicional.

e) normativo.

Cumpre apenas informar que o poder administrativo em vista do qual é dado à Administração proceder à revisão de seus atos corresponde à autotutela, a partir da qual é possível haver a revogação, a anulação e a convalidação de atos administrativos.

A autotutela administrativa tem sede legal no Art. 53 da Lei 9.784/99, que assim estabelece:

Art. 53. ***A Administração deve anular seus próprios atos, quando eivados de vício de legalidade, e pode revogá-los por motivo de conveniência ou oportunidade, respeitados os direitos adquiridos.***

Em sentido bastante semelhante, ainda, o teor da Súmula 473 do STF:

Súmula 473 STF. ***A administração pode anular seus próprios atos, quando eivados de vícios que os tornam ilegais, porque deles não se originam direitos; ou revogá-los, por motivo de conveniência ou oportunidade, respeitados os direitos adquiridos, e ressalvada, em todos os casos, a apreciação judicial.***

GABARITO: B.

---

14. **(2018 - Prefeitura de São Bernardo do Campo/SP - Assistente Jurídico)** Princípio previsto expressamente na Lei nº 9.784/99, que obriga a permanente adequação entre os meios e os fins, banindo-se medidas abusivas ou de qualquer modo com intensidade superior ao estritamente necessário. É correto afirmar que o enunciado contempla o princípio da:

a) motivação.

b) proporcionalidade.

c) legalidade.

d) segurança jurídica.

e) continuidade.

A Lei nº 9.784/99 estipula, em seu Art. 2º, que a Administração Pública obedecerá, dentre outros, aos princípios da legalidade, finalidade, motivação, razoabilidade, proporcionalidade, moralidade, ampla defesa, contraditório, segurança jurídica, interesse público e eficiência.

Além disso, o parágrafo único do artigo dispõe que, nos processos administrativos, serão observados, entre outros, os critérios de:

I - atuação conforme a lei e o Direito;

II - atendimento a fins de interesse geral, vedada a renúncia total ou parcial de poderes ou competências, salvo autorização em lei;

III - objetividade no atendimento do interesse público, vedada a promoção pessoal de agentes ou autoridades;

IV - atuação segundo padrões éticos de probidade, decoro e boa-fé;

V - divulgação oficial dos atos administrativos, ressalvadas as hipóteses de sigilo previstas na Constituição;

VI - adequação entre meios e fins, vedada a imposição de obrigações, restrições e sanções em medida superior àquelas estritamente necessárias ao atendimento do interesse público;

VII - indicação dos pressupostos de fato e de direito que determinarem a decisão;

VIII – observância das formalidades essenciais à garantia dos direitos dos administrados;

IX - adoção de formas simples, suficientes para propiciar adequado grau de certeza, segurança e respeito aos direitos dos administrados;

X - garantia dos direitos à comunicação, à apresentação de alegações finais, à produção de provas e à interposição de recursos, nos processos de que possam resultar sanções e nas situações de litígio;

XI - proibição de cobrança de despesas processuais, ressalvadas as previstas em lei;

XII - impulsão, de ofício, do processo administrativo, sem prejuízo da atuação dos interessados;

XIII - interpretação da norma administrativa da forma que melhor garanta o atendimento do fim público a que se dirige, vedada aplicação retroativa de nova interpretação.

Observe que o enunciado faz referência ao inciso VI, que contempla o princípio da proporcionalidade.

GABARITO: B.

---

15. **(2017 - IPRESB/CP - Analista Previdenciário/Administração)** O servidor público não só deverá averiguar os critérios de conveniência, oportunidade e justiça em suas ações, mas, também, distinguir o que é honesto do que é desonesto. Assinale o Princípio Constitucional a que se refere o enunciado.

a) Legalidade.

b) Integridade.

c) Temperança.

d) Moralidade.

e) Impessoalidade.

A questão trata dos princípios constitucionais consagrados como de observância obrigatória pelos servidores públicos.

A Lei nº 8.112/1990 dispõe sobre o regime jurídico dos servidores públicos civis da União, seus direitos, vantagens, deveres e proibições. Ressalte-se que cada ente deve legislar sobre o regime jurídico de seus servidores.

Art. 116 da Lei nº 8.112: *São deveres do servidor:*

(...)

IX - manter conduta compatível com a moralidade administrativa.

A moralidade consagra o dever de atuação do servidor de acordo com os preceitos éticos da sociedade, com honestidade, com correção de atitudes, com decência, com justiça. O decoro, probidade e a lealdade devem ser os padrões de comportamento dos servidores.

GABARITO: D.

16. **(2017 - IPRESB/SP - Analista Previdenciário/Administração)** Entre os Princípios Constitucionais da Administração Pública, que se encontram explicitados no *caput* do art. 37 da Carta Magna, figura o princípio da:

a) lealdade e boa fé.

b) finalidade.

c) impessoalidade.

d) motivação.

e) igualdade.

Art. 37. ***A administração pública direta e indireta de qualquer dos Poderes da União, dos Estados, do Distrito Federal e dos Municípios obedecerá aos princípios de legalidade, impessoalidade, moralidade, publicidade e eficiência e, também, ao seguinte(...).***

A famosa mnemônica do LIMPE, Legalidade, Impessoalidade, Moralidade, Publicidade e Eficiência.

GABARITO: C.

---

17. **(2018 - Câmara de Campo Limpo Paulista/SP - Técnico de Processo Legislativo)** Suponha-se que, em um Município qualquer da República Federativa do Brasil, haja uma lista de espera para a realização de exames de alta complexidade e chegue ao conhecimento do Prefeito que um amigo pessoal seu está nas últimas posições dessa lista. Hipoteticamente, considere que o Prefeito determine aos agentes públicos responsáveis, da Secretaria Municipal da Saúde, que o exame de seu amigo seja realizado em, no máximo, 48 (quarenta e oito) horas. Se isso viesse a ocorrer, seria correto afirmar que o Prefeito Municipal em questão haveria violado o princípio constitucional da Administração Pública da:

a) impessoalidade.

b) presunção de legitimidade.

c) publicidade.

d) eficiência.

e) continuidade dos serviços públicos.

O administrador público deve ser impessoal, tendo sempre como finalidade a satisfação do interesse público, não podendo beneficiar nem prejudicar a si ou determinada pessoa. Esse princípio é visto sob dois aspectos:

a) como determinante da finalidade de toda atuação administrativa inevitavelmente, determinados atos podem ter por consequência benefícios ou prejuízos a alguém, porém, a atuação do administrador deve visar ao interesse público, sob pena de tal ato ser considerado nulo por desvio de finalidade;

b) como vedação a que o agente público valha-se das atividades desenvolvidas pela administração para obter benefício ou promoção pessoal é vedado a promoção pessoal do agente público pela sua atuação como administrador.

GABARITO: A.

---

18. **(2020 - Valiprev/SP - Analista de Benefícios Previdenciários)** A Administração não tem a livre disposição dos bens e interesses públicos, porque atua em nome de terceiros. Por essa razão é que os bens e interesses públicos só podem ser alienados conforme o disposto em lei. Da mesma forma, os contratos administrativos reclamam, como regra, que se realize licitação para encontrar quem possa executar obras e serviços de modo mais vantajoso à Administração.

É correto afirmar que o texto do enunciado se refere ao princípio da:

a) indisponibilidade.

b) autotutela.

c) moralidade.

d) continuidade dos serviços públicos.

e) segurança jurídica.

O enunciado trata especificamente do princípio da indisponibilidade.

Pelo princípio da indisponibilidade, "os bens e interesses públicos não pertencem à Administração nem a seus agentes. Cabe-lhes apenas geri-los, conservá-los e por eles velar em prol da coletividade, essa sim a verdadeira titular dos direitos e interesses públicos. O princípio da indisponibilidade enfatiza tal situação. A Administração não tem a livre disposição dos bens e interesses públicos, porque atua em nome de terceiros. Por essa razão é que os bens públicos só podem ser alienados na forma em que a lei dispuser. Da mesma forma, os contratos administrativos reclamam, como regra, que se realize licitação para encontrar quem possa executar obras e serviços de modo mais vantajoso para a Administração. O princípio parte, afinal, da premissa de que todos os cuidados exigidos para os bens e interesses públicos trazem benefícios para a própria coletividade" (José dos Santos Carvalho Filho).

GABARITO: A.

---

19. **(2019 - Câmara de São Roque/SP - Oficial Legislativo)** Acerca dos princípios que regem a Administração Pública, assinale a alternativa correta.

a) Legalidade, impessoalidade, moralidade, publicidade e eficiência são princípios que regem a atividade administrativa, os quais estão previstos expressamente na Constituição Federal desde a sua redação originária.

b) O princípio da legalidade administrativa confunde-se com o princípio da reserva legal complementar.

c) Em razão do princípio da impessoalidade, a publicidade dos atos, programas, obras, serviços e campanhas dos órgãos públicos deverá ter caráter educativo, informativo ou orientação social, dela não podendo constar nomes, símbolos ou imagens que caracterizem promoção pessoal de autoridades ou servidores públicos.

d) O princípio da continuidade traduz a ideia de que a prestação da atividade administrativa deve ser ininterrupta, razão pela qual a exceção de contrato não cumprido não poderá ser invocada por particulares na execução de contratos administrativos.

e) O princípio da motivação impõe à Administração o dever de indicar os fatos e fundamentos jurídicos que determinaram a prática dos atos administrativos, de modo que a motivação deverá ser explícita, clara e congruente, não podendo consistir em concordância com fundamentos de anteriores pareceres, informações, decisões ou propostas.

A: Errado - Esses são, de fato, os princípios que regem a atividade administrativa, no entanto, o princípio da eficiência só foi incluído no texto constitucional com a Emenda Constitucional nº 19 de 1998.

B: Errado - O princípio da legalidade significa a submissão do Estado à lei; o princípio da reserva legal complementar ocorre quando a Constituição determina que certas matérias devem ser dispostas mediante lei complementar.

C: Errado - O administrador não deve agir conforme seus próprios interesses, mas sim sempre visando a finalidade pública. Art. 37,§ 1º.

D: Correta. O princípio da continuidade visa a não interrupção de serviços públicos essenciais à população. A exceção do contrato não cumprido (Art. 476/CC) determina que uma das partes contratantes não pode exigir da outra o cumprimento da obrigação caso ela mesma não o tenha cumprido. Em regra, o particular não pode parar de prestar o serviço se a Administração não cumprir com a contraprestação prevista no contrato, havendo, no entanto, exceções: se o atraso no pagamento pela Administrador for superior a 90 dias; ou se a Administração suspender o contrato por mais de 120 dias (Art. 78, incisos XV e XIV, Lei nº 8.666/1993, respectivamente).

E: Errado - Nos termos do Art. 50, § 1º, Lei nº 9.784/99: A motivação deve ser explícita, clara e congruente, podendo consistir em declaração de concordância com fundamentos de anteriores pareceres, informações, decisões ou propostas, que, neste caso, serão parte integrante do ato.

GABARITO: C.

---

20. **(2018 - ARSESP - Especialista em Regulação e Fiscalização de Serviços Públicos I/Relações Institucionais)** A Constituição do Estado de São Paulo prevê expressamente um princípio pelo qual pode ser exigida proporcionalidade entre os meios de que se utilize a Administração e os fins que ela tem que alcançar. Considera-se, ainda, que essa proporcionalidade deve ser medida não pelos critérios pessoais do administrador, mas segundo padrões comuns na sociedade em que vive; e não pode ser medida diante dos termos frios da lei, mas diante do caso concreto. O conceito ora enunciado refere-se ao princípio:

a) da razoabilidade.

b) da finalidade.

c) do interesse público.

d) da motivação.

e) da eficiência.

O princípio da razoabilidade aponta que serão inválidos os atos desarrazoados, bizarros, incoerentes ou praticados em desconsideração às situações e circunstâncias que seriam atendidas por quem tivesse atributos normais de prudência, sensatez e disposição de acatamento às finalidades da lei.

Assim, um ato não é razoável:

- Quando não existiram os fatos em que se embasou;

- Quando os fatos, embora existentes, não guardam relação lógica com a medida tomada;

- Quando mesmo existente alguma relação lógica, não há adequada proporção entre uns e outros;

- Quando se assentou em argumentos ou em premissas, explicitas ou implícitas que não autorizam do ponto de vista lógico, a conclusão deles extraída.

GABARITO: A.

---

21. **(2019 - Prefeitura de Campinas/SP - Agente Fiscal Tributário)** A respeito dos princípios da Administração Pública, assinale a alternativa correta.

a) O princípio da legalidade autoriza que a Administração pratique todos os atos que a lei não proíba.

b) Em decorrência do princípio da publicidade, a publicação é pressuposto de validade de todos os atos administrativos.

c) O princípio da moralidade não possui eficácia normativa direta, exigindo prévia intermediação legislativa para ser aplicado.

d) O princípio da eficiência importa em maior rigor no controle das atividades-meio da Administração.

e) O princípio da impessoalidade impede que o agente público se promova pessoalmente por meio de realizações da administração pública.

A: Errado – O princípio da legalidade obriga que o agente público pratique apenas os atos previstos em lei. É dizer: todas as condutas do Estado devem estar vinculadas a lei, instrumento da vontade geral da população. Costuma-se dizer que a legalidade, no direito administrativo, tem uma forma diferente da legalidade prevista nas relações entre particulares, que podem fazer tudo que não é proibido.

B: Errado – Apesar de sua grande importância, nem todos os atos administrativos precisam ser comunicados para toda a sociedade, como no caso de aviso de alteração de horário de funcionamento em uma repartição pública. Esse tipo de ato, por ser mais pessoal, pode ser comunicado diretamente ao interessado.

C: Errado – O princípio da moralidade tem, sim, eficácia normativa. Tanto que a Administração Pública tem competência para rever os seus próprios atos, não precisa de autorização judicial para tanto.

D: Errado – O princípio da eficiência zela pela implantação de um modelo de administração gerencial, voltada para um maior alcance de resultados na atuação do Poder Público. É também dever do servidor público prestar serviço com economicidade, celeridade, redução de custos e desperdícios; sempre buscando atingir os melhores resultados com produtividade e rendimento funcional.

E: Certo – A alternativa descreve corretamente o princípio da impessoalidade.

GABARITO: E.

---

22. **(2019 - Prefeitura de Poá/SP - Procurador Jurídico)** O interesse público pode ser classificado em primário e secundário, sendo correto afirmar que:

a) o interesse público secundário pode ser compreendido como o interesse da coletividade.

b) quando a Administração invocar o interesse público primário, este tem que ter como finalidade atingir o interesse público secundário, ou seja, aquele sempre deve ser instrumental para atingir este.

c) o interesse público primário decorre do fato de que o Estado também é uma pessoa jurídica que pode ter interesses próprios, particulares.

d) o interesse público primário tem cunho patrimonial.

e) o interesse público primário é o verdadeiro interesse a que se destina a Administração Pública, pois este alcança o interesse da coletividade e possui supremacia sobre o particular.

A: Errado – A alternativa, na verdade, descreve o interesse público primário.

B: Errado – É o contrário, o interesse público secundário deve ser utilizado como instrumento para atingir o interesse primário.

C: Errado – A alternativa, na verdade, descreve o interesse público secundário.

D: Errado – É o interesse público secundário que tem cunho patrimonial.

E: Certo – Interesse público primário é o grande objetivo do Estado, pois representa o interesse de toda a coletividade, desde que respeitados os direitos, garantias e liberdades de todos os cidadãos. Não é apenas "a vontade da maioria". Já o interesse público secundário é o interesse do próprio Estado, que tem natureza patrimonial. É bastante comum que tais interesses acabam se contrapondo, como no caso das ações de execução sob regime de precatórios.

GABARITO: E.

---

23. **(2019 - UNICAMP – Recursos Humanos)** A Câmara de um Município do interior de São Paulo aprova, em 31 de dezembro de 2017, lei destinando verbas públicas para o custeio de evento cultural de caráter privado, realizado anualmente por empresa da família de um grande produtor rural que já foi prefeito do Município. Essa lei mostra-se incompatível com o interesse público e com o princípio da:

a) eficiência

b) motivação.

c) segurança jurídica

d) impessoalidade.

e) publicidade.

A: Errado – O princípio da eficiência zela pela implantação de um modelo de administração gerencial, voltada para um maior alcance de resultados na atuação do Poder Público.

B: Errado – A motivação é uma técnica de controle dos atos administrativos, o qual impõe à Administração o dever de indicar os pressupostos de fato e de direito que justificam a prática daquele ato. A fundamentação da prática dos atos administrativos será sempre por escrito.

C: Errado – O princípio da segurança jurídica representa uma dosagem, uma limitação aos poderes e prerrogativas atribuídas ao Estado. De modo geral, as ações do Estado não podem lesionar: o ato jurídico perfeito, o direito adquirido, e a coisa julgada.

D: Certo – O princípio da impessoalidade, como o próprio nome diz, impõe à Administração Pública um dever de agir com imparcialidade na defesa do interesse público. No caso mencionado, a aprovação de verbas públicas fere o princípio da pessoalidade, uma vez que confere uma vantagem desleal a empresa da família do produtor rural que já foi Prefeito do Município.

E: Errado – A publicação dos atos da Administração promove maior transparência e garante eficácia *erga omnes*. Além disso, também diz respeito ao direito fundamental que toda pessoa tem de obter acesso a informações de seu interesse pelos órgãos estatais, salvo as hipóteses em que esse direito ponha em risco a vida dos particulares ou o próprio Estado, ou ainda que ponha em risco a vida íntima dos envolvidos.

GABARITO: D.

---

24. **(2019 - Câmara de Serrana/SP - Analista Legislativo)** Assinale a alternativa que contempla um princípio constitucional implícito relacionado à Administração Pública.

a) Moralidade.

b) Razoabilidade.

c) Publicidade.

d) Eficiência.

e) Impessoalidade.

O princípio da razoabilidade é considerado implícito, pois ele não está previsto expressamente na Constituição Federal. Observe que a questão não exigia que o candidato conhecesse os princípios, apenas se eles são explícitos ou implícitos.

Todos os princípios explícitos de direito administrativo estão previstos no Art. 37 da CF/1988. São eles: Legalidade, Impessoalidade, Moralidade, Publicidade e Eficiência. Lembre-se da palavra LIMPE!

GABARITO: B.

---

25. **(2018 - Câmara de Nova Odessa/SP - Assistente Legislativo)** A vedação ao particular contratado, dentro de certos limites, de opor, em face da Administração, a exceção de contrato não cumprido, e a submissão do direito de greve dos servidores públicos a um regime jurídico mais restrito, a ser previsto em lei, são exemplos de aplicação de um dos princípios que rege a Administração Pública, qual seja, a:

a) boa-fé.

b) segurança jurídica.

c) impessoalidade.

d) continuidade do serviço público.

e) publicidade.

Em "A", "B", "C" e "E": Errado – Os princípios apresentados nas alternativas não tem relação com as situações descritas no enunciado da questão.

D: Certo – Pelo princípio da continuidade, os serviços públicos devem ser prestados de maneira contínua, ou seja, sem parar. Isso porque é justamente pelos serviços públicos que o Estado desempenha suas funções essenciais ou necessárias à coletividade. Como aplicação desse princípio tem-se que o direito de greve na administração não é absoluto, devendo observar os limites em leis específicas. Tal princípio, todavia, comporta algumas exceções, como no caso de cessação de prestação de serviço de água canalizada e gás, pelo não pagamento de taxa pelo usuário. Geralmente são os serviços de utilização singular.

GABARITO: D.

---

26. **(2018 - PC/SP - Delegado de Polícia)** Os princípios administrativos podem ser utilizados para fins de controle de constitucionalidade dos atos administrativos pelo Poder Judiciário, sendo o que se observa na alternativa a seguir:

a) a nomeação de cônjuge da autoridade nomeante para o exercício de cargo em comissão ou de confiança na Administração Pública do Estado viola a Constituição Federal.

b) o ato administrativo eivado de ilegalidade deverá ser revogado pelo administrador público, em obediência ao princípio administrativo da discricionariedade.

c) ao titular do cargo de procurador de autarquia exige-se a apresentação de instrumento de mandato para representá-la em juízo.

d) não é possível a autotutela sobre os atos administrativos após a sua impugnação no Poder Judiciário.

e) o princípio da pessoalidade é corolário da isonomia e da legalidade, sendo centrais à ação administrativa.

A: Certo – *A alternativa dispõe sobre o nepotismo na Administração Pública. Segundo a Súmula vinculante nº 13, do STF: A nomeação de cônjuge, companheiro ou parente em linha reta, colateral ou por afinidade, até o terceiro grau, inclusive, da autoridade nomeante ou de servidor da mesma pessoa jurídica*

investido em cargo de direção, chefia ou assessoramento, para o exercício de cargo em comissão ou de confiança ou, ainda, de função gratificada na administração pública direta e indireta em qualquer dos Poderes da União, dos Estados, do Distrito Federal e dos Municípios, compreendido o ajuste mediante designações recíprocas, viola a Constituição Federal.

B: Errado – Quando o ato administrativo é ilegal, não é cabível a revogação, e sim a anulação. A revogação é utilizada apenas quando o ato administrativo deixa de ser conveniente e razoável para o Poder Público.

C: Errado – Procurador de Autarquia é um advogado público, para estes não se exige o instrumento do mandato na representação em juízo, uma vez que quem responde judicialmente é a própria autarquia.

D: Errado – A autotutela é a capacidade da própria Administração Pública de revisar os próprios atos que pratica, não precisando recorrer ao Poder Judiciário (autonomia da Administração Pública). Não há um prazo para o exercício da autotutela, o que significa que ela pode rever seus atos a qualquer tempo.

E: Errado – O nome correto é princípio da impessoalidade, e não pessoalidade.

GABARITO: A.

---

27. **(2017 - Câmara de Indaiatuba/SP - Técnico)** A Administração pode anular seus próprios atos, quando eivados de vícios que os tornam ilegais, porque deles não se originam direitos; ou revogá-los, por motivo de conveniência ou oportunidade, respeitados os direitos adquiridos, e ressalvada, em todos os casos, a apreciação judicial. O enunciado se refere ao princípio da:

a) economia processual.

b) autotutela.

c) publicidade.

d) motivação.

e) vinculação.

Cumpre apenas informar que o poder administrativo em vista do qual é dado à Administração proceder à revisão de seus atos corresponde à autotutela, a partir da qual é possível haver a revogação, a anulação e a convalidação de atos administrativos.

A autotutela administrativa tem sede legal no Art. 53 da Lei nº 9.784/99, que assim estabelece:

Art. 53. *A Administração deve anular seus próprios atos, quando eivados de vício de legalidade, e pode revogá-los por motivo de conveniência ou oportunidade, respeitados os direitos adquiridos.*

Em sentido bastante semelhante, ainda, o teor da Súmula 473 do STF:

Súmula 473 STF. *A administração pode anular seus próprios atos, quando eivados de vícios que os tornam ilegais, porque deles não se originam direitos; ou revogá-los, por motivo de conveniência ou oportunidade, respeitados os direitos adquiridos, e ressalvada, em todos os casos, a apreciação judicial.*

GABARITO: B.

Atos administrativos

28. **(2020 - Câmara de Boituva/SP - Agente Legislativo)** Considere que por meio de ato administrativo, que dependeu da manifestação da entidade administrativa e do Tribunal de Contas, Ana, servidora pública, aposentou-se. Suponha que Cleiton, servidor público, elaborou parecer que depende do visto de autoridade hierarquicamente superior para produzir efeitos.
De acordo com a doutrina, tais atos administrativos podem ser classificados respectivamente como:

a) complexo e composto.

b) simples e composto.

c) composto e simples.

d) composto e vinculado.

e) complexo e simples.

No primeiro exemplo, o ato de aposentadoria da servidora depende da manifestação de vontade de dois órgãos distintos. O ato não se considera aperfeiçoado, completo, perfeito, antes que o segundo órgão expresse sua vontade em sentido semelhante ao primeiro. Trata-se, assim, de ato complexo, conforme já assentado pela jurisprudência do STF.

Por sua vez, a concessão de mero visto para conferir efeitos a um parecer anteriormente expedido vem a ser caso de ato composto. Neste, o segundo ato é meramente instrumental ou acessório, em relação ao primeiro. No ponto, confira-se a definição lançada por Marcelo Alexandrino e Vicente Paulo: "Ato administrativo composto é aquele cujo conteúdo resulta da manifestação de um só órgão, mas a sua edição ou a produção de seus efeitos depende de um outro ato que o aprove. A função desse outro ato é meramente instrumental: autorizar a prática do ato principal, ou conferir eficácia a este."

GABARITO: A.

29. **(2020 - Câmara de Boituva/SP - Agente Legislativo)** Sobre os elementos do ato administrativo, indique a alternativa correta.

a) O ato administrativo deve ser editado por agente público competente, e a competência é considerada prorrogável e renunciável.

b) A finalidade do ato administrativo pode ser conceituada como a situação de fato que permite a atuação administrativa.

c) O motivo do ato administrativo relaciona-se diretamente com o atendimento do interesse público; é considerado pela doutrina como o elemento vinculado do ato.

d) O objeto é o conteúdo do ato administrativo e pode ser classificado como indeterminado (discricionário) e determinado (vinculado).

e) Se um ato administrativo é considerado como perfeito, automaticamente ele é considerado como válido e eficaz.

A: Errada. De acordo com o Art. 11, da Lei nº 9.784 de 1999, a competência é irrenunciável e se exerce pelos órgãos administrativos a que foi atribuída como própria, ressalvados os casos de delegação e de avocação admitidos por lei.

B: Errada. A finalidade pode ser entendida como o resultado que se pretende alcançar com a prática do ato. Na alternativa B foi conceituado o motivo.

C: Errada. A finalidade que está relacionada com o resultado de interesse público. Destaca-se que o ato administrativo deve ter finalidade pública.

D: Certa. O objeto ou o conteúdo do ato administrativo pode ser entendido como o efeito jurídico imediato que o ato produz. O objeto deve ser lícito – previsto em lei –, possível e determinado. Pode-se dizer que nos atos vinculados, o objeto é vinculado – determinado – e nos atos discricionários o objeto é discricionário – indeterminado.

E: Errada. O ato pode ser perfeito, válido e eficaz; perfeito, inválido e eficaz, entre outros.

GABARITO: D.

30. **(2020 - Câmara de Boituva/SP - Agente Administrativo)** A extinção de ato administrativo por renúncia se refere à:

a) retirada do ato administrativo em decorrência do beneficiário ter descumprido condição tida como indispensável para a manutenção do ato.

b) extinção do ato administrativo eficaz em virtude de seu beneficiário não mais desejar a sua continuidade.

c) retirada do ato administrativo em decorrência da sua inconveniência ou inoportunidade em face dos interesses públicos.

d) extinção do ato administrativo ineficaz em decorrência do seu futuro beneficiário não manifestar concordância.

e) retirada do ato administrativo em decorrência de sua invalidade, reconhecida judicial ou administrativamente.

A: Errada - retirada do ato administrativo em decorrência do beneficiário ter descumprido condição tida como indispensável para a manutenção do ato. Essa conceituação se refere à cassação.

B: Correta - extinção do ato administrativo eficaz em virtude de seu beneficiário não mais desejar a sua continuidade. Essa conceituação se refere à renúncia.

C: Errada - retirada do ato administrativo em decorrência da sua inconveniência ou inoportunidade em face dos interesses públicos. Essa conceituação se refere à revogação.

D: Errada - extinção do ato administrativo ineficaz em decorrência do seu futuro beneficiário não manifestar concordância. Essa conceituação se refere à recusa.

E: Errada - retirada do ato administrativo em decorrência de sua invalidade, reconhecida judicial ou administrativamente. Essa conceituação se refere à anulação.

GABARITO: B.

---

31. **(2020 - Câmara de Boituva/SP - Agente Administrativo)** Quanto aos efeitos dos atos administrativos, a equação Imperfeito = válido + ineficaz significa que:

a) o ato imperfeito não é válido e nem eficaz.

b) o ato imperfeito pode preencher os requisitos de validade, mas, se lhe faltar um pressuposto especial, será imperfeito e, portanto, ineficaz.

c) o ato perfeito e inválido é, em regra, ineficaz.

d) os atos perfeitos e válidos podem não ser eficazes se estiver pendente o implemento de condição.

e) o ato perfeito e inválido pode ser eficaz se já tiver gerado efeitos próprios e for relevante a manutenção de tais efeitos.

Dentre as inúmeras classificações possíveis para os atos administrativos, cabe trazer, para a completa compreensão da questão, aquelas que dizem respeito à formação do ato (perfeito e imperfeito), à validade do ato (válido e inválido) e à sua eficácia (eficaz e ineficaz):

Quanto à formação:

PERFEITO: é aquele que está pronto, terminado, que já concluiu o seu ciclo, suas etapas de formação; tem-se um ato perfeito quando já se esgotaram todas as fases necessárias à sua produção. Seu processo de formação está concluído. Assim, a perfeição diz respeito ao processo de elaboração do ato: está perfeito o ato em que todas as etapas de seu processo de produção foram concluídas.

IMPERFEITO: é aquele que não completou o seu ciclo de formação. Rigorosamente, o ato imperfeito ainda nem existe como ato administrativo.

Quanto à validade:

ATOS VÁLIDOS: são aqueles editados em conformidade com a ordem jurídica, sendo oportuno lembrar que os atos administrativos presumem-se válidos. É válido o ato que observou as exigências legais e infralegais impostas para que seja regularmente editado, bem como os princípios jurídicos orientadores da atividade administrativa. O ato válido respeitou, em sua formação, todos os requisitos jurídicos relativos à competência para sua edição, à sua finalidade, à sua forma, aos motivos determinantes de sua prática e ao seu objeto. Portanto, é aquele que não contém vício, qualquer irregularidade, qualquer ilegalidade.

ATOS INVÁLIDOS: são os atos que contrariam a ordem jurídica.

Quanto à eficácia:

EFICAZ: é aquele que já está disponível para a produção de seus efeitos próprios; a produção de efeitos não depende de evento posterior, como uma condição suspensiva, um termo inicial ou um ato de controle.

INEFICAZ: trata-se de qualquer ato que não tenha possibilidade efetiva de produzir efeitos atuais. Um ato pode ser ineficaz porque ainda não está formado, ou seja, todo ato imperfeito é ineficaz. Pode, também, um ato ser ineficaz porque já foi extinto.

GABARITO: B.

---

32. **(2020 - Câmara de Boituva/SP - Agente Administrativo)** O ato administrativo tem como um de seus atributos uma importante vinculação ao que se chama "fé pública". Esse atributo é o da:

a) legitimidade.

b) imperatividade.

c) presunção de legalidade.

d) autoexecutoriedade.

e) presunção de veracidade.

A presente questão trata do tema "atos administrativos", abordando, em especial, os seus atributos.

A Banca, indubitavelmente, está a tratar da denominada presunção de veracidade dos atos administrativos.

Confira-se a doutrina de Maria Sylvia Di Pietro: "A presunção de veracidade diz respeito aos fatos; em decorrência desse atributo, presumem-se verdadeiros os fatos alegados pela Administração. Assim ocorre com relação às certidões, atestados, declarações, informações por ela fornecidos, todos dotados de fé-pública.".

GABARITO: E.

---

33. **(2020 - Câmara de Boituva/SP - Agente Administrativo)** Um dos importantes conceitos relacionados ao ato administrativo é a competência, que pode ser definida, nessa matéria, como o poder-dever atribuído a determinado agente público para praticar certo ato administrativo. Uma das características da competência é que ela é irrenunciável, a não ser em alguns casos. Um desses casos diz que um agente pode chamar para si a competência de outro. Essa ação tem o nome de:

a) transferir.

b) delegar.

c) substituir.

d) avocar.

e) subalternar.

A competência pode ser definida como o poder legal conferido ao agente público para o desempenho específico das atribuições de seu cargo.

O enunciado da questão expõe acerca da avocação. Vejamos:

Segundo a consagrada lição do Prof. Hely Lopes Meirelles, "avocar é chamar a si funções originariamente atribuídas a um subordinado".

Avocação, portanto, é o ato mediante o qual o superior hierárquico traz para si, temporariamente, o exercício (e não a titularidade) de determinada competência que a lei confere a um subordinado.

GABARITO: D.

---

34. **(2020 - Câmara de Boituva/SP - Agente Administrativo)** Na classificação do ato administrativo quanto ao seu objeto, tem-se variadas formas. Em relação à classificação do ato administrativo enquanto ato de gestão, é correto afirmar que são aqueles praticados:

a) para dar andamento a processos e papéis que tramitam internamente na administração pública.

b) no âmbito externo da Administração, atingindo administrados e contratados. São obrigatórios a partir da publicação.

c) em igualdade de condição com o particular, ou seja, sem usar de suas prerrogativas sobre o destinatário.

d) no âmbito interno da Administração, incidindo sobre órgãos e agentes administrativos.

e) com supremacia em relação ao particular e servidor, impondo o seu obrigatório cumprimento.

A: Errada – Refere-se a atos de expediente.

B: Errada – Refere-se a atos externos.

C: CERTA – Atos de gestão: são praticados pela administração na qualidade de gestora de seus bens e serviços, sem exercício de supremacia sobre os particulares.

D: Errada – Refere-se a atos internos.

E: Errada – Refere-se a atos de império.

GABARITO: C.

---

35. **(2020 - Câmara de Boituva/SP - Agente Administrativo)** Porque visam atender aos interesses públicos primários, os atos administrativos se situam num plano superior de direitos e obrigações e podem ser chamados, também, de:

a) difusos e coletivos.

b) difusos e individuais.

c) suplementares e específicos.

d) suplementares e coletivos.

e) suplementares e complementares.

Inicialmente, cabe destacar o conceito de ato administrativo, que segundo Celso Antônio Bandeira de Mello, é toda declaração do Estado, ou de quem lhe faça as vezes, no exercício das prerrogativas públicas, manifestada mediante providências jurídicas complementares da lei a título de lhe dar cumprimento e sujeitas a controle de legitimidade por órgãos jurisdicionais.

Importante mencionar ainda que nem todo ato jurídico praticado pelo poder público é um Ato Administrativo, sendo este, em verdade, espécie do gênero Atos da Administração, que se referem a todos os atos editados pela Administração Pública, como por exemplo, atos políticos, atos administrativos, atos regidos pelo direito privado etc.

Diante do enunciado, temos que:

"Os atos administrativos se situam num plano superior de direitos e obrigações, eis que visam atender aos interesses públicos primários, denominados difusos e coletivos. Logo, são atos de regime público, sujeitos a pressupostos de existência e validade diversos dos estabelecidos para os atos jurídicos no Código Civil, e sim previstos na Lei de Ação Popular e na Lei de Processo Administrativo Federal. Ao invés de autonomia da vontade, haverá a obrigatoriedade do cumprimento da lei e, portanto, a administração só poderá agir nestas hipóteses desde que esteja expressa e previamente autorizada por lei".

GABARITO: A.

---

36. **(2019 - TJ/AL - Notário e Registrador/Remoção)** No que tange aos atributos do ato administrativo, assinale a alternativa correta.

a) Em atos praticados por particulares, no exercício da função administrativa, verifica-se o atribulo da imperatividade.

b) Quando dotado de autoexecutoriedade não pode o ato administrativo ser objeto de exame pelo Poder Judiciário.

c) A presunção de legitimidade não está presente em os atos administrativos.

d) A imperatividade nem sempre é atribulo do ato administrativo.

A: Correta. O ato administrativo deve ser emanado por um agente público, ou seja, alguém que pode atuar em nome da Administração. Nesse contexto, agente público deve ser considerado de forma ampla, o que inclui particulares no exercício da função administrativa. Ainda sobre o tema abordado na assertiva, é importante mencionar que a imperatividade é um dos atributos do ato administrativo e encerra um poder dado à Administração de unilateralmente estabelecer uma obrigação aos particulares.

B: Errada. O atributo da autoexecutoriedade permite, em determinados casos, que o ente público execute diretamente o ato em razão do descumprimento pelo particular, sem a necessidade de participação deste e sem que haja auxílio do Poder Judiciário. Assim, a autoexecutoriedade afasta o controle judicial prévio do ato, restando a possibilidade de posterior exame pelo Poder Judiciário.

C: Errada. A presunção de legitimidade consiste na presunção de que, até prova em contrário, o ato foi editado em conformidade com a lei e com o ordenamento jurídico. Trata-se de prerrogativa presente em todos os atos administrativos.

D: Errada. Ao considerar a assertiva errada, a banca examinadora interpretou no sentido de que não há dúvidas de que a imperatividade é um atributo do ato administrativo, apesar de não estar presente em todos os atos.

GABARITO: A.

---

37. **(2019 - TJ/AL - Notário e Registrador/Remoção)** Em relação aos atos administrativos, assinale a alternativa correta.

a) Mesmo que o ato administrativo seja anulado, por vicio de ilegalidade, subsistem os direitos gerados no período que antecede sua invalidação.

b) A anulação de ato administrativo depende de determinação do Poder Judiciário.

c) A presunção de veracidade, por ser absoluta, não pode ser elidida por outras provas.

d) A presunção da veracidade significa que todo ato editado pela Administração Pública é presumivelmente verdadeiro, seja na forma, seja no conteúdo.

A: Errada. A anulação do ato administrativo opera efeitos *ex tunc* - retroage à data de origem do ato, retirando todos os efeitos produzidos, ressalvados os direitos adquiridos de terceiros de boa-fé. Assim, como garantia do princípio da segurança jurídica, alguns efeitos do ato nulo serão mantidos, mesmo depois de declarada sua nulidade.

B: Errada. A anulação do ato administrativo pode ser feita pela própria Administração Pública ou pelo Poder Judiciário.

C: Errada. A presunção de veracidade significa que, até prova em contrário, o ato administrativo estampa uma situação de fato real. Trata-se de presunção relativa, tendo em vista que a situação descrita pela conduta do poder público admite prova em contrário.

D: Correta. Em virtude da presunção de veracidade, em determinadas situações o particular terá que fazer prova negativa. Exemplo: multa de trânsito - o particular multado deve comprovar que não cometeu a infração. Até a prova em contrário, a multa é presumidamente verdadeira, seja na forma, seja no conteúdo.

GABARITO: D.

---

38. **(2019 - TJ/AL - Notário e Registrador/Remoção)** Considerados os elementos do ato administrativo, a motivação, ou seja, a exposição dos fatos e do direito que serviram de fundamenta para a prática do ato, integra o conceito de:

a) forma.

b) objeto.

c) motivo.

d) finalidade.

Sobre o tema, Maria Sylvia Zanella di Pietro esclarece:

"Motivação é a exposição dos motivos, ou seja, é a demonstração, por escrito, de que os pressupostos de fato realmente existiram. Para punir, a Administração deve demonstrar a prática da infração. A motivação fiz respeito às formalidades do ato, que integram o próprio ato, vindo sob a forma de 'consideração'; outras vezes, está contida em parecer, laudo, relatório, emitido pelo próprio órgão expedidor do ato ou por outro órgão, técnico ou jurídico, hipótese em que o ato faz remissão a esses atos precedentes".

No mesmo sentido é o entendimento de Matheus Carvalho:

"Não se deve confundir motivo, enquanto elemento formativo dos atos administrativos, com a motivação. Essa é somente a exposição dos motivos do ato, ou seja, a fundamentação do ato administrativo, estabelecendo a correlação lógica entre a situação descrita em lei e os fatos efetivamente ocorridos.

Representa uma justificativa à sociedade, estabelecendo a razão de prática daquela conduta. A explicitação dos motivos integra a 'formalização do ato' e é feita pela autoridade administrativa, competente para sua prática. Sendo assim, pode-se estabelecer que o ato praticado sem a motivação devida contém um vício no elemento forma".

Portanto, a motivação integra o conceito do elemento forma e a sua ausência impede a verificação de legitimidade do ato.

GABARITO: A.

---

39. **(2020 - Prefeitura de Morro Agudo/SP - Auditor de Controle Interno)** O prefeito de um município gostaria de implementar espaços de *coworking* (compartilhamento de espaço e recursos de escritório) nas bibliotecas públicas em parceria com a sociedade civil e empresas. Para celebrar esse tipo de projeto, o prefeito deverá utilizar a seguinte espécie de ato administrativo:

a) Ordinatório, na qual a prefeitura estabelece parâmetros para o usufruto dos espaços públicos e os benefícios esperados dessa atividade.

b) Enunciativo, em que as partes envolvidas definem seus papéis, responsabilidades, direitos e deveres, num determinado período de tempo.

c) Imperativo, no qual as regras, procedimentos e normas são estabelecidos pelo poder público independente do agente privado envolvido.

d) Negocial, no qual se faz a declaração de vontade do Poder Público coincidente com a pretensão do particular.

e) Conjunto, em que se estabelecem parâmetros, em comum acordo, e que atenda as demandas entre os agentes público e privado envolvidos.

A: Errado - Os atos ordinatórios são aqueles que a Administração edita em ordem a disciplinar sua estrutura interna, os quais têm por base o poder hierárquico. Não é o caso, evidentemente, de um ato que terá por destinatários os particulares, pessoas alheias à estrutura interna administrativa.

B: Errado - Atos enunciativos caracterizam-se por serem utilizados para que a Administração emita uma opinião, certifique fatos ou ateste situações que lhe sejam apresentadas. Aí se inserem os pareceres, as certidões e os atestados. Claramente, não se aplicam ao exemplo narrado pela Banca.

C: Errado - Atos dotados de poder de império são aqueles que se impõem perante terceiros, coercitivamente, instituindo obrigações que devem ser cumpridas, sob pena de sanções. Na espécie, o ato em tela seria editado mediante consentimento dos particulares, havendo uma coincidência de interesses. Logo, não seria caso de ato imperativo.

D: Certo - Realmente, os atos negociais caracterizam-se pela coincidência de interesses acima mencionada. Apesar de serem declarações unilaterais, vêm a atender pedidos dos particulares, no sentido de viabilizar o exercício de atividades ou a utilização de bens públicos. É exatamente esse o caso descrito pela Banca no enunciado da questão.

E: Errado - Inexiste essa pretensa espécie de ato administrativo denominado ato conjunto.

GABARITO: D.

---

40. **(2019 - Prefeitura de Dois Córregos/SP - Fiscal de Tributos)** É caso de ato administrativo eivado de nulidade relativa e que, portanto, permite convalidação:

a) ato de remoção de servidor para lotação de difícil acesso praticado com a finalidade de prejudicá-lo.

b) ato de concessão de férias de servidor assinado por agente público incompetente do próprio órgão concedente.

c) aplicação de pena de demissão a servidor sem prévio processo administrativo e oportunidade de defesa.

d) licitação realizada sem prévia publicação de edital.

e) ato de concessão de permissão de uso de bem público inexistente.

A: Errado - O ato aqui referido seria eivado pelo vício do desvio de finalidade, que tem caráter absoluto, não sendo passível de convalidação.

B: Certo - Realmente, em se tratando de incompetência em razão da pessoa, o ato é passível de ser sanado, bastando que haja a sua ratificação pela autoridade competente.

C: Errado - A existência de processo administrativo, no bojo do qual seja concedida a oportunidade de ampla defesa, constitui elemento essencial à aplicação da pena de demissão a servidor público. Trata-se de requisito que integra o elemento forma do ato respectivo, de maneira que, na ausência de PAD ou sendo violada a ampla defesa, o ato punitivo será nulo, sem possibilidade de convalidação.

D: Errado - A prévia publicação de edital constitui requisito essencial ao elemento forma do procedimento licitatório, razão pela qual, acaso não haja publicação do instrumento convocatório, o ato será nulo.

E: Errado - Se o bem público inexiste, o ato que pretende outorgar permissão de uso carece de objeto. O objeto é inexistente, de sorte que o ato é nulo, sem possibilidade de convalidação.

GABARITO: B.

---

41. **(2019 - Prefeitura de Dois Córregos/SP - Fiscal de Tributos)** São elementos dos atos administrativos:

a) sujeito, objeto, forma, motivo e finalidade.

b) sujeito, objetivo, eficácia, autoexecutoriedade e poder.

c) motivação, publicidade, sujeição, objeto e competência

d) forma, finalidade, imperatividade, publicidade e motivo.

e) objeto, motivação, publicidade, eficácia e autoridade.

Embora inexista consenso absoluto no âmbito doutrinário, prevalece a posição segundo a qual os elementos que compõem os atos administrativos são:

- competência (ou sujeito);

- finalidade;

- forma;

- motivo; e

- objeto.

Esta posição tem apoio legal no teor do Art. 2º da Lei nº 4.717/65:

Art. 2º. *São nulos os atos lesivos ao patrimônio das entidades mencionadas no artigo anterior, nos casos de:*

a) incompetência;

b) vício de forma;

c) ilegalidade do objeto;

d) inexistência dos motivos;

e) desvio de finalidade.

GABARITO: A.

---

42. **(2020 - Prefeitura de Morro Agudo/SP - Analista Legislativo)** Com relação à extinção do ato administrativo por revogação, é correto afirmar que:

a) pode se dar pela Administração ou pelo Poder Judiciário.

b) uma vez constatada a ilegalidade, é obrigatória a revogação.

c) seus efeitos são *ex nunc*, e não gera direito adquirido durante a sua vigência.

d) está relacionada à discricionariedade e seus efeitos são *ex tunc*.

e) somente a Administração tem competência para sua prática, e com efeitos *ex nunc*.

A: Errado - Ao Poder Judiciário não é dado revogar atos administrativos, mas sim, tão somente, anulá-los quando eivados de vícios. O controle exercido pelo Judiciário é apenas de legitimidade, mas não de mérito. A revogação é de competência privativa da Administração. Refira-se que o Judiciário pode apenas revogar seus próprios atos, quando agir no exercício de função administrativa.

B: Errado - A ilegalidade, na verdade, conduz à anulação do ato. A revogação, por sua vez, pressupõe a prática de atos válidos, sem vícios, porém que tenham deixado de atender ao interesse público, sob critérios de conveniência e oportunidade.

C: Errado - considerando que a revogação recai sobre atos válidos, é de se concluir que geram, sim, direitos adquiridos durante o período de sua vigência. A revogação, portanto, deve respeitar os direitos adquiridos. Neste sentido, por sinal, a norma do Art. 53 da Lei nº 9.784/99:

Art. 53. *A Administração deve anular seus próprios atos, quando eivados de vício de legalidade, e pode revogá-los por motivo de conveniência ou oportunidade, respeitados os direitos adquiridos.*

D: Errado - Os efeitos da revogação, na verdade, são *ex nunc*, isto é, não retroagem. Afinal, se a revogação incide sobre atos válidos, é de se concluir que os efeitos daí decorrentes também foram gerados validamente. Logo, não haveria razão para desconstituí-los.

E: Certo - De fato, como já dito, a revogação é de competência privativa da Administração (ressalvada a atuação dos Poderes Legislativo e Judiciário na condição de Administração Pública). Acertado, ainda, aduzir que a revogação opera efeitos *ex nunc*.

GABARITO: E.

---

43. **(2020 - Prefeitura de Morro Agudo/SP - Analista Legislativo)** O atributo do ato administrativo que impõe a coercibilidade para seu cumprimento ou execução é a:

a) imperatividade.

b) presunção de legitimidade.

c) presunção de veracidade.

d) autoexecutoriedade.

e) estrita legalidade.

A IMPERATIVIDADE ou coercibilidade é o atributo pelo qual os atos administrativos se impõem a terceiros, independentemente de sua concordância, o que mais uma vez o diferencia do ato do direito privado, visto que esse não cria obrigações para terceiros sem a sua concordância. Esse atributo não existe em todos os atos administrativos, mas apenas naqueles que impõem obrigações.

GABARITO: A.

---

44. **(2020 - Prefeitura de Morro Agudo/SP - Analista Legislativo)** Alonso é servidor público ocupante de cargo em comissão de livre nomeação e exoneração. Seu superior que o nomeou para o cargo, descontente com o seu desempenho, resolveu dispensar Alonso de suas funções, sem um processo administrativo, fazendo constar que a sua exoneração se deu por motivos de improbidade administrativa. Nessa situação hipotética, considerando o direito aplicável aos atos administrativos, é correto afirmar que a exoneração de Alonso:

a) pode ser considerada legal, desde que o motivo alegado pelo seu superior corresponda à verdade.

b) não se deu dentro da legalidade, uma vez que Alonso, nesse caso, somente poderia ser dispensado pelo Poder Judiciário.

c) não poderá ser considerada legal se o motivo da dispensa não foi aquele que constou do ato de exoneração, por violar o princípio da motivação.

d) deve ser considerada legal, ainda que o motivo da exoneração não tenha sido por improbidade, uma vez que a dispensa do cargo em comissão não exige motivação.

e) foi ilegal, uma vez que a exoneração de qualquer cargo público, ainda que de cargo em comissão, depende da conclusão e da decisão do respectivo processo administrativo.

A: Errado. A exoneração não poderá ser considerada legal, uma vez que o motivo não foi aquele que constou do ato de exoneração. Conforme indicado no enunciado, o superior de Alonso ficou descontente com o desempenho dele e resolveu dispensá-lo. Contudo, fez constar que a exoneração ocorreu por motivos de improbidade administrativa.

A exoneração não é tida como punição. A demissão, por sua vez, que possui caráter punitivo e é aplicada ao servidor em virtude do cometimento de falta grave. Destaca-se que antes de aplicar as penalidades administrativas, deve ser realizado o processo administrativo disciplinar, com a observância do contraditório e da ampla defesa.

B: Errado. Alonso é servidor ocupante de cargo em comissão de livre nomeação e exoneração e pode ser exonerado pela Administração Pública. Trata-se um ato discricionário e o Judiciário tem o dever de intervir nos casos em que o motivo não for verdadeiro e por isso, não for válido.

C: Certo. A exoneração não poderá ser considerada legal, já que o motivo não foi aquele que constou do ato de exoneração. Salienta-se que embora o ato de exoneração não exija motivação, quando esse for motivado, a validade do ato estará vinculada aos motivos citados, com base na teoria dos motivos determinantes. Dessa forma, o ato apenas será válido se os motivos forem verdadeiros.

D: Errado. A exoneração não pode ser considerada legal, já que o motivo indicado não foi aquele que constou do ato de exoneração. Embora o ato de exoneração não exija motivação, cabe indicar que quando o mesmo for motivado, a validade do ato se vincula aos motivos citados. Assim, o ato só será válido se os motivos forem verdadeiros.

E: Errado. A exoneração e a demissão de servidor em estágio probatório não dependem de PAD.

GABARITO: C.

---

45. **(2018 - PC/BA - Escrivão de Polícia)** O ato administrativo viciado do qual não decorra prejuízo ao interesse público, ao interessado, tampouco a terceiros de boa-fé:

a) deverá ser anulado pela própria Administração Pública, no prazo de até 5 (cinco) anos contados da data da publicação do ato.

b) deverá ser invalidado pelo Poder Judiciário, mediante processo em que se assegure ampla defesa e contraditório, observado o prazo prescricional de 5 (cinco) anos.

c) poderá ser convalidado pela Administração Pública.

d) poderá ser impugnado pelo Ministério Público por meio de Ação Civil Pública por desvio de finalidade.

e) poderá ser objeto de Ação Popular, ajuizada por qualquer cidadão, por abuso de poder e usurpação de competência.

A: Errada – pois neste caso, a Administração não está obrigada a anular o ato, constituindo faculdade do Poder Público convalidar ou anular o ato viciado.

B: Errada – tratando-se de vício sanável, compete à Administração Pública declará-lo nulo, ou então, convalidá-lo.

C: Certa – conforme exposição acima e a disposição do Art. 55 da Lei nº 9.784/99.

D: Errada – o Ministério Público possui legitimidade para impugnar ato administrativo que cause lesão a interesse público via Ação Civil Pública. Contudo, ficou claro pelo enunciado da questão que o ato em análise não causou prejuízo, não havendo de se falar em ACP, portanto.

E: Errada – de fato, cabe ação popular para impugnar ato administrativo que cause lesão ao patrimônio público. Contudo, o enunciado da questão deixa clara a inexistência de prejuízo ao interesse público e a terceiros, sendo inviável, portanto, ajuizar ação popular para tal desiderato.

GABARITO: C.

---

46. **(2018 - PC/BA - Escrivão de Polícia)** A respeito do uso do poder pelo agente público, é correto afirmar que:

a) no exercício de sua função, poderá, motivadamente, renunciar ao uso de poderes outorgados por lei.

b) é imune a controle externo porque sua intensidade decorre de competência discricionária.

c) ato praticado com excesso de poder não pode ser convalidado porque o vício é, no caso, insanável.

d) o desvio de finalidade constitui uma forma de abuso de poder.

e) a prática de ato por autoridade incompetente caracteriza abuso de poder e desvio de finalidade, acarretando nulidade absoluta do ato administrativo.

A: Errada - A competência é um dos elementos centrais para compreensão do Direito Administrativo, pois por meio desse conceito, bem como de suas formas de distribuição, transferência e exercício é que poderemos analisar a validade de atos administrativos e atos da Administração Pública. Em regra, o exercício de competências legais tem como característica a irrenunciabilidade. Deste modo, pela irrenunciabilidade, vigora a regra de que o agente não está autorizado a deixar de cumprir uma função atribuída por lei, exceto nos casos previstos na legislação. E a lógica para essa impossibilidade está na própria organização administrativa, pois não faria sentido atribuir competência por lei e permitir que o agente público renuncie a ela.

B: Errada - todos os atos administrativos estão sujeitos ao controle interno, tanto os vinculados como os discricionários. Para guardar isso é importante, primeiro, lembrar do princípio da inafastabilidade de jurisdição, que não permite nem mesmo à lei impedir que determinada demanda chegue ao Poder Judiciário. Além disso, é importante lembrar que a Administração pode cometer excessos ou até mesmo desvio de poder quando pratica atos, até mesmo quando decide sobre o mérito administrativo, deste modo, sempre que houver excesso ou desvio, poderá haver demanda pela atuação judicial.

C: Errada - o ato praticado com excesso de poder, é considerado, por grande parte da doutrina, como anulável, podendo assim ser convalidado uma vez que eivado de vício sanável.

D: Correta - o desvio de finalidade ocorre quando o ato administrativo é direcionado para finalidade diversa do atendimento ao interesse público, ocorrendo assim uma forma de desvio do poder, pois mesmo atuando dentro de sua competência, o agente não buscou atender finalidade diversa. Tem-se aqui um ato nulo, uma vez que eivado de vício insanável.

E: Errada - a primeira parte está correta, pois a prática de ato por agente incompetente configura abuso de poder, mas por excesso de poder, e não desvio de finalidade e, além disso, é considerado vício anulável, uma vez que se está diante de vício sanável e, portanto, passível de convalidação.

GABARITO: D.

---

47. **(2021 - Prefeitura de Guarujá/SP - Procurador Jurídico)** Assinale exemplo de ato administrativo sujeito à anulação pelo Poder Judiciário.

a) Exoneração de servidor em estágio probatório, motivada pela insuficiente avaliação de seu desempenho.

b) Exoneração *ad nutum* de cargo em comissão.

c) Despacho de revogação de licitação, em decorrência de fato superveniente comprovado, pertinente e suficiente para justificar a decisão.

d) Autorização de emprego de máquinas, equipamentos e servidores públicos em obra particular, sem observância das formalidades legais.

e) Anteprojeto de lei que visa instituir programa de políticas públicas que acarrete aumento de despesa, desacompanhado de estudo de impacto orçamentário e financeiro.

O Poder Judiciário não pode e não deve substituir a decisão do administrador, não pode fazer análise de interesse público, não pode, enfim, julgar o mérito de um ato administrativo discricionário. A atuação judicial no controle dos atos administrativos de outros poderes restringe-se à análise dos aspectos da legalidade.

A ilegalidade do ato mencionado encontra-se na inobservância das formalidades legais para a edição do ato de autorização. Se não foram preenchidos os requisitos previstos em lei, o ato pode ser anulado pelo Poder Judiciário.

GABARITO: D.

---

48. **(2017 - IPRESB/SP- Agente Previdenciário)** Considere as seguintes afirmações acerca dos atributos dos atos administrativos.

I. É o atributo pelo qual o ato produz efeitos imediatamente, até que, eventualmente, seja decretada sua invalidade pela própria Administração ou pelo Poder Judiciário.

II. É o atributo pelo qual os atos administrativos se impõem a terceiros, independentemente de sua concordância.

III. É o atributo pelo qual o ato administrativo pode ser posto em execução pela própria Administração Pública, sem necessidade de intervenção do Poder Judiciário.

Assinale a alternativa que associa, corretamente, a afirmação ao atributo do ato administrativo a que ela corresponde.

a) I - tipicidade; II - exigibilidade; III - presunção de legalidade.

b) I - autoexecutoriedade; II - presunção de legalidade; III - imperatividade.

c) I - presunção de legitimidade e veracidade; II - tipicidade; III - autoexecutoriedade.

d) I - exigilidade; II - imperatividade; III - presunção de legalidade.

e) I - presunção de legitimidade e veracidade; II - imperatividade; III - autoexecutoriedade.

A presente questão limitou-se a exigir conhecimentos acerca dos conceitos atinentes aos atributos dos atos administrativos.

Vejamos:

I. É o atributo pelo qual o ato produz efeitos imediatamente, até que, eventualmente, seja decretada sua invalidade pela própria Administração ou pelo Poder Judiciário.

Trata-se aqui da presunção de legitimidade e de veracidade. Em vista deste atributo, os atos administrativos presumem-se editados conforme o ordenamento, sem vícios, bem assim os fatos que os embasam também se presumem verídicos e idôneos. Em assim sendo, o ato pode produzir seus efeitos desde logo, ao menos até que se demonstre o contrário, hipótese na qual o ato será invalidado, porquanto se está a tratar de presunções relativas (*iuris tantum*).

II. É o atributo pelo qual os atos administrativos se impõem a terceiros, independentemente de sua concordância.

Aqui, a Banca refere-se ao atributo denominado imperatividade. A Administração, sempre com respaldo prévio na lei, pode instituir obrigações em relação a terceiros, unilateralmente, cabendo aos destinatários cumpri-las, sob pena de sanções. Essa possibilidade de interferir unilateralmente na esfera jurídica de terceiros é denominada pela doutrina de poder extroverso da Administração. Não está presente em todos os atos administrativos, como, por exemplo, no caso dos atos negociais.

III. É o atributo pelo qual o ato administrativo pode ser posto em execução pela própria Administração Pública, sem necessidade de intervenção do Poder Judiciário.

Por fim, o atributo aqui mencionado vem a ser a autoexecutoriedade. Através dela, realmente, os atos administrativos podem ser colocados em prática, sem a necessidade de aquiescência do Judiciário. Assim como a imperatividade, a autoexecutoriedade não existe em todos os casos. Há hipóteses, portanto, nas quais a Administração necessita ir a juízo deduzir suas pretensões, como no caso de cobrança de multa não paga no vencimento.

Com isso, a sequência fica sendo: presunção de legitimidade e de veracidade, imperatividade e autoexecutoriedade.

GABARITO: E.

Poderes administrativos

49. **(2020 - Câmara de Boituva/SP - Agente Administrativo)** Na situação hipotética em que um servidor público pratica um ato visando interesse individual, em benefício de um amigo, sem atentar para o interesse público, ele está executando:

a) uma ilegalidade.

b) uma omissão de poder.

c) um excesso de poder.

d) um poder abusivo.

e) um desvio de poder.

Sempre que o ato é praticado tendo por objetivo satisfazer a interesses pessoais (e não ao interesse coletivo), está-se diante de uma das espécies de abuso de poder, qual seja, o denominado desvio de poder, também chamado desvio de finalidade.

Assim sendo, a opção que responde, de modo preciso, à presente questão, vem a ser a letra E (desvio de poder). Sem embargo, é preciso analisar o teor da letra A. No ponto, em princípio, a edição de ato administrativo mediante desvio de finalidade insere-se no conceito amplo de ilegalidade, na medida em que o ato, de fato, malfere o ordenamento jurídico. A única possibilidade interpretativa de se ter por incorreta essa opção vem a ser acaso se entenda que o ato não viola a letra fria da lei, de modo que a ilegalidade repousa na intenção (móvel) do agente. Ter-se-ia que adotar, aqui, um conceito bastante restrito de ilegalidade, para se chegar à conclusão de que o desvio de poder não ocasiona uma ilegalidade (na medida em que a letra da lei, em sua literalidade, é observada).

Mesmo com a ponderação acima, é preciso insistir que o ato que incorre em desvio de finalidade é um ato inválido, sequer sendo passível de convalidação.

GABARITO: E.

---

50. **(2020 - Câmara de Boituva/SP - Agente Administrativo)** Deveres administrativos são a contrapartida aos poderes administrativos. Todos os deveres são irrenunciáveis e obrigatórios. Um deles diz que é proibida a inércia do agente público, que pode ser responsabilizado pela omissão e pelo silêncio. Esse é o dever de:

a) agir.

b) probidade.

c) eficiência.

d) penalizar.

e) prestar contas.

A doutrina, de um modo geral, enumera, como alguns principais deveres impostos aos agentes administrativos pelo ordenamento jurídico:

a) Poder-dever de agir;

b) Dever de eficiência;

c) Dever de probidade;

d) Dever de prestar contas;

Pela simples leitura do enunciado, é possível concluir que a única alternativa correta é a letra A. Vejamos:

O poder-dever de agir do administrador público é hoje pacificamente reconhecido pela doutrina e jurisprudência. Significa dizer que as competências administrativas, por serem conferidas visando ao atingimento de fins públicos, implicam ao mesmo tempo um poder para desempenhar correspondentes funções públicas e um dever de exercícios dessas funções.

GABARITO: A.

---

51. **(2020 - Câmara de Boituva/SP - Agente Administrativo)** Os poderes administrativos, que delimitam os deveres do administrador público, são prerrogativas outorgadas aos seus agentes que devem exercê-los, com o fim de preservação dos interesses da sociedade. Para esse exercício dos poderes pelos agentes, há a obrigatoriedade de que seja irrenunciável, e é dividido em seis formas de poder. O poder vinculado é aquele que:

a) permite distribuir e escalonar as funções de seus órgãos, ordenar e rever a atuação de seus agentes.

b) concede aos agentes a faculdade de aplicar penalidades às infrações funcionais de seus servidores e demais pessoas ligadas à disciplina dos órgãos e serviços da Administração.

c) permite aos agentes que condicionem e restrinjam o uso e gozo de bens, atividades e direitos individuais, em benefício do interesse público.

d) deve ser praticado de acordo com a lei, sem qualquer margem de liberdade.

e) permite aos agentes, de modo explícito ou implícito, praticar atos administrativos com liberdade de escolha de sua conveniência, oportunidade e conteúdo.

A: Errado - Na realidade, o poder administrativo que permite à Administração distribuir e escalonar as funções de seus órgãos, ordenar e rever a atuação de seus agentes, vem a ser o poder hierárquico.

B: Errado - Em rigor, o poder administrativo em vista do qual a Administração pode aplicar penalidades às infrações funcionais de seus servidores e demais pessoas ligadas à disciplina dos órgãos e serviços da Administração, corresponde ao poder disciplinar.

C: Errado - O poder que permite aos agentes que condicionem e restrinjam o uso e gozo de bens, atividades e direitos individuais, em benefício do interesse público, vem a ser o poder de polícia.

D: Certo - Aqui, de fato, foi apresentada a noção precisa do poder vinculado, vale dizer, aquele em que o agente público competente se limita a seguir à risca a letra da lei, sem margem para qualquer análise discricionária baseada em conveniência e oportunidade.

E: Errado - Trata-se, aqui, de exteriorização da essência do poder discricionário, que se difere do poder vinculado justamente em razão da existência de uma liberdade de atuação, conferida por lei, para o agente competente, dentre de certos limites.

GABARITO: D.

---

52. **(2020 - Câmara Municipal de Pindorama/SP - Procurador Jurídico)** Considerando as características do poder de polícia, é correto afirmar que os atos de polícia administrativa:

a) podem ser delegados aos particulares, desde que não haja risco ao equilíbrio social.

b) submetem-se ao controle quanto à legalidade, mas não ao controle quanto ao mérito, razão pela qual não podem ser revogados.

c) são atos administrativos e, como tal, submetem-se ao controle no âmbito administrativo, mas não no âmbito judicial.

d) têm como objetivo impedir ou paralisar atividades antissociais, incidindo sobre bens, direitos ou atividades dos particulares.

e) podem ter natureza fiscalizadora, preventiva ou repressiva, podendo ensejar a aplicação de penalidade pelo Poder Judiciário.

No âmbito legal, o conceito de poder de polícia é fornecido pelo Art. 78 do CTN.

Art. 78. ***Considera-se poder de polícia atividade da administração pública que, limitando ou disciplinando direito, interesse ou liberdade, regula a prática de ato ou abstenção de fato, em razão de interesse público concernente à segurança, à higiene, à ordem, aos costumes, à disciplina da produção e do mercado, ao exercício de atividades econômicas dependentes de concessão ou autorização do Poder Público, à tranquilidade pública ou ao respeito à propriedade e aos direitos individuais ou coletivos.***

Parágrafo único. Considera-se regular o exercício do poder de polícia quando desempenhado pelo órgão competente nos limites da lei aplicável, com observância do processo legal e, tratando-se de atividade que a lei tenha como discricionária, sem abuso ou desvio de poder.

Importante mencionar que o poder de polícia decorre da aplicação do princípio da supremacia do interesse público. Logo, poderá o administrador limitar liberdades individuais em busca do melhor para a coletividade.

Uma diferenciação que cabe mencionar é no que tange aos conceitos de polícia administrativa e judiciária. O objetivo principal da polícia administrativa é impedir ou paralisar atividades antissociais, incidindo sobre bens, direitos ou atividades dos particulares. Nesse sentido, acrescenta Fernanda Marinela dizendo que: "Essa polícia pode ser fiscalizadora, preventiva ou repressiva, sendo que, em nenhum caso, haverá aplicação de penalidade pelo Poder Judiciário".

GABARITO: D.

---

53. **(2016 - Prefeitura de Suzano/SP – Contador)** Quando a Administração, em um determinado caso concreto, pode apreciá-lo segundo critérios de oportunidade e conveniência, e escolhe uma solução entre duas ou mais, sendo todas as soluções válidas, é correto afirmar que a atuação foi:

a) discricionária.

b) vinculada.

c) justificada.

d) inconstitucional.

e) ilegal.

Trata-se de exercício do poder discricionário, que dá origem, obviamente, à prática de atos administrativos discricionários.

Sobre o tema, a clássica doutrina de Hely Lopes Meirelles:

"Poder discricionário é o que o Direito concede à Administração, de modo explícito ou implícito, para a prática de atos administrativos com liberdade na escolha de sua conveniência, oportunidade e conteúdo.".

GABARITO: A.

---

54. **(2019 - Prefeitura de DoisCórregos/SP - Fiscal de Tributos)** A respeito dos poderes da administração pública, é correta a correlação feita na alternativa:

a) poder discricionário – trata-se do poder adstrito ao enunciado legal, no qual a lei determina na integridade o modo de agir do agente público.

b) poder normativo – trata-se do poder de agir de forma livre, dentro de margem razoável, para atingir os fins esperado, sempre no atendimento ao interesse público.

c) poder discricionário – é o poder atribuído à Administração Pública, para aplicar sanções administrativas aos seus agentes pela prática de infrações de caráter funcional.

d) poder de polícia – é o poder para expedir atos normativos, regulamentando a aplicação das leis no âmbito da Administração Pública.

e) poder hierárquico – compreende a prerrogativa para coordenar, controlar, ordenar e corrigir as atividades administrativas dos órgãos e agentes no seu âmbito interno.

A: Errado - A descrição aqui contida, na verdade, vem a ser aplicável ao poder vinculado. O poder discricionário, por seu turno, pressupõe que a lei conceda algum espaço de atuação ao administrador, baseado em critérios de conveniência e oportunidade, para que seja adotada a providência que, no caso concreto, melhor atenda ao interesse público.

B: Errado - Essa definição, agora sim, corresponde ao poder discricionário, e não ao poder normativo. Esse último é aquele por meio do qual a Administração expede atos gerais e abstratos, visando ao fiel cumprimento da lei.

C: Errado - Desta vez, a Banca ofereceu conceito atinente ao poder disciplinar, e não ao poder discricionário.

D: Errado - Aqui a Banca apresentou noção conceitual referente ao poder normativo.

E: Certo - Escorreita a definição oferecida neste item no que respeito ao poder hierárquico. De fato, por meio desta prerrogativa, a Administração dispõe do poder de comando sobre os subordinados, do poder de fiscalizar atos, de aplicar sanções, de coordenar suas atividades etc. É inerente à forma escalonada com que se estrutura a atividade administrativa.

GABARITO: E.

55. **(2020 - Prefeitura de Morro Agudo/SP - Fiscal de Tributos)** A respeito dos poderes administrativos, é correto afirmar que:

a) o poder normativo corresponde à competência de que dispõe o Chefe do Poder Executivo para submeter à apreciação do Poder Legislativo projetos de lei.

b) o poder hierárquico pode se manifestar tanto dentro de uma mesma pessoa jurídica, como entre pessoas jurídicas distintas.

c) a penalidade de multa imposta ao particular por estacionar em local proibido é expressão do poder disciplinar.

d) o poder de polícia é aquele por meio do qual a Administração condiciona a liberdade e a propriedade dos indivíduos, podendo ensejar a cobrança de taxa.

e) o exercício do poder de polícia será sempre preventivo.

A: Errado - Em rigor, o poder normativo é aquele em vista do qual o Poder Executivo edita normas gerais e abstratas, complementares à lei, em ordem à sua fiel execução, consoante previsto no Art. 84, IV, da CRFB/88. Daí resultam, portanto, normas secundárias.

De seu turno, envio de projeto de lei faz parte do processo legislativo, que, se aprovado, resultará na edição de leis, as quais constituem normas primárias.

B: Errado - Somente existe genuína manifestação do poder hierárquico no âmbito de uma mesma pessoa jurídica, e não entre pessoas jurídicas distintas.

C: Errado - Em rigor, trata-se de penalidade fundada no poder de polícia, eis que lastreada na ideia de supremacia geral que a Administração exerce sobre os cidadãos, indistintamente.

D: Certo - O conceito aqui esposado, referente ao poder de polícia, mostra-se em conformidade com a sua noção essencial. Ademais, igualmente acerto dizer que pode ensejar a cobrança de taxas, como se vê do teor do Art. 77 do CTN:

Art. 77. *As taxas cobradas pela União, pelos Estados, pelo Distrito Federal ou pelos Municípios, no âmbito de suas respectivas atribuições, têm como fato gerador o exercício regular do poder de polícia, ou a utilização, efetiva ou potencial, de serviço público específico e divisível, prestado ao contribuinte ou posto à sua disposição.*

E: Errado - Na verdade, o poder de polícia também pode ter caráter repressivo, em se tratando dos atos de sanção de polícia, como multas, cassações de licenças, interdição de estabelecimentos etc.

GABARITO: D.

56. **(2016 - PPSA - Assistente Jurídico)** Sobre o poder de polícia, é correto afirmar que:

a) as atividades materiais de execução podem ser delegadas aos particulares.

b) é dotado de autoexecutoriedade, no sentido de que a Administração pode executar suas próprias decisões sem que seja possível o controle posterior do ato pelo Poder Judiciário.

c) visa proteger bens, serviços e instalações municipais, nos termos da Constituição Federal.

d) se trata do poder conferido à Administração Pública de expedir atos administrativos gerais e abstratos com efeitos *erga omnes*.

e) quando se aplica uma multa, decorrente de um descumprimento contratual, está-se diante do poder de polícia.

A doutrina divide o poder de polícia em 4 ciclos, quais sejam: ordem de polícia, consentimento de polícia, fiscalização de polícia e sanção de polícia. Nesse sentido, conforme a jurisprudência do Supremo Tribunal Federal (STF), "é constitucional a delegação do poder de polícia, por meio de lei, a pessoas

jurídicas de direito privado, de capital social majoritariamente público, integrantes da Administração Pública indireta, que prestem exclusivamente serviço público de atuação própria do Estado e em regime não concorrencial" [Recurso Extraordinário nº 633.782/MG].

No julgamento desse mesmo Recurso Extraordinário, o STF destacou o seguinte: "Por fim, cumpre ressaltar a única fase do ciclo de polícia que, por sua natureza, é absolutamente indelegável: a ordem de polícia, ou seja, a função legislativa. Os atos de consentimento, de fiscalização e de aplicação de sanções podem ser delegados a estatais que, à luz do entendimento desta Corte, possam ter um regime jurídico próximo daquele aplicável à Fazenda Pública."

Portanto, pode-se afirmar que as atividades materiais de execução do Poder de Polícia podem ser delegadas aos particulares.

GABARITO: A.

---

57. **(2020 - FITO - Analista de Gestão/Serviços de Apoio)** O dever de fiscalizar os atos de seus subordinados, anulando-os se ilegais, ou revogando-os se forem inconvenientes ou inoportunos, bem como de delegar e avocar funções, derivam do poder:

a) normativo.

b) hierárquico.

c) disciplinar.

d) regulamentar.

e) autoexecutório.

O enunciado faz referência ao poder hierárquico que, nas palavras de Hely Lopes Meirelles, "é o de que dispõe o Executivo para distribuir e escalonar as funções de seus órgãos, ordenar e rever a atuação de seus agentes, estabelecendo a relação de subordinação entre os servidores do seu quadro de pessoal".

Nesse ponto, cabe destacar que do sistema hierárquico na Administração decorrem alguns efeitos específicos, como o poder de comando, o dever de obediência, fiscalização, o poder de revisão, a delegação e a avocação.

GABARITO: B.

---

58. **(2020 - FITO - Analista de Gestão/Recursos Humanos)** Um dos importantes Poderes da Administração Pública, que não está explicitamente na Constituição Federal, mas sim no Código Tributário Nacional, em seu Art. 78, diz que "a atividade da Administração Pública que, limitando ou disciplinando direito, interesse ou liberdade, regula a prática de ato ou abstenção de fato, em razão de interesse público concernente à segurança, à higiene, à ordem, aos costumes, à disciplina da produção e do mercado, ao exercício de atividades econômicas dependentes de concessão ou autorização do Poder Público, à tranquilidade pública ou ao respeito à propriedade e aos direitos individuais ou coletivos." Esse Poder tem o nome de:

a) prerrogativa do agente.

b) poder de coerção.

c) prerrogativa delegada.

d) poder autoexecutório.

e) poder de polícia.

A definição legal referida no enunciado corresponde ao poder de polícia, como se depreende de sua transcrição integral:

Art. 78. *Considera-se poder de polícia atividade da administração pública que, limitando ou disciplinando direito, interesse ou liberdade, regula a prática de ato ou abstenção de fato, em razão de interesse público concernente à segurança, à higiene, à ordem, aos costumes, à disciplina da produção e do mercado, ao exercício de atividades econômicas dependentes de concessão ou autorização do Poder Público, à tranquilidade pública ou ao respeito à propriedade e aos direitos individuais ou coletivos.*

GABARITO: E.

---

59. **(2020 - FITO - Analista de Gestão/Recursos Humanos)** Um dos poderes do administrador público é aquele pelo qual possui uma razoável liberdade de atuação, agindo de acordo com liberdade de escolha de sua conveniência, oportunidade e conteúdo. O nome desse poder é:

a) hierárquico.

b) vinculado.

c) discricionário.

d) disciplinar.

e) regulamentar.

Numa conceituação breve, podemos dizer que os poderes administrativos representam instrumentos aptos a permitir à Administração o cumprimento de suas finalidades públicas. Tratam-se, portanto, de verdadeiros poderes instrumentais , diferentemente dos poderes políticos – Legislativo, Executivo e Judiciário, essencialmente poderes estruturais do Estado.

O Poder Discricionário é aquele que, contrariamente ao vinculado, confere ao agente administrativo uma razoável liberdade de atuação, possibilitando-o valorar a oportunidade e conveniência da prática do ato, quanto ao seu motivo, e, sendo o caso, escolher, dentro dos limites legais, o seu conteúdo (objeto) – o denominado mérito administrativo.

GABARITO: C.

---

60. **(2020 - Prefeitura de Cananéia/SP - Controlador Interno do Município)** A revisão dos atos administrativos decorre do poder administrativo:

a) sancionador.

b) de autotutela.

c) regulamentar.

d) jurisdicional.

e) normativo.

Cumpre apenas informar que o poder administrativo em vista do qual é dado à Administração proceder à revisão de seus atos corresponde à autotutela, a partir da qual é possível haver a revogação, a anulação e a convalidação de atos administrativos.

A autotutela administrativa tem sede legal no Art. 53 da Lei nº 9.784/99, que assim estabelece:

Art. 53. *A Administração deve anular seus próprios atos, quando eivados de vício de legalidade, e pode revogá-los por motivo de conveniência ou oportunidade, respeitados os direitos adquiridos.*

Em sentido bastante semelhante, ainda, o teor da Súmula 473 do STF:

Súmula 473 STF. *A administração pode anular seus próprios atos, quando eivados de vícios que os tornam ilegais, porque deles não se originam direitos; ou revogá-los, por motivo de conveniência ou oportunidade, respeitados os direitos adquiridos, e ressalvada, em todos os casos, a apreciação judicial.*

GABARITO: B.

---

61. **(2017 - IPRESB/SP - Analista Previdenciário/Assistente Social)** Assinale a alternativa correta a respeito do poder de polícia.

a) O poder de polícia administrativa distingue-se do poder de polícia judiciária porque o primeiro é preventivo e o segundo, repressivo.

b) Tem por meio de atuação os atos administrativos e operações materiais, não podendo, todavia, estabelecer normas gerais e abstratas.

c) Uma das suas características é a discricionariedade, como regra, por meio da qual a lei deixa ao administrador certa margem de liberdade na execução da norma.

d) Em sua execução, não pode chegar ao limite de impor restrições aos direitos individuais do cidadão.

e) Por intermédio dele, a Administração atua com os próprios meios, mas deve executar suas decisões por intermédio de intervenção do Poder Judiciário.

A doutrina aponta a discricionariedade como um dos atributos do poder de polícia, permitindo ao administrador certa liberdade de atuação, podendo valorar a oportunidade e conveniência de sua prática, estabelecer o motivo e escolher, dentro dos limites legais, seu conteúdo.

GABARITO: C.

---

62. **(2018 - PC/BA - Escrivão de Polícia)** Constitui exercício de poder hierárquico da Administração Pública.

a) delegar e avocar atribuições não privativas do superior ou do subordinado.

b) criar obrigações para os particulares independentemente de sua vontade.

c) apreender bens em comércio com prazo de validade vencido.

d) aplicar multa ao prestador de serviço terceirizado pelo descumprimento de cláusula de contrato administrativo.

e) fiscalizar as atividades de pessoas jurídicas exploradoras de atividade econômica de risco para a sociedade.

A: Certo - Delegar e avocar atribuições constitui exercício de poder hierárquico.

B: Errado - Criar obrigações para os particulares independentemente de sua vontade caracteriza o atributo da imperatividade, presente no poder de polícia.

C: Errado - Apreender bens em comércio com prazo de validade vencido constitui exercício do poder de polícia.

D: Errado - Aplicar multa ao prestador de serviço terceirizado pelo descumprimento de cláusula de contrato administrativo constitui exercício do poder disciplinar.

E: Errado - fiscalizar as atividades de pessoas jurídicas exploradoras de atividade econômica de risco para a sociedade constitui exercício do poder de polícia.

GABARITO: A.

---

63. **(2020 - Valiprev/SP - Analista de Benefícios Previdenciários)** É o de que dispõe a Administração para distribuir e escalonar as funções de seus órgãos, ordenar e rever a atuação de seus agentes estabelecendo a relação de subordinação entre os servidores de seu quadro de pessoal. Dele decorrem algumas prerrogativas: delegar e avocar atribuições, dar ordens, fiscalizar e rever atividades de órgãos inferiores.
É correto afirmar que o texto do enunciado se refere ao poder:

a) disciplinar.

b) hierárquico.

c) de delegação.

d) regulamentar.

e) de polícia.

Ao se referir ao poder administrativo pelo qual a Administração distribui e escalona as funções de seus órgãos, bem assim ordena e revê a atuação de seus agentes, estabelecendo a relação de subordinação entre os servidores de seu quadro de pessoal, sendo, ainda, daí decorrentes as prerrogativas de delegar e avocar atribuições, dar ordens, fiscalizar e rever atividades de órgãos inferiores, a Banca está fazendo clara menção ao poder hierárquico.

Na linha do exposto, ilustrativamente, eis as considerações tecidas por Matheus Carvalho acerca do poder hierárquico:

"Trata-se de atribuição concedida ao administrador para organizar, distribuir e principalmente escalonar as funções de seus órgãos, sendo o Poder que a Administração tem de se estruturar internamente determinando uma relação de hierarquia e subordinação entre seus órgãos e agentes. (...)

DIR ADM

Dentro de uma estrutura hierarquizada surgem atribuições (poderes-deveres), como o dever de fiscalizar, o dever de obediência às ordens dadas pelos superiores, o controle sobre a atividade dos órgãos inferiores para verificar a legalidade de seus atos, podendo anular os ilegais e, até mesmo, revogar os inoportunos ou inconvenientes, bem como as atribuições de delegar e avocar competência, nos moldes autorizados por lei.".

GABARITO: B.

---

64. **(2019 - SERTPREV/SP - Procurador Jurídico)** De acordo com o ordenamento jurídico brasileiro, a hierarquia administrativa.

a) autoriza que um órgão renuncie, total ou parcialmente, à competência exclusiva, em favor de outros órgãos, ainda que não lhe sejam hierarquicamente subordinados, sempre que for conveniente, mediante fundada justificativa.

b) admite a delegação de competência para decisão de recursos administrativos, inclusive em procedimentos administrativos disciplinares, para outros órgãos vinculados.

c) não permite a delegação de competência dos órgãos colegiados aos respectivos presidentes, em respeito ao princípio da colegialidade.

d) permite, em caráter excepcional e por motivos relevantes devidamente justificados, a avocação temporária de competência atribuída a órgão hierarquicamente inferior.

e) permite, mediante fundamentada justificativa publicada em meio oficial, delegação temporária em favor de órgão vinculado, de matéria de competência exclusiva da autoridade delegante.

Lei nº 9784/99 - Processo Administrativo

Art. 11. ***A competência é irrenunciável e se exerce pelos órgãos administrativos a que foi atribuída como própria, salvo os casos de delegação e avocação legalmente admitidos.***

Art. 12. ***Um órgão administrativo e seu titular poderão, se não houver impedimento legal, delegar parte da sua competência a outros órgãos ou titulares, ainda que estes não lhe sejam hierarquicamente subordinados, quando for conveniente, em razão de circunstâncias de índole técnica, social, econômica, jurídica ou territorial.***

Parágrafo único. O disposto no caput deste artigo aplica-se à delegação de competência dos órgãos colegiados aos respectivos presidentes.

Art. 13. ***Não podem ser objeto de delegação:***

I - a edição de atos de caráter normativo;

II - a decisão de recursos administrativos;

III - as matérias de competência exclusiva do órgão ou autoridade.

Art. 15. ***Será permitida, em caráter excepcional e por motivos relevantes devidamente justificados, a avocação temporária de competência atribuída a órgão hierarquicamente inferior.***

GABARITO: D.

---

65. **(2019 - Prefeitura de Osasco/SP - Fiscal Tributário)** O ato administrativo que concede benefício fiscal a um contribuinte, mediante a demonstração do preenchimento dos requisitos legais, é classificado como ato decorrente do exercício do poder.

a) hierárquico.

b) disciplinar.

c) de polícia judiciária.

d) discricionário.

e) vinculado.

O Poder Vinculado é quando a lei atribui determinada competência, estabelecendo todos os aspectos da conduta a ser adotada, sem atribuir margem de liberdade para o agente público escolher a melhor maneira de agir

GABARITO: E.

---

66. **(2019 - Prefeitura de Campinas/SP - Auditor Fiscal Tributário Municipal)** Em relação ao poder de polícia administrativo, assinale a alternativa correta.

a) É ato administrativo discricionário, que pode ser anulado por razão de conveniência da Administração.

b) Poderá ser delegado, mediante lei específica, a entes da Administração indireta.

c) Decorre da relação de subordinação entre o administrado e seu superior hierárquico.

d) O poder de polícia é tratado apenas no âmbito da legislação infraconstitucional.

e) É aquele conferido de forma privativa aos Chefes dos Poderes Executivo, Legislativo e Judiciário.

Poder de Polícia: O Poder de Polícia pode ser entendido como a atividade do Estado que consiste em restringir o exercício dos direitos individuais em benefício da coletividade. O Art. 48 do Código Tributário Nacional traz o conceito do Poder de Polícia.

A Polícia administrativa possui caráter predominantemente preventivo, atua com o objetivo de evitar a ocorrência do crime. É regida pelo Direito Administrativo e exercida pela Polícia Militar.

A Polícia judiciária atua após o crime – repressiva. É regida pelo Direito Processual Penal e exercida pela Polícia Civil e pela Polícia Federal.

O Poder de Polícia pode ser delegado aos entes da Administração Indireta por intermédio de lei – poder de polícia delegado.

GABARITO: B.

---

67. **(2018 - Prefeitura de São Bernardo do Campo/SP - Contador I)** É o que detém a Administração para a sua organização estrutural, o que escalona seus órgãos e reparte suas funções, definindo, na forma da lei, os limites de competência de cada um. Dele decorrem algumas prerrogativas: delegar e avocar atribuições, dar ordens, fiscalizar e rever atividades de órgãos inferiores.

É correto afirmar que o enunciado se refere ao poder:

a) de polícia.

b) hierárquico.

c) regulamentar.

d) de organização.

e) disciplinar.

Poder hierárquico pode ser definido como o Poder que a Administração tem de se estruturar internamente, determinando uma relação de hierarquia e subordinação entre seus órgãos e agentes. Ressalte-se que a hierarquia só se manifesta dentro de uma mesma pessoa jurídica, definindo a competência entre os órgãos e agentes públicos integrantes dessa entidade.

Sobre o assunto, Matheus Carvalho destaca que: "Dentro de uma estrutura hierarquizada surgem atribuições (poderes-deveres), como o dever de fiscalizar, o dever de obediência às ordens dadas pelos superiores, o controle sobre as atividades dos órgãos inferiores para verificar a legalidade de seus atos, podendo anular os ilegais e, até mesmo, revogar os inoportunos ou inconvenientes, bem como as atribuições de delegar e avocar competência, nos moldes autorizados por lei".

GABARITO: B.

---

68. **(2018 - PauliPrev/SP - Controlador Interno)** O agente público que está investido na posição de superior pode tomar medidas concretas de controle, como a manutenção dos atos válidos, convenientes e oportunos, a convalidação de atos com defeitos sanáveis, a anulação de atos ilegais e a revogação de atos discricionários inoportunos ou inconvenientes. Tais medidas são tomadas no exercício do poder:

a) hierárquico.

b) disciplinar.

c) de polícia.

d) vinculado.

e) discricionário.

O Poder Hierárquico se refere a um poder interno e permanente exercido pelos chefes da repartição sobre seus agentes subordinados e pela administração central em relação aos órgãos públicas nas atribuições de comando, chefia e direção dentro da estrutura administrativa (MAZZA, 2020).

A hierarquia é atribuição conferida ao administrador para organizar, distribuir e principalmente escalonar as funções de seus órgãos, "sendo o Poder que a Administração tem de se estruturar internamente determinando uma relação de hierarquia e subordinação entre seus órgãos e agentes" (CARVALHO, 2015).

GABARITO: A.

---

69. **(2017 - IPRESB/SP - Agente Previdenciário)** Em defesa dos consumidores locais, a Prefeitura Municipal de Barueri, por meio de seus órgãos, impõe multa e interdita um supermercado em que havia disparidade de preços, já que estes, registrados no caixa, eram muito maiores do que aqueles que constavam das gôndolas. A atuação da Prefeitura Municipal, nesse caso, é decorrente do poder:

a) intrínseco.

b) de polícia.

c) hierárquico.

d) disciplinar.

e) regulamentar.

O caso, portanto, em tudo se afina ao exercício do poder de polícia, mais especificamente, adotando-se a clássica lição que o subdivide no chamado "ciclo de polícia", foram praticados os atos de fiscalização de polícia e de sanção de polícia.

Afinal, é por meio do poder de polícia que a Administração, sempre com base na lei, impõe restrições e condicionamentos ao exercício de direitos e liberdades pelos particulares em geral, em prol do interesse público, de sorte que, em sendo verificado o cometimento de infrações, a lei prevê a aplicação de penalidades administrativas, tal como teria se dado no caso em exame, por meio de multa e da interdição do estabelecimento.

GABARITO: B.

Improbidade

70. **(2021 - Prefeitura de Guarujá/SP - Procurador Jurídico)** Um servidor da Secretaria Municipal de Saúde transferiu à Santa Casa de Misericórdia do Município, duas ambulâncias, de propriedade do Município, para prestação de serviços de saúde pela associação sem fins lucrativos, sem prévia celebração de convênio. Em tese, o servidor praticou ato:

a) regular, já que os serviços prestados no âmbito do Sistema Único de Saúde prescindem da observância de formalidades.

b) inexistente, porque a alienação de bens móveis públicos depende de avaliação, autorização legislativa específica e prévia licitação.

c) de improbidade administrativa que atenta contra os princípios da administração pública.

d) tipificado como crime na lei de licitações e contratos.

e) infração político-administrativa, sujeita ao julgamento do Poder Judiciário.

Lei nº 8.429/1992:

Art. 11. ***Constitui ato de improbidade administrativa que atenta contra os princípios da administração pública qualquer ação ou omissão que viole os deveres de honestidade, imparcialidade, legalidade, e lealdade às instituições, e notadamente:***

X - transferir recurso a entidade privada, em razão da prestação de serviços na área de saúde sem a prévia celebração de contrato, convênio ou instrumento congênere, nos termos do parágrafo único do Art. 24 da Lei nº 8.080, de 19 de setembro de 1990. **(Incluído pela Lei nº 13.650, de 2018).**

GABARITO: C.

---

71. **(2021 - Prefeitura de Guarujá/SP - Procurador Jurídico)** A denominada Lei de Improbidade Administrativa disciplina que a posse e o exercício de agente público ficam condicionados à apresentação de declaração dos bens e valores que compõem o seu patrimônio privado, ressaltando-se que:

a) uma vez entregue, deve ser arquivada junto ao órgão fazendário do respectivo ente político para fins de fiscalização.

b) compreenderá todo o ativo do agente público, inclusive os objetos e utensílios de uso doméstico.

c) a declaração de bens será anualmente atualizada e na data em que o agente público deixar o exercício do mandato, cargo, emprego ou função.

d) será punido, com a pena de suspensão até que a exiba, o agente público que se recusar a prestar declaração dos bens, dentro do prazo determinado.

e) o ente político, a seu critério, poderá facultar ao declarante, alternativamente, a entrega de cópia da declaração anual de bens apresentada à Delegacia da Receita Federal na conformidade da legislação do imposto sobre a renda.

Art. 13. ***A posse e o exercício de agente público ficam condicionados à apresentação de declaração de imposto de renda e proventos de qualquer natureza, que tenha sido apresentada à Secretaria Especial da Receita Federal do Brasil, a fim de ser arquivada no serviço de pessoal competente.***

§ 2º A declaração de bens a que se refere o caput deste artigo será atualizada anualmente e na data em que o agente público deixar o exercício do mandato, do cargo, do emprego ou da função.

GABARITO: C.

72. **(2019 - Prefeitura da Estância Turística de Guaratinguetá - Auxiliar Jurídico)** Assinale a alternativa que está de acordo com a Lei nº 8.429/92 (Lei de Improbidade Administrativa).

a) A perda da função pública e a suspensão dos direitos políticos se efetivam independentemente do trânsito em julgado da sentença condenatória.

b) Constitui crime a representação por ato de improbidade contra agente público ou terceiro beneficiário, quando o autor da denúncia o sabe inocente.

c) Constitui ato de improbidade administrativa que atenta contra os princípios da administração pública perceber vantagem econômica para intermediar a liberação de verba pública.

d) A aplicação das sanções previstas na Lei nº 8.429/92 depende da rejeição das contas pelo órgão de controle interno ou pelo Tribunal ou Conselho de Contas.

e) As ações destinadas a levar a efeitos as sanções previstas na Lei nº 8.429/92 podem ser propostas até dez anos após o término do exercício de cargo em comissão.

A: Incorreta. Os acusados em ações por ato de improbidade administrativa, assim como todos os acusados em procedimentos administrativos e judiciais, são presumidamente inocentes e não podem ser punidos sem o devido processo legal com direito ao exercício da ampla defesa e do contraditória.

Assim, a perda do cargo e suspensão dos direitos políticos são sanções que só se efetivam após o trânsito em julgado de sentença condenatória. É isso que determina o Art. 20 da Lei nº 8.429/1992 que diz o seguinte:

Art. 20. A perda da função pública e a suspensão dos direitos políticos só se efetivam com o trânsito em julgado da sentença condenatória.

B: De acordo com o Art. 19 da Lei nº 8.429/1992, "constitui crime a representação por ato de improbidade contra agente público ou terceiro beneficiário, quando o autor da denúncia o sabe inocente".

C: Incorreta. Os atos de improbidade administrativa, consideradas as disposições da Lei nº 8.429/1992, são classificadas pela doutrina nas seguintes categorias: i) atos que importam em enriquecimento ilícito que são aqueles previstos no Art. 9º da Lei de Improbidade Administrativa; ii) atos que causam lesão ao patrimônio público que são disciplinados pelo Art. 10 da Lei nº 8.429/1992; iii) atos que atentam contra os princípios administrativos previstos no Art. 11 da Lei nº 8.429/1992.

D: Incorreta. A aplicação das sanções previstas na Lei nº 8.429/1992 não depende da rejeição das contas por órgão de controle interno, Tribunal ou Conselho de Contas.

E: Incorreta. De acordo com o Art. 23 da Lei nº 8.429/1992, as ações para aplicação das sanções previstas na Lei de Improbidade Administrativa devem ser propostas : i) até cinco anos após o término do exercício de mandato, de cargo em comissão ou de função de confiança; ii) dentro do prazo prescricional previsto em lei específica para faltas disciplinares puníveis com demissão a bem do serviço público, nos casos de exercício de cargo efetivo ou emprego; iii) até cinco anos da data da apresentação à administração pública da prestação de contas final pelas entidades referidas no parágrafo único do Art. 1º desta Lei.

GABARITO: B.

---

73. **(2020 - Câmara de Boituva/SP - Agente Legislativo)** Assinale a alternativa que está de acordo com a Lei nº 8.429/92.

a) Ocorrendo lesão ao patrimônio público por ação ou omissão, desde que dolosa, do agente ou de terceiro, dar-se-á o integral ressarcimento do dano.

b) Constitui ato de improbidade administrativa que causa lesão ao erário agir negligentemente na conservação do patrimônio público.

c) Constitui ato de improbidade administrativa que importa em enriquecimento ilícito agir negligentemente na arrecadação de tributo ou renda.

d) Será punido exclusivamente com pena de suspensão por até 180 (cento e oitenta) dias o agente público que se recusar a prestar declaração dos bens, dentro do prazo determinado.

e) A ação principal, que terá o rito ordinário, será proposta pelo Ministério Público ou pela pessoa jurídica interessada, dentro de 120 (cento e vinte) dias da efetivação da medida cautelar.

Dispõe o Art. 5º da Lei nº 8.429/92: "Ocorrendo lesão ao patrimônio público por ação ou omissão, dolosa ou culposa, do agente ou de terceiro, dar-se-á o integral ressarcimento do dano."

GABARITO: B.

---

74. **(2020 - Câmara de Boituva/SP - Agente Administrativo)** Entre os sujeitos passivos, objeto da Lei de Improbidade Administrativa (Lei nº 8.429/92), tem-se:

a) a empresa incorporada ao patrimônio público ou entidade para cuja criação ou custeio o erário haja concorrido ou concorra com mais de trinta por cento do patrimônio ou da receita anual.

b) o patrimônio de entidade que receba subvenção, benefício ou incentivo, fiscal ou creditício, de órgão público e entidades para cuja criação ou custeio o erário haja concorrido ou concorra com menos de trinta por cento do patrimônio ou da receita anual.

c) a empresa incorporada ao patrimônio público ou entidade para cuja criação ou custeio o erário haja concorrido ou concorra com mais de quarenta por cento do patrimônio ou da receita anual.

d) o patrimônio de entidade que receba subvenção, benefício ou incentivo, fiscal ou creditício, de órgão público e entidades para cuja criação ou custeio o erário haja concorrido ou concorra com menos de quarenta por cento do patrimônio ou da receita anual.

e) a empresa incorporada ao patrimônio público ou entidade para cuja criação ou custeio o erário haja concorrido ou concorra com mais de cinquenta por cento do patrimônio ou da receita anual.

De início, é preciso pontuar que o sujeito passivo dos atos de improbidade vem a ser a pessoa jurídica que sofre os efeitos de tal espécie de ilícito, ou seja, corresponde à "vítima" do ato ímprobo. A propósito do tema, a Lei nº 8.429/92 assim pontua em seu Art. 1º:

Art. 1º. ***Os atos de improbidade praticados por qualquer agente público, servidor ou não, contra a administração direta, indireta ou fundacional de qualquer dos Poderes da União, dos Estados, do Distrito Federal, dos Municípios, de Território, de empresa incorporada ao patrimônio público ou de entidade para cuja criação ou custeio o erário haja concorrido ou concorra com mais de cinquenta por cento do patrimônio ou da receita anual, serão punidos na forma desta lei.***

Parágrafo único. Estão também sujeitos às penalidades desta lei os atos de improbidade praticados contra o patrimônio de entidade que receba subvenção, benefício ou incentivo, fiscal ou creditício, de órgão público bem como daquelas para cuja criação ou custeio o erário haja concorrido ou concorra com menos de cinquenta por cento do patrimônio ou da receita anual, limitando-se, nestes casos, a sanção patrimonial à repercussão do ilícito sobre a contribuição dos cofres públicos.

À luz deste preceito normativo, percebe-se que as opções A, B, C e D se mostram equivocadas porquanto apresentam como parâmetros percentuais equivocados (30 ou 40%), ao passo que a lei de regência, tanto no *caput* quanto no parágrafo único, se refere a 50%.

GABARITO: E.

---

75. **(2019 - TJ/AL - Notário e Registrador/Remoção)** A Lei da Improbidade Administrativa elenca atos praticados por qualquer agente publico e as respectivas sanções, sendo correto afirmar:

a) a conduta culposa do agente público, que ocasiona prejuízo ao erário, não dá ensejo à responsabilização por improbidade administrativa.

b) pessoa Jurídica de Direito Público, mesmo que interessada, não tem legitimidade para propor ação de improbidade administrativa.

c) àquele que concorra para a prática do ato de improbidade administrativa ou dele se beneficie, mesmo não sendo agente público, são aplicadas as disposições da Lei da Improbidade Administrativa.

d) em nenhuma hipótese, poderá o sucessor ser alcançado por sanções previstas na Lei de improbidade Administrativa, por ser tratarem de penalidades personalíssimas.

A assertiva está em sintonia com o disposto no Art. 3º da Lei nº 8.429/92: *As disposições desta lei são aplicáveis, no que couber, àquele que, mesmo não sendo agente público, induza ou concorra para a prática do ato de improbidade ou dele se beneficie sob qualquer forma direta ou indireta.*

GABARITO: C.

---

76. **(2016 - Câmara Municipal de Guaratinguetá/SP - Auxiliar Legislativo)** A ação principal de improbidade administrativa pode ser proposta:

a) por qualquer cidadão.

b) por partido político com representação no Poder Legislativo correspondente à esfera em que se deu o ato (Federal, Estadual ou Municipal).

c) por confederação sindical ou entidade de classe de âmbito nacional.

d) pelo Ministério Público ou pela pessoa jurídica interessada.

e) pelo Procurador Geral de Justiça, se ente estadual ou municipal, e pelo Procurador Geral da República, se ente federal.

Lei nº 8.429/92:

Art. 17. *A ação principal, que terá o rito ordinário, será proposta pelo Ministério Público ou pela pessoa jurídica interessada, dentro de trinta dias da efetivação da medida cautelar.*

GABARITO: D.

---

77. **(2016 - Câmara Municipal de Guaratinguetá/SP - Auxiliar Legislativo)** Usar, em proveito próprio, bens, rendas, verbas ou valores integrantes do acervo patrimonial das entidades, nos termos da Lei Federal nº 8.429/92, é ato de improbidade que:

a) atenta contra a impessoalidade da Administração Pública.

b) viola a moralidade administrativa.

c) atenta contra os princípios da Administração Pública.

d) causa prejuízo ao erário.

e) importa enriquecimento ilícito.

Art. 9º, XII, da Lei nº 8.429/92:

Art. 9º. *Constitui ato de improbidade administrativa importando enriquecimento ilícito auferir qualquer tipo de vantagem patrimonial indevida em razão do exercício de cargo, mandato, função, emprego ou atividade nas entidades mencionadas no Art. 1º desta lei, e notadamente:*

(...)

DIR ADM

XII - usar, em proveito próprio, bens, rendas, verbas ou valores integrantes do acervo patrimonial das entidades mencionadas no Art. 1º desta lei.

GABARITO: E.

78. **(2016 - PPSA - Assistente Jurídico)** Nos termos da Lei de Improbidade Administrativa, é correto afirmar que:

a) particulares não podem responder por improbidade administrativa, apenas servidores públicos.

b) ações ou omissões que atentam contra os princípios da Administração Pública podem caracterizar ato de improbidade administrativa, ainda que não tenha havido culpa ou dolo por parte do agente.

c) um servidor público pode incorrer em ato de improbidade administrativa por atentar contra os princípios da Administração Pública, independentemente de ter havido enriquecimento ilícito ou ocasionado dano ao erário.

d) para os atos de improbidade administrativa que geram enriquecimento ilícito, a lei prevê a possibilidade de aplicação de multa de até 2 vezes o que se acresceu ilicitamente.

e) para os atos de improbidade administrativa que causam dano ao erário, a lei prevê a possibilidade de suspensão dos direitos políticos por até 10 anos.

Art. 11. ***Constitui ato de improbidade administrativa que atenta contra os princípios da administração pública qualquer ação ou omissão que viole os deveres de honestidade, imparcialidade, legalidade e lealdade às instituições (...).***

A norma não faz referência nem ao enriquecimento ilícito do agente, nem da ocorrência de dano ao erário.

GABARITO: C.

79. **(2019 - Prefeitura de Arujá/SP - Advogado)** A Constituição Federal prevê, dentre outras, as seguintes sanções pela prática de atos de improbidade administrativa:

a) perda da função pública e indisponibilidade de bens.

b) suspensão dos direitos políticos e confisco de bens.

c) cassação dos direitos políticos e perda da função pública.

d) perda dos direitos políticos e ressarcimento ao erário.

e) perda da função pública e confisco de bens.

Art. 37, § 4º:

Os atos de improbidade administrativa importarão a suspensão dos direitos políticos, a perda da função pública, a indisponibilidade dos bens e o ressarcimento ao erário, na forma e gradação previstas em lei, sem prejuízo da ação penal cabível.

GABARITO: A.

80. **(2017 - IPRESB/SP - Analista Previdenciário/Assistente Social)** Considerando o disposto na Lei de Improbidade Administrativa, Lei nº 8.429/92, a conduta de "revelar fato ou circunstância de que tem ciência em razão das atribuições e que deva permanecer em segredo":

a) não se constitui em ato de improbidade administrativa.

b) será punida apenas na hipótese de a conduta ter resultado em prejuízo aos cofres públicos.

c) terá a punição agravada em dois terços da pena se o autor da conduta se enriqueceu indevidamente.

d) acarretará multa ao autor, a demissão do servidor público e a pena de prisão por até um ano.

e) é um tipo de ato de improbidade administrativa que atenta contra os princípios da administração.

A hipótese seria de ato que atenta contra os princípios da administração pública, na forma do Art. 11, VII, da Lei nº 8.429/92, *litteris*:

Art. 11. ***Constitui ato de improbidade administrativa que atenta contra os princípios da administração pública qualquer ação ou omissão que viole os deveres de honestidade, imparcialidade, legalidade, e lealdade às instituições, e notadamente:***

(...)

VII - revelar ou permitir que chegue ao conhecimento de terceiro, antes da respectiva divulgação oficial, teor de medida política ou econômica capaz de afetar o preço de mercadoria, bem ou serviço.

GABARITO: E.

---

81. **(2017 - IPRESB/SP - Analista Previdenciário/Assistente Social)** Com relação ao ato de improbidade administrativa, a Constituição Federal estabelece que:

a) pode ensejar a cassação dos direitos políticos.

b) é crime imprescritível.

c) será punível com pena de prisão.

d) importará na indisponibilidade de bens.

e) é crime inafiançável.

Art. 37 (...) § 4º - ***Os atos de improbidade administrativa importarão a suspensão dos direitos políticos, a perda da função pública, a indisponibilidade dos bens e o ressarcimento ao erário, na forma e gradação previstas em lei, sem prejuízo da ação penal cabível.***

GABARITO: D.

---

82. **(2019 - Prefeitura de São José dos Campos/SP - Analista em Gestão Municipal/Direito)** Assinale a alternativa correta sobre improbidade administrativa.

a) Os atos de improbidade podem ser praticados por qualquer agente público, desde que seja servidor.

b) Não estão sujeitos às penalidades da lei de improbidade os atos praticados contra o patrimônio de entidade para cuja criação ou custeio o erário haja concorrido com menos de 50% (cinquenta por cento) do patrimônio ou da receita anual.

c) Não é considerado agente público, para os efeitos da lei de improbidade, aquele que exerce transitoriamente ou sem remuneração vínculo com a Administração.

d) Ocorrendo lesão ao patrimônio público, desde que exclusivamente por ação dolosa do agente ou de terceiro, dar-se-á o integral ressarcimento do dano.

e) O sucessor daquele que causar lesão ao patrimônio público ou se enriquecer ilicitamente está sujeito às cominações da lei de improbidade até o limite do valor da herança.

Art. 8° da Lei nº 8.429/92: ***O sucessor daquele que causar lesão ao patrimônio público ou se enriquecer ilicitamente está sujeito às cominações desta lei até o limite do valor da herança.***

GABARITO: E.

---

83. **(2018 - Câmara de Campo Limpo Paulista/SP - Técnico de Processo Legislativo)** Apolo, servidor público municipal efetivo, está obrigado, por lei, a apresentar, anualmente, a sua declaração de bens perante a Administração Pública do Município. No entanto, no último ano, Apolo se recusou a cumprir essa obrigação, dentro do prazo determinado. Nessa situação, diante do que dispõe a Lei de Improbidade Administrativa (Lei nº 8.429/92), Apolo:

a) estará sujeito a ser punido com a pena de demissão, a bem do serviço público, sem prejuízo de outras sanções cabíveis.

b) não sofrerá punição se foi a primeira vez que ele deixou de apresentar a declaração de bens a que estava obrigado.

c) deverá sofrer a pena de advertência e, se for reincidente, será suspenso de suas funções pelo prazo de 90 dias.

d) será colocado em disponibilidade, com proventos proporcionais ao tempo de serviço público prestado no Município.

e) ficará sujeito à perda da função pública e suspensão dos direitos políticos pelo prazo de dez anos.

Em se tratando do dever de declaração de bens, a cargo dos servidores público, cumpre acionar o teor do Art. 13 da Lei nº 8.429/92, que assim enuncia:

Art. 13. ***A posse e o exercício de agente público ficam condicionados à apresentação de declaração dos bens e valores que compõem o seu patrimônio privado, a fim de ser arquivada no serviço de pessoal competente.***

§ 1º A declaração compreenderá imóveis, móveis, semoventes, dinheiro, títulos, ações, e qualquer outra espécie de bens e valores patrimoniais, localizado no País ou no exterior, e, quando for o caso, abrangerá os bens e valores patrimoniais do cônjuge ou companheiro, dos filhos e de outras pessoas que vivam sob a dependência econômica do declarante, excluídos apenas os objetos e utensílios de uso doméstico.

§ 2º A declaração de bens será anualmente atualizada e na data em que o agente público deixar o exercício do mandato, cargo, emprego ou função.

§ 3º Será punido com a pena de demissão, a bem do serviço público, sem prejuízo de outras sanções cabíveis, o agente público que se recusar a prestar declaração dos bens, dentro do prazo determinado, ou que a prestar falsa.

§ 4º O declarante, a seu critério, poderá entregar cópia da declaração anual de bens apresentada à Delegacia da Receita Federal na conformidade da legislação do Imposto sobre a Renda e proventos de qualquer natureza, com as necessárias atualizações, para suprir a exigência contida no caput e no § 2º deste artigo.

GABARITO: A.

---

84. **(2020 - SeMAE - Engenharia Civil)** No que concerne à apresentação da declaração de bens e valores que compõem o patrimônio privado do agente público, é correto afirmar que, nos termos da Lei Federal nº 8.429/92, a referida declaração:

a) não compreenderá os bens móveis até cinquenta mil reais.

b) será, por meio de sistema informatizado, atualizada semestralmente.

c) quando for o caso, abrangerá os bens e valores patrimoniais do cônjuge.

d) compreenderá os imóveis, os móveis, o dinheiro, os títulos, excetuando as ações.

e) não poderá condicionar a posse e o exercício do agente público.

A Lei de Improbidade Administrativa prevê que a posse e o exercício de agente público ficam condicionados à apresentação de declaração dos bens e valores componentes de seu patrimônio privado.

O Art. 13, § 1º prevê que a referida declaração ***compreenderá imóveis, móveis, semoventes, dinheiro, títulos, ações, e qualquer outra espécie de bens e valores patrimoniais, localizado no País ou no exterior, e, quando for o caso, abrangerá os bens e valores patrimoniais do cônjuge ou companheiro, dos filhos e de outras pessoas que vivam sob a dependência econômica do declarante, excluídos apenas os objetos e utensílios de uso doméstico.***

GABARITO: C.

---

85. **(2018 - PC/BA - Escrivão de Polícia)** Na hipótese de o Tribunal de Contas verificar, em fiscalização, que houve transferência de recursos públicos a organização da sociedade civil por meio de parceria com a Administração Pública sem observância das formalidades legais ou regulamentares aplicáveis, a autoridade responsável pelo repasse responderá por ato de improbidade administrativa:

a) que causa prejuízo ao erário.

b) que importa enriquecimento ilícito.

c) que atenta contra os princípios da Administração Pública.

d) decorrente de concessão ou aplicação indevida de benefício financeiro.

e) que atenta contra o Estado Democrático de Direito.

A conduta descrita no enunciado da presente questão tem apoio expresso no teor do Art. 10, XX, da Lei nº 8.429/92, que assim preceitua:

Art. 10. ***Constitui ato de improbidade administrativa que causa lesão ao erário qualquer ação ou omissão, dolosa ou culposa, que enseje perda patrimonial, desvio, apropriação, malbaratamento ou dilapidação dos bens ou haveres das entidades referidas no Art. 1º desta lei, e notadamente:***

(...)

XX - liberar recursos de parcerias firmadas pela administração pública com entidades privadas sem a estrita observância das normas pertinentes ou influir de qualquer forma para a sua aplicação irregular.

GABARITO: A.

---

86. **(2018 - PC/BA - Escrivão de Polícia)** Servidor público que revelar fato de que tenha ciência em razão do cargo e que deveria manter em segredo, responderá, no âmbito administrativo:

a) pela prática de infração disciplinar, sujeitando-se à pena de demissão como efeito da condenação judicial transitada em julgado.

b) pela prática de infração disciplinar e ato de improbidade administrativa, sujeitando-se, à pena de demissão.

c) pela prática de infração disciplinar e ato de improbidade administrativa, sujeitando-se à sanção administrativa de perda do cargo público.

d) pela prática de ato de improbidade administrativa, cuja penalidade alcança as esferas disciplinar, civil e criminal.

e) pela prática de infração disciplinar, sujeitando-se à pena de advertência ou suspensão por até 90 (noventa) dias.

Conforme Art. 11, VII, da Lei nº 8.429/92 tal ato configura improbidade administrativa, e na previsão do Art. 132, IV e IX, da Lei nº 8.112/90, tanto a improbidade administrativa quanto a revelação de segredo constituem infrações disciplinares que sujeitam o servidor à pena de demissão. É importante frisar que a demissão é uma das formas de perda da função pública, mas ela tem caráter punitivo, diferente, por exemplo, da exoneração.

GABARITO: B.

---

87. **(2018 - Câmara de São Joaquim da Barra/SP - Procurador Jurídico)** Suponha que o Prefeito de um Município qualquer da Federação dispense a realização de licitação para aquisição de alimentos a fim de distribuição à população em cestas básicas, no valor de R$ 50.000,00, embora tal situação não encontre amparo em nenhuma das hipóteses de dispensa previstas pela Lei Federal nº 8.666/93. Considere-se, também, que não é provado que o valor gasto foi superior àquele que, em tese, seria obtido em uma licitação pública. Neste caso, a conduta do Prefeito.

a) seria considerada ato de improbidade administrativa que causa prejuízo ao Erário, porque este é presumido em tal hipótese.

b) não seria considerada ato de improbidade administrativa, pois é necessário comprovar o prejuízo ao Erário para a caracterização de um ato de improbidade.

c) seria considerada ato de improbidade administrativa que atenta contra princípios da Administração Pública, pela não comprovação do dano.

d) não seria considerada ato de improbidade administrativa, pois o rol de hipóteses de dispensa de licitação da Lei Federal nº 8.666/93 não é taxativo.

e) seria considerada ato de improbidade administrativa decorrente de concessão ou aplicação indevida de recurso público, face à não comprovação do prejuízo.

Inicialmente, cabe destacar que as hipóteses de dispensa de licitação previstas na Lei nº 8.666/93 são taxativas ou exaustivas, não se admitindo qualquer ampliação analógica. Assim, a dispensa de licitação realizada pelo prefeito foi indevida, o que configura ato de improbidade administrativa que causa prejuízo ao erário previsto no Art. 10, VIII, da Lei nº 8.429/92.

Em regra, para a configuração dos atos de improbidade administrativa previstos no Art. 10 da Lei nº 8.429/92 exige-se a presença do efetivo dano ao erário. Entretanto, temos uma exceção: no caso da conduta descrita no inciso VIII do Art. 10, VIII não se exige a presença do efetivo dano ao erário. Isso porque, neste caso, o dano é presumido (dano *in re ipsa*).

GABARITO: A.

DIR ADM

88. **(2019 - Prefeitura de Francisco Morato/SP - Auditor Fiscal)** A respeito da improbidade administrativa, assinale a alternativa correta.

a) Caso a conduta de agente público se configure como ato de improbidade administrativa, a eventual aplicação de pena de demissão é reservada ao Poder Judiciário, não sendo possível a utilização do mesmo fato para a aplicação da pena de demissão no âmbito disciplinar.

b) Como consequência do princípio da moralidade administrativa, em se enquadrando determinada conduta como ato de improbidade administrativa, é obrigatória a aplicação cumulativa de todas as penas previstas em lei.

c) Para que uma conduta configure ato de improbidade administrativa que atente contra princípios da Administração Pública é necessária a presença do dolo, não se exigindo prova de prejuízo ao erário ou de enriquecimento ilícito do agente.

d) A legitimidade para a propositura da ação de improbidade administrativa é reservada exclusivamente ao Ministério Público, por possuir esse órgão a função constitucional de defender a ordem jurídica.

e) O prazo de prescrição para a propositura de ação de improbidade administrativa contra agente que possui mandato eletivo é de 05 (cinco) anos, contados a partir da prática da conduta considerada como improbidade administrativa.

De fato, as condutas violadoras de princípios da administração pública somente admitem cometimento, conforme manso entendimento doutrinário e jurisprudencial, mediante comportamento doloso, não bastando apenas a culpa.

Por outro lado, também é correto sustentar que referidos atos ímprobos, vazados no Art. 11 da Lei nº 8.429/92, não demandam a presença de danos ao erário ou de enriquecimento ilícito.

GABARITO: C.

---

89. **(2019 - Prefeitura de Osasco/SP - Fiscal Tributário)** Um fiscal tributário que revelar ou permitir que chegue ao conhecimento de terceiro, antes da respectiva divulgação oficial, teor de medida política ou econômica capaz de afetar o preço de mercadoria, bem ou serviço, em tese, poderá responder pela prática de:

a) crime contra a ordem econômica, punível com a perda do cargo público.

b) ilícito civil, punível com advertência e reparação do erário por perdas e danos.

c) ato de improbidade administrativa, punível com perda do cargo público e suspensão dos direitos políticos.

d) infração disciplinar punível com exoneração e suspensão dos direitos políticos.

e) ato atentatório contra a dignidade da função, punível com exoneração e perda dos direitos políticos.

Lei nº 9.784/1999:

Art. 11. ***Constitui ato de improbidade administrativa que atenta contra os princípios da administração pública qualquer ação ou omissão que viole os deveres de honestidade, imparcialidade, legalidade, e lealdade às instituições, e notadamente:***

(...)

VII - revelar ou permitir que chegue ao conhecimento de terceiro, antes da respectiva divulgação oficial, teor de medida política ou econômica capaz de afetar o preço de mercadoria, bem ou serviço.

Em assim sendo, as sanções aplicáveis a este comportamento estão vazadas no Art. 12, III, do mesmo diploma legal, *in verbis:*

Art. 12. ***Independentemente das sanções penais, civis e administrativas previstas na legislação específica, está o responsável pelo ato de improbidade sujeito às seguintes cominações, que podem ser aplicadas isolada ou cumulativamente, de acordo com a gravidade do fato:***

(...)

III - na hipótese do Art. 11, ressarcimento integral do dano, se houver, perda da função pública, suspensão dos direitos políticos de três a cinco anos, pagamento de multa civil de até cem vezes o valor da remuneração percebida pelo agente e proibição de contratar com o Poder Público ou receber benefícios ou incentivos fiscais ou creditícios, direta ou indiretamente, ainda que por intermédio de pessoa jurídica da qual seja sócio majoritário, pelo prazo de três anos.

GABARITO: C.

---

90. **(2017 - IPRESB/SP - Agente Previdenciário)** Considere a seguinte situação hipotética: servidor do Instituto de Previdência Social dos Servidores de Barueri utiliza a máquina copiadora e papel sulfite, existentes na repartição, para tirar cópias de material que empregará em aulas voluntárias sobre cidadania, que ministra, gratuitamente, aos sábados, fora do horário do expediente. A conduta do servidor, à luz da Lei Federal nº 8.429/92,

a) constitui ato de improbidade administrativa que importa enriquecimento ilícito.

b) constitui ato de improbidade administrativa que causa prejuízo ao erário.

c) constitui ato de improbidade administrativa que atenta contra os princípios da Administração Pública.

d) constitui ato de improbidade administrativa decorrente de concessão ou aplicação indevida de benefício financeiro ou tributário.

e) não constitui ato de improbidade, pois o uso não era em proveito próprio, mas sim de quaisquer cidadãos que frequentem o curso.

A situação narrada pelo enunciado tratou de ato de improbidade que gera enriquecimento ilícito do agente. (Art. 9º, IV).

A premissa central para configuração do enriquecimento ilícito é o recebimento da vantagem patrimonial indevida, independentemente da ocorrência de dano ao erário. As vantagens obtidas pelo agente, serão auferidas, notadamente, em proveito próprio.

Art. 9º. *Constitui ato de improbidade administrativa importando enriquecimento ilícito auferir qualquer tipo de vantagem patrimonial indevida em razão do exercício de cargo, mandato, função, emprego ou atividade nas entidades mencionadas no Art. 1º desta lei, e notadamente:*

IV - utilizar, em obra ou serviço particular, veículos, máquinas, equipamentos ou material de qualquer natureza, de propriedade ou à disposição de qualquer das entidades mencionadas no Art. 1º desta lei, bem como o trabalho de servidores públicos, empregados ou terceiros contratados por essas entidades.

Já a prática de improbidade administrativa tipificada no art. 10 (prejuízo ao erário) tem como pressuposto central para tipificação do ato de improbidade a ocorrência de lesão ao erário, sendo irrelevante, segundo a doutrina, o eventual enriquecimento ilícito do agente público ou do terceiro.

Art. 10. *Constitui ato de improbidade administrativa que causa lesão ao erário qualquer ação ou omissão, dolosa ou culposa, que enseje perda patrimonial, desvio, apropriação, malbaratamento ou dilapidação dos bens ou haveres das entidades referidas no Art. 1º desta lei, e notadamente:*

XIII - permitir que se utilize, em obra ou serviço particular, veículos, máquinas, equipamentos ou material de qualquer natureza, de propriedade ou à disposição de qualquer das entidades mencionadas no Art. 1º desta lei, bem como o trabalho de servidor público, empregados ou terceiros contratados por essas entidades.

Contudo, é interessante notar, a título de memorização, que sempre que os incisos do Art. 10 (prejuízo ao erário) mencionam algum beneficiário, o fazem-no acerca de terceiros, e nunca do próprio agente, pois, como visto, se assim ocorrer, será caso de enriquecimento ilícito (Art. 9).

GABARITO: A.

---

91. **(2017 - TJ/SP - Escrevente Técnico Judiciário)** No processo judicial de improbidade administrativa, o Ministério Público:

a) se não intervir no processo como parte, atuará obrigatoriamente, como fiscal da lei, sob pena de nulidade.

b) atuará somente como fiscal da lei, mas promoverá as ações necessárias à complementação do ressarcimento do patrimônio público.

c) atuará somente como autor, não intervindo se a pessoa jurídica interessada propuser a ação ordinária.

d) é o único legitimado a propor a ação ordinária, dentro de trinta dias da efetivação da medida cautelar.

e) poderá abster-se de contestar o pedido, ou poderá atuar ao lado do autor, desde que isso se afigure útil ao interesse público, a juízo do Procurador Geral de Justiça.

A presente afirmativa está respaldada, de modo literal, no teor do Art. 17, § 4º, Lei nº 8.429/92, que assim preceitua:

DIR ADM

§ 4º *O Ministério Público, se não intervir no processo como parte, atuará obrigatoriamente, como fiscal da lei, sob pena de nulidade.*

Logo, não há qualquer equívoco em seu teor, visto que é simples reprodução do texto legal.

GABARITO: A.

---

92. **(2017 - TJ/SP - Escrevente Técnico Judiciário)** O procedimento administrativo previsto na Lei Federal nº 8.429/92, destinado a apurar a prática de ato de improbidade,

a) será iniciado por representação, que será escrita ou reduzida a termo, podendo o representante permanecer anônimo, se assim o desejar.

b) poderá acarretar o exame e o bloqueio de bens, contas bancárias e aplicações financeiras mantidas pelo indiciado no exterior, se for o caso.

c) poderá compreender o decreto de sequestro dos bens do agente ou terceiro que tenha enriquecido ilicitamente ou causado dano ao patrimônio público.

d) impedirá a apuração dos fatos pelo Ministério Público, caso se conclua pela improcedência das acusações.

e) deverá ser levado ao conhecimento do Ministério Público e do Tribunal ou Conselho de Contas, pela Comissão Processante.

Lei nº 8.429/1992:

Art. 15. ***A comissão processante dará conhecimento ao Ministério Público e ao Tribunal ou Conselho de Contas da existência de procedimento administrativo para apurar a prática de ato de improbidade.***

GABARITO: E.

---

93. **(2017 - TJ/SP - Escrevente Técnico Judiciário)** Assinale a alternativa que corretamente discorre sobre as penas previstas na Lei de Improbidade Administrativa.

a) No caso de condenação por ato de improbidade administrativa decorrente de concessão ou aplicação indevida de benefício financeiro ou tributário, não cabe a aplicação da pena de perda da função pública.

b) A aplicação das penas previstas na Lei de Improbidade Administrativa impede a aplicação das demais sanções penais, civis e administrativas previstas em legislação específica.

c) Na fixação das penas previstas na Lei de Improbidade Administrativa, o juiz levará em conta a extensão do dano causado, assim como o proveito patrimonial obtido pelo agente.

d) A pena de proibição de contratar com o Poder Público ou receber benefícios ou incentivos fiscais ou creditícios, direta ou indiretamente, ainda que por intermédio de pessoa jurídica da qual seja sócio majoritário, terá o prazo máximo de 2 (dois) anos.

e) As penas previstas na Lei de Improbidade Administrativa deverão ser aplicadas cumulativamente, exceto quando se tratar de ato de improbidade administrativa que atente contra os princípios da Administração Pública.

A: Errado - A conduta descrita neste item amolda-se, com exatidão, à norma do Art. 10-A, que assim dispõe:

Art. 10-A. ***Constitui ato de improbidade administrativa qualquer ação ou omissão para conceder, aplicar ou manter benefício financeiro ou tributário contrário ao que dispõem o caput e o § 1º do art. 8º-A da Lei Complementar nº 116, de 31 de julho de 2003.***

Assim sendo, as penalidades respectivas encontram-se previstas no art. 12, IV, de seguinte redação:

IV - na hipótese prevista no art. 10-A, perda da função pública, suspensão dos direitos políticos de 5 (cinco) a 8 (oito) anos e multa civil de até 3 (três) vezes o valor do benefício financeiro ou tributário concedido.

Como se vê, a perda da função pública encontra-se, sim, dentre as possíveis sanções a serem aplicadas, razão pela qual não está correta esta primeira opção.

B: Errado - A presente assertiva contraria, frontalmente, o teor do art. 12, *caput*, segundo o qual:

Art. 12. ***Independentemente das sanções penais, civis e administrativas previstas na legislação específica, está o responsável pelo ato de improbidade sujeito às seguintes cominações, que podem ser aplicadas isolada ou cumulativamente, de acordo com a gravidade do fato.***

Daí se extrai que as penalidades previstas na Lei nº 8.429/92 podem ser impostas de modo independente, sem prejuízo, pois, das demais sanções eventualmente aplicáveis nas esferas cível, administrativa e penal.

C: Certo - Cuida-se de afirmativa que conta com amparo literal na regra do Art. 12, parágrafo único, *in verbis:*

Parágrafo único. Na fixação das penas previstas nesta lei o juiz levará em conta a extensão do dano causado, assim como o proveito patrimonial obtido pelo agente.

Logo, não há qualquer equívoco nesta opção.

D: Errado - Basta ler as regras contidas nos incisos I a III do Art. 12 para se perceber que a penalidade de proibição de contratar com Poder Público ou receber benefícios ou incentivos fiscais ou creditícios, direta ou indiretamente, ainda que por intermédio de pessoa jurídica da qual seja sócio majoritário, possui, sim, prazos superiores a dois anos. No caso do inciso I, pode chegar a até dez anos; no do inciso II, a até cinco anos; e, por fim, em se tratando do inciso III, o máximo é de três anos.

Logo, claramente incorreta a presente alternativa.

E: Errado - Inexiste a obrigatoriedade de cumulação das penalidades, independentemente da espécie de ato de improbidade de que se estiver cogitando, conforme deixa evidenciado o Art. 12, *caput*, parte final, o qual deixará de ser transcrito, outra vez, porquanto já o foi nos comentários da opção "a", acima, aos quais remetemos o leitor.

Caberá ao juiz, em síntese, à luz do princípio do livre convencimento motivado, aplicar as sanções que se revelarem adequadas, diante das circunstâncias do caso concreto.

GABARITO: C.

---

94. **(2017 - TJ/SP - Escrevente Técnico Judiciário)** Suponha que Secretário da Fazenda de um estado qualquer da Federação aceite exercer, nas horas vagas, concomitantemente ao exercício do cargo público, atividades de consultoria a empresas sujeitas ao recolhimento do ICMS, tributo estadual. Nesse caso, à luz do previsto na Lei Federal n° 8.429/92, a conduta descrita pode ser considerada:

a) ato de improbidade administrativa que atenta contra os princípios da Administração Pública.

b) ato de improbidade administrativa que importa enriquecimento ilícito.

c) indiferente, pois não caracteriza nenhuma das hipóteses de ato de improbidade administrativa previstas.

d) ato de improbidade administrativa decorrente de concessão ou aplicação indevida de benefício financeiro ou tributário.

e) ato de improbidade administrativa que causa prejuízo ao Erário.

Pelo que se pode extrair do enunciado da questão, a conduta do hipotético secretário de Estado incorreria na previsão contida no Art. 9º, VIII, Lei nº 8.429/92, que assim estabelece, sendo certo que os destaques foram acrescentados:

Art. 9º. *Constitui ato de improbidade administrativa importando enriquecimento ilícito auferir qualquer tipo de vantagem patrimonial indevida em razão do exercício de cargo, mandato, função, emprego ou atividade nas entidades mencionadas no Art. 1° desta lei, e notadamente:*

(...)

VIII - aceitar emprego, comissão ou exercer atividade de consultoria ou assessoramento para pessoa física ou jurídica que tenha interesse suscetível de ser atingido ou amparado por ação ou omissão decorrente das atribuições do agente público, durante a atividade.

GABARITO: B.

Processo Administrativo

95. **(2021 - Prefeitura de Jundiaí/SP - Procurador do Município)** A Administração Pública fez publicar no Diário Oficial que determinada competência de um órgão público estaria sendo delegada do seu titular para um funcionário de menor graduação dentro do referido órgão, estabelecendo que seria uma delegação geral, exceto quanto à decisão dos recursos administrativos, e por tempo indeterminado, e, ainda, que a delegação poderia ser revogada a qualquer tempo pela autoridade delegante. Nessa situação hipotética, nos termos da Lei nº 9.784/1999, que trata do processo administrativo, considerando que não há impedimento legal específico, é correto afirmar que essa delegação:

a) é totalmente legal, pois foi efetivada dentro do que permite o referido diploma legal, podendo, inclusive ser revogada a qualquer tempo.

b) é ilegal no que se refere ao prazo da delegação, que não pode ser por prazo indeterminado e por ter feito exceção quanto à decisão de recursos administrativos.

c) é ilegal tão somente quanto aos limites da delegação, que não pode ser genérica, devendo especificar o seu alcance e o seu limite, mas legal no que se refere ao prazo, que pode ser por tempo indeterminado.

d) é ilegal por ter sido concedida de forma genérica, sem limitações, e por ter sido atribuída por prazo indeterminado, mas a lei permite a revogação a qualquer tempo.

e) é ilegal por ter sido concedida a competência a funcionário subordinado, por ter sido conferida por prazo indeterminado, por ser genérica, sem limitação, e por prever a sua revogação a qualquer tempo.

Lei nº 9.784/1999:

Art. 12. ***Um órgão administrativo e seu titular poderão, se não houver impedimento legal, delegar parte da sua competência a outros órgãos ou titulares, ainda que estes não lhe sejam hierarquicamente subordinados, quando for conveniente, em razão de circunstâncias de índole técnica, social, econômica, jurídica ou territorial.***

(...)

Art. 14. ***O ato de delegação e sua revogação deverão ser publicados no meio oficial.***

§ 1º O ato de delegação especificará as matérias e poderes transferidos, os limites da atuação do delegado, a duração e os objetivos da delegação e o recurso cabível, podendo conter ressalva de exercício da atribuição delegada.

§ 2º O ato de delegação é revogável a qualquer tempo pela autoridade delegante.

Como daí se depreende, é possível chegar às seguintes conclusões:

i) a delegação deve ser parcial, não podendo ser genérica, abrangendo, amplamente, todas as competências do delegante;

ii) a delegação precisa ter prazo determinado, uma vez que a lei exige que seja estabelecida a sua duração; e

iii) a delegação é revogável, de fato, a qualquer tempo.

Com isso, é possível afirmar que o hipotético ato de delegação versado no enunciado da presente questão teria incidido em dupla violação da lei, a saber: ser total, e não parcial, bem como não ter prazo determinado.

GABARITO: D.

---

96. **(2021 – CODEN/SP – Advogado)** Ao tratar da instrução do processo administrativo, a Lei Federal nº 9.784, de 29 de janeiro de 1999, prevê a possibilidade de abrir período de consulta pública para manifestação de terceiros. Sobre tal prática, é correto afirmar:

a) Não implica no fato de que pessoas físicas ou jurídicas possam examinar os autos, fixando-se prazo para oferecimento de alegações escritas.

b) Ocorre antes da tomada de decisão, a juízo da autoridade, diante da relevância da questão, para debates sobre a matéria do processo.

c) Ocorre antes da decisão do pedido, podendo implicar em prejuízo para a parte interessada.

d) O comparecimento à consulta pública confere, por si, a condição de interessado do processo.

e) É vedada a participação de administrados por meio de organizações e associações, mesmo que legalmente reconhecidas.

A abertura de prazo para audiência pública ocorre, a juízo da autoridade competente, para debates da matéria do processo, antes da tomada de decisão, conforme Art. 32 da Lei nº 9.784/1999.

GABARITO: B.

---

97. **(2020 - Câmara de Boituva/SP - Analista Jurídico)** Determinado órgão administrativo, constatando não haver impedimento legal, delegou parte de sua competência, consistente na decisão de recursos administrativos, a outro órgão que não lhe era subordinado hierarquicamente. Houve especificação das matérias e poderes transferidos, limites e objetivos da delegação sem, contudo, haver a publicação no meio oficial. Sobre a situação versada e a disciplina da "competência" conforme previsto na lei do processo administrativo (nº 9.784/99), assinale a alternativa correta.

a) A lei sempre proíbe a delegação a órgão não hierarquicamente subordinado à autoridade delegante, independentemente da matéria objeto da delegação.

b) Houve ilegalidade com relação à matéria delegada e também com relação à ausência de publicação do ato no meio oficial.

c) A única ilegalidade verificada foi com relação à matéria delegada, pois é vedada a delegação no tocante à competência para decisão de recursos administrativos.

d) A única ilegalidade verificada foi com relação à ausência de publicação no meio oficial.

e) A situação versada não padece de qualquer ilegalidade à luz da disciplina da Lei nº 9.784/99.

A decisão de recursos administrativos não pode ser delegada, nos termos do Art. 13, Inciso II, da Lei nº 9.784 de 1999. Conforme indicado no Art. 14, da Lei nº 9.784 de 1999, o ato de delegação deve ser publicado no meio oficial.

GABARITO: B.

---

98. **(2019 - Prefeitura de Birigui/SP - Advogado)** Marcos ocupa a função de direção de órgão que possui por finalidade julgar recursos relativos à aplicação de penalidades e, para otimizar o funcionamento da unidade em que trabalha, deseja delegar o poder de decisão dos recursos relativos a sanções de menor valor. Considerando as disposições da Lei nº 9.784/99, é correto afirmar que:

a) Marcos poderá delegar a decisão do recurso administrativo a outros órgãos ou titulares, ainda que estes não lhe sejam hierarquicamente subordinados.

b) Marcos poderá delegar a decisão do recurso administrativo, desde que previamente publique o ato de delegação na imprensa oficial.

c) Marcos poderá delegar a decisão do recurso administrativo se a análise do recurso não envolver matérias de sua competência exclusiva.

d) Marcos não poderá delegar a decisão de recurso administrativo, mas poderia delegar a edição de atos de caráter normativo.

e) Marcos não poderá delegar a decisão de recurso administrativo.

Segundo os professores Ricardo Alexandre e João de Deus, a delegação de competência é o processo pelo qual um órgão ou um agente público transfere a outros órgãos ou agentes públicos a execução de parte de suas funções.

Diante disso, vamos analisar a assertiva. Sua resposta consta no Art. 13 da Lei nº 9.784/99:

Art. 13. Não podem ser objeto de delegação:

I - a edição de atos de caráter normativo;

II - a decisão de RECURSOS administrativos;

III - as matérias de competência exclusiva do órgão ou autoridade.

Percebam que expressamente os atos de caráter decisório dos recursos administrativos relativos a sanções não podem ser objeto de delegação, mesmo sendo essas de menor valor. Logo, a alternativa "e" é a correta.

GABARITO: E.

---

99. **(2020 - Câmara de Mogi Mirim/SP - Analista Legislativo)** João da Silva, servidor público municipal de Mogi-Mirim, postulou junto ao Município a averbação de tempo de serviço preteritamente prestado, o que lhe foi deferido, tendo-lhe sido concedidos quatro quinquênios. Três anos mais tarde, João foi surpreendido pela ordem de revisão de contagem de tempo de serviço, de cancelamento dos quinquênios e de devolução de valores tidos por indevidamente recebidos. Considerando a situação hipotética narrada, assinale a alternativa correta.

a) A decisão administrativa é correta, pois ao Município é facultada a revogação de atos inconvenientes ou inoportunos.

b) A decisão pode ser imposta ao servidor, porque a administração pode anular seus próprios atos quando eivados de ilegalidade.

c) A decisão administrativa é legal, porque fundada no poder de autotutela da Administração Pública.

d) O exercício do poder de autotutela administrativa deveria ter sido precedido de processo administrativo.

e) A decisão é correta, porque a exigência de processo pode ser mitigada pelo risco de lesão ao erário público.

Conforme Súmula 473 do STF:

A administração pode anular seus próprios atos, quando eivados de vícios que os tornam ilegais, porque deles não se originam direitos; ou revogá-los, por motivo de conveniência ou oportunidade, respeitados os direitos adquiridos, e ressalvada, em todos os casos, a apreciação judicial.

Igualmente, a norma citada prevê tal princípio:

Art. 53. *A Administração deve anular seus próprios atos, quando eivados de vício de legalidade, e pode revogá-los por motivo de conveniência ou oportunidade, respeitados os direitos adquiridos.*

Contudo, importante destacar que antes da efetivação da decisão administrativa de que decorra efeitos favoráveis às partes, mostra-se fundamental o atendimento ao princípio do contraditório e da ampla defesa, com os meios e recursos a eles inerentes, exigindo-se, para tanto, prévio processo administrativo. Neste sentido, enunciado do CJF:

"Enunciado 20, CJF: O exercício da autotutela administrativa, para o desfazimento do ato administrativo que produza efeitos concretos favoráveis aos seus destinatários, está condicionado à prévia intimação e oportunidade de contraditório aos beneficiários do ato".

GABARITO: D.

---

100. **(2019 - TJ/AL - Notário e Registrador/Remoção)** Segundo o regramento do processo administralivo previsto na Lei Federal nº 9.784/99, assinale a alternativa correta.

a) A decisão de recursos administrativos pode ser objeto de delegação, em prol da celeridade processual.

b) As pessoas ou as associações legalmente constituídas quanto a direitos ou interesses difusos são legitimadas como interessadas no processo administrativo.

c) O Processo Administrativo não pode ser iniciado da oficio, em virtude do principio da inércia.

d) A Administração Pública pode se recusar a receber documentos, quando reputá-las ilegais, sem obrigação de motivar a decisão de recusa.

A assertiva está em sintonia com o disposto no Art. 9º, IV, da Lei nº 9.784/99.

GABARITO: B.

---

101. **(2019 - TJ/AL - Notário e Registrador/Remoção)** Para os atos que apresentarem defeitos sanáveis, por decisão na qual se evidencie não acarretarem lesão ao interesse público nem prejuízo a terceiros, o Art. 55 da Lei Federai n° 9.784/99 indica como solução a:

a) anulação.

b) revogação.

c) convalidação.

d) tredestinação.

Art. 55 da Lei nº 9.784/99:

Art. 55. ***Em decisão na qual se evidencie não acarretarem lesão ao interesse público nem prejuízo a terceiros, os atos que apresentarem defeitos sanáveis poderão ser convalidados pela própria Administração.***

GABARITO: C.

---

102. **(2020 - Prefeitura de Morro Agudo/SP - Analista Legislativo)** No processo administrativo regido pela Lei n° 9.784/1999, quando necessitar ser ouvido um órgão consultivo, o parecer deverá ser emitido no prazo máximo de quinze dias, salvo norma especial ou comprovada necessidade de maior prazo. Todavia, se um parecer obrigatório e vinculante deixar de ser emitido no prazo fixado, o processo:

a) será anulado, devendo ser instaurado um novo processo, responsabilizando-se o servidor pelo atraso.

b) terá seu regular prosseguimento, abrindo-se vista à defesa para a devida manifestação sobre a matéria.

c) será suspenso pelo prazo de 30 dias para o órgão consultivo apresentar o parecer, sob pena de responsabilidade administrativa do servidor que não cumpriu com a obrigação.

d) não terá seguimento até a respectiva apresentação, responsabilizando-se quem der causa ao atraso.

e) terá seu regular prosseguimento, facultando-se às partes apresentar parecer particular sobre a matéria em discussão.

De acordo com o Art. 42, da Lei nº 9.784 de 1999, quando for obrigatório ouvir um órgão consultivo, o parecer deverá ser emitido no prazo máximo de quinze dias, salvo norma especial ou comprovada necessidade de um prazo maior.

Caso deixe de ser emitido um parecer OBRIGATÓRIO E VINCULANTE no prazo fixado, o processo NÃO terá seguimento até a referida apresentação e será responsabilizado quem der causa ao atraso, nos termos do Art. 42, § 1º, da Lei nº 9.784 de 1999.

Caso deixe de ser emitido um parecer OBRIGATÓRIO E NÃO VINCULANTE no prazo fixado, o processo PODERÁ ter prosseguimento e ser decidido com a sua dispensa, sem prejuízo da responsabilidade de quem se omitiu no atendimento, nos termos do Art. 42, § 2º, da Lei nº 9.784 de 1999.

GABARITO: D.

---

103. **(2020 - Prefeitura de Morro Agudo/SP - Analista Legislativo)** Policarpo é servidor público e foi designado para atuar em um processo administrativo disciplinar para apuração de infração cometida por Bentinho. No entanto, antes de ser nomeado para atuar no processo administrativo, Policarpo havia movido um processo judicial contra a esposa de Bentinho, que ainda está em andamento. Nessa situação hipotética, conforme o disposto na Lei n° 9.784/1999, Policarpo:

a) não está impedido de atuar no processo administrativo, e não tem a obrigação de comunicar a existência da ação judicial.

b) está impedido de atuar no processo administrativo e deve comunicar esse fato à autoridade competente.

c) está impedido de atuar no processo administrativo, mas não tem a obrigação de comunicar esse fato.

d) não está impedido de atuar no processo administrativo, pois a existência de ação judicial, no caso, não é prevista na lei como impedimento.

e) não está impedido de atuar no processo administrativo, pois é somente suspeito e não tem obrigação de comunicar a existência da ação judicial.

Policarpo está impedido de atuar, pois está litigando judicialmente com a esposa de Bentinho, nos termos do Art. 18, Inciso III, da Lei nº 9.784 de 1999. Assim, Policarpo deve comunicar o fato à autoridade competente, de acordo com o Art. 19, da Lei nº 9.784 de 1999.

GABARITO: E.

104. **(2020 - FITO - Analista de Gestão/Recursos Humanos)** A obrigatoriedade de atingir o fim público é um objetivo irrenunciável do administrador público. Não pode ser transferida, tem que ser exercida pelo titular. Trata-se do dever de:

a) agir.

b) probidade.

c) eficiência.

d) moralidade.

e) prestar contas.

Majoritariamente, a doutrina administrativista enumera os deveres impostos aos agentes administrativos, sendo o poder-dever de agir um deles:

Poder-Dever de agir – para muitos doutrinadores, o dever de agir é, em verdade, um poder-dever de agir. Isso porque as competências administrativas implicam, ao mesmo tempo, um poder para desempenhar as funções públicas, e um dever de exercício dessas funções.

Para Alexandrino e Vicente Paulo: "Enquanto no direito privado o poder de agir é mera faculdade, no direito administrativo é uma imposição, um dever de exercício das competências, de que o agente público não pode dispor". Tratam-se, portanto, de poderes irrenunciáveis, devendo ser obrigatoriamente exercidos pelos titulares.

GABARITO: A.

105. **(2019 - DAEM - Procurador Jurídico)** Ao regular o processo administrativo, a Lei federal nº 9.784/99, ao tratar da competência e de sua delegação, assim estabelece:

a) a edição de atos de caráter normativo pode ser objeto de delegação.

b) ao órgão administrativo colegiado é defeso, mesmo que não haja impedimento legal, delegar parte da sua competência ao respectivo presidente.

c) a competência é renunciável e pode ser avocada.

d) inexistindo competência legal específica, o processo administrativo deverá ser iniciado perante a autoridade de menor grau hierárquico para decidir.

e) a decisão de recursos administrativos pode ser objeto de delegação.

Trata-se de proposição em consonância com a regra do Art. 17 da Lei nº 9.784/99, a seguir colacionado:

Art. 17. *Inexistindo competência legal específica, o processo administrativo deverá ser iniciado perante a autoridade de menor grau hierárquico para decidir.*

GABARITO: D.

106. **(2020 - FITO - Advogado)** Em processo administrativo,

a) não é possível arguir suspeição da autoridade ou servidor que tenha amizade íntima ou inimizade notória com algum dos interessados ou com os respectivos cônjuges, companheiros, parentes e afins até o terceiro grau.

b) os atos dependem de forma determinada, ou seja, devem ser sempre produzidos por escrito, em vernáculo, com a data e o local de sua realização, aposição de assinatura da autoridade responsável, e reconhecimento de firma ou certificação digital.

c) não podem ser objeto de delegação a decisão de recursos administrativos, tampouco as matérias de competência exclusiva do órgão ou autoridade.

d) admite-se provas obtidas por meio ilícito, mediante despacho motivado que evidencie grave lesão a interesse público.

e) o recurso será conhecido em qualquer hipótese, ainda quando interposto fora do prazo ou perante órgão incompetente, por expressa determinação da Lei Federal n° 9.784/99.

Cuida-se aqui de proposição que tem respaldo expresso no teor do Art. 13, II e III, da Lei nº 9.784/99, abaixo transcrito:

Art. 13. *Não podem ser objeto de delegação:*

I - a edição de atos de caráter normativo;

II - a decisão de recursos administrativos;

III - as matérias de competência exclusiva do órgão ou autoridade.

Como se vê, os assuntos em tela realmente estão entre os que não admitem delegação de competência.

GABARITO: C.

---

107. **(2019 - Câmara de São Miguel Arcanjo/SP - Procurador Legislativo)** Suponha que, no âmbito de uma determinada repartição pública, iniciou-se de ofício um processo administrativo que afeta os interesses de Maria. João, servidor público da referida repartição pública, atua no processo administrativo que transcorre contra Maria e está litigando judicialmente com o cônjuge dela. Considerando a situação hipotética e o disposto na Lei n° 9.784/99, é correto afirmar que:

a) o processo administrativo é ilegal, pois não poderia iniciar-se de ofício.

b) Maria poderá arguir a suspeição de João, e, caso sua arguição seja indeferida, poderá ser objeto de recurso, com efeito suspensivo.

c) o processo administrativo possui vício na origem, pois o pedido do interessado é elemento imprescindível para que o processo administrativo possa iniciar-se.

d) para que João seja considerado suspeito, é imprescindível demonstrar que ele tem interesse direto ou indireto na matéria objeto do processo administrativo.

e) João incorre em impedimento e deve comunicar o fato à autoridade competente, abstendo-se de atuar.

Art. 18, III, da Lei nº 9.784/99, que assim estabelece:

Art. 18. *É impedido de atuar em processo administrativo o servidor ou autoridade que:*

(...)

III - esteja litigando judicial ou administrativamente com o interessado ou respectivo cônjuge ou companheiro.

De tal maneira, está correto aduzir que o servidor João estaria impedido para atuar no respectivo processo administrativo, devendo comunicar tal fato à autoridade competente, na forma do Art. 19 do mesmo diploma, *in verbis*:

Art. 19. *A autoridade ou servidor que incorrer em impedimento deve comunicar o fato à autoridade competente, abstendo-se de atuar.*

GABARITO: E.

---

108. **(2020 – Valiprev/SP – Procurador)** Em um processo administrativo regido pela Lei nº 9.784/1999, Florisvaldo é o servidor que está sendo processado, e este alegou que a autoridade que conduz o feito teria inimizade notória com o seu irmão. Mas, essa alegação foi indeferida pela autoridade competente. Nessa situação hipotética, segundo o disposto na Lei, é correto afirmar que:

a) a decisão de indeferimento foi correta, uma vez que a inimizade com o irmão do acusado não gera a suspeição da autoridade que conduz o processo.

b) a alegação de Florisvaldo tem embasamento legal, por suspeição, e ele tem o direito de recorrer da decisão, cujo recurso terá efeito suspensivo.

c) para que a alegação de Florisvaldo pudesse ser aceita, ele teria que provar documentalmente que a inimizade alegada seria antiga e notória.

d) a alegação de suspeição somente poderá ser acatada na hipótese de amizade íntima com cônjuge ou parente, e não quando há apenas inimizade, ainda que notória.

DIR ADM

e) a alegação de Florisvaldo tem fundamento legal, por suspeição, e ele tem o direito de interpor recurso da decisão, porém sem efeito suspensivo.

Lei nº 9.784/99:

Art. 20. ***Pode ser arguida a suspeição de autoridade ou servidor que tenha amizade íntima ou inimizade notória com algum dos interessados ou com os respectivos cônjuges, companheiros, parentes e afins até o terceiro grau.***

Art. 21. ***O indeferimento de alegação de suspeição poderá ser objeto de recurso, sem efeito suspensivo.***

GABARITO: E.

---

109. **(2019 - Câmara de São Roque/SP - Oficial Legislativo)** A respeito do processo administrativo, assinale a alternativa correta.

a) É admissível, em sede de recursos administrativos, a chamada reformatio *in pejus*, devendo o recorrente ser cientificado para que formule suas alegações antes da decisão.

b) Salvo disposição legal em contrário, os recursos administrativos terão efeito suspensivo.

c) O processo administrativo não pode ser iniciado de ofício pela Administração Pública.

d) O não conhecimento do recurso impede a Administração de rever de ofício o ato ilegal.

e) Inexistindo competência legal específica, o processo administrativo deverá ser iniciado perante a autoridade de maior grau hierárquico para decidir.

Lei nº 9.784/99, abaixo colacionado:

Art. 64. ***O órgão competente para decidir o recurso poderá confirmar, modificar, anular ou revogar, total ou parcialmente, a decisão recorrida, se a matéria for de sua competência.***

Parágrafo único. Se da aplicação do disposto neste artigo puder decorrer gravame à situação do recorrente, este deverá ser cientificado para que formule suas alegações antes da decisão.

GABARITO: A.

---

110. **(2019 - Câmara de São Roque/SP - Oficial Legislativo)** Sobre o processo e o ato administrativos, é correto afirmar que:

a) não se admite a delegação de competência entre órgãos de mesma hierarquia.

b) a caducidade é forma de extinção do ato administrativo por culpa do beneficiário, que deixa de cumprir com os requisitos estabelecidos no momento do deferimento de seu pedido.

c) não podem ser objeto de delegação a edição de atos normativos, a decisão de recursos administrativos e as matérias de competência exclusiva do órgão ou autoridade.

d) em regra, não haverá desvio de finalidade se o agente público praticar o ato violando a sua finalidade específica, mas perseguindo interesse público.

e) praticado o ato por autoridade, no exercício de competência delegada, será parte legítima para figurar no polo passivo do mandado de segurança a autoridade delegante.

Lei Federal nº 9.784/1999:

Art. 13. ***Não podem ser objeto de delegação:***

I - a edição de atos de caráter normativo;

I - a decisão de recursos administrativos;

III - as matérias de competência exclusiva do órgão ou autoridade.

GABARITO: C.

---

111. **(2018 - ARSESP - Especialista em Regulação e Fiscalização de Serviços Públicos I/Relações Institucionais)** De acordo com a Lei Federal de Processo Administrativo, a Administração Pública deverá obedecer, dentre outros, o princípio:

a) da economicidade.

b) do livre convencimento motivado.

c) da especificação.

d) da finalidade.

e) da supremacia do interesse público.

Lei nº 9.784/99. Vejamos:

Art. 2º. *A Administração Pública obedecerá, dentre outros, aos princípios da legalidade, finalidade, motivação, razoabilidade, proporcionalidade, moralidade, ampla defesa, contraditório, segurança jurídica, interesse público e eficiência.*

GABARITO: D.

---

112. **(2018 - ARSESP - Especialista em Regulação e Fiscalização de Serviços Públicos I/Relações Institucionais)** Nos termos da Lei Federal de Processo Administrativo, é correto afirmar que a competência.

a) para iniciar o processo administrativo, nos casos em que não houver previsão legal específica, é da autoridade de maior grau hierárquico para decidir.

b) pode ser delegada em sua totalidade a outros órgãos ou titulares quando for conveniente, em razão de circunstâncias de índole técnica, social ou econômica.

c) para decidir recursos administrativos pode ser delegada a outros órgãos ou titulares, em caso de manifesto interesse público.

d) se exerce pelos órgãos administrativos a que foi atribuída como própria, salvo se houver renúncia.

e) admite delegação ou avocação nos casos legalmente previstos, mas é irrenunciável.

Lei nº 9.784/99:

Art. 11. *A competência é irrenunciável e se exerce pelos órgãos administrativos a que foi atribuída como própria, salvo os casos de delegação e avocação legalmente admitidos.*

GABARITO: E.

---

113. **(2018 - ARSESP - Especialista em Regulação e Fiscalização de Serviços Públicos I/Relações Institucionais)** Nos termos da lei de processo administrativo federal, é dever do administrado.

a) prestar as informações que lhe forem solicitadas e colaborar para o esclarecimento dos fatos.

b) formular alegações e apresentar documentos antes da decisão, os quais serão objeto de consideração pelo órgão competente.

c) ter ciência da tramitação dos processos administrativos em que tenha condição de interessado.

d) fazer-se assistir por advogado, sendo obrigatória a representação por força de lei.

e) facilitar o exercício de seus direitos e o cumprimento de suas obrigações.

Lei nº 9.784/1999:

Art. 4º. *São deveres do administrado perante a Administração, sem prejuízo de outros previstos em ato normativo:*

I - expor os fatos conforme a verdade;

II - proceder com lealdade, urbanidade e boa-fé;

III - não agir de modo temerário;

IV - prestar as informações que lhe forem solicitadas e colaborar para o esclarecimento dos fatos.

GABARITO: A.

---

114. **(2018 - ARSESP - Especialista em Regulação e Fiscalização de Serviços Públicos I/Saneamento)** Segundo a Lei nº 9.784/1999, que regula o processo administrativo no âmbito da Administração Pública Federal, é direito e é dever do administrado, nesta ordem,

a) proceder com lealdade, urbanidade e boa-fé; conhecer decisões proferidas.

b) não agir de modo temerário; fazer-se assistir, facultativamente, por advogado.

c) prestar informações que lhe forem solicitadas; colaborar para o esclarecimento dos fatos.

d) formular alegações e apresentar documentos; expor os fatos conforme a verdade.

e) ter ciência da tramitação dos processos administrativos em que tenha a condição de interessado; ser tratado com respeito pelas autoridades e servidores.

Lei nº 9.784/1999:

Art. 3º. ***O administrado tem os seguintes direitos perante a Administração, sem prejuízo de outros que lhe sejam assegurados:***

I - ser tratado com respeito pelas autoridades e servidores, que deverão facilitar o exercício de seus direitos e o cumprimento de suas obrigações;

II - ter ciência da tramitação dos processos administrativos em que tenha a condição de interessado, ter vista dos autos, obter cópias de documentos neles contidos e conhecer as decisões proferidas;

III - formular alegações e apresentar documentos antes da decisão, os quais serão objeto de consideração pelo órgão competente;

IV - fazer-se assistir, facultativamente, por advogado, salvo quando obrigatória a representação, por força de lei.

Art. 4º. ***São deveres do administrado perante a Administração, sem prejuízo de outros previstos em ato normativo:***

I - expor os fatos conforme a verdade;

II - proceder com lealdade, urbanidade e boa-fé;

III - não agir de modo temerário;

IV - prestar as informações que lhe forem solicitadas e colaborar para o esclarecimento dos fatos.

A primeira parte apresenta o direito de formular alegações e apresentar documentos, previsto no inciso III do Art. 3º da Lei nº 9.784/1999; após, a opção traz o dever de expor os fatos conforme a verdade, disposto no inciso I do Art. 4º da mesma lei.

GABARITO: D.

Organização Administrativa

115. **(2021 - Prefeitura de Guarujá/SP - Procurador Jurídico)** A contratação, pelo Poder Público, da construção, operação, administração e gestão de serviços não pedagógicos de 10 unidades municipais de ensino infantil, mediante licitação, pelo prazo de 30 (trinta) anos, com valor estimado de R$ 20.000.000,00 e estipulação de pagamento da remuneração exclusivamente pelo Poder Público constitui, em tese, hipótese de:

a) concessão administrativa.

b) concessão patrocinada.

c) concessão comum de serviço público.

d) concessão de direito real de uso.

e) terceirização de mão de obra.

Lei nº 11.079/2004:

Art. 2º. ***Parceria público-privada é o contrato administrativo de concessão, na modalidade patrocinada ou administrativa.***

§ 2º Concessão administrativa é o contrato de prestação de serviços de que a Administração Pública seja a usuária direta ou indireta, ainda que envolva execução de obra ou fornecimento e instalação de bens.

§ 3º Não constitui parceria público-privada a concessão comum, assim entendida a concessão de serviços públicos ou de obras públicas de que trata a Lei nº 8.987, de 13 de fevereiro de 1995, quando não envolver contraprestação pecuniária do parceiro público ao parceiro privado.

§ 4º É vedada a celebração de contrato de parceria público-privada:

I - cujo valor do contrato seja inferior a R$ 10.000.000,00 (dez milhões de reais); (Redação dada pela Lei nº 13.529, de 2017)

II – cujo período de prestação do serviço seja inferior a 5 (cinco) anos; ou

III – que tenha como objeto único o fornecimento de mão-de-obra, o fornecimento e instalação de equipamentos ou a execução de obra pública.

Art. 5º. As cláusulas dos contratos de parceria público-privada atenderão ao disposto no Art. 23 da Lei nº 8.987, de 13 de fevereiro de 1995, no que couber, devendo também prever:

I – o prazo de vigência do contrato, compatível com a amortização dos investimentos realizados, não inferior a 5 (cinco), nem superior a 35 (trinta e cinco) anos, incluindo eventual prorrogação.

GABARITO: A.

---

116. **(2021 - Prefeitura de Guarujá/SP - Procurador Jurídico)** Os serviços públicos de interesse local.

a) na área da assistência social são destinados aos contribuintes da previdência social e prestados privativamente por entidades beneficentes, com emprego de recursos do orçamento da seguridade social, mediante celebração de convênios ou instrumentos congêneres.

b) na área da saúde serão integralmente custeados com recursos advindos de emendas individuais ao projeto de lei orçamentária, vedada a destinação para pagamento de pessoal ou encargos sociais.

c) na área da educação correspondem ao atendimento ao educando em todas as etapas da educação básica e superior, limitados a programas suplementares de material didático escolar, transporte, alimentação e assistência à saúde.

d) são objeto de gestão associada por meio de convênios de cooperação entre municípios limítrofes, nos termos de lei complementar estadual.

e) são organizados e prestados, diretamente ou sob regime de concessão ou permissão, pelos Municípios, incluído o transporte coletivo.

Constituição Federal:

Art. 30. *Compete aos Municípios:*

V - organizar e prestar, diretamente ou sob regime de concessão ou permissão, os serviços públicos de interesse local, incluído o de transporte coletivo, que tem caráter essencial.

GABARITO: E.

---

117. **(2020 - Câmara de Boituva/SP - Agente Legislativo)** Considere que um determinado ente federativo, por meio de autorização legal, criou pessoa jurídica de direito privado, integrante da Administração Indireta, cujo capital é formado por bens advindos exclusivamente de pessoas administrativas. Nesse caso, é correto afirmar que:

a) o nascimento da empresa pública somente ocorrerá com a inscrição dos atos constitutivos no Registro competente.

b) se trata de sociedade de economia mista e competirá à Justiça Federal processar e julgar todos os litígios envolvendo tal pessoa jurídica.

c) o controle das despesas decorrentes dos contratos não será realizado pelo tribunal de contas competente, mas exclusivamente pela corregedoria interna.

d) a tal pessoa jurídica de direito privado se aplica o regime falimentar previsto na Lei nº 11.101/2005.

e) os empregados de tal pessoa jurídica de direito privado são considerados como estatutários e ingressam no serviço público independentemente de concurso público.

As empresas públicas, as sociedades de economia mista e as fundações públicas de direito privado não são criadas diretamente pela lei, tendo sua criação meramente autorizada pela lei específica. Ela somente existirá com o registro de seus atos constitutivos, tal qual as pessoas jurídicas não estatais

(privadas) em geral, devendo ser feito no Cartório de Pessoas Jurídicas ou na Junta Comercial, conforme tenha natureza cível ou empresarial, respectivamente. Por paralelismo de formas, exige-se também lei específica que autorize a extinção da entidade estatal de direito privado.

GABARITO: A.

---

118. **(2020 - Câmara de Boituva/SP - Agente Legislativo)** A respeito das agências reguladoras, assinale a alternativa correta.

a) O controle externo das agências reguladoras será exercido pelo Congresso Nacional, sem o auxílio do Tribunal de Contas da União.

b) Haverá, em cada agência reguladora, 1 (um) ouvidor, que atuará com subordinação hierárquica e exercerá suas atribuições com acumulação das demais funções.

c) É facultado ao ouvidor ter participação indireta em empresa sob regulação da respectiva agência reguladora.

d) O ouvidor terá mandato de 4 (quatro) anos, vedada a recondução, no curso do qual somente perderá o cargo em caso de renúncia.

e) É facultado à agência reguladora adotar processo de delegação interna de decisão, sendo assegurado ao conselho diretor o direito de reexame das decisões delegadas.

De acordo com o Art. 7º, § 2º, da Lei nº 13.848 de 2019 – literalidade da lei – "é facultado à agência reguladora adotar processo de delegação interna de decisão, sendo assegurado ao conselho diretor ou à diretoria colegiada o direito de reexame das decisões delegadas".

GABARITO: E.

---

119. **(2020 - Câmara de Boituva/SP - Agente Legislativo)** Considere que o Município X instituiu diretamente por meio de lei, de iniciativa do chefe do Poder Executivo, uma pessoa jurídica de direito público, integrante da Administração Pública Indireta, para desempenhar atividades típicas de Estado. A respeito de tal pessoa jurídica de direito público, é correto afirmar que:

a) sua personalidade jurídica começará somente com a inscrição dos atos constitutivos no respectivo Registro.

b) o foro competente para processar e julgar as ações em face desta pessoa jurídica é a Justiça Federal.

c) seus bens são imprescritíveis, além de a pessoa jurídica em comento possuir imunidade tributária e prerrogativas processuais.

d) os empregados da referida pessoa jurídica de direito público submetem-se ao regime celetista.

e) ela se sujeita à responsabilidade civil subjetiva, fundada na teoria do risco criado.

Com base no Art. 98, do Código Civil de 2002, são públicos os bens que pertenceram às pessoas jurídicas de direito público interno – União, Estados, Distrito Federal e Municípios -, os outros são particulares.

As principais características dos bens públicos são: a inalienabilidade, a impenhorabilidade, a imprescritibilidade e a intangibilidade. Não cabe usucapião de bens públicos, em virtude da imprescritibilidade.

Aplica-se a imunidade tributária às autarquias, com base no Art. 150, Inciso VI, da Constituição Federal de 1988. As autarquias também possuem outras prerrogativas processuais.

GABARITO: C.

---

120. **(2020 - Câmara de Boituva/SP - Agente Administrativo)** Em termos organizativos, a prestação do serviço público pode ser feita de forma desconcentrada. Quando isso acontece e o Estado transfere a titularidade e a prestação do serviço a outra entidade, pessoa jurídica de direito público, criada por meio de lei, tem-se a figura da:

a) concessão,

b) delegação.

c) outorga.

d) permissão.

e) autorização.

Trata-se da técnica de organização administrativa denominada como descentralização por outorga legal, também chamada de descentralização por serviços.

Neste sentido, a lição de Marcelo Alexandrino e Vicente Paulo, sendo que os destaques foram acrescentados:

"A descentralização será efetivada mediante outorga quando o Estado cria uma entidade (pessoa jurídica) e a ela transfere determinado serviço público. A outorga pressupõe obrigatoriamente a edição de uma lei que institua a entidade, ou autorize a sua criação, e normalmente seu prazo é indeterminado.

(...)

Embora não haja consenso na doutrina, perfilhamos a corrente que entende que a outorga legal transfere a própria titularidade do serviço público, e não a sua mera execução, como ocorre na delegação.".

GABARITO: C.

---

121. **(2020 - Câmara de Boituva/SP - Agente Administrativo)** Assinale a alternativa que completa, correta e respectivamente, as lacunas da frase a seguir.

A administração direta é formada por órgãos que representam núcleos ____________, criados e extintos exclusivamente por lei, mas que podem ser organizados por decretos autônomos do Executivo, sendo:

a) descentralizados ... desprovidos de personalidade jurídica própria.

b) autônomos ... providos de personalidade jurídica própria.

c) administrativos ... desprovidos de personalidade jurídica própria.

d) de competência ... providos de personalidade jurídica própria.

e) administrativos ... providos de personalidade jurídica própria.

A administração direta é formada por um conjunto de núcleos administrativas, os quais já foram tidos como representantes do poder central (teoria da representação) e como mandatários do poder central (teoria do mandato).

Hoje, adota-se a teoria do órgão, de Otto Gierke, segundo a qual os órgãos são apenas núcleos administrativos criados e extintos exclusivamente por lei, mas que podem ser organizados por decretos autônomos do Executivo (Art. 84, VI, CF), sendo desprovidos de personalidade jurídica própria.

Logo, órgãos e agentes públicos são impessoais quando agem no estrito cumprimento de seus deveres.

"A administração direta é formada por órgãos que representam núcleos administrativos, criados e extintos exclusivamente por lei, mas que podem ser organizados por decretos autônomos do Executivo, sendo desprovidos de personalidade jurídica própria.".

GABARITO: C.

---

122. **(2019 - TJ/AL - Notário e Registrador/Remoção)** Assinale, dentre as pessoas jurídicas de direito público e de direito privado que integram a Administração Indireta listadas, a que se apresenta com maior grau de regime jurídico administrativo e mais distante do regime privado.

a) OSCIP - Organização da Sociedade Civil de Interesse Público.

b) Empresa Pública.

c) Sociedade de Economia Mista.

d) Autarquia.

Autarquia - Pessoa jurídica de direito público integrante da Administração Indireta que desenvolve atividade típica de Estado. Administrativamente, o regime jurídico é o mesmo aplicável aos entes políticos, inobstante não tenha a entidade autárquica poderes de natureza política.

GABARITO: D.

---

123. **(2019 - TJ/AL - Notário e Registrador/Remoção)** Considerada a Organização Administrativa do Estado e a distribuição de atribuições entre a Administração Direta e a Administração Indireta, é correto afirmar que:

a) a distribuição de competências entre os órgãos da Administração Direta é definida pela descentralização.

b) enquanto a hierarquia e o controle se apresentam como características da Administração Direta, a descentralização e a descontração informam a Administração indireta.

c) a Administração Direta é regrada por hierarquia e desconcentração, enquanto a Administração indireta orienta-se por controle e descentralização.

d) a Administração Indireta tem como principal atributo a organização hierárquica e a desconcentração dos órgãos que a integram.

No âmbito da Administração Direta ocorre o fenômeno da desconcentração administrativa, que consiste na distribuição de atribuições entre vários órgãos que pertencem a uma mesma pessoa jurídica (distribuição interna de competências) e decorre do poder hierárquico. Por outro lado, no âmbito da Administração Indireta ocorre a denominada descentralização, que pressupõe a existência pelo menos duas pessoas, entre as quais ocorre a repartição de competências. Ressalte-se que os entes da Administração Indireta se sujeitam ao denominado controle finalístico.

GABARITO: C.

124. **(2020 - EBSERH - Analista Administrativo/Administração)** Serão fundações públicas as que:

a) apresentem independência política e patrimonial.

b) tenham sido constituídas por iniciativa coletiva ampla.

c) fiquem subordinadas a ministérios ou secretarias.

d) atendam a interesses coletivos ou ambientais.

e) sejam subvencionadas por recursos públicos.

Decreto nº 200/67- Art. 5º, IV - Fundação Pública - ***a entidade dotada de personalidade jurídica de direito privado, sem fins lucrativos, criada em virtude de autorização legislativa, para o desenvolvimento de atividades que não exijam execução por órgãos ou entidades de direito público, com autonomia administrativa, patrimônio próprio gerido pelos respectivos órgãos de direção, e funcionamento custeado por recursos da União e de outras fontes.***

GABARITO: E.

125. **(2019 - Prefeitura de Dois Córregos/SP - Fiscal de Tributos)** A Administração Pública pode se organizar de diferentes formas, visando sempre o atendimento ao interesse público. A esse respeito, é correto afirmar que:

a) os órgãos públicos são entidades dotadas de personalidade jurídica própria e criados por meio de ato do Chefe do Poder ao qual pertencem.

b) as entidades paraestatais integram a chamada Administração Indireta, possuindo vinculação finalística ao seu ente instituidor.

c) A Administração Indireta se constitui a partir do fenômeno da desconcentração de competências a partir do seu núcleo central localizado no Chefe do Poder Executivo.

d) as sociedades de economia mista têm sua criação autorizada por lei e devem ser organizadas necessariamente sob a forma de sociedades anônimas.

e) as empresas públicas são entidades paraestatais e integram o orçamento fiscal no ente que as instituir.

Trata-se de opção perfeitamente de acordo com a definição legal vazada no Art. 4º da Lei nº 13.303/2016:

Art. 4º. ***Sociedade de economia mista é a entidade dotada de personalidade jurídica de direito privado, com criação autorizada por lei, sob a forma de sociedade anônima, cujas ações com direito a voto pertençam em sua maioria à União, aos Estados, ao Distrito Federal, aos Municípios ou a entidade da administração indireta.***

GABARITO: D.

126. **(2020 - Prefeitura de Morro Agudo/SP - Fiscal de Tributos)** A respeito das entidades que podem compor a Administração Pública, é correto afirmar que as:

a) autarquias são órgãos públicos criados por lei.

b) autarquias estão sujeitas ao controle hierárquico do ente que as criou.

c) fundações públicas poderão ter natureza de direito privado.

d) empresas públicas deverão ser constituídas pela forma de sociedade anônima.

e) empresas estatais são criadas por meio de lei específica, sendo desnecessário o registro dos atos constitutivos.

As fundações públicas podem ter a personalidade jurídica de direito público ou de direito privado.

GABARITO: C.

127. **(2020 - Prefeitura de Morro Agudo/SP - Fiscal de Tributos)** A Administração Pública pode se organizar de diferentes maneiras de forma a atender aos seus objetivos. A esse respeito, é correto afirmar que a:

a) Administração Indireta está ligada à ideia de desconcentração, isto é, à criação de órgãos públicos e à distribuição de competências dentro de uma mesma pessoa jurídica.

b) Administração Indireta está ligada à ideia de descentralização, isto é, à criação de pessoas jurídicas especializadas, as quais estão sujeitas ao controle finalístico das entidades da Administração Direta.

c) Administração Indireta está ligada à ideia de descentralização, isto é, à criação de órgãos públicos e à distribuição de competências dentro de uma mesma pessoa jurídica.

d) Administração Indireta está ligada à ideia de desconcentração, isto é, à criação de pessoas jurídicas especializadas, as quais não estão sujeitas a qualquer controle finalístico das entidades da Administração Direta.

e) Administração Indireta está ligada à ideia de descentralização, isto é, à criação de pessoas jurídicas especializadas, as quais não estão sujeitas ao controle finalístico das entidades da Administração Direta.

De fato, como já dito acima, as entidades integrantes da administração indireta resultam da técnica de descentralização administrativa. Ademais, igualmente acertado aduzir que tais entidades sujeitam se a controle finalístico por parte da administração direta, denominado como supervisão ministerial ou tutela, baseado em relação de vinculação (e não de subordinação).

GABARITO: B.

128. **(2020 - Prefeitura de Morro Agudo/SP - Analista Legislativo)** Assinale a alternativa correta a respeito das autarquias.

a) São pessoas jurídicas de direito público, com capacidade política e de auto-organização.

b) Possuem várias prerrogativas processuais, como prazos diferenciados e impenhorabilidade de bens.

c) Gozam de prazo prescricional especial e não se submetem ao regime de precatórios no pagamento de seus débitos.

d) Possuem Imunidade tributária relativa a impostos e taxas e todos os seus bens são inalienáveis e insuscetíveis à usucapião.

e) Exercem atividades de Estado, como regra, mas podem desempenhar atividades comerciais ou industriais quando autorizadas por lei.

Autarquia - Pessoa jurídica de direito público integrante da Administração Indireta que desenvolve atividade típica de Estado. Administrativamente, o regime jurídico é o mesmo aplicável aos entes políticos, inobstante não tenha a entidade autárquica poderes de natureza política. As autarquias possuem as mesmas prerrogativas processuais que os entes federados, como prazo diferenciado para contestar e interpor recursos (em dobro no NCPC), impossibilidade de sofrer os efeitos de revelia, isenção de custas, pagamento por meio de regime de precatório e RPV.

GABARITO: B.

DIR ADM

129. **(2020 - Prefeitura de Morro Agudo/SP - Agente de Licitações e Contratos)** Entre as diversas entidades da Administração Pública Indireta, aquela que tem por características um patrimônio público personificado e criação autorizada por lei é a:

a) autarquia.

b) fundação.

c) sociedade de economia mista.

d) empresa pública.

e) agência reguladora.

Ao se referir a uma entidade administrativa que tem por característica um patrimônio personificado, a Banca, sem maiores dúvidas, está a tratar das fundações públicas, como se pode perceber, por exemplo, da doutrina de Marcelo Alexandrino e Vicente Paulo:

"Com efeito, as fundações públicas são patrimônio público personificado em que a figura do instituidor é uma pessoa política; esta faz a dotação patrimonial e destina recursos orçamentários para a manutenção da entidade.

No tocante a ser criada mediante autorização legislativa, trata-se de característica que conta com expresso amparo normativo. A uma, no Art. 37, XIX, da CRFB/88, que assim enuncia:

XIX – somente por lei específica poderá ser criada autarquia e autorizada a instituição de empresa pública, de sociedade de economia mista e de fundação, cabendo à lei complementar, neste último caso, definir as áreas de sua atuação.

GABARITO: B.

---

130. **(2020 - Prefeitura de Cananéia/SP - Controlador Interno do Município)** O regime jurídico a que se submetem as empresas públicas e sociedades de economia mista, de acordo com a Constituição Federal, é:

a) de direito público, abrangendo o dever de licitar e de contratar mediante concurso público.

b) de direito público, estando dispensadas do dever de licitar e de contratar mediante concurso público.

c) híbrido, sujeitando-se ao dever de licitar, mas dispensadas do dever de selecionar servidores mediante concurso público.

d) de direito privado, apenas se forem exploradoras de atividade econômica, sujeitando-se ao dever de contratar servidores mediante concurso público.

e) de direito privado, sujeitando-se ao dever de licitar conforme legislação específica.

A alternativa está em conformidade com o Art. 173, § 1º, incisos II e III, tanto as empresas públicas como as sociedades de economia mista estão submetidas ao regime jurídico privado e têm a necessidade de licitar. Ao final segue transcrição do texto legal.

Art. 173. ***Ressalvados os casos previstos nesta Constituição, a exploração direta de atividade econômica pelo Estado só será permitida quando necessária aos imperativos da segurança nacional ou a relevante interesse coletivo, conforme definidos em lei.***

§ 1º A lei estabelecerá o estatuto jurídico da empresa pública, da sociedade de economia mista e de suas subsidiárias que explorem atividade econômica de produção ou comercialização de bens ou de prestação de serviços, dispondo sobre:

I - sua função social e formas de fiscalização pelo Estado e pela sociedade;

II - a sujeição ao regime jurídico próprio das empresas privadas, inclusive quanto aos direitos e obrigações civis, comerciais, trabalhistas e tributários;

III - licitação e contratação de obras, serviços, compras e alienações, observados os princípios da administração pública;

IV - a constituição e o funcionamento dos conselhos de administração e fiscal, com a participação de acionistas minoritários;

V - os mandatos, a avaliação de desempenho e a responsabilidade dos administradores.

GABARITO: E.

131. **(2021 - CODEN/SP - Advogado)** Assinale a alternativa correta, à luz da Lei Federal nº 13.303, de 30 de junho de 2016, acerca das empresas públicas e sociedades de economia mista.

a) O exercício da supervisão por vinculação da empresa pública ou da sociedade de economia mista, pelo órgão a que se vincula, pode ensejar a redução ou a supressão da autonomia conferida pela lei específica que autorizou a criação da entidade supervisionada.

b) Apesar de a autonomia ser inerente à natureza da empresa pública e da sociedade de economia mista, a lei autoriza a ingerência do supervisor na administração e funcionamento das empresas públicas, devendo a supervisão ser exercida nos limites da legislação aplicável.

c) As ações e deliberações do órgão ou ente de controle não podem implicar interferência na gestão das empresas públicas e das sociedades de economia mista a ele submetidas, nem ingerência no exercício de suas competências ou na definição de políticas públicas.

d) A Lei nº 13.303, de 30 de junho de 2016, mais conhecida como Lei das Estatais, veda a possibilidade de a sociedade de economia mista de capital fechado ser transformada em empresa pública.

e) É facultado à empresa pública e à sociedade de economia mista realizar, em ano de eleição para cargos do ente federativo a que sejam vinculadas, despesas com publicidade e patrocínio que excedam a média dos gastos no último ano que antecede o pleito.

As ações e deliberações do órgão supervisor não podem configurar interferência na gestão das entidades ou ingerência no exercício de suas competências e na definição de políticas públicas. Nesse sentido, determina o Art. 90 da Lei nº 13.303/2016 o seguinte:

Art. 90. ***As ações e deliberações do órgão ou ente de controle não podem implicar interferência na gestão das empresas públicas e das sociedades de economia mista a ele submetidas nem ingerência no exercício de suas competências ou na definição de políticas públicas.***

GABARITO: C.

Serviços Públicos

132. **(2020 - Câmara de Boituva/SP - Analista Jurídico)** Determinado município paulista pretende celebrar contrato de parceria público-privada relativo à concessão de serviço público cujo valor é de R$ 20.000.000,00 (vinte milhões de reais) e com prazo de prestação de serviço de 10 (dez) anos, em situação em que, adicionalmente à tarifa cobrada dos usuários, há a necessidade de contraprestação pelo poder público ao parceiro privado. Diante da situação mencionada e considerada a lei de regência, assinale a alternativa correta.

a) Não é possível celebrar contrato de parceria público-privada tendo em vista o elevado valor do contrato.

b) Somente seria possível a celebração do contrato de parceria público-privada em caso de prazo de prestação de serviço não superior a cinco anos.

c) É possível a celebração do contrato de parceria público-privada, que se amolda à modalidade legal denominada "concessão administrativa".

d) É possível a celebração do contrato de parceria público-privada, que se amolda à modalidade legal denominada "concessão patrocinada".

e) É possível a celebração do contrato de parceria público-privada, e a lei estabelece "ordem bancária" como única forma possível de contraprestação pela Administração Pública ao parceiro privado.

Dadas as características do contrato a ser celebrado - concessão de serviço público, na qual, adicionalmente à tarifa cobrada dos usuários, há a necessidade de contraprestação pelo poder público ao parceiro privado, a hipótese em tudo se amoldaria à espécie de PPP denominada como concessão patrocinada, que tem esteio no Art. 2º, § 1º, da Lei nº 11.079/2004:

Art. 2º. ***Parceria público-privada é o contrato administrativo de concessão, na modalidade patrocinada ou administrativa.***

§ 1º Concessão patrocinada é a concessão de serviços públicos ou de obras públicas de que trata a Lei nº 8.987, de 13 de fevereiro de 1995, quando envolver, adicionalmente à tarifa cobrada dos usuários contraprestação pecuniária do parceiro público ao parceiro privado.

GABARITO: D.

DIR ADM

133. **(2020 - Prefeitura de Morro Agudo/SP - Fiscal de Tributos)** Assinale a alternativa correta a respeito dos serviços públicos.

a) A exploração de atividade econômica pelo Estado em regime de concorrência não constitui serviço público.

b) Podem ser classificadas como serviço público as obras públicas.

c) São classificados como uti universi os serviços públicos prestados a toda a população de forma divisível e mensurável.

d) Pode ser classificado como serviço público em sentido estrito o exercício do poder de polícia.

e) Os serviços públicos exclusivos são aqueles prestados a apenas uma parcela específica da população.

De fato, o desempenho de uma atividade econômica, pelo Estado, em regime de competição com a iniciativa privada, não configura prestação de serviço público. Este último tem sua disciplina prevista no Art. 175, *caput*, da CRFB/88, podendo ser realizado diretamente pelo ente público ou mediante delegação, via concessões e permissões.

Já a exploração de atividade econômica encontra apoio no Art. 173 do texto constitucional. Está ligada à produção de bens e serviços, e não à prestação de utilidades ou comodidades fruíveis diretamente pela população.

GABARITO: E.

---

134. **(2020 - Prefeitura de Morro Agudo/SP - Analista Legislativo)** Considerando que uma concessionaria de serviço público deixou de honrar uma cláusula do respectivo contrato administrativo e o Município teve que assumir a prestação do serviço no seu lugar, essa conduta do ente público baseia-se no princípio do direito administrativo denominado de princípio da:

a) encampação do serviço público.

b) legalidade administrativa.

c) moralidade administrativa.

d) supremacia do interesse público sobre o particular.

e) continuidade do serviço público.

Ora, o postulado em vista do qual os serviços públicos precisam ser prestados de forma ininterrupta, sem solução de continuidade, ressalvadas as exceções legais, vem a ser exatamente o princípio da continuidade dos serviços públicos.

Neste sentido, o teor do Art. 6º da Lei nº 8.987/95:

Art. 6º. *Toda concessão ou permissão pressupõe a prestação de serviço adequado ao pleno atendimento dos usuários, conforme estabelecido nesta Lei, nas normas pertinentes e no respectivo contrato.*

§ 1º Serviço adequado é o que satisfaz as condições de regularidade, continuidade, eficiência, segurança, atualidade, generalidade, cortesia na sua prestação e modicidade das tarifas.

GABARITO: E.

---

135. **(2020 - Prefeitura de Morro Agudo/SP - Analista Legislativo)** Na hipótese de o Município vir a contratar uma empresa para prestação de serviço público, por meio de regular processo licitatório de concessão, é correto afirmar que a responsabilidade civil da empresa contratada, em relação aos usuários do serviço, será:

a) objetiva, e a do Município será solidária.

b) subjetiva, e a do Município será subsidiária.

c) objetiva, e a do Município será subsidiária.

d) regressiva, e a do Município será subjetiva.

e) subjetiva, e a do Município será regressiva.

Em se tratando de empresa contratada para a prestação de serviço público, sua responsabilidade encontra-se disciplinada pelo Art. 37, § 6º, da CRFB/88, que institui a regra da responsabilidade civil objetiva das pessoas de direito público e das pessoas de direito privado prestadoras de serviços públicos.

Neste sentido, é ler:

Art. 37 (...)

§ 6º As pessoas jurídicas de direito público e as de direito privado prestadoras de serviços públicos responderão pelos danos que seus agentes, nessa qualidade, causarem a terceiros, assegurado o direito de regresso contra o responsável nos casos de dolo ou culpa.

De seu turno, em relação ao poder concedente (Estado, em sentido amplo), o entendimento tranquilo da doutrina e da jurisprudência é na linha de que a responsabilidade é de índole subsidiária, vale dizer, o ente público, que delega a prestação do serviço, somente poderá ser acionado acaso o concessionário não disponha de patrimônio suficiente para arcar integralmente com a indenização devida.

GABARITO: C.

---

136. **(2018 - Prefeitura de São Paulo/SP - Analista de Planejamento e Desenvolvimento Organizacional/Ciências Contábeis)** Diante da insuficiência de recursos públicos e, ao mesmo tempo, do aumento da demanda da sociedade, as parcerias público-privadas apresentam-se como uma alternativa para viabilizar determinados serviços públicos. As características dessa modalidade de relacionamento entre o Estado e a iniciativa privada estão corretamente apresentadas em:

a) o serviço público torna-se privado e o Estado participa com parte do financiamento, de forma a estimular a vinda de recursos do mercado.

b) trata-se de uma transferância definitiva do serviço para a iniciativa privada, e quem paga o serviço são os cidadãos.

c) o Estado e a iniciativa privada firmam contratos para a realização de serviços de grande porte, e o governo detém a propriedade dos bens.

d) ocorre em contratos de pequeno porte, sobretudo em serviços e em setores em que o governo não possui recursos orçamentários.

e) o tempo de duração dessa parceria é variável e dependente da taxa interna de retorno do empreendimento, mas sempre inferior a 5 anos.

Os contratos atinentes às PPP's podem ser qualificados como de grande porte, com valores mínimos de dez milhões de reais, consoante previsto no Art. 2º, § 4º, I, da Lei nº 11.079/2004, *in verbis*:

§ 4º É vedada a celebração de contrato de parceria público privada:

I - cujo valor do contrato seja inferior a R$ 10.000.000,00 (dez milhões de reais).

GABARITO: C.

---

137. **(2017 - IPRESB/SP - Analista Previdenciário/Assistente Social)** No que tange à concessão de serviço público, é correto afirmar que a subconcessão:

a) é vedada.

b) será sempre precedida de concorrência.

c) independe de autorização do poder concedente.

d) é admitida apenas nas concessões patrocinadas.

e) é permitida, mas o subconcessionário não se subroga nos direitos do subconcedente.

De acordo com a Lei nº 8987/95, em seu Art. 26:

É admitida a subconcessão, nos termos previstos no contrato de concessão, desde que expressamente autorizada pelo poder concedente. A outorga de subconcessão será sempre precedida de concorrência.

Subconcessão: é permitida desde expressamente autorizada pelo concedente e prevista no contrato. Exige outorga sempre precedida de concorrência.

Subcontratação: Pode ser admitida ordinariamente no edital, nos termos admitidos pela Lei Geral de licitações.

GABARITO: B.

---

138. **(2017 - IPRESB/SP - Analista Previdenciário/Atuaria)** É um exemplo de serviço público denominado de *uti singuli*:

a) iluminação pública.

b) policiamento.

c) asfaltamento de ruas.

d) fornecimento de água.

e) limpeza pública.

A questão indicada está relacionada com os serviços públicos.

• Serviços singulares (*uti singuli*):

Os destinatários são individualizados e pode ser apurada a utilização do serviço por cada indivíduo. Exemplos: serviço de energia domiciliar e uso de linha telefônica.

• Serviços coletivos (*uti universi*):

São serviços prestados a grupos indeterminados de indivíduos - coletividade - e se baseiam em prioridades da Administração Pública, com base nos recursos que possui. Exemplos: serviços de pavimentação de ruas.

A única alternativa com serviço individualizado dentre as apresentadas, é o fornecimento de água.

GABARITO: D.

---

139. **(2020 - Valiprev/SP - Analista de Benefícios Previdenciários)** A delegação, a título precário, mediante licitação, da prestação de serviços públicos, feita pelo poder concedente à pessoa física ou jurídica que demonstre capacidade para seu desempenho, por sua conta e risco.
É correto afirmar que o texto do enunciado trata da:

a) concessão de serviço público.

b) licitação de serviço público.

c) autorização de serviço público.

d) regulamentação de serviço público.

e) permissão de serviço público.

Lei nº 8.987/95:

Art. 2º. *Para os fins do disposto nesta Lei, considera-se:*

(...)

IV - permissão de serviço público: a delegação, a título precário, mediante licitação, da prestação de serviços públicos, feita pelo poder concedente à pessoa física ou jurídica que demonstre capacidade para seu desempenho, por sua conta e risco.

Como daí se extrai, o conceito exposto pela Banca vem a ser aquele atinente à permissão de serviços públicos, de maneira que apenas a opção E contém a resposta correta.

GABARITO: E.

---

140. **(2019 - Câmara de São Miguel Arcanjo/SP - Procurador Legislativo)** Suponha que, após regular procedimento administrativo, o serviço de coleta domiciliar de lixo do Município de São Miguel Arcanjo foi concedido à Empresa Mais Limpeza. No entanto, por razões de interesse público, sem constatar qualquer vício na concessão ou irregularidade na prestação do serviço pela concessionária, o poder concedente deseja retomar o serviço público. Considerando o disposto na Lei nº 8.987/95, é correto afirmar que:

a) é hipótese de caducidade da concessão, e sua declaração depende de prévio pagamento da indenização.

b) o Município de São Miguel Arcanjo deve proceder à anulação do contrato administrativo de concessão.

c) é hipótese de decretação da caducidade da concessão, que é um ato discricionário do poder concedente.

d) se configura hipótese de encampação, e o Município de São Miguel Arcanjo deverá indenizar a Empresa Mais Limpeza pelos lucros cessantes e danos emergentes.

e) para que possa haver a encampação, o poder concedente deve demonstrar o interesse público, mediante lei autorizativa específica e prévio pagamento da indenização.

Em se tratando de retomada do serviço público, pelo poder concedente, por razões de interesse público, aplica-se o instituto da encampação, para a qual exige-se:

- demonstração do interesse público;

- lei autorizativa específica;

- prévio pagamento de indenização ao delegatário do serviço.

A propósito do tema, confira-se o disposto no Art. 37 da Lei nº 8.987/95:

Art. 37. *Considera-se encampação a retomada do serviço pelo poder concedente durante o prazo da concessão, por motivo de interesse público, mediante lei autorizativa específica e após prévio pagamento da indenização, na forma do artigo anterior.*

GABARITO: E.

---

141. **(2019 - Câmara de São Miguel Arcanjo/SP - Procurador Legislativo)** Assinale a alternativa correta sobre as Parcerias Público-Privadas (PPP).

a) Em qualquer modalidade de PPP, haverá uma contraprestação pecuniária do parceiro público ao parceiro privado.

b) É cabível a cobrança de tarifa na concessão administrativa.

c) É obrigatória a previsão de garantias da contraprestação do parceiro público a serem concedidas ao parceiro privado.

d) A contratação de PPP será sempre precedida de licitação nas modalidades concorrência, tomada de preços ou leilão.

e) O edital não pode estabelecer a inversão da ordem das fases de habilitação e julgamento, sob pena de nulidade absoluta do procedimento.

Realmente, no âmbito das parcerias público-privadas, há de existir uma contraprestação pecuniária do parceiro público ao parceiro privado.

No caso da concessão patrocinada, essa previsão fica explícita da própria definição legal vazada no Art. 2º, § 1º, *in verbis*:

Art. 2º. *Parceria público-privada é o contrato administrativo de concessão, na modalidade patrocinada ou administrativa.*

§ 1º Concessão patrocinada é a concessão de serviços públicos ou de obras públicas de que trata a Lei nº 8.987, de 13 de fevereiro de 1995, quando envolver, adicionalmente à tarifa cobrada dos usuários contraprestação pecuniária do parceiro público ao parceiro privado.

Mas, mesmo no caso das concessões administrativas, sediadas no § 2º do mesmo Art. 2º, também deve haver tal contraprestação pecuniária por parte da Administração Pública, em favor do parceiro privado, o que pode ser extraído da norma constante do § 3º deste Art. 2º, que abaixo transcrevo:

§ 3º Não constitui parceria público-privada a concessão comum, assim entendida a concessão de serviços públicos ou de obras públicas de que trata a Lei nº 8.987, de 13 de fevereiro de 1995, quando não envolver contraprestação pecuniária do parceiro público ao parceiro privado.

GABARITO: A.

---

142. **(2020 – Valiprev/SP – Procurador)** O Município divulga uma licitação, na modalidade concorrência, para concessão de serviço público, com base na Lei Federal nº 8.987/1995, fazendo constar as seguintes cláusulas: (I) a tarifa do serviço público concedido será fixada pelo preço da proposta vencedora da licitação; (II) será permitida a subconcessão do serviço, conforme previsto no contrato; e (III) as tarifas poderão ser diferenciadas em função das características técnicas e dos custos para atender aos usuários. Nessa situação hipotética, é correto afirmar que a referida licitação:

a) é plenamente válida, pois a modalidade de licitação e as suas cláusulas estão de acordo com os ditames da Lei.

b) é inválida, pois a concessão não pode ser realizada por meio de concorrência.

c) é inválida, uma vez que a cláusula (I) está em discordância com a Lei.

d) é inválida em face da cláusula (II), tendo em vista que a Lei não permite a subconcessão do serviço.

e) é inválida, considerando que a cláusula (III) estabelece forma de cobrança de tarifa não prevista na Lei.

Analisando as cláusulas:

(I) a tarifa do serviço público concedido será fixada pelo preço da proposta vencedora da licitação.

Trata-se de cláusula que conta com expresso amparo na regra do Art. 9º, *caput*, da Lei nº 8.987/95:

Art. 9º. *A tarifa do serviço público concedido será fixada pelo preço da proposta vencedora da licitação e preservada pelas regras de revisão previstas nesta Lei, no edital e no contrato.*

(II) será permitida a subconcessão do serviço, conforme previsto no contrato;

A subconcessão também constitui possibilidade prevista na lei de regência, mais precisamente no teor do Art. 26, *caput*, da Lei nº 8.987/95, *in verbis*:

Art. 26. *É admitida a subconcessão, nos termos previstos no contrato de concessão, desde que expressamente autorizada pelo poder concedente.*

Logo, escorreita esta cláusula.

(III) as tarifas poderão ser diferenciadas em função das características técnicas e dos custos para atender aos usuários.

Neste aspecto, a cláusula teria base normativa na regra do Art. 13 do aludido diploma legal, que ora transcrevo:

Art. 13. *As tarifas poderão ser diferenciadas em função das características técnicas e dos custos específicos provenientes do atendimento aos distintos segmentos de usuários.*

De tal maneira, nada de ilegal haveria na previsão de mais esta cláusula.

Conclui-se, assim, que todas as cláusulas referidas no enunciado da questão contam com respaldo na legislação de regência.

Ademais, a modalidade licitatória eleita se mostra correta, qual seja, a concorrência, por expressa definição vazada no Art. 2º, II, da Lei nº 8.987/95:

Art. 2º. *Para os fins do disposto nesta Lei, considera-se:*

(...)

II - concessão de serviço público: a delegação de sua prestação, feita pelo poder concedente, mediante licitação, na modalidade de concorrência, à pessoa jurídica ou consórcio de empresas que demonstre capacidade para seu desempenho, por sua conta e risco e por prazo determinado.

GABARITO: A.

143. **(2019 - Prefeitura de Campinas/SP - Auditor Fiscal Tributário Municipal)** A retomada do serviço pelo poder concedente durante o prazo da concessão, por motivo de interesse público, mediante lei autorizativa específica e após prévio pagamento da indenização, é hipótese de extinção da concessão do serviço público conhecida como:

a) advento contratual.

b) encampação.

c) rescisão.

d) caducidade.

e) revogação.

Segundo Mazza (2013), a encampação ou o resgate se refere à retomada do serviço público, por intermédio de lei autorizadora e prévia indenização, em virtude de interesse público justificadoras da extinção do contrato.

GABARITO: B.

---

144. **(2019 - TJ/RJ - Juiz Substituto)** A respeito da concessão ou permissão de serviços públicos, assinale a alternativa correta.

a) Admite-se a rescisão amigável de contratos de concessão comum ou patrocinada, por razões de interesse público, de alta relevância e amplo conhecimento, justificadas pela máxima autoridade do ente contratante, mediante homologação judicial.

b) Incumbe ao Poder Concedente declarar de utilidade pública os bens necessários à execução do serviço ou obra pública e promover diretamente as desapropriações, cabendo à concessionária responsabilizar-se pelas indenizações decorrentes.

c) A sustentabilidade financeira e vantagens socioeconômicas dos projetos constituem diretriz de contratação de parcerias público-privadas.

d) A transferência de concessão ou do controle societário da concessionária sem prévia anuência do Poder Concedente implicará a encampação da concessão.

e) Antes da celebração do contrato, deverá ser constituída sociedade de propósito específico, vedada a aquisição da maioria do seu capital votante pelo ente contratante ou por instituição financeira controlada pelo Poder Público, em qualquer caso.

O Art. 4º, VII, da Lei nº 11.079/04 estabelece que na contratação de parceria público-privada será observada a seguinte diretriz: sustentabilidade financeira e vantagens socioeconômicas dos projetos de parceria.

GABARITO: C.

---

145. **(2018 - ARSESP - Especialista em Regulação e Fiscalização de Serviços Públicos I/Relações Institucionais)** Na licitação para a celebração de parceria público-privada na modalidade patrocinada, a autoridade administrativa poderá utilizar como critério de julgamento:

a) a melhor proposta em razão da combinação dos critérios de maior oferta pela outorga da concessão com o de melhor técnica.

b) a melhor proposta em razão da combinação dos critérios de menor valor da tarifa do serviço público a ser prestado com o de melhor técnica.

c) a maior oferta, nos casos de pagamento ao poder concedente pela outorga da concessão.

d) a melhor oferta de pagamento pela outorga, após qualificação de propostas técnicas.

e) a melhor proposta técnica, com preço fixado no edital.

Lei nº 11.079/2004:

Art. 12. ***O certame para a contratação de parcerias público-privadas obedecerá ao procedimento previsto na legislação vigente sobre licitações e contratos administrativos e também ao seguinte: I – o julgamento poderá ser precedido de etapa de qualificação de propostas técnicas, desclassificando-se os licitantes que não alcançarem a pontuação mínima, os quais não participarão das etapas seguintes;***

II – o julgamento poderá adotar como critérios, além dos previstos nos incisos I e V do art. 15 da Lei nº 8.987, de 13 de fevereiro de 1995, os seguintes:

a) menor valor da contraprestação a ser paga pela Administração Pública;

b) melhor proposta em razão da combinação do critério da alínea a com o de melhor técnica, de acordo com os pesos estabelecidos no edital.

Por sua vez, o Art.15, I e V, da Lei nº 8.987/95, aí referido, assim estabelece:

Art. 15. ***No julgamento da licitação será considerado um dos seguintes critérios:***

I - o menor valor da tarifa do serviço público a ser prestado;

(...)

V - melhor proposta em razão da combinação dos critérios de menor valor da tarifa do serviço público a ser prestado com o de melhor técnica.

Diante destas disposições legais, considerando que a concessão patrocinada é aquela em que, além da tarifa a ser paga pelos usuários do serviço, ocorre também uma contraprestação pecuniária a ser paga pelo parceiro público, é de se concluir que o menor valor de tarifa deve figurar dentre os critérios de julgamento, podendo ser associado, ainda, com o de melhor técnica.

GABARITO: B.

---

146. **(2018 - ARSESP - Especialista em Regulação e Fiscalização de Serviços Públicos I/Relações Institucionais)** Verificada a necessidade de expandir e melhorar sua rede de atendimento hospitalar, determinado Município pretende delegar a terceiros, mediante licitação na modalidade de concorrência, a execução das obras de engenharia dos prédios dos hospitais e toda a prestação dos serviços hospitalares, incluindo o fornecimento das máquinas, dos bens e insumos e de mão de obra habilitada ao atendimento da população, inclusive médicos, além do gerenciamento de toda estrutura. O prazo previsto para a vigência do contrato é de 25 anos, o valor estimado da contratação é de R$ 18.000.000,00 (dezoito milhões de reais) e a remuneração do contratado será realizada integralmente pela Municipalidade. Nesses termos, o instrumento legal a ser utilizado pela Municipalidade para realizar a delegação é:

a) o contrato de empreitada.

b) a concessão patrocinada.

c) a concessão administrativa.

d) a contratação integrada.

e) a concessão comum.

Lei nº 11.079/2004:

Art. 2º. ***Parceria público-privada é o contrato administrativo de concessão, na modalidade patrocinada ou administrativa.***

§ 1º Concessão patrocinada é a concessão de serviços públicos ou de obras públicas de que trata a Lei nº 8.987, de 13 de fevereiro de 1995, quando envolver, adicionalmente à tarifa cobrada dos usuários contraprestação pecuniária do parceiro público ao parceiro privado.

§ 2º Concessão administrativa é o contrato de prestação de serviços de que a Administração Pública seja a usuária direta ou indireta, ainda que envolva execução de obra ou fornecimento e instalação de bens.

Analisando as demais alternativas, eis os comentários sobre seus equívocos, sucintamente:

O contrato de empreitada e a "contratação integrada" (opções A e D) não são figuras admitidas no ordenamento para fins de concessão de serviços públicos, a teor do Art. 175, *caput*, da CRFB/88 e das Leis nº 8.987/95 e 11.079/2004.

A concessão patrocinada (opção B), outra modalidade de parceria público-privada legalmente prevista, resvala no fato de que a remuneração do parceiro privado se opera mediante cobrança de tarifas dos usuários do serviço, além da contraprestação pecuniária efetivada pelo parceiro público com recursos do orçamento. E, na espécie, os serviços seriam remunerados integralmente com recursos públicos da municipalidade (orçamento), de maneira que a concessão patrocinada pode ser eliminada.

Por fim, a concessão comum (opção E) também esbarra na necessidade de cobrança de tarifas dos usuários do serviço como fonte principal (em regra, única) de remuneração do concessionário, sendo certo que, no exemplo da presente questão, não haveria cobrança de tarifas. Logo, há de ser descartada esta possibilidade.

GABARITO: C.

---

147. **(2018 - ARSESP - Especialista em Regulação e Fiscalização de Serviços Públicos I/Saneamento Básico)** A racionalização na prestação de serviços exigida dos agentes públicos e prestadores de serviços públicos é um direito:

a) da ouvidoria e da comissão de ética.

b) da economicidade.

c) à qualidade do serviço.

d) à informação.

e) ao controle adequado do serviço.

O sistema de proteção dos usuários de serviços públicos ganhou com a edição da Lei nº 13.460/2017, mais um diploma legal para sua construção. Juntamente às Leis nº 8987/95 e 8078/90 (CDC), buscou-se operacionalizar diversas ações que proporcionassem a eficiência na prestação desses serviços, ampliando as vias de fiscalização popular, o acesso à informação e possibilidade de avaliações regulares pelos usuários. A nova lei não afasta a incidência do CDC – na realidade, ela destaca, em seu Art. 1º, § 2º, que este continua sendo aplicado, quando caracterizada relação de consumo.

Analisando o enunciado da questão, percebemos que a banca quis afirmar a "racionalização na prestação de serviços públicos" como um direito dos usuários à qualidade do serviço, na esteira do que prevê o Art. 4, VII do CDC. O referido dispositivo aponta a "racionalização e melhoria dos serviços públicos", como um princípio necessário à construção da Política Nacional das Relações de Consumo.

GABARITO: C.

Responsabilidade Civil

148. **(2019 - Prefeitura de Birigui/SP - Advogado)** Sobre a responsabilidade extracontratual do Estado, é correto afirmar que:

a) possui a mesma natureza da responsabilidade contratual, respondendo o Estado em ambos os casos de forma objetiva.

b) a responsabilização civil do Estado por danos materiais abrange os danos emergentes, mas não os lucros cessantes.

c) o Estado pode ser compelido a promover a publicação de notícias com o fim de desfazer as implicações negativas provocadas por ofensas.

d) o Estado, caso o dano seja causado por agente público a título doloso, tem a faculdade de ajuizar a respectiva ação regressiva.

e) independentemente da conduta do Estado ser omissiva ou comissiva, com base na teoria do risco integral, a sua responsabilidade será objetiva.

Na responsabilidade civil, incide a reparação dano, dessa forma, o Estado pode ser condenado a promover a publicação de notícias com o objetivo de desfazer as implicações negativas.

GABARITO: C.

149. **(2019 - Prefeitura de São José dos Campos/SP - Analista em Gestão Municipal/Direito)** Tendo em vista o entendimento da Jurisprudência acerca da responsabilidade civil do Estado, é correto afirmar que:

a) a responsabilidade civil do Estado por condutas omissivas é subjetiva, devendo ser comprovados a culpa do agente ou falha do serviço, o dano e o nexo de causalidade.

b) a responsabilidade civil do Estado é subjetiva em razão das lesões sofridas por vítima baleada em razão de tiroteio ocorrido entre policiais e assaltantes.

c) a responsabilidade civil do Estado é subjetiva em razão do suicídio de preso ocorrido no interior de estabelecimento prisional.

d) o Estado não responde civilmente por atos ilícitos praticados por foragidos do sistema penitenciário, mesmo quando os danos decorrem direta ou imediatamente do ato de fuga.

e) nas ações de responsabilidade civil do Estado, é necessária a denunciação da lide ao suposto agente público causador do ato lesivo.

A responsabilidade civil do Estado por condutas omissivas é subjetiva, devendo ser comprovados a negligência na atuação estatal, o dano e o nexo de causalidade.

Administrativo. Processual civil. Violação do Art. 535 do CPC. Alegação genérica. Súmula 284/STF. Responsabilidade civil do estado. Omissão. Nexo de causalidade. Danos morais e materiais. Reexame de fatos e provas. Impossibilidade. Súmula 7/STJ.

1. A alegação genérica de violação do Art. 535 do Código de Processo Civil, sem explicitar os pontos em que teria sido omisso o acórdão recorrido, atrai a aplicação do disposto na Súmula 284/STF.

2. Nos termos da jurisprudência do STJ, a responsabilidade civil do estado por condutas omissivas é subjetiva, sendo necessário, dessa forma, comprovar a negligência na atuação estatal, o dano e o nexo causal entre ambos.

3. O Tribunal de origem, com base no conjunto fático probatório dos autos, expressamente consignou que "restou evidente o nexo de causalidade entre a omissão do ente municipal e o evento danoso".

4. Dessa forma, não há como modificar a premissa fática, pois para tal é indispensável o reexame do contexto fático-probatório dos autos, o que é vedado por esta Corte, pelo óbice da Súmula 7/STJ.

Agravo regimental improvido.

(AgRg no AREsp 501507/RJ, Rel. Ministro Humberto Martins, Segunda Turma, Julgado em 27/05/2014,DJE 02/06/2014)

GABARITO: A.

---

150. **(2018 - Prefeitura de São Bernardo do Campo/SP - Contador I)** Considere o seguinte caso hipotético: um contador no exercício de suas atribuições na Prefeitura de São Bernardo do Campo, por erro plenamente comprovado, provocou danos e prejuízos a um particular. É correto afirmar que a responsabilidade civil:

a) da Prefeitura é objetiva, nos termos da teoria do risco integral.

b) do contador é objetiva, nos termos da teoria do risco administrativo.

c) da Prefeitura é objetiva, nos termos da teoria do risco administrativo.

d) do contador é subjetiva, nos termos da teoria do risco integral.

e) da Prefeitura é subjetiva, nos termos da teoria do risco administrativo.

A Constituição Federal regulamenta a responsabilidade civil em seu Art. 37, § 6º. Vejamos:

§ 6º *As pessoas jurídicas de direito público e as de direito privado prestadoras de serviços públicos responderão pelos danos que seus agentes, nessa qualidade, causarem a terceiros, assegurado o direito de regresso contra o responsável nos casos de dolo ou culpa.*

A responsabilidade do Estado, estampada no texto constitucional, é objetiva, baseada na teoria do risco administrativo. Por sua vez, a responsabilização do agente perante o Estado é subjetiva, decorrendo de comprovação de dolo ou de culpa.

Assim, no caso em tela, a responsabilidade civil da Prefeitura é objetiva, nos termos da teoria do risco administrativo. Por outro lado, a responsabilidade do contador é subjetiva.

GABARITO: C.

---

151. **(2019 - Prefeitura de São José dos Campos/SP - Procurador)** Sobre a responsabilidade civil do Estado, assinale a alternativa que está de acordo com a jurisprudência do Superior Tribunal de Justiça.

a) Nas ações indenizatórias decorrentes da responsabilidade civil objetiva do Estado, é obrigatória a denunciação à lide.

b) A responsabilidade civil pelo dano ambiental é subjetiva e subsidiária, mormente quando há omissão do dever de controle e de fiscalização por parte do ente público.

c) O Estado responde subjetivamente pela integridade física de detento em estabelecimento prisional.

d) O Estado responde civilmente por atos ilícitos praticados por foragidos do sistema penitenciário, ainda que os danos não decorram direta ou imediatamente do ato de fuga.

e) Em caso de ato ilícito cometido por agente público, o termo inicial do prazo prescricional para ajuizamento de ação indenizatória em face do Estado se dá a partir do trânsito em julgado da sentença penal condenatória.

A jurisprudência do Superior Tribunal de Justiça firmou orientação no sentido de que "a coisa julgada na instância penal constitui o termo inicial da contagem do prazo de prescrição da ação de indenização em face do Estado. (...) Funda-se a jurisprudência no fato de que nesses casos o termo a quo é o trânsito em julgado da sentença condenatória penal, porquanto a reparação do dano ex delicto é consequente, por isso que, enquanto pende a incerteza quanto à condenação, não se pode aduzir à prescrição, posto instituto vinculado à inação." (STJ, REsp 618.934/SC, Rel. Ministro Luiz Fux, Primeira Turma, DJU de 13/12/2004). Em igual sentido: STJ, AgRg no AREsp 631.181/SP, Rel. Ministro Marco Aurélio Bellizze, Terceira Turma, DJe de 07/12/2015; AgRg no REsp 1.474.840/MS, Rel. Ministro Mauro Campbell Marques, Segunda Turma, DJe de 17/09/2015." (AgInt no REsp 1478427 / SC, 2ª Turma, Rel. Ministra Assusete Magalhães, DJe 15.12.2017)

GABARITO: E.

152. **(2018 - Pauliprev/SP - Analista Previdenciário)** Um ônibus de empresa concessionária do serviço municipal de transporte coletivo de passageiros, em velocidade acima da permitida para a via, ultrapassa o sinal semafórico vermelho e colide com um veículo de passageiros, que obedeceu ao comando semafórico e estava trafegando no sentido correto de seu trajeto, causando danos irreparáveis ao veículo, além de graves ferimentos nos ocupantes do veículo e danos leves em alguns de seus passageiros. Há diversas testemunhas que afirmam que o acidente decorreu única e exclusivamente do fato de o motorista do ônibus estar em alta velocidade e de não ter observado o sinal vermelho. Não há qualquer fator que possa ser invocado como força maior, caso fortuito, ou qualquer outra excludente de responsabilidade. As vítimas que estavam no veículo, terceiros não usuários do serviço, pretendem ingressar com ação de reparação de danos morais e materiais contra a empresa de transporte coletivo. Nesse caso, pode-se afirmar que a responsabilidade da empresa de transporte coletivo, que é pessoa jurídica de direito privado concessionária de serviço público, é:

a) subjetiva relativamente a terceiros usuários e não usuários do serviço, porque se trata de pessoa jurídica de direito privado.

b) objetiva relativamente a terceiros usuários e não usuários do serviço, segundo decorre do Art. 37, § 6º, da Constituição Federal.

c) objetiva em relação aos usuários do serviço e subjetiva em relação aos não usuários, pois apenas os usuários pagam tarifa beneficiando-se do regime jurídico administrativo.

d) subjetiva se a concessionária for pessoa jurídica de direito privado não pertencente à Administração Pública e objetiva, quando a concessionária for empresa pública ou sociedade de economia mista, independentemente de a vítima ser ou não usuária do serviço.

e) subjetiva apenas se a concessionária for pessoa jurídica de direito privado pertencente à Administração Pública e se a vítima não for usuária do serviço.

Segundo Mazza (2018), a Constituição Federal de 1988 adotou, como a regra, a teoria objetiva na modalidade de risco administrativo. Dessa forma, o pagamento da indenização não precisa de comprovação de culpa ou dolo - objetiva - e existem exceções ao dever de indenizar - risco administrativo.

Jurisprudência STF:

Teses de Repercussão Geral - RE 591874: A responsabilidade civil das pessoas jurídicas de direito privado prestadoras de serviço público é objetiva relativamente a terceiros usuários e não usuários do serviço, segundo decorre do Art. 37, § 6º, da Constituição Federal.

Precedente da Tese:

Relator(a): Min. Ricardo Lewandowski

Acórdão da Repercussão Geral

Acórdão do Mérito

Julgamento: 26/08/2009

Publicação: Repercussão Geral - Mérito DJe-237 Divulg 17-12-2009

Publicado em 18-12-2009

GABARITO: B.

153. (2019 - UNIFAI - Procurador Jurídico) Suponha que João, servidor público, estava conduzindo durante o horário de expediente veículo oficial quando colidiu, culposamente, com o carro de Maria. Com o objetivo de receber indenização pelos prejuízos suportados, Maria ajuizou ação em face do Município, na qual lhe é reconhecido o direito ao recebimento de R$ 5.000,00 (cinco mil reais), correspondente à quantia gasta com o conserto do automóvel. Considerando que o ato praticado por João não está tipificado como crime ou improbidade administrativa, assinale a alternativa correta.

a) A pretensão de ressarcimento do Município em face de João prescreve em 5 (cinco) anos.

b) A pretensão de ressarcimento do Município em face de João prescreve em 3 (três) anos.

c) A pretensão de ressarcimento do Município em face de João é imprescritível.

d) A pretensão de ressarcimento do Município em face de João prescreve em 10 (dez) anos.

e) O Município não dispõe de pretensão de ressarcimento em face de João.

Conforme indicado por Carvalho Filho (2020), o direito de regresso é assegurado ao Estado de dirigir a sua pretensão indenizatória ao agente responsável pelo dano, quando agiu com dolo ou culpa.

Com o direito de regresso o Estado será ressarcido dos prejuízos causados pelo agente responsável pelo dano, nos casos em que o agente agiu com dolo ou culpa.

Segundo Alexandrino e Paulo (2017), a doutrina costumava defender que todas as ações judiciais de ressarcimento ao erário seriam imprescritíveis com base no Art. 37, § 5º, da CF/88. Algumas decisões do STF confirmavam esse entendimento.

Entretanto com base em decisões recentes e no RE 990010 ED-AgR de 2019, o STF entendeu que a parte final do § 5º do Art. 37, da CF/88 não pode ser interpretada como regra de imprescritibilidade que seja aplicável a ações de ressarcimento ao erário no que se refere a prejuízos ocasionados por todo e qualquer ilícito.

As ações judiciais de ressarcimento de prejuízos ao erário causados por ilícitos civis comuns, que não forem considerados atos de improbidade administrativa, estão sujeitas a prescrição indicada no Art. 206, § 3º, V, do Código Civil de 2002, que estabelece que prescreve em três anos a "pretensão de reparação civil".

GABARITO: A.

---

154. (2018 - Câmara de Indaiatuba/SP - Procurador Jurídico) Fulano dos Santos foi visitar sua sogra em Indaiatuba e deixou o carro estacionado na rua. Quando retornou, o carro não estava mais lá. Ele acionou a polícia, que registrou a ocorrência e desde então não mais teve notícias do paradeiro de seu veículo. Diante disso, assinale a alternativa correta:

a) O Estado responde por omissão na segurança pública, pois não evitou a ocorrência do crime.

b) O Município de Indaiatuba deve indenizá-lo, pois o furto foi praticado no Município.

c) Não cabe indenização porque a responsabilidade, nos casos de omissão, é de natureza subjetiva, devendo ser comprovada a culpa do ente público.

d) O Estado e o Município respondem objetivamente e de forma solidária pelo furto do veículo.

e) Somente o Estado deve responder de forma objetiva, pois há nexo de causalidade entre a falha na segurança pública, que é de responsabilidade do Estado, e o crime que vitimou Fulano dos Santos.

Teoria da Culpa Anônima, Culpa do Serviço ou acidente Administrativo (*faute du service*). Esta teoria é aplicada na responsabilidade por omissão do Estado. Quando o poder público for omisso, sua responsabilidade será subjetiva.

Todavia, o STF entendeu que em casos de omissão específica (quando há o dever de agir no caso concreto), o Estado deve ser responsabilizado objetivamente. Ou seja, seria preciso comprovar que o serviço público foi mal prestado. Observe que o foco não é a falta do agente, mas sim a falha na prestação do serviço.

Segunda Turma do STF no julgamento do RE 395942 AgR/RS: "A alegação de falta do serviço – faute du service, dos franceses – não dispensa o requisito da aferição do nexo de causalidade da omissão atribuída ao poder público e o dano causado" (Relatora Min. Ellen Gracie, DJe 26/02/09).

Essa falha do serviço público é caracterizada em três hipóteses: o serviço não foi prestado, o serviço foi prestado, porém com atraso ou o serviço foi mal prestado.

GABARITO: C.

155. **(2018 - Prefeitura de São Bernardo do Campo/SP - Assistente Jurídico)** Com relação à responsabilidade civil pessoal dos agentes públicos, em eventual ação regressiva, é correto afirmar que a ação:

a) dependerá da atuação culposa ou dolosa do agente e da condenação anterior do Estado, não sendo vedado o seu ajuizamento quando do falecimento do servidor responsável pelo dano.

b) independerá da atuação culposa ou dolosa do agente e da condenação anterior do Estado, não sendo vedado o seu ajuizamento quando do falecimento do servidor responsável pelo dano.

c) dependerá da atuação exclusivamente dolosa do agente e da condenação anterior do Estado, sendo vedado o seu ajuizamento quando do falecimento do servidor responsável pelo dano.

d) independerá da atuação culposa do agente e da condenação posterior do Estado, não sendo vedado o seu ajuizamento quando do falecimento do servidor responsável pelo dano.

e) dependerá da atuação culposa ou dolosa do agente e da condenação anterior do Estado, sendo vedado o seu ajuizamento quando da demissão do servidor responsável pelo dano.

O direito de regresso é assegurado ao Estado no sentido de dirigir sua pretensão indenizatória contra o agente responsável pelo dano, quando tenha este agido com dolo ou culpa. Assim, a responsabilidade do agente é subjetiva.

José dos Santos Carvalho Filho destaca que "no tema da responsabilidade civil do Estado existem duas relações jurídicas diversas - uma que liga o lesado ao Estado e outra que vincula o Estado a seu agente. Esta última relação é que consubstancia o direito de regresso do Estado, estando prevista na parte final do Art. 37, § 6º, da Constituição Federal".

Ainda sobre o tema, o referido autor acrescenta que é comum o uso da expressão ação regressiva para nominar a demanda a ser movida pelo Estado contra seu agente, lembrando que o direito de ação deve ser exercido secundariamente, pressupondo o exercício prévio do direito de ação pelo lesado.

Ressalte-se que a obrigação do agente público de reparar o dano estende-se aos sucessores e contra eles será executada, até o limite do valor da herança recebida.

Diante do exposto, conclui-se que a ação regressiva dependerá da atuação culposa ou dolosa do agente e da condenação anterior do Estado, não sendo vedado o seu ajuizamento quando do falecimento do servidor responsável pelo dano.

GABARITO: A.

156. **(2019 - TJ/SP - Administrador Judiciário)** Uma determinada empresa pública que desenvolve atividade econômica em sentido estrito praticou um ato que provocou danos. Via de regra, pode-se afirmar que a responsabilidade extracontratual da referida estatal será:

a) integral.

b) subjetiva.

c) objetiva, fundada na teoria da culpa anônima.

d) imprescritível.

e) objetiva, fundada na culpa do serviço.

Art. 37, § 6º da CF. As pessoas jurídicas de direito público e as de direito privado prestadoras de serviços públicos responderão pelos danos que seus agentes, nessa qualidade, causarem a terceiros, assegurado o direito de regresso contra o responsável nos casos de dolo ou culpa.

A questão aborda Empresa Pública que explora atividade econômica, cujo regime será o mesmo das demais Empresas Privadas, ou seja, a responsabilidade extracontratual será, em regra, subjetiva.

GABARITO: B.

157. **(2021 - Prefeitura de Jundiaí/SP - Procurador do Município)** No que diz respeito à responsabilidade do Estado por atos legislativos, é correto afirmar que:

a) com base no princípio da separação de poderes, o STF já assentou que o Estado não pode ser responsabilizado por atos legislativos.

b) o Supremo Tribunal Federal adotou o entendimento de que lei declarada inconstitucional em ação direta não enseja a responsabilidade estatal.

c) o fundamento jurídico que autoriza a condenação do Estado por atos legislativos é a teoria do risco integral.

d) a responsabilidade estatal por atos legislativos somente é admitida quando haja previsão de indenização expressa na própria norma.

e) há possiblidade de responsabilizar o Estado em decorrência da edição de lei de efeitos concretos que cause prejuízos a terceiros.

É firme a postura doutrinária e jurisprudencial na linha da possibilidade de responsabilização civil do estado por atos legislativos, em casos de:

i) leis inconstitucionais;

ii) leis de efeitos concretos causadora de danos; e

iii) omissões legislativas desproporcionais.

Sobre a possibilidade, por exemplo, de configuração da responsabilidade civil do Estado por força de leis inconstitucionais, é ler o seguinte julgado do STJ:

"Administrativo. Cruzados novos bloqueados. MP nº 168/90. Lei nº 8.024/90. Correção monetária. BTNF. Dano moral. Responsabilidade civil por ato legislativo. Ausência de declaração de inconstitucionalidade da lei. Não-cabimento. 1. Consolidado está, no âmbito do STJ, o entendimento de que a correção dos saldos bloqueados transferidos ao Bacen deve ser feita com base no BTNF. Precedentes. 2. Apenas se admite a responsabilidade civil por ato legislativo na hipótese de haver sido declarada a inconstitucionalidade de lei pelo Supremo Tribunal Federal em sede de controle concentrado. 3. Recurso especial provido."

(RESP 571645, rel. Ministro João Otávio de Noronha, Segunda Turma, DJ DATA: 30/10/2006

Refira-se, em complemento, que a posição acima, a exigir declaração de inconstitucionalidade em controle concentrado, pelo STF, não é unânime na doutrina e na jurisprudência. Há quem sustente ser perfeitamente possível que o Estado seja responsabilizado, por atos legislativos inconstitucionais, em sede de controle incidental ou difuso de constitucionalidade. O precedente, contudo, é útil no sentido de que demonstrar que a responsabilidade civil dos entes públicos, pela produção de atos legislativos inconstitucionais, em si, é mansa e pacífica.

GABARITO: E.

158. **(2017 - Câmara de Mogi das Cruzes/SP - Auxiliar de Apoio Administrativo)** Um servidor público, agindo em nome do Município, causou danos a um particular e este moveu uma ação judicial de reparação de danos contra o Município com base no Estatuto do Servidor Público do Município de Mogi das Cruzes. Nessa hipótese, considerando que os fatos alegados foram devidamente provados no processo, a decisão judicial, em seu mérito, deve ser no sentido de que:

a) o Município deve responder pelos prejuízos, e o servidor fica isento de responsabilidade, tendo em vista que este agiu em nome do ente público.

b) o servidor responde pessoalmente pelos danos causados, e o Município fica isento de responsabilidade.

c) o Município responderá pelos danos causados ao particular, e o servidor, perante o Município, em ação regressiva.

d) o Município não deve responder pelos danos causados ao particular, uma vez que o servidor público deve ser responsabilizado diretamente pelos atos ilícitos praticados contra terceiros.

e) o pedido deve ser julgado improcedente, pois o particular deveria ter ajuizado a ação também contra o servidor público, juntamente com o Município, que não pode responder sozinho pelos prejuízos.

Com base no Art. 37, § 6º, da CF/88. O Município responde de forma objetiva e cabe a ação de regresso do Estado perante o agente, nos casos de dolo ou de culpa - responsabilidade do servidor é subjetiva.

GABARITO: C.

Controle da Administração

159. **(2020 - Prefeitura de Morro Agudo/SP - Auditor de Controle Interno)** Leia o seguinte trecho de uma matéria jornalística: Aplicativo permite ao cidadão fiscalizar recursos investidos em seu município APP SICONV CIDADÃO – Com toques no celular, será possível indicar necessidades como construção de escolas, postos de saúde e áreas de lazer com recursos do governo federal. Ele busca estimular a participação da sociedade na fiscalização dos recursos repassados pelo Governo Federal aos estados e municípios.

(http://plataformamaisbrasil.gov.br/noticias/. 06.07.2018. Adaptado)

Esse tipo de aplicativo é um exemplo, entre tantos outros, de que tipo de controle da Administração Pública?

a) Jurisdicional, na medida em que se trata de uma iniciativa para acompanhar os gastos públicos locais tendo em vista os repasses do governo federal.

b) Social, pois convocam-se os cidadãos para acompanhar os gastos públicos e, nesse contexto, se estão corretos e em sintonia com as demandas da sociedade.

c) Digital, ao utilizar recursos tecnológicos para o controle dos gastos públicos a partir dos cidadãos, tornando-o mais simples e efetivo.

d) Local, de suma importância para que os gastos públicos sejam avaliados na "ponta", ou seja, no local em que ocorrem – escolas, postos de saúde etc.

e) Discricionário, pois se trata de gastos realizados pelos municípios e que foram subsidiados pelo governo federal a partir dos recursos vinculados.

Como o próprio enunciado da questão revela, o app criado teria por objetivo estimular a participação da sociedade na fiscalização dos recursos repassados pelo Governo Federal aos estados e municípios.

Em assim sendo, considerando que a hipótese seria de controle a ser efetivado diretamente pela população, em relação ao maneio do dinheiro público, esta-se diante do chamado controle social, como adverte, por exemplo, a doutrina de Rafael Oliveira:

"c) controle social: é implementado pela sociedade civil, por meio da participação nos processos de planejamento, acompanhamento, monitoramento e avaliação das ações da gestão pública e na execução das políticas e programas públicos (ex.: participação em consulta pública ou audiência pública; direito de petição ou de representação etc.)."

GABARITO: B.

160. **(2019 - DAEM - Procurador Jurídico)** Justiniano Justo é um cidadão do Município de Macondo e teve conhecimento durante uma festa da família que o contrato de determinada obra de construção de creche realizado pela Prefeitura foi decorrente de licitação fraudulenta, custando o triplo do que seria correto, o que ocasiona dano ao erário. Inconformado com o ocorrido, Justiniano decide ingressar em juízo para buscar a anulação do contrato e o ressarcimento do prejuízo ao erário.

Diante desse fato hipotético, assinale a alternativa correta.

a) Justiniano, mesmo sendo cidadão Macondoense, não pode ingressar com ação judicial para defesa dos interesses do erário municipal, em razão de não preenchimento do requisito da legitimidade ativa.

b) Justiniano não pode ajuizar ação em nome próprio contra os participantes da licitação fraudulenta, devendo levar o fato ao conhecimento do Ministério Público para que este ingresse com ação coletiva.

c) Justiniano deve ingressar com ação de improbidade administrativa contra os responsáveis pela licitação fraudulenta.

d) Justiniano pode ingressar com mandado de segurança coletivo invocando o direito líquido e certo de proteger o erário.

e) Sendo Justiniano cidadão Macondoense, pode propor ação popular em nome próprio visando a anulação do contrato fraudulento e lesivo aos cofres públicos municipais.

Seria cabível a propositura de ação popular, com apoio no Art. 5º, LXXIII, da CRFB/88 c/c Art. 1º da Lei nº 4.717/73, que tem por objeto, justamente, viabilizar a defesa do patrimônio público, pelo cidadão, contra atos causadores de lesão ao erário, como seria a hipótese descrita no enunciado da presente questão.

GABARITO: E.

161. **(2020 - FITO - Advogado)** O controle pelo Tribunal de Contas abrange, em relação às fundações públicas,

a) a apreciação das contas dos administradores e demais responsáveis por dinheiros, bens e valores públicos, a elaboração de parecer prévio e o encaminhamento para julgamento pelo Poder Legislativo.

b) a apreciação, para fins de registro, da legalidade dos atos de admissão de pessoal a qualquer título, inclusive as nomeações para cargo de provimento em comissão.

c) a apreciação, para fins de registro, da legalidade dos atos de concessão de aposentadorias e pensões, inclusive melhorias posteriores que não alterem o fundamento legal do ato concessório.

d) a realização de inspeções e auditorias de natureza contábil, financeira, orçamentária, operacional e patrimonial, nas unidades administrativas das entidades.

e) em caso de ilegalidade de despesa ou irregularidade de contas de contrato, a sustação da execução do ato ou contrato, e a aplicação, ao responsável, das sanções de multa e ressarcimento ao erário.

Assertiva que tem base expressa no Art. 71, IV, da CRFB/88, abaixo colacionado:

IV - realizar, por iniciativa própria, da Câmara dos Deputados, do Senado Federal, de Comissão técnica ou de inquérito, inspeções e auditorias de natureza contábil, financeira, orçamentária, operacional e patrimonial, nas unidades administrativas dos Poderes Legislativo, Executivo e Judiciário, e demais entidades referidas no inciso II.

GABARITO: D.

162. **(2019 - Câmara de São Roque/SP - Oficial Legislativo)** A respeito do controle judicial dos atos administrativos, é correto afirmar que:

a) a coisa julgada administrativa impede a revisão judicial da decisão prolatada.

b) a concessão de mandado de segurança não produz efeitos patrimoniais em relação a período pretérito, os quais devem ser reclamados administrativamente ou pela via judicial própria.

c) o pedido de reconsideração na via administrativa interrompe o prazo para o mandado de segurança.

d) é possível a impetração de habeas data ainda que não haja recusa de informações por parte da autoridade administrativa.

e) cabe mandado de segurança contra lei em tese.

Trata-se de afirmativa sintonizada com o teor da Súmula 271 do STF:

Súmula 271: ***Concessão de mandado de segurança não produz efeitos patrimoniais, em relação a período pretérito, os quais devem ser reclamados administrativamente ou pela via judicial própria.***

GABARITO: B.

163. **(2018 - PauliPrev - SP - Agente Previdenciário)** Os Tribunais de Contas são órgãos de controle:

a) financeiro que integram o Poder Legislativo das diversas esferas da federação.

b) administrativo que integram o Poder Executivo das diversas esferas da federação.

c) financeiro e administrativo que integram o Poder Judiciário das diversas esferas da federação.

d) financeiro e administrativo que integram o Ministério Público das diversas esferas da federação.

e) financeiro que integram o Poder Judiciário das diversas esferas da federação.

José dos Santos Carvalho Filho aponta que: "O Tribunal de Contas é órgão integrante do Congresso Nacional que tem a função constitucional de auxiliá-lo no controle financeiro externo da Administração Pública, como emana do Art. 71 da atual Constituição".

GABARITO: A.

---

164. **(2019 - Prefeitura de Itapevi/SP - Controlador Interno)** No que concerne ao controle externo da Administração Pública, considere o seguinte caso hipotético: o Prefeito do Município "X" decide criar, por Decreto, um Tribunal de Contas do Município. É correto afirmar que a:

a) Constituição Federal permite a criação de Tribunal de Contas apenas nos Municípios com um milhão ou mais de habitantes.

b) criação de Tribunal de Contas dos Municípios somente poderá ocorrer por meio de lei.

c) Constituição Federal permite a criação de Tribunal de Contas apenas nos Municípios com mais de quinhentos mil habitantes.

d) criação de Tribunal de Contas dos Municípios somente poderá ocorrer por meio de Emenda Constitucional Estadual.

e) Constituição Federal veda a criação de Tribunais, Conselhos ou órgãos de Contas Municipais.

Constituição Federal:

Art. 31. *A fiscalização do Município será exercida pelo Poder Legislativo Municipal, mediante controle externo, e pelos sistemas de controle interno do Poder Executivo Municipal, na forma da lei.*

(...)

§ 4º É vedada a criação de Tribunais, Conselhos ou órgãos de Contas Municipais.

GABARITO: E.

---

165. **(2019 - UFABC - Administrador)** Há diversos tipos de controle na Administração Pública brasileira. No tocante ao papel exercido pelo Ministério Público, assinale a alternativa que descreve corretamente esse tipo de controle.

a) Controle interno da gestão pública exercido por órgão independente e com autoridade e direito de suspender gestores públicos.

b) Controle interno e externo a depender do tipo de crime cometido contra a Administração Pública, com efeito civil ou penal.

c) Controle externo de crimes contra a Adminstração Pública, tais como concussão, corrupção, prevaricação, abuso de autoridade.

d) Controle ex-post dos fatos e ocorrências no âmbito da gestão pública com efeito suspensivo de ordem civil ou criminal contra funcionários públicos.

e) Controle ad referendum das decisões tomadas pelo poder judiciário e consubstanciado pelo Ministério Público no âmbito civil e criminal.

Conforme indicado por Marçal Justen Filho (2016), o controle externo "consiste na submissão da atividade administrativa à fiscalização exercitada por órgãos externos à estrutura do Poder que os praticou". A atividade administrativa de controle externo é desempenhada pelo Poder Legislativo, pelo Tribunal de Contas e pelo Ministério Público.

Segundo Oliveira (2018), "os tribunais de contas, com auxílio do Ministério Público de Contas, são importantes órgãos para a prevenção, e o combate à corrupção".

GABARITO: C.

---

166. **(2019 - Prefeitura de São José do Rio Preto/SP - Procurador do Município)** O controle jurisdicional dos atos administrativos:

a) pode recair sobre atos administrativos vinculados e discricionários, relativamente ao mérito e a quaisquer de seus elementos.

b) pode incidir sobre atos administrativos vinculados, mas não sobre atos administrativos discricionários.

c) tendo em vista o princípio da deferência, limita-se à verificação da autoridade competente, da adoção da forma prescrita em lei e do trâmite regular do respectivo procedimento administrativo, não podendo recair sobre o mérito administrativo ou a finalidade do ato.

d) pode recair sobre atos administrativos vinculados e discricionários, desde que, em qualquer caso, esgotadas as instâncias de controle administrativo.

e) pode recair sobre atos administrativos vinculados e discricionários, não cabendo ao Poder Judiciário, entretanto, o controle do juízo de oportunidade e conveniência exercido com razoabilidade e motivação pela Administração Pública dentro dos parâmetros legais.

Maria Sylvia Zanella di Pietro destaca que: "O Poder Judiciário pode examinar os atos da Administração Pública, de qualquer natureza, sejam gerais ou individuais, unilaterais ou bilaterais, vinculados ou discricionários, mas sempre sob o aspecto da legalidade (...)".

GABARITO: E.

---

167. **(2019 - Câmara de Serrana/SP - Analista Legislativo)** A respeito do controle judicial dos atos administrativos, é correto afirmar:

a) ele tem por finalidade principal avaliar e controlar o mérito do ato discricionário.

b) ocorre nas situações em que o ato poderia ter sido revogado pela Administração, mas esta não o fez.

c) muitas vezes precede a edição do ato maculado de vício.

d) pode invalidá-los por motivos de conveniência ou oportunidade, respeitados os direitos adquiridos.

e) atua para revogação dos atos ilegais.

Em regra, o controle judicial é repressivo, mas há situações que pode ser preventivo, como em mandados de segurança e ação popular.

GABARITO: C.

---

168. **(2018 - Prefeitura de São Bernardo do Campo/SP - Assistente Jurídico)** É correto afirmar, no que concerne ao controle do Tribunal de Contas, que:

a) a função desempenhada pelo Tribunal de Contas é técnica, administrativa e jurisdicional.

b) a fiscalização do Tribunal de Contas não se restringe ao "controle financeiro", sendo, entretanto, vedada a fiscalização contábil e orçamentária da Administração Pública indireta.

c) na fiscalização pelo Tribunal de Contas, o controle pode tanger a: legalidade, legitimidade, economicidade e aplicação de subvenções e renúncia de receitas.

d) a fiscalização do Tribunal de Contas não se restringe ao "controle financeiro", sendo, entretanto vedada a fiscalização contábil e orçamentária, das pessoas físicas que administre bens e valores públicos.

e) o Tribunal de Contas integra a estrutura do Poder Judiciário, auxiliando o Poder Legislativo, possuindo total autonomia.

O Art. 70, *caput*, da Constituição Federal dispõe que: "A fiscalização contábil, financeira, orçamentária, operacional e patrimonial da União e das entidades da administração direta e indireta, quanto à legalidade, legitimidade, economicidade, aplicação das subvenções e renúncia de receitas, será exercida pelo Congresso Nacional, mediante controle externo, e pelo sistema de controle interno de cada Poder".

GABARITO: C.

---

169. **(2019 – TJ/SP - Contador Judiciário)** O controle interno dos Poderes Legislativo, Executivo e Judiciário, mantido de forma integrada, tem como finalidade:

a) comprovar a legalidade e avaliar os resultados, quanto à eficácia e eficiência, da gestão orçamentária, financeira e patrimonial nos órgãos e entidades da administração federal, bem como da aplicação de recursos públicos por entidades de direito privado.

b) fiscalizar a aplicação de quaisquer recursos repassados pela União mediante convênio, acordo, ajuste ou outros instrumentos congêneres, a Estado, ao Distrito Federal ou a Município.

c) apreciar, para fins de registro, a legalidade dos atos de admissão de pessoal, a qualquer título, excetuadas as nomeações para cargo de provimento em comissão.

d) avaliar o cumprimento das metas previstas no plano de diretrizes orçamentárias e a execução da lei orçamentária anual.

e) julgar as contas dos administradores e demais responsáveis por dinheiros, bens e valores públicos da administração e as contas daqueles que derem causa a perda, extravio ou outra irregularidade de que resulte prejuízo ao erário público.

Conforme delimitado por Matheus Carvalho (2015), o controle interno é aquele desenvolvido dentro de um mesmo Poder, seja o exercido por intermédio de órgãos especializados, até entre órgãos de uma mesma entidade, quando se manifesta relação de hierarquia, seja entre entidades diferentes, como acontece com o controle que a administração direta exerce sobre a administração indireta de um mesmo Poder.

Constituição Federal de 1988:

Art. 74. *Os Poderes Legislativo, Executivo e Judiciário manterão, de forma integrada, sistema de controle interno com a finalidade de:*

I - avaliar o cumprimento das metas previstas no plano plurianual, a execução dos programas de governo e dos orçamentos da União;

II - comprovar a legalidade e avaliar os resultados, quanto à eficácia e a eficiência, da gestão orçamentária, financeira e patrimonial nos órgãos e entidades da administração federal, bem como da aplicação de recursos públicos, por entidades de direito privado;

III - exercer o controle das operações de crédito, avais e garantias, bem como dos direitos e haveres da União;

IV - apoiar o controle externo no exercício de sua missão institucional.

GABARITO: A.

---

170. **(2018 - Prefeitura de Sorocaba/SP - Procurador do Município)** Assinale a alternativa que corretamente discorre sobre o controle da Administração Pública.

a) O controle da legitimidade enseja a verificação, pelo órgão controlador, da existência, ou não, dos princípios da adequação e da compatibilidade, referentes às despesas públicas.

b) O controle financeiro é aquele exercido pelo Poder Executivo sobre o Legislativo e o próprio Executivo, sobre sua própria administração no que se refere à receita, à despesa e à gestão dos recursos públicos.

c) Compete ao Tribunal de Contas da União fiscalizar a aplicação de quaisquer recursos repassados pela União mediante convênio, acordo, ajuste ou outros instrumentos congêneres, a Estado, ao Distrito Federal ou a Município.

d) O controle judicial incide especificamente sobre a atividade administrativa do Estado, seja onde for que esteja sendo desempenhada, alcançados os atos administrativos do Executivo, sem, contudo, examinar os atos do Legislativo.

e) O Poder Judiciário pode controlar os atos internos e exclusivos do Poder Legislativo, também chamados de interna corporis, quando contiverem vícios de ilegalidade ou de constitucionalidade, ou vulnerarem direitos individuais.

Conforme delimitado por Matheus Carvalho (2015), o controle interno é aquele desenvolvido dentro de um mesmo Poder, seja o exercido por intermédio de órgãos especializados, até entre órgãos de uma mesma entidade, quando se manifesta relação de hierarquia, seja entre entidades diferentes, como acontece com o controle que a administração direta exerce sobre a administração indireta de um mesmo Poder.

Constituição Federal de 1988:

Artigo 71. *O controle externo, a cargo do Congresso Nacional, será exercido com o auxílio do Tribunal de Contas da União, ao qual compete:*

(...)

VI - fiscalizar a aplicação de quaisquer recursos repassados pela União, mediante convênio, acordo, ajuste ou outros instrumentos congêneres, a Estado, ao Distrito Federal ou a Município.

GABARITO: C.

---

171. **(2018 - PC/SP - Delegado de Polícia)** Os princípios administrativos podem ser utilizados para fins de controle de constitucionalidade dos atos administrativos pelo Poder Judiciário, sendo o que se observa na alternativa a seguir:

a) a nomeação de cônjuge da autoridade nomeante para o exercício de cargo em comissão ou de confiança na Administração Pública do Estado viola a Constituição Federal.

b) o ato administrativo eivado de ilegalidade deverá ser revogado pelo administrador público, em obediência ao princípio administrativo da discricionariedade.

c) ao titular do cargo de procurador de autarquia exige-se a apresentação de instrumento de mandato para representá-la em juízo.

d) não é possível a autotutela sobre os atos administrativos após a sua impugnação no Poder Judiciário.

e) o princípio da pessoalidade é corolário da isonomia e da legalidade, sendo centrais à ação administrativa.

De fato, a nomeação de parentes para cargos em comissão ou de confiança, prática que ficou conhecida como nepotismo, como regra geral, ofende a Constituição, porquanto agride os princípios da impessoalidade e da moralidade administrativas, essencialmente.

Esta compreensão foi consolidada no teor da Súmula Vinculante nº 13 do STF, que ora transcrevo:

"A nomeação de cônjuge, companheiro ou parente em linha reta, colateral ou por afinidade, até o terceiro grau, inclusive, da autoridade nomeante ou de servidor da mesma pessoa jurídica investido em cargo de direção, chefia ou assessoramento, para o exercício de cargo em comissão ou de confiança ou, ainda, de função gratificada na administração pública direta e indireta em qualquer dos poderes da União, dos Estados, do Distrito Federal e dos Municípios, compreendido o ajuste mediante designações recíprocas, viola a Constituição Federal."

GABARITO: A.

---

172. **(2018 - Câmara de Indaiatuba/SP - Controlador Interno)** Acerca do controle da Administração Pública, é correto afirmar que:

a) uma das atribuições do controle interno é servir como órgão de assessoramento da autoridade administrativa, visando assegurar a legalidade e a eficiência da gestão.

b) o controle administrativo consiste no acompanhamento e na fiscalização dos atos administrativos, sendo prerrogativa privativa do Poder Executivo.

c) a representação é a forma pela qual o servidor público, exclusivamente, pode levar ao conhecimento da Administração qualquer irregularidade de que tenha conhecimento.

d) o controle externo apoia o controle interno por meio da realização de auditorias nas contas dos responsáveis pelo órgão ou pela entidade a que esteja vinculado.

e) os responsáveis pelo controle interno, ao tomarem conhecimento de qualquer irregularidade ou ilegalidade, dela darão ciência ao Ministério Público, sob pena de responsabilidade solidária.

O controle interno da própria administração tem por objetivo confirmar se os atos estão corretos, corrigir os atos ilegais ou inconvenientes ou alterar esses atos. Nessa atividade, acaba por assessorar a autoridade administrativa em suas decisões, evitando a expedição de atos ilegais ou ineficientes.

GABARITO: A.

---

173. **(2018 - Câmara de Indaiatuba/SP - Controlador Interno)** A Câmara tem o prazo de sessenta (60) dias, a contar do recebimento do parecer prévio do Tribunal de Contas, para julgar as contas do Prefeito, mediante a observação, entre outros, do seguinte preceito:

a) sejam aprovadas ou reprovadas as contas, elas sempre serão imediatamente remetidas ao Ministério Público, para os devidos fins.

b) serão publicados, na íntegra, o parecer do Tribunal de Contas e a respectiva decisão da Câmara, mas somente no caso de rejeição das contas do Prefeito.

c) o parecer do Tribunal de Contas somente poderá ser rejeitado por decisão de 2/3 (dois terços) dos membros da Câmara.

d) serão publicados, na íntegra, o parecer do Tribunal de Contas e a respectiva decisão da Câmara, mas somente no caso de aprovação das contas do Prefeito.

e) o parecer do Tribunal de Contas somente poderá ser rejeitado por decisão de 3/5 (três quintos) dos membros da Câmara.

A questão fala de controle da administração, mas também exige conhecimento do teor do Art. 13, XVI, da Lei Orgânica do Município de Indaiatuba/SP.

Art. 13. *É de competência exclusiva da Câmara Municipal:*

(...)

XVI - tomar e julgar as contas do Prefeito e da Mesa, no prazo de sessenta dias após o recebimento do parecer prévio do Tribunal de Contas do Estado, que só poderá ser rejeitado por decisão de dois terços dos membros da Câmara, em votação aberta.

GABARITO: C.

---

174. **(2018 - TJ/SP - Titular de Serviços de Notas e de Registros/Provimento)** Quanto ao controle da Administração Pública, é correto afirmar:

a) ao Poder Legislativo é vedado o controle sobre atos normativos do Poder Executivo que exorbitem do poder regulamentar ou dos limites de delegação legislativa.

b) o recurso administrativo não integra o controle administrativo da Administração.

c) não há previsão legal de controle administrativo financeiro do Poder Judiciário pelo Poder Legislativo.

d) o mandado de segurança e a ação popular são meios de controle judicial da Administração.

Tanto o mandado de segurança quanto a ação popular representam mecanismos estabelecidos no ordenamento que viabilizam o controle jurisdicional a ser efetivado sobre os atos administrativos.

GABARITO: D.

---

175. **(2018 - PC/SP - Escrivão de Polícia Civil)** Sobre controle externo da Administração Pública, é correto afirmar que:

a) não alcança os atos administrativos vinculados.

b) inclui-se na competência do Poder Judiciário, com auxílio dos Tribunais administrativos.

c) não alcança os atos administrativos discricionários.

d) inclui-se na competência do Poder Legislativo, com auxílio dos Tribunais de Contas.

e) inclui-se na competência do Poder Executivo, com auxílio da Corregedoria.

A: Errado - Atos administrativos, sejam os discricionários, sejam os vinculados, estão sujeitos a controle externo, notadamente pelo Poder Judiciário. Basta imaginar que um ato vinculado apresente vício no seu elemento competência, porquanto praticado por agente público sem atribuição legal para tanto. Desde que provocado por quem de direito, à luz dos princípios da inércia jurisdicional (CPC/2015, Art. 2º) e da inafastabilidade do controle jurisdicional (CRFB/88, Art. 5º, XXXV c/c CPC/2015, Art. 3º), o Judiciário poderá anulá-lo, no que estará exercendo controle externo, isto é, realizado por um Poder da República sobre atos de outros Poder da República.

B: Errado - O controle externo, a cargo do Judiciário, não tem qualquer auxílio de "Tribunais Administrativos", tal como aduzido nesta opção. Apenas órgãos jurisdicionais, integrantes, pois, do próprio Poder Judiciário, ostentam competência para efetivar o controle jurisdicional sobre os atos da Administração Pública.

C: Errado - Remeto o leitor aos comentários da opção "a". Atos discricionários são plenamente passíveis de controle externo. Quando efetivo pelo Judiciário, esse controle deve se ater a aspectos de juridicidade do ato, isto é, a análise deve se restringir à conformidade do ato com o ordenamento jurídico. Não é dado ao sobredito Poder substituir o mérito administrativo, vez que, se o fizer, haverá ofensa ao primado da separação de poderes (CRFB/88, Art. 2º).

De outro lado, quando o controle externo é efetivado pelo Legislativo, há espaço para exame inclusive de aspectos atinentes ao mérito do ato administrativo discricionário, consoante sustentado por nossa doutrina, de maneira que o controle se revela ainda mais amplo.

D: Certo - Esta opção se mostra em linha com o teor do Art. 71, *caput*, da CRFB/88, que ora transcrevo, para melhor exame:

Art. 71. *O controle externo, a cargo do Congresso Nacional, será exercido com o auxílio do Tribunal de Contas da União, ao qual compete...*

Do exposto, correta a presente alternativa.

E: Errado - A premissa estabelecida no enunciado da questão foi no sentido de estar tratando de controle externo sobre atos da Administração Pública. Em assim sendo, o controle exercido pelo Poder Executivo, com auxílio das respectivas Corregedorias, onde houver, é de natureza interna, vale dizer, controle realizado pela Administração sobre seus próprios atos, de modo que não satisfaz a aludida premissa, fincada no enunciado, o que revela o desacerto desta opção.

GABARITO: D.

---

176. **(2018 - FAPESP - Procurador)** O controle administrativo:

a) é exercido por todos os Poderes sobre suas próprias atividades tanto sob o aspecto de legalidade quanto em relação ao mérito.

b) deriva do poder-dever de polícia que a Administração Pública tem sobre os seus agentes.

c) permite que a Administração Pública anule os atos ineficientes ou inoportunos, revogue os atos ilegais ou altere os seus próprios atos, mas não permite a aplicação de penalidades administrativas aos seus agentes.

d) é eminentemente político e é exercido pelos órgãos legislativos ou por comissões parlamentares sobre atos do Poder Executivo.

e) é exercido pelo Tribunal de Contas e se refere fundamentalmente à prestação de contas de todo aquele que administra bens, valores ou dinheiros públicos.

O controle administrativo é exercido pela própria Administração Pública em relação a suas condutas, em decorrência do poder de autotutela. Matheus Carvalho destaca que "o Poder Legislativo e o Poder Judiciário, quando atuam, atipicamente, no exercício da função administrativa, deverão exercer o controle dos seus atos, sendo esse considerado um controle administrativo".

GABARITO: A.

---

177. **(2017 - IPRESB/SP - Controlador Interno)** A Administração, de acordo com o princípio da juridicidade, encontra-se submetida a todo o ordenamento jurídico e não apenas à lei em sentido formal. Isso decorre do reconhecimento da supremacia material exercida pela Constituição Federal. Tal concepção tem importantes reflexos no sistema de controle da Administração Pública. A respeito desse tema, assinale a alternativa correta.

a) O Poder Judiciário pode, em regra, substituir a decisão discricionária adotada pelo Poder Executivo pela medida que julgar mais adequada ao atendimento do interesse público.

b) O controle exercido pela Administração Pública sobre os atos desenvolvidos pelos entes que integram a Administração Indireta é chamado de autotutela e o seu exercício independe de previsão legal.

c) Os casos de controle Parlamentar exercido sobre o Poder Executivo abrangem tanto as hipóteses constantes expressamente na Constituição Federal como também podem abranger outras modalidades criadas pela legislação infraconstitucional.

d) O Poder Judiciário pode controlar a legalidade dos atos dos Poderes Legislativo e Executivo, no que se inclui a possibilidade de revogá-los por motivos de conveniência e oportunidade.

e) O ordenamento jurídico brasileiro não adotou o sistema do contencioso administrativo originário da França, mas sim o sistema da jurisdição una de origem norte-americana e inglesa.

No Brasil, vigora o sistema de jurisdição una, cuja origem é americana e inglesa. Nele, o Judiciário examina a legalidade dos atos da Administração, com definitividade (formação de coisa julgada material).

Inexiste um outro sistema jurisdicional paralelo, capaz de também proferir decisões com força de coisa julgada, característica essa que se aplica ao sistema do contencioso administrativo, de origem francesa, e que não é o modelo vigente em nosso País.

GABARITO: E.

---

178. **(2021 - CODEN/SP - Advogado)** Assinale a alternativa que reflete o posicionamento sumular do STF em matéria de desapropriação.

a) É necessária prévia autorização do Presidente da República para desapropriação, pelos Estados, de empresa de energia elétrica.

b) No processo de desapropriação, não são devidos juros compensatórios desde a antecipada imissão de posse, ordenada pelo juiz, por motivo de urgência.

c) Na indenização por desapropriação não se incluem os honorários do advogado do expropriado.

d) Na chamada desapropriação indireta, os juros compensatórios são devidos a partir da declaração de utilidade pública, desde que tenha atribuído valor atual ao imóvel.

e) Pela demora no pagamento do preço da desapropriação cabe indenização complementar, além dos juros.

A alternativa da questão reproduz determinação consolidada na Súmula nº 157 da Constituição do Supremo Tribunal Federal que estabelece o seguinte: "é necessária prévia autorização do Presidente da República para desapropriação, pelos Estados, de empresa de energia elétrica".

GABARITO: A.

DIR ADM

Orgãos públicos e agentes públicos

179. **(2019 - SERTPREV/SP - Procurador Jurídico)** De acordo com a Constituição Federal, órgãos públicos:

a) criados por lei são entidades paraestatais destinadas à prestação de serviço público de relevante interesse coletivo ou necessário aos imperativos de segurança nacional.

b) criados por lei que estipule suas competências e finalidade de interesse público possuem personalidade jurídica própria e integram a Administração Pública Indireta.

c) somente podem ser criados por lei complementar específica que defina sua área de atuação, observados imperativos de segurança nacional ou relevante interesse coletivo.

d) são entidades com personalidade jurídica própria, com competência para atuar como agentes normativo e regulador da atividade econômica, gozando das mesmas prerrogativas atribuídas à Administração Pública Indireta da qual fazem parte.

e) podem firmar, com o poder público, contrato que tenha por objeto a fixação de metas de desempenho mediante ampliação de autonomia gerencial, orçamentária e financeira.

Cuida-se aqui da figura do contrato de gestão, que, realmente, é passível de ser celebrado por órgãos públicos, na esteira do que preconiza o Art. 37, § 8º, da CRFB/88, abaixo transcrito:

Art. 37 (...)

§ 8º A autonomia gerencial, orçamentária e financeira dos órgãos e entidades da administração direta e indireta poderá ser ampliada mediante contrato, a ser firmado entre seus administradores e o poder público, que tenha por objeto a fixação de metas de desempenho para o órgão ou entidade, cabendo à lei dispor sobre:

I - o prazo de duração do contrato;

II - os controles e critérios de avaliação de desempenho, direitos, obrigações e responsabilidade dos dirigentes;

III - a remuneração do pessoal.

GABARITO: E.

---

180. **(2018 - PC/BA - Escrivão de Polícia)** A respeito dos agentes administrativos, é correto afirmar que, de acordo com a Constituição Federal,

a) não existem cargos de provimento vitalício no Brasil.

b) o servidor estável só pode ser desligado por decisão judicial definitiva que reconheça a prática de infração disciplinar de natureza grave.

c) aos militares é assegurado o direito à livre associação sindical, porém é vedado o direito à greve.

d) os integrantes das carreiras policiais serão obrigatoriamente remunerados por subsídios.

e) é vedada a acumulação de cargo, emprego ou função pública com mandatos de Prefeito ou Vereador, sem exceções.

A: Errado - Ao contrário do exposto neste item, existem diversos cargos vitalícios previstos na Constituição, podendo-se citar como exemplos os membros do Poder Judiciário e do Ministério Público, conforme previsão vazada nos Arts. 95, I e 128, § 5º, I, "a", respectivamente, da CRFB/88. Citem-se, ainda, os membros do Tribunal de Contas da União (CRFB/88, Art. 73, § 3º).

B: Errado - a realidade, existem outras hipóteses de perda do cargo público pelo servidor estável, consoante Art. 41, § 1º, da CRFB/88, *in verbis*:

Art. 41. *São estáveis após três anos de efetivo exercício os servidores nomeados para cargo de provimento efetivo em virtude de concurso público.*

§ 1º O servidor público estável só perderá o cargo:

I - em virtude de sentença judicial transitada em julgado;

II - mediante processo administrativo em que lhe seja assegurada ampla defesa;

III - mediante procedimento de avaliação periódica de desempenho, na forma de lei complementar, assegurada ampla defesa.

Acrescente-se, outrossim, o caso de que trata o Art. 169, § 4º, direcionado à contenção de despesas no serviço público:

Art. 169 (...)

§ 4º Se as medidas adotadas com base no parágrafo anterior não forem suficientes para assegurar o cumprimento da determinação da lei complementar referida neste artigo, o servidor estável poderá perder o cargo, desde que ato normativo motivado de cada um dos Poderes especifique a atividade funcional, o órgão ou unidade administrativa objeto da redução de pessoal.

C: Errado - Na realidade, tanto a sindicalização quanto o direito de greve são vedados aos militares, na forma do Art. 142, § 3º, IV, da CRFB/88:

Art. 142 (...)

§ 3º Os membros das Forças Armadas são denominados militares, aplicando-se-lhes, além das que vierem a ser fixadas em lei, as seguintes disposições:

(...)

IV - ao militar são proibidas a sindicalização e a greve.

D: Certo - Assertiva correta, eis que respaldada na regra do Art. 144, § 9º, da CRFB/88, *litteris*:

Art. 144 (...)

9º A remuneração dos servidores policiais integrantes dos órgãos relacionados neste artigo será fixada na forma do § 4º do Art. 39.

O art. 39, §4º, da CRFB/88, por sua vez, estabelece a remuneração via subsídio.

E: Errado - A rigor, em se tratando do cargo de vereador, a CRFB admite o acúmulo, desde que haja compatibilidade de horários, consoante seu Art. 38, III:

Art. 38. *Ao servidor público da administração direta, autárquica e fundacional, no exercício de mandato eletivo, aplicam-se as seguintes disposições:*

(...)

III - investido no mandato de Vereador, havendo compatibilidade de horários, perceberá as vantagens de seu cargo, emprego ou função, sem prejuízo da remuneração do cargo eletivo, e, não havendo compatibilidade, será aplicada a norma do inciso anterior.

GABARITO: D.

---

181. **(2019 - TJ/RS - Titular de Serviços de Notas e de Registros/Provimento)** A respeito dos agentes públicos, assinale a alternativa correta.

a) A previsão constante exclusivamente no Edital pode sujeitar a exame psicotécnico a habilitação de candidato a cargo público, desde que compatível com as atribuições do cargo e atendam ao interesse público.

b) É constitucional a remarcação do teste de aptidão física de candidata que esteja grávida à época de sua realização, independentemente da previsão expressa em edital do concurso público.

c) O surgimento de novas vagas ou a abertura de novo concurso para o mesmo cargo, durante o prazo de validade do certame anterior, gera automaticamente o direito à nomeação dos candidatos aprovados fora das vagas previstas no edital.

d) A nomeação tardia de candidatos aprovados em concurso público, por meio de ato judicial, à qual atribuída eficácia retroativa, gera direito às promoções ou progressões funcionais que alcançariam houvesse ocorrido, a tempo e modo, a nomeação.

e) Os empregados públicos celetistas não gozam de estabilidade e podem ser demitidos por decisão imotivada.

É possível a realização de novo teste de aptidão física em concurso público no caso de gravidez, sem que isso caracterize violação do edital ou do princípio da isonomia (STJ, Jurisprudência em Teses - Edição 9).

GABARITO: B.

---

182. **(2018 - Prefeitura de Barretos/SP - Agente Administrativo)** O Agente Administrativo pode, no que concerne à classificação de servidores públicos, ser considerado um:

a) servidor público com regime jurídico estatutário.

b) empregado público com regime jurídico contratual.

c) agente político com regime jurídico estatutário.

d) servidor público com regime jurídico contratual.

e) empregado público com regime jurídico estatutário.

Os agentes administrativos, são todos aqueles que exercem uma atividade pública de natureza profissional e remunerada, sujeitos à hierarquia funcional e ao regime jurídico estabelecido pelo ente federado ao qual pertencem. São os ocupantes de cargos públicos, de empregos públicos e de funções públicas nas administrações direta e indireta das diversas unidades da Federação, nos três Poderes. Podem assim ser classificados:

Servidores públicos: são os agentes administrativos sujeitos a regime jurídico-administrativo, de caráter estatutário (isto é, de natureza legal, e não contratual); são os titulares de cargos públicos de provimento efetivo e de provimento em comissão.

Empregados públicos: são os ocupantes de empregos públicos, sujeitos a regime jurídico contratual trabalhista, têm "contrato de trabalho", em sentido próprio, e são regidos basicamente pela Consolidação das Leis do Trabalho - CLT (são, por isso, chamados de "celetistas").

Temporários: são os contratados por tempo determinado para atender a necessidade temporária de excepcional interesse público, nos termos do Art. 37, IX, da Constituição; não tem cargo público nem emprego público; exercem uma função pública remunerada temporária e o seu vínculo funcional com a administração pública é contratual, mas se trata de um contrato de direito público, e não de natureza trabalhista (eles não têm o "contrato de trabalho" propriamente dito, previsto na Consolidação das Leis do Trabalho - CLT).

GABARITO: A.

183. **(2018 - TJ/SP - Titular de Serviços de Notas e de Registros/Provimento)** Com relação aos agentes públicos, é correto afirmar:

a) os servidores da administração pública direta, das autarquias e das fundações públicas são agentes públicos.

b) todos os agentes públicos são regidos pelo regime estatutário.

c) as pessoas jurídicas podem ser agentes públicos.

d) a regência pela legislação trabalhista exclui a situação jurídica de agente público.

A expressão "agentes públicos" tem sentido amplo, abrangendo, segundo por exemplo sustenta Maria Sylvia Di Pietro, "toda pessoa física que presta serviços ao Estado e às pessoas jurídicas da Administração Indireta."

Os agentes administrativos são todos aqueles que exercem uma atividade pública de natureza profissional e remunerada, sujeitos à hierarquia funcional e ao regime jurídico estabelecido pelo ente federado ao qual pertencem. São os ocupantes de cargos públicos, de empregos públicos e de funções públicas nas administrações direta e indireta das diversas unidades da Federação, nos três Poderes.

GABARITO: A.

184. **(2018 - TJ/SP - Titular de Serviços de Notas e de Registros/Provimento)** São agentes administrativos os:

a) senadores, os deputados e os juízes.

b) servidores investidos em cargos, empregos e funções públicas e os servidores contratados por tempo determinado.

c) militares e os vereadores municipais.

d) servidores investidos em cargos, empregos e funções públicas, os ministros e os secretários de estado.

A expressão "agentes públicos" tem sentido amplo, abrangendo, segundo por exemplo sustenta Maria Sylvia Di Pietro, "toda pessoa física que presta serviços ao Estado e às pessoas jurídicas da Administração Indireta."

Os agentes administrativos são todos aqueles que exercem uma atividade pública de natureza profissional e remunerada, sujeitos à hierarquia funcional e ao regime jurídico estabelecido pelo ente federado ao qual pertencem. São os ocupantes de cargos públicos, de empregos públicos e de funções públicas nas administrações direta e indireta das diversas unidades da Federação, nos três Poderes.

GABARITO: B.

185. **(2018 - TJ/RS - Juiz de Direito Substituto)** De acordo com a Constituição Federal, a respeito dos agentes públicos, é correto afirmar que:

a) é vedada a percepção acumulada de proventos de aposentadoria do regime próprio de previdência social ou militar com a remuneração de cargo, emprego ou função pública, inclusive cargo em comissão declarado em lei de livre nomeação e exoneração.

b) somente os empregados públicos previamente aprovados em concurso público podem adquirir estabilidade após o período de três anos de efetivo exercício.

c) os cargos, empregos e funções públicas não são acessíveis a estrangeiros, exceto cargo de professor ou pesquisador junto a instituição de ensino.

d) é vedada a acumulação remunerada de cargos, empregos e funções, exceto quando houver compatibilidade de horários, a de dois empregos em empresa pública, sociedade de economia mista, suas subsidiárias e sociedades controladas, direta ou indiretamente, pelo poder público, observado, em qualquer caso, o limite máximo de remuneração no setor público.

e) as funções de confiança, exercidas exclusivamente por servidores ocupantes de cargo efetivo, destinam-se apenas às atribuições de direção, chefia e assessoramento.

A: Errada - Conforme disposto no Art. 37, § 10, da Constituição Federal, é vedada a percepção simultânea de proventos de aposentadoria do regime próprio de previdência social ou militar com a remuneração de cargo, emprego ou função pública, ressalvados os cargos acumuláveis na forma desta Constituição, os cargos eletivos e os cargos em comissão declarados em lei de livre nomeação e exoneração.

B: Errada - Nos termos do Art. 41 da Constituição Federal, são estáveis após três anos de efetivo exercício os servidores nomeados para cargo de provimento efetivo em virtude de concurso público. Os empregados públicos são regidos pela Consolidação das Leis do Trabalho (CLT) e devem ter sido previamente aprovados em concurso público. Todavia, os empregados públicos não possuem a garantia da estabilidade uma vez que não são detentores de cargo público, mas sim, contratados pelo regime celetista. Ressalte-se o teor da Súmula 390 do Tribunal Superior do Trabalho: "Ao empregado de empresa pública ou de sociedade de economia mista, ainda que admitido mediante aprovação em concurso público, não é garantida a estabilidade prevista no Art. 41 da CF/1988".

C: Errada - Ao contrário do que afirma a assertiva, os cargos, empregos e funções públicas são acessíveis aos estrangeiros, conforme dispõe o Art. 37, I, da Constituição Federal.

D: Errada - A hipótese de acumulação de dois empregos em empresa pública, sociedade de economia mista, suas subsidiárias e sociedades controladas descrita na assertiva não é admita. Nos termos do Art. 37, XVI, da Constituição Federal, somente é possível a acumulação, quando houver compatibilidade de horários, nas seguintes hipóteses:

a) dois cargos de professor;

b) um cargo de professor com outro técnico ou científico; e

c) dois cargos ou empregos de profissionais de saúde, com profissões regulamentadas.

E: Correta - A assertiva está em consonância com o disposto no Art. 37, V, da Constituição Federal.

GABARITO: E.

---

186. **(2017 - Câmara de Valinhos/SP - Analista Técnico Legislativo)** Assinale a alternativa correta quanto às espécies de órgãos públicos.

a) Quanto à função, a Câmara Municipal de Valinhos é exemplo de órgão autônomo.

b) Quanto à estrutura organizacional, a Câmara Municipal de Valinhos é exemplo de órgão superior.

c) Quanto à estrutura organizacional, a Câmara Municipal de Valinhos é exemplo de órgão consultivo.

d) Quanto à atuação funcional, a Câmara Municipal de Valinhos é exemplo de órgão singular.

e) Quanto à atuação funcional, a Câmara Municipal de Valinhos é exemplo de órgão colegiado.

A Câmara Municipal é órgão colegiado, pois atuam e decidem pela manifestação conjunta e majoritária da vontade dos membros.

GABARITO: E.

---

187. **(2018 - Prefeitura de Sorocaba/SP - Procurador do Município)** A característica fundamental da teoria do órgão consiste no princípio da imputação volitiva, ou seja, a vontade do órgão público é imputada à pessoa jurídica a qual este pertence. Em consequência disso, é correto afirmar que um ato administrativo praticado no âmbito de uma:

a) Autarquia pode ser questionado judicialmente, figurando a Municipalidade no polo passivo da demanda.

b) Secretaria Estadual pode ser questionado judicialmente, figurando a própria Secretaria no polo passivo da demanda.

c) Empresa Pública pode ser questionado judicialmente, figurando a Municipalidade no polo passivo da demanda.

d) Diretoria pode ser questionado judicialmente, figurando a própria Diretoria no polo passivo da demanda.

e) Secretaria Municipal pode ser questionado judicialmente, figurando a Municipalidade no polo passivo da demanda.

Di Pietro define órgão público como uma unidade que congrega atribuições exercidas pelos agentes públicos que o integram, com o objetivo de expressar a vontade do Estado.

Órgão, portanto, não se confunde com a pessoa jurídica, embora seja uma de suas partes integrantes; a pessoa jurídica é o todo, enquanto os órgãos são parcelas integrantes do todo, nas palavras da autora. Por conta disso, não terá autonomia, e por conseguinte, não possuirá capacidade de estar em juízo, cabendo à entidade figurar como parte nas relações processuais.

Por outro lado, as entidades que integram a Administração indireta - autarquias, fundações, empresas públicas e sociedades de economia mista - são consideradas, pela lei, como "unidade de atuação dotada de personalidade jurídica" (Art. 1º, § 2º, II, Lei nº 9.784/99), e por conseguinte, serão detentoras de capacidade processual. Ações contra um órgão municipal, tal qual uma secretaria, são propostas em face do ente estatal, ao qual se vincula aquela.

GABARITO: E.

---

188. **(2021 - Prefeitura de Guarujá/SP - Procurador Jurídico)** De acordo com a jurisprudência do Supremo Tribunal Federal, é correto afirmar:

a) as garantias do contraditório e da ampla defesa devem ser observadas nos processos perante os Tribunais de Contas, inclusive na apreciação da legalidade do ato de concessão inicial de aposentadoria, reforma e pensão.

b) o salário mínimo pode ser usado como indexador de base de cálculo de vantagem de servidor público ou empregado estável.

c) a ausência de defesa técnica por advogado em processo administrativo disciplinar acarreta sua nulidade por violação à garantia constitucional do devido processo legal.

d) a vinculação do reajuste de vencimentos de servidores estaduais ou municipais a índices federais de correção monetária é inconstitucional.

e) o direito ao auxílio alimentação estende-se aos servidores inativos aposentados voluntariamente antes da entrada em vigor da Emenda Constitucional n° 41, de 2003.

A: Errado - Súmula Vinculante nº 3: ***Nos processos perante o Tribunal de Contas da União asseguram-se o contraditório e a ampla defesa quando da decisão puder resultar anulação ou revogação de ato administrativo que beneficie o interessado, excetuada a apreciação da legalidade do ato de concessão inicial de aposentadoria, reforma e pensão.***

B: Errado - Súmula Vinculante nº 4: ***Salvo nos casos previstos na Constituição, o salário-mínimo não pode ser usado como indexador de base de cálculo de vantagem de servidor público ou de empregado, nem ser substituído por decisão judicial.***

C: Errado - Súmula Vinculante nº 5: ***A falta de defesa técnica por advogado no processo administrativo disciplinar não ofende a Constituição.***

D: Certo - Súmula Vinculante nº 42: ***É inconstitucional a vinculação do reajuste de vencimentos de servidores estaduais ou municipais a índices federais de correção monetária.***

E: Súmula Vinculante nº 55: ***O direito ao auxílio-alimentação não se estende aos servidores inativos.***

GABARITO: D.

---

189. **(2021 - Prefeitura de Guarujá/SP - Procurador Jurídico)** Conforme dispõem as súmulas do Supremo Tribunal Federal, é correto afirmar que:

a) a extinção do mandato do prefeito impede a instauração de processo pela prática dos crimes previstos no Art. 1° do Decreto-Lei n° 201/67.

b) o direito ao auxílio-alimentação não se estende aos servidores inativos.

c) a definição dos crimes de responsabilidade e o estabelecimento das respectivas normas de processo e julgamento são da competência legislativa concorrente entre a União, os Estados e o Distrito Federal.

d) não viola a Constituição a vinculação do reajuste de vencimentos de servidores estaduais ou municipais a índices federais de correção monetária.

e) não ofende a Constituição lei municipal que impede a instalação de estabelecimentos comerciais do mesmo ramo em determinada área.

A: Errado - Súmula nº 703: A extinção do mandato do prefeito não impede a instauração de processo pela prática dos crimes previstos no Art. 1º do Dl. 201/67.

B: Certo - Súmula Vinculante nº 55: Auxílio alimentação, servidor inativo O direito ao auxílio-alimentação não se estende aos servidores inativos.

C: Errado - Súmula Vinculante nº 46: A definição dos crimes de responsabilidade e o estabelecimento das respectivas normas de processo e julgamento são da competência legislativa privativa da União.

D: Errado - Súmula nº 681-STF: É inconstitucional a vinculação do reajuste de vencimentos de servidores estaduais ou municipais a índices federais de correção monetária.

E: Errado - Súmula Vinculante nº 49: Ofende o princípio da livre concorrência lei municipal que impede a instalação de estabelecimentos comerciais do mesmo ramo em determinada área.

GABARITO: B.

---

190. **(2021 - Prefeitura de Guarujá - SP - Procurador Jurídico)** No tocante aos servidores públicos, o Texto Magno dispõe que a incorporação de vantagens à remuneração do cargo efetivo é:

a) vedada para as de caráter temporário, mas permitidas aquelas vinculadas ao exercício de função de confiança.

b) permitida para as de caráter temporário e aquelas vinculadas ao exercício de função de confiança, mas vedadas às de cargo em comissão.

c) vedada as de caráter temporário ou vinculadas ao exercício de função de confiança ou de cargo em comissão.

d) vedada as de caráter permanente ou vinculadas ao exercício de função de confiança ou de cargo em comissão.

e) vedada as de caráter permanente ou temporárias se estiverem vinculadas ao exercício de cargo em comissão, permitidas as vinculadas ao exercício de função de confiança.

Constituição Federal

Art. 39, § 9º: ***É vedada a incorporação de vantagens de caráter temporário ou vinculadas ao exercício de função de confiança ou de cargo em comissão à remuneração do cargo efetivo.***

GABARITO: C.

---

191. **(2021 - Prefeitura de Jundiaí/SP - Procurador do Município)** Segundo as normas constitucionais, um servidor público titular de cargo efetivo que tenha sofrido algum acidente ou que tenha contraído enfermidade que o tenha tornado limitado a ponto de não mais poder exercer o seu cargo,

a) terá que ser exonerado, independentemente da extensão da limitação, mas terá direito à indenização correspondente a um salário por ano de trabalho, podendo o servidor, no entanto, optar pela aposentadoria por invalidez.

b) poderá ser readaptado para exercício de cargo compatível com a sua limitação, enquanto permanecer nesta condição, desde que possua a habilitação e o nível de escolaridade exigidos para o cargo de destino, mantida a remuneração do cargo de origem.

c) deverá ser colocado em disponibilidade, com vencimentos proporcionais ao tempo de efetivo serviço no cargo, podendo, no entanto, optar pela aposentadoria por invalidez, com proventos proporcionais ao tempo de efetivo exercício no cargo.

d) terá direito de ser readaptado para exercício de cargo compatível com a sua limitação, enquanto permanecer nesta condição, desde que possua a habilitação e o nível de escolaridade exigidos para o cargo de destino, devendo receber a remuneração do novo cargo.

e) terá direito a optar entre a disponibilidade e a aposentadoria por invalidez, com remuneração proporcional ao tempo de efetivo exercício no cargo, sendo que se optar pela disponibilidade, poderá assumir a qualquer tempo novo cargo compatível com a sua limitação, a critério da autoridade competente.

Constituição Federal:

Art. 37 (...)

§ 13. O servidor público titular de cargo efetivo poderá ser readaptado para exercício de cargo cujas atribuições e responsabilidades sejam compatíveis com a limitação que tenha sofrido em sua capacidade física ou mental, enquanto permanecer nesta condição, desde que possua a habilitação e o nível de escolaridade exigidos para o cargo de destino, mantida a remuneração do cargo de origem.

GABARITO: B.

---

192. **(2021 - CODEN/SP - Advogado)** A respeito do emprego público, assinale a alternativa correta.

a) Decretos, instruções normativas e portarias podem criar cargos públicos.

b) Não há que se falar em hibridismo de normas.

c) O regime jurídico é estatutário.

d) O entendimento sumulado do TST é de que aos empregados de empresas públicas não é garantida a estabilidade definitiva após três anos de exercício.

e) Conforme súmula do TST, os empregados públicos de entidades de direito público não possuem direito a estabilidade.

O entendimento sumulado do TST é de que aos empregados de empresas públicas não é garantida a estabilidade definitiva após três anos de exercício.

De acordo com a Súmula 390 do TST, os empregados de empresas públicas e sociedades de economia mista não gozam de estabilidade após três anos de exercício, na forma do Art. 41 da Constituição Federal.

Vale conferir o texto da Súmula nº 390 do TST:

Estabilidade. Art. 41 da CF/1988. Celetista. Administração direta, autárquica ou fundacional. Aplicabilidade. Empregado de empresa pública e sociedade de economia mista. Inaplicável (conversão das Orientações Jurisprudenciais nºs 229 e 265 da SBDI-1 e da Orientação Jurisprudencial nº 22 da SBDI-2) - Res. 129/2005, DJ 20, 22 e 25.04.2005

I - O servidor público celetista da administração direta, autárquica ou fundacional é beneficiário da estabilidade prevista no Art. 41 da CF/1988. (ex-OJs nºs 265 da SBDI-1 - inserida em 27.09.2002 - e 22 da SBDI-2 - inserida em 20.09.2000)

II - Ao empregado de empresa pública ou de sociedade de economia mista, ainda que admitido mediante aprovação em concurso público, não é garantida a estabilidade prevista no Art. 41 da CF/1988. (ex-OJ nº 229 da SBDI-1 - inserida em 20.06.2001).

GABARITO: D.

---

193. **(2017 - IPRESB/SP - Agente Previdenciário)** O servidor titular de cargo efetivo, quando cedido a órgão ou entidade de outro ente da federação, vincula-se ao regime de previdência:

a) estabelecido pela lei do ente Federativo em que trabalha.

b) dos servidores públicos federais.

c) do órgão ou ente em que estiver prestando serviços.

d) geral, aplicável a todos os trabalhadores da iniciativa privada.

e) do órgão de origem.

O STF possui compreensão estabelecida no sentido de que, em caso de cessão de servidor efetivo a outro órgão ou entidade de ente da federação distinto, o agente público permanece vinculado, para fins previdenciários, ao órgão de origem.

Na linha do exposto, confira-se:

"Agravo regimental em mandado de segurança. Administrativo. Servidor público. Aposentadoria. Ato concessivo. Anulação pelo conselho nacional de justiça. Possibilidade. Servidor efetivo do quadro do município de Natal. Cessão ao TJ/RN para o exercício de cargo em comissão. Vinculação ao regime de previdência do órgão cedente consoante disposto na lei nº 9.717/1998. Pedido de exoneração do cargo efetivo com a finalidade de perceber os proventos relativos ao cargo em comissão. Aposentadoria concedida pelo órgão cessionário. Ilegalidade. Inconstitucionalidade. Agravo desprovido. 1. O servidor titular de cargo efetivo vincula-se ao regime de previdência do órgão de origem quando cedido a órgão ou entidade de outro ente da federação. 2. *In casu*, o ato questionado assentou: Servidor municipal requisitado para exercer cargo comissionado no Tribunal de Justiça do Estado do Rio Grande do Norte. Aposentadoria pelo regime próprio dos servidores públicos estaduais. Ato concedido por maioria de votos no TJRN, após exoneração a pedido do cargo exercido no município. Aposentadoria por invalidez. Impossibilidade. O fato de o Tribunal de Contas do Estado estar apreciando a legalidade do ato e de haver ação judicial em andamento não impede o CNJ de atuar e exercer o controle administrativo sobre sua legalidade, desde que não haja expressa manifestação do STF a respeito. Procedimento instaurado a requerimento do Ministério Público estadual. Dado provimento para desconstituir o ato e para que se adotem providências administrativas para o ressarcimento das verbas pagas indevidamente. 3. Agravo regimental desprovido.

(MS-AgR 27.215, rel. Ministro LUIZ FUX, Plenário, 10.04.2014)

GABARITO: E.

---

194. **(2017 - IPRESB/SP - Agente Previdenciário)** O servidor que, a serviço, afastar-se da sede, em caráter eventual ou transitório, para outro ponto do território nacional ou para o exterior, fará jus a passagens e valor destinado a indenizar as parcelas de despesas com pousada, alimentação e locomoção urbana. Esse valor é denominado:

a) compensação.

b) adiantamento.

c) indenização.

d) diária.

e) reembolso.

Lei n° 8.112, Lei que dispõe sobre o regime jurídico dos servidores públicos civis da União, das autarquias e das fundações públicas federais.

Art. 58. ***O servidor que, a serviço, afastar-se da sede em caráter eventual ou transitório para outro ponto do território nacional ou para o exterior, fará jus a passagens e diárias destinadas a indenizar as parcelas de despesas extraordinária com pousada, alimentação e locomoção urbana, conforme dispuser em regulamento.***

Lembrando que para o servidor fazer jus às diárias, exige-se como requisito a eventualidade ou transitoriedade. Assim, em casos que o deslocamento for exigência permanente do cargo, o servidor não terá direito.

GABARITO: D.

Licitações

195. **(2021 - Prefeitura de Guarujá/SP - Procurador Jurídico)** O Prefeito do Município "X" pretende contratar serviços técnicos especializados para monitoramento de mídias digitais e redes sociais, com a finalidade de mapear as referências ao Município e buscar identificar meios mais eficazes de divulgação de informações de relevante interesse público para os munícipes. Essa contratação será:

a) precedida de licitação, na modalidade pregão, do tipo menor preço.

b) precedida de licitação, na modalidade concorrência, do tipo técnica e preço, por se tratar de típico serviço de publicidade a ser prestado por agências de propaganda.

c) direta, por dispensa de licitação, por se tratar de aquisição de insumos estratégicos para planejamento de política pública.

d) direta, por inexigibilidade de licitação, em razão da natureza singular do objeto.

e) precedida de chamamento público, na modalidade concurso, com estipulação prévia da remuneração.

Lei nº 14.133/21:

Art. 6º. ***Para os fins desta Lei, consideram-se:***

XLI - pregão: modalidade de licitação obrigatória para aquisição de bens e serviços comuns, cujo critério de julgamento poderá ser o de menor preço ou o de maior desconto.

Contratação de serviços de informática de natureza comum mediante concorrência. Obrigatoriedade de adoção da modalidade pregão eletrônico. [...] com vistas a verificar a regularidade da Concorrência nº 1/2009, cujo objeto consiste na contratação de serviços técnicos especializados na área de tecnologia da informação e comunicação ... a matéria já foi objeto de deliberação desta Corte de Contas, que, mediante o Acórdão 2.471/2008-TCU-Plenário, entendeu que serviços de tecnologia da informação semelhantes aos examinados nos presentes autos devem ser contratados mediante pregão eletrônico.

GABARITO: A.

196. **(2021 - Prefeitura de Guarujá/SP - Procurador Jurídico)** A realização de audiência pública:

a) em reunião conjunta, com a participação de titulares e representantes dos órgãos competentes, terá validade, independentemente da lavratura de ata.

b) antes da tomada de decisão é obrigatória, podendo substituir, a juízo da autoridade administrativa competente, a motivação dos atos administrativos que neguem, limitem ou afetem direitos.

c) é obrigatória sempre que o valor estimado para uma licitação ou para um conjunto de licitações simultâneas ou sucessivas for superior a R$ 330.000.000,00.

d) será substituída pela realização de consulta pública junto a organizações e associações legalmente reconhecidas, mediante requerimento justificado dessas entidades.

e) obriga o Poder Público a adotar seus resultados registrados em ata como razões de decidir, no procedimento de tomada de decisão.

Lei nº 8.666/1993:

Art. 39. ***Sempre que o valor estimado para uma licitação ou para um conjunto de licitações simultâneas ou sucessivas for superior a 100 (cem) vezes o limite previsto no Art. 23, inciso I, alínea "c" desta Lei, o processo licitatório será iniciado, obrigatoriamente, com uma audiência pública concedida pela autoridade responsável com antecedência mínima de 15 (quinze) dias úteis da data prevista para a publicação do edital, e divulgada, com a antecedência mínima de 10 (dez) dias úteis de sua realização, pelos mesmos meios previstos para a publicidade da licitação, à qual terão acesso e direito a todas as informações pertinentes e a se manifestar todos os interessados.***

Já o Art. 23, inciso I, alínea "c", traz o limite para obras e serviços de engenharia na modalidade concorrência: acima de R$ 3.300.000,00 (três milhões e trezentos mil).

GABARITO: C.

---

197. **(2021 - Prefeitura de Jundiaí/SP - Procurador do Município)** Um Prefeito pretende vender um imóvel de propriedade do Município, tendo, justificadamente, demonstrado o interesse público nessa alienação. Segundo a Lei nº 8.666/1993, nessa hipótese, é correto afirmar que a pretensão do Prefeito:

a) encontra amparo na Lei, mas dependerá de avaliação prévia, sendo dispensável a autorização legislativa, e deverá ser feita por meio de licitação na modalidade concorrência.

b) possui fundamento legal, mas dependerá de avaliação prévia e deve ser feita por meio de licitação, na modalidade leilão, podendo haver dispensa da autorização legislativa se for caso de imóvel até 250 metros quadrados.

c) não encontra amparo legal, pois os imóveis públicos não podem ser alienados a terceiros, exceto no caso de venda a outro órgão ou entidade da administração pública, de qualquer esfera de governo.

d) tem fundamento legal, mas dependerá de avaliação prévia e de autorização legislativa, podendo ser dispensada a licitação, se for o caso, por exemplo, entre outras hipóteses, de dação em pagamento.

e) encontra fundamento na Lei, podendo ser feita a alienação, desde que haja avaliação prévia e autorização legislativa, devendo ser efetivada por meio de licitação na modalidade leilão ou convite.

Lei nº 8.666/1993:

Art. 17. ***A alienação de bens da Administração Pública, subordinada à existência de interesse público devidamente justificado, será precedida de avaliação e obedecerá às seguintes normas:***

I - quando imóveis, dependerá de autorização legislativa para órgãos da administração direta e entidades autárquicas e fundacionais, e, para todos, inclusive as entidades paraestatais, dependerá de avaliação prévia e de licitação na modalidade de concorrência, dispensada esta nos seguintes casos:

a) dação em pagamento.

GABARITO: D.

---

198. **(2021 - CODEN/SP - Escriturário)** Nos termos da Lei nº 10.520/02, é correto afirmar:

a) o prazo de validade das propostas será de 60 (sessenta) dias, se outro não estiver fixado no edital.

b) na realização do pregão é vedada a utilização de recursos de tecnologia da informação.

c) a aquisição do edital pelos licitantes é condição fundamental para participação no certame.

d) a fase preparatória do pregão será iniciada com a convocação dos interessados.

e) é vedada a utilização do pregão para aquisição de bens e serviços comuns.

Lei nº 10.520/2002:

Art. 6º. ***O prazo de validade das propostas será de 60 (sessenta) dias.***

GABARITO: A.

---

199. **(2021 - CODEN/SP - Escriturário)** Nos termos da Lei nº 13.303/16, no que concerne às licitações, é correto afirmar:

a) a legislação contempla vedação da contratação direta em qualquer hipótese.

b) na licitação de obras e serviços por empresas públicas, empreitada por preço unitário, é a contratação por preço certo e total, sendo vedada a possibilidade de utilizar empreitada por preço global.

c) autoriza-se a contratação direta por empresas públicas e sociedades de economia mista somente para obras e serviços de engenharia de valor superior a cem mil reais e se houver inviabilidade de competição e o valor for superior a cem mil reais.

d) na licitação de obras e serviços por sociedades de economia mista, empreitada por preço global, é a contratação por preço certo de unidades determinadas, sendo vedada esta modalidade de contratação à empresas púbicas.

e) a contratação direta será feita quando houver inviabilidade de competição, entre outras hipóteses, para a aquisição de materiais que só possam ser fornecidos por representante comercial exclusivo.

Lei nº 13.303/16:

Art. 30. ***A contratação direta será feita quando houver inviabilidade de competição, em especial na hipótese de:***

I - aquisição de materiais, equipamentos ou gêneros que só possam ser fornecidos por produtor, empresa ou representante comercial exclusivo;

II - contratação dos seguintes serviços técnicos especializados, com profissionais ou empresas de notória especialização, vedada a inexigibilidade para serviços de publicidade e divulgação:

a) estudos técnicos, planejamentos e projetos básicos ou executivos;

b) pareceres, perícias e avaliações em geral;

c) assessorias ou consultorias técnicas e auditorias financeiras ou tributárias;

d) fiscalização, supervisão ou gerenciamento de obras ou serviços;

e) patrocínio ou defesa de causas judiciais ou administrativas;

f) treinamento e aperfeiçoamento de pessoal;

g) restauração de obras de arte e bens de valor histórico.

GABARITO: E.

---

200. **(2021 - CODEN/SP - Advogado)** É dispensável a realização de licitação por empresas públicas e sociedades de economia mista:

a) para obras e serviços de engenharia de valor até R$ 110.000,00 (cento e dez mil reais), desde que não se refiram a parcelas de uma mesma obra ou serviço ou ainda a obras e serviços de mesma natureza e no mesmo local que possam ser realizadas conjunta e concomitantemente.

b) para serviços e compras de valor até R$ 60.000,00 (sessenta mil reais) e para alienações, desde que não se refiram a parcelas de um mesmo serviço, compra ou alienação de maior vulto que possa ser realizado de uma só vez.

c) quando não acudirem interessados à licitação anterior, e essa, justificadamente, não puder ser repetida sem prejuízo para a empresa pública ou a sociedade de economia mista, bem como para suas respectivas subsidiárias, facultando-se a manutenção das condições preestabelecidas.

d) para a compra ou locação de imóvel destinado ao atendimento de suas finalidades precípuas, quando as necessidades de instalação e localização condicionarem a escolha do imóvel, ficando dispensada a avaliação prévia.

e) na contratação de remanescente de obra, de serviço ou de fornecimento, em consequência de rescisão contratual, desde que atendida a ordem de classificação da licitação anterior e aceitas as mesmas condições do contrato encerrado por rescisão ou distrato, inclusive quanto ao preço, devidamente corrigido.

De acordo com o Art. 29, VI, da Lei nº 13.313/2016, a licitação pode ser dispensada por empresas públicas e sociedades de economia mista na contratação de remanescente de obra, de serviço ou de fornecimento, em consequência de rescisão contratual, desde que atendida a ordem de classificação da licitação anterior e aceitas as mesmas condições do contrato encerrado por rescisão ou distrato, inclusive quanto ao preço, devidamente corrigido.

GABARITO: E.

DIREITO PENAL GERAL

Princípios Penais

01. **(2018 – PC/BA – Investigador)** Acerca dos princípios da legalidade e da anterioridade insculpidos no art. 1º do Código Penal e no art. 5º, XXXIX, da Constituição Federal, analise as alternativas a seguir e assinale a correta.

a) Uma das funções do princípio da legalidade é permitir a criação de crimes e penas pelos usos e costumes.

b) No Brasil, em um primeiro momento, a União Federal pode legislar sobre matéria penal. No entanto, de forma indireta e urgente, leis estaduais podem impor regras e sanções de natureza criminal.

c) A lei penal incriminadora somente pode ser aplicada a um fato concreto desde que tenha tido origem antes da prática da conduta. Em situações temporárias e excepcionais, no entanto, admite-se a mitigação do princípio da anterioridade.

d) Desdobramento do princípio da legalidade é o da taxatividade, que impede a edição de tipos penais genéricos e indeterminados.

e) O princípio da legalidade afasta a aplicação da interpretação extensiva, mas permite a aplicação da analogia de forma ampla e irrestrita.

A: Uma das funções é impedir, e não permitir a criação de crimes e penas pelos usos e costumes.

B: Somente a União pode legislar sobre direito penal. O máximo que pode ocorrer é a delegação da União para que os Estados e Distrito Federal possam legislar sobre matérias específicas, mediante lei complementar (Art. 22, parágrafo único da Constituição da República).

C: Não há mitigações ao princípio da anterioridade. Os crimes devem ser tipicados mediante Lei, que deve ser prévia.

D: Correta.

E: Não há proibição da interpretação extensiva em matéria penal. A analogia, em regra, é vedada em matéria penal, em razão da vertente Lex Stricta do princípio da legalidade, por meio da qual proíbe-se a analogia incriminadora. Porém, permite-se a aplicação de analogia em favor do acusado. Portanto, não de forma ampla e irrestrita.

GABARITO: D.

---

02. **(2014 – TJ/PA – Auxiliar Judiciário)** Artigo 1º do Código Penal Brasileiro: “Não há crime sem lei anterior que o defina. Não há pena sem prévia cominação legal.” O dispositivo legal ora transcrito explicita, dentre outros, o princípio...

a) da insignificância.

b) da intervenção mínima.

c) da taxatividade.

d) da culpabilidade.

e) da proporcionalidade.

A ideia de legalidade exige uma lei que seja escrita, estrita, certa (princípio da taxatividade - a incriminação não pode ser vaga) e anterior (princípio da anterioridade).

Vale lembrar que o princípio da taxatividade pode ser considerado desdobramento da legalidade ou princípio autônomo.

GABARITO: C.

---

03. **(2008 – TJ/MT – Técnico)** É correto afirmar que o princípio da legalidade...

a) está previsto no código de processo penal.

b) pode ser entendido como *in dubio pro reo*.

c) é uma garantia de que à lei compete fixar os crimes e suas penas.

d) não tem previsão legal.

e) consiste na ideia de ninguém poder ser punido por fato que lei posterior deixa de considerar crime.

A: Está previsto no Art. 1º do Código Penal e no Art. 5º, XXXIX da CF.

B: Tal princípio diz que: na dúvida, presumir-se-á em favor do réu e, ainda, consta no Código de Processo Penal.

C: Certo.

D: Está previsto no Art. 1º do Código Penal e no Art. 5º, XXXIX CF.

E: Esse é o conceito do *Abolitio criminis*, que está previsto no Art. 2º do Código Penal e que também a retroatividade lei penal, em regra.

GABARITO: C.

---

04. **(2012 – TJ/SP – Titular de Serviços)** Pode-se afirmar que o princípio da legalidade,

a) a depender do crime, pode ter índole constitucional ou infraconstitucional e é sinônimo de reserva legal.

b) tem índole constitucional e tem por finalidade proteger o cidadão contra o arbítrio do poder punitivo estatal, já que deve haver perfeita correspondência entre a conduta praticada e a previsão legal.

c) torna possível à medida provisória e lei delegada definirem crimes, criando tipos e impondo penas, desde que a exceção esteja prevista na Constituição Federal.

d) torna possível a reprovação do autor de um fato punível porque, de acordo com as circunstâncias concretas, poderia e deveria agir de modo diferente.

A: Não guarda qualquer relação com crimes, mas sim previsto de forma genérica a todas as infrações penais.

B: Ao mesmo tempo que é uma garantia do cidadão, é também um dos requisitos de enquadramento da conduta do agente em uma previsão legal.

C: Não há qualquer hipótese de previsão penal através de medida provisória ou lei delegada

D: Eis o conceito de exigibilidade de conduta diversa, contida na formação da culpabilidade.

GABARITO: B.

---

05. **(2014 – PC/SP – Delegado)** Assinale a alternativa que apresenta o princípio que deve ser atribuído a Claus Roxin, defensor da tese de que a tipicidade penal exige uma ofensa de gravidade aos bens jurídicos protegidos.

a) Insignificância.

b) Intervenção mínima.

c) Fragmentariedade.

d) Adequação social.

e) Humanidade.

A. Princípio da Insignificância - neste, o fato é socialmente inadequado, mas considerado atípico dada a sua ínfima lesividade; à lei penal não cabe preocupar-se com infrações de pouca monta, insuscetíveis de causar o mais ínfimo dano à coletividade. Vale sempre a lembrança dos vetores da Insignificância trazidos pelo STF:

- Mínima ofensividade da conduta do agente;
- Nenhuma periculosidade social da ação;
- Grau reduzido de reprovabilidade do comportamento;
- Inexpressividade da lesão jurídica provocada.

B: Intervenção mínima - a lei só deve prever as penas estritamente necessárias. Somente haverá atuação do Direito Penal naqueles raros episódios típicos em que a lei descreve um fato como crime; ao contrário, quando ela nada disser, não haverá espaço para a atuação criminal.

C: Fragmentariedade - o direito penal só deve se ocupar com ofensas realmente graves aos bens jurídicos protegidos.

D: Adequação social - concebido por Hans Welzel, o princípio da adequação social preconiza que não se pode reputar criminosa uma conduta tolerada pela sociedade, ainda que se enquadre em uma descrição típica. Trata-se de condutas que, embora formalmente típicas, porquanto subsumidas num tipo penal, são materialmente atípicas, porque socialmente adequadas, isto é, estão em consonância com a ordem social.

E: Humanidade - princípio segundo o qual o objetivo da pena não é o sofrimento ou a degradação do apenado. O Estado não pode aplicar sanções que atinjam a dignidade da pessoa humana ou que lesionem a constituição físico-psíquica do condenado.

GABARITO: A.

---

06. **(2013 – TJ/SP – Juiz)** O crime de dano (CP, art. 163), norma menos grave, funciona como elemento do crime de furto qualificado pelo rompimento de obstáculo à subtração da coisa (CP, art. 155, § 4º, inciso I).
Nesta hipótese, o crime de dano é excluído pela norma mais grave, em função do princípio da:

a) especialidade.

b) consunção.

c) subsidiariedade tácita ou implícita.

d) subsidiariedade expressa ou explícita.

Especialidade - norma especial prevalece sobre a geral. Quando um tipo possui todas as elementares do outro, acrescidas de algumas que a especializam

Subsidiariedade - norma primária prevalece sobre a subsidiária. Aplica-se quando as normas descreverem diferentes graus de violação ao mesmo bem jurídico. Expressa / tácita.

Consunção / Absorção - crime-fim absorve o crime-meio. Um crime é praticado como meio necessário ou normal na fase de preparação ou execução de outro. Antefato e pós-fato impuníveis.

Alternatividade - tipos mistos alternativos. Agente pratica várias ações nucleares previstas no mesmo tipo penal (tipo misto alternativo), de modo que uma possua conexão com a outra e atinjam, todas, os mesmos objetos materiais.

GABARITO: C.

---

07. **(2011 – TJ/SP – Defensor)** O agente que mata alguém, por imprudência, negligência ou imperícia, na direção de veículo automotor, comete o crime previsto no art. 302, da Lei nº 9.503/97 (Código de Trânsito Brasileiro), e não o crime previsto no art. 121, § 3º, do Código Penal. Assinale, dentre os princípios adiante mencionados, em qual deles está fundamentada tal afirmativa.

a) Princípio da consunção.

b) Princípio da alternatividade.

c) Princípio da especialidade.

d) Princípio da legalidade.

A: Princípio da Consunção - conhecido também como Princípio da Absorção, é um princípio aplicável nos casos em que há uma sucessão de condutas com existência de um nexo de dependência, ENTRE MEIO e FIM, de acordo com tal princípio o crime mais grave absorve o crime menos grave, sendo considerada a segunda conduta como um ato necessário para a primeira.

B: Princípio da Alternatividade - procura selecionar a norma aplicável quando a mesma ação antijurídica é definida pelo legislador mais de uma vez. Utilizado para dirimir um conflito de incidência dos chamados tipos mistos ou de conteúdo variado, que são os dispositivos legais incriminadores que preveem mais de um núcleo. Dessa forma, o agente que praticar mais de uma ação descrita no tipo misto, no mesmo contexto fático, responde por crime único, pois as várias condutas, nessa hipótese, correspondem às fases de um mesmo crime.

C: Princípio da Especialidade - revela que a norma especial afasta a incidência da norma geral. A norma se diz especial quando contiver os elementos de outra (geral) e acrescentar pormenores. Não há leis ou disposições especiais ou gerais, em termos absolutos. Resultam da comparação entre elas, da qual se aponta uma relação de espécie a gênero. A norma será preponderante quando especial.

D: Princípio da Legalidade - é um princípio jurídico fundamental que estabelece que o Estado deve se submeter ao império da lei. No Direito Penal, o princípio da legalidade se desdobra em outros dois: princípio da anterioridade da lei penal e princípio da reserva legal. Por anterioridade da lei penal, entende-se que não se pode impor uma pena a um fato praticado antes da edição desta lei, exceto se for em benefício do réu. Já a reserva legal, estabelece não existir delito fora da definição da norma escrita.

GABARITO: C.

---

08. **(2011 – TJ/SP – Juiz)** Antônio, quando ainda em vigor o inciso VII, do art. 107, do Código Penal, que contemplava como causa extintiva da punibilidade o casamento da ofendida com o agente, posteriormente revogado pela Lei nº 11.106, publicada no dia 29 de março de 2005, estuprou Maria, com a qual veio a casar em 30 de setembro de 2005. O juiz, ao proferir a sentença, julgou extinta a punibilidade de Antônio, em razão do casamento com Maria, fundamentando tal decisão no dispositivo revogado (art. 107, VII, do Código Penal). Assinale, dentre os princípios adiante mencionados, em qual deles fundamentou-se tal decisão.

a) Princípio da isonomia.

b) Princípio da proporcionalidade.

c) Princípio da retroatividade da lei penal benéfica.

d) Princípio da ultratividade da lei penal benéfica.

e) Princípio da legalidade.

Pelo princípio da ultratividade da lei penal anterior mais benéfica a lei será aplicada mesmo que encerrada a sua vigência, mas, apenas nos crimes que ocorreram durante a sua vigência.

GABARITO: D.

---

09. **(2008 – TJ/SP – Juiz)** A Lei nº 11.343/06, que afastou a incidência de pena privativa de liberdade e de multa quanto ao crime de porte de substância entorpecente para uso próprio (cominadas na Lei nº 6.368/76) e estabeleceu, em seu lugar, a aplicação de outras medidas (advertência, prestação de serviços à comunidade, etc.), configura hipótese de:

a) *abolitio criminis.*

b) *novatio legis in pejus.*

c) *novatio legis incriminadora.*

d) *novatiolegis in mellius.*

A: ***Abolitio criminis*** **- Conduta deixa de ser considerada crime.**

B: ***Novatio legis in pejus*** **- Agrava a situação do agente.**

C: ***Novatio legis incriminadora*** **- Criminaliza uma determinada conduta.**

D: ***Novatio legis in mellius*** **- melhora a situação do agente.**

GABARITO: D.

---

10. **(2009 – TJ/MT – Juiz)** A combatida responsabilidade penal objetiva:

a) não encontra exemplos concretos em nossa legislação penal.

b) é doutrinariamente definida como à sujeição de alguém à imposição de pena sem que tenha agido com dolo ou culpa ou sem que tenha ficado demonstrada sua culpabilidade, com fundamento no nexo de causalidade, todavia, não encontra aplicação prática em casos concretos.

c) pode ser exemplificada em nossa legislação penal na rixa qualificada e na actio libera in causa na embriaguez.

d) tem um único exemplo em nossa legislação penal consistente na responsabilização das pessoas jurídicas por crimes ambientais.

e) deve ser utilizada em ultima ratio, uma vez que, pode violar direitos e garantias fundamentais da pessoa humana.

O Art. 19, CP, consagra a responsabilidade penal subjetiva. Mas, há ainda no Código Penal, de forma implícita, a responsabilidade penal objetiva:

- Rixa qualificada (Art. 137, parágrafo único, CP): pelo simples fato de participação na rixa que causou morte, todos respondem pela rixa qualificada. Trata-se de responsabilidade penal objetiva.

- *Actio libera in causa*: no caso da embriaguez preordenada (aquele em que o agente ingere álcool ou substância entorpecente para praticar o crime) verifica-se o dolo do agente no momento da ingestão da substância e não no da efetiva prática do crime. É responsabilidade penal objetiva.

STJ: *O Direito penal moderno é Direito Penal da culpa. Não se prescinde do elemento subjetivo. Intolerável a responsabilidade pelo fato de outrem. À sanção, medida político-jurídica de resposta ao delinquente, deve ajustar-se* à conduta delituosa. Conduta é fenômeno ocorrente no plano da experiência. É fato. Fato não se presume. Existe, ou não existe.

GABARITO: C.

Lei Penal

11. **(2019 – Prefeitura de Guarulhos/SP – Fiscal)** No que concerne à aplicação da lei penal, assinale a alternativa correta.

a) A lei excepcional ou temporária não se aplica ao fato praticado durante sua vigência.

b) Considera-se praticado o crime no momento do resultado, ainda que outro seja o momento da ação ou omissão.

c) Lei posterior, que de qualquer modo favorecer o agente, aplica-se aos fatos anteriores, mas apenas se ainda não decididos por sentença condenatória transitada em julgado.

d) Não há crime sem lei anterior que o defina, porém, pode haver pena sem prévia cominação legal.

e) Ninguém pode ser punido por fato que lei posterior deixa de considerar crime, cessando em virtude dela a execução e os efeitos penais da sentença condenatória.

A: Art. 3º: *A lei excepcional ou temporária, embora decorrido o período de sua duração ou cessadas as circunstâncias que a determinaram, aplica-se ao fato praticado durante sua vigência.*

B: Art. 4º: *Considera-se praticado o crime no momento da ação ou omissão, ainda que outro seja o momento do resultado.*

C: Art. 2º, parágrafo único: *A lei posterior, que de qualquer modo favorecer o agente, aplica-se aos fatos anteriores, ainda que decididos por sentença condenatória transitada em julgado.*

D: Art. 1º: *Não há crime sem lei anterior que o defina. Não há pena sem prévia cominação legal.*

E: Art. 2º: *Ninguém pode ser punido por fato que lei posterior deixa de considerar crime, cessando em virtude dela a execução e os efeitos penais da sentença condenatória.*

GABARITO: E.

12. **(2019 – TJ/AC – Juiz)** Assinale a alternativa correta quanto à aplicação da lei penal.

a) Para efeito de análise sobre o local do crime, a legislação brasileira adota a teoria da ubiquidade.

b) É incabível a aplicação retroativa da Lei nº 11.343/2006, ainda que o resultado da incidência das suas disposições, na íntegra, seja mais favorável ao réu do que o advindo da aplicação da Lei nº 6.368/76, permitida, no entanto, a combinação das mencionadas leis para beneficiar o agente.

c) O Código Penal Brasileiro não adotou o princípio da representação na eficácia espacial da lei penal.

d) A lei penal mais grave não se aplica ao crime continuado ou ao crime permanente, se a sua vigência é anterior à cessação da continuidade ou da permanência.

A: Lugar do crime (Art. 6º, CP) = UBIQUIDADE - lugar em que ocorreu a ação ou omissão, no todo ou em parte, bem como onde se produziu ou deveria produzir-se o resultado.

Tempo do crime (Art. 4º, CP) = ATIVIDADE - momento da ação ou omissão.

B: Inaplicável no Brasil a combinação de leis. Combinar leis significa promover a sua reunião, constituindo um corpo único e ordenado. Na realidade, a combinação de duas ou mais leis penais, seja qual for o

propósito, faz nascer uma terceira norma, não prevista, nem aprovada pelo Poder Legislativo. Estaria o Judiciário legislando, ao promover a criação de lei, mediante o recolhimento de partes de outras.

C: Princípio da Representação ou da Bandeira - trata-se de um princípio subsidiário, e, quando houver deficiência legislativa ou desinteresse de quem deveria reprimir, aplica-se a lei do Estado em que está registrada a embarcação ou a aeronave cuja bandeira ostenta os delitos praticados em seu interior (Art. 7º, II, c, do CP).

D: Súmula 711 STF: *A lei penal mais grave aplica-se ao crime continuado ou ao crime permanente, se a sua vigência é anterior à cessação da continuidade ou da permanência.*

GABARITO: A.

---

13. **(2018 – MPE/SP – Analista)** Sobre o conflito aparente de normas penais e os princípios dirimentes, é correto afirmar que:

a) a norma especial prevalece sobre a norma geral e, necessariamente, descreve um tipo penal apenado mais severamente.

b) o conflito aparente de normas penais tem por requisito a unidade fática; a pluralidade de normas aplicáveis ao mesmo fato (aparente) e a vigência contemporânea de todas elas.

c) a norma subsidiária descreve um grau maior de lesividade ao bem jurídico e, necessariamente, um tipo penal apenado mais severamente.

d) a consunção, pela qual uma conduta absorve outra, é possível no crime progressivo, no crime complexo e na progressão criminosa. Em todos, necessariamente, há unidade de desígnios do sujeito ativo, desde o primeiro ato.

e) pelo princípio da subsidiariedade, prescinde-se do caso concreto para se saber qual a norma aplicável. A análise é feita de forma abstrata, confrontando-se as normas.

A: Entende-se como lei especial aquela que contém todos os elementos da norma geral, acrescida de outros elementos que a torna distinta (chamados de especializantes).

Irrelevante se o crime especial representa um *minus* (punido com menor rigor) ou um *plus* (punido com maior rigor) em comparação com o tipo geral.

B: São pressupostos do conflito aparente de normas a unidade de fato e a pluralidade de normas simultaneamente vigentes. Verificados esses pressupostos, impõe-se a solução do conflito (aparente)

C: A norma subsidiária descreve um grau menor de violação de um mesmo bem jurídico, ou seja, um fato menos amplo e menos grave. Só há que se falar em princípio da subsidiariedade quando a norma principal for mais grave que a subsidiária.

D: Na progressão criminosa não há unidade de desígnios desde o primeiro ato. Ocorre na progressão criminosa a mudança no dolo do agente (dolo cumulativo).

E: Para a aplicação do princípio da subsidiariedade, é imprescindível a análise do caso concreto, sendo insuficiente a comparação abstrata dos tipos penais.

GABARITO: B.

---

14. **(2018 – PC/SP – Delegado)** João comete um crime no estrangeiro e lá é condenado a 4 anos de prisão, integralmente cumpridos. Pelo mesmo crime, João é condenado no Brasil à pena de 8 anos de prisão. João...

a) cumprirá 8 anos de prisão no Brasil, uma vez que para essa quantidade de pena não se reconhece o cumprimento no estrangeiro.

b) não cumprirá pena alguma no Brasil caso de trate de país com o qual o Brasil tem acordo bilateral para reconhecer cumprimento de pena.

c) não cumprirá pena alguma no Brasil, uma vez já punido no país em que o crime foi cometido.

d) cumprirá 8 anos de prisão no Brasil, uma vez que o Brasil não reconhece pena cumprida no estrangeiro.

e) ainda deverá cumprir 4 anos de prisão no Brasil.

Art. 8º do CP - *A pena cumprida no estrangeiro atenua a pena imposta no Brasil pelo mesmo crime, quando diversas, ou nela é computada, quando idênticas.*

GABARITO: E.

---

15. **(2018 - PC/SP - Delegado)** Prescreve o art. 327 do CP: "considera-se funcionário público, para os efeitos penais, quem, embora transitoriamente ou sem remuneração, exerce cargo, emprego ou função pública."
Tal norma traduz exemplo de interpretação:

a) científica.

b) autêntica.

c) extensiva.

d) doutrinária.

e) analógica.

A: A interpretação científica é também denominada doutrinária.

B: A interpretação autêntica é feita pela própria lei, a qual, em um dos seus dispositivos, esclarece determinado assunto.

C: A interpretação extensiva ocorre quando o texto da lei ficou aquém da intenção do legislador, nesse caso, a interpretação irá ampliar sua aplicação.

D: Interpretação doutrinária é aquela realizada por doutrinadores, estudiosos, professores em seus livros, artigos, palestras...

E: Na interpretação analógica, após uma sequência casuística no texto legal, o legislador se vale de uma fórmula genérica, que deve ser interpretada de acordo com os casos anteriores.

GABARITO: B.

16. **(2018 - PC/SP - Investigador)** No que diz respeito ao lugar do crime, o CP adotou a teoria...

a) do resultado, ou seja, considera-se praticado o crime no lugar onde se produziu ou deveria produzir-se o resultado.

b) da ubiquidade, ou seja, considera-se praticado o crime no lugar em que ocorreu a ação ou omissão, no todo ou em parte, bem como onde se produziu ou deveria produzir-se o resultado.

c) da atividade, ou seja, considera-se praticado o crime no lugar em que ocorreu a ação ou omissão, no todo ou em parte.

d) da extraterritorialidade, ou seja, considera-se praticado no Brasil o crime cometido no estrangeiro contra a vida ou a liberdade do Presidente da República.

e) da territorialidade estendida, ou seja, considera-se praticado no Brasil o crime cometido a bordo de embarcações e aeronaves brasileiras, de natureza pública ou privada, onde quer que se encontrem.

Art. 4º: Tempo do Crime.

Art. 6º: Lugar do Crime.

Dica: LU/TA

LU = Teoria da Ubiquidade = lugar do crime (Art. 6º)

TA = Teoria da Atividade = tempo do crime (Art. 4º)

Exceções à teoria da ubiquidade:

Crimes Conexos - teoria da atividade;

Crimes Contra a Vida - teoria da atividade;

Infrações de Menor Potencial Ofensivo - teoria da atividade;

Atos Infracionais - teoria da atividade;

Crimes Falimentares - será competente o foro do local em que foi decretada a falência, concedida a recuperação judicial ou homologado o plano de recuperação extrajudicial - Art. 183 da Lei nº 11.101/05);

Crimes Plurilocais - crimes à distância e crimes plurilocais - Art. 6º do CP - teoria da ubiquidade x Art. 70 do CPP - teoria do resultado;

Crimes Militares - Comissivos (ubiquidade) e Omissivos (atividade).

GABARITO: B.

17. **(2018 – PauliPrevi/SP – Procurador)** De acordo com a Parte Geral do Código Penal, é correto afirmar:

a) a lei posterior favorável ao agente aplica-se a fatos anteriores, desde que não decididos por sentença condenatória transitada em julgado.

b) a lei temporária, decorrido o período de duração, não se aplica aos fatos praticados durante a respectiva vigência.

c) para fins de definir o tempo do crime, o ordenamento pátrio adotou a teoria da atividade.

d) para fins de definir o lugar do crime, o ordenamento pátrio adotou a teoria do resultado.

e) para efeito penal, o dia do começo não se inclui no cômputo do prazo.

A: A lei posterior favorável ao agente aplica-se a fatos anteriores, desde que não decididos por sentença condenatória transitada em julgado.

Art. 2º. Parágrafo único - A lei posterior, que de qualquer modo favorecer o agente, aplica-se aos fatos anteriores, ainda que decididos por sentença condenatória transitada em julgado.

B: A lei temporária, decorrido o período de duração, não se aplica aos fatos praticados durante a respectiva vigência.

Art. 3º - A lei excepcional ou temporária, embora decorrido o período de sua duração ou cessadas as circunstâncias que a determinaram, aplica-se ao fato praticado durante sua vigência.

C: Para fins de definir o tempo do crime, o ordenamento pátrio adotou a teoria da atividade.

Tempo do crime (Art. 4º, CP) = ATIVIDADE (momento da ação ou omissão).

D: Para fins de definir o lugar do crime, o ordenamento pátrio adotou a teoria do resultado.

Teoria da Ubiquidade.

Lugar

Ubiquidade

Tempo

Atividade

E: Para efeito penal, o dia do começo não se inclui no cômputo do prazo.

Art. 10 - O dia do começo inclui-se no cômputo do prazo. Contam-se os dias, os meses e os anos pelo calendário comum.

GABARITO: E.

---

18. **(2018 – PC/SP – Investigador)** Sobre a territorialidade e a extraterritorialidade da lei penal, previstas nos artigos 5º e 7º do Código Penal, assinale a alternativa correta.

a) Ao crime cometido no território nacional, aplica-se a lei brasileira, independentemente de qualquer convenção, tratado ou regra de direito internacional.

b) Ao autor de crime praticado contra a liberdade do Presidente da República quando em viagem a país estrangeiro, aplica-se a lei do país em que os fatos ocorrerem.

c) Embarcação brasileira a serviço do governo brasileiro, para os efeitos penais, é considerada extensão do território nacional.

d) Crime cometido no estrangeiro, praticado por brasileiro, fica sujeito à lei brasileira independentemente da satisfação de qualquer condição.

e) Aplica-se a lei brasileira ao crime cometido por estrangeiro contra brasileiro fora do Brasil, independentemente da satisfação de qualquer condição.

A: É possível que não seja aplicada a lei brasileira mesmo a um crime ocorrido no território nacional, por conta de convenções ou tratados internacionais (ex.: tratado internacional que trata das imunidades diplomáticas).

B: Será possível a aplicação da lei penal brasileira neste caso, tratando-se de hipótese de extraterritorialidade incondicionada, conforme Art. 7º, I, "a" do CP.

C: Para os efeitos penais, consideram-se como extensão do território nacional as embarcações e aeronaves brasileiras, de natureza pública ou a serviço do governo brasileiro onde quer que se encontrem, na forma do Art. 5º, §2º do CP.

D: Neste caso, apesar de aplicável a lei penal brasileira, temos hipótese de extraterritorialidade CONDICIONADA, de modo que devem ser preenchidas as condições do Art. 7º, §2º do CP.

E: Neste caso, apesar de aplicável a lei penal brasileira, temos hipótese de extraterritorialidade HIPERCONDICIONADA, de modo que devem ser preenchidas as condições do Art. 7º, §§2º e 3º do CP.

GABARITO: C.

---

19. **(2018 – PC/SP – Investigador)** Assinale a alternativa que indica a teoria adotada pela legislação quanto ao tempo do crime.

a) Retroatividade.

b) Atividade.

c) Territorialidade.

d) Ubiquidade.

e) Extraterritorialidade.

A: Retroatividade - Lei Penal não retroage, salvo para beneficiar o réu.

B: Atividade - considera o momento da ação ou omissão, ainda que outro seja o momento do resultado.

C: Territorialidade - regra: lei brasileira / exceção: lei estrangeira em virtude de tratados e convenções internacionais.

D: Ubiquidade - tanto o lugar da conduta quanto o lugar do resultado.

E: Extraterritorialidade – aplica lei brasileira a crimes cometidos no estrangeiro.

- Incondicionada - agente é punido segundo a lei brasileira, mesmo que absolvido ou condenado no estrangeiro.

- Condicionada - aplicação da lei depende do concurso de algumas situações como: punição no país do ato, extradição autorizada por lei brasileira, absolvição, perdão, extinção de punibilidade ou não cumprimento de pena no exterior.

GABARITO: B.

---

20. **(2017 – CRBio – Advogado)** De acordo com o Código Penal Brasileiro,

a) nos crimes sem violência ou grave ameaça à pessoa, o arrependimento posterior isenta de pena o autor do crime, desde que reparado o dano até o recebimento da denúncia ou queixa.

b) responde penalmente, a título de omissão, aquele que deixa de agir para evitar o resultado quando, por lei ou convenção social, tenha obrigação de cuidado, proteção ou vigilância.

c) o crime é tentado quando, iniciada a execução, o agente impede a realização do resultado.

d) fica sujeito à lei brasileira, embora praticado no estrangeiro, o crime contra o patrimônio dos municípios. O agente será punido segundo a lei brasileira, ainda que absolvido no estrangeiro.

e) o crime praticado sob coação irresistível ou em obediência à ordem de superior hierárquico, desde que não manifestamente ilegal, é punido de forma atenuada.

A: ***Art. 16 - Nos crimes cometidos sem violência ou grave ameaça à pessoa, reparado o dano ou restituída a coisa, até o recebimento da denúncia ou da queixa, por ato voluntário do agente, a pena será reduzida de um a dois terços.***

B: Não existe a previsão de convenção social.

Art. 13. § 2º - A omissão é penalmente relevante quando o omitente devia e podia agir para evitar o resultado. O dever de agir incumbe a quem:

a) tenha por lei obrigação de cuidado, proteção ou vigilância;

b) de outra forma, assumiu a responsabilidade de impedir o resultado;

c) com seu comportamento anterior, criou o risco da ocorrência do resultado.

C: *Art. 14 - Diz-se o crime:*

II - tentado, quando, iniciada a execução, ***não se consuma por circunstâncias alheias à vontade do agente.***

D: *Art. 7º - Ficam sujeitos à lei brasileira, embora cometidos no estrangeiro:*

I - os crimes:

b) contra o patrimônio ou a fé pública da União, do Distrito Federal, de Estado, de Território, de Município, de empresa pública, sociedade de economia mista, autarquia ou fundação instituída pelo Poder Público;

§ 1º - Nos casos do inciso I, o agente é punido segundo a lei brasileira, ainda que absolvido ou condenado no estrangeiro.

E: *Art. 22 - Se o fato é cometido sob coação irresistível ou em estrita obediência a ordem, não manifestamente ilegal, de superior hierárquico,* ***só é punível o autor da coação ou da ordem.***

GABARITO: D.

---

21. **(2017 – TJ/SP – Escrevente)** Nos termos previstos no Código Penal, é correto afirmar que:

a) se considera praticado o crime no momento do resultado.

b) a lei posterior, que de qualquer modo favorecer o agente, aplica-se aos fatos anteriores, salvo se decididos por sentença condenatória transitada em julgado.

c) o dia do começo deve ser excluído no cômputo do prazo. Contam-se os dias, os meses e os anos pelo calendário comum.

d) o funcionário público que se apropria, por negligência, de dinheiro, valor ou qualquer outro bem móvel, público ou particular, de que tem a posse em razão do cargo, ou o desvia, em proveito próprio, comete o crime de peculato-culposo.

e) exigir, para outrem, indiretamente, fora da função, mas em razão dela, vantagem indevida caracteriza o crime de concussão.

A: ***Art. 4º - Considera-se praticado o crime no momento da ação ou omissão, ainda que outro seja o momento do resultado.***

B: ***Art. 2. Parágrafo único - A lei posterior, que de qualquer modo favorecer o agente, aplica-se aos fatos anteriores, ainda que decididos por sentença condenatória transitada em julgado.***

C: ***Art. 10 - O dia do começo inclui-se no cômputo do prazo. Contam-se os dias, os meses e os anos pelo calendário comum.***

D: *Peculato*

Art. 312 - Apropriar-se o funcionário público de dinheiro, valor ou qualquer outro bem móvel, público ou particular, de que tem a posse em razão do cargo, ou desviá-lo, em proveito próprio ou alheio:

Peculato culposo

§ 2º - Se o funcionário concorre culposamente para o crime de outrem:

E: *Concussão*

Art. 316 - Exigir, para si ou para outrem, direta ou indiretamente, ainda que fora da função ou antes de assumi-la, mas em razão dela, vantagem indevida.

GABARITO: E.

---

22. **(2016 – Prefeitura de Registro/SP – Advogado)** Assinale a alternativa correta.

a) A lei posterior, que de qualquer modo favorecer o agente, aplica-se aos fatos anteriores, desde que não decididos por sentença condenatória transitada em julgado.

b) A pena cumprida no estrangeiro atenua a pena imposta no Brasil pelo mesmo crime, quando diversas, ou nela é computada, quando idênticas.

DIR PEN GER

c) A lei excepcional ou temporária aplica-se ao fato praticado durante sua vigência e somente no período de sua duração.

d) Ficam sujeitos à lei brasileira, embora cometidos no estrangeiro, os crimes contra a Administração Pública, por quem está a seu serviço, sendo o agente punido segundo a lei brasileira somente se condenado no estrangeiro.

e) A sentença estrangeira, quando a aplicação da lei brasileira produz na espécie as mesmas consequências, pode ser homologada no Brasil, para obrigar o condenado à reparação do dano, a restituições e a outros efeitos civis, prescindindo de pedido da parte interessada.

A: *Art. 2º - Parágrafo único - A lei posterior, que de qualquer modo favorecer o agente, aplica-se aos fatos anteriores,* ***ainda que*** *decididos por sentença condenatória transitada em julgado.*

B: *Art. 8º - A pena cumprida no estrangeiro atenua a pena imposta no Brasil pelo mesmo crime, quando diversas, ou nela é computada, quando idênticas.*

C: *Art. 3º - A lei excepcional ou temporária,* ***embora decorrido*** *o período de sua duração ou cessadas as circunstâncias que a determinaram, aplica-se ao fato praticado durante sua vigência.*

D: *Art. 7º - Ficam sujeitos à lei brasileira, embora cometidos no estrangeiro: c) contra a administração pública, por quem está a seu serviço; § 1º - Nos casos do inciso I, o agente é punido segundo a lei brasileira,* ***ainda que*** *absolvido ou condenado no estrangeiro.*

E: *Art. 9º - A sentença estrangeira, quando a aplicação da lei brasileira produz na espécie as mesmas conseqüências, pode ser homologada no Brasil para: I - obrigar o condenado à reparação do dano, a restituições e a outros efeitos civis; II - sujeitá-lo a medida de segurança.*

Parágrafo único - A homologação depende: a) para os efeitos previstos no inciso I, de pedido da parte interessada.

GABARITO: B.

---

23. **(2016 – Prefeitura de Sertãozinho/SP – Procurador)** Rosa Margarida, apaixonada por Carlos Flores, imaginando que se os dois convivessem por alguns dias, ele poderia se apaixonar, resolveu sequestrá-lo. Sendo assim, o privou da sua liberdade e o levou para sua casa. Enquanto Carlos era mantido em cativeiro por Rosa, nova lei entrou em vigor, agravando a pena do crime de sequestro.
Sobre a possibilidade de aplicação da nova lei, mais severa, ao caso exposto, assinale a alternativa correta.

a) Não se aplica, tendo em vista a irretroatividade da lei penal mais severa.

b) É aplicável, pois entrou em vigor antes de cessar a permanência.

c) Não se aplica, tendo em vista o princípio da prevalência do interesse do réu.

d) É aplicável, pois se trata de crime material e nesses casos deve ser aplicada a teoria da ubiquidade.

e) Não de aplica, pois de acordo com a teoria da atividade, a lei a ser aplicada deve ser aquela em vigor no momento do crime.

Súmula 711 STF: A lei penal mais grave aplica-se ao crime continuado ou ao crime permanente, se a sua vigência é anterior à cessação da continuidade ou da permanência.

GABARITO: B.

---

24. **(2016 – Prefeitura de Alumínio/SP – Procurador)** Um brasileiro, João, que reside em Buenos Aires, Argentina, decide matar um desafeto, José, que reside na cidade de Alumínio, SP, Brasil. João, em sua residência, fabrica uma "carta-bomba", no dia 10, e, no mesmo dia, posta o objeto em uma unidade dos correios de Buenos Aires, com destino a Alumínio. O artefato é recebido por José, em Alumínio, no dia 20. No dia 25 é aberto, explode e mata José. Com relação à aplicação da Lei Penal, e de acordo com os arts. 4º e 6º do CP, assinale a alternativa que traz, respectivamente, o dia do crime e o local em que ele foi praticado.

a) 10; apenas Buenos Aires.

b) 10; Buenos Aires ou Alumínio.

c) 20; apenas Alumínio.

d) 25; apenas Alumínio.

e) 25; Buenos Aires ou Alumínio.

Dia do crime - "Teoria da Atividade" (*tempus regit actum*) - *Considera-se praticado o crime no momento da ação ou omissão, ainda que outro seja o momento do resultado* (Art. 4º do CP). Assim, consoante o enunciado, configura a data do crime o dia 10, uma vez que foi o dia em que João fabricou a "carta-bomba" e postou o objeto em uma unidade dos correios, ainda que o resultado tenha se verificado, apenas, no dia 25.

Local em que o crime foi praticado - "Teoria da Ubiquidade" - *Considera-se praticado o crime no lugar em que ocorreu a ação ou omissão, no todo ou em parte, bem como onde se produziu ou deveria produzir-se o resultado* (Art. 6º do CPP). Desta forma, conforme o enunciado, é local do crime Buenos Aires ou Alumínio.

GABARITO: B.

---

25. **(2016 – Câmara de Municipal de Poá/SP – Procurador)** A contagem de prazo em matéria penal dá-se do seguinte modo:

a) o dia do começo e o último excluem-se do cômputo do prazo; contam-se os dias, os meses e os anos pelo calendário forense.

b) o dia do começo inclui-se no cômputo do prazo; contam-se os dias, os meses e os anos pelo calendário forense.

c) o dia do começo inclui-se no cômputo do prazo; contam-se os dias, os meses e os anos pelo calendário comum.

d) o dia do começo exclui-se do cômputo do prazo; contam-se os dias, os meses e os anos pelo calendário forense.

e) o dia do começo exclui-se do cômputo do prazo; contam-se os dias, os meses e os anos pelo calendário comum.

Art. 10 - O dia do começo inclui-se no cômputo do prazo. Contam-se os dias, os meses e os anos pelo calendário comum (também chamado de gregoriano).

GABARITO: C.

---

26. **(2016 – Câmara de Municipal de Poá/SP – Procurador)** Considera-se praticado o crime no momento...

a) do resultado.

b) em que o agente inicia os atos preparatórios.

c) em que o agente cogita e planeja a prática criminosa.

d) da ação ou omissão, ainda que outro seja o momento do resultado.

e) da ação ou omissão, bem como no momento em que se produziu o resultado.

No tempo do crime, adota-se a teoria da atividade, ou seja, onde foi ação/omissão

Art. 4º - Considera-se praticado o crime no momento da ação ou omissão, ainda que outro seja o momento do resultado.

Por outro lado, no lugar do crime, adota-se a teoria da ubiquidade:

Art. 6º - Considera-se praticado o crime no lugar em que ocorreu a ação ou omissão, no todo ou em parte, bem como onde se produziu ou deveria produzir-se o resultado.

GABARITO: D.

---

27. **(2016 – Câmara de Marília/SP – Procurador)** Aplica-se a lei penal brasileira ao crime cometido no território nacional. O art. 5º do CP estende a aplicação da lei penal brasileira para fato cometido em:

a) embarcação privada brasileira atracada em portos estrangeiros.

b) embarcação estrangeira de propriedade privada navegando no mar territorial do Brasil.

c) aeronave privada brasileira pousada em aeroportos estrangeiros, desde que o país respectivo tenha acordo de extradição com o Brasil.

d) sede de embaixada ou unidade consular do Brasil no estrangeiro.

e) residência do embaixador brasileiro em país estrangeiro que faça parte do Mercosul.

Art. 5º - Aplica-se a lei brasileira, sem prejuízo de convenções, tratados e regras de direito internacional, ao crime cometido no território nacional. (Redação dada pela Lei nº 7.209, de 1984)

§ 2º - É também aplicável ***a lei brasileira aos crimes praticados a bordo de aeronaves ou embarcações estrangeiras de propriedade privada, achando-se aquelas em pouso no território nacional ou em vôo no espaço aéreo correspondente, e estas em porto ou mar territorial do Brasil.***

Embaixadas: Para fins penais, as embaixadas estrangeiras situadas no território brasileiro não são consideradas extensão do território estrangeiro, bem como as embaixadas do Brasil em território estrangeiro não são consideradas território brasileiro por extensão.

Embaixada e consulado NÃO são territórios por extensão, o que existe é uma proteção jurídica fornecida pela Convenção de Viena que protege a casa do embaixador e os consulados.

GABARITO: B.

---

28. **(2015 – Câmara de Itatiba/SP – Advogado)** De acordo com o Código Penal,

a) considera-se lugar do crime aquele em que o resultado se produziu.

b) no cômputo do prazo, não se inclui o dia do começo, mas sim o do vencimento.

c) aplica-se a lei brasileira aos crimes praticados a bordo de embarcações estrangeiras, de propriedade privada, que estejam em porto ou mar territorial do Brasil.

d) a sentença estrangeira não pode ser homologada no Brasil para obrigar o condenado à reparação do dano.

e) em se tratando de pena cumprida no estrangeiro pelo mesmo crime, caso sejam diferentes as penas impostas, aquela cumprida no estrangeiro não atenuará a imposta no Brasil.

A: Luta - Lugar do crime: Ubiquidade.

Art. 6º - Considera-se praticado o crime no lugar em que ocorreu a ação ou omissão, no todo ou em parte, bem como onde se produziu ou deveria produzir-se o resultado.

B: ***Art. 10 - O dia do começo inclui-se no cômputo do prazo. Contam-se os dias, os meses e os anos pelo calendário comum.***

C: ***Art. 5 § 2º - É também aplicável a lei brasileira aos crimes praticados a bordo de aeronaves ou embarcações estrangeiras de propriedade privada, achando-se aquelas em pouso no território nacional ou em vôo no espaço aéreo correspondente, e estas em porto ou mar***

territorial do Brasil.

D: ***Art. 9º - A sentença estrangeira, quando a aplicação da lei brasileira produz na espécie as mesmas consequências, pode ser homologada no Brasil [...]***

E: ***Art. 8º - A pena cumprida no estrangeiro atenua a pena imposta no Brasil pelo mesmo crime, quando diversas, ou nela é computada, quando idênticas.***

GABARITO: A.

---

29. **(2015 – Prefeitura de Itatiba/SP – Advogado)** Acerca da aplicação da lei penal, assinale a alternativa correta.

a) A lei excepcional ou temporária aplica-se ao fato praticado durante sua vigência, ainda que decorrido o período de sua duração ou cessadas as circunstâncias que a determinaram.

b) A lei posterior, que de alguma forma favorecer o agente, será aplicada aos fatos anteriores, desde que não decididos por sentença condenatória transitada em julgado.

c) Considera-se praticado o crime no momento do resultado.

d) Um crime praticado contra a vida ou a liberdade do Presidente da República, se cometido no estrangeiro, ficará sujeito à legislação do país em que tenha ocorrido.

e) Ao crime cometido no território nacional aplica-se a lei brasileira, sem possibilidade de aplicação de qualquer tratado ou regra de direito internacional.

A: *Art. 3º - A lei excepcional ou temporária, embora decorrido o período de sua duração ou cessadas as circunstâncias que a determinaram, aplica-se ao fato praticado durante sua vigência.*

B: *Art. 2º - Parágrafo único - A lei posterior, que de qualquer modo favorecer o agente, aplica-se aos fatos anteriores, ainda que decididos por sentença condenatória transitada em julgado.*

C: *Art. 4º - Considera-se praticado o crime no momento da ação ou omissão, ainda que outro seja o momento do resultado.*

D: Trata-se de uma hipótese de extraterritorialidade incondicionada.

Art. 7º - Ficam sujeitos à lei brasileira, embora cometidos no estrangeiro.

I - os crimes:

a) contra a vida ou a liberdade do Presidente da República.

E: Princípio da territorialidade mitigada.

Art. 5º - Aplica-se a lei brasileira, sem prejuízo de convenções, tratados e regras de direito internacional, ao crime cometido no território nacional.

GABARITO: A.

---

30. **(2020 – EBSERH – Advogado)** Ficam sujeitos à lei brasileira, sem a necessidade do concurso de nenhuma condição, os seguintes crimes cometidos no estrangeiro:

a) praticados por brasileiro.

b) aqueles que, por tratado ou convenção, o Brasil se obrigou a reprimir.

c) de genocídio, quando o agente for brasileiro ou domiciliado no Brasil.

d) praticados em aeronaves brasileiras, mercantes ou de propriedade privada, quando em território estrangeiro e aí não sejam julgados.

e) praticados em embarcações brasileiras, mercantes ou de propriedade privada, quando em território estrangeiro e aí não sejam julgados.

A alternativa C é a correta, por se tratar de uma das hipóteses de extraterritorialidade incondicionada do Art. 7º, I, CP.

As demais alternativas se tratam de extraterritorialidade condicionada.

GABARITO: C.

Teoria Geral Do Crime - Fato Típico

31. **(2019 – Prefeitura de Guarulhos/SP – Fiscal de Rendas)** No que concerne ao erro sobre a ilicitude do fato, matéria tratada no art. 21 do CP, assinale a alternativa que preenche correta e respectivamente as lacunas:
"O desconhecimento da lei é ______________. O erro sobre a ilicitude do fato, se inevitável, ______________; se evitável, ______________."

a) escusável ... isenta de pena ... poderá diminuí-la de um sexto a um terço.

b) escusável ... poderá diminuí-la de um sexto a um terço ... da metade.

c) inescusável ... poderá diminuí-la de um sexto a um terço ... da metade.

d) inescusável ... poderá diminuí-la da metade ... de um sexto a um terço.

e) inescusável ... isenta de pena ... poderá diminuí-la de um sexto a um terço.

Art. 21 - O desconhecimento da lei é INESCUSÁVEL. O erro sobre a ilicitude do fato, se inevitável, ISENTA DE PENA; se evitável, poderá DIMINUÍ-LA DE UM SEXTO A UM TERÇO.

Erro de tipo:

Escusável: exclui dolo e culpa.

Inescusável: exclui o dolo, responde por culpa (se previsto na modalidade culposa).

DIR PEN GER

Erro de proibição:

Escusável: isenta a pena.

Inescusável: diminui a pena de 1/6 a 1/3.

GABARITO: E.

---

32. **(2019 – TJ/SP – Administrador)** A doutrina dominante define tipicidade como:

a) a adequação de um ato praticado pelo agente com as características que o enquadram à norma descrita na lei penal como crime.

b) um juízo de valor negativo ou desvalor, indicando que a ação humana foi contrária às exigências do Direito.

c) a voluntária omissão de diligência em calcular as consequências possíveis e previsíveis do próprio fato.

d) um juízo de reprovação pessoal que recai sobre o autor do crime, que opta em praticar atos ou omissões de forma contrária ao Direito.

e) uma ação delitiva de maneira consciente e voluntária.

A: Além da necessidade da previsão normativa da conduta criminosa, também é necessário que a ação esteja adequada ao modelo descrito na lei.

B: Já a antijuridicidade é o juízo de valor negativo, ou desvalor, que qualifica o fato como contrário ao Direito.

C: A culpa pode então ser definida como a voluntária omissão de diligência em calcular as consequências possíveis e previsíveis do próprio fato.

D: A culpabilidade é um juízo de reprovação pessoal que recai sobre o autor do fato típico e ilícito, que pode se comportar em conformidade com o Direito, mas opta livremente em praticar atos ou omissões de forma contrária ao Direito.

E: O dolo é uma ação delitiva de maneira consciente e voluntária.

GABARITO: A.

---

33. **(2018 – TJ/SP – Juiz)** Quanto ao Título II, da Parte Geral do Código Penal, "Do Crime", é correto afirmar que:

a) a superveniência de causa relativamente independente, preexistente, concomitante ou superveniente, exclui a imputação quando, por si só, produziu o resultado.

b) se o fato é cometido sob coação moral irresistível, só é punível o autor da coação. Se resistível, coator e coato respondem em concurso de pessoas, atenuando-se obrigatoriamente a pena do último.

c) nos crimes cometidos sem violência ou grave ameaça à pessoa, reparado o dano ou restituída a coisa, até o oferecimento da denúncia ou da queixa, por ato voluntário do agente, a pena será reduzida de 1 (um) a 2/3 (dois terços).

d) quanto às excludentes de ilicitude, o excesso doloso ou culposo punível aplica-se à legítima defesa e ao estado de necessidade, enquanto ao estrito cumprimento do dever legal e ao exercício regular de direito, somente o doloso.

A: *Art. 13, §1º, CP: A superveniência de causa relativamente independente exclui a imputação quando, por si só, produziu o resultado; os fatos anteriores, entretanto, imputam-se a quem os praticou.*

B: Art. 22, CP.

C : Nos crimes cometidos sem violência ou grave ameaça à pessoa, reparado o dano ou restituída a coisa, até o RECEBIMENTO da denúncia ou da queixa, por ato voluntário do agente, a pena será reduzida de 1 (um) a 2/3 (dois terços). Trata-se do arrependimento posterior, Art. 16, CP.

D: O excesso (doloso ou culposo) é punível para todas as excludentes de ilicitude, vide Art. 23, parágrafo único, CP.

GABARITO: B.

---

34. (2018 – PC/SP – Delegado) "Existe__________ quando o agente prevê o resultado, mas espera, sinceramente, que não ocorrerá; configura- se __________ quando a vontade do agente não está dirigida para a obtenção do resultado, pois ele quer algo diverso, mas, prevendo que o evento possa ocorrer, assume assim mesmo a possibilidade de sua produção."

Assinale a alternativa que correta e respectivamente completa as lacunas.

a) dolo indireto ... dolo alternativo.

b) dolo eventual ... culpa consciente.

c) culpa inconsciente ... culpa consciente.

d) culpa consciente ... dolo eventual.

e) culpa inconsciente ... dolo eventual.

Dolo Direto: O agente prevê e quer o resultado.

Dolo Eventual: O agente prevê o resultado e o aceita.

Culpa Consciente: O agente prevê o resultado, mas não o aceita.

Culpa Inconsciente: O agente não prevê o resultado e não o aceita.

GABARITO: D.

---

35. (2018 – Câmara de Campo Limpo Paulista/SP – Procurador) "Nos crimes cometidos sem violência ou grave ameaça à pessoa, reparado o dano ou restituída a coisa, até o recebimento da denúncia ou da queixa, por ato voluntário do agente, a pena será reduzida de um a dois terços." Trata-se da definição legal:

a) da exclusão da ilicitude.

b) da exclusão da culpabilidade.

c) da desistência voluntária.

d) do arrependimento eficaz.

e) do arrependimento posterior.

A: **Excludentes de ilicitude:**

- **Legítima Defesa**
- **Estrito Cumprimento do Dever Legal**
- **Estado de Necessidade**
- **Exercício Regular de um Direito**

B: **Excludentes da culpabilidade:**

- **Inimputabilidade**
- **Desconhecimento da Ilicitude do Fato**
- **Inexigibilidade de Conduta Diversa**

C e D: Desistência voluntária e arrependimento eficaz:

Art. 15: O agente que, voluntariamente, desiste de prosseguir na execução ou impede que o resultado se produza, só responde pelos atos já praticados.

E: **Arrependimento posterior**

Art. 16: Nos crimes cometidos sem violência ou grave ameaça à pessoa, reparado o dano ou restituído a coisa, até o recebimento da denúncia ou queixa, por ato voluntário do agente, a pena será reduzida de um a dois terços.

GABARITO: E.

---

36. (2018 – PC/SP – Escrivão) A respeito dos artigos 13 ao 25 do Código Penal, é correto afirmar que:

a) a redução da pena em virtude do arrependimento posterior aplica-se a todos os crimes, excepcionados apenas os cometidos com violência.

DIR PEN GER

b) o erro quanto à pessoa contra a qual o crime é praticado não isenta de pena, considerando-se, no entanto, as condições ou qualidades da pessoa contra quem o agente queria praticar o crime e não as da vítima.

c) o agente que, por circunstâncias alheias à própria vontade, não prossegue na execução do crime, só responderá pelos atos já praticados.

d) o dever de agir para evitar o resultado incumbe a quem tenha, por lei ou convenção social, obrigação de cuidado, proteção e vigilância.

e) são excludentes da ilicitude o estado de necessidade e a legítima defesa, não sendo punível o excesso, se praticado por culpa.

A: *Art. 16 - Nos crimes cometidos sem violência* ***ou grave ameaça à pessoa****, reparado o dano ou restituída a coisa, até o recebimento da denúncia ou da queixa, por ato voluntário do agente, a pena será reduzida de um a dois terços.*

B: *Art. 20, § 3º* - **O erro quanto à pessoa contra a qual o crime é praticado não isenta de pena. Não se consideram, neste caso, as condições ou qualidades da vítima, senão as da pessoa contra quem o agente queria praticar o crime.**

C: *Art. 14 - Diz-se o crime: II - tentado, quando, iniciada a execução, não se consuma por circunstâncias alheias à vontade do agente.*

Parágrafo único - Salvo disposição em contrário, pune-se a tentativa com ***a pena correspondente ao crime consumado, diminuída de um a dois terços.***

D: *Art. 13, § 2º - A omissão é penalmente relevante quando o omitente devia e podia agir para evitar o resultado. O dever de agir incumbe a quem: a)* ***tenha por lei*** *obrigação de cuidado, proteção ou vigilância;*

E: *Art. 23 - Não há crime quando o agente pratica o fato: I - em estado de necessidade; II - em legítima defesa; III - em estrito cumprimento de dever legal ou no exercício regular de direito. Parágrafo único - O agente, em qualquer das hipóteses deste artigo, responderá pelo excesso* ***doloso ou culposo.***

GABARITO: B.

37. **(2018 – PC/SP – Investigador)** Quando, por ineficácia absoluta do meio ou por absoluta impropriedade do objeto, é impraticável consumar-se o crime, configura-se o instituto:

a) da tentativa.

b) do arrependimento eficaz.

c) da desistência voluntária.

d) do arrependimento posterior.

e) do crime impossível.

CP - Crime Impossível - *Art. 17 - Não se pune a tentativa quando, por ineficácia absoluta do meio ou por absoluta impropriedade do objeto, é impossível consumar-se o crime.*

Obs.: Não Esquecer a Súmula nº 145 do STF:

Não há crime quando a preparação do flagrante pela Polícia torna impossível a sua consumação.

GABARITO: E.

38. **(2018 – PC/BA – Investigador)** Adalberto decidiu matar seu cunhado em face das constantes desavenças, especialmente financeiras, pois eram sócios em uma empresa e estavam passando por dificuldades. Preparou seu revólver e se dirigiu até a sala que dividiam na empresa. Parou de fronte ao inimigo e apontou a arma em sua direção, mas antes de acionar o gatilho foi impedido pela secretária que, ao ver a sombra pela porta, decidiu intervir e impedir o disparo. Em face do ocorrido, pode-se afirmar que Adalberto poderá responder por:

a) constrangimento ilegal.

b) tentativa de homicídio.

c) tentativa de lesão corporal.

d) fato atípico.

e) arrependimento eficaz.

Tentativa de homicídio porque ele tinha a intenção de matar, iniciou a execução e foi impedido por circunstâncias alheias à sua vontade (Art. 14, II do CP).

GABARITO: B.

---

39. **(2015 – HCFMUSP – Direito na Área da Saúde Pública)** De acordo com o artigo 18 do Código Penal, diz-se o crime culposo quando o agente deu causa ao resultado por:

a) embriaguez.

b) desídia no desempenho das funções.

c) negligência.

d) imprudência, negligência ou imperícia.

e) negligência e imperícia.

Art. 18 - *Diz-se o crime:*

Crime doloso: I - doloso, quando o agente quis o resultado ou assumiu o risco de produzi-lo; (Incluído pela Lei nº 7.209, de 11.7.1984)

Crime culposo: II - culposo, quando o agente deu causa ao resultado por imprudência, negligência ou imperícia. (Incluído pela Lei nº 7.209, de 11.7.1984)

Parágrafo único - Salvo os casos expressos em lei, ninguém pode ser punido por fato previsto como crime, senão quando o pratica dolosamente.

GABARITO: D.

---

40. **(2017 – TJM/SP – Escrevente Técnico)** Nos termos previstos no Código Penal, é correto afirmar que:

a) se considera praticado o crime no momento do resultado.

b) a lei posterior, que de qualquer modo favorecer o agente, aplica-se aos fatos anteriores, salvo se decididos por sentença condenatória transitada em julgado.

c) o dia do começo deve ser excluído no cômputo do prazo. Contam-se os dias, os meses e os anos pelo calendário comum.

d) o funcionário público que se apropria, por negligência, de dinheiro, valor ou qualquer outro bem móvel, público ou particular, de que tem a posse em razão do cargo, ou o desvia, em proveito próprio, comete o crime de peculato culposo.

e) exigir, para outrem, indiretamente, fora da função mas em razão dela, vantagem indevida caracteriza o crime de concussão.

A: *Art. 4º - Considera-se praticado o crime no momento da ação ou omissão, ainda que outro seja o momento do resultado.*

B: *Art. 2º - Parágrafo único - A lei posterior, que de qualquer modo favorecer o agente, aplica-se aos fatos anteriores, ainda que decididos por sentença condenatória transitada em julgado.*

C: *Art. 10º - O dia do começo inclui-se no cômputo do prazo. Contam-se os dias, os meses e os anos pelo calendário comum.*

D: *Peculato - Art. 312 - Apropriar-se o funcionário público de dinheiro, valor ou qualquer outro bem móvel, público ou particular, de que tem a posse em razão do cargo, ou desviá-lo, em proveito próprio ou alheio:*

***Peculato culposo* - § 2º - Se o funcionário concorre culposamente para o crime de outrem:**

E: Concussão - *Art. 316 - Exigir, para si ou para outrem, direta ou indiretamente, ainda que fora da função ou antes de assumi-la, mas em razão dela, vantagem indevida:*

GABARITO: E.

---

41. **(2015 – TJ/SP – Juiz)** No arrependimento posterior, o agente busca atenuar os efeitos da sua conduta, sendo, portanto, causa geral de diminuição de pena. Sobre esse instituto, assinale a alternativa correta.

a) A grave ameaça não o tipifica.

b) Pode ocorrer em crime cometido com violência, desde que o agente se retrate até a sentença.

c) O dano não precisa ser reparado quando o crime foi sem violência.

d) Deve operar-se até o recebimento da denúncia ou queixa.

Arrependimento posterior - Art. 16 - Nos crimes cometidos sem violência ou grave ameaça à pessoa, reparado o dano ou restituída a coisa, até o recebimento da denúncia ou da queixa, por ato voluntário do agente, a pena será reduzida de um a dois terços.

Requisitos do Arrependimento Posterior:

- **Crime sem violência ou grave ameaça à pessoa;**
- **Restituição da coisa ou a reparação do dano;**
- **Voluntariedade;**
- **Antes do recebimento da denúncia ou da queixa crime.**

GABARITO: D.

---

42. **(2013 – MP/ES – Assessor)** Nos termos do art.16 do CP, o agente que, por ato voluntário, repara o dano ou restitui a coisa, até o recebimento da denúncia ou queixa,

a) apenas responderá pelos atos já praticados, desde que seja primário.

b) fica isento de pena, desde que o crime não seja punido a título de culpa.

c) fica isento de pena, desde que tenha recebido ordem manifestamente ilegal de superior hierárquico.

d) será beneficiado com a redução de 1/3 a 2/3 da pena, desde que o crime seja cometido sem violência ou grave ameaça à pessoa.

e) não comete crime consumado, ficando sujeito a responder por crime tentado, desde que a tipificação jurídica comporte tal configuração punitiva.

Art. 16 - Nos crimes cometidos sem violência ou grave ameaça à pessoa, reparado o dano ou restituída a coisa, até o recebimento da denúncia ou da queixa, por ato voluntário do agente, a pena será reduzida de um a dois terços.

São três requisitos:

- **Reparação do prejuízo ou restituição do bem antes do recebimento da denúncia ou queixa;**
- **Voluntariedade da conduta;**
- **Que o crime não tenha sido cometido com emprego de violência ou grave ameaça.**

Montante da redução de 1/3 a 2/3.

GABARITO: D.

---

43. **(2014 – PC/SP – Atendente de Necrotério)** Dispõe o parágrafo único do art. 14 do CP que o crime tentado é punido, salvo exceção, com a pena:

a) correspondente à prevista para o crime consumado, diminuída de um a dois terços.

b) igual à do crime consumado.

c) correspondente à metade da prevista para o crime consumado.

d) livremente estabelecida pelo Juiz, mas em patamar obrigatoriamente inferior à correspondente à prevista para o crime consumado.

e) correspondente à prevista para o crime consumado, diminuída de um ano.

A: Correspondente à prevista para o crime consumado, diminuída de um a dois terços.

B: Diminuído 1/3 a 2/3 do crime consumado, pois quanto mais perto da consumação maior será a pena, logo diminuirá menos tempo.

C: Diminuído 1/3 a 2/3 do crime consumado, logo pode ser inferior a metade ou superior.

D: Vai ser diminuída como a lei estabelece, logo não é de livre escolha do juiz, pois tem que ser de acordo com a lei.

E: Não é diminuído um ano, mas em forma de fração, 1/3 a 2/3.

GABARITO: A.

---

44. **(2014 – PC/SP – Atendente de Necrotério)** Aquele que antes de praticar o fato até hipotetiza que ele pode ocorrer, mas acredita, sinceramente, que o resultado não se verificará e, portanto, não admite previamente a possibilidade de o resultado advir, comete crime:

a) premeditado.

b) doloso.

c) tentado.

d) intencional.

e) culposo.

Dolo Direto: O agente prevê e quer o resultado.

Dolo Eventual: O agente prevê o resultado e o aceita.

Culpa Consciente: O agente prevê o resultado, mas não o aceita.

Culpa Inconsciente: O agente não prevê o resultado e não o aceita.

GABARITO: E.

---

45. **(2015 – PC/CE – Inspetor)** Nos termos do Código Penal considera-se causa do crime:

a) a ação ou omissão sem a qual o resultado não teria ocorrido.

b) a ação ou omissão praticada pelo autor, independentemente da sua relação com o resultado.

c) exclusivamente a ação ou omissão que mais se relaciona com a intenção do autor.

d) a ação ou omissão praticada pelo autor, independentemente de qualquer causa superveniente.

e) exclusivamente a ação ou omissão que mais contribui para o resultado.

Art. 13 - O resultado, de que depende a existência do crime, somente é imputável a quem lhe deu causa. Considera-se causa a ação ou omissão sem a qual o resultado não teria ocorrido.

GABARITO: A.

---

46. **(2015 – PC/CE – Inspetor)** Com relação à consumação e tentativa do crime, nos termos previstos no Código Penal, é correto afirmar que:

a) diz-se o crime consumado, quando nele se reúnem a maioria dos elementos de sua definição legal.

b) diz-se o crime tentado quando não se exaure por circunstâncias alheias à vontade do agente.

c) diz-se o crime tentado quando, iniciada a cogitação, não se consuma por circunstâncias alheias à vontade do agente.

d) salvo disposição em contrário, pune-se a tentativa com a pena correspondente ao crime consumado, diminuída de um a dois terços.

e) diz-se o crime consumado, quando nele se reúnem dois terços dos elementos de sua definição legal.

Art. 14 - Diz-se o crime:

I - consumado, quando nele se reúnem todos os elementos de sua definição legal;

II - tentado, quando, iniciada a execução, não se consuma por circunstâncias alheias à vontade do agente.

Parágrafo único - Salvo disposição em contrário, pune-se a tentativa com a pena correspondente ao crime consumado, diminuída de um a dois terços.

GABARITO: D.

---

47. (2015 – PC/CE – Delegado) Se da lesão corporal dolosa resulta morte e as circunstâncias evidenciam que o agente não quis o resultado morte, nem assumiu o risco de produzi-lo, configura(m)-se:

a) lesão culposa e homicídio culposo, cujas penas serão aplicadas cumulativamente.

b) lesão corporal seguida de morte.

c) homicídio culposo qualificado pela lesão.

d) homicídio doloso (dolo eventual).

e) homicídio doloso (dolo indireto).

Art. 129. Ofender a integridade corporal ou a saúde de outrem:

Lesão corporal seguida de morte

§ 3º *Se resulta morte e as circunstâncias evidenciam que o agente não quis o resultado, nem assumiu o risco de produzi-lo.*

Também chamada pela doutrina de Homicídio Preterdoloso, aqui o agente, querendo apenas ofender a integridade ou a saúde de outrem, acaba por matá-lo.

Não se trata de crime contra a vida, pois falta o *animus necandi*, logo, não é da competência do júri.

Vale destacar que o caso fortuito, ou a imprevisibilidade do resultado, elimina a configuração do crime preterdoloso, respondendo o agente apenas pelas lesões corporais.

GABARITO: B.

---

48. (2013 – Câmara de São Carlos/SP – Advogado) Assinale a alternativa correta no tocante às previsões relativas aos crimes no Código Penal.

a) Para a omissão ser considerada penalmente relevante, é suficiente que o omitente possa agir para evitar o resultado.

b) Diz-se o crime tentado, quando, iniciada a preparação, não se consuma por circunstâncias alheias à vontade do agente.

c) O erro sobre elemento constitutivo do tipo legal de crime exclui a culpabilidade e isenta de pena o autor do crime.

d) O erro sobre a ilicitude do fato, se inevitável, isenta de pena; se evitável, poderá diminuí-la de um sexto a um terço.

e) Se o fato criminoso é cometido em estrita obediência à ordem manifestamente ilegal de superior hierárquico, só é punível o autor da coação ou da ordem.

A: ***Art. 13, § 2º do CP - A omissão é penalmente relevante quando o omitente DEVIA e PODIA agir para evitar o resultado.***

B: ***Art. 14, inc. II do CP - tentado, quando, iniciada a EXECUÇÃO, não se consuma por circunstâncias alheias à vontade do agente.***

C: ***Art. 20 do CP - O erro sobre elemento constitutivo do tipo legal de crime exclui o dolo, mas permite a punição por crime culposo, se previsto em lei.***

D: ***Art. 21 do CP - O desconhecimento da lei é inescusável. O erro sobre a ilicitude do fato, se inevitável, isenta de pena; se evitável, poderá diminuí-la de um sexto a um terço.***

E: ***Art. 22 do CP - Se o fato é cometido sob coação irresistível ou em estrita obediência a ordem, NÃO manifestamente ilegal, de superior hierárquico, só é punível o autor da coação ou da ordem.***

GABARITO: D.

---

49. (2014 – PC/SP – Fotógrafo) Referente ao crime tentado, pune-se a tentativa com a pena correspondente ao crime consumado:

a) diminuída de um terço.

b) de forma idêntica.

c) de forma proporcional.

d) diminuída de um a dois terços.

e) diminuída de dois terços.

Art. 14 - Diz-se o crime:

Crime Consumado

I - consumado, quando nele se reúnem todos os elementos de sua definição legal;

Tentativa

II - tentado, quando, iniciada a execução, não se consuma por circunstâncias alheias à vontade do agente.

Pena de Tentativa

Parágrafo único - Salvo disposição em contrário, pune-se a tentativa com a pena correspondente ao crime consumado, diminuída de um a dois terços.

GABARITO: D.

---

50. **(2014 – DPE/MS – Defensor)** Assinale a alternativa correta.

a) A compensação de culpa deve ser aplicada para efeito de responsabilização do resultado lesivo causado no direito penal pátrio.

b) A culpa inconsciente ocorre quando o agente prevê o resultado, mas espera que ele não ocorra.

c) Para caracterização da conduta típica culposa basta a inobservância do dever de cuidado do agente.

d) O dolo alternativo consiste na vontade e consentimento do agente a produzir um ou outro resultado.

A: A compensação de culpas, comum no Direito Privado, é incabível em matéria penal. Presente a negligência do acusado e da vítima, não se admite a compensação de culpas. Pode, no entanto, a culpa concorrente da vítima atenuar a responsabilidade do acusado, nos exatos termos do Art. 59 do Código Penal.

B: Culpa inconsciente, sem previsão ou exignorantia: o agente não prevê o resultado, que, entretanto, era previsível. Neste caso, qualquer outra pessoa, naquelas circunstâncias, poderia prever a ocorrência daquele resultado.

C: Crime culposo é o que se verifica quando o agente, deixando de observar o dever objetivo de cuidado, por imprudência, negligência ou imperícia, realiza voluntariamente uma conduta que produz resultado naturalístico, não previsto nem querido, mas objetivamente previsível, e excepcionalmente previsto e querido, que podia, com a devida atenção, ter evitado.

D: Dolo alternativo: ocorre quando o agente prevê uma pluralidade de resultados, dirigindo sua conduta para perfazer qualquer deles com a mesma intensidade de vontade (ex.: quero ferir ou matar, tanto faz). Nesse caso, o agente deve responder pelo crime mais grave, pois sua intenção projetou-se também para esse sentido.

GABARITO: D.

Ilicitude

51. **(2018 – PC/SP – Investigador)** Aquele que pratica o fato para salvar de perigo atual, que não provocou por sua vontade, nem podia de outro modo evitar, direito próprio ou alheio, cujo sacrifício, nas circunstâncias, não era razoável exigir-se,

a) comete crime, embora esteja amparado por causa excludente de culpabilidade.

b) não comete crime, pois age amparado pelo estrito cumprimento do dever legal.

c) comete crime, embora esteja amparado por causa excludente de punibilidade.

d) não comete crime, pois age amparado pelo estado de necessidade.

e) não comete crime, pois age amparado pela legítima defesa.

Estado de Necessidade - Causa legal de exclusão de ilicitude/antijuricidade:

CP - Art. 24 - Considera-se em estado de necessidade quem pratica o fato para salvar de perigo atual, que não provocou por sua vontade, nem podia de outro modo evitar, direito próprio ou alheio, cujo sacrifício, nas circunstâncias, não era razoável exigir-se.

§ 1º - Não pode alegar estado de necessidade quem tinha o dever legal de enfrentar o perigo. (Redação dada pela Lei nº 7.209, de 11.7.1984)

§ 2º - Embora seja razoável exigir-se o sacrifício do direito ameaçado, a pena poderá ser reduzida de um a dois terços.

Vale lembrar que o agente pode responder pelo EXCESSO doloso OU culposo.

Causas legais de exclusão de ilicitude:

- **Legítima Defesa / Estado de Necessidade / Exercício Regular de um Direito / Estrito Cumprimento do Dever Legal (atos de gente público).**

Causas Supralegais de exclusão de ilicitude:

- **Consentimento do ofendido.**

GABARITO: D.

---

52. **(2018 – PC/SP – Investigador)** Código Penal, no art. 23, elenca as causas gerais ou genéricas de exclusão da ilicitude. Sobre tais excludentes, assinale a alternativa correta.

a) Morador não aceita que funcionário público, cumprindo ordem de juiz competente, adentre em sua residência para realizar busca e apreensão. Se o funcionário autorizar o arrombamento da porta e a entrada forçada, responderá pelo crime de violação de domicílio.

b) O estrito cumprimento do dever legal é perfeitamente compatível com os crimes dolosos e culposos.

c) Para a configuração do estado de necessidade, o bem jurídico deve ser exposto a perigo atual ou iminente, não provocado voluntariamente pelo agente.

d) O reconhecimento da legítima defesa pressupõe que seja demonstrado que o agente agiu contra agressão injusta atual ou iminente nos limites necessários para fazer cessar tal agressão.

e) Deve responder pelo crime de constrangimento ilegal aquele que não sendo autoridade policial prender agente em flagrante delito.

A: O agente público está exercendo seu estrito cumprimento de dever legal.

B: A excludente é incompatível com os crimes culposos, pois, a lei não obriga ninguém a agir com imprudência, imperícia ou negligência.

C: Questão suspeita, visto que a doutrina e a jurisprudência admitem que o estado de necessidade possa ser reconhecido quando o perigo for tanto atual, quanto iminente (prestes a acontecer). PORÉM, a questão foi expressa em mencionar "de acordo com o Código Penal". Percebe-se então que o examinador objetivou a literalidade da LEI.

D: Legítima defesa: ***Art. 25, CP - Entende-se em legítima defesa quem, usando moderadamente dos meios necessários, repele injusta agressão, atual ou iminente, a direito seu ou de outrem.***

E: O Código de Processo Penal permite ao particular prender alguém em flagrante delito.

Art. 301, CPP - Qualquer do povo poderá e as autoridades policiais e seus agentes deverão prender quem quer que seja encontrado em flagrante delito.

GABARITO: D.

---

53. **(2015 – TJ/MS – Juiz)** Considerando as causas excludentes da ilicitude, é correto afirmar que:

a) o estado de necessidade putativo ocorre quando o agente, por erro plenamente justificado pelas circunstâncias, supõe encontrar-se em estado de necessidade ou quando, conhecendo a situação de fato, supõe por erro quanto à ilicitude, agir acobertado pela excludente.

b) há estado de necessidade agressivo quando a conduta do sujeito atinge um interesse de quem causou ou contribuiu para a produção da situação de perigo.

c) de acordo com o art. 25, do Código Penal, os requisitos da legítima defesa são: a agressão atual ou iminente e a utilização dos meios necessários para repelir esta agressão.

d) o rol completo das hipóteses de excludentes de ilicitudes elencadas no art. 23 do Código Penal são: a legítima defesa, o estado de necessidade e o estrito cumprimento do dever legal.

e) legítima defesa subjetiva é a repulsa contra o excesso.

A: O estado de necessidade putativo ocorre quando o agente, por erro plenamente justificado pelas circunstâncias, supõe encontrar-se em estado de necessidade ou quando, conhecendo a situação de fato, supõe por erro quanto à ilicitude, estar acobertado pela excludente.

B: Há estado de necessidade agressivo quando o agente, ao agir, sacrifica bem jurídico de terceiro alheio à criação da situação de perigo. Apesar de lícito penal, remanesce eventual dever de indenizar, na esfera cível.

C: Os requisitos da legitima defesa, segundo Rogério Sanches, são: agressão injusta, atual ou iminente, uso moderado dos meios necessários, proteção de direito próprio ou alheio e conhecimento da situação justificante.

Art. 25 - Entende-se em legítima defesa quem, usando moderadamente dos meios necessários, repele injusta agressão, atual ou iminente, a direito seu ou de outrem.

D: O rol completo das hipóteses de excludentes de ilicitudes elencadas no Art. 23 do Código Penal são: a legítima defesa, o estado de necessidade, o estrito cumprimento do dever legal e o exercício regular de direito.

Exclusão de ilicitude

Art. 23 - Não há crime quando o agente pratica o fato:

I - em estado de necessidade;

II - em legítima defesa;

III - em estrito cumprimento de dever legal ou no exercício regular de direito.

E: A legítima defesa subjetiva ocorre na hipótese de excesso exculpante, que se caracteriza quando há erro invencível, posto que, qualquer pessoa, na mesma situação, e, diante das mesmas circunstâncias, agiria em excesso. Trata-se de causa supralegal de inexigibilidade de conduta diversa, que exclui, portanto, a culpabilidade.

GABARITO: A.

---

54. **(2014 – PC/SP – Atendente de Necrotério)** De acordo com o art. 23 do CP, não comete crime, por exclusão da ilicitude, aquele que pratica fato típico em:

a) idade inferior a 18 (dezoito) anos.

b) circunstância de completa embriaguez, causada por força maior.

c) situação de extrema emoção.

d) situação de extrema paixão.

e) estado de necessidade, para salvaguardar direito alheio.

A: Da Imputabilidade Penal.

Art. 27. Os menores de 18 (dezoito) anos são penalmente inimputáveis, ficando sujeitos às normas estabelecidas na legislação especial.

B: Embriaguez.

Art. 28. Não excluem a imputabilidade penal:

(...)

II - a embriaguez, voluntária ou culposa, pelo álcool ou substância de efeitos análogos.

§1º - É isento de pena o agente que, por embriaguez completa, proveniente de caso fortuito ou força maior, era, ao tempo da ação ou da omissão, inteiramente incapaz de entender o caráter ilícito do fato ou de determinar-se de acordo com esse entendimento.

C: Emoção e Paixão.

Art. 28. Não excluem a imputabilidade penal:

I - a emoção ou a paixão.

D: Emoção e Paixão.

Art. 28. Não excluem a imputabilidade penal:

I - a emoção ou a paixão.

E: Exclusão da Ilicitude.

Art. 23 - Não há crime quando o agente pratica o fato:

I - em estado de necessidade;

(...)

Art. 24 - Considera-se em Estado de necessidade quem pratica o fato para salvar de perigo atual, que não provocou por sua vontade, nem podia de outro modo evitar, direito próprio ou alheio, cujo sacrifício, nas circunstâncias, não era razoável exigir-se.

GABARITO: E.

---

55. **(2015 – PC/CE – Inspetor)** Com relação à legítima defesa, segundo o disposto no Código Penal, é correto afirmar que:

a) um dos requisitos para sua caracterização consiste na exigência de que a repulsa à injusta agressão seja realizada contra direito seu, tendo em vista que se for praticada contra o direito alheio estar-se-á diante de estado de necessidade.

b) considera-se em legítima defesa aquele que pratica o fato para salvar de perigo atual, que não provocou por sua vontade, nem podia de outro modo evitar, direito próprio ou alheio, cujo sacrifício, nas circunstâncias, não era razoável exigir-se.

c) a legítima defesa não resta caracterizada se for praticada contra uma agressão justa, ainda que observados os demais requisitos para sua caracterização.

d) um dos requisitos para sua caraterização consiste na necessidade que a injusta agressão seja atual e não apenas iminente.

e) o uso moderado dos meios necessários para repelir uma agressão consiste em um dos requisitos para caracterização da legítima defesa, ainda que essa agressão seja justa.

A: A legítima defesa pode ser praticada para repelir injusta agressão também contra direito de terceira pessoa.

B: Tal definição corresponde ao estado de necessidade, nos termos do Art. 24 do CP.

C: Se a agressão e justa, não há que se falar em legítima defesa, nos termos do Art. 25 do CP.

D: A injusta agressão pode ser atual ou iminente, nos termos do Art. 25 do CP.

E: Se a agressão é justa, não há que se falar em legítima defesa, nos termos do Art. 25 do CP.

GABARITO: C.

---

56. **(2015 – PC/CE – Escrivão)** Segundo o previsto no Código Penal, incorrerá na excludente de ilicitude denominada estado de necessidade aquele que:

a) atua ou se omite sem a consciência da ilicitude do fato, quando não lhe era possível, nas circunstâncias, ter ou atingir essa consciência.

b) pratica o fato para salvar de perigo atual, que não provocou por sua vontade, nem podia de outro modo evitar, direito próprio ou alheio, cujo sacrifício, nas circunstâncias, não era razoável exigir-se.

c) pratica o fato para salvar de perigo atual, que não provocou por sua vontade, nem podia de outro modo evitar, direito próprio ou alheio, cujo sacrifício, nas circunstâncias, era razoável exigir-se.

d) tendo o dever legal de enfrentar o perigo, pratica o fato para salvar de perigo atual, que não provocou por sua vontade, nem podia de outro modo evitar, direito próprio ou alheio, cujo sacrifício, nas circunstâncias, não era razoável se exigir.

e) pratica o fato usando moderadamente dos meios necessários, para repelir injusta agressão, atual ou iminente, a direito seu ou de outrem.

A: *Art. 21 - O desconhecimento da lei é inescusável. O erro sobre a ilicitude do fato, se inevitável, isenta de pena; se evitável, poderá diminuí-la de um sexto a um terço.*

Parágrafo único - Considera-se evitável o erro se o agente atua ou se omite sem a consciência da ilicitude do fato, quando lhe era possível, nas circunstâncias, ter ou atingir essa consciência.

Trata do erro sobre a ilicitude do fato ou erro de proibição evitável, que é analisado na culpabilidade, e que sendo evitável pode diminuir a pena de 1/6 a 1/3.

B: Considera-se em estado de necessidade quem pratica o fato para salvar de perigo atual, que não provocou por sua vontade, nem podia de outro modo evitar, direito próprio ou alheio, cujo sacrifício, nas circunstâncias, não era razoável exigir-se.

C: *Art. 24 - Considera-se em estado de necessidade quem pratica o fato para salvar de perigo atual, que não provocou por sua vontade, nem podia de outro modo evitar, direito próprio ou alheio, cujo sacrifício, nas circunstâncias, não era razoável exigir-se.*

É a inexigibilidade do sacrifício do bem ameaçado. É o requisito da proporcionalidade, também chamado de inevitabilidade. Significa que, naquela situação, ele não poderia salvar-se ou a terceiro senão sacrificando o bem jurídico.

D: *Art. 24, § 1º - Não pode alegar estado de necessidade quem tinha o dever legal de enfrentar o perigo.*

E: *Art. 25 - Entende-se em legítima defesa quem, usando moderadamente dos meios necessários, repele injusta agressão, atual ou iminente, a direito seu ou de outrem.*

GABARITO: B.

---

57. **(2015 - PC/CE - Delegado)** Considera-se em estado de necessidade quem:

a) pratica o fato para salvar de perigo atual, que não provocou por sua vontade, nem podia de outro modo evitar, direito próprio ou alheio, ainda que nas circunstâncias seja exigível sacrifício.

b) exclusivamente em situação de calamidade pública, pratica o fato para salvar de perigo atual, que não provocou por sua vontade, nem podia de outro modo evitar, direito próprio ou alheio, cujo sacrifício, nas circunstâncias, não era razoável exigir-se.

c) pratica o fato para salvar de perigo atual, que não provocou por sua vontade, nem podia de outro modo evitar, direito próprio ou alheio, cujo sacrifício, nas circunstâncias, não era razoável exigir-se.

d) exclusivamente em situação de calamidade pública, pratica o fato para salvar de perigo atual, que não provocou por sua vontade, nem podia de outro modo evitar, direito próprio (excluído direito alheio), cujo sacrifício, nas circunstâncias, não era razoável exigir-se.

e) pratica o fato para salvar de perigo iminente ou atual, que não provocou por sua vontade, nem podia de outro modo evitar, direito próprio ou alheio, ainda que nas circunstâncias seja exigível sacrifício.

A: Pratica o fato para salvar de perigo atual, que não provocou por sua vontade, nem podia de outro modo evitar, direito próprio ou alheio, ainda que nas circunstâncias seja exigível sacrifício.

B: Exclusivamente em situação de calamidade pública, pratica o fato para salvar de perigo atual, que não provocou por sua vontade, nem podia de outro modo evitar, direito próprio ou alheio, cujo sacrifício, nas circunstâncias, não era razoável exigir-se.

C: Pratica o fato para salvar de perigo atual, que não provocou por sua vontade, nem podia de outro modo evitar, direito próprio ou alheio, cujo sacrifício, nas circunstâncias, não era razoável exigir-se.

D: **Exclusivamente em situação de calamidade pública,** pratica o fato para salvar de perigo atual, que não provocou por sua vontade, nem podia de outro modo evitar, direito próprio (excluído direito alheio), cujo sacrifício, nas circunstâncias, não era razoável exigir-se.

E: Pratica o fato para salvar de perigo **iminente** ou atual, que não provocou por sua vontade, nem podia de outro modo evitar, direito próprio ou alheio, **ainda que nas circunstâncias seja exigível sacrifício.**

GABARITO: C.

---

58. **(2014 – PC/SP – Investigador)** Nos termos do Código Penal, "entende-se em ______. _______ quem, usando moderadamente dos meios necessários, repele injusta agressão, atual ou iminente, a direito seu ou de outrem". Assinale a alternativa que completa corretamente a afirmação.

a) estado de necessidade.

b) estrito cumprimento de dever legal.

c) legítima defesa.

d) exercício regular de direito.

e) coação irresistível.

Art. 25 - Entende-se em legítima defesa quem, usando moderadamente dos meios necessários, repele injusta agressão, atual ou iminente, a direito seu ou de outrem.

GABARITO: C.

---

59. **(2013 – PC/SP – Atendente de Necrotério)** "A", querendo causar a morte de "B", descarrega contra este sua arma de fogo, atingindo-o por seis disparos. "B", socorrido por populares e levado ao pronto-socorro, é submetido à cirurgia de emergência e sobrevive.
Das alternativas a seguir, assinale a correta, acrescentando ao texto dado a seguinte informação: ao perceber que "A" estava atirando em sua direção, "B", mesmo lesionado pelos disparos, sacou de sua arma e repeliu a agressão, atingindo mortalmente o agressor.

a) "B" não praticou crime, pois agiu em legítima defesa.

b) "B" praticou homicídio culposo, em razão de estar no estrito cumprimento do dever legal.

c) "B" praticou homicídio culposo, em razão de estar em legítima defesa.

d) "B" não praticou crime, pois agiu no exercício regular de direito.

e) "B" não praticou crime, pois agiu no estrito cumprimento do dever legal.

Inicialmente estabelece o Art. 23, II, CP que *Não há crime quando o agente pratica o fato em legítima defesa.* Completa o Art. 25, CP no sentido de que *Entende-se em legítima defesa quem, usando moderadamente dos meios necessários, repele injusta agressão, atual ou iminente, a direito seu ou de outrem.* No caso "B" agiu em legítima defesa, pois repeliu injusta agressão atual para defender direito seu (legítima defesa própria) perpetrada por "A". Além disso, apenas para deixar claro, também não se pode falar em excesso doloso ou culposo (previsto no parágrafo único do Art. 23, CP), pois "B" foi atingido por vários disparos, não lhe restando outra alternativa senão atirar contra "A" da forma como narrada na questão.

Excludentes de ilicitude (ou antijuridicidade): estado de necessidade; legítima defesa; estrito cumprimento do dever legal; exercício regular de direito.

Quando se verifica alguma dessas excludentes, não há crime.

No caso em questão, percebe-se, à luz do Art. 25 do Código Penal, que "B" usou moderadamente do meio necessário para repelir a injusta agressão de "A".

GABARITO: A.

---

60. **(2013 – PC/SP – Auxiliar de papiloscopista)** Assinale a alternativa que, de forma mais completa, representa os elementos legais do conceito de estado de necessidade.

a) Perigo iminente, salvar direito próprio, dever legal de salvar do perigo.

b) Perigo iminente, salvar direito alheio, inexistência do dever legal de salvar do perigo.

c) Perigo atual, salvar direito próprio ou alheio, inexistência do dever legal de enfrentar o perigo.

d) Perigo futuro, salvar direito próprio ou alheio, dever legal de salvar do perigo.

e) Perigo atual, salvar direito próprio, inexistência do dever legal de salvar do perigo.

Art. 24, CP - Considera-se em estado de necessidade quem pratica o fato para salvar de perigo atual, que não provocou por sua vontade, nem podia de outro modo evitar, direito próprio ou alheio, cujo sacrifício, nas circunstâncias, não era razoável exigir-se.

§ 1º - Não pode alegar estado de necessidade quem tinha o dever legal de enfrentar o perigo.

§ 2º - Embora seja razoável exigir-se o sacrifício do direito ameaçado, a pena poderá ser reduzida de um a dois terços.

Requisitos para configuração do estado de necessidade: perigo atual; direito alheio ou próprio; perigo não causado voluntariamente pelo agente; inevitabilidade de comportamento; razoabilidade do sacrifício; e requisito subjetivo.

- **perigo atual;**
- **direito alheio ou próprio**
- **perigo não causado voluntariamente pelo agente;**
- **inevitabilidade de comportamento;**
- **razoabilidade do sacrifício; e**
- **requisito subjetivo.**

GABARITO: C.

61. **(2013 – PC/SP – Investigador)** Assinale a alternativa correta a respeito das excludentes de antijuridicidade previstas no Código Penal.

a) Ao agir em estrito cumprimento de dever legal, o agente não responderá pelo excesso culposo, e, sim, apenas pelo excesso doloso.

b) Considera-se em estado de necessidade quem pratica o fato para salvar de perigo atual, que provocou por sua vontade e podia de outro modo evitar, direito próprio ou alheio, cujo sacrifício, nas circunstâncias, não era razoável exigir-se.

c) A alegação do estado de necessidade independe do fato de o agente ter o dever legal de enfrentar o perigo.

d) Em qualquer das hipóteses de excludente de antijuridicidade, previstas na Parte Geral do Código Penal, o agente responderá pelo excesso doloso ou culposo.

e) Para a caracterização da legítima defesa, basta que o agente demonstre ter repelido uma injusta agressão, atual ou iminente, a direito seu ou de outrem.

A: Nos termos do parágrafo único do Art. 23 do Código Penal, que trata das excludentes de ilicitude, dentre as quais o estrito cumprimento do dever legal, o agente, em qualquer das hipóteses deste artigo, responderá pelo excesso, seja doloso ou culposo.

B: No estado de necessidade, nos termos do Art. 24 do Código Penal, o perigo do qual o agente quer se salvar não pode ter sido criado por ele.

C: O agente não pode alegar estado de necessidade quando tiver o dever legal de enfrentar o perigo, nos termos do Art. 24, §1º do Código Penal.

D: Nos termos exatos do parágrafo único do Art. 23 do Código Penal.

E: Para a caracterização da legítima defesa, além de ter que demonstrar d ter repelido uma injusta agressão, atual ou iminente, a direito seu ou de outrem o agente deve também demonstrar que empregou os meios necessários de forma moderada.

GABARITO: D.

Culpabilidade

62. **(2019 – Prefeitura de Guarulhos/SP – Fiscal de Rendas)** Assinale a alternativa correta, no que tange ao tratamento que o CP dá à imputabilidade penal (arts. 26 a 28).

a) Aplicar-se-á exclusivamente medida de segurança se, em virtude de perturbação de saúde mental ou por desenvolvimento mental incompleto ou retardado o agente não era inteiramente capaz de entender o caráter ilícito do fato ou de determinar-se de acordo com esse entendimento.

b) É isento de pena o agente que, por doença mental ou desenvolvimento mental incompleto ou retardado, era, ao tempo da ação ou da omissão, inteiramente incapaz de entender o caráter ilícito do fato ou de determinar-se de acordo com esse entendimento.

c) Os menores de 21 (vinte e um) anos são penalmente inimputáveis, ficando sujeitos às normas estabelecidas na legislação especial.

d) A emoção ou a paixão excluem a imputabilidade penal para os delitos que exigem especial fim de agir.

e) A embriaguez culposa, pelo álcool ou substância de efeitos análogos, exclui a imputabilidade penal.

A: Quanto aos SEMI-IMPUTÁVEIS, o Código Penal adota o sistema VICARIANTE: aplica-se ao agente pena reduzida OU medida de segurança.

B: INIMPUTÁVEIS: É isento de pena o agente que, por doença mental ou desenvolvimento mental incompleto ou retardado, era, ao tempo da ação ou da omissão, inteiramente incapaz de entender o caráter ilícito do fato ou de determinar-se de acordo com esse entendimento.

C: Para o Direito Penal Brasileiro, são totalmente INIMPUTÁVEIS os menores de 18 anos de idade: essa presunção é absoluta, e o critério adotado é o puramente biológico.

D: A Emoção e a Paixão NÃO excluem a IMPUTABILIDADE PENAL do agente. Não confundir: cometer o crime sob influência de violenta emoção pode dar ensejo à circunstância atenuante da pena, Art. 65, inciso III, alínea C do CP.

E: A Embriaguez CULPOSA não exclui a imputabilidade do agente. Não confundir: a Embriaguez PREORDENADA (o agente se embriaga para cometer o crime) é circunstância agravante da pena, Art. 61, inciso II, alínea I.

GABARITO: B.

---

63. **(2018 – MP/SP – Analista)** A respeito das medidas de segurança e dos inimputáveis, assinale a alternativa correta.

a) A desinternação será sempre condicional e se restabelecerá caso o agente, antes do decurso de 01 (um) ano, praticar fato indicativo de periculosidade, ainda que não criminoso.

b) São inimputáveis os menores de 18 (dezoito) anos e os que praticam fatos definidos como crime sob emoção ou paixão.

c) Ao inimputável, enquanto não cessada a periculosidade, continuará se impondo medida de segurança, ainda que o fato por ele praticado deixe de ser criminoso.

d) A medida de segurança tem prazo de duração indeterminado, perdurando enquanto não cessada a periculosidade, mas não será menor que 03 (três) anos.

e) Aos inimputáveis aplicam-se medida de segurança, mas, uma vez cessada a condição, o agente passará a cumprir a pena correspondente ao crime praticado.

A: Art. 96, CP: Desinternação ou liberação condicional

§ 3º - A desinternação, ou a liberação, será sempre condicional devendo ser restabelecida a situação anterior se o agente, antes do decurso de *1 (um) ano, pratica fato indicativo de persistência de sua periculosidade.*

B: Art. 28, CP - *Não excluem a imputabilidade penal: I - a emoção ou a paixão.*

C: Medida de segurança, para efeitos penais, só existe enquanto existir lei que a determine. Havendo a *abolitio criminis*, como medida de caráter legal penal, a medida de segurança cessa.

D: O prazo mínimo deve ser estabelecido pelo Juiz que aplica a medida de segurança: é de um a três anos (Art. 97, § 1º, do CP). Não foi previsto pelo Código Penal prazo máximo de duração da medida de segurança.

E: Errada. As penas são determinadas; as medidas de segurança são por tempo indeterminado. Só findam quando cessar a periculosidade do agente.

Súmula 605 STJ – *A superveniência da maioridade penal não interfere na apuração de ato infracional nem na aplicabilidade de medida socioeducativa em curso, inclusive na liberdade assistida, enquanto não atingida a idade de 21 anos.*

De acordo com a jurisprudência, para efeito de aplicação das medidas socioeducativas previstas no Estatuto da Criança e do Adolescente (ECA), leva-se em consideração a idade do menor à data do fato. A liberação provisória deve ocorrer somente quando o menor completar 21 anos de idade.

GABARITO: A.

---

64. **(2018 – MP/SP – Analista)** Tício, decidido a se matar, mas sem coragem, embebeda-se completamente, tornando-se totalmente incapaz de entendimento. Acreditando que estava na sacada de seu apartamento, no 20° andar, Tício se joga. Contudo, ele pulou da janela do quarto do sobrado da casa de sua irmã, onde se encontrava, passando férias. Muito embora não tenha tido êxito no intento de por fim à própria vida, Tício, por infelicidade, caiu bem em cima da sobrinha Mévia, de oito meses, que estava no quintal, tomando o banho de sol matinal. A criança não resistiu aos ferimentos, e morreu.

Diante da situação hipotética, considerando a Parte Geral e Especial do Código Penal, assinale a alternativa correta.

a) Tício, em razão da embriaguez completa voluntária, não terá a culpabilidade excluída, mas poderá ter a pena perdoada judicialmente, pelo homicídio culposo da sobrinha.

b) Tício, em razão da embriaguez completa voluntária, não terá a culpabilidade excluída. Poderá ser judicialmente perdoado do homicídio culposo da sobrinha, mas responderá pelo suicídio tentado.

c) Tício, em razão da embriaguez completa voluntária, não terá a culpabilidade excluída, respondendo tanto pela tentativa de suicídio quanto pelo homicídio da sobrinha.

d) Tício, em razão da embriaguez completa voluntária, não terá a culpabilidade excluída, respondendo pelo feminicídio culposo da sobrinha.

e) Tício, em razão da embriaguez completa voluntária, é isento de pena relativamente ao crime de homicídio que deu causa.

Primeiramente, deve-se destacar que, SUICIDAR-SE NÃO É CRIME! O que se pune é induzimento, instigação ou auxílio a suicídio.

A embriaguez voluntária ou culposa (Art. 28, II, do CP) NÃO EXCLUI A IMPUTABILIDADE;

Só ficará AFASTADA A CULPABILIDADE nos casos em que ocorrer a EMBRIAGUEZ RESULTANTE DE CASO FORTUITO OU FORÇA MAIOR.

Na hipótese de HOMICÍDIO CULPOSO APENAS (DOLOSO NUNCA), o juiz poderá deixar de aplicar a pena, se as conseqüências da infração atingirem o próprio agente de forma tão grave que a sanção penal se torne desnecessária (Art. 121, § 5º, do CP).

GABARITO: A.

---

65. **(2018 – PC/SP – Delegado)** O Direito Penal trabalha com a necessidade de se apurar a responsabilidade subjetiva para punir o autor do crime. No que concerne à responsabilidade objetiva, o Direito Penal:

a) admite-a excepcionalmente, quando pune aquele que agiu em estado de completa embriaguez culposa.

b) não a admite, em hipótese alguma.

c) admite-a excepcionalmente, quando determina a punição do coautor particular nos crimes cometidos por funcionários públicos.

d) admite-a excepcionalmente, quando estabelece a figura dos garantes nos crimes comissivos por omissão.

e) admite-a excepcionalmente, quando estabelece os crimes omissivos próprios.

Em verdade há, nas palavras de Cleber Masson, hipóteses nas quais se pode considerar a responsabilidade objetiva do agente. Conforme ensina o doutrinador em questão "apontam-se vestígios da responsabilidade objetiva em duas situações no direito penal brasileiro. Seriam as seguintes: 1) Rixa qualificada (Art. 137, parágrafo único, do Código Penal); e 2) Punição das infrações penais praticadas em estado embriaguez voluntária ou culposa, decorrente da ação da teoria da *actio libera in causa* (Art. 28, II do CP)" (in Direito Penal: Parte Geral. Vol. 1. 10ª Ed. São Paulo: Método, 2016. p. 61).

Portanto, é incorreto falar que não há hipótese de responsabilidade penal no direito penal brasileiro.

GABARITO: A.

---

66. **(2018 – TJ/RS – Juiz)** De acordo com o Código Penal, aquele que pratica o fato em estrita obediência a ordem não manifestamente ilegal de superior hierárquico:

a) responde criminalmente como partícipe de menor importância.

b) não comete crime, pois tem a ilicitude de sua conduta afastada.

c) não é punido criminalmente.

d) responde criminalmente como partícipe.

e) responde criminalmente como coautor.

A obediência hierárquica como excludente de culpabilidade por inexigibilidade de conduta diversa.

Deve ser em estrita obediência a ordem, NÃO MANIFESTAMENTE ilegal, para estar acobertado pela excludente. Se for ordem manifestamente ilegal, respondera pelo crime com atenuação de pena.

Art. 22 - Se o fato é cometido sob coação irresistível ou em estrita obediência a ordem, não manifestamente ilegal, de superior hierárquico, só é punível o autor da coação ou da ordem.

GABARITO: C.

---

67. **(2018 – PC/SP – Investigador)** De acordo com o Estatuto Penal brasileiro, são elementos da culpabilidade a imputabilidade, a potencial consciência da ilicitude e a exigibilidade de conduta diversa.
Sobre a imputabilidade, assinale a alternativa correta.

a) O conceito de imputabilidade penal compreende a capacidade mental do indivíduo, considerando-se apenas a sua idade ao tempo do crime.

b) Entre as causas de exclusão da imputabilidade, encontra-se a embriaguez completa ou incompleta, mas sempre voluntária.

c) A legislação penal brasileira adotou o critério biopsicológico como aquele de aferição da imputabilidade, independentemente da idade do infrator ao tempo do fato.

d) Ao agente que, em virtude da perturbação da saúde mental, não for inteiramente capaz de entender o caráter ilícito do fato ou de determinar-se de acordo com esse entendimento, poderá ser imposta pena como sanção, porém com redução de 1 (um) a 2/3 (dois terços).

e) O agente que por embriaguez incompleta e voluntária não for, ao tempo da ação ou da omissão, inteiramente capaz de entender o caráter ilícito do fato será isento de pena.

A: O critério da idade é utilizado, de forma exclusiva, quando a imputabilidade for afastada aos menores de 18 anos de idade. Nesse caso, o critério adotado pela legislação brasileira é o critério puramente biológico, ou seja, presumem-se totalmente inimputáveis, de forma absoluta, os menores de 18 anos de idade.

B: Somente a embriaguez COMPLETA tem o condão de afastar completamente a imputabilidade penal do agente, tornando-o inimputável. Mas a embriaguez, além de ser completa, tem que ser decorrente de caso fortuito ou força maior.

C: O critério adotado para auferir a imputabilidade do agente menor de 18 anos de idade é o critério puramente biológico. Porém, nas demais hipóteses adote-se o critério BIOPSICOLÓGICO.

D: Art. 26, Parágrafo único do CP - *A pena pode ser reduzida de um a dois terços, se o agente, em virtude de perturbação de saúde mental ou por desenvolvimento mental incompleto ou retardado não era inteiramente capaz de entender o caráter ilícito do fato ou de determinar-se de acordo com esse entendimento.*

E: Neste caso, adota-se a teoria da "*actio libera in causa*" e o agente que se embriaga voluntariamente poderá ser punido normalmente, não tendo a sua imputabilidade excluída e, consequentemente não ser isento de pena.

GABARITO: D.

---

68. **(2017 – DPE/RO – Defensor Público)** Sendo positivos os elementos que configuram o delito e constatada a semi-imputabilidade do acusado, o juiz pode, atendendo aos demais critérios legais,

a) aplicar-lhe pena reduzida de 1 a 2/3 ou absolvê-lo, pois não há outra previsão legal.

b) aplicar-lhe pena reduzida de 1 a 2/3 ou determinar que se submeta a tratamento ambulatorial ou, ainda, determinar sua internação.

c) aplicar-lhe pena reduzida de 1 a 2/3 ou determinar que se submeta a tratamento ambulatorial, pois não há outra previsão legal.

d) absolver o acusado, por ausência de tipicidade, especialmente por falta de elemento subjetivo do tipo ou suspender o processo, pois não há outra previsão legal.

e) declarar extinta a punibilidade do acusado ou absolvê-lo por ausência de tipicidade, especialmente por falta de elemento subjetivo do tipo.

Art. 26, parágrafo único do Código Penal - *A pena pode ser reduzida de um a dois terços, se o agente, em virtude de perturbação de saúde mental ou por desenvolvimento mental incompleto ou retardado não era inteiramente capaz de entender o caráter ilícito do fato ou de determinar-se de acordo com esse entendimento.*

Art. 98 do Código Penal - *Na hipótese do parágrafo único do Art. 26 deste Código e necessitando o condenado de especial tratamento curativo, a pena privativa de liberdade pode ser substituída pela internação, ou tratamento ambulatorial, pelo prazo mínimo de 1 (um) a 3 (três) anos, nos termos do artigo anterior e respectivos §§ 1º a 4º.*

GABARITO: B.

---

69. **(2016 – TJ/SP –Titular de Serviços de Notas)** Assinale a alternativa correta.

a) A embriaguez culposa, por álcool ou substância de efeitos análogos, exclui a imputabilidade penal.

b) O agente que em virtude de perturbação da saúde mental não era, ao tempo da ação, inteiramente capaz de entender o caráter ilícito do fato ou de determinar-se de acordo com este entendimento, é isento de pena.

c) A paixão ou a emoção não excluem a imputabilidade penal.

d) Os menores de dezoito anos são semi-imputáveis, pois estão sujeitos às normas do Estatuto da Criança e do Adolescente.

A: ***Art. 28 - Não excluem a imputabilidade penal:***

II - a embriaguez, voluntária ou culposa, pelo álcool ou substância de efeitos análogos.

B: ***Art. 26 - É isento de pena o agente que, por doença mental ou desenvolvimento mental incompleto ou retardado, era, ao tempo da ação ou da omissão, inteiramente incapaz de entender o caráter ilícito do fato ou de determinar-se de acordo com esse entendimento.***

C: ***Art. 28 - Não excluem a imputabilidade penal: I - a emoção ou a paixão;***

D: ***Art. 27 - Os menores de 18 (dezoito) anos são penalmente inimputáveis, ficando sujeitos às normas estabelecidas na legislação especial.***

GABARITO: C.

DIR PEN GER

70. **(2015 – MP/SP – Analista)** Assinale a alternativa correta a respeito da imputabilidade penal.

a) Comprovada a doença mental ou o desenvolvimento mental incompleto ou retardado, o agente será considerado inimputável para os efeitos legais.

b) Aos inimputáveis e aos semi-imputáveis, comprovada essa condição por perícia médica, será substituída a pena por medida de segurança consistente em internação em hospital de custódia e tratamento psiquiátrico.

c) A imputabilidade é um dos elementos da culpabilidade, ao lado da potencial consciência sobre a ilicitude do fato e a exigibilidade de conduta diversa.

d) A imputabilidade, de acordo com o Código Penal, pode se dar por doença mental, imaturidade natural ou embriaguez do agente.

e) A emoção e a paixão, além de não afastarem a imputabilidade penal do agente, podem ser consideradas como circunstâncias agravantes no momento da fixação da pena.

A: Não basta ser louco com atestado médico (caráter biopsicológico), no momento da conduta ele deve estar inteiramente incapaz de entender o caráter ilícito do fato e impossibilitado de determinar-se de acordo com esse entendimento.

B: Não é necessário provar a menoridade por perícia médica e sim pela apresentação de documento oficial; nem sempre os semi-inimputáveis serão internados (vide Art. 98 do CP).

C: Culpabilidade - Teoria Finalista da ação (Imputabilidade, potencial consciência da ilicitude e exigibilidade de conduta diversa).

D: Imputabilidade é a capacidade de receber pena (maior de idade e mentalmente são). A questão falou sobre a inimputabilidade.

E: O Art. 28 do CP não fala em agravamento da pena, apenas fala da não exclusão da imputabilidade penal.

GABARITO: C.

---

71. **(2014 – TJ/PA – Analista)** Se o agente, por embriaguez, proveniente de caso fortuito ou força maior, não possuía, ao tempo da ação ou da omissão, a plena capacidade de entender o caráter ilícito do fato ou de determinar-se de acordo com esse entendimento, a pena:

a) pode ser reduzida de um a dois terços.

b) pode ser aumentada de um a dois terços.

c) fica excluída por inimputabilidade

d) não sofre qualquer alteração.

e) não é aplicada por ausência de culpabilidade.

Embriaguez Involuntária:

Completa - exclui a culpabilidade.

Art. 28, II, § 1º - É isento de pena o agente que, por embriaguez completa, proveniente de caso fortuito ou força maior, era, ao tempo da ação ou da omissão, inteiramente incapaz de entender o caráter ilícito do fato ou de determinar-se de acordo com esse entendimento.

Incompleta - reduz a pena de 1/3 a 2/3.

Art. 28, II, § 2º - A pena pode ser reduzida de um a dois terços, se o agente, por embriaguez, proveniente de caso fortuito ou força maior, não possuía, ao tempo da ação ou da omissão, a plena capacidade de entender o caráter ilícito do fato ou de determinar-se de acordo com esse entendimento.

GABARITO: A.

---

72. **(2015 – PC/CE – Inspetor)** Nos termos do Código Penal, a imputabilidade penal é excluída pela:

a) embriaguez completa e culposa que torna o autor, ao tempo da ação ou da omissão, inteiramente incapaz de entender o caráter ilícito do fato ou de determinar-se de acordo com esse entendimento.

b) doença mental ou desenvolvimento mental incompleto ou retardado, que torna o autor, ao tempo da ação ou da omissão, inteiramente incapaz de entender o caráter ilícito do fato ou de determinar-se de acordo com esse entendimento.

c) emoção.

d) paixão.

e) embriaguez, proveniente de caso fortuito ou força maior, que privou o autor, ao tempo da ação ou da omissão, da plena capacidade de entender o caráter ilícito do fato ou de determinar-se de acordo com esse entendimento.

A: Embriaguez completa e CULPOSA que torna o autor, ao tempo da ação ou da omissão, inteiramente incapaz de entender o caráter ilícito do fato ou de determinar-se de acordo com esse entendimento.

B: Doença mental ou desenvolvimento mental incompleto ou retardado, que torna o autor, ao tempo da ação ou da omissão, inteiramente incapaz de entender o caráter ilícito do fato ou de determinar-se de acordo com esse entendimento.

C: *Art. 28 - Não excluem a imputabilidade penal:*

I - a emoção ou a paixão.

D: *Art. 28 - Não excluem a imputabilidade penal:*

I - a emoção ou a paixão.

E: Por embriaguez completa, proveniente de caso fortuito ou força maior, que privou o autor, ao tempo da ação ou da omissão, da plena capacidade de entender o caráter ilícito do fato ou de determinar-se de acordo com esse entendimento.

GABARITO: B.

---

73. **(2015 – PC/CE – Inspetor)** No tocante às disposições previstas no Código Penal relativas à culpabilidade, é correto afirmar que:

a) se o fato é cometido sob coação irresistível ou em estrita obediência à ordem, não manifestamente ilegal, de superior hierárquico, é punível o autor da coação ou da ordem tendo o autor do fato a pena diminuída de um a dois terços.

b) o fato cometido sob coação irresistível ou em estrita obediência à ordem, não manifestamente ilegal, de superior hierárquico, não excluiu a culpabilidade do autor do fato.

c) se o fato é cometido sob coação irresistível ou em estrita obediência à ordem, não manifestamente ilegal, de superior hierárquico, só é punível o autor da coação ou da ordem.

d) se o fato é cometido sob coação irresistível ou em estrita obediência à ordem, mesmo que manifestamente ilegal, de superior hierárquico, é punível o autor da coação ou da ordem tendo o autor do fato a pena diminuída de um a dois terços.

e) se o fato é cometido sob coação irresistível ou em estrita obediência à ordem, mesmo que manifestamente ilegal, de superior hierárquico, só é punível o autor da coação ou da ordem.

Art. 22 - Se o fato é cometido sob coação irresistível ou em estrita obediência a ordem, não manifestamente ilegal, de superior hierárquico, só é punível o autor da coação ou da ordem.

OBS: Se a ordem for manifestamente legal: exclui a ilicitude em razão do estrito cumprimento do dever legal. EXCLUI a culpabilidade do executor. MAS o mandante da ordem é punido.

Se a ordem for manifestamente ilegal: o mandante e o executor respondem pela infração penal, pois se caracteriza concurso de agentes. Para o mandante incide a agravante genérica, e para o executor a atenuante genérica.

GABARITO: C.

---

74. **(2015 – PC/CE – Escrivão)** No tocante às disposições do Código Penal relativas à culpabilidade e imputabilidade, é correto afirmar que:

a) se o fato é cometido sob coação irresistível ou em estrita obediência à ordem, manifestamente ilegal, de superior hierárquico, só é punível o autor da coação ou da ordem.

b) a pena pode ser reduzida de um a dois terços se o agente, por doença mental ou desenvolvimento mental incompleto ou retardado era, ao tempo da ação ou da omissão, inteiramente incapaz de entender o caráter ilícito do fato ou de determinar-se de acordo com esse entendimento.

c) a embriaguez culposa pelo álcool ou substância de efeitos análogos exclui a imputabilidade penal.

d) a embriaguez voluntária pelo álcool ou substância de efeitos análogos exclui a imputabilidade penal.

e) a pena pode ser reduzida de um a dois terços se o agente, em virtude de perturbação de saúde mental ou por desenvolvimento mental incompleto ou reter dado, não era inteiramente capaz de entender o caráter ilícito do fato ou de determinar-se de acordo com esse entendimento.

A: Ordem e manifestamente ilegal aquele que cumpre a ordem também responde pelo delito.

B: O agente, neste caso, será INIMPUTÁVEL.

C: A embriaguez culposa NÃO exclui a imputabilidade penal.

D: A embriaguez voluntária ou culposa NÃO exclui a imputabilidade penal.

E: Art. 26, parágrafo único - ***A pena pode ser reduzida de um a dois terços, se o agente, em virtude de perturbação de saúde mental ou por desenvolvimento mental incompleto ou retardado não era inteiramente capaz de entender o caráter ilícito do fato ou de determinar-se de acordo com esse entendimento. (Redação dada pela Lei nº 7.209, de 11.7.1984)***

GABARITO: E.

---

75. **(2014 – PC/SP – Delegado)** A tese supralegal de inexigibilidade de conduta diversa, se acolhida judicialmente, importa em exclusão:

a) da imputabilidade.

b) da pena.

c) de punibilidade.

d) do crime.

e) de culpabilidade.

Excludentes da Culpabilidade:

- **Inimputabilidade;**
- **Ausência de potencial consciência da ilicitude;**
- **Inexigibilidade de conduta diversa.**

GABARITO: E.

---

76. **(2014 – PC/SP – Oficial Administrativo)** São penalmente inimputáveis os:

a) maiores de dezesseis anos

b) menores de vinte e um anos.

c) maiores de vinte e um anos.

d) menores de dezoito anos.

e) maiores de dezoito anos.

Art. 228 da CF **- São penalmente inimputáveis os menores de dezoito anos, sujeitos às normas da legislação especial.**

Art. 27 do CP - Os menores de 18 (dezoito) anos são penalmente inimputáveis, ficando sujeitos às normas estabelecidas na legislação especial.

GABARITO: D.

---

77. **(2013 – TJ/SP – Advogado)** O gerente de uma determinada agência bancária, após longa sessão de tortura psicológica infligida a ele pelos bandidos, fornece a chave para abertura do cofre da agência bancária. Sua conduta encontra guarida na excludente de:

a) ilicitude denominada legítima defesa.

b) ilicitude denominada obediência hierárquica.

c) culpabilidade denominada *actio libera in causa*.

d) ilicitude denominada coação física irresistível.

e) culpabilidade denominada coação moral irresistível.

A: Atua em legítima defesa quem repele injusta agressão, atual ou iminente a direito próprio ou de 3º, usando moderadamente os meios necessários que dispõe (Art. 25, CP).

B: Obediência hierárquica não exclui a ilicitude. As excludentes de ilicitude são: estado de necessidade, legítima defesa, estrito cumprimento do dever legal e exercício regular de direito (Art. 23, CP).

C: A teoria da *actio libera in causa* serve para solucionar problemas atinentes à embriaguez voluntária, principalmente a pré-ordenada, que agrava a pena, permitindo a imputação do crime. Logo não se trata de uma excludente.

D: A questão fala que o gerente sofreu "uma longa sessão de tortura psicológica", não fala em tortura física. E caso fosse coação FÍSICA irresistível, seria uma hipótese de ATIPICIDADE, já que retira a conduta em si, portanto, um dos elementos do fato típico.

E: *Art. 22, CP - Se o fato é cometido sob coação irresistível ou em estrita obediência a ordem, não manifestamente ilegal, de superior hierárquico, só é punível o autor da coação ou da ordem.*

GABARITO: E.

---

78. **(2012 – DPE/MS – Defensor)** Na imputabilidade penal,

a) a emoção não exclui o crime e não poderá ser considerada como causa de diminuição de pena, uma vez que não concorre a liberdade psíquica, não havendo, portanto, a vontade integrante da conduta.

b) é isento de pena o agente que, em razão da dependência, ou sob o efeito, proveniente de caso fortuito ou força maior, de droga, era, ao tempo da ação ou da omissão, qualquer que tenha sido a infração penal praticada, inteiramente incapaz de entender o caráter ilícito do fato ou de determinar-se de acordo com esse entendimento.

c) exclui-se a culpabilidade do sujeito que pratica o fato típico sob coação física irresistível, posto que, não concorre a liberdade psíquica ou física, não havendo a vontade integrante da conduta, pelo que não há o próprio comportamento, primeiro elemento do fato típico.

d) se o fato típico é cometido em obediência hierárquica à ordem não manifestamente ilegal, responderá pelo crime apenas o superior hierárquico, inclusive por todos os excessos perpetrados pelo subordinado durante a execução da determinação.

A: A emoção e a paixão são causas de atenuante genéricas e no homicídio é minorante.

B: Dependência ou efeito de droga decorrente de caso fortuito ou força maior afasta a culpabilidade, sendo o agente isento de pena.

***Art. 45, Lei nº 11.343/06* - É isento de pena o agente que, em razão da dependência, ou sob o efeito, proveniente de caso fortuito ou força maior, de droga, era, ao tempo da ação ou da omissão, qualquer que tenha sido a infração penal praticada, inteiramente incapaz de entender o caráter ilícito do fato ou de determinar-se de acordo com esse entendimento.**

C: Coação física irresistível afasta a conduta, elemento do fato típico, portanto afasta a própria tipicidade.

D: Se o fato típico é cometido em obediência hierárquica à ordem não manifestamente ilegal, responderá pelo crime apenas o superior hierárquico. Até aqui está correto. A segunda parte está incorreta, ele não vai responder pelos excessos do subordinado.

GABARITO: B.

---

79. **(2010 – Fundação Casa – Analista)** Analise as seguintes assertivas:

I. são reduzidos de metade os prazos de prescrição quando o criminoso era, ao tempo do crime, menor de 21 (vinte e um) anos;

II. os menores de 21 (vinte e um) anos são penalmente inimputáveis, ficando sujeitos às normas estabelecidas na legislação especial;

III. é circunstância que sempre agrava a pena, quando não constitui ou qualifica o crime, ter sido o fato cometido contra criança.

É correto o que se afirma em

a) II, apenas

b) I e II, apenas.

c) I e III, apenas.

d) II e III, apenas

e) todas as assertivas.

I: ***Art. 115 - São reduzidos de metade os prazos de prescrição quando o criminoso era, ao tempo do crime, menor de 21 (vinte e um) anos, ou, na data da sentença, maior de 70 (setenta) anos.***

II: os penalmente inimputáveis são os menores de 18 anos.

Art. 27 - Os menores de 18 (dezoito) anos são penalmente inimputáveis, ficando sujeitos às normas estabelecidas na legislação especial.

III: *Art. 61 - São circunstâncias que sempre agravam a pena, quando não constituem ou qualificam o crime:*

II - ter o agente cometido o crime: [...]

h) contra criança, maior de 60 (sessenta) anos, enfermo ou mulher grávida;

GABARITO: C.

---

80. **(2009 – TJ/SP – Juiz)** Depois de haver saído do restaurante onde havia almoçado, Tício, homem de pouco cultivo, percebeu que lá havia esquecido sua carteira e voltou para recuperá-la, mas não mais a encontrou. Acreditando ter o direito de fazer justiça pelas próprias mãos, tomou para si objeto pertencente ao dono do referido restaurante, supostamente de valor igual ao seu prejuízo. Esse fato pode configurar:

a) erro determinado por terceiro.

b) erro de tipo.

c) erro de permissão.

d) erro de proibição.

Não se configura o erro de proibição, podendo caracterizar atenuante da pena (Art. 65, II, do CP).

• O agente, apesar de conhecer a lei, ignora a reprovabilidade do comportamento:

Configura erro de proibição.

Se inevitável, exclui a culpabilidade; se evitável, reduz a pena.

Exemplo: João, mesmos sabendo que homicídio é crime, acredita que o tipo não alcança a eutanásia.

• O agente ignora a lei e a ilicitude do fato:

Configura-se erro de proibição.

Se inevitável, exclui a culpabilidade; se evitável, reduz a pena.

Exemplo: João fabrica açúcar em casa, não imaginando que seu comportamento é reprovável, muito menos crime previsto no Art. 1º, do Decreto-lei nº16/1966.

Espécies de erro de proibição:

• Erro de proibição direto

• Erro de proibição indireto (erro de permissão)

No erro de proibição indireto (descriminante putativa por erro de proibição) o agente sabe que a conduta é típica, mas supõe presente uma norma permissiva, ora supondo existir uma causa excludente da ilicitude, ora supondo estar agindo nos limites da descriminante.

Exemplo: "A", traído pela mulher, acredita estar autorizado a matá-la para defender sua honra ferida.

GABARITO: D.

Concurso De Pessoas

81. **(2019 – TJ/RS – Titular de Serviços de Notas)** Considere a seguinte situação hipotética e assinale a alternativa correta.

Pedro e Paulo combinam de furtar uma quitanda. Acertam que, dentro do estabelecimento, um deles distrairá o dono do estabelecimento, fingindo um desmaio, enquanto o outro, sem ser visto, aproximar-se-á da caixa registradora e subtrairá, sorrateiramente, as cédulas de dinheiro que lá se encontram. No dia da ação criminosa, sem que Pedro saiba, Paulo carrega uma arma de fogo consigo. Quando Paulo finge o desmaio o dono da quitanda percebe que ele portava uma arma de fogo e foge, levando consigo a chave da caixa registradora. Paulo, então, dispara e mata o dono da quitanda. Em seguida, Paulo pega a chave, recolhe o dinheiro da caixa registradora e foge, acompanhado de Pedro.

a) Pedro será punido com a pena do furto simples, pois quis participar de crime menos grave.

b) Pedro será punido por roubo qualificado pelo resultado morte, com pena aumentada pelo uso de arma de fogo.

c) Pedro será punido com a pena do furto qualificado, pois quis participar de crime menos grave.

d) Paulo responderá por roubo impróprio, com pena aumentada pelo uso de arma de fogo e pelo resultado morte.

e) Pedro e Paulo, unidos pelo liame subjetivo do concurso de pessoas, estarão sujeitos à mesma pena corporal.

É furto QUALIFICADO e não simples, pois:

Furto qualificado

Art. 155, § 4º - A pena é de reclusão de dois a oito anos, e multa, se o crime é *cometido:(...)*

II - com abuso de confiança, ou mediante fraude (nesse caso, fingir desmaio*), escalada ou destreza;

(...)

IV - mediante concurso de duas ou mais pessoas.

No furto, o agente emprega a fraude para reduzir a vigilância da vítima sobre o bem a ser subtraído.

Ademais, o agente responde pela pena de furto qualificado, pois:

Art. 29 - Quem, de qualquer modo, concorre para o crime incide nas penas a este cominadas, na medida de sua culpabilidade. (...)

§ 2º - Se algum dos concorrentes quis participar de crime menos grave, ser-lhe-á aplicada a pena deste; essa pena será aumentada até metade, na hipótese de ter sido previsível o resultado mais grave.

GABARITO: C.

82. **(2018 – PC/SP – Escrivão)** A respeito do concurso de pessoas, é correto afirmar que:

a) Mévio e Caio, pelo ajuste da prática de furto à residência de Tício, uma vez descoberto o plano, serão punidos, ainda que o crime não chegue a ser tentado.

b) Mévio e Caio, tendo furtado a residência dos pais de Caio, são isentos de pena, aplicando-se a ambos o perdão legal que exime de pena os crimes patrimoniais, cometidos sem violência, em detrimento de ascendentes.

c) Mévio, tendo ajustado com Caio apenas a prática de furto à residência de Tício, responderá pelos demais crimes eventualmente praticados por Caio, ainda que não previsíveis.

d) Caio, empresário, ciente da condição de funcionário público de Mévio, tendo o auxiliado na prática de peculato-furto, não responderá pelo crime funcional, já que a condição pessoal de funcionário público de Mévio a ele não se comunica.

e) Mévio, pela participação de menor importância na prática de furto à residência de Tício, poderá ter a pena diminuída.

A: Art. 31, CP – *O ajuste, a determinação ou instigação e o auxílio, salvo disposição expressa em contrário, não são puníveis, se o crime não chega, pelo menos, a ser tentado.*

B: Art. 181, CP (escusa absolutória) – *É isento de pena quem comete qualquer dos crimes previstos neste título, em prejuízo:*

II - de ascendente ou descendente, seja o parentesco legítimo ou ilegítimo, seja civil ou natural.

Art. 183 - Não se aplica o disposto nos dois artigos anteriores:

II - ao estranho que participa do crime.

DIR PEN GER

C: Art. 29, § 2º, CP - *Se algum dos concorrentes quis participar de crime menos grave, ser-lhe-á aplicada a pena deste; essa pena será aumentada até metade na hipótese de ter sido previsível o resultado mais grave.*

D: Art. 30, CP - *Não se comunicam as circunstâncias e as condições de caráter pessoal, salvo quando elementares do crime.*

É condição elementar do crime de peculato o agente ser funcionário público no exercício das funções (veja que, se retirada esta condição, a conduta é desclassificada ou torna-se atípica), sendo assim, essa condição se comunica ao coautor ou partícipe do crime.

E: Art. 29, § 1º - *Se a participação for de menor importância, a pena pode ser diminuída de um sexto a um terço.*

GABARITO: E.

---

83. **(2018 – PC/SP – Investigador)** No que diz respeito ao concurso de pessoas e às expressas regras do CP (arts. 29 a 31),

a) não se comunicam as circunstâncias e as condições de caráter pessoal, salvo quando elementares do crime.

b) quem, de qualquer modo, concorre para o crime incide nas penas a este cominadas, na medida de sua punibilidade.

c) aplica-se a mesma pena a todos os coautores, ainda que a participação seja de menor importância.

d) quem, de qualquer modo, concorre para o crime incide nas penas a este cominadas, na medida de sua voluntariedade.

e) mesmo que o crime sequer seja tentado, o ajuste, a determinação ou a instigação e o auxílio sempre são puníveis.

A: Art. 30, CP (circunstâncias incomunicáveis) - *Não se comunicam as circunstâncias e as condições de caráter pessoal, salvo quando elementares do crime.*

B: Art. 29, CP - *Quem de qualquer modo, concorre para o crime incide nas penas a este cominadas, na medida de sua culpabilidade.*

C: Art. 29, §1º, CP - *Se a participação for de menor importância, a pena pode ser diminuída de um sexto a um terço.*

D: Art. 29, CP - *Quem de qualquer modo, concorre para o crime incide nas penas a este cominadas, na medida de sua culpabilidade.*

E: Art. 31, CP (casos de imputabilidade) - *O ajuste, a determinação ou instigação e o auxílio, salvo disposição expressa em contrário, não são puníveis, se o crime não chega, pelo menos, a ser tentado.*

GABARITO: A.

---

84. **(2018 – PC/BA – Investigador)** Sobre o concurso de pessoas e as previsões expressas da legislação penal, assinale a alternativa correta.

a) Quem, de qualquer modo, concorre para o crime incide nas penas a este cominadas, na medida de sua culpabilidade.

b) Se a participação for de menor importância, será aplicada atenuante genérica.

c) Ao concorrente que quis participar de crime menos grave, será aplicada a mesma pena do concorrente, diminuída, no entanto, de 1/6 (um sexto) a 1/3 (um terço).

d) As circunstâncias e as condições de caráter pessoal, mesmo quando elementares do crime, são incomunicáveis aos coautores.

e) O ajuste, a determinação ou instigação e o auxílio são puníveis ainda que o crime não chegue a ser tentado.

A: Art. 29 - *Quem, de qualquer modo, concorre para o crime incide nas penas a este cominadas, na medida de sua culpabilidade.*

B: Art. 29, § 2º - *Se algum dos concorrentes quis participar de crime menos grave, ser-lhe-á aplicada a pena deste; essa pena será aumentada até metade, na hipótese de ter sido previsível o resultado mais grave.*

C: Art. 29, § 1º - *Se a participação for de menor importância, a pena pode ser diminuída de um sexto a um terço.*

D: Art. 30 - *Não se comunicam as circunstâncias e as condições de caráter pessoal, salvo quando elementares do crime.*

E: Art. 31 - *O ajuste, a determinação ou instigação e o auxílio, salvo disposição expressa em contrário, não são puníveis, se o crime não chega, pelo menos, a ser tentado.*

GABARITO: A.

---

85. **(2017 – Prefeitura de Porto Ferreira/SP – Procurador)** Sobre o concurso de pessoas, assinale a alternativa correta.

a) Quem, de qualquer modo, concorre para o crime incide nas penas a este cominadas, na medida de sua personalidade.

b) Se a participação for de maior importância, a pena pode ser majorada de um sexto a um terço.

c) Se algum dos concorrentes quis participar de crime menos grave, ser-lhe-á aplicada a pena deste; essa pena será aumentada até o dobro, na hipótese de ter sido previsível o resultado mais grave.

d) Não se comunicam as circunstâncias e as condições de caráter pessoal, salvo quando elementares do crime.

e) O ajuste, a determinação, a sedição ou instigação e o auxílio ou cooperação material não são puníveis, se o crime não chega, pelo menos, a ser executado.

A: Art. 29 - *Quem, de qualquer modo, concorre para o crime incide nas penas a este cominadas, na medida* **de sua culpabilidade.**

B: Art. 29, § 1º - *Se a participação for* **de menor** *importância, a pena pode ser diminuída de um sexto a um terço.*

c) Art. 29, § 2º - Se algum dos concorrentes quis participar de crime menos grave, ser-lhe-á aplicada a pena deste; essa pena será **aumentada até metade,** na hipótese de ter sido previsível o resultado mais grave

D: Circunstâncias incomunicáveis

Art. 30 - Não se comunicam as circunstâncias e as condições de caráter pessoal, salvo quando elementares do crime.

E: *Art. 31 - O ajuste, a determinação ou instigação e o auxílio, salvo disposição expressa em contrário, não são puníveis, se o crime não chega, pelo menos, a ser tentado* (e não fala em sedição).

Sedição: rebelião em massa.

GABARITO: D.

---

86. **(2016 – TJM/SP – Juiz)** A respeito do concurso de agentes, afirma-se corretamente que:

a) além das modalidades instigação e induzimento, a participação também se dá pelo auxílio. Nesta modalidade, a fim de se diferenciar o coautor do partícipe, deve-se recorrer à regra da essencialidade da cooperação.

b) o concurso de pessoas, pelo Código Penal, assume duas formas, coautoria e participação. Partícipe é aquele que instiga ou induz o autor na perpetração do crime, sendo os atos de instigação e induzimento puníveis, independentemente de o crime vir a ser tentado ou consumado.

c) o Código Penal taxativamente estabelece que as penas dos autores e partícipes devem ser diferenciadas, punindo sempre de forma diminuída quem apenas instiga, induz ou auxilia na prática delitiva.

d) segundo o Código Penal, o coautor ou partícipe, independentemente do crime para o qual quis concorrer, será punido segundo a pena do crime efetivamente praticado, pois assumiu o risco do resultado.

e) segundo o Código Penal, as condições de caráter pessoal do autor estendem-se a todos os concorrentes da prática delitiva.

A: Partícipe é aquele que exerce um papel secundário, influenciando na prática da infração penal. É coadjuvante, devendo o diferenciar de coautor de acordo com a essencialidade da sua cooperação.

B: Se o crime não chega a ser tentado, não se pune o partícipe, nos termos do Art. 31 do CP:

O ajuste, a determinação ou instigação e o auxílio, salvo disposição expressa em contrário, não são puníveis, se o crime não chega, pelo menos, a ser tentado.

C: Não é sempre que o partícipe vai ser punido de forma diminuta, mas sim quando a participação for de menor importância. Observa-se:

Art. 29 - Quem, de qualquer modo, concorre para o crime incide nas penas a este cominadas, na medida de sua culpabilidade.

§ 1º - Se a participação for *de menor importância, a pena pode ser diminuída de um sexto a um terço.*

D: Além da fundamentação da letra "C", o partícipe responde pelo crime menos grave que queria cometer quando seu consorte comete crime mais grave sem sua anuência:

Art.29 - Quem, de qualquer modo, concorre para o crime incide nas penas a este cominadas, na medida de sua culpabilidade.

(...)

§ 2º - Se algum dos concorrentes quis participar de crime menos grave, ser-lhe-á aplicada a pena deste; essa pena será aumentada até metade, na hipótese de ter sido previsível o resultado mais grave.

E: A regra é que não se comunica as circunstâncias de caráter pessoal, nos moldes do Art. 30 do CP:

Não se comunicam as circunstâncias e as condições de caráter pessoal, salvo quando elementares do crime.

GABARITO: A.

---

87. **(2016 – Prefeitura de Rosana/SP – Procurador)** Assinale a alternativa correta sobre o concurso de pessoas.

a) Admite-se a participação por omissão em crime comissivo, quando o omitente devia e podia agir para evitar o resultado, mas não se admite em crimes omissivos, por induzimento ou instigação.

b) Para que se admita a concorrência de culpas no crime culposo, é necessário que cada agente atue com consciência de que está colaborando com a conduta culposa de outrem.

c) A pena será agravada em relação ao agente que instiga ou determina a cometer o crime alguém sujeito à sua autoridade ou não punível em virtude de condição ou qualidade pessoal.

d) Se a participação for de menor importância, a pena pode ser diminuída de um sexto a dois terços.

e) As condições e circunstâncias pessoais do agente não se comunicam ao coautor ou partícipe ainda que circunstâncias elementares ao crime.

A: Admite-se a participação por omissão em crime comissivo e em crime omissivo.

B: Se o agente souber que está colaborando haverá uma conduta dolosa, neste caso o agente deve ser punido por crime doloso, uma vez que não se admite participação dolosa em crime culposo. Além disso, crimes culposos admitem apenas coautoria (não admitem participação).

C: Vide Art. 62, inciso III, do CP.

D: Será diminuída de 1/6 a 1/3.

E: Tais circunstâncias se comunicam se forem elementares do crime e o agente tinha conhecimento delas.

GABARITO: C.

---

88. **(2015 – PC/CE– Inspetor)** No que diz respeito ao concurso de pessoas, segundo as disposições previstas no Código Penal, é correto afirmar que:

a) não se comunicam as circunstâncias e as condições de caráter pessoal, mesmo quando elementares do crime.

b) quem, de qualquer modo, concorre para o crime incide nas penas a este cominadas, independentemente se quis participar de crime menos grave.

c) o ajuste, a determinação ou instigação e o auxílio, salvo disposição expressa em contrário, não são p uníveis, se o crime, apesar de iniciada a execução, não chega a ser consumado.

d) quem, de qualquer modo, concorre para o crime incide nas penas a este cominadas, na medida de sua culpabilidade.

e) se algum dos concorrentes quis participar de crime menos grave, a pena pode ser diminuída de um sexto a um terço.

A: Art. 30 - *Não se comunicam as circunstâncias e as condições de caráter pessoal, salvo quando elementares do crime.*

B: Art. 29 - *Quem, de qualquer modo, concorre para o crime incide nas penas a este cominadas, na medida de sua culpabilidade.*

C: Art. 31 - *O ajuste, a determinação ou instigação e o auxílio, salvo disposição expressa em contrário, não são puníveis, se o crime não chega, pelo menos, a ser tentado.*

D: Art. 29 - *Quem, de qualquer modo, concorre para o crime incide nas penas a este cominadas, na medida de sua culpabilidade.*

E: Art. 29,

§ 2º - *Se algum dos concorrentes quis participar de crime menos grave, ser-lhe-á aplicada a pena deste; essa pena será aumentada até metade, na hipótese de ter sido previsível o resultado mais grave.*

GABARITO: D.

---

89. **(2014 – Câmara de São Carlos/SP – Advogado)** CP, art. 30: quando se verifica o concurso de pessoas em matéria penal, não se comunicam as circunstâncias e as condições de caráter pessoal,

a) salvo nos crimes contra a Administração Pública.

b) salvo no caso de extinção da punibilidade.

c) salvo nos crimes contra a Fé Pública.

d) salvo quando elementares do crime.

e) em hipótese alguma.

Art. 30, CP - *Não se comunicam as circunstâncias e as condições de caráter pessoal, salvo quando elementares do crime.*

Circunstâncias: São dados agregados ao tipo que interferem na PENA. Ex.: homicídio + violenta emoção = homicídio com pena reduzida (domínio de violenta emoção = circunstâncias).

Elementares: São dados agregados ao tipo que interferem na TIPICIDADE. Ex.: furto + violência à pessoa = roubo (violência a pessoas = elementar).

Circunstâncias e Elementares: OBJETIVAS - meio ou modo de execução / SUBJETIVAS - ligadas ao motivo, estado anímico ou condição pessoal do agente.

Logo:

Circunstâncias objetivas – comunicam-se aos demais agentes.

Circunstâncias subjetivas – NÃO SE comunicam aos demais agentes.

Elementares objetivas – comunicam-se aos demais agentes.

Elementares subjetivas - comunicam-se aos demais agentes.

GABARITO: D.

---

90. **(2014 – DPE/MS – Defensor)** No que tange ao concurso de pessoas nos crimes de corrupção ativa e passiva, o Código Penal adotou a teoria:

a) monista.

b) causal.

c) dualista.

d) pluralística.

No que tange ao concurso de pessoas, a doutrina trabalha com três teorias: monista (unitária ou igualitária), dualista e pluralista.

DIR PEN GER

De acordo com a teoria monista (adotada como regra pelo Código Penal), há apenas UM CRIME, sendo todos responsáveis pela sua prática.

No que tange à teoria dualista, há DOIS CRIMES, um para os autores e um para os partícipes.

Por fim, para a teoria pluralista, há UM CRIME PARA CADA CONDUTA, ou seja, haverá tantos crimes quantos sejam os agentes que concorrem para o fato (cada agente tem seu próprio crime).

O Código Penal, como dito, adotou a teoria monista (unitária ou igualitária), como regra. Assim o faz quando diz que quem, de qualquer modo, concorre para o crime incide nas penas a este cominadas na medida de sua culpabilidade. Repare: há apenas um crime, em que pese a existência de vários agentes.

Contudo, há casos onde, dada sua particularidade, não haverá apenas um crime, mas tantos crimes quantos sejam os agentes que concorram para o fato. É o caso da corrupção ativa e da passiva: conquanto o evento seja único, cada agente terá praticado o seu crime.

GABARITO: D.

Concurso de Crimes

91. **(2014 – TJ/PA – Oficial de Justiça)** A pena, no concurso formal imperfeito de crimes, onde há desígnios autônomos do agente em ação ou omissão dolosa, deverá ser:

a) aumentada do dobro.

b) aumentada de 1/3 (um terço) a 1/2 (metade).

c) aumentada de 1/6 (um sexto) a 1/2 (metade).

d) aplicada cumulativamente, consoante a regra do artigo 69 do CP.

e) aumentada de 1/6 (um sexto) a 2/3 (dois terços).

Concurso material

Art. 69 - Quando o agente, mediante mais de uma ação ou omissão, pratica dois ou mais crimes, idênticos ou não, aplicam-se cumulativamente as penas privativas de liberdade em que haja incorrido. No caso de aplicação cumulativa de penas de reclusão e de detenção, executa-se primeiro aquela.

§ 1º - Na hipótese deste artigo, quando ao agente tiver sido aplicada pena privativa de liberdade, não suspensa, por um dos crimes, para os demais será incabível a substituição de que trata o *Art. 44 deste Código.*

§ 2º - Quando forem aplicadas penas restritivas de direitos, o condenado cumprirá simultaneamente as que forem compatíveis entre si e sucessivamente *as demais.*

Concurso formal

Art. 70 - Quando o agente, mediante uma só ação ou omissão, pratica dois ou mais crimes, idênticos ou não, aplica-se-lhe a mais grave das penas cabíveis ou, se iguais, somente uma delas, mas aumentada, em qualquer caso, de um sexto até metade. As penas aplicam-se, entretanto, cumulativamente, se a ação ou omissão é dolosa e os crimes concorrentes resultam de desígnios autônomos, consoante o disposto no artigo anterior.

Parágrafo único - Não poderá a pena exceder a que seria cabível pela regra do Art. 69 deste Código.

Logo, tem-se que:

Concurso Material: Sistema do cúmulo material (as penas são somadas).

Concurso Formal Próprio: Sistema da exasperação (aumento de 1/6 a 1/2).

Concurso Formal Impróprio (com desígnios autônomos): Sistema do cúmulo material (as penas são somadas).

Crime Continuado: Sistema da exasperação (aumento de 1/6 a 2/3).

GABARITO: D.

92. **(2019 – TJ/AC – Juiz)** Considerada a hipótese de reconhecimento probatório de um agente ter praticado um roubo com emprego de arma de fogo contra duas vítimas que caminhavam na rua e, posteriormente, passados três meses do crime anteriormente noticiado, em cidade diversa daquela onde ocorrera o crime anterior, veio a praticar roubo simples contra vítima diversa da anterior, a fixação da pena deverá observar o concurso:

a) formal pela primeira conduta e concurso material entre esta e a segunda.

b) formal pelas duas condutas.

c) material na primeira conduta e formal entre esta e a última.

d) material na primeira conduta e crime continuado entre esta e a segunda.

A: 1ª conduta: Mediante UMA SÓ conduta, o agente praticou dois crimes de roubo, pois afetou o patrimônio de duas pessoas. Isso é concurso formal, conforme Art. 70 do CP.

2ª conduta: em outra ocasião totalmente distinta, o agente praticou nova conduta de roubo. Ao comparar essa segunda conduta com a primeira, a conclusão é de que o agente, mediante essas duas condutas, praticou dois crimes. IAssim, tem-se o concurso material de crimes, na forma do Art. 69, CP.

B: Concurso formal exige UMA SÓ conduta. Havendo duas ou mais, será material.

C: É o contrário. A primeira é formal e a segunda material.

D: A primeira é formal. Não configuram crime continuado, por não terem a mesma semelhança de tempo e local (a doutrina costuma defender a necessidade de ser na mesma cidade ou região metropolitana - cidades vizinhas, e em intervalo não superior a 30 dias, salvo alguns crimes tributários, a exemplo de do Imposto de Renda que exige um ano).

GABARITO: A.

---

93. **(2018 – TJ/MT – Juiz)** Entende-se por "concurso material benéfico" a:

a) limitação de tempo de cumprimento de pena em 30 anos.

b) aplicação da regra do concurso material para beneficiar o coautor ou partícipe.

c) regra estabelecida em lei pela qual a pena aplicada pelo concurso formal não poderá superar a pena aplicada pelo concurso material.

d) extensão ao coautor da condição pessoal que se afigurar elementar do crime.

e) diminuição de pena para determinados crimes materiais.

De acordo com o Art. 70, parágrafo único, do Código Penal, a pena aplicada no concurso formal, em que se adota o sistema da exasperação, não pode exceder a que seria aplicada no concurso material. A lei traz esta limitação porque, originariamente, as regras do concurso formal, seguindo critérios de razoabilidade e proporcionalidade, foram desenvolvidas para beneficiar o agente criminoso.

O sistema da exasperação, todavia, pode se revelar prejudicial. Aplica-se, então, o denominado concurso material benéfico, hipótese em que o magistrado, na aplicação da pena, deve se limitar a aumentá-la até o máximo cabível em caso da regra do cúmulo material.

GABARITO: C.

---

94. **(2018 – PC/SP – Escrivão)** Tendo em vista as normas referentes ao concurso de crimes, previstas no Código Penal, assinale a alternativa correta.

a) No crime continuado, que se caracteriza quando o agente, mediante uma só ação ou omissão, pratica dois ou mais crimes, aplicar-se-á a pena de um só dos crimes, se idênticas, ou a mais grave, se diversas, aumentada, em qualquer caso, de 1/6 (um sexto) a 2/3 (dois terços).

b) No concurso formal, que se caracteriza quando o agente, mediante duas ou mais ações, pratica 2 (dois) ou mais crimes, aplicar-se-á a mais grave das penas cabíveis ou, se iguais, somente uma delas, mas aumentada, em qualquer caso, de 1/6 (um sexto) até a metade.

c) No crime continuado, tratando-se de crimes dolosos, contra vítimas diferentes, cometidos com violência ou grave ameaça à pessoa, a pena de um só dos crimes, se idênticas, ou a mais grave, se diversas, será aumentada, até o dobro.

d) No concurso material, que se caracteriza quando o agente, mediante uma só ação ou omissão, pratica 2 (dois) ou mais crimes, aplicar-se-á a mais grave das penas cabíveis ou, se iguais, somente uma delas, mas aumentada, em qualquer caso, de 1/6 (um sexto) até a metade.

e) No concurso formal, que se caracteriza quando o agente, mediante uma só ação ou omissão, pratica 2 (dois) ou mais crimes, aplicar-se-á a pena dos crimes, cumulativamente, se se tratar de ação ou omissão dolosa e os crimes concorrentes resultem de desígnios autônomos.

A: Art. 71 - *Quando o agente, mediante* ***mais de uma*** ação ou omissão, ***pratica dois ou mais crimes*** *da mesma espécie e, pelas condições de tempo, lugar, maneira de execução e outras semelhantes, devem os subsequentes ser havidos como continuação do primeiro, aplica-se-lhe a pena de um só dos crimes, se idênticas, ou a mais grave, se diversas, aumentada, em qualquer caso, de um sexto a dois terços.*

B: Art. 70 - *Quando o agente, mediante* ***uma só ação ou omissão****, pratica dois ou mais crimes, idênticos ou não, aplica-se-lhe a mais grave das penas cabíveis ou, se iguais, somente uma delas, mas aumentada, em qualquer caso, de um sexto até metade.*

C: Art. 71, parágrafo único - *Nos crimes dolosos, contra vítimas diferentes, cometidos com violência ou grave ameaça à pessoa, poderá o juiz, considerando a culpabilidade, os antecedentes, a conduta social e a personalidade do agente, bem como os motivos e as circunstâncias,* ***aumentar a*** *pena de um só dos crimes, se idênticas, ou a mais grave, se diversas,* ***até o triplo****, observadas as regras do parágrafo único do Art. 70 e do Art. 75 deste Código.*

D: Art. 69 - *Quando o agente, mediante* ***mais de uma*** ação ou omissão, pratica dois ou mais crimes, idênticos ou não, aplicam-se ***cumulativamente*** *as penas privativas de liberdade em que haja incorrido. No caso de aplicação cumulativa de penas de reclusão e de detenção, executa-se primeiro aquela.*

E: Concurso Formal Impróprio.

Art. 70 - (...) *As penas aplicam-se, entretanto, cumulativamente, se a ação ou omissão é dolosa e os crimes concorrentes resultam de desígnios autônomos, consoante o disposto no artigo anterior.*

GABARITO: E.

---

95. **(2018 – PC/BA – Investigador)** Quando o agente, mediante mais de 1 (uma) ação ou omissão, pratica 2 (dois) ou mais crimes, verifica-se o instituto do concurso de crimes, que pode ser formal ou material, a depender da unidade ou da pluralidade de condutas. Sobre o tema, o Código Penal estabelece que:

a) na hipótese de concurso material, quando ao agente tiver sido aplicada pena privativa de liberdade, não suspensa, por um dos crimes, para os demais crimes será cabível a substituição de pena privativa de liberdade por pena restritiva de direitos.

b) na hipótese de concurso formal imperfeito ou impróprio, aplica-se o sistema de exasperação da pena, independentemente da quantidade de condenação.

c) quando forem aplicadas penas restritivas de direitos, será possível ao condenado cumpri-las de forma simultânea, desde que compatíveis entre si.

d) se entende por concurso formal próprio ou perfeito aquele em que o agente pratica mais de uma conduta, mas na presença de desígnios autônomos, ou seja, a vontade de atingir mais de um resultado.

e) no caso de concurso material, sendo o agente condenado cumulativamente a pena de reclusão e detenção, executa-se primeiro a de detenção.

A: Art. 69, § 1º - *Na hipótese deste artigo - concurso material de crimes -, quando ao agente tiver sido aplicada pena privativa de liberdade, não suspensa, por um dos crimes,* ***para os demais será incabível a substituição*** *de que trata o Art. 44 deste Código.*

B: Na hipótese de Concurso Formal Imperfeito aplica-se o sistema do Cúmulo Material, e não o da Exasperação da Pena.

• Sistema do cúmulo material: Concurso Material + Concurso Formal Imperfeito (desígnios autônomos).

• Sistema da exasperação: Concurso Formal Próprio - a pena de um só dos crimes ou a do crime mais grave, aumentada em 1/6 até a metade.

C: Art. 69, § 2º - *Quando forem aplicadas penas restritivas de direitos, o condenado cumprirá simultaneamente as que forem compatíveis entre si e sucessivamente as demais.*

D: Desígnios Autônomos é o denominado Concurso Formal Imperfeito/Impróprio, ou seja, quando o agente quer, dolosamente, com uma única ação ou omissão, causar dois OU mais resultados. Nesse caso, aplica-se o sistema do cumulo material - as penas dos crimes são somadas.

E: Executa-se a pena de Reclusão e, posteriormente, a de Detenção.

GABARITO: C.

---

96. **(2017 – TJ/SP – Juiz)** Quanto ao concurso de crimes, é correto afirmar:

a) há concurso formal próprio quando o agente, mediante uma só ação ou omissão, pratica dois ou mais crimes, idênticos ou não, aplicando-se a mais grave das penas cabíveis ou, se iguais, somente uma delas, mas aumentada, em qualquer caso, de um sexto a dois terços, considerado o número de infrações cometidas.

b) há concurso formal impróprio ou imperfeito quando a ação ou omissão, dolosa ou culposa, resultar de desígnios autônomos, hipótese em que a pena será aplicada pela regra do concurso material.

c) nos crimes dolosos, cometidos com violência ou grave ameaça contra a mesma vítima, poderá o juiz, considerando a culpabilidade, os antecedentes, a conduta social e a personalidade do agente, bem como os motivos e as circunstâncias, aumentar a pena de um só dos crimes, se idênticas, ou a mais grave, se diversas, até o triplo.

d) no crime continuado comum, aplica-se a pena de um só dos crimes, se idênticas, ou a mais grave, se diversas, aumentada, em qualquer caso, de um sexto a dois terços, considerado o número de infrações cometidas, incidindo a extinção da punibilidade sobre a pena de cada uma, isoladamente.

A: A fração de aumento, no concurso formal próprio, varia de um sexto até a metade, na forma do Art. 70 do CP.

B: No concurso formal impróprio, previsto na parte final do Art. 70 do CP, o agente provoca dois ou mais resultados com uma só conduta, mas estes resultados derivam de desígnios autônomos, hipótese na qual deve ser aplicado o sistema do cúmulo material. Todavia, neste caso, a ação deve ser necessariamente dolosa.

C: Tal aumento é cabível nos crimes dolosos, contra vítimas diferentes, cometidos com violência ou grave ameaça à pessoa, na forma do Art. 71, parágrafo único do CP.

D: Esta é a exata previsão contida no Art. 71 do CP. Quanto à extinção da punibilidade, de fato, também está correto, pois a extinção da punibilidade, no crime continuado, se dá em relação a cada crime, isoladamente, nos termos do Art. 119 do CP.

GABARITO: D.

---

97. **(2016 – TJ/RJ – Juiz)** José adentra a um bar e pratica roubo contra dez pessoas que ali estavam presentes em dois grupos distintos de amigos, subtraindo para si objetos de valor a elas pertencentes. Nesta hipótese, segundo a jurisprudência dominante mais recente do Superior Tribunal de Justiça, José praticou:

a) os crimes (dez crimes de roubo) em concurso material.

b) um único crime de roubo.

c) os crimes (dez crimes de roubo) em concurso formal.

d) os crimes (dez crimes de roubo) em continuidade delitiva.

e) dois crimes de roubo em concurso material.

A jurisprudência do STJ entende que o roubo perpetrado com violação de patrimônios de diferentes vítimas, ainda que em um único evento, configura concurso formal de crimes, e não crime único. (HC 100.848-MS, DJe 12/5/2008)

GABARITO: C.

DIR PEN GER

98. **(2015 – PC/CE – Inspetor)** A previsão legal do Código Penal acerca do concurso formal de crimes dispõe que: "Quando o agente, _______ , pratica dois ou mais crimes, idênticos ou não, aplica-se-lhe a mais grave das penas cabíveis ou, se iguais, somente uma delas, mas aumentada, em qualquer caso, de um sexto até metade. As penas aplicam-se, entretanto, cumulativamente, se a ação ou omissão é _________ e os crimes concorrentes resultam de desígnios autônomos".

Assinale a alternativa que preenche, correta e respectivamente, o enunciado.

a) mediante mais de uma ação ou omissão ... culposa.

b) mediante mais de uma ação ou omissão ... dolosa.

c) mediante uma só ação ou omissão ... culposa.

d) mediante uma ou mais de uma ação ou omissão ... culposa.

e) mediante uma só ação ou omissão ... dolosa.

Concurso formal

Art. 70 - Quando o agente, mediante uma só ação ou omissão, pratica dois ou mais crimes, idênticos ou não, aplica-se-lhe a mais grave das penas cabíveis ou, se iguais, somente uma delas, mas aumentada, em qualquer caso, de um sexto até metade. As penas aplicam-se, entretanto, cumulativamente, se a ação ou omissão é dolosa e os crimes concorrentes resultam de desígnios autônomos, consoante o disposto no artigo anterior.

GABARITO: E.

---

99. **(2015 – PC/CE – Escrivão)** Sobre o concurso material de crimes, o Código Penal estabelece que:

a) quando o agente, mediante mais de uma ação ou omissão, pratica dois ou mais crimes, idênticos ou não, aplicam-se cumulativamente as penas privativas de liberdade em que haja incorrido.

b) quando o agente, mediante uma só omissão, pratica dois ou mais crimes, idênticos ou não, aplicam-se cumulativamente as penas privativas de liberdade em que haja incorrido.

c) quando o agente, mediante mais de uma ação ou omissão, pratica dois ou mais crimes, idênticos ou não, aplica-se a mais grave das penas cabíveis ou, se iguais, somente uma delas, mas aumentada, em qualquer caso, de um sexto até dois terços.

d) quando o agente, mediante uma só ação, pratica dois ou mais crimes, idênticos ou não, aplicam-se cumulativamente as penas privativas de liberdade em que haja incorrido.

e) quando o agente, mediante mais de uma ação ou omissão, pratica dois ou mais crimes, idênticos ou não, aplica-se a mais grave das penas cabíveis ou, se iguais, somente uma delas, mas aumentada, em qualquer caso, de um sexto até metade.

A: Concurso Material - Previsto no Art. 69 do CP, dá-se o concurso material - ou real - quando o agente, mediante mais de uma ação ou omissão, pratica dois ou mais crimes, idênticos ou não, aplicando-se cumulativamente as penas privativas de liberdade em que haja incorrido. São requisitos do concurso material pluralidade de condutas e pluralidade de crimes.

B: Quando o agente, mediante uma só omissão, pratica dois ou mais crimes, idênticos ou não, aplicam-se cumulativamente as penas privativas de liberdade em que haja incorrido.

C: Quando o agente, mediante mais de uma ação ou omissão, pratica dois ou mais crimes, idênticos ou não, aplica-se a mais grave das penas cabíveis ou, se iguais, somente uma delas, mas aumentada, em qualquer caso, de um sexto até dois terços.

D: Quando o agente, mediante uma só ação, pratica dois ou mais crimes, idênticos ou não, aplicam-se cumulativamente as penas privativas de liberdade em que haja incorrido.

E: Quando o agente, mediante mais de uma ação ou omissão, pratica dois ou mais crimes, idênticos ou não, aplica-se a mais grave das penas cabíveis ou, se iguais, somente uma delas, mas aumentada, em qualquer caso, de um sexto até metade.

GABARITO: A.

---

100. **(2015 – PC/CE – Delegado)** Quando o agente, mediante uma só ação ou omissão, pratica dois ou mais crimes, idênticos ou não, aplica-se-lhe a mais grave das penas cabíveis ou, se iguais, somente uma delas, mas aumentada, em qualquer caso, de um sexto até metade. Trata-se da definição legal do:

a) concurso formal.

b) concurso material.

c) concurso material benéfico.

d) princípio da consunção

e) crime continuado.

Concurso formal

Art. 70 - Quando o agente, mediante uma só ação ou omissão, pratica dois ou mais crimes, idênticos ou não, aplica-se-lhe a mais grave das penas cabíveis ou, se iguais, somente uma delas, mas aumentada, em qualquer caso, de um sexto até metade. As penas aplicam-se, entretanto, cumulativamente, se a ação ou omissão é dolosa e os crimes concorrentes resultam de desígnios autônomos, consoante o disposto no artigo anterior.

Parágrafo único - Não poderá a pena exceder a que seria cabível pela regra do Art. 69 deste Código.

GABARITO: A.

DIREITO PENAL ESPECIAL

Crimes Contra a Pessoa

Crimes Contra a Vida (Arts.121/128, CP)

01. **(2019 – Prefeitura de Itapevi/SP – Engenheiro)** Segundo o Art. 121 do Código Penal, se o desmoronamento de uma edificação em obra motivar a morte de um funcionário e a circunstância for caracterizada como homicídio culposo, o engenheiro responsável estará sujeito à pena de:

a) detenção de 1 a 3 anos.

b) detenção de 4 a 6 anos.

c) detenção de 8 a 12 anos.

d) reclusão de 2 a 4 anos.

e) reclusão de 5 a 10 anos.

Homicídio culposo

***§ 3º - Se o homicídio é culposo:* Revogada pela Lei nº9.099/95.**

Pena - detenção, de um a três anos.

GABARITO: A.

---

02. **(2019 – TJ/AC – Juiz)** No que se refere aos crimes contra a pessoa, é correto afirmar que:

a) o homicídio funcional é aquele delito praticado contra autoridade ou agente membro das forças armadas, policiais federais em geral, policiais civis ou militares, integrantes do sistema prisional e da Força Nacional de Segurança Pública, no exercício da função ou em decorrência dela, ou, ainda, contra seu cônjuge, companheiro ou parente até o segundo grau, em razão dessa condição, incidindo pena privativa de liberdade de doze a vinte anos de reclusão.

b) a prática de feminicídio na presença de descendente, ascendente ou colateral da vítima implica no aumento da pena de um sexto a um terço.

c) é incompatível o crime de homicídio simples tentado com o caráter hediondo.

d) a pena é duplicada para crime de induzimento, instigação ou auxílio ao suicídio praticado contra vítima menor ou com diminuição da capacidade de resistência.

A: *Art. 121, §2º, VII, CP – contra autoridade ou agente descrito nos Arts. 142 e 144 da Constituição Federal, integrantes do sistema prisional e da Força Nacional de Segurança Pública, no exercício da função ou em decorrência dela, ou contra seu cônjuge, companheiro ou parente consanguíneo até terceiro grau, em razão dessa condição.*

B: *Art. 121, § 7º, CP - A pena do feminicídio é aumentada de 1/3 (um terço) até a metade se o crime for praticado:*

I - durante a gestação ou nos 3 (três) meses posteriores ao parto;

II - contra pessoa menor de 14 (catorze) anos, maior de 60 (sessenta) anos, com deficiência ou portadora de doenças degenerativas que acarretem condição limitante ou de vulnerabilidade física ou mental; (Redação dada pela Lei nº 13.771, de 2018)

***III - na presença física ou virtual de descendente ou de ascendente da vítima; (Redação dada pela Lei nº 13.771, de 2018)* ATENÇÃO ÀS NOVIDADES LEGISLATIVAS!**

IV - em descumprimento das medidas protetivas de urgência previstas nos incisos I, II e III do *caput* do Art. 22 da Lei nº 11.340, de 7 de Agosto de 2006. (Incluído pela Lei nº 13.771, de 2018)

C: Observações pertinentes:

1º - O homicídio simples é crime hediondo quando praticado em atividade típica de grupo de extermínio, mesmo que por um único executor. (Art. 1º, I, Lei de Crimes Hediondos – Lei nº 8.072/1990).

2º - O homicídio qualificado sempre será hediondo (Art. 1º, I, Lei de Crimes Hediondos) – Lei nº 8.072/1990).

D: ATENÇÃO ÀS ALTERAÇÕES PROMOVIDAS PELA LEI nº 13.968, de 2019!

Art. 122. Induzir ou instigar alguém a suicidar-se ou a praticar automutilação ou prestar-lhe auxílio material para que o faça:

Pena - reclusão, de 6 (seis) meses a 2 (dois) anos.

§ 1º Se da automutilação ou da tentativa de suicídio resulta lesão corporal de natureza grave ou gravíssima, nos termos dos §§ 1º e 2º do Art. 129 deste Código:

Pena - reclusão, de 1 (um) a 3 (três) anos.

§ 2º Se o suicídio se consuma ou se da automutilação resulta morte:

Pena - reclusão, de 2 (dois) a 6 (seis) anos.

§ 3º A pena é duplicada:

I - se o crime é praticado por motivo egoístico, torpe ou fútil;

II - se a vítima é menor ou tem diminuída, por qualquer causa, a capacidade de resistência.

§ 4º A pena é aumentada até o dobro se a conduta é realizada por meio da rede de computadores, de rede social ou transmitida em tempo real.

§ 5º Aumenta-se a pena em metade se o agente é líder ou coordenador de grupo ou de rede virtual.

§ 6º Se o crime de que trata o § 1º deste artigo resulta em lesão corporal de natureza gravíssima e é cometido contra menor de 14 (quatorze) anos ou contra quem, por enfermidade ou deficiência mental, não tem o necessário discernimento para a prática do ato, ou que, por qualquer outra causa, não pode oferecer resistência, responde o agente pelo crime descrito no § 2º do Art. 129 deste Código.

§ 7º Se o crime de que trata o § 2º deste artigo é cometido contra menor de 14 (quatorze) anos ou contra quem não tem o necessário discernimento para a prática do ato, ou que, por qualquer outra causa, não pode oferecer resistência, responde o agente pelo crime de homicídio, nos termos do Art. 121 deste Código.

GABARITO: D.

---

03. **(2018 – TJ/MT – Juiz)** Em conversa reservada, José expõe a João o desejo de acabar com a própria vida, no que recebe o apoio e incentivo de João à empreitada. Posteriormente, José tenta se suicidar, mas é socorrido por sua mãe e sobrevive com lesões corporais leves.

Considerando a situação hipotética, assinale a alternativa correta.

a) João responderá por lesões corporais leves.

b) João responderá por tentativa de instigação a suicídio.

c) João responderá por tentativa de homicídio.

d) João responderá por instigação a suicídio.

e) João não responderá por crime por ser o fato atípico.

ATENÇÃO ÀS ALTERAÇÕES PROMOVIDAS PELA LEI nº 13.968, de 2019!

Art. 122. Induzir ou instigar alguém a suicidar-se ou a praticar automutilação ou prestar-lhe auxílio material para que o faça:

Pena - reclusão, de 6 (seis) meses a 2 (dois) anos.

§ 1º Se da automutilação ou da tentativa de suicídio resulta lesão corporal de natureza grave ou gravíssima, nos termos dos §§ 1º e 2º do Art. 129 deste Código:

Pena - reclusão, de 1 (um) a 3 (três) anos.

§ 2º Se o suicídio se consuma ou se da automutilação resulta morte:

Pena - reclusão, de 2 (dois) a 6 (seis) anos.

§ 3º A pena é duplicada:

I - se o crime é praticado por motivo egoístico, torpe ou fútil;

II - se a vítima é menor ou tem diminuída, por qualquer causa, a capacidade de resistência.

§ 4º A pena é aumentada até o dobro se a conduta é realizada por meio da rede de computadores, de rede social ou transmitida em tempo real.

§ 5º Aumenta-se a pena em metade se o agente é líder ou coordenador de grupo ou de rede virtual.

§ 6º Se o crime de que trata o § 1º deste artigo resulta em lesão corporal de natureza gravíssima e é cometido contra menor de 14 (quatorze) anos ou contra quem, por enfermidade ou deficiência mental, não tem o necessário discernimento para a prática do ato, ou que, por qualquer outra causa, não pode oferecer resistência, responde o agente pelo crime descrito no § 2º do Art. 129 deste Código.

§ 7º Se o crime de que trata o § 2º deste artigo é cometido contra menor de 14 (quatorze) anos ou contra quem não tem o necessário discernimento para a prática do ato, ou que, por qualquer outra causa, não pode oferecer resistência, responde o agente pelo crime de homicídio, nos termos do Art. 121 deste Código.

Ainda que a questão seja atual, é importante destacar que está desatualizada, em razão das alterações promovidas pela Lei nº 13.968/2019.

Com a nova lei, o Art. 122, CP não tem mais sua punibilidade condicionada à ocorrência de lesão grave ou morte. Atualmente, tais resultados qualificam o crime (§1º e §2º).

No caso em tela, João responderia pelo Art. 122 CP, *caput*, pois trata-se de crime formal e se consuma com a prática das condutas descritas no tipo penal, independente do resultado ocorrido.

GABARITO: D.

---

04. **(2018 – TJ/MT – Juiz)** João, com a intenção de matar, desferiu golpes de faca em seu irmão José. Antes de desferir o golpe fatal, atendendo aos apelos de sua mãe que implorava para que poupasse a vida de José, João parou de agredir o irmão. Por insistência de sua mãe, João socorreu José, que sobreviveu com lesões corporais que, embora tenham causado risco de vida, se regeneraram em vinte dias.
Sobre a situação hipotética, assinale a alternativa correta.

a) João responderá por lesões corporais graves em razão da desistência voluntária.

b) João responderá por tentativa de homicídio com redução de pena pelo arrependimento posterior.

c) João responderá por lesões corporais leves em razão da desistência voluntária.

d) João responderá por tentativa de homicídio.

e) João não responderá por crime.

Art. 129, CP - Lesão corporal de natureza grave - § 1º Se resulta:

II - perigo de vida;

Desistência Voluntária

1 - O agente já **iniciou os fatos;**

2 - Interrompe esses fatos por **vontade própria;**

3 - Impede a consumação dos fatos;

4 - Responde pelos crimes **já praticados.**

Arrependimento Eficaz

1 - O agente já **findou os fatos;**

2 - Interrompe por **vontade própria;**

3 - **Impede a consumação** dos fatos;

4 - Responde pelos crimes **já praticados.**

Arrependimento Posterior

1 - O agente já **consumou o crime;**

2 - **Reparou o dano ou restituiu a coisa** antes da **denuncia ou queixa;**

3 - restituir a coisa de **forma integral;**

4 - Não existir **violência ou grave ameaça** para a consumação do delito.

GABARITO: A.

---

05. (2018 – PC/SP – Delegado) Maria e Mariana, ambas nascidas com genitais femininos, auto-identificadas e socialmente reconhecidas como mulheres, convivem em união estável e monogâmica. Ocorre que Maria, às escondidas, passa a manter relações sexuais com José. Mariana flagra Maria em ato sexual com José e, nesse contexto, Maria provoca injustamente Mariana, dizendo a José, em tom de escárnio, que Mariana é "xucra, burra e ruim de cama", e que, além disso, Mariana "gosta de ser traída e não tomará qualquer atitude, por ser covarde e medrosa". Embora nunca tenha praticado ato de violência doméstica, Mariana é tomada por violenta emoção e dispara projétil de arma de fogo contra a cabeça de Maria, que morre imediatamente.
É correto afirmar que Mariana praticou:

a) ato típico, mas amparado por causa excludente de ilicitude.

b) homicídio qualificado, por meio insidioso.

c) feminicídio.

d) homicídio privilegiado.

e) homicídio qualificado, por motivo torpe.

O que induz à descaracterização do Feminicídio?

O trecho "Embora nunca tenha praticado ato de violência doméstica".

- O feminicídio é caracterizado pela violência doméstica ou menosprezo ou discriminação à condição de mulher.

O que induz ao Homicídio Privilegiado?

"Mariana flagra Maria em ato sexual com José"; "Maria provoca injustamente Mariana" dizendo a José palavras humilhantes sobre ela; "Mariana é tomada por violenta emoção".

Homicídio Simples

Art. 121. - Matar alguém:

Caso de diminuição de pena (Homicídio Privilegiado)

§ 1º Se o agente comete o crime impelido por motivo de relevante valor social ou moral, ou sob o domínio de violenta emoção, logo em seguida a injusta provocação da vítima, o juiz pode reduzir a pena de um sexto a um terço.

Homicídio qualificado

§ 2º Se o homicídio é cometido:

(...)

Feminicídio

VI - contra a mulher por razões da condição de sexo feminino:

Pena - reclusão, de doze a trinta anos.

§ 2º-A - Considera-se que há razões de condição de sexo feminino quando o crime envolve:

I - violência doméstica e familiar;

II - menosprezo ou discriminação à condição de mulher.

Ponto importante a ser destacado:

Lei nº 11.340/06 – Maria da Penha:

Art. 5º - Parágrafo único. As relações pessoais enunciadas neste artigo independem de orientação sexual.

Qualquer pessoa pode ser sujeito ativo de violência doméstica: "não só em relação ao cônjuge ou companheiro, mas também qualquer outro familiar ou pessoa que conviva com a vítima, independentemente do gênero do agressor" (STJ, HC 175.816-RS).

GABARITO: D.

---

06. (2018 – TJ/RS – Juiz) O feminicídio (CP, Art. 121, § 2º, VI):

a) está ausente do rol dos crimes hediondos (Lei nº 8.072/90).

b) demanda, para seu reconhecimento, obrigatória relação doméstica ou familiar entre agressor e vítima.

c) é o homicídio qualificado por condições do sexo feminino.

d) foi introduzido em nosso ordenamento pela Lei Maria da Penha (Lei nº 11.340/06).

e) admite a modalidade preterdolosa.

A: A Lei nº 8.072/90 foi modificada para também abranger a qualificadora do feminicídio no rol exaustivo dos crimes hediondos, para se evitar que eventual ausência de indicação do inciso da qualificadora pudesse servir de alegação e impossibilidade de se reconhecer a hediondez do feminicídio.

B: A qualificadora existe quando o crime é praticado em razão do sexo feminino da vítima, não importando questões como coabitação ou relação familiar, mas também podendo ser em razão de discriminação ou menosprezo

C: É a literalidade do Art. 121, VI, do CP.

D: A alteração foi trazida pela Lei nº 13.104/2015, e não pela Lei nº 11.340/2006.

E: Tendo em vista que a qualificadora incide quando o homicídio é praticado "por razões da condição de sexo feminino", a figura preterdolosa é inaplicável. Com efeito, a partícula "por razões" indica uma tendência interna peculiar, compatível exclusivamente com o dolo.

GABARITO: C.

---

07. **(2018 – PC/BA – Investigador)** Adalberto decidiu matar seu cunhado em face das constantes desavenças, especialmente financeiras, pois eram sócios em uma empresa e estavam passando por dificuldades. Preparou seu revólver e se dirigiu até a sala que dividiam na empresa. Parou de fronte ao inimigo e apontou a arma em sua direção, mas antes de acionar o gatilho foi impedido pela secretária que, ao ver a sombra pela porta, decidiu intervir e impedir o disparo. Em face do ocorrido, pode-se afirmar que Adalberto poderá responder por:

a) constrangimento ilegal.

b) tentativa de homicídio.

c) tentativa de lesão corporal.

d) fato atípico.

e) arrependimento eficaz.

Tentativa de homicídio porque ele tinha a intenção de matar, iniciou a execução e foi impedido por circunstâncias alheias à sua vontade (Art. 14, II do CP).

Iter Criminis:

1) "Adalberto decidiu matar seu cunhado" – COGITAÇÃO;

2) "Preparou seu revólver e se dirigiu até a sala que dividiam na empresa" – PREPARAÇÃO;

3) "Parou defronte ao inimigo e apontou a arma em sua direção" - INÍCIO DA EXECUÇÃO;

4) "Foi impedido pela secretária que, ao ver a sombra pela porta, decidiu intervir e impedir o disparo" – INTERRUPÇÃO.

GABARITO: B.

---

08. **(2018 – PC/BA – Investigador)** Quanto aos crimes contra a vida, assinale a alternativa correta.

a) Suponha que "A" seja instigado a suicidar-se e decida pular da janela do prédio em que reside. Ao dar cabo do plano suicida, "A" não morre e apenas sofre lesão corporal de natureza leve. Pode-se afirmar que o instigador deverá responder pelo crime de tentativa de instigação ao suicídio, previsto no Art. 122 do Código Penal.

b) Considera-se qualificado o homicídio praticado contra pessoa menor de 14 anos ou maior de 60 anos.

c) O Código Penal permite o aborto praticado pela própria gestante quando existir risco de morte e não houver outro meio de se salvar.

d) O feminicídio é espécie de homicídio qualificado e resta configurado quando a morte da mulher se dá em razão da condição do sexo feminino. Se o crime for presenciado por descendente da vítima, incidirá ainda causa de aumento de pena.

e) O aborto provocado pela gestante, figura prevista no Art. 124 do Código Penal, cuja pena é de detenção de 1 (um) a 3 (três) anos, admite coautoria.

A: Com a nova Lei nº 13.869/2019, o Art. 122, CP não tem mais sua punibilidade condicionada à ocorrência de lesão grave ou morte. Tais resultados qualificam o crime (§1º e §2º). Atualmente, o delito do artigo 122 é crime formal, exigindo apenas o resultado normativo. Admite a tentativa.

B: A hipótese não qualifica o homicídio e sim aumenta de um terço (majorante ou causa de aumento) (Art. 121, §º4, CP).

C: O aborto necessário será praticado por Médico no caso mencionado (Art. 128, I, CP).

D: De acordo com o Art. 121, §7º, III CP.

E: O Art.124 é crime de mão própria não se admitindo coautoria, uma vez que terceiro que o pratica com o consentimento da gestante responde pelo Art. 126, CP.

GABARITO: D.

---

09. **(2016 – TJ/SP – Titular de Serviço de Notas)** Diz o parágrafo 5° do artigo 121 do Código Penal Brasileiro, que: "na hipótese de homicídio culposo, o juiz poderá deixar de aplicar a pena, se as consequências da infração atingirem o próprio agente de forma tão grave que a sanção penal se torne desnecessária". Trata-se de:

a) graça.

b) perdão judicial.

c) anistia.

d) indulto.

A: A Graça é o perdão da pena de um condenado, que se destina a um ou mais condenados, desde que devidamente individualizados. O motivo pode ter incidências diversas, como um ato humanitário, por exemplo.

B: Perdão Judicial é o instituto através do qual a lei possibilita ao juiz deixar de aplicar a pena diante da existência de determinadas circunstâncias expressamente determinadas.

Basicamente, quando o resultado do crime é tão grave ao agente que a pena se tornar desnecessária, o juiz pode deixar de aplicá-la.

C: A Anistia atinge todos os efeitos penais decorrentes da prática do crime, referindo-se, assim a fatos e não a pessoas. Pode ser concedida antes ou depois do trânsito em julgado da sentença condenatória, beneficiando todas as pessoas que participaram do crime ou excluindo algumas delas, por exigir requisitos pessoais.

D: **Indulto é uma forma de perdão da pena concedido pelo Presidente da República. É destinado aos sentenciados que cumprem pena privativa de liberdade e que se enquadrarem nas hipóteses indulgentes previstas no Decreto Presidencial, dentre elas o alcance de determinado lapso temporal e comportamento carcerário satisfatório.**

GABARITO: B.

---

10. **(2014 – PC/SP – Perito)** A questão, refere-se às normas do Código Penal.
É correto afirmar que o aborto praticado por médico

a) não é punível, ainda que haja outro meio de salvar a vida da gestante.

b) não é punível, se não houver outro meio de salvar a vida da gestante.

c) não é punível em hipótese alguma.

d) é punível, se a gravidez resulta de estupro e o aborto é precedido de consentimento da gestante ou, quando incapaz, de seu representante legal.

e) não é punível, se a gravidez resulta de estupro e o aborto não é precedido de consentimento da gestante ou, quando incapaz, de seu representante legal.

Art. 128, CP - **Não se pune** o aborto praticado por médico:

Aborto necessário

I - se não há outro meio de salvar a vida da gestante;

Aborto no caso de gravidez resultante de estupro

II - se a gravidez resulta de estupro e o aborto é precedido de consentimento da gestante ou, quando incapaz, de seu representante legal.

Vale a anotação:

FORMAS DE ABORTO NÃO PUNÍVEIS:

Aborto Necessário - Não há outro meio para salvar a gestante.

Aborto Humanitário - No caso de gravidez resultando de estupro.

Feto Anencéfalo - Fato atípico segundo o STF.

Interrupção da gravidez no primeiro trimestre da gestação - Ainda não pacificado, porém, em 2018, a primeira turma do STF decidiu pela não punição.

GABARITO: B.

Lesão Corporal (Art. 129, CP)

11. **(2014 – PC/SP – Atendente de Necrotério)** No que concerne ao crime de lesão corporal culposa,

a) se o agente comete o crime impelido por motivo de relevante valor social ou moral, o juiz pode reduzir a pena de um sexto (1/6) a um terço (1/3).

b) aumenta-se a pena de 1/4 (um quarto) se o agente deixa de prestar imediato socorro à vítima ou não procura diminuir as consequências do seu ato.

c) aumenta-se a pena de 1/4 (um quarto) se o crime resulta de inobservância de regra técnica de profissão, arte ou ofício.

d) o juiz poderá deixar de aplicar a pena, se as consequências da infração atingirem o próprio agente de forma tão grave que a sanção penal se torne desnecessária.

e) se o agente comete o crime sob o domínio de violenta emoção, logo em seguida à injusta provocação da vítima, o juiz pode reduzir a pena de um sexto (1/6) a um terço (1/3).

A: Art. 129, §4º - incompatível com a modalidade culposa.

B: Art. 129, §7º - aumento de 1/3.

C: Art. 129, §7º - aumento de 1/3.

D: Art. 129, §8º - perdão judicial.

E: Art. 129, §4º - incompatível com a modalidade culposa.

GABARITO: D.

12. **(2015 – PC/CE – Inspetor)** É um resultado que caracteriza o crime de lesão corporal de natureza grave, cuja pena é de reclusão de um a cinco anos:

a) incapacidade para as ocupações habituais, por mais de dez dias.

b) incapacidade para as ocupações habituais, por mais de vinte dias.

c) debilidade temporária de membro, sentido ou função

d) incapacidade para as ocupações habituais, por mais de quinze dias.

e) aceleração de parto.

Lesão corporal de natureza grave

Art. 129, § 1º Se resulta:

I - Incapacidade para as ocupações habituais, por mais de trinta dias;

II - perigo de vida;

III - debilidade permanente de membro, sentido ou função;

IV - aceleração de parto:

Pena - reclusão, de um a cinco anos.

GABARITO: E.

13. **(2014 - PC/SP - Delegado)** "X" recebe recomendação médica para ficar de repouso, caso contrário, poderia sofrer um aborto. Ocorre que "X" precisa trabalhar e não consegue fazer o repouso desejado e, por essa razão, acaba expelindo o feto, que não sobrevive.

Em tese, "X"

a) não praticou crime algum.

b) praticou o crime de aborto doloso.

c) praticou o crime de aborto culposo.

d) praticou o crime de lesão corporal qualificada pela aceleração do parto.

e) praticou o crime de desobediência.

A questão informa que "X" PRECISA trabalhar, e por só o fez por necessidade. Nesse caso não assumiu o risco e sim foi negligente.

Ocorre que o crime de aborto não comporta a modalidade culposa, assim, não responderá por crime algum.

GABARITO: A.

---

14. **(2013 - PC/SP - Atendente de Necrotério)** A", querendo causar a morte de "B", descarrega contra este sua arma de fogo, atingindoo por seis disparos. "B", socorrido por populares e levado ao pronto-socorro, é submetido à cirurgia de emergência e sobrevive.

Diante do exposto, "A" poderá responder pelo crime de:

a) homicídio culposo tentado, pois "B" somente não morreu por circunstâncias alheias à vontade de "A".

b) lesão corporal dolosa, uma vez que "B", apesar de ser atingido, não morreu.

c) lesão corporal dolosa e homicídio doloso tentado, pois "B" somente não morreu por circunstâncias alheias à vontade de "A".

d) homicídio doloso consumado, pois "B" somente não morreu por circunstâncias alheias à vontade de "A".

e) homicídio doloso tentado, pois "B" somente não morreu por circunstâncias alheias à vontade de "A".

Responderá pelo crime de homicídio doloso - quis a morte da vítima -, mas na foi tentada, pois a morte não se efetivou por condições alheias à vontade do agente. Ou seja, a vítima fora socorrida por populares que o encaminharam ao atendimento médico e hospitalar.

Vale lembrar que, caso o agente tivesse, ele próprio, levado a vítima para o hospital, nas condições da questão, incorreria no arrependimento eficaz, excluindo, assim, a tipicidade do crime de homicídio, respondendo tão somente pelos danos decorrentes, no caso, por exemplo, de lesão corporal.

GABARITO: E.

---

15. **(2014 - PC/SP - Escrivão)** Considere que João e José se agrediram mutuamente e que as lesões recíprocas não são graves. Nesta hipótese, o Art. 129, § 5.º do CP prescreve que ambos podem:

a) ser beneficiados com a exclusão da ilicitude

b) ser beneficiados com o perdão judicial.

c) ter as penas de reclusão substituídas por prisão simples.

d) ser beneficiados com a exclusão da culpabilidade.

e) ter as penas de detenção substituídas por multa.

Art. 129, § 5º - O juiz, não sendo graves as lesões, pode ainda substituir a pena de detenção pela de multa, de duzentos mil réis a dois contos de réis:

I - se ocorre qualquer das hipóteses do parágrafo anterior;

Obs.: Se o agente comete o crime impelido por motivo de relevante valor social ou moral, ou sob domínio de violenta emoção, logo em seguida a injusta provocação da vítima (quando não houver redução da pena de 1/6 a 1/3).

II - se as lesões são recíprocas.

GABARITO: E.

Crimes contra a Honra (Arts. 138/145, CP)

16. **(2019 – Prefeitura de São José do Rio Preto/SP – Procurador)** No que concerne à retratação nos crimes contra a honra, tema tratado no Art. 143 do CP, assinale a alternativa correta.

a) Apenas a injúria admite-a.

b) Apenas a calúnia e a injúria admitem-na.

c) Apenas a calúnia e a difamação admitem-na.

d) Todos os crimes contra a honra admitem-na, mas apenas até o oferecimento da denúncia.

e) Nenhum dos crimes contra a honra admitem-na.

Art. 143 - O querelado que, antes da sentença, se retrata cabalmente da CALÚNIA OU DA DIFAMAÇÃO, fica isento de pena.

Parágrafo único - Nos casos em que o querelado tenha praticado a calúnia ou a difamação utilizando-se de meios de comunicação, a retratação dar-se-á, se assim desejar o ofendido, pelos mesmos meios em que se praticou a ofensa.

Calúnia - imputar fato criminoso sabidamente falso.

Difamação - imputar fato não criminoso, porém desonroso, sendo falso ou não.

Injúria - atribuir qualidade negativa.

A Calúnia e a Difamação ofendem a honra objetiva da vítima, ou seja, o que a sociedade, comunidade, demais pessoas pensam a respeito do indivíduo. Assim sendo, se uma pessoa se retrata, ela mostra ao público que as informações lançadas sobre a vítima não procedem. É um ato que pode ser revertido.

Já a injúria ataca a honra subjetiva da vítima, ou seja, a ideia de si próprio, seu sentimento mais íntimo sobre sua própria pessoa. Uma vez realizada essa conduta com tal resultado, o ofensor não tem como reverter a ação, pois aquela ofensa sentida na intimidade sobre os atributos pessoais e ideia da própria existência da vítima já foram maculados.

GABARITO: C.

---

17. **(2018 – PC/SP – Escrivão)** Tendo em conta os artigos 138 a 145 do Código Penal, que tratam dos crimes contra a honra, assinale a alternativa correta.

a) Nos crimes de calunia e difamação, procede-se mediante queixa. Já no crime de injúria, em qualquer de suas modalidades, procede-se mediante representação do ofendido.

b) No crime de calúnia, praticado em detrimento de chefe de governo estrangeiro, admite-se exceção da verdade.

c) No crime de difamação, praticado em detrimento de funcionário público, admite-se a exceção da verdade, desde que a ofensa seja relativa ao exercício de suas funções.

d) A retratação da ofensa, que isenta o querelado de pena, desde que feita antes da sentença, aplica-se aos crimes de calúnia, difamação e injúria.

e) Não constituem injúria ou difamação punível a ofensa irrogada em juízo, na discussão da causa, pela parte ou por seu procurador, estendendo a exclusão do crime a quem der publicidade à ofensa.

A: *Art. 145 - Nos crimes previstos neste Capítulo somente se procede mediante queixa, salvo quando, no caso do Art. 140, § 2º, da violência resulta lesão corporal.* (ação penal pública incondicionada)

B: Art. 138, § 3° - Admite-se a prova da verdade, salvo:

I - se, constituindo o fato imputado crime de ação privada, o ofendido não foi condenado por sentença irrecorrível;

II - se o fato é imputado a qualquer das pessoas indicadas no nº I do Art. 141; (contra o Presidente da República, ou contra chefe de governo estrangeiro)

III - se do crime imputado, embora de ação pública, o ofendido foi absolvido por sentença irrecorrível.

C: Art. 139, parágrafo único, que dispõe que *"A exceção da verdade somente se admite se o ofendido é funcionário público e a ofensa é relativa ao exercício de suas funções".*

D: *Art. 143 - O querelado que, antes da sentença, se retrata cabalmente da calúnia ou da difamação, fica isento de pena.*

E: Art. 142 - Não constituem injúria ou difamação punível:

I - a ofensa irrogada em juízo, na discussão da causa, pela parte ou por seu procurador;

II - a opinião desfavorável da crítica literária, artística ou científica, salvo quando inequívoca a intenção de injuriar ou difamar;

III - o conceito desfavorável emitido por funcionário público, em apreciação ou informação que preste no cumprimento de dever do ofício.

Parágrafo único - Nos casos dos números I e III, responde pela injúria ou pela difamação quem lhe dá publicidade.

GABARITO: C.

---

18. **(2014 – TJ/PA – Juiz)** "X" é negro e jogador de futebol profissional. Durante uma partida é chamado pelos torcedores do time adversário de macaco e lhe são atiradas bananas no meio do gramado. Caso sejam identificados os torcedores, é correto afirmar que, em tese,

a) responderão pelo crime de preconceito de raça ou de cor, nos termos da Lei n.º 7.716/89.

b) responderão pelo crime de racismo, nos termos da Lei nº 7.716/89.

c) responderão pelo crime de difamação, nos termos do Art. 139 do Código Penal, entretanto, com o aumento de pena previsto na Lei nº 7.716/89.

d) não responderão por crime algum, tendo em vista que esse tipo de rivalidade entre as torcidas é próprio dos jogos de futebol, restando apenas a punição na esfera administrativa.

e) responderão pelo crime de injúria racial, nos termos do Art. 140, § 3.º do Código Penal.

DIFERENÇAS ENTRE RACISMO e INJÚRIA RACIAL

Caracterização:

Racismo - exige segregação racial. Ex.: Negro não joga no meu time

Injúria racial - atribuição de qualidade negativa a determinada pessoa. Ex.: chamado de macaco e atiradas bananas em sua direção.

Previsão legal:

Racismo – Lei nº 7.716/89

Injúria racial - Art. 140, § 3º, do CP

Possibilidade de fiança:

Racismo – inafiançável

Injúria racial – afiançável

Prescrição:

Racismo – imprescritível

Injúria racial – prescritível

Ação Penal

Racismo - APP Incondicionada

Injúria racial - APP Condicionada a representação

GABARITO: E

---

19. **(2020 – Prefeitura de Ferraz Vasconcelos SP/Guarda Municipal)** Com relação aos crimes contra a pessoa, previstos no Código Penal, é correto afirmar que:

a) o homicídio praticado contra parente consanguíneo até terceiro grau da esposa será considerado violência doméstica em razão dessa condição.

b) a lesão corporal praticada contra o cônjuge do Guarda Civil Municipal, em razão dessa condição, terá a pena aumentada.

c) crime doloso contra a vida de mulher é feminicídio e contra a vida do homem é homicídio.

d) a omissão de socorro é considerada um crime essencialmente doloso que, excepcionalmente, admite a modalidade culposa.

e) violência doméstica é crime doloso contra a vida ou a integridade exclusivamente da esposa em razão dessa condição.

Analisando as alternativas, temos:

A: A depender do caso pode ser homicídio qualificado (homicídio funcional). Mas não se configura violência doméstica, pois o conceito de violência doméstica e familiar encontra se definido de forma objetiva na Lei nº 11.340/2006.

B: O homicídio Praticado contra autoridades DESCRITAS nos arts. 142, 144 ou Força Nacional de segurança pública (A doutrina inclui os GCMS) = Homicídio qualificado. A lesão praticada contra autoridade ou agente DESCRITO nos arts. 142 e 144 integrantes do sistema prisional e da Força Nacional de Segurança Pública, no exercício da função ou em decorrência dela, ou contra seu cônjuge, companheiro ou parente consanguíneo até terceiro grau, em razão dessa condição

C: Feminicídio é a morte da mulher por razões do sexo feminino (situação de violência doméstica ou menosprezo ou discriminação)

D: Por tratar-se de crime omissivo puro/próprio, a omissão de socorro não admite a modalidade culposa.

E: Não há exigência de coabitação ou casamento.

GABARITO: B.

20. **(2020 – Prefeitura de Cananeia/SP – Engenheiro)** Segundo o artigo 132 do Código Penal brasileiro, um empreiteiro responsável por uma obra de construção civil, que expõe a vida ou a saúde de algum funcionário a perigo direto e iminente, e se o fato não constitui crime mais grave, estará sujeito à pena de:

a) detenção, de um mês a dois meses.

b) detenção, de três meses a um ano.

c) detenção, de dois anos a cinco anos.

d) reclusão, de um ano a dois anos e multa.

e) reclusão, de dois anos a cinco anos e multa.

Trata-se dos exatos termos do Art. 132 do CP, que não requer qualquer trabalho por parte do candidato além de memorização, mas fique tranquilo, não é tão comum esse tipo de questão.

Perigo para a vida ou saúde de outrem

Art. 132 - Expor a vida ou a saúde de outrem a perigo direto e iminente:

Pena - detenção, de três meses a um ano, se o fato não constitui crime mais grave.

Parágrafo único. A pena é aumentada de um sexto a um terço se a exposição da vida ou da saúde de outrem a perigo decorre do transporte de pessoas para a prestação de serviços em estabelecimentos de qualquer natureza, em desacordo com as normas legais.

GABARITO: B.

Crimes Contra o Patrimônio

Furto (Art. 155, CP)

21. **(2018 – TJ/MT – Juiz)** José revela a seu amigo João que tem a intenção de furtar determinado veículo e, considerando que João é dono de um "ferro velho" lhe propõe a compra do referido veículo após a consumação do furto. João aceita a proposta e, após o furto, compra referido veículo de José.

Considerando a situação hipotética, João terá cometido o crime de:

a) furto qualificado.

b) receptação qualificada.

c) furto simples.

d) receptação simples.

e) favorecimento real.

JOÃO é partícipe do furto, isso se extrai da própria narrativa:

1) José revela a intenção de furtar para João;

2) João aceita comprar o veículo após o furto;

3) João compra o veículo após o furto.

A: Se deu em concurso de pessoas (Art. 155 § 4º IV do CP).

B: Não há que falar em receptação de qualquer modalidade pelo fato de saber sobre sua origem criminosa antes da própria prática do tipo de furto.

C: Não é hipótese de furto simples pois praticado por 2 pessoas.

D: Não há que falar em receptação de qualquer modalidade pelo fato de saber sobre sua origem criminosa antes da própria prática do tipo de furto.

E: Não cabe falar em favorecimento real, pois não houve a ajuda no sentido de esconder a coisa, mas sim uma subtração (participação no crime anterior).

GABARITO: A.

---

22. **(2016 – Prefeitura de Várzea Paulista/SP – Procurador)** É considerado qualificado o crime de furto (CP, Art. 155, § 4º) praticado,

a) com abuso de confiança.

b) durante o repouso noturno.

c) em desfavor de ascendente ou descendente.

d) por funcionário público (ou equiparado) no exercício da função.

e) contra idoso, criança, adolescente ou pessoa que tenha reduzida capacidade de entendimento.

Furto

A: Qualificadora. ***Art. 155 - Subtrair, para si ou para outrem, coisa alheia móvel:*** **(...)**

Furto qualificado

§ 4 - A pena é de reclusão de dois a oito anos, e multa, se o crime é cometido:

I - com destruição ou rompimento de obstáculo à subtração da coisa;

II - com abuso de confiança, ou mediante fraude, escalada ou destreza;

III - com emprego de chave falsa;

IV - mediante concurso de duas ou mais pessoas.

B: Aumento de pena.

C: Causa que isenta de pena.

D: Não há essa previsão do tipo penal do furto.

E: Não há essa previsão do tipo penal do furto.

GABARITO: A.

---

23. **(2017 – TJ/SP – Juiz)** Em relação aos crimes contra o patrimônio, é correto afirmar que:

a) constitui causa de aumento de pena do furto simples a subtração de semovente domesticável de produção, ainda que abatido ou dividido em partes no local da subtração.

b) é isento de pena quem comete furto em prejuízo de ascendente, independentemente da idade da vítima.

c) não incide a agravante de crime praticado contra maior de sessenta anos no caso de estelionato contra idoso.

d) admitem a figura privilegiada os crimes de furto, dano, apropriação indébita, estelionato e receptação.

A: Não se trata de causa de aumento de pena, e sim qualificadora, na forma do Art. 155, §6º do CP.

B: Se o ascendente é pessoa idosa, ou seja, possui idade igual ou superior a 60 anos, não é aplicável tal causa pessoal de isenção de pena, na forma do Art. 183, III do CP.

C: No estelionato tal circunstância já é considerada como causa de aumento de pena, na forma do Art. 171, §4º do CP, de modo que não pode ser considerada, no mesmo caso, como agravante, sob pena de bis in idem.

D: A figura privilegiada não está prevista para o crime de dano.

GABARITO: C.

---

24. **(2015 – MPE/SP – Analista)** Aproveitando-se da porta que estava apenas encostada, Pedro ingressou sozinho e durante o dia na residência de José, sabendo que no local não havia ninguém, subtraindo dali dois relógios de pulso que depois se apurou estarem quebrados. Assinale a alternativa correta a respeito da conduta de Pedro.

a) Praticou o crime de furto qualificado pela destreza, já que se aproveitou de um momento em que a casa estava vazia para ali ingressar (Art. 155, § 4°, inciso II, CP).

b) Caso Pedro seja primário, e os relógios, ainda que quebrados, sejam de pequeno valor, poderá ser condenado por furto privilegiado (Art. 155, § 2°, CP).

c) Pedro praticou o crime de furto e, em razão de ter ingressado em residência alheia, não poderá ser beneficiado com a substituição da pena corporal por restritiva de direitos, nos termos do Art. 44, III, CP (a culpabilidade, os antecedentes, a conduta social e a personalidade do condenado, bem como os motivos e as circunstâncias indicam que esta substituição seja suficiente).

d) Praticou o crime de invasão de domicílio, previsto no Art. 150, do Código Penal.

e) Caso condenado por furto, Pedro poderá ter diminuição da sua pena, desde que fique comprovado que praticou furto famélico (procurava algo que pudesse vender para comprar alimento).

A: A princípio cometeu furto simples, pois não está previsto nenhuma qualificadora : mediante concurso de duas ou mais pessoas, com o emprego de chave falsa, mediante destreza, fraude, escalada ou abuso de confiança, rompimento de obstáculo á subtração de coisas.

B: CORRETO

C: Poderá sim ocorrer a substituição da pena de reclusão por restritiva de direitos caso Pedro atenda 3 requisitos:

1 - Se o crime não tiver sido praticado com grave ameaça ou violência (o furto não possui essas restrições)

2 - O agente não ser reincidente específico em crime doloso.

3 - Se a conduta social de Pedro como também, antecedentes, personalidade, culpabilidade mostrarem que a substituição seja suficiente.

D: Houve o princípio da Consunção, onde o crime de menor gravidade foi absorvido pelo o de maior gravidade (violação do domicílio foi absorvido pelo furto).

E: Primeiramente o furto famélico não diminui a pena e sim exclui a ilicitude por estado de necessidade, e em segundo lugar a diminuição da pena é o que chamamos de furto privilegiado, onde o agente furta algo de pequeno valor (menor que um salário mínimo) e é réu primário, terá sua pena reduzida de 1/3 a 2/3, ou substituição da reclusão por detenção, ou ainda substituição da pena por multa.

GABARITO: B.

---

25. **(2015 – PC/CE – Escrivão)** No crime de furto, caracteriza-se como causa de aumento de pena, mas não qualificadora do crime:

a) a prática do crime mediante concurso de duas ou mais pessoas.

b) a prática do crime durante o repouso noturno

c) a prática do crime com abuso de confiança, ou mediante fraude, escalada ou destreza.

d) a prática do crime com emprego de chave falsa.

e) a prática do crime com destruição ou rompimento de obstáculo à subtração da coisa.

A: Qualificadora.

B: Furto

Art. 155 - Subtrair, para si ou para outrem, coisa alheia móvel:

Pena - reclusão, de um a quatro anos, e multa.

§ 1º - A pena aumenta-se de um terço, se o crime é praticado durante o repouso noturno.

C: Qualificadora.

D: Qualificadora.

E: Qualificadora.

GABARITO: B.

---

26. **(2014 – Prefeitura de São José do Rio Preto/SP – Procurador)** Nos termos do Art. 155, § 4º do CP, o crime de furto é qualificado quando cometido:

a) em local ermo.

b) durante o repouso noturno.

c) em situação de calamidade pública.

d) mediante concurso de duas ou mais pessoas.

e) contra órgão da Administração Pública direta ou indireta.

A: Não há previsão.

B: Trata-se de MAJORANTE ou CAUSA DE AUMENTO.

C: Não há previsão legal.

D: Eis a QUALIFICADORA.

E: Não há previsão no crime de furto.

GABARITO: D.

---

27. **(2014 – DPE/MS – Defensor)** Quanto ao delito de furto, é correto afirmar que:

a) para a configuração da qualificadora prevista no § 5º do Art. 155 do CP (veículo transportado para outro estado ou para o exterior) basta, apenas, a caracterização de veículo, inclusive aquele movidos à eletricidade ou por tração humana ou animal.

b) a diferença entre o furto mediante fraude e estelionato reside na forma pela qual o agente se apropria da coisa, pois enquanto no primeiro a vítima não percebe que a coisa lhe está sendo retirada, no segundo é a própria vítima que entrega a coisa ao agente.

c) de acordo com o entendimento majoritário da doutrina, para caracterização da majorante do abuso de confiança basta a relação empregatícia com vínculo permanente.

d) não há necessidade de exame de corpo de delito quando o furto qualificado com destruição ou rompimento de obstáculo à subtração da coisa deixar vestígios, bastando sua constatação por outro meio de prova

A: Veículo automotor - todo veículo que é dotado de instrumentos de auto movimentação. Há de ter um motor de propulsão, circulando por seus próprios meios. Pode ser um automóvel, um barco, uma moto, entre outros. Tem de ser veículo automotor.

B: Furto qualificado pela fraude x Estelionato

A fraude tem a finalidade de diminuir a vigilância da vítima e possibilitar a subtração, sem que ela saiba.

O estelionato tem a finalidade de fazer com que a vítima incida em erro e entregue espontaneamente o objeto, ao contrário do furto mediante fraude.

C: Não é necessário o vínculo permanente, o que sem põe para caracterizar o abuso é o vínculo especial de lealdade, o que não tem nada a ver com a temporalidade da empregada doméstica.

D: O STJ já informou que, tratando-se de furto qualificado pelo rompimento de obstáculo, de delito que deixa vestígios, torna-se indispensável a realização da perícia para a sua comprovação, a qual pode ser suprida por prova testemunhal quando desaparecerem os vestígios de seu cometimento ou esses não puderem ser constatados pelos peritos (Art. 158 e 167 do CPP).

GABARITO: B.

---

28. **(2014 – TJ/RJ – Juiz)** Nos estritos termos do CP, aquele que faz ligação clandestina de energia elétrica junto a poste instalado na via pública e a utiliza em proveito próprio:

a) comete fato típico equiparado a furto.

b) comete fato típico equiparado a apropriação indébita.

c) não comete crime algum, por falta de expressa previsão legal.

d) comete estelionato.

Art. 155 - Subtrair, para si ou para outrem, coisa alheia móvel:

Pena - reclusão, de um a quatro anos, e multa.

§ 3º - Equipara-se à coisa móvel a energia elétrica ou qualquer outra que tenha valor econômico.

Obs.: Subtrair energia elétrica direto do poste – Furto.

Alterar o relógio medidor de consumo – Estelionato.

GABARITO: A.

---

29. **(2014 – PC/SP – Delegado)** Para subtrair um automóvel, "X", de forma violenta, danificou a sua porta. Nesse caso, "X" deverá responder:

a) pelo crime de roubo, visto que se utilizou de violência para danificar a porta.

b) apenas pelo crime de furto, em razão do princípio da subsidiariedade.

c) apenas pelo crime de furto, em razão do princípio da consunção.

d) pelos crimes de furto e de dano.

e) apenas pelo crime de furto, em razão do princípio da especialidade.

Conflito Aparente de Normas

Requisitos:

1º - Unidade de Fato;

2º - Incidência aparente de dois ou mais tipos penais;

3º - Vigência simultânea dos tipos penais.

Solução:

1º - Princípio da Subsidiariedade: verifica-se quando os tipos penais descrevem diferentes graus de violação ao mesmo bem jurídico.

2º - Princípio da Consunção: está diretamente relacionado ao *Inter Criminis*. Verifica-se quando um crime é praticado com fase normal de preparação ou execução de outro crime. Por exemplo, danificar a porta do automóvel para subtraí-lo.

3º - Princípio da Especialidade: ocorre quando um tipo penal contiver todas as elementares do outro, acrescidas de elementos especializantes.

GABARITO: C.

---

30. **(2014 - PC/SP - Escrivão)** Qualifica o crime de furto, nos termos do Art. 155, § 4.º do CP, ser o fato praticado.

a) em local ermo ou de difícil acesso.

b) contra ascendente ou descendente.

c) durante o repouso noturno.

d) com abuso de confiança.

e) mediante emprego de arma de fogo.

A: Não há previsão legal.

B: Isenção de pena.

C: Causa de aumento.

D: Qualificadora.

E: Somente no crime de roubo.

GABARITO: D.

Roubo (Art. 157, CP)

31. **(2018 - TJ/SP- Titular de Notas)** No roubo, a pena é aumentada:

a) se o agente comete o crime sob coação a que podia resistir.

b) se o agente, ao tempo da ação, se encontrava em estado de embriaguez, voluntária ou culposa, pelo álcool ou substância de efeitos análogos.

c) se o agente mantém a vítima em seu poder, restringindo sua liberdade.

d) durante o repouso noturno.

A: Atenuante genérica.

B: Não isenta de pena, mas também não agrava (diferente ocorre na embriaguez preordenada – AGRAVANTE).

C: *Art. 157 - Subtrair coisa móvel alheia, para si ou para outrem, mediante grave ameaça ou violência a pessoa, ou depois de havê-la, por qualquer meio, reduzido à impossibilidade de resistência:*

Pena - reclusão, de quatro a dez anos, e multa.

§ 2º - A pena aumenta-se de 1/3 (um terço) até metade:V - se o agente mantém a vítima em seu poder, restringindo sua liberdade.

D: Apenas incide no furto (Art. 155, CP).

GABARITO: C.

32. **(2016 - TJ/RJ - Juiz)** José adentra a um bar e pratica roubo contra dez pessoas que ali estavam presentes em dois grupos distintos de amigos, subtraindo para si objetos de valor a elas pertencentes. Nesta hipótese, segundo a jurisprudência dominante mais recente do Superior Tribunal de Justiça, José praticou:

a) os crimes (dez crimes de roubo) em concurso material.

b) um único crime de roubo.

c) os crimes (dez crimes de roubo) em concurso formal.

d) os crimes (dez crimes de roubo) em continuidade delitiva.

e) dois crimes de roubo em concurso material.

A jurisprudência do STJ entende que o roubo perpetrado com violação de patrimônios de diferentes vítimas, ainda que em um único evento, configura concurso formal de crimes, e não crime único. (HC 100.848-MS, DJe 12/5/2008)

GABARITO: C.

33. **(2015 – MPE/SP – Analista)** Antônia caminhava pela via pública, quando João se aproximou dela e puxou a bolsa que levava nas mãos. Inconformada, a vítima correu atrás de João, exigindo que lhe devolvesse a bolsa, quando então ele desferiu um soco contra o rosto de Antônia, que, em razão disso, caiu ao solo, permitindo a fuga de João. Populares escutaram os gritos de socorro da vítima, perseguiram João, conseguindo detê-lo até a chegada da polícia. A vítima, que teve sua bolsa recuperada, foi socorrida em razão dos ferimentos provocados por João, medicada e em seguida liberada (lesões não graves). Sobre a conduta de João, é correto afirmar que:

a) praticou o crime de furto qualificado, considerando que João subtraiu a bolsa das mãos da vítima sem violência ou ameaça.

b) praticou o crime de latrocínio, em razão das lesões corporais provocadas na vítima.

c) praticou o crime de roubo impróprio.

d) praticou o crime de lesão corporal, considerando que a bolsa foi recuperada logo em seguida.

e) praticou o crime de roubo próprio.

A: Houve a violência em momento posterior, sendo assim, pelo princípio da subsidiariedade, a lei primária (a que define o fato mais grave) exclui a aplicação da lei subsidiária (a que define o fato menos grave).

B: Latrocínio = roubo com resultado morte (Art. 157, §3º, parte final, CP).

Não houve a morte da vítima, não havendo então que se falar em latrocínio.

C: A violência foi empregada em momento posterior à subtração da bolsa, o que corresponde ao roubo impróprio, previsto no Art. 157, §1º do CP.

D: Apesar de a bolsa ter sido recuperada, houve a consumação do roubo.

Existem duas teorias que buscam identificar com precisão o momento em que se consuma o crime de roubo:

1ª Posição: Quando a coisa alheia móvel subtraída, mediante violência ou grave ameaça, sai da esfera de vigilância da vítima, e o agente obtém sua livre disponibilidade, ainda que por breve período (doutrina tradicional) – posse mansa e pacífica.

2ª Posição: Independe da retirada da coisa da esfera de vigilância da vítima, bastando que cesse a grave ameaça ou violência (própria ou imprópria) para que o poder de fato sobre ela se transforme de detenção em posse (posicionamento do STF e STJ) – inversão da posse.

E: O roubo próprio configura-se quando antes ou durante à subtração do bem móvel há a violência ou grave ameaça, previsto no Art. 157, *caput*, CP.

GABARITO: C.

---

34. **(2014 – PC/SP – Desenhista)** "Subtrair coisa móvel alheia, para si ou para outrem, mediante grave ameaça ou violência a pessoa, ou depois de havê-la, por qualquer meio, reduzido à impossibilidade de resistência". O Código Penal Brasileiro intitula o tipo penal ora transcrito de:

a) extorsão.

b) furto de coisa comum.

c) roubo.

d) furto qualificado.

e) furto.

A: A extorsão seria o constrangimento pelo uso de força ou ameaça para obter coisa alheia móvel, entregue pela própria vítima.

B: O furto é caracterizado pelo não emprego de ameaça ou violência.

C: Art. 157 - Subtrair coisa móvel alheia, para si ou para outrem, mediante grave ameaça ou violência a pessoa, ou depois de havê-la, por qualquer meio, reduzido à impossibilidade de resistência:

Pena - reclusão, de quatro a dez anos, e multa.

D: O furto é caracterizado pelo não emprego de ameaça ou violência.

E: O furto é caracterizado pelo não emprego de ameaça ou violência.

GABARITO: C.

---

35. **(2014 – DPE/MS – Defensor)** É correto afirmar que no crime de roubo:

a) o emprego de "revólver de brinquedo" é o bastante para configurar a causa de aumento da pena prevista no inciso I do § 2º do Art. 157 do CP (emprego de arma).

b) no roubo impróprio, a violência ou a grave ameaça é elemento subjetivo do agente para obter a subtração do bem mesmo ante de se apossar do referido bem.

c) é admissível a aplicação do princípio da insignificância para esse tipo de infração penal.

d) o delito de porte de arma é absorvido pela figura penal qualificada, se a violência ou a grave ameaça for levada a efeito mediante o emprego do referido instrumento vulnerante e evidenciado o nexo de dependência ou de subordinação entre as duas condutas, verificando, assim, que os delitos foram praticados em um mesmo contexto fático.

A: A utilização de arma de brinquedo não é causa para aumento de pena, uma vez que a arma deve possuir poder lesivo. Ademais, com a novel Lei nº13.654/2018, a majorante do emprego de arma de fogo passou a ser prevista no § 2°-A, I, do Art. 157, CP.

B: Roubo impróprio está previsto no Art. 157, §1º, nesta hipótese havia um furto que já tinha acabado, a coisa já estava subtraída, no momento posterior que ocorre o emprego da violência ou a grave ameaça, com a finalidade de assegurar a impunidade ou a detenção da coisa já subtraída.

C: Não é possível a aplicação do princípio da insignificância, uma vez que o delito não pode ser cometido com uso da violência. Lembrando que, os requisitos para aplicação deste princípio são: mínima ofensividade da conduta do agente; nenhuma periculosidade social da ação; reduzido grau de reprovabilidade do comportamento; inexpressividade da lesão jurídica provocada.

D: Absorve o porte ilegal se ficar comprovado que o porte era para aquele roubo especificamente, do contrário concurso de crimes.

GABARITO: D.

---

36. **(2013 – TJ/SP – Juiz)** A e B, agindo em concurso e com unidade de desígnios entre si, mediante grave ameaça, exercida com o emprego de arma de fogo, abordaram C, que reagiu após o anúncio de assalto. Ante a reação, B efetuou um disparo contra C, mas por erro na execução, o projétil atingiu o comparsa, causando-lhe a morte. Em seguida, B pôs-se em fuga, sem realizar a subtração patrimonial visada.
Esse fato configura:

a) roubo tentado e homicídio consumado, em concurso material.

b) latrocínio tentado.

c) homicídio consumado.

d) latrocínio consumado.

Duas considerações para o gabarito:

1ª - O erro na execução, atingindo pessoa diversa, faz o agente responder como se tivesse atingido a pessoa desejada (Art. 73, CP).

2ª - Aplicando-se a Súmula nº 610, STF, tem-se que, no latrocínio (roubo + morte), a morte consumada, ainda que não haja subtração de bens, gera um latrocínio consumado.

GABARITO: D.

---

37. **(2013 – MPE/SP – Promotor)** O roubo: Questão desatualizada! Em razão da Lei nº13.964/2019, tem-se 02 alternativas corretas – B e E.

a) qualificado pela morte (latrocínio) é considerado hediondo apenas quando consumado.

b) será qualificado pela morte (latrocínio), se a violência for intencional provocando a morte (dolosa ou culposamente).

c) poderá ser qualificado pela morte, se a violência não for intencional e o resultado for culposo

d) impróprio admite que a violência seja praticada durante a subtração.

e) qualificado por lesões graves é considerado hediondo

A: Pode ser tentada também.

B: Latrocínio, que nasce da fusão dos delitos de roubo e homicídio, dependendo sua caracterização de dois requisitos cumulativos:

1) o agente, durante o roubo, deve empregar intencionalmente a violência à pessoa;

2) existência de relação de causalidade entre a subtração patrimonial e a morte.

Na ausência de qualquer destes requisitos ao agente serão imputados os crimes de roubo e de homicídio doloso, em concurso material.

C: Violência intencional.

D: Violência somente após.

E: Correto. O roubo é crime hediondo quando qualificado pelo resultado lesão corporal grave ou morte (Art. 157, § 3º, CP), conforme previsão do Art. 1°, inciso II, "c", da Lei n° 8.072/1990 – alteração promovida pela Lei nº13.964/2019.

GABARITO: B.

---

38. **(2020 – EBSERH – Advogado)** O crime de roubo tem pena aumentada (CP, Art. 157, § 2° e 2° A) se:

a) o bem subtraído é de propriedade de ente público Municipal, Estadual ou Federal.

b) a vítima está em serviço de transporte de valores e o agente conhece tal circunstância.

c) praticado em transporte público ou coletivo.

d) cometido por quem, embora transitoriamente ou sem remuneração, exerce cargo, emprego ou função pública.

e) cometido por quem for ocupante de cargos em comissão ou de função de direção ou assessoramento de órgão de empresa pública.

Analisando as alternativas, temos:

A. ERRADO. Não há tal previsão

B. CERTO. Previsão do Art. 157, § 2º, III, CP

C. ERRADO. Não há tal previsão

D. ERRADO. Não tal previsão

E. ERRADO. Não há tal previsão.

GABARITO: B.

Extorsão e Extorsão mediante Sequestro (Arts. 158 e 159, CP)

39. **(2018 – TJ/SP - Juiz)** Quanto aos crimes contra o patrimônio, é correto afirmar que:

a) conforme entendimento sedimentado do Superior Tribunal de Justiça, aplicam-se às qualificadoras objetivas e subjetivas do furto a causa de aumento de pena do repouso noturno e a forma privilegiada.

b) qualifica a extorsão mediante sequestro se o sequestrado é menor de 18 (dezoito) anos ou maior de 60 (sessenta) anos, de sorte que se restituído à liberdade depois de completar 18 (dezoito) anos, ou sequestrado antes de completar 60 (sessenta) anos, embora libertado a partir dessa idade, não incide a qualificadora.

c) na Apropriação Indébita Previdenciária, é facultado ao juiz deixar de aplicar a pena ou aplicar somente a de multa se o agente for primário e de bons antecedentes, desde que tenha promovido, após o início da ação fiscal e antes de ser oferecida a denúncia, o pagamento da contribuição social previdenciária, inclusive acessórios.

d) a absolvição pelo crime pressuposto da receptação impede a condenação do receptador quando não existir prova de ele ter concorrido para a infração penal, ficar provada a inexistência do fato, não houver prova da existência do fato, não constituir o fato infração penal ou existir circunstância que exclua o crime.

A: A causa de aumento de pena prevista no § 1º do Art. 155 do CP (repouso noturno) é aplicável tanto na forma simples (*caput*) quanto na forma qualificada (§ 4º) do delito de furto. A posição topográfica do § 1º (vem antes do § 4º) não é fator que impede a sua aplicação para as situações de furto qualificado (§ 4º). STJ. 6ª Turma. HC 306.450-SP, Rel. Min. Maria Thereza de Assis Moura, julgado em 4/12/2014 (Info 554).

Súmula nº 511, STJ - É possível o reconhecimento do privilégio previsto no § 2º do Art. 155 do CP nos casos de furto qualificado, se estiverem presentes a primariedade do agente, o pequeno valor da coisa e a qualificadora for de ordem objetiva.

Admite-se o privilégio no caso de qualificadoras de ordem OBJETIVA.

B: *Art. 159, § 1º - Se o sequestro dura mais de 24 (vinte e quatro) horas, se o sequestrado é menor de 18 (dezoito) ou maior de 60 (sessenta) anos, ou se o crime é cometido por bando ou quadrilha.*

Observe que mesmo que o sequestrador devolva o menor após ter completado 18 anos a consumação do delito perdura no tempo e se iniciou quando o sequestrado ainda era menor, de modo que não faz diferença quando ele devolveu a pessoa.

C: *Art. 168-A, § 3º - É facultado ao juiz deixar de aplicar a pena ou aplicar somente a de multa se o agente for primário e de bons antecedentes, desde que: (Incluído pela Lei nº 9.983, de 2000)*

I - tenha promovido, após o início da ação fiscal e antes de oferecida a denúncia, o pagamento da contribuição social previdenciária, inclusive acessórios; ou (Incluído pela Lei nº 9.983, de 2000)

II - o valor das contribuições devidas, inclusive acessórios, seja igual ou inferior àquele estabelecido pela previdência social, administrativamente, como sendo o mínimo para o ajuizamento de suas execuções fiscais.

D: *Art. 180 § 4º - A receptação é punível, ainda que desconhecido ou isento de pena o autor do crime de que proveio a coisa.*

GABARITO: C.

---

40. **(2018 – PC/SP – Delegado)** O crime de extorsão mediante sequestro (CP, Art. 159),

a) é qualificado se do fato resulta lesão corporal grave ou morte.

b) é qualificado se cometido contra vítima menor de 18 (dezoito) anos ou maior de 50 (cinquenta) anos.

c) não admite a modalidade tentada.

d) consuma-se quando o agente solicita vantagem como preço do resgate, por se tratar de crime contra o patrimônio.

e) consuma-se quando o agente obtém vantagem como preço do resgate, por se tratar de crime contra o patrimônio.

A: Se do crime resultar lesão corporal **grave** ou morte, também há formas **qualificadas**, cujas penas, nos termos dos §§ 2° e 3° do Art. 159, serão de 16 a 24 anos e de 24 a 30 anos, **respectivamente.**

B: § 1º Se o sequestro dura mais de 24 (vinte e quatro) horas, se o sequestrado é menor de 18 (dezoito) ou maior de 60 (sessenta) anos, ou se o crime é cometido por bando ou quadrilha.

C: A tentativa é plenamente possível.

D: O STF entende que se trata de **crime formal**, que se consuma com a mera privação da liberdade da vítima, **independentemente da obtenção da vantagem visada pelo agente** (informativo nº 27 do STF).

E: O STF entende que se trata de **crime formal**, que se consuma com a mera privação da liberdade da vítima, **independentemente da obtenção da vantagem visada pelo agente** (informativo nº 27 do STF).

GABARITO: A.

---

41. **(2016 – IPSMI – Procurador)** Mévio, endividado, sequestra o próprio pai, senhor de 70 anos, objetivando obter como resgate, de seus irmãos, a quantia de R$ 100.000,00 (cem mil reais). Para tanto, conta com a ajuda de Caio. Passadas 13 horas do sequestro, Caio se arrepende e decide comunicar o crime à Polícia que, pouco depois, invade o local do sequestro, libertando a vítima. A respeito da situação retratada, é correto afirmar que:

a) Mévio e Caio praticaram extorsão mediante sequestro, na forma qualificada, haja vista que o crime perdurou por período superior a 12 horas.

b) por se tratar de crime contra o patrimônio, Mévio é isento de pena, pois cometeu o crime em prejuízo de ascendente.

c) por se tratar de crime contra o patrimônio, relativamente a Mévio, que praticou o crime em prejuízo de ascendente, a ação penal é pública condicionada à representação.

d) Caio, mesmo tendo denunciado o crime à autoridade policial, não faz jus à redução da pena, por se tratar de crime na forma qualificada.

e) Mévio e Caio praticaram extorsão mediante sequestro, na forma qualificada, por se tratar de vítima idosa.

A: O sequestro na forma qualificada se caracteriza quando subsiste por mais de 24 horas, se o sequestrado é menor de 18 anos ou maior de 60 anos, ou se o sequestro é cometido por bando ou quadrilha (Art. 159, § 1º).

B: Mévio praticou crime contra ascendente, contudo, não há isenção de pena quando se fala em roubo ou extorsão ou, em geral, quando haja emprego de grave ameaça ou violência à pessoa, e também não há isenção de pena quando a vítima, mesmo sendo ascendente, descendente ou cônjuge tem idade igual ou superior a 60 anos (Art. 183).

C: A ação penal será pública incondicionada pelo fato de ter sido crime de extorsão, além de ter sido também praticado contra pessoa maior de 60 anos.

D: O § 4º do Art. 159 não exclui o benefício da delação por se tratar de crime na forma qualificada, ou seja, o agente delator faz jus a redução de pena decorrente da delação.

Art. 159, § 4º - Se o crime é cometido em concurso, o concorrente que o denunciar à autoridade, facilitando a libertação do sequestrado, terá sua pena reduzida de um a dois terços.

E: Letra da lei do Art. 159, § 1º, CP com pena de 12 a 20 anos.

GABARITO: E.

42. **(2015 – TJ/SP – Juiz)** Quanto ao crime de extorsão mediante sequestro, pode- -se afirmar que:

a) se o crime é cometido em concurso, o concorrente que o denunciar à autoridade, facilitando a libertação do sequestrado, terá sua pena reduzida de 1 (um) a 2/3 (dois terços).

b) a vantagem almejada com a extorsão é necessariamente o pagamento do preço do resgate.

c) se resultar em morte da vítima, tipifica homicídio.

d) a pena é aumentada quando o sequestro superar, no mínimo, 48 horas.

A: Trata-se do Art.159, §4º, sendo a pena diminuída de 1/3 a 2/3. Lembrar que a colaboração deve resultar na efetiva liberação da vítima.

B: A vantagem pode se dar como "condição" do resgate, conforme o próprio tipo penal traduz. Exemplo de condição: assinar um cheque.

C: O resultado morte QUALIFICA o crime, conforme §3º do mesmo artigo.

D: A pena é aumentada se ultrapassar 24 horas e não 48 horas.

GABARITO: A.

43. **(2015 – TJ/MS – Juiz)** A respeito dos crimes contra o patrimônio, assinale a alternativa correta.

a) No crime de furto de uso, se a coisa infungível é subtraída para fim de uso momentâneo, e, a seguir, vem a ser imediatamente restituída ou reposta no lugar onde se achava, responderá o agente por pena de detenção de até seis meses e pagamento de trinta dias-multa.

b) Se o agente consuma o homicídio, mas não obtém êxito na subtração de bens da vítima por circunstâncias alheias à sua vontade, responderá por crime de homicídio qualificado consumado.

c) O delito de dano, previsto pelo Art. 163 do Código Penal, prevê as modalidades dolosa e culposa.

d) O crime de extorsão consuma-se independentemente da obtenção da vantagem indevida.

e) De acordo com o Art. 168, § 1o , do Código Penal, são causas exclusivas de aumento da pena ao delito de apropriação indébita quem receber a coisa em depósito necessário ou em razão de ofício, emprego ou profissão.

A: Não existe o crime de furto de uso.

B: Latrocínio.

C: Não há modalidade culposa no crime de dano.

D: Súmula nº 96, STJ - O crime de extorsão consuma-se independentemente da obtenção da vantagem indevida.

E: São três hipóteses que fazem que ensejam aumento de pena:

Apropriação Indébita

***Art. 168** - Apropriar-se de coisa alheia móvel, de que tem a posse ou a detenção:*

Pena - reclusão, de um a quatro anos, e multa.

§ 1º - A pena é aumentada de um terço, quando o agente recebeu a coisa:

I - em depósito necessário;

II - na qualidade de tutor, curador, síndico, liquidatário, inventariante, testamenteiro ou depositário judicial;

III - em razão de ofício, emprego ou profissão.

GABARITO: D.

44. **(2015 – MPE/SP – Analista)** Josefa teve acesso a arquivos comprovando infidelidade conjugal por parte de Mário, que vendeu um dos seus computadores sem apagar seus arquivos pessoais. Ciente disso, e sabendo que Mário era casado, Josefa entrou em contato com ele, por telefone, marcando encontro, no qual ele deveria repassar a ela o valor de R$ 10.000,00 para que não mostrasse aqueles arquivos para a mulher dele. No dia do encontro, Mário compareceu com o dinheiro, e a polícia, que foi avisada por ele, tão logo Josefa guardou o dinheiro na bolsa, deu a ela voz de prisão em flagrante. A respeito deste episódio, Josefa:

a) cometeu o crime de furto dos arquivos de Mário (Art. 155, CP), uma vez que a posse legítima do computador não levou à posse legítima dos arquivos pessoais que estavam nele, em concurso material com extorsão (Art. 158, CP).

b) cometeu o crime de ameaça, previsto no Art. 147, CP.

c) não cometeu qualquer crime, considerando que os arquivos do computador vendido por Mário chegaram em suas mãos por descuido dele, que não os apagou quando vendeu o equipamento.

d) cometeu o crime de roubo tentado, considerando que para obter o valor de R$ 10.000,00 usou de ameaça contra Mário (ameaçava mostrar os arquivos para a mulher dele).

e) cometeu o crime de extorsão, previsto no Art. 158, CP.

A: Não houve a subtração de coisa alheia, vez que Josefa possuía a posse legítima do computador e dos arquivos que estavam nele pelo fato de ter adquirido o bem móvel através da compra, não configurando, portanto, o crime de furto.

B: Como o crime foi cometido com o intuito de obter vantagem econômica indevida (receber R$10.000,00 para não mostrar os arquivos à esposa da vítima), pelo princípio da subsidiariedade, a lei primária (a que define o fato mais grave) exclui a aplicação da lei subsidiária (a que define o fato menos grave).

C: Apesar do descuido de Mário, configura-se o crime de extorsão, pois o tipo penal fala apenas em "constranger alguém", independentemente do que origina o constrangimento (Art. 158, do CP).

D: Não houve a subtração de coisa alheia, vez que Josefa possuía a posse legítima do computador e dos arquivos que estavam nele pelo fato de ter adquirido o bem móvel através da compra, não configurando, portanto, o crime de roubo tentado.

E: Conduta de Josefa = constranger Mário.

Grave ameaça = mostrar os arquivos para esposa de Mário.

Intuito = obter vantagem econômica indevida, através do repasse do valor de R$10.000,00.

Súmula nº 96, STJ

O crime de extorsão consuma-se independentemente da obtenção da vantagem indevida.

GABARITO: E.

45. **(2020 – Prefeitura de Ferraz Vasconcelos/SP – Guarda Municipal)** Considere o seguinte caso hipotético: "A", mediante violência, constrange "B" a deixar de fazer alguma coisa, com o intuito de obter para si uma indevida vantagem econômica. Nos termos do Código Penal, é correto afirmar que "A" cometeu o crime de:

a) estelionato.

b) furto, qualificado pelo emprego de violência e com pena de reclusão.

c) roubo.

d) extorsão.

e) extorsão indireta, qualificado pelo emprego da violência.

Analisando as alternativas, temos:

A. No estelionato não há constrangimento, sendo que a vítima faz a entrega da coisa ou bem, de forma enganosa.

B. Não houve subtração.

C. Não houve subtração.

D. No constrangimento, a coação é para a entrega, pela vítima, da coisa ou bem.

E. Não há qualquer menção de dívida na questão (elemento normativo do crime em questão).

GABARITO: D.

Estelionato (Art. 171, CP)

46. **(2018 – TJ/SP – Juiz)** Quanto ao crime de estelionato, assinale a alternativa correta.

a) O estelionato na modalidade fraude para recebimento de indenização do seguro, crime de atividade formal, prescinde, para a consumação, da obtenção da vantagem ilícita em prejuízo alheio.

b) A pena aumenta-se de 1/3 (um terço), se o crime é cometido em detrimento de entidade de direito público ou instituto de economia popular, assistência social ou beneficência, excluindo-se entidades autárquicas da Previdência Social que são regidas por lei própria.

c) O pagamento de cheque emitido sem provisão de fundos, antes do recebimento da denúncia, não obsta a propositura da ação penal.

d) Configura crime de estelionato na modalidade fraude no pagamento por meio de cheque sem previsão de fundos a cártula emitida para pagamento de dívida preexistente.

A: *Art. 171, V, CP - destrói, total ou parcialmente, ou oculta coisa própria, ou lesa o próprio corpo ou a saúde, ou agrava as consequências da lesão ou doença, com o intuito de haver indenização ou valor do seguro.*

Os crimes formais ou de consumação antecipada, podem ou não apresentar resultado material, irrelevante na sua caracterização.

B: Conforme Art. 171, VI, §3º, CP - *A pena aumenta-se de 1/3, se o crime é cometido em detrimento de entidade de direito público ou de instituto de economia popular, assistência social ou beneficência.*

A Súmula nº 24, STJ, complementa: Aplica-se ao crime de estelionato, em que figure como vítima entidade autárquica da previdência Social, a qualificadora do §3º do Art. 171 do Código Penal.

C: O pagamento de cheque emitido sem provisão de fundos, após (não antes) do recebimento da denúncia, não obsta o prosseguimento (não propositura) da ação penal (Súmula nº 554, STF).

D: De acordo com o STJ, no caso de dívida preexistente, não configura o estelionato.

GABARITO: A.

47. **(2018 – PC/BA – Delegado)** Imagine que o indivíduo "1", que tem conta-corrente no banco "2", emitiu cheque sem fundo em desfavor do estabelecimento comercial "3", que efetuou o depósito do cheque no banco "4". De acordo com a jurisprudência dos Tribunais Superiores (Súmula 244 do STJ), o estelionato mediante a emissão de cheque sem provisão de fundos:

a) será processado no local da residência de "1".

b) será processado no local em que se situa o banco "2", onde se deu a recusa.

c) será processado no local em que se situa o estabelecimento comercial "3", que recebeu o cheque.

d) será processado no local em que se situa o banco "4", no qual o cheque foi depositado.

e) é fato atípico se recompensado o prejuízo até o recebimento da denúncia.

No caso do crime de estelionato praticado pela emissão de cheque sem fundo (Art. 171, § 2°, VI, CP), o juízo competente é o do local onde houver a recusa do pagamento do cheque, conforme a Súmula n° 521 do STF e a Súmula n° 244 do STJ. Entretanto, na hipótese de crime de estelionato praticado mediante falsificação de cheque, a regra é diversa, sendo competente o local da obtenção da vantagem ilícita, nos termos da Súmula n° 48 do STJ.

Sinopses para Concursos - V.7 - Processo Penal - Parte Geral (2018)

GABARITO: B.

---

48. **(2013 – PC/SP – Papiloscopista)** O crime de fraude no pagamento por meio de cheque (CP, Art. 171, § 2º, VI) tem expressa previsão de aumento de pena, na razão de um terço, se:

a) cometido em detrimento de entidade de direito público.

b) cometido por funcionário público.

c) causa qualquer prejuízo à vítima.

d) consumado.

e) causa vultoso prejuízo à vítima.

Art. 171, § 2º, VI, CP - Fraude no pagamento por meio de cheque

VI - emite cheque, sem suficiente provisão de fundos em poder do sacado, ou lhe frustra o pagamento.

§ 3º - A pena aumenta-se de um terço, se o crime é cometido em detrimento de entidade de direito público ou de instituto de economia popular, assistência social ou beneficência.

GABARITO: A.

---

49. **(2017 – Prefeitura de Porto Ferreira/SP – Procurador)** Em relação aos crimes contra o patrimônio, é correto afirmar que:

a) o crime de roubo praticado por agente que é irmão da vítima depende de representação.

b) em relação ao crime de dano, seja ele cometido na forma simples, seja ele cometido na forma qualificada, em suas diversas modalidades, somente se procede mediante queixa.

c) no crime de esbulho possessório, se a propriedade é particular, e não há emprego de violência, somente se procede mediante queixa.

d) em relação ao crime de apropriação indébita previdenciária, não há previsão legal de extinção de punibilidade se o agente, espontaneamente, declara, confessa e efetua o pagamento das contribuições, importâncias ou valores e presta as informações devidas à previdência social, na forma definida em lei ou regulamento, antes do início da ação fiscal.

e) em relação ao crime de estelionato há a necessidade de saber o valor do prejuízo acarretado à vítima para saber se se trata de ação penal pública incondicionada ou condicionada.

A: Neste caso, a ação penal será pública incondicionada. ***Art. 182 - Somente se procede mediante representação, se o crime previsto neste título é cometido em prejuízo: II - de irmão, legítimo ou ilegítimo.***

Art. 183 - Não se aplica o disposto nos dois artigos anteriores:

I - se o crime é de roubo ou de extorsão, ou, em geral, quando haja emprego de grave ameaça ou violência à pessoa.

B: **Ação penal**

Art. 167 - Nos casos do Art. 163, do inciso IV do seu parágrafo e do Art. 164, somente se procede mediante queixa.

Art. 163, parágrafo único – Dano Qualificado – Se o crime é cometido:

IV - por motivo egoístico ou com prejuízo considerável para a vítima.

Introdução ou abandono de animais em propriedade alheia

Art. 164 - Introduzir ou deixar animais em propriedade alheia, sem consentimento de quem de direito, desde que o fato resulte prejuízo.

C: Esbulho possessório (...)

Art. 161, II, § 3º - Se a propriedade é particular, e não há emprego de violência, somente se procede mediante queixa.

D: *Art. 168-A, § 2º - É extinta a punibilidade se o agente, espontaneamente, declara, confessa e efetua o pagamento das contribuições, importâncias ou valores e presta as informações devidas à previdência social, na forma definida em lei ou regulamento, antes do início da ação fiscal.*

E: Ação penal pública incondicionada, portanto, de titularidade do MP.

GABARITO: C.

---

50. **(2016 – Prefeitura de Alumínio/SP – Procurador)** A conduta de "falsificar cartão de crédito ou débito":

a) é considerada falsidade de documento particular.

b) é considerada falsidade de documento público.

c) é considerada falsidade ideológica.

d) é crime assimilado ao estelionato.

e) não é prevista no CP.

Falsificação de documento particular:

Art. 298 - Falsificar, no todo ou em parte, documento particular ou alterar documento particular verdadeiro:

Pena - reclusão, de um a cinco anos, e multa.

Falsificação de cartão

Parágrafo único - Para fins do disposto no caput, equipara-se a documento particular o cartão de crédito ou débito.

GABARITO: A.

Crimes Contra Fé Pública

51. **(2014 – TJ/PA – Oficial de Justiça)** Aquele que formar cédula, nota ou bilhete representativo de moeda com fragmentos de cédulas, notas ou bilhetes verdadeiros; ou suprimir, em notas, cédulas ou bilhetes recolhidos, para o fim de restituí-los à circulação, sinal indicativo de sua inutilização; restituir à circulação cédula, nota ou bilhete em tais condições, ou já recolhidos para o fim de inutilização; responderá pelo(s) crime(s):

a) de moeda falsa, Art. 289 do Código Penal.

b) de constituição ou reconstituição de moeda falsa, Art. 290-A do Código Penal.

c) assimilados ao de moeda falsa, Art. 290 do Código Penal.

d) de formação, adulteração ou supressão de sinais de moeda falsa, Art. 291-A do Código Penal.

e) de petrechos para falsificação de moeda, Art. 291 do Código Penal.

Crimes assimilados ao de moeda falsa

Art. 290 - Formar cédula, nota ou bilhete representativo de moeda com fragmentos de cédulas, notas ou bilhetes verdadeiros; suprimir, em nota, cédula ou bilhete recolhidos, para o fim de restituí-los à circulação, sinal indicativo de sua inutilização; restituir à circulação cédula, nota ou bilhete em tais condições, ou já recolhidos para o fim de inutilização:

Pena - reclusão, de dois a oito anos, e multa.

Parágrafo único - O máximo da reclusão é elevado a doze anos e multa, se o crime é cometido por funcionário que trabalha na repartição onde o dinheiro se achava recolhido, ou nela tem fácil ingresso, em razão do cargo.

GABARITO: C.

---

52. **(2019 – Prefeitura de Guarulhos/SP – Inspetor de Fiscal de Rendas)** Assinale a alternativa correta, no que tange às penas, e consequentemente ao desvalor, das figuras típicas dos arts. 297, 298 e 299 do CP.

a) A falsificação material de documento público (CP, Art. 297, *caput*) é punida com o mesmo rigor que a falsidade ideológica de documento público (CP, Art. 299, *caput*).

b) A falsificação material de documento público (CP, Art. 297, *caput*) é punida com o mesmo rigor que a falsificação material de documento particular (CP, Art. 298, *caput*).

c) A falsidade ideológica de documento público (CP, Art. 299, *caput*) é punida com o mesmo rigor que a falsidade ideológica de documento particular (CP, Art. 299, *caput*).

d) A falsidade ideológica de documento público (CP, Art. 299, *caput*) é punida com o mesmo rigor que a falsificação material de documento particular (CP, Art. 298, *caput*).

e) Não se pune a falsidade ideológica de documento particular, por ausência de expressa previsão legal.

A: O Art. 297 tem pena mais grave que o Art. 299.

B: O Art. 297 tem pena mais grave que o Art. 298.

C: Apesar de estarem no mesmo artigo, há diferença nas penas. Quando documento público (Art. 297 do CP – pena 2 a 6 anos) a pena é mais grave do que quando envolve documento particular (Art. 298 do CP – pena 1 a 5 anos).

D: Falsidade ideológica

Art. 299 - Omitir, em documento público ou particular, declaração que dele devia constar, ou nele inserir ou fazer inserir declaração falsa ou diversa da que devia ser escrita, com o fim de prejudicar direito, criar obrigação ou alterar a verdade sobre fato juridicamente relevante:

*Pena - **reclusão, de um a cinco anos**, e multa, se o **documento é público**, e reclusão de **um a três anos**, e multa, se o **documento é particular.***

Falsificação de documento particular

Art. 298 - Falsificar, no todo ou em parte, documento particular ou alterar documento particular verdadeiro:

Pena - reclusão, de um a cinco anos, e multa.

E: Falsificação de documento público (falsificação material de documento público)

Art. 297 - Falsificar, no todo ou em parte, documento público, ou alterar documento público verdadeiro:

Pena - reclusão, de dois a seis anos, e multa.

Falsidade ideológica (falsidade ideológica de documento público ou privado)

Art. 299 - Omitir, em documento público ou particular, declaração que dele devia constar, ou nele inserir ou fazer inserir declaração falsa ou diversa da que devia ser escrita, com o fim de prejudicar direito, criar obrigação ou alterar a verdade sobre fato juridicamente relevante:

Pena - reclusão, de um a cinco anos, e multa, se o documento é público, e reclusão de um a três anos, e multa, se o documento é particular.

Falsificação de documento particular

Art. 298 - Falsificar, no todo ou em parte, documento particular ou alterar documento particular verdadeiro:

Pena - reclusão, de um a cinco anos, e multa.

GABARITO: D.

---

53. **(2018 – Prefeitura de São Bernardo/SP – Fiscal)** De acordo com o Código Penal, aquele que, tendo recebido de boa-fé, como verdadeira, moeda falsa ou alterada, restitui esta à circulação, desconhecendo a falsidade,

a) pratica crime de moeda falsa.

b) pratica crime assimilado ao de moeda falsa.

c) pratica crime apenas se for funcionário público ou diretor, gerente, ou fiscal de banco de emissão.

d) é punido com detenção, de seis meses a dois anos, e multa.

e) não comete crime algum.

O agente somente responderá caso tenha o conhecimento de que se trata de moeda falsa ou alterada e mesmo assim resolva colocá-la em circulação. Caso, assim, o fizesse, estaria diante do crime de moeda falsa PRIVILEGIADO. Detenção de 06 meses a 02 anos e multa.

Como ele não sabia, o fato é atípico, por ausência do elemento subjetivo caracterizador do delito.

GABARITO: E.

---

54. **(2019 – TJ/SP – Administrador)** Tirso de Arruda é servidor público e nas horas de folga auxilia seu irmão, Tássio, em uma pequena gráfica, sem qualquer remuneração. Aproveitando-se dos materiais ali existentes, imprimiu dez passes de transporte público municipal, para usar nos deslocamentos de casa para o trabalho e vice-versa. Ao agir dessa forma, Tirso cometeu o crime:

a) de falsificação de selo ou sinal público.

b) de falsificação de papéis públicos.

c) de emissão de título ao portador sem permissão legal.

d) de falsificação de documento público.

e) assimilado ao de moeda falsa.

Falsificação de papéis públicos

Art. 293 - Falsificar, fabricando-os ou alterando-os:

VI - bilhete, passe ou conhecimento de empresa de transporte administrada pela União, por Estado ou por Município:

Pena - reclusão, de dois a oito anos, e multa.

GABARITO: B.

---

55. **(2018 – Prefeitura de São Bernardo/SP – Agente de Tesouraria)** O uso de documento falso:

a) só é punido quando a falsificação é material, excluída a falsidade ideológica.

b) só se caracteriza perante órgãos públicos, e, portanto, não é típica a conduta de usar documento particular falsificado.

c) é crime que tem a mesma pena cominada à respectiva falsificação ou alteração.

d) é conduta atípica no Código Penal, pois pune-se quem pratica a falsidade, e não quem utiliza o resultado da falsificação.

e) é crime não previsto no Código Penal, uma vez que, por orientação doutrinária, sempre existe a possibilidade de conferência posterior do documento.

Art. 304 - Fazer uso de qualquer dos papéis falsificados ou alterados, a que se referem os Arts. 297 a 302:

Pena - a cominada à falsificação ou à alteração.

GABARITO: C.

---

56. **(2018 – Prefeitura de São Bernardo/SP – Agente de Tesouraria)** O crime de falsidade ideológica do Art. 299 do Código Penal tem a pena aumentada em um sexto se:

a) causa prejuízo ao erário público.

b) ludibria autoridade pública no exercício da função.

c) cometido em concurso de 2 ou mais funcionários públicos.

d) do fato advém vantagem indevida para o agente ou outrem.

e) o agente é funcionário público e comete o crime prevalecendo-se do cargo.

Falsidade ideológica

Art. 299 - Omitir, em documento público ou particular, declaração que dele devia constar, ou nele inserir ou fazer inserir declaração falsa ou diversa da que devia ser escrita, com o fim de prejudicar direito, criar obrigação ou alterar a verdade sobre fato juridicamente relevante:

Parágrafo único - Se o agente é funcionário público, e comete o crime prevalecendo-se do cargo, ou se a falsificação ou alteração é de assentamento de registro civil, aumenta-se a pena de sexta parte.

GABARITO: E.

---

57. **(2018 – TJ/SP – Juiz)** Assinale a alternativa correta quanto aos crimes contra a fé pública.

a) O crime de falsidade material se consubstancia na alteração do conteúdo de documento, ainda que parcial, omitindo declaração que dele devia constar, ou nele inserindo ou fazendo inserir declaração falsa ou diversa da que devia ser escrita.

b) Atribuir-se falsa identidade perante a autoridade policial em autodefesa, uma vez que procurado pela justiça, não constitui crime, aplicando-se o princípio da dignidade da pessoa humana.

c) Há concurso material de crimes quando o falsificador posteriormente usa o documento falsificado que se esgota nessa conduta.

d) Para efeitos penais, equiparam-se a documento público o emanado de entidade paraestatal, o título ao portador ou transmissível por endosso, as ações de sociedade comercial, os livros mercantis e o testamento particular.

A: Trata-se de falsidade ideológica (alteração no conteúdo do documento), não material;

B: De acordo com a Súmula nº 522 do STJ, a conduta de atribuir-se falsa identidade perante autoridade policial é típica, ainda que em situação de alegada autodefesa.

C: Não se pode condenar o réu pelo crime de uso de documento falso quando ele próprio foi quem fez a falsificação do documento. A pessoa deverá ser condenada apenas pela falsidade, pois o uso do documento falso configura mero exaurimento do crime de falso.

STF. 1ª Turma. AP 530/MS, rel. orig. Min. Rosa Weber, red. p/ o acórdão Min. Roberto Barroso, julgado em 9/9/2014 (Info 758).

D: Literalidade do Art. 297, §2º, CP.

GABARITO: D.

---

58. **(2018 – PC/SP – Papiloscopista)** Sobre o crime de Moeda Falsa, previsto no Código Penal, é correto afirmar que:

a) a lei não admite a punição da conduta praticada por funcionário público.

b) o tipo comporta a conduta de fabricar ou alterar, mediante falsificação, a moeda metálica ou papel-moeda, de curso legal no país ou no estrangeiro.

c) a lei admite a punição da conduta, na forma culposa.

d) a conduta típica consiste em reconhecer, como verdadeira, no exercício de função pública, moeda metálica ou papel-moeda de curso legal no estrangeiro.

e) consiste em fato atípico a conduta de quem desvia e faz circular moeda cuja circulação não estava ainda autorizada.

A: O funcionário público, caso pratique a conduta ilícita, será enquadrado na forma qualificada do tipo penal.

Art. 289, § 3º, CP - É punido com reclusão, de três a quinze anos, e multa, o funcionário público ou diretor, gerente, ou fiscal de banco de emissão que fabrica, emite ou autoriza a fabricação ou emissão(...)

B: Esta é a exata conduta tipificada no Art. 289 do CP:

Moeda Falsa

Art. 289 – Falsificar, fabricando-a ou alterando-a, moeda metálica ou papel-moeda de curso legal no país ou no estrangeiro:

Pena – reclusão, de três a doze anos, e multa.

C: O elemento subjetivo é o DOLO.

D: *Art. 289, caput, CP - Falsificar, fabricando-a ou alterando-a, moeda metálica ou papel-moeda de curso legal no país ou no estrangeiro(...)*

E: É conduta tipificada. *Art. 289, § 4º, CP - Nas mesmas penas incorre quem desvia e faz circular moeda, cuja circulação não estava ainda autorizada.*

GABARITO: B.

---

59. **(2018 – PC/BA – Investigador)** Teodoro, 30 anos de idade, brasileiro, casado e sem antecedentes, falsificou 10 cédulas de R$ 10,00 (dez reais) com o intuito de introduzi-las em circulação, na conduta de pagar uma conta de TV a cabo atrasada. A caminho da casa lotérica, no entanto, foi abordado por policiais e, assustado, entregou as cédulas e confessou a falsificação. Considerando-se a situação hipotética, é correto afirmar que:

a) Teodoro praticou o crime de moeda falsa na modalidade tentada, pois não conseguiu consumar seu intento que era o de colocar as cédulas em circulação.

b) tendo em vista o ínfimo valor das cédulas falsificadas, trata-se de fato atípico.

c) Teodoro praticou o crime de moeda falsa na modalidade consumada e, se condenado, poderá receber uma pena de reclusão de 3 (três) a 12 (doze) anos, mais a imposição de multa.

d) apesar de ter falsificado as cédulas, tendo em vista que as entregou à autoridade policial antes de introduzi-las na circulação, Teodoro poderá ter reconhecida em seu favor a figura privilegiada prevista no § 2° do Art. 289 do Código Penal, que trata de figura privilegiada.

e) por ter falsificado as cédulas visando pagar uma conta atrasada, Teodoro poderá alegar estado de necessidade e ter reconhecida a excludente de ilicitude.

A: Trata-se de crime formal, visto que a mera fabricação/falsificação da moeda falsa - dinheiro - já é suficiente para a consumação do crime.

B: Não importa o valor ou a quantidade da moeda, se for fabricado/falsificado, o crime já estará configurado. Além disso, não se aplica o Princípio da Insignificância - causa exclusão de tipicidade material - aos crimes contra a Fé Pública (entendimento do STF e STJ).

C. Moeda Falsa - *Art. 289, CP - Falsificar, fabricando-a ou alterando-a, moeda metálica ou papel-moeda de curso legal no país ou no estrangeiro: Pena - reclusão, de três a doze anos, e multa.*

D: Não há incidência da consunção nesse caso, visto que o crime do *caput* do Art. 289 é muito mais grave do que a figura privilegiada prevista no seu § 2º. Além disso, a aplicação do § 2º do Art. 289 só é aplicada a quem, de boa fé, recebeu a moeda falsa e após a constatação da falsidade, restitui-la a circulação, e não quem a falsificou:

Art. 289 - § 2º - Quem, tendo recebido de boa-fé, como verdadeira, moeda falsa ou alterada, a restitui à circulação, depois de conhecer a falsidade, é punido com detenção, de seis meses a dois anos, e multa.

E: É só imaginar a seguinte situação: se todo aquele que falsificasse dinheiro alegasse que o fez para pagar contas atrasadas, quase ninguém poderia ser punido, não é mesmo? Sendo assim, não é compatível as excludentes de ilicitude com a falsificação de moeda, Art. 289, Código Penal.

GABARITO: C.

---

60. **(2017 – Prefeitura de São José dos Campos/SP – Procurador)** A simples conduta de adulterar a placa de veículo automotor, com arrependimento posterior, tem como bem jurídico tutelado a:

a) identificação de veículo automotor.

b) fé pública.

c) idoneidade de documento público.

d) idoneidade de sinal público.

e) idoneidade particular.

TÍTULO X - DOS CRIMES CONTRA A FÉ PÚBLICA

CAPÍTULO IV - DE OUTRAS FALSIDADES

Adulteração de sinal identificador de veículo automotor

Art. 311 - Adulterar ou remarcar número de chassi ou qualquer sinal identificador de veículo automotor, de seu componente ou equipamento.

GABARITO: B.

---

61. **(2017 – TJ/SP – Técnico)** O crime denominado "petrechos de falsificação" (CP, Art. 294) tem a pena aumentada, de acordo com o Art. 295 do CP, se:

a) praticado com intuito de lucro.

b) cometido em detrimento de órgão público ou da administração indireta.

c) a vítima for menor de idade, idosa ou incapaz.

d) causar expressivo prejuízo à fé pública.

e) o agente for funcionário público e cometer o crime prevalecendo-se do cargo.

Crimes Contra a Fé Pública

Funcionário Público - Aumenta 1/6

Petrechos de falsificação (Art. 294)

Falsificação de selo ou sinal público (Art. 296)

Falsificação de documento público (Art. 297)

Falsidade ideológica (Art. 299)

Funcionário Público - Aumenta 1/3

Adulteração de sinal identificador de veículo automotor (Art. 311)

Fraudes em certames de interesse público (Art. 311-A)

GABARITO: E.

---

62. **(2016 – Prefeitura de Sertãozinho/SP – Procurador)** Sobre os crimes contra a fé pública, assinale a alternativa correta.

a) Aquele que falsifica documento público e em seguida o utiliza responde pela falsificação e pelo uso, em concurso material.

b) Considere que o agente, consultando os autos do processo-crime no qual figura como réu, ao se deparar com provas inequívocas de materialidade e autoria, as retire do processo e destrua. Responderá pelo crime de supressão de documento.

c) Aquele que adultera sinal identificador de veículo automotor responde por crime previsto no Art. 311 do Código Penal. O mesmo artigo determina que se o agente cometer o crime no exercício da função pública, a pena será aumentada de metade.

d) Aquele que figura como "testa de ferro", permitindo o uso de seu nome como possuidor de ação, título ou valor pertencentes a estrangeiro, em relação a quem a posse é proibida por lei, pratica crime punido com reclusão e multa.

e) Se o crime de falsidade de atestado médico for praticado com o fim de lucro, a pena será aumentada de 1/3.

A: Aquele que falsifica documento público e em seguida o utiliza responde pelo crime de falsificação de documento público, o crime de uso é absorvido por ser crime meio, em razão da aplicação da consunção.

B: *Art. 305 - Destruir, suprimir ou ocultar, em benefício próprio ou de outrem, ou em prejuízo alheio, documento público ou particular verdadeiro, de que não podia dispor.*

C: *Art. 311 - Adulterar ou remarcar número de chassi ou qualquer sinal identificador de veículo automotor, de seu componente ou equipamento.*

*§ 1º - Se o agente comete o crime no exercício da função pública ou em razão dela, a pena é aumentada **de um terço.***

D: *Art. 308 - Usar, como próprio, passaporte, título de eleitor, caderneta de reservista ou qualquer documento de identidade alheia ou ceder a outrem, para que dele se utilize, documento dessa natureza, próprio ou de terceiro:*

*Pena - **detenção,** de quatro meses a dois anos, e multa, se o fato não constitui elemento de crime mais grave.*

E: *Art. 302 - Dar o médico, no exercício da sua profissão, atestado falso.*

*Parágrafo único - Se o crime é cometido com o fim de lucro, **aplica-se também multa.***

GABARITO: B.

63. **(2016 – Prefeitura de Sertãozinho/SP – Procurador)** Acerca dos crimes contra a fé pública, assinale a alternativa correta.

a) Aquele que falsifica, fabricando ou alterando, selo destinado a controle tributário responde pelo crime de falsificação de selo ou sinal público, previsto no Art. 296 do Código Penal.

b) A falsificação, no todo ou em parte, de atestado, para prova de fato ou circunstância que habilite alguém a obter cargo público configura o crime de falsificação de documento público, previsto no Art. 297 do Código Penal.

c) O princípio da insignificância, causa supralegal de exclusão da tipicidade, não se aplica ao crime de moeda falsa.

d) O crime de uso de documento falso é material, ou seja, para a consumação exige-se a obtenção de proveito.

e) O crime de falsidade de atestado médico envolve também como conduta típica a opinião emitida pelo profissional, ainda que equivocada.

A: Art. 293 - Falsificação de papeis públicos – Aquele que falsifica, fabricando ou alterando, selo destinado a controle tributário responde pelo crime de falsificação de selo ou sinal público, previsto no Art. 296 do Código Penal.

B: Art. 301 - Certidão ou atestado ideologicamente falso - A falsificação, no todo ou em parte, de atestado, para prova de fato ou circunstância que habilite alguém a obter cargo público configura o crime de falsificação de documento público, previsto no Art. 297 do Código Penal.

C: O princípio da insignificância, causa supralegal de exclusão da tipicidade, não se aplica ao crime de moeda falsa.

D: Exige-se apenas que a utilização seja feita como se o documento fosse autêntico. A dúvida do agente ilide o crime.

E: A conduta típica limita-se a "dar atestado falso".

GABARITO: C.

64. **(2016 – Câmara de Poá/SP - Procurador)** O documento emanado de entidade paraestatal, o título ao portador ou transmissível por endosso, as ações de sociedade comercial, os livros mercantis e o testamento particular, para fins de falsidade, são equiparados a:

a) atos oficiais da União, de Estado ou de Município.

b) sinais públicos.

c) selos públicos.

d) documentos particulares.

e) documentos públicos.

Falsificação de documento público:

*Art. 297, § 2º, CP: Para os efeitos penais, **EQUIPARAM-SE A DOCUMENTO PÚBLICO** o emanado de entidade paraestatal, o título ao portador ou transmissível por endosso, as ações de sociedade comercial, os livros mercantis e o testamento particular.*

GABARITO: E.

65. **(2016 – Câmara de Marília/SP – Procurador)** Aquele que guarda instrumento especialmente destinado à falsificação de moeda:

a) comete crime equiparado ao crime de falsificação de moeda (CP, Art. 289), mas receberá pena reduzida.

b) comete crime equiparado ao crime de falsificação de moeda (CP, Art. 289), com idêntica pena.

c) comete crime assimilado ao crime de falsificação de moeda (CP, Art. 290).

d) comete o crime de petrechos para falsificação de moeda (CP, Art. 291).

e) não comete crime algum, por se tratar de ato preparatório.

Petrechos para falsificação de moeda:

Art. 291 - Fabricar, adquirir, fornecer, a título oneroso ou gratuito, possuir ou guardar maquinismo, aparelho, instrumento ou qualquer objeto especialmente destinado à falsificação de moeda:

Pena - reclusão, de dois a seis anos, e multa.

GABARITO: D.

66. **(2016 – MPE/SP – Oficial de Promotoria)** Com relação à figura do Art. 305 do CP ("supressão de documento"), é correto afirmar que:

a) o crime apenas se configura se o sujeito ativo não pode dispor do documento.

b) a pena é exatamente a mesma, tanto com relação ao documento público como com relação ao documento particular.

c) o tipo penal pune a conduta de "suprimir documento", mas não a de "destruir documento".

d) o tipo penal pune a conduta de "suprimir documento", mas não a de "ocultar documento".

e) é punida com pena privativa de liberdade, na modalidade detenção, e multa.

Supressão de documento

Art. 305 - Destruir, suprimir ou ocultar, em benefício próprio ou de outrem, ou em prejuízo alheio, documento público ou particular verdadeiro, de que não podia dispor:

Pena - reclusão, de dois a seis anos, e multa, se o documento é público, e reclusão, de um a cinco anos, e multa, se o documento é particular.

A: No final do artigo está expresso que o documento não pode estar disposto ao agente, o que se leva a entender que se disposto estiver pode o agente destruir, suprimir ou ocultar.

B: Se público: 2 a 6 anos. Se particular: 1 a 5 anos.

C: Previstas punições às condutas de destruir, suprimir ou ocultar.

D: Previstas punições às condutas de destruir, suprimir ou ocultar.

E: Punição apenas na modalidade de reclusão.

GABARITO: A.

67. **(2016 – MPE/SP – Oficial de Promotoria)** A falsificação de cartão de crédito ou débito, nos termos do Código Penal (CP),

a) equipara-se à falsificação de selo ou sinal público.

b) é considerada crime apenas se dela decorrer efetivo prejuízo.

c) equipara-se à falsificação de documento público.

d) é fato atípico.

e) equipara-se à falsificação de documento particular.

Falsificação de documento particular

Art. 298 - Falsificar, no todo ou em parte, documento particular ou alterar documento particular verdadeiro:

Pena - reclusão, de um a cinco anos, e multa.

Falsificação de cartão

Parágrafo único - Para fins do disposto no caput, equipara-se a documento particular o cartão de crédito ou débito.

Obs.: Cartão de Crédito - documento particular.

Cheque - documento público.

GABARITO: E.

---

68. **(2015 – CRO/SP – Advogado)** Dentista, não exercente de função pública, que, no regular exercício da profissão, dá inverídico atestado escrito a paciente amigo, recomendando seu afastamento das atividades laborativas, a fim de que o amigo possa "emendar" um feriado,

a) pratica crime de falsidade ideológica (CP, Art. 299).

b) pratica crime de falsidade de atestado médico (CP, Art. 302).

c) pratica crime de falsidade de documento particular (CP, Art. 298).

d) pratica crime de certidão ou atestado ideologicamente falso (CP, Art. 301, *caput*).

e) não pratica crime algum.

A: Dentista não é considerado médico nesta situação conforme a jurisprudência, e, de acordo com o enunciado, ele não é funcionário público.

B: Dentista não é considerado médico nesta situação conforme a jurisprudência.

C: "Verbo" (tipo) do crime é inserir declaração falsa para criar obrigação e não falsificar ou alterar.

D: Não é funcionário público, sendo que, o crime de certidão ou atestado ideologicamente falso é crime próprio, exigindo a figura do funcionário público.

E: Se o particular, autor de atestado próprio falso, é dentista, veterinário ou qualquer outro profissional que não seja da área médica, não estará configurado o crime em tela, e sim o de falsidade ideológica, do Art. 299.

GABARITO: A.

---

69. **(2015 – SAEG – Advogado)** Suponha que Felisberto, 25 anos, estudante de direito, pague uma compra no valor de R$ 150,00 com duas cédulas falsas de R$ 100,00, das quais conhece a falsidade, e que, dois dias após o pagamento, se arrependa, procure o dono do estabelecimento comercial e pague com moeda verdadeira. Nesse caso hipotético, pode-se afirmar que Felisberto poderá responder criminalmente por:

a) moeda falsa.

b) moeda falsa com redução de pena em razão da desistência voluntária.

c) moeda falsa na modalidade tentada.

d) moeda falsa, mas fará jus à redução de pena, referente ao arrependimento posterior.

e) moeda falsa, mas fará jus à redução de pena referente ao arrependimento eficaz.

Três observações importantes sobre os crimes contra a Fé Pública:

Não admitem arrependimento posterior;

Não admitem o princípio da insignificância;

Não há modalidade culposa.

Portanto, fato consumado e sem direito a qualquer espécie de arrependimento, privilégio ou atenuante.

GABARITO: A.

---

70. **(2020 – Câmara de Pindorama/SP – Advogado)** Falsificar, no todo ou em parte, documento emanado de entidade paraestatal, as ações de sociedade comercial e o testamento particular configura o crime de:

a) falsificação de documento público.

b) falsificação de documento particular.

c) falsidade ideológica.

d) falsidade material de atestado ou certidão.

e) falsificação do selo ou sinal público.

Trata-se apenas da letra da lei do Art. 297. Atentar para as figuras equiparadas do § 2º do referido artigo. Chamo sempre a atenção para a figura específica do "testamento particular", pela confusão que pode gerar com a falsificação de documento particular.

Art. 297 - Falsificar, no todo ou em parte, documento público, ou alterar documento público verdadeiro: (...)

§ 2º - Para os efeitos penais, equiparam-se a documento público o emanado de entidade paraestatal, o título ao portador ou transmissível por endosso, as ações de sociedade comercial, os livros mercantis e o testamento particular.

GABARITO: A.

Crimes contra Administração Pública

Praticados por Funcionário Público (Arts. 312/327, CP)

71. **(2019 – Prefeitura de Campinas/SP – Agente de Fiscalização)** O funcionário público que, na cobrança de contribuição social devida, emprega meio vexatório ou gravoso, em tese,

a) pratica o crime de prevaricação.

b) não pratica qualquer crime.

c) pratica o crime de excesso de exação.

d) pratica o crime de exercício funcional ilegalmente antecipado.

e) pratica o crime de violência arbitrária.

A: Pratica o crime de prevaricação. *Art. 319 - Retardar ou deixar de praticar, indevidamente, ato de ofício, ou praticá-lo contra disposição expressa de lei, para satisfazer interesse ou sentimento pessoal.*

B: Não pratica qualquer crime. Praticou a conduta tipificada no Art. 316, § 1º, CP.

C: Pratica o crime de excesso de exação. *Art. 316, § 1º - Se o funcionário exige tributo ou contribuição social que sabe ou deveria saber indevido, ou, quando devido, emprega na cobrança meio vexatório ou gravoso, que a lei não autoriza.*

D: Pratica o crime de exercício funcional ilegalmente antecipado. *Art. 324 - Entrar no exercício de função pública antes de satisfeitas as exigências legais, ou continuar a exercê-la, sem autorização, depois de saber oficialmente que foi exonerado, removido, substituído ou suspenso.*

E: Pratica o crime de violência arbitrária. *Art. 322 - Praticar violência, no exercício de função ou a pretexto de exercê-la.*

GABARITO: C.

72. **(2019 – Prefeitura de Campinas/SP – Agente de Fiscalização)** Caio trabalha em uma repartição pública e tem por função cuidar do almoxarifado. Todos os dias, antes de sair, Caio tranca as portas dos armários de suprimentos. Em determinado dia, Caio, que está com o filho internado, saiu às pressas, esquecendo de fechar dois dos armários. No dia seguinte, ao chegar na repartição, Caio percebeu que suprimentos de alto valor tinham sido furtados. Diante da situação hipotética, Caio, em tese,

a) praticou o crime de peculato culposo.

b) praticou o crime de peculato-furto.

c) praticou o crime de peculato-apropriação.

d) praticou o crime de peculato mediante erro de outrem.

e) não praticou qualquer crime.

Peculato

Art. 312 - Apropriar-se o funcionário público de dinheiro, valor ou qualquer outro bem móvel, público ou particular, de que tem a posse em razão do cargo, ou desviá-lo, em proveito próprio ou alheio:

Pena - reclusão, de dois a doze anos, e multa.

Peculato culposo

§ 2º - Se o funcionário concorre culposamente para o crime de outrem:

Pena - detenção, de três meses a um ano.

§ 3º - No caso do parágrafo anterior, a reparação do dano, se precede à sentença irrecorrível, extingue a punibilidade; se lhe é posterior, reduz de metade a pena imposta.

Peculato Culposo: Quando o agente **sem a intenção** de praticar o crime, acaba em razão de **descuido**, praticando.

GABARITO: A.

---

73. **(2019 – Prefeitura de Campinas/SP – Agente de Fiscalização)** Mévio, funcionário público, trabalha em um posto de saúde. Ele é vizinho de Tícia, moça com quem ele gostaria de namorar. Em determinado dia, Mévio encontra Tícia, acompanhando a mãe, senhora que necessitava de atendimento médico não urgente, na fila de espera, por ordem de chegada, critério de atendimento estabelecido pelo serviço público. Para impressionar Tícia, Mévio coloca a ficha cadastral de sua mãe à frente das de outros pacientes, sendo ela chamada logo à sala do médico. Em gratidão ao gesto, Tícia decide ir ao cinema, com Mévio. Diante da situação hipotética, Mévio praticou, em tese, o crime de:

a) corrupção passiva.

b) prevaricação.

c) advocacia administrativa.

d) condescendência criminosa.

e) concussão.

A: Corrupção passiva:

Art. 317, CP - Solicitar ou receber, para si ou para outrem, direta ou indiretamente, ainda que fora da função ou antes de assumi-la, mas em razão dela, vantagem indevida, ou aceitar promessa de tal vantagem.

B: Prevaricação. *Art. 319, CP - Retardar ou deixar de praticar, indevidamente, ato de ofício, ou praticá-lo contra disposição expressa de lei, para satisfazer interesse ou sentimento pessoal.*

C: Advocacia administrativa

Art. 321, CP - Patrocinar, direta ou indiretamente, interesse privado perante a administração pública, valendo-se da qualidade de funcionário.

D: Condescendência criminosa

Art. 320, CP - Deixar o funcionário, por indulgência, de responsabilizar subordinado que cometeu infração no exercício do cargo ou, quando lhe falte competência, não levar o fato ao conhecimento da autoridade competente.

E: Concussão

Art. 316, CP - Exigir, para si ou para outrem, direta ou indiretamente, ainda que fora da função ou antes de assumi-la, mas em razão dela, vantagem indevida.

GABARITO: B.

---

74. **(2019 – IPREMM/SP – Procurador)** No que concerne ao conceito de funcionário público e equiparados, para fins penais (CP, Art. 327), é correto afirmar que:

a) a falta de remuneração impede a caracterização do indivíduo como funcionário.

b) a transitoriedade da função pública afasta a possibilidade de caracterização do indivíduo como funcionário.

c) aquele que trabalha para empresa prestadora de serviço contratada para a execução de atividade típica da Administração Pública é equiparado a funcionário.

d) por ausência de expressa previsão legal, aquele que exerce cargo em entidade paraestatal não é considerado funcionário.

e) o funcionário que trabalha em função de direção em fundação instituída pelo poder público, ao cometer crime contra a Administração, terá a pena aumentada de metade.

A: ***Art. 327, CP - Considera-se funcionário público, para os efeitos penais, quem, embora transitoriamente ou sem remuneração, exerce cargo, emprego ou função pública.***

B: ***Art. 327 - Considera-se funcionário público, para os efeitos penais, quem, embora transitoriamente ou sem remuneração, exerce cargo, emprego ou função pública.***

C: ***Art. 327, § 1º, CP - Equipara-se a funcionário público quem exerce cargo, emprego ou função em entidade paraestatal, e quem trabalha para empresa prestadora de serviço contratada ou conveniada para a execução de atividade típica da Administração Pública.***

D: ***Art. 327, § 1º, CP - Equipara-se a funcionário público quem exerce cargo, emprego ou função em entidade paraestatal, e quem trabalha para empresa prestadora de serviço contratada ou conveniada para a execução de atividade típica da Administração Pública.***

E: ***Art. 327, § 2º, CP - A pena será aumentada da terça parte quando os autores dos crimes previstos neste Capítulo forem ocupantes de cargos em comissão ou de função de direção ou assessoramento de órgão da administração direta, sociedade de economia mista, empresa pública ou fundação instituída pelo poder público.***

GABARITO: C.

---

75. **(2019 – IPREMM/SP – Procurador)** A conduta de exigir para outrem, indiretamente, antes de assumir a função pública, mas em razão dela, vantagem indevida,

a) configura concussão.

b) configura excesso de exação.

c) configura peculato-desvio.

d) configura peculato-apropriação.

e) não configura crime contra a Administração Pública.

Art. 316 - Exigir, para si ou para outrem, direta ou indiretamente, ainda que fora da função ou antes de assumi-la, mas em razão dela, vantagem indevida:

Pena - reclusão, de dois a oito anos, e multa.

Obs.:

Concussão: exigir

Excesso de exação: exigir tributo

Corrupção passiva: solicitar ou receber ou aceitar promessa

Corrupção ativa: oferecer ou prometer

GABARITO: A.

---

76. **(2019 – IPREMM/SP – Procurador)** O Art. 312 do CP, que tipifica o crime de peculato, assim determina em seu *caput*: "apropriar-se o funcionário público de dinheiro, valor ou qualquer outro bem móvel, público ou particular, de que tem a posse em razão do cargo, ou desviá-lo, em proveito próprio ou alheio. Pena:

reclusão, de dois a doze anos, e multa". Por sua vez, determina o § 1° do mesmo dispositivo legal que "se o funcionário público, embora não tendo a posse do dinheiro, valor ou bem, o subtrai, ou concorre para que seja subtraído, em proveito próprio ou alheio, valendo-se de facilidade que lhe proporciona a qualidade de funcionário", aplicar-se-á:

a) a pena equivalente ao crime cometido pelo particular com quem o funcionário concorre.

b) a pena do *caput*, diminuída de 1/6 a 1/3.

c) a pena do *caput*, diminuída da metade.

d) a mesma pena.

e) pena alguma, pois a conduta é penalmente atípica, devendo apenas ser apurada infração administrativa.

Peculato

Art. 312 - Apropriar-se o funcionário público de dinheiro, valor ou qualquer outro bem móvel, público ou particular, de que tem a posse em razão do cargo, ou desviá-lo, em proveito próprio ou alheio:

Pena - reclusão, de dois a doze anos, e multa.

***§ 1º - Aplica-se a mesma pena,** se o funcionário público, embora não tendo a posse do dinheiro, valor ou bem, o subtrai, ou concorre para que seja subtraído, em proveito próprio ou alheio, valendo-se de facilidade que lhe proporciona a qualidade de funcionário.*

GABARITO: D.

77. **(2019 – Prefeitura Rio Preto/SP – Procurador)** O Procurador do Município que patrocinar, indiretamente, interesse privado perante a Secretaria Municipal da Fazenda, valendo-se da qualidade de servidor público, sujeita-se a responsabilidade, em tese, por:

a) crime praticado por particular contra a Administração em geral, pelos fatos terem sido praticados indiretamente.

b) crime praticado por particular contra a ordem tributária, pelos fatos terem sido praticados por interposta pessoa.

c) crime praticado por particular contra a ordem fiscal, pelos fatos terem ocorrido fora do local de exercício do agente público.

d) crime funcional contra a ordem tributária.

e) infração funcional à legislação tributária, mediante Ação Anulatória.

Não confundir CP x Lei nº 8.137/90

- **Na administração fazendária: crime contra ordem tributária – Lei nº 8.137/90.**
- **Na administração pública em geral: advocacia administrativa – Art. 321, CP.**

GABARITO: D.

78. **(2019 – Prefeitura Rio Preto/SP – Procurador)** A conduta do funcionário público que, por indulgência, deixa de responsabilizar subordinado que cometeu infração no exercício do cargo,

a) configura crime de concussão.

b) configura crime de prevaricação.

c) configura crime de usurpação de função pública.

d) configura crime de condescendência criminosa.

e) não configura crime, mas mera infração funcional.

A: Concussão, de acordo com o descrito no Art. 316 do Código Penal Brasileiro, é o ato de exigir para si ou para outrem, direta ou indiretamente, ainda que fora da função ou antes de assumi-la, mas em razão dela, vantagem indevida. Pena - reclusão, de dois a oito anos, e multa.

B: Prevaricação é um crime praticado por funcionário público contra a Administração Pública. A prevaricação consiste em retardar, deixar de praticar ou praticar indevidamente ato de ofício, ou praticá-lo contra disposição expressa de lei, para satisfazer interesse ou sentimento pessoal. Pena de detenção de três meses a 1 ano, e multa.

C: *Art. 328 - Usurpar o exercício de função pública:*

Pena - detenção, de três meses a dois anos, e multa.

Parágrafo único - Se do fato o agente aufere vantagem:

Pena - reclusão, de dois a cinco anos, e multa.

D: Condescendência criminosa, de acordo a previsão do Art. 320 do Código Penal: *Deixar o funcionário, por indulgência, de responsabilizar subordinado que cometeu infração no exercício do cargo ou, quando lhe falte competência, não levar o fato ao conhecimento da autoridade competente:*

Pena - Detenção, de 15 (quinze) dias a 1 (um) mês, ou multa.

Obs.: A indulgência é relacionada com a clemência, tolerância e perdão.

E: Há tipicidade para a conduta.

GABARITO: D.

---

79. **(2019 – Prefeitura de Guarulhos/SP – Inspetor de Fiscal de Rendas)** De acordo com o CP, a conduta de funcionário público que, valendo-se dessa qualidade, patrocina interesse privado perante a Administração Pública:

a) configura prevaricação.

b) configura advocacia administrativa.

c) configura corrupção passiva.

d) é punida com pena de detenção de 1 (um) a 2 (dois) anos, e multa.

e) não é típica se o interesse patrocinado é legítimo.

Advocacia administrativa

Art. 321 - Patrocinar, direta ou indiretamente, interesse privado perante a administração pública, valendo-se da qualidade de funcionário:

Pena - detenção, de 1 (um) a 3 (três) meses, ou multa.

Parágrafo único - Se o interesse é ilegítimo:

Pena - detenção, de 3 (três) meses a 1 (um) ano, além da multa.

GABARITO: B.

---

80. **(2019 – Prefeitura de Guarulhos/SP – Inspetor de Fiscal de Rendas)** A conduta de solicitar, para si, diretamente, ainda que fora da função ou antes de assumi-la, mas em razão dela, vantagem indevida, configura crime de:

a) peculato (CP, Art. 312).

b) concussão (CP, Art. 316).

c) excesso de exação (CP, Art. 316, § 1º).

d) corrupção passiva (CP, Art. 317).

e) corrupção ativa (CP, Art. 333).

A: Peculato (Art. 312, CP) - Apropriar-se.

B: Concussão (Art. 316, CP) – Exigir.

C: Excesso de exação (Art. 316, § 1º, CP) - Exigir tributo indevido ou empregar na cobrança meio vexatório.

D: Corrupção passiva (Art. 317, CP) - Solicitar ou receber.

E: Corrupção ativa (Art. 333, CP) - Oferecer ou prometer a funcionário público.

GABARITO: D.

---

81. **(2019 – TJ/AC – Juiz)** Assinale a alternativa correta.

a) O excesso de exação é subtipo do delito de concussão que implica pena mínima mais grave que a prevista no tipo principal.

b) O crime de corrupção ativa de testemunha, perito, contador, tradutor ou intérprete é material e permite a forma tentada.

c) A reparação do dano no crime de peculato culposo, realizada antes da sentença condenatória irrecorrível é causa de diminuição de um terço a metade da pena.

d) As fraudes em certames de interesse público é crime próprio, praticado apenas por funcionário público.

A: O crime de concussão é previsto no *caput* do Art. 316 e prevê pena de reclusão de 2 a 12 anos, e multa; o crime de excesso de exação está no Art. 316, §1º, e possui pena de 3 a 8 anos de reclusão, e multa.

B: Embora haja posição minoritária em sentido contrário, trata-se de crime formal, bastando, para a consumação, o oferecimento de vantagem às pessoas listadas pelo Art. 343 do Código Penal. Ademais, também há doutrina a admitir a forma tentada, exemplificando casos de oferta de vantagem indevida por meio de correspondência, em que a missiva é extraviada.

C: De acordo com o Art. 312, §§2º e 3º, do Código Penal, no caso do peculato culposo: (i) a reparação do dano antes da sentença irrecorrível é causa de extinção de punibilidade; (ii) a reparação posterior à sentença irrecorrível é causa de diminuição de metade da pena.

D: Trata-se de crime contra a fé pública, podendo ser praticado por qualquer pessoa (Art. 311-A, *caput*, CP). A circunstância de ter sido o crime cometido por funcionário público é causa de aumento de pena (Art. 311-A, §3º, CP).

GABARITO: A.

---

82. **(2018 – Prefeitura de São Bernardo/SP – Analista)** Funcionário público que exige para si, diretamente, em razão da função, vantagem indevida pratica o crime de:

a) concussão.

b) descaminho.

c) corrupção ativa.

d) corrupção passiva.

e) excesso de exação.

Concussão:

Art. 316 - Exigir, para si ou para outrem, direta ou indiretamente, ainda que fora da função ou antes de assumi-la, mas em razão dela, vantagem indevida:

Pena - reclusão, de 2 (dois) a 12 (doze) anos, e multa. (Redação dada pela Lei nº 13.964, de 2019)

Obs.: Corrupção passiva: Solicitar ou receber → Vantagem indevida – Aceitar → Promessa de vantagem, até fora da função ou antes de assumi-la.

Concussão: Exigir → Vantagem indevida, até fora da função ou antes de assumi-la.

Excesso de exação: Exigir → Tributo ou contribuição social INDEVIDA, que funcionário público sabe ou deveria saber OU cobrar de maneira vexatória ou gravoso não autorizado por lei.

GABARITO: A.

---

83. **(2017 – Prefeitura de Altinópolis/SP – Procurador)** Sobre os crimes praticados por funcionário público contra a Administração em geral, assinale a alternativa correta.

a) Suponha que um jurado, durante o julgamento em plenário, exija vantagem indevida para si, valendo-se do pretexto de futuro julgamento. Na hipótese, não poderá ser responsabilizado pelo crime de concussão.

b) Nos crimes contra a Administração Pública, inclusive no crime de corrupção passiva, é plenamente aceitável a aplicação do princípio da insignificância.

c) O cidadão A, funcionário público, em discussão com o vizinho por conta de uma reforma, acaba por matá-lo. Seu superior hierárquico não comunica o fato à autoridade competente, motivo pelo qual deverá ser responsabilizado por condescendência criminosa.

d) O crime de advocacia administrativa, previsto no Art. 321 do CP, é infração de menor potencial ofensivo, de competência do Juizado Especial Criminal.

e) Consumado o crime de peculato doloso, a reparação do dano afasta o crime e permite a absolvição do acusado.

A: Concussão

Art. 316 - Exigir, para si ou para outrem, direta ou indiretamente, ainda que fora da função ou antes de assumi-la, mas em razão dela, vantagem indevida:

B: Súmula nº 599, STJ -

O princípio da insignificância é inaplicável aos crimes contra a administração pública.

Exceção: Crime de Descaminho (Art. 334 do CP), apesar do descaminho ser um crime contra a Administração Pública, o STJ admite a aplicação do princípio da insignificância quando o valor do tributo não recolhido for igual ou inferior a 20 mil reais.

C: Condescendência criminosa

Art. 320 - Deixar o funcionário, por indulgência, de responsabilizar subordinado que cometeu infração no exercício do cargo ou, quando lhe falte competência, não levar o fato ao conhecimento da autoridade competente:

Pena - detenção, de quinze dias a um mês, ou multa.

D: *Art. 321 - Patrocinar, direta ou indiretamente, interesse privado perante a administração pública, valendo-se da qualidade de funcionário:*

Pena - detenção, de um a três meses, ou multa.

Lei nº 9.099/95 – *Art. 61. Consideram-se infrações penais de menor potencial ofensivo, para os efeitos desta Lei, as contravenções penais e os crimes a que a lei comine pena máxima não superior a 2 (dois) anos, cumulada ou não com multa.*

E: Peculato culposo

Art. 316, § 2º - *Se o funcionário concorre culposamente para o crime de outrem:*

Pena - detenção, de três meses a um ano.

Peculato culposo:
Reparação do dano à administração.

- **Antes da sentença irrecorrível - extinção da punibilidade.**
- **Após a sentença irrecorrível - diminui pela metade a pena.**

GABARITO: D.

---

84. **(2019 – VUNESP – TJ/SP – Administrador)** O servidor público que, por indulgência, deixar de responsabilizar o subordinado que cometeu infração no exercício do cargo, cometerá o crime de:

a) peculato mediante erro de outrem.

b) prevaricação.

c) condescendência criminosa.

d) excesso de exação.

e) emprego irregular de verbas públicas.

A: Peculato mediante erro de outrem

Art. 313 - Apropriar-se de dinheiro ou qualquer utilidade que, no exercício do cargo, recebeu por erro de outrem:

Pena - reclusão, de um a quatro anos, e multa.

B: Prevaricação

Art. 319 - Retardar ou deixar de praticar, indevidamente, ato de ofício, ou praticá-lo contra disposição expressa de lei, para satisfazer interesse ou sentimento pessoal:

Pena - detenção, de três meses a um ano, e multa.

C: Condescendência criminosa

Art. 320 - Deixar o funcionário, ***POR INDULGÊNCIA****, de responsabilizar subordinado que cometeu infração no exercício do cargo ou, quando lhe falte competência, não levar o fato ao conhecimento da autoridade competente:*

Pena - detenção, de quinze dias a um mês, ou multa.

D: Concussão

Art. 316 - Exigir, para si ou para outrem, direta ou indiretamente, ainda que fora da função ou antes de assumí-la, mas em razão dela, vantagem indevida:

Pena - reclusão, de 2 a 12 anos, e multa. (Redação dada pela Lei nº 13.964, de 2019)

Excesso de exação

§ 1º - Se o funcionário exige tributo ou contribuição social que sabe ou deveria saber indevido, ou, quando devido, emprega na cobrança meio vexatório ou gravoso, que a lei não autoriza:

Pena - reclusão, de 3 (três) a 8 (oito) anos, e multa.

§ 2º - Se o funcionário desvia, em proveito próprio ou de outrem, o que recebeu indevidamente para recolher aos cofres públicos:

Pena - reclusão, de dois a doze anos, e multa.

E: Emprego irregular de verbas ou rendas públicas

Art. 315 - Dar às verbas ou rendas públicas aplicação diversa da estabelecida em lei:

Pena - detenção, de um a três meses, ou multa.

GABARITO: C.

---

85. **(2018 – Prefeitura de São Bernardo/SP – Agente de Tesouraria)** Dar às verbas ou rendas públicas aplicação diversa da estabelecida em lei:

a) é crime contra a Administração Pública, estabelecido no Art. 315 do Código Penal.

b) é crime de abuso de autoridade, estabelecido no Art. 3º da Lei nº 4.898/65.

c) é crime contra a ordem tributária, estabelecido no Art. 1º da Lei nº 8.137/90.

d) embora não seja crime, sujeita o agente a perda do mandato, nos termos da Lei nº 8.429/92.

e) embora não seja crime, sujeita o agente a ação de improbidade administrativa, nos termos da Lei nº 8.429/92.

Título XI: dos crimes contra a administração pública

Capítulo I: dos crimes praticados por funcionário público contra a administração em geral

Emprego irregular de verbas ou rendas públicas

Art. 315 - dar às verbas ou rendas públicas aplicação diversa da estabelecida em lei: pena - detenção, de um a três meses, ou multa.

Obs.: Caso o autor do delito seja o chefe do Poder Executivo Municipal, o delito estará tipificado no Art. 1º, inciso II do Decreto-Lei nº201/1967 - Responsabilidade de Prefeito/Vereadores.

GABARITO: A.

---

86. **(2018 – PC/SP – Agente de Telecomunicações Policial)** O servidor público que exige para outrem, indiretamente, fora da função, mas em razão dela, vantagem indevida,

a) comete o crime de concussão.

b) não comete qualquer crime.

DIR PEN ESP

c) comete o crime de corrupção passiva.

d) comete o crime de prevaricação.

e) comete o crime de corrupção ativa.

Concussão

Art. 316 - Exigir, para si ou para outrem, direta ou indiretamente, ainda que fora da função ou antes de assumi-la, mas em razão dela, vantagem indevida:

Pena - reclusão, de 2 a 12 anos, e multa. (Redação dada pela Lei nº13.964, de 2019)

GABARITO: A.

---

87. **(2020 – Câmara de Pindorama/SP – Procurador)** Deixar o funcionário, por indulgência, de responsabilizar subordinado que cometeu infração no exercício do cargo ou, quando lhe falte competência, não levar o fato ao conhecimento da autoridade competente, corresponde ao crime de:

a) advocacia administrativa.

b) violação de sigilo funcional.

c) condescendência criminosa.

d) corrupção passiva.

e) corrupção ativa.

Trata-se da previsão do Art. 320 do CP:

condescendência criminosa

Deixar o funcionário, por indulgência, de responsabilizar subordinado que cometeu infração no exercício do cargo ou, quando lhe falte competência, não levar o fato ao conhecimento da autoridade competente.

Pena - Detenção, de 15 (quinze) dias a 1 (um) mês, ou multa.

Observação:

Se o funcionário superior hierárquico se omite para atender sentimento ou interesse pessoal, responderá pelo crime de prevaricação.

GABARITO: C.

---

88. **(2020 – Câmara de Pindorama/SP – Procurador)** Considere a seguinte situação hipotética: o servidor municipal X tem sob sua responsabilidade R$ 2.000,00 (dois mil reais) mensais destinados ao abastecimento de cinco veículos oficiais do setor que coordena; entretanto, em janeiro último, utilizou, parte desse montante, R$ 300,00 (trezentos reais), para o conserto de duas impressoras a laser, um computador e o bebedouro, utilizados por todos que ali exercem suas funções. Diante disso, a conduta do servidor municipal X configura:

a) peculato culposo.

b) excesso de exação.

c) peculato.

d) emprego irregular de verbas ou rendas públicas.

e) advocacia administrativa.

Emprego irregular de verbas ou rendas públicas.

Art. 315 - Dar às verbas ou rendas públicas aplicação diversa da estabelecida em lei:

Pena - detenção, de um a três meses, ou multa.

Observe que se o emprego da verba se der em proveito próprio ou alheio, pode-se falar em peculato desvio (Art. 312, *caput*, CP)

No entanto, como o emprego foi em benefício da própria Administração Pública, configura-se o crime de emprego irregular de verbas (Art. 315, CP).

GABARITO: D.

---

89. **(2020 – Prefeitura de Ferraz Vasconcelos/SP – Guarda Municipal)** Considere o seguinte caso hipotético: "A", funcionário público, arromba a janela de uma repartição e subtrai uma impressora. Nos termos do Código Penal, e apenas com base nas informações do enunciado, é correto afirmar que "A" cometeu o crime de:

a) peculato comum.

b) corrupção ativa.

c) furto qualificado.

d) peculato furto.

e) violência arbitrária.

A dúvida na questão reside apenas no verbo subtrair e a condição de funcionário público.

Ainda que se trate de funcionário público, vale lembrar que o tipo do peculato-furto (Art. 312, § 1º do CP), exige ainda o elemento normativo da "FACILIDADE EM RAZÃO DO CARGO", o que não ocorre na situação em destaque (já que o agente teve de arrombar a janela) e, portanto, tendo praticado o crime de furto do Art. 155 do CP.

Incidindo ainda a qualificadora de rompimento de obstáculo e, por isso, respondendo na forma qualificada.

GABARITO: C.

---

90. **(2020 – SeMAE – Engenheiro)** Nos termos do Código Penal, é correto afirmar que a conduta de "exigir, para si ou para outrem, direta ou indiretamente, ainda que fora da função ou antes de assumi-la, mas em razão dela, vantagem indevida", tipifica o seguinte crime:

a) prevaricação.

b) concussão.

c) corrupção passiva.

d) corrupção ativa.

e) peculato.

a) Prevaricação: Retardar ou deixar de praticar, indevidamente, ato de ofício, ou praticá-lo contra disposição expressa de lei, para satisfazer interesse ou sentimento pessoal (Art. 319 do CP).

b) Concussão: Exigir, para si ou para outrem, direta ou indiretamente, ainda que fora da função ou antes de assumi-la, mas em razão dela, vantagem indevida (Art. 316 do CP).

c) Corrupção passiva: Solicitar ou receber, para si ou para outrem, direta ou indiretamente, ainda que fora da função ou antes de assumi-la, mas em razão dela, vantagem indevida, ou aceitar promessa de tal vantagem (Art. 317 do CP).

d) Corrupção ativa: Oferecer ou prometer vantagem indevida a funcionário público, para determiná-lo a praticar, omitir ou retardar ato de ofício (Art. 333 do CP).

e) Peculato: Apropriar-se o funcionário público de dinheiro, valor ou qualquer outro bem móvel, público ou particular, de que tem a posse em razão do cargo, ou desviá-lo, em proveito próprio ou alheio (Art. 312 do CP).

GABARITO: B.

Praticados por Particular (Arts. 328 a 334, CP)

DIR PEN ESP

91. **(2019 – Prefeitura de Francisco Morato/SP – Procurador)** A respeito dos crimes contra a administração pública, previstos nos artigos 312 a 359-H, do Código Penal, assinale a alternativa correta.

a) O crime de favorecimento pessoal (Art. 348 do CP) só se caracteriza se o auxílio é prestado a autor de crime a que cominada pena de reclusão.

b) O crime de tráfico de influência (Art. 332 do CP) é próprio de funcionário público.

c) O crime de violação de sigilo funcional (Art. 325 do CP) só se caracteriza se da revelação resultar prejuízo à Administração Pública.

d) O crime de corrupção ativa (Art. 333 do CP) só se caracteriza se o ato de ofício, em razão da vantagem oferecida ou prometida, for omitido, praticado ou retardado.

e) O crime de desacato (Art. 331 do CP) só se caracteriza se o funcionário púbico estiver no exercício da função ou em razão dela.

A: O o termo "só" deixa a questão errada, pois conforme o § 1º do Art. 348 - *Se ao crime não é cominada pena de reclusão: Pena - detenção, de quinze dias a três meses, e multa.*

B: Tráfico de influência (Art. 332 do CP) é crime do particular contra a administração pública.

C: Violação do sigilo funcional com dano a administração pública é uma qualificadora. *Art. 325, § 2º – Se da ação ou omissão resulta dano à Administração Pública ou a outrem: Pena – reclusão, de 2 (dois) a 6 (seis) anos, e multa.*

D: Crime de corrupção ativa (Art. 333 do CP) é crime formal, a simples conduta de oferecer ou prometer caracteriza o delito.

E: *Art. 331 - Desacatar funcionário público no exercício da função ou em razão dela.*

GABARITO: E.

---

92. **(2019 – Câmara Municipal de Piracicaba/SP – Advogado)** Sobre os crimes contra a Administração Pública (arts. 312 a 359-H, do Código Penal), assinale a alternativa correta.

a) A conduta de extraviar livro oficial de que se tem a guarda em razão do cargo caracteriza o crime de corrupção passiva.

b) A conduta de patrocinar interesse privado perante a Administração Pública, valendo-se da qualidade de funcionário público, caracteriza o crime de tráfico de influência.

c) A conduta de desobedecer à ordem, ainda que ilegal, de funcionário público caracteriza o crime de desobediência.

d) Importar mercadoria proibida caracteriza o crime de descaminho.

e) Inovar artificialmente em processo administrativo o estado de lugar, com o fim de induzir a erro o juiz, caracteriza crime de fraude processual.

A: Extravio, sonegação ou inutilização de livro ou documento

Art. 314 - Extraviar livro oficial ou qualquer documento, de que tem a guarda em razão do cargo; sonegá-lo ou inutilizá-lo, total ou parcialmente:

Pena - reclusão, de um a quatro anos, se o fato não constitui crime mais grave.

B: Advocacia administrativa

Art. 321 - Patrocinar, direta ou indiretamente, interesse privado perante a administração pública, valendo-se da qualidade de funcionário:

Pena - detenção, de um a três meses, ou multa.

C: Desobediência

Art. 330 - Desobedecer a ordem legal de funcionário público:

Pena - detenção, de quinze dias a seis meses, e multa.

D: Contrabando

Art. 334-A - Importar ou exportar mercadoria proibida:

Pena - reclusão, de 2 (dois) a 5 (cinco) anos.

E: Fraude processual

Art. 347 - Inovar artificiosamente, na pendência de processo civil ou administrativo, o estado de lugar, de coisa ou de pessoa, com o fim de induzir a erro o juiz ou o perito:

Pena - detenção, de três meses a dois anos, e multa.

GABARITO: E.

---

93. **(2018 – MP/SP – Analista)** A respeito dos Crimes contra a Administração Pública, previstos no Código Penal, assinale a assertiva correta.

a) Mévio, vendedor, ao oferecer vantagem econômica a Tício, gerente de compras de rede de supermercado, para que seus produtos fossem adquiridos, pratica o crime de corrupção ativa, previsto no Art. 333, do CP.

b) Caio, funcionário público, por vingança, ao retardar, indevidamente, a expedição de certidão de interesse de Tício, seu desafeto, a fim de o prejudicar, pratica crime de prevaricação, previsto no Art. 319, do CP.

c) Tícia, funcionária pública, ao furtar a carteira da colega, também funcionária pública, pratica o crime de peculato-furto, previsto no parágrafo 1°, do Art. 312, do CP.

d) Mévia, ao se opor à apreensão ilegal de seu filho menor pela Polícia Militar, pratica o crime de resistência, definido no Art. 329, do CP.

e) Semprônio, ao se recusar a assinar o mandado de citação de ação de execução, perante o oficial de justiça, pratica o crime de desobediência, previsto no Art. 330, do CP.

A: No crime de corrupção ativa, o sujeito passivo é o Estado (administração pública). Como no caso o agente oferece vantagem a gerente de supermercado, não há crime do Art. 333.

B: O Art.319, CP, exige o dolo específico de "satisfazer interesse pessoal", que no caso, tinha o fim de prejudicar seu desafeto Tício.

C: Para configurar o peculato-furto, o funcionário público deve se valer da facilidade que proporciona o cargo, o que não foi o caso, pois não se valeu de nenhuma facilidade durante a execução para subtrair a coisa.

Tícia responde por Furto, Art. 155, CP.

D: No delito de Resistência, também chamado de Desobediência Belicosa, o agente se opõe ao ato legal mediante violência ou ameaça a funcionário.

Art. 329 - Opor-se à execução de ato legal, mediante violência ou ameaça a funcionário competente para executá-lo ou a quem lhe esteja prestando auxílio: Pena - detenção, de dois meses a dois anos.

Obs.: Indivíduo que não sofre a execução do ato legal também pode ser sujeito ativo. Ex.: Ao ver filho sendo revistado, o pai ameaça bater nos policiais.

E: Não há crime:

Art. 357, CPP - São requisitos da citação por mandado:

I - leitura do mandado ao citando pelo oficial e entrega da contrafé, na qual se mencionarão dia e hora da citação;

II - declaração do oficial, na certidão, da entrega da contrafé, e sua aceitação ou recusa.

GABARITO: B.

---

94. **(2017 – Prefeitura de São José dos Campos/SP – Procurador)** Considerando os Crimes contra a Administração, nos exatos termos do Art. 334-A, § 1°, III, quem reinsere no território nacional mercadoria brasileira destinada à exportação incorre na mesma pena do crime de:

a) sonegação fiscal.

b) descaminho.

c) fraude de concorrência.

d) contrabando.

e) corrupção ativa em transação comercial internacional.

Art. 334-A - Importar ou exportar mercadoria proibida:

Pena - reclusão, de 2 (dois) a 5 (cinco) anos.

§ 1º Incorre na mesma pena quem:

III - reinsere no território nacional mercadoria brasileira destinada à exportação;

A: Sonegação Fiscal: está previsto nos Arts. 1º e 2º da Lei nº 8.137, de 27/12/90, caracteriza-se por um tipo penal múltiplo na última espécie examinada. Define-se o delito pela ação de suprimir ou reduzir tributo por meio de diversos tipos de comportamentos, entre eles: omitir informação, fraudar a fiscalização, elaborar documento falso, etc.

B: Descaminho: *Art. 334 - Iludir, no todo ou em parte, o pagamento de direito ou imposto devido pela entrada, pela saída ou pelo consumo de mercadoria.*

C: Fraude de Concorrência. Faz parte dos crimes praticados por particular contra a administração em geral. Impedir, perturbar ou fraudar concorrência pública ou venda em hasta pública, promovida pela administração federal, estadual ou municipal, ou por entidade paraestatal; afastar ou procurar afastar concorrente ou licitante, por meio de violência, grave ameaça, fraude ou oferecimento de vantagem.

D: Contrabando. *Art. 334-A - Importar ou exportar mercadoria proibida: (Incluído pela Lei nº 13.008, de 26.6.2014).*

E: Corrupção ativa em transação comercial internacional. *Art. 337-B - Prometer, oferecer ou dar, direta ou indiretamente, vantagem indevida a funcionário público estrangeiro, para determiná-lo a praticar, omitir ou retardar ato de ofício relacionado a transação comercial internacional.*

GABARITO: D.

---

95. **(2017 – Câmara Municipal de Cotia/SP – Procurador)** De acordo com o Código Penal Brasileiro, é correto afirmar, sobre os crimes praticados por particulares contra a Administração Pública, que:

a) o crime de usurpação de função pública somente se caracteriza se o agente usurpador obtém vantagem enquanto na função.

b) o crime de resistência caracteriza-se pela oposição à execução de ato, ainda que ilegal, mediante violência ou grave ameaça, a funcionário competente para executá-lo ou a quem lhe esteja prestando auxílio.

c) o crime de tráfico de influência caracteriza-se independentemente de o agente influir em ato praticado por funcionário público no exercício da função.

d) no crime de sonegação de contribuição previdenciária, é extinta a punibilidade se o agente, espontaneamente, declara e confessa as contribuições e presta as informações devidas, antes do início da ação penal.

e) a reinserção no território brasileiro de mercadoria destinada à exportação, em tese, caracteriza o crime de descaminho.

A: O crime se configura ainda que seja auferido a vantagem.

Usurpação de função pública

Art. 328 - Usurpar o exercício de função pública:

Parágrafo único - Se do fato o agente aufere vantagem.

B: Se o ato é ilegal, não há crime de resistência.

Art. 329 - Opor-se à execução de ato legal, mediante violência ou ameaça a funcionário competente para executá-lo ou a quem lhe esteja prestando auxílio.

C: *Art. 332 - Solicitar, exigir, cobrar ou obter, para si ou para outrem, vantagem ou promessa de vantagem, a pretexto de influir em ato praticado por funcionário público no exercício da função.*

D: *Art. 337-A § 1º - É extinta a punibilidade se o agente, espontaneamente, declara e confessa as contribuições, importâncias ou valores e presta as informações devidas à previdência social, na forma definida em lei ou regulamento, antes do início da ação fiscal.*

E: Contrabando

Art. 334-A - Importar ou exportar mercadoria proibida.

§ 1º - Incorre na mesma pena quem

III - reinsere no território nacional mercadoria brasileira destinada à exportação;

GABARITO: C.

96. **(2013 – COREN/SP – Advogado)** A respeito do crime de corrupção ativa, assinale a alternativa correta.

a) Trata-se de delito bilateral, de tal sorte que sua ocorrência sempre ficará dependente da aceitação da promessa por parte do funcionário público.

b) Jamais se admite a modalidade tentada.

c) Para a ocorrência do delito, é necessário que a prática do ato de ofício almejado consista em infração de dever funcional por parte do funcionário público.

d) Ocorrerá o crime nas hipóteses de oferecimentos de pequenos presentes ou mimos, ainda que ofertados de modo desinteressado.

e) Admite-se apenas a modalidade dolosa.

A: Não é necessário que o agente público aceite a promessa.

B: - É um crime que admite a tentativa, mas é de difícil comprovação, e pode ser feita na forma escrita, como por exemplo, uma carta solicitando vantagem indevida pega pelo chefe de uma repartição. Portanto, é sempre importante lembrar que sendo a conduta plurissubsistente, caberá tentativa.

C: Pode ser consumado por omissão ou retardo de ato de ofício.

D: A corrupção ativa caracteriza-se pelo ato de oferecer vantagem indevida a um funcionário público, em troca de algum tipo de favor ou beneficio.

E: Corrupção Ativa não admite modalidade culposa, apenas dolosa.

Corrupção ativa

Art. 333 - Oferecer ou prometer vantagem indevida a funcionário público, para determiná-lo a praticar, omitir ou retardar ato de ofício:

GABARITO: E.

97. **(2016 – Câmara Municipal de Poá/SP – Procurador)** A fim de evitar o cumprimento de reintegração de posse, indivíduo lança pedras contra Oficial de Justiça que está dando cumprimento ao respectivo mandado judicial. Tal conduta configura o crime de:

a) desacato.

b) resistência.

c) desobediência.

d) arremesso de projétil.

e) usurpação de função pública.

A: Desacato

Art. 331 - Desacatar funcionário público no exercício da função ou em razão dela:

Pena - detenção, de seis meses a dois anos, ou multa.

B: Resistência

Art. 329 - Opor-se à execução de ato legal, mediante violência ou ameaça a funcionário competente para executá-lo ou a quem lhe esteja prestando auxílio:

Pena - detenção, de dois meses a dois anos.

C: Desobediência

Art. 330 - Desobedecer a ordem legal de funcionário público:

Pena - detenção, de quinze dias a seis meses, e multa.

D: Arremesso de projétil

Art. 264 - Arremessar projétil contra veículo, em movimento, destinado ao transporte público por terra, por água ou pelo ar:

Pena - detenção, de um a seis meses.

Parágrafo único - Se do fato resulta lesão corporal, a pena é de detenção, de 6 (seis) meses a 2 (dois) anos; se resulta morte, a pena é a do Art.121, § 3º, aumentada de um terço.

E: Usurpação de função pública

Art. 328 - Usurpar o exercício de função pública:

Pena - detenção, de três meses a dois anos, e multa.

Parágrafo único - Se do fato o agente aufere vantagem:

Pena - reclusão, de dois a cinco anos, e multa.

GABARITO: B.

---

98. **(2016 – Câmara Municipal de Marília/SP – Procurador)** A conduta de iludir, no todo ou em parte, o pagamento de direito ou imposto devido pela entrada, pela saída ou pelo consumo de mercadoria constitui:

a) crime de contrabando.

b) crime de descaminho.

c) crime de sonegação de contribuição previdenciária.

d) mero ilícito fiscal-aduaneiro, sem repercussão na esfera penal.

e) mero ilícito fiscal-tributário que sujeita a respectiva mercadoria a perdimento, sem repercussão na esfera penal.

Descaminho

Art. 334 - Iludir, no todo ou em parte, o pagamento de direito ou imposto devido pela entrada, pela saída ou pelo consumo de mercadoria.

Contrabando

Art. 334-A - Importar ou exportar mercadoria proibida.

Contrabando - Importar ou exportar mercadoria proibida.

Descaminho - Burlar o fisco, no todo ou em parte.

GABARITO: B.

---

99. **(2016 – Câmara Municipal de Marília/SP – Procurador)** Funcionários públicos estão executando um ato legal. Mediante violência, um indivíduo opõe-se à execução do ato, e acaba causando lesão corporal leve em um particular que prestava auxílio aos funcionários públicos. Em que pese a oposição o ato se executa. O indivíduo:

a) comete crime de resistência e também responderá pela violência (lesão corporal).

b) comete crime de desobediência, o qual terá sua pena aumentada por conta da violência (lesão corporal).

c) apenas responderá pela violência (lesão corporal), não havendo porque se cogitar de outro crime, pois o ato foi executado.

d) apenas comete crime de resistência, não havendo porque se cogitar de outro crime, uma vez que a vítima de violência (lesão corporal) não se trata de funcionário público.

e) não comete crime algum.

Resistência

Art. 329 - Opor-se à execução de ato legal, mediante violência ou ameaça a funcionário competente para executá-lo ou a quem lhe esteja prestando auxílio:

Pena - detenção, de dois meses a dois anos.

§ 1º - Se o ato, em razão da resistência, não se executa:

Pena - reclusão, de um a três anos.

§ 2º - As penas deste artigo são aplicáveis sem prejuízo das correspondentes à violência.

GABARITO: A.

---

100. **(2015 – PC/CE – Delegado)** Imagine que determinado dentista, por meio de um site de compras na Internet adquire, do exterior, um instrumento odontológico cuja utilização é proibida no Brasil. A encomenda não é barrada pelos controles aduaneiros e o dentista começa a utilizar o instrumento. É correto afirmar que:

a) tipificou-se crime de descaminho.

b) tipificou-se crime de contrabando.

c) tipificou-se crime de exercício irregular da profissão.

d) tipificou-se crime de tráfico de influência em transação comercial internacional.

e) não houve tipificação de nenhum crime ou contravenção, tendo em vista o consentimento tácito da autoridade de controle aduaneiro

Contrabando - Produtos proibidos

Descaminhos - Produtos permitidos, mas com burla das obrigações tributárias.

A: Descaminho

Art. 334 - Iludir, no todo ou em parte, o pagamento de direito ou imposto devido pela entrada, pela saída ou pelo consumo de mercadoria.

B: Contrabando

Art. 334-A - Importar ou exportar mercadoria proibida.

C: Exercício ilegal da medicina, arte dentária ou farmacêutica

Art. 282 - Exercer, ainda que a título gratuito, a profissão de médico, dentista ou farmacêutico, sem autorização legal ou excedendo-lhe os limites.

D: Tráfico de influência em transação comercial internacional (Incluído pela Lei nº 10467, de 11.6.2002)

Art. 337-C - Solicitar, exigir, cobrar ou obter, para si ou para outrem, direta ou indiretamente, vantagem ou promessa de vantagem a pretexto de influir em ato praticado por funcionário público estrangeiro no exercício de suas funções, relacionado a transação comercial internacional.

E: O erro do setor aduaneiro não torna o crime atípico.

GABARITO: B.

DIREITO PROCESSUAL PENAL

Princípios

01. **(2018 - PC/BA - Delegado)** No que concerne aos sistemas de avaliação das provas, o julgamento realizado pelos Juízes leigos (jurados) no Tribunal do Júri é exemplo do que a doutrina classifica como sistema:

a) da prova livre.

b) legal ou tarifado.

c) da íntima convicção.

d) da persuasão racional.

e) da livre convicção motivada.

O sistema da íntima convicção foi adotado pelo nosso código de processo penal, sendo aplicável tão somente aos casos submetidos ao Tribunal do Júri, pois os jurados julgam com plena liberdade, de acordo com a sua íntima convicção, não fundamentando sua decisão em nenhum dispositivo de lei, pois não são operadores do direito. Os demais sistemas de apreciação da prova estão relacionados ao juiz togado, o qual possui o discernimento para livremente apreciar a prova produzida sob o crivo do contraditório e da ampla defesa, segundo os critérios técnicos vigentes em lei. Ressalte-se que no ordenamento jurídico brasileiro não se admite a figura da prova "tarifada", a qual teria prevalência sobre outros tipos de prova produzidos no curso da persecução penal, à exceção daquela relacionada ao "estado de pessoas" estatuída no Art. 155, parágrafo único, do C.P.P.B.

GABARITO: C.

---

02. **(2018 - PC/BA - Investigador)** A respeito do princípio constitucional do juiz natural, é **correto** afirmar que, na fase investigatória,

a) ele é representado pelo delegado de polícia, que atua na presidência do inquérito policial e concretiza as medidas legais.

b) não há, uma vez que para sua existência é imprescindível que haja o contraditório formal e a ampla defesa.

c) não existe, pois nesta fase a autoridade judiciária exerce tão somente atividade correcional e nunca jurisdicional propriamente dita.

d) poderá haver tão somente na hipótese de decretação de medidas que cerceiem a liberdade do investigado.

e) ele é representado pelo juiz de direito que concede prazos, autoriza diligências e determina medidas restritivas.

O "princípio do juiz natural" está restrito à figura do magistrado, motivo pelo qual se refuta de plano o disposto na alternativa A, sendo ela perceptível quando por ocasião da fixação do juízo prevento, ou seja, aquele que se manifesta antecipadamente uma vez instado a atuar diante do caso concreto em curso no trâmite do inquérito policial, notadamente naquilo que diz respeito à decretação de medidas de caráter assecuratório e/ou protetivas, tais como a decretação do sequestro ou arresto ou penhora de bens, da expedição de mandados de busca e apreensão e/ou prisão do indiciado, por exemplo.

GABARITO: E.

---

03. **(2018 – PC/SP – Delegado)** Tício está sendo processado pela prática de crime de roubo. Durante o trâmite do inquérito policial, entra em vigor determinada lei, reduzindo o número de testemunhas possíveis de serem arroladas pelas partes no procedimento ordinário. A respeito do caso descrito, é correto que:

a) em razão do sistema da unidade processual, pelo qual uma única lei deve reger todo o processo, a lei velha continua ultra-ativa e, por isso, não se aplica a nova lei, mormente por ser essa prejudicial em relação aos interesses do acusado.

b) não se aplica a lei revogada porque a instrução ainda não se iniciara quando da entrada em vigor da nova lei.

c) não se aplica a lei revogada ao processo de Tício em razão do princípio da reserva legal.

d) não se aplica a lei nova ao processo de Tício em razão do princípio da anterioridade.

e) a lei que irá reger o processo é a lei do momento em que foi praticado o crime, à vista do princípio *tempus regit actum.*

O Art. 2º C.P.P.B. é claro ao asseverar que: A lei processual penal aplicar-se-á desde logo, sem prejuízo da validade dos atos realizados sob a vigência da lei anterior. Importante lembrar que em referência às leis penais de natureza processual, inaplicáveis a essas os princípios da retroatividade da lei mais benigna ou irretroatividade de lei mais gravosa, visto que esses institutos são inerentes às leis de natureza penal. *In fine* de se registrar que o preceito *tempus regit actum* diz respeito ao "Tempo do crime" previsto no C.P.B. e não ao C.P.P.B.

GABARITO: B.

04. **(2016 – TJ/SP – Titular de Serviços de Notas e de Registros/Provimento)** Dos princípios constitucionais do processo penal a seguir enumerados, assinale o que admite que a legislação infraconstitucional estabeleça exceções.

a) Princípio do contraditório.

b) Princípio da publicidade.

c) Princípio da presunção da inocência.

d) Princípio da imunidade à autoacusação.

O "Princípio da Publicidade" (Art. 5º, LX, e 93, IX da CF/88) integra o sistema processual acusatório. Nesses termos, a regra geral é a da publicidade, sendo o segredo de justiça sua exceção, notadamente em face de certas espécies de apurações, por exemplo, processos em que envolvam crianças e adolescentes ou de interesse à segurança nacional, oportunidade em que o sigilo deve prevalecer em favor dos interesses sociais. Os demais princípios constitucionais apresentados na questão em análise, a saber: contraditório, presunção da inocência e da imunidade à autoacusação não podem sofrer quaisquer espécies de restrições.

GABARITO: B.

05. **(2016 – TJM/SP – Juiz de Direito Militar)** A respeito dos princípios processuais penais, é correto afirmar que:

a) o princípio da motivação das decisões e das sentenças penais se aplica a todas as decisões proferidas em sede de direito processual penal, inclusive no procedimento do Tribunal de Júri.

b) o princípio do contraditório restará violado se entre a acusação e a sentença inexistir correlação.

c) o direito ao silêncio, que está previsto na Constituição da República, em conformidade com a interpretação sedimentada, só se aplica ao acusado preso.

d) o princípio da verdade real constitui princípio supremo no processo penal, tendo valor absoluto, inclusive para conhecimento e para valoração das provas ilícitas.

e) a ausência de previsão de atividade instrutória do juiz em nosso ordenamento processual penal brasileiro decorre do princípio da imparcialidade do julgador.

O "princípio do contraditório" objetiva, substancialmente, confrontar os termos da acusação, ultimando a obtenção de uma sentença satisfatória ao acusado e, assim sendo, deverá haver uma correlação entre aquela e a decisão final. Aplica-se ao Tribunal do Júri o princípio da íntima convicção em face da existência de juízes leigos *in casu*. Por seu turno, o direito ao silencio é inerente a qualquer tipo de acusado, encontrando-se ele custodiado ou não. No que concerne ao princípio da "busca da verdade real", essa restará obstaculizada em face do disposto no Art. 5º, inciso LVI, da CF/88, que assim dispõe: "são inadmissíveis, no processo, as provas obtidas por meios ilícitos". Por último, ressalte-se que nosso ordenamento jurídico prevê a atividade instrutória do magistrado mediante contraditório judicial estabelecido no Art. 155, *caput* do C.P.P.B., sendo certo que inexiste prejuízo à imparcialidade do julgador decorrente dessa atribuição, pois ela visa subsidiar uma sentença obtida por meio das provas coligidas no curso do processo.

GABARITO: B.

06. **(2015 – PC/CE – Inspetor)** O princípio que rege a atividade probatória – o qual consiste em exigir que o juiz tenha contato direto com as provas de que se valerá para decidir, sendo, em regra, inválida a prova produzida sem a presença do magistrado – é denominado:

a) Princípio da identidade física do juiz.

b) Princípio da comunhão dos meios de prova.

c) Princípio da concentração.

d) Princípio da imediação ou imediatidade.

e) Princípio da investigação.

Trata-se de questão meramente doutrinária, sendo necessário conhecer os conceitos dos respectivos princípios. Princípio da imediação ou imediatividade: estabelece que o juiz deve ter contato direto com as partes, as testemunhas e as provas em geral produzidas em instrução, ultimando otimizar o tempo entre sua produção e respectiva decisão. Princípio da identidade física do juiz: assevera que juiz que concluir a audiência julgará a lide, não devendo ser substituído, salvo por motivo de força maior ou caso fortuito. Princípio da comunhão dos meios de prova: preconiza que a prova, uma vez produzida, pertencerá a todos os sujeitos processuais. Princípio da concentração: referido preceito prevê que o julgamento deverá ser concentrado em uma ou poucas audiências. Princípio da investigação: orienta-se pelo critério de que o magistrado tem liberdade para investigar todos os fatos relacionados à questão *sub judice*.

GABARITO: D.

---

07. **(2015 – PC/CE – Inspetor)** Constituição da República, artigo 5º, inciso XLV: "nenhuma pena passará da pessoa do condenado, podendo a obrigação de reparar o dano e a decretação do perdimento de bens ser, nos termos da lei, estendidas aos sucessores e contra eles executadas, até o limite do valor do patrimônio transferido". O dispositivo constitucional ora transcrito refere-se a um dos princípios denominado:

a) Princípio da correlação.

b) Princípio da intranscendência.

c) Princípio do privilégio contra a autoincriminação.

d) Princípio da oficiosidade ou do impulso oficial.

e) Princípio do devido processo legal.

Questão de caráter doutrinário e conceitual. O Princípio da Intranscendência ou da pessoalidade ou da personalidade da pena estabelece que somente o condenado responderá pelo crime praticado, pois sua pena não poderá ser transferida para terceiros. O Princípio da Correlação assevera que deve existir adequação entre o fato narrado na denúncia e aquele diante do qual o réu foi condenado. O Princípio do Privilégio contra a Autoincriminação preceitua a garantia de que ninguém será obrigado a produzir prova contra si mesmo, assim explicitado pelo brocardo latino Nemo tenetur se detegere. O Princípio da Oficiosidade ou do impulso oficial prevê a competência do magistrado para dar o correto andamento ao processo por meio da designação de audiências e demais atos instrutórios. Finalmente, o Princípio do Devido Processo Legal, insculpido no inciso LIV, do Art. 5º da CF/88 estipula que ninguém será privado da liberdade ou de seus bens sem o devido processo legal, ou seja, existe um ordenamento concatenado de atos no processo que não devem ser violados, por exemplo, a tomada dos depoimentos das testemunhas antes da realização do interrogatório do réu.

GABARITO: B.

---

08. **(2015 – PC/CE – Escrivão)** No que diz respeito às disposições constitucionais aplicáveis ao processo penal, é correto afirmar que:

a) o preso tem direito à identificação dos responsáveis por sua prisão ou por seu interrogatório policial, salvo as hipóteses em que a identificação colocar em risco a atividade policial.

b) não será admitida ação privada nos crimes de ação penal pública.

c) ninguém será preso senão em flagrante delito ou por ordem escrita e fundamentada de autoridade judiciária competente, salvo nos casos de transgressão militar ou crime impropriamente militar, definidos em lei.

d) a lei só poderá restringir a publicidade dos atos processuais quando a defesa da intimidade ou o interesse social o exigirem.

e) ninguém será considerado culpado até a publicação de sentença penal condenatória.

Nos exatos termos daquilo que dispõe o Art. 5º, inciso LX da CF/88 teríamos que: *a lei só poderá restringir a publicidade dos atos processuais quando a defesa da intimidade ou o interesse social o exigirem.* Conforme inciso LXIV, do Art. 5º do mesmo diploma legal, o preso tem direito à identificação dos responsáveis por sua prisão ou por seu interrogatório policial, inexistindo hipótese de vedação quanto a essa finalidade. Estabelece ainda o referido artigo, em seu inciso LIX que será admitida ação privada nos crimes de ação penal pública, quando essa não for intentada no prazo legal. Verifica-se também no Art. 5º, inciso LXI, que *ninguém será preso senão em flagrante delito ou por ordem escrita e fundamentada de autoridade judiciária competente, salvo nos casos de transgressão militar ou crime propriamente militar, definidos em lei.* Por fim, há de se observar que o suscitado dispositivo, em seu inciso LVII, assevera que *ninguém será considerado culpado até o trânsito em julgado de sentença penal condenatória* e não como constou na alternativa "E".

GABARITO: D.

09. **(2015 – Analista – MPE/SP)** De acordo com o princípio da presunção de inocência, previsto no artigo 5º, inciso LVII, da Constituição Federal, explícito no processo penal,

a) o ônus da prova de inocência cabe à defesa, após recebimento da denúncia ou queixa-crime e, consequente, início da ação penal.

b) iniciada a ação penal e feita a citação, o réu não é obrigado a comparecer em Juízo e se autoacusar, mas, comparecendo, não tem direito ao silêncio.

c) presume-se inocente o acusado até pronunciamento de culpa, por sentença condenatória, transitada em julgado.

d) em caso de dúvida, por aplicação do princípio da prevalência do interesse da sociedade (*in dubio pro societate*), condena-se o acusado.

e) surge como sua decorrência lógica, a indispensabilidade da medida cautelar extrema, de prisão, ainda que desnecessária à instrução e à ordem pública.

Preliminarmente, é sobejo constatar que o ônus da prova é inerente ao órgão acusador, sendo tal conclusão decorrente da associação do disposto no Art. 5º, inciso LIV da CF/88, o qual estabelece que *ninguém será privado da liberdade ou de seus bens sem o devido processo legal* em harmonia com o disposto no Art. 156 do C.P.P.B., a saber: *A prova da alegação incumbirá a quem a fizer, sendo, porém, facultado ao juiz de ofício.* Outrossim, estabelece nossa Magna Carta em seu Art. 5º, inciso LXIII que: *o preso será informado de seus direitos, entre os quais o de permanecer calado, sendo-lhe assegurada a assistência da família e de advogado* e, dessa forma, permissível seu direito ao silêncio. A alternativa "C" adequa-se perfeitamente ao disposto no Art. 5º, inciso LVII da CF/88: "*ninguém será considerado culpado até o trânsito em julgado de sentença penal condenatória.* No processo penal brasileiro afigura-se a máxima *In dubio pro reo,* expressão latina a qual estabelece que em caso de dúvida, deve o magistrado decidir em favor do réu. A máxima *in dubio pro societates* é aplicável aos processos administrativos. Finalmente, há de se consignar que a aplicação de medida cautelar privativa de liberdade somente deve ser aplicada quando inexequível medida mais branda, sendo tal interpretação decorrente do disposto no Art. 282 e seguintes do C.P.P.B.

GABARITO: C.

10. **(2015 – TJ/MS – Juiz Estadual)** Com relação ao Princípio Constitucional da Publicidade, com correspondência no Código de Processo Penal, é correto afirmar que:

a) a publicidade restrita é regra geral dos atos processuais, ao passo que a publicidade ampla é exceção e ocorre nas situações expressas em lei, dependendo de decisão judicial no caso concreto.

b) de acordo com o artigo 93, inciso IX, da Constituição Federal, com nova redação dada pela EC 45/2004, os atos processuais serão públicos, sob pena de nulidade, cabendo ao juiz limitar a presença, nas audiências, de partes e advogados.

c) a publicidade ampla é regra geral dos atos processuais, ao passo que a publicidade restrita é exceção e ocorre nas situações expressas em lei, dependendo de decisão judicial no caso concreto.

d) a publicidade restrita tem regramento pela legislação infraconstitucional e não foi recepcionada pela Constituição Federal, que normatiza a publicidade ampla dos atos processuais como garantia absoluta do indivíduo.

e) a publicidade ampla e a publicidade restrita não constituem regras de maior ou menor valor no processo penal, cabendo ao poder discricionário do juiz a preservação da intimidade dos sujeitos processuais.

O presente tema é explanável por meio da mera transcrição da norma constitucional vigente, a qual se sobrepõe sobre qualquer legislação ordinária infraconstitucional, notadamente diante do disposto no Art. 5º, inciso LX, da CF/88, a saber: "a lei só poderá restringir a publicidade dos atos processuais quando a defesa da intimidade ou o interesse social o exigirem." Ressalte-se que a regra geral é a da publicidade dos atos processuais, sendo seu sigilo imposto somente nos casos previstos em lei e não ao livre arbítrio do magistrado.

GABARITO: C.

---

11. **(2015 – Prefeitura de São Paulo/SP – Auditor Municipal de Controle Interno)** Prescreve o inc. XI do art. 5º da CR/88: "a casa é asilo inviolável do indivíduo, ninguém nela podendo penetrar sem consentimento do morador." Excepcionam tal regra algumas hipóteses, tais como:

a) fundada suspeita da prática de crime ou flagrante delito.

b) desastre ou habitação coletiva.

c) calamidade pública ou ordem de serviço emanada de autoridade policial, baseada em fundada suspeita da prática de crime, durante o dia.

d) para prestar socorro, ou, durante o dia, por determinação judicial.

e) por determinação judicial ou desastre, em qualquer horário.

A resposta da presente questão necessita da integração do disposto em nosso C.P.B., em harmonia com o previsto no C.P.P.B. Prescreve o Art. 150 do Código Penal, § 3º, que: *Não constitui crime a entrada ou permanência em casa alheia ou em suas dependências. I - durante o dia, com observância das formalidades legais, para efetuar prisão ou outra diligência; II - a qualquer hora do dia ou da noite, quando algum crime está sendo ali praticado ou na iminência de o ser.* Por seu turno, o Código de Processo Penal, em seu Art. 245 estabelece que: *As buscas domiciliares serão executadas de dia, salvo se o morador consentir que se realizem à noite, e, antes de penetrarem na casa, os executores mostrarão e lerão o mandado ao morador, ou a quem o represente, intimando-o, em seguida, a abrir a porta.* Nesse diapasão de compreensão se deflui que a entrada no interior de residência também poderá ser efetivada em casos de prestação de socorro ou na ocorrência de alguma calamidade, independentemente de qualquer horário.

GABARITO: D.

Interpretação e Integração da Lei Processual Penal

12. **(2015 - Prefeitura Arujá/SP - Assistente Jurídico)** M.D.V., de 15 anos, foi conduzido à Delegacia de Polícia do município de Arujá por policiais militares que o encontraram após relato e descrição feitos pela vítima de um roubo, que acabara de ocorrer, e pela testemunha que a acompanhava. Reconhecido o adolescente como autor do ato infracional e encontrados com ele o dinheiro subtraído e a arma utilizada na ação, foram todos apresentados à autoridade policial, que deverá:

a) elaborar boletim de ocorrência circunstanciado a respeito dos fatos.

b) encaminhar o adolescente ao representante do Ministério Público, no prazo máximo de 5 dias.

c) liberar prontamente o adolescente, comparecendo qualquer dos pais ou responsável.

d) determinar o comparecimento do adolescente, em 3 dias, na entidade de atendimento municipal.

e) lavrar o auto de apreensão, ouvidos as testemunhas e o adolescente.

Trata-se da lavratura de Auto de Apreensão em Flagrante de Ato infracional e, nesse sentido, estipula o Estatuto da Criança e do Adolescente (Lei nº 8.069/90) em seu Art. 173 que: ***Em caso de flagrante***

de ato infracional cometido mediante violência ou grave ameaça a pessoa, a autoridade policial, sem prejuízo do disposto nos Arts. 106, parágrafo único, e 107, deverá: I - lavrar auto de apreensão, ouvidos as testemunhas e o adolescente; II - apreender o produto e os instrumentos da infração; III - requisitar os exames ou perícias necessários à comprovação da materialidade e autoria da infração.

GABARITO: E.

Lei Processual Penal no Tempo, no Espaço e em Relação às Pessoas

13. **(2018 – PC/BA – Delegado de Polícia)** Aplicar-se-á a lei processual penal, nos estritos termos dos arts. 1º, 2º e 3º do CPP,

a) aos processos de competência da Justiça Militar.

b) ultrativamente, mas apenas quando favorecer o acusado.

c) retroativamente, mas apenas quando favorecer o acusado.

d) desde logo, sem prejuízo da validade dos atos realizados sob a vigência da lei anterior.

e) com o suplemento dos princípios gerais de direito sem admitir, contudo, interpretação extensiva e aplicação analógica.

Consoante o disposto nas disposições preliminares do C.P.P.B., notadamente em face do seu Art. 1º, inciso III, observa-se que: *O processo penal reger-se-á, em todo o território brasileiro, por este Código, ressalvados: III – os processos da competência da Justiça Militar;* motivo pelo qual afasta-se o contido na alternativa "A". Contudo, assevera o Art. 2º do mesmo diploma legal que: *A lei processual penal aplicar-se-á desde logo, sem prejuízo da validade dos atos realizados sob a vigência da lei anterior*, corroborando desta forma com o preconizado na alternativa "D" e afastando-se o que se propõe nas alternativas "B" e "C", pois tais princípios são inaplicáveis no processo penal. Por último teríamos que a alternativa "E" contraria o estatuído no Art. 3º da referida norma, pois esse disciplina que: *A lei processual penal admitirá interpretação extensiva e aplicação analógica, bem como o suplemento dos princípios gerais de direito.*

GABARITO: D.

14. **(2018 – PC/BA – Investigador)** Em havendo conflito entre o Código de Processo Penal e uma lei especial que contenha normas processuais, a solução será a:

a) aplicação da norma que for mais recente, independentemente de eventual benefício ao réu.

b) aplicação da lei especial e, quando omissa, subsidiariamente do Código de Processo Penal.

c) aplicação do que for mais favorável ao acusado, independentemente da data de promulgação.

d) conjugação de ambos os diplomas, aplicando-se as normas que forem mais benéficas ao acusado.

e) prevalência da regra geral do Código de Processo Penal, em virtude da proibição constitucional dos juízos de exceção.

O princípio da especificidade da lei é adotado em regra no âmbito das normas de natureza penal e processual penal. Nesse sentido, havendo conflito entre a norma geral *in casu* o C.P.P.B., e o disposto na legislação específica, deverá essa última ser acolhida, havendo a possibilidade da referida ser suprida em face da existência de eventuais lacunas legais, nos exatos termos previstos no Art. 3º do C.P.P.B.

GABARITO: B.

15. **(2018 - PME/SP - Sargento - Adaptada)** Com relação ao Código de Processo Penal, é correto afirmar que:

a) Nos crimes de ação pública, essa será promovida por denúncia do Ministério Público, independente de representação do ofendido ou de quem tiver qualidade para representá-lo.

b) Considera que, nos crimes de ação privada, a autoridade policial somente poderá proceder a inquérito a requerimento do Ministério Público ou de quem tenha qualidade para intentá-la.

c) Seja qual for o crime, quando praticado em detrimento do patrimônio ou interesse da União, Estado e Município, a ação penal será pública.

d) Contempla que, nos crimes em que não couber ação pública, os autos do inquérito permanecerão na posse da autoridade policial aguardando a iniciativa do ofendido, sendo autorizada a entrega ao requerente, se o pedir, mediante traslado.

Os crimes de ação penal pública poderão ou não depender de representação, nos termos do Art. 24 do C.P.P.B., sendo dessa forma incorreto o que se assevera na alternativa "A". Já o Art. 5º, § 5º do mesmo diploma legal prevê que: *Nos crimes de ação privada, a autoridade policial somente poderá proceder a inquérito a requerimento de quem tenha qualidade para intentá-la,* afastando-se o contido na alternativa "B". Os crimes praticados em desfavor dos órgãos da administração pública são de ação penal pública incondicionada, conforme disposto no Art. 24, § 2º do referido diploma legal, assim restando discriminado na alternativa "C". Finalmente, é de se observar que nos crimes de ação penal privada os autos do inquérito policial, após conclusos, serão remetidos à autoridade judiciária, consoante Art. 19 do C.P.P.B.

GABARITO: C.

Inquérito Policial (Arts. 4º a 23 do CPP)

16. **(2018 – PC/BA – Delegado)** Do despacho que indeferir o requerimento de abertura de inquérito (CPP, art. 5º, § 2º):

a) caberá recurso para o chefe de Polícia.

b) caberá recurso para o Promotor de Justiça Corregedor da Polícia Judiciária.

c) caberá recurso para o Juiz Corregedor da Polícia Judiciária.

d) caberá recurso para o Desembargador Corregedor Geral de Justiça.

e) não caberá recurso.

Dispõe o Art. 5º, § 2º do C.P.P.B. que: *Do despacho que indeferir o requerimento de abertura de inquérito caberá recurso para o chefe de Polícia,* corroborando assim com a resposta constante da alternativa "A" e afastando-se de plano todas as demais premissas.

GABARITO: A.

17. **(2018 – PC/BA – Investigador)** A obtenção de dados e informações cadastrais de vítimas ou de suspeitos junto a órgãos do poder público ou empresas da iniciativa privada, durante a investigação de crime de tráfico de pessoas, poderá ser requisitada:

a) pela Autoridade Judiciária, mediante representação do Ministério Público.

b) pela Autoridade Judiciária, mediante representação do Delegado de Polícia.

c) diretamente pelo Delegado de Polícia ou pelo Promotor de Justiça.

d) apenas pela Autoridade Judiciária, de ofício.

e) somente pelo Delegado de Polícia ou pelo Juiz de Direito.

A presente questão tem sua resposta explicitada por meio do Art. 13-A do C.P.P.B. que assim estabelece: *Nos crimes previstos nos Arts. 148 (Sequestro e Cárcere Privado), 149 (Redução a Condição Análoga à de Escravo) e 149-A (Tráfico de Pessoas), no § 3º do Art. 158 (Extorsão com Retenção da Vítima) e no Art. 159 (Extorsão Mediante Sequestro) do Decreto-Lei nº 2.848, de 7 de dezembro de 1940 (Código Penal), e no Art. 239 (Promoção ou Efetivação de Remessa de Crianças e Adolescentes ao Exterior) da Lei nº 8.069, de 13 de julho de 1990 (Estatuto da Criança e do Adolescente), o membro do Ministério Público ou o delegado de polícia poderá requisitar, de quaisquer órgãos do poder público ou de empresas da iniciativa privada, dados e informações cadastrais da vítima ou de suspeitos.* Diante do exposto, incorreta as demais premissas apresentadas na pergunta em apreço.

GABARITO: C.

18. (2018 – PC/SP – Investigador de Polícia) De acordo com o art. 5º, § 5º do CPP, nos crimes de ação privada, a autoridade policial somente poderá proceder a inquérito:

a) mediante requisição judicial.

b) após lavratura do respectivo Boletim de Ocorrência.

c) a requerimento de quem tenha qualidade para intentá-la.

d) mediante requisição judicial ou de órgão ministerial.

e) mediante requisição de órgão ministerial.

Nos crimes de ação penal privada, a autoridade policial encontra-se vinculada ao requerimento do ofendido, para fins de eventual instauração de procedimento de polícia judiciária, dispondo o Art. 5º, § 5º do CPP que: *Nos crimes de ação privada, a autoridade policial somente poderá proceder a inquérito a requerimento de quem tenha qualidade para intentá-la.*

GABARITO: C.

---

19. (2018 – PC/SP – Escrivão de Polícia) A respeito do Inquérito Policial, tendo em conta o Código de Processo Penal, é correto afirmar:

a) o inquérito policial é imprescindível à propositura da ação penal, exceto nos crimes de ação penal privada, em que a queixa-crime poderá ser apresentada diretamente à autoridade judiciária.

b) o prazo para a autoridade policial finalizar o inquérito é de 10 (dez) dias, se o investigado estiver preso, e de 30 (trinta) dias, se estiver solto, não sendo possível a concessão de mais tempo, para a realização de diligências ulteriores.

c) por se tratar de peça meramente informativa, inexistindo contraditório, o investigado e o ofendido não poderão solicitar a realização de diligências.

d) o arquivamento do inquérito policial somente se dará por decisão da autoridade judiciária.

e) o inquérito policial poderá ser iniciado, de ofício, pela autoridade policial, nos crimes de ação penal pública incondicionada e condicionada à representação. Já nos crimes de ação penal privada, só se instaurará inquérito policial se houver requerimento.

O inquérito policial é dispensável à propositura da ação penal, podendo o representante do Ministério Público dispor de outros elementos de informação para essa finalidade, conforme estipula o Art. 39, § 5º do C.P.P.B. Outrossim, os prazos para conclusão do inquérito policial estão disciplinados no Art. 10 da referida norma processual, podendo ser dilatados pela autoridade judicial quando o indiciado se encontrar solto. Apesar de o inquérito policial possuir natureza inquisitiva, há previsibilidade legal para que o indiciado e/ou o ofendido possam requerer eventuais diligências nos termos do estatuído no Art. 14 do diploma legal em apreço. A alternativa "D" demonstra-se correta, pois há referida previsão para seu arquivamento consoante Art. 18 do C.P.P.B. Ultimando a presente questão, teríamos que referido procedimento de polícia judiciária somente poderá ser instaurado de ofício pela autoridade policial nos crimes de ação penal pública incondicionada, assim sendo disciplinado no Art. 5º, inciso I do C.P.P.B.

GABARITO: D.

---

20. (2018 – PC/SP – Papiloscopista Policial) A respeito do inquérito policial, procedimento disciplinado pelo Código de Processo Penal, é correto afirmar que:

a) os instrumentos do crime, bem como os objetos que interessarem à prova, acompanharão os autos do inquérito.

b) ao término do inquérito, a autoridade policial fará minucioso relatório do que tiver sido apurado e enviará os autos ao membro do ministério público, não podendo o juiz competente tomar conhecimento dos fatos apurados antes, sob pena de nulidade.

c) nos crimes de ação privada, a autoridade policial poderá determinar a instauração de inquérito, ainda que não haja requerimento de quem tenha qualidade para intentá-la.

d) o inquérito, nos crimes em que a ação pública é condicionada, poderá ser iniciado sem representação, desde que mediante despacho fundamentado da autoridade policial competente.

e) o inquérito não acompanhará a denúncia ou queixa, ainda que sirva de base a uma ou outra.

Consoante o disposto no Art. 11 do C.P.P.B., verifica-se como certa a premissa contida na alternativa "A" da presente questão. Após o inquérito ser concluído pela autoridade policial, esse será remetido ao juiz de direito, conforme disposição expressa no Art. 10, § 1º do mesmo diploma legal. Nos crimes de ação penal privada a instauração do procedimento de polícia judiciária em testilha dependerá do requerimento do ofendido, restando assim disposto no Art. 5º, § 5º da norma em apreço. Os crimes de ação penal pública que dependam de representação para instauração do inquérito policial, necessitam da manifestação de vontade da vítima para essa finalidade, assim restando disposto no Art. 5º, § 4º da lei em comento. Disciplina o Art. 12 do C.P.P.B. que: *O inquérito policial acompanhará a denúncia ou queixa, sempre que servir de base a uma ou outra.*

GABARITO: A.

---

21. **(2017 – TJ/SP – Juiz Substituto)** Durante o inquérito, o advogado:

a) pode assistir a seus clientes investigados durante a apuração de infrações, sob pena de nulidade absoluta do respectivo interrogatório ou depoimento e, subsequentemente, de todos os elementos investigatórios e probatórios dele decorrentes ou derivados, direta ou indiretamente, mas não pode apresentar razões e quesitos.

b) não precisa apresentar procuração para examinar autos sujeitos a sigilo, desde que ainda não conclusos à autoridade.

c) pode ter delimitado, pela autoridade competente, o acesso aos elementos de prova relacionados a diligências em andamento e ainda não documentadas nos autos, quando houver risco de comprometimento da eficiência, da eficácia ou da finalidade das diligências.

d) pode examinar, em qualquer instituição responsável por conduzir a investigação, mesmo sem procuração, autos de flagrante e de investigações de qualquer natureza, findos ou em andamento, ainda que conclusos à autoridade, mas não pode copiar peças e tomar apontamentos por meio digital.

O estudo do tema "inquérito policial" implica em sua análise conjunta com outras normas legais notadamente, no caso em apreço, com o Estatuto da OAB (Lei nº 8.906/94). Nesse sentido, estabelece o Art. 7º, inciso XIV do diploma legal em evidência que são direitos do advogado: *examinar, em qualquer instituição responsável por conduzir investigação, mesmo sem procuração, autos de flagrante e de investigações de qualquer natureza, findos ou em andamento, ainda que conclusos à autoridade, podendo copiar peças e tomar apontamentos, em meio físico ou digital.* Contudo, observa-se no § 11 do suscitado dispositivo que: *No caso previsto no inciso XIV, a autoridade competente poderá delimitar o acesso do advogado aos elementos de prova relacionados a diligências em andamento e ainda não documentados nos autos, quando houver risco de comprometimento da eficiência, da eficácia ou da finalidade das diligências.*

GABARITO: C.

---

22. **(2017 - Câmara Municipal de Cotia/SP - Procurador Legislativo)** A respeito do Inquérito Policial, assinale a alternativa correta.

a) Nas ações penais públicas, condicionadas à representação, os inquéritos policiais podem ser iniciados por provocação das vítimas ou, de ofício, pela Autoridade Policial.

b) O Delegado, encerrada as investigações, convencido da inexistência de crime, poderá determinar o arquivamento do inquérito policial.

c) Nos inquéritos policiais que apuram crime de tráfico de pessoas, a Autoridade Policial poderá requisitar diretamente às empresas prestadoras de serviço de telecomunicações, informações sobre posicionamento de estações de cobertura, a fim de permitir a localização da vítima ou do suspeito do delito em curso.

d) Nas comarcas em que houver mais de uma circunscrição policial, diligências em circunscrição diversa da que tramita o inquérito policial dependerá de expedição de carta precatória.

e) As diligências requeridas pelo ofendido, no curso do inquérito policial, serão ou não realizadas a juízo da Autoridade Policial.

Nas ações penais públicas condicionadas à representação o inquérito policial não poderá ser instaurado de ofício pela autoridade policial, conforme disciplinado no Art. 5º, § 4º do C.P.P.B. O arquivamento do inquérito policial somente poderá ser realizado por ato da autoridade judiciária competente para esse fim, nos exatos termos do Art. 18 do diploma legal em testilha. Nos inquéritos policiais que apurem o ilícito de tráfico de pessoas, as requisições para obtenção dos sinais de captação junto às operadoras de telefonia deverão ser precedidas, inicialmente, de aprovação judicial, assim restando estabelecido no Art. 13-B do C.P.P.B. As diligências realizadas em circunscrições diversas independem da expedição de carta precatória, restando assim disciplinado no Art. 22 da norma processual em destaque.

GABARITO: E.

---

23. **(2016 - IPSMI - Vigia)** _______________ trata-se de mera peça informativa a respeito dos dados relacionados com a prática da infração penal, como, por exemplo, as partes envolvidas, as testemunhas, o local e os objetos inerentes à natureza da infração penal, as perícias que deverão ser realizadas, enfim, todos os atos necessários para a efetiva investigação criminal. Assinale a alternativa que completa corretamente o enunciado.

a) Processo Judicial.

b) Relatório de Vigilância.

c) Controle de entrada.

d) Denúncia do Promotor.

e) Boletim de Ocorrência.

Apesar de inexistir previsão expressa sobre o tema em nosso Código de Processo Penal, por se tratar de ato de natureza meramente administrativo, o Boletim de Ocorrência destina-se tão somente à transcrição da *notitia criminis* ou da *delatio criminis*, não se tratando propriamente de um procedimento de polícia judiciária.

GABARITO: E.

---

24. **(2016 - IPSMI - Procurador)** Uma vez relatado o inquérito policial,

a) o delegado pode determinar o arquivamento dos autos.

b) o Promotor de Justiça pode denunciar ou arquivar o feito.

c) o Promotor de Justiça pode denunciar, requerer o arquivamento ou requisitar novas diligências.

d) o Juiz pode, diante do pedido de arquivamento, indicar outro promotor para oferecer denúncia.

e) a vítima pode, uma vez determinado o arquivamento, iniciar ação penal substitutiva da pública.

O Art. 28 do C.P.P.B. estabelece que o representante do Ministério Público poderá, em face daquilo que foi apurado em sede de inquérito policial, conforme sua *opinio delict*, oferecer a denúncia ou requerer seu arquivamento, bem como, se for o caso, nos termos do Art. 16 do mesmo diploma em estudo, requerer ao magistrado o retorno dos autos à autoridade policial para ulteriores diligências imprescindíveis ao oferecimento da denúncia.

GABARITO: C.

---

25. **(2016 - Prefeitura Municipal de Presidente Prudente/SP - Procurador)** À polícia judiciária compete a apuração das infrações penais e respectiva autoria, sendo correto afirmar que:

a) a instauração do inquérito policial, nos crimes de ação penal pública condicionada à representação, dar-se-á de ofício pela autoridade policial; entretanto, decorrido o prazo decadencial sem que a vítima represente, os autos serão por ela arquivados.

b) no inquérito policial, por se tratar de procedimento administrativo, não se aplica o princípio do contraditório, sendo vedado ao indiciado requerer a realização de qualquer diligência à autoridade policial.

c) o inquérito policial, se solto o indiciado, deverá ser finalizado no prazo de 30 (trinta), de acordo com o Art. 10 do Código de Processo Penal, sendo vedada a prorrogação de prazo para a realização de ulteriores diligências.

d) a autoridade policial, nos atestados de antecedentes que lhe forem solicitados, não poderá mencionar quaisquer anotações referentes à instauração de inquérito contra os requerentes.

e) o inquérito policial, uma vez oferecida a denúncia ou proposta a queixa, não acompanhará os autos da ação penal, dado seu caráter meramente informativo.

Nos crimes de ação penal pública condicionada à representação, a instauração do inquérito policial não poderá ser procedida *ex officio* pela autoridade policial, sendo assim disciplinado no Art. 5º, § 4º do C.P.P.B. Apesar de o inquérito policial ser de natureza inquisitiva, o indiciado e o ofendido podem requerer a produção de provas, restando assim disciplinado no Art. 14 da referida lei. O Art. 10 da norma em apreço prevê a possibilidade da prorrogação de seu prazo para conclusão estando o indiciado solto nos termos do Art. 10, § 3º do C.P.P.B. A alternativa "D" demonstra-se adequada em face do estabelecido no Art. 20, parágrafo único da norma processual vigente, sendo certo que referido procedimento de polícia judiciária deverá subsidiar a eventual denúncia ou queixa-crime apresentada, assim disciplinado no Art. 12 do referido *codex*.

GABARITO: D.

---

26. **(2015 - PC/CE - Inspetor)** A respeito do inquérito policial, procedimento disciplinado pelo Código de Processo Penal, é correto afirmar que:

a) os instrumentos do crime não acompanharão os autos do inquérito.

b) o inquérito não acompanhará a denúncia ou queixa, ainda que sirva de base a uma ou outra.

c) ao término do inquérito, a autoridade policial fará minucioso relatório do que tiver sido apurado e enviará os autos ao membro do ministério público, nos termos do § 1° do artigo 10.

d) nos crimes de ação privada, a autoridade policial poderá proceder a inquérito, independentemente de requerimento de quem tenha qualidade para intentá-la.

e) o inquérito, nos crimes em que a ação pública depender de representação, não poderá sem ela ser iniciado.

Os instrumentos do crime devem acompanhar os autos do inquérito policial consoante previsão expressa no Art. 11 do C.P.P.B. Como é sobejamente sabido, os autos do procedimento de polícia judiciária em evidência visam subsidiar as peças acusatórias (denúncia ou queixa-crime), conforme previsto no Art. 12 da suscitada norma. Após concluir a apuração em sede de inquérito policial, deverá ser o mesmo remetido pela autoridade policial ao juiz de direito, restando assim disciplinado no Art. 19 do C.P.P.B. A instauração de inquérito, nos crimes de ação penal privada, prescinde do requerimento do ofendido ou seu representante legal, não podendo ser instaurado de ofício pelo delegado de polícia, nos exatos termos do Art. 5º, § 5º da referida norma. Finalmente está correto o disposto na alternativa "E", em face do contido no Art. 5º, § 4º do diploma legal em análise.

GABARITO: E.

---

27. **(2015 – PC/CE – Inspetor)** O ato de indiciamento:

a) vincula o Ministério Público, que não poderá requerer o arquivamento do inquérito.

b) é, em regra, atribuição do delegado de polícia; excepcionalmente tal poder poderá ser conferido ao promotor de justiça.

c) decorre do fato de a autoridade policial convencer-se da autoria da infração penal, atribuída a determinado(s) indivíduo(s).

d) transforma o indivíduo suspeito da prática do delito em acusado.

e) é um ato informal eventualmente realizado durante o inquérito policial.

No estudo do tema "inquérito policial", conforme já invocado anteriormente, faz-se necessário sua interação com outros diplomas legais. Na presente questão exsurge a Lei nº 12.830/13 (Estatuto do Delegado de Polícia), a qual assevera em seu Art. 2º, § 6º que: *As funções de polícia judiciária e a apuração de infrações penais exercidas pelo delegado de polícia são de natureza jurídica, essenciais e exclusivas*

de Estado.... § 6º O indiciamento, privativo do delegado de polícia, dar-se-á por ato fundamentado, mediante análise técnico-jurídica do fato, que deverá indicar a autoria, materialidade e suas circunstâncias. **Nesse sentido, a alternativa "C" demonstra-se acertada.**

GABARITO: C.

---

28. **(2015 – PC/CE – Inspetor)** Sobre os prazos para a conclusão do inquérito policial, é correto afirmar que:

a) se for decretada prisão temporária em crime hediondo, o indiciado pode permanecer preso por até noventa dias, sem que seja necessária a conclusão do inquérito.

b) nos crimes de competência da Justiça Federal, o prazo é de quinze dias, prorrogáveis por mais quinze, em regra.

c) para os crimes de tráfico de drogas o prazo é de dez dias improrrogáveis.

d) se o indiciado estava solto ao ser decretada sua prisão preventiva, o prazo de dez dias conta-se da data da decretação da prisão.

e) a autoridade policial possui o prazo de trinta dias improrrogáveis para todos os casos previstos na legislação processual penal.

Nos termos do preconizado na Lei nº 8.072/90 (Lei dos Crimes Hediondos), em seu Art. 2º, § 4º teríamos que: ***A prisão temporária, sobre a qual dispõe a Lei nº 7.960, de 21 de dezembro de 1989, nos crimes previstos neste artigo, terá o prazo de 30 (trinta) dias, prorrogável por igual período em caso de extrema e comprovada necessidade.*** **Prevê o Art. 66 da Lei Orgânica da Justiça Federal que:** ***O prazo para conclusão do inquérito policial será de quinze dias, quando o indiciado estiver preso, podendo ser prorrogado por mais quinze dias, a pedido, devidamente fundamentado, da autoridade policial e deferido pelo Juiz a que competir o conhecimento do processo***, **motivo pelo qual a alternativa "B" está correta. O prazo para conclusão do inquérito policial nos termos da Lei nº 11.343/06 (Lei Antidrogas) estabelece em seu Art. 51 que:** ***O inquérito policial será concluído no prazo de 30 (trinta) dias, se o indiciado estiver preso, e de 90 (noventa) dias, quando solto.*** **O prazo para conclusão do inquérito policial, encontrando-se o indicado preso, é computado efetivamente a partir do dia da efetivação da medida privativa de liberdade e não quando de sua decretação. Por derradeiro, é sabido que o prazo para conclusão do mencionado procedimento de polícia judiciária será de 30 dias prorrogáveis, caso o indiciado se encontre solto, nas exatas letras daquilo que estipula o Art. 10, § 3º do C.P.P.B.**

GABARITO: B.

---

29. **(2015 – PC/CE – Escrivão)** Com relação às previsões relativas ao Inquérito Policial no Código de Processo Penal, é correto afirmar que:

a) todas as peças do inquérito policial serão, num só processado, reduzidas a escrito ou datilografadas e, nesse caso, rubricadas pela autoridade.

b) o inquérito, nos crimes em que a ação pública depender de representação, poderá, sem ela, ser iniciado, mas seu encerramento dependerá da juntada desta.

c) durante a instrução do Inquérito Policial, são vedados os requerimentos de diligências pelo ofendido, ou seu representante legal; e pelo indiciado, em virtude da sua natureza inquisitorial.

d) qualquer pessoa do povo que tiver conhecimento da existência de infração penal em que caiba ação pública poderá, por escrito, comunicá-la à autoridade policial, sendo vedada a comunicação verbal.

e) nos crimes em que não couber ação pública, os autos do inquérito permanecerão em poder da autoridade policial até a formalização da iniciativa do ofendido ou de seu representante legal, condição essa obrigatória para a remessa dos autos ao juízo competente.

Nos termos do preconizado no Art. 9º do C.P.P.B., essa é a previsão legal disposta na norma vigente e indicada na alternativa "A". Os crimes que dependam de representação para instauração do inquérito policial não poderão ser apurados sem expressa autorização legal do ofendido, consoante disposto no Art. 5º, § 4º do C.P.P.B. Diligências podem ser requeridas ora pelo indiciado, ora pelo ofendido, conforme previsibilidade disposta no Art. 14 do diploma legal em análise. A veiculação da *notitia criminis* pela via postulatória (oral) é admissível por meio do enunciado contido no Art. 5º, § 3º do diploma legal em evidência. *In fine*

de se esclarecer que nos crimes em que couber ação penal de iniciativa privada, tão logo sejam concluídas as apurações em sede do inquérito policial, os autos serão remetidos ao juiz de direito para as demais providências que se fizerem necessárias, assim estabelecidas no Art. 19 do C.P.P.B.

GABARITO: A.

---

30. **(2015 – PC/CE – Escrivão)** Assinale a alternativa correta no que tange ao arquivamento do Inquérito Policial, segundo o disposto no Código de Processo Penal.

a) A autoridade policial poderá mandar arquivar autos de inquérito.

b) Depois de ordenado o arquivamento do inquérito pela autoridade judiciária, por falta de base para a denúncia, a autoridade policial não poderá proceder a novas pesquisas se de outras provas tiver notícia.

c) Depois de ordenado o arquivamento do inquérito pela autoridade judiciária, por falta de base para a denúncia, a autoridade policial somente poderá proceder a novas pesquisas com autorização da autoridade judiciária que determinou o arquivamento.

d) A autoridade policial poderá mandar arquivar autos de inquérito somente nos casos em que for constatada atipicidade da conduta.

e) Depois de ordenado o arquivamento do inquérito pela autoridade judiciária, por falta de base para a denúncia, a autoridade policial poderá proceder a novas pesquisas se de outras provas tiver notícia.

Os autos do inquérito policial não podem ser arquivados por meio de decisão da autoridade policial por conta do princípio da indisponibilidade, sendo tal atribuição exclusiva e da competência do juiz de direito, conforme se deflui do disposto no Art. 18 do C.P.P.B. Contudo, pode a autoridade policial proceder a novas diligências, mesmo estando o inquérito policial arquivado, se de novos atos tiver conhecimento, consoante previsão expressa no Art. 18 da norma processual em comento, independente de autorização judicial para essa finalidade. Diante do princípio da indisponibilidade, é defeso à autoridade policial ordenar o arquivamento do inquérito policial, sendo tal medida expressamente prevista no Art. 17 do C.P.P.B. Por fim, uma vez já exposto anteriormente, o delegado de polícia poderá produzir prova nova mesmo estando arquivado referido procedimento de polícia judiciária, nos exatos termos daquilo que prescreve a alternativa "E".

GABARITO: E.

---

31. **(2015 – PC/CE – Delegado de Polícia)** O inquérito policial, nos crimes em que a ação pública depender de representação, ________________; nos crimes de ação privada, a autoridade policial somente poderá proceder a inquérito ________________. Assinale a alternativa que preenche, correta e respectivamente, as lacunas.

a) pode ser instaurado independentemente dela, mas só pode embasar ação penal após manifestação positiva da vítima ... após oferecimento de queixa crime.

b) só pode ser iniciado se não houver transcorrido o prazo decadencial de seis meses ... quando acompanharem a representação do ofendido o nome e qualificação de ao menos três testemunhas.

c) depende de queixa crime para sua instauração ... após oferecimento de queixa crime.

d) depende de queixa crime para sua instauração ... após colher o consentimento da vítima ou de terceiro patrimonialmente interessado na investigação do fato.

e) não poderá sem ela ser iniciado ... a requerimento de quem tenha qualidade para intentá-la.

A resposta para a presente questão encontra-se transcrita no Art. 5º do C.P.P.B. que assim dispõe: § 4º *O inquérito, nos crimes em que a ação pública depender de representação, não poderá sem ela ser iniciado;* e § 5º *Nos crimes de ação privada, a autoridade policial somente poderá proceder a inquérito a requerimento de quem tenha qualidade para intentá-la;* verificando-se que o ora disposto está elencado na alternativa "E".

GABARITO: E.

---

32. **(2015 - MPE/SP - Assistente Jurídico)** O arquivamento de Inquérito Policial ocorre:

a) por ordem do chefe de Polícia, dado o seu caráter administrativo.

b) mediante requisição do Ministério Público, à autoridade policial, por falta de justa causa para a ação penal.

c) pela autoridade policial, a pedido do curador especial nomeado para o indiciado, noticiada a sua inimputabilidade penal.

d) por ordem da autoridade policial, constatada a ausência de indícios de autoria delitiva.

e) por ordem da autoridade judiciária, por falta de base para a denúncia.

O arquivamento dos autos do inquérito policial é prerrogativa exclusiva da autoridade judiciária, assim estipulado por meio da interpretação do Art. 18 do C.P.P.B., o qual dispõe que: *Depois de ordenado o arquivamento do inquérito pela autoridade judiciária, por falta de base para a denúncia, a autoridade policial poderá proceder a novas pesquisas, se de outras provas tiver notícia.* (grifamos).

GABARITO: E.

33. **(2015 – CRO/SP – Advogado Jr.)** A autoridade policial pode determinar o arquivamento de autos de inquérito policial?

a) Não, por expressa disposição legal.

b) Sim, desde que constate que a punibilidade está extinta.

c) Sim, desde que constate que os fatos foram praticados sob alguma causa excludente de ilicitude.

d) Sim, desde que constate que os fatos foram praticados em legítima defesa ou estado de necessidade.

e) Sim, desde que exaustivas diligências comprovem a impossibilidade de elucidar a autoria criminosa.

A autoridade policial está impossibilitada de decretar o arquivamento do inquérito policial consoante estipula o princípio da indisponibilidade, restando essa proibição disposta no Art. 17 do C.P.P.B., a saber: *A autoridade policial não poderá mandar arquivar autos de inquérito.*

GABARITO: A.

34. **(2015 - Prefeitura de São Paulo/SP - Auditor Municipal de Controle Interno)** Nos termos do art. 5º, § 3º do CPP, "qualquer pessoa do povo que tiver conhecimento da existência de infração penal em que caiba ação pública poderá, ______________, comunicá-la à autoridade policial, e esta, ________________, mandará instaurar inquérito." Assinale a alternativa que completa correta e respectivamente as lacunas.

a) verbalmente ou por escrito ... a seu critério.

b) verbalmente ... a seu critério.

c) verbalmente ou por escrito ... de imediato, submeterá o pedido de instauração ao órgão do Ministério Público que, se for o caso.

d) verbalmente ou por escrito ... verificada a procedência das informações.

e) verbalmente ... imediatamente.

A resposta do presente questionamento está disposto no Art. 5º, § 3º o qual dispõe taxativamente que: *Qualquer pessoa do povo que tiver conhecimento da existência de infração penal em que caiba ação pública poderá, verbalmente ou por escrito, comunicá-la à autoridade policial, e esta, verificada a procedência das informações, mandará instaurar inquérito*; e, assim sendo, correto é o previsto na alterativa "D".

GABARITO: D.

Da Ação Penal (Arts. 24 a 62 do CPP)

35. **(2018 – PC/BA - Investigador)** A regra de que a ação penal será sempre pública, independentemente da natureza do crime,

a) vige quando o crime for praticado em detrimento de patrimônio ou interesse da União, Estado e Município.

b) não se aplica quando se tratar de contravenção penal praticada contra os costumes.

c) vigora para todas as infrações penais em obediência ao princípio constitucional da inafastabilidade da tutela jurisdicional.

d) decorre do fundamento da República Federativa do Brasil consistente no respeito à dignidade da pessoa humana, por isso aplica-se a todos os tipos penais.

e) não é válida quando o ofendido puder prover as despesas do processo, sem privar-se dos recursos indispensáveis ao próprio sustento ou da família.

Referida regra encontra-se taxativamente expressa no Art. 24, § 2º do C.P.P.B., o qual assim dispõe: *Seja qual for o crime, quando praticado em detrimento do patrimônio ou interesse da União, Estado e Município, a ação penal será pública;* e, assim sendo, está correta a alternativa "A". A lei das contravenções penais disciplina em seu Art. 17 que: *A ação penal é pública, devendo a autoridade proceder de ofício;* O princípio da inafastabilidade do poder judiciário independe de ser a ação penal pública ou privada. De outra banda, o princípio da dignidade da pessoa humana não condiciona ser qualquer infração penal compreendida como sendo de natureza pública, pois dependerá efetivamente do valor do bem jurídico tutelado pelo Estado. Derradeiramente, o fato de não poder o ofendido arcar com as despesas de eventual demanda de natureza privada, em nada se relaciona com a natureza da infração penal *sub judice* ser de processada por meio de ação pública ou não.

GABARITO: A.

---

36. **(2018 – PC/SP - Escrivão de Polícia)** Mévio, durante um mês, foi vítima de crime de ameaça, processável por ação penal pública, condicionada à representação. As ameaças eram feitas por carta, mensagens de celular e ligações telefônicas. No dia 20 de janeiro de 2017, enquanto dirigia, ele recebeu, via celular, vídeo mostrando seu carro, saindo há pouco da garagem do prédio onde se encontrava, seguido das palavras: "estou atrás de você". Em desespero, Mévio bate o carro e, com ferimentos sérios, após passar por cirurgia, fica internado. Impossibilitado de comparecer à Delegacia, a esposa de Mévio noticia o fato à autoridade policial. A autoridade policial, passados poucos dias, identifica a pessoa que seguia o carro de Mévio no dia do acidente. Tratava-se um vizinho de bairro que, meses antes, teve com Mévio uma discussão, em jogo de futebol. Ouvido o vizinho, em 10 de fevereiro de 2017, esse confessou ser o autor das ameaças, mas disse que tudo não passara de brincadeira. Mévio, ainda internado, contrata advogado e outorga a ele poderes especiais para representar contra o vizinho, para que fosse processado e condenado pelo crime de ameaça praticado. O advogado contratado por Mévio comparece à Delegacia, para representar contra o vizinho, somente em 05 de agosto de 2017, tendo juntado a procuração. Passado um tempo, Mévio e o vizinho, em uma nova partida de futebol, reconciliam-se e passam a bradar a todos que tudo não passou de uma brincadeira. Mévio, agora pessoalmente, comparece à Delegacia, em 10 de outubro de 2017, e se retrata da representação anteriormente feita, dizendo não mais querer processar o amigo. Diante da situação hipotética, assinale a alternativa correta, levando em conta o Código de Processo Penal.

a) A representação, por previsão legal, não pode ser objeto de retratação. Assim, ainda que arrependido e reconciliado com o autor do fato, Mévio não poderá voltar atrás da decisão de processá-lo.

b) A representação, por previsão legal, deve ser feita no prazo máximo de seis meses da data em que se descobrir o autor do fato, sob pena de decadência. Tendo sido feita dentro do prazo, ainda que mediante procuração específica, é regular.

c) A representação, por previsão legal, deve ser feita no prazo máximo de seis meses da data do fato, sob pena de decadência. Tendo sido feita fora do prazo, a representação feita por Mévio, ainda que mediante procuração, não tem validade.

d) A representação, por previsão legal, pode ser objeto de retratação, desde que a vítima se retrate antes do prazo de seis meses, contados da data da representação. Tendo se retratado no prazo, o vizinho não mais poderá ser processado pelo crime praticado.

e) A representação, por previsão legal, só pode ser feita pessoalmente, pela própria vítima. Assim sendo, a representação feita pelo advogado de Mévio, ainda que com procuração específica, não possui validade.

Existe a possibilidade de retratação da representação caso seja ela apresentada antes do oferecimento da denúncia, assim estabelecido no Art. 25 do C.P.P.B. A alternativa "B" está correta, nos exatos termos do Art. 38 do diploma legal em testilha que assim dispõe: *Salvo disposição em contrário, o ofendido, ou seu representante legal, decairá no direito de queixa ou de representação, se não o exercer dentro do prazo de seis meses, contado do dia em que vier a saber quem é o autor do crime, ou, no caso do*

Art. 29, do dia em que se esgotar o prazo para o oferecimento da denúncia. **Diante dos dispositivos ora apresentados, refuta-se o contido nas demais alternativas.**

GABARITO: B.

---

37. **(2018 – PM/SP - Técnico Administrativo)** Nos termos do artigo 40 do Código de Processo Penal, quando, em autos ou papéis de que conhecerem, os juízes ou tribunais verificarem a existência de crime de ação pública:

a) requisitarão do Ministério Público o início da ação penal.

b) requisitarão do Delegado Geral a instauração de inquérito policial.

c) remeterão ao Ministério Público as cópias e os documentos necessários ao oferecimento da denúncia.

d) darão vista à parte contrária para que se manifeste sobre o interesse em oferecer representação, no prazo legal.

e) aguardarão o trânsito em julgado do processo original e, confirmada a convicção inicial, requisitarão do Delegado Geral a instauração de inquérito policial.

A presente questão tem sua resposta explicitada por meio da mera interpretação literal do disposto no Art. 40 do C.P.P.B., que assim disciplina: ***Quando, em autos ou papéis de que conhecerem, os juízes ou tribunais verificarem a existência de crime de ação pública, remeterão ao Ministério Público as cópias e os documentos necessários ao oferecimento da denúncia.*** **Nesse sentido, verifica-se como acertada a alternativa "C".**

GABARITO: C.

---

38. **(2017 – TJM/SP - Escrevente Técnico Judiciário)** Sobre a ação penal, é correto afirmar:

a) não será admitida ação privada nos crimes de ação pública, ainda que essa não seja intentada no prazo legal.

b) ao ofendido, ou a quem tenha qualidade para representá-lo, caberá intentar a ação penal pública que dependa de representação do ofendido.

c) a queixa contra qualquer dos autores do crime somente obrigará o processo de todos nos casos de crimes hediondos.

d) o prazo para oferecimento da denúncia, estando o réu preso, será de 5 dias, contado da data em que o órgão do Ministério Público receber os autos do inquérito policial, e de 15 dias, se o réu estiver solto ou afiançado.

e) o Ministério Público poderá desistir da ação penal apenas nos casos em que as provas sejam de difícil produção.

A: A alternativa encontra-se divorciada da legalidade uma vez que estabelece o Art. 29 do C.P.P.B. que: ***Será admitida ação privada nos crimes de ação pública, se esta não for intentada no prazo legal, cabendo ao Ministério Público aditar a queixa, repudiá-la e oferecer denúncia substitutiva, intervir em todos os termos do processo, fornecer elementos de prova, interpor recurso e, a todo tempo, no caso de negligência do querelante, retomar a ação como parte principal.***

B: Compete exclusivamente ao representante do Ministério Público intentar a ação penal de natureza pública.

C: A "queixa-crime" destina-se a delitos de ação penal de natureza privada, sendo inaplicáveis, em tese, aos delitos de natureza hedionda.

D: Coaduna-se ao estatuído no artigo 46 do diploma legal em apreço, a saber: ***O prazo para oferecimento da denúncia, estando o réu preso, será de 5 (cinco) dias, contado da data em que o órgão do Ministério Público receber os autos do inquérito policial, e de 15 dias, se o réu estiver solto ou afiançado. No último caso, se houver devolução do inquérito à autoridade policial (Art. 16), contar-se-á o prazo da data em que o órgão do Ministério Público receber novamente os autos.***

E: O Art. 42 da norma processual penal em análise é claro ao asseverar que o Ministério Público não poderá desistir da ação penal.

GABARITO: D.

---

39. **(2017 - Câmara Municipal de Cotia/SP - Procurador Legislativo)** A, empresário do ramo de confecção têxtil, teve sua marca reproduzida, sem autorização, em diversas camisetas. Instaurado inquérito policial, constatou-se que a empresa que confeccionou as camisetas era de propriedade de B – por coincidência, sobrinho de A - e um terceiro C. B, ouvido pela Autoridade Policial, alegou desconhecer que a marca reproduzida era de propriedade do tio. Afirmou, ademais, não saber que reproduzir ou imitar marca, sem autorização do titular, seria crime. C, por sua vez, disse que achava que a reprodução da marca contava com a autorização, já que o titular era o tio de seu sócio. Finalizado o inquérito policial, identificados os supostos autores do crime contra o registro de marca (processável por ação penal privada), A propôs queixa-crime apenas contra C, deixando de fora B, seu sobrinho. Da identificação dos supostos autores do crime à propositura da queixa-crime transcorreram 04 (quatro) meses. Mas, da instauração do inquérito policial à propositura da queixa-crime transcorreu período superior a 06 (seis) meses. A respeito da situação hipotética, afirma-se corretamente que,

a) uma vez transcorrido período superior a 06 (seis) meses entre a instauração do inquérito policial e a propositura da queixa-crime, A decaiu do direito de processar os autores do fato.

b) uma vez transcorrido período superior a 30 (trinta) dias entre a identificação dos autores e a propositura da queixa-crime, a ação penal está perempta.

c) por se tratar de crime de ação penal privada, incabível instauração de inquérito policial, devendo a investigação ficar a cargo do ofendido.

d) nas ações penais privadas, aplica-se o princípio da indivisibilidade, segundo o qual a queixa contra qualquer dos autores obriga processar a todos, exceto quando há perdão ou renúncia por parentesco.

e) ao deixar de propor queixa-crime em face de B, A, tacitamente, renunciou a seu direito de queixa que, por expressa previsão legal, estende-se a C.

O prazo para se ingressar com a "queixa-crime" é de seis meses contados da ciência sobre a identificação do autor do delito, dentro daquilo preconizado no Art. 38 do C.P.P.B., a saber: ***Salvo disposição em contrário, o ofendido, ou seu representante legal, decairá no direito de queixa ou de representação, se não o exercer dentro do prazo de seis meses, contado do dia em que vier a saber quem é o autor do crime, ou, no caso do Art. 29, do dia em que se esgotar o prazo para o oferecimento da denúncia;*** **contudo, pelo fato do pretenso querelante não ter ingressado com a referia "queixa-crime" no prazo legal, subsume-se a ocorrência da extinção da punibilidade consoante previsão legal insculpida no artigo do mesmo diploma legal que assim assevera:** ***A renúncia ao exercício do direito de queixa, em relação a um dos autores do crime, a todos se estenderá.*** **Nesse sentido, a alternativa "E" demonstra-se correta.**

GABARITO: E.

---

40. **(2016 – MPE/SP - Oficial de Promotoria)** Nos crimes de ação ________________, esta será promovida por denúncia do Ministério Público, mas dependerá, quando a lei o exigir, de ________________ do Ministro da Justiça, ou de ________________ do ofendido ou de quem tiver qualidade para representá-lo. Assinale a alternativa que, respectivamente, preenche, de modo tecnicamente correto, as lacunas.

a) privada ... autorização ... representação.

b) privada ... requisição ... autorização.

c) pública ... requisição ... representação.

d) pública ... representação ... requisição.

e) privada ... autorização ... requisição.

A resposta para a presente questão demanda a simples interpretação literal do contido no Art. 24 do C.P.P.B. que assim dispõe: ***Nos crimes de ação pública, esta será promovida por denúncia do Ministério Público, mas dependerá, quando a lei o exigir, de requisição do Ministro da Justiça, ou de representação do ofendido ou de quem tiver qualidade para representá-lo;*** **e, nesse sentido, correto está o disposto na alternativa "C".**

GABARITO: C.

---

41. **(2016 – MPE/SP - Oficial de Promotoria)** Nos termos do art. 40 do CPP, quando, em autos ou papéis de que conhecerem, os juízes ou tribunais verificarem a existência de crime de ação pública,

a) remeterão ao Ministério Público as cópias e os documentos necessários ao oferecimento da denúncia.

b) remeterão ao Delegado de Polícia as cópias e os documentos necessários ao oferecimento da denúncia.

c) determinarão a imediata instauração de inquérito policial ou procedimento administrativo para a cabal apuração dos fatos.

d) cientificarão as partes para que, voluntariamente, retirem os papéis dos autos, sob pena de cientificação do Ministério Público.

e) instaurarão procedimento judicial de investigação sob sua própria presidência para cabal apuração dos fatos.

No curso do processo penal é possível a constatação da ocorrência de crimes de ação penal de natureza pública, sendo certo que diante de tal fato, a competência para sua promoção exclusiva seria do representante do Ministério Público, nos exatos termos da previsão legal estatuída no Art. 40 do C.P.P.B., que assim dispõe: *Quando, em autos ou papéis de que conhecerem, os juízes ou tribunais verificarem a existência de crime de ação pública, remeterão ao Ministério Público as cópias e os documentos necessários ao oferecimento da denúncia.*

GABARITO: A.

---

42. **(2016 - Câmara Municipal de Pradópolis/SP - Procurador)** A regra do Art. 25 do CPP determina que a representação é:

a) retratável, a qualquer tempo.

b) retratável, desde que antes da sentença.

c) irretratável, a qualquer tempo.

d) irretratável, depois de oferecida a denúncia.

e) causa de procedibilidade das ações penais privadas.

O prazo para que o ofendido ingresse com a representação é de seis meses contados da ciência sobre a identificação do autor, nos casos de crimes cuja ação penal seja pública condicionada, contudo, após seja esta oferecida, pode o interessado retratar-se, desde que o faça antes do oferecimento da denúncia, consoante insculpido no Art. 25, a saber: *A representação será irretratável, depois de oferecida a denúncia.*

GABARITO: D.

---

43. **(2016 – TJM/SP - Juiz de Direito Substituto - Adaptada)** Assinale a alternativa correta a respeito dos pressupostos e das condições da ação penal.

a) O arquivamento do inquérito policial, por atipicidade do fato, não faz coisa julgada, não podendo ser invocado como exceção de coisa julgada.

b) A inépcia da inicial apenas poderá ser avaliada no momento do recebimento da acusação, não podendo ser apreciada depois disso, restando superada a alegação.

c) O vício quanto à regularidade da procuração na ação penal privada pode ser emendado (capacidade postulatória), mesmo após o transcurso do prazo decadencial.

d) A citação por hora certa está prevista, expressamente, no Código de Processo Penal, bem como, no âmbito do Código de Processo Civil.

A: A permissão legal contida no Art. 18 do CPP, e pertinente Súmula 524/STF, de desarquivamento do inquérito pelo surgimento de provas novas, somente tem incidência quando o fundamento daquele arquivamento foi a insuficiência probatória – indícios de autoria e prova do crime e, assim sendo, faz coisa julgada material, estando a alternativa "A" equivocada.

B: Segundo entendimento do Superior Tribunal de Justiça STJ - Recurso Especial: REsp 1451787 ES 2014/0099855-1, há possibilidade da ocorrência da inépcia da inicial após o oferecimento da denúncia, afastando-se assim o contido na alternativa "B".

C: Conforme decisão proferida nos autos do REsp 531.876/MG, Rel. Min. FELIX FISCHER, oriundo do STF, há de se observar que o vício quanto à regularidade da procuração na ação penal privada não pode ser

mais sanado após o transcurso do prazo decadencial, ensejando assim a respectiva extinção da punibilidade em face do caso concreto, motivo pelo qual incorreta a assertiva "C".

D: Alternativa correta haja vista o disposto no Art. 362 do C.P.P.B., a saber: *Verificando que o réu se oculta para não ser citado, o oficial de justiça certificará a ocorrência e procederá à citação com hora certa, na forma estabelecida nos Arts. 227 a 229 da Lei nº 5.869, de 11 de janeiro de 1973 - Código de Processo Civil.*

GABARITO: D.

---

44. **(2016 – PM/SP - Técnico Administrativo)** Quanto ao prazo para oferecimento de denúncia previsto no Código de Processo Penal, assinale a alternativa correta.

a) O Ministério Público deverá oferecer denúncia no prazo de 10 dias se o indiciado estiver preso e no prazo de 15 dias se o indiciado estiver solto.

b) O prazo para oferecimento de denúncia é contado da data em que o órgão do Ministério Público receber os autos do inquérito policial ou, caso o inquérito policial seja dispensado, da data em que tiver recebido as peças de informação ou a representação.

c) O Ministério Público deverá oferecer denúncia no prazo de 05 dias se o indiciado estiver preso e, se solto, no prazo de 20 dias.

d) Não há prazo diferenciado para o oferecimento de denúncia, estando o indiciado preso ou solto.

e) O Ministério Público deverá oferecer denúncia no prazo de 30 dias, contados do recebimento dos autos do inquérito policial, estando o indiciado preso ou solto.

O prazo para oferecimento da denúncia está capitulado no Art. 46 do C.P.P.B., a saber: *O prazo para oferecimento da denúncia, estando o réu preso, será de 5 dias, contado da data em que o órgão do Ministério Público receber os autos do inquérito policial, e de 15 dias, se o réu estiver solto ou afiançado. No último caso, se houver devolução do inquérito à autoridade policial (Art. 16), contar-se-á o prazo da data em que o órgão do Ministério Público receber novamente os autos,* sendo tal prazo computável a partir do momento em que o representante do Ministério Público receber os autos do inquérito conclusos ou, se for o caso, as peças de informação.

GABARITO: B.

---

45. **(2015 – PC/CE - Delegado de Polícia)** No caso de morte do ofendido,

a) no curso da ação privada, declarar-se-á a extinção da punibilidade do ofensor; nos crimes de ação pública condicionada, o juiz, a requerimento da parte que comprovar a sua pobreza, nomeará advogado para promover a ação penal.

b) o direito de oferecer queixa passará ao cônjuge, ascendente, descendente ou irmão; nos crimes de ação privada, o juiz, a requerimento da parte que comprovar a sua pobreza, instaurará de ofício a ação penal.

c) o direito de oferecer queixa passará ao cônjuge, ascendente, descendente ou irmão; nos crimes de ação privada, o juiz, a requerimento da parte que comprovar a sua pobreza, nomeará advogado para promover a ação penal.

d) no curso da ação pública condicionada, declarar-se-á a extinção da punibilidade do ofensor; nos crimes de ação pública condicionada, o juiz, a requerimento da parte que comprovar a sua pobreza, nomeará advogado para promover a ação penal.

e) o direito de oferecer queixa se extinguirá; nos crimes de ação privada, o juiz, a requerimento da parte que comprovar a sua pobreza, instaurará de ofício a ação penal.

O direito de se ingressar com a representação, nos crimes de ação penal pública condicionada ou de se interpor a queixa-crime, nos crimes de ação penal privada, no caso do ofendido ou querelante morrer ou encontrar-se ausente passará ao cônjuge, ascendente, descendente e, por último, ao colateral, restando assim disposto nos Arts. 24, § 1º e 31, todos do C.P.P.B. A nomeação de advogado para propositura da ação penal privada, caso comprovada a condição de pobreza do querelante na acepção jurídica do termo, está prevista no Art. 32 do referido diploma legal, motivo pelo qual a assertiva "C" demonstra-se correta.

GABARITO: C.

---

46. **(2015 – MPE/SP - Assistente Jurídico)** Em crime de ação penal pública, membro do Ministério Público, com fundamento no artigo 16 do Código de Processo Penal, formulou pedido de retorno do inquérito policial, para realização de diligências, imprescindíveis ao oferecimento da denúncia, concretizado, após, pelo mesmo Promotor de Justiça. Revela-se, assim:

a) uma situação regular, desde que declinada, na cota de oferecimento, pelo membro do Ministério Público, que não há motivo que ensejaria declaração de suspeição, ex officio, por contato direto com a prova, na primeira fase da persecução penal.

b) a suspeição do Promotor de Justiça, porque, como sujeito e parte na relação processual, já teve contato com a prova, impondo-se, pela aplicação dos princípios da unidade e da indivisibilidade do Ministério Público, o oferecimento da denúncia por outro membro.

c) uma situação regular, porque a participação de membro do Ministério Público, na fase investigatória criminal, não acarreta o seu impedimento ou suspeição para o oferecimento de denúncia.

d) uma situação regular, desde que designado, pelo Procurador Geral de Justiça, o mesmo Promotor de Justiça que participou da fase investigatória criminal, para o oferecimento de denúncia, por inteligência do artigo 258 do Código de Processo Penal.

e) o impedimento do Promotor de Justiça que participou da fase investigatória criminal, ainda que esta tenha sido conduzida por autoridade policial, para oferecimento da denúncia, nos termos do artigo 258 do Código de Processo Penal, que estabelece como uma de suas hipóteses, a atuação nas duas fases da persecução penal.

Não há de se falar em suspeição do representante do Ministério Público pelo simples fato do referido requerer ao magistrado para que os autos do inquérito policial retornem à autoridade policial originária, objetivando a realização de diligências indispensáveis ao oferecimento da denúncia, mesmo porque tal medida encontra amparo legal no próprio Art. 16, a saber: *O Ministério Público não poderá requerer a devolução do inquérito à autoridade policial, senão para novas diligências, imprescindíveis ao oferecimento da denúncia.*

GABARITO: C.

47. **(2015 - TJ/MS – Juiz Estadual)** XISTO, querelante em ação penal privada, ao término da instrução e representado por advogado constituído, requereu a absolvição de CRISTÓVÃO, querelado. Deve o juiz:

a) absolver CRISTÓVÃO, com fundamento no artigo 386, inciso VII, do Código de Processo Penal.

b) considerar perempta a ação penal, porque o querelante deixou de formular pedido de condenação nas alegações finais.

c) encaminhar os autos em vista ao Ministério Público, titular da ação penal, para manifestação de interesse na produção de outras provas.

d) designar audiência para tentativa de conciliação das partes, em homenagem ao princípio da intervenção mínima.

e) determinar a extração de peças processuais e o encaminhamento à autoridade policial, para apuração da prática, pelo querelante, de denunciação caluniosa.

O Art. 386, inciso VII do C.P.P.B. é inaplicável ao caso concreto uma vez que ele assevera: *O juiz absolverá o réu, mencionando a causa na parte dispositiva, desde que reconheça:...VII – não existir prova suficiente para a condenação.* Na presente situação observa-se a incidência de causa de perempção nos exatos termos daquilo que prescreve o Art. 60, inciso III do mesmo diploma legal, que assim é disciplinado: *Nos casos em que somente se procede mediante queixa, considerar-se-á perempta a ação penal: III - quando o querelante deixar de comparecer, sem motivo justificado, a qualquer ato do processo a que deva estar presente, ou deixar de formular o pedido de condenação nas alegações finais;* (grifamos). Não há de se falar no referido momento processual sobre tentativa de conciliação, nem tão pouco arguir-se a ocorrência de eventual ilícito penal de "denunciação caluniosa" uma vez que não houve imputação falsa de crime, mas apenas a ausência de formalidade legal ensejadora da perempção.

GABARITO: B.

48. **(2015 - CRO/SP - Advogado Jr.)** Determina o Art. 39 do CPP, no que toca à ação penal pública condicionada à representação, que o direito de representação pode ser exercido:

a) pessoalmente, mediante declaração escrita, a autoridade policial, apenas.

b) pessoalmente, mediante declaração escrita, feita ao juiz, ou à autoridade policial, apenas.

c) pessoalmente ou por procurador com poderes especiais, mediante declaração escrita, feita ao juiz ou ao órgão do Ministério Público, apenas.

d) pessoalmente ou por procurador, mediante declaração, escrita ou oral, feita ao órgão do Ministério Público, ou à autoridade policial, apenas.

e) pessoalmente ou por procurador com poderes especiais, mediante declaração, escrita ou oral, feita ao juiz, ao órgão do Ministério Público, ou à autoridade policial.

As formalidades alusivas ao direito de representação nos crimes de ação penal pública condicionada estão disciplinadas no Art. 39 do C.P.P.B., conforme segue: *O direito de representação poderá ser exercido, pessoalmente ou por procurador com poderes especiais, mediante declaração, escrita ou oral, feita ao juiz, ao órgão do Ministério Público, ou à autoridade policial.* Nesse sentido, há de se observar que a alternativa adequada é aquela indicada na alternativa "E".

GABARITO: E.

49. **(2014 - Câmara Municipal de São José dos Campos/SP - Analista Legislativo/Advogado)** De acordo com o Art. 24, § 2º do CPP, o crime praticado em detrimento do patrimônio ou interesse do Município será processado por:

a) ação penal pública, de competência originária do Tribunal de Justiça.

b) ação penal privada subsidiária da pública.

c) ação penal pública.

d) ação penal pública, mas com a necessária intervenção do ente como assistente do Ministério Público.

e) ação penal pública, mas sempre condicionada à representação do ente lesado.

Dispõe o C.P.P.B. em seu Art. 24, § 2º que: *Seja qual for o crime, quando praticado em detrimento do patrimônio ou interesse da União, Estado e Município, a ação penal será pública,* sendo certo que tal medida decorre da indisponibilidade do interesse público em favor do interesse comum.

GABARITO: C.

50. **(2015 - TJ/SP - Juiz Substituto)** Conforme o Art. 41, do Código de Processo Penal, "A denúncia ou queixa conterá a exposição do fato criminoso, com todas as suas circunstâncias, a qualificação do acusado ou esclarecimentos pelos quais se possa identificá-lo, a classificação do crime e, quando necessário, o rol das testemunhas" Portanto, a peça acusatória.

a) pode conter elementos que sejam prescindíveis, mas relevantes para a imputação.

b) precisa apresentar algumas das condutas alegadamente praticadas pelo agente.

c) necessita trazer a descrição do comportamento delituoso de forma escorreita.

d) deve descrever os fatos ilícitos, ainda que não em sua totalidade.

A peça acusatória necessita ser clara e descrever precisamente a conduta delituosa perpetrada pelo acusado, sendo importante salientar que o réu e seu respectivo advogado não se defendem do tipo penal assacado em seu desfavor, mas sim do comportamento delitivo descrito na exordial increpatória. Nesse sentido, a descrição do fato delituoso necessita conter elementos imprescindíveis que possibilitem o recebimento da denúncia pelo magistrado.

GABARITO: C.

51. **(2015 – PM/SP - Técnico Administrativo)** Assinale a alternativa correta, de acordo com as disposições do Código de Processo Penal.

a) Nos crimes de ação privada, a autoridade policial somente poderá proceder a inquérito a requerimento de quem tenha qualidade para intentá-la.

b) No inquérito é vedado ao ofendido, ou seu representante legal, e ao indiciado o requerimento de qualquer diligência.

c) Para suprir a falta do exame de corpo de delito, por haverem desaparecido os vestígios, é vedada a utilização da prova testemunhal.

d) Durante o interrogatório, o defensor do acusado não poderá intervir ou influir, de qualquer modo, nas perguntas e nas respostas.

e) Sempre que possível, o juiz determinará que a testemunha manifeste suas apreciações pessoais.

A: Nos termos do Art. 5º, § 5º do C.P.P.B., teríamos que: *Nos crimes de ação privada, a autoridade policial somente poderá proceder a inquérito a requerimento de quem tenha qualidade para intentá-la,* e nesse sentido, o disposto na alternativa "A" está correto.

B: O ofendido e o indiciado poderão requerer a produção de provas no âmbito do inquérito policial, junto ao Delegado de Polícia, a qual poderá ser ou não produzida a critério deste último, assim estabelecido no Art. 14 do mesmo diploma legal.

C: A produção de prova pericial poderá ser suprida pela prova testemunhal consoante previsão expressa no Art. 167 da norma processual em evidência, o qual assevera que: *Não sendo possível o exame de corpo de delito, por haverem desaparecido os vestígios, a prova testemunhal poderá suprir-lhe a falta.*

D: Cabe ao defensor do acusado o dever de orientar o desenvolvimento daquele no seu interrogatório, tanto no que diz respeito ao conteúdo da fala quanto no tocante à forma de se expressar, sendo esse o consenso pacífico da questão.

E: A testemunha está proibida de manifestar suas opiniões pessoais, restringindo-se tão somente ao evento por ela observado, salvo se indissociável do fato criminoso.

GABARITO: A.

Da Ação Civil *Ex Delicto* (Arts. 63 a 68 do CPP)

52. **(2016 - Prefeitura de Alumínio/SP - Procurador)** O termo inicial do prazo de prescrição para o ajuizamento da ação de indenização por danos decorrentes de crime (ação civil ex delicto), de ação proposta contra empregador em razão de crime praticado por empregado no exercício do trabalho que lhe competia, é a data:

a) da prática do ato ilícito.

b) da data da lesão.

c) do trânsito em julgado da sentença penal condenatória.

d) da data do conhecimento do fato por parte do titular lesado.

e) da data do conhecimento do fato por parte do empregador.

A resposta da presente questão está transcrita no Art. 63 do C.P.P.B., o qual assim dispõe: *Transitada em julgado a sentença condenatória, poderão promover-lhe a execução, no juízo cível, para o efeito da reparação do dano, o ofendido, seu representante legal ou seus herdeiros.*

GABARITO: C.

Critério de Fixação de Competência

53. **(2019 – TJ/AC - Juiz de Direito Substituto)** Assinale a alternativa correta quanto à competência e o seu regramento previsto no Código de Processo Penal.

a) Não sendo conhecido o lugar da infração, a competência regular-se-á pela prevenção.

b) Nos casos de exclusiva ação privada, o querelante poderá preferir o foro de domicílio ou da residência do réu, salvo conhecido o lugar da infração.

c) Se, iniciada a execução no território nacional, a infração se consumar fora dele, a competência será determinada pelo lugar em que tiver sido praticado, no Brasil, o último ato de execução.

d) Quando incerto o limite territorial entre duas ou mais jurisdições, ou quando incerta a jurisdição por ter sido a infração consumada ou tentada nas divisas de duas ou mais jurisdições, a competência firmar-se-á pelo princípio da extraterritorialidade.

Tratando-se de desconhecimento do lugar da infração penal praticada, estabelece o Art. 72 do C.P.P.B. que a competência será fixada pelo domicílio ou residência do réu. Outrossim, nos casos de exclusiva ação penal privada, o querelante poderá optar pelo foro do domicílio ou da residência do réu, mesmo que conhecido o lugar da infração, restando assim estatuído no Art. 73 da referida norma processual em destaque. Todavia, se iniciada a execução no território nacional, a infração se consumar fora dele, a competência será determinada pelo lugar em que tiver sido praticado, no Brasil, o último ato de execução, sendo tal premissa inserta no Art. 70, § 1º do C.P.P.B., estando correto o disposto na alternativa "C". Incertezas sobre limites territoriais ou por ter sido a infração consumada ou tentada nas divisas de duas ou mais jurisdições, a competência firmar-se-á pela prevenção, nos exatos termos daquilo que dispõe o Art. 70, § 3º da legislação processual em tela.

GABARITO: C.

54. **(2018 – TJ/SP – Notário e Registrador)** Em matéria de competência em Direito Processual Penal, é lícito afirmar que:

a) nos casos de ação penal privada, o querelante poderá preferir o foro do domicílio ou da residência do querelado, ainda que conhecido o local da infração.

b) quando o último ato da execução for praticado fora do território nacional, será competente o foro do domicílio ou residência do réu.

c) quando incerto o limite territorial entre duas ou mais jurisdições, ou quando incerta a jurisdição por ter sido a infração consumada ou tentada nas duas ou mais jurisdições, a competência firmar-se-á pelo domicílio ou residência do réu.

d) não sendo conhecido o lugar da infração, a competência regular-se-á pela prevenção.

A: O disposto na alternativa está correto haja vista o disposto no Art. 73 do C.P.P.B., a saber: ***Nos casos de exclusiva ação privada, o querelante poderá preferir o foro de domicílio ou da residência do réu, ainda quando conhecido o lugar da infração***

B: Entrementes, quando o último ato da execução for praticado fora do território nacional, será competente o foro do juiz do lugar em que o crime, embora parcialmente, tenha produzido ou devia produzir seu resultado, nos exatos termos do que prevê o Art. 70, § 2º da referida norma processual penal.

C: As incertezas decorrentes de limites territoriais entre comarcas ou em razão da infração ser consumada ou tentada entre suas divisas restarão pacificadas por meio da prevenção, consoante prescreve o Art. 70, § 3º do C.P.P.B.

D: Sendo desconhecido o local da infração, firmar-se-á a competência pelo domicílio ou residência do réu, sendo tal compreensão decorrente do ensinamento contido no Art. 72, ***caput*** **do diploma legal em evidência.**

GABARITO: A.

55. **(2018 – PC/BA - Delegado)** Imagine que o indivíduo "1", que tem conta corrente no banco "2", emitiu cheque sem fundo em desfavor do estabelecimento comercial "3", que efetuou o depósito do cheque no banco "4". De acordo com a jurisprudência dos Tribunais Superiores (Súmula 244 do STJ), o estelionato mediante a emissão de cheque sem provisão de fundos:

a) será processado no local da residência de "1".

b) será processado no local em que se situa o banco "2", onde se deu a recusa.

c) será processado no local em que se situa o estabelecimento comercial "3", que recebeu o cheque.

d) será processado no local em que se situa o banco "4", no qual o cheque foi depositado.

e) é fato atípico se recompensado o prejuízo até o recebimento da denúncia.

Conforme dispõe a Súmula 244 do STJ teríamos que: ***Compete ao foro do local da recusa processar e julgar o crime de estelionato mediante cheque sem provisão de fundos,*** **e, assim sendo, verifica-se que a alternativa "B" se demonstra acertada.**

GABARITO: B.

56. **(2018 – PC/SP - Delegado de Polícia)** A respeito do inquérito policial, assinale a alternativa correta.

a) Logo que tiver conhecimento da prática da infração penal, autoridade policial poderá apreender os objetos que tiverem relação com o fato, após liberados pelos peritos criminais.

b) Para saber qual é a autoridade policial competente para um certo inquérito policial, utiliza-se o critério *ratione loci* ou *ratione materiae*.

c) A autoridade policial poderá arquivar autos de inquérito policial se convencida da inexistência da materialidade delitiva.

d) O inquérito policial é um procedimento administrativo, de natureza acusatória, escrito e sigiloso.

e) Como peça obrigatória para o oferecimento da denúncia, os autos de inquérito policial acompanharão a denúncia ou queixa.

A: Nos termos do disciplinado no Art. 6º, inciso II do C.P.P.B., a autoridade policial deverá apreender os objetos relacionados ao fato delituoso.

B: A fixação da competência apuratória pela autoridade policial se utiliza dos mesmos critérios, naquilo que for cabível, daqueles aplicáveis ao juízo criminal, nos termos dos Arts. 69 e seguintes do diploma legal em testilha, motivo pelo qual a alternativa "B" se demonstra correta.

C: O inquérito policial é indisponível, sendo defeso à autoridade policial arquivá-lo, nos termos do Art. 17 do C.P.P.B.

D: A natureza jurídica do inquérito policial é inquisitiva, administrativa e pré-processual e não de caráter acusatório.

E: O inquérito policial é dispensável, motivo pelo qual não é imprescindível ao oferecimento de denúncia.

GABARITO: B.

---

57. **(2017 - CRBio - Advogado)** De acordo com o Código de Processo Penal Brasileiro, a respeito de competência, assinale a alternativa correta.

a) Nos casos de crimes conexos, de competência federal e estadual, uma vez unificados os processos, para julgamento único perante a Justiça Federal, a extinção da punibilidade do crime de competência federal faz cessar a competência da Justiça Federal, com a remessa do processo à Justiça Estadual.

b) Conhecido o lugar da infração, mas estando o réu em lugar incerto e não sabido, será competente o Juiz que primeiro tomar conhecimento do fato.

c) Nos casos de exclusiva ação privada, o querelante poderá escolher entre o foro do domicílio do réu e o do lugar da infração para propor a queixa crime.

d) Os processos por crime contra a honra das pessoas que a Constituição sujeita à jurisdição do Supremo Tribunal Federal serão julgados por esse.

e) Os crimes praticados a bordo de aeronave nacional, dentro do espaço aéreo correspondente ao território brasileiro, serão processados e julgados pelo Juízo da Capital da República.

A: A extinção da punibilidade de um crime conexo a outro não faz cessar a competência em face deste último, mesmo que sejam de alçadas apuratórias distintas, estando já eles reunidos em um único processado.

B: Se conhecido o lugar da infração, a fixação da competência obedecerá aos critérios previstos no Art. 70, *caput* do C.P.P.B., devendo o réu ser citado por edital.

C: Nos casos de exclusiva ação privada, a competência será firmada nos termos do Art. 73 do diploma legal em análise, motivo pelo qual está correta a assertiva "C".

D: O Art. 85 do diploma legal em estudo estabelece que: *Nos processos por crime contra a honra, em que forem querelantes as pessoas que a Constituição sujeita à jurisdição do Supremo Tribunal Federal e dos Tribunais de Apelação, àquele ou a estes caberá o julgamento, quando oposta e admitida a exceção da verdade*, motivo pelo qual incompleta a colocação disposta na alternativa "D".

E: Por fim, estabelece o Art. 90 do C.P.P.B. que: *Os crimes praticados a bordo de aeronave nacional, dentro do espaço aéreo correspondente ao território brasileiro, ou ao alto-mar, ou a bordo de aeronave*

estrangeira, dentro do espaço aéreo correspondente ao território nacional, serão processados e julgados pela justiça da comarca em cujo território se verificar o pouso após o crime, ou pela da comarca de onde houver partido a aeronave, **e não pelo juízo da capital da República.**

GABARITO: C.

---

58. **(2017 - DPE/RO - Defensor Público Substituto)** Assinale a assertiva que espelha entendimento já sumulado pelo Superior Tribunal de Justiça.

a) Compete ao foro do local da emissão do cheque processar e julgar o crime de estelionato mediante cheque sem provisão de fundos.

b) A pronúncia é causa suspensiva da prescrição, ainda que o Tribunal do Júri venha a desclassificar o crime.

c) Compete à Justiça Federal processar e julgar Prefeito Municipal por desvio de verba sujeita a prestação de contas perante órgão federal.

d) A competência para processar e julgar o crime de uso de documento falso é firmada em razão da qualificação do órgão expedidor do documento em questão.

e) A participação de membro do Ministério Público na fase investigatória criminal acarreta o seu impedimento ou suspeição para o oferecimento da denúncia.

A: A Súmula nº 244 do STJ assevera que: ***Compete ao foro do local da recusa processar e julgar o crime de estelionato mediante cheque sem provisão de fundos,*** **e, assim sendo, verifica-se que a alternativa "A" se demonstra equivocada.**

B: Segundo entendimento do STJ a pronúncia é causa interruptiva da prescrição e não suspensiva, ainda que o Tribunal do Júri venha a desclassificar o crime, estando também incorreta a assertiva "B".

C: A Súmula nº 208 do STJ prevê que: ***Compete à Justiça Federal processar e julgar prefeito municipal por desvio de verba sujeita a prestação de contas perante órgão federal,*** **motivo pelo qual certo o disposto na alternativa "C".**

D: A Súmula nº 546 do STJ, prescreve que: ***A competência para processar e julgar o crime de uso de documento falso é firmada em razão da entidade ou órgão ao qual foi apresentado o documento público, não importando a qualificação do órgão expedidor,*** **e não conforme estipulado na alternativa "D", ou seja, pela qualificação do órgão expedidor**

E: Derradeiramente observe-se que a Súmula nº 234 do STJ instituiu que: ***a participação de membro do Ministério Público na fase investigatória criminal não acarreta o seu impedimento ou suspeição para o oferecimento da denúncia,*** **e, assim sendo, inexiste o impedimento alardeado na alternativa "E".**

GABARITO: C.

---

59. **(Questão Autoral)** Sobre o tema "competência", disciplinado no Código de Processo Penal, indique a alterntiva considerada correta:

a) A competência pela conexão será determinada quando duas ou mais pessoas forem acusadas pela mesma infração.

b) Será a competência fixada pela continência quando a prova de uma infração ou de qualquer de suas circunstâncias elementares influir na prova de outra infração.

c) Na determinação da competência por conexão ou continência, serão observadas as seguintes regras: no concurso entre a competência do júri e a de outro órgão da jurisdição comum, prevalecerá a competência do júri.

d) A conexão e a continência importarão unidade de processo e julgamento, mesmo em se tratando no concurso entre a jurisdição comum e a militar.

e) Não será facultativa a separação dos processos quando as infrações tiverem sido praticadas em circunstâncias de tempo ou de lugar diferentes, ou, quando pelo excessivo número de acusados e para não lhes prolongar a prisão provisória, ou por outro motivo relevante, o juiz reputar conveniente a separação.

A: Quando a competência for determinada pela pluralidade de envolvidos, tratar-se-á de "continência", nos termos do Art. 77, inciso I do C.P.P.B.

B: No caso em apreço verifica-se fixação de competência por conexão, consoante dispõe o Art. 76, inciso III do mesmo diploma legal.

C: O disposto nesta alternativa demonstra-se acertada, pois se coaduna exatamente com aquilo que dispõe o Art. 78, inciso I do C.P.P.B.

D: Não poderá haver unidade de processos caso exista conflito de interesses entre a Justiça Comum e a Justiça Militar, assim sendo preceituado no Art. 79, inciso I da norma processual em análise.

E: A premissa constante nesta alternativa está incorreta, pois afronta o disposto no Art. 80 do C.P.P.B., pois há previsibilidade para essa finalidade, objetivando otimizar a celeridade processual.

GABARITO: C.

---

60. **(2015 - PC/CE - Delegado de Polícia)** Nos termos do art. 109, § 5º da Constituição da República de 1988, o incidente de deslocamento de competência para a Justiça Federal é cabível nas hipóteses de grave violação de direitos humanos, com a finalidade de assegurar o cumprimento de obrigações decorrentes de tratados internacionais de direitos humanos dos quais o Brasil seja parte. Pode ser suscitado pelo ___________ junto ao ___________. Preenchem, correta e respectivamente, as lacunas:

a) Procurador-Geral da República ou Procurador-Geral de Justiça de qualquer Estado ... STF.

b) Procurador-Geral da República ... STJ.

c) Procurador-Geral de Justiça de qualquer Estado ... STF.

d) Presidente de Tribunal de Justiça ou de Tribunal Regional Federal ... STJ.

e) Órgão Especial de Tribunal de Justiça ... STF.

Dispõe do Art. 109, § 5º da CF/88 que: *Aos juízes federais compete processar e julgar:* § 5º Nas hipóteses de grave violação de direitos humanos, o Procurador-Geral da República, com a finalidade de assegurar o cumprimento de obrigações decorrentes de tratados internacionais de direitos humanos dos quais o Brasil seja parte, poderá suscitar, perante o Superior Tribunal de Justiça, em qualquer fase do inquérito ou processo, incidente de deslocamento de competência para a Justiça Federal, e, assim sendo, a alternativa "B" se adequa em face do caso concreto.

GABARITO: B.

---

61. **(2015 - MPE/SP - Analista)** Para delimitação de competência, entende-se por foro supletivo ou foro subsidiário, previsto no artigo 72, *caput*, do Código de Processo Penal,

a) o da residência da vítima, porque desconhecidos o paradeiro do réu, o local da consumação do delito e, na tentativa, o lugar em que praticado o último ato de execução.

b) o do juízo prevento, na infração continuada ou permanente, praticada em território de duas ou mais jurisdições.

c) o do lugar da infração à qual cominada pena mais grave.

d) o do juízo da distribuição, porque desconhecidos o paradeiro do réu, o local da consumação do delito e, na tentativa, o lugar em que praticado o último ato de execução.

e) o de domicílio ou residência do réu, porque desconhecido o lugar da infração penal.

Para delimitação de competência, entende-se por foro supletivo ou foro subsidiário, previsto no Art. 72, *caput*, do Código de Processo Penal:

Não sendo conhecido o lugar da infração, a competência regular-se-á pelo domicílio ou residência do réu.

§ 1º - Se o réu tiver mais de uma residência, a competência firmar-se-á pela prevenção.

§ 2º - Se o réu não tiver residência certa ou for ignorado o seu paradeiro, será competente o juiz que primeiro tomar conhecimento do fato.

GABARITO: E.

---

62. **(2015 – TJ/MS - Juiz Substituto)** De acordo com o artigo 80, do Código de Processo Penal, nos processos conexos, será facultativa a separação quando:

a) houver corréu em local incerto ou não sabido ou foragido que não possa ser julgado à revelia, ainda que representado por defensor constituído e regularmente citado.

b) em relação a algum corréu, por superveniência de doença mental, nos termos do artigo 152 do Código de Processo Penal, ainda que indispensável a suspensão do processo para instauração de incidente de insanidade mental.

c) concorrerem jurisdição comum e do juízo falimentar.

d) venha o juiz ou tribunal a proferir sentença absolutória ou que desclassifique a infração para outra que não se inclua na sua competência.

e) as infrações tiverem sido praticadas em circunstâncias de tempo ou lugar diferentes, ou, quando pelo excessivo número de acusados e para não lhes prolongar a prisão provisória, ou por outro motivo relevante, o juiz reputar conveniente a separação.

A resposta para a presente assertiva encontra-se explicitada no Art. 80 do C.P.P.B., a saber: *Será facultativa a separação dos processos quando as infrações tiverem sido praticadas em circunstâncias de tempo ou de lugar diferentes, ou, quando pelo excessivo número de acusados e para não lhes prolongar a prisão provisória, ou por outro motivo relevante, o juiz reputar conveniente a separação,* motivo pelo qual a alternativa "E" está correta.

GABARITO: E.

---

63. **(2015 - Prefeitura Municipal de São Paulo/SP - ACMI/Correição)** Quando for declarada a nulidade do processo por incompetência do juiz, deve ele ser remetido ao juiz competente. Estabelece expressamente o art. 567 do CPP que:

a) o juízo em favor de quem se declinou a competência decide quais atos anular e quais atos convalidar.

b) restam anulados os atos decisórios.

c) restam anulados todos os atos do processo.

d) restam anulados os atos decisórios, inclusive com a colocação imediata dos acusados em liberdade.

e) o juízo que reconhece sua incompetência decide quais atos devem ser anulados.

Nos exatos termos daquilo que preceitua o Art. 567 da norma processual em análise teríamos que: *A incompetência do juízo anula somente os atos decisórios, devendo o processo, quando for declarada a nulidade, ser remetido ao juiz competente,* ou seja, os atos de natureza meramente instrutória não deverão ser anulados caso se constate que o juiz encarregado do feito era incompetente para exercer a respectiva judicatura.

GABARITO: B.

Das Questões Prejudiciais (Arts. 92 a 94 do CPP)

64. **(2018 – PC/SP - Delegado de Polícia)** Caio está sendo processado criminalmente pela prática de crime de furto e em sua resposta alega ser improcedente a acusação, uma vez que discute na seara cível, em ação por ele proposta, a ilegitimidade da posse da res pela suposta vítima. Considerando a situação retratada, assinale a alternativa correta.

a) O juiz deverá suspender a ação penal até que se dirima no juízo cível a questão da legitimidade da posse.

b) A resolução da questão prejudicial pelo juiz criminal faz coisa julgada.

c) Não há possibilidade de suspensão da ação penal.

d) O juiz criminal pode resolver, *incidenter tantum*, a questão da posse sem que seja necessária a suspensão da ação penal.

e) O juiz poderá suspender a ação penal a depender tão somente da prévia propositura da ação cível pelo acusado.

A expressão em latim *Incidenter tantum* significa a possibilidade de se auferir a análise incidental da questão, ou seja, tratar-se-ia de analisar a questão como fundamento do pedido. O juiz criminal pode decidir a questão sob sua análise independentemente de outras questões pendentes em áreas diversas da justiça, à exceção daquilo que diz respeito ao estado civil de pessoas, nos termos do preconizado no Art. 155, parágrafo único, do C.P.P.B. Contudo, naquilo que diz respeito a questões de natureza diversa, pode ele sim decidir, independentemente de outras decisões de natureza judicial, objetivando não procrastinar o andamento da ação penal. Corroborando, veja-se o disposto na norma adjetiva em apreço, a saber: *Art. 93. Se o reconhecimento da existência da infração penal depender de decisão sobre questão diversa da prevista no artigo anterior, da competência do juízo cível, e se neste houver sido proposta ação para resolvê-la, o juiz criminal poderá, desde que essa questão seja de difícil solução e não verse sobre direito cuja prova a lei civil limite, suspender o curso do processo, após a inquirição das testemunhas e realização das outras provas de natureza urgente. §1º O juiz marcará o prazo da suspensão, que poderá ser razoavelmente prorrogado, se a demora não for imputável à parte. Expirado o prazo, sem que o juiz cível tenha proferido decisão, o juiz criminal fará prosseguir o processo, retomando sua competência para resolver, de fato e de direito, toda a matéria da acusação ou da defesa* (grifamos). Nesse sentido, correto o disposto na alternativa "D".

GABARITO: D.

Das Exceções (Arts. 95 a 111 do CPP)

65. **(Questão Autoral)** Assinale a alternativa correta, nos termos do quanto previsto no Código de Processo Penal.

a) Poderão ser apenas opostas as exceções de suspeição, incompetência de juízo, litispendência e ilegitimidade de parte.

b) O juiz que espontaneamente afirmar suspeição deverá fazê-lo por escrito, declarando o motivo legal, e remeterá imediatamente o processo ao seu substituto, intimadas as partes.

c) Se for arguida a suspeição do órgão do Ministério Público, o juiz não necessitará colher sua manifestação e decidirá, sem recurso, podendo antes admitir a produção de provas no prazo de três dias.

d) As partes não poderão arguir de suspeitos os peritos, os intérpretes e os serventuários ou funcionários de justiça, decidindo o juiz de plano e sem recurso, à vista da matéria alegada e prova imediata.

A: A alternativa se encontra divorciada do previsto no ordenamento legal em evidência, haja vista também ser cabível a interposição de exceção em razão de "coisa julgada", nos exatos termos daquilo que prescreve o Art. 95, inciso V do C.P.P.B.

B: O disposto na alternativa encontra-se em concordância com aquilo que dispõe o Art. 97 da norma processual em apreço, motivo pelo qual está acertada.

C: Caso seja invocada a suspeição do representante do Ministério Público, resta previsto em lei que o magistrado deverá colher sua manifestação preliminarmente, nos termos do Art. 104 do C.P.P.B.

D: Conforme se evidencia da leitura do Art. 105 da legislação adjetiva em destaque, há sim previsibilidade para que as partes possam arguir suspeição dos auxiliares da justiça e demais sujeitos do processo.

GABARITO: B.

Das Medidas Assecuratórias (Arts. 125 a 144 do CPP)

66. **(Questão Autoral)** Quanto às chamadas medidas cautelares, assinale a alternativa **correta.**

a) Caberá o sequestro dos bens imóveis, adquiridos pelo indiciado com os proventos da infração, exceto em ace daqueles que já tenham sido transferidos a terceiro.

b) Para a decretação do sequestro, será necessária a existência cabal de provas da proveniência ilícita dos bens.

c) O sequestro de bens somente poderá ser procedido no curso da ação penal, após o oferecimento da denúncia por parte do representante do Ministério Público.

d) Transitada em julgado a sentença condenatória, o juiz, de ofício ou a requerimento do interessado, determinará a avaliação e a venda dos bens em leilão público.

e) O juiz não poderá proceder a alienação antecipada dos bens, somente assim deliberando após o trânsito julgado da questão.

A: A assertiva demonstra-se incorreta, pois mesmo que o bem tenha sido transferido à terceiros, sendo ele produto de infração penal ou decorrente dessa atividade criminosa, deverá ser ele sequestrado nos termos do Art. 125 do C.P.P.B.

B: Nos termos do Art. 126 do referido ordenamento legal bastará, para a decretação do sequestro, tão somente a existência de indícios veementes do produto ilícito, restando assim incorreta a alternativa "B".

C: O sequestro de bens se dará em qualquer fase do processo, inclusive por meio de representação da autoridade policial, assim estipulado no Art. 127 do C.P.P.B., estando errada a premissa contida a alternativa "C".

D: Transitada em julgado a sentença condenatória, o juiz, de ofício ou a requerimento do interessado ou do Ministério Público, determinará a avaliação e a venda dos bens em leilão público cujo perdimento tenha sido decretado.

E: O enunciado da alternativa demonstra-se divorciado do previsto no Art. 144-A do C.P.P.B., pois o magistrado, objetivando a preservação do valor dos bens sempre que estiverem sujeitos a qualquer grau de deterioração ou depreciação, ou quando houver dificuldade para sua manutenção, poderá assim deliberar.

GABARITO: D.

---

67. **(2018 – TJ/SP - Juiz Substituto)** Quanto às medidas assecuratórias, é correto afirmar que:

a) o sequestro poderá recair sobre bens imóveis adquiridos pelo indiciado com os proventos da infração, desde que ainda não tenham sido transferidos a terceiros

b) iniciada a ação penal ou a queixa-crime, o juiz poderá, de ofício, mediante requerimento do Ministério Público ou do ofendido, ou representação da Autoridade Policial, ordenar o sequestro de bens.

c) se o responsável não possuir bens imóveis ou os possuir de valor insuficiente, poderão ser arrestados bens móveis suscetíveis de penhora, nos termos em que é facultada a hipoteca legal dos imóveis.

d) depois de recebida a denúncia ou a queixa, quando os bens sequestrados ou arrestados estiverem sujeitos a qualquer grau de deterioração ou depreciação, ou quando houver dificuldade para sua manutenção, para preservar-lhes o valor, o juiz determinará a alienação.

A: Nos termos do Art. 125 do C.P.P.B., os bens do indiciado poderão ser sequestrados, mesmo que transferidos para terceiros.

B: Os sequestros de bens poderão ser determinados antes mesmo de iniciada a ação penal, como por exemplo, por meio de representação da autoridade policial, assim estabelecido no Art. 127 do mesmo diploma legal.

C: A alternativa encontra respaldo legal diante do disposto no Art. 137 do ordenamento jurídico em destaque.

D: A alienação antecipada de bens não está vinculada, quanto a sua realização, após o recebimento da denúncia ou queixa-crime, pois a condicionante para essa finalidade é sua possibilidade de perecimento, nos termos do Art. 144-A do C.P.P.B.

GABARITO: C.

Da Insanidade Mental do Acusado (Arts. 149 a 154 do CPP)

68. **(2018 – TJ/SC – Juiz Leigo)** Mévio, de 19 anos, é acusado de ter praticado estupro de vulnerável, em detrimento da namorada de 13 anos. O inquérito policial foi instaurado a partir de Boletim de Ocorrência lavrado pelo avô da menor. A menor, ouvida pela Autoridade Policial, na presença do representante legal, afirmou namorar Mévio há 02 anos, tendo consentido na relação sexual. Mévio, que respondia à investigação, em liberdade, ao ser ouvido pela Autoridade Policial, fez afirmações completamente desconexas, chegando a dizer que manteve relação sexual com a menor porque não a poderia matar, enquanto pura. A Autoridade Policial relatou o inquérito policial e, desconfiada da integridade mental de Mévio, representou à Autoridade Judicial pela realização de exame médico-legal de sanidade. O Juízo competente determinou a realização do exame, nomeando curador a Mévio, tendo instaurado incidente de insanidade, em auto apartado. Atendendo solicitação dos Peritos, o Juízo determinou a internação de Mévio, em estabelecimento adequado, pelo prazo máximo de 45 dias, para fins de realização do exame. Antes de concluída a perícia-médica, o Ministério Público ofereceu denúncia em face de Mévio, pelo crime de estupro de vulnerável, que foi recebida pelo Juiz. Finalizado o exame, os peritos diagnosticaram Mévio como portador de doença comprometedora da sanidade mental, concluindo, no entanto, que ao tempo da prática do crime, ele possuía discernimento dos atos. Com base no laudo, o Juiz determinou o prosseguimento na ação penal, com a presença do curador nomeado. De ofício, em vista do resultado do exame, determinou a manutenção da internação de Mévio, até que ele se restabeleça. A respeito da situação hipotética, assinale a alternativa **correta.**

a) O incidente de insanidade mental do acusado não tem previsão na fase de inquérito. Equivocou-se o Juiz em determinar a realização de exame de sanidade mental em Mévio, antes que contra ele houvesse ação penal.

b) A internação do acusado, para fins de realização do exame de sanidade mental, não tem previsão para acusado que responda à investigação ou à ação penal, em liberdade. Equivocou-se o Juiz, portanto, em determinar a internação de Mévio, para tal finalidade.

c) Confirmada a doença do acusado, comprometedora da sanidade mental, sobrevinda à infração, a ação penal deve ser suspensa, até que o acusado se restabeleça. Equivocou-se o Juiz em determinar o prosseguimento da ação penal.

d) A internação do acusado, constatada a doença comprometedora de sanidade mental em sede de exame médico-legal, depende de provocação do Ministério Público, assistente da acusação ou do curador do acusado. Equivocou-se o Juiz em determinar a internação de Mévio de ofício.

e) O incidente de insanidade mental do acusado é processado no próprio auto do inquérito policial ou da ação penal. Equivocou-se o Juiz em processá-lo em auto apartado.

A: Nos termos do Art. 149, § 1º do C.P.P.B., há previsibilidade para realização de exame de insanidade mental no curso do inquérito policial, por meio de representação da autoridade policial.

B: A internação do acusado que se encontre solto poderá ser efetivada por meio de mandado judicial, desde que haja requerimento por parte dos peritos incumbidos da realização do exame de corpo de delito, conforme previsão contida no Art. 150 do referido diploma legal.

C: Estabelece o Art. 152 da norma em comento: *Se se verificar que a doença mental sobreveio à infração o processo continuará suspenso até que o acusado se restabeleça.*

D: Há previsão legal para que o magistrado determine a internação do acusado, consoante orientação incerta no Art. 152, § 1º do C.P.P.B.

E: Prescreve o Art. 153 da norma em análise que os autos do processo de insanidade correrão em apartado, sendo certo que após a apresentação do laudo de sanidade mental, serão eles apensados aos autos principais.

GABARITO: C.

69. (2015 – MPE/SP - Analista da Promotoria) Nos termos do Art. 149, *caput*, do Código de Processo Penal, quando houver dúvida sobre a integridade mental do acusado, o juiz:

a) designará data para interrogatório, ocasião em que determinará o arquivamento da ação penal, condicionado a parecer médico-legal de inimputabilidade mental.

b) ordenará a soltura do acusado, se estiver preso, para comparecimento em manicômio judiciário, onde será submetido a exame médico-legal.

c) ordenará, de ofício ou a requerimento do Ministério Público, o arquivamento da ação penal, dispensável o exame médico-legal, ante o disposto no Art. 18 do mesmo diploma legal.

d) ordenará, de ofício ou a requerimento do Ministério Público, do defensor, do curador, do ascendente, descendente, irmão ou cônjuge do acusado, seja este submetido a exame médico-legal.

e) ordenará, a requerimento do Ministério Público, do defensor, do curador, do ascendente, descendente, irmão ou cônjuge do acusado, seja este submetido a exame médico-legal.

Assevera o Art. 149 *caput* do C.P.P.B. que: *Quando houver dúvida sobre a integridade mental do acusado, o juiz ordenará, de ofício ou a requerimento do Ministério Público, do defensor, do curador, do ascendente, descendente, irmão ou cônjuge do acusado, seja este submetido a exame médico-legal*, restando correto o disposto na assertiva "D".

GABARITO: D.

Provas (Arts. 155 a 250 do CPP)

70. (2015 - PC/CE - Delegado de Polícia) Determina o art. 156 do CPP que a prova da alegação incumbirá a quem a fizer. Tal norma:

a) é corolário do Estado Democrático de Direito, pois apenas ao acusado, tecnicamente assistido por advogado, é franqueado o direito de provar o que entende relevante para o sucesso de seus argumentos.

b) é relativizada, pois o juiz pode ordenar, mesmo antes de iniciada a ação penal, a produção antecipada de provas consideradas urgentes e relevantes.

c) consagra o princípio da inércia judicial, pois o julgador não poderá determinar a produção de provas no curso da ação penal.

d) consagra o princípio da imparcialidade da jurisdição, pois ao Estado-Juiz é defeso realizar diligências de ofício no curso do processo.

e) consagra o princípio do *in dubio pro reo*, pois o juiz não pode determinar de ofício a produção de prova que aproveite a tese da parte autora.

É sobremaneira conhecido que o ônus da compra compete à acusação e não ao acusado, pois esse em verdade se defende da imputação que lhe é assacada. Contudo, há previsão legal para que o magistrado produza provas de forma antecipada, notadamente aquelas consideradas urgentes e inadiáveis, sob pena do perecimento do direito. Ademais, está consagrado em nosso sistema processual o princípio da "Busca da Verdade Real", o qual impõe ao juiz o dever, se entender necessário, de coletar provas que possibilitem uma correta apreciação do caso concreto, ultimando a obtenção de uma sentença justa. Nesse sentido, de se há observar que alternativa "B" demonstra-se a mais adequada dentre as apresentadas.

GABARITO: B.

71. (2015 – PC/CE - Delegado de Polícia) Em matéria de prova, vige no processo penal o livre convencimento motivado. Todavia, o STJ fixou entendimento (súmula 74) estabelecendo que:

a) a prova de idade de acusado maior de 70 anos, a fim de obter o benefício da prescrição pela metade, faz-se apenas por documento oficial válido e original.

b) a renúncia ao direito de queixa deve ser feita por escrito e na presença de testemunhas numerárias.

c) para a decretação da extinção da punibilidade pela morte do acusado, é necessário que venha aos autos original ou cópia autenticada de certidão de óbito.

d) a delação premiada só é válida se colhida na presença de órgão do Ministério Público e advogado constituído.

e) o reconhecimento da menoridade do acusado requer prova por documento hábil.

Naquilo que diz respeito, estritamente, ao contido no teor da Súmula nº 74 do STJ, teríamos que: *para efeitos penais, o reconhecimento da menoridade do réu requer prova por documento hábil.*

GABARITO: E.

72. **(2015 – TJ/SP - Juiz Substituto)** A formação da convicção do magistrado no processo penal tem por base inúmeros elementos. Assinale a alternativa que contenha elementos que vão ao encontro da sistemática do Código de Processo Penal como um todo.

a) Livre convencimento e motivação da decisão.

b) Hierarquia prefixada de provas e livre apreciação dos elementos constatados nos autos.

c) Vinculação das provas do processo à sua própria consciência e verdade formal.

d) Livre convencimento e verdade material.

O princípio do livre convencimento ou persuasão racional é aquele empregado pelo juiz para livre apreciação da prova produzida nos autos do processo, não havendo nesse sentido eventual hierarquia entre aquelas coligidas no curso da ação penal. Contudo, é imprescindível que o magistrado demonstre seu raciocínio técnico-jurídico para sustentar sua decisão, operando-se desse modo a necessidade do referido ato ser motivado. O preceito da verdade formal diz respeito ao direito processual civil, o qual restringe ao juiz decidir com base na prova juntada aos autos pelas partes. O preceito da verdade material está associado ao direito processual penal e se traduz na busca da verdade real, contudo, dentre as alternativas apresentadas, a alternativa "A" consagra preceitos mais relevantes diante do requerido no enunciado da questão.

GABARITO: A.

73. **(2019 – TJ/AC - Juiz de Direito Substituto)** Quanto às provas, assinale a alternativa correta, segundo o quanto previsto no Código de Processo Penal.

a) Os peritos oficiais prestarão o compromisso de bem e fielmente desempenhar o encargo.

b) No caso de exame de corpo de delito, o juiz ou a autoridade policial não pode negar a perícia requerida pelas partes.

c) O juiz, por decisão fundamentada, de ofício ou a requerimento das partes, deverá realizar o interrogatório do réu preso por sistema de videoconferência ou outro recurso tecnológico de transmissão de sons e imagens.

d) Em caso de lesões corporais, a falta de exame complementar não poderá ser suprida pela prova testemunhal.

A: Preliminarmente verifica-se que o compromisso de bem e fielmente desempenhar as funções para o qual foi designado relaciona-se aos peritos leigos ou não oficiais, nos termos do Art. 159, § 2º do C.P.P.B.

B: As perícias requeridas pelas partes poderão ser indeferidas pelo magistrado, à exceção do exame de corpo de delito, quando se demonstrarem desnecessárias ou procrastinatórias, assim restando disposto no Art. 184 do diploma legal em evidência, motivo pelo qual correto o disposto na alternativa "B".

C: O interrogatório do réu preso pelo sistema de videoconferência é medida excepcional, consoante previsão contida no Art. 185, § 2º do Estatuto Legal em análise.

D: Derradeiramente é de se verificar que a ausência de exame complementar poderá ser suprida pela prova testemunhal nos exatos termos do preconizado no Art. 168, § 3º do C.P.P.B.

GABARITO: B.

74. **(2018 – PC/BA - Investigador)** Os crimes materiais exigem que a ação penal seja instruída com o respectivo exame de corpo de delito cujo laudo, para ter validade, deve ser assinado por:

a) 2 (dois) peritos oficiais, independentemente do grau de instrução, ou por 2 (duas) pessoas idôneas, preferencialmente portadoras de diploma de curso superior.

b) 1 (um) perito oficial, preferencialmente portador de diploma de curso superior, ou por 2 (duas) pessoas idôneas, com atuação na área da perícia.

c) 2 (dois) peritos oficiais, com formação superior na área específica da perícia, sendo vedada a assinatura por leigos.

d) 1 (um) perito oficial, obrigatoriamente portador de diploma de curso superior, ou por 2 (duas) pessoas idôneas, que também possuam o mesmo grau de instrução.

e) 1 (um) perito oficial, portador de diploma de curso superior preferencialmente na área específica, vedada a assinatura por leigos.

A solução para a presente questão deflui da mera leitura do transcrito no Art. 159, § 1º do C.P.P.B., a saber: *O exame de corpo de delito e outras perícias serão realizados por perito oficial, portador de diploma de curso superior. § 1º Na falta de perito oficial, o exame será realizado por 2 (duas) pessoas idôneas, portadoras de diploma de curso superior preferencialmente na área específica, dentre as que tiverem habilitação técnica relacionada com a natureza do exame.* Nesse sentido, observa-se que a alternativa "D" é a correta.

GABARITO: D.

---

75. **(2018 – Prefeitura de Sorocaba/SP - Procurador Municipal)** O exame de corpo de delito, bem como as demais perícias, será realizado por perito oficial, portador de diploma de curso superior. Na falta de perito oficial, o exame será realizado por quem tenha habilitação técnica relacionada com a natureza do exame, ou seja,

a) 1 (uma) pessoa idônea.

b) 1 (uma) pessoa idônea, portadora de diploma de curso técnico na área específica.

c) 1 (uma) pessoa idônea, portadora de diploma de curso superior preferencialmente na área específica.

d) 2 (duas) pessoas idôneas, portadoras de diploma de curso técnico na área específica.

e) 2 (duas) pessoas idôneas, portadoras de diploma de curso superior preferencialmente na área específica.

Disciplina o Art. 159, § 1º do C.P.P.B., que: *Na falta de perito oficial, o exame será realizado por 2 (duas) pessoas idôneas, portadoras de diploma de curso superior preferencialmente na área específica, dentre as que tiverem habilitação técnica relacionada com a natureza do exame.*

GABARITO: E.

---

76. **(2018 – PM/SP - Técnico Administrativo)** No que concerne ao regramento que o Código de Processo Penal dispensa às provas periciais, assinale a alternativa correta.

a) O exame de corpo de delito poderá ser feito em qualquer dia e a qualquer hora.

b) Mesmo que se trate de perícia complexa, o Juiz designará apenas um perito oficial, por não haver possibilidade legal de dupla nomeação.

c) Os peritos oficiais prestarão o compromisso de bem e fielmente desempenhar o encargo.

d) É vedada indicação de assistentes técnicos em sede de instrução processual penal, sendo que eventual especialista deve ser ouvido na qualidade de testemunha.

e) O laudo pericial será elaborado no prazo máximo de 30 dias, podendo esse prazo ser prorrogado, em casos excepcionais, a requerimento do perito, por uma única vez.

A: Dispõe o Art. 161 do C.P.P.B. que: *O exame de corpo de delito poderá ser feito em qualquer dia e a qualquer hora,* motivo pelo qual a alternativa "A" encontra-se correta.

B: No caso de perícias complexas, mais de um perito poderá ser utilizado para essa finalidade conforme previsão inserta no Art. 159, § 7º do diploma legal em testilha.

C: A necessidade de se prestar o compromisso de bem e fielmente cumprir as atribuições que lhe forem designadas relaciona-se aos peritos leigos, nos termos do Art. 159, § 2º do C.P.P.B.

D: Há previsibilidade para indicação de assistentes técnicos no curso da ação penal consoante preconizado no Art. 159, § 5º, inciso II do ordenamento jurídico em destaque.

E: Explicita o parágrafo único do Art. 160 do C.P.P.B. que: *O laudo pericial será elaborado no prazo máximo de 10 dias, podendo este prazo ser prorrogado, em casos excepcionais, a requerimento dos peritos.*

GABARITO: A.

---

77. **(2017 - CRBio – Advogado)** Em busca e apreensão realizada pela Autoridade Policial em uma copiadora, apreendeu-se quantidade significativa de cópias de obra intelectual (livro), expostas à venda, reproduzidas sem autorização do autor ou titular dos direitos autorais. Foi lavrado termo, assinado por 02 (duas) testemunhas, com descrição de todos os bens apreendidos. Subsequente à apreensão, parte do material foi submetida à perícia, por pessoa tecnicamente habilitada, sendo confeccionado o laudo, conclusivo quanto à violação de direito autoral. Oferecida a denúncia pelo Ministério Público em face do proprietário da copiadora, pelo crime previsto no Art. 184, § 2º, do CP (apenado com reclusão de 2 a 4 anos), o Juiz a recebeu, tendo determinado a citação do acusado, para apresentar resposta à acusação, em 10 (dez) dias. A associação da qual o titular dos direitos autorais do livro indevidamente copiado é associado, após regular pedido, foi habilitada como assistente de acusação. A respeito do caso hipotético, de acordo com o Código de Processo Penal e entendimento consolidado dos Tribunais Superiores, é correto afirmar que:

a) a perícia realizada em parte do material apreendido, por amostragem, é suficiente para evidenciar a materialidade do crime de violação autoral.

b) a perícia realizada no material apreendido é imprestável para evidenciar a materialidade do crime de violação autoral, já que não realizada por perito oficial.

c) errou o Juiz da causa ao determinar a citação do acusado para apresentação de resposta à acusação, pois, conforme expressamente dispõe o Código de Processo Penal, o procedimento comum não se aplica ao processo de julgamento de crimes contra a propriedade imaterial.

d) nos crimes contra a propriedade imaterial, processáveis por ação penal privada, a busca e apreensão será realizada por dois peritos, nomeados pela Autoridade Policial.

e) errou o Juiz da causa ao habilitar a associação como assistente da acusação, pois somente a vítima, em nome próprio, pode exercer referido papel.

Há entendimento firmado pela 3ª Seção do Superior Tribunal de Justiça que, no caso do crime de "violação de direitos autorais" (Art. 182, § 2º do C.P.P.B.), não ser indispensável a realização de laudo pericial em face de todos os bens apreendidos, o qual assim dispôs: é suficiente, para a comprovação da materialidade do delito previsto no Art. *184, § 2º, do CP a perícia realizada por amostragem sobre os aspectos externos do material apreendido, sendo desnecessária a identificação dos titulares dos direitos autorais violados ou de quem os represente*, motivo pelo qual a alternativa "A" demonstra-se correta.

GABARITO: A.

---

78. **(2017 – TJ/SP - Juiz Substituto)** No que diz respeito ao exame de corpo de delito e às perícias em geral, é correto afirmar que:

a) será facultada ao Ministério Público, ao assistente de acusação, ao ofendido, ao querelante e ao acusado a indicação de assistente técnico, vedada, porém, a formulação de quesitos.

b) é permitido às partes, durante o curso do processo, requerer a oitiva dos peritos para esclarecerem a prova, desde que o mandado de intimação e as questões a serem esclarecidas sejam encaminhados com antecedência mínima de 10 (dez) dias, podendo apresentar as respostas em laudo complementar.

c) é nulo o exame realizado por um só perito, considerando-se impedido o que tiver funcionado, anteriormente, na diligência de apreensão.

d) o assistente técnico atuará a partir de sua admissão pelo juiz, sempre antes da conclusão dos exames e elaboração do laudo pelo perito oficial, sendo as partes intimadas desta decisão.

A: A indicação de assistentes técnicos pelas partes, bem como a formulação de quesitos em face daqueles é admitida em nossa legislação processual diante do disposto no Art. 159, § 3º do C.P.P.B.

B: Outrossim, os peritos poderão ser oitivados pelas partes por meio de mandado de intimação expedido para essa finalidade, nos exatos termos do preconizado no Art. 159, § 5º, inciso I do mesmo diploma legal, estando correta a alternativa "B".

C: O laudo pericial será realizado por um perito oficial, conforme Art. 159 *caput* do C.P.P.B., sendo certo que o mesmo poderá também atuar em sede de laudo complementar, inexistindo causa de impedimento ou suspeição nesse particular.

D: A admissão do assistente técnico pelo juiz somente será admitida após a conclusão do laudo pericial, assim restando discriminado no Art. 159, § 4º do C.P.P.B.

GABARITO: B.

---

79. **(2017 - DPE/RO - Defensor Público Substituto)** É correto afirmar sobre o exame de corpo de delito e das perícias em geral:

a) o exame de corpo de delito e outras perícias serão realizados por dois peritos oficiais, portadores de diploma de curso superior.

b) não há previsão legal no Código de Processo Penal acerca da formulação de quesitos e indicação de assistente técnico.

c) quando a infração deixar vestígios, é possível dispensar o exame de corpo de delito.

d) em caso de lesões corporais, a falta de exame complementar não pode ser suprida pela prova testemunhal.

e) se desaparecerem os vestígios, é possível que a prova testemunhal supra a ausência de exame de corpo de delito.

O exame de corpo de delito é procedido por um perito oficial, nos dizeres do Art. 159 *caput* do C.P.P.B., estando assim incorreta a alternativa "A". A formulação de quesitos e indicação de assistentes técnicos está disciplinada no Art. 159, § 3º do referido diploma legal, sendo certo que quando a infração deixar vestígios é obrigatório a realização do exame de corpo de delito, conforme Art. 158, *caput* da referida norma processual. Por sua vez, a ausência de exame complementar no caso da ocorrência de lesões corporais poderá ser suprida pela prova testemunhal, assim prevendo o Art. 168, § 3º do C.P.P.B. *In fine*, o desaparecimento dos vestígios poderá ser suprido pela prova testemunhal, nos exatos termos do preceituado no Art. 167 do ordenamento jurídico em destaque.

GABARITO: E.

---

80. **(2018 – PC/BA - Investigador)** A respeito do interrogatório de réu preso por videoconferência, de acordo com a sistemática adotada pelo Código de Processo Penal, assinale a alternativa **correta.**

a) Desde que haja estrutura e meios suficientes para assegurar os direitos do acusado, pode ser realizado em todos os processos.

b) As partes deverão ser cientificadas da sua realização com antecedência mínima de 5 (cinco) dias.

c) Apenas poderá ser realizado na hipótese de prevenir risco à segurança pública ou se houver suspeita de o preso integrar organização criminosa.

d) Justifica-se sua realização apenas no interesse da defesa, quando o acusado sofrer de grave enfermidade ou outra circunstância especial.

e) Trata-se de medida excepcional e só poderá ser realizado após prévia decisão judicial fundamentada.

O Art. 185 do C.P.P.B. disciplina o interrogatório do acusado, sendo que nos termos do § 2º é de se observar que poderá ser ele realizado pelo sistema de videoconferência somete de forma excepcional, afastando-se assim a alternativa "A" e verificando-se como acertada assertiva "E". A intimação das partes para efetivação do ato de interrogatório *in casu* será realizada com 10 (dez) dias de antecedência, estando equivocada a alternativa "B". As hipóteses que autorizam a realização por videoconferência

consubstanciam-se na prevenção de risco à segurança pública, quando exista fundada suspeita de que o preso integre organização criminosa ou de que, por outra razão, possa fugir durante o deslocamento; para viabilizar a participação do réu no referido ato processual, quando haja relevante dificuldade para seu comparecimento em juízo, por enfermidade ou outra circunstância pessoal; para impedir a influência do réu no ânimo de testemunha ou da vítima, desde que não seja possível colher o depoimento destas por videoconferência, nos termos do Art. 217 deste Código; e para responder à gravíssima questão de ordem pública, sendo assim incorretas as alternativas "C" e "D".

GABARITO: E.

---

81. **(2018 – PC/BA - Investigador)** A afirmação de que "a confissão é a rainha das provas", em Direito Processual Penal, é:

a) inaceitável, porque ela contraria o princípio de que ninguém pode oferecer provas contra si.

b) pertinente, pois, se o acusado admite a imputação, o Estado fica desincumbido de produzir a prova.

c) válida apenas para os crimes contra o patrimônio, desde que haja a indenização do valor do prejuízo.

d) inaplicável, salvo se a confissão for espontânea e prestada em presença de advogado constituído pelo réu.

e) incabível, uma vez que ela deverá ser confrontada com os demais elementos do processo.

Nos exatos dizeres do Art. 197 do C.P.P.B., é certo afirmar-se que: *O valor da confissão se aferirá pelos critérios adotados para os outros elementos de prova, e para a sua apreciação o juiz deverá confrontá-la com as demais provas do processo, verificando se entre ela e estas existem compatibilidade ou concordância*, motivo pelo qual a alternativa "E" está correta.

GABARITO: E.

---

82. **(2015 - TJ/SP - Juiz Substituto)** A confissão do acusado no processo penal:

a) nunca será tida como valor probante se houver posterior retratação judicial.

b) pode ser considerada válida ainda que feita somente na fase extrajudicial.

c) para ter validade, deve ser apresentada na polícia e em juízo.

d) só pode ser admitida se houver outras provas.

A confissão do acusado é admitida como meio de prova cuja valoração é relativa, pois depende do seu confronto com outros elementos informativos coligidos aos autos. Por ser considerada divisível e retratável, a confissão pode ser admitida tanto na fase policial ou judicial, bem como ser passível de eventual retratação. Nesse sentido, o magistrado, quando da análise desse depoimento, poderá levá-lo em consideração ainda que somente procedido no âmbito da polícia judiciária.

GABARITO: B.

---

83. **(2018 - Prefeitura de Bauru/SP - Procurador Jurídico)** Nos termos do Art. 221 do CPP, caso o Prefeito do Município de Bauru seja arrolado como testemunha de um processo penal que tramita em primeiro grau de jurisdição, perante um Juízo singular,

a) pode abster-se de depor em razão do cargo ocupado.

b) deve ser ouvido por Desembargador, em razão da prerrogativa de função.

c) será inquirido em local, dia e hora previamente ajustados entre ele e o Juiz.

d) tem a prerrogativa legal de prestar seu depoimento por escrito, bastando para tanto assim o requerer.

e) deverá comparecer ao fórum no dia e horário marcados unilateralmente pelo Juiz, mas deve ser a primeira das testemunhas a ser ouvida.

Conforme prescreve o Art. 221 do C.P.P.B., teríamos que: *O Presidente e o Vice-Presidente da República, os senadores e deputados federais, os ministros de Estado, os governadores de Estados e Territórios, os secretários de Estado, os prefeitos do Distrito Federal e dos Municípios, os deputados às Assembleias Legislativas Estaduais, os membros do Poder Judiciário, os ministros e juízes dos Tribunais de Contas da*

União, dos Estados, do Distrito Federal, bem como os do Tribunal Marítimo serão inquiridos em local, dia e hora previamente ajustados entre eles e o juiz, **motivo pelo qual está correto o disposto na alternativa "C".**

GABARITO: C.

---

84. **(2018 – PC/SP - Delegado de Polícia)** No que se refere à prova testemunhal, assinale a alternativa correta. A judicialidade não é característica da prova testemunhal, à vista de sua produção se dar também em inquérito policial.

a) Não se admite no processo/inquérito policial a presença de testemunhas indiretas, que são as que depõem sobre conhecimentos obtidos por intermédio de terceiros.

b) Informantes não são classificados como testemunhas por conta das informações sigilosas que detêm.

c) A oitiva das testemunhas acontece no lugar que for a ela conveniente.

d) É característica do testemunho a sua objetividade, isto é, a testemunha, como regra geral, depõe sobre fatos percebidos pelos seus sentidos, sem emissão de juízos de valor ou opinião pessoal.

A: Apesar da prova testemunhal poder ser realizada também no âmbito policial, sua validade efetivamente se consagra quando produzida sob o crivo da ampla defesa e do contraditório.

B: As testemunhas indiretas ou referidas sempre são admissíveis, não havendo óbice para sua produção em qualquer fase da persecução penal.

C: Testemunhas informantes são aquelas proibidas de prestar o compromisso de dizer a verdade.

D: As testemunhas serão intimadas para depor de acordo com a conveniência da instrução, sendo certo que somente em razão das prerrogativas funcionais que exercem, em face da Administração Pública, terão ajustadas suas disponibilidades para serem ouvidas.

E: Por fim, o disposto na alternativa "E" está de acordo com a previsão insculpida no Art. 213 do C.P.P.B., a saber: ***O juiz não permitirá que a testemunha manifeste suas apreciações pessoais, salvo quando inseparáveis da narrativa do fato.***

GABARITO: E.

---

85. **(2018 – MPE/SP - Analista Jurídico do Ministério Público)** Em relação à prova testemunhal, assinale a alternativa **correta.**

a) A "testemunha de ouvir dizer" não presta compromisso de dizer a verdade por se tratar de testemunha indireta.

b) Testemunhas numerárias são as que não prestam compromisso de dizer a verdade.

c) Os parentes do acusado tem apenas a faculdade de depor, mas não o dever de depor em determinadas circunstâncias.

d) A judicialidade significa que só é prova testemunhal aquela produzida perante o juiz, em contraditório.

e) A testemunha presa será ouvida sempre pelo sistema de videoconferência.

A: As testemunhas, sejam elas diretas ou indiretas, prestam o compromisso de dizer a verdade, caso não sejam elas compreendidas como sendo de natureza informante.

B: As testemunhas numerárias são aquelas limitadas, quantitativamente, consoante expressa previsão legal, como, por exemplo, ser em número de cinco de acusação e cinco de defesa o limite previsto para o Tribunal do Júri.

C: O dever de depor impõe-se a todas as testemunhas informantes ***in casu,*** **mas não o de prestar o compromisso de dizer a verdade.**

D: A judicialidade importa, também, a produção da prova testemunhal sob o crivo da ampla defesa e do contraditório, estando correta a assertiva "D".

E: O sistema de videoconferência, excepcionalmente, aplica-se aos acusados presos e às testemunhas nos casos de expedição de eventual carta precatória.

GABARITO: D.

---

86. **(2018 – MPE/SP - Analista Jurídico do Ministério Público - Adaptada)** Sobre os procedimentos no processo penal, assinale a alternativa **correta.**

a) Às testemunhas ouvidas por carta precatória não se aplica a regra segundo a qual as testemunhas de acusação devem ser ouvidas antes que as da defesa.

b) A inépcia da denúncia não pode ser reconhecida pelo juiz após o recebimento da denúncia por conta da preclusão judicial havida.

c) O juiz deverá absolver sumariamente o acusado em caso de inimputabilidade decorrente de doença mental ou desenvolvimento mental retardado ou incompleto.

d) Adota-se o procedimento sumário no crime de aborto provocado pela gestante por se tratar de crime apenado com detenção.

e) O juiz deverá, considerada a complexidade do caso ou o número de acusados, conceder às partes o prazo de 5 (cinco) dias sucessivamente para a apresentação de memoriais.

A: A alternativa demonstra-se acertada, uma vez que a produção de prova testemunhal, por meio de carta precatória, condiciona sua realização conforme a disponibilidade de cumprimento da referida diligência, não podendo o processo ficar suspenso indeterminadamente para essa finalidade, ultimando a produção da prova testemunhal de acusação antes da de defesa.

B: Como é sabido, a inépcia da "denúncia" poderá ser reconhecida posteriormente em razão do surgimento de novos fatos atrelados à acusação.

C: Os casos de absolvição sumária previstos em lei são as excludentes de antijuridicidade ou de culpabilidade tão somente.

D: O crime de aborto tem pena máxima prevista em três anos de detenção, sendo passível de julgamento pelo rito sumário, mas não pelo fato do tipo de pena que lhe é aplicável (detenção), mas pelo máximo de pena cominada ser menor ou igual a 4 anos.

E: A alternativa está incorreta pelo fato de o juiz poder e não dever conceder o prazo de 5 dias para apresentação dos memoriais em razão da sua complexidade.

GABARITO: A.

---

87. **(2018 – TJ/MT - Juiz Substituto)** Assinale a alternativa correta.

a) Aos Deputados Federais e Estaduais é assegurada a oitiva em seus respetivos gabinetes, comunicando os previamente a data e horário designado pelo juiz para realização do ato.

b) A testemunha pode trazer em audiência seu depoimento por escrito para que seja juntado aos autos.

c) Contraditada a testemunha por ser ela suspeita ou indigna de fé, o juiz deve realizar a prova acerca dessa alegação, por intermédio de outras testemunhas trazidas pela parte que a contraditou e, deferida a contradita, deverá exclui-la do rol, permitindo à parte contrária a substituição da testemunha contraditada.

d) A expedição de carta precatória para oitiva de testemunha arrolada não suspenderá a instrução criminal e, após o decurso do prazo nela assinalado, será permitido o julgamento do processo.

e) Aos menores de dezesseis anos e o ascendente ou descendente, o afim em linha reta, o cônjuge, o irmão e o pai, a mãe do acusado não será deferido o compromisso de dizer a verdade.

A: Aos deputados é assegurada a possibilidade de agendamento de seu depoimento tão somente e não a possibilidade de serem oitivados em seus gabinetes.

B: A testemunha pode consultar apontamentos e não o apresentar por escrito perante a autoridade judicial.

C: Preceitua o Art. 214 do C.P.P.B. que: *Antes de iniciado o depoimento, as partes poderão contraditar a testemunha ou arguir circunstâncias ou defeitos, que a tornem suspeita de parcialidade, ou indigna de fé. O juiz fará consignar a contradita ou arguição e a resposta da testemunha, mas só excluirá a testemunha ou não lhe deferirá compromisso nos casos previstos nos Arts. 207 e 208.*

D: Coaduna-se com o previsto no Art. 222, § 1º do C.P.P.B. *Não será deferido o compromisso de dizer a verdade ao menor de 14 anos e não como constou.*

GABARITO: D.

---

88. (2017 - DPE/RO - Defensor Público Substituto) Sobre os meios de prova, é correto afirmar que:

a) o juiz permitirá que a testemunha manifeste suas apreciações pessoais se estas forem inseparáveis da narrativa do fato.

b) se da acareação resultar comprovado ter uma das testemunhas mentido durante seu depoimento, o resultado da acareação terá valor absoluto quando da valoração da prova em sentença.

c) a testemunha poderá se eximir da obrigação de depor.

d) o interrogatório do réu preso será realizado preferencialmente pelo sistema de videoconferência.

e) não é permitida à parte a juntada de documentos em razões de apelação ou em suas contrarrazões.

A: O disposto na alternativa há previsão legal do ora suscitado nos termos do Art. 214 do C.P.P.B.

B: O resultado das acareações não terá valor absoluto, pois a comprovação do falso testemunho somente poderá ser constatado depois do devido processo legal estabelecido para apuração desse injusto.

C: A testemunha não poderá se eximir da obrigação de depor, nos termos do insculpido no Art. 206 do diploma legal em comento.

D: O interrogatório do réu preso será realizado excepcionalmente pelo sistema de videoconferência.

E: A juntada de documentos pode ser efetivada em qualquer momento da persecução penal, exceto nos casos previsto em lei, devendo, contudo, a parte contrária manifestar-se em face dessa providência.

GABARITO: A.

89. (2015 – PC/CE - Escrivão) Com relação às disposições do Código de Processo Penal relativas ao ofendido e às testemunhas, é correto afirmar que:

a) as pessoas impossibilitadas, por enfermidade ou por velhice, de comparecer para depor, não serão inquiridas.

b) os militares e os funcionários públicos deverão ser ouvidos no local em que exercem suas funções.

c) o ofendido será qualificado e fará, sob palavra de honra, a promessa de dizer a verdade do que souber e lhe for perguntado, e sendo perguntado sobre as circunstâncias da infração, quem seja ou presuma ser o seu autor e sobre as provas que possa indicar, tomar-se-ão por termo as suas declarações.

d) durante o depoimento não é permitido que a testemunha manifeste suas apreciações pessoais, salvo quando inseparáveis da narrativa do fato.

e) a redação do depoimento da testemunha deverá evitar a utilização de expressões de "baixo calão" usadas pelas testemunhas sem reproduzir fielmente as suas frases.

A: Testemunhas impossibilitadas de comparecer em juízo para depor em razão de idade avançada ou em situação de convalescença deverão ser ouvidas onde se encontrem, assim sendo estipulado no Art. 220 do C.P.P.B.

B: Militares e funcionários públicos deverão comparecer em juízo, sendo seus superiores hierárquicos informados dessa providência para que não haja quebra da solução de continuidade da prestação de seus serviços.

C: Ofendido não é testemunha, logo não presta o compromisso de dizer a verdade.

D: Há previsão legal nesse sentido nos exatos termos do disposto no Art. 213 do C.P.P.B.

E: O depoimento da testemunha deve ser redigido textualmente conforme suas próprias palavras, buscando a reprodução mais fidedigna possível.

GABARITO: D.

90. (2015 – MPE/SP - Analista de Promotoria) Assinale a alternativa correta quanto ao depoimento de testemunha por carta precatória, disciplinado pelo Art. 222 do Código de Processo Penal.

a) A expedição da carta precatória suspende a instrução criminal.

b) Anotado prazo razoável para o cumprimento, o seu decurso permite a realização do julgamento, mas, a todo tempo, a carta precatória, uma vez devolvida, será junta aos autos.

c) Desnecessária a intimação das partes, da expedição da carta precatória, por se tratar de ato ordinatório.

d) Há vedação legal à colheita do depoimento testemunhal deprecado, por meio de videoconferência.

e) Se intimada, por carta precatória, a testemunha que morar fora da jurisdição do juiz, deverá comparecer para sua oitiva, pelo Juízo Deprecante, sob pena de condução coercitiva.

A: Nos termos do Art. 222, § 1º do C.P.P.B., não há previsão para suspensão da instrução processual por ocasião da expedição de carta precatória.

B: Alternativa adequada em face do exposto no Art. 222, § 3º do mesmo diploma legal.

C: As partes devem ser intimadas formalmente sobre a expedição de carta precatória, pois é imprescindível esse fato, objetivando estabelecer-se o contraditório.

D: Há previsão legal para tomada de depoimento por meio de videoconferência.

E: Sendo a testemunha intimada por carta precatória, deverá aquela comparecer à sede do juiz deprecado para ser inquirida.

GABARITO: B.

---

91. **(Questão Autoral)** Sobre a prova testemunhal, assinale a opção correta:

a) Havendo fundado receio de que a testemunha, em razão de doença ou avançado estado de velhice não possa prestar seu depoimento futuramente, admitir-se-á a produção antecipada de provas.

b) As testemunhas comunicarão ao juiz, dentro de seis meses, qualquer mudança de residência, sujeitando--se, pela simples omissão, às penas do não comparecimento.

c) As cartas rogatórias serão expedidas sempre que se demonstrarem imprescindíveis para a busca da verdade real, devendo o erário público arcar com as despesas decorrentes dessa providência.

d) A testemunha faltosa poderá ser sancionada por meio da aplicação de multa, mas esse fato não implicará, em hipótese alguma, sua responsabilização penal.

e) Caso o juiz identifique indícios da prática do crime de perjúrio tipificado no Art. 342 do C.P.B., deverá remeter a documentação pertinente ao representante do Ministério Público para demais providências legais.

A: Alternativa de acordo com o que está sendo disciplinado no Art. 225 do C.P.P.B.

B: O prazo para comunicação dessa providência é de um ano, nos termos do Art. 224 do mesmo diploma legal.

C: As custas resultantes da expedição de carta precatória deverão ocorrer às expensas da parte que requereu a realização dessa providência.

D: Caso a testemunha venha a faltar em razão de caso fortuito ou motivo de força maior não deverá ela ser responsabilizada criminalmente, mas se tal fato resultar de evento injustificado, haverá, em tese, indicativo do crime de desobediência a ser posteriormente objeto de apuração criminal.

E: Havendo indícios da prática do crime de falso testemunho, deverá o magistrado, nos termos do Art. 211, remeter cópia do depoimento à autoridade policial para os fins que se fizerem necessários.

GABARITO: A.

---

92. **(2015 – PC/CE - Escrivão)** Assinale a alternativa correta com relação às disposições previstas no Código de Processo Penal, com relação ao reconhecimento de pessoas e coisas e a acareação.

a) Do ato de reconhecimento, lavrar-se-á auto pormenorizado, subscrito pela autoridade, pela pessoa chamada para proceder ao reconhecimento e por uma testemunha presencial.

b) Após a realização do reconhecimento, a pessoa que o fez será convidada a descrever a pessoa que deva ser reconhecida.

c) É inválida a acareação realizada sem a presença de alguma das testemunhas que divergiram, em suas declarações, sobre fatos ou circunstâncias relevantes.

d) O reconhecimento de objeto deverá ser realizado com as mesmas cautelas previstas para o reconhecimento de pessoas, desde que aplicáveis.

e) Não será admitida acareação entre acusado e testemunha.

A: Nos termos do Art. 226, inciso IV do C.P.P.B., teríamos que: *Quando houver necessidade de fazer-se o reconhecimento de pessoa, proceder-se-á pela seguinte forma: IV - do ato de reconhecimento lavrar-se-á auto pormenorizado, subscrito pela autoridade, pela pessoa chamada para proceder ao reconhecimento e por duas testemunhas presenciais*, estando a alternativa "A" incorreta.

B: A descrição da pessoa a ser reconhecida é feita antes que se processe ao reconhecimento propriamente dito.

C: A acareação efetuada sem a presença de um dos envolvidos não é inválida, assim disciplinado no Art. 230 do referido diploma legal.

D: O disposto na assertiva "D" se coaduna perfeitamente em face daquilo que estabelece o Art. 227 do C.P.P.B., sendo assim correta referida alternativa.

E: Derradeiramente, há de se afirmar que a acareação poderá ser levada a efeito envolvendo todos os sujeitos do processo.

GABARITO: D.

---

93. **(2018 – PC/SP - Escrivão de Polícia)** A respeito das provas, disciplinadas nos Arts. 155 a 250 do Código de Processo Penal, é correto afirmar que:

a) os pais, os filhos e irmãos do acusado poderão se recusar a depor em processo, salvo quando não for possível, por outro meio, obter-se a prova do fato e suas circunstâncias, ocasião em que prestarão compromisso de dizer a verdade.

b) o exame de corpo e delito, direto ou indireto, é indispensável nos crimes que deixam vestígios, exceto quando há confissão do acusado.

c) o juiz, no ordenamento brasileiro, não pode determinar a produção de prova, de ofício. A atividade probatória é de iniciativa das partes, cabendo ao juiz deferi-las ou indeferi-las, tendo em vista a pertinência.

d) o juiz formará sua convicção pela livre apreciação da prova produzida judicialmente em contraditório e nos elementos informativos colhidos no curso do inquérito policial que, inclusive, poderão fundamentar exclusivamente a decisão.

e) as cartas remetidas ao acusado poderão ser juntadas em prol de sua defesa, ainda que não haja consentimento dos signatários.

A: As eventuais testemunhas que possuem relação de parentesco com o acusado são obrigadas a serem inquiridas, contudo não prestam o compromisso de dizer a verdade.

B: Disciplina o Art. 158, *caput* da norma processual em análise, que a confissão do acusado não poderá substituir o exame de corpo de delito.

C: O princípio da busca da verdade real remete o juiz à necessária produção de provas de ofício, objetivando a prolação de uma sentença justa.

D: Os elementos colhidos no bojo no inquérito policial não poderão subsidiar exclusivamente a decisão judicial haja vista que não foram colhidos levando-se em conta os preceitos da ampla defesa e do contraditório.

E: *In fine* está acertada a premissa contida na alternativa "E" vez que o Art. 233, parágrafo único, do C.P.P.B. estabelece que: *As cartas poderão ser exibidas em juízo pelo respectivo destinatário, para a defesa de seu direito, ainda que não haja consentimento do signatário.*

GABARITO: E.

---

94. **(2015 – PC/CE - Inspetor)** Assinale a alternativa correta a respeito do tema "documentos de prova", previsto no Código de Processo Penal.

a) As partes sempre podem apresentar documentos em qualquer fase do processo.

b) A lei não confere o mesmo valor do original à fotografia do documento, ainda que devidamente autenticada.

c) Os documentos em língua estrangeira, sem prejuízo de sua juntada imediata, serão sempre traduzidos por tradutor público.

d) As públicas-formas terão valor quando conferidas com o original por qualquer funcionário público, ainda que ausente a autoridade.

e) A letra e firma dos documentos particulares serão submetidas a exame pericial, quando contestada a sua autenticidade.

A: Os documentos podem ser apresentados em qualquer fase do processo, exceto nos casos previstos em lei consoante disciplina o Art. 231 do C.P.P.B.

B: Os documentos autenticados tem a mesma validade daqueles considerados originais nos termos do Art. 237 do diploma legal em testilha.

C: Disciplina o Art. 236 da norma em evidência que os documentos em língua estrangeira serão traduzidos se necessário, sendo certo que não existindo tradutor público, esse poderá ser substituído por outro designado pela autoridade competente.

D: As públicas-formas necessitam ser conferidas na presença da autoridade.

E: Derradeiramente, a alternativa "E" encontra-se de acordo com a previsão legal estatuída no Art. 235 do C.P.P.B.

GABARITO: E.

---

95. **(2015 – PC/CE - Inspetor)** Código de Processo Penal, Art. 239: "Considera-se ______ a circunstância conhecida e provada, que, tendo relação com o fato, autorize, por __________, concluir-se a existência de outra ou outras ______". Assinale a alternativa que preenche correta e respectivamente as lacunas do enunciado.

a) indício ... indução ... circunstâncias.

b) contraindício ... indução ... circunstâncias.

c) indício ... dedução ... autorias.

d) contraindício ... indução ... autorias.

e) indício ... dedução ... circunstâncias.

A questão em análise encontra sua resposta nos exatos dizeres do Art. 239 do C.P.P.B., que assim assevera: *Considera-se indício a circunstância conhecida e provada, que, tendo relação com o fato, autorize, por indução, concluir-se a existência de outra ou outras circunstâncias.*

GABARITO: A.

---

96. **(2015 - PC/CE – Escrivão)** Segundo o disposto no Código de Processo Penal, consideram-se indícios:

a) a circunstância conhecida e provada que, tendo relação com o fato, autorize o indiciamento do investigado.

b) a circunstância conhecida e provada que, tendo relação com o fato, autorize, por indução, concluir-se a existência de outra ou outras circunstâncias.

c) o conjunto dos elementos de prova de autoria e materialidade que autorize o oferecimento da denúncia por parte do Ministério Público.

d) a circunstância conhecida mas ainda não provada que, tendo relação com o fato, autorize, por indução, concluir-se a existência de outra ou outras circunstâncias.

e) o conjunto dos meios de prova de autoria e materialidade que autorize o oferecimento da denúncia por parte do Ministério Público.

A definição de indício, conforme apontado na questão anterior, encontra-se consignada em letra de lei insculpida no Art. 239 do C.P.P.B.

GABARITO: B.

---

97. **(2018 – PC/BA - Investigador)** Iniciada uma diligência visando a apreender, com urgência, objeto cujo possuidor ou detentor evade-se para Estado limítrofe, é correto afirmar que:

a) os agentes da autoridade deverão interromper a diligência, elaborar relatório minucioso, para que ela seja concluída mediante carta precatória.

b) apenas se a diligência for comandada pela autoridade policial, os agentes da autoridade poderão ingressar no território do outro Estado e realizar a apreensão.

c) os agentes da autoridade poderão ingressar no território do outro Estado e, encontrando o objeto, apreendê-lo imediatamente.

d) ainda que haja urgência na apreensão, os agentes da autoridade deverão apresentar-se à autoridade policial da respectiva área.

e) os agentes da autoridade poderão ingressar em outro Estado se houver ordem judicial para a transposição.

Está previsto no Art. 250, *caput* do C.P.P.B. que: *A autoridade ou seus agentes poderão penetrar no território de jurisdição alheia, ainda que de outro Estado, quando, para o fim de apreensão, forem no seguimento de pessoa ou coisa, devendo apresentar-se à competente autoridade local, antes da diligência ou após, conforme a urgência desta.* Corroborando o ora exposto de se observar que o Art. 245, §6º da norma em destaque prevê que: *Descoberta a pessoa ou coisa que se procura, será imediatamente apreendida e posta sob custódia da autoridade ou de seus agentes*, e nesse sentido, está correto o que se assevera na alternativa "C".

GABARITO: C.

---

98. **(2018 – PC/SP - Investigador de Polícia)** No que concerne ao regramento específico das provas no CPP,

a) o "reconhecimento de pessoas" em sede policial é diligência que não requer qualquer formalidade, sendo facultado ao Delegado, caso deseje, alinhar várias pessoas para que o reconhecedor aponte o autor do crime.

b) a "acareação" é meio de prova expressamente previsto em lei, mas não se a admite entre acusados, sendo possível, apenas, entre testemunhas.

c) o ascendente pode se recusar a ser "testemunha", mas, caso não o faça, deverá prestar compromisso de dizer a verdade.

d) consideram-se "documentos" para fins de prova quaisquer escritos, instrumentos ou papéis públicos, excluídos, expressamente, os particulares.

e) a pessoa vítima de crime pode ser objeto de "busca e apreensão".

A: O reconhecimento de pessoas é procedimento formal e está capitulado no Art. 226 e seguintes do C.P.P.B., estando a alternativa "A" incorreta.

B: A acareação poderá ser realizada entre todas as partes do processo, nos termos daquilo que preconiza o Art. 229 do mesmo diploma legal.

C: O Art. 206 do C.P.P.B. esclarece que os familiares do réu estão impedidos de prestar o compromisso de dizer a verdade.

D: Os papéis particulares são considerados documentos para os devidos fins legais no exato esclarecimento do Art. 232 da norma processual em tela.

E: Qualquer pessoa poderá ser o destinatário de busca e apreensão, desde que haja fortes suspeitas e/ou indícios de que ela tenha sob sua posse algum elemento de prova que interesse à causa em deslinde.

GABARITO: E.

---

99. **(2015 – PC/CE - Inspetor)** Nos termos do Código de Processo Penal, artigo 244, a busca pessoal

a) não dependerá de mandado da autoridade judicial competente, em caso de prisão em flagrante.

b) sempre dependerá de mandado da autoridade judicial competente.

c) dependerá de mandado da autoridade policial competente, em caso de medida determinada no curso de busca domiciliar.

d) dependerá de mandado da autoridade judicial competente, em caso de fundada suspeita de que a pessoa esteja na posse de arma proibida.

e) dependerá de mandado da autoridade policial competente, em caso de fundada suspeita de que a pessoa esteja na posse de objetos ou papéis que constituam corpo de delito.

A mera leitura do disposto no Art. 244 do C.P.P.B. nos esclarece que: *A busca pessoal independerá de mandado, no caso de prisão ou quando houver fundada suspeita de que a pessoa esteja na posse de arma proibida ou de objetos ou papéis que constituam corpo de delito, ou quando a medida for determinada no curso de busca domiciliar,* motivo pelo qual a alternativa "A" está correta.

GABARITO: A.

100. **(2015 – PC/CE - Escrivão)** Com relação a buscas e apreensões, é correto afirmar que sendo determinada a pessoa ou coisa que se vai procurar, é vedado cientificar o morador acerca dela, contudo não sendo encontrada a pessoa ou coisa procurada, os motivos da diligência serão comunicados a quem tiver sofrido a busca, se o requerer.

a) só será arrombada a porta e forçada a entrada na residência a que será realizada a busca na hipótese de encontrarem-se ausentes os moradores.

b) a autoridade ou seus agentes poderão penetrar no território de jurisdição alheia, salvo se pertencente a outro Estado quando, para o fim de apreensão, forem no seguimento de pessoa ou coisa, devendo apresentar-se à competente autoridade local, antes da diligência ou após, conforme a urgência desta.

c) se as autoridades locais tiverem fundadas razões para duvidar da legitimidade das pessoas que, nas diligências de busca e apreensões, entrarem pelos seus distritos, ou da legalidade dos mandados que apresentarem, poderão exigir as provas dessa legitimidade, ainda que em prejuízo da diligência.

d) a busca em mulher será feita por outra mulher, se não importar retardamento ou prejuízo da diligência.

A: O tema "busca e apreensão" está disciplinado no Art. 240 e seguintes do C.P.P.B. e, assim sendo, há de se verificar que a alternativa "A" encontra-se incorreta, pois o inteiro teor do mandado *in casu* deverá ser comunicado a quem será submetida a medida.

B: A entrada será forçada na residência na hipótese contida na assertiva "B", bem como nos casos em que haja oferecimento de resistência.

C: No cumprimento de diligência em outras jurisdições, em razão do estado de urgência, dispensa-se a comunicação prévia dessa providência à autoridade local.

D: A exigência de prova da legitimidade da diligência não poderá prejudicar a realização da referida medida.

E: A busca pessoal em mulher realizada por homem, objetivando o não retardamento ou prejuízo da medida está previsto no Art. 249 do C.P.P.B., sendo, contudo, vedada a realização de revista íntima.

GABARITO: E.

101. **(2018 – PC/SP - Investigador de Polícia)** No que concerne ao regramento geral das provas no CPP,

a) o juiz pode formar sua convicção exclusivamente baseado nos elementos informativos colhidos na investigação.

b) são inadmissíveis, devendo ser desentranhadas do processo, as provas ilícitas, assim entendidas as obtidas em violação a normas constitucionais ou legais.

c) são inadmissíveis, sem exceção, as provas derivadas das ilícitas.

d) no curso da instrução é vedado ao juiz, por sua iniciativa, determinar diligência para dirimir dúvida sobre ponto relevante.

e) quanto ao estado das pessoas, não se observará qualquer restrição estabelecida na lei civil, dada a busca da verdade real que norteia o processo penal.

A: As provas consideradas válidas devem ser produzidas sob o crivo da ampla defesa e do contraditório, coisa inaplicável em sede de investigação policial.

B: A alternativa demonstra-se adequada em face do contido no Art. 157, *caput* do C.P.P.B., a saber: *São inadmissíveis, devendo ser desentranhadas do processo, as provas ilícitas, assim entendidas as obtidas em violação a normas constitucionais ou legais.*

C: Há exceções para o emprego de provas derivadas das ilícitas, assim restando disposto no Art. 157, § 1º do mesmo estatuto processual.

D: O magistrado pode produzir provas de ofício, consoante preceito vigente no Art. 156, incisos I e II do C.P.P.B.

E: Cumpre por derradeiro esclarecer que existe restrição de produção de prova naquilo que diz respeito ao estado civil das pessoas, sendo tal medida disciplinada no Art. 155, parágrafo único, do C.P.P.B.

GABARITO: B.

---

102. **(2018 – TJ/RS - Juiz de Direito Substituto)** A respeito das provas, assinale a alternativa correta.

a) São inadmissíveis, devendo ser desentranhadas do processo, as provas ilegítimas, assim entendidas as obtidas em violação a normas constitucionais ou legais.

b) A pessoa que nada souber que interesse à decisão da causa será computada como testemunha.

c) O exame para o reconhecimento de escritos, tal como o reconhecimento fotográfico, não tem previsão legal.

d) O juiz não tem iniciativa probatória.

e) A falta de exame complementar, em caso de lesões corporais, poderá ser suprida pela prova testemunhal.

A: As provas que devem ser desentranhadas do processo são as ilegais e não as ilegítimas, conforme previsão inserta no Art. 157 *caput* do C.P.P.B.

B: A testemunha que nada souber em face do caso concreto deverá ser substituída por outra e não computada nos termos do Art. 209, § 2º do mesmo diploma legal.

C: O reconhecimento fotográfico, bem como, versando sobre escritos, tem previsões legais insculpidas nos Arts. 226 e 235, respectivamente, do C.P.P.B.

D: A inciativa probatória do juiz depreende-se do disposto no Art. 156 da lei em análise.

E: Por último, há de se verificar que está correto o disposto na alternativa "E", pois o comando legal inserto no Art. 167 do C.P.P.B. autoriza referida medida.

GABARITO: E.

---

103. **(2018 – PC/SP - Delegado de Polícia)** A respeito da prova, é correto afirmar:

a) meio de prova é tudo que é idôneo a fornecer o resultado apreciável para a decisão do juiz.

b) não se admite a produção de provas não disciplinadas em lei, sob pena de violação do princípio da taxatividade.

c) elemento de prova é o dado bruto que se extrai da fonte da prova, ainda não valorado pelo juiz.

d) fonte de prova é o instrumento por meio do qual se introduzem no processo os elementos probatórios.

e) a produção da chamada prova emprestada deve obedecer ao procedimento previsto no CPP, sob pena de seu não aproveitamento.

A: Meio de prova é o procedimento adotado que associa a fonte de prova ao processo judicial, não se impondo a necessidade de um resultado apreciável ao magistrado.

B: O C.P.P.B. admite outros meios de prova além dos disciplinados na referida lei, haja vista a diversidade e multiplicidade de comportamentos delituosos que demandam uma constante atualização tecnológica sem, contudo, desrespeitar as garantias constitucionais vigentes para sua obtenção.

C: Nos dizeres do professor Tourinho Filho: "Elemento de prova são todos os fatos ou circunstâncias em que reside a convicção do juiz", motivo pelo qual a assertiva "C" se demonstra adequada.

D: A fonte de prova é aquela por meio da qual exsurgem os elementos que irão firmar o convencimento do magistrado.

E: A prova emprestada tem sua origem nos dizeres do Art. 372 do Código de Processo Civil, o qual assevera que: *o juiz poderá admitir a utilização de prova produzida em outro processo, atribuindo-lhe o valor que considerar adequado, observado o contraditório,* e, nesse sentido, equivocada a alternativa "E".

GABARITO: C.

104. **(2016 – TJM/SP - Juiz de Direito Substituto)** Assinale a alternativa correta a respeito da instrução criminal e dos meios de investigação, bem como das provas.

a) O exame de corpo e delito, por expressa determinação legal, exige a assinatura de dois peritos.

b) O catálogo de produção de provas no processo penal é taxativo, não se admitindo as provas atípicas.

c) A interceptação telefônica, meio de prova, não pode ser decretada de ofício pelo Juiz, também não sendo cabível em investigações ou ações penais que apuram crime punido com detenção.

d) De acordo com a nossa legislação infraconstitucional, a retirada compulsória de material genético do imputado é admissível, desde que presentes os requisitos legais.

e) No procedimento comum, segundo o Código de Processo Penal, o juiz, no interrogatório, não inicia as perguntas ao réu, devendo inquiri-lo somente após a defesa e apenas em caráter supletivo.

A: O exame de corpo de delito é lavrado por um único perito oficial consoante dispõe o Art. 159, *caput* do C.P.P.B.

B: Conforme já abordado anteriormente nesta obra, temos que existe uma infinita possibilidade de perícias que extrapolam o conteúdo da norma processual em apreço, motivo pelo qual não há rol taxativo para essa finalidade, contudo, deve a prova ser produzida em obediência às garantias constitucionais vigentes.

C: A Lei nº 9.296/96 (Lei de Interceptação Telefônica) em seu Art. 3º prevê a possibilidade de o juiz ordenar de ofício sua produção.

D: A Lei nº 7.210/84 (Lei de Execução) penal prevê a retirada compulsória de material genético, motivo pelo qual está correta a alternativa "D".

E: O interrogatório do acusado visa não apenas funcionar como seu meio de defesa indireto, mas também satisfazer a compreensão do fato pelo magistrado, motivo pelo qual se destina prioritariamente a responder os questionamentos feitos por esse último.

GABARITO: D.

Dos Sujeitos do Processo (Arts. 251 a 273 do CPP)

105. **(2018 - TJ/SP - Escrevente)** A respeito das causas de impedimento e suspeição do juiz, de acordo com o Código de Processo Penal, assinale a alternativa correta.

a) Ainda que dissolvido o casamento, sem descendentes, que ensejava impedimento ou suspeição, não funcionará como juiz o sogro, o padrasto, o cunhado, o genro ou enteado de quem for parte no processo.

b) O juiz será impedido se for credor ou devedor de qualquer das partes.

c) A suspeição poderá ser reconhecida ou declarada ainda que a parte injurie, de propósito, o juiz.

d) O juiz será suspeito, podendo ser recusado por qualquer das partes, se já tiver funcionado como juiz de outra instância, pronunciando-se de fato ou de direito sobre a questão.

e) Nos juízos coletivos, não poderão servir no mesmo processo os juízes que forem entre si parentes, consanguíneos ou afins, em linha reta ou colateral, até o quarto grau.

A: Nos exatos dizeres do Art. 255 do C.P.P.B. teríamos que: *O impedimento ou suspeição decorrente de parentesco por afinidade cessará pela dissolução do casamento que lhe tiver dado causa, salvo sobrevindo descendentes; mas, ainda que dissolvido o casamento sem descendentes, não funcionará como juiz o sogro, o padrasto, o cunhado, o genro ou enteado de quem for parte no processo*, estando correta a alternativa "A".

B: O magistrado que for credor ou devedor das partes afigura-se em caso de suspeição, conforme Art. 254, inciso V do mesmo diploma legal.

C: A suspeição decorrente por meio de injúria é vedada diante do estatuído no Art. 256 do C.P.P.B.

D: O juiz que atuou em outra instância pronunciando-se de fato ou de direito sobre a questão é causa de impedimento, assim restando disposto no Art. 252, inciso III da lei em epígrafe.

E: As causas de impedimento previstas no Art. 253 estendem-se aos parentes até o terceiro grau e não como constou na assertiva.

GABARITO: A.

106. **(2018 – PC/SP - Delegado de Polícia)** Nos termos do Art. 252 do CPP, o juiz não poderá exercer jurisdição no processo em que:

a) for amigo íntimo de qualquer das partes.

b) tiver aconselhado qualquer das partes.

c) for sócio de sociedade interessada no processo.

d) for credor de qualquer das partes.

e) tiver funcionado seu cônjuge como defensor.

Dispõe o Art. 252, inciso I do C.P.P.B., que o juiz não poderá exercer a jurisdição e, desta forma, estará impedido se: *tiver funcionado seu cônjuge ou parente, consanguíneo ou afim, em linha reta ou colateral até o terceiro grau, inclusive, como defensor ou advogado, órgão do Ministério Público, autoridade policial, auxiliar da justiça ou perito*, estando correta a alternativa "E". As demais alternativas demonstram-se equivocadas por se tratarem de causas de suspeição.

GABARITO: E.

107. **(2017 – TJ/SP - Escrevente)** Nos exatos termos do Art. 253 do CPP, nos juízos coletivos, não poderão servir no mesmo processo os juízes que forem entre si parentes,

a) consanguíneos ou afins, em linha reta ou colateral até o terceiro grau, inclusive, bem como amigos íntimos.

b) consanguíneos, excluídos os parentes afins.

c) consanguíneos ou afins, em linha reta ou colateral até o quarto grau, inclusive.

d) consanguíneos ou afins, em linha reta ou colateral até o terceiro grau, inclusive.

e) consanguíneos ou afins, em linha reta ou colateral até o terceiro grau, inclusive, bem como amigos íntimos ou inimigos capitais.

A resposta para a presente questão encontra-se disposta nos exatos dizeres do Art. 253 do C.P.P.B., a saber: *Nos juízos coletivos, não poderão servir no mesmo processo os juízes que forem entre si parentes, consanguíneos ou afins, em linha reta ou colateral até o terceiro grau, inclusive*, motivo pelo qual está correta a alternativa "D".

GABARITO: D.

108. **(2015 – PC/CE - Delegado de Polícia)** Imagine que durante o curso de processo penal, e tendo como objetivo afastar o juiz da causa, o órgão do Ministério Público ou o defensor do acusado maneje uma queixa crime contra o juiz, a fim de buscar configurar uma inimizade capital. Nessa hipótese, a suspeição (C.P.P.B, Art. 256):

a) deverá ser reconhecida, impondo-se o afastamento do processo e/ou multa à parte que provocou a situação.

b) não poderá ser declarada, apenas reconhecida.

c) não poderá ser declarada e nem reconhecida.

d) não poderá ser reconhecida, apenas declarada.

e) deverá ser reconhecida, impondo-se multa à parte que provocou a situação.

Consoante previsão legal insculpida no Art. 256 do C.P.P.B. teríamos que: *A suspeição não poderá ser declarada nem reconhecida, quando a parte injuriar o juiz ou de propósito der motivo para criá-la,* estando correto o disposto na alternativa "C".

GABARITO: C.

---

109. **(2015 – TJ/MS - Juiz Substituto)** O juiz dar-se-á por suspeito:

a) por motivo de foro íntimo, por declaração escrita, nos autos, apontando os motivos legais de sua suspeição.

b) e praticará atos urgentes até nomeação de substituto legal, em homenagem ao princípio da celeridade processual.

c) ainda que a parte, propositadamente, no curso processual, der motivo para criar a suspeição.

d) independentemente da arguição da parte, por declaração escrita, nos autos, apontando os motivos legais de sua suspeição.

e) se for amigo íntimo ou inimigo capital de advogado da parte e perito judicial.

As causas expressas que ensejam a suspeição do magistrado estão disciplinadas no Art. 254 do C.P.P.B., sendo certo não haver contemplação para o denominado motivo de foro íntimo. Havendo suspeição, não deverá o juiz praticar nenhum ato processual, sendo certo ser vedada a ocorrência de caso análogo caso seja ele injuriado pela parte. A alternativa "D" se coaduna com o disposto no *caput* do Art. 254, estando assim correta. Não há previsão legal para que juiz declare suspeição pelo fato de ser amigo íntimo do perito judicial.

GABARITO: D.

---

110. **(2015 – TJ/SP - Escrevente)** Ao Ministério Público compete, de acordo com o Art. 257 do C.P.P.B., fiscalizar a execução da lei e promover, privativamente, a ação penal:

a) pública.

b) pública incondicionada, e manifestar-se como *custos legis*, nas ações penais públicas condicionadas.

c) privada, quando houver representação da vítima.

d) pública condicionada, e manifestar-se como *custos legis*, nas ações penais públicas incondicionadas.

e) pública e, quando houver representação da vítima, promover em seu nome a ação penal privada.

As atribuições constitucionais do Ministério Público se subsumem basicamente em duas: ora atuar na qualidade de *custus legis* (fiscal da lei), ora funcionar como *dominus litis* (promoção da ação penal). Nesse sentido veja-se o comando inserto no Art. 257 do C.P.P.B. e respectivos incisos: *Ao Ministério Público cabe: I - promover, privativamente, a ação penal pública, na forma estabelecida neste Código; e II - fiscalizar a execução da lei.*

GABARITO: A.

---

111. **(2018 – TJ/SP - Escrevente)** A respeito do acusado e do defensor, é correto afirmar que:

a) se o defensor constituído pelo acusado não puder comparecer à audiência, por motivo justificado, provado até a abertura da audiência, nomear-se-á defensor dativo, para a realização do ato, que não será adiado.

b) o acusado, ainda que tenha habilitação, não poderá a si mesmo defender, sendo-lhe nomeado defensor, pelo juiz, caso não o tenha.

c) o acusado, ainda que possua defensor nomeado pelo Juiz, poderá, a todo tempo, nomear outro, de sua confiança.

d) o acusado ausente não poderá ser processado sem defensor. Já o foragido, existindo sentença condenatória, ainda que não transitada em julgado, sim.

e) a constituição de defensor dependerá de instrumento de mandato, ainda que a nomeação se der por ocasião do interrogatório.

A falta justificada do defensor constituído comunicada anteriormente à audiência enseja a redesignação desta última, nos termos do Art. 265, §§ 1º e 2º do C.P.P.B. O Art. 263 do mesmo diploma legal permite ao acusado exercer sua própria defesa técnica caso seja regularmente inscrito junto à OAB e assevera, também, que a todo tempo poderá ele nomear um defensor de seu agrado, mesmo tendo sido designado outro anteriormente pelo magistrado, motivo pelo qual a alternativa "C" demonstra-se correta. Preconiza o Art. 261 da norma em apreço que "*Nenhum acusado, ainda que ausente ou foragido, será processado ou julgado sem defensor*". Derradeiramente informa o Art. 266 do C.P.P.B. que independerá de instrumento de mandado a designação do defensor no ato do interrogatório do réu.

GABARITO: C.

---

112. **(2015 – TJ/SP - Escrevente)** No que concerne à estruturação da defesa de acusados em juízo criminal, é correto afirmar (C.P.P.B., Art. 263):

a) o acusado que é Advogado pode apresentar defesa "em nome próprio", sem necessidade de constituição de outro profissional.

b) o acusado que não constituir Advogado será obrigatoriamente defendido por Procurador Municipal ou Estadual.

c) o Juiz não pode indicar Advogado de forma compulsória a um acusado, que sempre tem o direito inalienável de articular a própria defesa, ainda que não seja habilitado para tanto.

d) se for indicado um Defensor Público ao acusado, esse não pode desconstituí-lo para nomear um profissional de sua confiança.

e) apenas nos crimes mais graves o acusado deve obrigatoriamente ser assistido por Advogado, podendo articular a própria defesa, mesmo sem habilitação, nos casos em que não está em risco sua liberdade.

Nos termos do Art. 263 do C.P.P.B. teríamos que: *Se o acusado não o tiver, ser-lhe-á nomeado defensor pelo juiz, ressalvado o seu direito de, a todo tempo, nomear outro de sua confiança, ou a si mesmo defender-se, caso tenha habilitação*, estando a alternativa "A" correta. O acusado que não possuir defensor constituído terá outro designado compulsoriamente pelo magistrado, o qual não será obrigatoriamente procurador, não podendo ele próprio exercer sua defesa caso não tenha habilitação técnica, inexistindo hipótese que admita seu julgamento estando desassistido.

GABARITO: A.

---

113. **(2018 – PC/BA - Investigador)** Quanto aos assistentes de acusação, o Código de Processo Penal estabelece que:

a) o assistente é aquele que oferece a denúncia, na hipótese de inércia do Ministério Público nos crimes de ação penal pública.

b) a morte do ofendido obsta que outrem atue ao lado do Ministério Público, no polo ativo.

c) na hipótese de ação penal privada, poderá haver assistência de acusação tão somente se houver pluralidade de ofendidos.

d) na hipótese de morte do ofendido, poderão habilitar- se como assistente seu cônjuge, ascendente, descendente ou irmão.

e) a assistência inicia-se com a denúncia e conclui-se, em havendo interesse do ofendido, com o término da execução da pena.

A: Nos termos do Art. 271 do C.P.P.B. não há previsão legal para que o assistente técnico possa oferecer denúncia, sendo certo que o direito de se ingressar com uma ação penal privada subsidiária da pública, em caso de inercia do representante do M.P., pertence ao ofendido.

B: Caso ocorra a morte daquele último, esse poderá ser substituído pelo rol de pessoas descritas nos Arts. 268 e 31 do C.P.P.B., a saber: cônjuge, ascendente, descendente e irmão.

C: Não há previsão legal para a hipótese descrita na alternativa.

D: A assertiva encontra-se correta, conforme anteriormente descrito no presente comentário.

E: A assistência encerra-se com a sentença transitada em julgado e, assim sendo, antes da execução da pena nos termos do Art. 269 do C.P.P.B.

GABARITO: D.

---

114. **(2017 – TJ/SP - Juiz Substituto)** No tocante aos sujeitos do processo, é correto afirmar que:

a) a audiência poderá ser adiada se, por motivo justificado, o defensor não puder comparecer, a ele incumbindo provar o impedimento até a abertura do ato; se não o fizer, deve o juiz nomear defensor substituto, ainda que provisoriamente ou só para o efeito do ato.

b) a participação de membro do Ministério Público na fase investigatória criminal acarreta o seu impedimento ou suspeição para o oferecimento da denúncia.

c) o assistente será admitido enquanto não passar em julgado a sentença e receberá a causa no estado em que se achar, podendo recorrer, inclusive extraordinariamente, de decisão concessiva de *habeas corpus.*

d) o juiz não poderá exercer a jurisdição no processo em que tiver funcionado como juiz de outra instância, pronunciando-se, de fato ou de direito, sobre a questão, mas não há nulidade no julgamento ulterior pelo Júri com a participação de jurado que funcionou em julgamento anterior do mesmo processo.

A: O Art. 265, §§1º e 2º do C.P.P.B. assevera que: § 1º *A audiência poderá ser adiada se, por motivo justificado, o defensor não puder comparecer. § 2º Incumbe ao defensor provar o impedimento até a abertura da audiência. Não o fazendo, o juiz não determinará o adiamento de ato algum do processo, devendo nomear defensor substituto, ainda que provisoriamente ou só para o efeito do ato*, motivo pelo qual a assertiva "A" demonstra-se correta.

B: Vide o disposto na Súmula 234/STJ - 09/02/2000. Ministério público. Fase investigatória. Participação. Ação penal. Denúncia. Inexistência de impedimento. CF/88, Art. 129, I e VI. CPP, Art. 112. *A participação de membro do Ministério Público na fase investigatória criminal não acarreta o seu impedimento ou suspeição para o oferecimento da denúncia.*

C: O assistente não tem capacidade processual para ingressar com recurso nos termos do Art. 271 do C.P.P.B.

D: Ao jurado, por se tratar de juiz leigo, também se imporá as restrições alusivas às causas de impedimento do juiz togado, estando incorreta a alternativa "D".

GABARITO: A.

Disposições Gerais e Prisão Especial (Arts. 282 a 300 do CPP)

115. **(2018 – PC/BA - Investigador)** A respeito do cumprimento de mandado de prisão, de acordo com o Código de Processo Penal, é **correto** afirmar que:

a) durante a diligência respectiva, são admitidas tão somente as restrições relativas à inviolabilidade do domicílio.

b) o emprego da força física será admitido apenas na hipótese de tentativa de fuga do preso.

c) devem ser observadas as restrições referentes à inviolabilidade de domicílio, à liberdade de culto e ao respeito aos mortos.

d) somente poderá ser realizado durante o dia, independentemente do local.

e) o emprego de força será admitido exclusivamente contra obstáculo físico, visando a prender o procurado.

Sobre o tema "cumprimento do mandado de prisão", dispõe o C.P.P.B. em seus Arts. 240 e seguintes que, no tocante à inviolabilidade de domicílio, devem ser respeitadas as garantias constitucionais previstas no Art. 5º, inciso XI da CF/88, motivo pelo qual está correta a alternativa "A". O emprego de força física é admitido não somente para obstar a fuga de eventual acusado, mas também em caso do oferecimento de resistência. Cumpre esclarecer que o mandado de prisão poderá ser realizado em qualquer horário, desde que o acusado se encontre em local público.

GABARITO: A.

116. **(2018 - Câmara de Campo Limpo Paulista/SP - Procurador Jurídico)** Nos expressos e literais termos do Art. 295 do C.P.P.B., têm direito à prisão especial – que nada mais é do que o recolhimento em local distinto da prisão comum – entre outros,

a) o Vereador, o Magistrado e o Ministro de Confissão Religiosa.

b) o Ministro de Estado, o Governador e o Agente Municipal de Trânsito.

c) o Prefeito Municipal, o Praça das Forças Armadas e o Ministro do Tribunal de Contas.

d) o Agente Fiscal de Posturas Públicas, o membro da Assembleia Legislativa dos Estados e os Delegados de Polícia.

e) o Oficial das Forças Armadas, o diplomado por qualquer das faculdades superiores da República e o Agente Fiscal de Rendas.

Dispõe taxativamente o Art. 295 e respectivos incisos do C.P.P.B. que: *Serão recolhidos a quartéis ou a prisão especial, à disposição da autoridade competente, quando sujeitos a prisão antes de condenação definitiva: os ministros de Estado; os governadores ou interventores de Estados, ou Territórios, o prefeito do Distrito Federal, seus respectivos secretários e chefes de Polícia; os governadores ou interventores de Estados ou Territórios, o prefeito do Distrito Federal, seus respectivos secretários, os prefeitos municipais, os vereadores e os chefes de Polícia; os membros do Parlamento Nacional, do Conselho de Economia Nacional e das Assembleias Legislativas dos Estados; os cidadãos inscritos no "Livro de Mérito"; os oficiais das Forças Armadas e do Corpo de Bombeiros; os oficiais das Forças Armadas e os militares dos Estados, do Distrito Federal e dos Territórios; os magistrados; os diplomados por qualquer das faculdades superiores da República; os ministros de confissão religiosa; os ministros do Tribunal de Contas; os cidadãos que já tiverem exercido efetivamente a função de jurado, salvo quando excluídos da lista por motivo de incapacidade para o exercício daquela função; os guardas-civis dos Estados e Territórios, ativos ou inativos; os delegados de polícia e os guardas-civis dos Estados e Territórios, ativos e inativos.* Nesse sentido, está correto o disposto na alternativa "A".

GABARITO: A.

117. **(2018 – TJ/SP - Juiz Substituto)** Expedido mandado de prisão contra réu condenado, o executor do mandado, encontrando-o em casa de terceiro, e no período noturno, deverá:

a) entrar na casa do terceiro, mesmo contra sua vontade, e efetuar a prisão do condenado em cumprimento ao mandado judicial.

b) intimar o morador a entregar o condenado e, em caso de recusa, esperar o amanhecer para ingressar na casa e efetuar a prisão.

c) entrar na casa do terceiro, a quem dará voz de prisão pelo crime de favorecimento pessoal, cumprir o mandado de prisão e conduzir ambos à presença da Autoridade policial.

d) intimar o morador a entregar o réu condenado e, em caso de recusa, convocar 2 (duas) testemunhas e entrar imediatamente e à força na casa para cumprir a ordem judicial.

É vedada a entrada em domicílio em período noturno para fins de cumprimento do mandado de prisão, nos termos do Art. 293 do C.P.P.B., assim dispondo na lei: *Se o executor do mandado verificar, com segurança, que o réu entrou ou se encontra em alguma casa, o morador será intimado a entregá-lo, à vista da ordem de prisão. Se não for obedecido imediatamente, o executor convocará duas testemunhas e, sendo*

dia, entrará à força na casa, arrombando as portas, se preciso; sendo noite, o executor, depois da intimação ao morador, se não for atendido, fará guardar todas as saídas, tornando a casa incomunicável, e, logo que amanheça, arrombará as portas e efetuará a prisão, **motivo pelo qual está correto a alternativa "B".**

GABARITO: B.

118. **(2018 - Prefeitura de Serrana/SP – Guarda Civil Municipal)** O preso será informado de seus direitos, entre os quais:

a) a assistência de um membro do Ministério Público.

b) o de permanecer calado, sendo-lhe assegurada a assistência da família e de advogado.

c) o de permanecer calado, sendo alertado de que tudo o que declarar poderá ser utilizado contra a sua pessoa num Tribunal.

d) o de permanecer calado, sendo-lhe assegurada a assistência do Ministério Público, da família e de advogado.

e) o de ser imediatamente conduzido à audiência de custódia.

Nos termos do Art. 5º, inciso da CF/88 é de se observar que: ***o preso será informado de seus direitos, entre os quais o de permanecer calado, sendo-lhe assegurada a assistência da família e de advogado,*** **motivo pelo qual a alternativa "B" demonstra-se acertada.**

GABARITO: B.

119. **(2016 - Prefeitura de Rosana/SP - Procurador do Município)** Sobre a prisão, assinale a alternativa correta.

a) Qualquer agente policial poderá efetuar a prisão determinada no mandado de prisão registrado no Conselho Nacional de Justiça, desde que observada a competência territorial do juiz que a expediu.

b) Mesmo quando as autoridades locais tenham fundadas razões para duvidar da legitimidade da pessoa do executor, da legalidade do mandado que apresentar, ou sobre a identidade do preso poderão colocá-lo em custódia, até que fique esclarecida a dúvida.

c) Se o executor do mandado verificar, com segurança, que o réu entrou ou se encontra em alguma casa, o morador será intimado a entregá-lo, à vista da ordem de prisão e acaso não seja obedecido imediatamente, convocará duas testemunhas e, sendo dia ou noite, entrará à força na casa, arrombando as portas, se preciso.

d) O juiz competente providenciará, no prazo de três dias, o registro do mandado de prisão em banco de dados mantido pelo Conselho Nacional de Justiça para essa finalidade.

e) Quando o acusado estiver no território nacional, fora da jurisdição do juiz processante, será deprecada a sua prisão e o juiz processante deverá providenciar a remoção do preso no prazo máximo de 60 (sessenta) dias, contados da efetivação da medida.

A: Não há que se observar competência territorial do juiz naquilo que concerne ao cumprimento de mandado de prisão inscrito no banco de dados do CNJ conforme disposição expressa contida no Art. 289-A, § 1º do C.P.P.B.

B: O disposto na alternativa se encontra de acordo com aquilo que preconiza o Art. 290, § 2º do mesmo diploma legal.

C: A entrada no interior de domicílio para cumprimento de mandado de prisão somente é admissível no período diurno.

D: O juiz de direito deverá proceder de imediato ao registro do mandado de prisão do acusado no banco de dados do CNJ e não no prazo de três dias, conforme discriminado na "B", nos termos do Art. 290-A do diploma legal em análise.

E: A remoção do preso na comarca do juiz deprecado para essa finalidade deverá ser efetivada, pelo juiz deprecante, no prazo de trinta dias, restando assim previsto no Art. 289, § 3º do ordenamento processual em testilha.

GABARITO: B.

120. **(2016 - TJM-SP - Juiz de Direito Substituto)** Afirma-se corretamente em matéria de prisão cautelar, que:

a) em caso de descumprimento de alguma medida cautelar, a regra será a decretação imediata e automática da prisão processual.

b) o prazo da prisão temporária, ainda que prorrogada, jamais excederá a 10 (dez) dias.

c) em caso de excepcional gravidade, ainda que analisada abstratamente, o princípio da presunção de inocência poderá ser desprezado, a fim de se autorizar o largo emprego de prisões cautelares.

d) em sendo vedada a fiança, não é possível a concessão de liberdade provisória, com ou sem condições.

e) na análise do cabimento da prisão preventiva, deve o juiz ponderar, na decisão, se não são aplicáveis medidas diversas menos gravosas.

A: As medidas cautelares estão estipuladas no Art. 282 e seguintes do C.P.P.B. O mero descumprimento de medidas cautelares não importa, necessariamente, na decretação de eventual prisão preventiva, pois as referidas deverão ser aplicadas consoante a gravidade do fato em análise, havendo outras medidas protetivas admissíveis para eventual imposição.

B: A prisão temporária está prevista na Lei nº 7.960/89 e terá duração de cinco dias, prorrogáveis por mais cinco dias, em caso de crimes comuns ou de trinta dias, prorrogáveis por mais trinta dias, em casos de crimes hediondos (Lei nº 8.072/90).

C: O preceito constitucional da presunção de inocência, insculpido no Art. 5º, inciso LVII, da CF/88, não pode ser desprezado para fins de ampla aplicação das medidas restritivas de liberdade, somente sendo admissível tal providência nos exatos e restritos termos da lei.

D: A liberdade provisória sem fiança é admissível desde que ausentes os requisitos que ensejem a decretação da prisão preventiva.

E: A alternativa encontra-se adequada em face do contido no Art. 282, § 6º do C.P.P.B. que assim dispõe: A prisão preventiva somente será determinada quando não for cabível a sua substituição por outra medida cautelar, observado o Art. 319 deste Código, e o não cabimento da substituição por outra medida cautelar deverá ser justificado de forma fundamentada nos elementos presentes do caso concreto, de forma individualizada.

GABARITO: E.

121. **(2015 – PC/CE - Delegado de Polícia)** De acordo com o Art. 289-A, § 1º do C.P.P.B.,

a) qualquer agente policial poderá efetuar a prisão determinada no mandado de prisão registrado no Conselho Nacional de Justiça, ainda que fora da competência territorial do juiz que o expediu.

b) apenas o agente policial lotado em unidade sujeita à competência territorial do juiz que expediu o mandado de prisão poderá efetuar a prisão determinada no respectivo mandado fora da competência territorial do juiz que o expediu, mas desde que o mandado seja registrado no Conselho Nacional de Justiça.

c) qualquer agente policial poderá efetuar a prisão determinada no mandado de prisão registrado no Conselho Nacional de Justiça, ainda que fora da competência territorial do juiz que o expediu, mas desde que o juiz do local da prisão seja previamente comunicado e lance seu "cumpra-se".

d) qualquer agente policial poderá efetuar a prisão determinada no mandado de prisão registrado no Conselho Nacional de Justiça, mas apenas no território de competência do juiz que o expediu.

e) apenas o agente policial lotado em unidade sujeita à competência territorial do juiz que expediu o mandado de prisão poderá efetuar a prisão determinada no respectivo mandado fora da competência territorial do juiz que o expediu.

O contido na alternativa "A" encontra respaldo legal nos exatos termos daquilo que preconiza o Art. 289-A, § 1º do C.P.P.B. que assim estabelece: *Qualquer agente policial poderá efetuar a prisão determinada no mandado de prisão registrado no Conselho Nacional de Justiça, ainda que fora da competência territorial do juiz que o expediu.* Assim sendo, afastam-se as possibilidades discriminadas nas demais alternativas.

GABARITO: A.

Da Prisão em Flagrante (Arts. 301 a 310 do CPP)

122. **(2018 – PC/SP - Delegado de Polícia)** Em relação à prisão em flagrante, assinale a alternativa correta.

a) Chama-se flagrante impróprio a situação de prisão em que o agente é surpreendido quando acabou de cometer o delito.

b) Para existir a prisão em flagrante nas hipóteses de perseguição é necessário que o agente seja preso em até 24 horas após o fato.

c) A autoridade policial somente poderá conceder fiança nos casos de infração cuja pena privativa de liberdade máxima não seja superior a 2 anos.

d) O delito putativo por obra do agente provocador é contemplado na lei e mesmo na doutrina como espécie do chamado quase-flagrante.

e) A atribuição para a lavratura do auto de prisão em flagrante é da autoridade policial do local em que ocorrer a prisão-captura, mesmo que essa se dê em local diverso do da prática do crime.

O flagrante impróprio acontece quando o agente é perseguido logo após o cometimento do delito, em situação que faça presumir ser ele o autor do crime, essa perseguição não tem limite temporal, ou seja, pode acontecer até após as 24 horas, desde que a perseguição não venha a ser interrompida. Ainda, se existe a atuação do agente provocador do delito putativo estaremos diante do chamado flagrante preparado, pois o agente é que prepara todo o cenário delituoso em que o agente é pego. Conforme estabelece o Art. 290 do C.P.P.B que determina que o réu, sendo perseguido, passar ao território de outro município ou comarca, o executor poderá efetuar-lhe a prisão no lugar onde o alcançar, apresentando-o imediatamente à autoridade local, que, depois de lavrado, se for o caso, o auto de flagrante, providenciará para a remoção do preso.

GABARITO: E.

---

123. **(2015 – PC/CE - Inspetor de Polícia Civil de 1ª Classe)** O indivíduo “A”, que coloca dolosamente sua carteira na mochila de “B”, para logo em seguida acionar a polícia, sob a alegação de haver sido furtado por “B”; tendo os policiais encontrado a carteira de “A” no interior da mochila de “B”, “B” é preso em flagrante pela prática de crime. A hipótese ora narrada é, pela doutrina, denominada flagrante:

a) esperado.

b) provocado ou preparado.

c) retardado ou diferido.

d) presumido ou ficto.

e) forjado.

Nessa questão se explorou o conhecimento do candidato acerca das espécies de flagrante. O **flagrante esperado** acontece quando os agentes policiais tomam conhecimento sobre o cometimento de um delito e esperam que ele ocorra para que a prisão seja efetuada. Já o **flagrante provocado ou preparado** acontece quando os agentes policiais criam um conjunto de circunstâncias que levam o agente à prática de ato criminoso. No **flagrante retardado ou diferido,** os agentes aguardam o melhor momento para atuação, muitas vezes visando esperar que o crime de maior gravidade venha a ser cometido. O **flagrante presumido ou ficto** acontece quando o agente é encontrado logo após a prática do delito com instrumentos, armas, objetos ou papeis que façam presumir ser ele autor da infração. E por fim, o **flagrante forjado** acontece quando os agentes policiais criam uma situação de flagrância, adicionando elementos que incriminem o agente.

GABARITO: E.

---

124. **(2015 – MPE/SP - Assistente Jurídico)** A prisão em flagrante, cautelar, realiza-se:

a) única e tão somente pela polícia judiciária.

b) no momento em que está ocorrendo ou termina de ocorrer o crime.

c) sem necessidade de avaliação posterior por autoridade judiciária, porque pode ser relaxada, a qualquer tempo, pela autoridade policial.

d) diante de aparente tipicidade (*fumus boni juris*), mas confirmados ilicitude e culpabilidade.

e) mediante expedição de mandado de prisão pela autoridade judiciária.

A prisão em flagrante pode ser efetuada por qualquer pessoa do povo, sendo considerado como flagrante, entre outros, o momento em que o agente está cometendo o crime ou quando acaba de ser cometido. Segundo a regra do Art. 306 do CPP, a prisão de qualquer pessoa e o local onde se encontre serão comunicados imediatamente ao juiz competente, ao Ministério Público e à família do preso ou à pessoa por ele indicada. Ainda, podemos verificar que a ilicitude e a culpabilidade do agente só são efetivamente confirmadas com a sentença penal, durante a prisão em flagrante e mesmo ao proceder o inquérito penal, o que existem são indícios. Como já dito, o flagrante pode ser feito por qualquer pessoa de modo que independerá de ordem de prisão, uma vez que o agente está cometendo ou acabar de cometer o delito, assim as demais verificações são feitas posteriormente à custódia do agente até o departamento policial.

GABARITO: B.

125. **(2015 – MPE/SP - Assistente Jurídico)** Greice, vítima de delito previsto no artigo 147 do Código Penal, com pena máxima de 6 (seis) meses de detenção, formulou pedido de concessão de medidas protetivas de afastamento e proibição de contato, previstas no Art. 22, incisos II e III, da Lei nº 11.340/06, deferidas judicialmente. Noticiado o descumprimento das medidas protetivas, o ofensor Emerson, primário, foi preso em flagrante delito, quando, em novo episódio de violência doméstica e familiar, ameaçava Greice de morte, após tê-la agredido fisicamente, com emprego de uma faca, causando-lhe lesões de natureza leve. Ao receber o auto de prisão em flagrante, nos termos dos artigos 310 e seguintes do Código de Processo Penal, o juiz:

a) concederá liberdade provisória, porque o indiciado é primário, sem notícia de condenação por crime doloso, por sentença transitada em julgado, ante a exigência do Art. 313, inciso I, do Código de Processo Penal, única aplicável à Lei Maria da Penha.

b) concederá liberdade provisória, porque as penas máximas cominadas aos delitos de ameaça e lesão corporal leve afastam a adequação da prisão preventiva, ante a exigência do Art. 313, inciso I, do Código de Processo Penal, única aplicável à Lei Maria da Penha.

c) converterá a prisão em flagrante em preventiva porque: a) presentes os requisitos do Art. 312 do Código de Processo Penal; b) insuficientes as medidas cautelares diversas da prisão e; c) adequada a cautelar extrema para garantir a execução das medidas protetivas de urgência, descumpridas, em crime envolvendo violência doméstica e familiar contra a mulher, nos termos do Art. 313, inciso III, do Código de Processo Penal.

d) ouvirá o Ministério Público, em 24 horas, nos termos do disposto no Art. 25 da Lei nº 11.340/06, sob pena de nulidade absoluta e relaxamento do flagrante.

e) relaxará o flagrante, pela ilegalidade da prisão, vez que o descumprimento de medidas protetivas enseja, tão somente, reparação civil.

Essa questão trata de um caso em que houve descumprimento de medida de urgência aplicado em situação de violência doméstica, conforme determina o Art. 313, III do CPP: *nos termos do Art. 312 deste Código, será admitida a decretação da prisão preventiva: se o crime envolver violência doméstica e familiar contra a mulher, criança, adolescente, idoso, enfermo ou pessoa com deficiência, para garantir a execução das medidas protetivas de urgência.*

GABARITO: C.

Da Prisão Preventiva (Arts. 311 a 316 do CPP)

126. **(2018 – TJ/SP - Titular de Serviços de Notas e de Registros/Provimento)** A prisão preventiva poderá ser decretada:

a) como garantia da ordem econômica, nos crimes dolosos punidos com pena privativa de liberdade máxima superior a 04 (quatro) anos.

b) como garantia da ordem pública, nos crimes dolosos punidos com pena privativa de liberdade máxima superior a 02 (dois) anos.

c) para assegurar a aplicação da lei penal, nos crimes dolosos punidos com pena privativa de liberdade máxima superior a 03 (três) anos.

d) por conveniência da instrução criminal, nos crimes dolosos ou culposos.

A prisão preventiva tem por objetivo garantir a ordem pública, econômica e também assegurar a aplicação da Lei Penal. É o que diz o Art. 312 do Código de Processo Penal:

A prisão preventiva poderá ser decretada como garantia da ordem pública, da ordem econômica, por conveniência da instrução criminal ou para assegurar a aplicação da lei penal, quando houver prova da existência do crime e indício suficiente de autoria e de perigo gerado pelo estado de liberdade do imputado.

§ 1º - A prisão preventiva também poderá ser decretada em caso de descumprimento de qualquer das obrigações impostas por força de outras medidas cautelares.

As possibilidades de ser decretada estão elencadas no Art. 313 do CPP, que diz: Nos termos do Art. 312 deste Código, será admitida a decretação da prisão preventiva:

I - nos crimes dolosos punidos com pena privativa de liberdade máxima superior a 4 (quatro) anos (...).

Parágrafo único - Também será admitida a prisão preventiva quando houver dúvida sobre a identidade civil da pessoa ou quando esta não fornecer elementos suficientes para esclarecê-la, devendo o preso ser colocado imediatamente em liberdade após a identificação, salvo se outra hipótese recomendar a manutenção da medida.

As demais afirmativas estão incorretas uma vez que indicam ser possível a aplicação da prisão preventiva em crimes cuja pena privativa de liberdade máxima não corresponde à letra da lei, embora estejam corretos os demais requisitos de admissão, quais sejam: garantia de ordem pública, para assegurar a aplicação da lei penal e por conveniência da instrução penal.

GABARITO: A.

---

127. **(2018 – PC/BA - Investigador de Polícia)** De acordo com o Código de Processo Penal, é vedada a decretação da prisão preventiva se a autoridade judiciária constatar que o agente:

a) não se encontrava em nenhuma das hipóteses legais que justificam a lavratura do auto de flagrante delito.

b) praticou a ação ou omissão que lhe é atribuída acobertado por alguma das excludentes de ilicitude.

c) era menor de 21 (vinte e um) anos de idade por ocasião do crime ou maior de 70 (setenta) anos de idade por ocasião da decisão.

d) tiver condenação anterior por crime doloso, independentemente da data do cumprimento da pena ou da extinção da punibilidade.

e) não fornecer, no momento da prisão, dados de sua identidade, mesmo que essa tenha sido apurada em momento posterior.

A prisão preventiva poderá ser decretada como garantia da ordem pública, da ordem econômica, por conveniência da instrução criminal ou para assegurar a aplicação da lei penal, quando houver prova da existência do crime e indício suficiente de autoria e de perigo gerado pelo estado de liberdade do imputado, conforme estabelece o Art. 312 do Código de Processo Penal. Porém, o Art. 314 menciona as hipóteses em que ela não será aplicável:

A prisão preventiva em nenhum caso será decretada se o juiz verificar pelas provas constantes dos autos ter o agente praticado o fato nas condições previstas nos incisos I, II e III do *caput* do Art. 23 do CP: Não

há crime quando o agente pratica o fato:

I - em estado de necessidade;

II - em legítima defesa;

III - em estrito cumprimento de dever legal ou no exercício regular de direito.

As hipóteses que justificam a prisão preventiva são autônomas e estão elencadas nos Arts. 312 e 313 do CPP, não dependendo de flagrante delito para ocorrer. Ser menor de 21 anos na data do crime ou maior de 70 anos na data da sentença reduz o prazo prescricional em metade, não havendo relação com a prisão preventiva. Outro ponto de destaque é que não prevalece a condenação anterior para efeito do decreto da prisão, nos termos do Art. 313, II do CPP: Nos termos do Art. 312 deste Código será admitida a decretação da prisão preventiva:

II - se tiver sido condenado por outro crime doloso, em sentença transitada em julgado, ressalvado o disposto no inciso I do *caput* do Art. 64 do CP.

Por fim caberá, ainda, a preventiva quando houver dúvida sobre a identidade civil da pessoa ou quando esta não fornecer elementos suficientes para esclarecê-la, devendo o preso ser colocado imediatamente em liberdade após a identificação, salvo se outra hipótese recomendar a manutenção da medida.

GABARITO: B.

128. **(2016 – PM/SP - Oficial do Quadro Auxiliar)** No que concerne à prisão preventiva, disposta nos Arts. 311 a 316 do Código de Processo Penal, é correto afirmar que:

a) não será admitida a prisão preventiva quando houver dúvida sobre a identidade civil da pessoa.

b) a prisão preventiva perfaz-se como garantia da ordem pública, não se prestando à conveniência da instrução criminal.

c) a prisão preventiva também poderá ser decretada em caso de descumprimento de qualquer das obrigações impostas por força de outras medidas cautelares.

d) uma vez aplicada a prisão preventiva, esta não poderá ser revogada, já que se presta como garantia da ordem pública, da ordem econômica, por conveniência da instrução criminal ou para assegurar a aplicação da lei penal.

e) considerando que a prisão preventiva tem por fim garantir a ordem pública e assegurar, dentre outras coisas, a aplicação da lei penal, ela poderá ser decretada mesmo que tenha o agente praticado o fato em circunstância que caracterize estado de necessidade, legítima defesa, estrito cumprimento de dever legal ou exercício regular de direito.

A: A prisão preventiva pode ser admitida quando houver dúvida sobre a identidade civil da pessoa ou quando essa não fornecer elementos suficientes para esclarece-la, devendo o preso ser colocado imediatamente em liberdade após a identificação, salvo se outra hipótese recomendar a manutenção da medida.

B: Pode ainda a preventiva ser decretada como garantia da ordem pública, da ordem econômica, por conveniência da instrução criminal, ou para assegurar a aplicação da lei penal, quando houver prova da existência do crime e indício suficiente de autoria.

C: Também poderá ser decretada em caso de descumprimento de qualquer das obrigações impostas por força de outras medidas cautelares.

D: O juiz poderá revogar a prisão preventiva se, no correr do processo, verificar a falta de motivo para que subsista, bem como de novo decretá-la, se sobrevierem razões que a justifiquem.

E: A prisão preventiva em nenhum caso será decretada se o juiz verificar pelas provas constantes dos autos ter o agente praticado o fato nas condições previstas nos incisos I, II e III do *caput* do Art. 23 do CP.

GABARITO: C.

129. **(2016 – TJ/RJ - Juiz Substituto)** X e Y, maiores de idade, empreendem assalto a banco, armados (Art. 157, § 2º, I e II). Logo ao saírem do local, em poucos minutos, a polícia chega ao recinto e passa à perseguição dos criminosos, que são presos em flagrante, na posse de armas de fogo e de grande quantidade de dinheiro em espécie. O delegado arbitra fiança a X, mas não para Y, por este ser reincidente. Em juízo, é convertida em preventiva a prisão de Y, sendo imediatamente impetrado *habeas corpus* no Tribunal de Justiça. A ordem é concedida, revogando-se a prisão preventiva, pois cabíveis medidas alternativas, sendo, desde logo, imposta a obrigatoriedade de comparecimento periódico, em Juízo. Uma vez solto, Y descumpre a medida, sendo decretada, de ofício, nova prisão preventiva.

A respeito do caso, assinale a alternativa correta.

a) Embora acertado o arbitramento de fiança para X pelo delegado de polícia oficiante, esse não poderia se recusar a arbitrar fiança para Y, em virtude da reincidência.

b) A prisão em flagrante delito dos agentes foi ilegal, eis que a situação não configurava, sob qualquer ótica, estado de flagrância.

c) A nova prisão preventiva de Y é ilegal, pois, inexistindo urgência, em homenagem ao princípio do contraditório, o imputado haveria de ser ouvido, antes da adoção da medida extrema.

d) O Tribunal errou ao conceder a ordem, pois, em se tratando de crime com violência, a prisão preventiva é a regra.

e) O delegado de polícia oficiante acertou em arbitrar fiança a X, pois o crime praticado não é inafiançável.

A questão trata de diversos temas processuais, dentre eles a prisão em flagrante e a preventiva, a fiança, o *habeas corpus* e as medidas cautelares. A autoridade policial somente poderá conceder fiança nos casos de infração cuja pena privativa de liberdade máxima não seja superior a 4 (quatro) anos. Será considerado em flagrante delito quem: é perseguido, logo após, pela autoridade, pelo ofendido ou por qualquer pessoa, em situação que faça presumir ser autor da infração. Note que a prisão em caso de descumprimento de outras medidas cautelares deve ser adotada em último caso e não de logo, na forma do parágrafo único do Art. 312 e Art. 282, § 4º, ambos do CPP: No caso de descumprimento de qualquer das obrigações impostas, o juiz, mediante requerimento do Ministério Público, de seu assistente ou do querelante, poderá substituir a medida, impor outra em cumulação, ou, em último caso, decretar a prisão preventiva, nos termos do parágrafo único do Art. 312 deste Código (Art. 282, § 4º). No caso de descumprimento de qualquer das obrigações impostas, o juiz, de ofício ou mediante requerimento do Ministério Público, de seu assistente ou do querelante, poderá substituir a medida, impor outra em cumulação, ou, em último caso, decretar a prisão preventiva (Art. 312, § 1º). A prisão preventiva não é a regra, mas sim a exceção, devendo ser adotadas outras medidas cautelares antes dessa.

GABARITO: C.

---

130. **(2015 – PC/CE - Inspetor de Polícia Civil de 1ª Classe)** É admitida a decretação da prisão preventiva de indivíduo primário, civilmente identificado, pela prática de:

a) quaisquer crimes dolosos punidos com detenção.

b) quaisquer crimes culposos punidos com reclusão.

c) crime doloso punido com pena privativa de liberdade máxima superior a dois anos.

d) crime que envolve violência doméstica e familiar contra a mulher, criança, adolescente, idoso, enfermo ou pessoa com deficiência, para garantir a execução das medidas protetivas de urgência.

e) crime culposo punido com pena privativa de liberdade máxima superior a quatro anos.

Questão está relacionada com a prisão preventiva em crime que envolve violência doméstica e familiar contra a mulher, criança, adolescente, idoso, enfermo ou pessoa com deficiência, sendo neste caso admitida a prisão preventiva para garantir a execução das medidas protetivas de urgência.

GABARITO: D.

---

131. **(2015 – PC/CE - Escrivão de Polícia Civil de 1ª Classe)** De acordo com o Art. 312 do Código de Processo Penal, a prisão preventiva poderá ser decretada como garantia da ordem pública, da ordem econômica, por conveniência da instrução criminal, ou para assegurar a aplicação da lei penal, quando houver:

a) prova da existência do crime, apenas.

b) indícios da existência do crime e prova suficiente de autoria.

c) prova da existência do crime e indício suficiente de autoria.

d) indícios da existência do crime e indício suficiente de autoria.

e) indício suficiente de autoria, apenas.

A prisão preventiva poderá ser decretada como garantia da ordem pública, da ordem econômica, por conveniência da instrução criminal, ou para assegurar a aplicação da lei penal, quando houver prova da existência do crime e indício suficiente de autoria.

GABARITO: C.

Da Prisão Domiciliar (Arts. 317 e 318 do CPP)

132. **(2018 – PC/SP - Investigador de Polícia)** Entre outras hipóteses, de acordo com os expressos termos do Art. 318 do CPP, poderá o juiz substituir a prisão preventiva pela domiciliar quando o agente for:

a) portador de diploma de nível superior.

b) portador de neoplasia maligna (câncer), em qualquer estágio.

c) arrimo de família.

d) homem, caso seja o único responsável pelos cuidados do filho de até 12 (doze) anos de idade incompletos.

e) maior de 70 (setenta) anos.

O Art. 318 determina o rol taxativo de pessoas que podem ter a prisão preventiva convertida em domiciliar: *I - maior de 80 (oitenta) anos; II - extremamente debilitado por motivo de doença grave; III - imprescindível aos cuidados especiais de pessoa menor de 6 (seis) anos de idade ou com deficiência; IV - gestante; V - mulher com filho de até 12 (doze) anos de idade incompletos; VI - homem, caso seja o único responsável pelos cuidados do filho de até 12 (doze) anos de idade incompletos.* Ou seja, as demais alternativas estão incorretas, pois suas hipóteses não estão contidas na previsão legal.

GABARITO: D.

133. **(2017 – TJ/SP - Juiz Substituto)** Cabe a substituição da prisão preventiva pela domiciliar quando o agente for:

a) gestante ou mulher com filho de até 14 (quatorze) anos incompletos.

b) homem com filho de até 12 (doze) anos de idade incompletos, caso seja o único responsável por seus cuidados.

c) portador de doença grave, ainda que não se apresente debilitado.

d) maior de sessenta anos.

A questão fala sobre a substituição da preventiva em prisão domiciliar, contudo poderá o juiz substituir a prisão preventiva pela domiciliar quando o agente for: maior de 80 anos (alternativa "D"); extremamente debilitado por motivo de doença grave (alternativa "C"); imprescindível aos cuidados especiais de pessoa menor de 6 (seis) anos de idade ou com deficiência; gestante; mulher com filho de até 12 (doze) anos de idade incompletos (alternativa "A"); homem, caso seja o único responsável pelos cuidados do filho de até 12 (doze) anos de idade incompletos (alternativa "B").

GABARITO: B.

Das Medidas Cautelares Diversas da Prisão (Arts. 319 e 320 do CPP)

134. **(2018 - PC/SP – Escrivão de Polícia)** Sobre a prisão, as medidas cautelares alternativas à prisão e liberdade provisória, tendo em conta os Arts. 282 a 350 do Código de Processo Penal, assinale a alternativa correta.

a) A medida cautelar de suspensão de exercício de função pública ou de atividade de natureza econômica ou financeira somente poderá ser imposta em caso de justo receio de utilização para a prática de infrações penais.

b) Uma vez substituída a prisão preventiva por qualquer medida cautelar alternativa, não poderá o juiz decretá-la novamente, ainda que o acusado descumpra a medida imposta. Poderá, contudo, impor outras medidas, em cumulação.

c) A prisão preventiva somente poderá ser decretada nos crimes dolosos punidos com pena privativa de liberdade máxima superior a quatro anos.

d) As medidas cautelares não poderão ser decretadas, de ofício, pela autoridade policial. Contudo, em se tratando de prisão em flagrante por infração cuja pena privativa de liberdade máxima seja de até cinco anos, poderá conceder fiança.

e) O juiz poderá substituir a prisão preventiva pela prisão domiciliar quando o acusado for maior de 80 anos ou quando se tratar de mulher com filho menor de 14 anos de idade incompletos.

Entre essas medidas cautelares aplicadas está a suspensão do exercício de função pública ou de atividade de natureza econômica ou financeira quando houver justo receio de sua utilização para a prática de infrações penais. O juiz poderá revogar a medida cautelar ou substituí-la quando verificar a falta de motivo para que subsista, bem como voltar a decretá-la, se sobrevierem razões que a justifiquem. A prisão preventiva pode ser aplicada em mais casos que não somente nos crimes dolosos punidos com pena privativa de liberdade superior a 4 anos, conforme determina o Art. 313 do CPP, e ainda nos crimes cuja pena máxima não seja superior a 4 anos, a autoridade policial poderá conceder fiança, como se observa no Art. 322. E em caso de substituição, poderá decretar a prisão domiciliar para mulheres com filhos de até 12 anos de idade incompletos, conforme Art. 318, V do CPP.

GABARITO: A.

Da Liberdade Provisória, com ou sem Fiança (Arts. 321 a 350 do CPP)

135. **(2019 – TJ/AC - Juiz de Direito Substituto)** Em relação à fiança, assinale a alternativa correta.

a) Entender-se-á perdido, na totalidade, o valor da fiança, se, regularmente intimado para ato do processo, deixar de comparecer, sem motivo justo.

b) A fiança será cassada quando o acusado deliberadamente praticar ato de obstrução ao andamento do processo.

c) Julgar-se-á quebrada a fiança quando o acusado descumprir medida cautelar imposta cumulativamente com a fiança.

d) A fiança tomada por termo obrigará o afiançado a comparecer perante a autoridade todas as vezes que for intimado para atos do inquérito e da instrução criminal e para o julgamento. Quando o réu não comparecer, a fiança será havida como cassada.

Estará quebrada a fiança quando o acusado: regularmente intimado para ato do processo, deixar de comparecer, sem motivo justo; deliberadamente praticar ato de obstrução ao andamento do processo; descumprir medida cautelar imposta cumulativamente com a fiança; resistir injustificadamente a ordem judicial e praticar nova infração penal dolosa.

GABARITO: C.

136. **(2015 – MPE/SP - Analista de Promotoria)** Consoante atual redação do Art. 323 do Código de Processo Penal, "não será concedida fiança", tão somente:

a) I. nos crimes de racismo; II. nos crimes de tortura, tráfico ilícito de entorpecentes e drogas afins, terrorismo e nos definidos como hediondos; III. nos crimes de violência doméstica e familiar contra a mulher, criança, adolescente, idoso, enfermo e pessoa com deficiência.

b) I. nos crimes de racismo; II. nos crimes de tortura, tráfico ilícito de entorpecentes e drogas afins, terrorismo e nos definidos como hediondos; III. nos crimes cometidos por grupos armados, civis ou militares, contra a ordem constitucional e o Estado Democrático.

c) I. nos crimes de tortura, tráfico ilícito de entorpecentes e drogas afins, terrorismo e nos definidos como hediondos; II. nos crimes de racismo; III. nos crimes de lavagem de dinheiro.

d) I. nos crimes de tortura, tráfico ilícito de entorpecentes e drogas afins, terrorismo e nos definidos como hediondos; II. nos crimes de racismo; III. nos crimes cometidos por reincidentes em crimes dolosos.

e) I. nos crimes cometidos por grupos armados, civis ou militares; II. nos crimes contra a ordem constitucional e o Estado Democrático; III. nos crimes cometidos contra a honra do Presidente da República.

Conforme estabelece o Art. 323 do CPP, não será concedida fiança aos crimes de racismo; aos crimes de tortura, ao tráfico ilícito de entorpecentes e drogas afins, ao terrorismo e aos definidos como crimes hediondos e aos crimes cometidos por grupos armados, civis ou militares, contra a ordem constitucional e o Estado Democrático.

GABARITO: B.

---

137. **(2015 - Prefeitura de Suzano/SP - Procurador Jurídico)** Acerca da prisão e da liberdade provisória, assinale a alternativa correta.

a) A prisão preventiva poderá ser decretada pelo juiz em qualquer fase da investigação policial, bem como da ação penal, de ofício ou a requerimento do Ministério Público, do querelante ou do assistente, ou por representação da autoridade policial.

b) A fiança pode ser concedida pela autoridade policial nos casos de infração punida com reclusão cuja pena máxima não seja superior a 5 anos.

c) Agente preso pela prática do crime de tráfico de drogas poderá ter a liberdade provisória deferida pelo juiz.

d) Nos crimes cuja pena de reclusão máxima prevista não seja superior a 4 anos, o limite do valor da fiança será de 1 a 50 salários mínimos.

e) Aqueles que, no mesmo processo, tiverem quebrado fiança anteriormente concedida podem receber nova concessão desde que se comprometam a comparecer a todos os atos do processo.

A: Com base no Art. 311 do CPP, em qualquer fase da investigação policial ou do processo penal, caberá a prisão preventiva decretada pelo juiz, a requerimento do Ministério Público, do querelante ou do assistente, ou por representação da autoridade policial.

B: A fiança pode ser concedida pela autoridade policial nos casos de infração punida com reclusão cuja pena máxima não seja superior a 4 anos, conforme Art. 325, I, do CPP.

C: O STF declarou inconstitucional a proibição de concessão de liberdade provisória aos presos em flagrante pelo delito de tráfico de drogas.

D: No caso de crimes cuja pena de reclusão máxima não seja maior do que 4 anos, a fiança ficará entre 1 a 100 salários mínimos, conforme Art. 325, I, do CPP.

E: Aqueles que, no mesmo processo, quebrarem a fiança anteriormente concedida, não podem receber nova concessão.

GABARITO: C.

---

138. **(2015 – TJ/SP - Juiz Substituto)** A liberdade provisória, assegurada pela Constituição Federal e pelo Código de Processo Penal, não pode depender de um ato meramente discricionário do magistrado.

Assim, a decisão deve conter a:

a) demonstração concreta que impõe a privação da liberdade antes da decisão de mérito.

b) invocação, ainda que formal, dos dispositivos ensejadores de sua concessão.

c) desnecessidade da manutenção da prisão apenas no momento processual.

d) fundamentação sucinta e sem análise que prejudique o interesse do mérito.

Se não pode ser preso sem ordem escrita e fundamentada pela autoridade judiciária, também o relaxamento da prisão precisa ser composta dos mesmos motivadores e ainda como forma de esclarecer que não houve a condenação/absolvição do réu sem o devido processo legal, faz-se necessário ao magistrado fundamentar corretamente suas decisões e, neste caso, demostrando o porquê de decretar a prisão/liberdade provisória antes de decidir o mérito da causa. A mera invocação dos dispositivos formais é insuficiente para fundamentar a decisão que decreta a liberdade provisória, sendo que essa fundamentação não pode ser resumida, sob pena de nulidade, devendo demonstrar a correlação entre o dispositivo legal e o caso concreto. Se for caso de prisão em flagrante delito, procedimento investigatório criminal ou mesmo nos casos das Comissões Parlamentares de Inquérito, tal desnecessidade poderá ser demonstrada também na fase extrajudicial.

GABARITO: A.

Prisão, Medidas Cautelares e Liberdade Provisória (Arts. 282 a 350 do CPP)

139. **(2018 – PC/BA - Delegado de Polícia)** No que concerne à prisão em flagrante, à prisão temporária e à prisão preventiva, assinale a alternativa correta, nos estritos termos legais e constitucionais.

a) Nenhuma delas tem prazo máximo estabelecido em lei.

b) A primeira pode ser realizada pela autoridade policial, violando domicílio e sem ordem judicial, a qualquer horário do dia ou da noite.

c) A segunda somente é cabível em crimes hediondos ou assemelhados, podendo durar 30 (trinta) ou 60 (sessenta) dias.

d) A segunda demanda ordem judicial e prévio parecer favorável do Ministério Público.

e) A terceira pode ser decretada de ofício pelo Juiz durante o inquérito policial.

Nem todas as prisões mencionadas no enunciado deixam de ter prazo estabelecido como, por exemplo, a temporária que tem prazo de cinco dias. A prisão em flagrante se encontra como exceção ao Art. 5º, XI da CF: a casa é asilo inviolável do indivíduo, ninguém nela podendo penetrar sem consentimento do morador, salvo em caso de flagrante delito ou desastre, ou para prestar socorro, ou, durante o dia, por determinação judicial. A prisão temporária cabe nos crimes hediondos e assemelhados e também nos demais crimes elencados no Art. 1º da Lei nº 7.960/1989 e dura cinco dias prorrogáveis. A prisão temporária não depende de parecer do MP, o que acontece é o órgão ser ouvido pelo juiz antes que tome sua decisão, nos termos do Art. 2º, § 1º da Lei nº 7.960/1989. Na fase de inquérito, a prisão preventiva é decretada mediante requerimento do MP, do querelante ou do assistente e também por representação da autoridade penal. Em qualquer fase da investigação policial ou do processo penal, caberá a prisão preventiva decretada pelo juiz, a requerimento do Ministério Público, do querelante ou do assistente, ou por representação da autoridade policial, conforme determina o Art. 311 do CPP.

GABARITO: B.

140. **(2018 – TJ/RS - Juiz de Direito Substituto)** Sobre prisão e medidas cautelares, é correto afirmar:

a) por se tratar de medida urgente, a prisão deverá ser efetuada em qualquer lugar e dia e a qualquer hora.

b) a falta de exibição do mandado não obsta a prisão se a infração for inafiançável.

c) deverão ser aplicadas, observando-se a necessidade, adequação, regulamentação, usos e costumes e os princípios gerais de direito.

d) o juiz não pode dispensar a manifestação da parte contrária antes de decidir sobre o pedido de medida cautelar.

e) dispensa-se a assinatura no mandado de prisão quando a autoridade judiciária responsável pela sua expedição se fizer presente em seu cumprimento.

A prisão poderá ser efetuada em qualquer dia e a qualquer hora, respeitadas as restrições relativas à inviolabilidade do domicílio, e se a infração for inafiançável, a falta de exibição do mandado não obstará à prisão, e o preso, em tal caso, será imediatamente apresentado ao juiz que tiver expedido o mandado. A lei processual penal admite interpretação extensiva e aplicação analógica, bem como o suplemento dos princípios gerais de direito. Sendo ressalvados os casos de urgência ou de perigo de ineficácia da medida, o juiz, ao receber o pedido de medida cautelar, determinará a intimação da parte contrária, acompanhada de cópia do requerimento e das peças necessárias, permanecendo os autos em juízo, necessária a assinatura da autoridade judiciária no mandado de prisão, não podendo ser dispensada (Art. 285, parágrafo único, "a", CPP). Mandado é o instrumento formal da ordem judicial de captura, deve ser "autenticado" pelo juiz, inclusive em prol da segurança jurídica.

GABARITO: B.

141. **(2015 – PM/SP - Tecnólogo de Administração)** Com relação à prisão, de acordo com o Código de Processo Penal e nos termos da Lei Federal nº 9.099/95, é correto afirmar que:

a) qualquer agente policial poderá efetuar a prisão determinada no mandado de prisão registrado no Conselho Nacional de Justiça, salvo se fora da competência territorial do juiz que o expediu.

b) o preso especial será transportado juntamente com o preso comum.

c) é vedada a decretação da prisão preventiva sob o fundamento da dúvida sobre a identidade civil da pessoa ou quando esta não fornecer elementos suficientes para esclarecê-la.

d) poderá o juiz substituir a prisão preventiva pela domiciliar quando o agente for imprescindível aos cuidados especiais de pessoa menor de 6 (seis) anos de idade ou com deficiência.

e) ao autor de infrações penais de menor potencial ofensivo que, após a lavratura do termo circunstanciado, for imediatamente encaminhado ao juizado ou assumir o compromisso de a ele comparecer, não se imporá prisão em flagrante, sendo permitido apenas o arbitramento de fiança.

A questão trata do tema "prisão dentro do processo penal", segundo o qual qualquer agente policial poderá efetuar a prisão determinada no mandado de prisão registrado no Conselho Nacional de Justiça, ainda que fora da competência territorial do juiz que o expediu, e ainda, diferente do que diz a alternativa, o preso especial não será transportado juntamente com o preso comum. Também será admitida a prisão preventiva quando houver dúvida sobre a identidade civil da pessoa ou quando essa não fornecer elementos suficientes para esclarecê-la, devendo o preso ser colocado imediatamente em liberdade após a identificação, salvo se outra hipótese recomendar a manutenção da medida. Poderá o juiz substituir a prisão preventiva pela domiciliar quando o agente for: imprescindível aos cuidados especiais de pessoa menor de 6 (seis) anos de idade ou com deficiência. Ao autor do fato que, após a lavratura do termo, for imediatamente encaminhado ao juizado ou assumir o compromisso de a ele comparecer, não se imporá prisão em flagrante, nem se exigirá fiança. Em caso de violência doméstica, o juiz poderá determinar, como medida de cautela, seu afastamento do lar, domicílio ou local de convivência com a vítima.

GABARITO: D.

Da Comunicação dos Atos Processuais (Arts. 351 a 372 do CPP)

142. **(2017 – TJ/SP - Escrevente Técnico Judiciário)** Estabelece o CPP em seu Art. 353 que, quando o réu estiver fora do território da jurisdição do juiz processante, será citado mediante:

a) qualquer meio que o juiz entenda idôneo.

b) edital.

c) precatória.

d) carta com aviso de recebimento, "de mão própria".

e) videoconferência.

Quando o réu estiver fora do território da jurisdição do juiz processante, será citado mediante precatória, nos termos no Art. 353 do CPP.

GABARITO: C.

---

143. **(2017 – TJ/SP - Juiz Substituto)** Em matéria de citações e intimações, é correto afirmar que:

a) os prazos são contados da data da intimação, e não da juntada aos autos do mandado ou da carta precatória ou de ordem.

b) nula a citação por edital que apenas indica o dispositivo da lei penal, sem transcrever a denúncia ou queixa, ou resumir os fatos em que se baseia.

c) a citação do acusado por edital, se ele não comparecer ou constituir advogado, permite a produção antecipada de provas, sob o fundamento de decurso do tempo, e autoriza o decreto de prisão preventiva, se for o caso.

d) nulo o julgamento de recurso criminal, na segunda instância, sem prévia intimação ou publicação da pauta, inclusive em habeas corpus.

Conforme Súmula 710 do STF: *No processo penal, contam-se os prazos da data da intimação, e não da juntada aos autos do mandado ou da carta precatória ou de ordem.* Não há necessidade de transcrever na integralidade a peça acusatória, bastando a indicação do dispositivo legal. O mero decurso de tempo não é suficiente a justificar a produção antecipada de provas, devendo o juiz fundamentar a necessidade, nos termos da Súmula 455 do STJ. A nulidade não se aplica em casos de *habeas corpus*, conforme Súmula 431 do STF.

GABARITO: A.

---

144. **(2015 – TJ/SP - Escrevente Técnico Judiciário)** Em que momento a lei processual penal (CPP, art. 363) considera que o processo completa sua formação?

a) Constituição de defensor após a citação.

b) Citação do acusado.

c) Recebimento da denúncia.

d) Apresentação de resposta escrita.

e) Juntada do mandado de citação aos autos.

O processo penal se inicia com a manifestação da acusação, seja por meio da queixa crime, seja pela denúncia, contudo pra se tornar completo o processo depende de um ato para ser considerado completamente formado: a citação do acusado.

GABARITO: B.

---

145. **(2015 – MPE/SP - Analista de Promotoria)** Nos termos do artigo 366 do Código de Processo Penal, se o acusado, citado por edital, não comparecer nem constituir advogado:

a) será determinada vista ao Ministério Público, sob pena de nulidade absoluta.

b) os autos permanecerão arquivados em Cartório, por período de 180 (cento e oitenta) dias, para renovação de diligências de localização, pela imprescindibilidade da citação pessoal no processo penal.

c) será determinada vista à Defensoria Pública, para oferecimento de resposta, em respeito ao princípio da ampla defesa.

d) ficará suspenso o processo, podendo o juiz determinar a produção antecipada das provas consideradas urgentes e, se for o caso, decretar a prisão preventiva, nos termos do Art. 312.

e) ficarão suspensos o processo e o curso prescricional, podendo o juiz determinar a produção antecipada das provas consideradas urgentes e, se for o caso, decretar a prisão preventiva, nos termos do Art. 312.

Se o acusado, citado por edital, não comparecer, nem constituir advogado, ficarão suspensos o processo e o curso do prazo prescricional, podendo o juiz determinar a produção antecipada das provas consideradas urgentes e, se for o caso, decretar prisão preventiva, nos termos do disposto no Art. 312.

GABARITO: E.

Alcance do Procedimento Comum Ordinário (Art. 394 do CPP)

146. **(2018 – TJ/RS - Juiz de Direito Substituto)** Assinale a alternativa correta.

a) O procedimento comum será ordinário, sumário ou especial.

b) Os processos que apuram a prática de crime hediondo terão prioridade de tramitação em todas as instâncias apenas se houver réu preso.

c) O juiz terá o prazo de 5 dias para proferir a sentença caso conceda às partes prazo para a apresentação de memoriais.

d) No mandado de segurança impetrado pelo Ministério Público contra decisão proferida em processo penal, é facultativa a citação do réu como litisconsorte passivo.

e) Não cabe *habeas corpus* contra decisão condenatória a pena de multa, ainda que seja patente o constrangimento ilegal causado.

No que diz respeito ao procedimento comum, esse se subdivide em ordinário, sumário e sumaríssimo. A Lei nº 13.285/2016 incluiu o Art. 394-A ao CPP, o qual determina que os processos nos quais se investiga a possível prática de crime hediondo terão prioridade no trâmite, em qualquer instância, independentemente de envolverem réu preso. Nos casos em que o juiz concede prazo às partes para apresentação das alegações finais escritas, tem o prazo de 10 dias para prolação da sentença. No mandado de segurança impetrado pelo Ministério Público contra decisão proferida em processo penal, é obrigatória a citação do réu como litisconsorte passivo. Não cabe *habeas corpus* contra decisão condenatória a pena de multa, ou relativo a processo em curso por infração penal a que a pena pecuniária seja a única cominada.

GABARITO: E.

147. **(2018 – TJ/MT - Juiz Substituto)** Assinale a alternativa correta.

a) Seguirá o rito do processo comum sumário aquele que tiver por objeto crime cuja sanção máxima cominada for igual ou inferior a 4 (quatro) anos de pena privativa de liberdade.

b) Observado o princípio de correlação entre a acusação e a sentença, o juiz não pode dar nova configuração do crime capitulado na denúncia, ainda que os fatos estejam descritos na referida peça acusatória.

c) A ausência de Defensor constituído não intimado para audiência realizada por carta precatória em outra Comarca gera nulidade do ato, ainda que ciente da expedição da referida deprecata.

d) Nos crimes afiançáveis de responsabilidade de funcionários públicos, investigados por inquérito policial, oferecida a denúncia que atende os requisitos do Art. 41 do CPP, com informações suficientes sobre os fatos que configuram, em tese, delito especificado, o juiz pode receber a denúncia, prescindindo da notificação prévia do acusado.

e) Na *mutatio libelli* deve ser dada oportunidade ao Ministério Público de oferecimento de aditamento à denúncia, mas, deixando a Acusação de apresentar a referida peça processual, faculta ao Julgador a prolação de sentença de acordo com a prova existente nos autos de elemento ou circunstância da infração penal não contida na acusação.

Com a Lei nº 12.403/11, os crimes funcionais passaram a ser afiançáveis, diante da nova redação dos Arts. 323 e 324 do CPP. Portanto, conclui-se que essa regra passou a ser aplicada a todo crime funcional típico à necessidade de notificação do acusado para apresentação de defesa preliminar. Entretanto, embora o STJ entenda que, acompanhada a denúncia pelo IP, não há necessidade de notificação do acusado (HC 173.864/SP, de 03.03.2015), o Supremo já assentou que mesmo acompanhada de elementos de informação, não há dispensa da notificação prévia (HC 85.779/RJ).

GABARITO: D.

Fase Postulatória (Arts. 395 a 397 do CPP)

148. **(2018 - TJ/SP - Escrevente Técnico Judiciário)** Segundo o Código de Processo Penal, a respeito do processo comum, é correto dizer que:

a) no procedimento ordinário, poderão ser ouvidas até 08 (oito) testemunhas, de acusação e defesa, compreendidas, nesse número, as que não prestam compromisso.

b) aceita a denúncia ou a queixa, o Juiz não poderá absolver sumariamente o réu, após a apresentação da resposta à acusação.

c) a parte, no procedimento ordinário, não poderá desistir de testemunha, anteriormente arrolada.

d) o procedimento será ordinário, sumário ou sumaríssimo; o procedimento sumaríssimo será o aplicado quando se tem por objeto crime sancionado com pena privativa de liberdade de até 04 (quatro) anos.

e) são causas de rejeição da denúncia ou queixa a inépcia, a falta de pressuposto processual ou condição para o exercício da ação penal e a falta de justa causa.

A: No procedimento ordinário a quantidade de testemunhas é mesmo 8, mas não estão inclusas as referidas e as que não prestem compromisso.

B: Se verificar que estão presentes as excludentes necessárias à absolvição sumária, após a resposta do réu, o juiz poderá absolvê-lo, conforme Art. 397 do CPP.

C: É possível a desistência da testemunha, desde que não seja aquela arrolada por vontade do juiz, conforme § 2º, Art. 401, CPP.

D: Trata-se do procedimento sumário, visto que o sumaríssimo é aplicado aos crimes de menor potencial ofensivo, conforme determina o Art. 394, § 1º do CPP.

E: A denúncia ou queixa será rejeitada quando for manifestamente inepta; faltar pressuposto processual ou condição para o exercício da ação penal; ou faltar justa causa para o exercício da ação penal.

GABARITO: E.

149. **(2018 - Prefeitura de Sorocaba/SP - Procurador do Município)** A denúncia ou queixa, nos termos do Art. 395 do Código de Processo Penal, será rejeitada quando:

a) o acusado for comprovadamente inimputável.

b) faltar justa causa para o exercício da ação penal.

c) o fato narrado evidentemente não constituir crime.

d) o fato tiver sido praticado em legítima defesa, excluindo sua ilicitude.

e) existir manifesta de causa excludente da culpabilidade do agente.

Nos termos do Art. 395 do CPP, a denúncia ou queixa será rejeitada quando for manifestamente inepta; faltar pressuposto processual ou condição para o exercício da ação penal; ou faltar justa causa para o exercício da ação penal.

GABARITO: B.

150. **(2017 – TJ/SP - Juiz Substituto)** No procedimento comum, após o oferecimento da resposta pelo acusado, o juiz deverá absolvê-lo sumariamente quando:

a) faltar justa causa para o exercício da ação penal ou verificar a existência manifesta de qualquer causa excludente da culpabilidade.

b) verificar a existência manifesta de qualquer causa excludente da ilicitude do fato ou que o fato narrado evidentemente não constitui crime.

c) a denúncia ou a queixa for manifestamente inepta ou não se convencer da existência de indícios suficientes de autoria ou de participação.

d) faltar pressuposto processual ou condição para o exercício da ação penal ou verificar que extinta a punibilidade do agente.

A ausência de justa causa é motivo para rejeição da denúncia, nos termos do inciso III, Art. 395 do CPP. A denúncia ou queixa será rejeitada quando for manifestamente inepta; faltar pressuposto processual ou condição para o exercício da ação penal; ou faltar justa causa para o exercício da ação penal. A inépcia também é causa de rejeição, denúncia ou queixa. Já o fato de não haverem indícios suficientes de autoria ou participação é caso de impronúncia. A falta de pressuposto processual é caso de rejeição da denúncia ou queixa, conforme Art. 395, II, CPP.

GABARITO: B.

---

151. **(2017 - Câmara de Cotia/SP - Procurador Legislativo)** A, indiciado nos autos do inquérito policial, no qual foi representado por defensor constituído, encerrada a investigação, foi denunciado pelo Ministério Público pela prática de crime de estelionato previdenciário. Residente em jurisdição diversa de onde tramita o processo, teve a citação ordenada por Carta Precatória. No Juízo deprecado, o Oficial de Justiça tentou por diversas vezes citar A, no endereço de sua residência e trabalho, sem êxito. Desconfiado de que A estaria se ocultando, o Oficial de Justiça o citou, com hora certa. Devolvida a carta precatória, o Ministério Público Federal, por achar prematura a citação com hora certa, já que a informação dada nos endereços diligenciados pelo Sr. Oficial de Justiça foi de que A estaria em viagem, no exterior, pleiteou a expedição de nova carta precatória, para mais uma tentativa de citação pessoal. Expedida nova Carta Precatória, A não foi citado. Desta feita, segundo certificou o Oficial de Justiça, A não mais trabalhava e residia nos endereços anteriormente diligenciados. A informação dada ao Oficial de Justiça foi de que A teria se mudado para os Estados Unidos. Devolvida a carta precatória, após expedição de ofícios, obteve-se o endereço de A, no exterior. Expedida carta rogatória, o Juiz determinou a suspensão do prazo prescricional, aguardando-se o cumprimento da citação de A.

A respeito da situação hipotética, nos termos do Código de Processo Penal, é correto afirmar que:

a) a modalidade de citação com hora certa não se aplica ao processo penal, sendo prevista apenas no processo cível.

b) a citação com hora certa se aplica ao processo penal e, tal qual ocorre na modalidade de citação por Edital, não comparecendo o acusado, suspende-se o processo e o curso do prazo prescricional.

c) uma vez que A foi representado no inquérito policial por defensor constituído, sua citação poderia ter sido feita na pessoa do advogado, mediante intimação no Diário Oficial.

d) a expedição de carta rogatória para citação do réu não implica suspensão do prazo prescricional. Tal se dá apenas nas modalidades de citação por Edital e com hora certa.

e) enquanto não localizado o acusado, a formação do processo não estará completa.

A citação por hora certa é possível no processo penal, conforme determina o Art. 362 do CPP. Não há suspensão do prazo prescricional, mas sim nomeação de defensor dativo, no caso de citação por edital, conforme parágrafo único do Art. 362 do CPP. A citação é pessoal, independentemente de ter advogado constituído desde o inquérito. Na citação por edital, se o acusado não comparecer ou não constituir advogado, fica suspenso o processo e o prazo prescricional, exceto para produção antecipada de provas consideradas urgentes, e o decreto de prisão preventiva, nos termos do Art. 366 do CPP.

GABARITO: E.

152. **(2017 - Câmara de Cotia/SP - Procurador Legislativo)** A respeito da absolvição sumária do acusado, é correto afirmar que:

a) é cabível logo após a resposta à acusação, se o Juiz verificar estar extinta a punibilidade do agente.

b) tem cabimento em qualquer momento do processo, sempre que o Juiz verificar a existência manifesta de causa excludente da culpabilidade do agente.

c) é cabível logo após a resposta à acusação, se o Juiz verificar a inépcia da denúncia.

d) tem cabimento em qualquer momento do processo, sempre que o Juiz verificar faltar justa causa para a ação penal.

e) tem cabimento em qualquer momento do processo, sempre que o Juiz verificar faltar pressuposto para o exercício da ação penal.

O Art. 397 traz as hipóteses em que o juiz deve absolver sumariamente o réu, sendo elas quando verificadas: *I - a existência manifesta de causa excludente da ilicitude do fato; II - a existência manifesta de causa excludente da culpabilidade do agente, salvo inimputabilidade; III - que o fato narrado evidentemente não constitui crime; ou IV - extinta a punibilidade do agente.*

GABARITO: A.

---

153. **(2015 – TJ/SP - Escrevente Técnico Judiciário)** Nos procedimentos ________, oferecida a denúncia ou queixa, o juiz, se não a rejeitar liminarmente, recebê-la-á e ________ (CPP, art. 396). Assinale a alternativa que preenche, adequada e respectivamente, as lacunas.

a) comuns ... designará audiência de instrução e interrogatório.

b) ordinário e sumário ... designará audiência de instrução e interrogatório.

c) ordinário e sumário ... ordenará a citação do acusado para responder à acusação, por escrito, no prazo de 10 (dez) dias.

d) comuns ... ordenará a citação do acusado para responder à acusação, por escrito, no prazo de 15 (quinze) dias.

e) sumário e sumaríssimo ... designará audiência de instrução e interrogatório.

Nos termos do Art. 396: Nos procedimentos ordinário e sumário, oferecida a denúncia ou queixa, o juiz, se não a rejeitar liminarmente, recebê-la-á e ordenará a citação do acusado para responder à acusação, por escrito, no prazo de 10 (dez) dias.

É importante observar que as alternativas "C" e "D" são as que causam maiores dúvidas, contudo, o prazo da assertiva correta é de 10 dias. Não existem muitos prazos diferentes de 5 e 10 dias no CPP, então a probabilidade de ser 15 dias é reduzida, a exemplo do prazo para oferecimento de denúncia do MP, estando o réu solto, que é de 15 dias. De resto, contem-se cinco ou dez dias, na maioria dos casos.

GABARITO: C.

Fase Decisória e Sentença Penal (Arts. 381 a 392 do CPP)

154. **(2018 – TJ/RS - Juiz de Direito Substituto)** O juiz, ao proferir sentença condenatória,

a) poderá deixar de indicar os motivos de fato e de direito em que se funda a decisão, caso não haja divergência entre as partes.

b) se aditada a denúncia e, em sendo recebido referido aditamento, está adstrito na sua sentença aos termos do aditamento, não podendo considerar a definição jurídica anterior contida na denúncia.

c) estabelecerá valor máximo para reparação dos danos causados pela infração, considerando os prejuízos sofridos pelo ofendido.

d) mencionará as circunstâncias agravantes, desde que tenham sido estas requeridas na denúncia ou mesmo em alegações finais.

e) decidirá de forma resumida sobre a manutenção da prisão preventiva.

O magistrado nunca poderá deixar de indicar os motivos de fato e de direito em que se funda a decisão. Havendo aditamento, cada parte poderá arrolar até 3 (três) testemunhas, no prazo de 5 (cinco) dias, ficando o juiz, na sentença, adstrito aos termos do aditamento. O magistrado, ao proferir a sentença condenatória fixará o valor mínimo para reparação dos danos. O STJ entende que, para a fixação de valor mínimo para a reparação dos danos não é necessária instrução própria, bastando requerimento feito pela parte (vítima) ou pelo Ministério Público. De acordo com o Art. 385 do CPP, o juiz, nos crimes de ação pública, poderá mencionar as circunstâncias agravantes na sentença condenatória, mesmo que não tenham sido alegadas. O juiz deverá decidir de forma "fundamentada" sobre a manutenção da prisão preventiva.

GABARITO: B.

155. **(2018 – PC/SP – Delegado de Polícia)** Acerca das sentenças e decisões em geral, afirma-se corretamente:

a) só fazem coisa julgada material as sentenças de mérito.

b) a sentença que extingue o processo sem julgamento do mérito é denominada sentença definitiva *lato sensu*.

c) sentença subjetivamente plúrima é a sentença proferida por mais de um órgão, composto por julgadores de natureza diversa, como são as sentenças do tribunal do júri.

d) a possibilidade de o juiz dar ao fato definição jurídica diversa daquela constante da denúncia, prevista no Art 383, do Código de Processo Penal, depende de requerimento do Ministério Público, titular da ação penal.

e) em caso de aditamento da denúncia, previsto no Art. 384 do Código de Processo Penal, o juiz não ficará adstrito na sentença aos termos do aditamento, podendo de forma fundamentada decidir de forma diversa.

Denomina-se coisa julgada material a eficácia, que torna imutável e indiscutível a sentença, não mais sujeita a recurso ordinário ou extraordinário. A sentença definitiva *lato sensu* é aquela que põe fim a relação processual, julgando o mérito, mas sem condenar ou absolver o acusado. A sentença subjetivamente plúrima é aquela proferida por órgão colegiado e não mais de um órgão como dito. O juiz, sem modificar a descrição do fato contida na denúncia ou queixa, poderá atribuir lhe definição jurídica diversa, ainda que, em consequência, tenha de aplicar pena mais grave. E havendo aditamento, cada parte poderá arrolar até 3 (três) testemunhas, no prazo de 5 (cinco) dias, ficando o juiz, na sentença, adstrito aos termos do aditamento.

GABARITO: A.

156. **(2015 – MPE/SP - Analista de Promotoria)** Getúlio foi denunciado pela prática do delito de furto simples, descrito pelo Art. 155, *caput*, do Código Penal, e, encerrada a instrução, após confissão e oitiva de testemunhas presenciais do fato, restou demonstrado que ele agiu em concurso com Diocleciano, que fugiu na posse dos bens subtraídos da vítima. Assim, por prova existente nos autos, comprovou-se circunstância qualificadora, descrita pelo § 4º, inciso IV, do precitado dispositivo legal, não descrita na denúncia, e, portanto, deve o Ministério Público, nos termos do artigo 384, *caput*, do Código de Processo Penal (mutatio libelli):

a) requerer o encaminhamento dos autos ao Procurador Geral de Justiça, nos termos do Art. 28 do Código de Processo Penal, porque precluso o momento para formação da *opinio delicti*.

b) aditar a denúncia, no prazo de 5 (cinco) dias, reduzindo- se a termo o aditamento, quando feito oralmente.

c) oferecer alegações finais, com pedido de absolvição do réu, nos termos do Art. 386, inciso VII, do Código de Processo Penal, porque não comprovados os fatos, como narrados na denúncia.

d) requerer a conversão do julgamento em diligência, com vistas à localização de Diocleciano, para que seja indiciado, e, posteriormente, denunciado, diante do princípio da indivisibilidade da ação penal.

e) oferecer alegações finais, com pedido de condenação do réu, pela prática do delito descrito no Art. 155, § 4º, inciso IV, do Código Penal, diante da confissão espontânea do réu, corroborada pelos depoimentos testemunhais, ante o disposto no Art. 197 do Código de Processo Penal.

A Questão trata do *mutatio libelli*, que ocorre quando o juiz conclui que o fato narrado na inicial não corresponde aos fatos provados na instrução processual. Conforme o Art. 384 do CPP: *Encerrada a instrução probatória, se entender cabível nova definição jurídica do fato, em consequência de prova existente*

nos autos de elemento ou circunstância da infração penal não contida na acusação, o Ministério Público deverá aditar a denúncia ou queixa, no prazo de 5 (cinco) dias, se em virtude desta houver sido instaurado o processo em crime de ação pública, reduzindo-se a termo o aditamento, quando feito oralmente.

GABARITO: B.

157. **(2015 – TJ/MS - Juiz Substituto)** VERUCA, presa cautelarmente, desde o dia 2 de julho de 2014, pela prática de delito de roubo simples (Art. 157, *caput*, do Código Penal), foi condenada, por sentença publicada em audiência, no dia 25 de maio de 2015, porque primária e menor de 21 (vinte um) anos à época do crime, às penas de 4 (quatro) anos de reclusão e pagamento de 10 (dez) dias-multa, no mínimo legal. Adequado o regime inicial semiaberto, foi:

a) reconhecido o direito à detração provisória, pelo disposto no Art. 387, parágrafo 2°, do Código de Processo Penal, por cumprimento de 1/6 da pena privativa de liberdade aplicada e estabelecido o regime inicial aberto, com pronunciamento do direito ao recurso em liberdade e expedição de alvará de soltura clausulado.

b) expedido o ofício de recomendação da ré ao estabelecimento prisional em que se encontra recolhida, porque o Art. 387, parágrafo 2°, do Código de Processo Penal, deve ser aplicado pelo Juízo da Execução.

c) determinada a expedição de guia de recolhimento provisória e ofício de recomendação da ré ao estabelecimento prisional em que se encontra recolhida, com lançamento de seu nome no rol de culpados(as), e liquidação da pena pecuniária imposta.

d) determinada a averbação na guia de recolhimento provisória para cômputo, em caso de nova prisão cautelar, do período cumprido nesse processo, que não influencia no quantum de pena imposta na condenação.

e) mantido o regime inicial semiaberto e, a pedido do Defensor, reconhecido o erro material e retificado o cálculo, com abatimento de 1/6 da pena imposta, por força do disposto no Art. 387, parágrafo 2°, do Código de Processo Penal, com recomendação da ré ao estabelecimento prisional em que se encontra recolhida, sem pronunciamento do direito ao recurso em liberdade.

Determina o Art. 387, § 2º do CPP que *o tempo de prisão provisória, de prisão administrativa ou de internação, no Brasil ou no estrangeiro, será computado para fins de determinação do regime inicial de pena privativa de liberdade*, e ainda a Lei de Execução Penal no Art. 112, menciona que a pena privativa de liberdade será executada em forma progressiva com a transferência para regime menos rigoroso, a ser determinada pelo juiz, quando o preso tiver cumprido ao menos um sexto da pena no regime anterior e ostentar bom comportamento carcerário, comprovado pelo diretor do estabelecimento, respeitadas as normas que vedam a progressão.

GABARITO: A.

158. **(2015 – Prefeitura de Suzano – Procurador Jurídico)** De acordo com o princípio da correlação entre a imputação e a sentença, a decisão do magistrado deve se amoldar aos fatos descritos na inicial acusatória. Dessa forma, ao proferir a sentença, o juiz pode alterar a definição jurídica do fato utilizando-se de dois institutos previstos no Código de Processo Penal: a *mutattio libelli* e a *emendatio libelli*. Acerca desta última, assinale a alternativa correta.

a) É hipótese na qual o magistrado, ao pronunciar ou condenar o acusado, pode atribuir nova definição jurídica ao fato, acrescentando, inclusive, circunstância ou elemento não contido na inicial.

b) A nova definição jurídica dada pelo juiz nesse caso não pode importar em pena mais grave.

c) Apesar de poder alterar a definição do crime, o juiz não pode fazê-lo em decorrência de interpretação diversa do Ministério Público, autor da inicial acusatória.

d) Ao atribuir a nova capitulação ao fato descrito na inicial, o magistrado pode inclusive suprimir circunstâncias contidas na descrição do fato.

e) A desclassificação operada pela emendatio libelli não pode modificar a competência do juízo.

Na *emendatio libelli*, atribui-se uma nova definição fática sem modificá-lo, o réu se defende dos fatos e, por conta disso, não podem ser acrescidos novos elementos ou circunstâncias não contidas na inicial, exceto se houver aditamento pelo aparecimento de novas provas. O juiz, sem modificar a descrição

do fato contida na denúncia ou queixa, poderá atribuir-lhe definição jurídica diversa, ainda que, em consequência, tenha de aplicar pena mais grave. O magistrado não fica vinculado ao entendimento do Ministério Público, a inconformidade do parquet deve ocorrer pela via recursal. A alternativa "D" está correta, pois na *emendatio libelli* por supressão de elementar ou de circunstância, ou seja, o juiz atribui uma capitulação nova ao fato que foi imputado por conta de a instrução probatória mostrar a ausência de elementar ou de uma circunstância descrita pela acusação. E tratando-se de infração da competência de outro juízo, a esse serão encaminhados os autos.

GABARITO: D.

Do Procedimento Comum Sumário (Arts. 531 a 538 do CPP)

159. **(2017 – TJM/SP - Escrevente Técnico Judiciário)** Assinale a alternativa correta no que diz respeito ao procedimento comum dos processos em espécie, consoante disposições do Código de Processo Penal.

a) Ordinário, quando tiver por objeto crime cuja sanção máxima cominada for igual ou superior a 2 (dois) anos de pena privativa de liberdade.

b) Sumário, quando tiver por objeto crime cuja sanção máxima cominada seja inferior a 4 (quatro) anos de pena privativa de liberdade.

c) Sumário, quando tiver por objeto crime cuja sanção máxima cominada seja inferior a 5 (cinco) anos de pena privativa de liberdade.

d) Sumaríssimo, quando tiver por objeto crime cuja sanção máxima cominada seja inferior a 3 (três) anos de pena privativa de liberdade.

e) Ordinário, quando tiver por objeto crime cuja sanção máxima cominada for igual ou superior a 3 (três) anos de pena privativa de liberdade.

Conforme o Art. 394, § 1º, o procedimento comum sera ordinário, sumário ou sumaríssimo: I - ordinário, quando tiver por objeto crime cuja sanção máxima cominada for igual ou superior a 4 (quatro) anos de pena privativa de liberdade; II - sumário, quando tiver por objeto crime cuja sanção máxima cominada seja inferior a 4 (quatro) anos de pena privativa de liberdade; III sumaríssimo, para as infrações penais de menor potencial ofensivo, na forma da lei.

GABARITO: B.

160. **(2015 – TJ/SP - Escrevente Técnico Judiciário)** Nas infrações penais de menor potencial ofensivo, quando o juizado especial criminal encaminhar ao juízo comum as peças existentes para a adoção de outro procedimento, de acordo com o Art. 538 do CPP, o rito adotado será:

a) o ordinário.

b) o sumário.

c) livremente estabelecido pelo juiz.

d) o sumaríssimo.

e) o especial.

Segundo o Art. 538 do CPP, as infrações penais de menor potencial ofensivo, quando o juizado especial criminal encaminhar ao juízo comum as peças existentes para a adoção de outro procedimento, observar-se-á o procedimento sumário previsto.

GABARITO: B.

Procedimento dos Crimes de Responsabilidade dos Funcionários Públicos (Arts. 513 a 518 do CPP)

161. **(2017 - Câmara de Cotia/SP - Procurador Legislativo)** A, funcionário público do Município, foi flagrado por um repórter investigativo, no estacionamento da Prefeitura, praticando ato libidinoso em uma adolescente de 13 anos. Após a divulgação da matéria, A foi denunciado, pelo Ministério Público, por estupro de vulnerável. A denúncia foi precedida de inquérito policial. Recebida a denúncia pelo Juiz, determinou-se a citação de A, para fins de apresentação da resposta à acusação, em 10 dias. A defesa de A impetrou *habeas corpus* no Tribunal, alegando afronta ao rito especial dos crimes de responsabilidade dos funcionários públicos, dado que não houve oportunidade para se apresentar a resposta preliminar, prevista no Art. 514 do Código de Processo Penal.

Diante do caso hipotético, assinale a alternativa correta.

a) A defesa preliminar, prevista no Art. 514 do CPP, aplica-se ao caso hipotético, já que se trata de ação penal que apura crime praticado por funcionário público.

b) A defesa preliminar, prevista no Art. 514 do CPP, não se aplica ao caso hipotético, pois, muito embora se trate de ação penal que apura crime praticado por funcionário público, a denúncia foi precedida de inquérito policial, na esteira do entendimento sumulado nos Tribunais Superiores.

c) Acertou o Juiz ao não aplicar a regra do Art. 514 do CPP, já que o rito especial é previsto apenas para crimes próprios de funcionário público. Uma vez citado, o prazo para o acusado apresentar resposta à acusação é de 10 (dez) dias.

d) Acertou o Juiz ao não aplicar a regra do Art. 514 do CPP, já que o rito especial é previsto apenas para crimes próprios de funcionário público. Uma vez citado, o prazo para apresentar resposta à acusação é de 15 (quinze) dias.

e) Na defesa preliminar, prevista no Art. 514 do CPP, o acusado poderá juntar documentos e arrolar até 03 (três) testemunhas, a fim de evidenciar a inexistência do crime ou improcedência da acusação.

O processo e julgamento dos crimes de responsabilidade dos funcionários públicos tem procedimento especial previsto no Código de Processo Penal, contudo, para que se obedeça ao rito correspondente aos crimes de responsabilidade dos funcionários públicos, é necessário que a infração tenha correlação com a função que ocupa, durante o período de trabalho. Os demais delitos, se não houver prerrogativa de foro, são julgados nos ritos comuns. No caso em questão, o crime praticado por A nada tem a ver com o cargo público que ocupa, devendo responder em 10 dias, conforme determina o Art. 396 do Código de Processo Penal.

GABARITO: C.

Procedimento dos Crimes contra a Honra (Arts. 519 a 523 do CPP)

162. **(2017 – TJ/SP - Juiz Substituto)** A legitimidade para a propositura de ação penal por crime contra a honra de servidor público em razão do exercício de suas funções é:

a) exclusiva do Ministério Público, condicionada à representação do ofendido.

b) concorrente do ofendido, mediante queixa, e do Ministério Público, condicionada à representação do ofendido.

c) concorrente do ofendido, mediante representação, e do Ministério Público, mediante ação pública incondicionada.

d) exclusiva do ofendido, mediante queixa.

Conforme estabelece a Súmula 714: é concorrente a legitimidade do ofendido, mediante queixa, e do Ministério Público, condicionada à representação do ofendido, para a ação penal por crime contra a honra de servidor público em razão do exercício de suas funções.

GABARITO: B.

163. **(2016 – TJM/SP - Juiz de Direito Substituto)** Considere o seguinte caso hipotético. Uma juíza do Trabalho de umas das Varas da Capital de São Paulo, em ofício endereçado à Justiça de Campinas, envia uma carta precatória para a execução provisória de um débito laboral. Tão logo autuada a precatória, o juiz de Campinas, por entender nula a ação trabalhista originária, encaminha ofício ao Tribunal Regional do Trabalho da 15ª Região (TRT/15), sediado em Campinas, informando que a ordem da magistrada de São Paulo seria ilegal e que, por isso, não poderia cumprir a determinação. Uma vez ciente do ofício, e indagada pelo TRT/15, a juíza de São Paulo responde que a ordem era legal. O TRT/15, por reputar que o magistrado de Campinas cometeu crime contra a honra da magistrada de São Paulo, determinou que fosse instaurada investigação formal. Uma vez instaurado o inquérito, foi intimada a suposta ofendida, que representou para que os fatos fossem processados, o que deu ensejo à propositura de ação penal pelo Ministério Público Estadual de São Paulo.

A respeito do caso narrado, assinale a alternativa correta.

a) Por se tratar de ofensas envolvendo membros do Poder Judiciário que respondem por seus atos a Tribunais Regionais do Trabalho de regiões distintas (2ª e 15ª Região), a competência para a ação penal será do Superior Tribunal de Justiça.

b) Tratando-se de crime imputado a magistrada do Trabalho, que detém foro por prerrogativa de função, foi equivocada a dedução do processo em primeiro grau, sendo a competência originária do Eg. Tribunal de Justiça de São Paulo.

c) Não poderia o inquérito policial ser instaurado mediante a requisição do Tribunal, tendo em vista não se tratar de caso que seja apurado mediante ação penal pública incondicionada.

d) Considerando que os delitos contra a honra são processáveis apenas mediante ação penal de iniciativa privada, totalmente indevida a dedução de ação penal pública condicionada, isto é, por meio de representação.

e) Tratando-se de imputação de crimes de menor potencial ofensivo, cuja Justiça é prevista constitucionalmente, afasta-se a competência originária do Tribunal competente, sendo o feito apurado nos Juizados Especiais.

Conforme estabelece a Súmula nº 714: é concorrente a legitimidade do ofendido, mediante queixa, e do Ministério Público, condicionada à representação do ofendido, para a ação penal por crime contra a honra de servidor público em razão do exercício de suas funções. E ainda, segundo o Art. 108, I, a, da Constituição Federal: *compete aos Tribunais Regionais Federais: processar e julgar, originariamente: os juízes federais da área de sua jurisdição, incluídos os da Justiça Militar e da Justiça do Trabalho, nos crimes comuns e de responsabilidade, e os membros do Ministério Público da União, ressalvada a competência da Justiça Eleitoral.*

GABARITO: C.

Procedimento dos Crimes da Competência do Tribunal do Júri (Arts. 406 a 497 do CPP)

164. **(2019 – TJ/AC - Juiz de Direito Substituto)** Em relação ao procedimento relativo aos processos de competência do Tribunal do Júri, assinale a alternativa correta.

a) O juiz poderá dar ao fato definição jurídica diversa da constante da acusação, embora o acusado fique sujeito a pena mais grave.

b) O procedimento será concluído no prazo máximo de 120 (cento e vinte) dias.

c) O desaforamento não poderá ser determinado sob a alegação de excesso de serviço.

d) Encerrada a instrução probatória, ainda durante a primeira fase, as alegações serão orais, concedendo-se a palavra, respectivamente, à acusação e à defesa, pelo prazo de 10 (dez) minutos, prorrogáveis por mais 10 (dez).

Segundo o Art. 418 do CPP, o juiz poderá dar ao fato definição jurídica diversa da constante da acusação, embora o acusado fique sujeito à pena mais grave. O prazo para conclusão é de 90 dias, conforme Art. 412 do CPP. O desaforamento poderá ser determinado em razão de comprovado excesso de serviço e cumpridos os procedimentos do Art. 428 do CPP. A determinação legal é que as alegações orais durem 20 minutos, prorrogáveis por mais 10, conforme § 4º do Art. 412, CPP.

GABARITO: A.

165. **(2018 – TJ/SP - Escrevente Técnico Judiciário)** Com relação ao procedimento relativo aos processos de competência do tribunal do júri, assinale a alternativa correta.

a) O risco à segurança pessoal do acusado não enseja desaforamento do julgamento para outra comarca, sendo motivo justificante a dúvida razoável sobre a imparcialidade do júri.

b) Contra a sentença de impronúncia do acusado caberá recurso em sentido estrito.

c) Constituirão o Conselho de Sentença, em cada sessão de julgamento, 07 (sete) jurados, sorteados dentre os alistados, aplicando-se a eles o disposto sobre os impedimentos, a suspeição e as incompatibilidades dos juízes togados.

d) Pronunciado o acusado, remetidos os autos ao tribunal do júri, será a defesa intimada para apresentar o rol de testemunhas que irão depor, em plenário, até o máximo de 08 (oito).

e) Encerrada a instrução preliminar, o juiz, fundamentadamente, pronunciará ou impronunciará o acusado, não cabendo, nessa fase, a absolvição sumária.

A: Nos procedimentos do Tribunal do Júri, o desaforamento se dá quando a competência é deslocada de uma comarca para outra. Pode ser requerido quando há interesse de ordem pública, dúvida acerca da imparcialidade do júri, falta de segurança pessoal ao acusado ou quando o julgamento ultrapassar o prazo de 6 meses para ser realizado.

B: O recurso cabível contra a sentença de impronúncia é a apelação, conforme Art. 416 do CPP.

C: O Tribunal do Júri é composto por 1 (um) juiz togado, seu presidente e por 25 (vinte e cinco) jurados que serão sorteados dentre os alistados, 7 (sete) dos quais constituirão o Conselho de Sentença em cada sessão de julgamento.

D: No Tribunal do Júri o número máximo de testemunhas é 5, diferente do processo comum, que são 8.

E: O juiz poderá absolver o acusado se presentes quaisquer das hipóteses do Art. 415 do CPP.

GABARITO: C.

---

166. **(2018 – TJ/RS - Juiz de Direito Substituto)** A respeito dos prazos previstos no CPP e em leis especiais, assinale a alternativa correta.

a) No procedimento relativo aos processos da competência do Tribunal do Júri, se houver indícios de autoria ou de participação de outras pessoas não incluídas na acusação, o juiz, ao pronunciar ou impronunciar o acusado, determinará o retorno dos autos ao Ministério Público, por 15 dias, aplicável, no que couber, o Art. 80, do CPP.

b) A audiência de instrução e julgamento no procedimento ordinário será realizada no prazo máximo de 45 dias.

c) O procedimento relativo aos processos da competência do Tribunal do Júri será concluído no prazo máximo de 120 dias.

d) Os juízes singulares darão seus despachos e decisões dentro do prazo de 5 dias, se a decisão for definitiva ou interlocutória mista.

e) Em crime de tráfico de entorpecentes, recebida cópia do auto de prisão em flagrante, o juiz, no prazo de 5 dias, certificará a regularidade formal do laudo de constatação e determinará a destruição das drogas apreendidas, guardando-se amostra necessária à realização do laudo definitivo.

A: Se houver indícios de autoria ou de participação de outras pessoas não incluídas na acusação, o juiz, ao pronunciar ou impronunciar o acusado, determinará o retorno dos autos ao Ministério Público, por 15 (quinze) dias, aplicável, no que couber, o Art. 80 do CPP.

B: No procedimento comum ordinário, o prazo máximo é de 60 dias, nos termos do Art. 400 do CPP.

C: De acordo com o CPP, o processo relativo à competência do Tribunal do Júri tem o prazo máximo de 90 dias para ser concluído.

D: Se as decisões forem definitivas ou interlocutórias mistas, terão os juízes singulares o prazo de 10 dias para proferirem seus despachos e decisões, de acordo com o CPP.

E: O prazo não é de 5, mas sim de 10 dias, nos termos do Art. 50, § 3º, da Lei nº 11.343/06.

GABARITO: A.

---

167. (2018 - Prefeitura de Sorocaba/SP - Procurador do Município) De acordo com a literalidade do Art. 437 do Código de Processo Penal, estão isentos de servir no Tribunal do Júri como jurados, entre outros,

a) os Prefeitos Municipais e os servidores do Poder Judiciário.

b) os servidores da Polícia Judiciária Estadual e Federal e seus cônjuges.

c) os membros das Câmaras Municipais e os Secretários Municipais de Governo.

d) os servidores da Defensoria Pública e os inscritos na Ordem dos Advogados do Brasil.

e) os cidadãos maiores de 60 (sessenta) anos que requeiram sua dispensa e os Governadores dos Estados.

Existe um rol taxativo sobre quem são isentos do serviço do júri, sendo eles: o Presidente da República e os Ministros de Estado; os Governadores e seus respectivos Secretários; os membros do Congresso Nacional, das Assembleias Legislativas e das Câmaras Distrital e Municipais; os Prefeitos Municipais; os Magistrados e membros do Ministério Público e da Defensoria Pública; os servidores do Poder Judiciário, do Ministério Público e da Defensoria Pública; as autoridades e os servidores da polícia e da segurança pública; os militares em serviço ativo; os cidadãos maiores de 70 (setenta) anos que requeiram sua dispensa e aqueles que o requererem, demonstrando justo impedimento.

GABARITO: A.

168. (2018 – MPE/SP - Analista Jurídico do Ministério Público) Em relação ao procedimento do júri, assinale a alternativa **correta.**

a) O jurado que tiver integrado o Conselho de Sentença nos 12 (doze) meses que antecederem à publicação da lista geral não será excluído em casos de comprovada necessidade.

b) A lista geral dos jurados, com indicação das respectivas profissões, será publicada pela imprensa até o dia 10 de outubro de cada ano e divulgada em editais afixados à porta do Tribunal do Júri.

c) Ao receber os autos, o presidente do Tribunal do Júri determinará a intimação do órgão do Ministério Público ou do querelante, no caso de queixa, e do defensor, para, no prazo de 5 (cinco) dias, apresentarem rol de testemunhas que irão depor em plenário, até o máximo de 8 (oito), oportunidade em que poderão juntar documentos e requerer diligência.

d) Nos casos de desaforamento requerido por alguma das partes, poderá ser ouvido o juiz presidente, caso o relator assim julgue necessário.

e) Excesso de serviço não justifica pedido de desaforamento.

A: O jurado que tiver integrado o Conselho de Sentença nos 12 (doze) meses que antecederem à publicação da lista geral fica dela excluído.

B: Todos os anos, uma lista com os nomes de todos jurados de cada comarca daquele período é publicada pela imprensa.

C: O número máximo de testemunhas a depor no plenário é de 5, nos termos do Art. 422 do CPP.

D: O juiz presidente só será ouvido se não for ele o solicitante do desaforamento, conforme § 3º, Art. 427 do CPP.

E: O desaforamento também poderá ser determinado, em razão do comprovado excesso de serviço, ouvidos o juiz presidente e a parte contrária, se o julgamento não puder ser realizado no prazo de 6 (seis) meses, contado do trânsito em julgado da decisão de pronúncia.

GABARITO: B.

169. (2018 – TJ/MT - Juiz Substituto) De acordo com as regras processuais do procedimento relativo aos crimes dolosos contra a vida:

a) a fundamentação da sentença de pronúncia limitar-se-á à indicação de materialidade do fato e demonstração efetiva da prova de autoria ou de participação.

b) observado o princípio *in dubio pro reo* o juiz deverá impronunciar o acusado se verificado apenas indícios de autoria.

c) contra a sentença de impronúncia ou de absolvição sumária caberá apelação.

d) ocorrido o trânsito em julgado da pronúncia, o presidente do Tribunal do Júri determinará a intimação do órgão do Ministério Público para oferecimento de libelo crime acusatório, podendo este requerer diligências, arrolar no máximo cinco testemunhas que irão depor em plenário e, ainda, juntar documentos.

e) o assistente da acusação não tem legitimidade para representar o pedido de desaforamento.

A fundamentação da pronúncia limitar-se-á à indicação da materialidade do fato e da existência de indícios suficientes de autoria ou de participação, devendo o juiz declarar o dispositivo legal em que julgar incurso o acusado e especificar as circunstâncias qualificadoras e as causas de aumento de pena. Não se convencendo da materialidade do fato ou da existência de indícios suficientes de autoria ou de participação, o juiz, fundamentadamente, impronunciará o acusado. Contra a sentença de impronúncia ou de absolvição sumária caberá apelação, nos termos do Art. 416 do CPP. O *libelo* ou *libelo* acusatório é uma peça processual, pedido ou requerimento, feito pelo Ministério Público, após a fase da pronúncia no Tribunal do Júri que tinha como intuito expor o fato criminoso, indicando o nome do réu, circunstâncias agravantes e fatos que poderiam influenciar na fixação de sua pena, para o pedido de sua condenação, não podendo assim divergir da pronúncia, contudo, após a reforma do Código de Processo Penal, tal fase do procedimento foi suprimida, sendo necessário, agora, a inclusão de agravantes e demais sustentações serem realizada em plenário. O assistente da acusação tem legitimidade para representar o pedido de desaforamento.

GABARITO: C.

---

170. **(2017 – TJ/SP - Juiz Substituto)** A decisão de pronúncia:

a) deve apenas indicar a materialidade do fato e a existência de indícios suficientes de autoria ou de participação, cabendo ao juiz declarar o dispositivo legal em que julgar incurso o acusado, sem especificação ou manifestação sobre as qualificadoras e as causas de aumento de pena, matérias de exclusiva apreciação dos jurados.

b) deve motivar a necessidade da decretação da prisão, tratando-se de acusado solto, mas não precisa fazê-lo no caso de manutenção daquela anteriormente decretada.

c) exige intimação pessoal do defensor nomeado, do Ministério Público e do acusado, não se admitindo quanto a este último, se solto, a intimação por edital, ainda que não encontrado.

d) não pode reconhecer a causa especial de diminuição da pena relativa ao chamado homicídio privilegiado.

A decisão proferida pelo juiz precisa ser fundamentada, incluindo as qualificadoras e as causas de aumento de pena, nos termos do § 1º, Art. 413 do CPP. É necessário que o juiz motive a manutenção da prisão, conforme determina o § 3º do Art. 413 do CPP. Será intimado por edital caso não seja encontrado. É o que diz o parágrafo único do Art. 420 do CPP. A pronúncia não analisa o mérito, fazendo apenas um juízo de prelibação, em que o juiz deve estar convencido da materialidade do fato e tenha indícios suficientes de autoria ou de participação, de acordo com o Art. 413 do CPP.

GABARITO: D.

---

171. **(2016 – TJ/SP - Titular de Serviços de Notas e de Registros/Remoção)** Assinale a alternativa correta.

a) Se na fase da pronúncia o Juiz desclassificar o crime doloso contra a vida, encaminhará o processo ao Juiz singular e, se este discordar da desclassificação, deverá suscitar conflito de competência.

b) Se o Tribunal do Júri absolver o réu pela prática do crime doloso contra a vida, a competência para julgar o crime conexo será do Juiz Presidente.

c) Se na fase da pronúncia o Juiz desclassificar o crime doloso contra a vida, remeterá o processo ao Ministério Público para aditamento da denúncia.

d) Se o Tribunal do Júri desclassificar o crime doloso contra a vida, o Juiz Presidente será competente para julgar o processo e proferir a sentença.

Conforme o § 3º do Art. 74 do CPP, se na pronúncia houver a desclassificação, será seguido o disposto no Art. 410 do CPP: *juiz determinará a inquirição das testemunhas e a realização das diligências*

requeridas pelas partes, no prazo máximo de 10 (dez) dias. Tendo julgado o Júri o crime doloso contra a vida (absolvição) também deve julgar o crime conexo, e o juiz da pronúncia desclassificar a infração para outra atribuída à competência de juiz singular, observar-se-á o disposto no Art. 410; mas, se a desclassificação for feita pelo próprio Tribunal do Júri, a seu presidente caberá proferir a sentença.

GABARITO: D.

---

172. **(2016 – TJM/SP - Juiz de Direito Substituto)** Acompanhe o caso fictício. Tício, prefeito de uma cidade do interior de São Paulo/SP, mantém um relacionamento extraconjugal com Mévia, policial militar. Por ciúmes, Mévia decide matar a mulher de Tício, Semprônia. Para tanto, ingressou na casa de Tício e, com uma faca, acerta a vítima no peito. Em defesa de sua mulher, Tício, mediante disparo de arma de fogo, acerta Mévia, de raspão. Tício é processado perante o Tribunal do Júri por homicídio tentado simples, além de posse irregular de arma de fogo, na Justiça Comum, sendo, ao final, absolvido de ambas as imputações, em decisão transitada em julgado; Mévia, por seu turno, foi processada na Justiça Militar, e condenada em decisão que se tornou definitiva.

A respeito do caso, assinale a alternativa correta.

a) Tício, por ser Prefeito, haveria de ter sido julgado pelo Tribunal de Justiça do Estado de São Paulo. Todavia, uma vez que a absolvição pelo Tribunal do Júri transitou em julgado, mesmo sendo caso de incompetência absoluta, a decisão não poderá mais ser revista, sob pena de violação ao princípio da *refomatio in pejus*.

b) Mévia e Tício haveriam de ser julgados pelo Tribunal de Justiça do Estado de São Paulo, haja vista que os fatos se deram em um mesmo contexto.

c) Tratando-se de crime doloso contra a vida praticado por militar, correto o julgamento pela Justiça Militar.

d) Tratando-se de crime comum, correto o julgamento de Tício pelo Tribunal do Júri, visto que a competência do Tribunal de Justiça para processar e julgar Prefeitos dá-se apenas em crimes de responsabilidade.

e) O Tribunal do Júri não poderia ter julgado Tício pelo crime de posse irregular de arma de fogo, pois não se trata de crime doloso praticado contra a vida.

Segundo a jurisprudência do STJ, o Juiz absolutamente incompetente para decidir determinada causa, até que sua incompetência seja declarada, não profere sentença inexistente, mas nula, que depende de pronunciamento judicial para ser desconstituída. E se essa declaração de nulidade foi alcançada por meio de recurso exclusivo da defesa, ou por impetração de _habeas corpus_, como no caso, não há como o Juiz competente impor ao Réu uma nova sentença mais gravosa do que a anteriormente anulada, sob pena de _reformatio in pejus_ indireta. Conforme a Súmula 702 do STF, a competência para julgar o Prefeito seria do Tribunal de Justiça: _A competência do Tribunal de Justiça para julgar prefeitos restringe-se aos crimes de competência da Justiça comum estadual; nos demais casos, a competência originária caberá ao respectivo tribunal de segundo grau._ Na situação apresentada, caso o Tribunal do Júri fosse competente para julgar o crime doloso contra a vida, também seria competente para julgar o crime de posse ilegal de arma de fogo.

GABARITO: A.

---

173. **(2015 – MPE/SP - Analista de Promotoria)** Com relação ao desaforamento de processo de competência do Tribunal do Júri, previsto nos Arts. 427 e 428 do Código de Processo Penal, é correto afirmar que:

a) pode ser requerido, exclusivamente, pelo Ministério Público.

b) não lhe pode ser atribuído efeito suspensivo, ainda que em caráter excepcional.

c) ocorre em duas hipóteses taxativas: 1. se o interesse da ordem pública o reclamar: e 2. se houver dúvida quanto à imparcialidade do júri.

d) constitui decisão que altera competência fixada pelos critérios do Art. 69 do Código de Processo Penal.

e) ofende aos princípios do juiz e promotor natural e, portanto, não foi recepcionado pela Constituição Federal.

De acordo com o Art. 427, o desaforamento pode ser requerido pelo Ministério público, pelo assistente do querelante ou do acusado, ou por meio de representação do juiz competente. Sendo relevantes os motivos alegados, o relator poderá determinar, fundamentadamente, a suspensão do julgamento pelo

júri. São quatro as possibilidades de desaforamento, conforme os Arts. 427 e 428 do CPP. Efetivamente os Arts 427 e 428 alteraram as regras de competência dispostas no Art. 69 do CPP. Não ofende os princípios do juiz e promotor natural, visto que a medida busca preservar a imparcialidade do júri e a ordem pública, a fim de que os veredictos e o posicionamento do Ministério Público independam de pressão popular ou proximidade do acusado, conforme dispõe o *caput* do Art. 427.

GABARITO: D.

174. **(2015 – TJ/SP - Juiz Substituto)** O princípio do *in dubio pro* sociedade não altera a presunção de inocência, mas permite que a pronúncia seja decretada:

a) porque o juízo de certeza é do presidente do tribunal do júri.

b) pelo conselho de sentença, que irá analisar o juízo de admissibilidade da acusação.

c) por mero juízo de admissibilidade, não sendo necessária prova incontroversa do crime.

d) por ocasião da fase da pronúncia, quando vigora o princípio do *in dubio pro reo.*

O julgamento proferido pelo Tribunal do Júri depende do convencimento dos jurados, e não do presidente do tribunal do júri. Logo, o juízo de certeza é do conselho de sentença, formado pelos jurados. O juízo de admissibilidade da acusação é feito pelo juiz. Se o juiz aprofunda muito a decisão ao pronunciar o acusado, pode influenciar diretamente a opinião dos jurados. Portanto, a prova incontroversa é desnecessária, e a pronúncia é feita nos moldes do Art. 413 do CPP. A doutrina posicionou-se no sentido de defender a sociedade nesses casos, portanto, o princípio que vigora é o *in dúbio pro societa.*

GABARITO: C.

175. **(2015 – TJ/SP - Juiz Substituto)** No julgamento pelo Tribunal do Júri, havendo condenação pelo crime de homicídio doloso por motivo fútil, a defesa recorre e requer a absolvição alegando a ocorrência de decisão contrária à prova dos autos. A apelação será desprovida com base no seguinte:

a) os jurados adotaram uma das vertentes possíveis e optaram por uma das versões apresentadas.

b) o veredicto será alterado apenas quando a decisão for tomada por maioria e não por unanimidade.

c) as decisões do Tribunal do Júri são soberanas e somente em casos de nulidade podem ser revistas.

d) o Conselho de Sentença decidiu de forma unânime e não cabe alteração.

A mera alegação de que a decisão proferida pelo conselho de sentença foi contrária à prova dos autos não pode se sobrepor ao princípio da soberania dos veredictos, de modo que, ao votar, os jurados optam por uma das versões apresentadas em plenário e absolvem ou condenam o agente. Com a alteração ocasionada pela entrada em vigor da Lei nº 11.689/08, não se fala mais em unanimidade dos votos. Isso porque, atingida a maioria de votos para um dos posicionamentos, os demais votos não são lidos, evitando assim que se saiba o voto de cada um dos jurados. E ainda não há necessidade de nulidade para a interposição do recurso, existem outras hipóteses previstas no Art. 593, III do CPP.

GABARITO: A.

Nulidades Processuais Penais (Arts. 563 a 573 do CPP)

176. **(2018 - Câmara de Campo Limpo Paulista/SP - Procurador Jurídico)** A jurisprudência do Supremo Tribunal Federal, no que concerne às nulidades, firmou o seguinte entendimento:

a) é relativa à nulidade do processo criminal por falta de intimação da expedição da precatória para inquirição de testemunha (Súmula 155).

b) é relativa à nulidade do julgamento, pelo júri, por falta de quesito obrigatório (Súmula 156).

c) não ofende o devido processo legal a decisão do Tribunal que acolhe, contra o réu, nulidade não arguida no recurso de acusação (Súmula 160).

d) é relativa à nulidade do julgamento pelo júri, quando os quesitos de defesa não precedem aos das circunstâncias agravantes (Súmula 162).

e) não é causa de nulidade o julgamento ulterior pelo júri com participação de jurado que funcionou em julgamento anterior ao mesmo processo (Súmula 206).

Diz a Súmula 155 do STF que é relativa à nulidade do processo criminal por falta de intimação da expedição de precatória para inquirição de testemunha. É absoluta a nulidade do julgamento, pelo júri, por falta de quesito obrigatório. É nula a decisão do Tribunal que acolhe, contra o réu, nulidade não arguida no recurso da acusação, ressalvados os casos de recurso de ofício. É absoluta a nulidade do julgamento pelo júri, quando os quesitos da defesa não precedem aos das circunstâncias agravantes. É nulo o julgamento ulterior pelo júri com a participação de jurado que funcionou em julgamento anterior do mesmo processo.

GABARITO: A.

---

177. **(2018 – PC/SP – Delegado de Polícia)** Sobre as nulidades, é correto afirmar:

a) a não intervenção do Ministério Público na ação privada subsidiária da pública gera nulidade absoluta.

b) o princípio do interesse aplica-se tanto às nulidades absolutas como às relativas.

c) para fins de convalidação dos atos processuais, as nulidades da sentença condenatória deverão ser alegadas na execução da pena, sob pena de convalidação.

d) segundo o princípio da instrumentalidade das formas, não se anula um ato se, embora praticado em desacordo com a forma prevista em lei, atingiu o seu fim.

e) a preclusão não se aplica às nulidades por expressa disposição legal.

A não intervenção do Ministério Público na ação privada subsidiária da pública gera nulidade, mas não há posicionamento unificado, tratando de ser absoluta ou relativa. De todo modo, deverá o Ministério Público intervir na Ação Penal Privada Subsidiária da Pública, nos termos do Art. 29 do CPP. Nenhuma das partes poderá arguir nulidade a que haja dado causa, ou para que tenha concorrido ou referente à formalidade cuja observância só à parte contrária interesse. A sentença condenatória e a absolutória imprópria autorizam, inclusive após o trânsito em julgado, a arguição de nulidade de sentença por meio do *habeas corpus* e da revisão criminal. O princípio da instrumentalidade das formas determina que as irregularidades devem ser avaliadas conforme sua gravidade, não devendo ser declaradas caso o ato tenha atingido sua finalidade sem causar prejuízo às partes. As nulidades relativas sofrem preclusão, com a consequente convalidação dos atos praticados caso não sejam arguidas.

GABARITO: D.

---

178. **(2018 – MPE/SP - Analista Jurídico do Ministério Público)** Escolha a afirmação a seguir que representa o entendimento **correto** sobre nulidades.

a) A nulidade do ato não será pronunciada quando o julgamento de mérito for favorável à parte beneficiada pelo seu reconhecimento.

b) O princípio da causalidade significa que não se anula o ato se, embora praticado em desacordo com a forma prevista em lei, atingiu o seu fim.

c) Com o trânsito em julgado, as nulidades absolutas que possam ser reconhecidas em prejuízo do acusado podem ser sanadas via *habeas corpus* ou revisão criminal.

d) A nulidade absoluta é a que decorre da violação de uma determinada forma do ato, que visava à proteção de interesse processual das partes.

e) A falta de intervenção do Ministério Público nos atos do processo não impede a efetividade do contraditório quando atua como custos legis.

As nulidades no processo penal estão elencadas nos Arts. 563 e seguintes, sendo elencadas no Art. 564. O Art. 565, por sua vez, dispõe que nenhuma das partes poderá arguir nulidade a que haja dado causa, ou para que tenha concorrido, ou referente à formalidade cuja observância só à parte contrária interesse. O princípio da causalidade preconiza que a nulidade de um ato contamina os que dele derivam, causando

sua invalidação. É o que diz o § 1º do Art. 573, CPP. Tanto o *habeas corpus* quanto a revisão criminal são vias cabíveis apenas em favor do réu, não sendo os instrumentos cabíveis a reconhecer nulidades em prejuízo do réu. A nulidade absoluta trata dos vícios que atingem as normas de ordem pública, tuteladas direta ou indiretamente pela Constituição Federal. Uma vez reconhecidos os vícios, os atos existem, mas nunca se convalidarão ou terão eficácia. A falta de intervenção do MP nos atos do processo impede a efetividade do contraditório, ainda que atuando como custos legis, uma vez que inegável o interesse público na sua atuação em todos os atos do processo, levando em conta, inclusive, suas funções institucionais.

GABARITO: A.

179. **(2018 – TJ/SC – Juiz Leigo)** Tício, preso preventivamente, responde à ação penal por crime de tráfico de drogas. Finalizada a instrução processual, a Autoridade Judicial determinou a realização do interrogatório, por sistema de videoconferência, para prevenir risco à segurança pública, dada a suspeita de Tício integrar organização criminosa. No dia designado, o advogado de Tício acompanhou o ato, da sala de audiência do Fórum. O advogado, nesse dia, não teve comunicação anterior ao interrogatório com Tício, já que o estabelecimento prisional não tinha canais telefônicos para disponibilizar. Tício também não foi acompanhado de defensor, na sala reservada no estabelecimento prisional. Logo no início do interrogatório, Tício, indagado pelo Magistrado, respondeu que se sentia confortável para o ato, pois manteve entrevista reservada com seu advogado, no dia anterior. Realizado o interrogatório, apresentados os memoriais por parte da defesa, sem que se alegasse a ocorrência de qualquer vício processual, o réu foi condenado. Em razões de apelação, a defesa de Tício não alegou qualquer nulidade, postulando a absolvição por falta de materialidade delitiva e autoria. Contudo, o Tribunal, no julgamento da apelação, de ofício, reconheceu a nulidade absoluta do interrogatório por afronta à ampla defesa, em vista da ausência de defensor assistindo Tício, na sala reservada no estabelecimento prisional.

Com base na situação hipotética, assinale a alternativa **correta.**

a) As nulidades absolutas, em favor da defesa, não ensejam preclusão, podendo ser alegadas a qualquer tempo.

b) Vigora no processo penal brasileiro o postulado "pas de nullite sans grief", sendo dispensável a comprovação do prejuízo.

c) O Tribunal de Justiça se equivocou em reconhecer a nulidade do interrogatório, pois não se declara nulidade, de ofício.

d) A anulação do interrogatório, pelo Tribunal de Justiça, implica anulação de toda a ação penal, desde o recebimento da denúncia, uma vez que o processo é uma sequência de atos encadeados e indivisíveis.

e) O interrogatório de réu preso pelo sistema de videoconferência é medida excepcional, cabível somente no caso de fundada suspeita de que integre organização criminosa e, em vista disso, risco de fuga durante o deslocamento.

As nulidades podem ser arguidas a qualquer momento, não havendo preclusão. No processo penal para a declaração de nulidade do ato é indispensável a comprovação do prejuízo. Nada impede que o Tribunal reconheça nulidade não ventilada pelo defensor quando da interposição recursal. Caso ocorresse a anulação do interrogatório, a nulidade atingiria os atos praticados a partir de tal inobservância e não de forma a macular toda a ação penal como exposto. A alternativa "E" pecou ao elencar somente duas hipóteses para realização do interrogatório por videoconferência, quando, na realidade, a lei traz outras previsões para a prática do ato no Art. 185, § 2º, incisos I, II, III e IV do CPP.

GABARITO: A.

180. **(2016 - Prefeitura de Rosana/SP - Procurador do Município)** É correto afirmar que:

a) a nulidade ocorrerá por incompetência, suspeição, impedimento ou suborno do juiz.

b) caberá apelação da decisão que anula o processo da instrução criminal, no todo ou em parte.

c) a nulidade do julgamento em plenário, em audiência ou em sessão do tribunal, poderá ser arguida logo depois que ocorrer ou por ocasião da interposição do recurso.

d) a incompetência do juízo anula os atos ordinatórios e decisórios, devendo o processo, quando for declarada a nulidade, ser remetido ao juiz competente.

e) a nulidade por ilegitimidade do representante da parte poderá ser a todo tempo sanada, mediante ratificação dos atos processuais.

A nulidade ocorrerá por incompetência, suspeição ou suborno do juiz. Caberá recurso em sentido estrito da decisão que anula o processo da instrução criminal, no todo ou em parte. A nulidade do julgamento em plenário, em audiência ou em sessão do tribunal, deverá ser arguida logo depois que ocorrerem. A incompetência do juízo NÃO anula os atos ordinatórios. Conforme diz o Art. 568 do CPP, a nulidade por ilegitimidade do representante da parte poderá ser a todo tempo sanada, mediante ratificação dos atos processuais.

GABARITO: E.

181. **(2016 – TJ/RJ - Juiz Substituto)** Acerca das nulidades processuais e dos vícios procedimentais, assinale a alternativa correta.

a) As nulidades processuais penais sofrem influência da instrumentalidade do processo, não se declarando qualquer tipo de nulidade se não verificado o prejuízo.

b) Segundo a jurisprudência do Superior Tribunal de Justiça, a inversão da ordem das perguntas (Art. 212, CPP) não gera nulidade, não implicando afronta ao princípio do contraditório.

c) As nulidades são divididas conforme a gravidade dos vícios, em relativas e absolutas, sendo a nulidade de ordem absoluta reconhecida ainda que não haja prejuízo.

d) A inépcia da acusação só pode ser apreciada na fase do Art. 396, do Código de Processo Penal, não podendo tal análise ser refeita na fase do Art. 397, do Código de Processo Penal, após a resposta à acusação.

e) A coisa julgada sana todas as hipóteses de nulidades processuais penais.

Nenhum ato será declarado nulo, se da nulidade não resultar prejuízo para a acusação ou para a defesa. Segundo a jurisprudência do STJ ainda que se admita que a nova redação do Art. 212 do Código de Processo Penal tenha estabelecido uma ordem de inquiridores de testemunhas, à luz de uma interpretação sistemática, a não observância dessa regra pode gerar, no máximo, nulidade relativa, por se tratar de simples inversão, dado que não foi suprimida do Juiz a possibilidade de efetuar as perguntas, ainda que subsidiariamente, para o esclarecimento da verdade real, sendo certo que, aqui, o interesse protegido é exclusivo das partes. Eventuais defeitos da denúncia devem ser arguidos pelo réu antes da prolação da sentença penal, eis que a ausência dessa impugnação, em tempo oportuno, claramente evidencia que o acusado foi capaz de defender-se da acusação contra ele promovida. A nulidade pode ser utilizada para embasar revisão criminal, na forma do Art. 621, I a III, do CPP.

GABARITO: A.

182. **(2015 – CRO/SP - Advogado Junior)** Assinale a alternativa com a norma expressamente prevista no CPP que adotou o princípio *pas de nullité sans grief*.

a) As omissões poderão ser supridas a todo o tempo, antes da sentença final.

b) Nenhum ato será declarado nulo se dá nulidade não resultar prejuízo para a acusação ou para a defesa.

c) A nulidade de um ato, uma vez declarada, causará a dos atos que dele diretamente dependam ou sejam consequência.

d) A nulidade dos atos subsequentes ao anulado não é automática, mas pode ser declarada desde que motivadamente.

e) O juiz que pronunciar a nulidade fica impedido de continuar a atuar no processo, a fim de evitar que se contamine pela prova nula.

Questão que trata do princípio do *pas de nullité sans grief*, que significa que não há nulidade sem prejuízo. Diante do significado da expressão fica claro que a alternativa correta é a letra “B”, pois reproduz o Art. 563 do CPP. Sobre as demais assertivas, as letras “D” e “E” sequer estão expressamente previstas no CPP. Sobre a letra “A”, além de não adotar o referido princípio, as omissões da denúncia ou da queixa, da representação, ou, nos processos das contravenções penais, da portaria ou do auto de prisão em flagrante, poderão ser supridas a todo o tempo, antes da sentença final. E por fim, a letra “C”, embora reproduza expressamente o § 1º do Art. 573 do CPP, não adotou o princípio *pas de nullité sans grief*.

GABARITO: B.

Teoria Geral dos Recursos Criminais (Disposições Gerais sobre Recursos)

183. **(2018 – PC/SP – Delegado de Polícia)** Acerca do duplo grau de jurisdição, é correto afirmar que:

a) o exame direto da matéria pelo Tribunal em recurso de apelação constitui supressão do primeiro grau de jurisdição, mas não caracteriza violação do princípio do duplo grau de jurisdição.

b) a Constituição de 1988 assegurou expressamente referido princípio constitucional, dentre vários outros, assim como a Convenção Americana de Direitos Humanos, que assegura a todos os acusados, entre as garantias processuais mínimas, o direito de recorrer da sentença a juiz ou tribunal superior.

c) a garantia do duplo grau de jurisdição vale tanto para o acusado como para o acusador.

d) a possibilidade de interposição de recurso especial e extraordinário não é manifestação do duplo grau de jurisdição.

e) constitui afronta ao princípio do duplo grau de jurisdição a cogitação da existência de um sistema com irrecorribilidade das decisões interlocutórias.

Comentário: A matéria constitucional tratada no recurso extraordinário não foi abordada no Tribunal "*a quo*", quebrando a ordem processual, caracterizando supressão de instância. A Constituição não consagra expressamente o duplo grau de jurisdição, mas sim os casos em que haverá julgamento originário pelos tribunais, podendo haver, portanto, uma restrição à garantia que decorre da CADH. A princípio, não há no ordenamento jurídico qualquer vedação para que o duplo grau de jurisdição seja exercido também para a acusação como mencionado. Contudo, a Defensoria Pública do Estado de São Paulo, na interposição recursal, sustentou que o órgão acusatório não teria direito a essa garantia processual, uma vez que haveria um desnivelamento entre acusação e defesa. O duplo grau de jurisdição não pode ser confundido com a recorribilidade das decisões para a instância superior. A própria Constituição Federal reconhece a existência de hipóteses em que não há o chamado duplo grau de jurisdição por inexistência de instâncias superiores no julgamento de ações de competência originária, tal como é o caso do julgamento do presidente da república pelo plenário do STF nos casos de crime comum.

GABARITO: D.

---

184. **(2017 – TJ/SP - Juiz Substituto)** Quanto aos recursos em matéria criminal, é correto afirmar que:

a) o efeito devolutivo da apelação contra decisões do Júri não fica adstrito aos fundamentos da sua interposição.

b) a renúncia do réu ao direito de apelação, manifestada com ou sem a assistência do defensor, obsta o conhecimento da apelação por este interposta.

c) não constitui nulidade a falta de intimação do denunciado para oferecer contrarrazões ao recurso interposto da rejeição da denúncia, se nomeado defensor dativo para tanto.

d) o acórdão que provê o recurso contra a rejeição da denúncia vale, desde logo, pelo recebimento dela, a não ser que nula a decisão de primeiro grau.

A: O efeito devolutivo da apelação contra decisões do Júri é adstrito aos fundamentos da sua interposição.

B: A renúncia do réu ao direito de apelação, manifestada sem a assistência do defensor, não impede o conhecimento da apelação por esse interposta.

C: Constitui nulidade a falta de intimação do denunciado para oferecer contrarrazões ao recurso interposto da rejeição da denúncia, não a suprindo a nomeação de defensor dativo.

D: Salvo quando nula a decisão de primeiro grau, o acórdão que provê o recurso contra a rejeição da denúncia vale, desde logo, pelo recebimento dela.

GABARITO: D.

---

185. **(2017 – DPE/RO - Defensor Público Substituto)** Assinale a alternativa correta.

a) Os recursos não terão efeito suspensivo nos casos de perda da fiança.

b) O Ministério Público não poderá desistir de recurso que haja interposto.

c) Caberá recurso em sentido estrito da decisão que receber a denúncia.

d) Por conta da última reforma do Código de Processo Penal, não há mais previsão legal do recurso de carta testemunhável.

e) Sempre será admissível a reiteração do pedido de revisão criminal.

Os recursos terão efeito suspensivo nos casos de perda da fiança, *da concessão de livramento condicional e dos* incisos XV, XVII e XXIX do Art. 581. O Ministério Público não poderá desistir de recurso que haja interposto. Não cabe recurso em sentido estrito da decisão que recebe denúncia, isso porque, as hipóteses descritas no rol do Art. 581 são taxativas. A carta testemunhável está prevista no Art. 639 do CPP. Não será admitida a reiteração do pedido da revisão criminal, salvo se fundado em novas provas.

GABARITO: B.

186. **(2016 – TJ/RJ - Juiz Substituto)** X, de 70 anos, ao descobrir a traição do namorado Y, com outra mulher, decide matá-lo, consumando o intento, ao decepar um de seus membros. X é denunciada por homicídio qualificado (Art. 121, § 2º, inciso I, CP) (motivo torpe) e por vilipêndio a cadáver (Art. 212, CP). A acusação é recebida pelo MM. Juízo da Vara do Tribunal do Júri, iniciando-se a fase de instrução preliminar. Encerrada a instrução, o Juiz pronuncia X, pelo homicídio qualificado (Art. 121, § 2º, inciso I, CP). Entretanto, relativamente ao crime de vilipêndio a cadáver, o Juiz declara extinta a punibilidade de X, com fulcro no Art. 61 do CPP, ante a prescrição em abstrato do delito. Da decisão de extinção da punibilidade, X apela, alegando inexistir vilipêndio a cadáver, já que o membro do namorado foi decepado enquanto Y ainda estava vivo, tanto que morreu por hemorragia. O processo é suspenso e enviado ao Tribunal de Justiça, o qual dá provimento ao recurso, reformando a decisão para absolver X, com fulcro no Art. 386, I, do CPP (restar provada a inexistência do fato).

Acerca da questão descrita, pode-se elencar como correta a alternativa:

a) O MM. Juízo da Vara do Tribunal do Júri não poderia conhecer da imputação do crime de vilipêndio a cadáver, pois não sendo crime doloso contra a vida, a competência seria da Justiça Comum.

b) O MM. Juízo da Vara do Tribunal do Júri, ao pronunciar X pelo homicídio doloso qualificado, não poderia declarar extinta a punibilidade do crime de vilipêndio a cadáver, pois fixada a competência por conexão, o julgamento caberia ao Conselho de Sentença.

c) Com fulcro na jurisprudência majoritária dos Tribunais Superiores, o Tribunal de Justiça não poderia conhecer e prover o recurso para absolver a acusada, por faltar interesse processual, já que a punibilidade de X encontrava-se extinta.

d) Com fulcro na jurisprudência majoritária dos Tribunais Superiores, o Tribunal de Justiça não poderia conhecer do recurso interposto, já que a decisão extintiva da punibilidade é impugnável por Recurso em Sentido Estrito, cujo trâmite é diverso da Apelação.

e) O MM. Juízo da Vara do Tribunal do Júri acertou ao suspender o processo, vez que a impugnação de decisão extintiva de punibilidade tem efeito suspensivo.

A questão trata do recurso de apelação contra decisão que extinguiu a punibilidade penal prescrição, nesse sentido o entendimento do STJ é de que segundo reiterado entendimento jurisprudencial, tanto desta Corte quanto do Supremo Tribunal Federal, a extinção da punibilidade pela prescrição da pretensão punitiva apaga todos os efeitos da condenação, devendo-se, por isso, considerar a apelação do réu inadmissível por falta de interesse recursal, mesmo que a defesa objetive a absolvição pela atipicidade da conduta a ele imputada.

GABARITO: C.

Recurso em Sentido Estrito

187. **(2018 – PC/SP – Delegado de Polícia)** Na teoria geral dos recursos fala-se em efeito iterativo ou diferido. Assinale a alternativa que contempla recurso ou ação autônoma em que referido efeito está presente.

a) Recurso em sentido estrito.

b) Apelação.

c) Mandado de segurança.

d) Recurso extraordinário.

e) Revisão criminal.

O Recurso em Sentido Estrito tem efeito regressivo ou diferido porque "retorna" ao juiz prolator para que possa retratar-se da decisão recorrida antes de ser encaminhado para instância superior. Diz o Art. 589 do CPP que com a resposta do recorrido ou sem ela, será o recurso concluso ao juiz, que, dentro de dois dias, reformará ou sustentará o seu despacho, mandando instruir o recurso com os traslados que lhe parecerem necessários.

GABARITO: A.

188. **(2018 - Prefeitura de Registro/SP – Advogado)** Nos termos previstos expressamente no Código de Processo Penal, é correto afirmar que:

a) a competência jurisdicional penal adotada é da teoria da ação e, portanto, será determinada pelo lugar em que for praticado o último ato de execução do crime, seja ele consumado ou tentado.

b) o valor da fiança será fixado pela autoridade que a conceder no limite de 10 (dez) a 200 (duzentos) salários-mínimos quando se tratar de infração cuja pena privativa de liberdade, no grau máximo, não for superior a 4 (quatro) anos.

c) caberá recurso, no sentido estrito, da decisão, despacho ou sentença que denegar a apelação ou a julgar deserta.

d) na instrução do processo sumário, poderão ser inquiridas até 8 (oito) testemunhas arroladas pela acusação e 8 (oito) pela defesa.

e) nos crimes de ação penal privada, o perdão por procuração, mesmo com poderes especiais, não poderá ser aceito, por se tratar de direito personalíssimo.

A: Sobre o lugar do crime, o direito penal adota a teoria da ubiquidade ou mista, que está prevista no Art. 6º do Código Penal, ou seja, o local do crime será tanto o momento da ação quanto onde produziu ou deveria produzir o resultado.

B: Quando se tratar de infração cuja pena máxima privativa de liberdade não for superior a 4 anos, o valor da fiança obedecerá ao limite de 1 a 100 salários mínimos.

C: As hipóteses de cabimento do recurso são as referidas no Art. 581 do Código de Processo Penal, entre elas caberá recurso, no sentido estrito, da decisão, despacho ou sentença que denegar a apelação ou a julgar deserta.

D: O limite de testemunhas para o processo de rito sumário é de 5, nos termos do Art. 532 do CPP.

E: Considerando que o perdão só cabe nas ações penais exclusivamente privadas e nas ações penais personalíssimas, poderá ser concedido por procurador com poderes especiais, nos termos do Art. 55 do CPP.

GABARITO: C.

Da Apelação (Arts. 593 a 603 do CPP)

189. **(2017 – TJ/SP - Escrevente Técnico Judiciário)** No julgamento dos recursos de apelação, expressamente de acordo com os Arts. 616 e 617 do CPP, poderá o tribunal, câmara ou turma:

a) analisar a matéria em toda a sua extensão sem, contudo, produzir novas provas, exceto proceder a novo interrogatório do acusado.

b) condenar o acusado absolvido em sentença de primeiro grau, mesmo que a parte acusatória não tenha apelado.

c) proceder a novo interrogatório do acusado, reinquirir testemunhas ou determinar outras diligências.

d) analisar a matéria em toda a sua extensão sem, contudo, produzir novas provas.

e) agravar a pena, mesmo quando somente o réu houver apelado da sentença.

É possível reinquirir testemunhas ou determinar outras diligências. O tribunal, câmara ou turma atenderá nas suas decisões ao disposto nos Arts. 383, 386 e 387, no que for aplicável, não podendo, porém, ser agravada a pena, quando somente o réu houver apelado da sentença. O julgamento das apelações poderá o tribunal, câmara ou turma proceder a novo interrogatório do acusado, reinquirir testemunhas ou determinar outras diligências.

GABARITO: C.

190. **(2015 – MPE/SP - Analista de Promotoria)** O prazo da Apelação, nas hipóteses previstas no Art. 593 do Código de Processo Penal, é de:

a) 5 (cinco) dias.

b) 24 (vinte e quatro) horas.

c) 10 (dez) dias.

d) 2 (dois) dias.

e) 15 (quinze) dias.

Determina o Art. 593 do CPP que caberá apelação no prazo de 5 (cinco) dias.

GABARITO: A.

Da Revisão Criminal (Arts. 621 a 630 do CPP)

191. **(2017 – TJ/SP - Escrevente Técnico Judiciário)** Assinale a alternativa correta no que concerne à revisão criminal, tratada nos Arts. 621 a 630 do CPP.

a) É pedido que pode ser articulado a qualquer tempo, antes da extinção da pena ou após.

b) É possível a revisão de decisões que ainda não transitaram em julgado, ou seja, ainda não findos.

c) É vedado arbitrar indenização em favor do beneficiado por decisão que julgue procedente a revisão.

d) Em seu julgamento, admite-se o agravamento da pena imposta na decisão revista.

e) Quando, no curso da revisão, falecer a pessoa cuja condenação tiver de ser revista, o processo será extinto.

A revisão poderá ser requerida em qualquer tempo, antes da extinção da pena ou após **somente pode se requerer a revisão de processos findos. O tribunal, se o interessado o requerer, poderá reconhecer o direito a uma justa indenização pelos prejuízos sofridos. No julgamento da revisão não poderá ser agravada a pena** ***imposta pela decisão revista.*** **Quando, no curso da revisão, falecer a pessoa, cuja condenação tiver de ser revista, o presidente do tribunal nomeará curador para a defesa.**

GABARITO: A.

Habeas Corpus (Arts. 647 a 667 do CPP)

192. **(2018 – PC/BA - Investigador de Polícia)** O cumprimento de um alvará de soltura clausulado expedido pela autoridade judiciária em sede de *habeas corpus* significa que:

a) o paciente deverá ser imediatamente solto, independentemente de qualquer outra cláusula ou condição.

b) a soltura do paciente apenas poderá ocorrer depois de autorizada pelo juízo que havia determinado a prisão objeto da impetração.

c) somente poderá ocorrer a soltura do paciente se ele aceitar submeter-se a medida cautelar diversa da prisão.

d) o paciente deverá ser solto imediatamente, desde que não haja outro motivo legal para mantê-lo preso.

e) o paciente será solto tão logo haja demonstração da justeza dos motivos alegados na impetração.

O alvará clausulado não é aquele que determina a soltura do preso, mas coloca em uma cláusula a condição de que ele só será posto em liberdade se não houver outro motivo para mantê-lo preso ou outro mandado expedido.

GABARITO: D.

---

193. **(2018 – PC/BA - Investigador de Polícia)** O Código de Processo Penal exige que a petição que visa a impetrar ordem de *habeas corpus* indique os seguintes requisitos:

a) quem sofre a violência ou se encontra na iminência de sofrê-la e a descrição do constrangimento que se alega, sendo facultativa a qualificação de quem propõe a medida.

b) a descrição da violência ou da ameaça de violência que se acredita existir, a identificação nominal da autoridade que pratica ou irá praticar essa violência e os nomes de testemunhas que a comprovem.

c) a pessoa que está sofrendo o constrangimento, a autoridade coatora, a especificação da modalidade de violência ou ameaça que justifique a medida e a assinatura e a identificação do impetrante.

d) o ato ou fato que cause o constrangimento que justifique a impetração, o nome e o cargo da autoridade que pratique a ilegalidade e o nome e a qualificação do impetrante, sendo vedada a impetração por analfabeto.

e) a qualificação completa de quem sofre a violência ou a ameaça de coação e da autoridade que a pratique, a descrição da ação arbitrária e os nomes de testemunhas que a comprovem.

A petição de *habeas corpus deverá conter:* a) o nome da pessoa que sofre ou está ameaçada de sofrer violência ou coação e o de quem exercer a violência, coação ou ameaça; b) a declaração da espécie de constrangimento ou, em caso de simples ameaça de coação, as razões em que funda o seu temor; c) a assinatura do impetrante, ou de alguém a seu rogo, quando não souber ou não puder escrever, e a designação das respectivas residências.

GABARITO: C.

---

194. **(2017 - Câmara de Barretos/SP – Advogado)** O mandado de segurança, ação de impugnação, é instrumento utilizado para coibir ilegalidade ou abuso de poder que atinja direito líquido e certo. Em direito e processo penal, admite-se o emprego de tal meio quando não for o caso de impetração de habeas corpus. Nesse sentido, assinale a hipótese que permite a impetração de mandado de segurança:

a) quando o processo for manifestamente nulo.

b) quando não for alguém admitido a prestar fiança nos casos autorizados por lei.

c) em caso de irregular decretação de prisão.

d) para garantir a presença do advogado durante a produção de alguma prova na fase administrativa.

e) quando alguém estiver preso há mais tempo do que o determinado em lei.

Caberá *habeas corpus* quando a coação seja considera ilegal, sendo que essa hipótese ocorre: I - quando não houver justa causa; II - quando alguém estiver preso por mais tempo do que determina a lei; III - quando quem ordenar a coação não tiver competência para fazê-lo; IV - quando houver cessado o motivo que autorizou a coação; V - quando não for alguém admitido a prestar fiança, nos casos em que a lei a autoriza; VI - quando o processo for manifestamente nulo; VII - quando extinta a punibilidade.

GABARITO: D.

---

195. **(2016 – TJM/SP - Juiz de Direito Substituto)** Quanto ao cabimento do *habeas corpus* em nosso sistema jurídico, assinale a alternativa correta.

a) O recurso cabível contra a decisão denegatória do *habeas corpus* nos Tribunais inferiores é o Recurso Ordinário Constitucional.

b) A impetração do *habeas corpus* depende de procuração, a fim de comprovar a capacidade postulatória.

c) O *habeas corpus* é meio idôneo para discussão da pena de multa.

d) O *habeas corpus*, do ponto de vista do rigor técnico, é um autêntico recurso, ainda que não catalogado no próprio Código de Processo Penal como tal.

e) O *habeas corpus*, nos crimes ambientais, pode ser impetrado em favor de pessoa jurídica, pois há previsão de responsabilidade penal do ente coletivo.

Compete ao Superior Tribunal de Justiça: julgar, em recurso ordinário: os *habeas corpus decididos em única ou última instância pelos* Tribunais Regionais Federais ou pelos tribunais dos Estados, do Distrito Federal e Territórios, quando a decisão for denegatória. O *habeas corpus* poderá ser impetrado por qualquer pessoa, em seu favor ou de outrem, bem como pelo Ministério Público. O *habeas corpus* deve ser utilizado quando alguém sofrer ou se achar na iminência de sofrer violência ou coação ilegal na sua liberdade de ir e vir. O *habeas corpus* é em essência um remédio constitucional. De toda forma, está sim inserido no CPP no título dos recursos em geral. A pessoa jurídica não pode sofrer violência ou coação ilegal na sua liberdade de ir e vir. Logo, não pode ser impetrado *habeas corpus* em seu favor.

GABARITO: A.

196. **(2015 – PC/CE – Delegado de Polícia)** Qual o recurso cabível e em qual prazo deve ser manejado contra decisão denegatória de habeas corpus proferida por uma vara criminal em primeiro grau de jurisdição?

a) Recurso em sentido estrito; 10 dias.

b) Apelação; 2 dias.

c) Apelação; 5 dias.

d) Recurso em sentido estrito; 5 dias.

e) Recurso em sentido estrito; 2 dias.

O Art. 581 do CPP menciona diretamente as situações em que caiba RESE. Em um de seus incisos, consta a decisão que denega ou concede HC como um dos fatores de análise do SER, sendo interposto no prazo de 5 dias.

GABARITO: D.

197. **(2015 – TJ/MS - Juiz Substituto)** Com relação ao *Habeas Corpus*, é correto afirmar que:

a) se vislumbra possibilidade jurídica no pedido de concessão de ordem em habeas corpus para atacar o mérito de prisões disciplinares militares, por força do Art. 142, parágrafo 2°, da Constituição Federal.

b) habeas corpus liberatório confere tutela cautelar, destinada a evitar lesão à liberdade de locomoção, o que o difere do habeas corpus preventivo, voltado a impedir a convalidação da ordem ilegal.

c) não se admite o habeas corpus, por ausência de ameaça à liberdade de locomoção, na hipótese em que somente imposta pena restritiva de direitos.

d) não se admite habeas corpus, por ausência de ameaça à liberdade de locomoção, na hipótese em que somente imposta pena de multa.

e) não se admite o habeas corpus para atacar ilegalidade decorrente da imposição de medidas cautelares alternativas à prisão preventiva.

Conforme prevê o Art. 5º, inciso LXVIII da CRFB: conceder-se-á *habeas corpus sempre que* alguém sofrer ou se achar ameaçado de sofrer violência ou coação em sua liberdade de locomoção, por ilegalidade ou abuso de poder, ou seja, apenas nesse caso se cabe HC nada além disso. O *habeas corpus* preventivo é aquele utilizado quando existe uma ameaça concreta a liberdade de locomoção, já o *habeas corpus* repressivo ou liberatório é utilizado quando existe um constrangimento a liberdade de locomoção ou quando o agente já está preso.

GABARITO: D.

198. **(2018 – TJ/RS - Juiz de Direito Substituto)** Assinale a alternativa correta em relação às assertivas a seguir.

a) Caberá recurso em sentido estrito da decisão que julgar o incidente de falsidade.

b) A revisão criminal não poderá ser requerida após a extinção da pena.

c) Nos crimes de competência do Tribunal do Júri, ou do juiz singular, se da sentença não for interposta apelação pelo Ministério Público no prazo legal, o ofendido ou qualquer das pessoas enumeradas no Art. 31, do CPP, ainda que não se tenha habilitado como assistente, poderá interpor apelação com efeito suspensivo.

d) Não há mais previsão legal do recurso então chamado "Carta Testemunhável".

e) No julgamento das apelações, não poderá o tribunal, câmara ou turma proceder a novo interrogatório do acusado.

Conforme o Art. 581 do CPP caberá recurso, no sentido estrito, da decisão, despacho ou sentença que decidir o incidente de falsidade. A revisão poderá ser requerida em qualquer tempo, antes da extinção da pena ou após. Nos crimes de competência do Tribunal do Júri, ou do juiz singular, se da sentença não for interposta apelação pelo Ministério Público no prazo legal, o ofendido ou qualquer das pessoas enumeradas no Art. 31, ainda que não se tenha habilitado como assistente, poderá interpor apelação, que não terá, porém, efeito suspensivo. Carta Testemunhável continua prevista no Código de Processo Penal, em seu Capítulo IX, que engloba os Arts. 639 a 646, embora seja pouco utilizada na prática. O julgamento das apelações poderá o tribunal, câmara ou turma proceder a novo interrogatório do acusado, reinquirir testemunhas ou determinar outras diligências.

GABARITO: A.

199. **(2018 – MPE/SP - Analista Jurídico do Ministério Público)** A respeito dos efeitos dos recursos, assinale a alternativa **correta.**

a) Não é dado ao Tribunal a possibilidade de conversão do julgamento em diligência para determinação de novas provas, por expressar referido entendimento violação do princípio *in dubio pro reo.*

b) O efeito extensivo, previsto no Art. 580, do CPP, tem aplicação irrestrita em caso de corréus condenados por roubo majorado por concurso de pessoas quando um deles recorre e o outro não recorre, dando- se por satisfeito em relação ao teor da sentença recorrida.

c) Admite-se o efeito iterativo quando da remessa dos autos de inquérito policial ao Procurador Geral de Justiça, nos casos de aplicação do Art. 28, do CPP, por força da aplicação do princípio *in dubio pro societate.*

d) Entende-se por efeito devolutivo a possibilidade de o recurso devolver ao juiz prolator da decisão da qual se recorre a análise daquela mesma decisão.

e) Todo recurso possui efeito devolutivo, mas nem todos os recursos são dotados de efeito suspensivo.

No julgamento das apelações poderá o tribunal, câmara ou turma proceder a novo interrogatório do acusado, reinquirir testemunhas ou determinar outras diligências. o caso de concurso de agentes (Código Penal, Art. 25), a decisão do recurso interposto por um dos réus, se fundado em motivos que não sejam de caráter exclusivamente pessoal, aproveitará aos outros, e o órgão do Ministério Público, ao invés de apresentar a denúncia, requerer o arquivamento do inquérito policial ou de quaisquer peças de informação, o juiz, no caso de considerar improcedentes as razões invocadas, fará remessa do inquérito ou peças de informação ao procurador-geral, e este oferecerá a denúncia, designará outro órgão do Ministério Público para oferecê-la, ou insistirá no pedido de arquivamento, ao qual só então estará o juiz obrigado a atender. Como já visto, o efeito devolutivo direciona o recurso a órgão superior ao que proferiu a sentença. A afirmação conceitua o efeito iterativo. Efeito devolutivo ocorre quando a matéria a ser apreciada é devolvida a instancia que proferiu a decisão dando a chance dele mesmo rever sua própria decisão, reformando, invalidado ou esclarecimento a decisão tomada. Já o efeito suspensivo ocorre quando o recurso é capaz de suspender a execução da decisão recorrida, o que não acontece em todos os casos, visto que depende da situação do processo e do recurso a ser interposto.

GABARITO: E.

Súmulas

200. **(2018 – TJ/RS - Juiz de Direito Substituto)** Em relação aos enunciados a seguir, assinale o que representa entendimento já sumulado pelo STJ.

a) O excesso de prazo na instrução, independentemente de quem o produz, gera constrangimento ilegal a ensejar o relaxamento da prisão.

b) É admissível a fixação de pena substitutiva (Art. 44 do CP) como condição especial ao regime aberto.

c) Para obtenção dos benefícios de saída temporária e trabalho externo, considera-se o tempo de cumprimento da pena no regime fechado, salvo se houver falta grave.

d) A falta grave não interrompe o prazo para obtenção de livramento condicional.

e) É desnecessária a resposta preliminar de que trata o Art. 514 do Código de Processo Penal.

Não constitui constrangimento ilegal o excesso de prazo na instrução, provocado pela defesa. *É inadmissível a fixação de pena substitutiva* (Art. 44 do CP) como condição especial ao regime aberto. Para obtenção dos benefícios de saída temporária e trabalho externo, considera-se o tempo de cumprimento da pena no regime fechado. Conforme Súmula 441 do STJ a falta grave não interrompe o prazo para obtenção de livramento condicional. É desnecessária a resposta preliminar de que trata o Art. 514 do Código de Processo Penal - CPP, na ação penal instruída por inquérito policial.

GABARITO: D.

TABELA SEMANAL

SEMANA	SEGUNDA	TERÇA	QUARTA	QUINTA	SEXTA	SÁBADO	DOMINGO
1							
2							
3							
4							

AlfaCon Concursos Públicos

TABELA SEMANAL

SEMANA	SEGUNDA	TERÇA	QUARTA	QUINTA	SEXTA	SÁBADO	DOMINGO
1							
2							
3							
4							

TABELA SEMANAL

SEMANA	SEGUNDA	TERÇA	QUARTA	QUINTA	SEXTA	SÁBADO	DOMINGO
1							
2							
3							
4							